中国人民银行金融研究重点课题获奖报告
2018

中国人民银行研究局（所）编

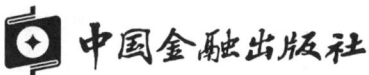

责任编辑：石　坚
责任校对：潘　洁
责任印制：裴　刚

图书在版编目（CIP）数据

中国人民银行金融研究重点课题获奖报告.2018／中国人民银行研究局（所）编．—北京：中国金融出版社，2019.10
ISBN 978-7-5220-0194-4

Ⅰ.①中… Ⅱ.①中… Ⅲ.①金融—研究报告—中国—2018 Ⅳ.①F832

中国版本图书馆CIP数据核字（2019）第158463号

中国人民银行金融研究重点课题获奖报告2018
Zhongguo Renmin Yinhang Jinrong Yanjiu Zhongdian Keti Huojiang Baogao 2018

出版
发行　中国金融出版社

社址　北京市丰台区益泽路2号
市场开发部　（010）63266347，63805472，63439533（传真）
网上书店　http：∥www.chinafph.com
　　　　　（010）63286832，63365686（传真）
读者服务部　（010）66070833，62568380
邮编　100071
经销　新华书店
印刷　北京市松源印刷有限公司
尺寸　169毫米×239毫米
印张　43.75
字数　884千
版次　2019年10月第1版
印次　2019年10月第1次印刷
定价　108.00元
ISBN 978-7-5220-0194-4
如出现印装错误本社负责调换　联系电话(010)63263947

中国人民银行2018年度重点研究课题评审委员会名单

评审委员会主席： 陈雨露

评审委员会委员：

  陈雨露 中国人民银行副行长
  张晓慧 中国人民银行原行长助理
  周学东 中国人民银行办公厅主任
  孙国峰 中国人民银行货币政策司司长
  霍颖励 中国人民银行货币政策二司司长
  纪志宏 中国人民银行金融市场司司长
  王景武 中国人民银行金融稳定局局长
  阮健弘 中国人民银行调查统计司司长
  任咏梅 中国人民银行会计财务司司长
  李 伟 中国人民银行科技司司长
  朱 隽 中国人民银行国际司司长
  金 荦 中国人民银行人事司司长
  徐 忠 中国人民银行研究局局长
  金鹏辉 中国人民银行上海总部副主任
  谢 平 中投公司原副总经理
  黄益平 北京大学国家发展研究院副院长
  廖 理 清华大学五道口金融学院常务副院长
  丁志杰 对外经济贸易大学副校长
  瞿 强 中国人民大学财政金融政策研究中心主任

前　言

2018年以来，我国经济总体平稳、稳中有进，宏观调控目标较好地完成，展示出我国经济特有的强大韧性和巨大潜力。但国际国内经济金融形势依然严峻。从国际看，世界经济形势错综复杂，地缘政治风险依然较大，外部经济环境总体趋紧。从国内看，经济仍存在下行压力，内生增长动力还有待进一步增强。

面对稳中有变、变中有忧的内外部形势，我国政府以习近平新时代中国特色社会主义思想为指导，坚持稳中求进工作总基调，落实"巩固、增强、提升、畅通"八字方针，坚持新发展理念，坚持推动高质量发展，坚持以供给侧结构性改革为主线，紧紧围绕服务实体经济、防控金融风险、深化金融改革三项任务，创新和完善金融宏观调控，促进国民经济整体良性循环。

在总行党委的正确领导下，中国人民银行研究系统紧密围绕国家重大战略需求和人民银行中心工作，开展前瞻性、针对性、储备性政策研究，发挥研究合力，加强学术交流，着力建设具有中国特色的新型金融智库。为鼓励更多学术成果涌现，2018年，人民银行继续开展重点课题研究工作，主要内容包括货币政策与宏观调控、金融稳定与金融发展改革、宏观经济和财政税收、农村金融与普惠金融、国际经济金融、金融市场、金融服务、央行内部管理等领域，力争为人民银行及有关部门的政策制定提供更多的依据和参考。

为保证重点课题评奖工作的公平性和权威性，中国人民银行重点研究课题评审委员会对课题实施匿名评审，将参选课题分为学术研究和政策研究两大类，评出一等奖6名，二等奖9名，三等奖15名，优秀奖25名。获奖课题充分展示了人民银行系统的研究水平。现将获得一、二、三等奖的课题成果公开出版（不适宜公开的课题未参与出版）。本书由陈颖玫统稿，汪洋、杨嫱、吴怀广审稿。

由于当前经济金融形势复杂多变，相关研究难免有不完善或遗漏之处，我们真诚地期待读者的反馈建议，促使中国人民银行金融理论和政策研究工作再上新台阶。

中国人民银行研究局（所）
2019年6月3日

目　　录

一等奖

《中华人民共和国反洗钱法》修订研究
　　………………………………… 中国人民银行反洗钱局课题组（3）
自然利率与货币政策决策
　　………………………………… 中国人民银行研究局课题组（32）
小微企业融资真的有效果吗
　　……………………………… 中国人民银行成都分行课题组（74）
总量型和结构型货币政策工具的选择与搭配
　　…………………………… 中国人民银行杭州中心支行课题组（96）

二等奖

金融科技监管研究
　　……………………………… 中国人民银行金融市场司课题组（129）
完善系统重要性金融机构监管的国际经验及我国的政策建议
　　……………………………… 中国人民银行金融稳定局课题组（156）
中央银行资本金管理研究
　　……………………………… 中国人民银行会计财务司课题组（180）
省联社管理及其对农信社效率提升的偏离：理论与实证研究
　　…………………………… 中国人民银行贵阳中心支行课题组（203）

我国央行数字货币影响与监管机制设计研究
　　……………………………… 中国人民银行货币金银局课题组（231）
宏观审慎政策协调能否抑制国际性银行危机传染
　　…………………………… 中国人民银行南昌中心支行课题组（266）
金融周期差异与跨境资本流动
　　………………………………… 国家外汇管理局综合司课题组（287）
基于房地产市场的我国系统性金融风险测度与预警研究
　　………………………………… 中国人民银行西安分行课题组（313）

三等奖

资本项目可兑换评估方法创新及政策应用
　　……………………………… 中国人民银行货币政策二司课题组（347）
湖南省农户信用信息系统建设研究
　　…………………………… 中国人民银行长沙中心支行课题组（371）
深度贫困地区基层社会治理视角下金融精准扶贫研究
　　………………………………… 中国人民银行机关党委课题组（400）
金融科技创新对外汇管理的影响、挑战与对策
　　……………………………… 国家外汇管理局管理检查司课题组（423）
地方投融资平台、货币政策传导扭曲与"稳增长、防风险"路径选择
　　………………………… 中国人民银行宁波市中心支行课题组（451）
金融深化、全要素生产率与经济高质量发展
　　………………………………… 中国人民银行营业管理部课题组（476）
基于大数据技术的中国宏观经济实时预测研究
　　………………………… 中国人民银行乌鲁木齐中心支行课题组（509）
宏观审慎外汇管理框架及逆周期工具开发运用研究
　　…………………………… 中国人民银行南宁中心支行课题组（539）
人口流动、区域经济差异与货币政策选择
　　…………………………… 中国人民银行太原中心支行课题组（562）
从国际经贸协定看中国金融服务开放
　　………………………………… 中国人民银行金融研究所课题组（597）

钢铁行业供给侧结构性改革效果评估
.... 中国人民银行石家庄中心支行课题组（610）
空间与网络视角下的"一带一路"经贸合作
.... 中国人民银行大连市中心支行课题组（630）
嵌入金融周期的潜在产出测算与中国化泰勒规则构建探讨
.... 中国人民银行福州中心支行课题组（658）

一 等 奖

《中华人民共和国反洗钱法》修订研究

中国人民银行反洗钱局课题组

课题主持人：刘宏华
课题组成员：查 宏 叶庆国 李 庆 吴 云 吴卫锋 靳 珂 胡 骏

一、引 言

（一）研究背景

《中华人民共和国反洗钱法》（以下简称《反洗钱法》）于2006年颁布，自2007年1月1日起实施，标志着我国首次以法律形式确立了反洗钱[①]行政管理体制，规定了金融机构的反洗钱义务，成为我国反洗钱事业发展的重要里程碑。《反洗钱法》对预防洗钱活动，维护金融秩序，遏制洗钱犯罪及相关犯罪发挥了重要作用。十多年来，我国反洗钱法规制度日趋完善、反洗钱监管效能显著增强、打击洗钱犯罪成果突出、参与反洗钱国际治理与合作不断深化。然而，当前我国面临的国内外反洗钱形势较《反洗钱法》实施之初发生了深刻变化，反洗钱工作已逐渐从"规则为本"向"风险为本"过渡，反洗钱义务机构的范围从金融机构扩大到特定非金融机构[②]及其他领域，国际反洗钱标准日趋严格，境外反洗钱监管压力不断加大。具体表现为：

第一，反洗钱国际标准趋严趋紧。为应对不断更新变化的洗钱趋势和手法，经过多次修订，反洗钱领域最权威的国际组织——金融行动特别工作组（Financial Action Task Force，FATF）于2012年发布了《关于打击洗钱、恐怖融资大规模杀伤性武器扩散的国际标准：FATF建议》（"新40项建议"）及11项有效性评估指标，对各国反洗钱工作提出更高要求，主要变化包括：建议将洗钱罪适用于所有严重罪行、建议通过法律或强制性措施设定具体的客户尽职调查义务、建议将"风险为本"作为反洗钱工作的指导原则、建议建立定向金融制裁机制等。

[①] 由于反洗钱工作与反恐怖融资工作联系紧密，国际惯例也一般将两者结合在一起表述。本报告根据需要，交替使用"反洗钱""反洗钱和反恐怖融资"的说法。

[②] 根据FATF最新建议，特定非金融行业和职业（简称"特定非金融行业"）特指面临洗钱和恐怖融资风险较高的部分非金融行业，包括赌场，不动产中介，贵金属交易商，宝石交易商，律师、公证员、其他独立的法律从业者和会计师，信托和公司服务提供商等。

根据FATF最新标准和本国（本地区）实际情况，多数国家（地区）均对反洗钱立法进行相应修订，如德国、英国、中国香港、澳大利亚在最近两年相继修订了反洗钱相关立法。当前，FATF正在按照最新国际标准对我国反洗钱体系进行新一轮互评估，并已针对存在的问题提出初步整改意见，研究和启动《反洗钱法》修订工作、完善反洗钱法律体系的顶层设计已迫在眉睫。

第二，反洗钱工作的内涵不断扩展。一方面，主要国家均将反洗钱工作提高到维护国家安全和金融安全、维护金融体系国际竞争力的战略高度，借此不断加强对金融体系、金融市场和金融机构以及跨境资金流动的管控，跨境监管、长臂管辖、金融制裁问题突出。另一方面，经过长期努力中国特色社会主义进入新时代，站在新的历史发展时期，党和国家对反洗钱工作提出了更高期望与要求。2017年8月，国务院办公厅印发《关于完善反洗钱、反恐怖融资、反逃税监管体制机制的意见》（以下简称"三反"意见），明确提出"反洗钱、反恐怖融资、反逃税监管体制机制是建设中国特色社会主义法治体系和现代金融监管体系的重要内容，是推进国家治理体系和治理能力现代化、维护经济社会安全稳定的重要保障，是参与全球治理、扩大金融业双向开放的重要手段"。这就需要我们在新的历史方位和国家战略层面研究考虑《反洗钱法》的修订。

第三，国内反洗钱工作面临的形势发生重大变化。相比于《反洗钱法》制定和实施初期，我国反洗钱工作已逐渐从"规则为本"转向"风险为本"，反洗钱义务机构范围从金融机构扩大到特定非金融机构，对义务机构履行反洗钱义务的要求不断提高，反洗钱调查协查在打击洗钱及相关犯罪中发挥越来越重要的作用。此外，监管制度不健全、协调合作机制不顺畅、跨部门数据信息共享程度低、反洗钱行政处罚惩戒性不足等成为制约反洗钱工作有效性的突出问题，亟须通过修订《反洗钱法》予以解决。

为适应反洗钱形势的发展变化，基于我国反洗钱工作实际需要，对现行《反洗钱法》进行修订完善的必要性和迫切性日益凸显。

（二）研究意义

本课题研究具有重要的理论和实践意义：

一是深化反洗钱立法理论的研究。系统梳理各国反洗钱立法情况，通过国际经验比较研究，深化和发展反洗钱立法理论，提出原则性立法思路，为中国以及类似国家的反洗钱立法或法律修订提供借鉴。此外，通过对《反洗钱法》的修订研究，探索将《反洗钱法》的一些立法思路和修订建议纳入国际标准，针对前沿问题贡献"中国方案"和"中国智慧"，从而在国际反洗钱领域更加积极有为、主动作为。

二是为下一步修订《反洗钱法》提供研究支撑。按照依法治国的总要求，加强政策研究，总结归纳经验教训，针对目前制约反洗钱工作开展的制度性问题，提出完善《反洗钱法》的具体意见建议，可为下一步启动修订程序、做好新时代反洗钱工作奠定坚实基础。

三是有利于更好地完成FATF互评估相关工作。FATF对我国反洗钱和反恐怖融资工作新一轮互评估进入关键阶段，目前评估组按照互评估程序安排，已完成现场评估和互评估报告撰写，并针对我国反洗钱体系存在的问题提出针对性意见。2019年2月，FATF全会将讨论审议并公布互评估报告，评估结果对我国国家声誉、金融业双向开放、"一带一路"倡议等具有重要影响。按照惯例，互评估报告将对被评估国进一步完善反洗钱体系提出具有约束力的要求，被评估国需定期提交后续整改报告。从各国经验看，被评估国在FATF互评估前后启动甚至完成重大立法成为常态。着手开展《反洗钱法》修订研究并推动相关立法，以更好地改进反洗钱制度体系、完成FATF互评估相关工作，现实意义十分重大。

（三）创新之处

本课题研究的创新之处主要包括：

一是开展国际比较研究，广泛吸取国际经验。从"它山之石，可以攻玉"的角度，系统梳理比较国际反洗钱制度的发展趋势以及11个国家（地区）的反洗钱立法国别经验，提出修订《反洗钱法》可资借鉴的经验做法，为厘清修订工作的整体思路和完善具体条款的条文表述提供参考。

二是基于调查问卷的实证分析与基于实践经验的规范分析相结合。本课题研究广泛收集大量体现我国反洗钱工作成效的第一手数据资料，同时精心设计49道问题，通过面向全国范围的人民银行、金融行业监管部门、侦查司法机关及义务机构等单位工作人员和社会公众共计2000余人发放调查问卷，力求客观反映《反洗钱法》实施效果及存在的主要缺陷。同时充分借鉴国际经验和广泛吸取监管实践经验与教训，为如何改进《反洗钱法》指明方向。

三是针对当前反洗钱实际问题提出优化解决方案。一方面，基于当前FATF对中国互评估的最新结论，针对评估组反馈问题提出完善《反洗钱法》的建议；另一方面，基于反洗钱工作实践，在总结分析现行《反洗钱法》相关规定不合时宜之处后，根据实际需要提出修订建议，较之以往研究更有针对性、更为贴近现实、更加客观全面，因而提出的修订方案更能有效提升反洗钱工作成效。

本课题研究结构安排如下：本部分介绍研究背景、意义、创新之处；第二部分着重分析现行《反洗钱法》实施的效果及存在缺陷；第三部分梳理总结反洗钱立法的国际经验；第四部分提出修订《反洗钱法》的目标和基本原则；第五部分是修订《反洗钱法》的具体建议。

二、《反洗钱法》实施效果分析

《反洗钱法》实施以来,推动我国反洗钱工作取得了显著的成绩,证明《反洗钱法》总体上是有效的。然而,近年来国内外反洗钱形势发生了较大变化,《反洗钱法》存在缺陷已逐步显现。

为系统掌握《反洗钱法》实施效果,课题组专门设计了调查问卷,包括各方面反映较多的49个问题,在全国范围进行了调查,收回有效问卷2173份,其中:人民银行1014份、义务机构940份、金融行业监管部门90份、侦查司法机关16份、其他有关行政机关23份、社会公众90份。调查问卷结果可作为分析《反洗钱法》实施效果、存在缺陷的辅助工具。

(一)《反洗钱法》基础上我国反洗钱工作取得的成绩

以《反洗钱法》为基础,我国对反洗钱工作全面布局,不断完善各项规章制度,建立健全工作机制,提升反洗钱监管效能,预防洗钱活动,遏制洗钱犯罪及相关犯罪的发生。总体来看,《反洗钱法》是有效的,唐旭等(2009)也指出,我国反洗钱立法的有效性主要体现在《反洗钱法》的实施上。问卷显示:认为《反洗钱法》有效的占40.54%,认为总体有效的占51.5%,认为部分有效的占7.73%,认为无效的仅占0.23%。

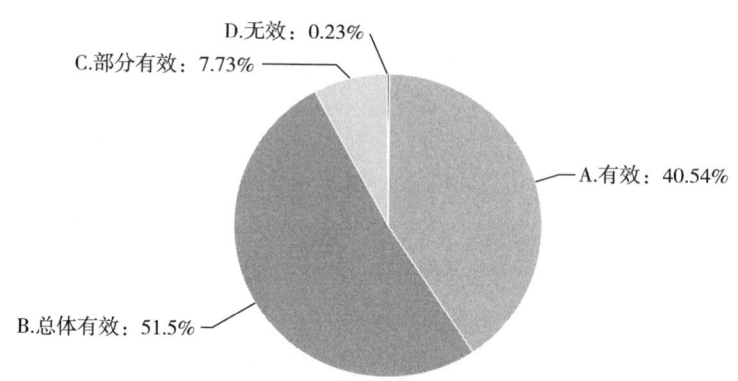

图1 对《反洗钱法》有效性的总体评价

1. 反洗钱预防和监控制度体系日趋完善。《反洗钱法》明确了我国反洗钱工作的总体框架和基本原则,是我国各项反洗钱制度的基石。在《反洗钱法》基础上,我国逐步建立起多领域、多层次的反洗钱预防和监控制度体系(见表1)。十多年来,我国统一了本外币反洗钱制度,将应当履行反洗钱义务的机构范围由银行业金融机构扩大到证券业、期货业、保险业金融机构、非银行支付机构、互联网金融从业机构、资金清算组织和特定非金融机构等领域,并在2012年以后逐步引入了"风险为本""法人监管"等最新理念，初步建立起较为完备和科学的反洗钱规章制度体系。

表1　　　　　　《反洗钱法》框架下的反洗钱规章制度体系

规章制度名称	文　号	制度层级	主要内容
《国务院办公厅关于完善反洗钱、反恐怖融资、反逃税监管体制机制的意见》	国办函〔2017〕84号	—	推进"三反"监管体制机制建设，完善"三反"监管措施。从健全工作机制、完善法律制度、健全预防措施、严惩违法犯罪活动、深化国际合作、创造良好社会氛围六方面提出要求
《金融机构反洗钱规定》	中国人民银行令〔2006〕第1号	部门规章	规范反洗钱监督管理行为和金融机构的反洗钱工作
《金融机构客户身份识别和客户身份资料及交易记录保存管理办法》	中国人民银行、银监会、证监会、保监会令〔2007〕第2号	部门规章	规范金融机构客户身份识别、客户身份资料和交易记录保存行为，预防洗钱和恐怖融资活动
《涉及恐怖活动资产冻结管理办法》	中国人民银行、公安部、国家安全部令〔2014〕第1号	部门规章	从应当履行的资产冻结义务、解除冻结措施的条件、被冻结资产的管理、当事人合法权益保障、涉外资产冻结、监督与处罚六方面规定金融机构、特定非金融机构义务
《金融机构大额交易和可疑交易报告管理办法》	中国人民银行令〔2016〕第3号	部门规章	从内部管理措施、法律责任等方面规范金融机构大额交易和可疑交易报告行为
《中国人民银行反洗钱调查实施细则》（试行）	银发〔2007〕158号	规范性文件	从调查范围和管辖、调查准备、调查实施、临时冻结措施、调查结束等方面规范反洗钱调查程序
《支付机构反洗钱和反恐怖融资管理办法》	银发〔2012〕54号	规范性文件	从客户身份识别、客户身份资料和交易记录保存、可疑交易报告、反洗钱和反恐怖融资调查、监督管理、法律责任等方面规范支付机构反洗钱和反恐怖融资工作

续表

规章制度名称	文　号	制度层级	主要内容
《金融机构反洗钱监督管理办法》（试行）	银发〔2014〕344号	规范性文件	从监管分工、非现场监管、现场检查、其他监管措施等方面规范反洗钱监督管理工作，督促金融机构有效履行反洗钱义务
《中国人民银行关于加强开户管理及可疑交易报告后续控制措施的通知》	银发〔2017〕117号	规范性文件	从开户管理、可疑交易报告后续控制措施等方面要求金融机构切实防范违法犯罪活动
《中国人民银行关于落实执行联合国安理会相关决议的通知》	银发〔2017〕187号	规范性文件	落实外交部关于执行联合国安理会根据《联合国宪章》第七章第四十一条通过的制裁决议的通知要求
《中国人民银行关于加强贵金属交易场所反洗钱和反恐怖融资工作的通知》	银发〔2017〕218号	规范性文件	从思想认识、反洗钱和反恐怖融资义务、监督管理等方面加强贵金属交易场所反洗钱和反恐怖融资工作
《中国人民银行关于加强反洗钱客户身份识别有关工作的通知》	银发〔2017〕235号	规范性文件	规范对非自然人客户的身份识别、对特定自然人客户的身份识别、对特定业务中客户的身份识别措施，特别是提出了对受益所有人进行识别的要求
《住房和城乡建设部 人民银行 银监会关于规范购房融资和加强反洗钱工作的通知》	建房〔2017〕215号	规范性文件	明确房地产开发企业、房地产中介机构反洗钱义务，规范购房款交付方式
《社会组织反洗钱和反恐怖融资管理办法》	银发〔2017〕261号	规范性文件	从反洗钱内控制度建设、受益所有人识别、交易记录保存、可疑交易报告、配合监督检查、人民银行和民政部监管等方面规范社会组织反洗钱和反恐怖融资工作
《中国人民银行关于非银行支付机构开展大额交易报告工作有关要求的通知》	银发〔2018〕163号	规范性文件	就非银行支付机构执行大额交易报告制度提出要求，进一步健全大额交易和可疑交易报告工作机制，提高资金监测有效性

续表

规章制度名称	文　号	制度层级	主要内容
《中国人民银行关于进一步做好受益所有人身份识别工作有关问题的通知》	银发〔2018〕164号	规范性文件	进一步规范受益所有人身份识别工作,防范违法犯罪分子利用复杂的股权、控制权等关系掩饰、隐瞒真实身份、资金性质或者交易目的、性质
《互联网金融从业机构反洗钱和反恐怖融资管理办法(试行)》	银发〔2018〕230号	规范性文件	明确人民银行与有关金融监督管理机构的反洗钱监管职责和互联网金融机构反洗钱义务,全面规范互联网金融行业反洗钱和反恐怖融资工作
《财政部关于加强注册会计师行业监管有关事项的通知》	财会〔2018〕8号	规范性文件	从内控制度建设、客户身份资料和业务记录保存、可疑交易报告等方面规范注册会计师行业反洗钱和反恐怖融资工作

2. 反洗钱监管效能显著增强。反洗钱监管部门依据《反洗钱法》不断加大监管力度,改进监管方法,强化反洗钱处罚问责。2007—2017年,人民银行及其分支机构共对24163家义务机构开展反洗钱现场检查,对2360家机构处罚37047万元①。严格的反洗钱监管和处罚问责对义务机构起到威慑作用,有助于义务机构及时发现问题,切实筑牢预防洗钱的第一道防线。问卷显示:认为反洗钱监管有效的占35.9%,认为总体有效的占53.06%,认为无效的仅占0.23%。

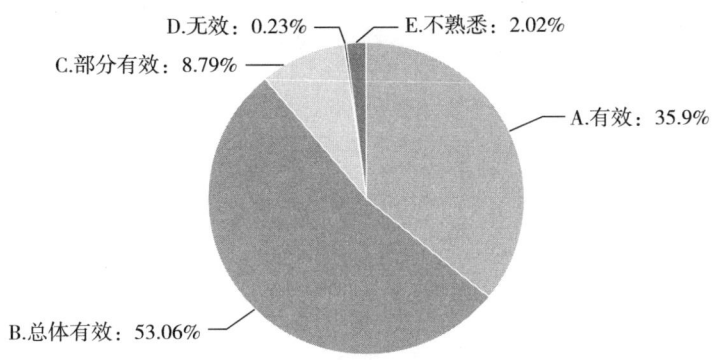

图2　对反洗钱监管有效性的总体评价

---

①　数据来源:《中国反洗钱报告》(2007—2017年),机构数量为各年加总统计,下同。其中,检查单位数缺2010年数据,处罚单位数缺2010年数据,处罚金额缺2010年、2012年数据。

3. 打击洗钱犯罪成效明显。《反洗钱法》实施以来，人民银行不断深化与侦查、司法机关的协作，通过发挥资金监测和反洗钱调查的职能优势，积极配合打击洗钱及相关犯罪：2007—2017 年，反洗钱监测分析中心共接收大额交易报告 37.2 亿份、接收可疑交易报告 3.2 亿份①。以大额交易报告和可疑交易报告为基础，人民银行向执法部门报案 11468 条，协查 10692 起，协助破案 2477 起②。人民法院一审审结"三类洗钱罪"③案件 98325 件，生效判决 167518 人次。其中，审结《刑法》第 191 条"洗钱罪"案件 131 件，生效判决 132 人次。通过严厉打击洗钱及相关犯罪，有效地震慑了犯罪分子，减少了犯罪活动的发生。

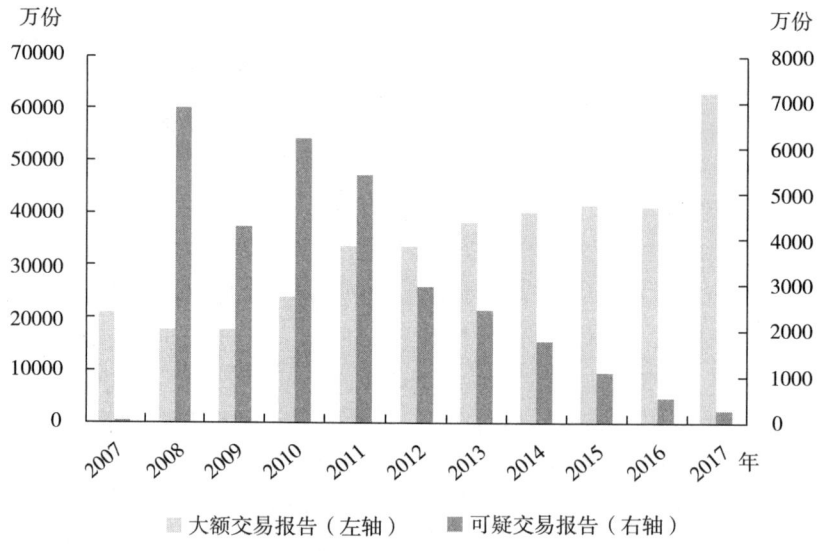

图 3　2007—2017 年大额交易和可疑交易报告数量

---

① 可疑交易报告缺 2007 年数据。
② 协助调查数和协助破案数缺 2010 年数据。
③ "三类洗钱罪"：洗钱罪，掩饰、隐瞒犯罪所得、犯罪所得收益罪，窝藏、转移、隐瞒毒品、毒赃罪。

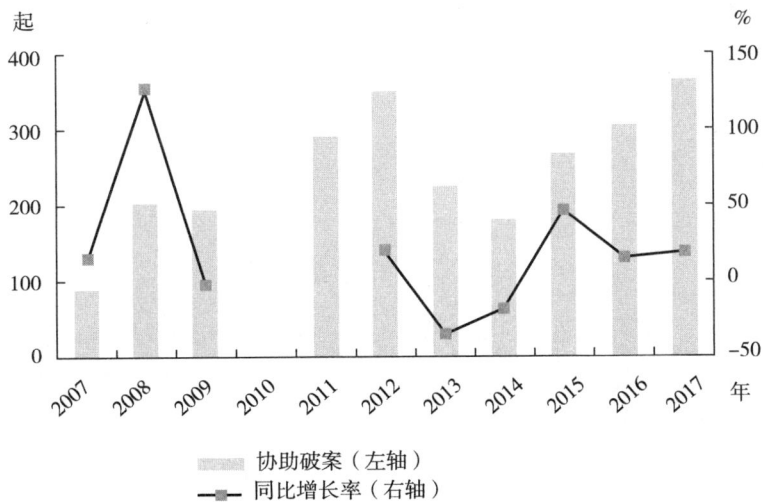

图4 2007—2017年协助破案数及同比增长率

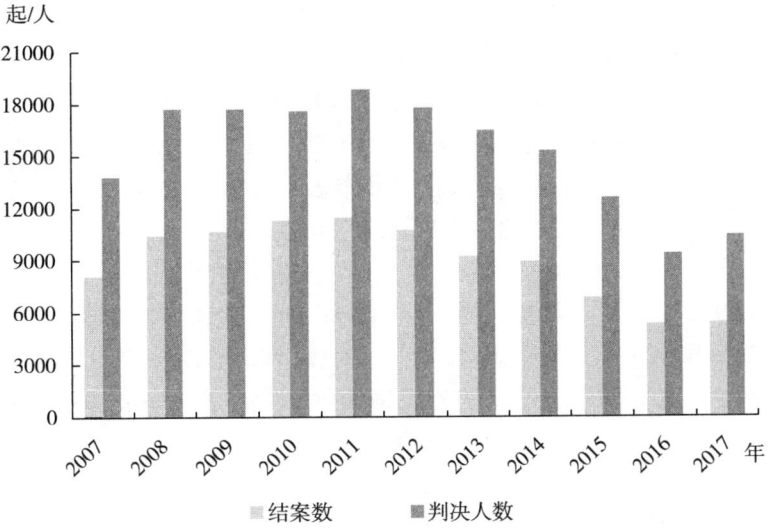

图5 2007—2017年判决"三类洗钱罪"结案数和判决人数

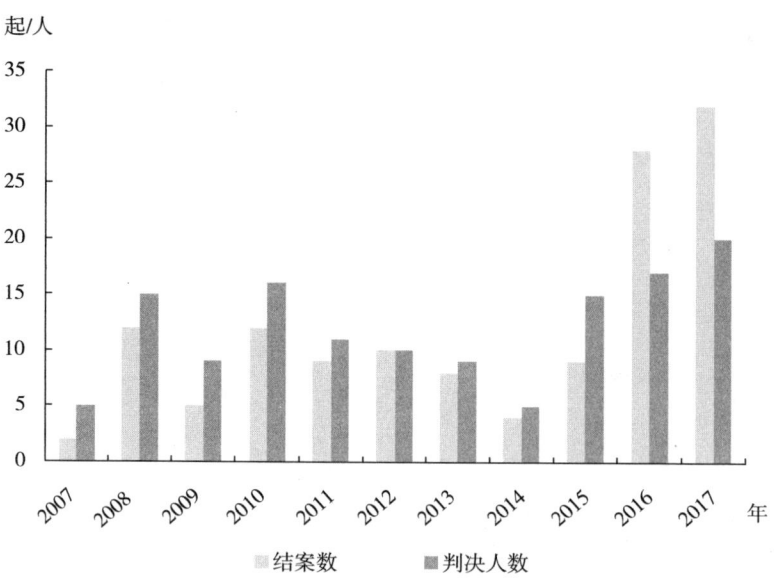

图6 2007—2017年判决洗钱罪结案数和判决人数

4. 参与反洗钱国际治理与合作成果丰硕。以《反洗钱法》为依据,我国积极参与反洗钱国际治理,不断深化与外国政府和国际组织的反洗钱合作。2007年,加入FATF,成为正式成员;2009年,恢复在亚太反洗钱组织(APG)的活动;2010年,派员担任欧亚反洗钱和反恐怖融资组织(EAG)副主席;2012年,接任APG联合主席国,同年通过FATF第三轮互评估,成为第13个通过互评估的FATF成员;2014年,成为FATF指导小组的9家成员之一;2017年,当选EAG2018—2019年主席;2018年,当选FATF副主席暨候任主席。截至2018年10月,反洗钱监测分析中心已和52个国(境)外对口机构签订了金融情报交流与合作谅解备忘录。问卷显示:认为反洗钱国际合作有效的占33.27%,认为总体有效的占48.41%,认为无效的仅占0.55%。

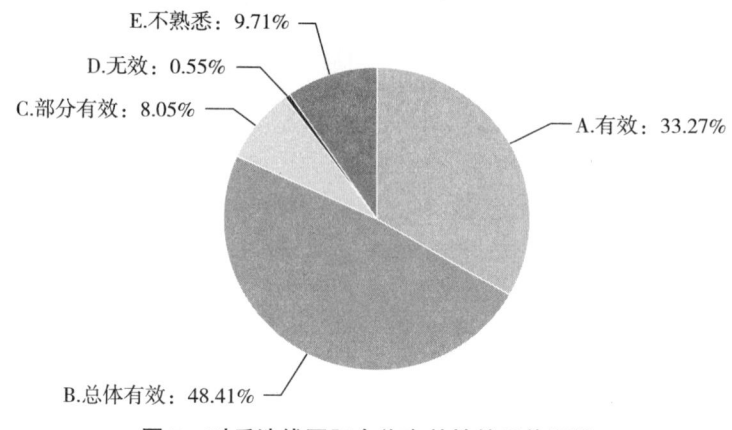

图7 对反洗钱国际合作有效性的总体评价

(二)《反洗钱法》主要缺陷及影响

近年来,我国面临的国内外反洗钱和反恐怖融资形势发生了很大变化,《反洗钱法》部分条款在制度设计和操作执行层面的局限性和不适应性日益凸显,已影响到我国反洗钱工作的有效开展,且与 FATF 的标准要求存在一定的差距,亟待修改完善。问卷显示:认为需大幅修订《反洗钱法》的占 7.23%,需局部修订的占 75.15%,无须修订的仅占 17.63%;认为应尽快启动修法进程的占 55.42%,认为可暂缓的占 19.82%,认为应从长计议的占 22.39%。

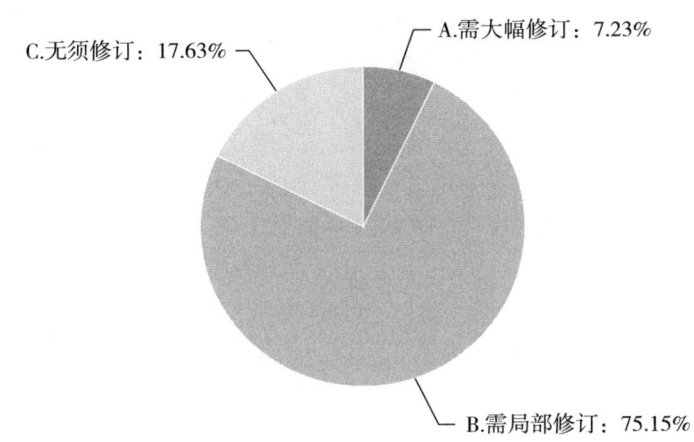

图 8 对《反洗钱法》的修订建议

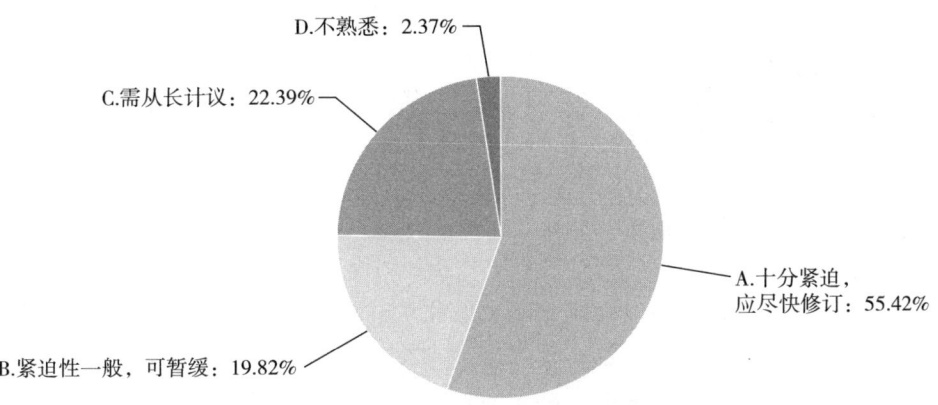

图 9 对《反洗钱法》的修订时机建议

1. 反洗钱工作机制存在缺陷

《反洗钱法》确立了"一个部门主管、多个部门协调配合"的反洗钱工作体制,但由于相关部门职责范围不明确,有效统筹推进反洗钱工作的机制缺失,影响了相关工作的全面深入开展。

一是部门职责分工不明确。反洗钱工作涉及部门较多，但现行《反洗钱法》未对相关部门的职责范围作出明确规定，仅原则规定监管、司法、执法、外交等部门"在各自的职责范围内履行反洗钱监督管理职责"及"在反洗钱工作中应当相互配合"，各参与部门未有效形成合力，甚至存在职责认识不清、相互推诿等现象，导致反洗钱工作机制在预防洗钱活动、维护金融秩序、遏制洗钱犯罪及相关犯罪方面的作用未能充分发挥。

二是统筹推进反洗钱工作的机制缺失。目前虽然建立了反洗钱工作部际联席会议制度，但务虚大于务实。实践中，跨部门协作不顺畅、信息共享不足等问题和矛盾较为突出，特别是由于缺乏通过督促、督导、问责等手段推动相关工作的法律授权，导致该机制实际发挥作用不足。

三是监管协调合作有待加强。《反洗钱法》规定了国务院金融监管部门的反洗钱监管职责，但工作实践中人民银行承担了绝大部分金融机构反洗钱监管工作，国务院金融监管部门对反洗钱监督管理认识不够到位，参与反洗钱监管工作不够积极主动，导致监管合力未有效发挥、监管不当与监管不足并存，严重影响反洗钱监管工作有效性。此外，《反洗钱法》未明确规定反洗钱行政主管部门与特定非金融行业主管部门的监管分工，导致特定非金融机构尚未真正有效履行反洗钱职责，特定非金融领域的反洗钱监管尚未实质性开展，成为我国第四轮互评估的重要短板。

2.《反洗钱法》在操作层面存在缺陷

《反洗钱法》在工作机制规定方面存在缺陷制约了反洗钱工作的全面深入开展，与此同时，在微观操作层面《反洗钱法》也存在不少亟待修改完善的问题，主要表现在以下方面：

（1）反洗钱定义范围存在局限。现行《反洗钱法》关于反洗钱的定义是根据《刑法》第191条作出的，局限于狭义的洗钱，未包括《刑法》第312条、第349条即广义洗钱，与当前我国反洗钱工作实际情况不符，也不符合国际上逐步将洗钱上游犯罪扩大到所有犯罪的立法趋势。以《反洗钱法》未涵盖的税务犯罪为例，FATF近年来逐步将关注点扩展到税务欺诈等领域，其"新40项建议"明确将税收犯罪增列为洗钱罪的上游犯罪；2016年G20杭州峰会公报中各国领导人共同承诺要完善制度，提升国际社会打击洗钱、恐怖融资和逃税的能力；2017年8月，国务院办公厅发布"三反"意见，也将打击涉税犯罪放在了重要位置。

（2）"风险为本"的反洗钱原则未得到有效体现。当前"风险为本"已经成为反洗钱工作的核心理念。FATF建议各国应识别、评估和了解本国的洗钱与恐怖融资风险，适用"风险为本"的方法，要求金融机构和特定非金融机构识别、评估并采取措施降低洗钱与恐怖融资风险。从已经接受FATF第四轮互评估的国家和地区的事前准备和评估报告来看,其在互评估开展前后,无论是法规制定还是执法手段,都在快步向 FATF"风险为本"理念靠拢。人民银行顺应趋势,稳步落实"风险为本"要求,但相关制度仅为规范性文件,层次较低、效力不足,导致义务机构仍"重合规、轻风险"。

(3) 义务机构范围过窄。《反洗钱法》对履行反洗钱义务的机构通篇表述为"金融机构",附则中对"金融机构"的范围作出规定,并规定特定非金融机构的范围由国务院行政主管部门会同国务院有关部门制定。随着我国实际履行反洗钱义务机构范围的不断扩大,以上适用范围已过于狭窄,导致部分义务机构履责只能依据法律位阶较低的法规、规章,缺少上位法依据,执行效果不理想。例如,在全国范围内,房地产开发企业和中介机构、会计师事务所、非营利性组织及黄金交易商 4 个行业已被纳入反洗钱监管,但从监管实践看,这些行业目前尚存在反洗钱监管主体责任不清晰、反洗钱义务内容规定简单粗略、缺乏激励约束机制等问题,反洗钱工作有效性较差。

问卷显示,大多认为义务机构范围需扩大或明确,主要包括:一是扩大金融机构范围,大多数人认为应增加金融集团等 11 种类型;二是将非银行支付机构及 P2P、网络小贷公司等互联网金融从业机构纳入义务机构范围;三是明确特定非金融机构范围。

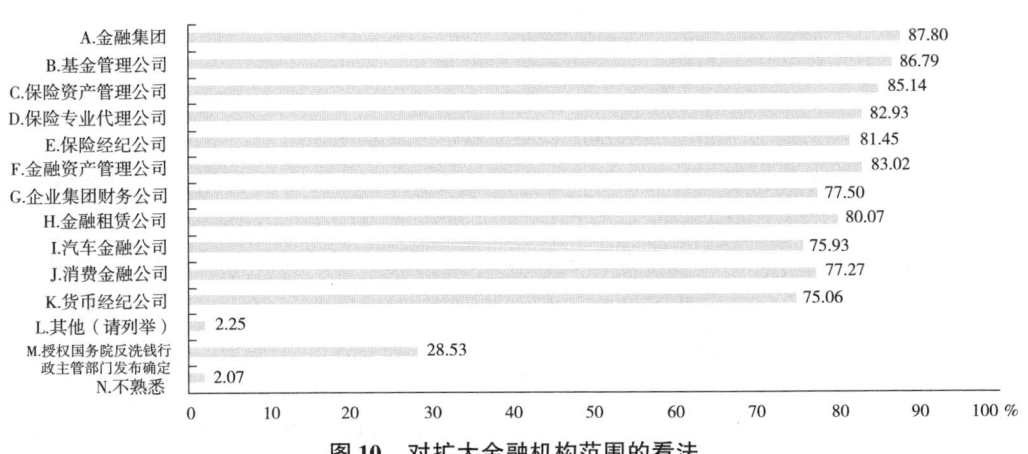

图 10 对扩大金融机构范围的看法

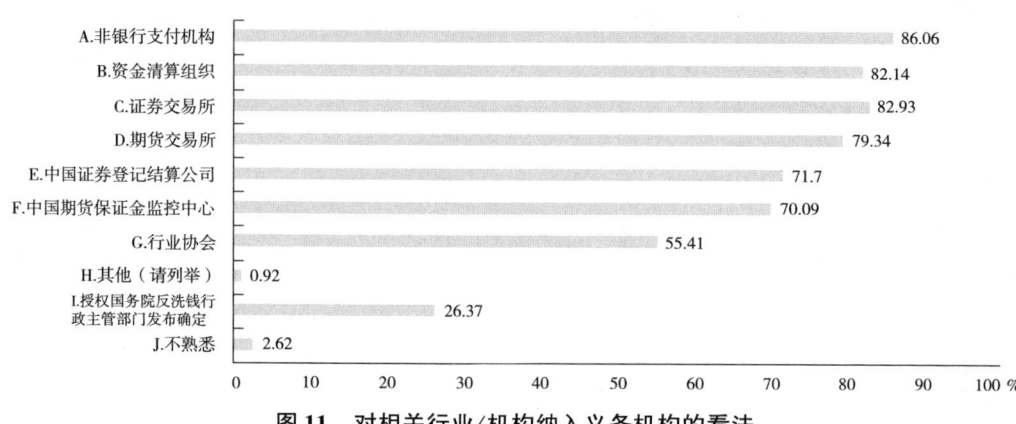

图11　对相关行业/机构纳入义务机构的看法

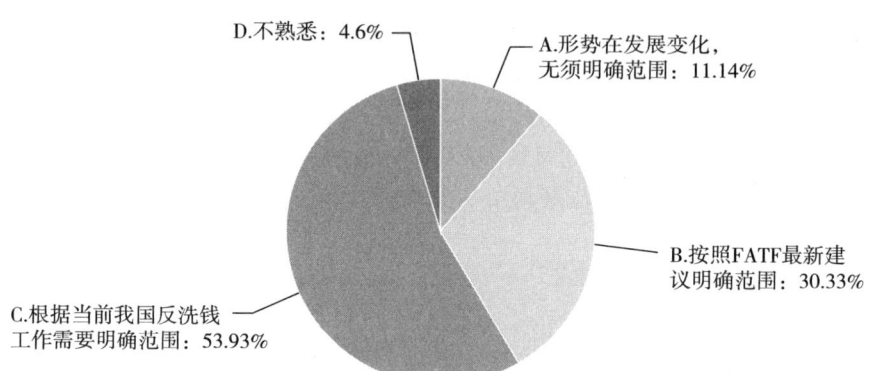

图12　对明确特定非金融机构范围的看法

（4）反洗钱义务规定不全面。一是《反洗钱法》未对受益所有人身份识别作出要求，与之相关的规定散见于中国人民银行等部门发布的规范性文件中，缺乏上位法依据。二是"可疑交易报告后续控制措施"缺少上位法依据。《中国人民银行关于加强开户管理及可疑交易报告后续控制措施的通知》要求义务机构采取相应的可疑交易报告后续管控措施，虽弥补了相关制度的缺失，但在制度层级和规范效力上存在不足，义务机构履责容易产生纠纷或风险，人民银行对于执行不力机构实施行政处罚的法律依据不足。三是客户身份识别一般规定的内涵单一。当前了解客户交易目的和交易性质、实际控制客户的自然人和交易的实际受益人（受益所有人）已成为客户尽职调查的重要内容，是客户身份识别深入开展的方向和国际标准的明确要求。《反洗钱法》现行规定仅限于核对并登记客户身份证件，对客户身份识别乃至反洗钱工作造成不利影响。四是反恐怖融资的规定相对薄弱。洗钱和恐怖融资之间虽然联系紧密，但反恐怖融资具有与反洗钱不同的特殊性，《反洗钱法》对反恐怖融资的规定较为笼统，仅规定"对涉嫌恐怖活动资金的监控适用本法",未能细化明确金融机构和特定非金融机构在反恐怖融资方面的有关制度建立、身份识别、交易报告等特殊要求,缺乏全面完整、可操作且可执行的法律规定。

(5)反洗钱调查权限层级设置制约工作效率。反洗钱调查具有准司法性质,为防止调查权滥用,《反洗钱法》将调查主体范围限定为"国务院反洗钱行政主管部门或者其省一级派出机构"。人民银行地市(州)中支和县(市、区)支行认为辖内可疑交易活动需调查核实的,可逐级报请人民银行省一级分支行调查。数据显示:2015—2017年,人民银行调查数量年均增长20.8%。与之对应的是,人民银行调查人员并未同步增加,人员紧缺问题日益突出。仅由中国人民银行及其省一级分支行组织调查,不仅影响调查分析的质量,还存在案件协作效率不高、时效性不足等问题。

问卷显示,建议将反洗钱调查主体限定为人民银行总行的占13.21%,限定为人民银行省一级分支行以上机构的占22.78%,限定为人民银行地市(州)中支以上机构的占35.94%,限定为人民银行县(市、区)支行以上机构的占24.76%。

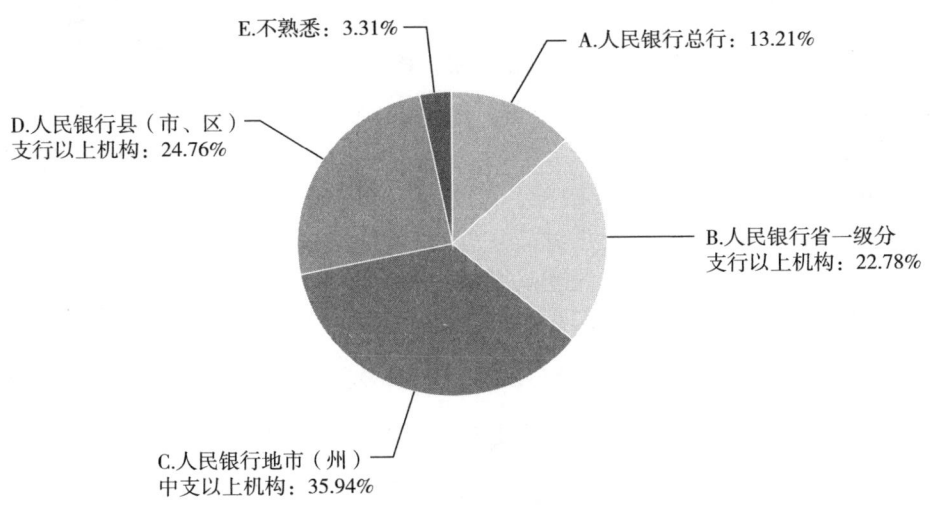

图13 对反洗钱调查主体范围的看法

(6)反洗钱临时冻结措施未发挥实际效用。临时冻结规定在实践中从未真正执行过,主要受限于其单一的启动条件和烦琐的审批流程:首先,启动临时冻结措施的条件为"客户要求将调查所涉及的账户资金转往境外"。然而,将账户资金转往境外并非转移资金的唯一方式,犯罪分子完全可以通过取现、境内转账等方式转移资金。其次,临时冻结需"经国务院反洗钱行政主管部门负责人批准",流程烦琐耗时,不适应非法资金快速转移应快批快冻的需要。最后,实务中该规定往往使金融机构陷入被动。当被调查客户要求将资金转往境外时,按规定金融机构应先向人民银行报告,从而决定是否予以临时冻结。在金融机构报告的同时,将面临是否为客户转款的两难选择:如果拒绝转款,难以向客户解释;如果转款,后续的临时冻结措施将失去意义。

问卷显示,关于完善临时冻结措施的建议有放宽临时冻结措施的启动条件(占47.08%)、简化临时冻结措施的审批流程(占66.54%)和延长临时冻结时间(占42.43%)。

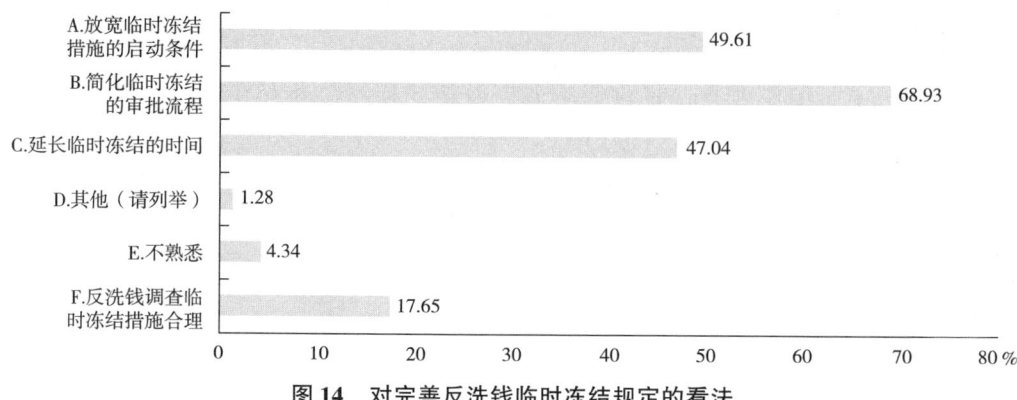

图14 对完善反洗钱临时冻结规定的看法

(7)反洗钱法律责任规定不完善。一是罚则内容限制了对违规情形的监管处理。内控制度、反洗钱系统建设等对义务机构反洗钱工作起到根本性的作用,但《反洗钱法》未将内控制度缺陷、反洗钱系统漏洞和其他重大洗钱风险隐患纳入行政罚款的情形,不能真正对义务机构起到警示作用。问卷显示,建议将内控方面重大违规行为纳入行政罚款范围的占59.18%、将重大洗钱风险隐患纳入行政罚款范围占56.42%、将反洗钱信息系统漏洞纳入行政罚款范围占56.47%。

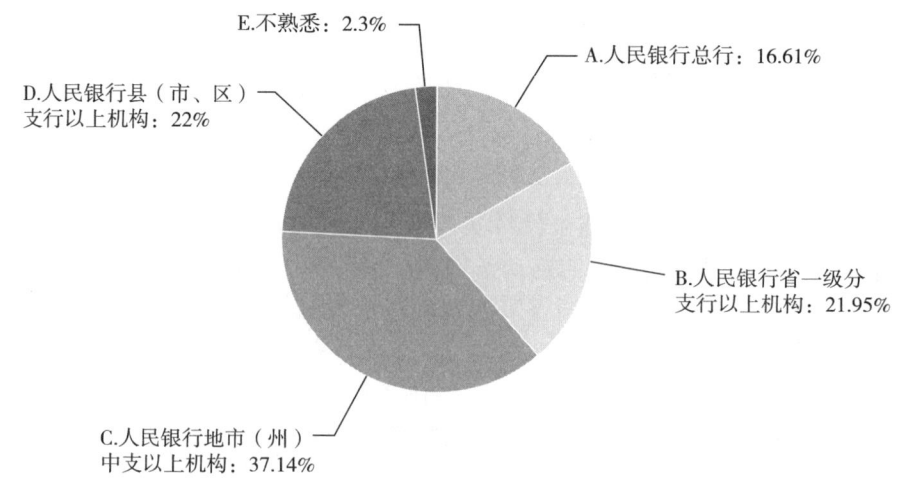

图15 对反洗钱行政处罚主体范围的看法

二是处罚偏轻。对义务机构 500 万元、对相关责任人 50 万元的罚款上限，以及对义务机构 20 万元、对相关责任人 1 万元的罚款下限，远低于欧美各国的处罚标准，无法形成有效的监管震慑力，更不利于有效应对欧美各国对我国义务机构境外分支机构可能采取的监管处罚。

（8）缺乏对公民反洗钱义务的规定。《反洗钱法》确定客户配合身份识别工作内容为"提供真实有效的身份证件或其他身份证明文件"，容易给金融机构和客户造成"误解"，即客户配合金融机构开展客户身份识别工作的内容和方式仅限于"提供证件"，而登记客户身份基本信息、识别非自然客户受益所有人等其他客户身份识别工作，超出了金融机构工作权限，也不属于客户的配合范围。为弥补缺陷，相关规章和规范性文件对公民配合的义务作出了规定，但比较分散，法律效力不足。实践中，经常发生客户因配合身份识别产生纠纷而投诉金融机构。问卷显示，多数人认为需增加对公民、企业履行反洗钱义务方面的规定（占 93.33%）。

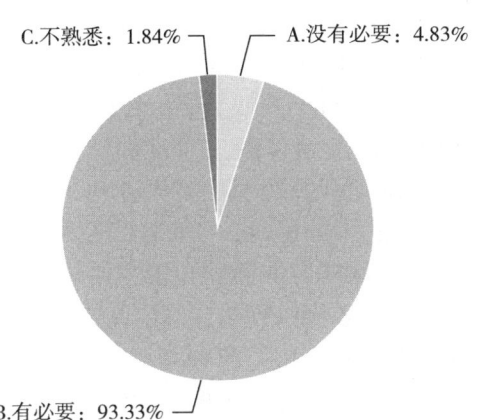

图 16　对是否增加对公民、企业履行反洗钱义务方面规定的看法

三、《反洗钱法》修订的国际经验

本课题梳理和总结了美国、英国等 11 个国家（地区）① 的反洗钱立法情况，以期为完善我国反洗钱立法提供借鉴和参考。

（一）各国（地区）反洗钱立法的总体情况

1. 立法模式

反洗钱立法模式大体可分为分散型和相对集中型。分散型即反洗钱预防措施

---

①　包括美国、英国、日本、法国、德国、意大利、中国香港、俄罗斯、加拿大、澳大利亚、瑞士。

散见于不同法律的立法模式。以美国为代表，其建立了以《银行保密法》为中心，《爱国者法案》《洗钱控制法》《Annunzio – Wylie反洗钱法》《遏制洗钱法》《反洗钱法》《情报改革和防恐法案》《打击洗钱、恐怖主义融资和造假法案》等构成的完整反洗钱法律体系。

相对集中型即在一国或地区存在相对统一、集中的反洗钱立法。例如，法国1990年制定《反洗钱法》，德国1993年制定《反洗钱法》，瑞士1997年制定《反洗钱法》。我国《反洗钱法》属于相对集中型。

2. 立法修订情况

上述国家（地区）的反洗钱立法都经过修订，其中不少国家进行了多次修订。例如，俄罗斯2001年制定《反洗钱法》，2002年施行，之后除2003年和2008年，每年都会进行修订，最近一次修订在2018年4月。2017年以来，除法国外，美国、英国、日本、意大利等10个国家（地区）均对本国主要的反洗钱立法进行过修订。

修订反洗钱立法主要基于三方面原因：一是对标国际标准。例如，意大利按照FATF建议要求，在2017年修订《反洗钱法》时，增加博彩行业的反洗钱义务；英国2018年通过的《制裁与反洗钱法案》，要求14个海外领地提交受益所有人的公开登记册；德国2017年修订的《反洗钱法》新增对受益所有人信息集中登记的规定，强化了受益所有人透明度的要求。二是实践"风险为本"。例如，澳大利亚日益关注虚拟货币的风险，于2018年修订《反洗钱与反恐怖融资法》，新增对数字货币交易所运营商的监管；俄罗斯针对非面对面业务，于2017年修订《打击清洗犯罪收益和恐怖融资法》，增加对运用生物信息进行非面对面身份识别的要求。三是适应形势变化。澳大利亚在2018年修订《反洗钱与反恐怖融资法》时，增加交易报告和分析中心首席执行官的权力和职能，以扩大监管权力；日本针对监管中掌握的银行机构诉求，在2018年修订《防止转移犯罪收益法》时，允许通过网上验证的方式进行开户。

3. 立法风格

除日本、法国立法条款多为原则性规定外，大部分国家（地区）的条款均较为详尽。从篇幅上来看，澳大利亚《反洗钱与反恐怖融资法》共402页，《金融交易报告法》共130页。从具体规定来看，德国《反洗钱法》按照一般尽职调查、简化尽职调查、强化尽职调查等类别分别细化反洗钱义务要求；加拿大明确应保存的客户身份资料和交易记录包括20余项资料名录。

（二）各国（地区）立法的特色

1. 统一涵盖反洗钱、反恐怖融资工作

除意大利对反洗钱和反恐怖融资分别进行立法外，大部分国家（地区）均在其主要反洗钱法中将反恐怖融资工作统一进行规定。例如，澳大利亚制定了《反洗钱与反恐怖融资法》，加拿大制定了《犯罪收益（洗钱）和恐怖融资法》。

2. 明确和清晰界定反洗钱义务机构的范围

各国（地区）基本上都从法律层面细化了反洗钱义务主体范围和类别，例如日本《防止转移犯罪收益法》明确列明反洗钱义务机构涵盖的 47 类特定从业者；俄罗斯不仅列出详细的金融机构、特定非金融机构种类，还把联邦邮政机构、电信运营商纳入反洗钱义务机构。

3. 不同程度地明确 FATF 建议所规定的预防性措施

各国的反洗钱立法不同程度地规定了 FATF 建议中的预防性措施，例如高风险国家，受益所有人、政治公众人物、定向金融制裁、电汇、代理行等，这些措施体现了"风险为本"的反洗钱工作理念，正是我国《反洗钱法》规定存在不足的内容。同时，和 FATF 建议一致，各国均使用"客户尽职调查"的术语，而非"客户身份识别"；均使用"持续识别"，而非"重新识别"。

4. 细化部门之间的职责和分工协作

一是从立法层面对主管部门的职责和分工进行了细化。例如，意大利《反洗钱法》详细规定各监管部门（意大利央行、情报中心、保险监管机构、证券交易委员会）、海关、司法机关的职责以及信息共享的要求，还授权经济和财政部根据各类风险情况列出高风险国家名单，对源自高风险国家的风险进行严格管控；加拿大明确边境服务机构收到跨境现金运送报告后，应及时转交至金融交易和报告分析中心（反洗钱主管部门）。二是明确自律组织的职责。如英国《2017年反洗钱条例》明确了自律组织的职责，注重发挥自律组织的作用。

为应对反洗钱义务主体范围日益扩大带来的监管挑战，本研究还着重考察了各国反洗钱监管分工的经验，发现两大趋势：一是监管体系日渐分散化。不少国家打破了原来相对集中的监管模式，由原来的一个或少数几个监管部门进行反洗钱监管，逐渐扩展到由各相关行业部门对本行业的反洗钱工作进行监管，尤其是特定非金融行业，呈现出较为分散的反洗钱监管趋势。例如，德国明确财政部、金融监管局、保险监管部门在金融领域的反洗钱监管分工，同时确定律师协会、法院、会计师商会分别为律师、公证人、会计师的反洗钱监管部门。英国由财政部和内政部作为反洗钱政策制定及协调部门，特点是行业自律组织充分参与反洗钱监管；根据《2017 年反洗钱条例》，共有 25 个监管实体负责反洗钱监管，其中金融行为监管局监管金融机构，并明确税务海关总署及英格兰和威尔士特许会计师协会等 13 个协会对会计师进行监管，苏格兰律师协会等 9 个协会对律师、公证人进行监管，博彩委员会对赌场进行监管，金融行为监管局和税务海关总署还共同监管信托和公司服务提供商。新加坡明确由金融监管局监管信托服务提供商，会计和公司管理局监管公司服务提供商，而对律师、会计师、房地产经纪人和销售人员的反洗钱监管均由行业自律组织在授权范围内开展。二是分散化体制下监管合作更加紧密。监管体系的"分散化"促进各国更加注重反洗钱管理部门之间的合作与协调，通过签订协议、备忘录、信息共享等方式强化监管协作。例如，俄罗斯从立法层面规定，如律师、公证人怀疑获取的信息涉及洗钱或恐怖融资，应当向主管部门提交可疑交易报告，提交方式由律师协会、公证人协会与主管部门签订的合作协议确定。美国金融犯罪执法局（FinCEN，反洗钱核心监管部门）与联邦、各州监管部门签订的合规信息谅解备忘录多达80余个，对反洗钱监管信息共享作出规定。

5. 行政调查的授权较为充分

一是在调查的过程中，有权命令暂停交易。例如，法国金融情报中心有权命令金融机构在12小时内暂停所报告的金融交易，如果认为有必要延长暂停交易时间，可向巴黎的民事法院申请延长时间，且操作较为简便。二是在调查的过程中，明确可向相关主管部门索要信息。例如，德国金融情报中心开展反洗钱调查时，可在执行任务所需的范围内从公共机关收集数据。

6. 明确反洗钱国际合作的具体情形

一是明确可开展国际合作的情形。如法国《反洗钱法》规定，在调查可判处一年以上刑事处罚的犯罪行为或恐怖融资犯罪时，可以应外国合作当局的要求，提供洗钱相关信息，但必须基于互惠原则并满足以下条件：a）外国当局必须遵守基本的保密规定与义务；b）必须保证处理信息的流程充分保护隐私并遵守《刑法》第68条和第69条等法令。二是规定不能开展国际合作的情形。例如，日本明确规定：如果提出要求的国家无法作出对日本同类要求进行回应的承诺，或犯罪行为在日本国内发生但根据日本法律不构成犯罪等，则不能向外国机构提供相关信息。

7. 分类规定法律责任并设置奖励条款

法律责任方面，一是根据不同违法行为规定不同的经济处罚条款，有些是规定处罚区间，有些是规定处罚上限，有些则与违法收益挂钩，如不高于10倍违法收益的处罚。二是多个监管部门均能按要求进行处罚。三是处罚类型较多，如法国规定的处罚类型包括经济处罚、警告、谴责、禁止开展某项业务、禁止高管从业以及吊销经营执照等，还有国家规定应在指定媒体上公示处罚情况。四是可进行处罚的违规行为种类完备，如涉及内部组织架构、程序和控制措施以及员工培训等。

奖励制度方面，为更有效地鼓励全社会参与反洗钱，美国《银行保密法》规定了对提供信息行为进行奖励的制度。例如，根据个人提供的直接线索，对违法行为作出的刑事和民事罚款以及没收数额达到5万美元的，财政部长可对个人予以不超过罚款/没收金额25%或15万美元的奖励。

8. 重视客户配合反洗钱工作的要求

德国明确客户有义务向机构提供履行反洗钱义务所需的信息和文件，在业务关系存续期间，上述信息和文件发生变更的，应及时告知义务机构。澳大利亚在《反洗钱和反恐怖融资法》中针对违反相关规定的客户规定了处罚条款：当客户存在向义务机构提供虚假或误导性的信息、文件，伪造客户尽职调查文件等行为，可对其处以2—10年监禁或（和）25200—210000澳元的处罚。

(三) 对我国的启示

一是可从立法层面统一反洗钱、反恐怖融资工作，增加反恐怖融资的定义和工作要求。二是可明确反洗钱义务机构的范围，从立法上明确非银行支付机构、P2P等互联网金融从业机构、特定非金融机构作为义务机构。同时，增加兜底条款，赋予国务院反洗钱行政主管部门职权，可单独公布或与相关主管部门共同公布应履行反洗钱义务的特定非金融机构范围。三是可对照国际标准，完善反洗钱义务相关规定，按FATF"新40项建议"明确"风险为本"的理念，并将"客户身份识别"修改为"客户尽职调查"。四是可细化主管部门之间的职责分工，包括监管部门之间、监管部门与执法部门之间的职责与分工协作，重视自律组织的作用。五是可完善反洗钱行政调查的规定，在明确调查的过程中，有权向相关主管部门索要信息，同时将调查范围扩展到金融机构之外。六是可完善反洗钱国际合作的条款。七是可修订法律责任并增加奖励条款，将内控制度等方面存在的严重问题纳入行政罚款的范围，并根据违法行为的性质和严重程度规定具有弹性的罚款区间，对机构和个人的处罚也不应局限于经济处罚。八是可规定客户的配合义务，包括配合义务机构开展尽职调查等方面工作，对于严重不配合的情况，进行相应惩戒。

四、《反洗钱法》修订的目标与原则

结合我国反洗钱工作实际，借鉴国际经验，确定修订《反洗钱法》的目标与基本原则，为下一步提出具体修订建议奠定坚实基础。

(一)《反洗钱法》修订目标

1. 与反洗钱国际标准接轨。2012年，FATF"新40项建议"对各国反洗钱工作提出更高要求，主要变化包括：明确提出"风险为本"方法，要求根据风险高低采取适当措施；反恐怖融资标准不再单列，反洗钱标准同样适用于反恐怖融资；将税务犯罪增列为洗钱上游犯罪；突出强调定向金融制裁、受益所有人识别的工作要求；扩大客户尽职调查、高风险国家等方面的内容；进一步细化金融监管机构、金融情报中心、执法部门等不同主管部门的职责和权力；对反洗钱调查有效性提出更高要求等。具体如表 2 所示。

表 2　　　　　　　　　FATF"新 40 项建议"主要变化

	主要变化	具体内容
1	明确引入"风险为本"的反洗钱方法	对实施"风险为本"方法提出原则性要求，并将其作为第一条建议，各国需根据风险评估结果，合理配置相应的资源，采取风险管控措施
2	将反洗钱范围扩展为反洗钱、反恐怖融资、反扩散融资	反恐怖融资标准不再单列，反洗钱标准同样适用于反恐怖融资，增加防范资助大规模杀伤性武器扩散活动的新标准
3	首次将洗钱罪上游犯罪扩展至税务犯罪	"新 40 项建议"对洗钱罪"上游犯罪"进行解释时将税务犯罪定义为其中一种罪行，这是税务犯罪首次被 FATF 纳入洗钱罪的上游犯罪范围
4	强调客户尽职调查要求	义务机构应以"风险为本"为原则，设定风险评估的基本指标。允许根据风险高低采取强化的尽职调查措施和简化的尽职调查措施
5	扩大政治公众人物的内容	将其适用范围扩大为本国的政治公众人物和国际组织的政治公众人物，进一步体现反腐败工作要求
6	更加强调定向金融制裁的工作要求	引入定向金融制裁的新概念，调整涉及恐怖融资的定向金融制裁工作要求，增加大规模杀伤性武器扩散的定向金融制裁要求
7	对高风险国家应当采取的措施作出更为明确的要求	义务机构应对与来自高风险国家/地区的人（包括自然人、法人、其他法律安排以及金融机构）有关的交易采取强化的尽职调查措施
8	加强金融集团的监管	强调金融集团的内部控制、对境外分支机构的管理以及信息共享等问题
9	强化对法人和法律实体信息透明度要求	注重法人和法律安排的透明度，明确法人和法律安排的受益所有权信息的获取、判断、保存问题
10	强调反洗钱调查有效性	对金融情报机构和执法部门提出了更高的要求，各国应加强金融情报机构和执法部门的有效合作，赋予金融情报机构和执法部门更充分的职权、资源和手段

　　从 FATF 第四轮互评估工作的开展情况来看，FATF 尤为注重对新规则和新要求的评估，这对我国反洗钱工作，尤其是反洗钱法律法规内容提出了新的更高要求。需要通过修订《反洗钱法》对"风险为本"原则、特定非金融机构界定、行政处罚标准等重要问题给予回应，实现国际标准的国内化。

2. 弥补相关反洗钱措施上位法缺失的不足。近年来，为适应反洗钱工作形势变化，反洗钱主管部门积极创新、陆续出台一系列规章及规范性文件。例如，《金融机构大额交易和可疑交易报告管理办法》扩展了反洗钱义务范围，新增保险专业代理公司、消费金融公司等适用对象；《中国人民银行关于加强开户管理及可疑交易报告后续控制措施的通知》要求义务机构采取相应的可疑交易报告后续管控措施；《中国人民银行关于加强反洗钱客户身份识别有关工作的通知》要求义务机构强化对受益所有人识别；2017年以来，中国人民银行和相关行业主管部门相继发文规定了贵金属交易场所、房地产业、社会组织和会计师事务所的反洗钱义务。这些规范性文件已在实践中取得一定的成效，但部分措施仅以规范性文件作为依据，缺乏上位法支撑，导致其制度层级和规范效力不足。从FATF对我国第四轮互评估情况来看，我国反洗钱法规体系中存在一些法律层次不足的问题，导致部分技术合规要求不达标。因此，《反洗钱法》修订的目标之一就是填补法律层面空白，为后续制定规章和规范性文件提供坚实明确的法律基础。

3. 应对反洗钱工作面临的新挑战。近年来，金融新产品、新技术和新业态层出不穷，跨行业、涉众型经济犯罪高发，义务机构面临的洗钱风险成倍放大，对客户尽职调查、异常交易资金审查以及跨部门协作有效性，均提出更高要求。同时，我国金融监管体制改革不断深化，"一委一行两会"的新金融监管体系已经确立，不同监管部门间的分工协作正在调整和深化，这必将给反洗钱监管工作带来深刻变革。"三反"意见将"三反"监管体制机制确立为推进国家治理能力现代化、维护经济社会安全稳定的重要保障。贯彻落实"三反"意见相关内容、有效应对新变革新挑战，在很大程度上有赖于通过修订《反洗钱法》，从法律层面作出系统性安排。

（二）修订的基本原则

1. 问题导向原则。以实际问题为导向，尽量减少争论，确保法律修订能够顺利通过，防止争议过大、久拖不决。一是尽量通过修改《反洗钱法》一部法律解决实际问题，通过技术性修改，减少不必要的社会争论或学术争论。二是准备替代性方案，不拘泥于文字和表述，可以通过变通的方案实现所要达到的目标。三是梳理工作中遇到的实际问题和FATF互评估所指出的重要缺陷，综合考虑执法资源、社会可接受程度等因素，立足于通过修订解决实际问题。

2. 最小化原则。当前我国整个反洗钱体系都是建立在《反洗钱法》的基础之上，同时实践已证明《反洗钱法》总体上是有效的。为保持反洗钱工作的连续性和稳定性，修订宜在原有总体框架下进行局部修改，保持原有法律的相对稳定。修订工作应当解决核心问题和必须通过法律解决的问题，如授权问题，在授权明确的情况下，可通过制定规章出台执行细则。最小化原则不仅有助于减少争议，有利于修订工作的顺利开展，也与我国一贯以来的立法风格相契合。此外，在操作层面上，作为行政法的《反洗钱法》很难改变关乎刑法相关原则的重大问题（如自洗钱问题），这些问题不宜纳入本次修订工作的范围。

3. 技术性原则。《反洗钱法》是技术性很强的法律，通过修订《反洗钱法》从技术角度解决实际问题，尽量不触及其他法律的修改。对于某些需求，通过修改其他法律可能更加科学、严谨，但是由于触及其他法律领域，可能导致过多非专业人士参与，不利于保持立法的专业性。例如，受益所有人识别的要求，如果在《信托法》中加以规定，从立法体系上来看会更加科学。但是，这会牵涉相关法律的修改，难度大、争议多。完全可以在《反洗钱法》中设定相关义务，要求客户在办理业务时必须填写受益所有人，并规定相应罚则。

五、《反洗钱法》修订建议

《反洗钱法》存在的缺陷已影响到反洗钱工作的有效性，亟须修改完善。本课题针对现行《反洗钱法》存在的缺陷，借鉴国际经验，适应国际标准要求与反洗钱工作形势，提出下列修改建议。

（一）完善反洗钱工作机制

1. 明确各部门职责分工。在保持现有"一个部门主管、多个部门协调配合"的反洗钱工作框架基础上，进一步明确人民银行与国务院金融监管部门、特定非金融行业主管部门、执法和外交等部门的反洗钱职责和分工定位，使各部门各司其职，有效避免职责划分不清、工作相互推诿的问题，促进反洗钱工作有效开展。

2. 强化跨部门工作机制。升级和强化现有反洗钱工作部际联席会议机制，明确规定国家设立反洗钱工作协调机制，负责审议、批准各成员单位反洗钱工作报告、规划和重大政策事项，督促落实反洗钱工作任务。各部门应按规定向反洗钱工作协调机制上报工作信息，如发现反洗钱工作履职不到位，协调机制可以采取督促、问责等手段予以纠正。反洗钱工作协调机制办公室设在国务院反洗钱行政主管部门。在条件成熟的情况下，建议提高反洗钱工作跨部门协调的层级，成立国家层面的反洗钱委员会。

3. 加强反洗钱监管协调配合。人民银行继续负责统筹反洗钱重大政策制定、协调反洗钱工作推进，国务院金融监管部门和特定非金融行业主管部门在各自职责范围内与人民银行协调配合，承担金融行业、特定非金融行业反洗钱监管工作；同时，充分发挥行业自律组织作用，借鉴互联网金融协会、基金业协会模式，监管部门可授权并指导行业自律组织在适当范围内履行行业反洗钱监管职责，节约社会资源。

具体地，在现有监管分工合作的基础上，继续由人民银行牵头，组织协调金融机构反洗钱监管工作，明晰和细化国务院金融监管部门在其职责范围内应履行的反洗钱监管职责，避免出现"监管真空"或"重复监管"；同时，为保证监管协同性，强化人民银行与国务院金融监管部门在监管规则制定、风险评估、执法检查、信息共享、跨境合作等方面的协调配合。

对特定非金融机构，由人民银行会同行业主管部门制定行业反洗钱规章，同时以行业主管部门为主负责日常监管，或者由人民银行和行业主管部门授权行业协会进行日常监管，行业主管部门应按规定向人民银行通报监管信息。对于无行业主管部门或行业主管部门为人民银行的，由人民银行负责监管。

4. 积极发挥行业协会和自律组织的自主管理职能。大多数国家已认识到行业主管部门和自律组织对本行业的风险理解更为清晰，因此一般授权由其对本行业从业机构进行反洗钱自主管理。建议《反洗钱法》明确银行业协会、证券业协会、保险业协会、律师协会和注册会计师协会等行业协会和自律组织在反洗钱工作中的职责，鼓励和引导其制定本行业反洗钱工作指引，将反洗钱融入每年的例行检查和自律管理中，在职责范围内督导义务机构履行反洗钱义务。

(二) 健全《反洗钱法》操作层面规定

1. 明晰反洗钱定义。现行《反洗钱法》将反洗钱定义为预防通过各种方式掩饰、隐瞒毒品犯罪等七类犯罪所得及其收益的来源和性质，预防犯罪的范围过窄。修改方案一是建议不再具体列明指定上游犯罪，从而与目前《刑法》中的广义洗钱犯罪相匹配，即符合《刑法》第191条"洗钱罪"、第312条"掩饰、隐瞒犯罪所得、犯罪所得收益罪"和第349条"窝藏、转移、隐瞒毒品、毒赃罪"的所规定洗钱犯罪，顺应国际标准将洗钱上游犯罪扩大化的趋势。修改方案二是"有限扩容"，即继续延续以列举上游犯罪的方式来定义洗钱活动，将风险较高的犯罪形式，如涉税犯罪，涵盖在列。

2. 明确义务机构范围。随着反洗钱工作的深入推进，反洗钱和反恐怖融资所涉及的义务机构范围也在不断扩大，这种变化需要在《反洗钱法》中给予明确。反洗钱义务机构应该包括：

(1) 金融机构。建议参照FATF"新40项建议"中通过开展的业务来界定金融机构范畴的方式，修改《反洗钱法》第三十四条，将金融机构定义为金融从业机构，即在中华人民共和国境内依法设立、从事金融业务的机构，金融业务的界定由国务院反洗钱行政主管部门确定并公布。

(2) 特定非金融机构和非银行支付机构。建议参考《中国人民银行办公厅关于加强特定非金融机构反洗钱监管工作的通知》等文件关于义务机构范围的界定，在法律层面明确特定非金融机构和非银行支付机构涵盖的范畴。

（3）社会组织。建议《反洗钱法》将在中华人民共和国境内依法登记的社会团体、基金会、社会服务机构（民办非企业单位）和外国商会纳入反洗钱义务机构的范畴。但是，考虑到社会组织的特殊性，在义务的范围和履行方式上应当体现出与金融机构和特定非金融机构的区别。

3. 完善反洗钱义务相关条款

（1）完善客户尽职调查相关制度

一是将"客户身份识别"的阐述修改为"客户尽职调查"。目前FATF"新40项建议"及主要国家监管法规均采取了"客户尽职调查"的概念。"客户尽职调查"的概念较大，除客户身份识别外，还包括业务环节等尽职调查范畴，更能涵盖反洗钱工作的要求。同时，要求义务机构按规定建立客户尽职调查内部控制制度，有效控制风险。

二是对金融机构提出严格的客户尽职调查要求。其一，明确要求金融机构应当为客户划分风险等级，划分标准可以由国务院反洗钱行政主管部门确定；其二，在《反洗钱法》中给出准确的"受益所有人"定义，并要求义务机构本着"勤勉尽责、实质重于形式"的原则，对法人和法律安排的受益所有人身份信息提出识别要求；其三，明确要求金融机构应当采取持续识别的措施，对高风险客户采取强化尽职调查措施。

三是对于特定非金融机构，结合中国的实际情况及国际经验，只规定其在特定业务范围内履行客户尽职调查的义务。

四是对国际反洗钱组织指定高风险国家或者地区的客户，以及外国政要、国际组织的高级管理人员及其特定关系人，采取强化客户尽职调查措施。

（2）完善客户身份资料和交易记录保存相关制度

一是义务机构应按照安全、准确、完整、保密的原则，妥善保存客户身份资料和交易记录，确保能足以完整重现每笔交易，确保反洗钱和反恐怖融资相关工作可追溯。

二是保存的客户身份资料和交易记录，应满足识别客户身份、监测分析交易情况、调查可疑交易活动、反洗钱监管和查处洗钱案件所需。

三是明确工作程序，能够按照规定将客户身份信息和交易记录迅速、便捷、准确地提供给监管部门和执法部门。

（3）完善大额交易和可疑交易报告义务相关制度

一是义务机构及其工作人员发现或者有合理理由怀疑客户、客户的资金或者其他资产、客户的交易或者试图进行的交易与洗钱、恐怖融资等犯罪活动相关的，不论所涉资金金额或者资产价值大小，应当及时向中国反洗钱监测分析中心报告。

二是为充分减轻义务机构被洗钱、恐怖融资及其他违法犯罪活动利用的风险，义务机构应按规定建立可疑交易报告后续控制措施内部控制制度，并在报告可疑交易报告后，区分情形，对可疑交易报告所涉客户、账户（或资金）和金融业务及时采取适当的控制措施。

三是《反洗钱法》缺乏对大额交易和可疑交易报告信息的保密条款，为了防止信息泄密，建议增加义务机构的保密条款：反洗钱和反恐怖融资义务机构及其工作人员，对于大额交易和可疑交易报告的事实及相关信息，应当予以保密。非依法律规定，不得向任何单位和个人提供。对于履行客户尽职调查义务可能导致泄密的，可以中止调查，并向中国反洗钱监测分析中心报告可疑交易。

四是报告大额交易和可疑交易义务应该充分考虑特定非金融行业的性质，建议只规定特定非金融机构在开展特定业务时报送。

（4）增加客户和有关部门应配合义务机构开展反洗钱工作的相关规定

客户作为义务机构尽职调查的对象，有配合义务机构履行反洗钱义务的责任。应在立法层面要求客户积极配合义务机构的尽职调查，按规定提供身份证明文件、受益所有人信息或其他资料，按要求真实填写或回答义务机构提出的符合法律规定的问题；如不依法提供或提供虚假信息的，须承担法律责任，且义务机构有权拒绝为其提供开户、交易等服务。另外，公安、税务、市场监督管理等有关部门应当为义务机构调查客户身份提供信息支持，配合义务机构做好反洗钱工作。

5. 完善反洗钱调查和临时冻结制度

（1）扩大调查主体范围。根据地区反洗钱工作实际和洗钱风险情况，有条件地将反洗钱调查权下放至设区的市一级分支机构，赋予地市分支机构开展反洗钱调查的权力。其益处在于：一方面能够提高调查的时效性；另一方面能够激发人民银行地市分支机构反洗钱人员工作的主动性和积极性，提高工作有效性。

（2）修改完善反洗钱临时冻结规定。适当放宽临时冻结的启动条件，合理简化审批流程，提高临时冻结措施的可操作性，为阻止洗钱犯罪的进一步发生提供有效的手段。

6. 完善反洗钱法律责任规定

（1）增加追究法律责任的行为类型。为更好地体现"风险为本"的理念，建议将"未按照规定建立健全内控制度和风险管理政策"等行为类型纳入行政处罚的范围。

（2）扩大反洗钱罚款的裁量空间。调整法律责任中关于罚款的幅度，做到违法违规与处罚相匹配，最大限度地发挥处罚的威慑力。

（3）增加处罚惩戒的方式。如对于机构，可处以责令改正、责令停业整顿等惩戒方式；对于个人，除经济处罚外，还可处以诫勉谈话、警告、限制任职/从业资格等惩戒方式。

7. 增加反恐怖融资和防扩散融资预防性措施规定。FATF"新40项建议"中的建议6和建议7要求各国对恐怖主义融资和扩散融资采取预防性措施，即根据联合国安理会决议采取定向金融制裁措施（冻结资产和拒绝交易）。建议增加"反恐怖融资和防扩散融资预防性措施"相关内容，规定所有自然人和法人有义务按照联合国制裁决议的要求，采取预防性措施，具体措施由国务院反洗钱行政主管部门会同外交部和相关部门共同制定。

参考文献

[1] 安建，等.《中华人民共和国反洗钱法》释义 [M]. 北京：人民出版社，2006.

[2] 金苹. 中国反洗钱十年磨一剑 [N]. 金融时报，2016.

[3] 刘闽浙.《中华人民共和国反洗钱法》有效性研究 [J]. 浙江金融，2017（4）.

[4] 唐旭，等. 中国反洗钱工作有效性研究 [J]. 金融研究，2009（8）.

[5] 查宏. FATF新标准的变化 [J]. 金融会计，2014（5）.

[6] 中国人民银行. 中国反洗钱报告 [M]. 北京：中国金融出版社，2007—2017.

[7] Australia. Anti－Money Laundering and Counter－Terrorism Financing Act [M]. Australia，2018.

[8] Australia. Financial Transactions Reports Act 1988 [M]. Australia，2012.

[9] Canada. Proceeds of Crime（Money Laundering）and Terrorist Financing Act [M]. Canada，2017.

[10] FATF. International Standards on Combating Money Laundering and the Financing of Terrorism & Proliferation [M]. FATF，2012.

[11] FATF. Methodology for Assessing Technical Compliance with the FATF Recommendations and the Effectiveness of AML/CFT Systems [M]. FATF，2013.

[12] FATF. Anti－money laundering and counter－terrorist financing measures－United Kingdom，Fourth Round Mutual Evaluation Report [M]. FATF，2018.

[13] France. Obligations Relating to the Prevention of Money Laundering，Terrorist Financing and Illicit Lotteries，Games of Chance and Betting [J]. Monetary and Financial Code，France，2010.

[14] Germany. Geldwäschegesetz [M]. Germany，2017.

[15] Italy. The Legislative Decree [M]. No. 90 of May 25，2017，Italy.

[16] Japan. Act on Prevention of Transfer of Criminal Proceeds [M]. Japan，2018.

[17] Russia. Federal Law on Countering the Legalization (Laundering) of Criminally Obtained Incomes and the Financing of Terrorism [M]. Russia, 2001.

[18] Switzerland. Federal Act on Combating Money Laundering and Terrorist Financing [M]. Switzerland, 1997.

[19] United States. Bank Secrecy Act [M]. US, 1970.

[20] United States. Patriot Act [M]. US, 2001.

[21] United States. Money Laundering Control Act [M]. US, 1986.

[22] United States. Annunzio – Wylie Anti – Money Laundering Act [M]. US, 1992.

[23] United States. Money Laundering Suppression Act [M]. US, 1994.

[24] United States. Money Laundering and Financial Crime Strategy Act [M]. US, 1999.

[25] United States. Intelligence Reform and Terrorism Prevention Act [M]. US, 2004.

[26] United States. Combating Money Laundering, Terrorist Financing, and Counterfeiting Act [M]. US, 2018.

[27] UK. The Money Laundering, Terrorist Financing and Transfer of Funds (Information on the Payer) Regulations 2017 [M]. UK, 2017.

[28] UK. Sanctions and Anti – Money Laundering Act 2018 [M]. UK, 2018.

自然利率与货币政策决策

中国人民银行研究局课题组

课题主持人：徐 忠
课题组成员：贾彦东 莫万贵 袁 佳 张 伟 汤莹玮 曹媛媛
王宜天 贾舒云

一、引 言

自然利率不仅是宏观经济分析中的重要概念，更是整个货币政策决策讨论的核心。结合自然利率的动态变化，我们能够判断宏观经济的运行状况；基于自然利率与市场利率的关系，我们有能力识别货币政策态度，适时调整未来货币政策的方向。尽管自然利率向我们展现的是理论框架下的一种理想状态，但近年来它已经从一个纯理论概念，越来越多地走向政策实践的前沿，并逐步成为货币政策决策的关键。尤其在危机以后，不仅在政策讨论中被频繁使用，而且围绕自然利率、潜在产出与全要素生产率，更是形成了完整的分析架构，使对许多关于货币政策问题的讨论得以在一个共同的框架下展开。因此，无论对于理论研究还是政策实践，自然利率的相关讨论都是极具理论与现实意义的工作。

对于中国而言，自然利率的估计和应用同样非常重要。一方面，随着利率市场化改革进入关键阶段，利率"并轨"的进程将不断加快。完善的利率体系更需要锚定自然利率，以实现资源的最优配置。另一方面，随着货币政策框架的不断改革和发展，自然利率将为我国的货币政策决策和规则设计提供重要的基础和依据。然而，在中国实现对自然利率的估计面临着许多额外的约束和困难。由此，本文关于我国自然利率与货币政策决策的讨论将在这样的思路下逐步展开。

关于自然利率，较为常见的有以下几种利率概念，分别是自然利率（Nature Rate of Interest）、均衡实际利率（Equilibrium Real Interest Rate）、中性实际利率（Neutral Real Interest Rate）以及实际有效利率（Efficient Real Interest Rate）。这几种利率均为实际利率，内涵上比较接近，但又稍有区别。

自然利率是理论上讨论比较多的概念。它最早是由瑞典经济学家 Wicksell（1898）提出，具体是指当经济实现理想资源配置时所要求的实际利率。凯恩斯在《通论》中也曾提到，自然利率并非由贷款的利息决定，而是由资本的利润率决定。虽然定义的角度和细节存在一些不同，但是一般认为在新凯恩斯（NK）框架下，自然利率是不包含价格和工资黏性条件下，实际产出增长等于潜在水平，就业率等于自然就业率水平下的实际利率。自然利率刻画的是一种特定的、理想的均衡状态。若货币政策能够使实际利率达到或接近自然利率水平，则能够实现货币中性及经济资源配置效率最大化[①]。

均衡实际利率则主要是资金的供给等于需求条件下的实际利率。下一节将对这两个概念进行箱子区分，在此我们仅想强调，均衡利率并不一定不包含名义黏性。因此，它与自然利率并不完全相同。此外，若模型中含有金融摩擦，则均衡利率中还将包含金融摩擦的因素，而自然利率是否需要考虑金融摩擦，则要视货币政策的目的而定。

中性实际利率是一个与自然利率比较接近的概念，但中性利率主要是以货币政策为出发点的定义。"中性"与政策态度相对，即政策利率或货币政策操作目标等于中性利率，则表明货币政策态度维持中性，既不收紧也不宽松。但中性的标准中包含了哪些是黏性，是否与自然利率内涵一致，这一点需要说明。这一点也是为何美联储官员通常使用中性利率这一提法的原因。

以上这些概念不仅是宏观经济理论研究的核心，更成为各国政府宏观政策决策中需要考虑的重要变量。通过对它们的测算和估计，不仅有利于判断、识别宏观经济运行的周期状况，同时也使我们有能力通过连续的政策调整"熨平经济波动"，减小各种摩擦，促进技术进步，并实现长期持续增长。

本文的结构安排如下：首先，将对近年来关于自然利率的相关理论研究进展进行系统梳理，并对中央银行应用自然利率的实践进行归纳。其次，将分别利用半结构化模型和大型的宏观计量经济模型，对我国的自然利率水平进行估算，并在情景分析基础上，分别讨论不同的宏观因素变化对自然利率的影响。接下来，为了在一般均衡的框架内系统分析自然利率变化，我们将在 Justinano（2014）模型基础上，构建适合中国经济特征的模型，并结合我国 1994—2018 年季度宏观经济数据，对模型参数和自然利率进行估计。最后，得到相关研究结论和政策建议。

二、理论与实践进展

作为货币政策的重要参照基准，自然利率是一个非常重要的货币政策变量，对于讨论非常规货币政策意义更加重大。正如前文所述，自然利率是一个不可观测的变量，而且从理论和技术上也存在多个不同定义，如何进行测算和估计已成为理论研究和政策实践关注的焦点。此外，实证结果显示，自国际金融危机以

[①] 当存在实际刚性条件下，自然利率也仅能实现资源配置的相对最优，而无法达到真正的有效配置。

来，各国自然利率均出现下降的趋势。究竟哪些原因引起了自然利率的趋势变化？关于这一点引起了各国中央银行和学者们的广泛关注。此外，实际利率的趋势走低，不仅给货币政策决策带来极大的挑战，更对整个宏观经济调控及金融风险防范带来了麻烦。究竟应该如何应对这种挑战，相关讨论已经进行了积极探索。在此，我们对相关研究结论进行了初步梳理，以期为正确认识和看待自然利率，以及正确理解和应用自然利率提供基础。

(一) 关于自然利率的估计

近年来，自然利率相关研究大致可分为三类：一是关于自然利率的衡量，即如何得到自然利率。二是关于自然利率的决定机制或影响因素分析。三是自然利率对货币政策有哪些作用和影响，应该如何正确理解和使用自然利率。

从方法上讲，目前对自然利率的估计主要有三种方式：第一种是应用时间序列模型进行估计；第二种是通过半结构化模型进行估算；第三种是基于一般均衡模型（主要是 DSGE 模型）开展估计。

1. 时间序列模型

在时间序列模型中，自然利率通常被视为实际利率的长期趋势。由于这种长期趋势是不可观测变量，因此一般采用滤波的方式从数据中进行提取。在 Del Negro 等 (2017) 和 Johanssen 等 (2016) 的相关估计中选择以通胀和产出作为观测变量。而 Harvey (1990) 和 Durbin 与 Koopman (2012) 则分别通过设定变量趋势成分之间的结构关系，实现对自然利率趋势与波动成分的估计和识别。时间序列的另一种方式是 VAR 类模型，Lubik 和 Matthes (2015) 应用时变参数的 VAR 模型对自然利率进行了估计。时间序列方法估计的自然利率对估计过程的相关约束较为敏感，但对趋势和周期的区分则较为便利。

2. 半结构化模型

半结构化模型一方面基于理论，另一方面具有充分的灵活度以匹配数据。估计自然利率最成功的半结构化模型是 Laubach 和 Williams (2003) 的 LW 模型，及其后的 Holston, Laubach 与 Williams (2017) 的 HLW 模型。在他们的模型中，自然利率和潜在经济活动之间通过 IS 曲线和 Phillips 曲线形成联系。通过 IS 曲线，产出缺口与实际利率相互影响，而基于 Phillips 曲线，通胀与产出缺口又形成联系。模型将潜在产出、产出缺口及均衡实际利率作为不可观测的状态变量，产出、通胀、实际利率为可观测变量，并通过 Kalman 滤波方法对不可观测变量进行估计。Clark 和 Kozicki (2005) 认为此种估计方式面临几点挑战：其一，就如同 Laubach 和 Williams (2003) 提到的，对均衡利率的经典推断过程面临着"堆积"(pile - up) 的问题，即时间序列的一个小的永久成分变动将带来很大的短期变化。其二，采取滤波方法估计自然利率过程中，通常"单侧"估计与

"双侧"估计的结果明显不同。即便在已知模型真实参数的时候，依然会出现这种情况。其三，就是将面临观测和数据修订相关许多巨大挑战。Borio 等（2016）则扩展了 HLW 构建的半结构化模型，增加了对杠杆率和偿债能力等新的信息，提升了模型的解释力。

3. 一般均衡模型

在一般均衡模型下，经济主体基于当前及未来的经济状态作出理性最优选择。模型中，所有市场间相互关联，是我们能够分析任意市场冲击对整个经济体系的影响。我们同样可以利用这类模型，对数据中蕴含的不可观测变量（如自然利率）进行估计。在大部分 NK 模型中，均包含自然利率的概念或变量，只是模型讨论的侧重点不一定聚焦在自然利率上。一般而言，基于一个 DSGE 模型，我们能够估计 GDP、消费、投资、价格、工资、就业以及利率等各种变量。在考虑诸如价格黏性、工资黏性及信贷黏性的条件下，可以在模型中分析不同冲击对每个变量带来的动态影响。而自然利率一般被定义为去掉所有名义黏性与冲击条件下的实际利率水平。Giammarioli 与 Valla（2004）较早地利用一般均衡模型对欧洲的自然利率进行了估计。他们在 DSGE 模型框架下讨论了货币政策以不同规则锚定自然利率的影响。Andrés 等（2009）的论文中则发现，实际货币余额数据中包含了重要的信息，非常有利于预测未来自然利率的变化。通过对实际货币余额的分析，极大地弥补了自然利率估计过程中数据不足的困难。

近期较有代表性的关于自然利率的研究主要有 Del Negro 等（2017）利用纽联储 DSGE 模型对美国的估计，以及 Gerali 和 Neri（2017）对美国和欧洲自然利率的估计。在这些研究中，自然利率同时受到了需求冲击和风险冲击的影响。其中，风险冲击主要是高风险资产与无风险资产的利差。这种设定的问题在于，假设风险冲击是外生冲击，而没有内生的解释利差的变化，这将极大地限制模型对自然利率的解释能力。Curdia 等（2015）则通过一个基于 DSGE 模型更加结构化的方法对美国自然利率水平进行了估计。其结论表明，自国际金融危机以来，自然利率出现了非常明显的趋势性下降。

4. 金融市场模型

也有许多学者从金融市场和资产定价模型角度对自然利率进行了测算。Bomfim（2001）在 Shiller（1979）的线性预期框架下，利用了美国通胀挂钩债券的价格信息对 1997 年以来的均衡利率进行估算。Campbell 和 Cochrane（1995，1998）则在基于消费的 CAPM 方法基础上，对自然利率的变化进行估算。Christensen 和 Rudebusch（2017）则通过动态期限结构模型，同样利用通胀挂钩债券数据对美国 20 世纪 90 年代至 2016 年的自然利率进行分析。

(二) 自然利率的影响因素

影响自然利率的因素较多,除一般的影响因素外,主要集中在解释自然利率的长期趋势下降的原因。对于自然利率的下降,目前的讨论大体可以归纳为"结构性因素"和"金融周期因素"两大类观点,且时间上又分为长期和短期两方面。

1. 影响自然利率的若干短期因素

正如前面所述,在一般均衡框架内,大部分不确定性及很多关键参数几乎都会对 r^* 变化产生影响,尤其是短期影响。较具代表性的有:

其一,政府债务率变化对自然利率的影响。Winter(2016)在 Aiyagari(1994)不完全资本市场模型基础上,构建含异质性的一般均衡模型,并以此分析政府债务率变化对自然利率的影响。机制上,若政府扩大支出,将导致债券供给规模突然增大,总资产供给量也将增加。在居民预算平衡的约束下,居民对资产的需求将小于总供给。为了实现市场出清,债券的收益率将上升,价格将下降。债券收益率的变化将对资本投资产生挤出,使资本投资吸引力下降,资本规模下降,影响长期经济增长。若债券收益率反映长期自然利率,则自然利率水平将有所上升。依据 Winter(2016)的分析,公共债务占 GDP 的比重每上升一个百分点,将导致长期自然利率升高 0.4~1.5 个基点,具体强度将取决于新增债务的融资方式和经济体收入不平等的程度。

其二,去杠杆行为影响。已有研究表明,在许多发达经济体,突然的强行快速去杠杆导致储蓄的被动增长,过量的储蓄增长同样推动了自然利率的长期降低。在 Eggertsson 和 Mehrotra(2014)的模型中,居民部门通常在年轻时期借款,而在老年时期进行储蓄和偿还。如果出现去杠杆冲击,借款者将减少当前借贷,导致居民部门未来的储蓄量不断增加,偿债压力也逐步减小。

其三,贸易因素对自然利率的影响。Van Wijnbergen(2018)通过建立一个两期的简单一般均衡模型对技术进步、老龄化、结构性改革、财政政策以及汇率变化和贸易摩擦等因素对长期自然利率的影响进行了动态分析。依据研究结论,关税政策带来的收入再分配效应并不会明显扩大全球的经济活动。若贸易摩擦是暂时性的,则由于其短期内改变了商品相对价格,会明显降低全球经济活跃度,导致利率水平下行。而且较高的关税水平将提高当期消费的相对成本,并进一步造成全球经济活动出现萎缩。

2. 全球储蓄过度的影响

尽管在自然利率的估计过程中存在着较大的不确定性,但大部分实证研究显示,自 20 世纪 80 年代以来,自然利率在全球范围出现了普遍下降的趋势。Rachel 和 Smith(2017)实证估计表明,近几十年的全球自然利率趋势性下降,主要源于全球实际增长的下降。依据他们的研究，这种增长和利率的趋势性下降，主要源于全球储蓄和投资相对关系的变化。全球储蓄的快速增长主要受人口因素影响（Gottfries 和 Teulings，2015）。

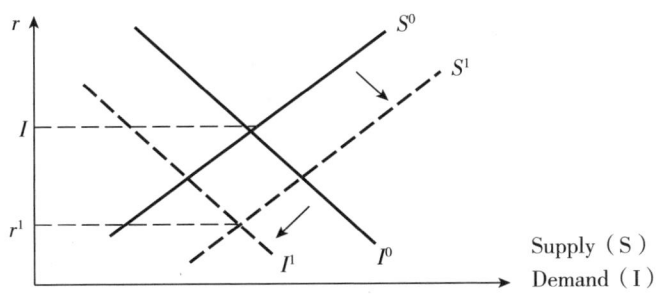

图1　实际利率的决定

继续利用一个简化模型表示这种观点，可以从资金的供给和需求变化上解释了自然利率的长期下降（见图1）。随着全球储蓄量的增加，资金供给曲线向下移动，同时由于投资增长乏力，资金需求曲线也同时向下移动，并最终导致均衡利率水平持续走低。

3. "长期停滞"和"金融周期"假说

面对全球范围内自然利率不断下降的趋势，理论与政策均提出众多不同的解释。较有代表性的两类观点认为，自然利率的长期下降主要是受到经济增长"长期停滞"以及"金融长周期"因素的影响[①]。这两类都属于长期视角，即认为受危机冲击的影响，经济可能不会自动回到原有的均衡。它通过结构性的需求下降解释了自然利率的持续走低，不同的因素也都有考虑。具体而言，自然利率的下降可能源于人口增长的放缓、投资需求的下降、收入不平等程度的增加、投资平相对价格的下降等，这些因素共同导致储蓄的过剩及利率的降低（Summers，2014）。

依照"长期停滞"假说，低利率是一种均衡现象。若自然利率为负值，而通胀接近零，那么传统货币政策则无法通过继续降息达到刺激经济的作用，因为中央银行无法将名义利率降得更低。在此情况下，财政政策可以通过减税以及增大政府支出等方式增大投资需求，实现对经济的刺激。

依照"金融周期"说法，低利率与金融体系的繁荣和萧条，以及政策制定者反映得不及时、不充分有密切关系。依照这种说法，部分国家在危机前已经形成了巨大的金融体系失衡。当国际金融危机爆发时，这种失衡导致了大范围、长

[①] 可参见 Geneva Report on "Low for Long? Causes and Consequences of Persistently Low Interest Rates", Bean 等, 2015. Borio, C. (2017a), Secular stagnation or fiancial cycle drag? Keynote speech, National Association for Business Economics, 33rd Economic Policy Conference, 5–7 March 2017, Washington DC.

时期的经济衰退。面对经济波动,中央银行通常采取降息予以应对。但受居民和企业部门去杠杆行为影响,扩张性货币政策持续了相当长的时间。依据金融周期假说的观点,长期宽松的货币条件和低利率环境加剧了生产要素的错配,并抑制生产的增长,从而持续降低了自然利率水平。较低的自然利率是与金融周期相关的,并非是"长期停滞"假说中说的长期均衡现象(Borio等,2017)。尽管如此,两种观点都强调了长期潜在增长下降的风险对自然利率的影响。

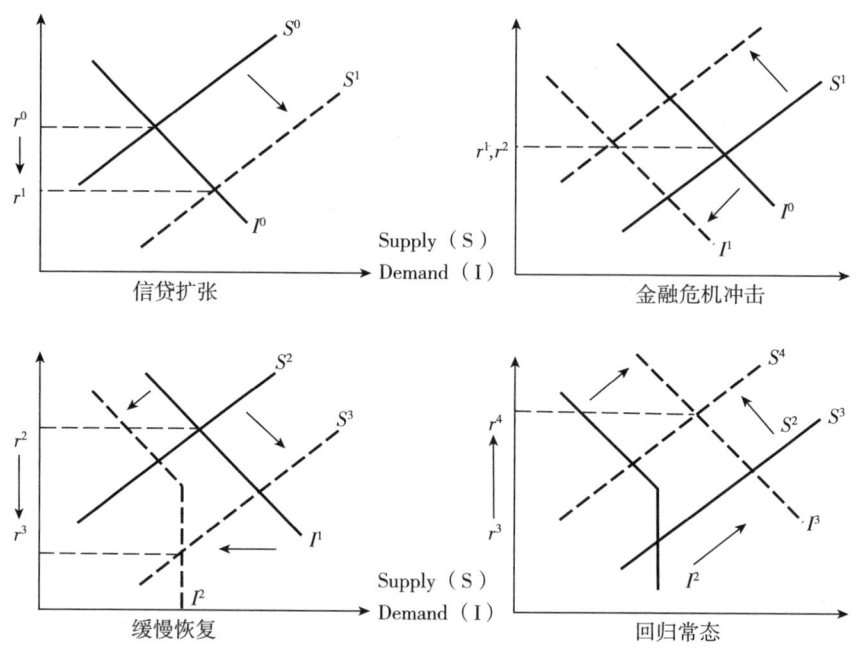

图 2 金融周期下自然利率的变化

我们同样可以利用上述简化模型总结"金融周期"的观点,从资金的供给和需求变化上解释了自然利率的变化(见图 2)。在信用扩张阶段,资金需求不变情况下,信用总量扩张导致了资产价格上涨,抵押物价格上升,信贷约束放松,实际利率的下降(Lo 和 Rogoff,2015)。当经济体面临危机冲击,资金的供给和需求均明显下降,但实际利率变化存在不确定性。变化的幅度将取决于供给和需求曲线变化的情况。危机应对和恢复阶段,随着货币政策宽松力度的不断增强,资金供给力度将逐渐增大。但是,受去杠杆及对未来收入不确定预期的增强,投资和消费却不一定出现回升,甚至有可能进一步下降,资金需求曲线更有可能出现垂直,并导致实际利率随着货币政策扩张加速下降。传统货币政策通过降息刺激消费和投资的效果明显减弱,即便利率降至非常低的水平,居民和企业依然不会明显增加消费和投资,以至于自然利率进一步降低。Basu 和 Bundick(2011)以及 Leduc 和 Liu(2012)的研究均显示,预防性储蓄的增加将对自然利率和价格产生较大的压制作用。不确定性的增加不仅降低了投资和消费水平，而且降低了经济主体对于经济条件和政策的敏感性，削弱了许多逆周期政策的作用。依照金融周期的观点，金融危机条件下货币政策需要进行更大规模的宽松以应对影响。而且长期看，利率将长期保持在比较低的水平上，直至去杠杆进程结束，经济不确定性消失以及扩张性货币政策结束。

4. 风险溢价的作用

无论是长期停滞还是金融周期，风险溢价都在自然利率的动态变化中发挥了重要作用。在 Del Negro 等（2017）和 Gerali 与 Neri（2017）通过估计一般均衡模型后认为，r_t^* 的变化主要受到风险溢价变动的影响。他们发现，美国及欧洲的自然利率水平自 20 世纪 90 年代以来就一直处于下降的趋势中，而这种下降主要受到风险溢价不断上升的影响。但在他们的模型中，风险溢价始终被视为一个外生的冲击，我们很难分析和解释风险溢价本身的变化。因为很有可能风险溢价的变化也是其他因素变化的结果，而且正是这些因素的变动导致自然利率的下降。但遗憾的是这些问题并未得到进一步分析。Caballero 和 Farhi（2014）通过构建理论模型认为，无风险资产的不足或短缺是造成风险溢价上升的原因，并使自然利率 r_t^* 持续低于政策利率可以达到的有效下限。在他们的模型中，自然利率被定义为无风险资产的收益率。由于无风险资产共计的不足，投资者愿意接受更低的收益率或更高的价格。由于政策利率无法降低至有效边界下（Low bound），这将进一步造成对无风险资产的更大规模需求。

5. 延续效应（Hysteresis effect）

长期的扩张性货币政策诱发了较强的经济悲观预期，并推动经济进入通货紧缩的螺旋（Schmitt-Grohé 和 Uribe，2010）。经济主体有可能将持续的低利率走势视为未来经济会进入低通胀状态的一个负向信号，而这又将进一步拉低通胀预期，并打破原有经济均衡。在这种环境下，短期冲击对经济产生了持续的长期影响。通常将这种现象称为"延续效应"。具体而言，短期的悲观情绪导致较低的投资增长，而这将对生产率增长产生不利影响，并进一步影响经济的长期潜在增长。这种效应也会通过干扰劳动与资本的配置影响生产率的提升。Andrews 和 Petroulakis（2017）研究发现，资产负债表较差的银行更倾向寻找更加没有效率的"僵尸企业"，而这将影响资本的配置效率并损害长期增长。

(三) 货币政策与自然利率

与自然利率相关的另一类研究是讨论自然利率的政策应用。可具体区分为两个方面：一是货币政策规则应如何锚定自然利率；二是面对自然利率持续下降的情况，货币政策应如何应对。

关于货币政策规则的讨论主要集中于货币政策规则中应该如何引入自然利

率，以及货币政策规则实现实际利率锚定自然利率变化将带来怎样的影响两方面。Giammarioli 和 Valla（2004）对自然利率与货币政策的关系进行了比较全面的综述。同样他们也较早地利用一般均衡模型对欧洲的自然利率进行估计。他们在 DSGE 框架下讨论了货币政策以不同规则锚定自然利率后产生的影响。遗憾的是，在他们的模拟中，货币政策追随自然利率以后，并没有带来稳定经济方面有明显的提升。然而，他们的分析却发现实际利率缺口的滞后值与通胀之间存在着稳定的相关关系。这表明，在欧洲自然利率可以被视为通胀压力的一个非常好的领先指标。这一观点 Neiss 和 Nelson（2003）在其研究中也有类似的结论。

（四）小结

至此，本章已经对自然利率的测算方法，可能影响自然利率变化的长期和短期因素，以及长期的低利率环境对货币政策带来的影响等问题的最新研究进行了简要的梳理和总结。从目前的理论和实践进展看首先自然利率已经成为各国中央银行货币政策决策的核心变量及与市场进行沟通的重要方式。其次，分析的框架不同，自然利率的定义也将存在差异，但核心定义基本相同。从估算方法看，尚未形成共识。从目前经验看，任何单一方法似乎都很难达到长期稳健的结果，通常依据研究目标选择使用不同方法或方法组合。再次，影响自然利率的因素较多，大致可以分为长期结构性因素和短期的金融周期类因素。但无论是什么原因，自然利率走势在全世界范围内均呈现趋势性的下降，并给目前的货币政策目标和政策传导带来极大的挑战。最后，理论与实践上目前对于如何应对低利率环境的挑战提出许多方式和政策方法。有些政策工具和做法已经被部分中央银行使用，有些还处于讨论阶段。而且受长期因素影响，预计自然利率趋势性下行的状态短期内不会改变，围绕该问题开展的货币政策框架调整也将不断地得到新的发展。

三、我国自然利率的估算

正如上文所述，由于自然利率的不可观测性，如何进行估计并未形成共识。本文中，我们将分别试图运用修正的状态空间模型，宏观计量经济模型以及 DSGE 模型对我国的自然利率变化进行初步的估算，以期为我国的货币政策决策提供支持。这一章，本文将主要讨论以状态空间模型和宏观计量经济模型为基础，对我国自然利率开展初步估计。在状态空间模型设定上，我们将考虑杠杆率、储蓄率、石油价格、风险溢价等新的风险因素影响。而在基于宏观计量经济模型的分析中，则将开展不同的情景分析，以考虑不同宏观因素对自然利率的影响。

(一) 自然利率估计的困难

作为货币政策与宏观经济分析的重要参考，对自然利率的估计一直是宏观研究的重点和难点。尽管经济理论和模型已经为我们定义和分析自然利率提供了许多重要参考（CBO，2014；IMF，2014；CEA，2015；Eggertsson 等，2015；Pescatori 和 Turunen，2015；Hall，2016），但自然利率的衡量依然存在许多困难。这一方面是因为自然利率是一个无法直接观测的潜变量，我们需要从数据中进行推断。另一方面在于，自然利率几乎涵盖了分析框架下的所有不确定因素，而且模型和不确定性不同，估计的自然利率也不一样。这往往需要我们在实践中，同时采取多种方式和方法进行综合判断。

此外，在我国自然利率估计的困难尤为突出。主要表现在：第一，随着我国改革开放进程的不断深化，宏观经济结构变化较为剧烈，宏观经济运行过程中存在较多的结构调整和政策环境变化。第二，我国利率市场化是一个逐步推进的过程。金融机构定价行为，金融市场发展与利率体系建设都还处于不断完善过程中。利率体系处于由管控到逐步市场化的改革过程之中，因此利率与宏观经济的关系更加复杂。第三，货币政策框架也处于逐步完善过程之中，数量型与价格型货币政策调控模式相互影响，对市场利率影响较大。这些问题均使我国自然利率的估计变得较为困难。

从利率走势看（见图3），近20年来，我国市场名义与实际利率走势并没有出现较为明显的趋势性特征。若将时间区间拉长，1993年以来的法定存贷款基准利率显示了趋势向下特征，但也集中体现在1996—1999年的快速下降，其后基本保持了平稳中略有降低的走势。若观察2002年以来的实际存贷款利率，则基本没有显示出明显的趋势性特征。同样，若观察银行间7天回购利率，1年、5年以及10年的实际国债收益利率，也很难发现趋势性变化特点。

进一步，为全面反映2000年以来的政策利率走势，我们构建了货币政策利率指数与公开市场累积净投放指数，整体看趋势性特征同样并不明显。利率趋势特征的变化对我们进一步设定模型结构，开展自然利率估计将非常重要。从目前情况看，我国实际GDP增速与实际利率的趋势性特征并不一致，可能是理解和估计我国自然利率的关键。接下来，我们将分别利用不同方法对我国自然利率进行初步估计。

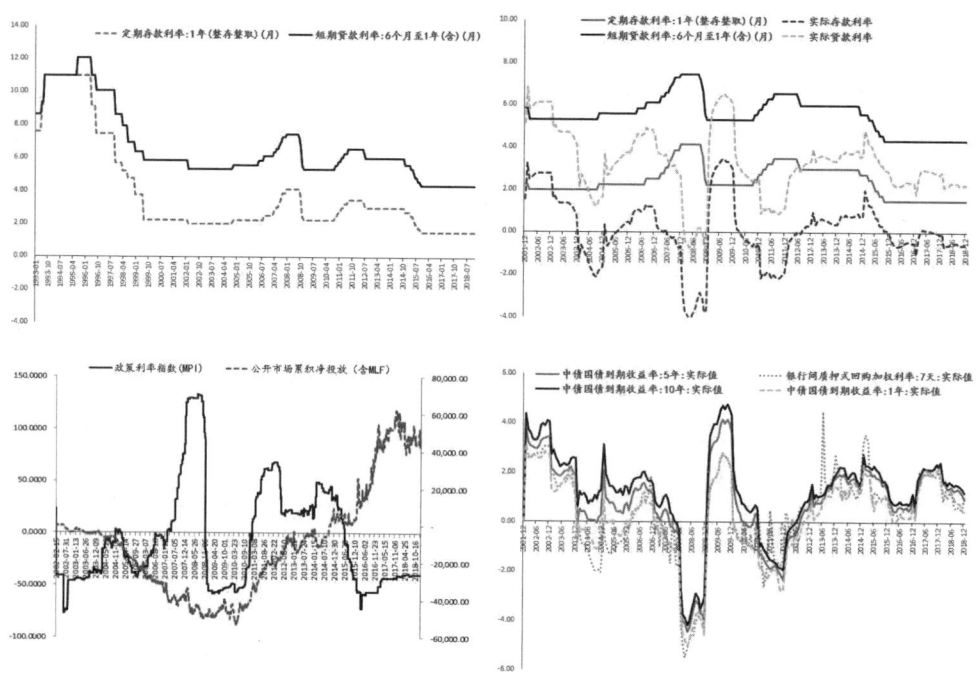

数据来源：Wind 资讯，作者估算。

图3　主要利率与政策利率指数与走势

（二）基于状态空间模型的估计

正如前文所述，利用半结构化模型方式开展对自然利率的估计较为成熟，目前理论界应用得较多。最具代表性的就是 Laubach 和 Williams（2003）以及 Williams（2015）相关研究中采用的状态空间模型设定。在此，我们将以 Laubach 和 Williams（2016）相关状态空间模型设定为基础，同时扩展增加不同的宏观因素，并进一步利用 Bayse 方法进行估计。

思路上，我们同样引入 IS 曲线中产出缺口与实际利差以及 Phillips 曲线中产出缺口与通胀之间的关系，同时设定自然利率与潜在产出为拥有相同随机趋势成分的趋势平稳过程。基准模型形式如下：

$$\tilde{y}_t = a_{y,1}\tilde{y}_{t-1} + a_{y,2}\tilde{y}_{t-2} + \frac{a_r}{2}\sum_{j=1}^{2}(r_{t-j} - r_{t-j}^*) + \varepsilon_{\tilde{y},t} \tag{3.1}$$

$$\pi_t = B_\pi(L)\pi_{t-1} + b_y\tilde{y}_{t-1} + \varepsilon_{\pi,t} \tag{3.2}$$

其中，$\tilde{y}_t$ 是产出缺口，$\tilde{y}_t = 100 \times (y_t - y_t^*)$，$y_t$ 为总产出，y_t^* 为潜在产出；r_t^* 为自然利率；π_t 为通胀率；$B_\pi(L)$ 位置后算子多项式。进一步设定 y_t^* 与 r_t^*

的趋势变化过程为

$$r_t^* = g_t + z_t \tag{3.3}$$

$$y_t^* = y_{t-1}^* + g_{t-1} + \varepsilon_{y^*,t} \tag{3.4}$$

$$g_t = g_{t-1} + \varepsilon_{g,t} \tag{3.5}$$

$$z_t = z_{t-1} + \varepsilon_{z,t} \tag{3.6}$$

其中，依照模型设定，自然利率 r_t^* 与潜在产出 y_t^* 拥有相同的趋势增长率 g_t，z_t 为影响自然利率的其他因素。g_t 与 z_t 同样可以设定为无漂移的随机游走过程。上述设定为基准的状态空间模型。这种设定的核心思路是利用 IS 曲线和 Phillips 曲线反映的波动信息对产出和利率进行趋势和波动项的分离。估计过程中，IS 曲线和 Phillips 曲线的系数需要应满足不同的约束条件，而滞后期我们可以依据实际数据进行估计，这种设定方式也主要源于自然利率的理论定义。

具体应用过程中，为了考虑影响自然利率的不同宏观因素的影响，我们在基准模型上引入了更多的变量，以比较不同模型的稳健性。一种扩展是可以在 Phillips 曲线中引入原油价格、进出口价格，以及其他可能影响我国通胀变化的重要因素，对 Phillips 曲线进行修正。此外，为了分析其他影响自然利率因素影响，也可以在自然利率的波动因素 z_t 中进一步引入风险溢价、政策不确定性、流动性溢价，以及超额储蓄占比等一系列变量的影响。

具体方程设定上，对 Phillips 曲线的扩展体现为在方程（3.2）中分别增加进口价格与石油价格指数，使其扩展为式（3.7）：

$$\pi_t = \sum_{j=1}^{8} b_j \pi_{t-j} + b_y \tilde{y}_{t-1} + b_m \pi_{t-1}^m + b_o \pi_t^o + \varepsilon_{\pi,t} \tag{3.7}$$

同时，对于自然利率波动方程的扩展，则可将原方程分别调整为式（3.8）与式（3.9）：

$$r_t^* = cg_t + z_t \tag{3.8}$$

$$z_t = d_1 z_{t-1} + d_2 z_{t-2} - d_c \Delta S_t - d_e \Delta E_t - d_p \Delta P_t + \varepsilon_{z,t} \tag{3.9}$$

其中，ΔS_t、ΔE_t 以及 ΔP_t 分别为超额储蓄变化、流动性风险溢价与政策不确定性，即认为以上因素均会影响自然利率的波动。此外，为了降低模型的估计偏差，我们也可以将"生产法"估计的潜在产出和产出缺口[①]作为观测变量引入模型，而生产法缺口与模型产出缺口之间可以引入观测误差：

$$\tilde{y}_{prod,t} = \tilde{y}_t + \mu_t + \varepsilon_{m,t} \tag{3.10}$$

$$\mu_t = \rho_m \mu_{t-1} + \varepsilon_{\mu,t} \tag{3.11}$$

其中，$\tilde{y}_{prod,t}$ 为产出法估计的产出缺口；μ_t 为观测误差。同时设定每个方程

---

① "生产法"计算的潜在产出与产出缺口参见附录 A。

的随机冲击均满足 iid 的 $N(0, \sigma_i^2)$，且随机冲击之间并不相关。

具体估计过程中，我们分别进行不同的搭配和组合，以得到相对稳健的结果。多变量状态空间模型的优势主要体现在：一方面，能够利用其他变量中蕴含的周期与趋势信息，提高估计的准确度；另一方面，状态空间模型形式设定及对趋势的处理相对灵活，有利于开展分析。当然，设定的灵活也带来了其他问题。Taylor 和 Wieland（2016）专门讨论过状态空间模型设定中可能存在的变量遗漏问题，由此认为自然利率的估计存在较大不确定性，不利于政策决策。在此，我们将利用我国 1993 年第一季度至 2018 年第三季度的相关宏观经济数据，分别对不同的状态空间模型进行估计，以得到我国自然利率。

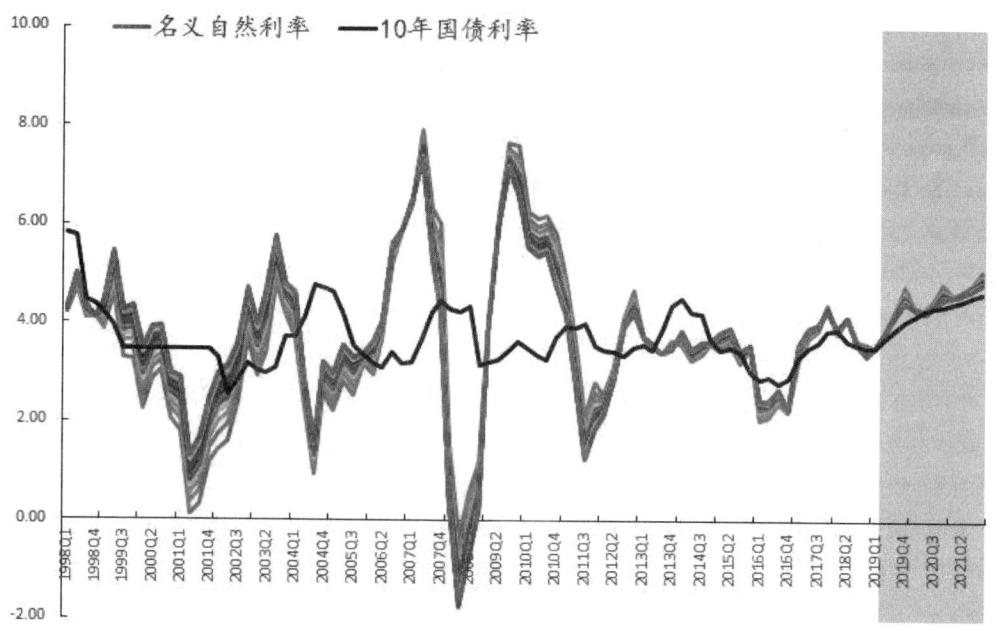

数据来源：作者估算。

图 4 状态空间模型中自然利率及趋势变化情况

（三）基于宏观计量经济模型的估计

我们也同样尝试在宏观计量经济模型框架下对自然利率进行测算。由于宏观计量经济模型结构比较完整，涉及的不确定性较多，不仅有利于自然利率的衡量，更适合对各种影响因素进行深入分析。在此，我们主要基于已经建立的宏观计量经济模型①展开讨论。借鉴美联储（Fed）相关思路（Roberts，2018），我们将在 IS 曲线刻画的产出缺口与自然利率之间关系基础上，对自然利率走势予以初步估算。基于大型计量模型开展估计的优势主要体现在：

其一，思路简洁，容易实现，便于日常监测与分析。在宏观经济模型基础上，进一步利用 IS 曲线关系，反向计算自然利率，在实践上较容易实现。而且，在我们的宏观模型内，也并未建立直接的 IS 曲线，因此利用这一关系进行的估计与模型设定比较相符。其二，宏观经济模型结构信息丰富，有利于开展情境分析。基于宏观计量经济模型，我们可以开展各种相关的情境分析。如去杠杆政策、政府债务率变化、贸易摩擦以及投资放缓等。这一框架有利于进一步分析上述不同宏观经济因素对自然利率产生的影响。其三，宏观计量模型结构相对灵活，而且有利于开展预测。与前面的状态空间模型相比，宏观计量模型结构完整，且相对灵活，能够适应我国宏观经济结构变化快、增长趋势性强等结构特征②。

下面，我们将首先简单描述计量模型的整体结构与框架，并给出与估计自然利率相关的主要方程。然后，通过设定 IS 曲线，并校准参数以计算不同利率对应自然利率的分布。此外，本文分别开展了不同的宏观情景分析，以分析不同宏观因素变化对自然利率的影响。

1. 计量模型结构

现有的宏观计量模型共包括 110 多个行为方程及恒等式，其中描述主要经济行为的核心方程 20 多个。短期内，由于价格和工资具有黏性，产出和就业主要受总需求影响，模型呈现凯恩斯特性。长期内，商品和劳动力市场逐步趋于均衡，产出将主要由供给决定，价格充分调整，菲利普斯曲线呈垂直状态，模型将体现更多的新古典特征。

结构上，模型可分为以下几个主要模块：总需求模块，该模块又被细分为居民消费、政府消费、企业投资、政府投资、出口和进口等几个部分。总供给模块，该模块通过生产函数来确定潜在产出。价格模块，以菲利普斯曲线为基础，通胀由产出缺口、劳动力成本与非劳动力成本决定。房地产模块，该模块包括房地产投资和房地产价格两个主要部分。劳动力与工资模块，该模块主要包括农村与城市的工资与就业等变量。货币金融模块，该模块选择一种利率为外生变量，并设定不同的货币政策规则，同样也可以将外生变量切换为 M_2 增长率。财政模

---

① 此处使用的宏观计量经济模型是人民银行研究局开发并维护的"人民银行宏观经济模型"。该模型形式上与 Fed 的 FRB/US 较为相似。详细内容不做进一步展开，详情可参见人民银行"2015 年宏观经济预测报告"相关专栏。

② 同样也有不足之处，较为明显的就是讨论了周期波动。

块,该模块包括财政收入与财政支出两个部分,而收入又细分为税收与其他收入等,政府的投资支出为外生变量。

2. 基于IS曲线的估计

为了估计自然利率,我们可以简单地利用IS曲线,具体形式如下:

$$\tilde{y}_t = \eta \tilde{y}_{t-1} - \sigma (r_t - r_t^*) + \varepsilon_t^{IS} \tag{3.12}$$

其中,$\tilde{y}_t$ 为产出缺口;r_t 和 r_t^* 分别为实际利率和实际均衡利率或自然利率;η 和 σ 分别为参数。与IS曲线相关的宏观变量主要包括潜在产出、名义利率、通胀率和自然利率。

宏观经济模型相关方程为:

(1) 潜在产出方程

$$\lg y_t^* = 0.4 \times \lg(LS_t \times AVHR_t) + 0.2 \times \lg(EDU_t/POPW_t) + 0.5 \times \lg(K_t) + Trend_t + \varepsilon_t^{YHAT}$$

产出缺口为:$\tilde{y}_t = 100 \times \lg(\sum y_i / \sum y_i^*)$

其中,LS_t 为劳动人口数;$AVHR_t$ 为每周平均工作小时数;EDU_t 为学校学习时间;$POPW_t$ 劳动年龄人口数;K_t 为资本存量;$Trend_t$ 为全要素生产率趋势。

(2) 菲利普斯曲线

$$d\lg PI_t = -1.37 + \sum_{i=1}^{4}(\alpha_i \cdot d\lg PI_{t-i}) + 0.0025 \times \frac{1}{4}\sum_{i=0}^{3}\tilde{y}_{t-i} + 0.2 \times ECM_t + \varepsilon_t^{PI}$$

其中,PI_t 为核心物价指数,此处选择不含食品和能源的CPI;ECM_t 为协整项,刻画物价的长期决定因素,主要包含劳动力成本与非劳动力成本两个方面。

依据IS曲线方程(3.12),可以进一步得到自然利率为

$$r_t^* = r_t + (\tilde{y}_t - \eta \tilde{y}_{t-1})/\sigma \tag{3.13}$$

(3) 参数校准

参数 η 主要刻画产出缺口的自相关程度,依据现有模型,参数值通常在 0.6~0.95。在此,本文将基准情景下的参数值校准为0.75。参数 σ 则反映了产出缺口对利率差的敏感程度,通常情况下不同模型,且不同模型参数值差异较大。依据现有实证估计结果,该参数值一般处于 0.75~3.75。在基准情景下,我们将其校准为2.5。为简化分析,我们并未涉及复杂的IS曲线。

(4) 主要结果

依据上述参数校准,同时利用宏观计量模型中的产出缺口估计结果,我们可以得到不同参数校准条件下的自然利率走势情况如下:

在此,分别利用10年期国债利率、1年期国债利率以及7天回购利率为基准利率计算对应的自然利率。图5分别给出了不同利率对应的自然利率和产出缺口

走势情况。通过利用未来通胀数据将自然利率还原为名义利率后可以看出,基于简单 IS 曲线计算得到的名义自然利率与名义利率在走势上比较接近,且并没有出现趋势性上升或下降走势。近期内,基准情景下的名义利率略低于自然利率水平,但偏离幅度不大。

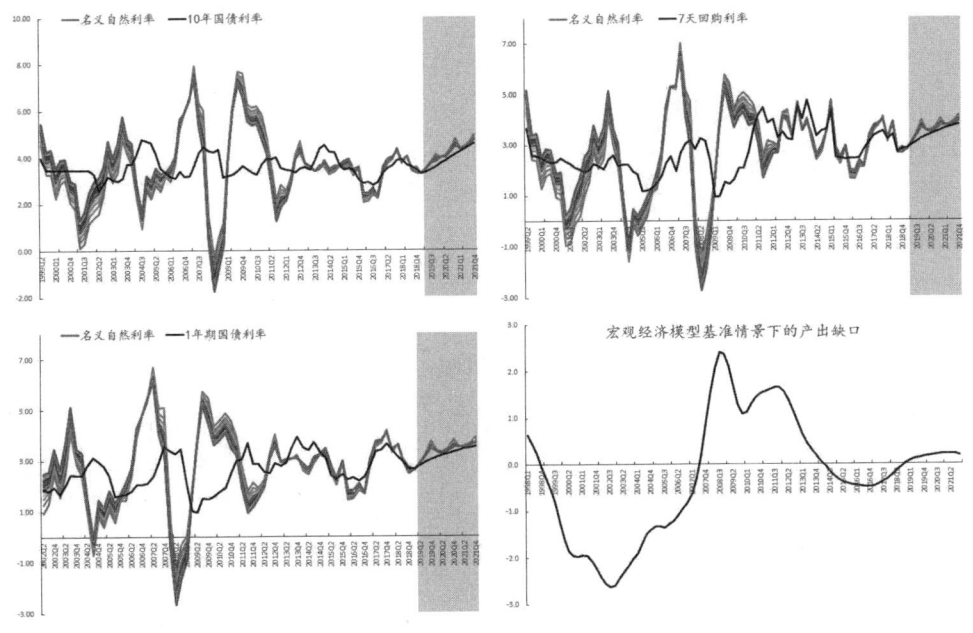

数据来源:作者估算。

图 5　自然利率、名义利率与产出缺口走势

具体而言,若以 7 天回购利率为计算基准,则截至 2018 年底,自然利率名义值将落在 2.65% ~ 2.9%,且均值和中位数分别为 2.72% 和 2.69%,均低于真实的 2.83%。同样,若以 1 年期国债利率为计算基准,则其名义自然利率水平的区间为 2.48% ~ 2.73%,中位数和均值分别为 2.52% 和 2.55%,同样均低于市场平均水平的 2.66%。若以 10 年期国债利率为计算基准,则自然利率的波动区间为 3.33% ~ 3.58%,其均值和中位数分别为 3.39% 和 3.37%,均略低于市场平均水平 3.51%。这表明无论以哪种利率为基准,市场利率均略高于自然水平。

(四)不同宏观因素对 r_t^* 的影响

为进一步分析政府债务率与财政刺激力度调整、去杠杆政策以及投资结构变化对自然利率产生的影响,我们在宏观模型框架下开展了相应的情境分析。基于情景分析对应的产出缺口和利率预测值,我们分别计算了不同利率对应的自然利率,并以此反映这些宏观因素变化对自然利率的影响。

1. 政府债务率变化与财政政策调整的影响

为分析政府增大财政刺激并提高债务率对自然利率的影响,我们假设自2019年开始政府直接投资与基准情景相比增加5%。模拟结果显示,政府投资增大将刺激总需求,在提高产出缺口的同时将进一步提高自然利率水平。

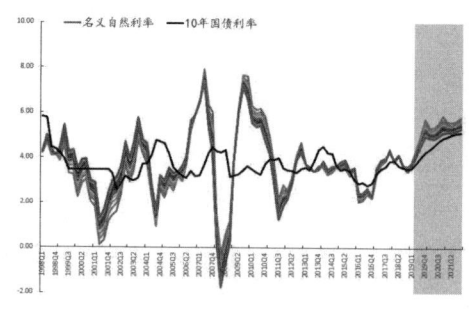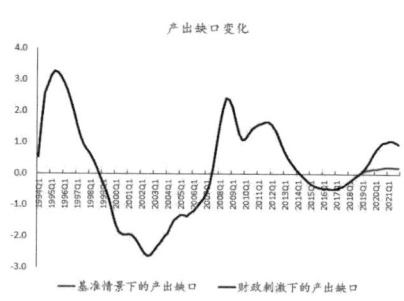

数据来源:作者估算。

图6 债务率上升情景下的自然利率、名义利率与产出缺口

机制上,宏观模型设定政府通过债券发行对其支出进行融资。政府扩大支出,将导致债券供给规模增大,总资产供给量也将增加。在预算约束下,居民对资产的需求将小于总供给。为了实现市场出清,债券的收益率将上升,价格将下降。债券收益率的变化将对资本投资产生挤出,使资本投资吸引力下降,资本规模下降。若以债券收益率计算自然利率,则自然利率水平将有所上升。需要指出的是,自2018年开始,随着政府基建投资增速的放缓,政府投资的放缓将导致自然利率出现明显下降①。结果上,由政府支出增加导致的债务率上升将导致冲击后的自然利率有所升高。冲击一个季度后,自然利率的中位数和均值分别增加至4.14%和4.17%,而波动的区间为4.08%~4.4%。此时实际利率将增加至3.8%。

2. 不确定及信心不足的影响

依照现有观点,经济体中的不确定性上升,将提高居民部门的预防性储蓄倾向,削弱货币政策传导效率的同时还会导致利率的持续下降。为了分析不确定冲击对自然利率及整个宏观经济的影响,在宏观计量模型的框架内,我们开展了不同不确定冲击的情景分析。

---

① 这一点与我们进行的情景分析是反方向的,但力度是相同的。

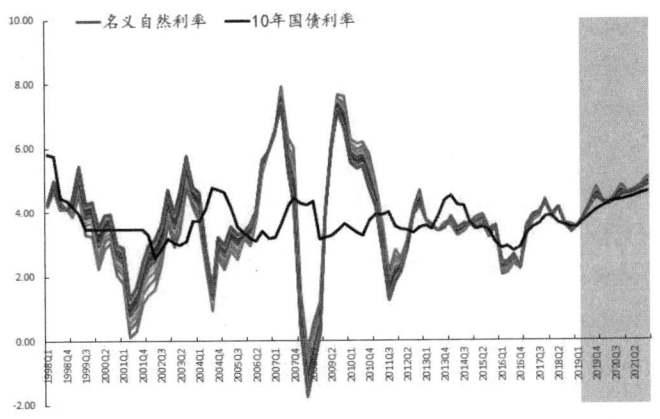

数据来源：作者估算。

图 7　不确定上升情景下自然利率与名义利率

机制上，若消费信心和投资信心持续下降，则总消费和总投资增长将出现持续放缓，货币政策的宽松将很难缓解这种放缓，并将进一步导致自然利率和实际利率的相应降低。自然利率略高于实际利率的情况将继续存在，且还可能有所加强。但是，不确定增强的冲击对自然利率产生的负面影响还是比较显著的。在该情景下，一个季度后，自然利率的中位数和均值将下降至 3.7% 和 3.7%，其波动的区间也将调整为 3.7%~3.72%。市场利率的预测值则维持在 3.7%。

3. 去杠杆因素

模型中，去杠杆的作用机理与信心冲击的影响机制相似，但力度和持续时间将更长。考虑到我国近年来的去杠杆政策力度与进程，我们通过宏观模型进行了情景模拟，相应的自然利率情况如图 8 所示。

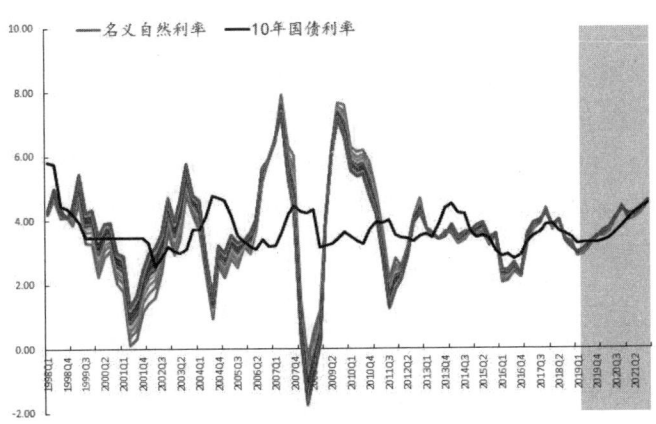

数据来源：作者估算。

图 8　去杠杆情景下自然利率与名义利率

结果显示，去杠杆政策将导致自然利率的下降。自然利率的中位数和均值将分别下降至3.07%和3.05%，变化的区间范围则降低至2.94%～3.09%。此时的市场利率将下降至3.3%。可见，与基准情景相比，去杠杆已经将货币政策实质性地由略为宽松转化为紧缩。

4. 投资结构变化的影响

投资对于资本收益率、利率以及经济长期增长是重要变量。为了进一步分析投资结构变化的影响，我们在情景设计中设定企业投资信心明显增强，同时中性技术进步和投资专有技术进步均明显提升，并导致投资总量有所增加。

在该情景下，通过模拟可以得到自然利率的情况如下：投资数量和质量的改进将提升资本回报率和自然利率水平。结果表明，投资结构改善将导致短期内自然利率的中位数和均值分别升高至3.81%和3.84%。其变化的区间范围也将提升为3.75%～4.10%。

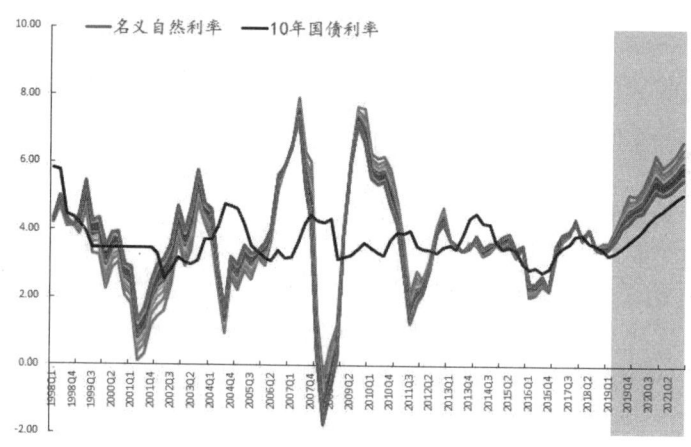

数据来源：作者估算。

图9　投资结构调整情景下自然利率与名义利率

5. 中美贸易摩擦影响

模型机制上，中美关税调整带来的收入再分配效应并不会明显扩大全球的经济活动。情景中，我们假设中美贸易摩擦保持2018年底的格局不变，由于短期内关税调整改变了商品相对价格，明显降低全球经济活跃度，将对利率产生影响。

情景分析结果显示，受关税调整的影响，短期与长期内，我国自然利率水平均将有所下降。短期内，自然利率平均水平将比基准情景下降0.36个百分点，长期则将下降0.51个百分点，且波动的区间也将整体下移。但贸易摩擦却有可能在短期内导致市场平均利率的上升以及长期内的下降。这就导致在短期内，即便货币政策维持原有态度不变，但由于贸易摩擦改变了自然利率与市场利率的相对关系，则有可能产生一定程度的货币政策收紧效果。

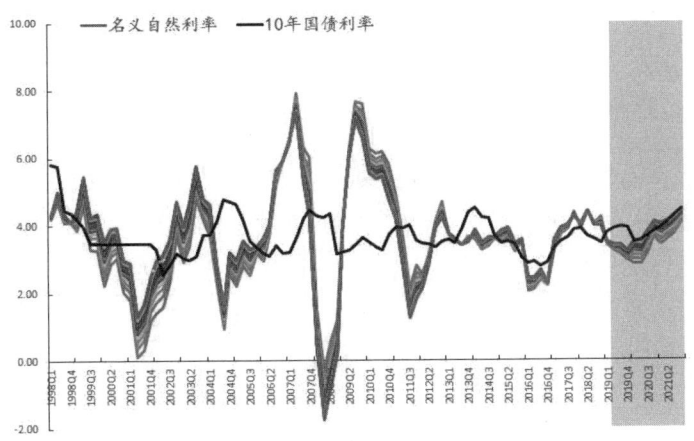

数据来源：作者估算。

图 10　中美贸易摩擦情景下自然利率与名义利率

6. 结果汇总

以上情景分析结果汇总情况如表 1 所示。

表 1　　　　　以 10 年国债收益率为基准的自然利率情况　　　单位：%、名义值

情景类别	短期			
	中位数	平均值	区间	市场平均
基准情景	3.49	3.49	[3.48, 3.51]	3.40
政府债务率变化情景	3.83	3.85	[3.77, 4.06]	3.49
不确定性情景	3.43	3.43	[3.42, 3.44]	3.38
去杠杆情景	2.84	2.82	[2.71, 2.85]	3.03
投资结构调整情景	3.53	3.55	[3.46, 3.79]	3.12
贸易摩擦情景	3.13	3.10	[3.06, 3.15]	3.58
	长期			
	中位数	平均值	区间	市场平均
基准情景	4.52	4.52	[4.50, 4.59]	4.40
政府债务率变化情景	5.03	5.06	[4.97, 5.32]	4.77
不确定性情景	4.46	4.45	[4.45, 4.49]	4.40
去杠杆情景	4.30	4.27	[4.21, 4.42]	4.21
投资结构调整情景	5.35	5.44	[5.19, 6.10]	4.77
贸易摩擦情景	4.10	4.05	[3.81, 4.10]	4.12

数据来源：作者估算。

其中，市场利率低于自然利率则可认为是货币政策处于宽松条件，市场利率高于自然利率则可认为是货币政策趋于收紧趋势。

四、DSGE 模型中的自然利率

与前两种方法相似，我们的分析不仅关注自然利率的短期波动，同时更希望了解其长期变化趋势，以及哪些因素在驱动这些变化。第三部分我们基于状态空间模型和计量模型已经对不同因素的影响进行了初步分析，但这两种测算还属于半结构化方法，尤其是状态空间模型的估计。为了深入分析技术进步，特别是投资专有技术进步对自然利率的影响，同时对状态空间模型中关于趋势和波动项的分析设定，本部分我们将试图在一个更加一体化的结构化模型中展开进一步分析。

在本节，我们将基于一个包含名义价格与工资黏性以及部分实际刚性的中等规模 NK – DSGE 模型对自然利率 r_t^* 开展估计。本文构建的 DSGE 模型中未包含金融摩擦，因此在新凯恩斯模型中，我们将自然利率界定为在没有价格与工资黏性条件下，经济均衡对应的无风险资产的实际利率①。

（一）模型设定

为刻画中国经济高速增长的特征，同时能够与其他测算方法相比较，我们选择以 Justiniano 等（2011）构建的含不同趋势特征的模型为基础，并适当扩展后形成的 JPT 模型。结构上，该模型是在一个新凯恩斯（NK）模型基础上，包含了一个新古典增长机制，有利于我们开展关于趋势与波动的讨论。机制上，模型同时包含中性（Neutral）和投资专有（Investment – specific）两类技术进步，且均为非平稳的随机趋势过程。

此外，模型将最终产品区分为一般消费品、投资品以及形成的资本品三类，且这三类产品在三个不同的部门进行生产。中间产品与最终产品生产企业投入资本和劳动进行生产，得到的最终产品既可以作为消费品被消费者使用，也可以作为投入要素被投资品生产商投入生产。同时，投资品又将作为生产资本品的投入要素被使用。这样的产品部门及资本形成过程的划分，将有利于我们解释投资品相对价格的变化，并有能力识别投资专有技术进步对经济波动产生的影响。而对

---

① Neiss 与 Nelson（2003）是最早在校准的 DSGE 模型中定义并分析自然利率的研究。其后，Edge 等（2008）、Justiniano 和 Primiceri（2010）、Barsky 等（2014）以及 Curdia 等（2015）相关研究则在估计 DSGE 模型下进行了相似的分析。De Fiore 和 Tristani（2011）讨论了在含有金融摩擦条件下的自然利率定义。

经济波动和趋势的分析也是我们开展自然利率估计的关键。模型结构如下:

1. 消费品生产部门

最终消费品是由众多中间产品和最终产品生产商生产得到。其最优化问题可描述如下:

(1) 最终产品生产商

最终产品生产市场是完全竞争的。在每个时点 t,厂商采取以下技术形式,利用所有中间产品 $\{Y_t(i)\}_i$, $i \in [0,1]$ 进行最终产品生产:

$$Y_t = \left[\int_0^1 Y_t(i)^{\frac{1}{1+\lambda_{p,t}}} di\right]^{1+\lambda_{p,t}}$$

我们假设 $\lambda_{p,t}$ 服从以下外生随机过程:

$$\lg\lambda_{p,t} = (1-\rho_p)\lg\lambda_p + \rho_p\lg\lambda_{p,t-1} + \varepsilon_{p,t} - \theta_p\varepsilon_{p,t-1}$$

其中,$\varepsilon_{p,t}$ 为 iid 的 $N(0, \sigma_p^2)$,即为中间产品的价格加成冲击(markup shock)。ARMA(1,1) 的冲击结构设计将有利于捕捉我国通胀中的高频和持续信息。这一点与 Smets 和 Wouters (2007) 的设定相同。

最终产品以单位价格 P_t 出售给居民部门用于消费,也出售给投资品生产企业生产投资品。完全竞争市场中,零利润条件下可以得到,价格 P_t 为所有中间产品价格 $\{P_t(i)\}_i$ 的 CES 加总,即

$$P_t = \left[\int_0^1 P_t(i)^{-\frac{1}{\lambda_{p,t}}} di\right]^{-\lambda_{p,t}}$$

同样,中间产品的需求方程为

$$Y_t(i) = \left(\frac{P_t(i)}{P_t}\right)^{-\frac{1+\lambda_{p,t}}{\lambda_{p,t}}} Y_t \tag{4.1}$$

(2) 中间产品生产商

每一种中间产品 $Y_t(i)$ 的生产函数满足

$$Y_t(i) = A_t^{1-\alpha} K_t(i)^\alpha L_t(i)^{1-\alpha} - A_t\gamma_t^{\frac{\alpha}{1-\alpha}} F \tag{4.2}$$

其中,$K_t(i)$ 与 $L_t(i)$ 分别为第 i 家企业使用的有效资本和劳动投入;A_t 是劳动增强型技术进步,或中性技术进步因素。A_t 的水平值并不平稳,设定其变化等于 $z_t = \Delta\lg A_t$,且 z_t 服从一个平稳的 AR(1) 过程,即

$z_t = (1-\rho_z)\gamma_z + \rho_z z_{t-1} + \varepsilon_{z,t}$,其中,$\varepsilon_{z,t}$ 为 iid 的 $N(0, \sigma_z^2)$

而变量 γ_t 描述了投资专有技术进步过程。合成的总技术进步 $A_t\gamma_t^{\frac{\alpha}{1-\alpha}}$ 乘以固定成本 F,保证了均衡增长路径的存在性。在稳态条件下,我们选择不同的 F 值已实现零利润(Rotemberg 和 Woodford,1995)。

同时,引入 Calvo 定价机制,在每一时期内,中间产品生产商中有 ξ_p 比率的企业不能选择重新最优化其产品价格,而是依据以下指数化规则进行调整:

$$P_t(i) = P_{t-1}(i) \pi_{t-1}^{lp} \pi^{1-lp}$$

其中，$\pi_t = \dfrac{P_t}{P_{t-1}}$ 为总通胀率；π 为其稳态。其他能够优化调整其价格的公司将在需求方程（4.1）和生产方程（4.2）约束条件下，通过以下最优化问题得到最优价格 $\tilde{P}_t(i)$：

$$E_t \sum_{s=0}^{\infty} \xi_p^s \frac{\beta^s \lambda_{t+s}}{\lambda_t} \{ [\tilde{P}_t(i)(\prod_{j=0}^{s} \pi_{t-1+j}^{lp} \pi^{1-lp})] Y_{t+s}(i) - [W_t L_t(i) + r_t^k K_t(i)] \}$$

其中，W_t 和 r_t^k 分别为名义工资和资本回报率。

2. 投资品生产部门

在完全竞争的投资品生产市场上，投资品生产商购买 Y_t^I 单位的最终产品，并将其加工为有效单位为 I 的投资品。之后，将其以 P_{It} 的价格出售给资本品生产商进行资本生产。其生产过程的目标为

$$\text{Max} \{P_{It} I_t - P_t Y_t^I\}, \text{约束于 } I_t = \gamma_t Y_t^I$$

其中，I_t 为投资品产出；Y_t^I 为投资品生产商的最终产品投入；P_{It} 与 P_t 分别为投资品与消费品价格；γ_t 为投资专有技术进步，反映投资品生产部门的技术进步水平。设其变化满足 $v_t = \Delta \lg \gamma_t$，且 v_t 服从 $v_t = (1-\rho_v)\gamma_v + \rho_v v_{t-1} + \varepsilon_{v,t}$，而 $\varepsilon_{v,t}$ 为 iid 的 $N(0, \sigma_v^2)$。

3. 资本品生产部门

在完全竞争的资本品生产市场上，资本品生产商购买投资品，将其转化为资本，并提供给居民。新资本的生产过程可以用以下过程描述：

$$i_t = \mu_t \left(1 - S\left(\frac{I_t}{I_{t-1}}\right)\right) I_t \tag{4.3}$$

其中，i_t 为新的资本形成；S 为投资调整成本（Christinao 等，2005），我们假设在稳态情况下，调整成本为 0，即 $S = S' = 0$ 且 $S'' > 0$；μ_t 为投资的边际效率冲击，描述的是投资品被安装转化为可以应用的资本过程中可能出现的扰动。我们假设其服从以下过程

$$\lg \mu_t = \rho_\mu \lg \mu_{t-1} + \varepsilon_{\mu,t}, \text{其中，} \varepsilon_{\mu,t} \text{为 iid 的 } N(0, \sigma_\mu^2)$$

资本品生产商追求其未来利润的期望现值最大化，即满足

$$E_t \sum_{s=0}^{\infty} \beta^s \lambda_{t+s} [P_{kt+s} i_{t+s} - P_{It+s} I_{t+s}]$$

其中，P_{kt} 表示每单位有效资本的价格。

4. 居民部门

经济体中，第 j 个家庭追求以下最大化问题

$$E_t \sum_{s=0}^{\infty} \beta^s b_{t+s} \left[\lg(C_{t+s} - hC_{t+s-1}) - \varphi \frac{L_{t+s}(j)^{1+v}}{1+v} \right]$$

其中，C_t 为居民消费；h 为消费习惯参数；$L_t(j)$ 为提供的劳动；b_t 为贴现因子，且假设服从以下过程

$$\lg b_t = \rho_b \lg b_{t-1} + \varepsilon_{b,t}，其中，\varepsilon_{b,t} 为 iid 的 N(0, \sigma_b^2)$$

由于技术进步为非平稳过程，因此我们设定对数效用函数以确保存在均衡增长路径。此外，消费我们并未包含 j，即认为每个人的消费均相同，不包含异质性。其原因在于，模型中存在连续债券，可以保证均衡中消费和资产持有对居民部门无差别。由此，居民部门的预算约束满足

$$P_t C_t + P_{kt} i_t + T_t + B_t \leqslant R_{t-1} B_{t-1} + Q_t(j) + \Pi_t + W_t(j) L_t(j) + r_t^k u_t \bar{K}_{t-1} - P_t \frac{a(u_t)}{\gamma_t} K$$

其中，T_t 为一次性税收；B_t 为持有的政府债券；R_t 为名义利率；$Q_t(j)$ 为家庭 j 证券组合中的现金；Π_t 为人均利润。居民部门拥有资本，并选择资本里利用率 u_t。资本利用率反映了由已安装完毕的资本到有效资本服务转换之间的差距。满足以下关系：

$$K_t = u_t \bar{K}_{t-1}$$

有效资本以租金率 r_t^k 借给企业进行生产，每单位资本的资本利用成本为 $P_t a(u_t)/\gamma_t$。为保证平衡增长路径的存在，利用投资专有技术进步进行了平减。资本积累方程如下：

$$K_t = (1-\delta) K_{t-1} + i_t$$

其中，δ 为资本折旧率。积累方程表明，资本积累过程同时受投资专有技术进步与资本边际效率两类冲击影响。

每一个居民都是劳动 $L_t(j)$ 的垄断提供商（Erceg 等，2000），大量竞争性的劳动力提供主体将差异化的劳动合并成无差异的劳动投入，提供给中间产品生产部门。劳动合成方式如下

$$L_t = \left[\int_0^1 L_t(i)^{\frac{1}{1+\lambda_{W,t}}} dj\right]^{1+\lambda_{W,t}}$$

与最终产品生产过程相似，不同居民之间的编辑替代率形成了工资中的替代黏性 $\lambda_{W,t}$，设定其服从以下过程

$$\lg \lambda_{W,t} = (1-\rho_W) \lg \lambda_W + \rho_W \lg \lambda_{W,t-1} + \varepsilon_{W,t} - \theta_W \varepsilon_{W,t-1}$$

其中，$\varepsilon_{W,t}$ 为 iid 的 $N(0, \sigma_W^2)$，即为工资加成冲击（markup shock），为劳动力供给冲击。

在完全竞争的最终劳动力需求市场，劳动的需求方程如下：

$$L_t(i) = \left(\frac{W_t(i)}{W_t}\right)^{-\frac{1+\lambda_{W,t}}{\lambda_{W,t}}} L_t$$

其中，$W_t(j)$ 为第 j 类劳动提供获得的工资，同时中间产品生产商为同质

的劳动投入支付的工资满足

$$W_t = \left[\int_0^1 W_t(j)^{-\frac{1}{\lambda_{W,t}}}dj\right]^{-\lambda_{W,t}}$$

与价格黏性相似，我们同样假设每期将有比例 ξ_W 的居民并不能自由设定其工资，而是依据以下指数原子进行调整

$$W_t(j) = W_{t-1}(j)(\pi_{t-1}e^{z_{t-1}+\frac{\alpha}{1+\alpha}v_t})^{lw}(\pi e^{\gamma_z+\frac{\alpha}{1+\alpha}\gamma_v})^{1-lw}$$

5. 政府部门

模型中，设定财政政策是满足李嘉图性质，政府通过发行短期债券为其财政赤字融资。政府公共支出有一个时变的产出比率外生确定。

$$G_t = \left(1 - \frac{1}{g_t}\right)Y_t$$

其中，g_t 为政府支出冲击，并且服从以下过程

$\lg g_t = (1-\rho_g)\lg g + \rho_g \lg g_{t-1} + \varepsilon_{g,t}$，其中，$\varepsilon_{g,t}$ 为 iid 的 $N(0, \sigma_g^2)$

货币政策遵循以下政策规则

$$\frac{R_t}{R} = \left(\frac{R_{t-1}}{R}\right)^{\rho_R}\left[\left(\frac{\pi}{\pi}\right)^{\varphi_\pi}\left(\frac{X_t}{X_t^*}\right)^{\varphi_X}\right]^{1-\rho_R}\left[\frac{X_t/X_{t-1}}{X_t^*/X_{t-1}^*}\right]^{\varphi_{dX}}\varepsilon_{mp,t}$$

其中，R 为稳态的名义利率。与 SW（2007）相似，名义利率将受到通胀偏离稳态目标以及产出缺口偏离目标及其增速的影响①。

同样，我们也可以定义全要素生产率为

$$TFP_t = \lg Y_t - \alpha\lg(K_t) - (1-\alpha)\lg L_t$$

6. 模型求解

在本文的模型中，由于中性技术进步和投资专有技术进步均为含有单位根的趋势平稳过程，因此消费、投资、资本、实际工资以及产出等变量均将围绕着随机增长路径上下波动。最终的合成趋势为 $A_t\gamma_t^{\frac{\alpha}{1-\alpha}}$，其稳态增长率为

$$\gamma^* = \gamma_z + \frac{\alpha}{1-\alpha}\gamma_v$$

在模型求解过程中，首先应将整个模型改写为平稳形式，即将所有变量处理为平稳变量。之后计算非平稳趋势形成的增长模型，并在稳态增长路径上进行对数近似，最终得到整个模型的解。

7. 投资冲击与投资品相对价格

模型中，我们对最终消费品、投资品和资本品进行了区分，并对其均衡价格进行了描述。竞争性投资品生产商的利润最大化行为使投资品价格 P_{It} 等于其边

---

① 由于本文为封闭经济模型，产出缺口为 $C + I + G$ 与其有效水平的差距。

际成本 $P_t\gamma_t^{-1}$。由此，投资品价格与消费品价格满足以下关系

$$\frac{P_{ht}}{P_t} = \gamma_t^{-1} \qquad (4.4)$$

在完全竞争市场上，投资品生产方面的任何进步都会迅速地导致其单位产品价格的下降。依据资本品生产部门的零利润条件可以得到

$$P_{kt}i_t = P_t\tilde{I}_t \qquad (4.5)$$

其中，$\tilde{I}_t = \frac{P_{ht}}{P_t}I_t$ 为相对消费品的实际投资。将式 (4.3) 至式 (4.5) 代入居民的预算方程与资本的积累方程，可以得到一个统一的资本积累方程如下

$$\tilde{K}_t = (1-\delta)\tilde{K}_{t-1} + \mu_t\gamma_t(1-S_t)\tilde{I}_t \qquad (4.6)$$

其中，$S_t = S(I_t/I_{t-1})$ 表示在 t 时刻的投资调整成本。从资本积累方程 (4.6) 不难看出，积累过程受到两种不确定性影响：投资专有技术进步 γ_t 和投资边际效率 μ_t，这种区分对于本文的分析比较重要。这使我们可以分别识别来自投资专有技术进步的冲击和投资效率的冲击。

（二）定义自然均衡

在一个存在价格黏性的模型中，自然利率通常被定义为价格充分调整条件下的均衡实际回报率。这种回报率较好地描述了均衡条件下的经济情况，并且为货币政策提供了非常重要的参考基准。若货币政策工具遵循以自然利率为参照系的政策规则调整，则将有力地实现价格的稳定。

通常情况下，在一个简单的价格黏性模型中，若不考虑交易成本以及金融摩擦，劳动是唯一的投入要素，则自然利率可以被得到并表示为外生随机过程的函数 (Gali, 2008)。若模型中包含资本，则自然利率的最终形式将依赖于外生随机过程和当期的资本水平。这两种情况下，货币政策都无法影响自然利率的变化。实际上，通常可以将原来的模型改写为不存在价格黏性形式的两个部分。第一部分是实际变量部分，可以求解出所有实际变量以及均衡实际利率。第二部分则将包含费雪关系 (Fisher relation) 和货币政策规则，使我们能够在实际利率和名义利率以及通胀预期之间建立起相应联系。利用这部分我们就可以求出通胀及名义利率等变量的情况，我们也就得到了模型对应的自然均衡与名义均衡。

依照自然均衡的定义，由于本文模型并未包含金融摩擦，我们将在估计模型相关参数的基础上，消除价格与工资黏性参数影响，以得到相应的自然均衡。

（三）参数的校准与估计

我们将采用两种方式来确定模型参数。对于可以依据中国经济相关数据以及

已有研究设定的参数，本文将采用校准的方法，而对于其他一些重要参数我们将采用 Bayes 方法进行参数估计①。所有数据均来源于国家统计局《中国统计年鉴》，所有涉及样本数据均为 1991 年第一季度至 2018 年第三季度的季度频率数据。

1. 参数校准

对于家庭部门折现因子 β，依据刘斌（2010）的估计，将 β 设定为 0.998。此外，按照国内研究的一般做法，将年度资本折旧率设定为 10%，即季度资本折旧率 $\delta = 0.025$；中间产品之间的替代弹性 ε 校准为 20；而劳动力之间的替代弹性 η 则校准为 10。生产中的固定成本参数 φ 校准为 0。此外，参照 Fernnandez–Villaverde（2010）的估计②，我们将资本利用率的二次项系数校准为 0.001。

2. Bayes 估计

利用 Bayes 估计 DSGE 模型参数，首先需要设定参数的先验分布。本文根据各参数的理论含义和取值范围以及国内外相关研究结论，设定了待估计参数的先验分布，详见表 1。对于取值范围在区间（0，1）中的参数，将其先验分布设定为 Beta 分布；而对于取值始终大于 0 的参数，将其先验分布设定为 Gamma 分布；对于外生冲击的标准差，将其先验分布设定为逆 Gamma 分布。

模型中共包含 8 个外生冲击：偏好冲击、劳动力供给冲击、资本专有技术冲击、中性技术冲击、成本价成冲击以及货币政策冲击、政府支出冲击、资本效率冲击。我们在 Bayes 估计中同样选择了 8 个观测变量：产出变化（dy）、通胀率（pi）、利率（r）、消费变化（dc）、投资变化（di）、劳动投入变化（dl）、工资变化（dw）以及资本品相对价格变化（ip）。本文选取得样本区间为 1993 年第一季度至 2018 年第三季度数据。通过估计我们得到了主要模型参数的估计结果。表 2 给出了各参数的先验分布类型与分布均值，经过 1000000 次模拟得到的参数后验分布的均值以及 95% 置信水平下后验均值如表 2 所示。

表 2　　　　　　　　　　　　参数估计结果

Parameters	prior mean	post. mean	90% HPD	interval	prior	pstdev
ρ_z	0.50	0.36	0.26	0.45	Beta	0.20
ρ_b	0.50	0.81	0.71	0.91	Beta	0.20
ρ_μ	0.50	0.52	0.35	0.69	Beta	0.20
ρ_v	0.50	0.88	0.82	0.96	Beta	0.20
ρ_{mp}	0.50	0.20	0.10	0.30	Beta	0.20
ρ_g	0.50	0.99	0.98	1.00	Beta	0.20

---

① 需要说明的是，本文所有参数均选择季度数据进行校准和估计。

② Fernnandez–Villaverde, 2010, The econometrics of DSGE models, Journal of the Spanish Economic.

续表

Parameters	prior mean	post. mean	90% HPD	interval	prior	pstdev
ρ_p	0.50	0.91	0.87	0.95	Beta	0.20
ρ_w	0.50	0.42	0.28	0.62	Beta	0.20
h	0.70	0.42	0.33	0.50	Beta	0.10
S''	5.00	4.43	3.25	5.67	Gamma	1.00
χ	0.80	0.17	0.10	0.25	Beta	0.10
ξ_p	0.50	0.70	0.64	0.77	Beta	0.15
ξ_w	0.50	0.49	0.32	0.62	Beta	0.15
lw	0.50	0.37	0.24	0.48	Beta	0.10
lp	0.50	0.24	0.13	0.34	Beta	0.10
ρ_R	0.75	0.94	0.93	0.96	Beta	0.10
ϕ_π	1.50	1.80	1.47	2.10	Norm	0.25
ϕ_y	0.13	0.13	0.07	0.18	Norm	0.05
ϕ_{dy}	0.13	0.08	0.05	0.10	Gamma	0.05
$\gamma*$	2.20	2.20	1.82	2.68	Gamma	0.25
γ_v	1.00	0.82	0.46	1.10	Gamma	0.25
α	0.50	0.21	0.18	0.24	Beta	0.10
冲击标准差						
σ_z	0.10	1.93	1.73	2.16	Invg	2.00
σ_b	0.10	0.09	0.05	0.12	Invg	2.00
σ_v	0.10	1.96	1.77	2.24	Invg	2.00
σ_μ	0.10	1.10	0.94	1.30	Invg	2.00
σ_R	0.10	0.11	0.09	0.13	Invg	2.00
σ_g	0.10	0.55	0.48	0.62	Invg	2.00
$\sigma_{\lambda p}$	0.10	0.32	0.25	0.42	Invg	2.00
σ_w	0.10	0.85	0.68	1.07	Invg	2.00

结果表明，$\gamma*$ 的后验均值为 $\gamma* = 2.2$，表示整体技术进步年化趋势增速为 8.8%。γ_v 的估计均值为 0.82，表示投资专有技术进步的年化趋势增长率为 3.28%。α 的估计值为 0.21，低于校准的 0.5。在货币政策的利率规则中，利率平滑系数 ρ_R 的估计值为 0.94，产出缺口反应系数 ϕ_y 以及通货膨胀的反应系数 ϕ_π 的后验分布的均值分别为 0.13 和 1.8，对产出缺口增速的反应系数 ϕ_{dy} 为 0.08。此外，政府支出冲击与价格冲击的持续性较强，且一阶的自相关系数均在 0.9 以上。

（四）模型的机制与主要结果

1. 模型机制

模型共包括偏好冲击、劳动力供给冲击、资本专有技术冲击、中性技术冲击、成本价成冲击以及货币政策冲击、政府支出冲击、资本效率冲击 8 个随机冲击。依据估计情况主要变量的冲击响应情况如图 11 所示。

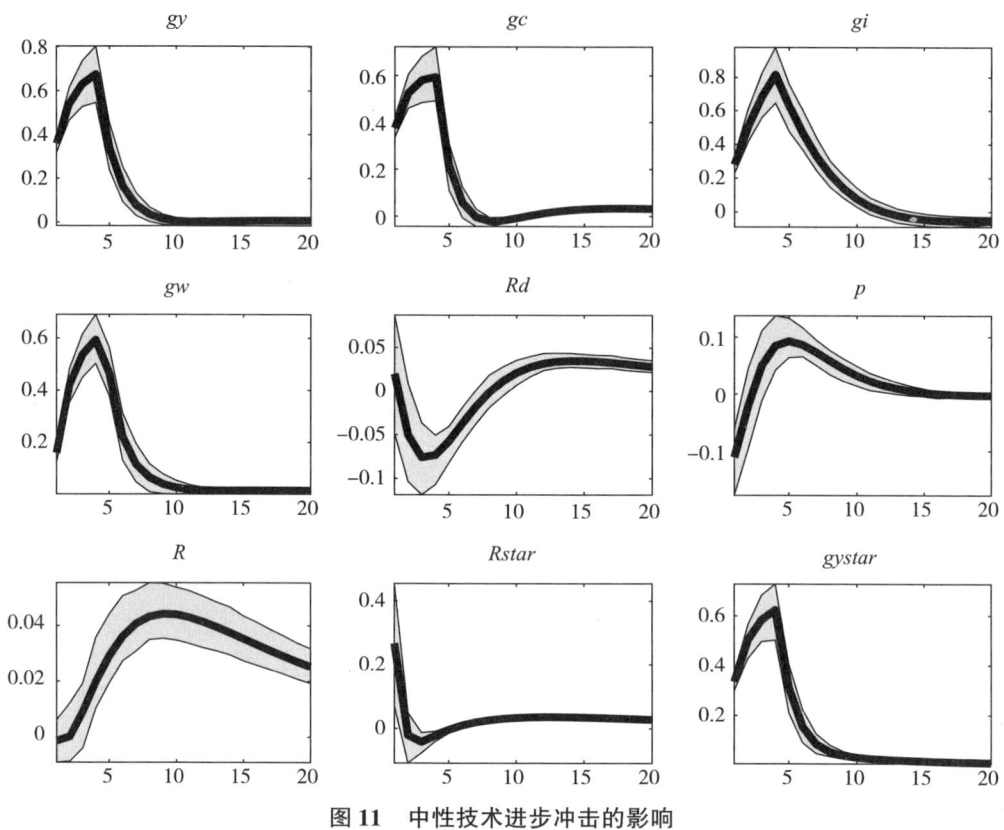

图 11　中性技术进步冲击的影响

中性技术进步冲击的影响与模型理论机制基本一致。当中性技术进步面临正向冲击时，产出将迅速增加，物价则将有所下降。产出增加带来了消费和投资增速的提高，工资也将上升。对于利率而言，技术进步带来资本回报率提高，名义利率出现上升。由于物价下降幅度超过名义利率上升幅度，因此带来实际利率下降。此外，中性技术进步将直接带来自然利率和潜在产出明显增加。

政府支出冲击的影响与中性技术进步相近，但对价格影响方向相反。随着政府直接支出的增加，产出将明显增长，但对居民消费和投资有可能带来挤出。从估计的情况看，政府直接支出对居民消费的基础效果较为明显，而对企业投资短期内挤出效应不大，长期内有轻微挤出。工资与价格都将出现上涨，但并不稳定。对利率的影响则主要体现在，随着政府支出的增加，名义利率也将升高，但幅度小于通胀，因此实际利率将出现下降。自然利率则将与潜在产出一样出现上升，但这种增长并不稳定，将在短期内逐步消退。

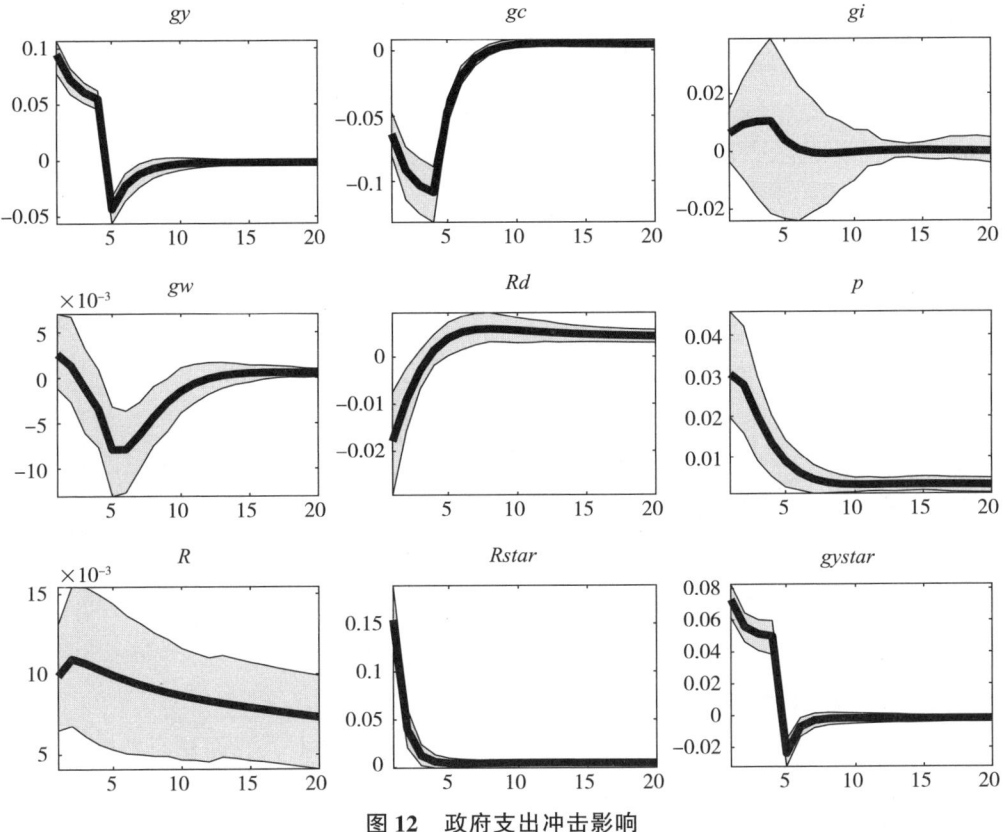

图 12　政府支出冲击影响

投资专有技术进步影响是我们关注的重点。从估计的情况看，随着投资专有技术进步的提升，总产出与总投资都将出现明显增加，尤其是投资增加较快。与中性技术进步影响不同，专有技术进步冲击将带来产出与物价同时升高。利率方面，名义利率增加但增幅同样低于物价升高，导致实际利率短期出现下降，但长期内将有所回升。同时，投资专有技术进步对自然利率与潜在产出的影响效果则较为持久。自然利率短期下降，长期持续上升。潜在产出则将一直保持增高趋势，并从根本上保持物价平稳。

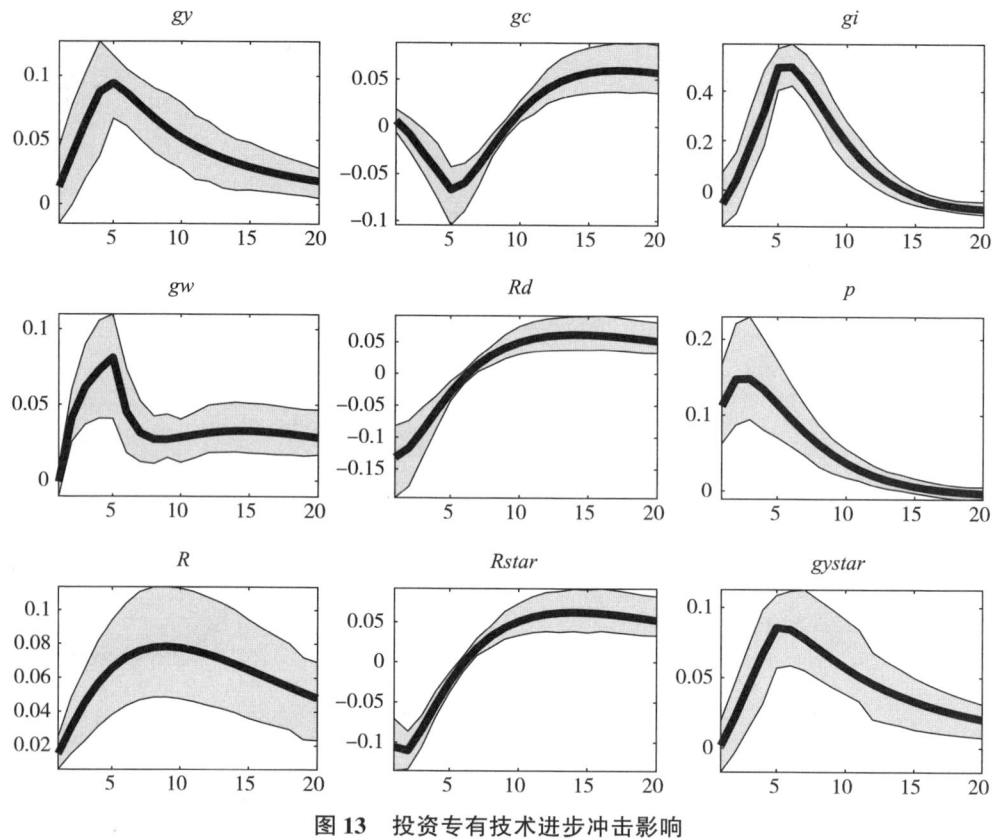

图 13　投资专有技术进步冲击影响

2. 水平分解情况

为了对主要变量的影响因素进行分析，在估计基础上，我们对自然利率和总产出的波动部分进行了水平分解，如图 14 所示。

从产出的水平分解结果中可以看出，导致总产出持续低于其趋势增速的负向因素主要是资本使用效率冲击和中性技术进步冲击。此外，短期内价格加成冲击的负向影响也比较明显。关于自然利率波动的水平分解结果表明，导致自然利率波动下降的主要因素是跨期偏好冲击，即随机贴现因子的冲击。这种冲击因素不仅决定了消费的边际效用，而且还直接影响劳动的边际选择效用。在此，可以理解为居民部门对未来不确定的上升，是导致自然利率波动的主要原因。同时，资本利用率冲击也是短期内理解自然利率下降的重要因素。

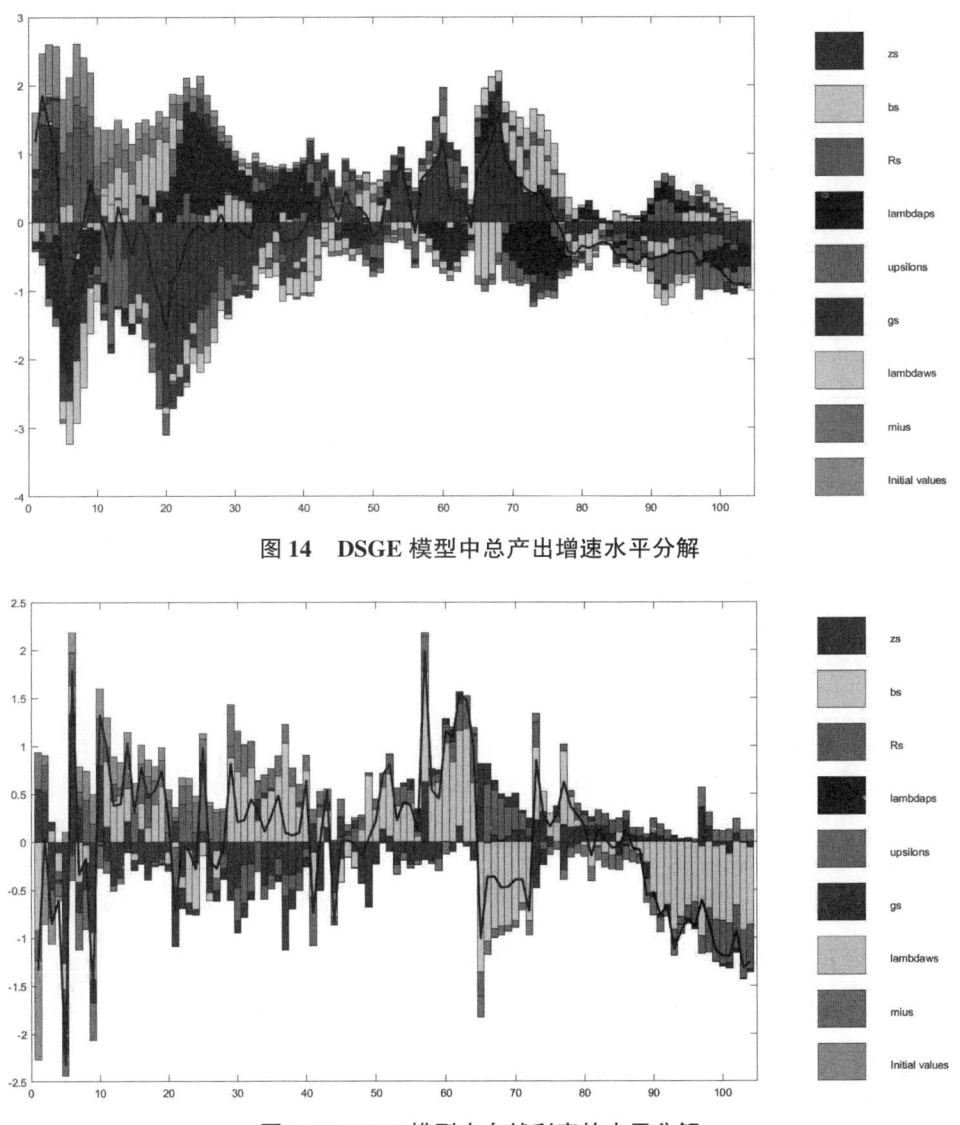

图 14 DSGE 模型中总产出增速水平分解

图 15 DSGE 模型中自然利率的水平分解

3. 主要估计结果

基于模型，我们可以分别得到自然利率、潜在产出、全要素生产率（TFP）、产出缺口等潜在变量的波动部分模拟结果（见图 16）。其中，TFP 是通过余值法计算得到。估计结果表明，在去除趋势因素以后，短期内自然利率与潜在产出自 2010 年以后均出现了下行特征，但程度较为轻微。全要素生产率走势与也与潜在产出相似。产出缺口持续为正，除危机时期外与通胀走势情况基本相符。

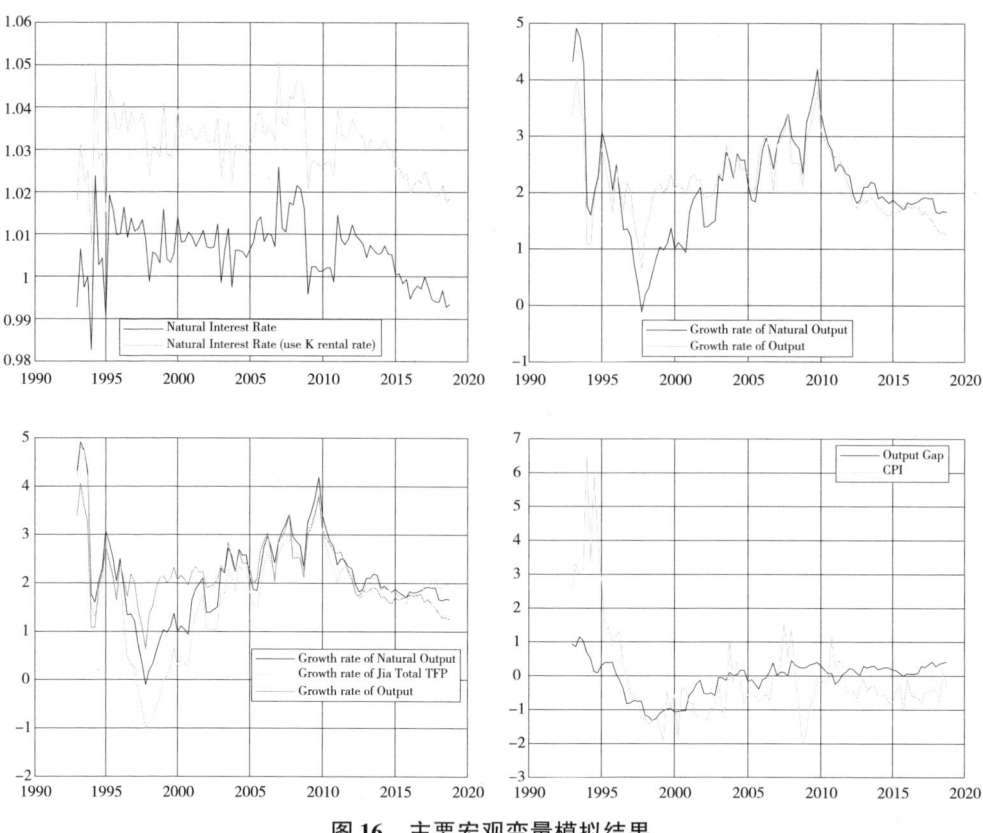

图 16 主要宏观变量模拟结果

（五）我国货币政策决策中的自然利率

至此，我们对 DSGE 模型估计的自然利率情况进行一些简要总结和说明。

首先，DSGE 模型估计的自然利率与潜在产出具有相同的趋势特征，但波动部分在短期内出现了较为明显的下降。究其原因，主要源于经济主体对经济未来预期的不确定性上升，跨期决策敏感性下降，部分制约了货币政策效果的发挥。

其次，资本利用效率的降低也是影响自然利率短期下降的重要原因。而且总需求偏弱、政府投资快速下降以及成本上升也不同程度地推动了潜在产出与自然利率的下降。

再次，政府公共支出对自然利率短期内有正向作用，但长期效果并不稳定。在当前的经济环境下，中性技术进步的提升也同样很难迅速促进增长与自然利率的回升。而且，在货币政策保持稳定条件下，自然利率降低将产生收紧的货币政策效果，并导致经济进一步收缩。

最后，投资专有技术进步对于提升潜在产出和自然利率具有持续的效果。相对其他冲击而言，投资专有技术进步对自然利率的影响力度更大，持续时间更长。而且专有技术进步冲击，还有可能带来价格的上升和实际利率的下降，有利于提升货币政策空间。

由此，改善投资结构，提升专有投资技术进步效率才是扭转潜在产出与自然利率逐步下降的关键。这一点与宏观计量经济模型的情景分析结果基本相同。

五、主要结论和建议

本文的目标是对我国的自然利率进行估计，对影响自然利率的因素进行分析。对中央银行而言，自然利率不仅是宏观经济分析中的重要概念，更是整个货币政策决策讨论的核心。结合自然利率的动态变化，我们能够判断宏观经济的运行状况；基于自然利率与市场利率的关系，我们有能力识别货币政策态度，适时调整未来货币政策的方向。本文从货币政策决策需要出发，运用不同方法对我国1993年以来的自然利率走势进行了初步测算和估计，对影响自然利率变化的各种因素进行了系统分析。

基于分析，我们得到的主要结论如下：

第一，从整体实证情况看，我国自然利率的趋势性变化特征并不明显，这一点与许多发达经济体持续下降的自然利率状况并不相同。以10年期国债收益率为计算基准，短期内（3~4个季度），自然利率的均值将为3.49%左右，略高于市场平均利率的预测值3.40%。长期内（8~12个季度），自然利率的均值将接近4.52%，市场平均利率预测均值将达到4.40%，二者差距将有所增加。以1年期国债利率或银行间7天回购利率为计算基准，则无论长期还是短期内，市场平均仍然将略低于自然利率水平，表明在没有政策干预情况下，货币环境将持续保持弱宽松格局。

第二，从影响因素看，短期内，自然利率的波动主要源于经济不确定性预期增加，导致企业和居民总需求的快速下降。水平分解的结果显示，导致自然利率波动的主要因素是跨期偏好冲击。这种需求冲击不仅影响居民部门的消费边际倾向，而且还将直接影响劳动的边际效用，影响经济主体的跨期选择动力。此外，资本利用率冲击也是造成短期自然利率波动的重要原因。

第三，中长期内，政府债务率变化、去杠杆政策、投资结构调整以及中美贸易摩擦等因素也都将对自然利率产生影响。其中，去杠杆政策对自然利率影响的持续时间较长，幅度较大。政府债务率变化以及贸易摩擦等因素影响的持续性将在短期内更为明显。投资专有技术进步对自然利率与潜在产出的影响效果较为持久，不仅将带来自然利率的长期上升，而且还有利于潜在产出的持续增长。

第四，从情景分析结果看，"一刀切"去杠杆政策导致有效需求不足可能是我国当前宏观经济的主要矛盾之一，也是推动自然利率降低的重要方面。由于去杠杆政策不仅涉及企业部门产能的调整和压缩，同时也涉及对政府举债及支出行为的规范。而快速去杠杆将在短期内导致总需求不足，形成经济下行压力增大，并对资金的供给和需求产生影响，推动自然利率水平下降。同时，尽管实际利率也会有所降低，但自然利率下降的速度更快，幅度也更大，并将间接产生货币政策收紧的效果。

第五，测算发现，中美关税调整带来的收入再分配效应并不会明显扩大全球的经济活动，不仅会造成自然利率的下降，更容易推高市场利率。由于短期内关税调整改变商品相对价格，明显降低全球经济活跃度，并在长期内造成自然利率的下降。同时，关税大幅度调整在短期内易导致市场平均利率的上升，使即便货币政策维持原有政策利率不变，也有可能产生一定程度的货币政策收紧效果。

主要政策建议如下：

其一，应更加注重投资质量与投资效率提升。投资对技术进步的重要基础和保证。从全要素生产率增长趋势看，尽管受到供给侧结构性改革推进，近年来其增长已有所企稳，但整体走势仍然偏弱。其中，投资效率及投资专有技术进步增速的下降是近期内造成全要素生产率和自然利率下降最为显著的原因。

其二，应防范"一刀切"去杠杆导致有效需求不足的风险。政治局会议提出"当前经济运行稳中有变"这一重要判断，说明我国经济运行环境明显变化，经济下行压力明显加大，"一刀切"去杠杆导致的有效需求不足已成为我国当前经济的主要矛盾之一，"稳投资"也成为重要举措之一。应准确把握并平衡好短期需求目标和中长期结构性改革目标，有效地开展投资管理，尤其是处理好基础设施建设和地方债务问题。

其三，应处理好预算软约束问题。长期以来，政府和国有企业投资对拉动我国经济增长作出了重要贡献，但由于存在预算软约束等问题，政府和国有企业更容易获得资金，这类投资的效率和质量整体偏低，对提高全要生产率和潜在产出增长的贡献不足。政府和国有企业获得更多资金必然会挤出其他部门投资，导致全社会的投资效率和质量下降。从杠杆率来看，地方政府和国有企业的债务是全社会杠杆率偏高的主要原因。因此，必须打破政府和国有企业部门的预算软约束，这也是提高投资效率和投资质量、降低杠杆率的重要基础。

其四，货币政策应更加关注自然利率的变化。自然利率不仅是货币政策的重要目标，也是中央银行重要的市场沟通方式，更是货币政策决策的重要框架。基于自然利率，我们可以将不同问题的讨论纳入一个统一的框架中，不仅有利于货币政策决策，更利于货币政策向着规范化、科学化方向发展。此外，由于我国目前还存在着市场机制不健全，利率双轨并存等多种结构性问题。自然利率为我们在当前的宏观经济环境下开展政策实践提供了非常有益的基础。

总体来看，我国经济的投资占比下降可能并不等同于投资绝对数量的下降，在当前推动可持续、高质量增长的大背景下，投资质量及技术进步的提升可能更加重要。因此，我们可能需要进一步推动结构性改革，深化、巩固供给侧结构性改革的成果。优化产业结构，优化投资结构，合理控制杠杆率，处理好预算软约束问题，推动以市场化为导向的各项改革，以提升投资效率，促进技术创新。在这一过程中，政府（特别是地方政府）投资规模与债务率的快速上升是一个方面，同样金融体系在支持创新、优化金融资源配置、提高效率等方面也存在许多问题。这也许就是习近平总书记强调金融工作应把握服务于经济社会发展，避免经济脱实向虚的一个重要初衷所在。

参考文献

［1］Acharya, Viral V. and Lasse Heje Pedersen. Asset pricing with liquidity risk ［J］. Journal of Financial Economics, 2005, 77（2）：375 – 410.

［2］Adrian, Tobias and Hyun Song Shin. Money, Liquidity, and Monetary Policy ［J］. The American Economic Review, 2009, 99（2）：600 – 605.

［3］Adrian, Michael J. Fleming, Or Shachar, and Erik Vogt. Market liquidity after the financial crisis ［R］. Federal Reserve Bank of New York Staff Report, No. 796, 2016.

［4］Adrian, Nina Boyarchenko, and Or Shachar. Dealer balance sheets and bond liquidity provision ［J］. Journal of Monetary Economics, 2017.

［5］Ajello, Andrea. Financial Intermediation, Investment Dynamics and Business Cycle Fluctuations ［J］. American Economic Review, 2018.

［6］Amihud, Yakov, Haim Mendelson, and Lasse Heje Pedersen. Market liquidity: asset pricing, risk, and crises ［C］. Cambridge University Press, 2012.

［7］Anderson, Mike and Ren'e M Stulz. Is Post – Crisis Bond Liquidity Lower ［C］. Ohio State University, mimeo, 2017.

［8］Anzoategui, Diego, Diego Comin, Mark Gertler, and Joseba Martinez. Endogenous Technology Adoption and R&D as Sources of Business Cycle Persistence ［R］. New York University Working Paper, 2015.

［9］Auclert, Adrien and Matthew Rognlie. Inequality and Aggregate Demand ［R］. Technical Report, Stanford University, 2016.

［10］Bao, Jack, Jun Pan, and Jiang Wang. The illiquidity of corporate bonds ［J］. The Journal of Finance, 2011, 66（3）：911 – 946.

［11］Barsky, Robert, Alejandro Justiniano, and Leonardo Melosi. The Natural Rate of Interest and Its Usefulness for Monetary Policy ［J］. American Economic Review, May 2014, 104（5）：37 – 43.

[12] Basel Committee on Banking Supervision. Basel Ⅲ: The Liquidity Coverage Ratio and liquidity risk monitoring tools [J]. Bank for International Settlements, 2013.

[13] Basu, Susanto, John G Fernald, and Miles S Kimball. Are technology improvements contractionary? [J]. The American Economic Review, 2006, 96 (5): 1418 –1448.

[14] Bauer, Michael D, Glenn D Rudebusch, and Jing Cynthia Wu. Correcting estimation bias in dynamic term structure models [J]. Journal of Business & Economic Statistics, 2012, 30 (3): 454 –467.

[15] Benigno, Gianluca and Luca Fornaro. Stagnation traps [J]. Mimeo, LSE and UPF, 2016.

[16] Bernanke, Ben S. The global saving glut and the U. S. current account deficit, 2005.

[17] Bigio, Saki. Endogenous Liquidity and the Business Cycle [J]. American Economic Review, 2015, 105 (6): 1883 –1927.

[18] Bloom, Nicholas. The impact of uncertainty shocks [J]. Econometrica, 2009, 77 (3): 623 –685.

[19] Boivin, Jean and Marc P. Giannoni. DSGE Models in a Data Rich Enviroment [R]. NBER Working Paper, 2006, 12772.

[20] Caballero, Ricardo J. The "other" imbalance and the financial crisis [J]. National Bureau of Economic Research, WP 15636, 2010.

[21] Caballero, Ricardo J and Arvind Krishnamurthy. Global imbalances and financial fragility [J]. National Bureau of Economic Research, WP 14688, 2009.

[22] Caballero, Ricardo J. and Emmanuel Farhi. The safety trap [J]. National Bureau of Economic Research, WP 19927, 2014.

[23] Carter, C. K. and Rob ert Kohn. On Gibbs Sampling for State Space Models [J]. Biometrika, 1994, 81 (3): 541 –553.

[24] Carvalho, Carlos, Andrea Ferrero, and Fernanda Nechio. Demographics and real interest rates: Inspecting the mechanism [J]. European Economic Review, 2016.

[25] Christensen, Jens H. E. and Glenn D. Rudebusch. A New Normal for Interest Rates? Evidence from Inflation – Indexed Debt [R]. Mimeo, Federal Reserve Bank of San Francisco Working Paper, 2016.

[26] Christiano, Lawrence J., Martin Eichenbaum, and Charles L. Evans. Nominal Rigidities and the Dynamic Effects of a Shock to Monetary Policy [J]. Journal of Political Economy, 2005, 113: 1 –45.

［27］Christiano, Lawrence J., Martin Eichenbaum, and Charles L. Evans. Risk Shocks［J］. American Economic Review, 2014, 104（1）: 27 – 65.

［28］Cieslak, Anna and Pavol Povala. Expected Returns in Treasury Bonds［J］. Review of Financial Studies, 2015, 28（10）: 2859 – 2901.

［29］Clark, Todd E and Taeyoung Doh. Evaluating alternative models of trend inflation［J］. International Journal of Forecasting, 2014, 30（3）: 426 – 448.

［30］Comin, Diego and Mark Gertler. Medium – Term Business Cycles［J］. American Economic Review, June 2006, 96（3）: 523 – 551.

［31］Crump, Richard K, Stefano Eusepi, and Emanuel Moench. The term structure of expectations and bond yields［R］. Federal Reserve Bank of New York Staff Report, No. 775, 2016.

［32］Cui, Wei and Soren Radde. Search – Based Endogenous Illiquidity and the Macroeconomy［C］. Available at SSRN 2432935, 2014.

［33］Curdia, Vasco, Andrea Ferrero, Ging Cee Ng, and Andrea Tambalotti. Has U. S. Monetary Policy Tracked the Efficient Interest Rate［J］. Journal of Monetary Economics, 2015, 70（C）: 72 – 83.

［34］De Graeve, Ferre. The External Finance Premium and the Macroeconomy: US PostWWII Evidence［J］. Journal of Economic Dynamics and Control, 2008, 32（11）: 3415 – 3440.

［35］Del Negro, Marco and Giorgio E Primiceri. Time varying structural vector autoregressions and monetary policy: a corrigendum［J］. The review of economic studies, 2015, 82（4）: 1342 – 1345.

［36］Du, Wenxin, Alexander Tepper, and Adrien Verdelhan. Deviations from covered interest rate parity［J］. National Bureau of Economic Research WP 23170, 2017.

［37］Durbin, James and Siem Jan Koopman. A Simple and Efficient Simulation Smoother for State Space Time Series Analysis［J］. Biometrika, 2002, 89（3）: 603 – 616.

［38］Edge, Ro chelle M., Michael T. Riley, and Jean – Philipp e Laforte. Natural rate measures in an estimated DSGE model of the U. S. economy［J］. Journal of Economic Dynamics and Control, 2008, 32（8）: 2512 – 2535.

［39］Eggertsson, Gauti B. and Neil R. Mehrotra. A Model of Secular Stagnation［R］. NBER Working Papers 20574, National Bureau of Economic Research, Inc October 2014.

［40］Eichengreen, Barry. Secular Stagnation: The Long View［J］. American

Economic Review, May 2015, 105 (5): 66 - 70.

[41] Favero, Carlo A., Arie E. Gozluk lu, and Haoxi Yang. Demographics and the Behavior of Interest Rates [J]. IMF Economic Review, November 2016, 64 (4): 732 - 776.

[42] Fernald, John G., Robert E. Hall, James H. Stock, and Mark W. Watson. The disappointing recovery of output after 2009 [R]. Brookings Papers on Economic Activity, this issue.

[43] Fiore, Fiorella De and Oreste Tristani. Credit and the Natural Rate of Interest [J]. Journal of Money, Credit and Banking, 2011, 43 (2 - 3): 407 - 440.

[44] Fisher, Jonas. On the Structural Interpretation of the Smets - Wouters Risk Premium? Shock [J]. Journal of Money, Credit and Banking, 2015, 47 (2 - 3): 511 - 516.

[45] Fleckenstein, Matthias, Francis A L ongstaff, and Hanno Lustig. The TIPSTreasury Bond Puzzle [J]. The Journal of Finance, 2014, 69 (5): 2151 - 2197.

[46] Gagnon, Etienne, Benjamin K. Johannsen, and J. David Lopez - Salido. Understanding the New Normal: The Role of Demographics [R]. Finance and Economics Discussion Series 2016 - 080, Board of Governors of the Federal Reserve System (U. S.) September 2016.

[47] Garleanu, Nicolae and Lasse Heje Pedersen. Margin - Based Asset Pricing and Deviations from the Law of One Price [J]. Review of Financial Studies, 2011, 24 (6): 1980 - 2022.

[48] Giannone, Domenico, Michele Lenza, and Giorgio E Primiceri. Prior selection for vector autoregressions [J]. Review of Economics and Statistics, 2015, 97 (2): 436 - 451.

[49] Gilchrist, Simon and Egon Zakra jsek. Credit Spreads and Business Cycle Fluctuations [J]. American Economic Review, 2012, 102 (4): 1692 - 1720.

[50] Gorton, Gary and Andrew Metrick. Securitized banking and the run on repo [J]. Journal of Financial Economics, 2012, 104 (3): 425 - 451.

[51] Gorton, Gary B. The History and Economics of Safe Assets [J]. National Bureau of Economic Research WP 22210, 2016.

[52] Gourinchas, Pierre - Olivier and Hélene Rey. Real Interest Rates, Imbalances and the Curse of Regional Safe Asset Providers at the Zero Lower Bound [J]. National Bureau of Economic Research WP 22618, 2016.

[53] Greenwood, Jeremy, Zvi Hercowitz, and Per Krusell. Long - Run Implications of Investment - Specific Technological Change [J]. American Economic Review,

1998, 87 (3).

[54] Greenwood, Robin, Samuel G Hanson, and Jeremy C Stein. A Comparative Advantage Approach to Government Debt Maturity [J]. The Journal of Finance, 2015, 70 (4): 1683 – 1722.

[55] Guerron – Quintana, Pablo and Ryo Jinnai. Liquidity Shocks and Asset Prices [R]. Working Paper, Federal Reserve Bank of Philadelphia, 2015.

[56] Gurkaynak, Refet S. and Jonathan H. Wright. Macroeconomics and the Term Structure [J]. Journal of Economic Literature, June 2012, 50 (2): 331 – 367.

[57] Hall, Robert E. Understanding the decline in the safe real interest rate [J]. National Bureau of Economic Research WP 22196, 2016.

[58] Hamilton, James D., Ethan S. Harris, Jan Hatzius, and Kenneth D. West. The Equilibrium Real Funds Rate: Past, Present and Future [R]. NBER Working Papers 21476, National Bureau of Economic Research, Inc August 2015.

[59] Hansen, Alvin H. Economic Progress and Declining Population Growth [J]. The American Economic Review, 1939, 29 (1): 1 – 15.

[60] Johannsen, Benjamin K. and Elmar Mertens. A Time Series Model of Interest Rates With the Effective Lower Bound [J]. Finance and Economics Discussion Series 2016 – 033, Board of Governors of the Federal Reserve System April 2016.

[61] Justiniano, Alejandro and Giorgio E. Primiceri. Measuring the equilibrium real interest rate [J]. Economic Perspectives, 2010, (Q I): 14 – 27.

[62] Justiniano, Giogrio Primiceri, and Andrea Tambalotti. Investment Shocks and Business Sycles [J]. Journal of Monetary Economics, 2010, 57 (2): 132 – 145.

[63] Justiniano, Giorgio E. Primiceri, and Andrea Tambalotti. Is There a Trade – Off between Inflation and Output Stabilization? [J]. American Economic Journal: Macroeconomics, April 2013, 5 (2): 1 – 31.

[64] Kiley, Michael T. What Can the Data Tell Us About the Equilibrium Real Interest Rate? [J]. Finance and Economics Discussion Series 2015 – 77, Board of Governors of the Federal Reserve System August 2015.

[65] Kiyotaki, Nobuhiro and John Moore. Liquidity, Business Cycles, and Monetary Policy [R]. NBER Working Paper No. 17934, 2012.

[66] Kozicki, Sharon and Peter A Tinsley. Effective use of survey information in estimating the evolution of expected inflation [J]. Journal of Money, Credit and Banking, 2012, 44 (1): 145 – 169.

[67] Krishnamurthy, Arvind and Annette Vissing – Jorgensen. The Aggregate Demand for Treasury Debt [J]. Journal of Political Economy, 2012, 120 (2):

233 – 267.

[68] Kurlat, Pablo. Lemons Markets and the Transmission of Aggregate Shocks [J]. American Economic Review, 2013, 103 (4): 1463 – 1489.

[69] Laseen, Stefan and Lars E. O. Svensson. Anticipated Alternative Policy – Rate Paths in Policy Simulations [J]. International Journal of Central Banking, 2011, 7 (3): 1 – 35.

[70] Laubach, Thomas and John C. Williams. Measuring the Natural Rate of Interest [J]. The Review of Economics and Statistics, November 2003, 85 (4): 1063 – 1070.

[71] John C Williams. Measuring the Natural Rate of Interest Redux [J]. Business Economics, 2016, 51 (2): 57 – 67.

[72] Longstaff, Francis, Sanjay Mithal, and Eric Neis. The Flight – to – Liquidity Premium in U. S. Treasury Bond Prices [J]. Journal of Business, 2004, 77 (3): 511 – 526.

[73] L'opez – Salido, David, Jeremy C Stein, and Egon Zakrajšek. Credit – market sentiment and the business cycle [J]. National Bureau of Economic Research WP 21879, 2016.

[74] Lubik, Thomas A, Christian Matthes et al. Calculating the natural rate of interest: A comparison of two alternative approaches [J]. Richmond Fed Economic Brief, 2015 (Oct): 1 – 6.

[75] Neiss, Katharine S. and Edward Nelson. The Real – Interest – Rate Gap As An Inflation Indicator [J]. Macroeconomic Dynamics, April 2003, 7 (2): 239 – 262.

[76] Pescatori, Andrea and Jarkko Turunen. Lower for Longer: Neutral Rates in the United States [R]. IMF Working Papers 15/135, International Monetary Fund June 2015.

[77] Sims, Christopher A. and Tao Zha. Bayesian Methods for Dynamic Multivariate Models [J]. International Economic Review, 1998, 39 (4): 949 – 968.

[78] Smets, Frank and Raf Wouters. Shocks and Frictions in US Business Cycles: A Bayesian DSGE Approach [J]. American Economic Review, 2007, 97 (3): 586 – 606.

[79] Stock, James H and Mark W Watson. Testing for common trends [J]. Journal of the American Statistical Association, 1988, 83 (404): 1097 – 1107.

[80] Stock, James H. and Mark W. Watson. Median Unbiased Estimation of Coefficient Variance in a Time – Varying Parameter Model [J]. Journal of the American Statistical Association, August 1998 (441): 349 – 358.

[81] Stock, James H and Mark W Watson. Why has US inflation become harder to forecast? [J]. Journal of Money, Credit and Banking, 2007, 39 (s1): 3–33.

[82] Summers, Lawrence H. Secular Stagnation: Facts, Causes and Cures, CEPR Press.

[83] Villani, Mattias. Steady State Priors for Vector Autoregressions [J]. Journal of Applied Econometrics, 2009, 24 (4): 630–650.

[84] Vissing – Jorgensen, Annette. Limited Asset Market Participation and the Elasticity of Intertemporal Substitution [J]. Journal of Political Economy, 2002, 110 (4): 825–853.

[85] Watson, Mark W. Univariate detrending methods with stochastic trends [J]. Journal of Monetary Economics, 1986, 18 (1): 49–75.

[86] Wicksell, Knut. Interest and Prices, english translation by r. f. kahn, 1936 ed., McMillan, London, 1898.

[87] Woodford, Michael. Interest and Prices: Foundations of a Theory of Monetary Policy [C]. Princeton University Press, 2003.

[88] Wright, Jonathan H. Term premia and inflation uncertainty: Empirical evidence from an international panel dataset [J]. The American Economic Review, 2011, 101 (4): 1514–1534.

[89] Wu, Jing Cynthia and Ji Zhang. A Shadow Rate New Keynesian Model [J]. National Bureau of Economic Research WP 22856, 2016.

[90] Yellen, Janet. The Economic Outlook and Monetary Policy, 2015.

小微企业融资真的有效果吗

——基于匹配模型的估计

中国人民银行成都分行课题组

课题主持人：周晓强

课题组成员：方 昕 梁 涛 杨 雪 王懋雄 雷 翔 张柏杨

一、引 言

小微企业是我国国民经济的重要组成部分，在提供就业岗位、促进经济增长和维护社会稳定等方面具有重要的作用。2018年6月，中国人民银行行长易纲在陆家嘴论坛上表示，小微企业贡献了全国80%的就业，70%的专利发明权，60%以上的GDP和50%以上的税收，在经济发展中意义重大。但是，近年来我国小微企业发展也面临着一些难题，突出表现在小微企业融资难。世界银行2018年发布的《中小微企业融资缺口：对新兴市场微型、小型和中型企业融资不足与机遇的评估报告》显示，我国中小微企业潜在融资需求达4.4万亿美元，融资供给仅为2.5万亿美元，潜在融资缺口高达1.9万亿美元。可以说，融资难已经成为我国小微企业发展的瓶颈。

为缓解小微企业融资难，我国政府采取了诸多措施。例如，银监会于2015年提出了小微企业金融服务的"三个不低于"目标[①]；2018年人民银行等部门联合印发《关于进一步促进小微企业金融服务的意见》，分别从货币政策、监管考核、内部管理、财税激励、优化环境等方面督促和引导金融机构加大对小微企业的金融支持力度。在这些政策的作用下，近年来我国小微企业融资也呈现出稳步增长的态势。根据银监会数据[②]，我国小微企业贷款余额占全部企业贷款余额的比重从2015年的23.9%增加至2017年的24.7%，并连续三年都实现了"三个不低于"的监管目标。人民银行数据显示[③]，2018年6月末，人民币小微企业贷

---

① 三个不低于是指小微企业贷款增速不低于各项贷款平均增速、小微企业贷款户数不低于上年同期户数、小微企业申贷获得率不低于上年同期水平。
② 数据来源于银监会年报。
③ 数据来源于人民银行发布的金融机构贷款投向统计报告。

款余额25.4万亿元,同比增长12.2%,比同期大型和中型企业贷款增速分别高1.2个和2.5个百分点。另外,虽然融资快速增长,但融资是否真正促进了小微企业发展,效果如何?这还有待客观评价。在小微企业信贷市场中,是否存在"粗投乱放""资源错配"等一些信贷供求偏差导致的小微企业融资失灵现象?对这些问题的回答,不仅有利于缓解小微企业融资难,对于客观制定和评价小微企业信贷相关支持政策,进一步促进小微企业发展具有重要意义。

然而,要客观评估融资对小微企业的影响,本身并不容易。除了受到数据限制,如何有效控制遗漏变量、样本选择偏差等各种计量问题,将对研究结论产生较大影响。例如,小微企业是否获得融资可能不是随机选择的,原本经营较好的小微企业更容易获得融资,进而造成小微企业融资选择的内生性问题。若没有考虑这种非随机选择偏差,就可能错误地把小微企业好的经营情况归功于融资,或者夸大融资对小微企业的影响,而忽略了能够获得融资本身就是因为小微企业经营情况相对更好。

鉴于此,本文的研究目的在于,为小微企业融资的效果提供一个尽可能偏差较小的估计,进而作出一个更加可靠的结论。我们想要知道,融资对小微企业的经营究竟有什么样的影响,其程度如何?合理、有效地配置资源是金融最重要的作用之一,那么在小微企业信贷市场中,信贷资金是否被精确地配置到那些融资需求更强烈、经营更有效率的小微企业呢?对于这些问题,本文将基于四川省19个市州3134户小微企业的调查样本数据,通过匹配估计方法给出答案。这个结果关系到如何正确评价小微企业融资的效果,以及如何从金融服务的角度更好地促进小微企业发展,具有重要的现实意义。

二、文献综述

现有文献主要围绕为什么小微企业融资难以及其在经济运行中的作用来展开。一方面,为什么小微企业融资难,已有文献从不同的角度进行了解释。另一方面,现有文献主要从就业和创新两个方面,考察小微企业在宏观经济中的作用,为相关的小微企业支持政策提供经验证据。

(一) 小微企业融资难的理论解释

Stigltiz 和 Weiss(1981)对信贷配给问题进行了开创性的研究:提高利率可能增加金融机构的贷款风险,金融机构宁愿在较低的利率水平下拒绝部分贷款,也不会在更高的利率水平下满足所有信贷需求。因此,信贷配给是一种长期均衡现象。当银行面临信贷风险时,一种主动的策略就是提出诸如担保抵押等非价格条件以降低逆向选择和道德风险。相较于大企业,管理不完善、信息统计不规范、缺乏抵押物等问题导致小微企业与商业银行之间的信息不对称更加严重,故对小微企业实施信贷配给便成为银行的理性选择（林毅夫等，2005）。杨丰来等（2006）还强调，大企业和小企业都存在信息不对称问题，但由于小微企业特殊的公司治理结构，造成的道德风险相对于大企业更严重，于是，小微企业面临的信贷配给也更明显。另外，除信息不对称外，小微企业融资还会受到政策环境、宏观金融体系的影响（Deininger 和 Feder，2009）。例如，在金融抑制的环境中，小微企业更容易受到银行的信贷歧视，银行贷款也更容易向大型企业倾斜。

（二）小微企业对宏观经济的贡献

另外，现有文献主要从就业和创新两个方面，研究了小微企业对经济的贡献。从就业看，Ayyagari、Beck 和 Demirguc – Kunt（2007）基于 104 个国家和地区的数据进行研究，他们发现小微企业有着更高的就业增长率，这一结论在低收入国家尤其显著。De – Chih Liu（2013）研究了我国台湾小微企业的就业情况，认为小微企业就业创造的同时也存在就业毁灭，就业增长与小微企业之间并没有必然的联系。另外，已有文献还关注了融资对小微企业就业的影响，但还没有形成统一的结论。多数文献均认为融资对小微企业就业没有显著影响（Barnes，2001；Bruhn 等，2009；Angelucci 等，2013；Banerjee 等，2013）。Karlan 和 Zinman（2011）以及 Grimm 和 Paffhausen（2015）的研究则认为，融资显著地减少了小微企业就业，同时，Blattman 等（2012）发现，融资对小微企业就业的影响主要在于，融资后女性就业显著减少，而男性就业则没有受到明显影响。但也有部分证据表明，融资对小微企业就业存在显著的促进作用，例如 Arraiz 等（2012）研究了哥伦比亚的小微信贷支持政策，发现融资显著地促进了小微企业就业增长。从创新看，相关支持政策对小微企业创新具有明显的促进作用。例如，J. Foreman – Peck（2013）评估了英国 2002—2004 年采取的支持小微企业创新的政策效果，发现减税等政策对小微企业研发投入有显著的促进作用。Castillo 等（2014）对阿根廷小微企业的研究也得到了相似的结论，同时他们还发现，这些支持政策也提高了就业和工资水平。Shapiro 等（2016）对我国浙江 288 户私营小微企业股权激励和薪酬激励政策的效果进行了研究，发现二者均可以促进小微企业的创新。秦雪征等（2012）对我国的中小企业创新支持政策进行了研究，他们发现参与国家科技计划的小微企业在产品创新、方法创新方面均有显著提升。

（三）简要评述

总的来讲，国外学者关于小微企业的经济贡献，尤其是就业、创新等相关支持政策的效果，已经积累了丰富的研究成果。从方法看，这些文献大多采用传统的 OLS 回归和倾向值得分匹配（PSM）方法进行分析，但传统的 OLS 回归难以克服样本选择偏差,而 PSM 方法的准确性在很大程度上依赖于具体函数形式的设定,本文使用的匹配方法则可以较好地克服这些问题。另外,据我们所知,可能是受到数据的限制,使用匹配方法研究我国小微企业融资的效果,在同类研究中还没有类似的文献,因此,本文的分析则可以在一定程度上填补这一空白。

三、小微企业信贷市场的基本事实

本文分析所使用的数据来自中国人民银行××分行于 2017 年开展的"小微企业信贷市场统计调查"。该调查以整群抽样法,选择了××省 19 个市州超过 4000 户小微企业作为调查对象,调查信息主要包括小微企业 2015 年和 2016 年两年的基本信息、主要财务指标和经营情况,以及 2016 年的融资情况。在剔除未正常营业、不配合调查和包含异常值[①]的样本之后,有效样本共计 3134 户。

(一)小微企业信贷需求识别

正确识别信贷需求是分析信贷市场的前提。本文借鉴 Mushinski(1999)的概念性框架,从信贷需求中分离出有效信贷需求和潜在信贷需求,进而更准确地识别小微企业受到的信贷约束[②]。

在完全信息条件下,小微企业的经营状况和还款能力都是可观察的,小微企业贷款的成本仅包括支付的利息。只要融资带来的效用高于其内源融资(不融资)的效用,那么小微企业便存在信贷需求。此时,小微企业既有贷款意愿,也有还款能力。由于信息不对称,小微企业的信息不能完全被观察,银行可能采用抵押担保或更复杂的贷款手续等手段,以分辨企业的还款能力。此时,申请贷款需要支付除利息以外的隐性成本,这种隐性成本既可能是因为手续费用过高等价格因素造成的,也可能是因为抵押物、风险偏好、手续烦琐等非价格因素造成的。显然,隐性成本对小微企业信贷需求具有影响。如果小微企业贷款的预期收益大于利息成本和隐性成本之和,那么小微企业就会选择申请贷款。此时,我们便认为小微企业的信贷需求为有效信贷需求,并已经通过向银行申请贷款的方式表现出来。另外,根据收益与成本之间的关系,还可以从小微企业信贷需求中进一步分离出潜在的信贷需求。潜在信贷需求可以理解为,小微企业虽然存在信贷需求,但考虑隐性成本后其申请贷款的预期收益低于内源融资,此时小微企业不会申请贷款。这种因为隐性成本过高而被抑制的信贷需求被称为潜在贷款需求。

---

① 例如,资产合计小于固定资产净值、营业收入小于主营业务收入、营业成本小于主营业务成本等。
② 详细的分析框架请见附录 A。

综上所述,我们定义以下三个指标,以考察小微企业信贷市场:一是信贷需求率,即有信贷需求的小微企业数量占全部小微企业的比重;二是有效信贷需求率,即存在有效信贷需求的小微企业数量在有信贷需求的小微企业中的比重;三是信贷配给率,即申请未得到贷款和有潜在信贷需求的小微企业在有信贷需求的小微企业中的比重。

具体而言,问卷通过询问小微企业"本年度是否申请贷款""本年度是否获得贷款""没有获得贷款,申请后被拒绝"以及"没有申请贷款,为何没有申请",来识别小微企业的信贷需求。对于获得贷款的小微企业,自然而然地属于有效信贷需求。对于申请而没有获得贷款的小微企业,虽属于有效需求,但受到信贷约束而没有获得贷款。还有部分小微企业,虽然有信贷需求,但由于过高的隐性成本导致信贷需求没有通过申请贷款的形式表现出来,即属于潜在信贷需求。针对潜在信贷需求,问卷又通过如下问题进行识别(见表1),对于问题"下列哪些条件变化,贵企业可能去申请贷款",我们把选择②的小微企业,视作存在潜在信贷需求,对于问题"如果贵企业申请贷款,但估计贷不到款的原因",我们把选择②和⑥视作存在潜在信贷需求。

表1　　　　　　　　　　潜在信贷需求的识别

下列哪些条件变化,贵企业可能去申请贷款	如果贵企业申请贷款,但估计贷不到款的原因
①贷款利率降低	①企业盈利不够多
②贷款手续简化	②缺少抵押品或担保人
③市场形势改善	③企业负债过高
④企业效益好转	④有不良信用记录
⑤任何情况下都不会申请	⑤国家政策不允许
	⑥在银行内没有熟人

(二) 小微企业信贷市场分析

经过识别,全部样本中共有1981户小微企业存在信贷需求(见表2),信贷需求率为63.2%,只有36.8%的小微企业没有信贷需求。有信贷需求的小微企业中,871户获得了贷款,186户申请贷款被拒绝,有效信贷需求率为53.4%。924户小微企业没有申请贷款,即存在潜在信贷需求。1110户小微企业受到信贷约束,信贷约束率达到56.0%。因此,对于有信贷需求的小微企业来讲,超过半数的小微企业受到了信贷约束,这也可以在一定程度上说明了小微企业融资难的客观存在。不难发现,小微企业融资难的一个重要原因在于,相当一部分小微企业的信贷需求没有转化为有效需求。究其根源,信息不对称造成小微企业融资隐性成本过高,融资难实质上是银行和小微企业理性选择的结果。

表 2　　　　　　　　　　小微企业信贷需求及满足情况

信贷需求类型			样本量	信贷需求率	有效需求率	信贷配给率
有信贷需求	有效信贷需求	获得贷款	871	63.2%	53.4%	56.0%
		申请被拒绝	186			
	潜在信贷需求	未申请	924			
无信贷需求			1153			

我们再按照行业分类，把小微企业分为制造业、服务业和其他行业三类，考察小微企业信贷需求及满足情况的行业差异。从表3看，制造业、服务业和其他行业的信贷需求率差异不大，都有约60%的小微企业存在信贷需求。但有效需求率和信贷满足情况却存在较大差异，制造业小微企业信贷约束的程度最低，仅为43.3%，服务业信贷约束最为严重，62.3%的小微企业受到了信贷约束，高出制造业约20个百分点。

表 3　　　　　　　　分行业小微企业信贷需求及满足情况

	样本量	信贷需求率	有效需求率	信贷配给率
制造业	951	64.9%	67.9%	43.3%
服务业	1480	60.5%	47.2%	62.3%
其他行业	703	66.6%	45.9%	60.9%

注：其他行业主要包括农业、采矿业和建筑业。

(三) 小微企业内部特征分析

我们进一步考察融资和未融资小微企业的内部特征差异。全部小微企业被分为两组，一组为融资的小微企业，另一组为未融资的小微企业。为排除异常点的干扰，我们按照一般文献的惯例，采用缩尾方法对数据进行处理，即将每个变量在全部样本分布两端各1%的数值重置为1%和99%分位数上的值。基于本文的数据和研究目的，我们从两个方面考察融资对小微企业经营情况的影响。一是小微企业的盈利情况。利润是还款的重要保障，若融资后小微企业盈利情况未得到改善，那么信贷的可持续性必然受到影响，基于此，我们构建销售利润率、成本利润率、人均利润、资产收益率四个指标来考察小微企业的盈利情况。结合我们的数据情况，这四个指标的计算方式分别为：销售利润率＝利润/营业收入、成本利润率＝利润/营业成本、人均利润＝利润/职工人数、资产收益率＝利润/年末总资产。二是小微企业的就业情况。普遍认为促进就业是小微企业对宏观经济最重要的贡献之一，而为小微企业提供融资最重要的目的之一就是扩大就业，故有必要考察融资对小微企业就业的影响。

表 4 报告了融资和未融资的小微企业在融资前后各经济变量的统计信息，包括组内均值、标准差、t 检验值以及组间绝对标准化差值（Normalized Differences）。其中，绝对标准化差值是 Haviland 等（2007）提出的，以组内方差和的平方根做标准化的组间变量均值之差，其计算公式为

$$\Delta = \frac{\bar{X}_1 - \bar{X}_2}{\sqrt{(S_1^2 + S_2^2)/2}}$$

其中，下标 1 和下标 2 分别表示样本 1 和样本 2，N_k 表示样本 k 的样本量，$\bar{X}_k$ 表示样本 k 的均值，S_k^2 表示样本 k 的组内标准差，计算公式分别为

$$\bar{X}_k = \frac{1}{N_k}\sum X_i, \quad S_k^2 = \frac{1}{N_k - 1}\sum (X_i - \bar{X}_k)$$

绝对标准化差值是反映两组样本分布差异的重要指标。Imbens（2015）认为在大样本量的情况下，传统的 t 检验值可能得到一个绝对值相对较大的结果，进而倾向于得出两组样本分布差异较小的错误结论。绝对标准化差值的优点在于不受样本量的影响，可以更好地反映出两组变量之间的分布差异。

从表 4 可以看到，对于融资和未融资的小微企业，结合 t 检验和绝对标准化差值看，除固定资产比重、销售利润率、资产收益率和成本利润率等指标外，在融资前各主要特征变量之间均存在着显著的差异。融资的小微企业在总资产、固定资产净值、营业收入状况等方面均好于未融资的小微企业，且融资的小微企业职工人数相对更多、经营时间更长。例如，从规模看，融资小微企业总资产、固定资产净值、营业收入平均比没有融资的小微企业 2 倍还要多，从经营时间看，融资小微企业经营时间平均比未融资的小微企业长 2 年。从盈利看，融资小微企业销售利润率平均为正的 0.90，而未融资的小微企业利润率甚至为负。大多数变量的绝对标准化差值都大于 0.25 的经验临界值①，表明两组数据的差异过大。图 1 则更直观地反映了两组样本各主要经济变量之间的分布差异，包括经营时间、职工数、总资产、营业收入等在内的主要特征变量在两组样本之间的分布差异非常明显，这进一步说明了小微企业是否获得融资不是随机选择的，那些规模更大、经营时间更长、盈利能力更强的小微企业更容易获得融资。

---

① Imbens（2015）认为，绝对标准化差值绝对值大于 0.30，则表明两组数据之间的差异过大。

表 4　　　　　　　　　　　小微企业融资前后分组统计描述

	指标	融资		未融资		t检验值	绝对标准化差值
		平均值	标准差	平均值	标准差		
融资前	总资产	2898.47	4271.89	1247.31	3118.50	-11.91***	0.49
	固定资产净值	804.79	1216.62	363.98	878.34	-11.23***	0.41
	固定资产比重	0.38	0.28	0.37	0.36	-0.17	0.01
	营业收入	2102.95	3013.82	879.33	2058.31	-12.99***	0.47
	营业成本	1655.37	2541.79	721.63	1778.39	-11.59***	0.42
	总负债	1284.33	2345.31	573.54	1785.15	-9.08***	0.34
	资产负债率	0.39	0.28	0.31	0.68	-3.29***	0.15
	职工人数	37.73	48.62	21.46	36.42	-10.15***	0.38
	经营时间	8.13	5.61	6.25	5.77	-8.25***	0.33
	销售利润率	0.90	19.62	-0.13	6.26	-2.23**	0.07
	人均利润	8.18	8.18	4.36	16.25	-4.56***	0.16
	资产收益率	0.86	4.59	1.62	34.40	0.65	-0.03
	成本利润率	-2.03	91.67	0.38	13.32	1.22	-0.04
融资后	职工人数	38.37	48.40	21.98	36.82	-10.18***	0.38
	销售利润率	0.112	0.30	0.107	0.38	-0.35	0.01
	人均利润	7.18	11.35	4.22	9.13	-7.58***	0.29
	资产收益率	0.84	2.58	0.70	2.29	-1.55	0.06
	成本利润率	0.332	1.004	0.333	1.076	0.04	-0.00
观测值		871		2263		3134	

注：表中列出的是得到融资和未得到融资的小微企业在融资前后各经济变量的统计情况；其中，经营时间的单位为年，人均利润、人均销售收入的单位为万元/人，资本收益率和利润率为比例指标，其他指标的单位均为万元；*、**、*** 分别表示在1%、5%和10%水平下显著。

我们再进一步考察融资后小微企业经营情况的变化。不考虑其他条件发生变化，若融资真的促进了小微企业发展，那么融资后小微企业的经营情况，相对于未融资的小微企业会改善得更多。从表4不难看出，职工人数在两类小微企业之间的差异在融资后变化不大，资产收益率和成本收益率明显改善，但销售利润率、人均利润的差异在融资后反而缩小。例如，融资前，两类小微企业平均职工相差16.27人，融资后这一差距为16.39人，变化并不明显。相反，人均利润的差异则从融资前的平均3.82万元缩小至融资后的3.53万元。由此可见，融资后小微企业的经营情况并没有呈现规律性的变化，并不能简单地得出融资可以促进小微企业发展的结论。

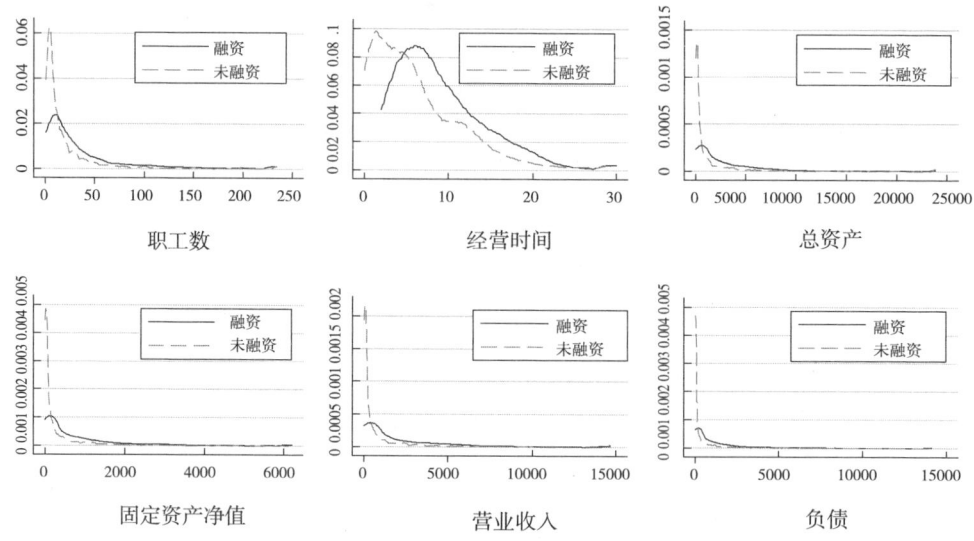

图 1 小微企业融资前主要变量的核密度函数对比图①

总的来讲,通过小微企业信贷市场的基本事实分析,我们可以清晰地总结出一些有意义的现象:一是小微企业融资难确实存在,服务业小微企业受到的信贷约束最严重,信贷配给率高出制造业近 20 个百分点,而造成融资难的原因在于隐性成本过高导致的有效信贷需求不足。二是小微企业是否获得融资并非随机选择的,规模大、经营时间长、盈利好的小微企业更容易获得融资。这也初步支持了我们关于融资与未融资的小微企业存在系统差异的假设,这些差异也可能是造成融资后小微企业经营差异的重要因素。此时,传统的线性回归方法会对方程设定非常敏感,造成回归系数的严重偏差,标准的回归方法难以得到可靠的估计结果。三是融资后小微企业的经营情况并没有呈现规律性的变化趋势,因此,并不能简单地得出融资可以促进小微企业发展的结论,还有待后文进一步分析。

四、实证分析

(一) 研究方法

我们的初步分析表明,商业银行具有明显的融资偏好。具体来讲,那些规模越大、经营时间越长、盈利越好的小微企业更容易获得融资。此时,若采用传统的 OLS 回归方法评估融资对小微企业的影响,可能因为样本选择偏差造成实证结果出现较大偏差。固定效应模型和工具变量法是处理选择偏差和内生性问题的常

---

① 限于篇幅,我们只报告了部分变量的核密度函数图。

用手段。固定效应模型可以有效控制不随时间变化的未观测因素，进而消除个体异质性产生的偏差，但仍可能存在随时间变化且影响小微企业经营的未观测因素。工具变量法可以处理未观测且随时间变化的选择偏差问题，但研究中通常难以得到合适的工具变量。

由于在规模、经营情况等内部特征方面存在显著差异，两类小微企业在融资后的经营情况差异难以被解释。我们的研究目的是在控制住这些特征之后，考察融资是否对小微企业的经营产生了影响。为了克服这种选择偏差，我们基于"反事实推断"的理论框架，采用匹配估计方法对小微企业融资的效果进行评估。我们将融资视为对小微企业的一种处理，按照是否获得融资把小微企业分为处理组和控制组。对于每个融资的小微企业，我们使用与其最相近的控制组对象进行匹配，在给定两组共有特征的条件下，使二者的观测变量在统计意义上没有显著差异，从而尽可能地消除基于可观测变量的选择偏差。相对于传统的OLS回归，处理效应不仅可以最大限度地克服样本偏差问题，还可以得到处理组的平均处理效应①，即融资小微企业的经营状况变化，而这可能才是我们真正关心的问题。具体地，我们选择 Abadie 和 Imbens（2002，2004，2006，2011）提出的偏差校正匹配估计量（Bias – Corrected Matching Estimators，记为 B – C 匹配）方法。相较于另一种文献中常见的处理效应方法——PSM，B – C 匹配的主要优势在于三个方面：一是 B – C 匹配不需要假设具体的函数形式，不要求先得到未知函数如倾向性得分的一致估计，在计算匹配估计量时，只需要做少量的主观决定；二是 B – C 匹配可直接对估计偏差进行矫正，当使用连续协变量时，匹配结果存在一定的偏差，此时，有必要对结果进行矫正（Hirano 和 Imbens，2001；Abadie 和 Imbens，2002，2006）；三是 B – C 匹配提供的稳健方差估计量可以克服异方差性对估计造成的影响。

令 D 为虚拟变量，$D=1$ 表示小微企业获得融资，否则取 0，以 Y 表示小微企业的某一反映经营情况的指标。对于企业 i，融资对其经营情况的影响可以表示为

$$Y_i(1) - Y_i(0)$$

因此，融资对全部小微企业的平均影响 ATE（Average Treatment Effect）可以表示为

$$ATE = E[Y(1) - Y(0)]$$

对于获得融资的小微企业，融资对经营情况的平均影响 ATT（Average Treatment Effect on the Treated）为

---

① OLS 回归只能得到全样本的平均处理效应，即融资对全部小微企业（包括未获得融资的小微企业）的影响，而我们更关心的是那些获得融资的小微企业融资后的变化。

$$ATT = E[Y(1) - Y(0) \mid D = 1] = E[Y(1) \mid D = 1] - E[Y(0) \mid D = 1]$$

类似地，还可以计算得到控制组的平均处理效应 ATU（Average Treatment Effect on the Untreated），即如果这些资金被分配给未融资的小微企业，对其造成的影响。实际研究中，$Y(1)$ 和 $Y(0)$ 往往是不可同时观测的。例如，对于融资的小微企业，其未得到融资情况下的经营情况 $Y(0)$ 是无法观测的。对 ATT 估计的关键在于通过构建反事实框架识别上式中无法被观测的潜在结果 $Y(0)$，具体来说，对于融资的每一个小微企业，通过从未融资的小微企业中寻找与其在未融资前观测协变量距离最短的样本作为对照样本，以对照样本的经营情况替代实质上融资但假定其没有融资时的经营情况。

假定处理组和控制组企业之间的差异可由处理之前一系列协变量表征，B-C 匹配可以通过最近邻匹配方法构建匹配估计量。令 $d_M(i)$ 表示企业 i 根据协变量 X 衡量的到处于控制组中的第 M 个最近匹配的距离，则可以得到

$$J_M(i) = \{l = 1, L, N \mid D_l = 1 - D_i, \|X_l - X_i\| \leq d_M(i)\}$$

$J_M(i)$ 为匹配的最近的 M 个企业的下标集合。根据 Abadie 和 Imbens（2006）的建议，一般取 $M = 4$，即选择距离最近的 4 个企业进行匹配。定义 $K_M(i)$ 为企业被用作匹配的次数，则

$$K_M(i) = \sum 1\{i \in J_M(l)\} \frac{1}{J_M(l)}$$

此处，$1\{\cdot\}$ 是一个指示函数，当大括号内的表达式为真时它等于 1，否则为 0，$J_M(l)$ 为 $J_M(l)$ 中元素的个数。于是，ATT 和 ATE 估计量分别为

$$ATT = \frac{1}{N_1} \sum \{Y_i - Y_i(0)\} = \frac{1}{N_1} \sum \{D_i - (1 - D_i) K_M(i)\} Y_i \quad (4.1)$$

$$ATE = \frac{1}{N} \sum \{Y_i(1) - Y_i(0)\} = \frac{1}{N} \sum (2D_i - 1)\{1 + K_M(i)\} Y_i \quad (4.2)$$

其中，Y_i 表示估算出的缺失经营指标；N 表示全部企业的数目；N_1 为处理组企业的数目，有

$$Y_i(0) = \begin{cases} Y_i, & D_i = 0 \\ \frac{1}{M} \sum_{j \in J_M(i)} Y_j, & D_i = 1 \end{cases} \text{以及} \quad Y_i(1) = \begin{cases} \frac{1}{M} \sum_{j \in J_M(i)} Y_j, & D_i = 0 \\ Y_i, & D_i = 1 \end{cases}$$

在存在连续协变量的情况下，匹配量可能存在较大偏差，特别是在协变量较多时，尤其明显[①]。此时式（4.1）和式（4.2）表示的估计量在有限样本下仍可能存在偏差。对此，Abadie 和 Imbens（2002，2006，2011）进一步提出偏差矫

---

① Abadie 和 Imbens（2002，2004）发现，当由两个以上连续协变量进行匹配时，匹配估计量不是以 $N^{1/2}$ 的速度收敛，其条件偏差项的随机阶数为 $N^{-1/k}$。

正匹配估计量，即通过使用最小二乘法回归来调整由于各匹配在协变量上的差异而造成的内部差异，进而得到更稳健的估计量①。另外，在匹配估计时，方差估计量可能会随着处理状况以及协变量向量的变动而变动，故 Abadie 和 Imbens（2002，2004）提出了一个考虑异方差性的稳健方差估计量，进一步提高了估计结果的稳健性。

（二）小微企业融资的决定因素

样本选择偏差主要因为小微企业融资并不是随机决定的，而是与小微企业的多种特性相关联。为控制样本选择偏差问题，匹配方法需要基于多个协变量来构造对比组，考察小微企业融资的决定因素，是构造匹配协变量的有效途径。一般文献中，常采用 Logistic 或 Probit 模型，建立回归方程进行分析，以寻找合适的匹配协变量组。但是，该方法运用的前提在于合理设定函数形式，并能较好地克服内生性问题，这样才可以得到相对可靠的回归结果。为克服传统回归方法的不足，我们首先采用一般化加速模型（简记 GBM）来考察对小微企业融资决定最有影响力的因素，再结合 Probit 模型回归结果对 GBM 模型的分析结果进行印证。

GBM 模型是一个一般性的、自动的、数据自适应的算法，它通过回归树方式拟合多个模型，然后合并由每个模型得到的预测。相对于传统的 Logistic 或 Probit 回归模型，GBM 模型最大的优点是可以避免设定具体的函数形式，不用考虑包括内生性在内的各种模型设定造成的影响，尽可能地减少主观决策并可以得到一个更准确的预测（Friedman，2002；McCaffrey 等，2004）。GBM 模型不会产生估计的回归系数，而是直接给出每一个解释变量的影响力，全部解释变量的影响力之和为 100%，而我们的目标正是考察众多变量中对小微企业融资最有影响的变量。

表 5   小微企业融资的影响因素分析

变量	GBM 模型	Probit 模型	Probit 模型
总资产	32.26	0.167*** (0.022)	0.152*** (0.023)
营业收入	12.35	0.096*** (0.018)	0.092*** (0.018)
职工人数	0.97	-0.001 (0.001)	-0.001 (0.001)

---

① 具体的偏差矫正过程请见附录 B。

续表

变量	GBM 模型	Probit 模型	Probit 模型
经营时间	6.05	0.014*** (0.005)	0.012** (0.005)
固定资产比重	2.78	0.222** (0.088)	0.336*** (0.096)
资产负债率	38.39	0.056 (0.043)	0.931*** (0.276)
资产负债率的平方			-0.504** (0.255)
销售利润率	0.75	0.023 (0.015)	0.028 (0.024)
人均利润	3.54	0.000 (0.001)	0.000 (0.001)
成本利润率	1.17	-0.002 (0.002)	-0.002 (0.001)
资产收益率	1.76	-0.002 (0.001)	-0.001 (0.001)

注：GBM 模型中结果的单位为%；括号内为标准误；总资产变量进行了对数处理，其余变量均为比例变量；Probit 模型回归时，我们还采用了行业聚类标准差；表中未报告 Probit 模型常数项的回归结果；*、**、*** 分别表示在10%、5%和1%水平下显著。

参考已有文献（王磊，2015），并结合数据情况，我们着重从微观[①]层面考察小微企业本身特征对融资的影响，例如总资产、固定资产比重、职工人数和经营时间等。另外，小微企业融资前的经营指标，如销售利润率、人均利润等，也可能是影响融资的重要因素，故我们在分析时也纳入这些指标。表5报告了小微企业融资的决定因素分析结果。GBM 模型表明，资产负债率对小微企业融资的影响最大，高达38.39%，总资产次之，为32.16%。职工人数、销售利润率、成本利润率、资产收益率的影响最小，加起来不足5%。值得注意的是，GBM 模型中影响力最大的资产负债率，在 Probit 模型中的回归系数却并不显著，而当我们在模型中加入资产负债率的平方项之后，其对小微企业融资才具有显著影响，即融资可能性随着资产负债率的提高先增加后减少，呈现"倒 U 形"趋势。这也在一定程度上说明，Probit 回归模型的正确性确实依赖具体的函数形式设定。

[①] 宏观经济状况可能也是小微企业融资的重要影响因素，但这并不是我们考察的重点。

另外，GBM 模型中人均利润 3.54% 的影响力明显高于固定资产比重 2.78% 的影响，但在 Probit 模型中固定资产比重对小微企业融资具有显著影响，而人均利润的影响却不显著。一种可能是人均利润不是小微企业融资的主导因素；另一种可能在于，人均利润本身是由企业的特征内生决定的，而我们的回归未能控制好这种内生性造成的偏差。综合两种模型的结果，我们剔除职工人数、销售利润率、成本利润率、资产收益率等影响力最小，且回归系数不显著的四个变量，以总资产、营业收入、经营时间、固定资产比重、资产负债率和人均利润六个指标作为匹配的协变量。

（三）基本匹配估计结果

我们采用 B - C 匹配方法，使用前述的 6 个变量，加上控制行业特征的行业虚拟变量，共 7 个变量作为协变量组，选择最近的 4 个控制组进行匹配，并采用偏差矫正和稳健标准误对小微企业融资的 ATT、ATE 和 ATU 进行估计。在报告匹配结果之前，我们先对匹配后样本的平衡性进行了检验。使用匹配方法需要注意的一个问题就是匹配之后控制组和处理组样本之间的平衡性，即匹配之后，除我们考察的关于小微企业经营情况的相关变量外，用于控制小微企业内部特征的协变量不应该存在显著的差异。表 6 报告了样本平衡性检验的结果。匹配后，除资产负债率外，其他变量的差异程度明显降低，t 检验值从匹配前的显著存在差异变为匹配后差异不显著，而绝对化标准差值也都不同程度的降低，且全部低于 25% 的经验值。这在一定程度上意味着，匹配之后控制组和处理组样本之间已经不存在显著差异，我们的匹配极大地改善了各变量样本的平衡性。

表 6 样本平衡性检验

变量	t 检验值		绝对标准化差值		
	匹配前	匹配后	匹配前	匹配后	降低比例
总资产	-19.59***	-1.28	0.80	0.06	92.50%
营业收入	-17.98***	-0.14	0.73	0.01	97.87%
经营时间	-8.25***	-1.30	0.33	0.06	81.81%
固定资产比重	-0.17	-0.33	0.01	0.01	0.00%
资产负债率	-3.29***	-2.98***	0.15	0.13	13.33%
人均利润	-4.56***	-1.07	0.16	0.05	68.75%

注：**、*** 分别表示在 5%、1% 水平下显著；表中总资产和营业收入两个绝对量指标进行了对数处理。

表 7 报告了匹配估计的结果。结果表明，在控制对比组的条件下，融资后小微企业的人均利润、资本收益率和成本利润率都得到了显著改善，全部小微企业

的销售利润率、人均利润和成本利润率也有所提高,而如果把资金分配给那些未融资的小微企业,则同样可以改善这些企业的销售利润率、人均利润和成本利润率。例如,融资小微企业人均利润比未融资要高出0.902万元/人,且在统计上是显著的,若以这些企业融资前8.18万元/人作为基准,则融资使人均利润提高了11%左右,同理,融资使这些小微企业的资本收益率显著提高19.6个百分点,成本利润率提高7.8个百分点。若把资金分配给未融资小微企业,那么这些小微企业的销售利润率和成本利润率可以显著提高7.2个和19.9个百分点,人均利润可以提高0.697万元/人。融资后小微企业盈利情况的显著改善,在一定程度上说明融资是可持续的,小微企业还款能力可以得到保障。全部小微企业盈利情况的改善,以及没有融资的小微企业若得到融资后盈利情况的改善,说明关于支持小微企业融资的相关政策是有必要且合理的,这些政策本身就是对小微企业信贷市场的一种纠偏。因为商业银行提供融资是有选择性的,那些规模小、经营时间短和盈利情况相对较差的小微企业难以获得融资,而我们的研究结论表明,这些小微企业的融资也是可持续的,故有必要通过政策手段来帮助这些企业获得融资。

融资对小微企业就业的影响为负,即融资之后,这些小微企业的就业人数相对于未融资的情况,平均职工人数反而减少2.733人。虽然这一结论对于融资的小微企业并不显著,但从全部小微企业来看,融资使就业人数平均减少了3.046人。同时,若资金被分配给那些未融资的小微企业,这些企业的平均就业人数也将显著地减少3.167人。从这个角度来看,融资并未促进小微企业的就业人数增加,这与Karlan和Zinman(2011)和Grimm和Paffhausen(2015)的研究结论相一致。因此,那些认为通过小微企业融资可以扩大就业的观点,仍有待商榷,我们的结论表明,至少在短期内融资是不利于小微企业扩大就业的。

表7　　　　　　　　　　　　B-C匹配结果

	销售利润率	人均利润	资产收益率	成本利润率	职工人数
ATT	0.009 (0.010)	0.902** (0.316)	0.196** (0.096)	0.078** (0.036)	-2.733 (1.943)
ATE	0.054*** (0.013)	0.754*** (0.343)	0.133 (0.084)	0.166*** (0.062)	-3.046*** (1.153)
ATU	0.072*** (0.015)	0.697* (0.407)	0.109 (0.087)	0.199** (0.077)	-3.167*** (0.998)

注:括号内为标准误;*、**、***分别表示在10%、5%和1%水平下显著。

(四)稳健性分析

前文的分析已经得到了一些有益的结论,但仍有必要进行稳健性讨论以验证结论的正确性。对此，我们拟从两个方面进行讨论：一是采用不同的估计方法对模型结果做进一步探讨；二是剔除部分样本后重新进行匹配。

首先，我们使用一般文献中常用的 PSM 方法对融资的效果进行分析，以对比两种方法得到的结果是否存在较大差异。具体地，我们使用非参数回归的内核匹配方法，相较于传统的 PSM 匹配，内核匹配有差别地使用倾向值来计算反事实的加权均值，可以更充分利用样本信息（Heckman 等，1998）。表 8 报告了内核匹配的结果，对比表 8 和表 7 不难发现，除匹配结果的值的大小和显著性存在差异之外，符号方向完全一致，即融资可以改善小微企业盈利情况，但不利于创造就业，这可以在一定程度上说明我们的研究结论是稳健可靠的。

表 8　　　　　　　　　　　PSM 匹配结果

	销售利润率	人均利润	资产收益率	成本利润率	职工人数
ATT	0.031 * (0.016)	0.391 (0.468)	0.067 (0.129)	0.075 * (0.042)	-0.548 (2.194)
ATE	0.057 *** (0.019)	0.699 * (0.359)	0.103 (0.130)	0.165 ** (0.074)	-1.197 (1.269)
ATU	0.053 *** (0.022)	0.821 ** (0.393)	0.116 (0.152)	0.200 ** (0.094)	-1.454 (1.042)

注：括号内为通过 bootstrap100 次的方法得到的标准误；回归匹配时，带宽选择为 0.01；*、**、*** 分别表示在 10%、5% 和 1% 水平下显著。

其次，我们打算从两个方面分别剔除部分样本后重新进行匹配，以验证研究结论的可靠性。第一，前文中我们基于全部小微企业样本估计了融资的影响，实质上并不是所有小微企业都具有信贷需求，而这些没有信贷需求的小微企业，并不是我们考察的重点，故我们拟剔除无信贷需求的样本后再重新匹配。第二，我们还发现全部样本企业中，约 12% 的小微企业有民间借贷行为，若不考虑民间借贷的影响，则有可能高估小微企业融资的效果，因此，我们剔除有民间借贷的样本，再考察匹配结果是否稳健。表 9 汇报了剔除部分样本后的匹配结果，当剔除无信贷需求的样本之后，融资对小微企业盈利的改善情况更加显著，对就业的影响仍然为负，但在统计意义上仍不显著。当剔除具有民间借贷行为的小微企业样本后，融资对小微企业盈利的影响有所下降，这也说明民间借贷确实导致融资的效果被一定程度的高估。对比表 7、表 8 和表 9 中的结果，除匹配结果的值的大小和显著性存在差异外，符号方向仍完全保持一致，这进一步表明我们的研究结论是稳健可靠的。

表9　　　　　　　　　　剔除部分样本后 B – C 匹配结果

样本 （样本量）	效应	销售利润率	人均利润	资产收益率	成本利润率	职工人数
有信贷需求 样本（1981）	ATT	0.003 (0.012)	1.208*** (0.409)	0.335*** (0.105)	0.086** (0.036)	-1.596 (2.770)
	ATE	0.048*** (0.013)	0.985** (0.392)	0.253*** (0.092)	0.165*** (0.060)	-2.488 (1.699)
	ATU	0.084*** (0.017)	0.809 (0.508)	0.189** (0.096)	0.227** (0.090)	-3.188*** (1.141)
无民间借贷 样本（2760）	ATT	0.005 (0.011)	0.756** (0.348)	0.152 (0.108)	0.053 (0.038)	-1.671 (2.103)
	ATE	0.057*** (0.014)	0.521** (0.261)	0.144 (0.094)	0.128*** (0.044)	-2.592** (1.256)
	ATU	0.077*** (0.016)	0.430* (0.259)	0.142 (0.098)	0.157*** (0.050)	-2.944*** (1.089)

注：有信贷需求样本是指剔除了没有信贷需求的小微企业样本，无民间借贷样本是指剔除了具有民间借贷行为的样本；括号内为标准误；*、**、***分别表示在10%、5%和1%水平下显著。

（五）分行业讨论

从匹配的结果可以得知，融资改善了小微企业的盈利情况，但减少了就业。那么，这种影响是否存在行业差异，融资后就业反而减少的原因是什么？在这一部分，我们将对这些问题进行讨论。同样，我们仍然把小微企业分为制造业、服务业和其他行业三类，分别考察融资的影响。从表10的匹配结果看，制造业和其他行业的小微企业，融资后主要利润指标仍有不同程度的改善，服务业盈利情况改善不显著。另外，融资对就业的影响出现了明显的行业差异。融资后就业减少的小微企业主要分布在制造业，服务业及其他行业并没有明显表现出就业减少的情况。对此，可能有三种解释：一是制造业小微企业融资后购买设备，以替代劳动力。二是融资使小微企业成本增加，企业不得不控制就业增长以缓解成本压力，这在企业出现过度融资时尤为明显（Karlan和Zinman，2011）。调查发现，制造业小微企业大多属于传统行业，这些企业受到环保督查冲击、用工成本上升和经济动能转换等因素，经营负担普遍较重，小微企业确实存在通过控制就业来缓解成本压力的动机。调查数据还发现，制造业未融资小微企业工资总额同比增长高达32.89%，而融资小微企业仅增长5.05%，在平均工资水平差距不大的情况下，融资小微企业新增就业必然更少。三是制造业小微企业融资后就业减少可能只是短期现象。Tan（2009）、Castllo 等（2014）的研究均认为融资在短期内对小微企业就业没有影响，Castllo 等（2014）认为大致需要三年时间，小微信贷的就业促进作用才能体现出来，Tan（2009）的结论则更长，大致需要 8 年。因此，融资可能只是在短期内不利于制造业小微企业就业，长期仍可以促进就业。当然，受到数据的限制，该结论还有待进一步验证。

表10　　　　　　　　　　小微企业融资效果的行业差异

	销售利润率	人均利润	资产收益率	成本利润率	职工人数	样本量
制造业	0.003 (0.016)	0.853* (0.518)	0.200* (0.112)	0.057 (0.046)	-6.024* (2.089)	951
服务业	0.011 (0.012)	0.038 (0.545)	0.287 (0.144)	-0.029 (0.054)	3.069 (2.466)	1480
其他行业	-0.007 (0.026)	1.329** (0.624)	0.205 (0.184)	0.166* (0.094)	2.236 (3.799)	703

注：表中汇报的是融资企业的平均处理效应，即 ATT；括号内为标准误；*、**、***分别表示在10%、5%和1%水平下显著。

五、结论及建议

小微企业是国民经济的重要组成部分，而对小微企业融资的效果进行科学评估，则是制定相关信贷政策、促进小微企业发展的关键所在。融资是否真正有效是长期以来困扰政策制定者的重要经济问题，这一问题的回答对于今天"毫不动摇地鼓励、支持、引导和保护民营经济发展"尤为重要。本文使用四川省 19 个市州 3134 户小微企业的调查样本数据，从盈利和就业两个角度，对小微企业融资的效果进行了初步的探索。我们特别考察了数据中的样本偏差问题，采用处理效应中的匹配估计方法，把未融资小微企业作为融资小微企业的匹配样本，有效地控制了样本偏差、内生性及影响企业经营效率的其他不可观测因素，进而对小微企业融资的效果进行了准确的评估。我们的研究发现：

第一，从整体看，小微企业信贷约束确实客观存在，约63%的小微企业有信贷需求，而这些企业中，56%的企业受到了信贷约束。分行业看，制造业小微企业受到的信贷约束程度最低，约43%的企业受到信贷约束，而服务业小微企业受到的信贷约束最为严重，超过62%的企业受到信贷约束，高出制造业近20个百分点。我们认为，小微企业融资难的一个重要原因在于，隐性成本过高导致小微企业信贷需求没有转化为有效需求。第二，GBM 模型和 Probit 回归分析结果表明，总资产、营业收入、经营时间、固定资产比重、资产负债率和人均利润是小微企业融资的决定因素。其中，总资产越大、营业收入更多、经营时间越长、固定资产比重越大、人均利润越高的小微企业更容易得到融资。另外，小微企业融资的可能性随着资产负债率的提高先增加后减少，呈现"倒U形"变化趋势。第三，融资对小微企业的真实影响在于，融资使小微企业的盈利情况得到显著改善，同时，若资金被分配给未融资的小微企业，盈利水平仍然可以得到显著的改善。另外，融资却造成了就业减少。当使用不同的估计方法，以及剔除了没有信贷需求或有民间借贷行为的样本之后，这一结果仍是稳健的。分行业看，融资对就业的影响存在明显的行业偏差，制造业小微企业融资后就业显著下降，而服务业和其他行业就业并未呈现显著下降的特征。

以上研究结论的政策意义在于：

首先，正确认识小微企业融资难。小微企业融资难的根本原因是信息不对称导致的隐性融资成本过高，使小微企业潜在需求未能转化为有效信贷需求。解决融资难问题的根本之道在于降低隐性成本以促进有效信贷需求，这既需要小微企业建立规范、完善的财务制度，提升其信息的可识别性，也需要商业银行有针对性地增强信息甄别能力和信用风险管理水平，如借助现代金融科技等手段、减少抵押物依赖等，还需要金融管理部门加强与工商、财税等相关行政部门的合作，尤其是各部门之间的数据共享，减少小微企业融资的操作性障碍。其次，小微企业融资是可持续的，但对于融资可以促进小微企业就业的观点，我们仍需谨慎对待。利润是还款的重要保障，由于融资可以显著改善小微企业的盈利水平，从盈利的角度看，小微信贷是可持续的。然而，由于商业银行存在融资偏好，那些规模小、经营时间短和盈利相对较差的小微企业难以获得融资，即使融资后这些小微企业盈利水平也可以显著改善。因此，关于促进小微企业融资的相关政策是有必要且合理的，因为这些政策本身就是对小微信贷市场的一种纠偏，使那些难以融资的小微企业也得到贷款。另外，我们的研究结论表明，至少在短期内融资并没有促进小微企业就业增加，融资可以促进小微企业就业的观点仍有待商榷。最后，小微信贷政策应分类施策。由于融资效果存在明显的行业差异，有必要根据信贷政策的目标分类施策。例如，如果以扩大就业为目的，那么我们当前的小微信贷就存在一定程度的"融资失灵"，因为相对更容易融资的制造业小微企业，其融资后就业反而显著减少。如果以促进小微企业发展为目的，那么我们的小微信贷政策，就应该着力于解决信贷市场的信息不对称，让更多的小微企业可以得到融资。

当然，受到数据的限制，我们的研究还存在一些不足：第一，我们的研究未能控制全部可以影响小微企业融资的因素，例如，企业主的领导能力、社会资源等可能影响融资的变量没有纳入我们的模型之中；第二，由于只包括两年的数据，我们的研究结论只能反映融资对小微企业短期的影响，而有少量文献表明，小微信贷的效果可能需要较长时间才能体现出来。在未来的研究中，我们也会针对以上不足做进一步研究。

参考文献

[1] 林毅夫,孙希芳. 信息、非正规金融与中小企业融资 [J]. 经济研究, 2005 (7): 35 – 44.

[2] 李华民,吴非. 谁在为小微企业融资:一个经济解释 [J]. 财贸经济, 2015, 36 (5): 48 – 58.

[3] 秦雪征. 国家科技计划与中小型企业创新:基于匹配模型的分析 [J]. 管理世界, 2012, 223 (4): 70 – 81.

[4] 王磊. 小微企业银行贷款可得性影响因素研究——来自 5081 家小微企业银行融资行为考察 [J]. 经济统计学:季刊, 2015 (2): 130 – 142.

[5] Stiglitz J E, Weiss A. Credit Rationing in Markets with Imperfect Information [J]. American Economic Review, 1981, 71 (3): 393 – 410.

[6] Deininger K, Feder G. Land Registration, Governance, and Development [J]. World Bank Research Observer, 2009, volume 24 (2): 233 – 266 (34).

[7] Meghana Ayyagari, Thorsten Beck, Asli Demirguc Kunt. Small and Medium Enterprises Across the Globe [J]. Small Business Economics, 2007, 29 (4). 415 – 434.

[8] Liu, De – Chih. Small business job creation hypothesis in Taiwan [J]. Quality & Quantity, 2013, 47 (3): 1459 – 1492.

[9] Barnes, C. Microfinance Program Clients and Impact: An assessment of Zambuko Trust, Zimbabwe [R]. Assessing the Impact of Microenterprise Services, Report, United States Agency for International Development, 2001.

[10] Bruhn, M. and L. Inessa. The Economic Impact of Banking the Unbanked. Evidence from Mexico, World Bank Policy Research Working Paper, No. 4981, World Bank, 2009.

[11] Angelucci M, Karlan D, Zinman J. Win some lose some? Evidence from a randomized microcredit program placement experiment by Compartamos Banco. [J]. Working Papers, 2013, 7 (1): xxxvii – xlv.

[12] Banerjee A, Duflo E, Glennerster R. The Miracle of Microfinance? Evidence from a Randomized Evaluation [J]. Cepr Discussion Papers, 2013, 7 (1): 22 – 53 (32).

[13] Karlan D, Zinman J. Microcredit in Theory and Practice: Using Randomized Credit Scoring for Impact Evaluation [J]. Science, 2011, 332 (6035): 1278 – 84.

[14] Grimm M, Paffhausen A L. Do Interventions Targeted at Micro – Entrepreneurs and Small and Medium – Sized Firms Create Jobs? A Systematic Review of the Evi-

dence for Low and Middle Income Countries [J]. Labour Economics, 2015, 32: 67 - 85.

[15] Blattman, C., N. Fiala and S. Martinez. Employment Generation in Rural Africa—Mid—Term Results from an Experimental Evaluation of the Youth Opportunities Program in Northern Uganda, DIW Discussion Papers, No. 1201, DIW, 2012.

[16] Arraíz, I., M. Meléndez and R. Stucchi. Partial Credit Guarantees and Firm Performance: Evidence from the Colombian National Guarantee Fund, OVE Working Paper, No. 02/2012, Office of Evaluation and Oversight (OVE), Inter – American Development Bank, 2012.

[17] Foreman – Peck J. Effectiveness and efficiency of SME innovation policy [J]. Small Business Economics, 2013, 41 (1): 55 - 70.

[18] Castillo V, Maffioli A, Sofía Rojo, et al. The effect of innovation policy on SMEs' employment and wages in Argentina [J]. Small Business Economics, 2014, 42 (2): 387 - 406.

[19] Shapiro D M, Wang M, Tang Y, et al. Monetary Incentives and Innovation in Chinese SMEs [J]. Social Science Electronic Publishing, 2018, 16 (3): 1 - 28.

[20] Mushinski D W. An analysis of offer functions of banks and credit unions in Guatemala [J]. Journal of Development Studies, 1999, 36 (2): 88 - 112.

[21] Haviland A, Nagin D S, Rosenbaum P R. Combining Propensity Score Matching and Group – Based Trajectory Analysis in an Observational Study [J]. Psychological Methods, 2007, 12 (3): 247 - 267.

[22] Imbens G W. Matching Methods in Practice: Three Examples [J]. The Journal of Human Resources, 2015, 50 (2): 373 - 419.

[23] Abadie A, Imbens G W. Simple and Bias – Corrected Matching Estimators for Average Treatment Effects [J]. Nber Technical Working Papers, 2002, 29 (1): 1 - 11.

[24] Abadie A, Drukker D, Herr J L, Imbens G W. Implementing Matching Estimators for Average Treatment Effects in STATA [J]. Stata Journal, 2004, 4 (3): 290 - 311.

[25] Abadie A, Imbens G W. Large Sample Properties of Matching Estimators for Average Treatment Effects [J]. Econometrica, 2006, 74 (1): 235 - 267.

[26] Abadie A, Imbens G W. Bias – Corrected Matching Estimators for Average Treatment Effects [J]. Journal of Business & Economic Statistics, 2011, 29 (1): 1 - 11.

[27] Friedman J H. Stochastic Gradient Boosting [J]. Computational Statistics & Data Analysis, 2002, 38 (4): 367 - 378.

[28] Mccaffrey D F, Greg R, Morral A R. Propensity score estimation with boosted regression for evaluating causal effects in observational studies [J]. Psychol Methods, 2004, 9 (4): 403 –425.

[29] Tan H. Evaluating SME Support Programs in Chile Using Panel Firm Data [J]. Social Science Electronic Publishing, 2009.

[30] Castillo V, Maffioli A, Sofía Rojo, et al. The effect of innovation policy on SMEs' employment and wages in Argentina [J]. Small Business Economics, 2014, 42 (2): 387 –406.

[31] Hirano K, Imbens G W. Estimation of Causal Effects using Propensity Score Weighting: An Application to Data on Right Heart Catheterization [J]. Health Services & Outcomes Research Methodology, 2001, 2 (3 –4): 259 –278.

[32] Heckman J J, Ichimura H, Todd P. Matching As An Econometric Evaluation Estimator [J]. Review of Economic Studies, 1998, 65 (2): 261 –294.

总量型和结构型货币政策工具的选择与搭配

——基于结构性去杠杆视角下的分析

中国人民银行杭州中心支行课题组

课题主持人：殷兴山
课题组成员：王去非　易振华　项燕彪　章成帅

一、引　言

杠杆率是讨论中国经济金融问题的重要切入点。2008年国际金融危机爆发以来，中国非金融企业部门杠杆持续快速上升，杠杆水平在主要经济体中位列第一，与此同时，非金融企业部门杠杆呈现显著的结构化特征，相对于民营中小企业，国有大型企业有着更明显的加杠杆过程。这种结构性高杠杆现象一方面导致作为其镜像的企业产能出现过剩，容易陷入长期性债务通缩式衰退，同时增大银行体系的内在脆弱性，使系统性金融风险问题更为突出；另一方面进一步扭曲金融资源有效配置，产生资金结构性挤出效应，成为制约经济转型升级、产业结构优化和经济高质量发展的重要障碍，因此2018年中央财经委员会第一次会议正式提出结构性去杠杆的基本思路。

从经济金融关系的理论看，造成当前杠杆高企并呈现结构性差异的原因非常复杂，是个综合性很强的问题，其既与长期以来经济增长主要依赖投资相关，也与前期相对宽松政策环境下经济主体资产负债扩张的惯性作用有关。同时，我们观察到，长期以来我国金融资源配置存在的一个核心矛盾就是"结构"问题：在间接融资为主的金融结构背景下，由于国内利率非市场化因素弱化了金融资源的定价功能，加之政府隐性担保造成的刚性兑付问题，以及金融业竞争不足、同质化和贷款责任追究等，造成银行信贷资源配置行为简单粗放，存在"所有制和规模歧视"下的"信贷偏向"，从而产生金融资源结构性错配现象。廉价金融资源过多流入国有企业（地方融资平台）和大型企业，致使这些部门盲目扩张，加剧过剩产能，同时造成杠杆率不断攀升，在经济和金融两方面集聚风险。

作为总量工具的传统货币政策，在应对结构性杠杆问题上，遇到了两难困境。一方面，扩张的货币政策虽然有利于降低利息负担，但可能会刺激实体部门更多地举债，杠杆率继续抬升。另一方面，紧缩政策虽然可以在一定程度上抑制总体杠杆水平，但会进一步导致有限信贷资源向信贷偏向部门或企业集中，恶化结构性杠杆问题。因此，单纯依赖于总量型货币政策，虽然可以影响宏观层面杠杆水平，但却无法解决杠杆的结构性问题，甚至可能进一步加剧杠杆逆周期波动。

从国际经验及我国实践来看，当财政政策的结构性作用不能满足实际需要，传统货币政策传导渠道受阻时，中央银行通过探索创设多种结构型货币政策工具，进行定向流动性投放和定向融资成本调整操作，可以定向提高或降低金融机构资金可得性和放贷意愿，从而达到调整杠杆结构的目的。换言之，货币政策操作开始呈现结构性调整特征。近些年来，中国人民银行积极探索并陆续创设推出了支农支小再贷款、定向降准、TMLF 等多种结构型货币政策工具，这为货币政策调整优化杠杆结构提供了丰富的实践基础。如何合理有效地选择和搭配总量型与结构型货币政策，在管好货币总闸门，优化总量型货币政策的同时，发挥结构型货币政策的结构性去杠杆效应，成为应对我国结构性高杠杆需要重点考虑的现实变量，也为思考、研究和有效解决"高杠杆"和"杠杆结构性问题"的政策及操作策略时提供了新的角度和切入点。鉴于此，本文尝试将信贷配置特征及其对不同产权企业投资行为的影响纳入杠杆波动与货币政策理论分析框架，探索经济周期、信贷偏向与杠杆波动之间的关系，以及不同货币政策工具组合操作的应对效果，并利用经验数据进行实证检验。最后通过构建包含企业投融资和杠杆波动异质性特征的 DSGE 模型，研究如何根据经济冲击的不同类型，宏观调控的现实需求，选择和搭配货币政策总量工具与结构工具，在实现经济稳增长的同时，有效化解结构性高杠杆问题。

全文共分为七个部分。除了第一部分引言外，第二部分"文献综述"，介绍了从不同角度研究杠杆波动和政策应对的相关文献。第三部分"理论分析"，从经济周期、企业投资、信贷偏向对杠杆的影响，以及货币政策应对效应进行理论分析。第四部分"实证分析"，利用行业数据样本，对第三部分的主要研究结论进行实证分析和检验。第五部分"DSGE 模型"和第六部分"脉冲响应分析"，模拟了不同冲击下，企业投资和杠杆变化情况以及政策操作效果。第七部分是"结论与启示"。

二、文献综述

自 2015 年国际清算银行（BIS）的年度报告公布各国债务杠杆率起，中国的杠杆问题就引发国内外学术界和实务界的热议和跟踪研究。目前，相关讨论主要围绕中国杠杆率水平和特征如何，应该如何去杠杆，去杠杆应该采用怎样的货币政策等议题展开，结合本文研究内容，主要从以下三方面进行文献综述。

（一）关于杠杆的结构性特征及其影响

早在 2015 年，国际经济组织（IMF 和 BIS）就已关注到中国非金融私人部门的高债务风险，标普等国际机构也纷纷对此进行预警。马建堂等（2016）、张斌等（2018）和中国社科院（2018）结合中国实际，对杠杆问题开展深入研究。大体一致的结论：中国杠杆率在不同部门间及各部门内部呈现明显的结构性特点。非金融企业部门杠杆率增速迅猛，特别是国有企业杠杆高企，地方政府债务隐患加剧，住户部门杠杆增速较快。Mendoza 和 Terrones（2008）研究发现，企业杠杆率上升经常与经济繁荣或衰退的周期相关：经济繁荣时，信贷规模增加，企业杠杆率上升较快，银行脆弱性增加；反之，经济衰退时，信贷规模缩减，企业杠杆率趋向下降，银行脆弱性减少。Cecchetti 等（2011）区分"好的"和"不好的""加杠杆"，那些预期生产率提高或者打破金融抑制，实现跨期和跨部门资源配置改善是"好的加杠杆"；政府过度举债、金融中介忽视风险放松信贷条件等带来跨期和跨部门资源配置扭曲是"不好的加杠杆"。纪敏等（2017）认为"杠杆本身不是问题，杠杆效率是关键"，目前我国宏微观杠杆率背离主要反映了资本收益率的变化，企业杠杆率具有明显的结构差异体现在大企业、市场化发育程度较差地区以及国有企业等预算软约束部门杠杆率高。

（二）关于货币政策的结构效应

国际金融危机后，因区域、产业和所有制等异质性差异，传统货币政策边际效应逐渐减弱，主要经济体相继推出定向工具来应对经济发展的结构调整。Bernanke 和 Gertler（1995）开创了货币政策产业结构效应的研究先河，他们发现货币政策对最终产出的各组成部分具有不同影响。马贱阳（2011）认为，由于各货币层次与宏观经济变量关系的差异、不同经济主体对货币政策的预期和敏感程度的差异，以及不同地区经济发展水平的差异，货币政策会产生明显的结构效应。最近的研究表明，结构型货币政策有利于"新常态"下经济结构转型。如彭俞超和方意（2016）认为，再贷款利率、再贷款比例、差别存款准备金率和准备金存款利率四种结构性货币政策均能够有效促进产业结构升级和经济稳定。欧阳志刚和薛龙（2017）研究发现，多种货币政策工具对不同特征企业的组合效应和特质效应具有显著差异，央行货币政策对特征企业具有定向调节效应。

（三）关于去杠杆过程中货币政策的应对

在货币政策与去杠杆的讨论中，"杠杆率悖论"引人关注。宋国青（2014）、刘晓光和张杰（2016）认为，降低货币供应量增长率等紧缩性货币政策会提高杠杆率；反之，增加货币供给的宽松型货币政策下，杠杆率反而降低。这是由于金融加速器作用，放大了货币供应量与产出相对变化程度，才引致杠杆率反向波动。胡志鹏（2014）认为，单纯使用货币政策工具来降低杠杆率的效果未必理想。在未能有效抑制企业借贷和银行放贷冲动情况下，提高"控杠杆"目标权重反而导致产出稳态水平收缩。收缩货币信贷供给只能短暂压低杠杆率，由此引致的利率飙升可能使信贷资源偏向，加剧结构性杠杆矛盾。中国人民大学课题组（2018）认为，去杠杆过程中要防止局部去杠杆引发全局性金融风险。尤其是通过大幅收紧货币政策来降低杠杆率的"分子"时，引发资产价格剧烈下跌，导致用资产价值测度的杠杆率"分母"显著下降。

综上，现有研究从不同方面分析杠杆问题产生的原因和影响因素，许多思路和方法给我们很好的启示。但国外研究的假设条件、杠杆特征、政策操作模式都与国内现实有较大差异；而国内大多是定性与定量的描述性分析，同时也局限于传统总量政策的响应。本文的创新之处在于将经济中的结构性矛盾因素，特别是"二元"经济结构下不同投资决定机制与融资约束，以及商业银行信贷资源配置偏向等纳入结构性杠杆的理论框架，探索经济周期、信贷偏向与杠杆波动的联动关系，以及货币政策应对效应，进而通过构建基于企业融资和投资异质性特征的DSGE模型，研究如何根据不同经济冲击情景，杠杆调控的现实需求，来选择和搭配货币政策总量和结构工具。

三、经济周期、杠杆波动与货币政策应对的理论分析

政府隐性担保以及金融行业竞争同质化背景下，银行信贷资源配置简单粗放，存在"所有制歧视"下的"信贷偏向"，主要表现为国有企业融资成本较低，而私营企业融资成本相对较高，并且存在一定的融资约束（见图1），成为影响企业杠杆波动的重要因素。本章因此基于 Fagnart 等（1999）、Abel 和 Eberly（2002）的理论框架，通过将企业异质化（国有企业 S、民营企业 P），将融资偏向引入杠杆分析模型，重点考察经济周期、信贷偏向对杠杆的影响。在此基础上，进一步将货币政策应对引入其中，对比分析不同政策操作对企业杠杆变化的影响效果。

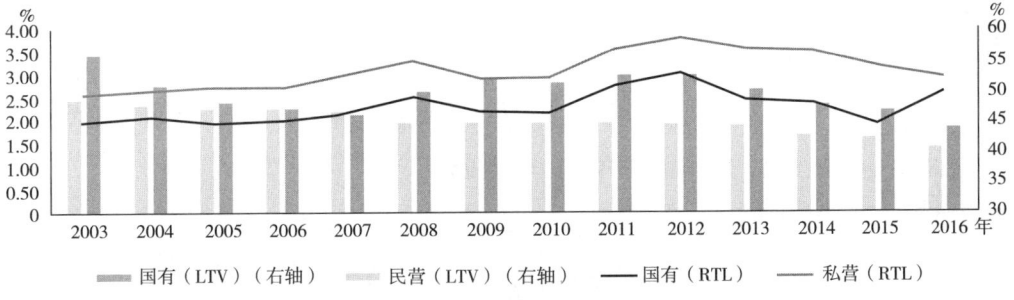

图1 国有与民营企业信贷融资能力与融资成本比较

(一) 企业最优投资及融资需求

代表性企业 j $(j=S, P)$ 在 t 时点的生产函数为 $Y_{jt} = F_j(U_{jt}K_{jt}, L_{jt})$，该生产函数为线性齐次，并且 F_K，$F_L > 0$；F_{KK}，$F_{LL} < 0$。其中，U_{jt} 为企业 j 在 t 时点的产能利用率。企业 j 的目标是选择投资 I_j 以调整资本存量 K_j，从而最大化预期净利润的当期值

$$\pi_{j,t} = \max_{I_{j,t+s}} E_t \left\{ \int_0^\infty e^{-rs} \left[F_j(U_{j,t+s}K_{j,t+s}, L_{j,t+s}) - \omega_{t+s}L_{j,t+s} - c(I_{j,t+s}, K_{j,t+s}) \right] dt \right\} \quad (3-1)$$

约束函数为

$$dK_{j,t} = (I_{j,t} - \delta K_{j,t}) dt \quad (3-2)$$

其中，$\omega_{t+s}L_{j,t+s}$ 为企业劳动投入成本，$I_{j,t}$ 为企业新增投资，$c(I_{j,t+s}, K_{j,t+s})$ 为投资成本（包括融资成本 $r_j I_{j,t}$，资本调整成本 $(\eta/2)(I_{j,t}/K_{j,t})^2 K_{j,t}$ （$\eta > 0$），闲置成本 $\phi(1-U_{j,t})I_{j,t}$）。根据式（3-1）、式（3-2）求动态优化问题，可推得企业 j 最优投资为

$$I_{j,t}^* = \frac{1}{\eta} \left[\pi_{K_{j,t}} + \phi(U_{j,t}-1) - r_{j,t} \right] K_{j,t} \quad (3-3)$$

其中，$\pi_{K_{j,t}}$ 为单位资本的边际价值，满足 $d\pi_{j,t} = \pi_{K_{j,t}}(I_{j,t}-\delta)dt$。由式（3-3）可知，由于 $\eta > 0$，企业 j 最优投资 $I_{j,t}^*$ 为 $r_{j,t}$ 的减函数，$\pi_{K_{j,t}}$、$U_{j,t}$ 的增函数，即在其他经济变量不变的情况下，企业 j 的资本边际产出越大，资本（投资）需求越大；企业的融资成本越低，资本需求越大；企业的产能利用率越高（越接近于1），资本（投资）需求同样越大。

(二) 杠杆结构与动态变化

不失一般性，定义宏观杠杆率（债务收入比）$l_{j,t}^M = De_{j,t}/Y_{j,t}$，微观杠杆率（债务资产比）$l_{j,t}^m = De_{j,t}/K_{j,t}$，$De_{j,t}$ 为企业 j 在 t 时的债务额，满足

$$\Delta De_{j,t} = I_{j,t} - \pi_{K_{j,t}}K_{j,t} \quad (3-4)$$

其中，$\pi_{K_{j,t}}K_{j,t}$ 为企业净收益。对企业微观杠杆 $l_{j,t}^m$ 进行微分可得 $\Delta l_{j,t}^m = \Delta De_{j,t}/K_{j,t} - De_{j,t}\Delta K_{j,t}/K_{j,t}^2$，将式（3-4）代入其中推得

$$\Delta l_{j,t}^m = \frac{I_{j,t}}{K_{j,t}} - l_{j,t}^m g_{k,t} - \pi_{K_{j,t}} \quad (3-5)$$

同样对宏观杠杆 $l_{j,t}^M$ 进行微分可得：$\Delta l_{j,t}^M = \Delta De_{j,t}/Y_{j,t} - De_{j,t}\Delta Y_{j,t}/Y_{j,t}^2$，将式（3-4）代入其中可得

$$\Delta l_{j,t}^M = l_{j,t}^M \left(\frac{\Delta De_{j,t}}{De_{j,t}} - \frac{\Delta Y_{j,t}}{Y_{j,t}} \right) \quad (3-6)$$

定义 $g_{De,t} = \Delta De_{j,t}/De_{j,t}$，为负债 De_j 的增长率；$g_{Y,t} = \Delta Y_{j,t}/Y_{j,t}$ 为产出 Y_j 的增长率；$g_{K,t} = \Delta K_{j,t}/K_{j,t}$ 为资本存量 K_j 的增长率。由式（3-5）可知，微观杠杆率 $l_{j,t}^m$ 的变化（升高或降低）取决于资产投资比 $I_{j,t}/K_{j,t}$、资本增长率 $g_{K,t}$、投资回报率 $\pi_{K_j,t}$ 的大小。由式（3-6）可知，宏观杠杆率 $l_{j,t}^M$ 的变化（升高或降低）取决于负债增长率 $g_{De,t}$ 与产出增长率 $g_{Y,t}$ 的大小。

（三）融资偏向与信贷分配

银行作为融资的供给部门，在进行信贷投放时，需要解决信贷资金分配和定价问题。由于融资偏向的存在，银行在分配信贷资金时，优先供给国有企业，剩余的信贷资金再按照信用级别和抵押、担保水平在民营企业部门进行分配。代表性企业 j 可以获得新增贷款的数量为 $dM_{j,t}$，如果企业 j 不受信贷约束，则实际融资额为 $I_{j,t}^*$；如果企业受到贷款的约束，则实际融资额为 $dM_{j,t}$，引入贷款因素后的企业实际投资为

$$I_{j,t} = \min[I_{j,t}^*, \ dM_{j,t}] = \begin{cases} I_{j,t}^* & I_{j,t}^* < dM_{j,t}, \\ dM_{j,t} & I_{j,t}^* \geqslant dM_{j,t}. \end{cases} \quad (3-7)$$

在定价方面，贷款定价 $r_{j,t}$ 主要包括三个部分：资金成本 r_d（存款利率），经营成本 C_j^B，风险溢价 C_j^R。

$$r_{j,t} = r_{d,t} + C_j^B + C_j^R \quad (3-8)$$

对于银行信贷定价行为来说，风险溢价 C_j^R 是其主要考虑的因素。由于融资偏向的原因，通常情况下 $C_S^R < C_P^R$，即银行认为对国有企业贷款的风险成本较低，对民营企业的贷款风险成本较高，在其他因素不变的情况下导致 $r_{S,t} < r_{P,t}$。

（四）经济周期、杠杆变化与货币政策应对

在不同经济周期，货币政策总量型和结构型工具对国有与民营企业的投资、杠杆变化具有不同的作用机制。

1. 经济上升期，杠杆变化与货币政策应对

假设在 t_0 期，经济处于底部，产能出清（$U_{j,t_0} = 1$），企业杠杆率（$l_{j,t}^M$、$l_{j,t}^m$）处于较低水平，企业的最优投资为 $I_{j,t}^*$，相应的融资需求 $L_{j,t}^D = I_{j,t}^*$，银行体系信贷供给为 M_{t_0} 满足：$M_{t_0} = L_{S,t_0}^D + L_{P,t_0}^D = I_{S,t_0}^* + I_{P,t_0}^*$。$t_1$ 期，经济开始步入"复苏上行"周期，社会有效需求扩张，企业资本边际回报 π_{K_j,t_1} 升高，由于此时企业产能出清（$U_{j,t_0} = 1$），无论是国有还是民营企业都会扩张产能，由式（3-3）可知企业最优投资将从 I_{j,t_0}^* 上升至 I_{j,t_1}^*，引致融资（信贷）需求从 $L_{j,t_0}^D = I_{j,t_0}^*$ 上升至 $L_{j,t_1}^D = I_{j,t_1}^*$。由于 $I_{S,t_1}^* + I_{P,t_1}^* \geqslant I_{S,t_0}^* + I_{P,t_0}^* = M_{t_0}$，信贷资源总体上供不应求，产生信

贷配置问题，存在信贷偏向的背景下，国有企业贷款需求优先满足，余下的信贷资源分配给民营企业，国有企业 S 不受信贷约束，实际融资额为 I_{S,t_1}^*，民营企业受到贷款约束，实际融资额 $\mathrm{d}M_{j,t_1} = M_{t_0} - I_{S,t_1}^* < I_{P,t_1}^*$，由式（3-7）可知，企业 j 实际投资为（见图2）

$$I_{j,t_1} = \min[I_{j,t}^*, \ \mathrm{d}M_{j,t}] = \begin{cases} I_{S,t_1}^* & j = S, \\ M_{t_0} - I_{S,t_1}^* & j = P. \end{cases} \quad (3-9)$$

由于 $I_{S,t_1}^* > I_{S,t_0}^*$、$M_{t_0} - I_{S,t_1}^* < I_{P,t_0}^*$，由式（3-3）、式（3-5）可知，$\Delta l_{S,t_1}^m > 0$，$\Delta l_{P,t_1}^m < 0$，相应地，国有企业在 t_1 期的实际杠杆率从 l_{S,t_0}^m 上升到 l_{S,t_1}^m，民营企业的实际杠杆率从 l_{P,t_0}^m 下降到 l_{P,t_1}^m（见图4），即国有企业杠杆率上升，民营企业杠杆率下降，从而产生结构性杠杆问题。同时，由于经济处于上行期（$\pi_{K_j,t}$ 升高），产出增长速度大于资产增长速度，同样也大于负债增长速度，即 $g_{Y,t_1} > g_{K,t_1}$，$g_{Y,t_1} > g_{De,t_1}$，由式（3-7）可知，宏观杠杆率 l_{j,t_1}^M 下降。

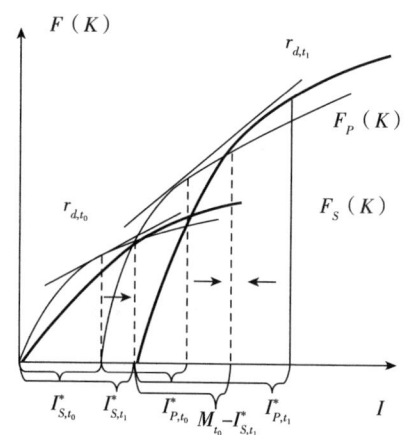

图2 经济上行投资变化

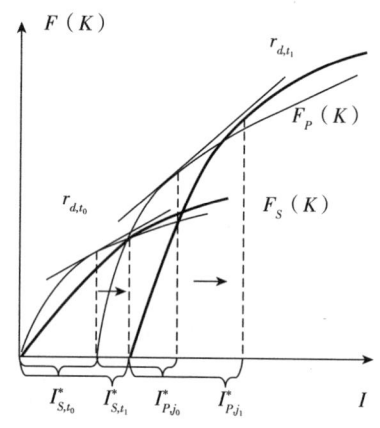

图3 货币政策与投资变化

假设央行在 t_1 时期实施宽松货币政策。如果使用总量型政策工具调控，扩张性货币政策操作的结果是增加货币供给，商业银行的可贷资金增加，企业贷款总供给由 $M_{t_1} = M_{t_0}$ 上升为 $M'_{t_1} > M_{t_1}$，使得 $L_{S,t_1}^D + L_{P,t_1}^D = I_{S,t_1}^* + I_{P,t_1}^* < M'_{t_1}$，无论是国有企业还是民营企业的贷款需求均都得到满足，即国有企业的实际投资为 I_{S,t_1}^*，民营企业的实际投资为 I_{P,t_1}^*（见图3），由于 $I_{j,t_1}^* > I_{j,t_0}^*$，由式（3-3）、式（3-5）可知，$\Delta l_{S,t_1}^m > 0$，$\Delta l_{P,t_1}^m > 0$，相应地，国有企业在 t_1 期的实际杠杆率上升到 l_{S,t_1}^m，民营企业的实际杠杆率上升到 $l_{P,t_1}^m = l_{P,t_0}^m + \Delta l_{P,t_1}^m$（见图4），即国有企业和民营企业杠杆均上升，不存在结构性杠杆问题。

命题1：经济上行期，企业融资需求上升，产出增加，在信贷偏向存在的情况下，国有企业微观杠杆上升，民营企业微观杠杆下降，产生结构性杠杆问题，同时企业宏观杠杆下降。在总量宽松货币政策下，如果使用数量型政策工具，民营企业杠杆率上升，结构性杠杆消除。

2. 经济过热期，杠杆变化与货币政策应对

假设在 t_2 时期，经济处于"过热"阶段，经济主体容易出现乐观预期，预期资本边际回报处于高位，企业投资和融资需求强烈，由式（3-3）可知企业最优投资从 I_{j,t_1}^* 上升至 I_{j,t_2}^*，引致融资（信贷）需求从 L_{j,t_1}^D （$L_{j,t_1}^D = I_{j,t_1}^*$）上升至 L_{j,t_2}^D （$L_{j,t_2}^D = I_{j,t_2}^*$）。

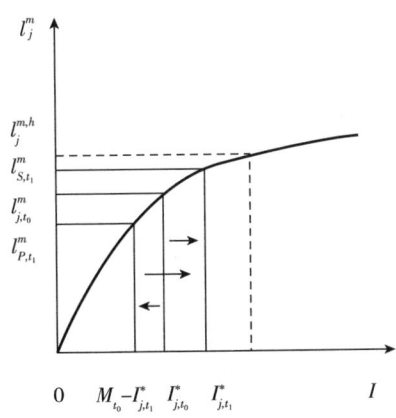

图4 投资均衡与杠杆变化

如果企业没有融资约束（$I_{S,t_2}^* + I_{P,t_2}^* \leq M_{t_2}$），企业的实际投资为 I_{j,t_2}^*，由于 $I_{j,t_2}^* > I_{j,t_1}^*$，由式（3-3）、式（3-5）可知，$\Delta l_{j,t_2}^m > 0$，相应地，国有企业在 t_2 期的实际杠杆率从 l_{S,t_1}^m 上升到 $l_{S,t_2}^m = l_{S,t_1}^m + \Delta l_{S,t_2}^m$，民营企业的实际杠杆率从 l_{P,t_1}^m 上升到 $l_{P,t_2}^m = l_{P,t_1}^m + \Delta l_{P,t_2}^m$，两类企业的杠杆率均处于较高水平。同时，由于经济处于过热期（实际 $\pi_{K_j,t}$ 下降），不失一般性，$g_{Y,t_2} < g_{K,t_2}$，$g_{Y,t_2} < g_{De,t_2}$，即产出增长速度小于资产增长速度，也小于负债增速，由式（3-6）可知，宏观杠杆率 $l_{j,t}^M$ 上升。

假设央行在 t_2 时期实施紧缩性货币政策应对经济"过热"。如果使用总量工具调控，紧缩操作的结果是企业贷款总供给由 M_{t_2} 收缩为 M'_{t_2}，使 $L_{S,t_2}^D + L_{P,t_2}^D = I_{S,t_2}^* + I_{P,t_2}^* > M'_{t_2}$。相应地，信贷资源总体上供不应求，由于信贷偏向的存在，国有企业 S 不受信贷约束，实际融资额为 $I'_{S,t_2} = I_{S,t_2}^*$，民营企业受到贷款约束，实际融资额 $dM'_{j,t_2} = M'_{t_2} - I_{S,t_2}^* < I_{P,t_2}^*$（见图5）。由式（3-3）、式（3-5）可知，$\Delta l_{S,t_2}^{m'} = 0$，$\Delta l_{P,t_2}^{m'} < 0$，相应地，民营企业杠杆率得到抑制（杠杆率从 l_{P,t_2}^m 下降到 $l_{P,t_2}^{m'}$（$l_{P,t_2}^{m'} = l_{P,t_2}^m - |\Delta l_{P,t_2}^{m'}|$）），国有企业仍然维持高杠杆（$l_{S,t_2}^{m'} = l_{S,t_2}^m$）（见图7）。因此，使用总量工具进行紧缩虽然能够控制整体杠杆，但会产生结构性高杠杆问题。如果结合结构工具调控，紧缩货币政策操作的结果是 M_{t_2} 下降为 M'_{t_2} 的同时，进一步降低国有企业的贷款供给，使国有企业实际融资额从 I_{S,t_2}^* 下降为 I''_{S,t_2}，使民营企业实际融资额 $dM''_{j,t_2} = M'_{t_2} - I''_{S,t_2} = I''_{S,t_2} < I_{P,t_2}^*$（见图6），由式（3-3）、式（3-5）可知，$\Delta l_{S,t_2}^{m''} = \Delta l_{P,t_2}^{m''} < 0$，国有企业杠杆率从 l_{S,t_2}^m 下降到 $l_{S,t_2}^{m''}$（$l_{S,t_2}^{m''} = l_{S,t_2}^m - |\Delta l_{S,t_2}^{m''}|$），民营企业杠杆率从 l_{P,t_2}^m 下降到 $l_{P,t_2}^{m''}$（$l_{P,t_2}^{m''} = l_{P,t_2}^m - |\Delta l_{P,t_2}^{m''}|$，$l_{S,t_2}^{m''} = l_{P,t_2}^{m''}$）（见图7），国有和民营企业杠杆率均得到抑制，并且熨平结构性杠杆，且宏观杠

杆率 $l_{j,t}^M$ 相应下降。

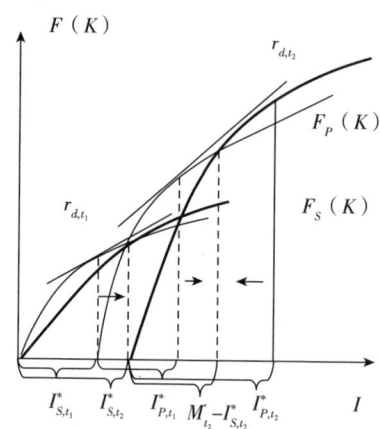

图 5　总量政策与投资变化

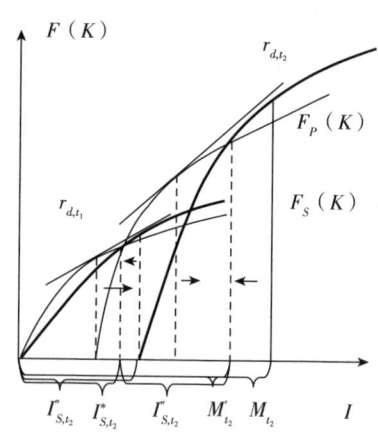

图 6　结构政策与投资变化

命题 2：经济过热期，企业融资需求高位增长，实际产出下降，企业微观杠杆率和宏观杠杆率均上升。在总量型货币政策紧缩操作下，民营企业杠杆率得到抑制，国有企业仍然维持高杠杆，产生结构性杠杆问题。如果配合使用结构型政策工具，国有企业和民营企业杠杆率均得到抑制，同时结构性杠杆消除，且宏观杠杆率相应下降。

3. 经济下行期，杠杆变化与货币政策应对

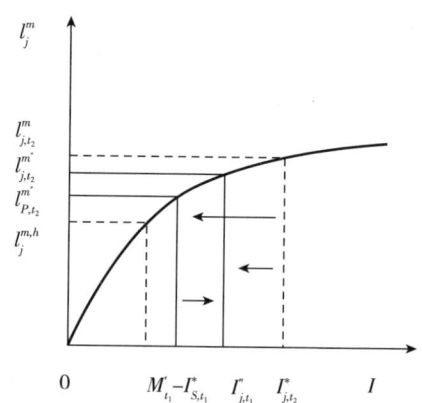

图 7　投资均衡与杠杆变化

假定 t_3 时期，经济处于"下行"期，社会需求下降，产能过剩，企业预期资本回报 $\pi_{K_{j,t}}$ 下降。同时，由于信贷风险溢价 C_j^R 上升，银行将更多信贷资金配给国有企业，不失一般性，$r_{S,t_3} = r_{S,t_2}$，$r_{P,t_3} > r_{P,t_2}$，综合而言，由式（3-3）可知，民营企业最优投资需求从 I_{P,t_2}^* 下降至 I_{P,t_3}^*，引致融资（信贷）需求从 $L_{P,t_2}^D = I_{P,t_2}^*$ 下降至 $L_{P,t_3}^D = I_{P,t_3}^*$，国有企业投资需求保持不变：$L_{S,t_3}^D = I_{S,t_2}^* = I_{S,t_3}^*$。由式（3-5）可知，$\Delta l_{S,t_3}^m = 0$，$\Delta l_{P,t_3}^m < 0$，相应地，国有企业在 t_3 期的实际杠杆率仍然保持较高水平：$l_{S,t_3}^m = l_{S,t_2}^m$，民营企业的实际杠杆率从 l_{P,t_2}^m 下降到 $l_{P,t_3}^m = l_{P,t_2}^m - |\Delta l_{P,t_3}^m|$，产生结构性杠杆问题。同时，由于经济处于下行期，$g_{Y,t_3} < g_{K,t_3} < 0$，$g_{Y,t_3} < g_{De,t_3} < 0$，即产出下降速度大于资产及负债下降速度，由式（3-6）可知，宏观杠杆率 l_{j,t_3}^M 上升。

假设央行在 t_3 时期实施宽松货币政策抑制经济"下行"。如果使用总量型工具调控，有效的政策操作结果是降低基准利率至 r'_{d,t_3}（$r_{d,t_3} > r'_{d,t_3}$），由式（3-8）可知，企业的贷款利率相应下降至 r'_{j,t_3}（$r'_{j,t_3} < r_{j,t_3}$），由式（3-3）可知，企业最优投资需求从 I^*_{j,t_3} 上升至 I'_{j,t_3}，引致融资（信贷）需求从 $L^D_{j,t_3} = I^*_{j,t_3}$ 上升至 $L^D_{j,t_3} = I'_{j,t_3}$（见图8），不失一般性，$I'_{S,t_3} + I'_{P,t_3} \leq M_{t_3}$，$I'_{j,t_3}$ 即为企业实际贷款数量，由于 $I'_{j,t_3} > I^*_{j,t_3}$，由式（3-3）、式（3-5）可知，$\Delta l^{m'}_{j,t_3} > 0$，企业微观杠杆率上升①，同时，由式（3-6）可知，宏观杠杆率 l^M_t 继续上升至高位。如果在 t_3 时期实施紧缩货币政策抑制宏观高杠杆，紧缩货币政策操作的效果是减少贷款总供给②，使 $L^D_{S,t_3} + L^D_{P,t_3} = I^*_{S,t_3} + I^*_{P,t_3} > M'_{t_3}$。由于信贷偏向的存在，国有企业 S 不受信贷约束，实际融资额仍然为 I^*_{S,t_3}，民营企业受到贷款约束，实际融资额 $dM_{j,t_3} = M'_{t_3} - I^*_{S,t_3} < I^*_{P,t_3}$。由式（3-3）、式（3-5）可知，$\Delta l^{m'}_{S,t_3} = 0$，$\Delta l^{m'}_{P,t_3} < 0$，相应地，民营企业杠杆率继续下降③，国有企业仍然维持高杠杆（$l^{m'}_{S,t_2} = l^m_{S,t_2}$），结构性高杠杆问题进一步加剧。

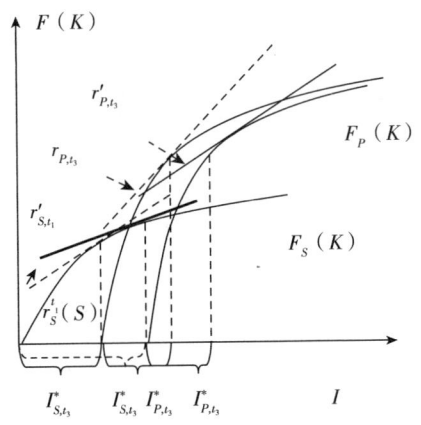

图8　总量政策与投资变化

如果在 t_3 时期实施总量宽松货币政策，结合结构型货币政策工具调控，即降低基准利率（r_{d,t_3} 变为 r'_{d,t_3}，$r_{d,t_3} > r'_{d,t_3}$）的同时，进一步降低国有企业的贷款供给，使国有企业实际融资额从 I^*_{S,t_2} 下降为 I''_{S,t_3}，民营企业最优投资需求从 I^*_{P,t_3} 上升至 $I''_{P,t_3} = I'_{P,t_3}$（见图9），信贷资源从国有转移至民营企业，由式（3-3）、式

---

① 国有企业的实际杠杆率从 l^m_{S,t_3} 上升到 $l^{m'}_{S,t_3} = l^m_{S,t_3} + \Delta l^{m'}_{S,t_3}$，民营企业的实际杠杆率从 l^m_{P,t_3} 上升到 $l^{m'}_{P,t_3} = l^m_{P,t_3} + \Delta l^{m'}_{P,t_3}$。

② 如果使用价格型工具（提高基准利率），则企业高杠杆下利息负担加重，进一步提升金融风险。

③ 杠杆率从 l^m_{P,t_3} 下降到 $l^{m'}_{P,t_3}$（$l^{m'}_{P,t_3} = l^m_{P,t_3} - |\Delta l^{m'}_{P,t_3}|$）。

(3-5)可知,$\Delta l_{S,t_3}^{m''}<0$,$\Delta l_{P,t_3}^{m''}>0$,国有企业杠杆率从 l_{S,t_3}^{m} 下降到 $l_{S,t_3}^{m'}$($l_{S,t_3}^{m''}=l_{S,t_2}^{m}-|\Delta l_{S,t_3}^{m''}|$),民营企业杠杆率从 l_{P,t_3}^{m} 上升到 $l_{P,t_3}^{m''}$($l_{P,t_3}^{m''}=l_{P,t_2}^{m}+\Delta l_{P,t_3}^{m''}$)(见图10),使国有企业与民营企业杠杆率一致 $l_{S,t_3}^{m'}=l_{P,t_3}^{m''}$,消除结构性杠杆问题。由于民营企业生产效率高于国有企业,杠杆率的结构调整增加总体产出水平,宏观杠杆率 l_{j,t_3}^{M} 相对下降。

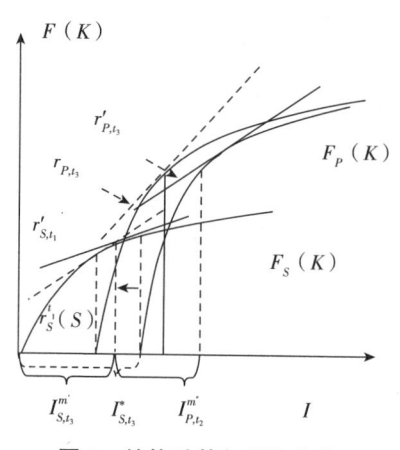

图9 结构政策与投资变化

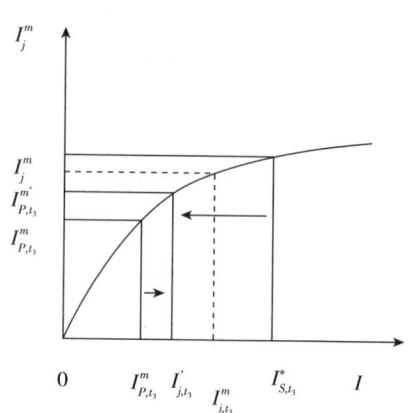

图10 投资均衡与杠杆率变化

命题3:经济下行期,实际产出下降,企业宏观杠杆高企,微观产生结构性杠杆问题。扩张的总量货币政策虽然有利于抑制经济下行,但会刺激整体杠杆抬升,紧缩政策虽然可以降低整体杠杆水平,但会进一步导致信贷资源偏向国有部门,恶化结构性杠杆问题。实施总量宽松货币政策,结合结构工具紧缩,企业整体杠杆率得到抑制,同时消除结构性杠杆。

四、经济周期、杠杆变动与货币政策应对的实证分析

前面定性分析了经济周期、信贷偏向与杠杆变动间的关系,以及不同类型货币政策工具(总量型和结构型)应对效应,本文接下来通过构建计量模型,对上节理论分析提出的命题进行实证检验。本文的实证研究思路分以下三个步骤:第一,实证模型设定和变量选取;第二,实证并检验国有企业杠杆变化与经济周期、货币政策操作之间的关系;第三,实证并检验民营企业杠杆变化与经济周期、货币政策操作之间的关系。

(一)实证模型设定和变量选取

根据上一章提出的研究假设,我们采用面板回归模型识别信贷偏向背景下经济周期、不同类型货币政策工具操作与企业杠杆率的关系及其他相关影响因素,建立如下面板回归模型:

$$Slm_{jt} = \alpha_0 + \sum_{i=1}^{2}\alpha_i Bcy_{ij,t} + \sum_{i=3}^{4}\alpha_i Amp_{ij,t} + \sum_{i=5}^{6}\alpha_i Smp_{ij,t} + \sum_{i=7}^{l}\alpha_i \prod\nolimits_{ij,t}^{1} + \varepsilon_{jt} \quad (4-1)$$

$$Plm_{jt} = \beta_0 + \sum_{i=1}^{2}\beta_i Bcy_{ij,t} + \sum_{i=3}^{4}\beta_i Amp_{ij,t} + \sum_{i=5}^{6}\beta_i Smp_{ij,t} + \sum_{i=7}^{l}\beta_i \prod\nolimits_{ij,t}^{2} + \varepsilon_{jt} \quad (4-2)$$

式（4-1）为考察国有企业杠杆率波动影响因素的面板回归模型，式（4-2）为考察民营企业杠杆率波动影响因素的面板回归模型。变量 lm_{jt} 为行业 j 在 t 时的杠杆率水平，被解释变量 Slm_{jt} 和 Plm_{jt} 分别为行业 j 内国有企业和民营企业的杠杆率水平（由资产负债率表示）。解释变量中，$Bcy_{ij,t}$ 为经济增长（经济周期）的代理变量，包括国内生产总值增速（GDP）、行业主营业务收入（GZY_j）、行业销售收入（GXS_j）；$Amp_{ij,t}$ 为总量型货币政策工作的代理变量，包括价格工具代理变量 AMR_j（行业实际融资成本，由利息支出与总负债比值计算得出），数量工具代理变量 AML（M_2 增速）；$Smp_{ij,t}$ 为结构型货币政策操作的代理变量，其中价格工具代理变量 SMR_j 由行业 j 内国有企业与民营企业融资成本之差计算得出，数量工具代理变量 SML_j 由行业 j 内国有企业与民营企业信贷融资能力（LTV）之差计算得出。$\prod^1 - \prod^2$ 为两组面板回归模型中的行业控制变量。根据数据的完整性和全面性，本文选取中国三十四类工业行业数据作为研究样本，数据跨度为2003—2016年共14个年度数据，总样本量为476，9044组数据。

对于控制变量选取，本文借鉴杨振兵（2015）、韩国高等（2011）等人的研究，选取以下三类影响行业杠杆波动的因素：一是行业的技术特征变量。行业要素密集度 KL_j（总资产与就业人数比重）。二是行业的市场结构变量。市场集中度（大中企业资产占全部企业资产比重）CRN_j。三是行业产能利用情况。行业产能利用率 CU_j（用行业平均资产周转率作为替代变量）。以上所有数据来源于历年国家统计年鉴、中国工业经济统计年鉴以及 Wind 数据库。

（二）国有企业杠杆率影响因素的实证结果

根据式（4-1），首先利用经济上行周期数据（2003—2007年）对国有企业微观杠杆率 Slm_{jt} 与经济增长变量 $Bcy_{ij,t}$、总量型货币政策工具 $Amp_{ij,t}$、结构型货币政策工具 $Smp_{ij,t}$、行业特征变量 $\prod^1$ 进行回归；然后对国有企业宏观杠杆率 SlM_{jt} 与经济增长变量 $Bcy_{ij,t}$、总量型货币政策工具 $Amp_{ij,t}$、结构型货币政策工具 $Smp_{ij,t}$、行业特征变量 $\prod^1$ 进行回归。其次利用经济下行周期数据（2008—2016年）对国有微观杠杆率 Slm_{jt}、宏观杠杆率 SlM_{jt} 与上述变量进行回归，回归结果见表1。

回归1-2显示，在经济上行周期中，行业经济增长变量（主营业务收入增速 GZY）对 Slm 的解释系数为正数（0.0344），反映出行业发展越快时，国有企业微观杠杆率 Slm 相应升高；宏观经济增长变量 GDP 对 SlM 的解释系数为负数

(-0.0454)，即宏观经济上行时，国有企业宏观杠杆率下降。从总量型货币政策操作与杠杆率变化的关系来看，数量型工具 AML 对 Slm 的解释系数不显著，即经济上行周期，总量型货币政策数量工具操作对国有企业微观杠杆的变化影响不大；从结构型货币政策操作与杠杆率变化的关系来看，SML 对 Slm 的解释系数为正数（0.0533），即结构型货币政策的操作使国有与民营企业融资能力差异 SML 越小时，国有企业的实际微观杠杆率 Slm 相应越小，国有企业杠杆率得到相应抑制。命题 1-2 的主要内容得到实证检验的佐证。

回归 3-4 显示，在经济下行周期中，宏观经济增长变量（GDP）对 Slm 的解释系数为正数（0.0081），对 SlM 的解释系数为负数（-0.0012），即经济增速下降时，国有企业微观杠杆率 Slm 相应下降，宏观杠杆率 SlM 相应上升；从总量型货币政策操作与杠杆率变化的关系来看，数量工具 AML 对 Slm、SlM 的解释系数为正数（0.0013, 0.0058），即经济下行周期，总量型货币政策数量工具的宽松操作使国有企业微观杠杆和宏观杠杆上升；从结构型货币政策操作与杠杆率变化的关系来看，SML 对 Slm、SlM 的解释系数均为正数（0.0985, 0.2582），即结构型货币政策的操作使国有与民营企业信贷融资能力差异 SML 越小时，国有企业的实际杠杆率 Slm 相应越小，国有企业杠杆率得到相应抑制。命题 2-3 的主要内容得到实证检验的佐证。

表 1　　　　国有企业杠杆率影响因素模型计量方法与检验结果

解释变量	经济上行周期		经济下行周期	
	回归结果 1 Slm	回归结果 2 SlM	回归结果 3 Slm	回归结果 4 SlM
C	0.6613 (18.1428***)	1.7140 (9.0676***)	0.3794 (13.2171***)	1.0578 (5.2017***)
GDP	-0.0047 (-3.3085***)	-0.0454 (-5.6768***)	0.0081 (4.4222***)	-0.0012 (-0.0957)
GZY	0.0344 (1.2029)	0.5186 (2.8874***)	0.0194 (0.9125)	-0.0002 (-0.0015)
GXS	-0.0431 (-1.6774*)	-0.6447 (-3.9934***)	-0.0239 (-0.9275)	0.0032 (0.0173)
AMR	-1.4246 (-1.9626**)	8.6672 (2.1353**)	0.2389 (0.5206)	-1.7522 (-0.5389)
AML	0.0005 (0.4588)	-0.0021 (-0.2966)	0.0013 (2.8764***)	0.0058 (1.8210*)

续表

解释变量	经济上行周期		经济下行周期	
	回归结果1 Slm	回归结果2 SlM	回归结果3 Slm	回归结果4 SlM
SMR	-0.5782 (-1.5990*)	9.2138 (2.9186***)	-0.1322 (-0.3177)	-2.4088 (-0.8169)
SML	0.0533 (12.7997***)	0.0789 (3.3108***)	0.0985 (19.6142***)	0.2582 (7.2558***)
KL	0.0004 (2.5432**)	0.0005 (0.5160)	0.0006 (7.6494***)	0.0031 (5.7227***)
CRN	-0.0162 (-0.3900)	0.4715 (2.6115***)	0.0048 (1.1899)	0.0196 (0.6814)
CU	-0.0164 (-0.9271)	-0.9376 (-11.1340***)	0.0328 (2.9292***)	-0.6854 (-8.6529***)
Adjust R-Squared	0.9262	0.6846	0.9258	0.9107
观测值	235	235	306	306
方法	个体固定效应	个体随机效应	个体固定效应	个体固定效应

注：( )内为t统计量符号；***、**和*分别表示参数通过1%、5%和10%以上的显著检验。

（三）民营企业杠杆率影响因素的实证结果

根据式（4-2），首先利用经济上行周期数据对民营企业微观杠杆率 Slm 与解释变量 $Bcy_{ij,t}$、$Amp_{ij,t}$、$Smp_{ij,t}$、Π^1 进行回归；然后对民营企业宏观杠杆率 SlM 与相关解释变量进行回归。其次利用经济下行周期数据对民营企业微观杠杆率 Slm、宏观杠杆率 SlM 与上述解释变量进行相应回归，回归结果见表2。

回归1-2显示，在经济上行周期中，行业经济增长变量（主营业务收入增速 GZY）对 Slm 的解释系数为负数（-0.0013），反映出行业发展越快时，民营企业微观杠杆率 Slm 相应越低；宏观经济增长变量 GDP 对 SlM 的解释系数为负数（-0.0007），即宏观经济上行时，民营企业宏观杠杆率下降。从总量货币政策操作与杠杆率变化的关系来看，价格工具 AMR 对 Slm 的解释系数为负数（-1.3367），即在经济上行周期，总量型货币政策宽松操作（AMR 越小）能够提升民营企业微观杠杆（Slm 越大），紧缩操作（AMR 越大）能够抑制民营企业微观杠杆上升；从结构型货币政策操作与杠杆率变化的关系来看，SML 对 Slm 的解释系数为负数（-0.0183），即结构型货币政策的操作使国有与民营企业信贷

融资能力差异 SML 越小时,民营企业的实际杠杆率 Slm 相应越高。命题1-2的主要内容得到实证检验的佐证。

回归3-4显示,经济下行周期中,GDP 对 Slm 的解释系数为正数 (0.0099),即经济增速下降时,民营企业微观杠杆率 Slm 相应下降;总量型货币政策工具中,价格型工具 AMR 对 Slm 的解释系数为负数 (-1.4014),即经济下行时,价格工具的宽松操作使民营企业微观杠杆上升;从结构型货币政策操作与杠杆率变化的关系来看,SMR、SML 对 Slm 的解释系数均为负数 (-0.3070,-0.0512),即结构型货币政策的操作使国有与民营企业信贷融资能力和成本差异越小时,民营企业杠杆率相应越高。命题2-3的主要内容得到实证检验的佐证。

表2 民营企业杠杆率影响因素模型计量方法与检验结果

解释变量	经济上行周期		经济下行周期	
	回归结果1 Slm	回归结果2 SlM	回归结果3 Slm	回归结果4 SlM
C	0.6571 (16.4830***)	0.9027 (6.5834****)	0.5004 (14.4500***)	0.7412 (7.3238***)
GDP	-0.0022 (-1.3510*)	-0.0007 (-0.1365)	0.0099 (4.9769***)	0.0067 (1.1586)
GZY	-0.0013 (-0.0563)	0.0939 (1.1920)	-0.0647 (-1.1934)	-0.0866 (-0.5535)
GXS	0.0045 (0.2086)	-0.0767 (-1.0331)	0.0691 (1.2675)	0.1336 (0.8482)
AMR	-1.3367 (-1.8163*)	-0.6212 (-0.2454)	-1.4014 (-2.8013***)	1.2727 (0.8762)
AML	-0.0014 (-1.1999)	0.0018 (0.4330)	0.0003 (0.5060)	0.0020 (1.3303)
SMR	0.0761 (0.1094)	0.5847 (0.2446)	-0.3070 (-1.7362*)	-0.2112 (-0.4128)
SML	-0.0183 (-4.2154***)	-0.0422 (-2.8270***)	-0.0512 (-9.4240***)	-0.0817 (-5.1862***)
KL	0.0005 (2.7280***)	0.0030 (4.7726***)	0.0004 (5.3379***)	0.0009 (4.0691***)
CRN	0.0999 (2.3198**)	0.1507 (1.0182)	0.0049 (1.0645)	0.0121 (0.9112)

续表

解释变量	经济上行周期		经济下行周期	
	回归结果1 SlM	回归结果2 SlM	回归结果3 SlM	回归结果4 SlM
CU	-0.0583 (-3.4856***)	-0.4489 (-7.7980***)	-0.0245 (-2.2426**)	-0.3250 (-10.1938***)
Adjust R-Squared	0.8107	0.9380	0.4331	0.4074
观测值	235	235	306	306
方法	个体固定效应	个体随机效应	个体随机效应	个体固定效应

注：( )内为 t 统计量符号；＊＊＊、＊＊和＊分别表示参数通过1%、5%和10%以上的显著检验。

五、杠杆率波动的 DSGE 模型构建

在上一章中，我们主要从微观企业投资的角度分析经济周期、信贷偏向、政策操作与杠杆波动的关系，缺乏对杠杆变化从微观影响因素到宏观影响效应的更为深入描述，特别是基于微观研究的宏观政策分析。本文接下来在彭俞超、方意（2016）、马家进（2018）等研究的基础上，将前面分析的信贷偏向特征所造成的企业非对称性投资和杠杆变动效应纳入 DSGE 模型中，动态模拟不同外生冲击情形下，不同政策操作效果，研究杠杆波动和结构性杠杆熨平的原理和方式。

（一）DSGE 模型的构建

考虑一个由居民、企业、银行、中央银行和政府等五部门构成的经济，将厂商区别为国有和民营两种性质企业。

1. 家庭

代表性家庭在预算约束的限制下，决定每一期的消费 C_t，劳动 N_t 和储蓄 D_t 以最大化预期效用的贴现值，其面临的最优化问题如下

$$\max E_0 \sum_{t=0}^{\infty} \beta^t \left\{ \lg C_t - \theta \frac{N_t^{1+\chi}}{1+\chi} \right\} \tag{5-1}$$

家庭的预算约束条件为

$$W_t N_t + D_{t-1} R_{t-1}^d + \Pi_t - P_t T_t = P_t C_t + D_t \tag{5-2}$$

其中，β 为贴现率；θ 为劳动的负效用权重；χ 为弗里希劳动供给弹性的倒数；W_t 为工资；R_t^d 为存款本息率；Π_t 为家庭部门和厂商部门之间的转移支付；P_t 为消费品价格；T_t 为政府向家庭征收的总额税。在约束条件（5-2）下最优化家庭的跨期效用函数（5-1），可以得到以下一阶条件

$$\frac{1}{C_t} = \lambda_t P_t \tag{5-3}$$

$$\theta N_t^\chi = \lambda_t W_t \tag{5-4}$$

$$\lambda_t = \beta E_t \lambda_{t+1} R_t^d \tag{5-5}$$

其中，λ_t 为拉格朗日乘子，是家庭效用的影子价格。将式（5-3）分别代入式（5-4）和式（5-5），并令 $w_t = W_t/P_t$，$\pi_t = P_t/P_{t-1}$，可以得到

$$\theta N_t^\chi = \frac{1}{C_t} w_t \tag{5-6}$$

$$\frac{1}{C_t} = \beta E_t \frac{1}{C_{t+1}} \frac{R_t^d}{\pi_{t+1}} \tag{5-7}$$

2. 资本品厂商

在 t 期末，资本品厂商向消费品厂商购买一定数量的消费品作为投资 I_t，向企业家回购折旧后的资本品 $(1-\delta)K_t$，生产出可供下一期使用的资本品 K_{t+1}，供给企业。因此，其生产函数为

$$K_{t+1} = \left[1 - \frac{\phi}{2}\left(\frac{I_t}{I_{t-1}} - 1\right)^2\right] I_t + (1-\delta) K_t \tag{5-8}$$

资本品 K_{t+1} 和 $(1-\delta)K_t$ 在 t 期末以 Q_t 的价格进行交易，投资 I_t 购买的是消费品，其价格为 P_t，因此资本品厂商的利润 Π_t^k 为

$$\Pi_t^k = Q_t K_{t+1} - Q_t (1-\delta) K_t - P_t I_t = Q_t \left[1 - \frac{\phi}{2}\left(\frac{I_t}{I_{t-1}} - 1\right)^2\right] I_t - P_t I_t \tag{5-9}$$

资本品厂商决定投资 I_t 以最大化其预期利润的贴现总和

$$\max E_0 \sum_{t=0}^{\infty} \beta^t \frac{\lambda_t}{\lambda_0} \left\{ Q_t \left[1 - \frac{\phi}{2}\left(\frac{I_t}{I_{t-1}} - 1\right)^2\right] I_t - P_t I_t \right\} \tag{5-10}$$

其中，$\beta^t \lambda_t/\lambda_0$ 是资本品厂商的贴现率。对式（5-10）中的投资 I_t 求偏导，并令 $q_t = Q_t/P_t$，可以得到

$$q_t \left[1 - \frac{\phi}{2}\left(\frac{I_t}{I_{t-1}} - 1\right)^2 - \phi\left(\frac{I_t}{I_{t-1}} - 1\right)\frac{I_t}{I_{t-1}}\right] + \beta E_t \frac{C_t}{C_{t+1}} q_{t+1} \phi \left(\frac{I_{t+1}}{I_t} - 1\right)\left(\frac{I_{t+1}}{I_t}\right)^2 = 1$$

$$\tag{5-11}$$

3. 厂商

我们前面两章讨论并证实了不同产权性质的厂商结构在不同经济金融环境下差异性的投资行为对杠杆变动的影响效应，因此我们在建立厂商行为模型的时候有必要将其分为两类主体：国有企业 S 和民营企业 P。两类企业在组织生产时，都从银行获得贷款，为企业投资生产提供融资支持，每类企业都由两个部门组成：生产部门和融资部门。

(1) 国有企业

国有企业 S 生产部门的目标函数为

$$\max \Pi_{S,t}^y = P_t A_{S,t} K_{S,t}^{\alpha} N_{S,t}^{1-\alpha} - W_{S,t} N_{S,t} - R_{S,t}^k K_{S,t} \quad (5-12)$$

$Y_{S,t} = A_{S,t} K_{S,t}^{\alpha} N_{S,t}^{1-\alpha}$ 为国有企业的生产函数，技术变量 $A_{S,t}$ 满足

$$\ln A_{S,t} = \rho_{AS} \ln A_{S,t-1} + \varepsilon_{AS,t} \quad (5-13)$$

其中，$R_{S,t}^k$ 为资本的租金率。对式（5-12）中的资本 $K_{S,t}$ 和劳动 $N_{S,t}$ 求偏导，并令 $r_{S,t}^k = R_{S,t}^k / P_t$，$w_{S,t} = W_{S,t}/P_t$，可以得到

$$r_{S,t}^k = \alpha A_{S,t} K_{S,t}^{\alpha-1} N_{S,t}^{1-\alpha} \quad (5-14)$$

$$w_{S,t} = (1-\alpha) A_{S,t} K_{S,t}^{\alpha} N_{S,t}^{-\alpha} \quad (5-15)$$

融资部门负责企业的融资决策。在 t 期末，融资部门向银行贷款 $L_{S,t}$，再加上自有资金 $V_{S,t}$，以价格 Q_t 向资本品厂商购买用于 $t+1$ 期的资本品 $K_{S,t+1}$，即

$$Q_t K_{S,t+1} = L_{S,t} + V_{S,t} \quad (5-16)$$

定义企业的杠杆率 $l_{S,t}$ 为总资产与自有资金的比值，并令 $v_{S,t} = V_{S,t}/P_t$，则有

$$l_{S,t} = \frac{Q_t K_{S,t+1}}{V_{S,t}} = \frac{q_t K_{S,t+1}}{v_{S,t}} \quad (5-17)$$

在 $t+1$ 期，企业 S 遭受异质冲击 $\omega_{S,t+1}$，使其资本品 $K_{S,t+1}$ 出现增加或者减少，可以理解为企业风险冲击，$\omega_{S,t+1}$ 服从均值为 1 的对数正态分布，其累计分布函数为 $F_{S,t}(\omega_{S,t+1})$ 有

$$\ln \omega_{S,t+1} \sim N(m_{\omega,S,t}, \sigma_{\omega,S,t}^2), \quad m_{\omega,S,t} = -\frac{1}{2}\sigma_{\omega,S,t}^2 \quad (5-18)$$

$$\ln \sigma_{\omega,S,t} = (1-\rho_{\omega S}) \ln \sigma_{\omega,S,ss} + \rho_{\omega S} \ln \sigma_{\omega,S,t-1} + \varepsilon_{\omega,S,t} \quad (5-19)$$

其中，$\sigma_{\omega,S,ss}$ 是 $\sigma_{\omega S,t}$ 的稳态值。在 $t+1$ 期初，融资部门将资本品 $\omega_{S,t+1} K_{S,t+1}$ 以 $R_{S,t+1}^k$ 的租金率出租给生产部门，并在期末将折旧后的资本品 $\omega_{S,t+1}(1-\delta) K_{S,t+1}$ 以 Q_{t+1} 的价格再卖给资本品厂商，融资部门的收益来自租金收入和资本利得

$$\omega_{S,t+1}[R_{S,t+1}^k K_{S,t+1} + Q_{t+1}(1-\delta) K_{S,t+1}] = \omega_{S,t+1} \frac{R_{S,t+1}^k + Q_{t+1}(1-\delta)}{Q_t} Q_t K_{S,t+1} \quad (5-20)$$

融资部门的总资产收益率为

$$R_{S,t+1}^e = \frac{R_{S,t+1}^k + Q_{t+1}(1-\delta)}{Q_t} = \frac{r_{S,t+1}^k + q_{t+1}(1-\delta)}{q_t} \pi_{t+1} \quad (5-21)$$

国有企业 S 拥有政府部门对其债务的隐性担保，在 $t+1$ 期，政府对企业 S 贷款的担保金额为 B_{t+1}，担保比例 $b_{t+1} = B_{t+1} / (R_{S,t+1}^e Q_t K_{S,t+1})$ 为担保金额与企业资本收益的比率，反映政府对国有企业债务的担保程度，满足

$$\ln b_t = (1-\rho_b) \ln b_{ss} + \rho_b \ln b_{t-1} + \varepsilon_{b,t} \quad (5-22)$$

其中，b_{ss} 是 b_t 的稳态值。在 $t+1$ 期，融资部门需要偿还 t 期的贷款本息

$R^l_{G,t}L_{G,t}$。由于风险冲击 $\omega_{S,t+1}$,企业存在一个破产阈值 $\bar{\omega}_{S,t+1}$:当异质冲击 $\omega_{S,t+1}$ < $\bar{\omega}_{S,t+1}$ 时,企业将资不抵债,贷款只能违约;当异质冲击 $\omega_{S,t+1} \geq \bar{\omega}_{S,t+1}$ 时,企业家能够按时足额偿还贷款本息 $R^l_{S,t}L_{S,t}$。因此,$\bar{\omega}_{S,t+1}$ 决定如下

$$B_{t+1} + \bar{\omega}_{S,t+1} R^e_{S,t+1} Q_t K_{S,t+1} = R^l_{S,t} L_{S,t} \tag{5-23}$$

式(5-23)两边同除以 $V_{S,t}$,并由式(5-16)和式(5-17)整理可得

$$(b_{t+1} + \bar{\omega}_{S,t+1}) R^e_{S,t+1} l_{S,t} = R^l_{S,t} (l_{S,t} - 1) \tag{5-24}$$

(2)民营企业

与国有企业类似,代表性民营企业 P 由生产部门和融资部门两部分构成,二者分别负责民营企业的生产和融资决策。生产部门最优化问题为

$$\max \Pi^y_{P,t} = P_t A_{P,t} K^\alpha_{P,t} N^{1-\alpha}_{P,t} - W_{P,t} N_{P,t} - R^k_{P,t} K_{P,t} \tag{5-25}$$

技术变量 $A_{P,t}$ 满足

$$\ln A_{P,t} = \rho_{AP} \ln A_{P,t-1} + \varepsilon_{AP,t} \tag{5-26}$$

类似国有企业,令 $r^k_{P,t} = R^k_{P,t}/P_t$,$w_{P,t} = W_{P,t}/P_t$,可以得到

$$r^k_{P,t} = \alpha A_{P,t} K^{\alpha-1}_{P,t} N^{1-\alpha}_{P,t} \tag{5-27}$$

$$w_{P,t} = (1-\alpha) A_{P,t} K^\alpha_{P,t} N^{-\alpha}_{P,t} \tag{5-28}$$

与国有企业类似,民营企业的杠杆率

$$l_{P,t} = \frac{Q_t K_{P,t+1}}{V_{P,t}} = \frac{q_t K_{P,t+1}}{v_{P,t}} \tag{5-29}$$

总资产收益率为

$$R^e_{P,t+1} = \frac{R^k_{P,t+1} + Q_{t+1}(1-\delta)}{Q_t} = \frac{r^k_{P,t+1} + q_{t+1}(1-\delta)}{q_t} \pi_{t+1} \tag{5-30}$$

与国有企业不同,民营企业无政府的隐性担保,其破产阈值 $\bar{\omega}_{M,t+1}$ 满足

$$\bar{\omega}_{P,t+1} R^e_{P,t+1} l_{P,t} = R^l_{P,t} (l_{P,t} - 1) \tag{5-31}$$

4. 银行

本文假设银行体系中有 N 个相互独立的银行,N 足够大,以致没有一家银行能够单独决定利率。银行从居民手里吸收存款,需要缴纳法定存款准备金,同时对企业贷款。银行分为两个部门:对国有企业贷款部门和对民营企业贷款部门。其中,对国有企业放贷的行为方程满足

$$[1 - F_{S,t}(\bar{\omega}_{S,t+1})] R^l_{S,t} L_{S,t} + \int_0^{\bar{\omega}_{S,t+1}} [B_{t+1} + (1-\mu)\omega R^e_{S,t+1} Q_t K_{S,t+1}] \mathrm{d}F_{S,t}(\omega)$$
$$= s_{S,t} L_{S,t} R^s_{S,t} + (1-s_{S,t}) L_{S,t} (1-\tau_{S,t})^{-1} R^d_t - (1-s_{S,t}) L_{S,t} \tau_{S,t} (1-\tau_{S,t})^{-1} R^\tau_{S,t}$$
$$\tag{5-32}$$

其中，式 (5-32) 左边是银行为国有企业贷款的本息收入，右式是银行为国有企业贷款的本息支出。$s_{S,t}$ 为资金来源中中央银行再贷款占比（$R_{S,t}^s$ 为再贷款本息率），$\tau_{S,t}$ 为存款准备金率，R_t^τ 为存款准备金本息率，$1-F_{S,t}(\bar{\omega}_{S,t+1})$ 为企业足额偿还贷款本息的概率。将式 (5-32) 两边同除以 $V_{S,t}$，且由式 (5-16)、式 (5-17) 和式 (5-21)，整理可得

$$[b_{t+1} + \Gamma_{S,t}(\bar{\omega}_{S,t+1}) - \mu G_{S,t}(\bar{\omega}_{S,t+1})]R_{S,t+1}^e l_{S,t} = R_{S,t}^{mix}(l_{S,t}-1) \quad (5-33)$$

并且有

$$R_{S,t}^{mix} = s_{S,t}R_{S,t}^s + (1-s_{S,t})(1-\tau_{S,t})^{-1}R_t^d - (1-s_{S,t})\tau_{S,t}(1-\tau_{S,t})^{-1}R_{S,t}^\tau \quad (5-34)$$

相应地，在 t 期末，在政府的隐性担保下，国有企业预期利润可以表示

$$E_t\Pi_{S,t+1}^e = E_t[1-\Gamma_{S,t}(\bar{\omega}_{S,t+1}) - b_{t+1}]R_{S,t+1}^e l_{S,t}V_{S,t} \quad (5-35)$$

因此，在 t 期末，国有企业将选择破产阈值 $\bar{\omega}_{S,t+1}$ 和杠杆率 $l_{S,t}$ 以最大化预期利润公式 (5-35)，并遵循贷款合同的约束条件公式 (5-33)，即有一阶条件

$$\frac{1-F_{S,t}(\bar{\omega}_{S,t+1})}{1-\Gamma_{S,t}(\bar{\omega}_{S,t+1})} = \frac{\dfrac{R_{S,t+1}^e}{R_{S,t}^{mix}}[1-F_{S,t}(\bar{\omega}_{S,t+1}) - \mu\bar{\omega}_{S,t+1}F'_{S,t}(\bar{\omega}_{S,t+1})]}{1-\dfrac{R_{S,t+1}^e}{R_{S,t}^{mix}}[b_{t+1} + \Gamma_{S,t}(\bar{\omega}_{S,t+1}) - \mu G_{S,t}(\bar{\omega}_{S,t+1})]} \quad (5-36)$$

$E_t R_{S,t+1}^e$ 是国有企业预期总资产收益率，也是其外部融资所需要支付的本息率；R_t^d 是无风险收益率，为企业内部融资的机会成本。国有企业外部融资溢价 $SP_{S,t}$（外部融资成本和内部融资成本的利差）满足

$$SP_{S,t} = \frac{E_t R_{S,t+1}^e}{R_t^d} \quad (5-37)$$

在 $t+1$ 期末，国有企业融资部门的自有资金 $V_{S,t+1}$ 为

$$V_{S,t+1} = \gamma[1-\Gamma_{S,t}(\bar{\omega}_{S,t+1}) - b_{t+1}]R_{S,t+1}^e Q_t K_{S,t+1} + W_S^e \quad (5-38)$$

对民营企业放贷的行为方程满足

$$[1-F_{P,t}(\bar{\omega}_{P,t+1})]R_{P,t}^l L_{P,t} + \int_0^{\bar{\omega}_{P,t+1}}[(1-\mu)\omega R_{P,t+1}^e Q_t K_{P,t+1}]dF_{P,t}(\omega)$$
$$= s_{P,t}L_{P,t}R_{P,t}^s + (1-s_{P,t})L_{P,t}(1-\tau_{P,t})^{-1}R_t^d - (1-s_{P,t})L_{P,t}\tau_{P,t}(1-\tau_{P,t})^{-1}R_{P,t}^\tau \quad (5-39)$$

将式 (5-39) 两边同除以私营企业融资部门的自有资金 $V_{P,t}$，整理可得

$$[\Gamma_{P,t}(\bar{\omega}_{P,t+1}) - \mu G_{P,t}(\bar{\omega}_{P,t+1})]R_{P,t+1}^e l_{P,t} = R_{P,t}^{mix}(l_{P,t}-1) \quad (5-40)$$

其中

$$R_{P,t}^{mix} = s_{P,t} R_{P,t}^s + (1-s_{P,t})(1-\tau_{P,t})^{-1} R_t^d - (1-s_{P,t})\tau_{P,t}(1-\tau_{P,t})^{-1} R_{P,t}^\tau \quad (5-41)$$

在 t 期末，民营企业对于下一期的预期利润可以表示为

$$E_t \Pi_{P,t+1}^e = E_t \left\{ \int_{\bar{\omega}_{P,t+1}}^{\infty} [\omega R_{P,t+1}^e Q_t K_{P,t+1} - R_{P,t}^l L_{P,t}] dF_{P,t}(\omega) \right\} \quad (5-42)$$

民营企业融资部门贷款决策的一阶条件为

$$\frac{1-F_{P,t}(\bar{\omega}_{P,t+1})}{1-\Gamma_{P,t}(\bar{\omega}_{P,t+1})} = \frac{\frac{R_{P,t+1}^e}{R_{P,t}^{mix}}[1-F_{P,t}(\bar{\omega}_{P,t+1}) - \mu \bar{\omega}_{P,t+1} F'_{P,t}(\bar{\omega}_{P,t+1})]}{1-\frac{R_{P,t+1}^e}{R_{P,t}^{mix}}[\Gamma_{P,t}(\bar{\omega}_{P,t+1}) - \mu G_{P,t}(\bar{\omega}_{P,t+1})]} \quad (5-43)$$

民营企业融资部门的外部融资溢价 $SP_{P,t}$ 为

$$SP_{P,t} = \frac{E_t R_{P,t+1}^e}{R_t^d} \quad (5-44)$$

民营企业融资部门的自有资金 $V_{P,t+1}$ 为

$$V_{P,t+1} = \gamma [1-\Gamma_{P,t}(\bar{\omega}_{P,t+1})] R_{P,t+1}^e Q_t K_{P,t+1} + W_P^e \quad (5-45)$$

5. 通货膨胀率的决定

DSGE 模型中往往通过设置最终品厂商和中间品厂商两个部门，来引入价格黏性，进而给出通货膨胀的决定方程。考虑到我们的模型中已经涉及了多个类型的厂商和部门，为简化模型，参考经典新凯恩斯模型，这里直接给出价格动态的决定方程

$$\pi_t = \gamma_0 E_t \pi_{t+1} + \gamma_1 mc_t + \varepsilon_{\pi,t} \quad (5-46)$$

$$mc_t + Y_t = w_t + N_t \quad (5-47)$$

其中，π_t 是通货膨胀率关于稳态值的偏离；mc_t 为边际成本关于稳态值的偏离；$\varepsilon_{\pi,t}$ 为外生冲击；Y_t、N_t 和 τ_t 分别为产出、实际工资和劳动相对于稳态值的偏离。

6. 政府

政府通过向家庭征收总额税 $P_t T_t$ 来支付政府购买 $P_t G_t$，即

$$P_t G_t = P_t T_t \quad (5-48)$$

进一步，政府购买 G_t 服从如下的简单规则

$$G_t = g_t Y_t \quad (5-49)$$

其中，g_t 是财政政策冲击，满足

$$\ln g_t = (1-\rho_g)\ln g_{ss} + \rho_g \ln g_{t-1} + \varepsilon_{g,t} \quad (5-50)$$

g_{ss} 为 g_t 的稳态值。

7. 中央银行与货币政策

中央银行同时运用两种货币政策，即传统的总量型货币政策与结构型的货币

政策。传统的货币政策通过调控存款利率来实现货币政策目标，主要针对通胀和经济增速两个目标进行调控。传统货币政策服从如下的简单名义利率规则

$$\ln R_t^d = \rho_R \ln R_{t-1}^d + (1-\rho_R)[\ln R^d + \psi_\pi \ln \pi_{t-1} + \psi_y \ln(Y_{t-1}/Y_{t-2})] + \varepsilon_{R,t} \quad (5-51)$$

在实施传统货币政策的同时，中央银行还实施结构型货币政策。结合前文银行部门的设定，中央银行的结构型货币政策工具主要包括四类：定向调整存款准备金率 $\tau_{G,t}$ 和 $\tau_{M,t}$、定向调整存款准备金存款利率 $R_{G,t}^\tau$ 和 $R_{M,t}^\tau$、定向调整再贷款支持比例 $s_{G,t}$ 和 $s_{M,t}$、定向调整再贷款利率 $R_{G,t}^s$ 和 $R_{M,t}^s$。具体为

$$\ln \tau_{j,t} = (1-\rho_{\tau j}) \ln \tau_{j,ss} + \rho_{\tau j} \ln \tau_{j,t-1} + \varepsilon_{\tau j,t} \quad (5-52)$$

$$\ln R_{j,t}^\tau = (1-\rho_{R\tau j}) \ln R_{j,ss}^\tau + \rho_{R\tau j} \ln R_{j,t-1}^\tau + \varepsilon_{R\tau j,t} \quad (5-53)$$

$$\ln s_{j,t} = (1-\rho_{sj}) \ln s_{j,ss} + \rho_{sj} \ln s_{j,t-1} + \varepsilon_{sj,t} \quad (5-54)$$

$$\ln R_{j,t}^s = (1-\rho_{Rsj}) \ln R_{j,ss}^s + \rho_{Rsj} \ln R_{j,t-1}^s + \varepsilon_{Rsj,t} \quad (5-55)$$

其中，$j=S$，P，$\tau_{j,ss}$，$R_{j,ss}^\tau$，$s_{j,ss}$ 和 $R_{j,ss}^s$ 分别相应变量的稳态值，$\varepsilon_{\tau j,t}$，$\varepsilon_{R\tau j,t}$，$\varepsilon_{sj,t}$ 和 $\varepsilon_{Rsj,t}$ 代表中央银行结构型货币政策操作引起的冲击。

8. 市场出清

假设经济中国有企业的占比为 ψ，民营企业的占比为 $(1-\psi)$，且国有企业和民营企业的劳动雇佣与企业的产权性质无关，即

$$N_{S,t} = N_{P,t} = N_t \quad (5-56)$$

因此，经济中加总的资本 K_t，总负债 L_t，总产出 Y_t 分别为

$$K_t = \psi K_{S,t} + (1-\psi) K_{P,t} \quad (5-57)$$

$$L_t = \psi L_{S,t} + (1-\psi) L_{P,t} \quad (5-58)$$

$$Y_t = \psi Y_{S,t} + (1-\psi) Y_{P,t} \quad (5-59)$$

经济的总资源约束条件为

$$Y_t = C_t + I_t + G_t + NE_t \quad (5-60)$$

其中，NE_t 代表净出口，满足

$$NE_t = ne_t Y_t \quad (5-61)$$

$$\ln ne_t = (1-\rho_{ne}) \ln ne_{ss} + \rho_{ne} \ln ne_{t-1} + \varepsilon_{ne,t} \quad (5-62)$$

ne_t 代表外需冲击，ne_{ss} 为 ne_t 的稳态值。

经济的宏观杠杆率 l_t 定义为

$$l_t = L_t / (P_t Y_t) \quad (5-63)$$

（二）参数校准

我们采用校准的方式对模型中参数的进行赋值，使模型中变量的稳态值与实际的经济数据相匹配。对于资本的产出弹性 α，借鉴马家进（2018）的分析逻

辑，根据 1992—2014 年中国 GDP 收入法构成中劳动者报酬占比的均值为 0.5，来设定参数 α 的取值为 0.5；对于贴现率 β，其为无风险利率的倒数，根据 2002—2017 年的 1 年期国债到期收益率均值为 2.55%，并将其转化为季度收益率，得到 β 的取值为 0.9937；对于资本折旧率 δ，借鉴马家进（2018）的设定，取值为 0025；参数 χ 为弗里希劳动供给弹性的倒数，参照栗亮和刘元春（2014）以及杨小海，刘红忠和王弟海（2017）的设定，取值为 1；劳动负效用的权重 θ，参照马家进（2018）的分析，设定为 7.5；参数 ϕ 为投资调整成本的权重，参照马文涛和魏福成（2011）以及何青、钱宗鑫和郭俊杰（2015）的设定，取值为 2；参照马家进（2018）的设定，银行监督处置成本的比例 μ、企业的利润留存比例 γ、家庭对企业家的转移支付 W_S^e 和 W_P^e 分别校准为 0.21、0.97、0.2935 和 0.0855；参照吴盼文、张华强和肖毅（2017）的设定，货币政策对通货膨胀的反应系数 ψ_π 校准为 1.5，货币政策对总产出的反应系数 ψ_Y 校准为 0.5；参照中国人民银行营业管理部课题组（2017）的设定，将经济中国有企业的占比 ψ 设定为 0.5。此外，所有外生冲击的自回归系数均校准为 0.9，标准差均校准为 0.01。综上所述，模型中主要参数的取值如表 3 所示。

表 3　　　　　　　　　　　模型参数含义及校准

参数	含义	赋值	参数	含义	赋值
α	资本的产出弹性	0.5	γ	企业利润留存比例	0.97
β	贴现率	0.9937	W_S^e	家庭对国有企业转移支付	0.2935
δ	资本折旧率	0.025	W_P^e	家庭对民营企业转移支付	0.0855
χ	劳动供给弹性倒数	1	ψ_π	对通货膨胀的反应系数	1.5
θ	劳动负效用权重	7.5	ψ_Y	对总产出的反应系数	0.5
ϕ	投资调整成本权重	2	ψ	经济中国有企业所占比重	0.5
μ	银行监督处置成本比例	0.21	ρ^{**}	外生冲击的自回归系数	0.9

六、外部冲击与政策工具操作的脉冲响应函数分析

本文运用 DYNARE 工具箱，在 Matlab 软件中编程完成上文的理论模型仿真，通过脉冲响应对比分析不同外部冲击时，宏微观杠杆率的不同表型，以及总量型货币政策工具操作与结构型货币政策工具运用下的不同效果。具体来看，根据我国经济金融发展的阶段特征和宏观经济波动的实践，本文主要考察技术冲击 [式（5-13）和式（5-26）]，价格冲击式（5-46）和风险冲击式（5-19）三类情形。

（一）技术冲击下杠杆变动与政策效应分析

技术冲击可以理解为某项新技术外生随机出现（技术引进或者自主创新）。

当技术进步给总量生产函数带来正向冲击时,资本的边际产出提升,为了获取更多利润,企业增加借贷,扩大生产,杠杆率有上升趋势。企业微观杠杆虽然增长但处于合理区间,宏观杠杆由于经济增长而相对下降。图11显示,由于信贷偏向的存在,国有企业投资增幅高于民营企业,国有企业微观杠杆上升快于民营企业,产生结构性杠杆问题。

总量型货币政策效应方面,如果央行通过数量工具宽松银行信贷金,那么国有企业的贷款需求和相应投资保持增加的同时,民营企业的实际投资相应扩张,国有企业杠杆上升和民营企业杠杆上升呈现一致,结构性杠杆问题得以抑制。就价格工具而言,政策利率的下降将会较大幅度地刺激国有企业投资,使整体杠杆(宏观杠杆)处于较高水平,同时没有有效解决结构性杠杆问题。因此,数量工具在稳定整体杠杆水平和抚平结构性杠杆的效果相对较好。

结构型货币政策效应方面,数量工具可以抑制国有企业投资,增加民营企业投资,结果是国有企业杠杆率下降,民营企业杠杆率上升,在一定程度上抑制结构性杠杆率问题(见图11),但由于资金供给没有总量的增加,技术正向冲击产生的合理融资需求没有被完全满足,导致经济增长受到抑制;价格工具并没有明显抑制国有企投资、促进民营企业投资,结构性杠杆问题没有有效解决。

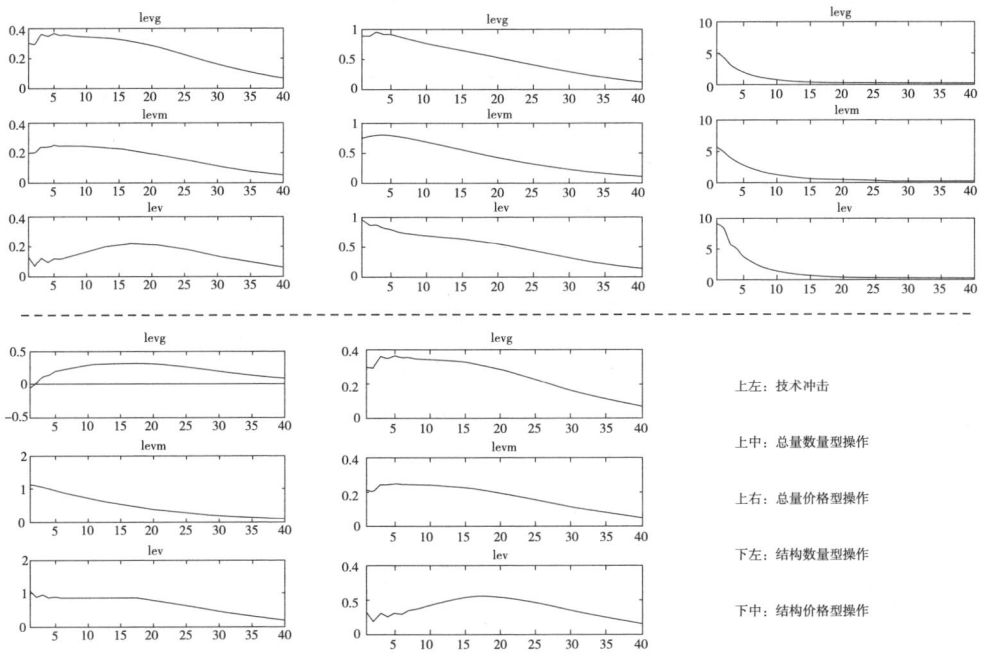

注:levg 为国有企业杠杆率,levm 为民营企业杠杆率,lev 为宏观杠杆率(下同)。

图11 技术冲击下杠杆波动及政策工具操作效应

（二）价格冲击下杠杆变动与政策效应分析

价格冲击是指当期价格水平的突然变动对经济产生的影响。正向的价格冲击能够通过增加价格水平、预期资本收益率、投资使经济出现过热倾向，经济总体杠杆率加速上升并处于高位，同时由于信贷偏向的存在，国有企业杠杆增长高于民营企业杠杆，相应会产生杠杆高企和结构性杠杆并存问题；宏观经济中，价格水平偏离基本面产生通胀，企业盈利能力下降，利润较难覆盖高负债下的本息偿还，应对的手段在于采取紧缩性政策抑制需求。

总量型货币政策效应方面，如果央行通过数量工具紧缩银行流动性，减少银行可贷资金，银行配置信贷资金的结果是减少民营企业的贷款供给，其实际投资相应收缩，微观杠杆率相应下降，而国有企业的高杠杆并不能得到抑制，从而加剧结构性高杠杆问题（见图12），数量工具操作抑制高杠杆和结构性杠杆的效应有限；就价格工具而言，政策利率的提升可以通过提高融资成本紧缩投资，国有企业投资和民营企业投资同比例下降，杠杆率相应同比例下降，高杠杆得到抑制（见图12），但结构性杠杆仍然存在。

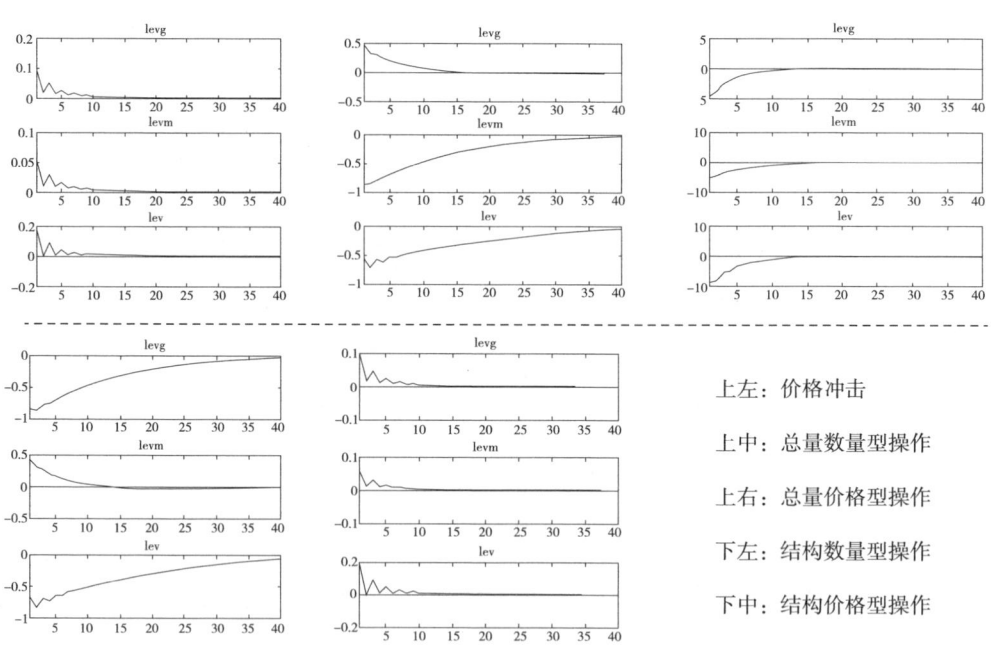

图12　价格冲击下杠杆波动及政策工具操作效应

结构型货币政策方面，数量工具能紧缩国有企业的贷款供给，但民营企业贷款供给相应上升，结果是国有企业杠杆率下降，民营企业杠杆率上升（见图12），虽然结构性杠杆得以抑制，但经济总体上仍处于高杠杆阶段。有效的货币政策操作是，使用总量货币政策工具进行紧缩的同时，结合结构货币政策工具进一步降低国有企业的贷款供给，国有企业和民营企业杠杆率均得到抑制，并且不会产生结构性杠杆问题。

(三) 风险冲击下杠杆变动与政策效应分析

正向的风险冲击造成企业破产概率增大，经营状况恶化，贷款违约增多，融资成本上升，进而导致投资与产出下降，对经济产生负向影响。银行为避免发生贷款损失，一般会缩减信贷额度，并对发放的贷款要求更高的风险补偿，企业风险溢价上升，民营企业融资成本上升而减少投资，资金更多地投向国有企业（民营企业杠杆下降幅度大于国有企业杠杆（见图13），从而产生结构性杠杆问题。

总量型货币政策方面，如果央行通过数量工具增加银行可贷资金，由于信贷偏向的存在，国有企业的实际投资上升幅度大于民营企业，相应的国有企业杠杆率上升幅度大于民营企业，导致整体杠杆上升并加剧结构性杠杆问题（见图13）。就价格工具，政策利率的下降可以降低企业融资成本，国有企业和民营企业投资需求同比例上升，企业杠杆率上升，同时由于风险溢价上升的因素的存在，国有企业实际投资增长高于民营企业实际投资增长，结构性杠杆问题依然没有消除（见图13）。

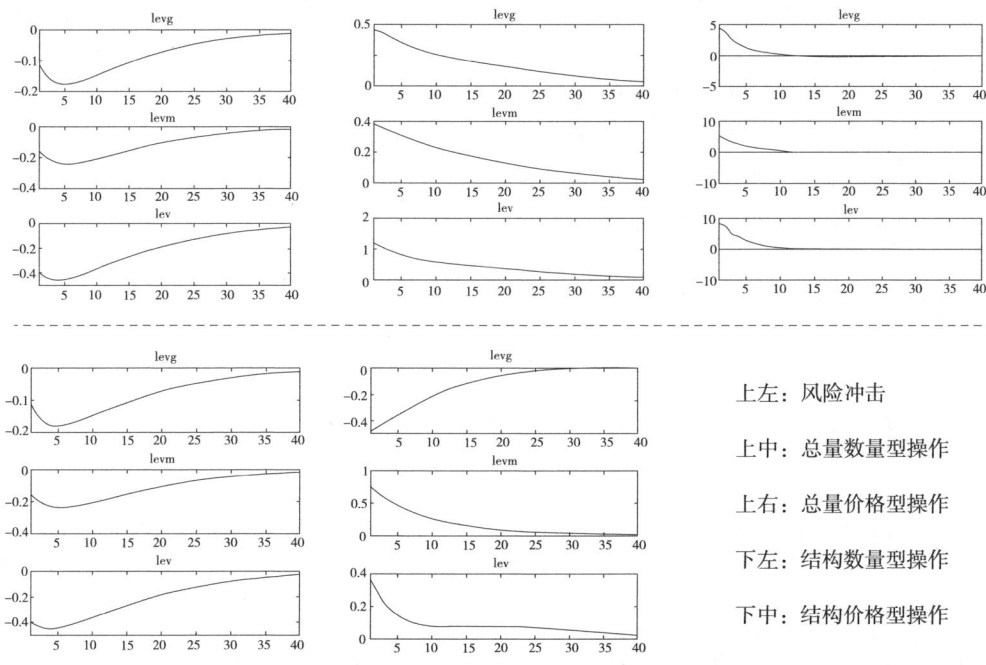

上左：风险冲击

上中：总量数量型操作

上右：总量价格型操作

下左：结构数量型操作

下中：结构价格型操作

图13　风险冲击下杠杆波动及政策工具操作效应

结构型货币政策方面，利用结构数量工具，减少国有企业贷款供给，增加民营企业的贷款供给，但民营企业由于融资成本没有降低，融资需求并不会上升，数量工具失效。如果利用结构价格工具，降低民营企业融资成本，民营企业实际投资上升，结构性杠杆得到抑制，且整体经济增长水平上升，但整体杠杆率仍然上升。如果结合结构型货币政策数量和价格工具调控，即降低国有企业贷款供给的同时，降低民营企业融资成本，信贷资源从国有转移至民营企业，国有企业杠杆率下降，民营企业杠杆率上升，能够在不增加整体杠杆水平的同时，消除结构性杠杆，同时提升产出水平（民营企业生产效率高于国有企业）。

（四）分析结果归纳

不同货币政策工具应对不同经济冲击下杠杆变化的效果不同（见表4）。技术冲击时，由于信贷偏向的存在，产生结构性杠杆问题；就总量型货币政策而言，数量工具既可以抑制结构杠杆，又能促进经济增长；结构型货币政策工具能抚平结构性杠杆，但不能有效促进经济增长。当价格冲击时，经济处于高杠杆水平同时产生结构性杠杆问题；总量型货币政策数量工具紧缩会进一步加剧结构性高杠杆问题，价格工具能够抑制高杠杆，但仍然无法有效熨平结构性杠杆；结构型政策工具能够熨平结构性杠杆，但无法抑制经济高杠杆。有效的政策操作是总量工具进行紧缩的同时，结构型政策工具进一步降低国有企业贷款供给。当风险冲击时，资金更多地流向国有企业，产生结构性杠杆问题。总量型货币政策价格工具在促进企业投资方面相对有效，但无论是价格工具还是数量工具都无法有效熨平结构性杠杆；结构型货币政策方面，如果结合数量工具和价格工具同时调控，即降低国有企业贷款供给的同时，降低民营企业融资成本，能够稳定整体杠杆水平的同时，消除结构性杠杆，促进产出增加。

表4　　　　　　　　货币政策工具应对冲击的操作效果

经济冲击	经济指标	冲击影响	总量型政策			政策选择	结构型政策		
			数量工具	效果	价格工具		数量工具	效果	价格工具
技术冲击	国有杠杆	上升+	上升+	>	上升++	>	下降	>	上升
	民营杠杆	上升-	上升+		上升+		上升		上升
	结构杠杆	存在	熨平		加剧		熨平		存在
	宏观杠杆	上升	上升		上升		上升		上升-
价格冲击	国有杠杆	上升+	上升++	<	下降	总量工具+结构工具	下降	>	上升
	民营杠杆	上升	下降		下降-		上升		上升
	结构杠杆	存在	加剧		存在		熨平		存在
	宏观杠杆	上升	下降		下降		下降		上升

续表

经济冲击	经济指标	冲击影响	总量型政策			政策选择	结构型政策		
			数量工具	效果	价格工具		数量工具	效果	价格工具
风险冲击	国有杠杆	下降 −	上升 +	<	上升 +	结构数量工具 + 结构价格工具	下降 −	<	下降 −
	民营杠杆	下降 −	上升		上升 +		下降 −		上升
	结构杠杆	存在	存在		存在		加剧		熨平
	宏观杠杆	下降	上升		上升		下降		上升

七、主要结论及启示

本文将经济和金融的非市场化因素引入投资与杠杆波动的理论和实证分析框架，刻画了经济周期、信贷偏向对国有经济、民营经济等不同经济主体投资活动差异化影响，以及在高杠杆和结构杠杆形成中的作用渠道，在此基础上研究了我国货币政策总量型工具和结构型工具在不同经济冲击时对不同经济主体的影响机制，以及抑制高杠杆和熨平结构性杠杆的最终效果。根据本文的研究结构可以得到如下主要结论：

第一，经济上行期，微观杠杆上升，宏观杠杆下降，信贷偏向的存在导致国有企业微观杠杆高于民营企业，总量宽松货币政策可以有效化解结构性杠杆问题。经济过热期，微观杠杆和宏观杠杆均上升，总量紧缩货币政策会恶化结构性杠杆，如果结合结构型政策工具，可以抑制高杠杆的同时熨平结构性杠杆。经济下行期，微观杠杆下降，宏观杠杆上升，总量货币政策宽松操作会刺激杠杆率抬升，紧缩操作又会加剧结构性杠杆，实施总量宽松货币政策同时结合结构工具定向紧缩，能够在稳定总体杠杆，抑制结构性杠杆问题的同时促进产出水平回升。

第二，当经济面临技术冲击下的国有企业杠杆上升和民营企业杠杆下降并存的结构性杠杆问题时，如果仅采用总量型货币政策价格工具，政策利率的下降将会进一步刺激国有企业投资，无法有效抑制结构性杠杆问题，而结构型货币政策的数量工具操作虽然能够抑制结构性杠杆问题，但由于资金总量供给没有增加，在一定程度上抑制了技术冲击下经济产出的合理增长。总量货币政策数量工具的宽松操作则可以通过促进民营企业投资，熨平结构性杠杆，同时促进经济增长，调整杠杆结构的作用相对有效。

第三，当经济面临价格冲击下杠杆高企和结构性杠杆并存问题时，总量型货币政策数量工具的紧缩会抑制民营企业投资，加剧结构性高杠杆问题，价格工具虽然能够紧缩整体投资从而抑制高杠杆，但无法熨平结构性杠杆。结构型货币政策的数量工具和价格工具，虽然都能够有效抑制结构性杠杆，但无法化解经济高杠杆。有效应对的货币政策操作是总量型货币政策数量工具紧缩资金供给的同时，结合结构型货币政策工具进一步降低国有企业实际融资规模，从而既可以降低整体杠杆，又能缓解结构性杠杆。

第四，当经济面临风险冲击下结构性杠杆和经济下行并存问题时，总量型货币政策操作下，数量工具的宽松和政策利率的下降虽然能够有效刺激企业投资，在供给、需求两端推动经济增长，但会进一步推高整体杠杆水平，同时不能有效熨平结构杠杆。结构型货币政策数量工具无法有效刺激企业投资，促进经济回升，价格工具虽然能促进民营企业投资，抑制结构杠杆，但同样会推高整体杠杆水平，如果结构货币政策数量工具和价格工具同时操作，紧缩国有企业贷款供给，同时降低民营企业融资成本，能够有效熨平结构性杠杆，同时提升产出水平。

本文的理论推导与实证分析结果，对认识与厘清处于经济周期波动和外生经济冲击情景下结构性杠杆形成背后的逻辑与机理，以及货币政策工具选择与应对具有一定的参考意义。结构性高杠杆问题具有"总量"和"结构"双重属性，单纯地依赖传统货币政策工具的"总量之矛"难以有效解决"结构之盾"，需要积极探索使用、创新各类具有定向流动性投放、定向融资成本调整的结构工具，对金融资源配置和资金流动过程中各类结构性"痼疾"进行有效矫正和纠偏，保证经济稳增长的同时，有效化解结构性高杠杆问题。当然，货币政策总体上还是总量型的需求管理政策，结构工具的运用本质上是为了保证和促进宏观经济金融总量目标的实现，并不能从根本上解决结构性问题。结构性高杠杆问题及其背后深层次的结构矛盾，更多的还是需要依靠财政政策、产业政策等更具结构调整功能的政策体系发挥作用。更为重要的是，需要不断推动体制机制改革，持续推进国有企业向现代企业制度转变，着力规范地方政府举债融资机制；进一步提高银行经营自主权，优化银行竞争环境，抑制非市场因素对信贷资金流向的影响；同时完善资本市场结构，逐步提高企业直接融资的比例，减少企业对于银行信贷的依赖等，只有通过这些有效的结构性改革，才能从根本上解决以结构性高杠杆为代表的经济金融领域所面临的深层次矛盾。

参考文献

[1] 胡志鹏. "稳增长"与"控杠杆"双重目标下的货币当局最优政策设定 [J]. 经济研究，2014（12）.

[2] 何青，钱宗鑫，郭俊杰. 房地产驱动了中国经济周期吗 [J]. 经济研究，2015（12）.

[3] 纪敏，严宝玉，李宏瑾. 杠杆率结构、水平和金融稳定：理论分析框架和中国经验 [J]. 金融研究，2017（2）.

[4] 刘晓光，张杰平. 中国杠杆率悖论——兼论货币政策"稳增长"和

"降杠杆"真的两难吗[J]. 财贸经济,2016 (8).

[5] 马贱阳. 结构性货币政策:一般理论和国际经验[J]. 金融理论与实践,2011 (4).

[6] 马家进. 金融摩擦、企业异质性和中国经济波动——基于 DSGE 模型的分析[C]. 浙江大学博士学位论文,2018.

[7] Abel A., J. Eberly. Investment and with Fixed Costs:An Empirical Analysis [C]. Wharton school, University of Pennsylvania, 2002, WP/02/3.

[8] Bernanke B. S., M. Gertler. Inside the Black Box:The Credit Channel of Monetary Policy Transmission [J]. The Journal of Economic Perspectives, 1995 (4):27 – 48.

[9] Cecchetti, S. G., M. S. Mohanty, F. Zampolli. The Real Effects of Debt [R]. BIS Working Papers, 2011 (3):145 – 196.

[10] Mendoza E., M. Terrones. An Anatomy of Credit Booms:Evidence from Macro Aggregates and Micro Data [R]. NBER Working Paper, 2008, No. 14049.

[11] Schularick M., A. M. Taylor. Credit Booms Gone Bust:Monetary Policy, Leverage Cycles, and Financial Crises, 1870 – 2008 [J]. American Economic Review, Vol. 102, No. 2, 2012, 1029 – 1061.

二 等 奖

金融科技监管研究

中国人民银行金融市场司课题组

课题主持人：纪志宏
课题组成员：邹 澜　戴 赜　刘绪光　汪 洋　彭俞超　李 贺
　　　　　　周格格　田锏沁

一、金融科技的概念、驱动因素及影响

（一）金融科技（FinTech）概念的提出

1. 金融科技是金融还是科技

对金融科技监管的研究，首先要界定研究对象的边界。首要问题是，金融科技是金融还是科技？其次需要进一步明确，金融科技"新"在何处？其对金融机构、金融市场、货币和宏观政策以及金融监管带来了哪些新变化与新挑战，并比较分析其在国际和国内不同制度情境下的差异。在此基础上，针对我国金融科技监管的对象、逻辑起点、策略与方法提出对策建议。

关于第一个问题，从国际组织和成熟市场经济体对金融科技内涵和外延的界定看，金融科技指的是受科技驱动和影响的金融活动，较为权威的FSB（2016）将金融科技定义为"技术带来的金融创新，能创造新的业务模式、应用、流程或产品，从而对金融市场、金融机构或者金融服务的提供方式产生重大影响"。FSB（2017）将其细分为五类（见图1），即支付结算、贷款与资本筹集、投资管理、保险、市场设施。

在FSB的界定和分类中，有些就是金融，如科技驱动的支付结算、贷款与资本筹集、投资管理、保险等领域的业务模式、产品流程创新；有些在属类上是科技，如客户身份认证、多维数据归集处理、大数据、云计算、分布式账本等，但对这些技术的关注也是基于它们驱动了各类金融活动的创新和流程再造。目前，大部分国际组织和经济体对金融科技的概念界定和分类与FSB都较为类似（如巴塞尔银行监管委员会、国际保险监管协会、美国、新加坡等）。不同国家的关注略有不同，如英国强调金融科技（Alternative Finance）是创新公司利用新技术对现有金融服务机构进行去中介化。IMF和WB则倡导利用金融科技提升金融的普惠性，并加强国际监管协调与信息共享。

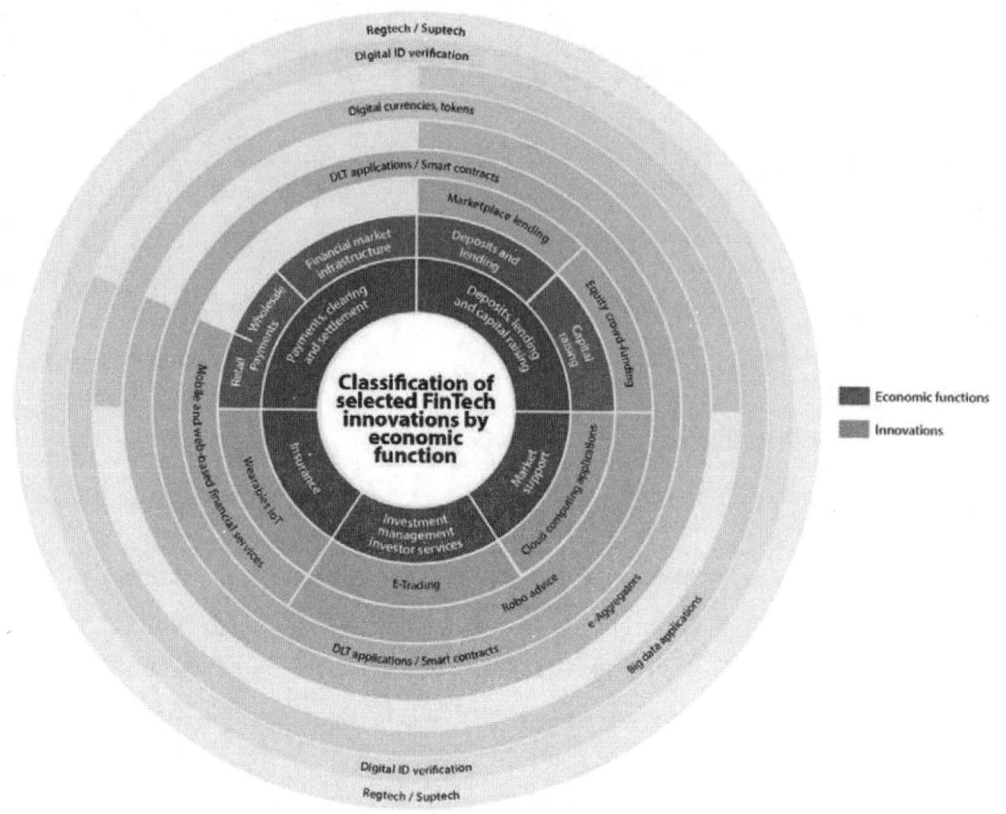

图 1　按金融功能细分的金融科技创新类型（FSB，2017）

2. 金融科技"新"在何处

技术进步一直是金融创新的重要推动因素，金融业也经常是新技术的使用者和受益者，如电报、电话、计算机对于金融操作电子化、系统联网化、决策信息化的推动和支持。从这个意义上讲，传统金融机构一直在努力运用技术手段提质增效。之所以在 2016 年前后，"金融科技"作为一种现象级概念被提出和大范围认可（见图 2），一方面，可能是强调科技与金融的融合速度大大加快了，技术驱动形成金融产品的推广周期越来越短，新产品大规模覆盖用户的能力越来越强；另一方面，以大型技术公司为代表的新兴供给主体涌入金融市场，基于技术优势或数据沉淀，从传统的外围"外包商"演变为金融合作者，有的成为独立持牌金融服务供给方，或者具有一定系统重要性的金融基础设施，甚至渗透到货币层面，深度改变金融业务模式与形态，对金融监管的时效性、精准性、前瞻性要求更高。

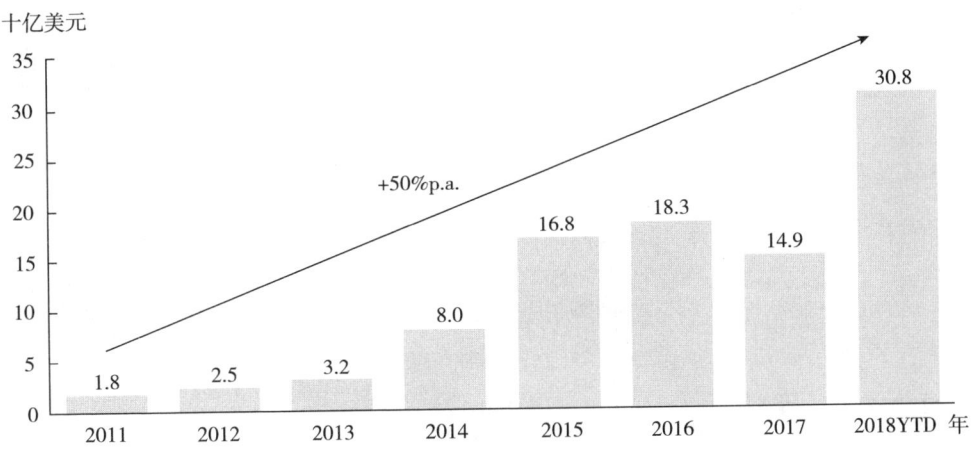

图 2　金融科技近年来被关注和投资的趋势

归纳分析，我们认为当前金融科技的"新"主要体现为新主体、新流程、新货币、新数据与新技术五个方面，一些国家和地区开始尝试颁发新牌照，但仍处于探索初期，有待进一步观察评估。

（1）新主体。大量非传统金融机构依托技术优势或数据资源，成为新兴的金融服务供给方，在新的金融协作模式和风险图谱下承担责任和义务。一是部分大型技术公司依靠技术、数据等禀赋，强势进入金融服务领域（见图3）。一些大型科技公司借助技术优势、业务场景、数据资源等金融中介经营所需的基础条件和比较优势，切入营销、反欺诈和风险管理等多个金融业务环节，有的辅助众多传统金融机构实现金融服务；有的以支付为起点与入口，独立获取金融牌照、开展金融业务，成为传统金融机构的竞争者①。二是出现了借贷类众筹平台（P2P）和股权众筹平台。平台既是企业，又做市场。既是信息中介，致力于交易撮合，又有能力参与期限转换、流动性转换和杠杆交易，成为新型影子银行②。现实中的互联网金融平台，曾兼具交易所（提供买卖撮合）、投资银行（产品设计、销售）、商业银行（变相资金池、进行资金和期限错配）的一重或

---

① 如谷歌整合 Google Wallet、Android Pay 等支付业务，在各项 Google 产品服务中提供交易支持。Facebook 依靠掌握的近 10 亿用户数据，建立基于社交平台 Messenger 应用的金融服务架构，从支付领域开始向移动钱包、市场借贷平台等多个方向发展。Amazon 目前以支付、电子现金和借贷为布局金融科技的三大支柱。

② Greg Buchak et al.（2018）的研究表明，美国影子银行在抵押贷款发放中的市场份额从 2007 年的约 30% 到 2015 年的 50%，增长了近一倍，其中，在线"金融科技"贷款机构市场份额增长尤为显著。参见 Greg Buchak et al. Fintech, regulatory arbitrage, and the rise of shadow banks［J］. Journal of Financial Economics, 2018.

多重属性。三是部分金融科技企业初步具备了构建新兴金融市场基础设施的潜力或雏形。一些金融科技企业以互联网和新兴技术为依托，逐步构建起数据分析能力、信息登记和存证追溯能力、清算结算能力、风险控制和运营保障能力，为各类金融活动提供具有公共服务属性的一系列基础设施服务，使金融基础设施呈现多元化、多层次的特征。

	Europe and US	China					
	Wide array of successful, focused fintechs	Large fintechs usually part of broader ecosystem				Relatively few niche, standalone fintechs	
		Ant Financial	Tencent	Ping An	JD.com		
Payments	PayPal Stripe	Alipay	Tenpay	E-wallet	JD Pay	99Bill Lakala Ping ++	
Wealth management	Betterment Wealthfront	Yu'e Bao	Li Cai Tong	LU.com	JD Finance JD Expert	CreditEase Golden Axe Wacai	Suishouji
Financing	LendingClub SoFi	Ant Check Later	Weilidai	Ping An Orange	JD Finance	Qudian.com ppdai.com Dianrong.com	Rong360 Yirendai
Insurance	Oscar Metromile	Zhong An Insurance	WeSure Zhong An Insurance	Ping An Insurance Zhong An Insurance			
Banking	Atom	MYbank	WeBank	Ping An Orange			
Credit scoring	Credit Karma	Zhima Credit	Tencent Credit	LU.com	JD Credit		

资料来源：Press search；McKinsey Interviews。

图3　国内外大型公司逐步进入金融服务领域

（2）新流程。在科技驱动和重塑下，大部分金融产品及其功能没有发生本质变化，但实现方式和流程被解构、外包、重塑。一是金融科技公司嵌入金融服务流程并承接传统金融机构在数据、技术等方面的服务外包。随着金融科技企业等新势力进入金融供给领域，一些传统银行开始向金融科技公司寻求数据、技术甚至获客、风控方面的解决方案，如四大国有商业银行与金融科技巨头BATJ的战略合作，又如大数金融等一些专业的助贷、助保和智能投顾机构的产生和发展。二是资产证券化、供应链金融等涉及主体广、业务链条长、风险点多的金融业务正在新技术的支撑下探索流程再造和重塑。借助物联网、区块链等技术的确权和可追溯管理功能，以往因信息不对称而互不信任的各参与主体的协作流程得以优化、交易成本得以压降、协作效率得以提升。

（3）新货币。金融科技的深层次影响与冲击仍可能发生在货币领域，出现了不同于传统货币的新型货币形态，数字货币。一是私人数字货币。货币本身是人类社会自然演化发展出的"每个人的意念的社会秩序",在 2008 年金融危机中央银行声誉及金融体系信用中介功能受到广泛质疑的情况下,以比特币为代表的私人数字货币试图依托算法和技术建立一种货币自发秩序,与奥地利经济学派的货币"非国家化"不谋而合。但其与中国历史上私人钱庄发行的钱票存在本质区别,私人数字货币信用基于算法达成共识,而钱票信用基于与法定货币如金、银等贵金属的兑换。二是法定数字货币(CBDC),由中央银行数字化发行,遵循传统货币管理思路。相比现金,CBDC 不具有物理形态,可更加便捷、广泛地应用于个人对个人、个人对企业和企业对企业的零售性支付。按照国际货币基金组织的报告《解读中央银行数字货币》,CBDC 有基于账户(account–based)和基于代币(token–based)两种形式。

(4)新数据。数字经济时代,数据独立于传统经济学中物的要素(土地、资本)与人的要素(劳动力、企业家),正在成为一种新型的生产要素。一是金融活动中应用数据的数量及维度更加丰富和多元。随着大数据技术的成熟与应用,金融服务中对于个人或企业的信用评价,除传统客户征信数据和支付结算数据外,还拓展运用了运营商数据、社交数据、消费行为数据以及特定场景的相关数据(企业纳税、二手车交易等)。二是数据驱动的经营模式逐步形成,在提升获客效率、优化运营管理、辅助风险管控等方面的作用日益突出。在规模经济和网络效应的作用下,大型科技公司和电商企业基于对用户日常消费、娱乐、支付等多类型数据的沉淀与深度挖掘,形成了竞争壁垒较高的创新金融产品和定价模型。

(5)新技术。这是金融科技的核心驱动力,围绕数据的采集、存储、传输与分析等各环节,旨在满足不同金融场景对数据处理在规模、速度和准度等方面的需求。一是大数据和人工智能技术,对数量巨大、来源分散、格式多样的数据进行采集、存储和关联分析,从中发现新知识、创造新价值、提升新能力,其在金融领域的主要场景为精准营销、流程优化、风险管理和投资顾问服务等。二是区块链技术,本质上是一种可以帮助参与者以安全有效的方式创建、传播和存储信息的数据库技术,其在金融领域的应用潜力可期,但仍存在诸多问题。三是物联网技术,即"万物相连的互联网",借此实现现实世界的数字化。有助于金融机构实时了解金融标的物的运行情况,进行更有效的风险管理[①]。四是生物识别

[①] 应用物联网,金融机构可以更好地管控抵质押信贷业务的信用风险,如在钢铁贸易中可全过程、全环节地防范钢贸仓单重复质押、虚假质押等问题;此外,通过监控互联现金柜、库房、机房等重要资产设备,可以提高机构金融安防的可靠性,防范操作风险。

技术，把获取的生物特征，转换为数字信息，并利用技术和算法完成信息比对验证①，目前在金融领域主要应用在身份验证和内部控制。

（6）新牌照。面对金融科技带来的诸多变化与挑战，部分国家采取诸如有限许可、豁免或监管沙箱等"个案分析"型监管路径，还有的国家或地区探索专门针对金融科技调整监管规则，为其"量体裁衣"。2016年12月，美国货币监理署（OCC）发布《探索向金融科技公司发放特殊目的国民银行牌照》②，认为对金融科技公司实施银行监管框架能帮助这些公司安全稳健运营，有效地服务客户需求。2018年7月31日，OCC正式宣布开始接受美国国内金融科技公司申请特殊目的国民银行牌照。香港金融管理局（HKMA）于2018年5月30日发布《虚拟银行授权指引》，探索在香港引入虚拟银行③，银行、非银行金融机构及科技公司均可申请通过互联网或其他电子渠道而非实体网点提供零售银行服务。截至年底共接到29宗相关申请，包括腾讯、蚂蚁金服、京东金融、众安保险、小米、中国平安、汇丰香港、渣打银行（香港）等科技或金融机构。2018年12月3日，瑞士金融市场监管局（FINMA）发布了新的金融科技许可证，从2019年起生效④。作为《银行法》的一部分，金融科技许可证允许接受高达1亿瑞士法郎的公共存款，但条件是公共存款既不能投资也不支付利息，且要求拥有金融科技许可证的机构在瑞士设立总部并开展业务活动。

3. 与"互联网金融"的联系与区别

国际上的"金融科技"概念与我国特有的"互联网金融"既有相似，又有区别。相似之处是，均体现了金融与科学技术的融合，都是对运用各种新兴技术手段优化、创新金融服务等行为的概括。两者之间的区别是，中国的互联网金融

---

① 目前生物识别的主流领域包括指纹、人脸、虹膜、静脉等识别技术。例如，在目前比较先进的静脉识别过程中，先采集生成个人静脉分布图，依据专用算法从分布图提取特征值，然后采用匹配算法同预先存储的个人静脉特征值进行比对，从而实现个人身份鉴定。

② 美国的商业银行可分为两类，第一类是根据1863年颁布的《国民银行法》向联邦政府注册的规模较大、资金实力雄厚的国民银行，第二类是根据各州银行立法向各州政府申请注册的规模较小的州立银行。其中，国民银行包括特殊目的国民银行和全牌照国民银行，特殊目的国民银行是指经营范围限定在某一特定领域的银行。

③ 一般而言，虚拟银行须遵守适用于传统银行的同一套监管规定。虚拟银行申请人须在香港设有实体办事处，须具备实质业务，拥有具体及可行的业务计划，在促进金融普惠方面发挥积极作用。虚拟银行申请人在申请虚拟银行时须提交退场计划（exit plan）以防因经营不善能有序结束业务。虚拟银行申请人须了解其承受的风险类别，并聘用合格的独立专家来评估科技及系统是否安全，此外还要建立适当制度以辨别、评估、监测与管控风险。

④ 申请金融科技许可证的机构需要准备以下材料：一是申请理由、工商信息、集团信息等基本信息；二是股本、直接或间接持有5%以上股份的股东名单、直接控制人等股权信息；三是个人信息、有效身份证明、高管简历、工作证明等申请人个人基本信息；四是业务流程、未来三个年度经营计划、组织结构、内控管理等业务活动和内部组织信息。

概念，更多的是过去一段时间金融自由化浪潮的反映。实践中，部分企业运用互联网技术促进业务发展，推动产品创新，提高运营效率和改进客户体验，但也存在忽视金融本质、风险属性和必要监管约束的现象，在快速发展中积累了一些问题和风险[①]。随着对企业依托互联网无牌办金融活动清理整顿的深入与持续，未来我国互联网金融的概念有可能逐步趋近并融入"金融科技"的概念体系。

（二）金融科技的驱动因素

金融科技发展是多因素驱动的结果，主要因素包括消费者偏好的转变、信息技术的成熟及广泛应用、不断调整的金融监管环境（见图4）。一是在金融服务的需求端，客户尤其是"千禧一代"和"数字土著"对金融服务的便捷、速度和成本的偏好日益增加。二是在供给端，不断演变的技术，特别是与大数据、移动互联网和计算能力相关的技术，已成为金融服务创新的主要驱动力，这为新进入的企业提供了机遇，支持它们更快、更节省成本地提供金融服务。当然，传统金融机构也纷纷谋求通过科技增强自身服务能力和效率。三是从监管环境看，2008年次贷危机以后，各国加强了对传统金融机构的监管，传统金融机构缩减金融服务，使非传统机构的商业机会增多。但对于我国而言，过去一段时间较为宽松的金融监管环境给互联网金融和金融科技的快速发展留下了空间。

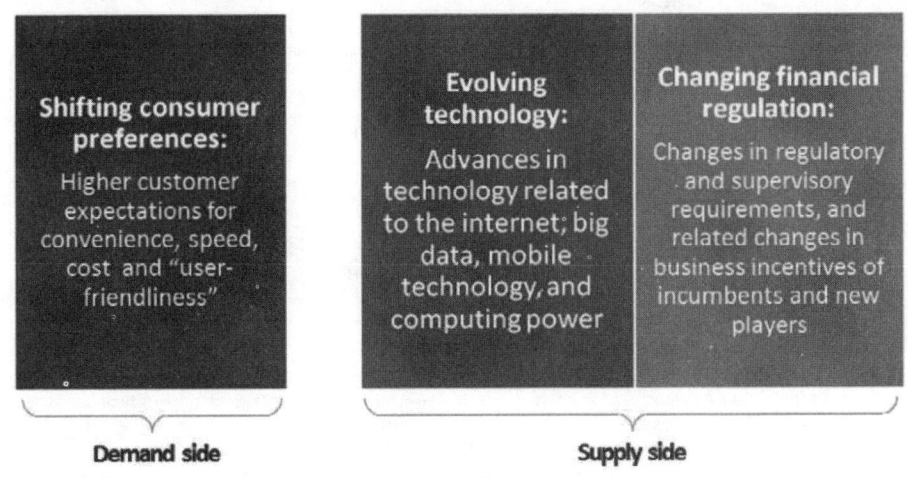

资料来源：FSB，2017，Financial Stability Implications from FinTech。

图4　金融科技的驱动因素分类

---

① 纪志宏. 互联网金融的发展与监管探讨 [M]//黄卓, 等. 金融科技的中国时代：数字金融12讲. 北京：中国人民大学出版社，2017.

在上述因素驱动下,支付结算、贷款与资本筹集、投资管理、保险、市场设施等金融服务形态都发生了显著变化。①在支付结算领域,新支付渠道和支付媒介出现,移动和网上支付平台,如苹果支付、安卓支付、支付宝、贝宝和 M – PESA,使终端用户能在线或通过手持设备来支付商品和服务,并降低了支付成本;数字货币(如比特币和莱特币)用于家庭和企业支付实际交易,未来可能在局部范围内改变支付的媒介。②在贷款与资本筹集领域(见图5),借贷和股权众筹将投资者与借款人(或股本发行人)通过互联网平台联系起来,可被视为一种获得资金的手段与信息共享结合的组织形式。③在投资管理领域,运用人工智能技术基于资产组合理论相关的算法搭建数据模型和后台算法,为投资者提供智能化和自动化的资产配置建议。④在保险领域,使用智能合约可能通过自动化减少索赔处理费用,大数据和物联网的应用进一步改善了保险定价能力。⑤在市场设施方面,运用大数据技术充分挖掘海量关联数据价值,相关金融创新与应用在提升获客效率、优化运营管理、辅助风险管控等方面已体现出积极作用。依托加密算法、时间戳等技术,区块链在一定程度上可保证上链信息真实有效,实现产品和交易的可追溯管理。此外,技术还有利于提升监管能力,弥补监管短板。

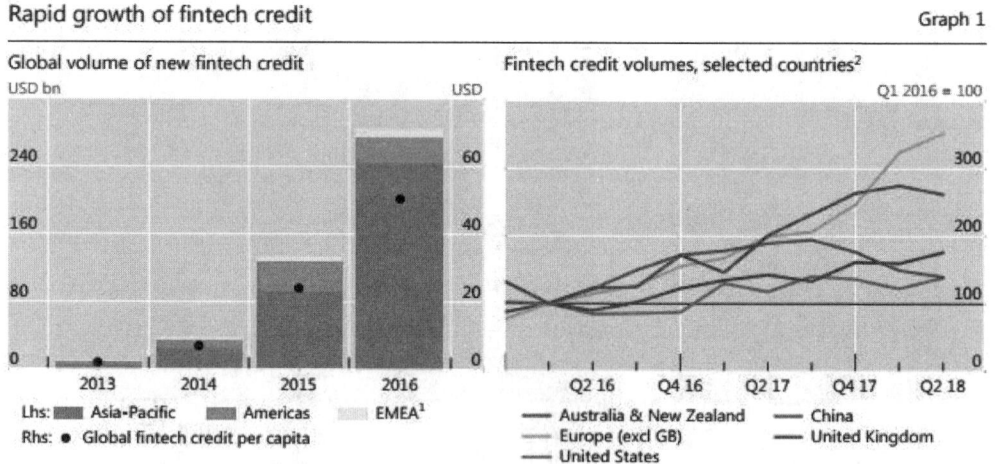

图5　金融科技信贷的快速增长趋势

(三)金融科技对金融活动的影响

(1)改变金融行业的竞争格局,促进竞争。随着更多服务主体的进入,一些领域呈现去中心化和多样化，改变了传统的金融市场格局。随着技术与金融业的融合深化，金融市场供需两端交织推进，加速涌现新型金融主体、金融模式、金融业态，横向多元化竞争与垂直多节点分工的体系渐渐形成，市场格局发生变化。

（2）提高金融服务的获取渠道和便利性。如移动银行允许消费者快速有效地获得信贷和进行支付。机器人投资顾问服务使之前受限于投资门槛或高收费等原因不能获得传统资产管理服务的家庭，增加了获得财富管理的机会。保险领域的创新也扩展了客户享受保险服务的范围。此外，支付生态的不断演变，使非银行实体有望扩张进入批发性支付系统。

（3）可带来更高的效率。机器学习和人工智能可以通过改进金融机构和投资者使用的模型来改进决策过程。相比于传统金融服务模式，网络化和智能化的金融科技创新与产品对物理条件的依赖更小，用算法来评估贷款价值和投资机会让平台运作成本相对更低。金融科技信贷平台可以减少搜索成本和交易成本，实现更优的资本配置。通过分布式账本技术执行交易的效率和速度更高，并可通过缩短结算时间，为其他生产用途腾出抵押品和资金，对金融体系和宏观经济也更有益。

不过，从另一方面来看，更多的服务主体、更广泛的服务对象和更快的服务速度也可能带来许多问题。

（1）新主体的涌入对传统金融机构产生冲击。更多的新兴金融服务主体进入市场与既有金融机构开展竞争，可能造成两方面后果：一是提供相同金融服务的实体，可能并未受到与同类金融机构同样程度的监督或审查。大多数国家监管以"实体"而非"内容"为切入口，现有的技术和电子商务公司利用客户数据切入金融服务，但是在"实体"上不属于报告义务主体，造成监管部门难以及时有效地识别其业务并施加监管。二是市场竞争加剧对现有机构的盈利模式和盈利能力形成挑战，既有金融机构为了维持利润，有可能降低客户门槛，引入更多高风险客户，使整个金融体系风险增加。

（2）新流程下的合作和外包形态使责任分担与风险应对更复杂。过去金融业务与金融机构法人的对应关系总体上比较清晰明确，存款、证券、保险业务边界相对清晰，主体责任比较明确。而互联网环境往往具有无边界特点，业务环节比较模糊，金融消费者最后得到的金融服务往往呈现为单一结果，而背后可能是多个法人主体分工协作，经历复杂整合后形成的。如何准确认定一项金融产品或业务背后多个合作主体的法律和风险责任，并使其能够受到相应约束存在困难。

（3）新流程下更多的长尾客户增加了涉众性风险。金融科技的运用拓宽了服务对象，这也意味着金融科技服务的涉众性更强。无论是互联网支付，还是P2P网络借贷以及股权众筹，其重要的风险隐患点都指向对公众资金的大范围、快速度、隐蔽性聚合和不透明管理。这些金融科技公司可能在业务活动的某个环节持有用户资金，如果没有相应的资本和流动性要求，可能不会保持充足的流动性以确保账户资金的安全，甚至产生挪用、占用问题。

（4）新货币的运转形态对货币政策可能造成冲击。一是新机构改变了货币需求和货币供给，削弱了货币政策数量型调控的有效性。从货币需求看，随着更多非银行支付机构进入支付市场，支付变得更加便利，各层次货币之间、货币和金融资产之间的转换交易成本下降，相互转换趋向频繁，货币需求的稳定性下降。从货币供给看，一些新机构涉足信用创造（如P2P网贷），产生了央行无法直接调控的、非银行体系的信用扩张。由于各层次货币之间以及货币与金融资产之间的转换加剧，传统货币口径以外的一些金融资产可能成为支付工具，货币供应量的可测性和可控性下降，侵蚀了货币政策数量型调控的基础。二是新的货币媒介可能进一步降低货币当局调控能力。在极端情况下，新货币媒介（如比特币）的发行、账户设立（TOKEN–BASE情形下不存在账户体系）、交易流通、支付清算、信用创造等活动可能独立于既有金融体系，完全游离于央行调控之外。在央行数字货币的情形下，如果央行负债表扩大并与商业银行进行存款竞争，则可能造成信用创造的机制变化，进而影响货币供应和金融体系的运行机制。

（5）新数据的资源配置使金融体系的集中度和垄断特征在局部领域可能不降反升。金融科技与去中心化和多元化相关联的潜在收益可能不如预期显著，新数据在网络效应以及规模和范围经济下可能导致更高的集中度。此外，一些金融科技活动可能会增加金融体系内的第三方依赖[①]。如果服务供应商仅有一家或少数几家，它们的运营故障可能造成大规模影响，特别是在服务供应商未受到有效监管的情况下。公众数据的滥用是另一个突出问题，数据构成多数金融科技商业模式的基础，商业价值凸显，甚至成为可以兑换价值利益的商品，对数据日益激进的逐利倾向容易导致对公民隐私的侵害。

（6）新技术更快的服务速度可能带来传染、顺周期性和过度波动。金融科技公司力图通过自动化和人工智能进一步降低成本，但更加自动化的交易策略、更复杂的算法交易可能导致金融市场新的和不可预知的传染源。金融科技的一些活动旨在提高速度，这意味着它们更有可能创造或加剧系统中的过度波动。例如，算法交易者在市场紧张、流动性需求高的时候，将迅速退出市场，加剧顺周期性。如果服务提供商风险模型依赖类似的算法而高度相似，将带来更强的羊群行为，并增加资产价格波动的幅度。

---

① 例如，云计算服务可以由数量有限的第三方提供，机器人投资顾问和金融科技信贷可能依赖于高度集中的第三方数据提供商。

（7）新型数据、安全、信息科技风险更加突出。金融科技建立在互联网通信网络和相关信息技术之上，不论是在互联网业务运营的各个流程，还是在后台的网络维护、技术管理等环节，出现任何技术漏洞、管理缺陷、人为因素等，都会导致整个业务系统瘫痪，影响机构的正常运营①。虽然大规模的数据泄露可能发生在产业链的任何环节，但不法分子往往将目标锁定在数据安全最薄弱的地方，一旦金融科技公司在信息安全方面保障不足，会令终端用户面临风险。

二、金融科技监管的国际借鉴

对于大部分国家，目前科技驱动的金融创新才刚刚展开，总体规模不大，风险相对可控。特别是在金融发达国家，既有金融机构的服务覆盖较广，金融科技的活跃领域更多的是小额、补充性金融领域，对传统金融体系的冲击尚小，加之其金融规则比较完善，金融科技可能引发的系统性风险和金融不稳定因素尚不明显。因此，发达国家对金融科技的监管，相对较少将防控宏观金融风险和维护金融稳定作为现阶段的主要目标，更多的是着眼于增强市场有效性和竞争性，加强消费者保护的微观角度。

具体来看，呈现两种取向：一种是科技中立型，根据金融科技的业务属性，纳入现行金融监管框架，进行归口监管。同时针对其科技驱动的特点，更加注重信息披露、投资者保护和信息技术安全，增强市场有效性，降低消费者风险。另一种是积极创新型，采取诸如有限许可、豁免或监管沙箱等"个案分析"型监管路径，专门针对金融科技调整监管规则，为其"量体裁衣"。

（一）对新主体和新流程按照业务属性纳入现有监管体系

1. 支付结算领域

金融科技的影响既包括面向个人客户的小额零售类支付服务，也包括针对机构客户的大额批发类支付服务，如跨境支付、外汇兑换等。从各国实践看，此类业务的监管框架已较为明确。一是对非银行支付机构为客户提供在线账户，将客户临时存放账户的资金汇集形成客户在网络平台沉淀资金的模式，多数国家采取有限银行牌照或特定支付牌照，由监管机构实施严格的准入和持续监管，需满足资本、流动性和其他经营要求。这类支付机构从客户那里接受的资金不是存款，只能用于支付，需要有履约保障，支付机构定位为"资金划拨机构"或"资金托管机构"，不得经营其他银行业务。二是对通过外包协议专注为银行提供后端支付服务、不涉及前端客户资金划转的非银行支付机构，通常适用于外包服务供

---

① 毕马威2016年的研究指出，信息科技犯罪已经成为报道第二多的经济犯罪；美国金融稳定监管理事会已将信息科技安全列为金融科技的主要风险。

应商的间接监管，不属于支付系统监管或监督的范围，而受到对银行外包业务管理的延伸监管。三是对于支付基础设施的运营商，需遵守规范金融市场基础设施的 CPSS – IOSCO 原则，由中央银行特许或监督[①]。不管金融科技公司提供哪个环节的支付服务，都需要遵守反洗钱、反恐融资、防范网络欺诈、网络技术安全、客户隐私安全和消费者权益保护等监管要求。

近年来，虚拟货币、数字代币等兴起，部分数字代币具有支付媒介特征，具有在局部领域替代法币的可能。对此，各国监管部门态度不同，欧洲央行认为"虚拟货币在某些情况下可以用作法币的替代品"，正在考虑使用"许可加密货币系统"来"补充或替代"已使用的货币。日本也将加密货币纳入支付服务法，允许使用其进行商品支付。俄罗斯则持相反态度，明确加密数字货币或代币不得作为在俄罗斯购买商品和服务的支付手段。不过，不管是否支持加密代币作为支付工具，对于其匿名特征可能造成的洗钱和恐怖融资问题，各国均强调了为加密代币提供交易和兑换服务的主体在反洗钱及反恐融资方面的适用性要求[②]。

2. 贷款与资本筹集领域

主要包括 P2P 网络借贷和股权众筹。从各国实践看，此类业务与传统债务或股权融资的风险特征没有本质区别，现行的风险管理、审慎监管和市场监管要求基本适用。在贷款业务方面，多数国家要求使用表内资金发放贷款、在表内承担风险的业务需获取金融牌照，牌照类型包括全面银行牌照、有限银行牌照或放贷业务牌照。只有加拿大等个别国家对限定的放贷行为不设牌照要求。在资本筹集业务方面，主要是指股权众筹活动，各国普遍将其视同股票发行，纳入证券发行的许可和监管范畴。

根据网络平台在存贷款和资本筹集领域业务模式的不同，各国监管按照实际业务功能进行分类授权。如在英国，FCA 要求借贷类众筹的从业机构必须先取得其授权才能开展业务，客户资金管理、与借贷相关的网上运营权这两项为基本业务授权；信贷经纪、债务管理、债务催收等需另外许可。在美国，平台向借款方发放贷款，须满足美国各州对放贷类组织的要求，并申请各州的借贷牌照。网贷平台若通过合作金融机构放贷，再以债权转让获得信贷资产，而后将信贷资产拆分出售，出售行为则涉及证券发行，须向 SEC 提交全套登记材料。德国的信贷类众筹平台被定位为贷款经纪人，从事的是促进借款人和信贷机构达成贷款协议，或者信贷机构和投资者之间的债权转让，助贷特征比较明显。在其商业模式

[①] Committee on Payment and Settlement Systems, BIS, Principles for financial market infrastructures, 2012, 1 – 10.

[②] 欧盟将所有提供虚拟货币交易的平台和电子钱包供应商纳入反洗钱法律监管框架。日本金融服务局修改了《支付服务法》以建立数字货币监管框架，进而解决数字货币产生的洗钱风险的问题。

中，必须有持牌信贷机构的参与，平台不能直接放款，也不能吸收存款。

对于以数字资产、数字代币、虚拟货币等名义进行的融资活动，各国普遍将其纳入证券监管范畴。如美国 SEC 根据 Howey 规则对数字代币属性进行判断，只要满足 Howey 规则，代币即被认定为证券并接受《证券法》监管。新加坡 MAS 出台了《数字通证发行指引》规定，如果数字通证（代币）性质为新加坡证券法中的资本市场产品①，将受到新加坡证券法的监管。瑞士金融市场管理局将代币分为三种，即支付代币、功能代币和资产代币，对属于支付代币的纳入支付类法律规范，对于资产代币纳入证券法律体系监管。

不管是什么营业模式，从事借贷和资本筹集活动，均需要遵守诚信借贷、公平债务催收、信息披露、消费者保护等方面的法律规定，并接受金融消费者保护部门的行为监管。

3. 投资管理领域

科技驱动的投资管理主要包括智能投资顾问和电子交易服务，前者是运用智能化、自动化系统提供投资理财建议，后者是提供各类证券、货币交易的电子交易服务。

对智能投资顾问业务，不管是否数字化或智能化，投资顾问是持牌业务，各国普遍将智能投资顾问纳入投资咨询业务监管框架，需获得投资咨询牌照。如美国 SEC 负责对智能投资顾问机构实施准入和持续监管，发放投资咨询牌照，并要求同一法人机构不能同时开展投资咨询和证券经纪业务，以防范利益冲突；英国由 FCA 负责智能投资顾问的准入，发放投资咨询牌照；欧洲大陆国家也主要由证券监管部门实施监管。对各类证券、货币交易的电子交易服务，各国普遍要求服务提供者申请交易所、另类交易系统（ATS）或交易经纪商牌照。②

4. 市场设施领域

生物识别、大数据、云计算等为金融机构提供远程客户身份认证、多维数据归集处理、风险分析、数据存储等支持，对于此类活动，国际上各监管机构普遍将其纳入金融机构外包风险的监管范畴，在监管上主要关注金融机构外包流程是否科学合规、外包服务商道德风险和操作风险的防控等。

---

① 包括证券、期货合约以及用于杠杆式外汇交易的合约或安排。

② 美国 SEC 对数字资产的数字资产证券交易尤其是交易所注册和经纪人—交易商注册问题进行了详细的阐述：一是如果数字化资产符合证券法定义的"证券"范畴，该类资产交易平台也符合"全国性质证券交易所"的定义，须向 SEC 注册。二是针对使用区块链技术提供数字资产交易的新形态，SEC 明确，任何实体提供市场将证券买卖双方汇集在一起，无论应用何种技术，都必须确定其活动是否符合联邦证券法规定的交易所定义，符合交易所定义的实体必须在 SEC 注册为全国性证券交易所或作为符合 ATS 规则的替代交易系统（"ATS"）运营。三是促进数字资产证券发行和交易的实体也可以作为"经纪人"（为他人账户进行证券交易的任何人）或"交易商"（以自己的账户买卖证券业务的任何人），需要向 SEC 注册并成为自律组织的成员。

目前，对金融机构提供外包服务，主要有两种监管思路：一是金融监管部门直接监管外包服务商以及其业务活动；二是监管部门通过外包服务商与金融机构签订的服务合约来对其进行约束，由于大部分国家的法律法规没有赋予金融监管部门对外包服务商的直接监管权限，这是目前国际上监管部门普遍采用的方法。

市场设施应用可能在未来引起第三方依赖，导致出现新的具有系统重要性的参与者。比如，如果金融机构高度依赖云计算等第三方数据服务，一旦发生中断，将对使用这些服务的金融机构产生重要的影响。对此，国际监管组织保持高度关注，但大部分国家尚未采取监管行动。

（二）根据新数据和新技术特点适度调整和增补监管规则

1. 探索建立网络小额融资监管豁免制度

网络化、信息化、技术化的天然涉众性与金融涉资性的直接对接形成了金融科技的监管难题。在世界各国，强制性金融监管的核心是对涉众募资行为的特许和控制，本意是防范恶意集资转化为负外部性风险。由于集资行为分类标准上的模糊以及分类机制上的操作难度[①]，世界各国监管机构都对公募行为采取比较严格的监管，提高行为门槛，增加行为成本。这就造成非法集资活动与符合经济属性的集资活动面临着共同的法律威慑，适用同等的监管评判，从而造成小额、低成本募资需求难以实现。

从监管实践来看，一些国家在现有的公募监管体系下，尝试对通过网络众筹平台进行的小额股权融资行为进行监管豁免，包括：一是限定融资额度，即承认小额融资不应承担不经济的发行成本，保障其商业可行性；二是强化投资者的损失承受能力，包括降低投资金额或投资的个人财务占比，要求投资者具有专业判断能力，也可以要求投资者与融资方具有熟人关联关系，以降低陌生人之间的信息不对称；三是在公开性上仍然做出一些限定。例如，美国的《JOBS法案》和《众筹条例》，一方面针对网络股权众筹单笔金额小的特点，适当简化监管程序，允许符合条件的股权众筹平台不需获得证券经纪机构牌照；另一方面则进一步强化其他方面的监管约束和限制[②]。

[①] 恶意性标准是一条相对主观性的界定标准，且具有隐蔽性，在涉众集资的初期阶段难以做出监管判别和界定，只有当风险实质性地形成甚至爆发时，才能倒推恶意性的存在。

[②] 一是众筹平台需在发行前21天向SEC提交发行文件，并同时在网站上向中介机构和投资者披露相关信息。二是对融资和投资规模实施限额控制。在融资者方面，单家公司12个月内通过众筹平台的股权融资金额不得超过100万美元。在投资者方面，对个人投资者在1年内的投资总额规定了上限，例如，对年收入或净资产（孰低者）在10万美元以下的投资者，年投资额不得超过2000美元或投资者年收入的5%（孰高者）。三是需持续进行风险揭示、信息披露和投资者教育。

2. 审慎对待人工智能运用

一些人工智能技术应用可能存在技术失控的风险，算法交易等新技术还可能会放大系统性风险，并可能导致金融机构与第三方技术开发和服务提供商风险责任承担的不确定性。针对这些问题，在传统的投资顾问基础上，一些国家从几个方面加强监管要求。一是加强对智能算法的信息披露要求。美国金融业监管局（FINRA）发布 Report on Digital Investment Advice，强调监管的"技术中性"原则，对于智能投顾采取何种系统架构、算法、技术实现不做偏好性指引，但要求提供数字化投顾工具的服务商须披露算法的基础理论、所使用的数据，以及其局限性可能会导致与预期输出的偏差对投资者造成的不利影响，甚至要求第三方评测算法的有效性。同时，对算法的开发与实施，从服务商内部合规性和技术性方面也提出了要求。二是针对智能投顾的营运人的信义义务界定进行监管规范。智能投顾运营商往往会在繁杂的服务协议中嵌入关于信义义务的免责声明，SEC 认为，法律允许投资顾问免除其默认忠诚义务，但是需得到客户的有效同意，且如果智能投顾供应商嵌入服务协议是对于整个信义义务的免责条款，则无效。但对于投资顾问和算法提供商之间的信义义务分担，算法提供商是否要承担信义义务，目前还没有明确的监管界定。三是对于"数字化投顾工具"的使用者，监管部门建议投资者应当充分了解、评估"数字化投顾工具"所使用的算法、潜在假设、投资建议和可能的利益冲突，并与自身的需求、风险承受力进行匹配。

3. 应对大数据运用的审慎性和金融消费者权益保护问题

数据更加广泛地用于金融活动可能带来对金融消费者隐私信息的过度使用（过度采集）和不当使用（数据滥用、"一次授权、多次使用"）等问题，一些国家着重规范数据采集与应用，加强个人金融信息保护。如 2018 年欧盟《通用数据保护条例》强化了欧盟居民个人信息保护要求，一是完善并规定了个人数据权利[1]。二是严格规范信息控制者和处理者的义务[2]。视数据处理者与控制者同等地位，同样规制，如需维护个人数据和处理活动记录等；数据控制者则承担更多的责任，一旦数据处理者涉案，其将无法免除责任。数据保护的适用范围还扩大至与欧盟居民个人数据相关的境外控制者和处理者。三是设立欧洲数据保护委员会，实现欧盟个人数据保护一站式管理。

多维度数据的运用还可能带来有效性和公平性问题。一些科技公司使用消费者的行为数据而非信用数据来判断其信用水平，行为数据和信用的相关性不确

---

[1] 包括数据收集时的知情权、个人数据处理情况的查询权、个人数据使用时的许可权、个人数据转移许可权、错误个人数据的修改权、个人数据擦除权、个人数据泄露时的知情权、限制控制者的数据使用范围、拒绝个人数据被非公益科研或统计活动利用的权利、拒绝个人数据被商业利用的权利等。

[2] 如网页运营者、搜索引擎服务商、社交媒体服务商、电商、酒店甚至云服务提供商都属于信息控制者和处理者的范围。

定，一些技术和算法模型仍需完善，没有经历过完整经济周期的验证，以此作出的风险评价可能不准确。对此，一些国家发布规则试图提升大数据运用的有效性，如美国《公平信用报告法》规定，信用报告机构必须遵循合理的程序以确保报告相关个人信息最大可能的精确度。在信用风险评估模型的监管方面，新加坡规定，人工智能和数据分析的使用者根据数据主体要求，应向其解释哪些数据被用于为其制定人工智能和数据分析驱动的决策、这些数据如何影响相关决策，以及该决策可能对其产生的其他影响。此外，运用大数据进行金融服务时，某些指标（比如性别、种族、职业等）可能对客户的资质情况有解释力，但对其不当使用可能涉及对某些特定人群的歧视，一些国家也对此进行了规范[1]。

4. 对区块链、分布式账本的应用保持关注

前期区块链技术的应用大量集中于代币领域，在不涉币的金融应用方面，成功落地的案例有限，更鲜有可大规模复制的应用，对传统金融体系的冲击尚未显现。国际组织和各国监管部门对区块链、分布式账本技术的监管关注包括：一是提示区块链在技术上的性能瓶颈。如欧洲央行认为区块链技术尚不成熟，还不足以提供比拟实时全额支付系统的高等级的稳定性[2]。二是提示技术安全性问题。如通过参与者的分布式网络以及有权节点，区块链应用可能会面临越来越多的网络攻击。三是新技术应用带来的法律空白与责任承担问题。FSB、BIS 均指出，区块链应用的一个关键风险在于如何确定结算已完成。在传统结算系统中，结算完成具有清晰的时间点，但目前的法律框架尚不能明确界定区块链系统中的结算完成时点。IOSCO 指出，区块链在证券市场的应用可能带来诸如通证代币作为所有权证明的效力不足等法律问题。四是数据隐私保护以及反洗钱遵从问题。区块链在金融领域的应用中，数据的采集和应用应遵从 KYC、反洗钱、反恐怖融资等监管规则的要求，同时应注意权衡数据的可追溯性与隐私保护的需求。

5. 采取措施鼓励竞争、防止行业垄断

网络平台经济内生的网络效应容易形成行业垄断，互联网巨头很容易通过横向或纵向的并购巩固垄断地位，或者复制竞争者的业务，或使用禁止挑战者接入其控制的市场基础设施等手段遏制竞争。对此，一些国家从数据入手，通过强化数据共享，防止金融服务主体借助数据垄断实现市场垄断。欧盟支付监管框架（PSD2）要求银行必须允许第三方服务商通过开放的应用程序界面（APIs）来获得客户的账户信息，从而使第三方服务商（包括电信公司、社交媒体和购物平台

---

[1] 如新加坡规定，个人或群体不应因人工智能和数据分析驱动的决策而处于不利地位，个人特征不应作为人工智能和数据分析驱动决策的输入因素。

[2] FSB 认为目前区块链系统的稳健性、跨链操作、隐私保护等重要挑战尚未解决，是否能够替代当前实时全额支付系统，还需要深入研究。

等）以账户信息服务提供商的身份使用银行客户的账户信息，或者以支付服务提供商的身份来为客户提供支付或转账服务（见图6）。2018年英国政府开始实施开放银行计划，要求银行在获得客户授权后，通过API接口将客户银行账户数据共享给经FCA批准的第三方公司，由其结合客户银行账户数据，为客户提供相应金融服务。

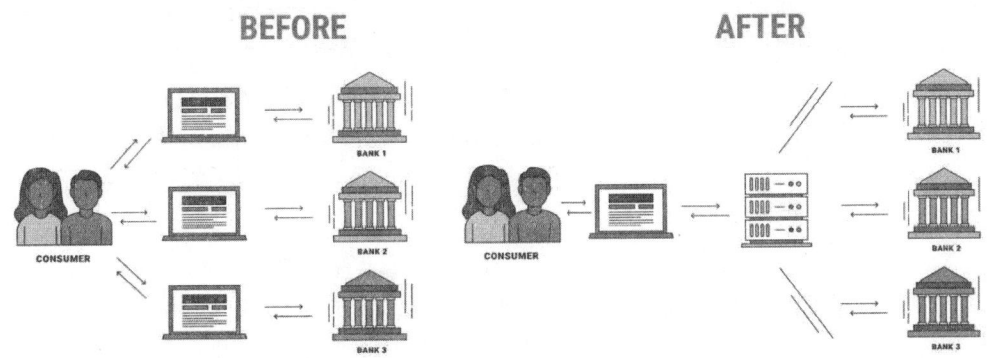

资料来源：CB Insights，2018，Fintech Trends to Watch in 2018。

图6 欧盟支付监管框架（PSD2）对支付服务的修订调整

规制垄断的另外一个手段是并购审查或强制拆分。不过，目前各国对监管互联网平台巨头都存在理论和评估手段滞后的瓶颈。在传统的反垄断框架下，基于价格和市场份额来认定垄断与否，但如今平台巨头所提供的服务，不是免费试用就是价格不断下降，价格作为垄断与否的指标不再可靠，在演变越来越快的市场下，市场份额也不再是决定性指标。一些反垄断研究者提出，并购审查需要转向对消费者福利、对投资和创新的影响等考量，这操作起来非常困难。鉴于大多数互联网平台具有鲜明的数据垄断特征，一些国家尝试以新要素定义垄断①。对于互联网平台的垄断应对问题，目前仍是各国监管者面临的难题。

6．一些国家通过"试验主义"型监管鼓励创新

如何既支持真正的金融创新，又恰当地防控风险，是各国监管的共同难题。监管沙箱的出现，可视为在平衡"创新与风险"过程中，监管制度的一次创新，一方面允许创新在监管的特殊许可和观察下，低成本快速试验；另一方面可鉴别哪些监管规定已不合时宜，需要调整。

（1）"试验主义"型监管（监管沙箱）的做法。监管沙箱可理解为FinTech企业测试创新产品提供的监管机制和政策环境。从目前实行沙箱试验的国家来

---

① 德国《反对限制竞争法》第九修正案规定，在认定市场垄断时，应当将对网络平台至关重要的新型因素（如网络效应、数据的可获得性等）考虑在内。

看，实践要点包括：第一，进入沙箱的企业或项目，必须是为解决既有的问题提供新的方案，而非为监管套利而进行的创新。第二，企业必须向监管者提出申请，经过监管者的评估后进入沙箱进行可控创新，而非企业在监管视野之外"自主"创新；参与测试的消费者范围由监管者裁量；若监管者认为创新项目的目的没有达到，可随时叫停。第三，大多数监管沙箱均不明确免除哪些强制性规则，但有些监管者会披露沙箱测试的最低合规标准，如客户信息保密、管理层的适合性、客户资金和资产的第三方存管等。关于是否突破现有制度，英国 FCA 可为提出请求的企业就 FCA 的规则或其他监管要求提供单独指导；FCA 还可授予机构对其职权范围内有关监管要求的"豁免或修改权"，但欧盟法和基本法不能豁免；不能进行个别指导或豁免的，FCA 还可出具非强制执行函，承诺在监管沙箱测试阶段不会采取强制措施。①

（2）监管沙箱的效果和可推广性存疑。目前，实行监管沙箱的大多是小体量经济体，如英国、新加坡、瑞士和中国香港等，美国、德国等大国暂未实施此类制度。实施监管沙箱，表明监管者对创新持友好型态度，企业家和传统金融机构或许会将其创新转移至实施监管沙箱的地区，最终促进该地区繁荣发展。不过，促进金融科技创新并有效控制风险这一监管困境，在监管沙箱中依然没有得到有效解决。FCA 的近期报告反映了监管沙箱存在的问题：保持已受监管主体和未受监管主体在公平环境中竞争是核心命题；监管者对于进入沙箱测试的每一个企业背负着很大的声誉风险或其他风险，因此在授权或豁免时非常谨慎；缺乏标准化使金融科技企业对于监管确定性的诉求无法得到满足；监管沙箱在消费者、规模、行为和测试期间等方面存在限制，或许很难促进有意义的创新。

（三）监管科技与金融科技监管的同与不同

监管科技与金融科技本质上属于两类不同的概念体系，二者并行发展，有一定的联系，但不具有因果关系，也不是包含与被包含的关系。监管科技起源于国外金融机构运用技术手段降低合规成本、规避合规风险的"合规科技"，在我国被赋予了借助技术提升监管能力、弥补监管短板的新内涵；金融科技监管既包括对科技驱动的金融创新活动、底层支撑技术及其行为主体的规范和管理，也强调应用新技术做好监管。二者在应用新兴技术手段这个层面有一定的联系。

---

① 新加坡：可以放宽如资产管理要求、董事会结构、财务稳健规定等监管要求，同时强调部分监管规定必须坚守，比如客户信息保护、反洗钱、客户资金第三方存管等。中国香港：进入沙盒机构不需要全部遵守香港金融管理局通常的监管要求，但需要遵守一定的底线性要求、客户保护措施以及风险管理控制。

1. 监管科技概念的提出与拓展

（1）监管科技缘于金融机构用技术手段提升自身合规能力和水平

国际上，监管科技（Regtech）主要是指被监管机构采用信息技术手段，辅助满足监管部门的合规要求，即合规科技（见图7）。如IIF把监管科技定义为金融机构应用新技术，更有效地应对监管合规的负担①。FCA将其定义为，推进金融机构达到监管要求的新技术②。

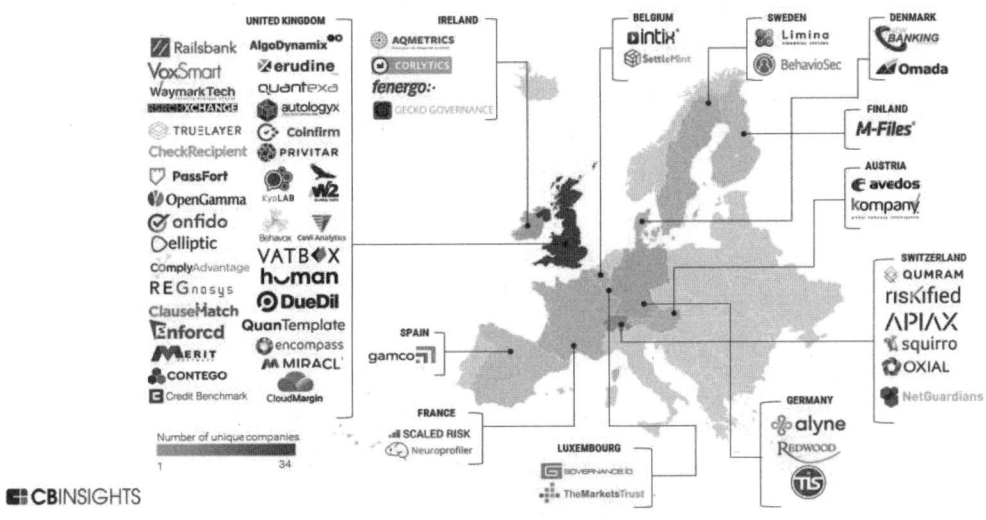

图7 采用合规科技的金融机构（欧洲）

在驱动因素上，2008年国际金融危机后，不断趋严的全球监管修复、日益增长的监管报告要求，以及更高的监管标准带来的高额罚款风险，导致金融机构的合规成本飙升，尤其对于较活跃的国际化金融机构而言，运用各类技术提升内部数据的收集整理和报送能力，快速学习并适应外部繁多的监管规则，规避合规风险的需求，催生了"合规科技"的兴起和发展。

（2）在我国防范化解金融风险、弥补监管短板的压力赋予监管科技新的内涵

在国内，由于前期金融监管的相对包容与滞后，金融机构和金融科技公司研究开发合规科技的动力不足。相反，大量假借创新之名试图规避监管或进行监管套利的机构的存在，需要监管部门尽快提高风险甄别和处置的能力。在推进监管体制改革、弥补监管短板的同时，进一步提升金融监管的技术能力和手段赋予了

---

① IIF, Regtech: exploring solutions for regulatory challenges, October 2015. "Regtech" is the use of new technologies to solve regulatory and compliance burdens more effectively and efficiently.

② FCA, Call for Input: Supporting the development and adoption of RegTech, November 2015. "Regtech" is new technologies to facilitate the delivery of regulatory requirements.

监管科技新的内涵，如提高监管数据收集与管理水平、增强数据分析能力、优化监管流程，本质上也是用科技改善金融监管这一传统目标的延续和拓展。

2. 金融科技监管的对象和手段

在监管对象上，金融科技监管首先是管业务，其次是管技术。管业务指的是关注科技驱动的金融业务创新、产品创新和模式创新，并延伸至背后的行为主体，主要包括应用金融科技的持牌机构，也包括新型金融供给主体和基础设施服务商。管技术指的是对支撑金融业务、辅助金融活动的底层技术的规范和管理，进一步延伸至其背后的行为主体，包括利用技术优势与金融机构合作，辅助实现金融功能的科技巨头、金融科技公司等。

在监管手段上，金融科技监管强调新兴技术工具的支撑和辅助。金融与科技融合发展中呈现创新主体多、受众面广且风险承受能力有限、交易迅速和风险频率高等特征，对现有的监管流程、工具及人力资源提出了较大的挑战。金融科技监管需要充分应用新兴技术手段，提升监管的针对性、及时性和前瞻性。在应用新兴技术手段这个层面，金融科技监管与监管科技有一定的交叉和联系。

（四）国际金融科技监管实践的总结

第一，各国对金融科技的监管取向很大程度上取决于一国金融发展战略和金融科技对现有金融体系的冲击程度。美、欧等成熟经济体金融服务的覆盖面广，金融监管体系相对健全，判例导向的立法方法也具有较好的包容性，金融科技尚未对传统金融体系构成实质性冲击，也没有出现金融科技引发的金融乱象。目前，这些国家对金融科技的监管态度更多地体现了对次贷危机后监管收紧的适度"回调"，试图实现创新与风险的再平衡。而中国香港、新加坡、英国对金融科技的"欢迎"态度，核心意图是寻找新的战略优势，抢夺国际金融中心地位。

第二，金融科技带来的新主体、新流程、新货币、新数据与新技术对金融监管提出的要求与冲击是不同的（见图8）。从目前来看，新主体与新流程仍可按照业务属性纳入现有监管体系，对于新货币、新数据与新技术要根据其特点适度调整和增补监管规则。

具体而言，对于科技驱动下的新兴金融供给主体和金融服务新流程，传统金融监管的理念、原则和关切点仍然适用，不论其标榜自身是数字金融、FinTech、TechFin还是BigTech，也无论是金融机构、互联网企业还是金融科技公司，只要从事金融活动都应按照实质重于形式的原则纳入既有金融监管框架。在直接融资领域，主要遵循投资者适当性、信息披露、卖者尽责、买者自负等基础性制度安排；在间接融资领域，主要遵循法定存款保险机制、资本充足机制、风险拨备制度等风险防范和金融消费者保护制度。

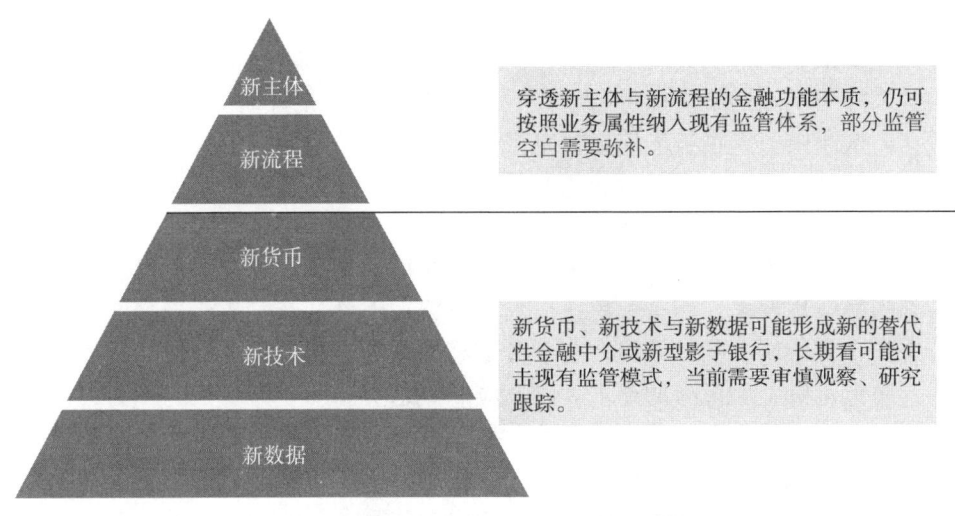

图 8　金融科技"五新"的监管应对策略

对于将基础金融功能、业务流程重新解构、排列组合,现有监管体系暂时难以覆盖和适用的新平台或混合经营模式,部分国家或地区探索适度调整和增补监管规则,甚至尝试颁发新的牌照,有的按照新型金融控股集团进行监管,有的按照平台业务模式的不同,按照实际业务功能进行分类授权,如英国针对借贷型众筹平台(P2P)的监管创新。

此外,各国监管对直接从事金融活动的主体和为金融机构"赋能"的科技外包机构实施差别监管。对于不直接从事业务,而为金融机构"赋能"型的金融科技运用,监管保持相对弹性,持牌经营的要求不多,更多地关注技术的有效性、法律责任的边界、市场竞争活力等问题,监管措施主要是从金融机构端入手,提高透明度要求、加强内控管理、防止市场垄断等。

第三,对于新货币,一是关注法币电子化即电子货币带来的货币内生性问题,可能导致货币需求稳定性下降、削弱中央银行对货币供应的控制力,货币政策数量型工具传导发生改变。二是私人数字货币尚未在广泛意义上形成资产价值信任,价值不稳定决定了其难以成为真正的货币。各国当前主要关注其在融资和交易方面的应用,纳入现有证券或相关监管框架,强调为加密代币提供交易和兑换服务的主体在反洗钱及反恐融资方面的适用性要求。三是对于法定数字货币实践和探索较少,仍处在概念验证阶段,如加拿大央行的 Jasper 项目、新加坡金管局的 Ubin 项目、香港金管局的 Lionrock 项目、欧洲中央银行和日本央行联合开展的 Stella 项目等。

新技术和新数据方面,"技术中立"原则被各国普遍认可和实践,对科技在金融领域的运用,持审慎中立态度。如关注人工智能技术在投资管理领域的应用，监管对智能算法信息披露、智能投顾营运人信义义务、投资人资格等方面提出了严格要求。对个人金融信息保护、数据垄断、数据运用有效性和公平性问题，各国际组织及经济实体进行了广泛的立法实践和政策研究。但从本质上讲，大数据、区块链、人工智能等新技术带来的影响并非金融领域的原生问题或独有问题，而是其基本特征在金融行业的反映和表现，需要金融监管作出边际改进与优化调整。

第四，国际上，监管科技主要源于被监管机构采用信息技术手段，辅助满足监管部门的合规要求，即合规科技。其主要驱动因素是应对不断趋严的全球金融监管态势、日益增长的监管报告要求及更高的监管标准带来的高额罚款风险。在我国，防范化解金融风险的要求，以及应对监管资源和能力不足的压力，使监管科技被赋予更多的内涵，强调运用大数据、人工智能等新兴技术为金融监管提供支撑和辅助，希望借此弥补监管短板，立法刚性以及规制滞后的不足。从本质上看，监管科技与金融科技属于两类不同的概念体系，二者并行发展，有一定的联系，但不具有因果关系，也不是包含与被包含的关系。

三、我国金融科技监管的思考

（一）客观认识中外金融科技发展与监管环境的差异

无论我国金融科技与互联网金融现阶段是否存在差异，未来前者是否会取代后者，二者的产生发展源于共同的制度背景。我国互联网金融业务模式的核心特征是未持金融牌照，依托网络、面向不特定公众提供金融服务。技术的优势很大程度上体现在"资金端"，即通过网络向公众销售各类金融产品，在金融服务的其他环节（如资产端的获取、风控模式等）与传统金融机构并无实质差异。一些互联网巨头依托流量优势不断拓展业务边界，切入支付、放贷、理财、保险等领域，成为综合经营的"金融+企业"集团，一方面以多牌照为掩护，跨界打通多种金融业务，形成边界模糊的金融产品，利用不同领域的制度差异进行套利；另一方面依傍背后金融机构或互联网巨头股东的扶持，或形成资产刚兑或低价倾销，基于网络效应和规模效应迅速做大。

面对这些从事金融活动的"新形态"，我国监管体制表现出明显的应对能力不足。一是功能监管缺位，只对发牌的机构监管，从事相同业务的未持牌机构没人管，往往等到资金链断裂才由公安部门接手，且刑罚不重，威慑不足。二是综合监管缺位，传统金融机构只能分业经营，而非金融企业可以自由地通过控制多类金融牌照，组合出交叉混业的金融产品。客观形成对传统金融机构和所谓"新金融业态"的监管强度差异，后者在极低的监管成本下得以快速发展，其竞争优势在发展之初并非自身技术能力的体现。

互联网金融乱象深刻地反映出我国金融监管体制与科技驱动下金融活动快速变化趋势之间的矛盾,这是下阶段我国金融科技发展的体制背景。这与早已实现功能性金融监管、全覆盖监管、社会信用和法制环境相对成熟的发达国家不同。为此,我国金融科技的监管需要重点关注和解决的问题可能不仅仅是科技层面的,而更多是金融层面的,包括对科技改变金融过程中可能出现的监管空白的及时弥补、监管方式和手段的调整优化等。

(二) 科技对我国金融体系的改变与展望

随着对互联网金融乱象整治的深入,无牌办金融、监管套利型"创新"等将被逐步纠偏,未来新数据、新技术对我国金融体系的改变可能呈现新的趋势。

一是信息获取和处理的方式可能改变,风险防控方式随之改变。技术进步使金融科技机构收集企业"内生信息"(生产经营信息、物流信息、企业高管信息等)成为可能,并可与企业的财务报表进行交叉验证,部分具有基础设施属性的网络平台还可借助企业对平台的商业依赖来抑制其信用违约,风险管控的方式随之改变。

二是部分金融科技公司凭借信息处理的比较优势,成为新型金融中介,部分可能演化为金融基础设施。随着大量数据向科技公司集中并被处理,科技公司在客户获取、金融产品设计、风险控制、服务策略等方面逐渐累积能力,进而创新出传统金融机构无法提供的"高壁垒"产品和服务,甚至利用交叉销售、补贴定价、延长账期等方式非正常地派生客户的金融需求,这些科技公司可以直接获取金融牌照,或选择与持牌金融机构合作为客户提供金融服务[①]。在一些具有强网络效应和规模效应的领域可能形成由技术公司主导的金融基础设施,并凭借其数据垄断能力和数据处理能力强者愈强,影响市场竞争格局。

三是金融产品的属性、金融和非金融的边界越发模糊。更多基于客户特征、以内生化方式识别和催生的金融需求很难以业态为界。为满足客户需要,不同金融功能被嫁接组合,行业壁垒被击穿,产品属性不再清晰。一项金融服务由多主体合作提供,风险边界和责任边界含糊不清,每一主体都有动力将业务活动"出表"。科技公司为金融机构提供"提质增效"的外包服务,逐渐承担金融机构"前台"和"后台"甚至更多功能,到底谁是金融机构?科技服务、信息服务区别于金融服务的关键环节在哪里?越发难以识别。

四是金融活动的跨境化和"去货币化"趋势可能加速。技术发展使新支付

---

① 部分科技公司凭借其强大的导流或销售能力,逐步成为持牌金融机构的前台/产品销售者,持牌金融机构退居后台不直接面对客户;部分在数据分析、风险控制、交易策略方面具有比较优势的科技公司可能成为持牌金融机构的后台,为金融机构提供金融服务个别环节的外包服务。

中介出现，弱化甚至消除了银行在跨境支付中的中介作用；进一步地，随着数字货币的发展、TOKEN-BASE 的支付方式兴起，用户之间可点对点实时转账，不再需要支付中介。随着货币兑换和支付方式的变革，本就具有虚拟服务特征的金融服务可能出现服务主体境外化、数据处理跨境化的趋势。随着科技的发展，货币的内涵也在发生变化，传统的货币三大功能：交易媒介、计价单位、财富储存可能分离，具有高流动性、价值稳定的资产都可能在局部领域成为支付和交易媒介，甚至成为有实无名的货币。

（三）我国金融科技监管的策略和方法

1. 多角度、审慎看待科技对金融发展的影响

科技在金融领域的加速运用，可能会提高我国金融服务的整体效能，但也可能带来影响深远的挑战。更多的"挑战者"、更复杂的商业模式、更不易控的技术，金融体系在变革中风险隐蔽性增加。有些新模式从微观层面看改进了消费者福利，但从宏观看可能产生系统不稳定或宏观风险。我国金融法律制度相对滞后，金融监管空隙较多，对科技在金融领域的运用，须持审慎中立的态度，给予金融科技发展一定的观察和验证期，避免政府部门的代位推动、过度宣传，造成市场一哄而上、一放就乱。

2. 审慎界定金融和科技的边界，坚持实质重于形式的原则

在金融科技领域，金融活动、科技活动和信息活动的界限并不清楚，这对有效金融监管提出了挑战。比如，我国 P2P 网络借贷信息中介虽然称为"信息中介"，但其运营模式与信用中介并无二致。从理论上说，纯粹的信息中介本质是在充分信息对称下实现金融服务"去中介化"，但去中介化的模式是否可行，取决于信息是否可能完全充分，信息消费者是否能有效处理，以及信息中介本身是否存在道德风险，客观信息不对称永远存在。与此相似，国内许多"数据服务商"以科技公司自居，商业模式是为银行贷款提供基于多维数据的信用评估服务，其本质仍然是信用评估。由此可见，对金融科技的监管，不能仅看金融科技公司"叫什么"，更重要的是看其真正"做什么"。只要在信息不对称的处理中承担作用，并借此辅助金融资源的跨空间、跨时间配置的机构，就需要接受适当的市场准入和持续监管。

3. 落实对新主体、新流程的全覆盖监管，根据技术的特点调整和优化监管方法

一是对于科技公司直接开办金融服务，落实监管覆盖。这在已经实现功能监管的成熟国家并不是问题，但在目前却是我国金融科技监管面临的最大难题，主要是谁来负责监管、地方金融管理部门发牌的机构是否能够在全国范围内展业。总体来看，只要做相同的业务，监管的标准应该一致，监管主体和从业机构展业

空间范围应保持一致①。强化对类似"余额宝"的交叉混业产品及综合性业务的穿透式监管，综合全环节业务信息判断实质并落实相应监管要求。由人民银行牵头，建立对科技驱动的金融创新活动的识别、评估和定性机制。

二是对科技公司与持牌金融机构合作开办金融服务，尽快明确金融外包服务的监管要求。首先是明确外包服务负面清单，金融机构的核心业务不应外包，也不应允许科技公司完全成为金融机构的"前台"；其次是明确金融机构与其外包服务商各自的法律和风险责任，外包服务商不得完全免除法律和风险责任，防止过度激励；最后是建立对外包服务商的延伸管理制度，压实金融机构对其外包服务商的管理责任。

三是针对科技运用于金融服务可能带来的新问题，加强行为监管和宏观审慎管理要求。包括：面向长尾人群可能引发的误导销售及欺诈行为、资金安全存管、合同及交易公平等问题；大量使用各类数据信息引发的公民隐私信息保护问题；金融服务便捷性过高带来的过度金融服务问题和金融体系顺周期性、波动性增加问题。另外，加强国际监管合作，探索长臂监管方法。

4. 及早应对新数据和新技术可能带来的赢者通吃问题

互联网和数据产业具有强规模效应和网络效应，目前在我国部分金融科技领域已经形成了事实上的垄断态势，一些大技术公司借助技术优势进一步延伸到其他金融服务领域，甚至成为公共基础设施。短期看其产品服务"物美价廉"，改进了消费者福利，从商业逐利的本质看，一旦其垄断或寡头地位得到巩固，可能进一步剥夺消费者剩余，限制新进入者的竞争和创新。具有数据垄断优势的大型平台可能进一步延伸到舆论和政治领域，挑战、倒逼规则制定，对此应保持高度警惕，综合采取要求数据开放、反补贴反倾销、禁止进入重要金融基础设施领域、强制分拆和剥离部分业务等措施，保持市场竞争活力。

5. 更多运用"判例式"监管方法，对新问题保持灵活的动态反应和较高的调整效率

监管是建立在市场实践基础之上的规则体系和制约力量。科技作为高速发展和活跃创新的领域，其商业模式、业务形态以及风险表现多具有易变、多变、快变的特点，应注重培育监管的敏锐性和快速反应能力，使监管的速度与科技驱动的金融创新活动进化的速度相适应。在我国现行的监管实践中，金融监管趋向于以成文规则为依据的规则监管，但由于规则制定具有较长的时滞，很多创新活动在很长时间内面临无所适从的状态。可考虑更多采用"判例法"为国家的立法方法，对于新兴业务，在其萌芽阶段进行监管要求判定和公开解读，条件成熟时

---

① 纪志宏. 互联网金融的发展与监管探讨［M］//黄卓，等. 金融科技的中国时代：数字金融12讲. 北京：中国人民大学出版社，2017.

再抽象为普适性的监管规则。

6. 加强数据导向的监管技术系统建设，提高事前和事中风险识别能力

从我国监管部门对科技的运用来看，未来有三个应用重点：一是运用网络信息扫描的方式，及时识别非金融企业在监管范围之外从事金融活动，以及对这些金融活动存在的风险程度进行预警，据此进行风险处置。二是对纳入监管范围的机构，以高频、电子化的方式收集连续的数据信息，降低手工、过时的数据信息报送方式造成的风险和违规行为识别时滞。① 三是对被监管对象报送的数据信息，通过将监管规则翻译成"算法语言"，对海量的信息进行自动化（非人工）分析，从中发现风险和问题。监管部门还可以收集更多维度的数据信息进行关联和比对，并进行跨市场、跨机构的系统性风险识别评估。

参考文献

[1] 北京大学数字金融研究中心. 美国金融科技考察报告 [R]. 2017, 6-32.

[2] 波士顿咨询公司. 金融科技的国际发展趋势与监管动态 [R]. 2017 (9).

[3] 纪志宏. 互联网金融的发展与监管探讨 [M] // 黄卓, 等. 金融科技的中国时代：数字金融12讲. 北京：中国人民大学出版社, 2017.

[4] 李敏. 金融科技的监管模式选择与优化路径研究——兼对监管沙箱模式的反思 [J]. 金融监管研究, 2017 (11)：21-36.

[5] 李伟. 金融科技发展与监管 [J]. 中国金融, 2017 (4)：14-16.

[6] 李文红, 蒋则沈. 金融科技发展与监管：一个监管者的视角 [J]. 金融监管研究, 2017 (3)：1-13.

[7] 李文红. 金融科技牌照管理的国际借鉴 [J]. 中国金融, 2017 (9)：21-23.

[8] 刘春航. 金融科技对金融稳定的影响及各国应关注的金融科技监管问题 [J]. 金融监管研究, 2017 (9)：1-20.

[9] 彭文生. 金融科技的货币含义 [J]. 清华金融评论, 2017 (9)：25.

[10] 孙国峰. 监管科技重构兼容监管软实力 [J]. 清华金融评论, 2018 (3)：1.

[11] 伍旭川, 刘学. 金融科技的监管方向 [J]. 中国金融, 2017 (3)：55-56.

---

① 需注意的是，除非监管部门将监管技术系统内嵌到被监管机构的业务系统中实现实时"镜像"，否则这种数据信息可能仍然是由被监管对象"报送"而非实时数据采集，仍无法完全避免被监管机构瞒报和错漏问题。

[12] 徐忠, 邹传伟. 区块链能做什么, 区块链不能做什么 [J]. 中国人民银行工作论文, 2018 (4).

[13] 朱太辉, 陈璐. Fintech 的潜在风险与监管应对研究 [J]. 金融监管研究, 2016 (55): 18 – 32.

[14] Financial Stability Board. Fintech: Describing the Landscape and a Framework for Analysis, 2016 (3).

[15] Financial Stability Board. Artificial Intelligence and Machine learning in Financial Services, 2017 (11).

[16] HM Treasury, FCA, Bank of England. Cryptoassets Taskforce: final report, 2018 (10).

[17] IOSCO Research Report on Financial Technologies (Fintech) 2017: 2 – 9.

[18] UK Government Office for Science. Fintech Future [R]. 2015 (3).

完善系统重要性金融机构监管的国际经验及我国的政策建议

中国人民银行金融稳定局课题组

课题主持人：杨　柳
课题组成员：张甜甜　刘　勤　苗萌萌　孙寅浩　刘　通　陈　盼　陈　伟

一、引　言

（一）2008年国际金融危机引发的反思

2008年，全球遭遇了自大萧条以来最为严重的金融与经济危机。这是在金融领域去监管化和自由化背景下，长期积累的金融风险的总爆发。危机中，贝尔斯登、雷曼兄弟公司、美国国际集团（AIG）、花旗集团等大型金融机构纷纷陷入困境甚至濒临破产，重创了全球金融体系，加剧了金融危机的恶化和蔓延，并导致欧洲部分国家因救助成本巨大而加重主权债务危机。危机集中暴露出当时金融监管体系的主要弱点和缺陷，即缺乏对系统性风险的有效防范，对大型复杂金融机构监管不力，"大而不能倒"问题突出，对消费者和投资者保护不足，对规模巨大的场外衍生品市场和影子银行体系缺乏监管等。其中，具有系统重要性的大型复杂金融机构监管制度不健全的问题尤其突出，亟须出台相应制度安排。

一是系统重要性金融机构经营失败导致危机迅速蔓延，破坏性强。系统重要性金融机构在金融体系中居于重要地位，承担关键功能，如果发生重大风险，将对金融体系和经济活动造成较大破坏。一方面，系统重要性金融机构的交易对手面临信用风险，可能直接遭受重大损失；另一方面，系统重要性金融机构作为许多机构的主要经纪人，其倒闭使这些机构不能正常开展业务。此外，系统重要性金融机构被迫出售资产偿还债务，可能引发大范围的资产价格重估，形成"止损—卖出—再止损—再卖出"的恶性循环，加剧金融市场波动，引发系统性风险。

二是系统重要性金融机构规模巨大，结构复杂，处置难度高。以雷曼破产为例，该公司在全球的债权人共提出涉及1.2万亿美元的债权主张，其中仅金融衍生品合约就涉及6000个交易对手、90万份交易合约的处置。雷曼破产后，各衍生品交易对手方面临提前终止合约、延迟终止合约等多项选择，且需同时处置合约所涉及的担保品（主要为证券类资产），对金融市场造成极大压力，导致风险在金融体系内加速传染。由于雷曼母公司不能提供日常资金支持,其在全球 21 个国家的 209 家子公司也只能纷纷向经营所在地的法院申请破产。

三是系统重要性金融机构救助成本高,增加了财政负担。考虑到系统重要性金融机构经营失败带来的巨大负外部性,政府往往不得不花费高昂的成本进行救助,以避免对金融体系和实体经济造成更大冲击。在 2008 年国际金融危机中,美联储和美国财政部共向 AIG 注入 1800 亿美元的资金,才避免其陷入破产;欧盟委员会批准了英国、法国、德国、西班牙、荷兰和奥地利等 10 个成员国提出的救助计划,总额超过 1.5 万亿欧元。高昂的救助成本不仅损害了纳税人的利益,也加剧了国家财政风险,如欧洲部分国家的主权债务危机因此进一步加重。

四是系统重要性金融机构存在"大而不能倒"的道德风险。由于对金融稳定影响巨大,系统重要性金融机构形成政府不会任其倒闭的预期,进而采取更加激进的经营方式,存在过度使用杠杆、大量开展金融衍生品交易等高风险业务、金融机构高管享受超额薪酬等问题,道德风险高企。

危机后,国际组织和主要发达经济体针对系统重要性金融机构建立专门的识别、监管和处置制度安排,并将其作为宏观审慎管理框架的重要内容。

(二) 本文研究的问题及意义

随着我国金融体系不断发展,个别金融机构规模庞大,已跻身全球系统重要性金融机构之列。工商银行、农业银行、中国银行、建设银行已被认定为 G – SIBs,且在评估中的得分和排名呈上升趋势;平安保险集团也是全球 9 家 G – SIIs 之一。同时,我国金融体系关联度持续上升,同业负债迅速扩张,表外业务快速发展,整个金融体系的复杂性不断增加。部分规模较大、复杂度较高的金融机构因与其他金融机构关联度高而居于金融体系的核心,其经营情况和风险状况关系到金融体系整体的稳健性。因此,完善我国系统重要性金融机构监管制度对于防范系统性风险、强化宏观审慎管理至关重要。

我国高度重视系统重要性金融机构监管工作。2017 年 4 月,习近平总书记提出"三个统筹",即统筹监管系统重要性金融机构,统筹监管金融控股公司和重要金融基础设施,统筹负责金融业综合统计。按照党中央决策部署和国务院工作安排,2018 年 11 月,人民银行、银保监会、证监会联合发布《关于完善系统重要性金融机构监管的指导意见》(以下简称《指导意见》),明确了系统重要性金融机构监管的宏观政策框架,并将于下一步推出具体的实施细则,明确更多的监管要求和操作细节。本文拟在《指导意见》提出的宏观政策框架基础上,提出系统重要性金融机构的具体评估指标、详细监管要求以及处置机制具体安排,为完善我国系统重要性金融机构监管提供借鉴。

(三) 研究思路、创新点及内容安排

系统重要性金融机构的监管框架分为评估、监管和处置三个环节。本文拟通过梳理每个环节中国际组织的相关标准及主要发达经济体的具体实践，总结系统重要性金融机构评估、监管和处置应具备的基本要素。在此基础上，结合我国金融业发展和监管体制的实际情况，分银行、证券、保险三个行业提出我国系统重要性金融机构的具体评估指标、详细监管要求以及处置机制具体安排。

本文的创新之处在于，一是系统阐述系统重要性金融机构监管框架所应具备的制度要素。二是研究论证针对我国系统重要性金融机构的有关审慎性监管标准，包括附加资本、附加杠杆率等，以及压力测试等创新监管工具在具体监管中的运用。创新提出采用连续法加分组法的方式确定附加资本水平，以使监管强度和机构系统重要性程度相匹配，防止出现"陡壁效应"。三是结合国际最新改革实践和趋势，结合我国现实国情，探索构建存款保险与最后贷款人机制相结合的系统性风险防范与处置框架。

需要注意的是，吸取危机教训，在2009年G20匹兹堡峰会上，各国领导人一致承诺，所有标准化衍生品均应通过中央对手进行清算。我国已于2014年7月起强制要求国内证券交易商及其客户所进行的所有在岸人民币利率互换交易执行集中清算。这一安排也增加了部分金融市场基础设施的系统重要性。限于篇幅和研究时间，本文未涉及对金融市场基础设施系统重要性的认定、监管及处置等内容。

本文其余章节结构如下：第二部分重点阐述系统重要性金融机构的内涵及评估框架的国际经验，第三部分重点阐述系统重要性金融机构监管的原则及国际实践，第四部分对构建系统重要性金融机构有效处置机制的原则及国际实践进行总结，第五部分在前述理论及国际经验探讨的基础上，结合我国金融业实际情况，提出完善我国系统重要性金融机构监管的政策建议。

二、系统重要性金融机构的评估

评估何种金融机构为具有系统重要性的金融机构是有效监测、衡量和防范系统性金融风险的重要内容和先决条件。从实践来看，目前主要有全球系统重要性金融机构（G-SIFIs）和国内系统重要性金融机构（D-SIFIs）两种评估机制。G-SIFIs评估主要识别那些一旦倒闭对全球金融体系及市场带来重大冲击的金融机构，D-SIFIs评估侧重识别那些一旦倒闭对一国金融体系及市场带来重大冲击的金融机构。

(一) 系统重要性金融机构的内涵

系统重要性金融机构是指因规模较大、结构和业务复杂度较高、与其他金融机构关联性较强,在金融体系中提供难以替代的关键服务,一旦发生重大风险事件而无法持续经营,将对金融体系和实体经济产生重大不利影响、可能引发系统性风险的金融机构。设定识别系统重要性金融机构的标准,必须先明确系统重要性金融机构的特征。根据 2008 年国际金融危机的经验教训,全球或国内系统重要性金融机构通常具有以下特征:

规模巨大。系统重要性金融机构的业务通常占全球或国内业务的比重较大,因此其倒闭后难以在短时间被其他机构替代,引起全球或国内金融市场混乱,影响市场参与者对整个金融体系的信心,进而对全球或一国经济造成损害。例如,2008 年国际金融危机期间,美国第二大商业银行花旗集团股价的跳水曾引领美国股市金融板块的大范围下跌,并最终带动道琼斯指数的持续下挫,其时花旗集团资产规模高达 2 万亿美元,在全球 109 个国家和地区设有分支机构,全球雇员总数超过 35 万人。

结构复杂。系统重要性金融机构通常具有较为复杂的组织结构,如拥有众多子公司,股权结构复杂。其业务也呈现多样化和复杂性,如 2008 年国际金融危机期间,AIG 为大量基于房地产市场的担保贷款凭证(CLO)和担保债务凭证(CDO)提供信用违约互换(CDS)保护,这些产品结构复杂,底层资产经过层层打包而难以看清,不利于风险的评估。

关联性强。系统重要性金融机构通常拥有较多的交易对手,使其在全球或一国金融体系中处于核心地位,一旦其发生债务违约,将会波及众多金融机构,导致其他金融机构产生较大损失。如雷曼兄弟公司破产时,其在全球的债权人共提出涉及 1.2 万亿美元的债权主张,其中仅金融衍生品合约就涉及 6000 个交易对手、90 万份交易合约的处置。

在金融体系中承担关键功能。系统重要性金融机构作为市场参与者和服务提供者,通常在托管、支付、清算、承销等业务方面占据较高的市场份额,具有较强的不可替代性。一旦其发生风险无法继续提供此类服务,将导致金融市场相应服务的中断,严重影响市场的正常运行。

(二) 评估框架的国际经验

基于系统重要性金融机构的上述特征,2008 年国际金融危机后,有关理论研究开始关注对系统重要性金融机构的识别和认定机制,以此构建有效的系统性金融风险监测框架。现有讨论大多集中在如何评价单一机构对系统性风险的贡献程度。Adrian 和 Brunnermeier(2009)提出应用 CoVAR 的方式测算金融机构的系统重要性程度,即计算在特定机构存在风险的压力条件下整个金融系统的在险值(CoVaR),与正常时期的金融系统 VaR 比较,反映单家机构的系统重要性程度。Segoviano 和 Goodhart(2009)提出通过测量单家银行倒闭条件下其他银行倒闭概率,来度量单一机构系统性影响。Acharya 等人(2009)考虑了整个金融部门的"外部性"影响,将极端影响下的系统损失作为系统性风险的衡量标准,衡量了单一机构的边际成本。此外,也有部分研究从机制角度试图理解金融网络条件下的金融机构行为,如 Allen(2009)、Allen 和 Babus(2010)等将对银行的行为分析放在不同的金融网络结构中讨论。上述研究虽然突出了系统重要性金融机构的实质特征,即具有较高的系统性影响,但由于在测度方法上采用了复杂的计量模型,对数据的时间序列长度、精细度以及模型的校准等方面要求较高,在实践中可行性较差。

从国际经验来看,2008 年国际金融危机后,金融稳定理事会(FSB)、巴塞尔银行监管委员会(BCBS)、国际保险监督官协会(IAIS)等国际组织以及美国、欧盟、英国等发达经济体在系统重要性金融机构的评估和认定方面开展了一系列工作,目前已初步明确了相应的全球、区域或国内系统重要性金融机构的评估和认定框架。

1. 全球系统重要性金融机构

FSB、国际货币基金组织(IMF)、国际清算银行(BIS)在 G20 框架内开展了一系列针对金融机构、金融市场与金融工具系统重要性的研究。在对 30 多个主要国家关于"系统重要性"的识别及分析技术进行汇总比较后,它们提出了从规模(Size)、可替代性(Substitutability)和关联度(Interconnectedness)三个方面对机构、市场及工具的系统重要性进行评估[1]。全球央行行长委员会(GHOS,2011)在关于 G–SIFIs 的认定上则进一步明确了资产规模、关联度、不可替代性、全球业务的复杂程度几个方面的评价标准[2]。BCBS 与 IAIS 分别就银行业及保险业进一步提出了系统重要性程度的评估框架。

(1)全球系统重要性银行的评估框架及认定程序

2011 年,BCBS 首次发布《全球系统重要性银行:评估方法与更高损失吸收能力要求》,并于 2013 年和 2018 年两次更新。现有评估框架采用基于多个定量指标的打分方法,确定了以资产规模、跨境业务、关联度、可替代性以及复杂性 5 个维度共 13 项指标对全球系统重要性银行进行识别和评价的模式,5 个维度的

---

[1]《金融机构、金融市场和金融工具系统重要性评估指引:初步考虑》,IMF–BIS–FSB,2009 年 10 月,www.financialstabilityboard.org/publications/r_091107c.pdf。

[2] 引自 BIS 于 2011 年 6 月发布的新闻稿:Measures for global systemically important banks agreed by the Group of Governors and Heads of Supervision,https://www.bis.org/press/p110625.htm。

权重各为20%（见表1）。

表1　　　　　　　　　　G – SIBs 评估指标体系

维度	指标	权重
跨境业务	跨境债权	10%
	跨境负债	10%
规模	根据《巴塞尔协议Ⅲ》框架中杠杆率口径计算的总敞口*	20%
关联度	金融体系内资产*	6.67%
	金融体系内负债*	6.67%
	未兑付证券余额*	6.67%
可替代性/金融机构基础设施	托管资产	6.67%
	支付业务	6.67%
	债券和股权市场承销交易规模	3.33%
	二级市场交易规模	3.33%
复杂性	场外衍生品名义金额*	6.67%
	三级资产*	6.67%
	交易性和可供出售证券价值	6.67%

注：*表示并表范围拓展至保险业务。

基于上述标准，G – SIBs 的认定遵循以下程序：

第一，确定样本银行，由样本银行向其监管部门提交评估所需数据。满足以下条件之一即被选取为样本银行：①根据《巴塞尔协议Ⅲ》的杠杆率风险敞口计量方法（包括保险子公司敞口）所筛选出的总资产全球排名前75位的银行；②上一年度中被认定为 G – SIBs 的银行；③由银行母国监管部门通过监管判断认为应纳入样本的。

第二，对样本银行按照上述5个维度13项指标的表现进行打分，得分超过一定阈值（如130分）的银行将被认定为 G – SIBs，并按其得分的高低归入 G – SIBs 不同的组别。

第三，对于得分低于阈值的样本银行，可以基于补充指标和定性指标等，通过监管判断纳入 G – SIBs 名单。BCBS 制定了四项监管判断原则：一是设定严格的监管判断标准，且仅用于极少数案例；二是应关注银行破产的全球系统性影响，而非破产概率；三是识别 G – SIBs 不应考虑处置框架；四是监管判断应同时包括可验证的定量信息和定性信息。

第四，对 G – SIBs 定期评审和更新。BCBS 每年根据最新数据对样本银行进行重新评估，更新 G – SIBs 名单并公开发布。

（2）全球系统重要性保险机构的评估框架及认定程序

2013年6月，IAIS初步提出关于G-SIIs的三步走评估框架①，并于2016年6月进行了更新。当前的评估方法从规模、全球活跃度、关联性、资产变现、可替代性5个维度共17项指标进行评估（见表2），认定程序与G-SIBs相似。

表2　　　　　　　　　　　G-SIIs评估指标体系

类别	子类别	指标	权重
规模		总资产	2.5%
		总收入	2.5%
全球活跃度		母国之外的收入	2.5%
		有分支机构的国家数量	2.5%
关联度	对手方风险	金融机构间资产	6.7%
		金融机构间负债	6.7%
		再保险	6.7%*
		衍生品交易规模	6.7%
	宏观经济风险	金融衍生品（CDS或类似的衍生品工具）	7.5%*
		财务担保	7.5%*
		变额年金产品的最低保证	7.5%
资产变现		非保险负债和非保险收入	7.5%
		短期融资	7.5%
		三级资产	6.7%
		流通率	6.7%
		负债流动性	7.5%
可替代性		特定业务保费收入	5%

注：*此处为绝对基准值。

2. 区域及国内系统重要性金融机构

（1）美国

美国的系统重要性机构包括大型银行控股公司（BHC）、外国银行组织在美国的大型分支机构（FBO），以及具有系统重要性的金融市场基础设施（FMU）和非银行金融公司（NFC）。其中，前两类由美联储评估认定，后两类由金融稳定监督委员会（FSOC）评估认定，评估方法上也综合运用了定量指标和定性分析。

美国关于系统重要性银行的认定标准基本沿用了国际上关于G-SIBs的认定

---

① 详见IAIS《全球系统重要性保险机构：初步评估方法》，2013年7月18日。

标准，资产规模超过 2500 亿美元的银行控股公司需计算其系统重要性得分。实践中，美联储发现美国前八大银行的系统重要性得分远高于其他银行，因而将其认定为国内系统重要性银行。对系统重要性非银行金融机构（如对冲基金、私募基金、保险公司、股票经纪公司），主要是从规模、关联性、可替代性、杠杆、流动性风险和期限错配及现有监管审查等方面出发，其样本机构范围的划定标准为资产超过 500 亿美元，且满足以下任何一条：超过 300 亿美元的信用违约互换、超过 35 亿美元的衍生性金融负债、超过 200 亿美元的贷款发放和债券发行规模、15∶1 及以上的杠杆比率、高于 10% 的短期负债率等。

（2）欧盟

2013 年 10 月，为增强监管协调性，防止监管套利，欧盟设立单一监管机制（SSM），由欧洲央行具体负责，欧洲央行及成员国监管当局共同参与。SSM 根据规模、对欧盟或成员国经济的重要性、跨境活动的重要性三个维度来判断金融机构是否具有很高系统重要性。如果欧盟内的信用机构满足下列条件之一，原则上则被认定为在欧盟范围内具有很高重要性并接受欧洲央行的直接监管：①总资产超过 300 亿欧元；②总资产与母国 GDP 的比值超过 20%（总资产低于 50 亿欧元的除外）；③接受欧洲稳定机制救助的机构；④总资产超过 50 亿欧元，并且在母国外的多个成员国的跨境资产（负债）占其总资产（负债）的 20% 以上。此外，SSM 对认定标准具有裁量权，可根据定性条件对系统重要性银行直接进行认定。

（3）英国

英国对系统重要性金融机构的认定采取两步法，第一步按照规模、重要性、复杂性、关联度四大类指标计算系统重要性得分，得分超过 350 分即被认定。第二步将剩余机构按业务性质分为六大类，分别设置细化标准并计算系统重要性得分，得分大于 100 分的机构将被认定。此外，审慎监管局（PRA）还有权酌情将得分低于 100 分的机构认定为系统重要性金融机构。

三、系统重要性金融机构的监管

对系统重要性金融机构进行认定的目的在于加强监管，以降低其经营失败的风险及因经营失败对社会带来的危害。根据系统重要性金融机构的特征，其监管应具有附加性，即在对普通金融机构的监管标准基础上提出更高的监管要求，以兼顾监管的一致性及特殊性要求。监管应从限制规模发展、限制业务活动、提升风险管理水平等维度开展。2008 年国际金融危机后，国际组织、主要发达经济体分别建立了关于全球系统重要性金融机构和区域、国内系统重要性金融机构的监管框架。

(一) 对系统重要性金融机构监管的原则

鉴于系统重要性金融机构规模巨大、结构复杂、关联性强、在金融体系中承担关键功能,对其施加的额外监管要求应遵循以下原则:

一是限制规模发展。对于过大的规模给予更严格的监管,包括更高的资本充足率要求、更高的损失吸收能力要求、更严格的资本规划及压力测试要求、更密集的监管检查及更多的信息披露要求等,通过这些监管措施限制金融机构的规模过快发展,以尽可能地降低其系统重要性,进而降低其经营失败对社会造成的影响。

二是限制业务活动。限制系统重要性金融机构业务活动的复杂程度,并限制金融机构的自营交易,主要目的是通过约束其业务行为,降低系统重要性金融机构承担的风险和与其他金融机构的相互关联,进而降低其经营失败的概率和一旦经营失败对金融体系造成的影响。

三是提升风险管理能力。较强的风险管理能力能够降低系统重要性金融机构经营失败概率。系统重要性金融机构应具有完善的治理架构,其董事会和高级管理层应在风险管理、内部控制、外部审计及配合监管等方面充分发挥职能和作用,以增进公司治理的稳健性。系统重要性金融机构应自上而下建立良好的风险文化,建立与风险承担行为相匹配的薪酬机制。

(二) 系统重要性金融机构监管的国际经验

1. 全球系统重要性金融机构监管要求

2009年以来,FSB、BCBS、IAIS针对全球系统重要性银行和保险机构的监管提出了多项要求。

(1) 全球系统重要性银行

在资本管理方面,要求 G-SIBs 具有更高的抗风险能力和损失吸收能力。G-SIBs 按照系统重要性程度分为五组,分别执行 1%、1.5%、2%、2.5% 和 3.5% 的附加资本要求,以及 0.5%、0.75%、1%、1.25% 和 1.75% 的附加杠杆率要求,且附加资本须由核心一级资本来满足。此外,G-SIBs 还需满足总损失吸收能力 (TLAC) 要求[1],2019年初的 TLAC (主要由资本和合格债务工具组成) 应达到风险加权资产的 16% 和杠杆率分母 (银行表内外名义敞口) 的 6%,

---

[1] TLAC 是指 G-SIBs 在进入处置程序时,能够通过减记或转股方式吸收银行损失的各类资本或债务工具的总和。通过实施 TLAC 要求,有助于确保 G-SIBs 在进入处置阶段时尽量自救,降低政府救助的概率和道德风险。目前,按照 FSB 的规定,各国 TLAC 工具主要包括核心一级资本工具、其他一级资本工具、二级资本工具、高级非优先债务及高级无担保债务五类。

2022 年初达到风险加权资产的 18% 和杠杆率分母的 6.75%；新兴市场 G-SIBs 延后 6 年执行 TLAC 要求，若新兴市场经济体信用债余额[①]/GDP 超过 55%，应在 3 年内开始实施 TLAC 要求。

在治理架构方面，BCBS 要求 G-SIBs 应建立与其业务性质、风险状况和系统重要性程度相适应的公司治理制度和全面风险管理框架。FSB 在《关于有效风险偏好框架的原则》中规定了董事会、首席执行官、首席风险官、首席财务官和内部审计等治理主体在建立和完善系统重要性金融机构风险偏好框架的过程中应发挥的角色和职能，并着重强调了董事会应承担审批风险偏好框架、定期审查和监控实际风险状况等职责。

在风险管理方面，BCBS 在《有效数据收集及数据报告原则》中指出，G-SIBs 应当加强风险数据收集能力，完成风险数据的识别、收集和整理工作，便于银行衡量自身风险承受能力。其中，风险数据应具有完整性、精确性、全面性、及时性和适应性等特征，风险管理报告应实现精确性、清晰性、可理解性、实用性、连续性。

在信息披露方面，BCBS 在其修订的《G-SIBs 评估方法与更高损失吸收能力要求》中明确了对 G-SIBs 的披露要求，即每财年末，对于所有杠杆率敞口（包括保险子公司敞口）超过 2000 亿欧元的银行，所在国监管当局应要求其公开披露全球系统重要性评估的 13 项指标。其他在门槛线下但因监管判断或者上一年度被认定为 G-SIBs 的商业银行，监管当局也应要求其遵守披露要求。

在监管合作方面，鉴于 G-SIBs 通常具有较大规模的跨境业务，为避免监管协作不畅导致系统性风险，FSB 和 BCBS 要求母国和东道国监管当局加强对 G-SIBs 的监管合作，实现监管协同和信息共享。

(2) 全球系统重要性保险机构

为建立全球统一的保险集团资本标准，IAIS 设计了三步走的策略：第一步，针对 G-SIIs 所有业务，制定基础资本要求（BCR），并将监管资本要求作为其下限，即当保险机构资本水平高于监管资本要求时，监管部门不对其经营进行干预；第二步，在 BCR 基础上，主要针对其非传统非保险业务，提出 HLA 要求，HLA 的主要目标是降低一家 G-SII 陷入危机或倒闭的概率及其对金融体系的影响；第三步，针对国际活跃保险集团（IAIGs，范围比 G-SIIs 更广），制定基于集团风险评估的全球保险资本标准（ICS）。在 ICS 未实施前，先以 BCR 和 HLA 之和作为 G-SIIs 的资本要求；一旦 ICS 实施，其将替代 BCR 成为 HLA 的基础。2014 年 10 月，IAIS 公布了 BCR 标准，完成了计划的第一步；2015 年 10 月，IAIS 公布 HLA 标准，标志着计划第二步的完成。

---

① 包括金融债和公司信用类债，不含政策性金融债。

此外，IAIS 要求 G-SIIs 做好流动性风险应对，监督其建立和实施系统性风险管理计划（SRMP），包括将系统重要性非传统非保险（NTNI）业务从传统保险业务中分离。

2. 区域及国内系统重要性金融机构监管要求

美国。《多德—弗兰克法案》强化了美联储对系统重要性金融机构的监管。美联储下设大型机构监管协调委员会（LISCC）负责监管。对系统重要性银行机构，美联储已执行更加严格的审慎标准，包括附加资本要求、补充杠杆率、信用敞口报告等。同时，定期开展压力测试、综合资本和流动性分析评估，着重考察极端情形下系统重要性金融机构是否持有足够的资本、流动性管理是否有效。

欧盟。根据 SSM，欧洲央行对其认定的在欧盟范围内具有重要性的机构进行直接监管，监管权力包括检查、为设立跨国分支机构颁发牌照、高管资质评价、危机处置和执法制裁等。同时，提出"自有资金和合格负债最低要求"（MREL），要求各成员国应在评估金融机构的可处置性、总体风险状况、系统重要性等因素的基础上，确定该机构所适用的 MREL 最小比例。此外，按照欧洲银行业监管局（EBA）制定的《系统重要性机构评估标准指引》，各成员国可认定国内的"其他系统重要性机构"（O-SIIs），并对其适用最高 2% 的附加资本要求。

英国。在逆周期资本及系统重要性机构附加资本要求方面，英国沿用欧盟的相关指引；在 TLAC 要求及处置计划方面，英国根据欧盟的监管标准进行了细化。此外，英格兰银行每年对大型机构开展一次压力测试，考察其应对外部压力的能力。

四、系统重要性金融机构的处置

对于系统重要性金融机构而言，由于其资产规模大，一旦出现破产风险，政府将面临两难。一方面，这类机构如果按照普通司法程序破产，会对金融体系产生重大冲击；另一方面，如果政府对其救助，会增加纳税人负担，容易引发道德风险。2008 年国际金融危机期间，欧洲金融机构出现风险，更多依靠政府动用财政资金予以救助，极大地增加了纳税人负担，导致部分经济体陷入主权债务危机。

经过对危机的反思，有关各方一致认识到，在对系统重要性金融机构加强监管的同时，应建立一套有效的金融机构风险处置机制，确保这类机构在出现风险时能够平稳、有序退出市场，防止个别金融机构倒闭引发系统性冲击。在这一背景下，金融稳定理事会（FSB）出台《金融机构有效处置机制核心要素》（以下简称《核心要素》），就有效处置机制应具备的核心要素进行总结，并要求 G20 国家积极予以落实。

(一) 构建有效处置机制的指导原则

1. 处置框架的核心要素

2011 年，FSB 首次提出《核心要素》，要求成员经济体建立并完善金融机构风险处置机制，并针对 G-SIFIs 加强跨境处置合作。2014 年，FSB 对《核心要素》进行新一轮修订完善，推动成员经济体金融机构风险处置机制全面覆盖各类金融机构及具有系统重要性的金融市场基础设施。

《核心要素》吸取了此次危机中主要经济体在救助具有系统重要性的金融机构时的经验教训，着力构建更为市场化和更加有效的金融风险处置框架，加强系统性风险的防范和处置安排。一是要求减少对公共资金的依赖，强调"自救"，金融机构经营失败的成本应首先由股东承担，并寻求市场化处置的可能性，原则上公共资金不得优先于私人部门资金介入。二是考虑金融机构倒闭的突发性、传染性和外溢效应，加强处置的事前准备有助于避免处置过程的混乱和无序，可要求金融机构提前制订"恢复和处置计划"，明确其自身及有关部门拟运用何种处置工具和手段恢复经营或实现有序的市场退出。三是采取必要措施，确保金融机构风险处置过程中关键业务和服务不中断，防止金融机构倒闭引起其承担的支付清算、信贷供给等社会经济功能中断。四是积极创新市场化的处置工具和手段，而非一味地依靠公共资金救助，以借助市场机制和资源化解金融风险。五是加强跨境处置政策协调，强调母国和东道国在流动性支持、存款人保护及处置成本分担等方面的责任划分和合作机制。

2. 具体处置安排

考虑到 G-SIFIs 经营涉及多个国家及地区，为更好地落实《核心要素》，FSB 提出多项具体处置安排以提高 G-SIFIs 的可处置性。

明确处置策略。处置策略分为单点处置和多点处置两种。单点处置是由单一处置机构（通常是负责集团并表监管的机构）在顶层母公司行使处置权力，以集团层面为主吸收损失，核心子公司和核心业务运营不受影响，该策略主要适用于纯粹控股公司（clean holding company）。多点处置是由两个或两个以上的处置机构，在各自管辖区内对集团的顶层及子公司等不同部分分别行使处置权力，集团可能因此被分割为不同国家、区域或业务条线的实体，适用于相对分散的组织架构。

建立专门的处置性资金安排。G-SIBs 处置中的资金需求主要包括两个方面，即资本重组的资金需求和临时流动性资金需求，针对前者，FSB 通过总损失吸收能力（TLAC）框架提出了解决方案，针对后者，FSB 于 2016 年发布《关于支持 G-SIBs 有序处置的临时融资原则》，提出三方面原则：一是尽可能运用重组银行的内部流动性（如现金、其他可出售或可抵押资产等）满足处置资金需求；二是优先使用私营部门市场融资（如存款保险基金和投资者保护基金）作为处置资金来源；三是若市场融资不可得或不足，可使用公共部门后备融资机制，但应遵循道德风险最小化的原则，明确动用程序和资金安全保障机制。FSB要求 G-SIBs 在其处置计划中应持续预测流动性和注资需求，特别是借助压力测试手段评估压力情景下的处置资金需求。

改革金融衍生品清算机制。按照《核心要素》的要求，为避免大型复杂机构倒闭过程中大量金融合约同时违约对金融市场的冲击，国际掉期与衍生品协会（ISDA）于危机后在其金融交易主协议框架中加入对合同提前终止权的暂停机制，即"处置暂停"协议，明确当交易对手一方被宣布进入处置程序时，另一方在一定时间框架内（如 1~3 天）不得以此为触发原因，提前终止合约或要求追加保证金和抵押品。在这一时间框架内，处置当局可以将金融衍生品合约整体转移至过桥机构或健康金融机构，确保这些合约在交易对手变更后仍得以继续履行，或进行正常的净额清算，避免无序的保证金追加和集中违约。

制订恢复和处置计划。FSB 要求定期制订 G-SIFIs 的恢复和处置计划。其中，恢复计划由金融机构管理层负责制订，说明面临倒闭风险情形下，拟采取何种风险管理措施降低自身倒闭概率；处置计划由处置当局负责制订，说明拟采取何种处置措施，确保该机构有序退出市场，不对金融体系造成冲击。

（二）主要经济体构建金融机构风险处置机制进展

从实践来看，G20 国家均已建立覆盖金融机构的风险处置机制，金融市场基础设施处置机制建设由于起步较晚，进展相对缓慢。

1. 美国

美国在 2008 年国际金融危机后出台《多德—弗兰克法案》，明确美联储会同联邦存款保险公司（FDIC）拟定金融机构有序清算方案。FDIC 承担主要的处置职能，处置范围包括银行业金融机构和具有系统重要性的非银行金融机构。系统重要性金融机构需定期向 FDIC 和美联储提交"生前遗嘱"，如计划不符合要求，美联储和 FDIC 可联合决定适用更严格的监管要求，并限制其业务增长。有序清算程序由财政部、美联储和 FDIC 三方启动后，FDIC 作为接管人，对陷入困境的系统重要性金融机构进行接管和清算，可设立数家过桥机构对其业务、资产和负债进行承接。关于损失分担机制，公共资金可用于系统重要性金融机构处置的临时垫付。如公共资金发生损失，首先明确股东、无担保债权人将承担损失，然后在必要时可考虑对资产规模达到一定标准的银行进行收费。

2. 欧盟

2013 年和 2014 年，欧盟相继通过《单一处置机制基本框架》《银行业恢复与处置指令》《银行业单一处置机制法案》，并修订了《存款担保计划指令》，为欧盟各成员国提供了一套关于有效处置机制的制度安排，主要内容包括：初步建立覆盖全部信贷机构、金融集团、非银行住房抵押贷款或商业贷款机构、非欧盟国家在欧盟境内分支机构的处置机制，赋予监管部门和处置当局更广泛的权力，加强国内外当局的合作；明确在欧盟层面成立单一处置委员会，负责处置欧洲央行直接监管的所有银行以及欧洲银行业联盟成员国境内成立的所有跨国银行；所有参加银行业联盟的国家将共同出资，形成单一处置基金，规模目标为银行体系受保险存款总余额的1%左右，主要用于支持单一处置委员会的处置工作；若原本不由单一处置委员会负责处置的银行在处置中需动用单一处置基金，则仍由单一处置委员会作为这些银行的处置当局；要求金融机构和处置当局制订恢复和处置计划，处置当局会同监管部门等开展可处置性评估；完善风险处置工具和手段，包括转移被处置机构的部分或全部资产，设立过桥机构短暂经营被处置机构的业务，剥离不良资产交由处置当局进行专门处置，引入"自救"机制，要求被处置机构的部分债权转为股权，同时配合可行的重组计划等。

3. 英国

2009年，英国颁布《银行法案》，创设了针对银行类机构的特别处置机制。2013年4月生效的《金融服务法》将特别处置机制的范围扩大到投资公司和金融市场基础设施。目前英国特别处置机制的主要内容包括：将维护金融稳定、确保关键服务不中断、维护公众信心、最大限度地降低对公共资金的依赖等因素作为处置的法定目标；明确英格兰银行是主要处置当局，并确定其与监管部门、财政部门的分工合作机制；赋予英格兰银行广泛的处置权力，包括减记或转股，可以不经股东和债权人同意就出售问题机构的全部或部分业务，设立过桥机构维持业务的持续运营，必要时对问题机构实施国有化等；明确处置中的债权人保护机制，要求将过桥机构和国有化运营收益返还债权人，不得改变普通破产程序中的债权人受偿顺序，同时规定股东或债权人在特别处置中所得到的款项不得少于在一般破产程序中所能得到的款项；进一步加强存款人保护，将存款保险限额上调至8.5万英镑。

五、完善我国系统重要性金融机构监管框架的政策建议

近年来，我国金融体系不断发展，个别金融机构规模庞大，金融体系关联度持续上升，同业负债迅速扩张，表外业务快速发展，整个金融体系的复杂性不断增加。部分规模较大、复杂度较高的金融机构因与其他金融机构关联度高而居于金融体系的核心，其经营情况和风险状况关系到金融体系整体的稳健性。因此，完善我国系统重要性金融机构监管制度对于防范系统性风险、强化宏观审慎管理至关重要。

党中央已对统筹监管系统重要性金融机构作出决策部署，国务院也对完善系

统重要性金融机构监管作出工作安排。2018年11月27日，人民银行、银保监会、证监会联合发布《关于完善系统重要性金融机构监管的指导意见》，明确了系统重要性金融机构监管的宏观政策框架。本部分在借鉴国际经验基础上，结合我国金融业发展和监管体制的实际情况，提出关于系统重要性金融机构评估指标、详细监管要求以及处置机制具体安排的设想。

（一）完善我国系统重要性金融机构监管框架的必要性

1. 我国金融体系发展现状

随着我国金融体系不断发展，部分规模较大、复杂度较高的金融机构与其他金融机构关联性加强，具有较高的系统重要性，一旦爆发风险，将威胁我国金融体系整体稳健性以及服务实体经济的能力。

首先，金融体系规模不断增大，部分金融机构已跻身全球系统重要性金融机构之列。经过近年来的快速发展，中国已拥有世界第一大银行体系、第二大股票市场和第三大债券市场。工行、农行、中行、建行四家大型银行已跻身世界前五大银行，且在G–SIBs评估中的得分和排名有上升趋势，需满足严格的附加资本要求。平安保险集团也已成为九家G–SIIs之一。除上述机构外，交行、招商、民生等股份制银行以及中国人寿、安邦等保险集团的规模也不断增加，截至2017年底，前30家银行资产规模已达到184万亿元，占银行业资产总额的73%。按保费收入计算，前10大保险公司保费收入达到2.25万亿元，占保险业保费收入的61.6%。

其次，金融体系关联度上升。一是同业负债迅速扩张。2017年末，银行业金融机构同业融资（含发行同业存单）达43.75万亿元，较2009年末增长4.75倍，同业融资与总负债的比例为18.79%，较2009年末增加8.55个百分点。二是表外业务快速发展。资产管理计划、结构性信托等产品相互嵌套，信用管理复杂，资金链条长，大大提升了信贷、货币、债券、股票、房地产等市场的连通性和关联度。截至2017年末，银行业金融机构表外业务余额302.11万亿元，相当于表内总资产规模的119.69%。

最后，金融体系复杂性快速增加。一是资产负债结构趋于复杂。2017年末，其他存款性机构对其他金融机构债权28.06万亿元，较2009年增长15.5倍，而在此期间其他存款性机构总资产仅增长2倍。对其他金融机构债权相当部分是非标准化信贷资产以及信托受益权、资管计划等，结构化程度高，信用链条和结构复杂，杠杆和底层资产情况不透明、不清晰。二是资本结构"网状化"。除传统金融机构通过设立或收购子公司等形成金融集团外，一些具有民营背景的非金融企业通过杠杆、循环注资等方式快速向金融领域扩张，形成跨领域、跨业态、跨区域、跨国境经营的金融控股集团，互联网企业也通过技术优势广泛持有多项金融牌照。这些企业规模庞大，股权结构复杂，实业板块与金融板块联系紧密，实质上已具有系统重要性。

从上述分析可以看出，近年来中国金融体系的规模、复杂性和关联度快速上升。部分规模较大、复杂度较高的金融机构因与其他金融机构关联度高而居于金融体系的核心，成为实质上的系统重要性金融机构。若不加强此类金融机构的监管，可能重蹈2008年国际金融危机的覆辙。在此背景下，迫切需要明确政策导向，对系统重要性金融机构的识别、监管和处置作出制度性安排，以补齐监管短板，防范系统性金融风险。

2. 我国对系统重要性金融机构的监管探索

2008年国际金融危机后，我国对完善系统重要性金融机构的监管框架也开展了一些探索。

2011年，原银监会印发《关于中国银行业实施新监管标准的指导意见》，从市场准入、审慎监管标准、持续监管和监管合作等方面，对未来提高我国系统重要性银行机构监管有效性作出初步规划。2012年，《商业银行资本管理办法（试行）》提出系统重要性银行业机构应计提附加资本。2014年，原银监会发布《商业银行全球系统重要性评估指标披露指引》，要求表内外资产余额为1.6万亿元人民币以上或者上一年度被认定为G-SIBs的商业银行从2014年起披露全球系统重要性评估指标。

推动G-SIFIs成立危机管理小组（CMGs），制订恢复和处置计划。2012—2017年，财政部、人民银行、银监会、香港金管局、澳门金管局、保监会、保险保障基金等单位或部门先后参与组建了中行CMG、平安保险集团CMG、工行CMG、农行CMG、建行CMG，并指导上述5家机构制订恢复和处置计划，开展可处置性评估。

2018年11月27日，人民银行、银保监会、证监会联合发布《关于完善系统重要性金融机构监管的指导意见》，明确了系统重要性金融机构的定义、范围，规定了系统重要性金融机构的评估流程和总体方法，并提出了制定特别监管要求和建立特别处置机制等两条完善系统重要性金融机构监管的途径。至此，关于我国系统重要性金融机构监管的宏观政策框架已经确立，但关于系统重要性金融机构的具体评估指标、详细监管要求、处置机制具体安排等细节有待进一步明确。

(二) 我国系统重要性金融机构的评估方法

原则上，对我国系统重要性金融机构的评估应以定量指标体系为基础，计算参评机构系统重要性得分，指标可包括规模、关联度、复杂性、可替代性、资产变现等多个维度，力求评估结果的客观准确；同时参考定性分析等其他信息进行监管判断，弥补定量指标体系广度不够、打分体系灵活度不足的欠缺。最终评估出的系统重要性金融机构名单应符合实际情况，一方面避免遗漏可能对金融稳定造成重大威胁的金融机构；另一方面避免过度扩大名单范围，造成金融机构监管负担过重。评估方法和流程应定期审议修订，以适应金融业的快速发展和变化。

具体到评估指标的制定，我们认为，银行、证券、保险等机构间业务差异较大，应根据各类机构特点设计不同的指标体系。

1. 系统重要性银行业机构指标体系

与其他国家相比，我国银行业的发展主要呈现以下特点：一是银行业在我国金融体系中占据主导地位。截至2017年末，我国银行业金融机构资产总额为252万亿元，占我国金融体系资产规模的比例为81.3%。二是同业业务迅速扩张。截至2017年末，银行业金融机构同业资产、同业负债占总资产、总负债的比例分别为23.09%、11.79%，银行与银行、银行与非银行金融机构体现较高的关联性。三是表外资产增长较快。截至2017年末，银行业金融机构表外业务余额302.11万亿元，同比增长19.17%，表外业务余额相当于表内总资产规模的119.69%。其中，金融资产服务类业务余额186.09万亿元，这部分业务信用链条和结构复杂，杠杆和底层资产情况不透明、不清晰。四是部分银行集团同时拥有保险、基金、证券、信托、租赁等多个子公司，业务具有较高的复杂性。

基于上述特点，我们在构建系统重要性银行业机构指标体系时，主要从规模、关联性、可替代性和复杂性四个维度构建，建议考虑如下：

（1）规模。银行业务的同质性突出，因此规模是影响银行系统重要性的主要因素。银行规模越大，其服务的客户越多，一旦发生风险对经济社会造成的影响也越大。因此，建议赋予规模因素30%的权重。考虑到我国银行业表外业务余额较高，应以表内外资产余额衡量银行规模。

（2）关联度。一家银行与其他金融机构的关联度越高，其陷入困境对金融体系的影响就越大。因此，关联度也是衡量银行机构系统重要性的重要因素，应赋予25%的权重。关联性的衡量指标主要包括同业资产、同业负债以及发行证券余额。

（3）可替代性。一家银行倒闭所产生的系统性影响与其作为市场参与者和客户服务供应商的可替代性等级呈负相关。例如，一家银行在某一业务领域或在基础设施领域（如支付系统）作为服务供应商的作用越大，其倒闭所带来的破坏力就越大，可能导致服务中断、市场流动性降低等，同时还将增加客户因寻找替代性服务所产生的成本。国际上可替代性的常见衡量指标包括通过支付系统结算的支付额、托管资产总额、债券和股票市场承销额、证券交易量等。在这些指标基础上，考虑到银行倒闭对零售客户的影响及可能引发的"多米诺骨牌效应"，可以考虑增加营业机构数量方面的指标。

（4）复杂性。一家银行业务、组织架构及运营的复杂性越高，处置成本也越高。国际上衡量复杂性的指标通常包括场外衍生品的名义金额、3级资产、交易性和可供出售证券余额。在此基础上,结合我国银行业表外业务尤其是表外理财产品占比高,部分银行集团同时拥有保险、基金、证券、信托、租赁等多个子公司的特点,建议增加表外理财规模、银行组织层级、非银行附属机构数量等指标。

2. 系统重要性证券业机构指标体系

"证券业机构"指依法设立的从事证券、期货、基金业务的法人机构。目前,国际上尚未有明确的关于全球系统重要性证券业机构的认定标准,国际证监会组织(IOSCO)发布了《非银非保险全球系统重要性金融机构评估方法(征求意见稿)》,但一直未公布最终文件,也未对证券类机构进行实质认定。从我国来看,证券业机构规模扩张较快,管理资产规模不断增大。2017年底,证券公司总资产达到6.19万亿元,受托管理资本金总额达到14.82万亿元,公募、私募基金管理资金规模分别达到11.6万亿元、11.77万亿元,期货业全年累计成交金额为187.9万亿元。这些证券业机构业务架构日趋复杂,正逐步建立健全经纪业务、投行业务、投资业务、资管业务和信用业务等板块。一方面,证券业机构业务具有一定传染性,证券公司、基金公司及其子公司发行的资产管理计划拥有来自银行机构的较多授信,银行同时也是债券的最大持有方,促使金融机构之间的业务联系更加紧密;另一方面,证券业机构服务覆盖范围广,客户基础仍在扩大,2017年末,证券公司营业部达到10873家,沪、深两市投资者达到13398.3万户,同比增长13.44%。因此,亟须建立证券业机构系统重要性评估框架。

对我国系统重要性证券业机构的评估,建议重点从规模、关联性、可替代性和复杂性四个维度选取指标。具体如下:

(1) 规模。建议采用表内外资产总额、客户资金作为二级指标,两者权重之和设为30%,以全面衡量证券业机构的规模特点。

(2) 关联度。建议采用金融体系内资产与负债衡量关联度,总体权重设为20%。

(3) 可替代性。建议采用证券交易市场份额、主承销市场份额和受托资金衡量可替代性,总体权重设为30%。

(4) 复杂性。建议采用融资融券余额、股权质押规模、表外风险敞口、组织层级等二级指标反映复杂性,总体权重设为20%。

3. 系统重要性保险业机构指标体系

与其他国家相比,我国保险业的发展主要呈现以下特点:一是保险业在金融体系中体量相对较小,保险机构与其他金融机构的关联度相对较低。2017年末,我国保险业总资产16.75万亿元,占金融业总资产比例仅为5.4%。二是保险业资产结构相对较为简单,衍生品规模占比较低。三是保险业务同质化较为严重,专业服务某特定细分市场（如债券保险）的机构较少。四是大部分保险产品异化为理财产品，保障功能让位于投资功能，退保率高。

借鉴IAIS关于G-SIIs的评估指标，对我国系统重要性保险机构的评估应重点从规模、关联度、资产变现和可替代性四个维度选取指标。在具体每个维度的权重以及二级指标的设定上，应充分考虑我国保险业自身的特点。具体建议如下：

（1）规模。因我国保险业资产结构相对简单，规模应在评估体系中占据较高权重，建议设定权重为30%。规模层面的二级指标通常包括总资产、总收入等，除此之外，考虑到保险机构倒闭可能对就业、社会稳定等带来的影响，二级指标中可考虑增加营业网点、员工数量等。

（2）关联度。建议设定权重为30%。二级指标包括：持有其他金融机构的资产，对其他金融机构的负债，再保险业务收入，财务担保，衍生品交易规模等。

（3）资产变现。国际上，考虑到保险类负债相对较为稳定，通常采用非保险负债和非保险收入占比作为衡量保险资产变现能力的指标之一。但对于我国而言，由于较高规模的长期人身险产品异化为理财产品，产品在设计之初即规定了较低的退保损失（例如，5年期人身险产品在投保1年后退保，投保人依然能够获得和购买理财产品相当的收益），长期负债短期化的现象较为普遍。因此，用总负债、退保金及退保率、中短存续期产品规模等作为衡量资产变现能力的指标更能反映我国保险业的实际情况。此外，还应考虑短期融资、优质流动资产、难变现资产等情况。资产变现类指标的权重建议设定为30%。

（4）可替代性。鉴于现阶段我国保险机构的业务同质化现象突出，当前评估体系中可替代性的权重不应设置过高。建议权重为10%，具体的二级指标可包括车险保费收入、非车险保费收入、普通人身险保费收入和其他人身险保费收入等。

（三）对系统重要性金融机构提出特别监管要求

鉴于系统重要性金融机构在金融体系中的重要地位，应对其提出附加监管要求，强化其经营的稳健性。主要包括以下方面：

1. 附加资本要求

资本监管是审慎监管的核心。对系统重要性金融机构实施严格的资本监管能够便于其及时冲销经营过程中的非预期损失，保护存款人、债权人利益，限制金融机构过度使用杠杆，保障偿付能力，降低破产概率，增强金融体系的安全与稳定。

国际上对于系统重要性金融机构的附加资本要求多采用分组法确定，即首先根据系统重要性指标对金融机构进行评分，并根据得分高低将其设定为若干组，对每组施加不同的附加资本要求。然而，这种分组法确定附加资本要求容易形成"陡壁效应"。例如，对于全球 G – SIBs，得分在 130 ~ 229 分的为第一组，附加资本要求为 1%，得分在 230 ~ 329 分的为第二组，附加资本要求为 1.5%。若 A、B 两家银行的得分分别为 229 分和 230 分，将按照规定被相应划分为第一组和第二组，分别执行 1% 和 1.5% 的附加资本要求。因此，可能两家机构规模、业务等各方面相差不大，但由于得分恰好处于分组的临界点，两者的资本要求将相差 0.5 个百分点，B 银行将承受更重的监管负担。此外，若银行因为得分稍有变动而恰好跨过分组临界点，则其适用的附加资本要求也将发生相应变化，若频繁发生这种情况可能干扰银行正常经营。

为更好地反映机构的系统重要性程度，防止"陡壁效应"，附加资本应采取连续法与分组法相结合的方式确定，即选取系统重要性得分最高的金融机构作为基准机构，确定其附加资本要求，原则上，其他机构的附加资本要求根据系统重要性得分与基准机构得分的比值确定。如果行业集中度高，某一家或几家系统重要性金融机构得分显著高于其他机构，可以在连续法的基础上进行分组，将得分相近的机构归为一组，设定组内得分最高的机构为基准机构，确定其附加资本要求，组内其他机构的附加资本要求根据系统重要性得分与组内基准机构得分的比值确定。

例如，根据系统重要性银行评估标准共选出 A、B、C、D 四家银行为系统重要性银行，其系统重要性得分分别为 500 分、498 分、102 分、101 分。在这种情况下，可将这四家银行分为 A 和 B、C 和 D 两组，分别以 A、C 银行为基准机构，确定其附加资本要求，B、D 银行的附加资本要求可根据其系统重要性得分分别与 A、C 银行得分的比值确定。

此外，还可从杠杆率等方面提出附加监管要求，完善系统重要性金融机构监管。

2. 完善公司治理

系统重要性金融机构应当在现有公司治理监管要求基础上，进一步建立风险覆盖全面、管理透明有效的治理架构。系统重要性金融机构应当进一步明确董事会、监事会和高级管理层的职责权限，在董事会下设风险管理委员会，明确系统性风险管理目标，制定风险防控有关措施，以形成合理承担风险、避免盲目扩张的理性企业文化。

3. 加强持续监测

一是系统重要性金融机构应遵守更高的信息披露标准。金融管理部门应就系统重要性金融机构共享数据和信息，定期针对机构整体经营情况或个别业务开展风险评估。

二是定期对系统重要性金融机构开展压力测试，评估机构在假设的压力情景下的稳健性，并根据压力测试结果，视情况提出额外的监管要求或采取相应监管措施。

4. 完善宏观审慎政策工具箱

系统重要性金融机构存在违反审慎经营规则或威胁金融稳定情况的，相关部门可向该机构直接作出风险提示。必要时，可对其业务结构、经营策略和组织架构提出调整建议，以降低其引发系统性风险的可能性。

（四）建立系统重要性金融机构的特别处置机制

建立国内系统重要性金融机构的特别处置机制，应借鉴相关国际准则和其他主要经济体的成功经验。一是要未雨绸缪。考虑到金融机构倒闭的突发性、传染性和外溢效应，加强处置的事前准备有助于避免处置过程的混乱和无序，因此应事前建立特别处置机制，提前做好处置预案。二是要防范道德风险。应减少处置对公共资金的依赖，强调"自救"，金融机构经营失败的成本应首先由股东承担，从而防范"大而不能倒"的道德风险。

首先，要组建系统重要性金融机构的危机管理小组，负责建立系统重要性金融机构的特别处置机制，推动恢复和处置计划的制订，开展可处置性评估，以确保系统重要性金融机构一旦经营失败，能够得到安全、快速、有效处置。

其次，系统重要性金融机构应当制订并按年度更新恢复计划，提交危机管理小组审议修订后执行。恢复计划旨在确保机构在极端压力情景下，能够通过采取相关措施恢复正常经营。

再次，应当制订系统重要性金融机构处置计划并按年度更新，经危机管理小组审议修订后执行。处置计划旨在通过预先制订的处置方案，确保机构在陷入实质性财务困难或无法持续经营时，能够得到快速有序处置，并在处置过程中维持关键业务和服务不中断，避免引发系统性风险。同时，处置计划应明确金融机构处置中的损失吸收顺序，强调"自救"，避免道德风险。

最后，危机管理小组应当每年开展对系统重要性金融机构的可处置性评估，评估机构处置机制的可行性与可靠性，就如何提高可处置性提出改进建议。

参考文献

[1] 周小川. 国际金融危机：观察、分享与应对 [M]. 北京：中国金融出版社，2012.

[2] 陆磊. 金融机构改革的道路抉择 [M]. 北京：中国金融出版社，2018.

[3] 周小川. 金融政策对金融危机的响应——宏观审慎政策框架的形成背景、内在逻辑和主要内容 [J]. 金融研究，2011（1）.

［4］贾彦东. 金融机构的系统重要性分析——金融网络中的系统风险衡量与成本分担［J］. 金融研究，2011（10）.

［5］李文泓，吴祖鸿. 系统重要性金融机构监管：目标和政策框架［J］. 中国金融，2011（3）.

［6］梁琪，李政. 系统重要性、审慎工具与我国银行业监管［J］. 金融研究，2014（8）.

［7］王刚. 系统重要性银行"恢复和处置计划"：国际实施进展、基本要素与政策建议［J］. 金融监管研究，2013（5）.

［8］彭锋. 系统重要性金融机构的风险度量与监管［J］. 中国金融，2012（3）.

［9］胡海峰，郭卫东. 全球系统重要性金融机构评定及其对中国的启示［J］. 经济学动态，2012（12）.

［10］章彰，杨瑾，沈鸿. 系统重要性银行国际监管改革进展及启示［J］. 金融监管研究，2015（11）.

［11］马理，葛斌. 基于宏观审慎的系统重要性商业银行评价与监管［J］. 金融监管研究，2014（9）.

［12］金昱. 全球系统重要性银行动向［J］. 中国金融，2015（14）.

［13］中国工商银行董事会办公室课题组. 全球系统重要性银行治理［J］. 中国金融，2015（22）.

［14］谢平，王素珍，阎伟. 存款保险制度的理论研究与国际比较［J］. 金融研究，2001（5）.

［15］张健华，贾彦东. 宏观审慎政策的理论与实践进展［J］. 金融研究，2012（1）.

［16］刘勤. 美国存款保险制度在本轮金融危机中的发展创新［J］. 国际金融研究，2010（6）.

［17］Financial Stability Board. Funding Strategy Elements of an Implementable Resolution Plan, 2018.

［18］Financial Stability Board. Principles on Bail – in Execution, 2018.

［19］Financial Stability Board. Guiding Principles on the Internal Total Loss – absorbing Capacity of G – SIBs, 2017.

［20］Financial Stability Board. Key Attributes Assessment Methodology for the Banking Sector, 2016.

［21］Financial Stability Board. Guiding principles on the temporary funding needed to support the orderly resolution of a global systemically important bank, 2016.

［22］Financial Stability Board. Guidance on Arrangements to Support Operational

Continuity in Resolution, 2016.

[23] Financial Stability Board. Guidance on Cooperation and Information Sharing with Host Authorities of Jurisdictions where a G – SIFI has a Systemic Presence that are Not Represented on its CMG, 2015.

[24] Financial Stability Board. Assessment Methodologies for Identifying Non – Bank Non – Insurer Global Systemically Important Financial Institutions (Consultative Document), 2015.

[25] Financial Stability Board. Thematic Review on Supervisory Frameworks and Approaches for SIBs, 2015.

[26] Financial Stability Board. Principles for Cross – border Effectiveness of Resolution Actions, 2015.

[27] Financial Stability Board. Principles on Loss – absorbing and Recapitalization Capacity of G – SIBs in Resolution, 2015.

[28] Financial Stability Board. Developing Effective Resolution Strategies and Plans for Systemically Important Insurers, 2015.

[29] Financial Stability Board. Key Attributes of Effective Resolution Regime for Financial Institutions, 2014.

[30] Financial Stability Board. Progress and Next Steps Towards Ending.

[31] Financial Stability Board. Recovery and Resolution Planning for Systemically Important Financial Institutions: Guidance on Developing Effective Resolution Strategies, 2013.

[32] Financial Stability Board. Extending the G – SIFI Framework to domestic systemically important banks, 2012.

[33] Financial Stability Board. Policy Measures to Address Systemically Important Financial Institutions, 2011.

[34] Financial Stability Board. Intensity and Effectiveness of SIFI Supervision: Recommendations for Enhanced Supervision, 2010.

[35] Financial Stability Board. Reducing the Moral Hazard Posed by Systemically Important Financial Institutions: FSB Recommendations and Time Lines, 2010.

[36] Financial Stability Board, International Monetary Fund, Bank for International Settlements. Guidance to Assess the Systemic Importance of Financial Institutions, Markets and Instruments: Initial Considerations, 2009.

[37] Bank of International Settlements. The G – SIB assessment methodology – score calculation, 2014.

[38] Bank of International Settlements. Global systemically important banks: re-

vised assessment methodology and the higher loss absorbency requirement, 2013.

[39] Bank of International Settlements. Assessment of the macroeconomic impact of higher loss absorbency for global systemically important banks, 2011.

[40] International Association of Insurance Supervisors. Global Systemically Important Insurers: Updated Assessment Methodology, 2016.

[41] International Association of Insurance Supervisors. Basic Capital Requirements (BCR) for global systemically important insurers (G – SIIs), 2014.

[42] International Association of Insurance Supervisors. G – SIIs policy measures, 2013.

[43] Basel Committee on Banking Supervision. Instructions for the end – 2016 G – SIB assessment exercise, 2017.

[44] Basel Committee on Banking Supervision. Global systemically important banks: updated assessment methodology and the higher loss absorbency requirement, 2018.

[45] European Banking Authority. Report on the implementation and design of the MREL Framework, 2016.

[46] European Banking Authority. MREL Report: Frequently Asked, 2016.

[47] European Banking Authority. Guidelines on criteria to determine the condition of application of Article 131 (3) of Directive 2013/36/EU (CRD) in relation to the assessment of other systemically important institutions (O – SIIS), 2014.

[48] Federal Reserve Board. Regulatory Capital Rules: Implementation of Risk – Based Capital Surcharges for Global Systemically Important Bank Holding Companies, Federal Register, 2015.

[49] Bank of England Prudential Regulation Authority. The PRA's approach to identifying other systemically important institutions (O – SIIs), 2016.

[50] Miguel. A. Segoviano Basurto, Charles Goodhart. Banking Stability Measures, IMF Working Papers, 2009.

[51] Franklin Allen, Ana Babus. Financial Connections and Systemic Risk, EUI Working Paper, 2010.

[52] Franklin Allen, Ana Babus. Networks in Finance, Social Science Electronic Publishing, 2009.

[53] Viral. V. Acharya, Lasse. H. Pedersen, Thomas Philippon. Measuring Systemic Risk, mimeo, New York University, 2009.

[54] Tobias Adrian, Markus. K Brunnermeier. CoVar: A Method for Macroprudential Regulation, Federal Reserve Bank of New York Staff Report, 2009.

中央银行资本金管理研究

中国人民银行会计财务司课题组

课题主持人：任咏梅
课题组成员：李 刚 李志辉 张 丹 李 轲 王韦程 周 浩
　　　　　　陶 昱 曹国俊

一、引 言

党的十九大、中央经济工作会议、全国金融工作会议提出了深化金融体制改革、健全货币政策和宏观审慎政策双支柱调控框架、打好防范化解重大风险攻坚战和守住不发生系统性金融风险的底线等重大任务，赋予了中央银行更为重要的历史使命和重要任务。资本是金融管理和监督的核心。中央银行资本金是其保持资产负债表健康和充足的财务实力、有效履行制定和执行货币政策、实施宏观审慎管理等职能的基础保障。如果资本金水平过低，不仅会严重影响中央银行的财务实力，还会引起社会公众对于中央银行财务状况和调控能力的质疑，损害中央银行的公信力甚至引起市场的动荡。国际金融危机以来，各国中央银行认识到低资本金水平可能引发的中央银行深层次的问题，普遍开始重视资本金管理，建立了包括资本补充机制、目标资本金以及与政府间的利润分配机制，以确保资本金保持合理的结构和水平。但理论界对于中央银行资本金的研究仍然较少，对资本金管理机制系统性的研究更是几乎空白。考虑适应外部形势的发展变化以及加强中央银行治理的需要，本文拟对中央银行资本金管理进行系统性研究。

二、中央银行资本金理论分析

商业银行资本充足率问题自19世纪开始就成为货币金融研究的热门话题，关于中央银行资本金和财务独立性的研究自21世纪以来才受到更多关注[1]，以下对国际权威机构、全球主要中央银行关于中央银行资本金的文献进行综述，并提炼中央银行资本金的理论研究成果。

---

[1] 据欧洲央行论文《再论中央银行资本金》（2004）。

(一) 中央银行资本金的含义及内容

1. 中央银行资本金的含义及特殊性。国际清算银行 (BIS) 中央银行财务研究小组 (2005) 指出，资本是吸收损失的缓冲器，是央行各项支出的保障。中央银行作为相对特殊的机构，基本目标不是利润最大化或者资本收益最大化。而且，作为发行的银行，大多数中央银行有权获得未来的铸币税收入，即使在面临损失导致负资本的情况下也能恢复资本。IMF 专家 Stella (1997 和 2002) 认为，商业银行资本充足的规定不适用于中央银行。从理论上说，只要市场对基础货币有需求，中央银行在零资本的情况下仍可以运作。因此，实践中很多中央银行的资本金规模非常小，但并不意味着对资本金的要求很低。

2. 中央银行资本金的内容。根据国际清算银行 (BIS) 2011 年发布的研究报告《中央银行财务：变迁与影响》，在中央银行资产负债表上，资本（权益）通常包括实收资本、留存收益（总储备）、一般性风险准备、重估账户等项目。本文也是基于这一界定，所研究的资本金①包括实收资本、准备金（负债项下和权益项下）、重估账户（负债项下和权益项下）、留存收益四类。这与中央银行资产负债表中的"所有者权益"存在一定差异（如部分央行所有者权益中包括未分配的本年利润，在本部分数据分析中将其从资本金中剔除处理）。此外，部分国家中央银行在负债项下设置了准备金和重估账户项目，根据其核算的内容实质，我们认为这部分内容与权益项下的法定（或其他）准备金和重估准备金对应的内容是一致的，符合本文对资本金的定义。因此，在本文数据分析中将负债项下的准备金和重估账户纳入计算。

(二) 中央银行资本金的作用

1. 维护中央银行独立性，促进货币政策有效实施。中央银行的独立性问题在金融危机后受到广泛关注，特别是在当前美联储收紧货币政策过程中，其独立性备受挑战。充足的资本金是中央银行维护中央银行独立性和有效实施货币政策的基础。欧洲央行论文《再论中央银行资本金》(2004) 指出，中央银行资本金水平与中央银行通胀水平调控效果正相关。Bindseil 等 (2004) 提出，正资本是确保中央银行专注于价格稳定目标的关键。IMF 专家 Stella (1997, 2002) 认为，资本金不足会损害中央银行资产负债表，迫使中央银行放弃维护物价稳定的目标，并损害中央银行独立性。Klüh 和 Stella (2008) 认为，当中央银行亏损且资本补充乏力的情况下，中央银行可以采取两种措施：一是想方设法降低货币政策操作成本，这是首选的措施；二是创造货币以偿付债务，但这两种方法都会损害

---

① 由于沙特央行没有设立资本金，因此本文中指 G20 国家相关数据均不含沙特央行。

中央银行财务独立性。Cukierman（2011）指出，中央银行资本金如果为负数，可能要依靠财政注资，从而面临放松货币政策的压力。

2. 抵御财务风险，充当损失缓冲器。中央银行的政策活动会导致其面临一定的财务风险，但出于履职需要又必须主动去承担这些风险，如为保持币值稳定而形成的高额外汇储备面临较大的汇率波动风险，购买债券面临的利率风险，行使最后贷款人职责时交易对手违约的信用风险等。此时，中央银行资本金可以扮演"损失缓冲器"的作用，帮助其有效抵御风险。针对不同类型的财务风险，中央银行可建立相应资本金予以防范。例如，新西兰中央银行针对信用风险、市场风险和操作风险三大风险设置了相应资本金要求。

3. 增强财务实力，提升中央银行公信力。Stella（2002、2008）认为，财务实力是中央银行在实现履职目标过程中受其财务状况制约的程度，中央银行如果有足够的资源去追求其战略目标或政策时，代表其具有强大的财务实力。衡量中央银行财务实力的一个重要指标是资本水平。英格兰银行①认为，资本充足对中央银行有独特含义，合理的资本金水平对于维护中央银行财务实力意义重大。Stella（2005）对49个国家中央银行的实证分析表明，充足的资本金水平，对中央银行维持其公信力有显著影响。资本金占比越高，中央银行财务实力越强，公众对未来通胀的担忧下降，菲利普斯曲线就会向左下方移动，宏观调控难度下降。调节和增强公众的信心，是各国中央银行保持稳定资本金占比，并不断补充资本金的重要原因。

（三）中央银行资本金管理机制

1. 中央银行资本金的影响因素。国际清算银行研究报告（2005）归纳了影响中央银行资本金水平的三大因素：一是中央银行是政府机构还是独立主体；二是中央银行独立性，一般而言，更高的资本水平体现了更高的独立性；三是中央银行政策目标。

2. 资本金（股本）的投入。股本是中央银行根据各国中央银行治理法规设立的永续资本，分为初始股本和后续增资。初始股本与一般经济实体的实收资本类似，通常等于法定资本，在中央银行成立时注资，其后在一定时期内会保持稳定。例如，欧洲中央银行资本由所有欧盟成员国中央银行按比例缴纳，其中欧元区成员国中央银行需要全额缴纳认缴资本，非欧元区成员国中央银行只需缴纳一小部分，作为对欧洲中央银行运作成本的补偿。

3. 目标资本金的设立。虽然与商业银行不同，中央银行拥有发行货币的法定权力，不会面临本币偿付危机，然而国际上普遍认为，建立目标资本金制对中

---

① 据英格兰银行工作论文《中央银行会计》。

央银行有重要意义。Cargill（2006）认为，理论上中央银行资本金不是执行货币政策的必要条件，但充足的资本金可以减少中央银行对政府的依赖，因此中央银行资本金应该有一个最低限额。Ize（2005）用净值法（net worth approach）设定中央银行目标资本金水平，将实现通胀目标所需的最小资本金定义为中央银行"核心资本"。

4. 目标资本金的定期评估。目标资本金不是长期固定的，有的中央银行定期评估资本金影响因素的变化情况，并对目标资本金进行调整。Cukierman（2011）提出了资本金阈值的概念，认为中央银行独立性和资本金水平的关系是不连续的。在某一定的阈值下，中央银行会受到较大的政治压力；而在阈值上，中央银行执行货币政策的独立性不再依赖资本金水平。因此，这一阈值实际上也就是适度资本金的含义。阈值的确定与一国的政治体系、经济冲击、汇率制度、金融机构等各方面因素有关，并随着相关因素的变化而调整。

5. 资本金的补充。一般而言，各国中央银行主要采取以下四种方式补充资本金：一是中央银行（如澳大利亚储备银行）与政府协商后，留存部分利润，但法规上未明确具体的留存标准。二是中央银行根据净利润的一定比例（如俄罗斯银行按50%）留存收益，剩余利润转移给政府。三是中央银行针对预先确定的目标资本水平，确定一个固定的最低（或最高）利润留存比率。例如，美联储留存与其实收资本相同数额的利润作为储备金。四是中央银行根据风险变化情况自主增加资本金。例如，由于汇率风险、利率风险和信贷风险加剧，欧洲中央银行在2010年12月将认缴资本增加50亿欧元至107.6亿欧元。

三、中央银行资本金与货币政策实施效果：实证检验

大多数已有的实证检验集中在发展中或中低收入国家的中央银行上，本文将使用中央银行资本金指标，对G20国家货币政策实施效果进行实证检验。

（一）变量选择

1. 解释变量

选择3个解释变量来代表央行的资本金状况。

（1）资本金总资产率（CP）。通过G20国家中央银行年报数据计算资本金总额除以总资产的比率，作为中央银行资本金规模的代理变量。该指标代表央行以自身资本对冲资产风险的能力。

（2）无息负债总资产率（NIBL）。以无息负债除以总资产的比率得来，该比率把中央银行资本金和已发行的货币同样视为无息负债项目，从而为央行带来铸币税收入，这是广义的央行资本测量指标。

（3）平均资本金收益率（CR）。通过G20国家中央银行年报数据计算净利

润除以平均资本金的比率,测度央行资本金的盈利能力,这是央行的盈利性指标。

2. 被解释变量

中央银行货币政策具有多重目标。本文选取以下两个衡量货币政策效果的指标。

(1) 通货膨胀率 IR。现有论文大多采用 CPI 指标来衡量通货膨胀率,但 CPI 更侧重于居民消费价格领域,不能反映整个经济范围内的通货膨胀状况。本文采用 GDP 隐含价格平减指数(现价 GDP/不变价 GDP)年增长率来衡量通货膨胀,该指标显示的是整个经济体的价格变动率。

(2) 金融稳定指数 FSI。IMF 于 2006 年发布的《金融稳健指标(编制指南)》,用于稳健性分析衡量一国的金融稳定指标包括 12 个核心类指标和 27 个鼓励类指标,本文选择基于资本的比率作为金融稳定程度的代理指标,可以反映财务杠杆效应和衡量资本充足率,具体计算为银行资本与资产的比率。资本包括股本、留存收益、普通准备金和特殊准备金、准备金以及估价调整。

3. 控制变量

(1) 政府赤字(GD)。政府赤字反映一国政府的收支状况,Davig 和 Leepe (2011) 提出财政扩张是通胀形成的根源,认为即便剔除货币因素,财政依然能够决定价格水平。本文采用一般政府净借出/借入占 GDP 的比重来衡量。

(2) 贸易开放度(TO)。Romer (1993) 实证研究发现贸易开放与通货膨胀存在负相关关系,贸易开放度越高,国家的经济越开放,通货膨胀率越低。本文采用商品和服务进出口总额占 GDP 的百分比来衡量。

(3) 失业率(UR)。就业直接关系一国发展水平和居民生活情况,关系社会经济稳定状况,Phillips 最早提出了表示失业率与货币工资率之间交替关系的菲利普斯曲线,而后 Samuelson 等将菲利普斯曲线中的货币工资变动率替换为物价上涨率,认为失业率与物价呈负相关关系。但近年来的研究并非总是支持这一观点。Bernanke (2006) 认为,价格稳定之所以是手段,是因为它能够促进经济增长和就业。本文采用总失业人数除以劳动力总数来衡量。

(4) 储备总额(FR)。外汇储备是一国对于本国货币与其他外币兑换的能力和强度,外汇储备的快速累积会促使大量基础货币投放进入市场。本文选择一国储备总额占 GDP 的比重来衡量。储备包括持有的货币黄金、特别提款权,以及在货币当局控制下的外汇资产。

(5) 金融发展水平(FD)。一国直接融资的便利程度直接体现金融市场的发展水平,本文采用股票交易总额占 GDP 的比重作为代理变量,用于衡量各国实际金融发展水平。

表1　　　　　　　　　　　　　　变量定义一览

变量类别	变量名称	变量定义	数据来源
解释变量	资本金总资产率（CP）	央行资本金总额除以总资产	各国央行年报
	无息负债总资产率（NIBL）	央行资本金与流通中货币之和除以总资产	各国央行年报
	平均资本金收益率（CR）	央行净利润除以平均资本金	各国央行年报
被解释变量	通货膨胀率（IR）	GDP隐含价格平减指数年增长率	世界银行
	金融稳定指数（FSI）	银行资本除以风险资产	Wind
控制变量	政府赤字（GD）	一般政府净借出/借入除以GDP	IMF
	贸易开放度（TO）	货物和服务进出口总额除以GDP	世界银行
	失业率（UR）	总失业人数除以劳动力总数	Wind
	储备总额（FR）	储备总额除以GDP	Wind
	金融发展水平（FD）	股票交易总额除以GDP	Wind

（二）样本选取和数据来源

考虑数据的连续性和可得性，本文选取G20成员中17个国家中央银行作为研究对象，剔除了欧洲央行、沙特阿拉伯央行、中国人民银行。样本时间范围为2006—2017年，共12期。本文所需的经济金融数据来自各国中央银行公开披露的年度报告、Wind数据库、世界银行和IMF官方网站。

（三）实证检验与分析

1. 计量方法

鉴于本文选择的变量较多，很可能存在自相关问题，为了消除异方差，根据数据变量和建立的模型，本文采用横截面加权（选取Cross–Section Weights）的广义最小二乘法对2006—2017年17个国家的面板数据进行实证分析。

2. 实证模型

本文用代表中央银行资本金的指标来分析其与货币政策执行效果的关系，对有关变量进行拓展和迭代，并分别从与通货膨胀和金融稳定两方面的相关关系进行考察，建立如下实证研究模型。

模型一：

$$IR_{i,s} = \alpha + \beta_1 CP_{i,s} + \beta_2 NIBL_{i,s} + \beta_3 CR_{i,s} + \beta_4 CD_{i,s} + \beta_5 TO_{i,s} + \beta_6 UR_{i,s} + \beta_7 FR_{i,s} + \beta_8 FD_{i,s} + \varepsilon_{i,s}$$

用于检验中央银行资本金与通货膨胀的关系。

模型二：

$$FSI_{i,s} = \alpha + \beta_1 CP_{i,s} + \beta_2 NIBL_{i,s} + \beta_3 CR_{i,s} + \beta_4 CD_{i,s} + \beta_5 TO_{i,s} + \beta_6 UR_{i,s} + \beta_7 FR_{i,s} + \beta_8 FD_{i,s} + \varepsilon_{i,s}$$

用于检验中央银行资本金与金融稳定的关系。

其中：i 和 t 分别为国别和年份；α 和 β 均为系数矩阵；ε 为随机扰动项。

3. 实证结果分析

（1）中央银行资本金与通货膨胀的关系

从检验结果可知，通货膨胀与中央银行资本金总资产率（CP）和无息负债总资产率（NIBL）之间的关系呈现符合预期的负值，并且 NIBL 从统计上看具有显著性，这与 Kluh 和 Stella（2008）的研究结果一致。但是 CR 的估计系数是正的，这与 Kluh 和 Stella（2008）的研究发现相反，并且从统计上看不具有显著性，与通货膨胀的关系较弱。具体而言，资本金总资产率（NIBL）指标的显著性达到 5%，说明资本金脆弱的中央银行与高通货膨胀相联系，提高该指标能显著控制通货膨胀水平；另外，央行资本金的补充可能会受中央财政的限制，导致市场上通货膨胀压力增大。而从平均资本金收益率（CR）指标回归结果反映的关系实际上是正向因果关系，这是由于通货膨胀提高会增加流通中的货币，从而名义利率上升，铸币税收入增加，对央行的财务业绩产生正面影响；另外，央行的盈利情况很大程度上受资本补充机制和利润分配机制的影响，如盈余可被用于分配或保留，损失形成对资本的消耗，还可以选择留存未来利润（未来的铸币税收入）来逐步补充资本金，这就可以解释平均权益收益率（CR）与通货膨胀的关系不显著，央行不必单纯地关注盈利的绝对值，这与 Sullivan（2003）强调明确央行利润或损失分配规则的重要性的研究一致。

关于本文模型中选取的控制变量，财政赤字、贸易开放度、失业率、外汇储备和金融发展水平都对通货膨胀有非常重要影响。其中，财政赤字对通货膨胀的影响与 Davig 和 Leepe（2011）的研究结论一致，且显著性水平为 1%，财政赤字会推高通胀水平。贸易开放度对通货膨胀的影响显示 Romer（1993）研究发现的负向关系，且显著性水平为 1%。失业率显示正值，且显著性水平为 1%，这符合近年来的国际实践，在通胀稳定的情况下也能保持就业水平。外汇储备对通货膨胀的影响为正相关，且显著性水平为 1%，表明外汇储备增长导致基础货币供给增加，基础货币供给的增加又通过货币乘数引起货币供应量的成倍增加，从而使社会总需求增加，通过物价上涨以实现商品的供求平衡。金融发展水平对通货膨胀的负向效应非常明显，显著性水平为 1%，这与 Boyd、Levine 和 Smith（2001）认为通货膨胀与金融发展之间存在负向关系相符，持续高的通货膨胀不利于经济增长。

表 2　　　　　　　　　　　中央银行资本金与通货膨胀实证结果

变量	系数	标准差	T 值	P 值
CP	-0.009504	0.023615	-0.402437	0.6878
NIBL	-0.023819	0.010567	-2.253994	0.0253**
CR	0.000297	0.000314	0.943640	0.3465
GD	0.418274	0.071534	5.847175	0.0000***
TO	-0.106853	0.011877	-8.996511	0.0000***
UR	0.194404	0.032959	5.898396	0.0000***
FR	0.136827	0.026991	5.069284	0.0000***
FD	-0.021047	0.003322	-6.335297	0.0000***

注：***、**、*分别表示在1%、5%、10%的统计水平上显著。

(2) 中央银行资本金与金融稳定的关系

实证结果显示，金融稳定与中央银行资本金总资产率（CP）和无息负债总资产率（NIBL）之间的关系均呈现负值，并且从统计上看具有显著性，与金融稳定的关系较强。CR 的估计系数是负的，并且从统计上看不具有显著性，与金融稳定的关系较弱。具体而言，CP、NIBL 与金融稳定的显著性水平均达到1%，说明资本金水平并非越高越好，央行应该确定一个适度资本金的范围，Gukierman（2011）认为存在一个资本金阈值（threshold），在设定的某个阈值下，中央银行会明显受到来自政治权力方的压力，但在这阈值上，央行的独立性取决于其他因素，而不与资本金水平相关，Martinez - Resano（2004）也探讨了决定资本金适量水平的因素，确定了一个简单的基准。CR 指标代表央行资本金的盈利能力，从相关性上看为负值，从统计上看与金融稳定的显著性水平不高，表明中央银行并不需要追求高盈利性，实现利润并非越高越好。

对模型中选取的控制变量，财政赤字、贸易开放度、失业率、外汇储备和金融发展水平都对通货膨胀有非常重要影响。其中，财政赤字与金融稳定的关系表现为正向关系，且显著性水平为1%，可见财政赤字在一定程度上可以刺激经济增长，降低税率或增加政府支出有利于增强经济和社会的稳定性。贸易开放度对金融稳定的影响显示出负值，并且在1%的显著性水平，表明一国对外贸易越开放，参与国际生产、贸易和资金循环的广度、深度不断扩大，与国际收益相应的不确定性和风险也在增加，从而影响金融体系稳定性。失业率呈现正值，统计上的显著性为1%，与现有实证研究结论呈现不同结果。外汇储备与金融稳定的关系为正相关，且显著性水平为1%，表明一国中央银行和政府持有的外汇储备水平越高，防范和化解金融危机的能力越强，金融稳定性越高。金融发展水平与金融稳定的关系为负相关,且显著性水平为1%,表明高度发达的金融市场如果没有得到充分监管,可能还会诱发金融风险,这可能就是金融危机爆发于发达国家的原因。

表3　　　　　　　　中央银行资本金与金融稳定实证结果

变量	系数	标准差	T值	P值
CP	-0.036500	0.011714	-3.116020	0.0021***
NIBL	-0.035567	0.005695	-6.245524	0.0000***
CR	-7.82E-05	0.000147	-0.532009	0.5953
GD	0.198098	0.038507	5.144422	0.0000***
TO	-0.070050	0.006754	-10.37210	0.0000***
UR	0.062432	0.016311	3.827568	0.0002***
FR	0.143241	0.013892	10.31132	0.0000***
FD	-0.013850	0.002597	-5.332903	0.0000***

注：＊＊＊、＊＊、＊分别表示在1％、5％、10％的统计水平上显著。

四、国际实践比较研究

(一) 资本金制度安排

本文对G20国家中央银行资本金制度进行梳理分析,发现有以下主要特点。

1. 实收资本的设置。韩国央行和沙特阿拉伯央行明确不设置实收资本,其余18个国家央行都对实收资本进行规定。实收资本的设置方式分为四类:一是在央行法中明确实收资本的固定金额,如《日本银行法》规定日本银行的设定资本为1亿日元。二是通过修改法律的方式对实收资本的固定金额进行过调整,如法国2011年第256号法令将法兰西银行的实收资本从4.57亿欧元增至10亿欧元。三是实收资本金额是不断变化的,如《联邦储备法》规定美联储的每个成员行要认购相当于成员银行资本和盈余6％的金额作为美联储的股本。由于成员行每年的资本和盈余会发生变化,因此美联储的实收资本每年会随之变化。四是在实收资本外设立实收资本调整项。如《土耳其中央银行法》规定土耳其央行的实收资本为25000里拉,2003年12月30日颁布的土耳其第5024号法规定从2004年1月1日开始,所有纳税人都应对财务报表进行通货膨胀调整,因此土耳其央行从2004年起设置实收资本通胀调整项目。

2. 准备金(广义)的设置。除沙特货币局外,其他中央银行均设置了此项目。准备金的类型包括法定准备金、特殊准备金(其他准备金)、重估账户(重估准备金）和留存收益等。按照准备金的计提方式，可以分为三类：一是对准备金的计提比例或总额进行固定，采用这种方式的国家最多。如 FAST 法案规定美联储的盈余公积不超过 100 亿美元。二是计提比例随限制条件的变化而变化，如《加拿大银行法》规定设立法定准备金，当准备金低于实收资本时，三分之一的盈余应用于补充准备金；不低于实收资本时，五分之一的盈余应用于计提准备金直至达到实收资本的 5 倍。三是计提比例不固定，如澳大利亚《储备银行法案》规定，准备金计提比例由政府和储备银行协商决定。

3. 亏损弥补的法律条款。6 家中央银行以法律明确了亏损弥补方式，主要有三种方式：一是由财政直接补亏，如《巴西第 4595 号法令》规定，巴西央行的净亏损由财政部弥补。二是由中央银行以前年度计提的准备金进行弥补，如《关于欧洲中央银行体系和欧洲中央银行的议定书》规定，欧洲央行亏损由欧洲央行一般准备金进行弥补，必要时经欧洲央行理事会决定，按照第 32.5 条规定的各国央行分配比例和金额，以当年度的货币性收入来弥补。三是由中央银行的准备金和实收资本进行弥补。《韩国银行法》规定韩国央行在任何会计年度产生的亏损应由准备金来弥补，如果不足弥补，则不足部分应由政府按照预算和会计法的相关规定弥补。

（二）资本金规模及结构比较

1. 资本金规模总体扩张

本文对 G20 国家 2005—2017 年资本金规模进行分析，发现资本金占总资产的比重总体上呈增长趋势，平均数由 2005 年的 7.39% 增至 2017 年的 9.86%，中位数由 2005 年的 3.66% 增至 2017 年的 9.42%。2009 年的资本金占比均值和中位数均达到阶段性高点，在经过 2008 年国际金融危机后，13 家中央银行提高了资本金绝对数以应对未来风险，其增幅高于不断扩张的总资产增幅。

以 2017 年年末资本金占比数为基准对 G20 国家进行排序，占比超过 25% 的国家有南非储备银行、俄罗斯央行和印度储备银行。南非储备银行、俄罗斯央行和印度储备银行资本金规模位列前三位，在资产中的占比分别为 31.91%、28.63% 和 25.66%，且占比相比 2005 年分别增长 7.1 倍、7.8 倍和 1.7 倍。资本金占比低于 1% 的包括美联储、英格兰银行、日本银行、加拿大银行。从变化情况看，美联储、英格兰银行于 2008 年起，日本银行于 2014 年起资产规模急速扩张，虽然资本金总额也有所增加，但远低于资产增幅。加拿大银行的资本金规模一直保持在较低的水平，其均值和中位数均在 0.5% 以下。

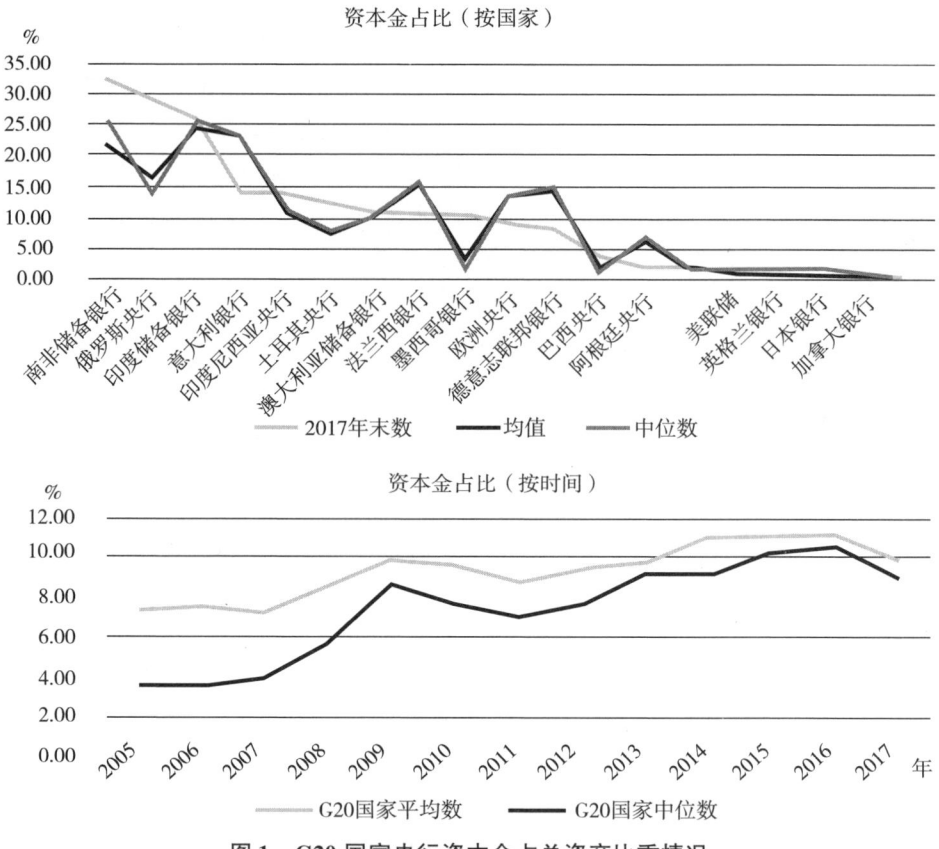

图1　G20国家央行资本金占总资产比重情况

2. 资本金水平与资产负债结构直接相关

本文试图从资产负债结构的角度解释不同中央银行之间资本金水平的差异。各国中央银行资产负债表项目差异很大,因此需要对各国央行的资产负债项目按照统一标准进行重新归类。首先,我们将中央银行资产负债表进行简化,得到表4。

表4　　　　　　　　　　中央银行资产负债表简表

外汇储备（含黄金）	流通中货币
证券	存款
贷款	其他负债
其他资产	所有者权益
资产总额	负债及权益总额

然后，对 11 家中央银行 2005—2017 年的资产负债表按照简化后的格式进行标准化处理，计算外汇储备（含黄金，下同）、证券、贷款、流通中货币和存款分别占资产总额的比重。其 2017 年的计算结果如表 5 所示。

表 5　　　　　　　　中央银行标准化资产负债表相关指标　　　　　　单位:%

国别	外汇储备占比	证券占比	贷款占比	流通中货币占比	存款占比
美联储	1.12	98.16	0	35.30	50.93
加拿大央行	0.01	90.78	8.54	77.28	21.81
日本银行	1.44	85.23	9.11	20.36	77.16
英格兰银行	0	3.86	95.48	13.87	83.52
南非储备银行	81.95	1.08	11.59	17.55	35.39
印度储备银行	75.68	0	0.52	45.59	27.13
俄罗斯央行	66.11	2.88	11.42	30.96	35.71
法兰西银行	13.93	63.34	1.28	20.59	53.61
意大利银行	13.63	46.40	27.04	20.24	16.69
澳大利亚储备银行	41.58	54.99	0	41.73	38.55
巴西央行	42.94	52.34	0	7.88	15.80

（1）高外汇储备对应高资本金水平。南非储备银行、印度储备银行和俄罗斯银行的外汇储备占比远高于债券和贷款占比，在所有中央银行中排名前三，在资本金规模占比中也排名前三。其主要原因在于，外汇储备占比高的国家，其面临的汇率风险更高，如果按公允价值法进行计价，且将公允价值变动损益直接计入利润，那么利润的波动会直接受汇率变动的影响，不利于反映中央银行真实的经营情况。因此，这三家央行都建立了重估账户这样的准备，导致资本金水平较高。

表 6　　　　　　　　高外汇储备央行会计政策

重估会计政策	黄金	外汇
南非储备银行	财政部和央行协商确定黄金法定价格。法定价格变化损益和黄金交易价差与法定价格间的差额计入重估账户。	以报表日（按月）汇率折算本币计算未实现损益，计入重估账户。
印度储备银行	每月最后一个交易日按伦敦金银市场当月黄金日均价的 90% 对黄金账面价值进行重估。	外币资产和负债根据每周/月/年最后一个交易日的汇率进行折算，损益计入重估账户。
俄罗斯央行	按照伦敦金银市场黄金价格，并根据美元/卢布汇率重新计算，重估差额计入重估账户。	每日按官方汇率进行重估，未实现损益计入重估账户。

（2）高证券/贷款对应低资本金水平。美联储、加拿大央行、日本银行的证券规模占比非常大，英格兰银行则是贷款规模很大，2017年四家行这两项占比之和分别为98.16%、99.32%、94.35%和99.34%。在所有观察国中，其占比排名前四，同样是这四家央行，在资本金规模占比中排名倒数第二至倒数第五。在证券中，国债是最主要的内容，购买国债稳定性强，收益率高，对美、加、日三国而言，政府债券兑付的风险非常小，需要为覆盖风险而建立的储备余额相应只需维持在一个较低的水平。英格兰银行贷款中占比最大的是向其资产购买融资便利公司（BEAPFF）发放的贷款。2009年，英格兰银行设立"资产购买便利"并向其发放贷款，由BEAPFF向困难金融机构购买不良资产。由于事先约定BEAPFF的所有收益和风险都由财政部承担，英格兰银行自身并不承担信用风险。

（3）外汇储备和证券/贷款规模相近的中央银行，其资本金水平适中。法兰西银行、意大利银行、澳大利亚储备银行和巴西央行在2005—2017年单项占比均低于（1）（2）所述央行。这四家央行的资本金占比排名也居于中段，2017年末资本金占比在3%～15%。

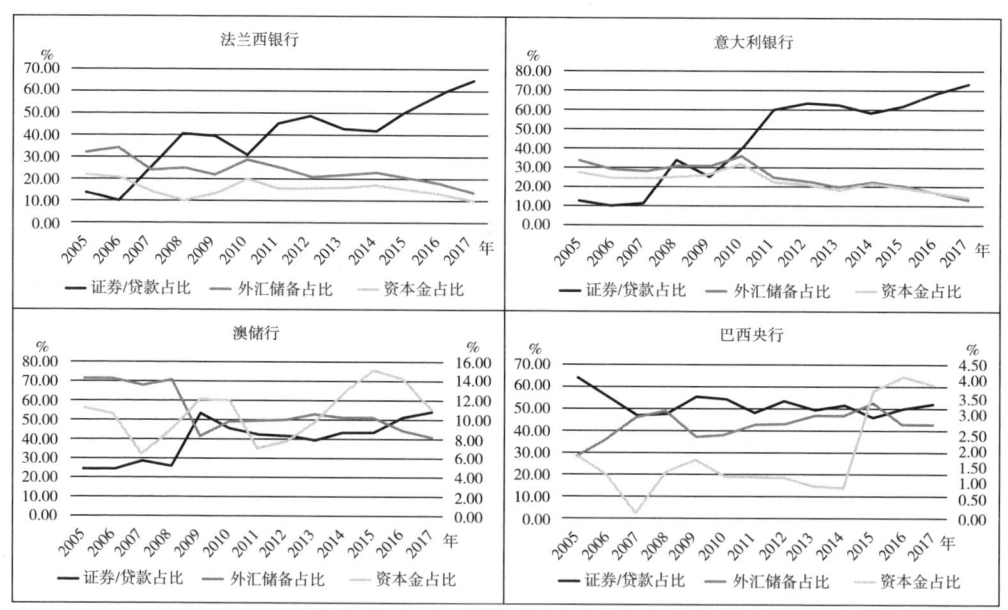

图2 证券、外汇占比相近央行资产结构

3. 资本金结构中实收资本、准备金和重估账户是最重要的三项

我们对G20国家中央银行的资本金结构进行分析，发现各国设置的资本金项目并不完全统一，但存在一些共性。从类型上，G20国家央行设置实收资本、准备金、重估账户、留存收益、其他综合收益和少数股东权益六类项目，从实质看，"其他综合收益"也是核算金融资产未实现损益，也可归类于重估账户；少

数股东权益只有南非储备银行设置，不具有代表性，因此，本文将资本金结构分为实收资本、准备金、重估账户和留存收益四类进行分析。其中，同时设置实收资本、准备金和重估账户的中央银行最多，占比为74%。

4. 法律规定、利润留存比例和会计标准选择是影响资本金结构的重要因素

（1）央行法确定设置实收资本和准备金项目。前文对各国央行法中对资本金的规定进行梳理总结，韩国银行和沙特央行明确不设立实收资本，其余18国明确规定中央银行应设立实收资本。除沙特外的19个国家央行均设置了准备金，在报表中体现实际设置了准备金项目的有16家[①]。

（2）利润留存比例决定准备金规模。在央行法中对准备金的计提比例进行规定的有11家，主要分为两类：一是确定固定比例，如《意大利银行法》规定普通准备金计提比例不超过净利润的20%，特别储备金和风险准备计提比例不超过净利润的20%。二是确定固定比例并设置上限，如《德国联邦银行法》规定德意志银行每年将利润的20%，且至少2.5亿欧元转入法定准备金，直到达到25亿欧元。

（三）目标资本金水平

1. 目标资本金确定方式存在一些差异

从前文分析发现，G20央行目标资本金水平的确立方式存在一些差异，根据确立的依据是绝对数还是相对数，我们将9国央行分为三类。

一是以绝对数量确定资本金水平，包括加拿大央行和德意志银行。《加拿大银行法》规定最低资本金500万加元（实收资本为500万加元），法定准备金从净利润中提取，最高限额为2500万加元，从2007年起设置特别准备金，金额不得超过4亿加元。

二是以相对资产负债表中相关项目的比例来确定资本金水平，包括日本央行、澳大利亚储备银行、印度储备银行和阿根廷央行。如《日本银行会计规则》规定，资本充足率目标为10%，可以上下浮动2个百分点，即目标资本金水平为资本充足率8%~12%。

三是混合目标制，包括美联储、欧洲央行和印度尼西亚央行，同时设置绝对数和相对值目标。如欧洲央行的实收资本是成员国和非成员国央行实际缴纳的股本，截至2017年底实收资本为77.4亿欧元，其中成员国央行已全额认缴。根据《关于欧洲中央银行体系和欧洲中央银行的议定书》要求，欧洲央行建立总准备金制度每年提取总储备的数额不能超过净利润的20%，且累计不超过资本额

---

① 央行法中规定的准备金是广义概念，包括本文在"资本金结构"部分分析的准备金、重估账户和留存收益。美联储法律中规定的准备金为"盈余公积"，在资本金结构部分归入留存收益和重估账户。

的 100%。

2. 目标资本金水平的影响因素

一是中央银行的职责范围。一般而言，一国中央银行承担的职责与其资本金水平呈正相关关系，职责越多就需要越高的资本金水平来应对履职可能带来的风险损失。如加拿大央行在管理加拿大的外汇储备和政府债务时主要充当政府代理机构的角色，它也不直接对个体金融机构进行监管，其目标资本金水平相较于其总资产而言规模很小。

二是中央银行面临的风险水平。主要包括汇率风险、利率风险、价格变动风险和信用风险等。各国面临的风险水平并不相同，这与其配置的资产类型和比重，金融标的期限利率等密切相关。如澳储行的准备金目标的确定就与其面临的风险敞口直接挂钩，对不同资产风险进行评估赋值，计算出准备金水平。

3. 对目标资本金的评述

一是资本金并不是越多越好，持有太多或者太少的资本都会有成本和风险。持有的资本金过少将削弱中央银行财务实力，其决策存在失真的可能性，同时为了提高资本金而进行的外部资本金筹集计划也会影响中央银行独立性；持有的资本金过多则会造成机会成本很高，政府可能会要求将部分资本重新配置于其他公共政策。

二是目标资本金会随着客观条件的变化发生改变。如德国央行目标资本金在不同的阶段有不同的要求。第一阶段是 1957—1996 年，采用混合目标制：对实收资本设置 2.9 亿德国马克的总额上限（1957—1996 年），法定准备金金额为流通中货币面值的 5%（1982—1996 年）。第二阶段是 1997—2001 年，采用绝对数量法，实收资本和法定准备金上限为 50 亿德国马克（合 25.56 亿欧元）。第三阶段是 2000—2017 年，实收资本和法定准备金上限调整为 25 亿欧元。

（四）资本金管理

1. 初始投入

在资本金四个项目中，实收资本是在中央银行成立时由股东投资设立的，其余项目是在中央银行后续经营过程中不断积累的。因此资本金的初始计量主要是对实收资本的初始投资。从中央银行实收资本的出资结构看，中央银行主要分为国家所有、公私混合、私有、多国共同所有和无股本五种情况。

英格兰银行股本由财政全额出资，自 1946 年成立起金额为 14553000 英镑，延续至今。《日本银行法》规定日本银行的股本为 1 亿日元，由政府和私人共同出资，其中政府的出资不少于 5500 万日元。日本银行的实收资本后续未进行过增加，总额一直保持 1 亿日元，其中政府持股 55%，私人部门持股 45%[①]。美联储的初始股本由 12 家成员行认购，认购比例为各成员行资本和盈余之和的 6%。欧洲央行成立之初规定的股本为 50 亿欧元（认缴股本），资本增加的数额由理事会审议决定，股本由成员国央行分摊，分摊比例依据各成员国的 GDP 和人口为基础确定。

2. 后续积累

（1）通过利润分配实现内部积累

我们对 G20 国家中央银行利润分配方式进行归纳，可以将利润分配类型分为内部积累和外部分配两类。内部积累方式含计提准备金、结转留存收益、结转其他综合收益、结转重估账户和其他（阿根廷央行将净利润直接转增实收资本），外部分配方式含上交财政、分配股利和其他（如南非储备银行分配给少数股东；土耳其央行分配给员工；俄罗斯央行、韩国央行和印度储备银行分配给外部机构）。在内部积累方式中，最常采用的是计提准备金。其中，南非储备银行计提准备金占比最高，达到 95.82%。

我们将 G20 国家历年利润分配情况进行整理，计算利润分配转增资本金的比例，按国别计算其均值和中位数。分析发现印度尼西亚央行、南非储备银行的均值和中位数都最高，接近或超过 90%，转增的主要项目是准备金。

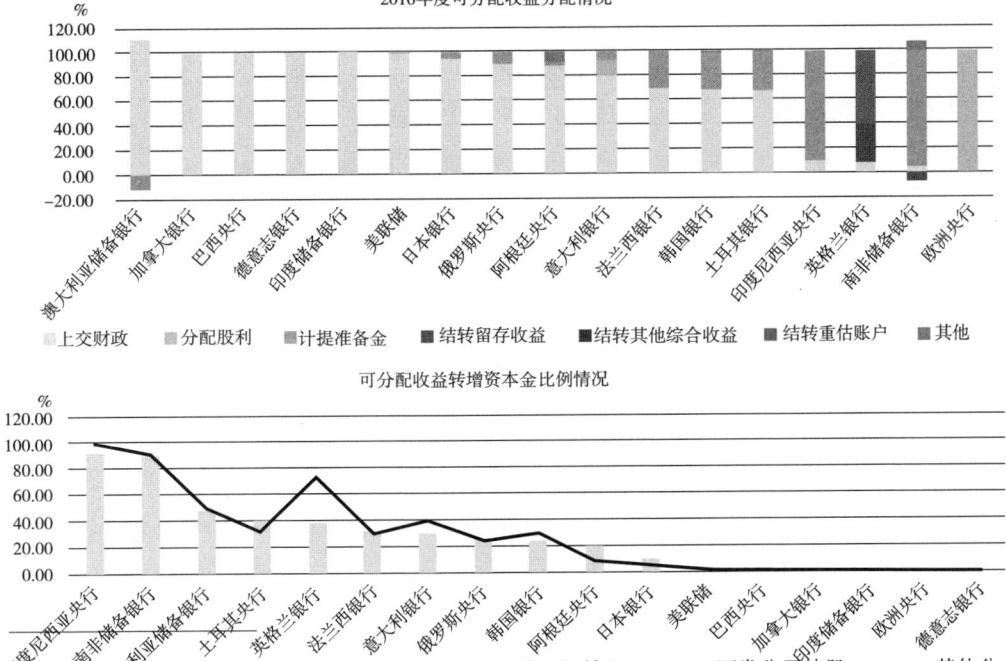

① 个人持股 39.37%、金融机构持股 2.55%、公共组织持股 0.32%、证券公司持股 0.12%、其他公司持股 2.63%，合计 45%。

图 3　G20 国家利润分配情况

(2) 通过外部注资实现资本补充

在 G20 国家 2005—2017 年实践中，澳大利亚储备银行和巴西央行出现过政府实际注资增加资本金的情况。澳大利亚储备银行在 2013 年前由于澳元兑美元的汇率上升引起巨额亏损，大量准备金用于弥补经营亏损，资本金受到明显侵蚀。2013 年 10 月，澳大利亚政府决定向澳储行一次性拨款 88 亿澳元，该项拨款于 2014 年 5 月实际拨付。巴西央行 2008 年、2009 年实收资本增加，为政府定向向巴西央行发行的证券增加资本金。2008 年 11 月 5 日，巴西政府颁布第11.803/2008 号法律，旨在确保巴西央行持有的国债维持在适当规模。该法律授权联邦政府在其认为必要时免费直接向巴西央行发行国债。2008 年以来共定向发行四期国债，分别是 2008 年、2009 年、2015 年和 2016 年，金额分别为 10496072 雷亚尔、11603023 雷亚尔、75000000 雷亚尔和 40000000 雷亚尔。巴西央行在资产方将其确认为"联邦政府债券"，权益方确认为实收资本，直接增加资本金。

3. 资本金的减少

(1) 弥补经营亏损

澳大利亚储备银行、南非储备银行、韩国银行、土耳其央行和印度尼西亚央行使用资本金弥补年度亏损。澳大利亚央行 2007 年、2010 年、2011 年、2017 年净利润为负数，亏损弥补方式为从未实现利润准备和储备银行准备金中进行划转。

(2) 特殊政策安排

美联储于 2015 年出现过资本金减少，原因为当年实施 FAST 法案，法案要求将盈余公积调整至 100 亿美元的固定金额。由于 2014 年末盈余公积余额大于 100 亿美元，因此 2015 年执行新法案引起盈余公积的大幅减少。

(3) 重估账户损失

在对 G20 国家资本金减少的原因进行分析时，发现重估账户损失是一个最重要的因素。除负利润年度弥补亏损和个别年度特殊政策安排外，其余所有资本金收缩都是由重估账户损失引起的。如欧洲央行、意大利银行、法兰西银行和德意志银行在 2013 年和 2017 年都由于重估账户余额减少影响资本金总额降低。

(五) 资本金管理框架设计

通过前文分析，我们发现各家中央银行在资本金管理方面有一些共性的选择，这些选择对提升中央银行资本金和财务实力起到了积极作用。因此我们尝试对资本金管理框架进行设计。

1. 设立资本金管理目标

通过会计标准选择、资本补充、利润转增资本、亏损弥补等一系列政策安排，将资本金保持在可以覆盖未来风险的合理区间，达到稳定、健康的资本状态，以更好地实现中央银行政策目标。

2. 构建资本金统一管理的组织架构

一是在中央银行法中体现对资本金管理的顶层设计。在中央银行法中明确对中央银行资本金设置、运用、调整的要求，以确保中央银行资本金处于恰当水平，为中央银行发挥宏观调控、维护金融稳定等职能提供保障。

二是设立资本金管理委员会，主要职责为确定目标资本金水平，审核长期资本规划，综合评估维护金融稳定、执行货币政策等各项职能中的风险敞口，审议资本补充、利润留存、亏损弥补等方案。

三是设立资本金管理执行小组，通过细化资产负债风险分类管理和财务风险评估、建立风险动态评估和监测机制、科学测定各类风险等方式，做好中央银行资本金的日常管理，具体包括拟定长期资本规划，及时向资本金管理委员会报告资本金变化情况，提出资本补充、利润留存、亏损弥补等方案，按照资本金管理委员会决议进行计提准备金、利润转增留存收益、留存收益/准备金弥补亏损等操作。

3. 建立资本金管理机制

一是建立长期资本规划机制。总行考虑中央银行履职、资产负债表管理、风险分析等实际情况和需求，合理规划中央银行资本金的规模、结构和发展。

二是建立资本金补充机制。中央银行当年实现的利润，应由中央银行提出利润分配方案/资本金补充方案，确定当年利润中计提准备金、转增留存收益的金额。

三是建立资本金运用机制。如中央银行出现显性或隐性亏损时，亏损金额由中央银行的留存收益和准备金进行弥补，不足部分由财政进行补充。

4. 确定资本金管理内容

一是采用审慎会计标准。为确保中央银行在财务上健康可持续，在会计标准选择上应遵循审慎性原则，确保资产负债的价值不被高估，且收益仅在确定能够收到的情况下予以确认。这有助于确保中央银行具有足够的财务缓冲，以便其独立实施货币政策，保持自身公信力。

二是设立实收资本、准备金和留存收益三类资本金项目。实收资本项目核算股东的初始投资和后续增资；准备金项目下设一般风险准备金和专项准备金，一般风险准备金用于覆盖央行汇率风险、利率风险、价格变动风险和信用风险等，专项准备金用于应对央行特殊政策操作的潜在风险；留存收益项目用于核算在计提准备金之外转增的其他资本金。

三是设定目标资本金区间。目标资本金确立方式可选择绝对数标准、相对数标准或混合标准。选择绝对数标准的确定资本金水平的上限和下限，资本金总规模触及上限不再计提，跌破下限需启用提高利润留存比例等方式补充资本。选择相对数标准的确定资本金水平的参照指标，如总资产、风险资产、货币性负债等，在此基础上确定资本金比例的区间，资本金占比超过目标区间上限时不再计提，跌破下限需加大资本补充力度，以确保资本金占比保持在目标区间内。

5. 明确资本金管理流程

一是明确长期资本规划审议流程。资本金管理执行小组负责年中拟订长期资本规划，报资本金管理委员会审议。资本金管理委员会对长期资本规划并作出决议。执行小组按照审议通过的长期资本规划进行资本金测算。

二是明确资本金日常管理流程。资本金日常管理由资本金管理执行小组负责，每年年末结合长期资本规划，对当年应调整的资本金数额进行测算，提出净利润转增资本金/资本金弥补亏损方案，报资本金管理委员会审议。资本金管理委员会对方案进行审议，并作出决议。执行小组按照审议通过的方案进行账务处理，增加或减少资本金总额。

三是明确特殊事项下管理流程。将预设的目标资本金区间下限作为阈值，一旦出现低于阈值的情况，执行小组应及时制订资本金补充方案，报资本金管理委员会审议启动相应流程。

五、相关结论

（一）资本金是中央银行履职的基础保障

本文认为，中央银行资本金是履行制定和执行货币政策、实施宏观审慎监管、维护金融稳定等职能的基础保障。如果中央银行没有足够的资本金应对危机，就很可能征收高额铸币税，导致通货膨胀并加剧危机蔓延，同时需要财政救助的可能性也会增大，从而难以在政策上保持独立性。国际经验表明，设立目标资本金水平是健全中央银行资本补充机制的有效举措，留存适当的未来收益有利于修复资产负债表。当前，随着美联储等主要发达经济体中央银行逐步退出非常规货币政策，全球金融市场受到溢出效应的复合影响，外部脆弱性容易激发深层次危机和潜在金融风险，中央银行货币政策和宏观审慎管理面临前所未有的新挑战。Sim（2012）等认为，金融危机发生后中央银行资产负债表快速扩张隐藏着巨大风险，后期的货币政策收缩可能会导致中央银行向财政部寻求注资。为此，中央银行应做好应对危机的前瞻性安排，更加谨慎地保持财务实力，健全资本补充机制也显得更为迫切。

（二）资本金管理是中央银行治理的重要环节

中央银行治理实际上是中央银行与利益相关方的关系，包括外部治理和内部治理两个部分。从外部治理看，资本金机制是中央银行与公众沟通的重要渠道，是中央银行预期管理的重要方式，充足的资本金可以增强公众对中央银行的信心。同时，资本金机制是规范中央银行与政府关系的重要工具。绝大部分 G20 中央银行明确了资本金内部补充的有关安排，这有利于厘清中央银行与政府（财政）的财务关系，为中央银行独立履行货币政策和宏观审慎管理等职能奠定基础。

从内部治理上看，资本金补充机制是中央银行财务独立必不可少的组成部分，也是中央银行风险管理的重要手段。国际清算银行（BIS）指出，中央银行财务独立有三个特征：一是能自主管理资产负债表；二是能承受亏损及自主进行利润分配；三是能支付日常运作费用支出和自主制定薪酬标准，以吸引符合央行履职需要的高素质人才。因此，只有健全资本金补充机制，中央银行才能提取充足的资本金，才能根据风险敞口情况建立风险缓冲有效管控自身风险，才能具备承受亏损的能力。

（三）资本金管理效果受众多因素影响

实践中，资本金管理效果受到众多外部因素的影响和干扰。一是本国经济实力和经济环境的影响。美联储、英格兰银行、日本央行资本金占总资产比例在 G20 央行中处于偏低水平，但金融体系较为稳健，这体现了该国经济实力和本币国际地位。二是中央银行与政府的关系。大多数中央银行的核心政策目标是维持物价稳定，而政府还要兼顾经济增长、就业和国际收支平衡等问题，二者存在一定交叉与冲突。近年来，随着一些主要发达经济体中央银行逐步收紧货币政策边界，中央银行独立性受到新的挑战。例如，美国政府打破惯例，对美联储持续加息政策提出质疑。如果中央银行独立性不足，资本金在应对危机中的作用会受到影响。例如，土耳其央行资本金占总资产比例在 G20 央行中处于中等水平，但 2018 年仍发生本币大幅贬值的货币危机，通胀率高达 25%，且土耳其央行实施的加息等紧缩性货币政策受到政府反对，导致危机应对效果不佳。

（四）保持中央银行资本的可持续性非常重要

资本金在财务缓冲机制中发挥重要作用。绝大部分 G20 中央银行在分配利润或向政府上缴利润前，注重提取充足的准备金和补充资本金，以保持中央银行资本的可持续性，增强抵御风险的能力。为了维护中央银行资产负债表与损益表健康，建立与风险相适应的动态调整资本框架是非常重要的。国际货币基金组织（IMF）和国际清算银行（BIS）分别提出了两套中央银行资本充足度方案：IMF 建议中央银行保持货币负债 10% 的财务缓冲；BIS 则建议中央银行资本应达到风险加权资产 8%（与《巴塞尔协议 II》类似）。从实践经验来看，当危机来临时再补充资本将非常困难，中央银行需要提前做好前瞻性的安排。

(五) 会计标准和财务制度对资本金管理存在一定影响

1. 会计标准的影响。一是会计基础,即以权责发生制还是收付实现制为基础;二是计量属性,即以公允价价值还是历史成本为主进行计量等。会计标准本身不会改变经济实质,但不同的会计标准会导致不同的会计核算结果,生成不同的资产负债表和损益表,在利润分配机制既定的情况下形成不同的利润分配结果,进而影响资本金水平。例如,采用公允价值计量为主的中央银行可以结合财务会计属性而计提准备金,从而形成覆盖财务风险的屏障;以历史成本计量为主的中央银行在准备金计提上面临众多障碍。

2. 利润分配政策的影响。中央银行利润分配过程中提取准备金的比例、利润分配的数量等因素都会影响最终留存到中央银行所有者权益的金额,进而影响资本金水平。一些发展中国家和转轨国家的中央银行为支持金融改革,通过再贷款或发行专项票据置换了金融机构大量不良资产,或者实施流动性干预维护本币汇率稳定,导致中央银行形成较大的财务风险敞口。但利润分配机制的非自主决定和非必然对称(盈余和亏损通常不会被同等对待,盈余可被用于分配或保留,损失却很少得到弥补),影响了资本金的必要补充和积累。

3. 财务缓冲机制的影响。中央银行财务缓冲机制是指中央银行为应对风险、弥补损失而积累或动用财力准备的制度安排。准备金提取和使用、资产重估准备、抵押品政策等是财务缓冲机制的重要内容。中央银行有必要设置适当的财务缓冲机制,有效覆盖央行履职特别是非常规政策措施可能带来的财务损失,保持中央银行足够的财务实力和操作能力。

参考文献

[1] 国际清算银行中央银行财务研究工作组. 中央银行财务——变迁与影响 [M]. 北京: 中国金融出版社, 2012.

[2] 中央银行财务研究小组. 中央银行财务治理 [M]. 北京: 中国金融出版社, 2016.

[3] 任康钰. 中央银行的资本金: 文献综述 [J]. 国际金融研究, 2012 (6).

[4] 各中央银行年报.

[5] Peter Stella. Central Bank Financial Strength, Transparency, and Policy Credibility [J]. IMF Staff Papers, 2005, 52 (2): 335 - 365.

[6] Bindseil, U., Manzanares, A., Weller, B. The Role of Central Bank Capital Revisited [R]. European Central Bank, Working Paper Series, 2004, No. 392.

[7] Cargill, Thomas F. Central Bank Capital, Financial Strength, and the Bank of Japan [R]. FRBSF Economic Letter, No. 2006 – 11, May 19.

[8] Cukierman, A. Central Bank Finances and Independence——How Much Capital Should a Central Bank Have? The Capital Needs of Central Banks [M]. S. Milton and P. Sinclair, Routledge Publishing House, 2011.

[9] Dalton J. and Dziobek C. Central Bank Losses and Experiences in Selected Countries [R]. IMF Working Paper, 2005WP/05/72.

[10] Ernhagen, T. Vesterlund, M. and Viotti, S. How Much Equity Does a Central Bank Need? [J]. Sveriges Riksbank Economic Review, 2002 (2).

[11] Hawkins, James. Central Bank Balance Sheets and Fiscal Operations [R]. BIS Papers, 2004, No. 20 (Basel: Bank for International Settlements).

[12] Ize, Alain. Capitalizing Central Banks: A Net Worth Approach [R]. IMF Staff Papers, 2005, Vol. 52, No. 2.

[13] Kluh, U. and Stella, P. Central Bank Financial Strength and Policy Performance: An Econometric Evaluation [R]. IMF Working Paper, WP/08/176, 2008.

[14] Luca Papi. Central Bank Capital Adequacy for Central Banks With or Without a Monetary Policy [R]. MoFiR 2011, Working Paper No. 49.

[15] Martina Horakova. Central Bank Capital Levels: Do They Matter and What Can be Done? [J]. Central Banking Journal, 2011 (5).

[16] Stella, P. Do Central Banks Need Capital? [R]. IMF Working Paper, 1997, No. 97/83.

[17] Stella, P. Central Bank Financial Strength, Transparency, and Policy Credibility [R]. IMF Working Paper, 2002, 02/137 (Washington: International Monetary Fund).

[18] Stella, P. Why Central Banks Need Financial Strength [J]. Central Banking, 2003, Vol. 14.

[19] Stella, P. Central Bank Financial Strength, Transparency and Policy Credibility [R]. IMF Staff Papers, Vol. 52, No. 2, 2005 (11): 335 – 365.

[20] Sweidan, O. D. Central Bank Losses: Causes and Consequences [R]. Asian – Pacific Economic Literature, 2011, 01281: 29 – 42.

[21] Vaez – Zadeh, Reza. Implications and Remedies of Central Bank Losses, in Patrick Downes and Reza Vaez – Zadeh (eds.), The Evolving Role of Central Banks [M]. International Monetary Fund, 69 – 92, Washington, D. C., 1991.

[22] Bernanke B. The Federal Reserve's Balance Sheet [R]. Federal Reserve

Bank of Richmond, 2009.

[23] Niall Ferguson, Andresa Schaab and Moritz Schularick. Central bank balance sheets: expansion and reduction since 1900 [R]. European Central Bank Working Paper, 2014.

省联社管理及其对农信社效率提升的偏离：理论与实证研究

中国人民银行贵阳中心支行课题组

课题主持人：张瑞怀

课题组成员：孙 涌 李家鸽 邵雁玲 任丹妮 郑六江 邵 骏
王 清 徐振鑫

一、引 言

省联社改革是当前农村信用社改革的关键。截至2018年，中央1号文件已连续3年提出省联社改革问题：2016年，要求"开展农村信用社省联社改革试点，逐步淡出行政管理，强化服务职能"；2017年，要求"抓紧研究制订农村信用社省联社改革方案"；2018年，再次强调要"推动农村信用社省联社改革"。但3年来，全国各地的省联社改革仍处于讨论多而行动少的状态。

省联社改革难以推动与各方对下述问题的担忧密切相关：一是农村信用社（含农村商业银行、农村合作银行，以下简称农信社）自身经营管理能力问题。大多数农信社仍不具备与独立发展相匹配的治理水平，一旦省联社退出管理，可能爆发多方面道德风险，影响区域金融稳定和农村地区金融服务。二是地方政府的权责对等问题。省联社是代表地方政府履行对农信社的管理职能，其管理职能的淡出可能导致地方政府既要承担农信社的发展和风险处置责任，又无法对其进行有效管理。三是行业监管资源不足问题。省联社在对农信社进行风险防控方面发挥着重要作用，弥补了当前县域经济中监管深度和力度不足的缺陷，其管理职能的退出可能给行业监管部门带来较大压力。

这些担忧都隐含了一个假设，即省联社对农信社的管理在缓解上述问题方面仍然是利大于弊的。但自2017年末以来，各地农信社积累的隐性风险集中暴露，不仅暴露出农信社自身经营管理能力仍然较弱的问题，也暴露出省联社管理体制的矛盾与行业监管的漏洞。然而，目前理论和实践层面对省联社管理问题的研究仍然不够深入，省联社的管理如同"黑箱"，通常被"全面管理"笼统描述，对其能否、如何退出等问题也缺乏深入探讨。因此，本文以A省75家农信社2010—2017年接受省联社管理和经营效率情况为研究对象，对省联社的管理职能进行了分解、归纳和导向评估，并实证检验了省联社管理导向对农信社提升效率和风险防范方向的偏离情况,在此基础上提出了相应的政策建议。

文章接下来安排如下:第二部分为文献评述;第三部分为理论分析,重点对省联社管理内容、特征及其影响进行定性分析,并提出理论假设;第四部分为数据来源与研究模型;第五部分是实证结果,分析了省联社管理对农信社提升效率和风险防范方向的偏离程度;第六部分为结论与政策建议。

二、文献评述

(一)银行公司治理一般理论及农信社的特殊性

推动包括省联社改革在内的一系列农信社改革,其核心目标是促使农信社构建良好的公司治理。根据目前的理论,银行公司治理的一般模式:其一,公司治理的出发点不仅要考虑股东利益,也要顾及存款人、贷款人等利益相关方的利益;其二,公司治理目标既要实现投资者收益最大化,也要保持金融系统的稳定;其三,在存款保险导致的债权人监管缺位、政府严格管制导致的不充分竞争等外部不利因素下,银行的外部治理机制作用弱于内部机制(Ciancanelli 和 Gonzalez,2000;Macey 和 O'Hara,2001;李维安、曹廷求,2003;Haan 和 Vlahu,2016;李维安,2016)。

但省联社管理下的农信社治理与上述一般模式并不完全符合且更为复杂:其一,由于法人治理状况普遍不理想,且与其他银行相比增加了省联社这一利益相关人,农信社的治理往往更少考虑股东利益,而更多地顾及其他各方尤其是地方政府和省联社的利益。其二,作为支农的主力军,农信社的治理目标除投资者收益最大化和金融系统稳定外,还增加了承担一定政策性业务的目标,并由省联社这一政府的代表机构进行监督执行,但这一目标又与其实现收益最大化存在矛盾。其三,理论上省联社应属于农信社的外部治理机制(Denis 和 McConnell,2003;李维安等,2010),尽管同样存在债权人监管缺位、市场竞争不充分的问题,但与其他商业银行相比,由于省联社的存在,农信社的外部治理机制实际上是强于内部机制的。而这些特殊且复杂的情况尚未被普遍纳入关于银行公司治理理论的探讨中。

(二)农信社效率水平及其影响因素

目前国内研究主要通过经营指标评估或经营效率计算两种方法评价农信社的改革或经营绩效。前者通常是综合考察经营指标如资产收益率等,支农指标如农户贷款面等,其他指标如补贴依赖指数等的数据变化情况(谢平等,2006;周治富、郭梅亮,2011);后者则普遍采用数据包络(DEA)、随机前沿(SFA)等方法进行效率计算和分析(黄惠春等,2010;师荣蓉、徐璋勇,2012;王文莉等,

2014；蓝虹、穆争社，2016）。

应用上述两种方法的研究结论主要集中在三方面：一是总体来看，自深化改革以来农信社的效率水平是逐步提高的，但也存在不同类型效率、不同区域农信社效率之间的不均衡（张兵，2009；黄惠春等，2014）。二是资产质量、盈利能力、产权结构、法人治理等内部因素在不同的模型中被证明与农信社的效率有显著影响，但一些指标在不同模型中的影响方向并不总是一致（曹廷求、段玲玲，2005；王俊芹等，2010；李婧等，2015）。三是农村金融市场结构、所在地区经济发展水平等外部因素在不同模型中对农信社的经营效率有显著影响（褚保金等，2007；徐忠等，2009）。

（三）省联社对农信社的管理及其影响

从其合理性看，部分文献肯定了省联社管理模式在实现地方政府对农信社管理权责对等、监护农信社发展、推动落实国家支农政策等方面的积极影响（明洋，2011；肖四如，2012）；另外，大多数学者均认同省联社需要进一步改革，以改变其行政化管理、格式化指导、权责关系错位、干预农信社正常经营、影响农信社法人治理完善等方面的问题（谌争勇，2009；廖继伟，2011；蓝虹、穆争社，2012）。从内容来看，相关研究集中于对省联社管理弊端和改革方向的探讨，而对省联社究竟如何实施对农信社的管理这一基础问题尚无深入调查分析，其难点可能在于：一是在省联社管理下，研究者难以从省联社或农信社任何一方直接获得关于省联社管理的翔实情况和数据。二是在选择省联社管理模式的地区，仍缺乏脱离省联社管理的农信社样本进行对比研究。

综上，现有文献对于当前省联社管理的具体内容及其影响仍然缺乏充分的论证：一是国内外的银行公司治理一般理论不足以解释省联社管理下的农信社的复杂情况，有关农信社治理的文章集中于讨论其内部治理，极少把省联社因素纳入其中。二是对省联社如何实施对农信社管理的调查分析几乎为空白。三是有关省联社问题的文献几乎都为规范性研究，部分文献虽使用了实证分析方法检验农信社改革效率，但并未提供与省联社管理直接相关的证据。基于此，本文的创新和贡献主要体现在以下三个方面：一是综合问卷、走访及数据调查结果，较为详细地归纳了省联社履行管理和服务职能的具体内容和约束方式。二是构建基于包含非期望产出的方向距离函数和全局参比的 Malmquist–Luenberger 指数，在解决其他 DEA 模型规模报酬可变模型无可行解及效率分解值不具有传递性的问题的基础上，测算了省联社管理下农信社的静态效率和动态生产率变化情况。三是量化评估了省联社对农信社的考核导向，并进一步检验了省联社考核导向对农信社提升效率和防范风险方向的偏离程度，从而得出关于省联社管理倾向及其影响的判断。

三、理论分析与研究假设：打开省联社管理的"黑箱"

（一）省联社履职的主要内容及约束方式

2003年6月出台的《深化农村信用社改革试点方案》明确，省联社是"在省级政府领导下，承担对辖内农信社的管理、指导、协调和服务职能"。实际上，由于管理与指导职能密不可分，而协调职能主要是以管理和服务为目的，省联社的职能可分为管理和服务两大类。根据调查结果，表1从农信社的制度及政策、业务、人事、财务、科技及资金清算六方面对当前省联社的管理服务内容和激励约束方式进行了归纳。

表1　　省联社对农信社管理服务主要内容及约束方式

类型	管理内容	服务内容	激励约束方式
制度及政策	1. 统一制定各项经营管理制度；2. 统一传达并提出落实宏观调控、行业监管、地方管理政策的要求	1. 帮助建立完善各项经营管理制度；2. 传达并帮助解读各项政策	落实情况检查+考核
业务	1. 新设网点报批或报备；2. 年初下达具体业务目标；3. 每季度考核业务目标完成情况；4. 不定期常规及专项检查；5. 对某些业务项目（如大额贷款）进行控制，在少数情况下（如因推广新业务、风险控制等原因）直接影响农信社是否开展某笔业务	1. 统一规范各项业务标准，如网点服务标准等；2. 平均每1~3年研发并推广新信贷产品和服务（如2018年推出的网上银行服务）	日常检查+季度考核，考核结果与薪酬挂钩
人事	1. 高管候选人提名（包括农商行董事长）及在各行社间调动；2. 高管履职管理和考核；3. 少数关键部门正职任免报备；4. 普通员工统一招聘和分配；5. 薪酬水平确定及调整	组织开展各类（如党建、业务、风险、财务）培训	人事任免+履职考核+人员招聘+薪酬与业绩考核结果挂钩
财务	1. 财务预算管理，审批、调整农信社预算计划，预算外支出另行报备；2. 固定资产管理	提供规范财务管理的指导	预算制度+合规检查+季度考核
科技	对系统上线、技术推广应用提出具体要求	1. 科技系统（如核心业务系统、风险管理系统等）的统一开发建设；2. 科技人员参与系统建设及相关学习	落实情况检查+考核

续表

类型	管理内容	服务内容	激励约束方式
资金清算	按规定上划预留清算资金	1. 跨行资金清算服务；2. 富余资金可自愿上划省联社，统一进行有收益的短期操作（如银行间市场交易）	富余资金收益

资料来源：本文调查整理。

在表1的基础上，本文进一步调查发现，省联社在履行管理和服务职能方面表现出4个特征。

一是以业务目标为管理核心，以高管任免为管理保障。考核是省联社落实管理职能的主要激励约束方式，主要包括对农信社的业绩考核和高管的履职考核。业绩考核指标以业务类为主，同时包括财务、安保、科技、专项工作等多方面指标，由省联社在年初制定并下发；高管履职考核主要参考所在行社的业绩考核结果并与其保持一致。使考核结果真正发挥激励约束作用的，是省联社将其与高管及普通员工薪酬、财务预算调整幅度乃至高管任免挂钩，其中对高管尤其是"一把手"的候选提名和任职调整的权力则是最重要的保障。

二是管理内容多于服务内容，管理效率高于服务效率。从省联社履职内容和范围来看，管理类明显多于服务类，且前者涉及业务、人事、财务等关键部门，而后者主要体现在科技和资金清算两个支撑领域。从约束情况来看，省联社对农信社的各项管理职能都与一定的约束方式挂钩，而对自身的服务水平则无相应的约束或标准。调查发现，省联社在为农信社提供服务尤其是产品研发、科技支撑方面较为落后。比如，其网上银行业务上线、核心业务系统升级换代时间（均为2018年）都远落后于其他股份制商业银行；而其每年提供的培训次数也普遍少于农信社自行组织或参与第三方机构的培训次数。

三是整体上行政化色彩仍然浓重，局部上管理权限有所下放。总体来看，省联社仍然牢牢把握着对各家农信社的重大事项和主要业务的管理权。但近年来，在地方政府"放、管、服"改革和管理部门的相关要求下，省联社在局部上逐步放松了一些管理。如2017年以来，样本地区省联社调整了对农信社固定资产的管理、取消了对除"一把手"外的高管外出休假管理、对普通员工职称聘用的报批管理、对农信社发起成立村镇银行的相关报批管理等。

四是农信社对改进省联社管理的需求强烈。根据本文对75家样本农信社150名高管和部门负责人的问卷调查结果，各家农信社对改进省联社管理的需求集中在四个方面：首先是减少考核压力，改进考核方式和内容，使发展水平不同的行社均得到有效激励。其次是加强省联社在差异化信贷产品开发与创新、科技支撑、风险管理与内部控制、人才培训方面的履职，即提高省联社的服务水平。再次是弱化人事、信贷投放方向与节奏、薪酬、日常业务方面的管理。最后是取消日常业务、信贷投放方向与节奏、农信系统内资金拆借、薪酬、人事方面的管理。以上各项均按重要和缓急程度排序。

（二）省联社管理与农信社经营的相容与冲突

从根源上看，省联社的履职身份存在着难以调和的矛盾。从其履职矛盾看，一方面，省联社是代表省级地方政府履行对农信社管理和服务职能的机构，理论上，各家农信社的经营状况是地方政府判断省联社履职是否合格的唯一标准，这激励了省联社积极推动农信社改革与发展。另一方面，省联社是随改革需要而产生的，其最终方向是在完成农信社改革后退出具体管理；因此各家农信社的发展壮大实际上伴随着省联社存在必要性的降低，这又导致了省联社有充分的动机消极对待各家农信社独立发展能力的形成。从当前情况看，农信社普遍存在业务规模发展迅速但对省联社依赖严重、独立发展能力仍然较弱的问题。从其身份矛盾来看，一方面，省联社是由各家农信社出资成立的独立法人，其经营收益是每年向各家农信社收取的管理服务费用。另一方面，省联社每年向各家农信社收取的管理费用为各家农信社总营业收入的一定比例（样本地区具体比例不确定地浮动），短期内，其受单家农信社经营状况的影响不大，受各家农信社治理水平提升与否的直接影响更小，进一步导致省联社缺乏积极作为的动力。这两种矛盾贯穿于农信社深化改革的过程中，在其不同的发展阶段表现出不同的主要特征。

从2003年到2010年前后，在启动农信社深化改革到其业务发展壮大的过程中，省联社的管理曾发挥了十分积极的作用：一是有效传达落实国家及地方政府、央行和行业监管部门的各项政策。这一阶段的政策主要包括"花钱买机制"等扶持优惠政策，以及对农信社立足县域法人支持当地"三农"发展的指导政策，政策倾向是"鼓励并支持"省联社积极作为。二是有效避免了县域地方政府对农信社正常经营活动的干预。三是为农信社建立起相对科学合理的经营管理框架。如基于国家法律和现代银行经营管理标准出台统一的业务、风险、财务、人事等制度，并根据实际需要不断充实调整。四是积极打造全省统一的"农信社"品牌参与市场竞争，实现了单家农信社无法达到的品牌和规模效应。

但从2010年前后至今，在农信社从业务迅速发展到独立发展能力形成的阶段，省联社管理与农信社经营发展间的冲突日益凸显，主要体现在四个方面：一是落实深化改革政策与行政化管理模式的冲突。这一阶段的政策要求省联社在坚持农信社县域法人地位的基础上，加强对完善农信社法人治理的指导，政策倾向是省联社要"减少干预并加强服务"，但这与省联社已经形成的行政化管理方式和维持自身存在必要性的动机冲突。二是落实宏观调控、行业监管和业务发展之间的冲突。由于各项宏观调控及监管政策都经省联社解读后传递至各家农信社，同时，地方政府和行业监管部门实际上在不同程度上都通过省联社"传递"管理监管职责，省联社对农信社实际上扮演了调控、监管和发展"三合一"的角色，导致了农信社在落实信贷调控与支持"三农"、业务扩张与风险控制等方面的冲突。三是履职的短期动机与农信社改革的长期需要的冲突。作为地方政府管辖的机构，省联社的"一把手"由地方政府任免和调整，其任期不确定。这种不确定性往往导致省联社倾向于追求迅速扩大业务规模等短期业绩，而长期发展需求如法人治理的完善、科技支撑技术的更新换代则被拖延。四是整齐划一的管理与不同行社不同管理需要间的冲突。从各类管理制度到考核标准均由省联社统一制定并监督执行，未充分考虑各家农信社的经营环境和发展基础。

(三) 研究假设与实证设计

从上述分析可知，业绩考核是省联社实施管理的主要激励约束方式，业绩考核导向代表了省联社管理的方向。因此，本文将从省联社的业绩考核导向入手，分析其管理导向及影响。基于上述理论分析，提出关于省联社管理影响农信社经营效率[①]的3个研究假设。

一是省联社整齐划一的管理无法满足不同农信社不同的管理需要，同时各家农信社难以靠自身的力量提升经营效率水平，因此有假设1：在省联社整齐划一的管理下，近年来各家农信社的效率水平无明显提升，且相互间效率水平差距无明显缩小。

二是由于在落实监管与发展职责之间存在目标冲突，省联社一方面需要明确提出对农信社稳健经营的要求；另一方面受到自身追求短期业绩目标的刺激，因此有假设2：尽管省联社对农信社的管理在表面上体现了稳健经营的要求，但其实际考核导向（管理导向）仍然是刺激农信社不断扩大总业务规模和收入水平，对其风险防控有较大容忍度。

三是由于在履职中需要考虑到自身、地方政府、管理部门、农信社股东和经营层等诸多方利益，省联社对农信社的管理无法做到以提高农信社的经营效率为导向，因此提出假设3：省联社对农信社的考核导向（管理导向）总体上偏离了提高农信社效率水平的方向；同样，也总体上偏离农信社风险防控的方向。

为验证上述理论假设，本文的实证步骤如下：第一步，测算省联社管理下的各家农信社的效率水平，考察其水平及差距变化情况；第二步，通过分析省联社历年来的考核指标体系和农信社的考核结果，判断省联社对农信社的考核导向

---

① 本文实证部分所说的"经营效率"或"效率"具体是指农信社的投入产出效率。

（管理导向）；第三步，对比分析影响农信社效率的因素和影响其考核结果的因素，以此判断省联社考核导向对农信社提高效率方向的偏离情况。在此基础上，由于风险防控的重要性，进一步分析判断省联社管理对农信社防控风险方向的偏离程度。实证设计的逻辑如图1所示。

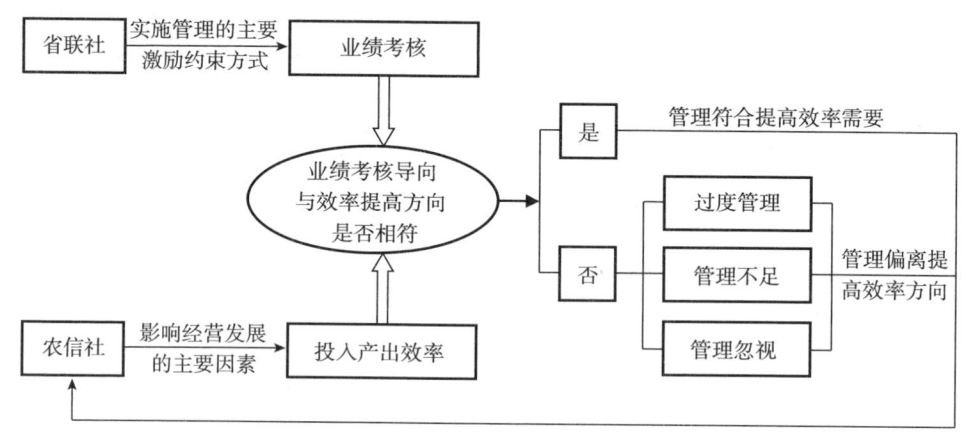

图1 省联社管理导向影响农信社效率提升的实证逻辑

四、数据来源与实证设计

（一）研究样本与数据来源

本文的研究样本为A省75家县域法人农信社。A省在2003年被确定为全国首批深化改革试点地区之一。15年来，在A省省联社的管理下，其农信社系统经历了从经营困难到业务总规模全省领先、近半数农信社完成农商行改造的过程，并成为支持当地"三农"发展主力军。但2018年，与全国其他地区类似，A省也出现了农信社不良贷款风险集中暴露的问题。因此，以A省农信社为研究样本具有较强的代表性。本文调查数据主要包括三个方面：一是对75家样本农信社150名高管及部门负责人的问卷调查，数据时间为2017年。二是75家样本农信社经营数据调查，时间范围为2010—2017年。以2010年为经营数据调查时间起点，是由于A省农信社此前刚完成央行票据兑换，各项业务数据已基本能反映真实的经营状况。三是省联社对农信社的考核指标体系及结果调查，时间范围为2012—2017年（样本地区农信社从2012年起统一考核评分）。由于省联社对各家农信社的年度考核结果未进行正式公布，大多数农信社并不完全知晓调查期间的考核结果，因此本文仅搜集到其中64家农信社2012—2017年的179个可靠的考核结果作为研究样本。

(二) 研究模型

1. 农信社效率：DEA 模型

(1) 方向距离函数

本文采用数据包络分析法（Data Envelopment Analysis，DEA）对农信社效率进行测算。为较为真实地考察存在非期望产出（不良贷款）情况下的农信社效率，本文选择了 DEA 模型中的方向距离函数模型进行效率测算。目前，许多文献在构建包含非期望产出的方向距离函数模型时，采用 Chung 等（1997）的做法增加了坏产出的弱可处置性约束。但本文采纳成刚（2014）的分析结论，即认为增加这一约束可能导致效率的不合理结果，而非期望产出的强处置模型虽然会存在逻辑错误的生产可能集，但其并不影响模型结果是正确的。因此，本文选择构建非期望产出强处置方向距离模型。假定有 j ($j=1$, …, J) 家农信社作为决策单元（DMU），在第 t ($t=1$, …, T) 期，第 j 家农信社使用 x_{nj} ($n=1$, …, N) $\in R_N^+$ 种投入，获得 y_{mj} ($m=1$, …, M) $\in R_M^+$ 种期望产出和 b_{cj} ($c=1$, …, C) $\in R_C^+$ 种非期望产出，在规模报酬可变的条件下，方向距离函数模型表示为

$$\max \beta = \vec{D}(x^t, y^t, b^t; g)$$

$$s.t. \sum_{j=1}^{J} \lambda_j^t x_{nj}^t + \beta g_x^t \leq x_{nj}^t$$

$$\sum_{j=1}^{J} \lambda_j^t y_{mj}^t - \beta g_y^t \geq y_{mj}^t$$

$$\sum_{j=1}^{J} \lambda_j^t b_{cj}^t - \beta g_b^t \leq b_{cj}^t$$

$$\sum_{j=1}^{J} \lambda_j^t = 1, \lambda_j^t \geq 0 \quad (1)$$

其中，β 为方向距离函数的值，其含义为效率改进的可能程度，因此该值越小意味着当前效率水平越接近前沿；g_x、g_y 和 g_b 分别为减少投入、增加好产出和减少坏产出的方向向量值；λ 为决策单元的线性组合系数。基于式（1）可以求解出第 j 家农信社在 t 期参考当期效率前沿的对比效率值，即 j 农信社的单期静态效率值，以及其当期效率最大可能改进值。

(2) 全局 Malmquist – Luenberger（GML）指数模型

将包含非期望产出的方向距离函数应用于 Malmquist 模型，就得到 Malmquist – Luenberger 生产率指数（Chung 等，1997），用于衡量被评价决策单元的全要素生产率的变动情况。其中，全局参比的 Malmquist – Luenberger 生产率指数（简称 GML 指数，下同）是以所有考察期内的评价对象总和作为参考集，得到同一全局前沿面，参考这一前沿面计算得到被评价对象各期的生产率指数。相比其他类

型的 ML 指数，GML 指数不存在规模收益可变模型无可行解的问题，且由于其各期生产率指数计算参考的是同一全局前沿，因此具备循环累乘性特征。参考 Pastor 和 Lovell（2005）的计算方法，对考察期内的任意第 t 期，任意第 j 家农信社，其共同的参考集均为

$$S^g = S^1 \cup S^2 \cup \cdots \cup S^t = \{(x_j^1 y_j^1)\} \cup \{(x_j^2 y_j^2)\} \cup \cdots \cup \{(x_j^t y_j^t)\}$$

该农信社在 $t+1$ 期的 GML 指数为

$$GML_t^{t+1}(x^t, y^t, b^t, x^{t+1}, y^{t+1}, b^{t+1}) = \frac{1 + \vec{D}^G(x^t, y^t, b^t; g)}{1 + \vec{D}^G(x^{t+1}, y^{t+1}, b^{t+1}; g)} \quad (2)$$

GML 指数可进一步分解为效率变化和技术变化

$$GML_t^{t+1}(x^t, y^t, b^t, x^{t+1}, y^{t+1}, b^{t+1}) = \frac{1 + \vec{D}^G(x^t, y^t, b^t; g)}{1 + \vec{D}^G(x^{t+1}, y^{t+1}, b^{t+1}; g)} = \frac{1 + \vec{D}^T(x^t, y^t, b^t; g)}{1 + \vec{D}^T(x^{t+1}, y^{t+1}, b^{t+1}; g)} \cdot$$

$$\frac{(1 + \vec{D}^G(x^t, y^t, b^t; g))/(1 + \vec{D}^T(x^t, y^t, b^t; g))}{(1 + \vec{D}^G(x^{t+1}, y^{t+1}, b^{t+1}; g))/(1 + \vec{D}^T(x^{t+1}, y^{t+1}, b^{t+1}; g))} = \frac{EC^{t+1}}{EC^t} \cdot \frac{TC_t^{t,t+1}}{TC_t^{t,t+1}} \quad (3)$$

基于式（2）、式（3）可求解 GML 指数、效率进步 EC 指数和技术进步 TC 指数，其含义均为指数大于 1 时，$t+1$ 期的生产率、效率或技术较 t 期提高，小于 1 时 $t+1$ 期生产率、效率或技术较 t 期降低，等于 1 时保持不变。此外，根据 GML 指数构建的以所有各期评价对象构建的单一前沿面，还可求解出第 j 家农信社在 t 期参考该前沿面的对比效率值，即 j 农信社的全局效率值。与单期静态效率值相比，全局效率值参考了所有样本农信社在整个考察期内的效率前沿情况，因而可以进行跨年度的横向比较，相对来说更具指导意义。为使对各变量的解释更加明确，本文将所计算的各指标含义及主要区别归纳如表 2 所示。

表 2　　　　本文使用 DEA 模型计算的主要效率指标含义及区别

求解变量	含义	模型及数据	主要区别
（单期）静态效率	第 j 家农信社在 t 期参考当期效率前沿的对比效率值	方向距离函数 + 截面数据	静态效率与全局效率计算的均是投入产出效率，二者的区别在于计算效率时参考的前沿面不同，全局效率可跨年度比较
全局效率	第 j 家农信社在 t 期参考各期所有样本构建的效率前沿的对比效率值	GML 指数模型 + 面板数据	
GML 指数	第 j 家农信社在 t 期的全要素生产率较第 $t-1$ 期的变化，可以进一步分解为效率变化指数 EC 和技术变化指数 TC		GML 指数计算的是全要素生产率的变化情况，可进一步分解为技术变化和效率变化两个指数。在投入条件不变的情况下，全要素生产率的进步代表着产出效率水平将提高，反之亦然

资料来源：本文归纳整理。

(3) 投入产出指标的选取

合理选择投入产出指标，使计算所得效率更加接近农信社的真实效率水平十分关键。现有研究在选取银行投入产出指标时使用较多的是中介法或中介法与其他方法结合的方式。本文同样以中介法为主，在选取投入产出指标时尽可能克服了现有文献中普遍存在的指标重复选择、采用时点而非时期值等问题（李双杰、高岩，2014），选取如下指标。

投入方面，以农信社可贷资金，所有者权益和劳动力作为投入指标。其中，可贷资金主要由农信社存款、同业拆入资金和央行再贷款余额构成，反映了农信社通过负债获取投入资金的情况，所有者权益代表了农信社的自有资金投入情况，其与可贷资金之和共同反映了农信社所有来源渠道的投入资金。除资金以外，农信社另一部分重要投入为劳动力，即其员工人数。产出方面，以农信社正常贷款余额、非利息收入和不良贷款余额为产出指标。正常贷款余额和非利息收入代表了农信社通过信贷和其他渠道获得的产出，而不良贷款是农信社的主要"坏"的产出，在计算效率时应充分考虑。除非利息收入本身就为时期值外，其他时点指标均按照年初值与年末值的算术平均数为最终指标值，以反映农信社在每个考察期的整体情况。

2. 农信社效率及省联社考核结果影响因素：面板数据模型

理论上，由于省联社主要是对各家农信社的经营状况进行考核，其考核内容指标体系中包含的全部为业务指标，因此影响各家农信社考核得分的因素与影响其经营效率的因素应该相同。进一步地，本文将现有文献中选择的影响农信社效率的经营管理指标与省联社考核指标进行对比，发现具有高度重合性。因此，本文将构建同一个面板数据模型，同时考察影响农信社效率及农信社考核结果的主要因素。参考现有文献（粟芳、初立苹，2015；李婧等，2015），构建如下面板数据模型：

$$Eff/Score = \alpha + \beta_1 Dgth + \beta_2 Lgth + \beta_3 Bloan + \beta_4 Pper + \beta_5 Cratio + \beta_6 Bankctr + \beta_7 Ecoctr + \beta_8 Time + \varepsilon \tag{4}$$

其中，被解释变量 Eff 为效率变量组，包括全局效率（Geff）、GML 指数、效率变化 EC 指数和技术变化 TC 指数；被解释变量 Score 为各样本农信社在省联社考核中获得的分数。核心解释变量：农信社的业务发展水平，用存、贷款增长率（Dgth、Lgth）表示，并以人均存、贷款规模（Dpper、Lpper）为替代变量；风险水平，用不良贷款率（Bloan）表示，并以不良贷款下降比例（Dloan）等 3 个指标为替代变量；盈利水平，用人均利润（Ppper）和成本收益率（Cratio）表示。控制变量包括农信社特征控制变量组（Bankctr）及县域经济特征控制变量组（Ecoctr），Time 为年份控制变量，ε 为随机误差项。各变量的定义及描述性统计见表 3。

表 3　　　　　　　　变量定义、计算说明及描述性统计　　　　单位：万元、%

类别	变量组	变量名称	变量代码	变量定义及计算说明	均值	方差
效率测算	投入变量	总计息负债	Input1	年初年末（存款+同业拆入+央行再贷款）的算术平均值	356707.10	239208.7
		所有者权益	Input2	年初年末所有者权益算术平均值	24089.33	20428.95
		劳动力	Input3	年初年末员工数算术平均值	256.64	113.50
	产出变量	正常贷款	Output1	年初年末正常贷款余额算术平均值	232866.70	149396.00
		非利息收入	Output2	当年非利息收入	964.97	1924.68
		不良贷款	Output3	年初年末不良贷款余额算术平均值	10363.09	9681.34
农信社效率及考核结果影响因素检验	被解释变量	农信社效率、全要素生产率变化	Geff	全局效率 Geff 是以考察期内所有决策单元构建生产前沿计算所得效率；GML 指数是全要素生产率变化水平，可分解为效率变化 EC 和技术变化 TC	0.8993	0.1230
			GML		1.0172	0.0778
			EC		0.9984	0.0621
			TC		1.0195	0.0603
		农信社考核得分	Score	农信社在省联社考核中取得分数	78.80	15.84
	核心解释变量：业务规模	存款增长率	Dgth	100×（当年末存款余额-上年末存款余额）/上年末存款余额	22.23	11.94
		贷款增长率	Lgth	100×（当年末贷款余额-上年末贷款余额）/上年末贷款余额	22.89	8.10
		人均存款规模	Dpper	年末存款余额/年末员工总数，存款增长率的替代变量	1345.81	454.48
		人均贷款规模	Lpper	年末贷款余额/年末员工总数，贷款增长率的替代变量	986.77	342.41
	核心解释变量：风险水平	不良贷款率	Bloan	100×年末不良贷款余额/年末贷款余额	4.23	2.43
		不良贷款下降比	Dloan	100×（当年末不良贷款余额-上年末不良贷款余额）/上年末不良贷款余额，不良贷款率的替代变量	-21.89	53.10
		逾期90天以上贷款与不良贷款比	Nloan	100×年末逾期90天以上贷款余额/年末不良贷款余额，不良贷款率的替代变量	109.45	54.35
		当期贷款回收率	Rloan	100×当年到期贷款收回余额/当年到期贷款应收余额，不良贷款率的替代变量	90.03	8.80

续表

类别	变量组	变量名称	变量代码	变量定义及计算说明	均值	方差
农信社效率及考核结果影响因素检验	核心解释变量：盈利水平	人均利润	Pper	计提资产减值损失前的利润总额/员工数	41.71	15.59
		成本收入比	Cratio	营业支出/营业收入	49.40	9.01
	农信社特征控制变量（Bankctr）	资本充足率	Crar	100×资本总额/风险加权资产	11.03	2.53
		流动性比率	Liquid	100×流动性资产/流动性负债	45.84	11.51
		拨备覆盖率	Provon	100×不良贷款拨备余额/不良贷款余额	175.90	59.88
		农户贷款面	Fcover	100×农信社贷款农户户数/县农户总户数	36.92	20.88
		创建信用乡镇比例	Fcoty	100×农信社创建信用乡镇数/县乡镇总数	50.55	34.38
		小微企业贷款占比	Sloan	100×年末小微企业贷款余额/年末贷款余额	22.29	15.43
		是否改制为农商行	Cbank	是=1，否=0	0.25	0.43
	县域经济特征控制变量（Invctr）	存款市场份额	Dshare	100×农信社年末存款余额/所在县年末存款余额	47.71	21.77
		贷款市场份额	Lshare	100×农信社年末贷款余额/所在县年末贷款余额	49.10	18.18
		金融发展程度	Fdept	100×年末存贷款余额之和/所在县生产总值	2.15	2.09
		所在县生产总值	Lngdp	对所在县生产总值取对数，消除异方差	13.41	0.79
	时间控制变量	年份控制变量	Time	年份虚拟变量	—	—

注：农信社效率计算使用软件 MaxDEA7.9，效率及省联社考核结果影响因素检验使用软件 Stata14.1。

五、实证结果分析

根据被解释变量数据的不同特征，本文选择了不同的估计方法。对于效率影响因素模型，由于 DEA 模型计算所得的效率值具有归并特征，故使用 Tobit 模型进行回归。将不同的效率值作为被解释变量代入模型中，先后进行混合和随机 Tobit 回归，通过观察 LR 检验结果，最终确定全局（Geff）效率影响因素模型应使用随机 Tobit，而 GML 指数及其分解指数的影响因素模型应使用混合 Tobit。对于考核结果影响因素模型，根据其样本特点使用非平衡面板数据的 OLS 回归，先后进行混合、固定和随机回归，并通过豪斯曼检验最终确定应使用固定效应模型。考虑到省联社对农信社的考核指标体系每年均有明显差异，模型中也加入了时间效应，即使用了双向固定效应 OLS 回归。为增加估计结果的可靠性，本文所有回归全部选择聚类稳健标准误。

(一) 农信社效率及差距水平变化

验证假设 1：在省联社整齐划一的管理下，近年来各家农信社的效率水平无明显提升，且相互间效率水平差距无明显缩小。

从样本农信社的平均效率水平来看，2011—2017 年，农信社的静态效率、全局效率以及代表全要素生产率（简称生产率，下同）变动的 GML 指数均没有出现明显、稳定的上升趋势（见图 2）。静态效率方面，7 年间，处于效率前沿（静态效率值为 1）的农信社家数从 2011 年的 22 家上升至 2012 年的 28 家，随后逐年下降至 2016 年的 17 家，2017 年小幅上升至 19 家。由于静态效率不具备跨年度的可比性，其效率值变化趋势仅作为参考。全局效率方面，各家农信社的平均效率水平出现了 2011—2014 年稳步提升（0.8224 提升至 0.8802）、2014—2017 年（0.8907）先下降后略有回升的情况。GML 指数变化则表现出明显的波动特征，2015 年（0.9906）甚至出现了全要素生产率倒退的情况，到 2017 年（1.0162）仍未恢复到 2014 年（1.0275）的水平。

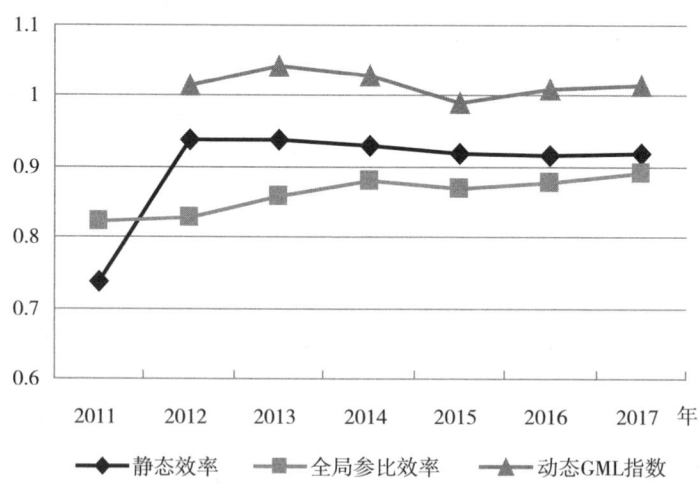

图2 2011—2017 年样本农信社静态、全局效率及 GML 指数平均

从样本农信社效率的方差水平来看，2011—2017 年，农信社间的效率差距总体呈先下降、后稳定、2017 年起有扩大的趋势（见图 3）。其中，样本农信社

2017 年的静态效率和全局效率方差均大于前 2 年的水平，说明其相互间的效率差距在扩大。尽管 GML 指数方差在考察期间保持了稳定下降的趋势，但若进一步将其分解为效率变化和技术变化指数，则可以看出，各家农信社全要素生产率进步的幅度差距稳定缩小主要源自技术的总体进步，其效率进步水平在经历 2014年和 2015 年的下滑后基本回到了 2012 年的水平（见图 4）。

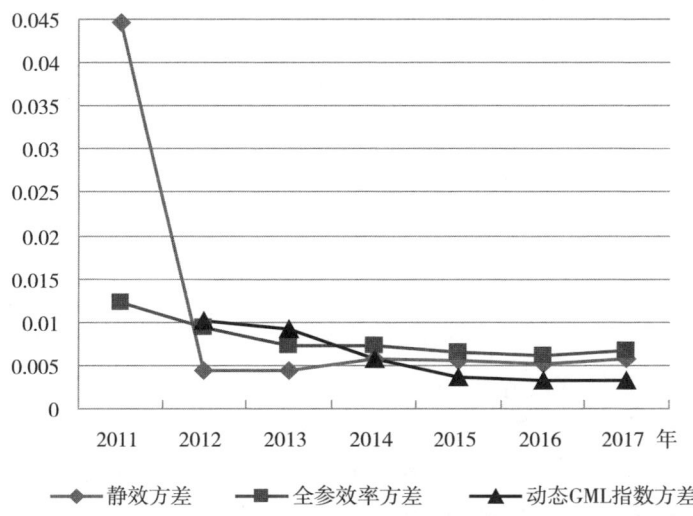

图 3　静态、全局效率及 GML 指数方差

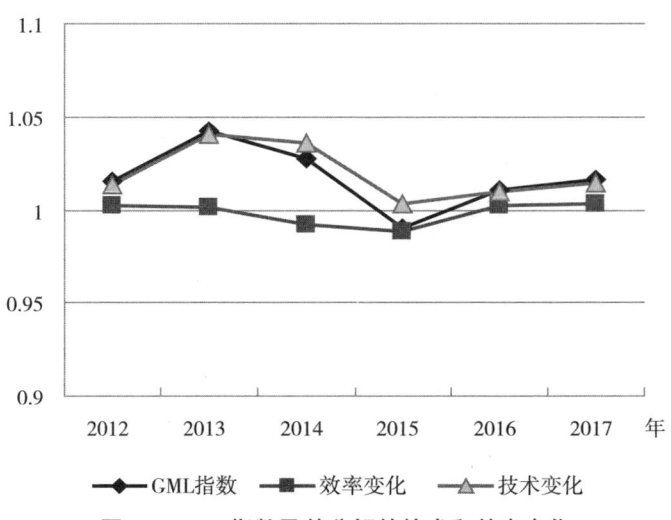

图 4　GML 指数及其分解的技术和效率变化

因此，本文提出的假设 1 得到了验证。样本地区农信社于 2009 年完成央行票据兑付，大大减轻了农信社的历史包袱，并为其规范经营管理打下了较好的基础。从此时到 2013 年、2014 年，农信社经历了效率水平逐年提升和相互间效率

差距逐年缩小的过程。但从 2015—2017 年，随着扶持政策的影响逐渐减小，农信社的效率水平及其相互间的差距较 2012 年均没有明显改善。

（二）省联社的管理导向

验证假设2：尽管省联社对农信社的管理在表面体现了稳健经营的要求，但其实际考核导向即管理导向仍然是刺激农信社不断扩大总业务规模和收入水平，对其风险防控有较大容忍度。

风险类考核指标权重的变化体现出省联社对样本农信社风险情况的关注程度变化。据本文调查，在 2011—2017 年省联社对农信社的考核体系中，各项指标的权重设置总体依次为收入类、风险类、存贷款业务增长类、支农支小类和案件类。值得注意的是，2014 年前权重最大的为收入类指标，而 2015 年、2016 年风险类指标权重上升至与收入类同等水平，直至 2017 年风险类指标权重超过收入类。省联社对农信社风险类指标的重视程度的变化，可进一步与假设 1 相互验证，即 2014 年以后样本农信社的效率水平下降，同时潜在风险水平在上升。

从实证结果看①，考核结果的实际导向与省联社指标体系的设置导向并不完全相符。总体来看，真正有助于农信社在省联社考核中获得更高评价的仍是其贷款业务增长和成本收入比降低，而多个主要风险指标对考核结果无显著影响，支农支小对考核结果总体上无积极影响（表4）。

表 4　　　　　　　　省联社考核结果影响因素回归

变量	回归1（无控制变量）	回归2（重要控制变量）	回归3（全部控制变量）
存款增长率	0.0340 (0.13)	0.0096 (0.13)	0.0225 (0.13)
贷款增长率	0.5303 *** (0.20)	0.5075 ** (0.21)	0.5354 *** (0.21)
不良贷款占比	-1.4521 (1.09)	-1.3780 (1.19)	-1.3837 (1.16)
人均利润	0.1073 (0.19)	0.0703 (0.20)	0.0682 (0.20)

---

① 农信社考核结果影响因素模型共21个解释变量（含替代变量）。其中，省联社在 2012—2017 年的考核体系中直接包含的是 16 个指标（表4中回归1的解释变量，含 5 个替代变量），这 16 个指标在考核体系中被设置的权重合计年均达 65%，其中 2016 年合计占比 92%，2017 年合计占比 76.4%。因此，这些指标能充分代表农信社真实的考核情况。

续表

变量	回归1（无控制变量）	回归2（重要控制变量）	回归3（全部控制变量）
成本收入比	-0.4550** (0.22)	-0.4942** (0.21)	-0.4907** (0.22)
资本充足率	0.7551* (0.42)	0.7767* (0.42)	0.8459* (0.46)
流动性比例	0.3323** (0.15)	0.3201** (0.13)	0.3187** (0.13)
拨备覆盖率	0.0166 (0.05)	0.0135 (0.05)	0.0126 (0.55)
农户贷款面	-0.2497 (0.22)	-0.2328 (0.20)	-0.2342 (0.20)
创建信用乡镇占比	0.1144 (0.08)	0.1730** (0.08)	0.1710** (0.09)
小微企业贷款占比	-0.9775** (0.41)	-0.8301** (0.43)	-0.8132* (0.42)
是否改制为农商行	—	-3.3010 (3.60)	-3.8504 (3.82)
存款市场份额	—	0.5339 (0.39)	0.5200 (0.40)
贷款市场份额	—	-0.5838** (0.26)	-0.5715** (0.29)
金融发展程度	—	—	0.7898 (0.69)
所在县GDP	—	—	11.9699 (13.80)
Number of Obs	179	179	179
R-square	0.2172	0.2471	0.2220

注：回归结果省略了常数项，回归系数下方括号内为稳健标准差，***、**、*分别代表显著性水平为1%、5%、10%，下同。

在模型关键解释变量中，贷款增长、成本收入比下降、不良贷款下降比例提高均能稳定、显著提高农信社在省联社考核中的成绩。（1）贷款增长不仅能表现出业务规模的扩大，还与总收入水平密切相关；但更考验其竞争能力的存款增长指标则无显著影响。（2）成本收入比下降体现为总收入水平的提高和（或）总成本水平的下降，而另一个利润指标人均利润对考核结果的影响则不显著，说明省联社更强调农信社的收入而非利润水平。其原因可能是，收入水平更容易保持稳定且省联社收取的管理费为收入而非利润的一定比例。（3）衡量贷款质量的多个指标中，除不良贷款下降比例外，不良贷款率、逾期90天以上贷款与不良贷款之比以及当期贷款回收率均对考核结果没有显著影响，说明省联社实际上只看重农信社的不良贷款绝对额压降行为，而对其本身的不良贷款率相对变化指标、尤其是对逾期90天以上贷款质量向下迁徙的情况并无实质上的约束。这也反映出省联社对农信社贷款质量的管控倾向于选择显性指标。

在与农信社自身相关的控制变量中，部分监管指标的提高能改善农信社的考核成绩，但支农支小指标对考核影响不稳定。（1）在监管指标中，省联社更看重的是农信社的资本充足率和流动性比例，对其风险覆盖是否足够的拨备覆盖率指标则无更高要求。（2）在3个支农支小指标中，农户贷款面对农信社考核无影响，信用乡镇创建只有不稳定的正面影响，而小微企业贷款对考核有显著的负面影响。由此来看，省联社对支持"三农"虽有引导但实际约束力并不强，在支持小微企业方面甚至产生了不鼓励的效果。

经济金融环境控制变量中，仅农信社的贷款市场份额对其考核结果存在显著负影响。其主要原因可能在于，贷款市场份额较大的农信社大多处于经济金融总量较小且相对落后的县域经济中，因此尽管当地农信社的贷款市场份额较大，但其其他指标如贷款增长率、收入水平表现较差。

综上来看，本文提出的假设2得到了验证。省联社对农信社的考核指标体系设计和其实际考核结果的导向存在明显差异。其中，最重要的是对稳健经营指标如不良贷款率、拨备覆盖率等的考核约束不够，对支农支小指标无有效引导。

（三）省联社管理导向对农信社效率提升方向的偏离

验证假设3：省联社对农信社的考核导向即管理导向总体上偏离了提高农信社效率水平的方向；同样，也总体上偏离农信社风险防控的方向。

在假设2得到验证的基础上，进一步考察省联社管理导向与农信社效率提升方向的符合情况。除静态效率因不具备纵向比较意义未加入模型外，根据本文定义，影响全局效率的因素可理解为影响样本农信社在考察期内效率水平高低的因素，而影响GML指数的因素可理解为影响样本农信社在考察期内效率变化（提高或下降）水平的因素，回归结果比较分析见表5。

表 5　　农信社效率及考核影响因素回归结果比较分析

变量	解释变量：全局效率 回归1	解释变量：GML指数 回归2	解释变量：EC指数 回归3	解释变量：TC指数 回归4	对全局效率的影响	对GML及其分解指数的影响	对省联社考核结果的影响
存款增长率	0.0008 ** (0.0004)	-0.0004 (0.0005)	-0.0011 *** (0.0002)	0.0007 ** (0.0004)	显著为正，替代变量人均存款规模不显著	总体不显著，替代变量人均存款规模显著为负	不显著，替代变量人均存款规模不显著
贷款增长率	0.0009 * (0.0005)	0.0023 *** (0.0006)	0.0027 *** (0.0004)	-0.0005 (0.0004)	显著为正，替代变量人均存款规模显著为正	总体显著为正，替代变量人均贷款规模显著为正	显著为正，替代变量人均贷款规模不显著
不良贷款占比	-0.0007 (0.0020)	-0.0074 *** (0.0024)	-0.0050 *** (0.0018)	-0.0025 ** (0.0013)	不显著，替代变量逾期90天以上贷款与不良贷款比不显著、当期贷款回收率不显著，不良贷款降比显著为负	显著为负，替代变量逾期90天以上贷款与不良贷款比不显著、当期贷款回收率不显著，不良贷款降比显著为负	不显著，替代变量逾期90天以上贷款与不良贷款比不显著、当期贷款回收率不显著，不良贷款降比显著为负
人均利润	0.0028 *** (0.0004)	-0.0002 (0.0002)	0.0001 (0.0002)	-0.0003 (0.0002)	显著为正	不显著	不显著
成本收入比	0.0008 (0.0006)	0.0016 (0.0004)	0.0003 (0.0002)	-0.0002 (0.0002)	不显著	不显著	显著为负
资本充足率	-0.0066 *** (0.0016)	-0.0047 ** (0.0025)	-0.0025 (0.0020)	-0.0022 ** (0.0011)	显著为负	总体显著为负	显著为正
流动性比例	-0.0014 * (0.0004)	-0.0008 *** (0.0002)	-0.0002 (0.0002)	-0.0007 *** (0.0002)	显著为负	总体显著为负	显著为正
拨备覆盖率	0.0003 *** (0.0001)	0.0002 *** (0.0001)	0.0003 (0.0001)	0.0002 *** (0.0001)	显著为正	总体显著为正	不显著

续表

变量	解释变量：全局效率 回归1	解释变量：GML指数 回归2	解释变量：EC指数 回归3	解释变量：TC指数 回归4	对全局效率的影响	对GML及其分解指数的影响	对省联社考核结果的影响
农户贷款面	-0.0002 (0.0003)	0.0001 (0.0001)	0.0001 (0.0001)	0.0001 (0.0001)	不显著	不显著	不显著
创建信用乡镇占比	0.0005* (0.0002)	-0.0001 (0.0001)	-0.0001 (0.0001)	0.00002 (0.0001)	显著为正	不显著	不稳定
小微企业贷款占比	0.0003 (0.0003)	0.0002 (0.0002)	-0.0001 (0.0001)	0.0002 (0.0002)	不显著	不显著	显著为负
是否改制为农商行	-0.0008 (0.0108)	-0.0244*** (0.0093)	-0.0071 (0.0067)	-0.0180*** (0.0057)	不显著	总体显著为负	不显著
存款市场份额	0.0013* (0.0008)	-0.0001 (0.0004)	0.00001 (0.0001)	-0.0001 (0.0001)	显著为正	不显著	不显著
贷款市场份额	0.0010** (0.0004)	-0.0003 (0.0003)	-0.00002 (0.0002)	-0.0003 (0.0002)	显著为正	不显著	显著为负
金融发展程度	0.0045 (0.0026)	0.0021** (0.0011)	0.0018*** (0.0007)	0.0003 (0.0007)	不显著	总体显著为正	不显著
所在县GDP	0.0122 (0.0150)	0.0070 (0.0090)	0.0066 (0.0066)	0.0009 (0.0063)	不显著	不显著	不显著
Number of Obs	525	450	450	450	—	—	—

尽管在实际操作中,省联社对农信社的考核导向(管理导向)不可能与其效率提升的方向完全符合,但从本文的实证结果来看,总体上,省联社对农信社的管理导向偏离了其效率提高的方向。

在关键解释变量中,仅贷款增长和不良贷款下降比例的考核导向符合效率水平提高的方向。结合理论假设 2 的验证结果:(1)业务规模指标方面,省联社的考核导向是只关注贷款规模增长,实证结果也的确证明了贷款增长率越高的农信社其效率水平(对应全局效率回归系数,下同)越高且效率提升(对应 GML 指数回归系数,下同)越快;但同时,存款增长率越高农信社的效率也水平越高,而省联社的考核导向对此却并无有效激励,这种考核导向的偏离可能刺激农信社在缺乏牢固存款基础的情况下,盲目扩大贷款业务规模。(2)风险指标方面,省联社考核导向只关注不良贷款下降比例,实证结果的确证明了不良贷款下降比例越高,越有利于提高农信社的效率水平和效率进步水平;但同时,不良贷款率越低的农信社的效率提升、技术提升(TC、EC 指数)都更快,而省联社考核对不良贷款率指标的无效约束,可能导致农信社在盲目扩大贷款规模的过程中,只关注存量不良贷款规模的下降幅度,对整体不良贷款风险以及新增不良贷款风险的忽视。(3)收入利润方面,省联社考核导向只关注总成本收入比的下降,但实证结果显示,成本收入比例对效率水平和效率变化均无显著影响,而人均利润水平越高的农信社效率水平越高。这种考核导向的偏离可能刺激农信社通过增加成本的方式提高收入水平,而最终的人均利润水平并不一定提高。(4)关键因素影响程度方面,对效率水平和效率进步影响最大的因素分别是人均利润水平和不良贷款率,但这两项指标对农信社的考核结果影响均不显著,省联社更偏重的仍是农信社的总贷款规模增长和总成本收入比例的下降。这也表明,省联社对农信社的管理仍然处于盯住规模增长"粗放式"阶段。

在与农信社自身相关的控制变量中,省联社考核结果导向与监管指标对效率的影响方向出现了较大差异。

(1)监管指标方面,资本充足率越高,农信社的效率水平和效率进步水平均越低,流动性比例越高其效率提升水平越低,但这两项指标对考核成绩的影响均显著为正。在满足监管标准的基础上,过高的资本充足率和流动性比例会降低农信社的盈利能力,从而影响效率水平和效率变动。同时,资本充足率的真实水平还与农信社的"隐性"不良贷款规模相关,流动性比例也与其流动资产的变现能力相关,因此,两项指标越高考核成绩越高的导向并不充分合理[①]。与此相

[①] 资本充足率是否越高越好在理论中仍存在争议。一些研究表明,最低资本充足率要求越高银行越稳定(Laeven 和 Levine,2009);另一些研究显示,过高的资本充足率可能会导致银行从事高风险业务以增加当期收益(Blum,1999)。

反,回归结果显示拨备覆盖率越高,农信社的效率水平越高、效率提高越快,其主要原因可能在于拨备来自农信社的利润,拨备覆盖水平越高代表农信社有较高的利润水平,但该项指标对农信社考核无显著影响。这种考核导向的偏离可能导致农信社在损失效率的同时,却未真正地降低风险和提高风险覆盖水平。

(2)支农支小指标方面,农户贷款面对农信社的效率水平和效率变动均无显著影响,也不影响农信社的考核成绩;创建信用乡镇对效率水平有积极影响,对考核结果也有不稳定的正面影响;小微企业贷款占比对农信社效率水平及变动无显著影响,但对考核结果产生了负面影响。尽管总体上来看,省联社对支农支小无实质性约束并不会降低农信社的效率和效率进步水平;但农信社在承担支农支小任务时,实际上是获得了较低的存款准备金率、央行再贷款、税收优惠等政策支持的,一定程度上"补偿"了开展这类业务的低效率问题,因此,省联社作为管理机构应该对农信社坚持支农支小方向进行有效的约束和引导。

(3)产权性质方面,尽管是否改制为农商行对其考核成绩没有显著影响,但回归结果显示,改制为农商行对效率进步产生了显著负影响,这也与一些研究农信社效率的文献得到的相关结论类似(如张珩等,2017)。其主要原因可能在于省联社在完成推动农商行改制"任务"的过程中,并未调整其对农信社和农商行的管理和考核;改制可以在短期内改善农商行的经营管理指标,但并未提升其效率水平。而且,GML指数反映出,长期来看改制后农商行在更高的监管标准下反而出现了效率进步水平的下降,说明其实际经营管理水平并未提升。

在经济金融环境控制变量中,提高存款市场份额、贷款市场份额均有助于提高农信社的效率水平,提升金融发展程度对提升农信社效率进步水平也有积极影响,但省联社的考核结果导向并不鼓励提高存贷款市场份额,且未考虑各地的经济金融发展条件。

上述分析验证了本文的假设3,省联社对农信社的考核导向总体上偏离了农信社效率水平提高的方向。对农信社来说,提升效率和效率进步水平不仅需要贷款总规模增加,还需要考虑存款规模增长、贷款质量以及人均利润情况;需要保持合理的资本充足率、流动性比例和拨备覆盖率水平;需要通过加强信用乡镇建设改善农村信用环境;需要在农商行改制中真实地提高其独立经营管理能力;而在这些方面,省联社的管理并未(或并未有力地)把农信社引向效率提升的方向。

(四)省联社考核导向对农信社风险防控方向的偏离

鉴于风险防控对农信社的重要性,在假设3得到验证的基础上,本文进一步单独考察省联社考核导向对农信社风险控制方向的偏离程度。将不良贷款率和不良贷款下降比例作为模型被解释变量,分析结果如表6所示。

表6 农信社风险及考核影响因素回归结果比较分析

变量	解释变量：不良贷款率 回归1	解释变量：不良贷款下降比例 回归2	对不良贷款率（不良贷款下降比例）的影响	对省联社考核结果的影响
存款增长率	-0.0043 (0.02)	0.0247 (0.27)	不显著	不显著
贷款增长率	-0.0459*** (0.01)	0.6158* (0.36)	显著为负（正）	显著为正
人均利润	-0.0204 (0.02)	0.2050 (0.48)	不显著	不显著
成本收入比	-0.0552** (0.03)	0.8154 (0.77)	显著为负（不显著）	显著为负
资本充足率	-0.2204** (0.11)	5.5720** (2.87)	显著为负（正）	显著为正
流动性比例	0.0001 (0.01)	-0.0670 (0.28)	不显著	显著为正
拨备覆盖率	-0.0220*** (0.00)	0.4123*** (0.10)	显著为负（正）	不显著
农户贷款面	0.0071 (0.01)	0.2487 (0.28)	不显著	不显著
创建信用乡镇占比	0.0006 (0.00)	0.0429 (0.16)	不显著	不稳定
小微企业贷款占比	0.0061 (0.01)	-0.3213 (0.28)	不显著	显著为负
是否改制为农商行	0.9202*** (0.31)	-15.8605* (9.26)	显著为正（负）	不显著
存款市场份额	0.0007 (0.00)	-0.0734*** (0.03)	不显著（显著为负）	不显著
贷款市场份额	0.0140 (0.02)	-0.4399 (0.44)	不显著	显著为负
金融发展程度	-0.0211 (0.10)	0.3533 (1.59)	不显著	不显著
所在县GDP	0.1013 (0.96)	3.5398 (14.82)	不显著	不显著
Number of Obs	525	525	—	—

尽管两个模型中影响显著的解释变量均较少，总体上看，省联社的考核导向仍然偏离了农信社风险控制的需要。在影响显著的变量中，仅贷款增长和资本充足率的考核导向符合降低不良率和提高不良降幅的方向。其中：（1）存款增长对不良贷款指标和考核结果影响均不显著；而贷款增长率越高不良率越低、不良降比也越快，其对考核成绩也有显著正影响。这一结果符合预期，在不良贷款规模一定的情况下，当期贷款总规模越大、增长越快，其不良占比越小；同时，其通过贷款获得的收入可能增加，从而有助于通过扣减收入降低不良贷款。因此省联社对贷款规模增长指标的关注具有增加业务规模、增加收入水平和稀释不良风险的三重意义。（2）资本充足率越高的农信社不良贷款率越低、不良贷款降比也越大，其考核成绩也越高，但这种关系是由资本充足率计算公式本身确定的。

考核导向与风险控制方向存在明显冲突的指标是成本收入比、拨备覆盖率、小微企业贷款占比和是否改制为农商行。其中：（1）成本收入水平越高农信社不良贷款率越低，而考核导向是降低成本收入比。这一矛盾说明，尽管按照省联社要求农信社需要控制成本收入比，但其降低不良贷款的过程仍不可避免地采取增加成本和扣减收入的方式。（2）小微企业贷款占比对农信社不良指标无显著影响，但省联社的考核结果导向是抑制小微企业贷款占比。结合前述结论，小微企业贷款占比对农信社经营效率水平也无显著影响，但可能由于服务小微企业的成本偏高，导致其对农信社考核结果产生负面影响。（3）产权性质方面，尽管省联社在考核中不区分农商行和农信社，但回归结果显示农商行的不良贷款占比显著高于农信社，而不良贷款降比显著低于农信社。

因此，本文的假设3得到了进一步验证，省联社对农信社在成本收入水平、拨备覆盖情况、支持小微企业方面的管理导向与农信社风险控制的需要存在明显冲突。此外，推动农信社改制为农商行与其不良贷款风险水平提高正相关。

（五）模型稳健性检验

为增强模型结果的稳健性，本文从指标选择、内生性问题、数据可信度等方面对结果进行了稳健性检验。

在指标选择上，对关键解释变量选择了多个指标或多个替代指标，在考虑和消除指标间多重共线性等问题的基础上，将指标轮换代入模型，以检验模型和关键解释变量的稳定性。在处理内生性问题上，本文通过在回归中加入大量农信社和县域经济金融环境特征控制变量，以此削弱遗漏变量对模型造成的不利影响（Demsetz 和 Lehn，1985），同时所有模型均采用稳健方差以增强模型结果的可信度。在数据可信度方面，2017年末以来，各地农信社系统在监管压力下集中暴露了长期积累的隐性风险问题，因此此前年度的数据可能存在隐藏不良贷款水平的问题，并影响据其计算的农信社效率水平。对此本文的检验方法是，鉴于2011

年农信社刚完成央行票据兑付工作2年，2017年农信社开始将"隐性"不良贷款逐步入账，这两年的数据相对真实性较高，因此单独使用这两年的数据，以单年静态效率为被解释变量，建立回归模型进行检验。模型结果显示，与表4中回归1结果相比，关键解释变量中仅存款增长率变得不显著，其他关键解释变量及其替代变量的显著性及影响方向均未发生改变，说明本文的模型结果是较为稳健的。

六、结论与政策建议

本文以A省75家农信社2010—2017年接受省联社管理和经营效率情况为研究对象，结合基于问卷调查的定性分析和基于数据调查的定量分析，对省联社的管理服务职能及其变化特征进行了详细归纳；而后以农信社的经营效率及其变化水平为基准，衡量了省联社管理导向对农信社提高效率和防控风险方向的偏离情况，得到的主要结论如下：

一是在省联社整齐划一的管理下，近年来样本农信社的效率和效率进步水平基本保持不变，且效率和效率进步水平的差距在稳定中有扩大趋势。二是尽管省联社在对农信社的考核设计中体现了对稳健经营的要求，但在短期绩效的驱动下，省联社的实际考核结果偏重于引导农信社扩大贷款业务规模，但对风险防控的约束力不强。三是由于扮演了多重角色和同时考虑了多方利益，省联社对农信社的管理导向总体上是：局限于重视农信社的业务规模和总成本收入比的变化，对农信社的贷款质量和风险覆盖水平具有较大的容忍度，对农信社支农支小指标为弱约束或不鼓励，对农信社改制为农商行的管理并未达到提高农信社经营管理水平的目标；而这些导向均偏离了农信社效率提升和风险防控的方向。基于上述研究结论，本文建议：

深化省联社改革的目标应是在坚持"鼓励小银行发展"和"保持农信社支农方向"两个原则的基础上，改变现有管理模式。其改变方向有三：一是农信社直接脱离省联社，成为完全独立经营的地方法人金融机构。这一选择仅适用于目前少数独立发展能力已较强的农信社。二是将省联社的管理从"行政化"转变为"市场化"，即通过组建联合银行或金融控股公司的方式，使农信社省级层面的管理更符合市场规律。三是省联社"渐进式"退出管理，直至转变为以提供服务和管理咨询为主的金融服务平台。对后两种选择适用性和利弊的争议广泛存在，而本文从样本地区农信社整体资本实力和经营能力较弱的实际情况出发，认为"渐进式"转变较"市场化"管理更符合欠发达地区实际。

按照这一方向，当前省联社改革的路径是"减少管理＋增强服务"。一方面，要积极稳妥推动省联社管理职能的退出，主要解决好退出的职责"谁接管"和剩下的职责"如何管"的问题，尤其要发挥省联社对农信社的风险防控作用，防止一放就乱的情况发生；另一方面，要建立完善对省联社履职的激励约束机制，增强其对农信社在科技、创新等方面的服务。

一是减少管理要解决的关键问题是退出的职责"谁接管"和剩下的职责"如何管"。目前普遍存在的困难是，行业监管力量在基层不足、难以完全承担农信社风险监管职能，农信社股东素质水平不高、内部人控制和县域地方政府干预的潜在风险仍然较大。因此，根据"接管人"的情况，建议省联社可首先退出对农信社的信贷调控管理，如发放贷款的节奏、方向，并交由各地人民银行分支机构负责加强指导；其次减少其对支农支小政策落实管理，如涉农贷款规模、支持小微企业情况等，并交由各地人民银行分支机构通过信贷政策、各地行业监管机构通过监管指标进行引导落实。最后，减少对单家农信社发展策略的干预和日常经营行为的指导管理，如存贷款规模及其增长、网点选址报批、单笔业务干预等，并交由农信社自行管理。

二是改进管理方面，建议首先改进省联社对农信社的风险管理，特别是加强省联社的风险管理与行业监管机构的风险监管之间的协调配合，逐步将行业风险监管置于"前端"，加强日常风险和重大风险的监测、检查和管理；同时逐步将省联社风险管理退至"后端"，匹配省联社代表地方政府负有的风险防范和处置责任，在行业监管的基础上进行整体风险和单家重大风险的防控，直至将这一职能交由地方金融管理部门承担。其次是将对农信社的业务考核指标体系调整为经营能力考核指标体系，突出对"三会一层"履职情况、精细化管理、人事财务规范管理方面的考核。最后，在暂保留对农信社"一把手"任免履职和普通员工统一招聘职能的同时，放开对中层干部任免的管理，加强对"三会一层"履职能力建设的指导；在保留预算审批制度的同时放开其他财务管理，着重培养农信社的财务管理能力。

三是增强服务要解决的关键问题是如何对省联社增强服务进行"激励约束"。建议各地方政府完善省联社人事任免办法，帮助其逐步引入具有中小银行成功管理经验的人才；同时，牵头金融管理部门完善对省联社履职的考核方式，改进省联社对农信社收取管理服务费用的办法，将管理服务费用与各家农信社的独立可持续发展能力紧密挂钩，以激励约束省联社全面提升在完善经营管理制度、提升业务标准、研发推广信贷产品、提供科技支撑、业务培训等方面的服务水平。

中长期内，随着省联社各项管理职能退出和服务职能的增强，可以各家农信社出资入股省联社的情况为基础，推动省联社转变为各家农信社出资成立的金融服务平台。进一步地，该服务平台可吸收其他地方小银行如村镇银行入股，扩大其提供服务和管理咨询的范围，更广泛地服务地方小银行的经营和发展。

参考文献

[1] 曹廷求,段玲玲. 治理机制、高管特征与农村信用社经营绩效——以山东省为例的实证分析[J]. 南开管理评论,2005,8(4):97-102.

[2] 成刚. 数据包络分析方法与 MAXDEA 软件[M]. 北京:知识产权出版社,2014.

[3] 谌争勇. 对农村信用社管理体制和产权改革的现实审视与政策建议[J]. 金融发展研究,2009(8):69-72.

[4] 褚保金,张兰,王娟. 中国农村信用社运行效率及其影响因素分析——以苏北地区为例[J]. 中国农村观察,2007(1):11-23.

[5] 黄惠春,褚保金,张龙耀. 农村金融市场结构和农村信用社绩效关系研究——基于江苏省农村区域经济差异的视角[J]. 农业经济问题,2010,31(2):81-87.

[6] 黄惠春,曹青,李谷成. 不良贷款约束下农村信用社改革效率分析——基于 SBM 方向性距离函数[J]. 农业技术经济,2014(10):86-94.

[7] 蓝虹,穆争社. 中国农村信用社改革的全景式回顾、评价与思考[J]. 上海金融,2012(11):17-29.

[8] 蓝虹,穆争社. 我国农村信用社改革绩效评价——基于三阶段 DEA 模型 Malmquist 指数分析法[J]. 金融研究,2016(6):159-175.

[9] 李婧,朱承亮,郑世林. 不良贷款约束下的农村信用社绩效——来自陕西省 8 市 86 个县(区)的证据[J]. 中国农村经济,2015(11):63-76.

[10] 李双杰,高岩. 银行效率实证研究的投入产出指标选择[J]. 数量经济技术经济研究,2014(4):130-144.

[11] 李维安,曹廷求. 商业银行公司治理:理论模式与我国的选择[J]. 南开学报(哲学社会科学版),2003(1):42-50.

[12] 李维安,邱艾超,牛建波. 公司治理研究的新进展:国际趋势与中国模式[J]. 南开管理评论,2010,13(6):13-24.

[13] 李维安,刘振杰. 农村信用社的公司治理[J]. 中国金融,2016(18):56-58.

[14] 廖继伟. 农村信用社省联社改革的现实审视与路径选择[J]. 晋阳学刊,2011(2):36-40.

[15] 明洋. 农村信用社股份制改革及公司治理研究[D]. 成都:西南财经大学,2011.

[16] 师荣蓉,徐璋勇. 农村信用社成本效率及其影响因素研究——来自陕西省 81 个区县的统计数据[J]. 农业技术经济,2012(3):78-85.

[17] 王俊芹, 宗义湘, 赵邦宏. 农村信用社改革的绩效评价及影响因素分析——以河北省为例 [J]. 农业技术经济, 2010 (6): 82-88.

[18] 王文莉, 赵芸, 薛伟贤. 基于 SFA 方法的陕西农村信用社效率实证研究 [J]. 西安理工大学学报, 2014 (2): 246-252.

[19] 肖四如. 省级农村信用联社的功能定位及未来走向 [J]. 银行家, 2012 (4): 116-119.

[20] 谢平, 徐忠, 沈明高. 农村信用社改革绩效评价 [J]. 金融研究, 2006 (1): 23-39.

[21] 徐忠. 中国贫困地区农村金融发展研究: 构造政府与市场之间的平衡 [M]. 北京: 中国金融出版社, 2009.

[22] 张兵, 周翔, 韩树枫. 农村信用社改革绩效评价 [J]. 农村经济, 2009.

[23] 张珩, 罗剑朝, 牛荣. 产权改革与农信社效率变化及其收敛性: 2008—2014年——来自陕西省107个县(区)的经验证据 [J]. 管理世界, 2017 (5): 92-106.

[24] 周治富, 郭梅亮. 中国农村信用社改革绩效评价——基于 Yaron 农村金融机构业绩评估指标的研究 [J]. 经济问题探索, 2011 (10): 59-65.

[25] Blum J. Do capital adequacy requirements reduce risks in banking [J]. Journal of Banking & Finance, 1999, 23 (5): 755-771.

[26] Ciancanelli P, ReyesGonzalez, Jos Antonio. Corporate Governance in Banking: A Conceptual Framework [J]. Social Science Electronic Publishing, 2000.

[27] Chung Y H H, Färe, R, Grosskopf S. Productivity and Undesirable Outputs: A Directional Distance Function Approach [J]. Microeconomics, 1997, 51 (3): 229-240.

[28] Demsetz H, Lehn K. The Structure of Ownership [J]. Journal of Political Economy, 1985, 93 (6): 1155-1177.

[29] Denis D K, Mcconnell J J. International Corporate Governance [J]. The Journal of Financial and Quantitative Analysis, 2003, 38 (1): 1.

[30] Haan J D, Vlahu R. Corporate Governance of Banks: A Survey [J]. Journal of Economic Surveys, 2016, 30 (2): 50.

[31] Jesús T. Pastor, Lovell C A K. A global Malmquist productivity index [J]. Economics Letters, 2005, 88 (2): 270-271.

[32] Laeven L, Levine R. Bank governance, regulation and risk taking [J]. Journal of Financial Economics, 2009, 93 (2): 259-275.

[33] Macey J R, O' Hara M. Solving the Corporate Governance Problems of Banks: A Proposal [J]. Banking L. j, 2003, 120 (4): 326-347.

我国央行数字货币影响与监管机制设计研究

中国人民银行货币金银局课题组

课题主持人：王　信
课题组成员：陈建新　刘　浩　孙皓原　徐宇杰　骆雄武　铁劭沅

一、引　言

金融科技的进步、第三方支付高速发展、现金使用增速的下降，以及私人数字货币兴起，使央行数字货币迅速进入各国央行的视野。央行数字货币如何设计，如何发行，会对市场带来哪些影响，成为各主要央行密切关注的问题。

各国对央行数字货币因设计目的差异，表现出不同的特征，其中作为支付工具的央行数字货币一般具有不计付利息、与现有法定货币等额兑换等特征；作为价值储藏工具的央行数字货币，一般要计付利息、以国债为抵押并可能在与法定货币的兑换价格上产生小幅波动。一般而言，作为支付工具的数字货币主要表现出对 M_0 的替代，而作为价值储藏工具的数字货币则会对 M_1 和 M_2 形成明显的冲击。针对央行数字货币发行后可能带来的市场影响已有大量的分析研究，但主要是对价值储藏类央行数字货币展开。主要原因是一般认为支付工具类央行数字货币，不会对其他生息资产的价格和需求产生影响，不会改变货币价格的传导路径，对央行的货币政策没有明显影响。因此，对作为支付工具的央行数字货币可能产生的市场影响的分析一般都停留在替代 M_0、提高市场效率、可能加速挤兑等相对直观的方面，对其可能造成的对市场上零售支付工具偏好的改变，对整个支付生态的影响，以及在金融机构间触发营销竞争等问题的研究并不充分。

人民银行虽然是较早开展数字货币研究的央行，但其所研究的正是支付工具类央行数字货币。由于这类央行数字货币可借鉴的国外研究经验不多，我们必须结合我国现有的市场环境，对发行 DC/EP 后可能带来的影响及有效的应对措施进行更为深入的分析和推演。本文主要分析了 DC/EP 发行对银行资产负债及流动性管理的影响、对零售支付市场的影响，以及央行应对挤兑、人民币跨境使用以及反洗钱工作的积极作用，建议建立流动性补充机制，并进一步探讨了对 DC/EP 运营开展机构监管、规则监管、数据监测、载体监管的主要监管措施。本文的创新点，一是深入分析了 DC/EP 对银行资产负债、零售支付市场格局的影响；

二是提出了基于机构、规则、数据、载体 4 个维度的 DC/EP 监管思路,特别是基于大数据分析、依托人工智能实现 DC/EP 的调控管理、货币运行分析等;三是使用动态随机一般均衡模型尝试测算了 DC/EP 最优发行规模。

本文的结论是,DC/EP 作为一种新的支付体系,DC/EP 对银行资产负债、流动性管理、零售支付市场格局将有一定影响,且积极影响居多、负面影响可控;对央行应对挤兑、人民币跨境使用、反洗钱均有积极作用。人民银行作为金融秩序和金融稳定的维护者,有必要通过一些具体制度设计和预留调控措施,使央行数字货币的发行尽量平稳,对市场正常运行的冲击尽可能减小,使我们在获取科技进步的红利时,维护货币运行和金融系统的稳定。

本文主要结构组织如下:第一部分是引言。第二部分从央行数字货币的概念、主要模式和可能产生的影响等角度,介绍各国关于央行数字货币的主要研究进展和成果。第三部分对我国的 DC/EP 方案可能产生的市场影响作出分析,并探讨了维护市场基本的稳健性可采取的措施。第四部分探讨了对 DC/EP 的监管要点及可以采取的措施。第五部分是对全文的总结。

二、文献综述

(一) 央行数字货币的概念

央行数字货币是一个仍在发展中的概念。英格兰银行 2016 年 7 月的研究,将央行数字货币定义为"通用的,电子的,7×24 小时不间断服务的,以发行国主权货币单位计值的,计息的,反映在发行国中央银行资产负债表中的,由中央银行批准发出的价值承诺"(Barrdear 和 Kumhof,2016)。这一定义在央行货币的基础上,突出了全球使用、7×24 小时不间断服务、计息等电子货币特征。2016 年 11 月,加拿大央行工作论文明确提出了央行数字货币的概念,并深入探讨了央行数字货币的发行目的及方式,但却并未给出央行数字货币的清晰定义,而仅是指出央行数字货币概念的出现是应私人数字货币出现等零售支付产品的创新,和现金使用减少等零售支付环境的重大改变(Fung 和 Halaburda,2016)。欧洲央行引入数字基础货币的概念,也是重点从央行货币角度强调对现金的替代。2017 年 1 月,欧洲央行理事默斯表示,央行数字货币即数字基础货币(Digital Base Money),有中央银行负债和数字化的形式两大特征(Yves Mersch,2017)。2017 年 12 月,加拿大央行一份研究强调了央行数字货币的三个特性,一是以电子方式存储的货币价值,二是代表央行负债,三是可用于支付(Engert 和 Fung,2017)。加拿大银行 2018 年 4 月的一份研究报告,则主张将"数字货币"概念上回归,统称到"电子货币"中去(Davoodalhosseini 和 Rivadeneyra,2018)。英格兰银行在 2018 年 5 月所做的研究,又为央行数字货币提出了一个一般性定义,即央行数字货币是一种可用于支付结算,或是具有价值储藏功能的、电子形式的,具有法偿性的中央银行负债(Meaning 等,2018)。

研究机构对于数字货币的理解与看法与中央银行颇有不同。研究机构专注于加密数字货币实现技术,因此会倾向于使用狭义的央行数字货币定义,而各国央行更关注货币发行本质,则更倾向于使用广义的央行数字货币概念(Bjerg,2017)。

总体看,各国关于央行数字货币概念的研究正呈现一些新的趋势:内涵上逐步向央行负债、电子形式和支付工具三个方面集中;名称上关于"数字"与"电子"的区分在淡化;职能设定上强调支付功能,但区分是重点针对零售支付,还是主要用于批发支付市场;技术上不将区块链和分布式账簿技术作为必选项,宏观的运行管理模式转趋中心化。

(二) 央行数字货币的设计要点

法定数字货币发行模式是在一国的货币发行制度框架下,为实现央行数字货币发行,所采用的一系列组织流程模式。其设计要点主要包括数字货币的发行主体数量设计、层次设计、准备制度及定价机制等。数字货币体系的发行模式选择,决定了央行数字货币参与经济活动的方式、对其他经济参与方或是经济元素的影响和可能的互动关系,其中特别是影响了中央银行的履职能力和货币政策传导路径。这些都关系到未来整个货币体系的整体框架,是设计央行数字货币体系的基础。主要国家央行数字货币设计要点情况如表1所示。

表1 各国央行数字货币的设计要点对比

国家 类别	瑞典	美国	英国	加拿大	新加坡
名称	E-krona	Fedcoin (民间方案)	RSCoin	CADcoin	Ubin
发行主体	单央行模式	单央行模式	多央行模式	单央行模式	多央行模式
运营体系	双层运营	单层运营	双层运营	单层运营	单层运营
是否计息	初期不计息 (但内置计息功能)	计息	计息	不计息	不计息
抵押品模式	存款货币	存款货币	金融资产(国债)	存款货币	存款货币
与本国法币兑换关系	1:1等额兑换	1:1等额兑换 (但也有方案提兑换率可浮动)	1:1等额兑换	1:1等额兑换	1:1等额兑换
基于价值或者基于账户	两种皆有	基于价值	基于价值	基于价值	基于价值
应用场景	零售	零售	零售	批发	批发

1. 发行主体数量设计

数字货币体系可基于管理主体数量的不同，分为单一央行模式与多央行模式。即在同一数字货币运行框架下，是否允许不同币种的数字货币共同存在的问题。

（1）单一央行模式。即数字货币体系内仅有单一币种运行。这是目前央行数字货币的主流模式。其币值以存储在央行的一定形式的资产为担保，并由此决定与其他形式的法币或其他货币的兑换比率。货币兑换平台为本国数字货币体系与其他外部货币体系的接口。从本国数字货币兑换为其他外部货币时，完成的是本国数字货币的回笼操作，从外部货币兑换为本国数字货币时，完成的是本国数字货币的发行操作。

（2）多央行模式。即在本国央行数字货币体系中，内置了其他央行数字货币的兑换平台和运行规则，相当于构建了一个以本国央行数字货币为主交易货币的多种数字货币并行的交易体系。英国的 RSCoin 就是此类设计（Danezis 和 Meiklejohn，2016），其目的在于通过引入多央行机制，提高 RSCoin 在真实环境中的适用性。在这种多央行机制下，因为其他央行数字货币进入本数字货币体系后，行为规则和适用条件受本国央行监管和调控，从体系管理和调控角度看仍为单一中心。从货币发行角度看，本地央行实际上可通过对外部央行数字货币兑换入本体系时的调控，实现对外来央行数字货币在本体系中发行量的控制，多央行模式名义上的似多中心。

（3）类多央行模式。实际上为前述多央行机制的变形，即在本数字货币体系内，允许其他私人数字货币的共同运行，同时央行以一定的规则或政策要求，对体系内其他数字货币进行同步的或是定向的调控。类多央行机制与多央行机制的不同之处，在于其对外来的央行数字货币提出监管要求的力度更大，进行调控的程度更深。

从目前的研究看，多数央行数字货币尚处单一央行模式验证阶段，少数央行数字货币在设计初期，考虑了多央行或类多央行模式，即与其他国家央行数字货币的衔接问题，甚至是与私人数字货币的衔接和统一运营管理问题。

2. 发行层级设计

范一飞（2016）指出，法定数字货币的运行可以有两种模式：一是由中央银行直接面向商业银行或者公众等央行数字货币的使用者发行；二是遵循传统的"中央银行—商业银行"二元模式。这分别对应的就是单层运营和双层运营。

（1）单层运营，即在零售支付中，由央行直接面向社会公众发行数字货币并进行货币运行的管理；在批发支付（银行间大额支付）中，由央行直接面向各参与机构发行数字货币并进行货币运行管理。最早的数字货币概念就是基于这种单层运营模式。Tobin（1987）提出"法定数字货币"的概念，就是经济体中的所有人都可以到中央银行开设账户，并可用它们账户中的头寸来支付任意规模的交易。单层运行层级简单，但最主要的问题在于，当参与机构过多，即系统中结点过多时，交易的验证效率会显著下降，严重影响系统的交易笔数处理能力。

（2）双层运营，即由央行向指定的数家金融机构发行央行数字货币，再由这些指定的金融机构分别面向其客户或是社会公众发行数字货币。英国的 RSCoin 系统就是典型的双层运营体系（Danezis 和 Meiklejohn，2016），主要针对社会公众的零售支付业务，既可在一定程度上解决单层运营时结点数过多、影响系统运行效率的问题，也使银行可以为不同客户群体订制适用的数字货币产品，同时还引入竞争机制。同时，减少了央行为此付出额外成本和提供过于商业化服务的问题。范一飞（2018）也指出，对于幅员辽阔、地域差异大的体系，发行央行数字货币是一个复杂的系统工程，以单层运营体系发行会面临极大考验，宜采用双层投放。另外，在银行间批发支付系统中，也可建立双层运营的机制（Garratt，2016），如允许几家合格银行和支付机构进入央行管理的发币层，然后由这些机构向其他未能进入该层的机构或个人提供第二层的央行数字货币服务。

3. 计付利息设计

央行数字货币是否应该计息，及其对经济金融可能带来的影响，是央行数字货币研究的重要内容。

（1）不计息的央行数字货币。一方面，不计息的央行数字货币不会引起金融机构和居民个人在操作上的过多扰动；另一方面，最初各国研究数字货币时，都倾向于将央行数字货币设定为现金的替代物，因此在各国的央行数字货币验证项目中，数字货币都是不计息的。英格兰银行近期的研究中，也专门讨论了不计息的央行数字货币形态，认为不带息的央行数字货币更接近央行发行的现钞，也被称为"电子现金"（Meaning 等，2018）。范一飞（2018）则认为，只要央行数字货币的主要发行目标限定为对 M_0 的替代，不对其计付利息，则不会导致流动性大幅转移，从而引发"金融脱媒"，也不会引致通胀预期，不会对现有货币体系、金融体系和实体经济产生大的冲击。

（2）计息的央行数字货币。对于计息的央行数字货币，企业和居民个人将不只是使用此种数字货币作为一种支付工具，还会将其作为一种价值贮藏手段。央行数字货币的利息率既可以通过市场确定，也可以由央行直接设定、调整，这是央行数字货币的特有功能之一，使调控在有需要时，变得更快捷，因此央行数字货币可以成为直接的政策工具。英格兰银行在其 2016 年的研究中，就已将计息定为央行数字货币的必要特点（Barrdear 和 Kumhof，2016）。瑞典央行推行的央行数字货币计划中，E－krona 在初期阶段没有带息，但在设计时已内置了付息功能，以备未来之需。

从目前看，不计息数字货币是各国开展央行数字货币验证工作时采取的主要形式。但在研究央行数字货币对社会福利、经济增长以及金融市场影响的理论研究中,将央行数字货币设定为计息的居多。

4. 抵押品模式设计

央行数字货币的准备制度,即发行央行数字货币的抵押品制度。目前各种讨论中所涉及的抵押品主要分为金融资产和存款货币两种。

英国的 RSCoin 方案是基于金融资产。按其设计,RSCoin 需要由央行生成一定的 RSCoin 用于向商业银行发行,但该笔 RSCoin 的规模由相应数量的商业银行持有的国债等资产为抵押(Danezis 和 Meiklejohn,2016)。

更多的央行数字货币方案则是基于存款货币,由央行数字货币需求方通过商业银行货币进行等额交换来完成发行。在数字货币流通期间,交换使用的商业银行货币须由专用账户予以冻结。加拿大的 CADcoin、新加坡的 Ubin 在测试中使用的都是这种准备形式,由参与银行间大额批发支付的金融机构从其准备金账户中划转一定金额的准备金进入专用账户,以此换取等额的央行数字货币进行日间使用,日终时将数字货币转回央行,同时从专用账户中换回相应数量的准备金(Chapman 等,2017;Garratt,2016;Monetary Authority of Singapore,2017a)。面向公众发行的央行数字货币,也可以由央行直接或由指定的商业银行为公众开设兑换账户,如美国民间的 FEDcoin 方案(Garratt,2016),公众兑换央行数字货币时存入存款货币,而中央银行上收这部分存款货币作为发行数字货币的准备金。以存款货币为发行准备的特征,一是央行数字货币在价值上与传统法币的价值相锚定,更适合以替代现钞为主要目的的央行数字货币采用。二是社会货币总量不变,不会对经济的运行造成不必要的扰动。三是基于存款货币的准备制度可以更好地借用商业银行的账户体系和资金划转渠道,在双层运营模式下更适合采用。

5. 与本国法定货币的兑换关系

各国央行的研究基本一致认为,为减少社会成本,央行数字货币应与本国法币使用相同的价值尺度。多数央行关于法定数字货币的研究都设定其与现有法定货币 1∶1 等额兑换。加拿大央行 2016 年的研究指出,法定数字货币的记账单位应该就是该国的货币,即与中央银行资产负债表中关于发行货币所使用的记账单位相同(Fung 和 Halaburda,2016)。欧洲央行的研究就认为,允许商业银行或个人以 1∶1 比率将存款为央行数字货币,可能引发银行挤兑以及存款外流等问题(Mersch,2017)。为了避免这一价值差的不断积累,需要设计一定的机制让两者的价格自然趋于一致。日终账户清零的做法虽然并非针对这一问题而设计,但在及时销弥数字货币与传统法币价值差的问题上发挥了较好的作用。加拿大 CADcoin 和新加坡 Ubin 在第一阶段测试中,采用的就是数字货币持有不过夜的日终结算清零模式(Chapman 等,2017;Monetary Authority of Singapore,2017a)。但在零售模式下,已向社会公众发行,再要求日终清零就较难做到了。

Kimball 和 Agarwal（2015）构建了一个现金和中央银行电子货币之间可以以浮动的兑换率进行交换的体系。少数央行数字货币在设计上也是相对独立于现有法定货币体系之外的，如 FEDcoin。Koning（2016）指出，美联储可以在需要时对 FEDcoin 与其他形式美元的兑换率进行调整，实际上就是引入数字货币的浮动价格机制，以使美联储可以通过兑换率浮动来执行货币政策。

虽然理论上央行数字货币可以不按面值等额交换，但在各国央行的验证模型中，都是假定所有类型的央行货币均以面值等额交换的。

（三）央行数字货币对金融体系的影响

央行数字货币产生的影响与其机制设计息息相关，不同的设计会产生截然不同的政策效果。就主要国家央行和国际组织的研究成果看，对支付体系的影响，与其基于账户还是价值的关系较为密切；是否计息，以及抵押品种类的选择将会决定其是否能作为新的货币政策工具，同时决定如何对市场利率水平产生影响；发行层级以及计息的选择将决定其对商业银行流动性的影响；对宏观税负的影响，则与抵押品种类有关。具体情况如表 2 所示。

表 2　央行数字货币对金融体系的影响

	底层实现		是否计息		抵押品类型		运营体系	
	基于价值	基于账户	计息	不计息	存款货币	金融资产（如国债）	单层	双层
是否成为货币政策工具	—	—	是	否	否	是	—	—
对市场利率的影响	—	—	会引发市场利率变化	无	无	上升	—	—
对商业银行存款的影响	—	—	利率高于存款利率，存款将显著减少	仅在危机情况下，导致存款减少	无明显影响	减少	显著减少	无明显影响
对宏观税负的影响	—	—	特定情况降低	—	—	特定情况降低	—	—
对支付体系的影响	不如现有支付体系	补充现有支付体系	对电子货币具有替代作用	对不易生息的电子货币具有替代作用				

1. 央行数字货币对支付体系将产生一定影响

基于价值的央行数字货币的试验，主要是在银行间批发支付市场开展。试验效果证明，基于价值、分布式的数字货币结算效率远低于现有支付系统。Engert 和 Fung（2017）归纳加拿大央行 jasper 试验结果认为，与验证用的数字货币系统相比较，当前使用中的实时全额结算系统有三方面的突出优势：可顺利执行清算结算、可获得中央银行透支、高度的安全性，而这些是目前的数字货币系统很难超越的。姚前（2018）基于账户的央行数字货币可通过在商业银行账户体系中新增数字货币属性的方法，依托商业银行账户体系，充分利用商业银行现有成熟的支付基础设施以及应用和服务体系，将大大降低数字货币推广门槛，提高使用便捷性和灵活性。

央行数字货币对现金、电子支付工具都有不同程度的替代作用。不计息的央行数字货币，首先替代的是现金，但对现金的替代会有一个限度，而其作为一种创新的电子支付形式，对传统的电子支付方式的替代效用更为明显。计息的央行数字货币则对现金、存款货币都具有替代作用，替代性同样要视各种支付工具的便利性、使用成本和使用者偏好而定。

除了替代作用，央行数字货币对现金和传统电子货币还有较好的互补作用。与现金相比较，央行数字货币具有明显的便利性，不易有假币，而且还能实现远程交易，或者通过智能合约，实现远期交易。而现金也具有其自身的优势。首先，现金是匿名的。其次，在各种环境下、各种不同的地理位置中，都有良好的可获得性，用于完成交易。由于现金的这些优势和独特性，很可能会出现现金和央行数字货币在市场上并存，并且服务于不同需求的客户群体的局面。

2. 可能造成流动性由商业银行向中央银行转移

单层运营的央行数字货币，将使商业银行在数字货币发行中失去作用，客户存款等流动性资金从商业银行转移至央行。Carney（2018）认为，通用的央行数字货币面向个人和企业，可能意味着中央银行在金融体系中扮演更加重要的角色，即使在经济正常运行时期，商业银行也将被去中介化。瑞士国民银行（SNB）理事 Maechler（2018）指出，危机发生时，将加剧商业银行倒闭威胁，带来较大风险。

对于双层运行的央行数字货币，则需要区分是否计付利息来分别讨论。对于不计息的央行数字货币，Engert 和 Fung（2017）认为，一般情况下不会出现流动性向数字货币的大规模转移，但当危机爆发时，流动性缩紧状态下，不计息的法定数字货币因为有央行信用背书，被视为一种更加安全的资产，有可能加速该商业银行的流动性抽离，使该商业银行面对的形势进一步恶化。对于计息的央行数字货币，Broadbent（2016）认为其将大量替代存款，将危害银行的初始授信能力，使银行失去流动性资金来源，还会导致银行要求客户提前还贷，将加剧银行资产负债表的脆弱性。数字货币流通范围如扩展至社会企业和个人，这一影响将更加显著。Barrdear 和 Kumhof（2016）则认为，对流动性的影响将由于抵押品设定而具有较大差异。如以国债为抵押，私人部门需首先用银行存款购买国债，银行存款并未离开市场，仅从 CBDC 持有人转移至国债出售方，因此对存款的流动性影响不大。但如以存款货币为抵押，公众将银行存款大量转为数字货币，银行负债业务将面临收缩，才会出现 Broadbent（2016）所述状况。因此，央行面对数字货币的需求增长，应通过利率（包括负利率）维持数字货币与银行存款达到适度规模。这对数字货币利率发现机制的敏感度和灵活性将提出较高要求。

3. 央行数字货币对市场利率将产生一定影响

不计息的央行数字货币对市场利率影响较小。计息的央行数字货币对市场利率将产生一定影响，但对影响效果存在一定分歧。Koning（2016）认为，银行存款转为 Fedcoin，代表着存款货币流出银行系统，可能引起存款利率和联邦基金利率的上升。Barrdear 和 Kumhof（2016）承认以国债为抵押发行法定数字货币，也存在推高借贷利率的可能性。但由私人部门持有的国债减少，国债交易价格上升，到期收益率水平下降，整个市场借贷成本将随之降低。两种力量的对比将共同决定央行数字货币对整体借贷利率的影响。同时数据模拟，发现发行法定数字货币后市场整体利率水平降低，从而有利于资本积累并促进经济增长。

4. 央行数字货币可能成为新的货币政策工具

对于计息的央行数字货币，设定一个略低于银行存款利息率的央行法定数字货币利息率，有助于形成居民持有数字货币和持有银行存款之间的平衡。在对银行存款利率进行调控时，对法定数字货币利息率进行相应调整，可以实现对流通中货币总量的调控。瑞典央行推行的法定数字货币计划中，E-krona 在初期阶段没有带息，但在设计时已内置了付息功能，以备未来之需。

法定数字货币可以成为负利率的执行工具。各国央行关于数字货币对货币政策影响的研究，多数都谈到了负利率的问题。在经济紧缩条件下，可能出现执行负利率的需要。如果为计息数字货币，则可以为数字货币付负利率（Engert 和 Fung，2017）。负利率能否有效实施，以及负利率有多宽的取值范围，都取决于银行存款摩擦成本的大小。此外，数字货币负利率的存在，有助于形成对市场的心理预期引导，对市场顺利接受负利率有一定的辅助作用。Meaning 等人（2018）还基于计息央行数字货币，探讨央行数字货币对货币政策传导机制和经济稳态的影响，特别是对其他资产利率、利率走廊、利率下限，以及量化宽松的货币政策的影响。

5. 央行数字货币发行损益及对宏观税负的影响

对于计息而又以国债等为抵押品的央行数字货币，央行由于持有将得到利息收入,发行央行数字货币将产生利息支出,从而产生发行损益。Barrdear 和 Kumhof(2016)认为,数字货币利率不应高于国债,使央行获得净利息收入,最终返回政府部门,增加政府收入,从而可以降低整个社会的税负水平。但 Bordo 和 Levin(2017)认为,央行应保持净利息收入为0,不对政府造成财政负担进而造成社会税负增加即可。因此,对税负的影响将取决于央行和财政部门的共同决策。此外,纸币的减少将降低货币发行成本,减轻财政负担,有利于降低社会整体税负水平(Bordo 和 Levin, 2017)。

(四)小结

通过对主要国家央行和国际组织对于央行数字货币的研究,可以得到以下结论:第一,一国央行应根据发行目标来开展央行数字货币设计。如果目标是研发新的法定电子支付工具,则应该是具有不计息的、与现有法定货币等额兑换的、存款准备金为抵押等特征的数字货币;如果目标是以此形成新的货币政策工具,则应是计息的、以国债或其他高等级债券为抵押的数字货币。第二,央行数字货币对金融体系的影响,与央行数字货币的设计要点选择息息相关,综合来看,单层运营、计付利息、基于价值(采用区块链等技术)、以国债为抵押品的央行数字货币对金融体系影响较大。第三,综合考虑央行数字货币对货币政策、存款、市场流动性影响,一国的央行数字货币设计,也应由易到难,先考虑双层运营、不计利息、允许多种技术实现方式的、具有电子支付工具特征的央行数字货币,确保对市场影响最小,防范并化解金融风险,服务实体经济,优化支付生态。

三、我国央行数字货币(DC/EP)的设计和影响

目前,人民银行借鉴国际相关经验,并综合考虑发行数字货币对货币政策、市场利率、商业银行存款、支付体系等方面的影响,选择研发综合影响最小的"DC/EP",即具有数字货币特征的电子支付工具,以提高零售支付的方便性、快捷性和低成本,同时注重安全性和用户信息保护。

(一)我国央行数字货币(DC/EP)的设计框架

1. DC/EP 的设计要点

研发 DC/EP 遵循以下原则:一是 DC/EP 应遵循 M_0 替代,而不是 M_1、M_2 替代。现阶段,M_1 和 M_2 基于商业银行账户,已实现电子化或数字化,支持 M_1 和 M_2 流转的银行间支付清算系统、商业银行和非银行支付机构的内部系统运转正常,且在不断完善升级、日益高效。用 DC/EP 替代 M_1 和 M_2,既无助于提高支付效率,也会造成对现有系统和资源的巨大浪费。相比之下,现钞和硬币的发行、

印制、回笼和贮藏成本较高，但公众对具有现钞属性和主要特征的、适应数字化时代需要的支付工具有较强的需求，实现现金数字化的必要性与日俱增。二是坚持双层运营体系，不改变现有货币投放体系，从而避免"金融脱媒"，避免央行数字货币与商业银行存款形成竞争；有助于分散化解风险，充分利用商业机构现有资源、人才、技术等优势，确保 DC/EP 的使用安全、便捷；为防止 DC/EP 超发，运营机构需在央行存放 100% 的 DC/EP 准备金。三是坚持中心化管理，以账户松耦合的方式投放。传统电子支付工具的资金转移必须通过账户完成，是账户紧耦合的。DC/EP 则应基于账户松耦合方式，降低交易环节对账户的依赖程度，使其和现金一样易于流通且可控匿名。四是坚持技术无关性，不预设技术路线，既可考虑区块链技术，也可采用在现有电子支付基础上演变出来的技术，通过不同方案的竞争选优，最终形成适宜中国经济特征的 DC/EP 模式。

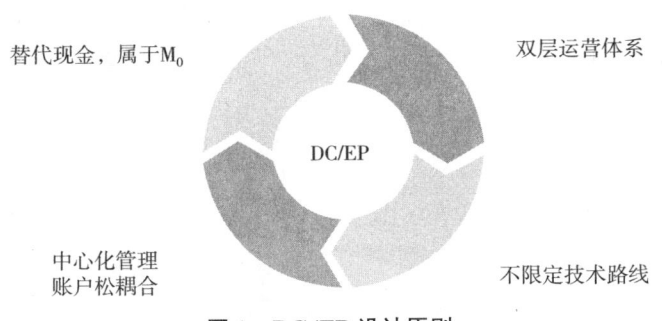

图 1　DC/EP 设计原则

2. DC/EP 与电子支付工具的区别

货币和支付工具的界限并不明晰。一方面，充当支付手段是货币的三大职能之一，所以货币本身是一种支付工具；另一方面，各种支付工具本质上也可以看作是货币的不同载体或表现形态。

但货币和支付工具尤其是电子支付工具在很多方面也存在较大差异。一是信用支撑。国家货币由国家信用支撑，是最高等级的安全资产，而支付工具背后是商业银行信用。虽然大部分公众对于信用背书并不敏感，但如果经济发展不景气，商业机构盈利能力减弱甚至遭遇生存危机时，信用支撑等级的差异将凸显。二是支付的即时性。由于不依赖账户，完成货币权属转移就完成了支付全流程，所以货币具有"支付即结算"特性，即支付的即时性；而电子支付工具支付时，信息流与资金流不同步，先完成的仅是记账，之后还需要通过清算和结算完成资金转移。三是与账户的依存关系。货币一般不依托于账户，而电子支付工具一般依托于商业机构（如商业银行、支付机构等）账户。四是强制法偿性。国家货币是法定货币，任何单位和个人不得拒收。支付工具不具有这一强制性。五是隐私保护。货币一般具有匿名性，天然保护个人隐私和用户信息安全，而电子支付工具在支付时不可避免地需要验证用户的身份，从而存在泄露隐私和用户信息的风险。

表3　　　　　　　　　　DC/EP与现有电子支付工具的区别

	货币（纸币、硬币）	DC/EP	现有电子支付工具
信用支撑	国家信用背书	国家信用背书	商业信用背书
支付的即时性	支付即结算	支付即结算	支付仅记账，之后需要清算、结算
与账户的关系	与账户无关	以账户体系为基础	依托于账户体系
强制法偿性	有法偿性	有法偿性	无法偿性
隐私保护	完全匿名	可控匿名	有隐私泄露风险

3. 发行DC/EP的必要性及优势

我国DC/EP研发起步较早，从研发进展和各国（地区）研究情况看，DC/EP与现有电子支付工具相比具有若干优势，应用前景广阔。在业务上，DC/EP可兼顾实物现金数字化和完善电子支付体系的目标；在技术上，安全便捷处理海量数据的DC/EP运营系统所需金融科技体系和国产密码体系正在改造升级，可形成有力支撑。5G通信、物联网、智能家居等新兴技术和业态为DC/EP落地应用奠定了良好基础。

（1）DC/EP有助于解决现有电子支付体系存在的结构性问题。一是目前我国多元化电子支付工具创新在提供便利性的同时，也存在受理环境、应用场景、支付技术等难以标准化的问题，加大了社会交易成本，也不利于提升用户体验。DC/EP将有助于实现这些要素的统一化和标准化。二是不同机构提供的支付服务常常不对其他机构开放，相互间互联互通需要特别安排，既推高社会流通成本，也不利于监管部门传统管理。DC/EP将打破不同支付机构之间的支付服务壁垒，促进市场公平竞争。三是不同支付平台之间难以自发实现支付场景兼容。DC/EP法偿地位使各类平台必须支持DC/EP全场景支付，从而提升零售支付服务可达性，增进社会福利。

（2）DC/EP兼具法定货币和电子支付特征，相对现有电子支付工具具有独特作用。一是有利于巩固国家货币发行权，对各类数字加密资产形成挤出效应，能够在数字经济时代为公众提供法定货币服务。二是有利于提高金融普惠性，改善营商环境。DC/EP便于未能充分享受账户服务的偏远地区群众以及外国人来华期间享受电子支付服务，有利于小微企业利用移动终端进行收单，降低企业财务成本。三是对商业机构为主的电子支付工具形成备份，防范因商业机构流动性风险或系统故障等运行风险导致的系统性风险，通过法定货币支付维护业务连续性。这对现金支付占支付市场份额不断下降的国家尤为重要。四是减少现有实物货币的印制流通环节和成本，通过加密算法、电子形式提高法定货币的安全性，使支付更为便捷。五是以可控匿名替代现金的完全匿名，有利于反洗钱、反恐怖融资等监管政策落地和执行，也有利于防止通过地下钱庄提现突破外汇管理政策。

（3）DC/EP 还可促进前沿技术创新和应用。为满足 DC/EP 高可用性和稳定性要求，DC/EP 系统将依托分布式云计算等技术，搭建海量交易处理平台。即将大规模商用的 5G 技术可满足 DC/EP 在智慧城市、智能出行等场景下的应用需求，也为物联网应用提供了基础。DC/EP 与物联网融合将带来全新的支付方案与商业模式，推动"一切设备皆可互联"向"一切设备皆可支付"加速转变。DC/EP 交易产生的数据，有助于探知经济个体行为，见微知著，提高货币调控的预见性、精准性和有效性，还可研究扩展监管覆盖范围，助力构建系统性风险监测预警体系。

（二）我国央行数字货币（DC/EP）的潜在影响

DC/EP 实质上是一种以提供更高效率的支付工具为目的的人民银行负债。其发行改变了法定货币的基本构成，银行资产负债和流动性管理策略需要进行相应调整，对零售支付业态、银行挤兑应对策略、反洗钱及人民币跨境流动等均可能产生一定程度的影响。但总体来看，影响可控。

1. 对银行资产负债管理及流动性管理形成潜在影响

运营机构可能会凭借自身优势引导客户将 DC/EP 就地转换为存款货币并购买本机构代销的基金、理财等个人金融产品。在其金融服务优于其他银行的情况下，可能出现存款搬家现象，导致其他银行存款余额和可贷资金减少，将倒逼其提高负债业务成本、适应竞争环境，当然也有可能导致银行因利差收窄而降低盈利能力。

DC/EP 的发行过程中，运营机构缴存 100% 准备金，会增加运营机构的流动性冻结规模，但影响不大。第一，DC/EP 为非计息货币，无法产生收益，而银行存款计息，在摩擦成本不大的情况下，客户会有动力将 DC/EP 迅速兑回为银行存款，而非长期大量持有，因此全社会 DC/EP 的存量将维持较低水平。日间的 DC/EP 生成、回笼及注销的过程发生较为频繁，但由于日终按照投放、回笼的净额结算，冻结的银行准备金规模相比于 DC/EP 日间波动会小得多。第二，同样基于以上原因，长期沉淀的 DC/EP 会比较少，准备金占用也相应较少。第三，DC/EP 与银行存款之间的高效率转换，会导致商业银行因社会消费备提而持有的现金减少，即商业银行的现金占用减少，也将使本来用于购买现钞的准备金可以转为生息资产。总体而言，一方面，DC/EP 的发行在一定程度上会导致银行存款流出，给商业银行流动性管理带来压力；另一方面，DC/EP 的使用大多集中于支付，不会长期大量持有 DC/EP，对流动性的占用较为有限，况且使用

DC/EP 之后有可能导致现金减少，有利于银行流动性管理。

2. 对零售支付业务及其管理的影响

（1）为零售支付营造相对公平的竞争环境

运营机构可能包括银行类运营机构和非银行类运营机构两类。银行类运营机构可以围绕 DC/EP 平台，提供一些与零售金融及支付业务相关的、以存款货币购买的金融产品与金融服务，进一步拓展网络经营渠道。此外，可依托广泛的客户群体，探索相关业务导流等各类互联网经营模式和盈利模式，使银行支付业务与零售金融业务更加紧密地结合，推动传统银行向网络金融科技企业的转型。对于非银行类运营机构，其 DC/EP 业务数据异步备份到人民银行，人民银行能够掌握其资金流向的全量数据，可有效防止洗钱、恐怖融资、偷税漏税等行为。

总体而言，在 DC/EP 与现有支付体系同步运行的模式下，银行间的竞争、非银行机构间的竞争，以及银行与非银行机构的竞争，谁将获得更大优势，有待各竞争主体挖掘和培育 DC/EP 的应用场景，还将受到人民银行进一步约束和引导的影响。

（2）可能改变支付市场的竞争格局

商业银行现有支付业务可能受到潜在影响。DC/EP 作为法偿货币，如果其交易费用设置较低，对当前的商户收单市场将形成一定影响。一是如果商户收取数字货币手续费较低，商户非常有可能将 DC/EP 收单方式作为首选，这将有利于 DC/EP 的快速推广和普及。二是商业银行作为收单机构和发卡行，可能将丧失储蓄卡收单业务及其收入。三是银行卡的客户流失，可能会使银行原有的基于银行卡消费行为数据增值服务的收入减少。但从另一个角度看，DC/EP 业务的开展将使银行支付业务由卡模式转化为互联网模式，新的业务收入或许能适度弥补卡类业务的损失。

非银行类运营机构的支付行为也将发生变化。一是可以节约其替商家向发卡机构和银联等支付的服务费用，这有助于减轻其在运营成本上的压力。二是使用 DC/EP 开展交易，还可获得上缴人民银行的 DC/EP 准备金的利息收入，使其支付业务由"烧钱"项目变成了可持续盈利、独立运行的业务。三是作为 DC/EP 的服务提供商，能有效提升其声誉及社会公信力。

3. 对规避和应对银行挤兑具有一定优势

挤兑可以分为两种形态。第一种是银行业金融机构面临突发性的现钞大规模提取（可能是由于谣言等原因），无法充分满足客户提现需求，这并非由于经营不善，而是商业银行对集中提现没有预期，所以没有准备足够多的现金。这类情况会由于提不到现钞的客户大量转账而导致原来健康的银行出现流动性兑付危机。对此，央行在获得金融机构抵押品的情况下，向金融机构提供现钞，同时出面稳定客户情绪，延长银行营业时间，满足客户提款需要，增强客户对该银行的信心。待数日内银行变现流动性资产并满足客户提款需要，即可平息挤兑危机。第二种是银行的激进策略及经营不善，引发流动性困难。在这种情况下，银行需要的是央行提供再贷款等流动性注入。

引入 DC/EP 以后，一方面客户用 DC/EP 转移流动性，比到柜台或是资助网点办理提现更方便、快速，对银行的挤兑会更加快速。另一方面，DC/EP 也为应对挤提提供了较为有效的防范工具。

通过监测机制设计，可以使人民银行和运营机构迅速获知危机的发生和判断是否为系统性风险。如可以设计单家银行群发性定期提前提取兑换 DC/EP 行为的警报功能，或是多银行同步单向大批次兑换警报功能等，利用 DC/EP 体系可实现跨行即时联动分析的优势，提前侦知是否出现了临时性大量现钞需求及流动性风险。

同时，人民银行判断需要对危机银行进行全力救助时，DC/EP 同样可以成为向市场快速输送流动性的重要通道。而且由于 DC/EP 与现金都是安全等级相对较高的央行负债，同时 DC/EP 的操作效率远高于现金，存款人可能更多的是通过兑换 DC/EP 来提现，这时 DC/EP 就将成为满足客户提现需要、增强客户信心的重要渠道。因此，DC/EP 能辅助人民银行较为妥善地解决第一类挤兑；对于第二类挤兑，尽管由于产生机制原因不能依靠 DC/EP 的提供予以解决，但提前侦知相关问题也为及时应对挤兑赢得了时间，而且为救助提供了新的工具。

4. 对人民币跨境流通及其管理提出了新课题

网络环境改写了对边界的定义，DC/EP 以网络为主要运行空间，为支付业务及货币的运行带来多角度的改变。支付业务覆盖范围与法律适用范围不完全匹配，可能出现权责不对等现象。第一，钱包使用的无国界可能引发与我国现有人民币跨境制度不一致。如人民币现钞携带出境不得超过 2 万元，再如个人跨境转账不得超过等额 5 万美元等。第二，对于发生违规行为后的应对、保护、取证、追责、救济，以及各项操作的发起、执行、中断、退出等机制，都需要综合所涉及的各国司法管理权的共同协商和处置。第三，网络效应虽然存在，易被一些经济、市场以外的因素干扰和改变，存在因市场竞争触发地方保护，或为第三方恶意利用等经济以外的风险。在这种情况下，DC/EP 更多解决的是他国居民在中国境内的电子支付的需要，以及在境外交易双方均为中国居民的电子支付需要。对于人民币 DC/EP 在境外的使用，可考虑通过分设境内钱包和境外钱包两种方式。境内钱包由境内运营机构提供，两个境内钱包之间，无论其持有者身在何处，使用时跨过了哪个国家的互联网络，都属于境内交易。境外钱包可由运营机构与境外金融机构协商提供，挂接境外金融机构的存款账户，并满足境外监管要求。境内钱包与境外钱包之间发生的交易，需同时满足境内与境外两地人民币及外汇管理规定。

5. 可控匿名特征有助于反洗钱监测监管

DC/EP 是可控匿名的央行数字货币。可控匿名有两层含义。一是在现钞的完全匿名与存款账户的完全实名之间实现有限程度的匿名。二是运营机构掌握部分信息，而央行掌握全量信息。交易发起后，支付双方只能看到交易有关信息和对方按数字钱包等级设定为公开的信息，DC/EP 运营机构只能看到完成交易所必需的信息和交易双方自行设定可以公开的信息，人民银行则可以在后台看到所有信息。人民银行对全部信息的掌握，是经用户授权的，这样既保证了人民银行对交易全链路的有效信息监管和综合分析，也提高了交易的安全性、合规性，对各方而言都是有益的。当然，人民银行在可阅读全部信息的同时，也负有为这些信息保密的责任。同时人民银行还要对其他不同层级的运营参与方的信息获取和使用行为进行监管。

（三）小结

综合来看，我国的 DC/EP 在借鉴主要国家央行和国际组织央行数字货币研究的基础上，以 M_0 替代、双层运营、100% 全额准备以及不预设技术路线为基本特征，不断完善现有电子支付体系。经过分析，DC/EP 对银行资产负债及流通性管理有一定影响但仍处于可控范围，对零售支付主体合规经营、银行零售支付业务升级有一定促进作用，对规避和应对银行挤兑具有一定优势，对反洗钱监测监管提供有力工具。此外，对人民币跨境流通管理提出了新课题，我们也给出了具体的解决方案。

四、业务监管体系建设

DC/EP 将构成我国数字经济运行的基础，同时又担负着优化营商环境、提升交易效率，推动经济深度整合和创新、外向型发展的重要使命，其有序高效运行对我国经济发展有着重要意义。但同时作为一种创新型货币形态，其发展运营模式和监管方式与路径都需要我们在探索中不断尝试总结。

（一）监管目标与原则设定

1. 监管目标

对 DC/EP 运营的监管，可分近期目标与长期目标两类。近期目标以保障 DC/EP 的有序投放、平稳运行，对市场的冲击可控，对市场的影响稳健积极，对技术选择的灵活兼容为主，可设定为平稳投放、稳健积极、进退有序。远期目标以确保 DC/EP 成为一个高效的货币工具，运营安全稳健可持续，有助于保证国家整体货币结构的弹性健康，对央行的货币政策调控配合适用，支持人民币国际化使用为主要目标，可设定为安全稳健、助力发展、弹性开放。

2. 监管原则

对 DC/EP 的监管应以严控货币特征、严守风险底线、鼓励延伸应用、支持创新发展为原则。其中，严控货币特征指坚持 DC/EP 的 M_0 特性。严守风险底线指对 DC/EP 的监管以确保平稳运行，不引发系统性风险为底线。鼓励延伸应用是指人民银行在监管思路上多向支持 DC/EP 与支付场景的整合应用倾斜。支持创新发展指支持从提效率、降成本角度，多将支付科技的最新成果与 DC/EP 相结合。

3. 监管框架

监管框架的构建包括法律制度框架、各部门合作监管框架、市场动态监管框架等不同维度，总体目标是要构建 DC/EP 得以依法运行的有保障的制度环境。

（1）建立完备严谨的法律规章体系

一是需要建立与 DC/EP 的货币特征相适应的法规体系。作为不计息的人民银行负债，DC/EP 的法定地位可以与现金相类比，但因其同时具备数字货币特征，是一种流动速度快的电子支付手段，因此关于现金的一些监管规则可能并不完全适用于 DC/EP，这就需要我们有针对性地做好关于 DC/EP 使用环境的搭建和拟定专门针对 DC/EP 的监管要求。二是 DC/EP 的双层运营结构需要一定形式的法律认可与授权。如运营机构参与协助运营 DC/EP，以及代人民银行持有对公众负债，这些都需要有更为明晰的法理依据。在国家法律层面，应考虑是否需要对《人民银行法》相关条文予以修订。国务院法规方面，需要考虑《现金管理暂行条例》是否应进行一定的修订或是增补说明。部门规章方面，则可以考虑是否应对 DC/EP 作出专门的说明，明确 DC/EP 的法定属性、人民银行在 DC/EP 运营中的定位与职责、运营机构协助参与 DC/EP 运行的法理依据和行为边界、金融体系及各市场主体在 DC/EP 运行中的权责划分等。人民银行各基层分支机构也应根据本地市场环境特点，研究针对 DC/EP 市场运行和参与主体的具体监管要求或细则，主要目标是降低 DC/EP 运行的局部市场风险，为 DC/EP 运行提供平顺的市场环境，以及为其各种扩展应用提供配套支持和监管。

（2）建立社会多层面共同合作的监管体系

一方面是 DC/EP 的运行风控监管，这是以人民银行及运营机构为主进行。人民银行负责组织对总体部署和各项工作落实情况的监督检查和运营机构的技术更新审定工作，并成立专门机构负责 DC/EP 有关大数据的采集分析和预警通报工作。人民银行和运营机构共同对 DC/EP 的兑换、流通、注销进行管理和操作。运营机构负责做好各自 DC/EP 子系统的建设、运维工作。运营机构分别指导其下属分支机构联合做好面向社会的 DC/EP 兑换工作。人民银行分支机构负责做好有关 DC/EP 的舆情监测、社情处理工作。

另一方面是基于 DC/EP 的经济金融及社会管理方面的风险控制和监管。首先是开展 DC/EP 相关大数据的分析和应用时，需要诸多承担社会管理职能的部门或实体的配合。如公安部门对 DC/EP 使用者身份数据的共享，工商部门和各类行业协会对 DC/EP 商户数据的共享，电信部门和网络管理部门对特定号码、邮箱、账户和网络设备注册人员信息的共享，海关及物流企业对各笔支付所对应的实物流转信息的共享等。其次是对数据采集和读取权的清晰界定和严格管理。原则上只有人民银行能获得、储存和加工全部的数据，其他环节可能只享有部分数据的某些种类的处置权。对于数据流经的多个环节，如何做好相关监督，人民银行的穿透式监管与各环节自有的行业监管部门的监管是什么关系，如何配合等，都是需要进行关注和预做设计的。

（3）建立科学的数据动态分析体系

第一，要构建科学的指标体系，并以服务经济金融管理为核心目标。例如，基于一定的 DC/EP 数据指标，测算 M_0 以及 DC/EP 的最优流通总规模，及其在不同局部市场的最优规模，探索总体均衡下的最优规模寻找机制，进而分析 DC/EP 流通量调整对经济金融整体运行的影响；发现和确定不同信号冲击对 DC/EP 需求量的影响，研究通过额度管理实现市场调控的可行性；观察和验证运营机构的最优分布结构、各家机构的最优分配限额比例关系，以及分配比例最优调整路径、时间选择，论证货币结构、市场结构与市场效率之间的互动关系；实时监控 DC/EP 运营的机构集中度，防止因运行过度集中而导致市场效率的缺失和市场风险的过度集中，等等。这些指标体系的分析和应用，依赖于构建科学的数据处理模型，而探索建立有效、稳定的数据模型，也是使我们的分析标准化，提高分析结果的可对比性和适用性的基础性工作。

第二，要构建大数据的自动处理能力。大数据分析是对 DC/EP 数据的深度分析和有效利用。对一些常规性分析，应探索建立各种自动处理机制，及时分析整理基础数据，或是在特定条件下触发应急处置，为经济运行管理提供参考，以及对风险进行有效规避。同时大数据是连接经济金融从微观到宏观的重要途径，因此 DC/EP 为我们提供了一个非常重要的经济观察窗口，有助于我们加深对经济和货币的理解。探索大数据在提取、处理、应用模式中的方法和规律，很大程度上就是在探索和建立更为精准、更为有效的经济金融调控和监管模式，是在探索调控和监管的基础性方法和理论，是在构建未来经济监管体系的重要组成部分。

第三，要建立一支专业的监管人员队伍。该队伍的主要任务一是跟踪研究各地 DC/EP 使用情况，研究掌握 DC/EP 的运行规律，为更好地做好 DC/EP 运营工作，促进其数字货币职能的发挥，强化相关主体和业务监管，摸索方法，总结经验。二是通过加强对 DC/EP 交易信息的大数据分析工作，提高人民银行对货币数据的有效跟踪和分析能力，配合加强货币和货币政策在经济管理、市场管理、金融调控中的关键性作用。三是通过培养和打造熟悉 DC/EP 特征和运行规律的人才队伍,深化监管人员对货币的本质和现象的认识,为经济金融的整体运行、调控和监管提供人才。

(二) 严格各类主体监管,确保 DC/EP 生态体系稳健

市场行为主体监管的目的是确保 DC/EP 运行体系的整体稳健性,以及各 DC/EP 运行参与方安全、合规参与 DC/EP 交易的意愿与能力。

1. 人民银行专责监管,尽职而不越位,在严控风险的同时确保市场活力

应建立人民银行的核心控制机制。货币发行是法律赋予人民银行的基本职责,鉴于目前的技术水平和市场环境,DC/EP 的研发运营引入多方主体共同承担,其间涉及人民银行对货币运营实施流程的分解和逐级下放,但总体上看,人民银行必须保证对 DC/EP 的绝对控制权,对各层级的风险有及时的阻断和处置能力。

另外应把市场运营交予运营机构。不涉及风险时尽量避免直接参与运营性操作,或是不对运营机构的合规操作进行过多干涉,这将有助于调动和强化运营机构维护 DC/EP 按规则运行的积极性,也有助于 DC/EP 通过运营机构获得更丰富、更个性化的服务。人民银行在 DC/EP 运行机制中,应多角度建立对运营机构的激励机制,并有针对性地设立调控手段。如通过资质牌照给予声誉激励,通过放开一定范围的竞争给予市场占有激励,通过提供一定的准备金利息、流动性回补或是允许收取特定形式的服务费用,支持运营机构加大对运营系统的技术研发和升级投入,给予直接的营收激励等。在运营机构合法合规参与 DC/EP 运行的情况下,人民银行不宜对市场作出过多干预,为运行机构保留自主经营和竞争的空间,以保证市场良好的活力与效率。

2. 严格对运营机构的监管,确保双层结构体系的稳健性

各运营机构代人民银行持有对公众负债,行使了部分 DC/EP 运营职能,因此应该严格对 DC/EP 运营机构的监管,同时应设计一定方式,对其日常运行行为进行有效调节。

第一是对运营机构的资质监管。运营机构准入条件的设定,主要目标是确保运营机构具有遵守规则、维护良好市场秩序的意愿,以及承担一定风险的能力。约束条件可包括应具有从事支付业务的资质、业务规模达到一定的水平或是在业内占有一定的比例、有完备的反洗钱和反恐怖融资技术解决方案等。为持续约束运营机构的运营行为,人民银行对运营机构的资质监管宜采取动态监管的方式,资质应设有效期。有效期内发生一定违规行为的,人民银行有权暂停、终止、缩短其所获得资质。资质的授予应考虑单一金融机构和多机构联合体等不同形式,并应考虑获得资质的机构将有关 DC/EP 运营的部分操作或职能外包或是委托给

第三方时的监管要求，以及对多机构联合体中有参与机构增减时的监管变化。

资质审定是运营机构准入的硬性条件，同时也可以通过后续的动态资质管理，使其成为约束和激励运营机构的一个重要工具。作为被指定并且符合资质的 DC/EP 运营机构，参与 DC/EP 运营的各家机构的行业公信力和市场公信力可以得到提升，这将为其带来声誉上的正面激励。对资质的定期审核，也有助于提示各家运营机构合规操作及共同维护体系的稳定性。提出一定的资质要求，对申请参与运营 DC/EP 的机构进行审核，也能对其他机构的市场行为起到正面的引导作用。而对于境外市场的授权对运营机构的市场占有也会起到明显的提升作用。另外，资质审核也给了其他金融机构可期的参与希望并维持 DC/EP 体系运行稳定的动力。

第二是对运营机构日常 DC/EP 运行行为的监管。此类监管主要由人民银行进行。一方面是对运营机构运行各自 DC/EP 网络时稳健性的监督，如对 DC/EP 主要的引流使用方向、零售支付类使用相对金融类使用的比例关系、DC/EP 运营利润点、DC/EP 自持有情况、流通中 DC/EP 存量与现金持有量和存款总量间的比例关系、拒绝服务发生频次及原因、发生高频或是重大差错情况、系统安全性与重大网络攻击事件等。另一方面是对运营机构间的 DC/EP 运行行为的监管。如对可疑结算清算行为的监管，和对运营机构间各类冲突事件的监管等。另外，因运营机构不当经营行为引发的社会性 DC/EP 突发事件，人民银行也需视情作出及时的响应、处置和问责。

第三是各运营机构应负责自身运营体系的稳建性，及时对突发事件作出应急处置，重大事件及时报送人民银行。具体包括按人民银行要求搭建 DC/EP 运行环境，提供系统服务，提供必要的数据保护、隐私保护、应急机制、容灾备份等保障；确保面向社会的 DC/EP 服务的完备性和可复核性；开展客户尽职调查；向人民银行异步备份 DC/EP 兑换及流通明细账本并向人民银行开放相应监管接口，配合开展 DC/EP 合规监管等。

3. 其他服务参与者的监管

在 DC/EP 的市场流通过程中，还会派生钱包、机具、延伸应用等一系列的软、硬件服务，因此也存在对相关设备或是服务提供商的监管。此类监管主要包括五个方面的内容：一是业务资质。主要是指提供商是否获得合法开展相关业务的资格；与上、下游服务商或机构间是否有合法的接入渠道；是否向各类监管部门做了充分的信息审核和报备等。二是提供商的技术和业务能力。主要涉及完成所提供服务的能力，如向运营机构或人民银行指定端口及时传输合法数据包的能力；提供足够质量服务的能力，如满足监管部门要求或一般行业标准中有关服务最低质量要求的能力；提供安全交易环境的能力，如所提供的软硬件服务达到一定的安全要求，保护数据信息不会轻易被人盗取、篡改的能力；有效防范"双花"或是外部攻击,以及验证交易信息真实性的能力。三是风险补偿能力。主要是在各类风险条件下,设备或服务提供商在合法合理范围内对金融消费者、其他关联交易方作出适当风险补偿的能力;离线或半离线状态下对限额范围内交易的风险承担能力;在受到外部攻击的情况下迅速作出应急处置和风险补偿或转移的能力。四是维持 DC/EP 体系稳健运行的意愿。例如,有合理的盈利模式;有良好的从业记录,及主要人员有良好的信用记录;无恶意篡改、生成数据或是不正常截留、读取、存储、输出重要业务数据或交易者信息的行为记录。五是提供关联服务的能力。提供关联服务的提供商需求具有合法提供关联服务的资质、意愿和能力。

(三) 开展有效的市场规则监管,维护 DC/EP 有序运行

业务规则监管主要有两方面的目标:一是做好市场风险管理,对可能形成的风险积聚做出提前处置,主要方式是建立偏差预警与危机处置机制;二是利用监管工具进行适度的市场调节,对市场的发展态势作出一定的引导,同时保留对运营机构交易流程最终的控制、核验、修正、中止、撤销权限,以备极端情况下的危机处置。按对 DC/EP 运行监管的需要,包括最优总体规模管理、运营机构额度管理、DC/EP 准备金管理、交易费用调节、跨境监管、基础环境建设监管等。

1. 最优总体规模管理

DC/EP 的总体规模受制于正负两方面因素。正向因素主要是强化 DC/EP 的 M_0 职能,做好经济顺周期调节,确保对市场交易需求供应充足的需要。负向因素主要是市场对流动性总体需求的制约。如果 DC/EP 市场留存量过大,可能导致对存款货币和现金等其他流动性的冲击,进而影响货币价格,扰动经济运行,甚至直接导致局部市场的失衡。因此对 DC/EP 最优流通规模的测算,需要从货币总体需求及不同形态货币需求占比的角度,通过动态一般均衡分析作出。

本部分以动态一般均衡 (Dynamic Stochastic General Equilibrium, DSGE) 模型为基本分析框架,讨论 DC/EP 对宏观经济的潜在影响,并结合中国实际经济数据,求解 DC/EP 最优规模,以期为监管框架的制定和未来 DC/EP 规模管控提供数理支持。

(1) 包含 DC/EP 的 DSGE 模型构建

DSGE 模型是当前宏观经济学中理论基础较为完善的模型,分析宏观经济理论、模拟宏观经济走势的重要分析工具,被各国央行、监管机构和学者广泛使用。DSGE 模型的基本假设包括:微观主体进行跨期效用最大化、货币持有量直接产生效用 (Money in Utility, MIU)、价格黏性、垄断竞争等。

在内含货币效用 MIU 模型中,货币被直接引入效用函数中。模型假定对物品的消费和对货币的持有都可以为行为人带来效用。其中,持有货币之所以能够

带来直接效用是因为货币的使用减少了在"需求双向不吻合"(No Double Coincidence of Wants)的交易中的购物时间,而时间是能够为人们带来效用的。与此同时,货币持有量的增加意味着行为人的消费量或债券拥有量要减少,因此,行为人为了效用最大化目标,需要权衡其货币持有量、消费量或债券拥有量,并作出决策。假若模型在稳态下具有正向的货币需求,人们可以由此获得效用,这样货币就具有了正向的价值。内含货币 MIU 模型是首个使货币在均衡分析中具有正价值模型。首先,货币在经济社会商品流通中的重要作用不言而喻;其次,货币对于消费者本身而言,也具有潜在的投机动机和预防动机,因此消费者通过持有一定数量的货币,便可以增加自己的效用,进而也会增加家庭的效用。

本文使用 MIU 假设,通过构建包含 DC/EP 模型的家庭部门行为方程,求解家庭部门、厂商部门和中央银行部门最优化条件,推导出最优 DC/EP 规模的影响因素。

①家庭部门

假定经济体中的家庭部门由可存活无限期的无异质性家庭构成,它们选择消费、商业银行存款、影子银行投资、持有货币(现金和 DC/EP)、劳动实现效用最大化。效用函数为

$$\max E_0 \sum_{t=0}^{\infty} \left(\lg C_t + \frac{1}{1-\sigma_m} \left(\frac{M_t}{P_t}\right)^{1-\sigma_m} - \frac{1}{1+\sigma_L} L_{j,t}^{1+\sigma_L} \right) \tag{1}$$

约束条件

$$T_t + \frac{D_t}{P_t} + \frac{M_t}{P_t} + C_t \leq \frac{W_t L_t}{P_t} + \frac{i_t D_{t-1}}{P_t} + \frac{\Pi_t^s}{P_t} \tag{2}$$

其中,i_t 为商业银行的存款利率;T_t 为政府一次性税收;Π_t^s 为厂商的股利分红;σ_m 为家庭部门持有货币效用的权重参数,$M_t = M_{e,t}^{\alpha} M_{C,t}^{1-\alpha}$,表示家庭部门货币持有,包括现金和 DC/EP 两部分,DC/EP 和现金之间的替代率为 $\frac{1-\alpha}{\alpha}$。求解最优问题得到一阶条件为

$$\beta E_t i_t = \left(\frac{C_t}{C_{t+1}}\right)^{-\sigma} \frac{P_t}{P_{t+1}} \tag{3}$$

$$\left(\frac{M_t}{P_t}\right)^{-\sigma_m} = C_t^{-\sigma_c}\left(1 - \frac{1}{i_t}\right) \tag{4}$$

②厂商部门

厂商部门由连续的最终商品生产商 i 组成($i \in [0, 1]$),最终商品生产商在完全竞争市场中以价格 $P_{w,t}$ 向中间厂商购买中间商品,无成本地将中间产品加工为最终商品 $Y_t(i)$,并以价格 $P_t(i)$ 将其卖出。通过对各最终商品生产商生产的商品进行加总,得到最终商品 $Y_{f,t}$ 为

$$Y_{f,t} = \left(\int_0^1 [Y_t(i)]^{\frac{\zeta-1}{\zeta}} d_i\right)^{\frac{\zeta}{\zeta-1}} \tag{5}$$

其中，$\zeta > 1$ 为不同最终商品生产商出售的最终商品之间的替代弹性。根据新凯恩斯模型中的常用假定（Bernanke 等，1999；Iacoviello，2005），给定最终商品 $Y_{f,t}$①，定义最终商品价格 P_t 和单个最终商品生产商面临的需求函数 $Y_t(i)$ 为

$$P_t = \left(\int_0^1 [P_t(i)]^{1-\zeta} d_i\right)^{\frac{1}{1-\zeta}} \tag{6}$$

$$Y_t(i) = \left(\frac{P_t(i)}{P_t}\right)^{-\zeta} Y_t \tag{7}$$

本文通过 Calvo 定价方式引入价格黏性。假定每一期只有 $1-\vartheta$ 比例的最终商品生产商可以调整其出售最终商品的价格，假设改变后的价格为 $P_t^*(i)$，该价格水平对应的需求函数为 $Y_{t+k}^*(i) = \left(\frac{P_t^*(i)}{P_t}\right)^{-\zeta} Y_{t+k}$。最终商品生产商 i 根据最大化预期收益的贴现值，制定其价格

$$\max_{P_t^*(i)} \sum_{k=0}^{\infty} \vartheta^k E_t \left\{ \beta_B^k \frac{C_{h,t}}{C_{h,t+1}} \frac{P_t^*(i) - P_{w,t+k}}{P_{t+k}} Y_{t+k}^*(i) \right\} \tag{8}$$

其中，$\beta_B^k \frac{C_{h,t}}{C_{h,t+1}}$ 为家庭部门随机贴现因子②。给定 ϑ 比例的最终商品生产商不改变其价格，在最优化方程（17）约束条件为式（16）。最终商品生产商定价问题的一阶条件为

$$\sum_{k=0}^{\infty} \vartheta^k E_t \left\{ \beta_B^k \frac{C_{h,t}}{C_{h,t+1}} \left[\frac{P_t^*(i)}{P_{t+k}} - \frac{X}{X_{t+k}}\right] Y_{t+k}^*(i) \right\} = 0 \tag{9}$$

X 为最终商品价格相对于中间商品价格加成的稳态值。总价格水平为

$$P_t = [\vartheta P_{t-1}^{1-\zeta} + (1-\vartheta)(P_t^*)^{1-\zeta}]^{\frac{1}{1-\zeta}} \tag{10}$$

结合方程（9）和方程（10）并线性化③，即得到前瞻性菲利普斯曲线

$$\pi_t = \beta_B E_t \pi_{t+1} - k x_t \tag{11}$$

其中，$k = \frac{(1-\vartheta)(1-\beta_B \vartheta)}{\vartheta}$，$x_t = Y_t - Y_t^n$ 表示实际产出与潜在产出之间的

---

① 在稳态附近，式（14）可以近似等价于 $Y_{f,t} = (\int_0^1 [Y_t(i)] d_i = Y_t$（Iacoviello，2005），因此本文在后续讨论中，将最终商品 $Y_{f,t}$ 视作 Y_t。

② 假设家庭部门是零售厂商的最终拥有者，零售商与家庭以相同的方式对名义支付进行折现，零售商的利润 $F_t = (P_t Y_{f,t} - P_{w,t} Y_t)/P_t$ 最终返还给家庭部门。

③ 本文使用 Ulig（1999）的方法进行对数线性化：定义 $\hat{Z}_t = \ln Z_t - \ln Z$ 为变量 Z_t 对其稳态 Z 的对数偏离。

对数离差。

③一般均衡条件

一般均衡条件下，需要市场出清，即

$$Y_t = C_t \tag{12}$$

④一般均衡体系构建

通过对方程（1）至方程（12）进行对数线性化，并进行简单数学处理，我们得到由新凯恩斯菲利普斯曲线、前瞻性 IS 曲线和货币需求方程构成的封闭经济模型。

$$\pi_t = \beta E_t \pi_{t+1} + kx_t \tag{13}$$

$$x_t = E_t x_{t+1} - (i_t - E_t \pi_{t+1}) \tag{14}$$

$$m_t - p_t = \frac{1}{b} x_t - \frac{1}{b} i_t \tag{15}$$

（2）最优 DC/EP 规模推导

DC/EP 规模由央行控制，通过求解中央银行行为最优行为，得到 DC/EP 最优规模。假设中央银行目标是最小化通货膨胀和产出波动，其最优化问题为

$$\min_m V = \frac{1}{2} [w_t E(\pi_t - \pi^*)^2 + (1 - w_t) E(x_t)^2] \tag{16}$$

其中，w_t 为不同目标的权重。对目标函数方程（16）关于 m 求一阶条件，结合等式（13）至等式（16）可得

$$\pi_t = \frac{2\beta + k}{2 + kb}(\pi^* + \Delta^*) + \frac{k}{2 + kb}\left(\frac{w_t k\sigma}{w_t - 1}\Delta^* + bm_t - bp_{t-1}\right) \tag{17}$$

其中，$\Delta^* \equiv E(\pi_t - \pi^*)$ 为等式（16）的一阶条件。DC/EP 将取消现有电子支付场景的限制，增加货币流通速度，对通货膨胀产生正向影响，此外，现金使用的减少降低了商业银行库存现金，从而补充了流动性，通过一系列传导可能对通货膨胀产生正向影响；与此同时，由于将冻结商业银行存款，减少可贷资金规模，进而减少货币供应量，可能对通货膨胀产生负向影响。鉴于此，本文通过稳定通货膨胀这一约束条件，讨论在给定通货膨胀下，DC/EP 的最优规模。因此，货币当局为了实现稳定通胀的目标，选择最优 DC/EP 规模。此时，最优 DC/EP 规模为

$$m_{e,t}^* = \frac{1}{\alpha}\left[\frac{2(1-\beta)}{kb} + 1 - \frac{1}{b}\right]E\pi_t + \frac{1}{\alpha b}Ex_t + \frac{1}{\alpha}p_{t-1} - \frac{1-\alpha}{\alpha}m_{c,t} \tag{18}$$

（3）最优 DC/EP 规模测算

①参数校准

表4　　　　　　　　　　　　　模型参数校准值

变量名称	经济含义	校准值	来源
β	家庭部门贴现因子	0.985	刘斌（2008）
k	菲利普斯曲线产出缺口系数	1.01	根据现有刘斌（2008）相关参数计算得到
b	基准利率稳态值	1.015	刘斌（2008）
w_t	央行货币政策对通胀的关注程度	0.22	使用刘斌（2008）估计的货币政策对产出缺口的弹性计算得到

②最优 DC/EP 规模测算

为了测算最优 DC/EP 规模，需要计算实际产出和潜在产出的对数离差。本文使用实际 GDP 的 HP 滤波后的趋势项，作为潜在产出的代理变量。选择 2017 年第四季度作为测算参考期。2017 年底，我国 M_0 存量为 7.06 万亿元。假设最优通货膨胀率为 2%。本文采用 $\hat{Z}_t = \ln Z_t - \ln Z$ 对数据进行标准化，去除数据量纲。本文根据等式（18），通过假设不同的 DC/EP 使用程度，得到最优 DC/EP 存量规模如表 5 所示。

表5　　　　　　　　　　　　　模型测算

DC/EP 使用程度	最优 DC/EP 规模（亿元）
$\alpha = 0.5$	76249.69
$\alpha = 0.6$	50260.64
$\alpha = 0.7$	51342.89

由此可见，现金使用倾向（$0 < \alpha < 1$）越低，DC/EP 的最优规模越大，但并非单调递增关系。主要原因是 DC/EP 的规模越大，占用银行的存款流动性越多，会减少货币供应总量和通货膨胀压力；另外，DC/EP 规模越大，对现金挤占越多，银行备付的现钞越少，可用于贷款的资金越多，会增大货币供应总量和通货膨胀压力。在最小化通货膨胀率的约束下，得到了最优 DC/EP 存量规模。表5计算了现金使用倾向分别为 0.5、0.6 和 0.7 三种情况下的最优 DC/EP 规模，分别为 7.62 万亿元、5.02 万亿元和 5.13 万亿元。

2. 各运营机构额度管理

额度管理主要控制的是各机构在 DC/EP 运营中的风险，但这一风险并不突出。一般而言，DC/EP 的提供属于被动投放，且从货币特性上属于 M_0 替代，因此在经济平稳运行情况下，反映的是真实交易需求，再加上全额备付的要求，不会产生风险放大和过渡聚积的问题。在危机状态下，DC/EP 投放增加反而是市场流动性补充的重要手段。因此，以控风险为目的的额度管理需求并不迫切，而通过对不同运营机构的DC/EP额度进行差异性管理，却是对各机构运行情况进行调节的可行渠道。对运营机构的额度管理可遵循以下思路进行。

初期，在DC/EP总体规模不大的情况下，通过额度报备，引导运营机构提高预测和规划能力。由各运营机构向央行报备预额度，并在额度内生成DC/EP。一旦超过额度，运营机构可随时向央行提出新增额度报备。央行不对额度进行限制，但对预计额度与实际余额进行比较，以此评估运营机构对规模的预测和把控能力。

未来，DC/EP形成一定规模并可能对运营机构资产负债管理产生影响后，央行需要对总体规模进行限定，并需要对各运营机构的规模进行一定程度的调控，并设置一定上限。额度管理与前述的DC/EP最优总体规模有一定的相关性。各运营机构的额度总和不宜超过前述测算的流通中DC/EP最优总体规模与现金流通中DC/EP实际总体规模之差，同时各运营机构的额度与其现已兑出的流通中DC/EP存量之和也不宜超过其风险负担能力。对于市场交易活跃、DC/EP需求较大，同时DC/EP运行安全平稳、无显著风险且风险承受能力良好的地区，可逐步相应提高DC/EP限额至均衡需求水平上方，允许需求在均衡水平周围一个合理区间内自由波动，不受限额的干扰。

3. DC/EP准备金管理

运营机构缴纳DC/EP准备金，影响其流动性持有。因此对DC/EP准备金的管理，如缴存方式、时点、比例及准备金利息率的设定，可形成对运营机构行为的引导和调节。对于银行类运营机构而言，DC/EP准备金利息率并不一定能构成有效的调节工具，因为存入DC/EP准备金账户的资金无法像超额存款准备金一样随时可用于银行间市场等其他用途，其机会成本高于DC/EP准备金可以给付的利息。而对于非银行类运营机构而言，DC/EP准备金利率则是一个可观的收益渠道，因此DC/EP准备金利息率的调整会对其运营行为构成影响。

对于DC/EP准备金缴存不足情况的处置也是DC/EP准备金管理的一个重要内容。DC/EP准备金缴存不足分三种情况。一是在日常运行中，运营机构因发生违规或其他资金挪用行为，导致未能按时足额缴纳DC/EP准备金，对此应予以高额罚息、行政处罚等必要的监管处置。二是在日常运行中，运营机构因暂时的流动性管理不当或其他的短期流动性不足，导致出现DC/EP准备金未能按时缴纳，对此可予以一定的低罚息展期，并对其进行风险提示。三是出现金融风险，人民银行通过DC/EP对问题机构进行快速的流动性救助，并允许对相应部分DC/EP暂不缴纳准备金的情况。这是人民银行的一种政策措施，无须作出特别的监管处置，但也应在危机或风险化解后，及时通过其他货币形式作出救助性DC/EP的退出安排。

DC/EP 准备金缴纳时点的设定也是一种监管调控手段。准备金缴纳可以有一日一场、一日多场和多日一场等不同方式，缴纳时点一般设置在场终。一日多场的缴纳方式有助于运营机构将 DC/EP 兑回后冻结的流动性从 DC/EP 准备金中快速转回，有利于运营机构的流动性管理。场终缴纳的方式则进一步减少运营机构的流动性缴交负担，并可能形成短时间的流动性头寸冗余。调整 DC/EP 准备金缴纳时点的调控方式，对于流动性相对紧张的环境调控效果更为明显。

4. 交易费用调节

收取交易费用的目的是适当制造交易摩擦，减少对商业银行中间业务的冲击。同时向客户收取交易费用，有助于对运营机构搭建和维护 DC/EP 系统的成本形成适当补贴，并对运营机构积极推动 DC/EP 的延伸应用形成促进。服务费用的收取，可以参考银行卡由收单机构、发行卡、银联三方模式，设定一个较小的比例。如果参照微信"零钱"的方式只对取现收取，用户的体验可能会更好。

5. 跨境监管

DC/EP 运行分境内使用和境外使用。其中，境外使用按国别进一步细分。在对境外使用的监管上，一是需要根据网络环境的特点对"边境"概念重新设定，并能实现境内外环境的相对隔离；二是需要兼容国内外货币当局对资金跨境流动的监管要求；三是要能实现对 DC/EP 跨境使用的实时监控。

人民银行需要对跨境支付进行关键数据提取、监测和分析。运营机构应协助人民银行做好相关工作。监测的主要内容包括：（1）境外 DC/EP 存量及流向；（2）双向的跨境 DC/EP 流量；（3）跨境及境外异常差错及异常高频交易监管；（4）跨境及境外恶意差错及恶意高频交易监管；（5）跨境及境外重大网络攻击事件；等等。各类指标视重要性和风险度设置预警提示机制和相应的应急处理机制。

人民银行应建立跨境流动的约束机制，包括双向的回流调整引导机制（交易回退）、外汇管理政策遵循机制等。运营机构负责为其境内外钱包建立境内外重点法规提示机制、跨国司法管辖切换及重叠提示机制要求、跨国司法管辖冲突应对机制等。

6. 基础环境建设监管

一是搭建良好的软硬件环境，让使用者有多样、便利、安全的接入方式选择，尽快形成正面的网络效应。如除推出基于移动通信设备的钱包 APP 可供下载外，还可提供卡基或基于其他随身可穿戴设备的硬件钱包，以及在一些交通便利的公共场所设置 DC/EP 自助处理设备，以方便使用者在各种不同场合灵活选择 DC/EP 的使用设备和兑换设备。

二是发动各运营机构积极做好线上、线下推广。鉴于 DC/EP 与现金的不同特性，在坚持现金不能拒收的同时，不宜过于强调不能拒收 DC/EP，即 DC/EP 的选用还是应该基于用户自愿。因此 DC/EP 的支付环境建设，应主要依靠广泛宣传，以及通过各运营机构发挥自身优势，在线上通过构建场景吸引用户使用，在线下开展"地推"，鼓励商户以一定方式接入。

三是打破一些封闭的支付闭环，使 DC/EP 成为更多场景下的可选支付工具。支付业有着较强的网络效应，近年零售支付市场已逐渐发展出一些具有一定垄断地位的企业，局部领域已经建立起资金运转的闭环。央行和运营机构要有意识地拆解闭环，为 DC/EP 的无障碍嵌入创造条件，同时做好后续市场监管，避免排他性闭环重建，干扰市场对 DC/EP 的平等选择权。

（四）建立大数据分析架构，完善远程监测监管体系

DC/EP 相关数据包括信息流和资金流两类。信息流主要包括用户身份信息、钱包数据信息、支付业务信息、运营机构及运营其他相关主体信息等。资金流主要以支付业务为线索，反映各级账簿数据的变动调整情况。对 DC/EP 数据的监管分数据信息分级加密管理、大数据综合分析应用等两个部分。

1. 数据向上汇总，实现"可控匿名"

运营机构只掌握与本机构兑出的 DC/EP 运行相关的数据内容。包括本机构客户的 KYC 信息、本机构 DC/EP 的交易信息等。运营机构将数据按一定时间要求，异步上传人民银行。各运营机构向人民银行开放网络数据查询端口，供其对最新数据实时进行网上查阅。可查询数据应包括人民银行所要求的与 DC/EP 运营有关的所有基础数据。各运营机构应对基础数据进行实时备份，并定期传送有关部门。上传的数据应包括 DC/EP 运行流通实时基本数据、DC/EP 历史数据查询等各方面指标。

人民银行掌握与 DC/EP 运行有关的全部数据。人民银行维护管理全国 DC/EP 运行数据智能采集分析报送系统，所产生主要数据以开放网络查询端口的方式供人民银行内部相关部门实时网上查阅。

2. 利用支付信息扩展大数据应用

支付是商业行为的基础，支付信息的可利用范围延伸至经济和社会生活的几乎每一个角落。DC/EP 的一个重要特征，就是便利了数据的采集、汇总分析和再利用，更有利于对支付行为本身的全流程管理和对支付相关信息的大数据分析与再利用。可从四个方面展开支付信息大数据的管理和利用。

一是完善 DC/EP 体系本身的调控管理。人民银行的数据管理部门应从基础数据中抽取和生成有关 DC/EP 运行的指标性数据提供给 DC/EP 运行管理部门，其中应包括 DC/EP 整体流通情况、局部市场变化情况、异常的高频或是大额交易情况等。发挥人工智能在数据监测和分析领域的功能，通过非现场远程监测发

现风险点。对于可以远程处置的风险，进行远程处置；对于需要现场处置的，向现场管理人员提供相关信息线索，由其予以处置。此外，还可以通过积累数据、案例及其处置情况，不断完善业务规则，更好地指导 DC/EP 业务开展，并形成良性循环。

二是优化经济金融运行情况分析。以往对 M_0 的使用情况既难以调控，又难以跟踪。DC/EP 较好地解决了这个问题。人民银行可以实现对 DC/EP 存留总量、需求分布、使用方向等方面的信息提取和分析，能够更好地做到微观与宏观的结合，更好地控制货币政策的方向和力度。人民银行可以利用 M_0 流通数据，更好地开展资金流向分析、行业景气分析、DC/EP 使用习惯及需求分析、反洗钱数据分析、大额 DC/EP 交易监测分析，以及 DC/EP 跨境交易数据分析等。人民银行甚至可以利用 DC/EP 的一些技术功能，实现货币的定向、精准供应，为一些区分产业或是地域的精准调控提供通道，为实现国家的产业战略、社会发展战略提供信息和工具支持。

三是协助开展对系统性风险的监测和预警。第一，DC/EP 完备了货币流动性监测的最后一块拼图。通过集中 DC/EP 和账户系统数据，可以较为完整地刻画出高流动性资产运行的全貌，进而有利于对相关风险进行早期预警和针对性排除。第二，DC/EP 可能成为对挤兑等系统性金融风险提早感知、自动预警的重要渠道，并可以通过设计一定的自动调节机制，形成对风险的及早处置。第三，可与账户系统数据联动分析，自动筛选高风险金融机构，对挤兑等局部风险作出处置，及时化解风险，有效阻断风险传播。

四是辅助服务于一些政府的社会管理职能。如一些税收、费用的核查，甚至是代扣代缴职能。这将使政府的管理更完善、更智能、更有效率，也能为居民的生活和工作提供极大的便利。又如配合司法、监察、公安部门进行一些资金流转情况的调查、分析和取证。这些职能的履行，一定要注意区分公民义务与权利之间的边界，区分哪些是法律和政府的强制性要求，哪些是居民自愿参与的可选服务。在体系设计、功能开发时，必须考虑保护好居民的选择权、知情权，及时做好提示、授权、告知、查询、撤销、申诉、救济等方面的安排。

五是通过支付延伸场景服务，促进贸易与消费。DC/EP 的运营参与机构，特别是其中的支付机构，将有较强的动力做好 DC/EP 支付的延伸场景建设，为 DC/EP 支付提供配套服务、增值服务。这些延伸场景建设，一方面整合的贸易链条，压缩了贸易层级，简化了相交手续，提高了交易效率；另一方面对于消费者而言，丰富了产品选择，实现了个性化产品供给，提升消费欲望。因此 DC/EP 的推出和稳定运行，将有利于刺激和扩大内需，有利于各种境内外贸易的蓬勃开展。在 DC/EP 支付延伸场景服务中同样需要注意自愿参与的原则。人民银行需要加强对场景设计和参与机构的监管，以保护支付人和消费者的权益。

3. 数据的加密及安全管理

数据的分级加密管理涉及金融消费者权益、公平竞争、DC/EP 体系的整体稳健性、全社会货币运行环境安全，以及国家经济金融运行安全等，人民银行及各运营机构应确保 DC/EP 运营数据安全。人民银行负责为各类数据进行密级的定级确认，为各类型数据间的生成转换设定相应的提升密级或降级脱敏机制安排，并与运营机构共同做好和监督运营机构落实好数据安全维护工作。

数据安全分运行数据安全和应用数据安全。运行数据安全方面应提供好各类技术安全保障，确保数据在生成、加工、运行、存储、复制、销毁等各环节都符合相应等级的加密管理要求。例如，包括做好信息采集环境建设、数据运行符合性校验、数据传输的一致性和完备性校验、数据存储的防火墙建设和关键系统的异地灾备、数据销毁方式选择和日志管理等。应用数据安全主要指不同等级数据的信息的阅知范围管理和相关的加工生成和外延应用管理。

需要注意的是，DC/EP 交易的数据信息除交易双方同意运营机构提取的信息外，一般不用作商业用途。另外在各类应用中，还应注意保障当事人的知情权，涉及其法律保障下权益的，必须取得有效授权。另外，还要做好与第三方利益相冲突时，以及发生大数据伤害时的当事人利益救济与补偿工作。

（五）完善载体监管，构建 DC/EP 良好的使用环境

载体监管是指对流通中 DC/EP 承载工具的监管，其主要对象是 DC/EP 钱包及附加了其他功能的钱包类产品。另外，一些涉及 DC/EP 存取和转账服务的便携产品、自助机具也属于 DC/EP 载体范畴。DC/EP 载体是公众直接接触的最主要的 DC/EP 服务提供渠道，载体的质量影响到 DC/EP 流通的效率、安全、受欢迎度和所能发挥的功能。对载体的监管主要有以下几个方面。

一是使用者信息匹配监管。对于钱包等各类载体的申请和使用，运营机构或载体提供商应做好用户的身份要素填报等相应的核查验证。有关 KYC 信息及其与每笔交易的匹配情况应及时报送人民银行。人民银行对交易中各类信息的完整度进行核查，对恶意误报的情况进行相应的处罚。载体需对其处理的信息有安全保护能力，载体升级、维修、撤销时，其存有的相关信息应有妥善的保存或是删除方案。

二是性能监管。按 DC/EP 钱包的分级管理要求，应对钱包用户的 KYC 信息采集深度及钱包的使用限额、频率等进行不同设定。在 DC/EP 运行过程中，应对钱包的类别属性与其执行的操作是否一致进行合规性监控，突破钱包类型的交易应及时发现并作出相应处置。其他类型 DC/EP 载体也应依据其业务内容，设定对其的性能要求，并通过硬件或服务提供商的定期质检和监管部门远程数据监测同步的方式，对其进行质量和性能监管。

三是可疑交易监管。应基于大数据分析，结合钱包的注册人信息、使用频次、资金拆分和汇集情况等，对可能关联交易进行匹配分析，配合资金流向管理、外汇管理、反洗钱等政策要求进行市场监管。

四是金融消费保护监管。应监督运营机构及时完成与 DC/EP 载体相关的金融数据记录、备份和向央行的异步报送，保证账簿记录及时更新，在交易异常中断或服务载体本身出现问题时，可以对金融消费者作出及时的数据恢复或是损失补偿。

五是延伸服务监管。运营机构或其他服务商提供的载体，可能出现各种不同类似的延伸服务应用场景。对于这些延伸服务，运营机构或载体提供商应主动向人民银行申请备案，对服务的性质和流程作详细说明，对可能存在的风险提出应对措施。人民银行依据对 DC/EP 的管理要求，对各类延伸服务的适当性、市场影响和可能带来的风险进行评估，对相关服务进行审核，对服务的内容、提供方式、面向人群等提出调整意见。对于符合条件的，需要采取必要的数据监管技术手段，对延伸服务的资金流向等进行核查跟踪。对于不符合市场调控方向或是存在重大风险的服务，由人民银行责令运营机构或是载体提供商停止其运行。同时，此类做法在合规边界如何确定，是否会因调控需要作出一些动态的调整安排，这些都将成为载体监管的重要内容。

（六）小结

为推动 DC/EP 正常运转，保持 DC/EP 对市场潜在负面影响最小，且对现有现金管理、反洗钱以及跨境管理制度改动最小，本章从机构、规则、数据、载体等四个维度，对 DC/EP 监管体系进行了基本设计。其中，机构监管主要涉及运营机构及相关服务机构的资质审核与业务运营动态管理。规则监管主要包括最优总体规模管理、运营机构额度管理、准备金管理、交易费用调节、跨境管理及流通环境管理六方面内容。数据监管是 DC/EP 的核心内容，央行应基于大数据监测分析系统，依托人工智能实现 DC/EP 本身的调控管理、经济金融的运行分析等目标，基于此开展远程非现场监管和业务规则调整，以此形成良性互动。同时，还应对数字钱包、便携产品及自助机具等 DC/EP 载体开展信息提供、延伸服务、可疑交易、金融消费者权益保护等的监管与备案，以此构建 DC/EP 安全、便利的使用环境。

五、结论

不同模式的央行数字货币会对市场乃至经济的运行产生不同的影响。我国的 DC/EP 方案以现金数字化为主要设计方向，但在实际运行中不仅是对现钞，也可能会对存款货币产生一定的替代效应。因此 DC/EP 有可能产生的影响，一是导致小型银行向大型银行的"存款搬家",二是运营机构流动性管理难度的加大,三是部分地改变支付市场的盈利模式和整体格局,四是本国数字钱包的跨境使用使得部分境外交易逐步境内化等。结合 DC/EP 技术特征与市场环境特点总体分析,我们认为 DC/EP 的积极影响居多、负面影响可控。对于 DC/EP 的市场监管,我们提出了平衡投放、稳健积极、进退有序的近期目标,安全稳健、助力发展、弹性开放的运期目标,以及严守风险底线、鼓励延伸应用、支持创新发展的监管原则,并从机构监管、规则监管、数据监测、载体监管等不同角度出发,强调应关注并做好 DC/EP 总体规模和运营机构兑出额度管理、DC/EP 准备金管理、跨境管理、交易费用调节、流通环境管理、载体延伸服务备案等,以及建议建立 DC/EP 大数据统计监测系统,依托大数据分析、人工智能实现 DC/EP 的调控管理、货币运行及经济金融的分析监测,进而开展 DC/EP 业务远程非现场监管,为业务规则的优化形成依据,由此形成大数据分析与业务规则动态完善相互促进的良性循环。同时,建议对数字钱包、便携产品及自助机具等 DC/EP 载体开展信息提供、延伸服务、可疑交易、金融消费者权益保护等的监管与备案,以此构建 DC/EP 安全、便利的使用环境。

参考文献

[1] 范一飞. 关于央行数字货币的几点考虑 [N]. 第一财经日报, 2018 - 01 - 25.

[2] 范一飞. 中国法定数字货币的理论依据和架构选择 [J]. 中国金融, 2016 (11).

[3] 杜金富. 数字货币发行理论与路径选择 [J]. 中国金融, 2018 (13).

[4] 王信. 切实加强虚拟货币监管 牢牢维护国家货币发行权 [J]. 第一财经, 2018 (4).

[5] 王信. 为何要研究发行央行数字货币 [J]. 财新周刊, 2018 (9).

[6] 王信, 任哲. 数字货币及其监管应对 [J]. 中国金融, 2016 (17).

[7] 王永利. 央行数字货币的意义 [J]. 中国金融, 2016 (8).

[8] 王永利. 货币的本质与虚拟货币 [J]. 财经观察, 2017 (12).

[9] 温信祥. 如何监管数字货币 [J]. 财经观察, 2017 (9).

[10] 姚前. 法定数字货币的理论与技术逻辑:货币演化与央行货币发行创新 [J]. 比较, 2017 (4).

[11] Ali, R., J. Barrdear, R. Clews and J. Southgate. Innovations in Payment Technologies and the Emergence of Digital Currencies [R]. Bank of England Quarterly Bulletin Q3, 2014, 262 - 75.

[12] Arjani, N. and D. McVanel. A Primer on Canada's Large Value Transfer

System, 2006.

[13] Bank for International Settlements. Implications for Central Banks of the Development of Electronic Money. Basel Bank for International Settlements, 1996.

[14] Bank for International Settlements. Digital Currencies, 2015.

[15] Bank of International Settlements. Central Bank Digital Currencies, 2018.

[16] Barrdear, J. and M. Kumhof. The Macroeconomics of Central Bank Issued Digital Currencies [C]. Bank of England Staff Working Paper, 2016, No. 605.

[17] Bech, M. L., and Garratt, R. Central Bank Cryptocurrencies [R]. Bank for International Settlements, 2017.

[18] Bjerg, Ole, and R. H. Nielsen. Who Should Make Droner? ——A review of Danmarks Nationalbank's analysis if CBDC [C]. CBS Working Paper, Copenhagen Business School, 2018.

[19] Bjerg, Ole. Designing New Money: The Policy Trilemma of Central Bank Digital Currency [C]. CBS Working Paper, Copenhagen Business School, 2017.

[20] Bjerg, O., D. McCann, L. Macfarlane, R. H. Nielsen, and J. Ryan – Collins. Seigniorage in the 21st Century [C]. CBS Working Paper, Copenhagen Business School, 2017.

[21] Bolt, W. and M. R. C. van Oordt. On the Value of Virtual Currencies [C]. Bank of Canada Staff Working Paper, 2016, No. 2016 – 42.

[22] Carstens. Money in the digital age: what role for central banks [C]. House of Finance, Goethe University, Frankfurt, 2018.

[23] Chapman, J., R. Garratt, and S. Hendry, A. McCormack, and W. McMahon. Project Jasper: Are Distributed Wholesale Payment Systems Feasible Yet, 2017.

[24] Chiu, J. and T. – N. Wong. On the Essentiality of E – Money [C]. Bank of Canada Staff Working Paper, 2015, No. 2015 – 4.

[25] Danezis, G. And S. Meiklejohn. Centrally Banked Cryptocurrencies [C]. Working Paper University College London, 2016.

[26] Davoodalhosseini, Mohammad and Rivadeneyra, Francisco. A Policy Framework for E – Money: A Report on Bank of Canada Research [C]. Bank of Canada Staff Discussion Paper, 2018 – 5.

[27] Engert, W. and Fung, B. S. C. Central Bank Digital Currency: Motivations and Implications, 2017.

[28] FSB. FSB Chair's Letter to G20 Ministers and Governors March 2018. www. fsb. org.

[29] Fung, Ben S. C. and Halaburda, Hanna. Central Bank Digital Currencies: A Framework for Assessing Why and How [C]. Bank of Canada Staff Discussion Paper, 2016 – 22.

[30] Garratt, R. : CAD – coin versus Fedcoin, 2016, R3.

[31] Halaburda, H. , B. Jullien and Y. Yehezkel. Dynamic Platform Competition [C]. NET Institute Working Paper, 2014, September.

[32] Handa, Jagdish. Monetary Economics. Routledge, 2000.

[33] He, Dong. Fintech and Cross – Border Payments, 2017.

[34] He, Dong, Leckow, Ross and Haksar, Vikram et al. Fintech and Financial Serices: Initial Considerations. , 2017.

[35] Hinge, Daniel. The hunt for a crypto taxonomy [J]. Central Banking, 2018 – 5.

[36] Koning, JP. . Fedcoin: A Central Bank – issued Crypto – currency. , 2016.

[37] Katz, M. and C. Shapiro. Network Externalities, Competition, and Compatibility [J]. American Economic Review, 1985, 75 (3): 424 – 40.

[38] Mai, Heike. Why Would We Use Crypto Euros, 2018.

[39] Meaning, J. , Dyson, B. , Barker, J. , Clayton, E. Broadening Narrow Money: Monetary Policy with a Central Bank Digital Currency [C]. Bank of England, staff working paper, 2018, No. 724.

[40] Mersch, Yves. Digital Base Money: an Assessment from the ECB's Perspective [Z]. Speech at the farewell ceremony for Pentti Hakkarainen, Helsinki, 16 January 2017.

[41] Monetary Authority of Singapore. The future is here —— Project Ubin: SGD on Distributed Ledger, 2017 (a).

[42] Monetary Authority of Singapore. UBIN PHASE 2 Technical Documentation: Overview, 2017 (b).

[43] Nakamoto. Satoshi. Bitcoin: A Peer – to – Peet Electronic Cash System, 2008.

[44] Randal Quarles. Thoughts on Prudent Innovation in the Payment System, 2017 Financial Stability and Fintech Conference, Washington, D. C.

[45] Richard Heckinger. How crypto is my currency? 2017. https://www.centralbanking.com.

[46] Riksbank, Sveriges. The Riskbank's e – krona project, Report 1, 2017.

[47] Rogoff, K. . Costs and Benefits to Phasing out Paper Currency [J]. NBER Macroeconomics Annual, 2015, 2014: 29445 – 29456.

[48] Scorer, Simon. Central Bank Digital Currency: DLT or not DLT? That is

the Question, 2017.

[49] Selgin, G.. On Ensuring the Acceptability of a New Fiat Money [J]. Journal of Money, Credit and Banking, 1994, 26 (4): 808 – 826.

[50] Stephen Williamson. Is Bitcoin a Waste of Resources? 2018. https://research.stlouisfed.org.

[51] Thiele, Carl – Ludwig. From Bitcoin to Digital Central Bank Money —— Still a Long Way to Go, 2017.

[52] Tobin, J.. Financial innovation and deregulation in perspective [D]. Cowles Foundation Papers, 1985, No. 635.

[53] Tobin, J.. The case for preserving regulatory distinctions [C]. Proceedings of the Economic Policy Symposium, Jackson Hole, Federal Reserve Bank of Kansas City, 1987, 167 – 183.

[54] Von Kalckreuth, U., T. Schmidt and H. Stix. Using Cash to Monitor Liquidity Implications for Payments, Currency Demand, and Withdrawal Behavior [J]. Journal of Money, Credit and Banking, 2014, 46 (8): 1753 – 1786.

[55] Weber, W. E.. Government and Private E – Money – Like Systems Federal Reserve Notes and National Bank Notes [C]. Bank of Canada Staff Working Paper, 2015, No. 2015 – 18.

[56] Wilkins, C.. Money in a Digital World [D]. Remarks to Wilfrid Laurier University, Waterloo, Ontario, 2014, 13 November.

[57] Witmer, J. and J. Yang. Estimating Canada's Effective Lower Bound [R]. Bank of Canada Review (Spring), 2016, 3 – 14.

宏观审慎政策协调能否抑制国际性银行危机传染

——基于跨境金融关联视角的实证研究

中国人民银行南昌中心支行课题组

课题主持人：张智富
课题组成员：郭云喜　曾省晖　彭　岚　张朝洋　黄　倩　徐玉立　许一涌

一、引言与文献综述

2008年全球金融危机以后，宏观经济政策国际协调备受关注。最新研究已将研究视角拓展至宏观审慎政策等领域的国际协调，各国政策当局不仅关注经济增长、通货膨胀、就业和国际收支等传统目标，还开始关注金融稳定。虽然距离全球金融危机已经过去十年，但国际上对于金融危机进行可信预警的探索从未停止。理论和实践都表明，银行信贷扩张和房价过快上涨是引发银行危机的重要诱因，且跨境金融关联会加剧银行危机传染，而现有研究对于金融关联国家的宏观审慎政策协调能否降低银行危机发生的概率这一重要理论与实践问题并未进行深入探讨（IMF，2018）。国际经验显示，在金融一体化环境下，溢出效应和监管套利会放大金融风险的传播效应，而宏观审慎政策国际协调有助于提高一国宏观审慎政策的有效性（BIS，2018）。对于中国而言，目前宏观审慎政策实践走在世界前列，一些行之有效的经验做法极有可能成为世界样板，这进一步凸显了探讨宏观审慎政策国际协调的重要性。事实上，国内已有研究主张将宏观审慎政策纳入国际协调范畴，进一步完善宏观政策国际协调机制（IMI，2018）。然而，虽然少数实证研究指出监管套利会引发宏观审慎政策的跨部门替代，强调应将影子银行体系纳入宏观审慎管理范畴，但是尚未涉及宏观审慎政策国际协调（张朝洋，2018）。因此，在跨境金融关联视角下探讨宏观审慎政策协调对国际性银行危机传染的影响具有重要的理论价值和现实意义。本文旨在回答的问题是：宏观审慎政策协调在国际性银行危机传染中对信贷和房价的作用效果是否存在差异，总体上宏观审慎政策协调能否抑制国际性银行危机传染？本文的研究结论可以为中国政策当局完善宏观审慎管理框架提供参考。

自20世纪70年代美国经济学家保罗·克鲁格曼开创性地提出金融风险传染

的货币危机理论以来，金融风险防控就成为国际上理论界和实务界的热点研究领域之一。目前，国内外研究已取得大量成果，特别是频发的金融危机促使学者们从不同角度探讨金融风险传染问题，对研究银行危机传染有很大裨益，本文对最新研究进行梳理。

从跨境金融关联与金融风险传染的关系看，在亚洲金融危机以后，国内外金融风险理论研究越发重视对金融市场关联及金融风险跨国传染的探讨，且多数研究显示，主要市场间存在着显著的金融关联及风险传染。如 Dornbusch 等（2000）发现贸易关联和金融关联在金融风险传递中发挥着重要作用，认为风险传染包括由国家间正常的经贸关联导致的基本面溢出以及投资者行为促发的、体现为非基本面引起的金融风险传染；Bekaert 等（2005）将金融风险传染定义为模型残差间的相关性并研究了金融风险传染问题，发现墨西哥金融危机期间不存在金融风险传染，而亚洲金融危机期间存在金融风险传染；Bodart 和 Candelon（2009）在测度金融风险传染时区分了跨市场关联中的临时性和永久性转变，发现墨西哥金融危机和亚洲金融危机期间存在金融风险传染的证据，且亚洲金融危机期间经济主体间的较高依赖性促进了金融危机扩散。而且，我们注意到，国际上最新研究特别强调贸易关联和金融关联在危机传染中的重要作用。例如吴卫锋（2013）检验了贸易关联和金融关联对危机严重程度的影响，发现危机前信贷扩张更快、经常项目赤字更大和贸易开放度更高的国家，危机程度也更严重，且贸易关联的传染效应更强；Grant（2015）分析了国际贸易渠道和金融渠道对危机传染的影响，发现信贷中断是危机传染的根源，而国际贸易渠道的传导效果不明显；Chen 和 Yang（2018）强调了贸易渠道和金融渠道在主权信用评级变更所致传染效应中的重要性，发现经过评级变更的事件国对非事件国的实际产出增速造成明显的传染效应，且非事件国出口比率越高、外债水平越高或对银行信贷越依赖，将越有可能受到事件国负面信贷冲击的影响。

从宏观审慎政策对金融风险承担的影响看，文献资料主要围绕宏观审慎政策的金融稳定职能展开。近年来，学者们围绕宏观审慎政策能否化解特定领域风险进行了探讨。比较而言，国外研究更强调宏观审慎政策的作用效果。如宏观审慎资本要求在宏观经济基本面状况良好时被最优设定，而在基本面恶化时对宏观审慎措施进行信息披露有助于改善政策效果（Aikman 等，2015）；不同宏观审慎政策对抑制潜在风险的作用有所差异，资本充足率和准备金要求的作用更大（Ghosh，2016）；宏观审慎政策会通过银行规模、外资银行资产比例、银行业竞争度和监管机构独立性等渠道对银行风险产生影响，收紧一般资本要求、特定部门资本缓冲、住房逆周期资本要求以及债务收入比率会显著降低银行对系统性风险及个体风险的影响（Andries 等，2017）。而国内研究更强调应对金融风险的宏观审慎政策框架构建。如对新兴市场的研究表明，金融领域之间普遍存在风险传染，建议将主要金融主体和跨境金融关联纳入宏观审慎监管指标体系，将银行体系外的流动性纳入宏观审慎监管框架（靳玉英和周兵，2013）；基于资本监管渠道的分析表明，资本约束的风险缓释作用主要体现在微观层面，银行个体风险与银行溢出风险的替代性会弱化资本约束对宏观金融风险的抑制作用，且宏观金融风险存在恶化银行体系风险的反馈机制（田娇和王擎，2015）；对后危机时代的全球货币政策框架研究表明，资本流动在银行主导型金融体系中会导致信用扩张或收缩，而宏观审慎管理可以借助市场化调控手段对跨境资本流动风险进行逆周期调节，进而抑制过度的资本流动冲击并减弱其对货币政策的干扰，建议完善跨境资本流动的宏观审慎管理（孙国峰，2017）。

从宏观审慎政策协调与金融风险管理的关系看，文献资料主要基于金融关联视角强调宏观审慎政策协调对降低系统性风险的作用。如 Alexis 和 Jakub（2014）研究了宏观审慎政策自主性与集中度之间的权衡，发现旨在限制战略行为的跨境协调机制比允许各自为政的全面部署机制更具可操作性；Agenor 等（2017）研究了金融摩擦背景下协调与非协调宏观审慎政策的影响，发现两种情形下的政策设定存在较大差异，强调最优宏观审慎政策应兼顾短期和长期的低效率问题；IMF（2018）证实了前十个伙伴国危机对国内银行危机的影响，认为在高度关联国家协调使用宏观审慎政策有助于抑制大范围的银行危机。还有部分研究涉及宏观审慎政策协调的政策框架。如 Cecchetti 和 Tucker（2016）指出，国际金融体系既要建立共同的审慎标准将其应用于整个金融体系，从而避免产生崩溃风险，也要通过国际合作来监测金融体系稳健性，通过集中统一分析来识别和化解金融风险，还要对动态调整政策履行适当告知义务并开展协调合作，通过全球协定、执行监测、信息共享及考虑负面溢出效应、对新威胁实施集中监管等措施构建动态审慎框架；Patel（2017）指出，考虑到全球金融体系的高度关联性，宏观审慎政策的影响会通过全球性银行的监管套利等渠道产生溢出效应而拓展到境外，并在探讨宏观审慎政策国际协调的必要性和范畴基础上认为政策协调很大程度上取决于成本及收益分配，且在各国成本和收益不一致情况下设计科学的合作机制会更具挑战性；张朝洋（2018）分析了宏观审慎政策与流动性跨部门替代的关系，发现私人部门信贷呈现从银行部门流向非银行部门的趋势，建议加强金融体系跨部门跨市场的宏观审慎管理以及宏观审慎与金融监管的协调。

综上所述，最新研究比较关注跨境金融关联对金融危机传染的影响且强调宏观审慎政策及其国际协调的重要作用，特别是在防范系统性金融风险及危机传染时，要同时考虑危机起源国经济特征以及关联国家经济结构和经济脆弱性的影响。从理论研究看，金融危机传染理论很大程度上是行为金融、银行挤兑、信息不对称等经典理论在全球化背景下的典型应用。从实证研究看，跨境溢出效应、宏观经济脆弱性和经济特征相似性等都是一国容易遭受外部冲击的重要原因，且银行借贷、资本流动及国际金融中心的特殊地位等在危机传播中发挥了越来越重要的作用。经济学界和政策当局对金融风险传染及危机预警的关注度和重视度与日俱增，但是对于跨境金融关联及宏观审慎政策协调在危机传播或治理中的作用仍缺乏清晰认识。各国实施的宏观审慎政策及其效果各异，一国的宏观审慎政策实施可能通过不同渠道对其他国家金融风险造成影响，本国实施宏观审慎政策的国内效果与关联国家实施宏观审慎政策对国内的溢出效应也可能存在差异。因此，探讨国内及关联国家宏观审慎政策对国内金融风险的影响，尤其是对于宏观审慎政策国际协调的分析，可以为我国健全货币政策和宏观审慎政策双支柱调控框架提供参考。基于此，本文尝试在现有研究基础上做有益补充，选取亚洲金融危机时期和全球金融危机时期遭受冲击的 10 个国家作为样本，重点探讨跨境金融关联背景下宏观审慎政策协调对国际性银行危机传染的影响，通过开展理论分析和实证检验，进而提出有针对性的政策建议。本文除引言外，基本框架为：第二部分为理论分析与研究假设；第三部分为研究设计；第四部分为实证结果与分析；第五部分为结论与政策建议。

二、理论分析与研究假设

（一）金融关联国家爆发金融危机与国内银行危机的关系

金融危机传染路径可分为溢出效应和纯传染两类。溢出效应是指首先发生危机的国家的危机溢出到其他尚未发生危机的国家，使其他国家出现竞争力降低、商品价格走低和流动性减弱等基本面恶化现象（Masson，1999）；纯传染是指由其他地方危机引发的危机，并非基本面改变或者溢出效应所致，而是纯粹由危机发生使市场风险规避情绪上升及风险意识提高等风险敏感度发生改变，即由于市场恐慌心理传染引发的危机（Karolyi 和 Stulz，1996）。同时，监管套利行为既可能导致政策失灵，也可能造成系统性风险累积（Temesvary，2015；Reinhardt 和 Sowerbutts，2015；Frame，2016）。这主要表现在三个方面：一是银行倾向选择在监管薄弱的国家或地区设立分支机构，进而降低其贷款成本和资金成本；二是国际性银行相对本地银行而言具有竞争优势，会增加向监管严格的国家的借款人的贷款；三是本地银行在国内严格的监管要求下，可能降低国际贷款业务的审批标准。理论上看，金融关联传染可以通过银行借贷、投资组合等途径进行传导。如金融危机使银行在危机国遭受损失时通过卖出他国资产以保持资本充足率，使投资者在危机国资产价格下跌时卖掉他国资产以满足追加保证金要求；在金融机构的证券组合面临损失或在一国不良贷款上升时，可能收缩整体的风险资产规模，其风险控制措施会降低风险市场的头寸，如投资者通常给予新兴市场一定比例的投资配置，在新兴市场资产级别改变时会调整该市场投资比重，且非对称信息会放大投资组合重新配置的影响。如果一国发生银行危机，该国的国际贷款提供者及投资者会面临信贷风险或资产贬值损失，银行及投资者会提前调整信贷和资产规模及结构而将资金撤出与危机国有类似特征或密切关联的国家，进而使危机影响传染至其他国家，而其他国家中之前存在信贷增速过快、资产泡沫过多等较高脆弱性的国家可能因为危机传染而爆发金融危机。

据此，本文提出研究假设1。

假设1：金融关联国家出现系统性银行危机会加大国内发生系统性银行危机的概率。

（二）金融关联国家宏观审慎政策与危机传染中介变量的关系

宏观审慎政策的主要作用就是对市场参与者过度承担风险的动机进行约束，实现各经济主体对系统性风险的影响内部化，从而发挥降低系统性风险的作用（IMF，2013）。来自IMF的研究表明，宏观审慎政策可以有效降低银行风险承担，尤其是宏观审慎政策有助于约束银行信贷和资产价格的不可持续性增长，减轻金融变量与经济变量的周期性反馈，控制经济主体事前的风险承担（Wang和Sun，2013）。事实上，全球金融一体化使各国金融监管可能面临部分缺位，特别是考虑到国际性银行可能产生溢出效应或跨境套利情况下缺位现象表现得越发明显，一国指望在不开展宏观审慎政策国际协调情况下实现国内金融稳定变得更加困难。从政策实践看，2009年BIS提出使用宏观审慎政策应对顺周期行为以及构建和完善监管框架和标准，2010年G20各国领导人就宏观审慎政策用来应对系统性风险和维护经济金融稳定的职能达成共识，2016年IMF、FSB和BIS再次明确宏观审慎政策的主要职能是应对系统性风险以降低金融危机概率及其破坏性。理论上看，针对金融风险的具体特征和宏观审慎政策的作用机制，金融关联国家实施宏观审慎政策可以对国内信贷和房价产生不同影响（BIS，2016；Berrospide等，2016；Buch和Goldberg，2017）。如较高的资本要求会推高银行贷款成本，进而可能导致国内银行减少国内信贷而将业务转向金融监管较为宽松的市场，海外银行则可能增加在金融监管严格国家的贷款，但随着资本管制措施和其他国际协议的相继实施，宏观审慎政策中资本要求的溢出效应可能较为有限；贷款价值比限制主要作用于需求端，通过改变银行在本地市场的风险承担，导致银行可能会调整其信贷结构，进而将国内贷款转向国际贷款；较高的准备金要求使银行资金成本上升，银行可能倾向于通过其他来源筹措资金，向存款人提供的回报会随之减少，进而可能会降低银行存款及贷款。如果各国政策当局能协调决策，则跨境溢出效应的影响会被内部化，从而使所有决策者获得更低的政策损失或更高的社会福利。从信贷与房价这两个中介目标看，因国外宏观审慎政策通常直接指向金融机构且信贷活动为主要作用领域，故而经由金融关联对国内信贷的影响更直接、影响效果更明显,而对房价的影响通常需通过产出、资本流动等渠道进行传导且房价本身涉及其他政策领域,政策传导时滞较长,故而对国内信贷的影响比较间接。

据此,本文提出研究假设2。

假设2:金融关联国家实施宏观审慎政策对国内信贷的影响比对房价的影响更明显。

(三) 金融关联国家宏观审慎政策与国内银行危机传染的关系

目前,对宏观审慎政策国际协调的理论研究大多基于纳什均衡结果,即比较国家独立决策和协调决策的结果。如Jeanne(2014)比较了小型开放经济体宏观审慎政策与资本账户政策不协调使用的一般均衡效应并探讨了宏观审慎政策与货币政策的全球协调,指出国内宏观审慎政策和审慎资本控制会通过对资本流动渠道产生溢出效应,宏观审慎政策不协调可能导致资本战争并压低全球利率,只有在一些国家出现失业或者陷入流动性陷阱,而其他国家出于审慎考虑以积累储备的情况下,才能实现宏观审慎政策国际协调;Kara(2016)分析了各国协调监管政策以应对全球金融系统性风险的动机,指出较低的资产价格会增加他国银行的危机成本且在资产价格跌破限值时会出现银行违约,银行遭受因抛售引发的流动性冲击会抬升国际金融市场的系统性风险,发现在无监管合作的情况下,独立监管者会选择中央银行监管标准相对较低的监管,而中央监管者会考虑系统性风险并通过实施较高监管标准来改善福利,故而两国在信息对称并具备约束性执行机制情况下将监管权委派给中央监管者是激励相容的。理论上看,通过与金融关联国家开展宏观审慎政策协调,可以比较恰当地应对宏观审慎政策的跨境溢出效应及监管套利行为(Mckibbin,1997;Canzoneri等,2005;Kincaid和Watson,2013)。首先,通过一定的国际安排来健全完善国家宏观审慎框架,并在国际层面倡导这种有助于实现全球金融稳定的政策协调,更好地发挥宏观审慎政策的正外部性。现有机制包括IMF的监督和金融部门评估计划、FSB的同行评审、BIS的中央银行定期高层会晤以及分配给欧洲央行的附加权力等。其次,在坚持"互惠"原则的前提下,结合各自国内风险来设计和实施宏观审慎政策,尤其是对于特定国家的借款人,对国内外机构为其提供的所有信贷和所有信用风险都施加约束,有助于提高宏观审慎政策的有效性。如《巴塞尔协议Ⅲ》引入逆周期资本缓冲,欧盟当局对其成员国提供了实施宏观审慎政策的操作指引等。再者,由于各国宏观审慎政策实施存在不一致,特别是结构维度的宏观审慎政策(如对系统重要性金融机构要求适当的附加资本等)可能增加监管薄弱地区的风险活动,故而通过实施最低标准、签订补充协议或加强窗口引导等方式可以对市场行为适当管控。现有机制包括针对国内系统重要性银行的巴塞尔监管框架以及针对全球系统性重要银行的总损失吸收能力要求等,特别是鉴于全球金融体系存在紧密的跨境关联,巴塞尔委员会对全球系统重要性银行施行了大量监管措施。目前,各国正在积极探索和实施宏观审慎政策,客观上构成了对全球系统风险的控制,形成了宏观审慎政策国际协调的客观效果,对控制宏观审慎政策的跨境替代效应和监管套利以及避免金融风险和危机传染具有重要作用。

据此,本文提出研究假设3。

假设3:金融关联国家实施宏观审慎政策会降低国内银行危机发生的概率。

三、研究设计

本文选取在亚洲金融危机和美国次贷危机中遭受冲击的10个国家作为研究样本,分别是中国、日本、韩国、泰国、印度尼西亚、马来西亚、菲律宾、越南、英国、美国。数据来自国际货币基金组织、国际清算银行、世界银行数据库以及IBRN审慎数据库和Laeven 和 Valencia(2014）[①]。本文的研究思路:首先,在构建银行危机预测模型的基础上,分析金融关联国家发生金融危机对国内系统性银行危机发生概率的影响;其次,探讨国内及金融关联国家协调实施宏观审慎政策对国内银行危机传染中介变量信贷和房价的影响以及总体上对银行危机传染的影响;最后,调整银行危机指标并考虑贸易关联和流动性影响对主要结论进行稳健性检验。

(一)模型构建与设定

1. 银行危机预测的基准模型。本文借鉴Arregui等(2013)的思路,使用滞后1期的信贷与GDP比率变化和滞后1期的实际房价增速构建银行危机预测的面板Logit回归模型。理论上看,银行信贷扩张和房价过快上涨是引发银行危机的重要诱因,且得到了国内外许多研究的实证支持(马勇等,2009;Igan 和 Pinheiro, 2011;刘朝阳和安亚人,2012),故本文基于信贷和房价信息构建银行危机指标。具体形式为

$$\Pr(y_{i,t}=1|CTG_{i,t-1}, RHPG_{i,t-1}) = \frac{\exp(\alpha_i + \theta_1 CTG_{i,t-1} + \theta_2 RHPG_{i,t-1})}{1+\exp(\alpha_i + \theta_1 CTG_{i,t-1} + \theta_2 RHPG_{i,t-1})}$$
(1)

其中,y为银行危机虚拟变量;CTG表示信贷与GDP的比率变化;$RHPG$表示实际房价增速。该危机预测模型使用国内经济变量来预测银行危机的发生概率。在估计过程中,采用稳健标准误来处理异方差问题。

[①] 需要说明的是,IBRN审慎数据库是目前国际上测度各国宏观审慎政策实施情况的最具代表性的数据库,其由专人通过定期开展调查获得数据。根据最新公开数据,其数据现更新至2014年。

2. 考虑危机传染的拓展模型。为了研究跨境金融关联是否会产生危机传染进而导致国内危机爆发,本文在基准模型中加入金融关联国家的危机虚拟变量作为危机传染指标,将危机预测模型与金融关联度量联系起来构建面板 Logit 回归模型,用于分析国内经济变量及金融关联国家卷入银行危机的程度对国内银行危机概率的影响。具体形式为

$$\Pr(y_{i,t}=1 \mid CTG_{i,t-1},\ RHPG_{i,t-1},\ LC_{i,t-1}) \\ = \frac{\exp(\alpha_i + \theta_1 CTG_{i,t-1} + \theta_2 RHPG_{i,t-1} + \beta_1 LC_{i,t-1})}{1 + \exp(\alpha_i + \theta_1 CTG_{i,t-1} + \theta_2 RHPG_{i,t-1} + \beta_1 LC_{i,t-1})} \quad (2)$$

LC 度量了金融关联国家是否会发生银行危机,估计系数预期为正。金融关联国家遭受系统性银行危机时,为该国提供跨境信贷的国内银行可能面临信贷风险,导致国内银行可能卖出国内资产或从与危机国家具有类似特征或与危机国家紧密关联的国家撤资,在其调整资金配置过程中容易引发流动性风险,最终导致金融关联国家危机蔓延至其他国家。

为了区分只有国内信贷和房价增长过热或伴随金融关联国家危机发生两种情况对国内银行危机发生概率是否存在差异,本文在基准模型中引入国内经济变量和金融关联国家危机虚拟变量的交互项,具体形式为

$$\Pr(y_{i,t}=1 \mid CTG_{i,t-1},\ RHPG_{i,t-1},\ CTG_{i,t-1} \times LC_{i,t-1},\ RHPG_{i,t-1} \times LC_{i,t-1}) \\ = \frac{\exp(\alpha_i + \theta_1 CTG_{i,t-1} + \theta_2 RHPG_{i,t-1} + \gamma_1 CTG_{i,t-1} \times LC_{i,t-1} + \gamma_2 RHPG_{i,t-1} \times LC_{i,t-1})}{1 + \exp(\alpha_i + \theta_1 CTG_{i,t-1} + \theta_2 RHPG_{i,t-1} + \gamma_1 CTG_{i,t-1} \times LC_{i,t-1} + \gamma_2 RHPG_{i,t-1} \times LC_{i,t-1})} \quad (3)$$

3. 考虑宏观审慎政策协调的拓展模型。本文重点研究金融关联国家宏观审慎政策协调对国内信贷和房价的增长是否起到抑制作用,进而降低国内银行业危机的发生概率。通常来说,宏观审慎政策有效时,紧缩的宏观审慎政策可以在信贷和房价过热情况下减缓信贷扩张和抑制房价上涨,促使信贷和房价由波动趋于平稳,最终使危机发生的概率降低。因此,本文主要考虑国内外紧缩宏观审慎政策的实施效果。面板回归模型构建如下:

$$IT_{i,t} = \alpha_i + \beta IT_{i,t-1} + \gamma GG_{i,t} + \delta LTN_{i,t} + \theta_1 CAR_{i,t-1} + \theta_2 ROA_{i,t-1} + \theta_3 NPL_{i,t-1} + \varepsilon_{i,t} \quad (4)$$

$IT_{i,t}$ 度量了国内中介目标,分别以 CG(实际信贷增长率)和 $RHPG$(实际房价增长率)作为代理变量。主要被解释变量包括:LTN 表示金融关联国家实施紧缩宏观审慎政策的强度;GG 表示 GDP 增速;CAR、ROA、NPL 分别代表国内银行业资本充足率、资本收益率和不良贷款率。本文采用混合效应估计和固定效应估计,并在估计过程中采用稳健标准误来处理异方差问题。为了避免出现伪回归问题,本文选取信贷的实际增长率作为信贷增长的代理变量[①]。

---

① 这是因为,自变量已包含 GDP 增长,故而因变量不应再包含 GDP。

4. 考虑宏观审慎政策协调与国内银行危机概率关系的拓展模型。虽然以上考虑检验了金融关联国家实施紧缩宏观审慎政策与国内银行危机中间变量（信贷与房价增长）之间的关系，而实际上信贷和房价的快速增长并不一定会引发国内银行危机，只有当其不可持续并将风险渗透进金融部门时才会导致银行危机爆发。因此，有必要直接检验金融关联国家实施宏观审慎政策与国内银行危机概率之间的关系。面板 Logit 回归模型构建如下：

$$\Pr(y_{i,t}=1 \mid CTG_{i,t-h}, RHPG_{i,t-h}, PRUC_{i,t-h}, LTN_{i,t-h})$$
$$= \frac{\exp(\alpha_i + \theta_1 CTG_{i,t-h} + \theta_2 RHPG_{i,t-h} + \beta_1 PRUC_{i,t-h} + \beta_2 LTN_{i,t-h})}{1+\exp(\alpha_i + \theta_1 CTG_{i,t-h} + \theta_2 RHPG_{i,t-h} + \beta_1 PRUC_{i,t-h} + \beta_2 LTN_{i,t-h})} \quad (5)$$

其中，h 为滞后期数。

（二）变量定义与说明

表1给出了变量定义与计算说明。

关于被解释变量，本文遵循 Laeven 和 Valencia（2014）的方法定义银行危机，排除银行挤兑造成但本质上不属于系统性的银行危机事件，并确定了20世纪70年代以来全球范围内系统性银行危机的爆发年份。本文根据其给出的危机事件时间表构建银行危机虚拟变量 $Y_{i,t}$：若国家 i 第 t 年发生了系统性银行危机，取值为1，否则为0。

关于解释变量，本文选取信贷增速和房价增速作为主要解释变量，其中，以私营部门信贷占名义 GDP 比重作为信贷增速的代理变量，以实际房价指数的变化①作为房价增速的代理变量。

关于关联变量，本文考察了金融关联程度，其反映信贷供给渠道，基于 BIS CBS 的即时交易对手数据计算得到。对国家 i，先筛选出前十大贸易伙伴和贷款国，再计算其中有多少国家在第 t 年发生系统性银行危机，进而刻画跨境传染影响国家 i 危机概率的程度，并据此构造危机传染的虚拟变量：若发生危机的关联国家个数大于0，取值为1，否则为0。

关于宏观审慎变量，本文基于 Cerutti 等（2016）使用的 IBRN 审慎数据库进行设计。该数据库涵盖了2000—2014年57个国家九种宏观审慎政策工具的季度实施情况②。对于每种宏观审慎政策工具，在宏观审慎政策生效的季度，出现紧缩事件记为"+1"，出现宽松事件记为"-1"，其他情况记为"0"。本文首先定义一个关于宏观审慎紧缩或宽松的离散变量（$PRUC$）。$PRUC$ 是年度数据，记

---

① 由于越南关于房价指数的数据缺失，本文将其居民消费价格指数（CPI）关于房屋部分的价格指数替代实际房价指数。

② 这九种宏观审慎政策工具分别为：资本要求、集中度限制、银行同业拆借限制、贷款价值比率限制、外汇存款准备金要求、本币存款准备金要求、房地产信贷资本缓冲、消费信贷资本缓冲和其他行业信贷资本缓冲。

作当年四个季度的宏观审慎政策工具变量之和,用来衡量一国当年实施紧缩还是宽松宏观审慎政策:≥"+1",取值为"+1";≤"-1",取值为"-1";其他情况取值为0。本文在分析中共使用了国内宏观审慎紧缩虚拟变量、国内宏观审慎政策变量和金融关联国家宏观审慎政策紧缩强度三种宏观审慎变量。其中,宏观审慎政策紧缩强度定义为前十大合作伙伴中实施紧缩宏观审慎政策的国家个数。

此外,本文还借鉴了IMF-FSB早期预警实践中的金融部门指标,使用滞后一期的资本充足率、资本收益率和不良贷款率作为辅助解释变量。在稳健性检验环节,还考虑了贸易关联国家宏观审慎政策紧缩强度。

表1　　　　　　　　　　　变量定义与计算说明

变量名称		变量定义	数据来源
被解释变量			
危机虚拟变量(Y)		国家发生危机的虚拟变量:发生危机时取值为1,否则为0	Laeven 和 Valencia (2014)
解释变量			
解释变量	国内私人部门信贷占GDP比率(CTG)	国内私人部门信贷/名义GDP(%)	IMF国际金融统计、IMF世界经济展望
	实际房价增速(RHPG)	实际房价指数计算增长率(%)	BIS房地产价格统计
关联变量	贸易关联国家危机虚拟变量(TC)	前十大贸易伙伴中至少有一国发生危机,取值为1,否则为0	IMF贸易统计、Laeven 和 Valencia (2014)
	金融关联国家危机虚拟变量(LC)	前十大贷款国至少有一国发生危机,取值为1,否则为0	BIS国际银行统计、Laeven 和 Valencia (2014)
宏观审慎	国内宏观审慎政策变量(PRUC)	衡量国家实施紧缩还是宽松宏观审慎政策:工具变量之和≥"+1",取值为"+1";≤"-1",取值为"-1";其他情况取值为0	IBRN审慎数据库
	国内宏观审慎紧缩虚拟变量(OT)	若PRUC≥1,取值为1,否则为0	IBRN审慎数据库
	贸易关联国家宏观审慎政策紧缩强度(TTN)	前十大贸易伙伴中紧缩宏观审慎政策的国家个数	IMF贸易统计、IBRN审慎数据库
	金融关联国家宏观审慎政策紧缩强度(LTN)	前十大贷款国家中紧缩宏观审慎政策的国家个数	BIS国际银行统计、IBRN审慎数据库
其他解释变量			
资本充足率(CAR)		银行监管资本/风险加权资产(%)	世界银行全球金融发展数据库
资本收益率(ROA)		银行资本收益率(%)	世界银行全球金融发展数据库
不良贷款率(NPL)		不良贷款/总贷款余额(%)	世界银行全球金融发展数据库

(三) 变量的描述性统计

表2给出了变量的描述性统计。从危机相关变量看，国内危机虚拟变量、关联国家危机虚拟变量的平均值均大于中位数，且都大幅小于各自的标准差，说明样本国家发生危机事件的概率很小，与现实情况基本吻合。从国内私营部门信贷、名义GDP、私人部门信贷与GDP比率以及实际房价指数的变化情况看，其平均值均为正且都大于各自的中位数，同时大多数指标的平均值大幅小于标准差，表明这几个变量整体处于增长态势，且表现出比较明显的波动特征。从宏观审慎变量看，在观测期内，研究样本中约三成实施了紧缩的宏观审慎政策，实施紧缩宏观审慎政策的贸易关联国家平均个数多于金融关联国家。值得注意的是，在2013年，绝大多数研究样本的贸易关联国家和金融关联国家中实施紧缩宏观审慎政策的个数超过了70%，这与当年的"缩减恐慌"导致的国际金融市场动荡存在紧密联系。此外，资产充足率的平均值大于中位数且大幅高于标准差，表现出较为平稳的波动特征。不良贷款率的平均值大幅大于中位数，资产收益率的平均值小于中位数，且都大幅小于标准差，都表现出较明显的波动特征。

表2 变量描述性统计

变量	均值	中位数	最大值	最小值	标准差	样本数
Y	0.04	0	1	0	0.20	320
TC	0.13	0	1	0	0.34	320
LC	0.14	0	1	0	0.35	320
CG	13.73	12.10	90.24	-55.49	14.72	299
GG	15.30	9.89	506.90	-7.59	40.17	310
CTG	2.17	2.06	34.77	-32.65	8.35	299
RHPG	3.56	2.61	32.69	-17.43	6.80	199
OT	0.31	0	1	0	0.46	150
TTN	3.25	3	9	0	2.06	150
LTN	2.33	2	8	0	2.17	150
CAR	14.17	13.65	22.30	2.50	2.90	152
ROA	0.74	1.16	6.49	-16.97	2.47	190
NPL	6.86	3.16	48.60	0.48	8.74	158

四、实证结果与分析

(一) 跨境金融关联对银行危机传染的作用效应

本文使用 Logit 混合效应估计和固定效应估计方法分析金融关联国家危机对国内银行危机概率的影响，估计结果见表 3。采用两种估计方法得到主要结果基本一致，且 Hausman 检验支持采用混合效应估计。在没有引入金融关联国家危机状态的情况下，国内私人部门信贷占 GDP 比率的估计结果在 99% 的置信区间内显著为正，而国内实际房价增长的影响并不显著，原因可能在于信贷增长对银行危机概率的传导路径更直接且传导效应更明显。在考虑金融关联国家危机状态的影响后，发现滞后一期的金融关联国家危机虚拟变量在 99% 的置信区间内显著为正，说明金融关联国家发生系统性银行危机会显著增加国内系统性银行危机的发生概率。此外，在采用固定效应估计时，金融关联国家危机虚拟变量的估计结果依然具有同样的统计显著性。为了便于对比分析，本文通过计算 Logit 模型的平均边际效应发现，随着金融关联国家危机虚拟变量的引入，国内私人部门信贷占 GDP 比率和实际房价对国内银行危机概率的边际影响降低，说明金融关联国家危机传染是影响国内银行危机概率的重要变量。在依次引入滞后一期的金融危机虚拟变量与滞后一期的信贷增长或房价增长交叉项后，发现在采用混合效应估计时，国内私人部门信贷占 GDP 比率与金融关联国家危机虚拟变量交叉项以及国内实际房价与金融关联国家危机虚拟变量交叉项均在 99% 的置信区间内显著为正，而在采用固定效应估计时，国内私人部门信贷与 GDP 比率与金融关联国家危机虚拟变量交叉项依然在 99% 的置信区间内显著为正，但国内实际房价与金融关联国家危机虚拟变量交叉项的显著性有所降低。与只考虑国内信贷和住房市场过热的情况相比，金融关联国家爆发系统性银行危机伴随的国内信贷增长和房价增长更容易引发国内系统性银行危机。

表 3 金融关联国家危机对国内危机概率影响的估计结果

	Logit 混合效应			Logit 固定效应		
	(一)	(二)	(三)	(四)	(五)	(六)
LC (-1)		2.941*** (0.956)			2.700*** (0.886)	
CTG (-1)	0.055*** (0.014)	0.077*** (0.027)	0.003 (0.026)	0.052 (0.039)	0.070 (0.048)	-0.002 (0.071)

续表

	Logit 混合效应			Logit 固定效应		
	（一）	（二）	（三）	（四）	（五）	（六）
RHPG（-1）	0.015 (0.027)	0.019 (0.043)	0.062*** (0.233)	0.010 (0.040)	0.017 (0.054)	0.052 (0.051)
CTG（-1）* LC（-1）			0.497*** (0.145)			0.477*** (0.152)
RHPG（-1）* LC（-1）			0.432*** (0.118)			0.457** (0.206)
CONSTANT	-3.597*** (0.319)	-4.944*** (0.642)	-4.366*** (0.545)			
PSEUDO R^2	0.037	0.240	0.293	0.044	0.277	0.348
OBSERVA-TIONS	190	190	190	167	167	167

（二）宏观审慎政策协调对银行危机传染中间变量的作用效应

表 4 列出了金融关联国家实施宏观审慎政策对银行危机传染中介变量信贷和房价影响的估计结果。从中可以发现，对信贷增长而言，国内收紧宏观审慎政策对当期国内信贷增速并未呈现显著的政策效果，而金融关联国家实施紧缩宏观审慎政策能在 95% 的置信区间内显著降低当期国内信贷增速；前期国内实施的紧缩宏观审慎政策会在一定程度上降低当期信贷增速，而前期金融关联国家实施紧缩宏观审慎政策对当期国内信贷增速的影响不显著。对房价增长而言，国内收紧宏观审慎政策对当期国内房价存在显著的正向影响，而金融关联国家实施紧缩宏观审慎政策对国内房价增速的影响不显著；前期国内及金融关联国家实施紧缩宏观审慎政策对当前房价增速的影响均不显著。在国内实施紧缩宏观审慎政策后，当期国内实际房价不降反增，与预期目标不符，说明紧缩性宏观审慎政策的实施并未对房价增长起到有效的抑制作用，主要原因在于：房价增长具有惯性，而宏观审慎政策的实施效果需要一定时间才能显现出来，且宏观审慎政策的有效传导也需其他诸如货币政策、产业政策、财政政策等的协调配合，涉及的经济与政策领域比较广。简而言之，政策制定者对房价的调控更多体现在事后，而事前主要侧重监测，往往只有在发现房价快速上涨可能导致系统性金融风险的情况下，才对其实施紧缩的宏观审慎政策，而在政策时滞内房价将呈现继续上涨态势。

表 4　　金融关联国家宏观审慎政策协调对信贷和房价的影响

被解释变量	混合效应 CG	固定效应 CG	混合效应 CG	固定效应 CG	固定效应 RHPG	固定效应 RHPG	固定效应 RHPG	固定效应 RHPG
	（一）	（二）	（三）	（四）	（五）	（六）	（七）	（八）
CG（-1）	0.205** (0.088)	0.212*** (0.081)	0.256*** (0.090)	0.243** (0.089)				
RHPG（-1）					0.592*** (0.106)	0.594*** (0.105)	0.410** (0.158)	0.417** (0.163)
GG	0.684*** (0.165)	0.730*** (0.190)	0.358*** (0.217)	0.392** (0.198)	0.068 (0.086)	0.0397 (0.109)	0.006 (0.108)	0.018 (0.142)
OT	0.793 (2.370)		0.270 (2.379)		1.077*** (0.555)		1.190*** (0.547)	
LTN	-0.216** (0.322)		-0.351** (0.580)		0.0876 (0.287)		0.0773 (0.287)	
OT（-1）		-2.629* (1.323)		-3.759** (1.519)		-0.216 (0.789)		-0.067 (0.733)
LTN（-1）		-0.025 (0.572)		-0.007 (0.757)		0.268 (0.179)		0.242 (0.192)
CAR（-1）	0.159 (0.212)	0.221 (0.250)	0.239 (0.599)	0.358 (0.557)	0.105 (0.237)	0.103 (0.218)	0.157 (0.330)	0.148 (0.307)
ROA（-1）	2.126** (0.878)	2.197** (0.753)	2.062 (1.362)	2.190 (1.195)	-0.131 (0.312)	-0.118 (0.297)	0.791 (0.432)	0.762 (0.459)
NPL（-1）	-0.198 (0.193)	-0.248 (0.191)	-0.259 (0.294)	-0.285 (0.232)	0.052 (0.076)	0.062 (0.045)	-0.018 (0.126)	-0.020 (0.111)
CONSTANT	-2.329 (3.268)	-1.851 (3.353)	1.222 (9.054)	0.517 (7.829)	-0.532 (3.174)	-0.731 (3.310)	-2.101 (4.565)	-1.973 (4.840)
R^2	0.424	0.433	0.129	0.163	0.362	0.360	0.247	0.242
OBSERVATIONS	134	127	134	127	113	107	113	107

（三）宏观审慎政策协调对银行危机概率的作用效应

前面已经证明宏观审慎政策协调会在一定程度上影响国内信贷和房价的增长，而这两个中间变量的快速增长有可能导致银行危机爆发。为了进一步检验宏观审慎政策协调对银行危机的影响，本文使用面板 Logit 混合效应回归模型，检验"单一"或者"协调"宏观审慎政策对国内银行危机概率的影响（见表5）。从中可以发现，在控制滞后一期及滞后二期国内信贷增长及房价增长的影响后，金融关联国家实施紧缩宏观审慎政策能在90%的置信区间内显著降低两年后国内银行危机的发生概率。在引入国内宏观审慎政策变量后，发现滞后二期的国内宏观审慎政策变量在90%的置信区间内能显著降低国内银行危机的发生概率，且滞后两期的金融关联国家紧缩宏观审慎政策与国内银行危机概率仍然呈现显著的负相关关系。这说明国内及关联国家紧缩宏观审慎政策的协调实施能加强国内宏观审慎政策的实施效果，并降低国内银行危机的发生概率。

表5　　　　宏观审慎政策协调对银行危机概率影响的估计结果

	（一）	（二）	（三）	（四）	（五）	（六）
CTG（-1）	0.0905*** (0.0182)	0.0938*** (0.0140)	0.0819*** (0.0193)	0.0969*** (0.0169)	0.0951*** (0.0162)	0.0900*** (0.0169)
RHPG（-1）	0.0150 (0.109)	0.0109 (0.126)	0.0145 (0.127)	0.00920 (0.106)	0.0147 (0.104)	0.0127 (0.104)
PRUC（-1）	-0.684*** (0.111)		-0.699*** (0.180)			
LTN（-1）		-0.103 (0.696)	-0.0779 (0.641)			
CTG（-2）	0.0201 (0.0164)	0.00445 (0.0224)	0.0314** (0.0137)	0.00669 (0.0152)	0.00510 (0.0248)	0.00870 (0.0242)
RHPG（-2）	0.144 (0.150)	0.143 (0.158)	0.141 (0.158)	0.148 (0.148)	0.141 (0.143)	0.144 (0.144)
PRUC（-2）	-0.627* (0.331)		-0.550 (0.436)	-0.845*** (0.311)		-0.759* (0.454)
LTN（-2）		-0.338 (0.646)	-0.419 (0.382)		-0.416* (0.212)	-0.426** (0.191)
CONSTANT	-5.367*** (1.054)	-4.828*** (1.055)	-4.675*** (1.031)	-5.445*** (1.074)	-4.926*** (1.352)	-4.835*** (1.263)
PSEUDO R^2	0.209	0.204	0.227	0.196	0.203	0.216
OBSERVATIONS	112	112	112	112	112	112

（四）稳健性检验

1. 调整银行危机指标。考虑到信贷或房价长期稳定可能无法有效解释银行危机概率，故而本文剔除信贷增速或房价增速中对危机预警"不太重要"的信息，即基于各国信贷增速或房价增速高于观测窗口内平均值的样本信息重新构建银行危机指标并进行回归估计。结果表明，国内与金融关联国家紧缩宏观审慎政策的协调实施确实能降低银行危机发生概率，且在剔除对危机预警贡献较小的信息后，协调实施紧缩宏观审慎政策的作用效果凸显。

2. 控制贸易关联影响。理论上看，如果双边贸易关联度很高，一国爆发金融危机会造成该国货币贬值，导致贸易伙伴竞争力下降及危机国需求走低。考虑到危机传染同时通过金融关联和贸易关联进行传导，且贸易关联可视作重要经济变量，故而本文通过引入贸易关联及其与危机传染中介变量交叉项来控制其对国内银行危机的影响。结果表明，在控制贸易关联影响后，金融关联国家发生危机依然会对国内银行危机的发生概率产生显著正向影响。

3. 控制流动性风险影响。理论和实践都表明，流动性风险是银行危机传染的重要诱因及主要表现形式，具有不确定性强、冲击破坏力大等基本特点。因此，本文使用IMF常用的广义货币占准备金总额比率作为流动性风险的代理变量，进而在拓展模型中通过引入该指标来控制流动性风险影响。结果表明，所得结论基本保持一致，即国内及关联国家紧缩宏观审慎政策的协调实施能加强国内宏观审慎政策的实施效果，并降低国内银行危机的发生概率。

五、结论与政策建议

本文选取亚洲金融危机时期和全球金融危机时期遭受冲击的10个国家作为样本，重点探讨跨境金融关联背景下的银行危机传染及其国际宏观审慎政策协调问题，旨在为我国健全货币政策和宏观审慎政策双支柱调控框架提供参考。本文研究得出了一些重要结论：第一，金融关联国家发生系统性银行危机会显著增加国内系统性银行危机的发生概率；第二，金融关联国家实施宏观审慎政策对国内信贷的影响比对房价的影响更明显；第三，国内及关联国家紧缩宏观审慎政策的协调实施会降低国内银行危机的发生概率。本文的研究表明，在金融一体化的环境下，加强宏观审慎政策国际协调有助于维护全球金融稳定，对于完善宏观审慎管理框架具有重要启示意义。据此，本文从国内、关联国家和国际三个维度提出政策建议。

（一）国内层面，研究健全双支柱调控框架以及完善宏观审慎管理框架

研究健全货币政策与宏观审慎政策双支柱调控框架及加强宏观审慎管理的有效举措，在当前经济转型背景下尤其要注重把握及统筹考虑宏观审慎管理在不同时期的方向和力度。一是强化金融监管和金融安全网建设。强化微观监管，特别是对银行及其他金融机构的资本充足率、流动性、表外理财、杠杆率、信息披露

等进行明确规定,并定期对系统重要性金融机构进行压力测试,制定有序有力的法律和制度框架,防范微观金融风险并抑制风险传染。管好系统重要性金融机构和金融基础设施,逐渐消除"大而不能倒"下的隐形担保问题和道德风险,发挥好金融稳定发展委员会作用。建立多部门分工协作、信息交换的机制以及制定相应法规,构建跨部门风险预警和处置机制,形成包括了再贷款、再保险、合规性建设等多层次、立体化的安全救助体制和保障制度。二是完善宏观审慎政策工具。在逐步扩大金融开放的过程中,突出防范系统性金融风险的重要性,不断完善宏观审慎政策工具及相关的金融政策和货币政策工具,扩容应对跨境金融溢出效应时的备选政策工具及市场抗冲击能力。三是全面推进金融业综合统计,特别是对系统重要性金融机构以及跨国金融机构的资本流动等数据信息的统计。加大金融信息统计和系统性风险的跨部门分析研究,加强对包括银行、投资基金、大型机构投资者等国际金融主体或国际金融行为的统计数据监测及分析,加强对跨境资本流动、主要经济体及金融市场的监测和关注。

(二) 关联国家之间,强化沟通合作、信息互换和构建区域金融安全网

由于金融领域的外部性更突出,金融风险的跨境传递会促使各国监管部门之间相互支持,故而宏观审慎政策国际协调可能比宏观经济政策国际协调更有利。一是加大双边、区域和多边金融安全合作机制建设。推动国际金融治理体系改革,提升在国际货币基金组织、G20 等多边合作平台或机构中的话语权,强化"金砖国家""上合组织"等区域合作,推进功能性的、次区域的金融合作机制。二是探索建立超主权中央组织来协调宏观审慎政策,或是定期开展关联国家间的政策磋商,最大限度地将宏观审慎政策的外部性纳入政策制定、执行及效果评估中。围绕容易引发短期资本流动且很容易飞快流出的政策,强化协调或加强磋商,减少政策溢出效应。加强宏观审慎政策与货币政策相协调,防范和减轻发达国家特别是美国货币政策的变化对全球资本流动的影响。三是加强关联国家间信息互换机制建设和预期管理。跨境金融关联中预期因素成为至关重要的变量,特别是以市场信心为代表的预期变化是纯传染路径的关键变量。预期渠道、市场信心变化的作用,使宏观金融风险的跨境传递速度更快、幅度更大,同时增加了风险跨境传染的不确定性,从而对宏观经济政策国际协调的时效性、透明性和机制性提出了更高要求。因此,关联国家要加强信息互换机制建设,特别是面对重大冲击时,各国政策当局应及时、高效地向公众发布明确、一致的信息,稳定市场信心,有效阻断危机的纯传染路径。

(三) 国际层面,充分发挥巴塞尔协议和多边组织在政策协调中的作用

目前,《巴塞尔协议Ⅲ》中关于逆周期资本缓冲的互惠性原则为宏观审慎政

策协调提供了重要范例,但逆周期资本缓冲的实施时间较短,其政策有效性仍有待检验。一是持续完善并扩大《巴塞尔协议Ⅲ》中最低监管标准的适用范围和覆盖领域。在发达经济体货币政策正常化可能快于预期、利率将较快反弹的国际金融背景下,应密切关注银行体系的风险承压能力。巴塞尔协议作为对全球金融机构监管的最低标准,在应对系统性风险方面具有一定成效,协议内容也在围绕金融机构内部风险管理和金融监管框架不断完善,但当前主要在宏观审慎政策工具的逆周期资本缓冲、最低资本要求的框架中运用了相关标准化原则,未来随着全球一体化程度的持续加深,类似的标准化原则可以而且应该扩大到更多的宏观审慎政策工具以及金融风险评估过程中的一些风险衡量指标,以减少因政策差异产生跨境金融交易中的套利空间。二是 IMF、BIS 等国际多边组织应针对宏观审慎政策工具及国际协调开展进一步的经验研究、实证分析和理论论证。如加强宏观审慎政策实际使用情况的信息收集、整理和分析,围绕跨境金融溢出效应、宏观审慎政策工具执行所产生的国内和跨国效应等问题开展更多经验分析,针对当前宏观审慎政策国际协调中结构性政策协调和逆周期性政策协调下产生的收益进行分析,不断优化系统性金融风险的评估指标和模型等。

参考文献

[1] 靳玉英,周兵. 新兴市场国家金融风险传染性研究 [J]. 国际金融研究,2013 (5): 49 – 62.

[2] 刘朝阳,安亚人. 信贷扩张、股票市场价格波动与系统性银行危机——基于44个样本国家及地区的跨国实证 [J]. 宏观经济研究,2012 (9).

[3] 马勇,杨栋,陈雨露. 信贷扩张、监管错配与金融危机: 跨国实证 [J]. 经济研究,2009,44 (12).

[4] 孙国峰. 后危机时代的全球货币政策新框架 [J]. 国际金融研究,2017 (12): 47 – 52.

[5] 田娇,王擎. 银行资本约束、银行风险外溢与宏观金融风险 [J]. 财贸经济,2015,36 (8): 74 – 90.

[6] 吴卫锋. 2007—2009 年全球经济危机的贸易与金融传染实证研究 [J]. 国际经贸探索,2013,29 (6): 59 – 71.

[7] 张朝洋. 宏观审慎政策会引发流动性的跨部门替代吗——理论分析与中国实践 [J]. 金融经济学研究,2018 (1): 72 – 81.

[8] Arregui N, Benes J, Krznar I, et al. Evaluating the Net Benefits of Macroprudential Policy: A Cookbook [R]. IMF Working Paper No. WP/13/167, July 2013.

[9] Agenor P R, Gambacorta L, Kharroubi E, et al. The International Dimen-

sions of Macroprudential Policies [R]. CEPR Discussion Paper No. DP12108, June 2017.

[10] Aikman D, Nelson B, Tanaka M. Reputation, risk – taking, and macroprudential policy [J]. Journal of Banking & Finance, 2015, 50: 428 – 439.

[11] Alexis D, Jakub Z. Coordination Incentives in Cross – Border Macroprudential Regulation [J]. Modern Economy, 2014, 5 (11): 1064 – 1085.

[12] Andries A M, Melnic F, Nistor Mutu S. Effects of Macroprudential Policy on Systemic Risk and Bank Risk Taking [J]. Czech Journal of Economics and Finance, Forthcoming, August 2017.

[13] Bank for International Settlements (BIS). International Prudential PolicySpillovers: A Global Perspective [R]. BIS Working Paper No. 589, October 2016.

[14] Bank for International Settlements (BIS). Macroprudential frameworks: experience, prospects and a way forward [C]. Speech by Borio C, Head of the Monetary and Economic Department of the BIS, on the occasion of the Bank's Annual General Meeting, Basel, 24 June 2018.

[15] Bekaert G, Harvey C R, Ng A. Market Integration and Contagion [J]. Journal of Business, 2005, 78 (1): 39 – 69.

[16] Berrospide J, et al. International banks and cross – border effects of regulation: Lessons from the United States [R]. NBER Working Paper No. 22645, September 2016.

[17] Bodart V, Candelon B. Evidence of interdependence and contagion using a frequency domain framework [J]. Emerging Markets Review, 2009, 10 (2): 140 – 150.

[18] Buch C M, Goldberg L S. Cross – Border Prudential Policy Spillovers: How Much? How Important? Evidence from the International Banking Research Network [R]. Bundesbank Discussion Paper No. 02/2017, February 2017.

[19] Canzoneri M B, Cumby R E, Diba B T. The need for international policy coordination: what's old, what's new, what's yet to come? [J]. Journal of International Economics, 2005, 66 (2): 363 – 384.

[20] Cecchetti S G, Tucker P M. Is There Macroprudential Policy Without International Cooperation? [R]. CEPR Discussion Paper No. DP11042, January 2016.

[21] Cerutti E, et al. Changes in Prudential Policy Instruments—Anew Cros—Country Database [R]. IMF Working Paper No. WP/16/110, June 2016.

[22] Chen H Y, Yang S L. Contagion effects of sovereign credit rating revisions on the real economy [J]. Applied Economics, 2018: 1 – 16.

[23] Dornbusch R, Park Y C, Claessens S. Contagion: Understanding How It Spreads [J]. World Bank Research Observer, 2000, 15 (2): 177 – 197.

[24] Frame W S, Mihov A, Sanz L. Foreign Investment, Regulatory Arbitrage and the Risk of U. S. Financial Institutions [R]. Working paper, March 2016.

[25] Ghosh S. Macroprudential policies, crisis and risk – taking [J]. Journal of Islamic Accounting & Business Research, 2016, 7 (1): 6 – 27.

[26] Grant E. Exposure to International Crises: Trade vs. Financial Contagion [C]. 28th Australasian Finance and Banking Conference, 2015.

[27] Igan D, Pinheiro M. Credit Growth and Bank Soundness: Fast and Furious? [R]. IMF Working Paper No. WP/11/278, December 2011.

[28] International Monetary Fund (IMF). Friend or Foe? Cross – Border Linkages, Contagious Banking Crises, and 'Coordinated' Macroprudential Policies [R]. IMF Working Paper No. 18/9, January 2018.

[29] International Monetary Fund. The Interaction of Monetary and Macroprudential Policies [R]. IMF Policy Papers, January 2013.

[30] International Monetary Institute (IMI). Report on RMB Internationalization in 2018 [R]. IMI Report No. 1810, July 2018.

[31] Jeanne O. Macroprudential Policies in a Global Perspective [R]. CEPR Discussion Paper No. DP9875, March 2014.

[32] Kara G I. Systemic risk, international regulation, and the limits of coordination [J]. Journal of International Economics, 2016, 99 (2): 192 – 222.

[33] Karolyi G A, Stulz R M. Why Do Markets Move Together? An Investigation of U. S. – Japan Stock Return Movements [J]. Journal of Finance, 1996, 51 (3): 951 – 986.

[34] Kincaid GR, Watson CM. The Implications of Macroprudential Policies for International Policy Coordination [EB/OL]. December 2013.

[35] Laeven L, Valencia. Systemic Banking Crises. Chapter 2 in Financial Crises: Causes, Consequences and Policy Responses [M]. International Monetary Fund, Washington DC, 2014.

[36] Masson P. Contagion: macroeconomic models with multiple equilibria [J]. Journal of International Money & Finance, 1999, 18 (4): 587 – 602.

[37] Mckibbin W J. Empirical Evidence on International Economic Policy Coordination [J]. Macroeconomic Policy in Open Economies, 1997.

[38] Patel N. Macroprudential Frameworks: Cross – Border Issues [R]. BIS Paper No. 94d, December 2017.

[39] Reinhardt D, Sowerbutts R. Regulatory arbitrage in action: evidence from banking flows and macroprudential policy [R]. Bank of England Working Paper No. 546, September 2015.

[40] Temesvary J. The Role of Regulatory Arbitrage in U. S. Banks' International Lending Flows: Bank – Level Evidence [R]. FIW Working Paper No. 151, March 2015.

[41] Wang B, Sun T. How effective are Macroprudential Policies in China? [R]. IMF Working Paper No. 13/75, March 2013.

金融周期差异与跨境资本流动

国家外汇管理局综合司课题组

课题主持人：孙天琦
课题组成员：刘 芳 杨 骏 马 昀 燕 飞 赵 娜 李 萌
　　　　　　崔 旭 陈 宇 王笑笑 尚昕昕

一、引　言

开放经济条件下，经济金融的繁荣和衰退与跨境资本流动联系紧密。一方面，经济金融开放能够吸引国际资本流入，促进经济金融繁荣发展；另一方面，经济金融开放也为跨境资本流动打开了方便之门，增加了一国经济金融体系面临外部冲击时的脆弱性（Stiglitz，2000；Aghion 等，2004）。20 世纪 80 年代以来，一些新兴经济体和发展中国家推进经济金融开放进程中，跨境资本大幅流入促进了经济金融繁荣发展；但在 1997 年亚洲金融危机和 2008 年国际金融危机期间，跨境资本流动的大幅波动和方向逆转也使这些国家的经济金融稳定遭受严重冲击，触发货币危机和金融市场动荡，有些国家甚至因此陷入长期经济衰退（Kaminsky，2006；Blanchard 和 Tesar，2010；Forbes 和 Warnock，2012）。近年来，中国经济金融开放发展加速推进，新兴经济体在危机中遭受冲击的历史经验启示，中国推动经济金融开放发展进程中，需格外关注跨境资本流动风险。

跨境资本流动的目的是追逐收益，从机会成本角度考虑，一国内外部经济金融状况的差异是跨境资本收益的来源。① 一些新兴经济体和发展中国家经济金融开放发展的前期阶段，快速的经济增长对跨境资本有足够吸引力，资本流动以流入为主，② 一国的内部因素对跨境资本流动的影响比较明显。随着开放进程推进，一国内部经济金融体系和外部经济金融体系的联系与互动不断加强，内部因素和外部因素成为影响跨境资本流动的两个方面。③

---

① 国际经济金融状况变化会影响跨境资本的收益，跨境资本需支付的机会成本是由其国内经济金融状况决定的本国投资收益，跨境资本流动是投资者对成本和收益差异的权衡。
② Forbes 和 Warnock（2012）认为在早期关于资本流动的研究中，资本净流动主要是资本流入的反映。
③ 金融周期主要通过一些指标观测，如利率变动趋势衡量的货币政策周期、汇率变动趋势衡量的货币周期、资产价格变动趋势衡量的资产价格周期，这些因素的内外部差异使资本收益出现差异，影响资本流动。

对比中国内外部金融周期差异与跨境资本流动,如图1所示,21世纪以来,中国加入世界贸易组织之后经济发展加速,与以美国为代表的外部经济体的经济增速和金融周期正向差异不断扩大,中美实际GDP增长率差异从2000年的2%不断扩大到2007年的13%;中美利差从2000年的-2%上升到2010年的2%;美元指数2000—2014年处于下行周期,人民币汇率经历了2005年市场化改革后处于上升通道,人民币汇率季度涨跌幅与美元指数季度涨跌幅的差异不断增大,中美汇差扩大;吸引跨境资本不断流入中国。2008年国际金融危机之后,中美金融周期正向差异不断扩大趋势发生逆转。2010年前后,中美利差开始趋势性收窄;2014—2015年前后,中美汇差变化趋势也发生明显变化。中国跨境资本流动的波动程度也在加剧(如图1所示)。

当前中国推动形成全面开放新格局背景下,中国内部经济转型面临经济增长由高速增长区间向中速增长区间的转换,新一轮中美贸易摩擦使中美在经济金融政策协调上面临更大的困难,中国经济金融发展必然受到来自美国的对抗和压力,中美金融周期正向缺口收窄或将持续。在此背景下,考察历史时期中美金融周期差异变化对中国跨境资本流动的影响,以及当前这种影响关系正在发生何种变化,中国跨境资本会受何种影响?有助于理解中国跨境资本流动驱动因素,前瞻跨境资本流动变化趋势,防范跨境资本流动风险。

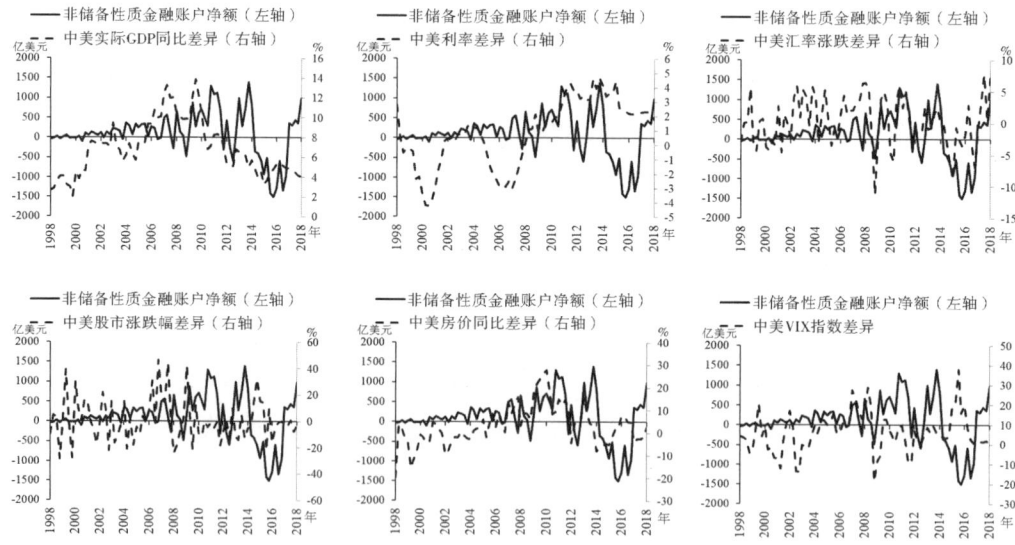

注:图中数据来源于国家统计局、中国人民银行、国家外汇管理局、美国商务部、美联储、美国联邦住房企业监管办公室、Bloomberg、Wind。各指标获取详见后文介绍。

图1 中美金融周期差异与中国跨境资本流动

长期以来，国际经济学界对跨境资本流动的驱动因素进行了广泛探讨。在国民经济核算理论中，经常项目盈余（或赤字）需由资本项目赤字（或盈余）来平衡，一国的国外净投资受国内储蓄和投资的影响。利率平价理论（Interest Rate Parity Theory）从汇率与利率互动传导视角为跨境资本流动分析提供了重要的理论基础（Keynes，1922；Einzig，1937；Peel 和 Taylor，2002），在利率平价理论框架下，利率和汇率是跨境资本流动的重要影响因素，这一理论也成为后续大量研究分析跨境资本流动的基础理论（Calvo 等，1996；Montiel 和 Reinhart，1999；Lipschitz 等，2002；陈创练等，2017）。这些关于跨境资本流动的分析框架中都包含着对国内和国际金融因素的考虑。

Chuhan 等（1993）、Taylor 和 Sarno（1997）更进一步地对影响跨境资本流动的国内因素和国际因素进行了区分。尤其是以 Calvo、Reinhart 等为代表的一些学者，在探讨影响跨境资本流动的因素时，以拉动力量（Pull Factor）和推动力量（Push Factor）对国内因素和国际因素进行了细致的区分。内部拉动因素包括国内利率水平、国内经济基本面、国内资产价格、国内制度因素等，外部推动因素包括美元利率、全球流动性、外部经济基本面、外部资产价格、外部风险偏好等（Calvo 等，1993、1996；Reinhart 和 Montiel，2001；Forbes 和 Warnock，2012；张明，2011）。这一分析框架也被大量探讨跨境资本流动影响因素的研究所采纳，并给出了丰富的实证证据（Cardoso 和 Goldfajn，1997；Renu 和 Kohli，2001；Lipschitz 等，2002；Griffin 等，2004；Forbes 和 Warnock，2012；Fratzscher，2012；张明和谭小芬，2013；吴丽华和傅广敏，2014）。

从跨境资本流动的期限特征来看，Bloomfield 等（1985）主张在研究跨境资本流动时应该对长期和短期跨境资本流动进行区分，一些研究将短期跨境资本流动称为"热钱"（Hot Money），发现"热钱"具有更强的流动性和更大的波动性（Chari，2003；Popper 等，2016）。有些学者也将短期资本流动称为"资本外逃"（Capital Flight）（Dooley，1988；Rothenber 和 Warnock，2011；余永定和肖立晟，2017）。Kaminsky 和 Reinhart（1998）认为，短期国际资本流动冲击是一国爆发金融危机的主要原因。有较多学者针对短期资本流动与金融危机之间的传导机制和影响关系进行了理论和实证层面的诸多探讨，如 Chari 和 Kehoe（2003）构建了国际资本流动的"热钱"模型（Hot Money Model），研究发现短期资本流动中存在"羊群行为"（Herd Behavior），在一国经济金融遭受冲击时可能引发严重的金融危机；Calvo（1998）、Reinhart 和 Calvo（2000）、Calvo 等（2004）、Kaminsky（2006）关于短期资本流动"突然停止"（Sudden Stop）与金融危机关联性的相关研究。

现有关于跨境资本流动相关问题的理论和经验研究，对审视中国跨境资本流动及其驱动因素有一定的启示和借鉴意义。已有理论和实证都关注到国内因素和国际因素对跨境资本流动的影响，如陈创练等（2017）从中国内部利率市场化和汇率改制视角对中国跨境资本流动的分析，Cerutti 等（2017）从全球金融周期视角对中国跨境资本流动的分析。从机会成本视角来看，跨境资本会在国内因素和国外因素之间进行权衡。从这个角度来看，考虑一国内外部因素的差异对跨境资本流动的影响，会比孤立地考虑国内因素和国际因素对跨境资本流动的影响更好；如已经有一些研究从经济金融一体化、周期因素等视角切入，对开放环境下经济金融运行中的周期协同、风险传递等相关问题进行了大量探讨（Calessens 等，2001；Adrian 等，2010；Devereux 和 Yu，2014）。

本文研究试图提供一个分析内外部金融周期差异因素影响跨境资本流动的分析框架，在理论分析基础上，以美国为外部经济代表，基于中美金融周期差异和中国跨境资本流动数据进行实证分析，试图寻找内外部金融周期差异因素影响中国跨境资本流动的经验证据。本文可能的创新在于：（1）从金融周期差异视角切入分析跨境资本流动，相较于现有研究是一个新视角，比现有研究更加契合跨境资本流动的理论逻辑和现实逻辑。（2）2008 年以来，在中国内外部经济金融环境变化背景下，金融周期差异因素对跨境资本流动的影响可能会发生变化，本文对这种可能存在的时变影响关系进行了识别和分析。（3）根据中国跨境资本流动体现出的特征，寻找中国跨境资本流动发生波动时变化最剧烈的敏感部分，并针对跨境资本流动敏感部分驱动因素展开细致研究，这比现有研究更加细致深入。本文其余部分安排如下：第二部分构建了金融周期差异因素与跨境资本流动交互影响的理论模型。第三部分介绍了实证模型和数据。第四部分是实证结果分析。第五部分是研究结论与启示。

二、理论模型

本部分在一些跨境资本流动经典理论和经验研究启示的基础上（Calvo 等 1996；Peel 和 Taylor，2002；Forbes 和 Warnock，2012；吴丽华和傅广敏，2014；陈创练等，2017），构建一个从金融周期差异视角解释跨境资本流动的理论模型。

（一）资本流动

假设资本可以在本国（H）和外国（F）自由流动，[①] 考虑资本项下的跨国资产配置，本国投资者需决定资产的本国配置额度 A^{HH} 和外国配置额度 A^{HF}。进行跨国资产配置时，投资者会根据上一期行为，以及 t 期两国利差（$i_t^* - i_t$）和资产收益差（$r_t^* - r_t$），来决定跨国资产配置额度，同时跨国资产配置还需承担

[①] 如无特殊说明，后文中变量上标 H 和 F 用于区分本国和外国。

汇率变动损益（$e_t^* - e_t$）①，以及对风险溢价进行补偿（$v_t^* - v_t$）。考虑这些因素，本国投资者对外国资产的配置额度（A_t^{HF}）可以表示为

$$A_t^{HF} = \alpha_1 A_{t-1}^{HF} + \alpha_2^H(i_t^F - i_t^H) + \alpha_3^H(r_t^F - r_t^H) + \alpha_4^H(e_t^F - e_t^H) + \alpha_5^H(v_t^F - v_t^H) + \varepsilon_{\alpha,t}^H \tag{1}$$

假设本国和外国投资者同质，外国投资者对本国资产的配置额度（A_t^{FH}）可以表示为

$$A_t^{FH} = \alpha_1 A_{t-1}^{FH} + \alpha_2^F(i_t^H - i_t^F) + \alpha_3^F(r_t^H - r_t^F) + \alpha_4^F(e_t^H - e_t^F) + \alpha_5^F(v_t^H - v_t^F) + \varepsilon_{\alpha,t}^F \tag{2}$$

$NA^H = A^{FH} - A^{HF}$ 表示本国跨境资本净流动，则外国跨境资本净流动 $NA^F = A^{HF} - A^{FH} = -NA^H$。投资者同质性假设下 $\alpha_i^H = \alpha_i^F = \alpha_i$（$i = 1, 2, 3, 4, 5$）。式（2）减式（1）可以得到 t 期本国跨境资本流动净额

$$NA_t^H = \alpha_1 NA_{t-1}^H + 2\alpha_2 \Delta i_t + 2\alpha_3 \Delta r_t + 2\alpha_4 \Delta e_t + 2\alpha_5 \Delta v_t + \varepsilon_{\alpha,t} \tag{3}$$

其中，$\Delta i_t = i_t^H - i_t^F$、$\Delta r_t = r_t^H - r_t^F$、$\Delta e_t = e_t^H - e_t^F$、$\Delta v_t = v_t^H - v_t^F$ 分别表示本国与外国在利率、资产收益率、汇率、风险溢价方面的差异；$\varepsilon_{\alpha,t} = \varepsilon_{\alpha,t}^F - \varepsilon_{\alpha,t}^H$ 是误差项。

现实中资本流动和内外部金融周期差异的变动呈动态交互特征，上述分析所得式（3）对于揭示内外部金融周期②差异对跨境资本流动的影响具有一定启示，但式（3）不足在于揭示的影响关系仅仅是单向的，仅考虑单向关系难免会使分析出现一定偏差③。因此需要进一步考虑跨境资本流动及其影响因素在现实中是如何交互关联的，将各种变量之间的交互关系刻画清楚，有助于在系统性视角下更好地理解跨境资本流动与金融周期差异因素之间复杂的影响关系。

（二）利差

考虑利率水平的决定，根据泰勒规则（Taylor, 1995、1997），封闭经济条件下本国的利率调整遵循如下规则

$$i_t^H = \beta_1^H i_{t-1}^H + \beta_2^H (y_t^H - y_t^{*H}) + \beta_3^H (\pi_t^H - \pi_t^{*H}) + \varepsilon_{\beta,t}^H \tag{4}$$

其中，$y_t^H - y_t^{*H}$ 是 t 期产出缺口，$\pi_t^H - \pi_t^{*H}$ 是 t 期通胀缺口。在开放经济中，利率平价理论提供的启示是汇率会影响利率（Peel 和 Taylor, 2002），将开放经

---

① 这里的汇率变动损益指本国汇率涨跌幅和外国汇率涨跌幅的差异，其衡量的是跨境资本在选择不同货币配置资产后，因本国和投资国货币汇率变动而产生的净损益。
② 包括利率周期、资产价格周期、汇率周期、风险溢价周期。
③ 一个可以预见的偏误是进行实证分析时如果仅依据式（3）揭示的单向关系进行检验，难免会出现因变量交互影响关系而产生的内生性问题，使经验分析结果出现偏差，难以准确反映变量间的实际关系。

济利率平价理论融合进泰勒规则后,可以得到开放经济条件下本国利率调整过程如下

$$i_t^H = \beta_1^H i_{t-1}^H + \beta_2^H (y_t^H - y^{*H}) + \beta_3^H (\pi_t^H - \pi^{*H}) + \beta_4^H (e_t^H - e_{t-1}^H) + \varepsilon_{\beta,t}^H \quad (5)$$

根据上述逻辑对外国展开分析,可得开放经济条件下外国的利率调整过程如下

$$i_t^F = \beta_1^F i_{t-1}^F + \beta_2^F (y_t^F - y^{*F}) + \beta_3^F (\pi_t^F - \pi^{*F}) + \beta_4^F (e_t^F - e_{t-1}^F) + \varepsilon_{\beta,t}^F \quad (6)$$

投资者同质性假设下,$\beta_i^H = \beta_i^F = \beta_i$($i = 1, 2, 3, 4$)。式(5)减式(6)可得

$$\Delta i_t = \beta_1 \Delta i_{t-1} + \beta_2 (\Delta y_t - \Delta y^*) + \beta_3 (\Delta \pi_t - \Delta \pi^*) + \beta_4 (\Delta e_t - \Delta e_{t-1}) + \varepsilon_{\beta,t} \quad (7)$$

(三)资产收益差

假设封闭条件下,本国资产价格在上期基础上进行调整,以平衡资产收益和利率水平的差异,因此可以将本国资产收益率表示为如下形式

$$r_t^H = \gamma_1^H r_{t-1}^H + \gamma_2^H i_t^H + \varepsilon_{\gamma,t}^H \quad (8)$$

开放经济条件下,外国资本流入会增加对本国资产的需求,本国资本流出会减少对本国资产的需求(吴丽华和傅广敏,2014),资本流入流出形成的净需求也是影响资产价格的重要因素,从而影响资产收益率。考虑这些,开放经济条件下资产收益率的调整过程如下

$$r_t^H = \gamma_1^H r_{t-1}^H + \gamma_2^H i_t^H + \gamma_3^H NA_t^H + \varepsilon_{\gamma,t}^H \quad (9)$$

同样在投资者同质性假设下,可得国外资产收益率的调整过程如下

$$r_t^F = \gamma_1^F r_{t-1}^F + \gamma_2^F i_t^F + \gamma_3^F NA_t^F + \varepsilon_{\gamma,t}^F \quad (10)$$

同上,$\gamma_i^H = \gamma_i^F = \gamma_i$($i = 1, 2, 3$)且 $NA_t^H = -NA_t^F$。式(9)减式(10)可得

$$\Delta r_t = \gamma_1 \Delta r_{t-1} + \gamma_2 \Delta i_t + 2\gamma_3 NA^H t + \varepsilon_{\gamma,t} \quad (11)$$

(四)汇差

开放经济条件下,考虑两种因素对汇率的影响,一是根据利率平价理论,在汇率和利率动态调整中二者交互影响(Peel 和 Taylor,2002)。二是从货币供给需求角度看,开放条件下跨境资本流动会产生对本国货币的超额需求:一方面,跨境资本流动在汇兑层面会产生汇兑需求,从而对汇率产生影响;另一方面,资本流入后会进入外汇市场进行投机交易,也会对汇率产生影响(陈创练等,2017)。因此,本国汇率调整过程可以表示为如下形式

$$e_t^H = \eta_1 e_{t-1}^H + \eta_2 i_t^H + \eta_3 ED_t^H + \eta_4 MD_t^H + \varepsilon_{\eta,t}^H \quad (12)$$

其中，ED_t^H 是因资本流入而产生的对本国货币的超额需求，$ED_t^H = A_t^{FH}$。MD_t^H 是外国流入资本在外汇市场投机产生的对本国货币的超额需求，一方面受货币升贬值预期的影响；另一方面受本国货币与外国货币汇差的影响，假设汇率升值预期主要形成于前期汇率变动趋势 $e_{t-1}^H - e_{t-2}^H$，则 $MD_t^H = a^H (e_{t-1}^H - e_{t-2}^H) + b^H (e_t^H - e_t^F)$，可以得到

$$e_t^H = \eta_1^H e_{t-1}^H + \eta_2^H i_t^H + \eta_3^H A_t^{FH} + \eta_4^H [a^H (e_{t-1}^H + e_{t-2}^H) + b^H (e_t^H - e_t^F)] + \varepsilon_{\eta,t}^H \quad (13)$$

在投资者同质性假设下，可以得到外国货币的汇率决定如下

$$e_t^F = \eta_1^F e_{t-1}^F + \eta_2^F i_t^F + \eta_3^F A_t^{HF} + \eta_4^F [a^F (e_{t-1}^F + e_{t-2}^F) + b^F (e_t^F - e_t^H)] + \varepsilon_{\eta,t}^F \quad (14)$$

同上，$\eta_i^H = \eta_i^F = \eta_i$ ($i = 1, 2, 3, 4$) 且 $a^H = a^F = a$、$b^H = b^F = b$，式（13）减式（14）可以得到：

$$\Delta e_t = \frac{\eta_1 + a\eta_4}{1 + 2b\eta_4} \Delta e_{t-1} + \frac{a\eta_4}{1 + 2b\eta_4} \Delta e_{t-2} + \frac{\eta_2}{1 + 2b\eta_4} \Delta i_t + \frac{\eta_3}{1 + 2b\eta_4} NA_t^H + \varepsilon_{\eta,t} \quad (15)$$

（五）风险溢价差

考虑风险溢价水平的调整，一国风险溢价水平一方面受前期风险状态的影响，另一方面利率、资产收益率、汇率、跨境资金流动也会影响一国风险溢价水平。因此，假设本国风险溢价按照如下规则调整

$$\nu_t^H = \lambda_1^H \nu_{t-1}^H + \lambda_2^H i_t^H + \lambda_3^H r_t^H + \lambda_4^H e_t^H + \lambda_5^H NA_t^H + \varepsilon_{\lambda,t}^H \quad (16)$$

在投资者同质性假设下，可得外国风险溢价调整过程如下

$$\nu_t^F = \lambda_1^F \nu_{t-1}^F + \lambda_2^F i_t^F + \lambda_3^F r_t^F + \lambda_4^F e_t^F + \lambda_5^F NA_t^F + \varepsilon_{\lambda,t}^F \quad (17)$$

在投资者同质性偏好假设下，$\lambda_i^H = \lambda_i^F = \lambda_i$ ($i = 1, 2, 3, 4, 5$) 且 $NA_t^H = -NA_t^F$，式（16）式减式（17）式可得

$$\Delta \nu_t = \lambda_1 \Delta \nu_{t-1} + \lambda_2 \Delta i_t + \lambda_3 \Delta r_t + \lambda_4 \Delta e_t + 2\lambda_5 NA_t^H + \varepsilon_{\lambda,t} \quad (18)$$

联立式（3）、式（7）、式（11）、式（15）、式（18），可以得到一个包含汇差、资产收益差、利差、风险溢价差和资本流动交互影响的动态系统

$$\Delta e_t = \psi_{11} \Delta e_{t-1} + \psi_{12} \Delta e_{t-2} + \psi_{13} \Delta i_t + \psi_{14} NA_t^H + \varepsilon_{1,t} \quad (19)$$

$$\Delta r_t = \psi_{21} \Delta r_{t-1} + \psi_{22} \Delta i_t + \psi_{23} NA_t^H + \varepsilon_{2,t} \quad (20)$$

$$\Delta i_t = \psi_{31} \Delta i_{t-1} + \psi_{32} \Delta e_t + \psi_{33} \Delta e_{t-1} + \varepsilon_{3,t} \quad (21)$$

$$\Delta \nu_t = \psi_{41} \Delta \nu_{t-1} + \psi_{42} \Delta i_t + \psi_{43} \Delta p_t + \psi_{44} \Delta e_t + \psi_{45} NA_t^H + \varepsilon_{4,t} \quad (22)$$

$$NA_t^H = \psi_{51} NA_{t-1}^H + \psi_{52} \Delta i_t + \psi_{53} \Delta p_t + \psi_{54} \Delta e_t + \psi_{55} \Delta \nu_t + \varepsilon_{5,t} \quad (23)$$

三、实证模型与变量获取

（一）实证模型

式（3）直接刻画了内外部经济金融周期差异因素对跨境资本流动的影响。这为检验哪些因素会影响跨境资本流动以及具体的影响效果如何提供了直观逻辑。初步的实证分析可以基于式（3）进行基于线性回归方法的经验检验。

上述式（19）至式（23），构成一个开放经济条件下资本流动与汇差、资产收益差、利差、风险溢价差交互影响的动态系统，这是一个典型的结构向量自回归（SVAR）系统。基于 SVAR 模型进行实证分析，能够在考虑交互影响关系的情况下更加准确地分析金融周期差异因素对跨境资本流动的影响。

在金融周期差异因素和跨境资本流动动态交互影响的过程中，需考虑的问题是影响效力可能会随着动态交互关系的演进而发生变化。从数据层面看明显的特征是，2008 年国际金融危机后，中美金融周期差异变动趋势转变，在这种变化背景下，变量间的影响关系也可能会发生变化，如果能在实证检验层面捕捉到这种模型参数的动态变化特征，能够比传统 SVAR 估计结果提供更加丰富的信息。时变参数向量自回归方法（TVP－VAR）是最新发展起来的一种针对 VAR 模型参数时变特征进行识别与估计的方法，目前这一方法在跨境资本流动相关研究中已经得到一定应用（Benjamin 和 Simon，2014；吴丽华和傅广敏，2014；陈创练等，2017）。本文也基于 TVP－VAR 方法，针对金融周期差异因素对跨境资本流动影响效应的时变特征进行检验识别。

（二）变量获取

1. 资本流动变量的获取

本文在选取资本流动变量时，不仅从总量层面、短期层面进行了区分，而且还对不同项目下的资本流动进行了区分，并且细分了资本流动方向（流入、流出）。具体来说，本文基于国际收支平衡表（BOP），选取的资本流动变量包括：总量层面的资本流动变量、短期资本流动变量以及按照 BOP 项目细分的直接投资、证券投资、其他投资项下的资本流动变量。

总量层面的资本流动（fintnetf）用非储备性质金融账户净额表示。对于细分类别的资本流动，直接投资项下的资本流动（dintnetf）用直接投资净额表示，证券投资项下的资本流动（protnetf）用证券投资净额表示，其他投资项下的资本流动（otivnetf）用其他投资净额表示。对于短期资本流动（shortnetf），主要有两种衡量方法：直接法和间接法。直接法的测算逻辑是将 BOP 中的净误差与遗漏项视为反映短期资本流动的基础项目，再加入 BOP 中其他的短期资本流动项目。间接法的测算逻辑是将外汇储备变动看作是所有类型资本流动（包含短期资本流动和长期资本流动)的最终体现,剔除其中经常项下的资本流动,以及资本和金融项下的长期资本流动,得到短期资本流动(张明,2011;张明和谭小芬,2013)。考虑到采用直接法进行测算时能够对流入和流出进行细分,而采用间接法测算时则无法进行这种区分,因此本文采用直接法测算短期资本流动。在获取各类跨境资本流动数据时还对资本净流入、资本流入、资本流出进行了细分。①获取变量所需季度 BOP(以美元计价)数据来自国家外汇管理局。

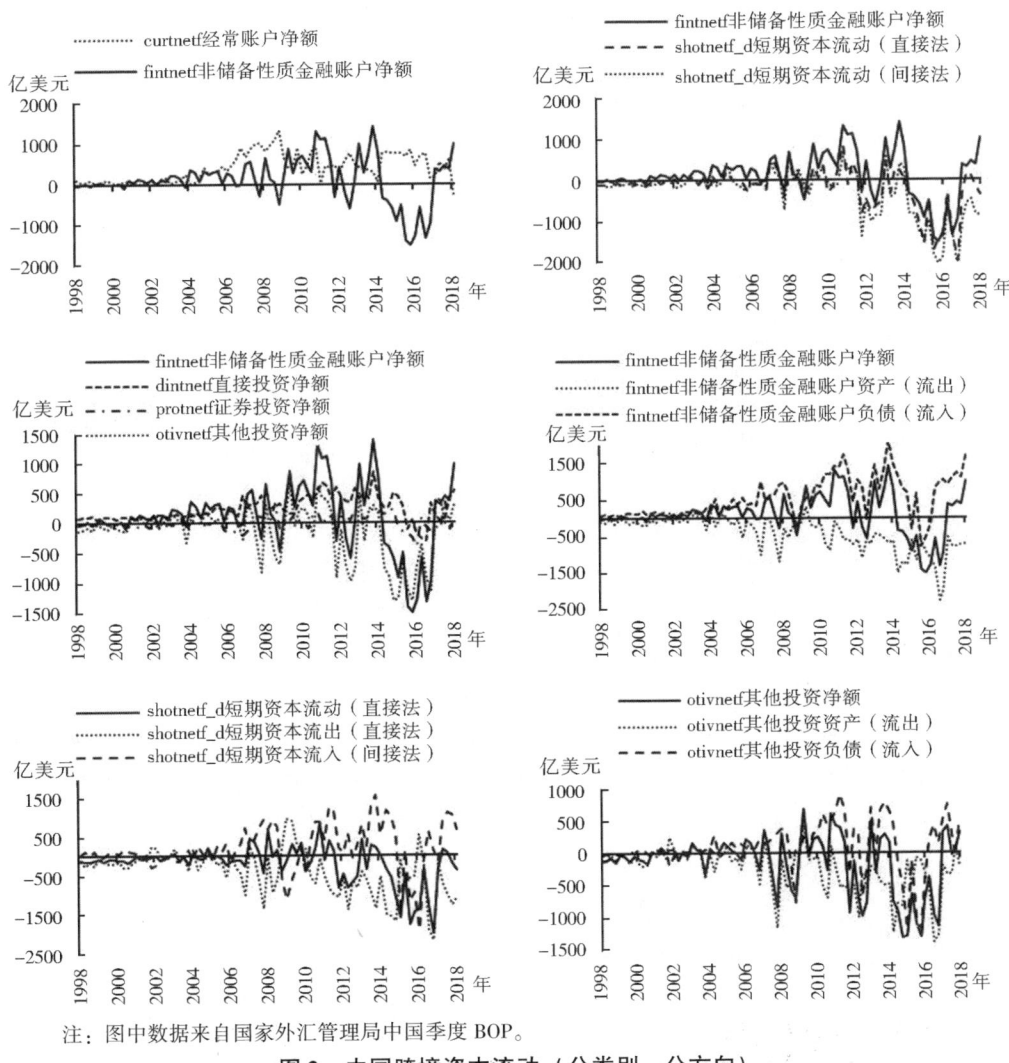

注:图中数据来自国家外汇管理局中国季度 BOP。

图2 中国跨境资本流动(分类别、分方向)

---

① 本文对于跨境资本流动变量的标识,变量后四位为"netf"标识净流入、变量后三位为"inf"标识流入、变量后四位为"outf"标识流出。

图 2 给出了分类别和分方向的中国跨境资本流动数据。图 2 数据显示：（1）2010 年以来，中国跨境资本流动的波动主要来自非储备性质金融账户项下的波动；短期资本流动①变化与非储备性质金融账户资本流动变化具有较高一致性；非储备性质金融账户资本流动波动主要受其他投资项下资本流动变化影响。（2）分流入和流出看各项资本流动的变动情况，净流入变动与流入变动具有较高一致性，流入波动要明显大于流出波动。

2. 金融周期差异变量的获取

金融周期的具体体现是一些金融变量的变化，金融周期差异也主要反映在这些金融变量差异中。本文考虑的金融周期差异，包括利率差异（利差）、汇率涨跌幅差异（汇差）、资产收益差异（资产价差）、风险溢价差异。利差（cai）用中美市场基准利率的差异表示，用 7 天期上海银行间同业拆放利率（Shanghai Interbank Offered Rate，SHIBOR）减去 7 天期伦敦银行间同业拆借利率（London InterBank Offered Rate，LIBOR）表示，② 数据来自 Wind 和 Bloomberg。汇差（cafx）用人民币汇率中间价涨跌幅和美元指数涨跌幅的差异表示，人民币汇率中间价数据来自中国人民银行，美元指数数据来自 Bloomberg。本文考虑两种资产价差，股票资产收益差（股票资产价差）和房地产收益差（房地产价差）。股票资产价差（casp）用上证综指和标普 500 指数涨跌幅的差异衡量，数据来自 Wind 和 Bloomberg。房地产价差（cahp）用中国商品房销售均价涨幅减去美国联邦住房企业监督办公室（Office of Federal Housing Enterprise Oversight，OFHEO）房屋价格指数涨幅衡量；其中，中国商品房销售均价数据用全国商品房销售额除以全国商品房销售面积得到，全国商品房销售额和销售面积数据来自国家统计局，美国 OFHEO 房屋价格指数来自美国联邦住房企业监管办公室。风险溢价差异（cavix）用芝加哥期权交易所发布的上证综指波动率指数减去标普 500 指数波动率指数衡量，上证综指波动率指数和标普 500 指数波动率指数来自 Bloomberg。③

获取数据时，本文试图尽可能地获取更长时间范围内更高频的历史数据，最

---

① 为了检验用直接法测算的短期资本流动是否存在较大偏误，此处分别给出了直接法和间接法测算的短期资本流动。从短期资本净流入的测算结果看，图 2 所示两种测算结果的偏差不大，在变动趋势上一致性较高。

② SHIBOR 衡量的是人民币的市场利率水平，LIBOR 衡量的是美元的市场利率水平。

③ 风险溢价是对市场不确定和风险规避的定价，现有研究多使用波动率指数（VIX）作为市场不确定性和风险规避的衡量，发现 VIX 对于资本流动具有很好的解释力，详见 Cerutti 等（2017）的研究和总结。遵循现有研究惯例，本文用标普 500 指数波动率指数作为美国市场风险溢价的衡量，用上证综指波动率指数作为中国市场风险溢价的衡量。实际上，本文也尝试使用由 Scott R. Baker、Nicholas Bloom 和 Steven J. Davis 三位学者编制的经济政策不确定性指数（Economic Policy Uncertainty，EPU 指数）作为市场对一国风险溢价水平的衡量，在回归检验中发现 EPU 指数的解释力没有 VIX 好。一种可能的解释是资本流动由投资者投资行为驱动，相较于 EPU 指数 VIX 更具市场特征，对投资者行为的影响也更为直接。

后将所有数据汇总,在保证数据均不缺失的情况下尽可能地取更长时间范围内的数据,同时尽可能地取高频数据。最后本文选取数据类型为季度数据,选取时间范围为 1998 年第一季度到 2018 年第一季度,因此以上涨跌幅数据均为季度涨跌幅,人民币汇率和美元指数高频数据到低频数据的转换通过取平均值实现。表 1 给出了本文获取变量的统计特征。

表 1　　　　　　　　　　变量统计特征

变量	标识	观测值	均值	方差	最小值	最大值
总量资本净流入	fintnetf	81	109.30	561.99	−1503.66	1401.58
短期资本净流入	shortnetf	81	−242.43	531.81	−2090.62	694.38
直接投资净流入	dintnetf	81	240.15	204.874	−306.76	848.83
证券投资净流入	protnetf	81	14.01	130.06	−401.65	375.05
其他投资净流入	otivnetf	81	−143.99	459.45	−1316.42	683.19
利率差异	cai	81	0.86	2.38	−4.26	4.63
汇率涨跌幅差异	cafx	81	0.37	3.88	−11.19	7.75
股票资产涨跌幅差异	casp	81	0.84	16.15	−19.69	46.50
房价涨跌幅差异	cahp	81	3.34	8.80	−19.69	27.91
风险溢价水平差异	cavix	81	6.12	9.92	−18.67	37.89

四、实证结果与分析

(一) 回归分析

基于公式 (3) 揭示的各金融周期差异因素对跨境资本流动的影响关系,以总量层面和短期层面的资本流动变量作为因变量进行基准回归。考虑可能存在其他因素对跨境资本流动会产生影响,加入经济基本面差异、货币供给量增速差异、汇率制度变化因素作为控制变量。经济基本面差异用中国实际 GDP 同比增速减去美国实际 GDP 同比增速表示,中国实际 GDP 同比增速数据来自国家统计局,美国实际 GDP 同比增速数据来自美国经济分析局。货币供给增速差异用 M_2 同比增速差异衡量,中国 M_2 同比增速数据来自中国人民银行,美国 M_2 同比增速数据来自美联储。汇率制度变化因素主要考虑 2005 年以来几次汇改过程中汇率浮动区间的不断扩大,以汇率浮动区间的绝对值作为汇率制度变化的衡量。

表 2 给出了回归分析的结果。考察总量净流入的影响因素,表 2 回归结果显示:(1) 利差、汇差、资产价差的回归系数为正且显著,说明中国跨境资本流动净额受中美利差、汇差和资产价差的影响显著,且中美利差、汇差、资产价差的正向扩大,会吸引跨境资本流入中国,这一结果与现有研究得到的跨境资本流

动存在套利、套汇、套价倾向的研究结果一致（张谊浩等，2007；吴丽华和傅广敏，2014）。① 风险溢价差异变量的回归系数为负且显著，说明风险溢价差也是影响跨境资本净流入的因素，风险溢价差的扩大，不利于跨境资本流入，这与资本流动规避风险的逻辑是一致的。（2）将总量资本净流入细分为总量资本流入和总量资本流出进行回归估计，可以发现，总量资本流入作为因变量的回归结果与总量资本净流入作为因变量的回归结果具有较高一致性，总量资本流出作为因变量的回归结果基本上不显著。这一回归结果说明，金融周期差异因素对资本流入的影响比对资本流出的影响更为显著。②

考察短期资本流动的影响因素，表2回归结果显示：（1）汇差和股票资产价差对短期资本净流入影响为正且显著，风险溢价差对短期资本净流入的影响为负且显著，利差和房地产价差对短期资本流入的影响不显著。说明汇差和股票资产价差对短期跨境资本净流入的驱动更明显，利差和房地产价差不显著。利差变量不显著的可能解释是，利差对短期资本流动的影响受阻（陈创练等，2017），使短期资本流动对利差变动反应并不敏感。房地产价差不显著的可能解释是，房地产投资周期往往较长，而快进快出的短期资本流动对资产的流动性要求较高（Bacchetta和Benhima，2015），对房价变动的反应不敏感。股票资产价差和房地产价差对短期资本流动影响存在差异，体现出短期资本流动对高流动性资产的偏好。（2）将短期资本净流入细分为短期资本流入和短期资本流出进行回归，与上述针对总量资本净流入进行细分后得出的回归结果类似，也可以发现金融周期差异因素对短期资本流入的影响比对短期资本流出的影响更为显著。

进一步将跨境资本流动按直接投资、证券投资、其他投资进行区分，考察中美金融周期差异对分类跨境资本流动的影响，表3回归结果显示：（1）利差、股票资产价差对直接投资资本流动影响显著；汇差和股票资产价差对证券投资资本流动影响显著；汇差、股票资产价差和房地产价差对其他投资资本流动影响显著。直接投资受利差驱动更敏感，与直接投资投向实体经济领域相关。证券投资主要受股票资产价差和汇差驱动，与证券投资在股票市场进行投资的特征相关。其他投资除了受汇差和股票资产价差影响外，受房地产价差驱动也十分明显，反映其他投资项下的资本流动会在房地产市场逐利。（2）将各类资本流动按流入流出细分后的回归结果同样显示，金融周期差异因素对各类资本流入的影响比对各类资本流出的影响更为显著。

---

① 与已有研究不同的是，本文从金融周期差异视角进行的分析比孤立的从内部变量或外部变量视角的分析，对于验证跨境资本流动的套利、套汇、套价倾向更有说服力。

② 出现这一结果，可能是因为中国存在一定的资本管制，资本管制对于影响资本流出是有效的，从而阻断了资本流入对经济金融周期差异变化的反应，但资本管制对国际资本流入影响较弱。刘丽亚等（2013）的研究也得出与此相似的结论。

表2 基准回归结果（按总量资本流动和短期资本流动区分）

因变量	(1) 总量资本净流入	(2) 总量资本流入	(3) 总量资本流出	(4) 短期资本净流入	(5) 短期资本流入	(6) 短期资本流出
cai	109.04*** (31.46)	62.32** (29.75)	14.13 (24.29)	34.63 (26.47)	34.48 (37.76)	-31.16 (37.19)
cafx	36.73*** (11.62)	37.87*** (11.00)	-1.21 (10.68)	49.26*** (10.91)	56.37*** (15.04)	-6.85 (16.16)
casp	6.46*** (1.35)	5.08*** (1.28)	-0.17 (1.00)	3.68*** (1.15)	5.59*** (1.72)	-3.80** (1.58)
cahp	13.53* (7.59)	18.57*** (7.19)	-6.31 (6.89)	2.77 (7.10)	7.91 (9.83)	-4.15 (10.48)
cavix	-9.49* (4.37)	-11.34*** (4.14)	3.65 (3.90)	-6.67* (4.06)	-11.28*** (5.61)	6.89 (5.86)
滞后1期	0.10 (0.12)	0.32*** (0.10)	0.17 (0.12)	-0.06 (0.11)	0.28 (0.11)	0.20 (0.12)
控制变量	是	是	是	是	是	是
Obs	81	81	81	81	81	81
R^2	0.68	0.70	0.65	0.64	0.54	0.45
F值	13.25	14.22	11.46	11.15	7.23	5.11

注：表中估计结果由Stata13.0给出。括号内数据为回归系数的标准差，"***""**""*"分别表示"1%""5%""10%"的显著性水平。表3、表6同此，不另做说明。

表3 基准回归结果（按直接投资、证券投资、其他投资区分）

因变量	(1) 直接投资净流入	(2) 直接投资流入	(3) 直接投资流出	(4) 证券投资净流入	(5) 证券投资流入	(6) 证券投资流出	(7) 其他投资净流入	(8) 其他投资流入	(9) 其他投资流出
cai	45.50*** (9.99)	42.55*** (11.36)	3.25 (5.17)	21.05*** (9.35)	0.18 (6.16)	15.47*** (7.70)	46.25* (27.29)	27.80 (25.67)	-5.49 (23.44)
cafx	-5.18 (3.92)	-5.11 (4.39)	-0.98 (2.29)	9.68*** (3.83)	10.02*** (2.65)	1.34 (3.26)	34.08*** (11.51)	32.21*** (10.28)	-2.518 (10.30)
casp	2.32*** (0.39)	1.60*** (0.43)	0.64*** (0.21)	0.68* (0.37)	0.97*** (0.29)	-0.31 (0.30)	3.84*** (1.20)	2.94*** (1.10)	-0.55 (0.96)
cahp	3.01 (2.56)	4.14 (2.89)	-0.56 (1.50)	-0.94 (2.36)	-0.03 (1.71)	-0.42 (2.07)	12.22* (7.42)	14.87*** (6.70)	-4.35 (6.65)

续表

因变量	(1) 直接投资净流入	(2) 直接投资流入	(3) 直接投资流出	(4) 证券投资净流入	(5) 证券投资流入	(6) 证券投资流出	(7) 其他投资净流入	(8) 其他投资流入	(9) 其他投资流出
cavix	-3.19*** (1.45)	-1.16 (1.63)	-1.72*** (0.84)	-1.89 (1.37)	-4.42*** (0.98)	2.90*** (1.17)	-5.19 (4.23)	-6.05* (3.23)	3.08 (3.76)
滞后1期	0.21*** (0.10)	0.23*** (0.12)	0.42*** (0.11)	0.08 (0.13)	0.14 (0.11)	0.30*** (0.12)	-0.02 (0.12)	0.30 (0.11)	0.21* (0.12)
控制变量	是	是	是	是	是	是	是	是	是
Obs	81	81	81	81	81	81	81	81	81
R^2	0.72	0.76	0.85	0.43	0.65	0.54	0.55	0.48	0.38
F值	16.21	19.96	36.19	4.60	11.36	7.28	7.49	5.78	3.76

(二)动态特征：结构向量自回归（SVAR）

1. SVAR 模型检验

基准回归从单向静态影响关系层面对金融周期差异因素对跨境资本流动的影响进行了检验。进一步的分析将基于理论模型构建的动态系统，基于结构向量自回归（SVAR）方法在一个金融周期差异因素与跨境资本流动交互影响的动态系统中，考察金融周期差异因素对跨境资本流动的影响。

SVAR 模型建模要求各变量需平稳，进行 SVAR 建模之前，需先对各变量的平稳性进行检验。表4 给出的各变量的平稳性检验结果显示，各变量的初始变量有些平稳有些不平稳，各变量的一阶差分序列均是平稳序列。以各变量一阶差分构建 SVAR 模型，所建模型通过了联合单位根检验，系统稳定。①

---

① 价差因素包括股票资产价差和房地产价差，因此 SVAR 模型包含6个变量，估计模型时对变量当期影响关系的约束需要 $(6 \times 6 - 6)/2 = 15$ 个约束条件。根据式（19）至式（23）结构，要使 SVAR 模型能够识别还缺少3个约束条件。考虑本文选择股票指数 VIX 表示风险溢价，对风险溢价差异 Δv 的表达式可以进行简化，仅考虑股价因素和资本流动因素对风险溢价的影响，式（26）简化为 $\Delta v_t = \Psi_{51} \Delta v_{t-1} + \Psi_{52} \Delta r_t^s + \Psi_{53} NA_t^H + \varepsilon_{5,t}$，$r^s$ 仅表示股票价格收益率差异。简化后获得15个约束条件，满足识别条件。

表 4　　　　　　　　　　　变量平稳性检验

变量	检验类型 (C, T, L)	ADF 统计量	1% 临界值	5% 临界值	是否平稳
$fintnetf$	(C, 0, 1)	−3.705905	−4.076860	−3.160178	不平稳
$\Delta fintnetf$	(C, 0, 1)	−8.939306	−3.516676	−2.899115	平稳
$shotnetf$	(C, 0, 1)	−4.825193	−3.514426	−2.898145	平稳
$\Delta shotnetf$	(C, 0, 1)	−13.08021	−3.515536	−2.898623	平稳
cai	(C, 0, 1)	−1.918311	−3.516676	−2.899115	不平稳
Δcai	(C, 0, 1)	−4.946012	−3.516676	−2.899115	平稳
$cafx$	(C, 0, 1)	−5.774585	−3.514426	−2.898145	平稳
$\Delta cafx$	(C, 0, 1)	−9.954483	−3.516676	−2.899115	平稳
$casp$	(C, 0, 1)	−3.149764	−3.515536	−2.898623	不平稳
$\Delta casp$	(C, 0, 1)	−7.221368	−3.515536	−2.898623	平稳
$cahp$	(C, 0, 1)	−1.898434	−3.519050	−2.900137	不平稳
$\Delta cahp$	(C, 0, 1)	−8.172702	−3.519050	−2.900137	平稳
$cavix$	(C, 0, 1)	−4.497507	−3.514426	−2.898145	平稳
$\Delta cavix$	(C, 0, 1)	−7.966397	−3.517847	−2.899619	平稳

注：判断变量是否平稳的参考临界值水平为 1%。检验类型（C, T, L）中 C 表示常数项、T 表示趋势项，L 表示滞后阶数。

2. SVAR 脉冲响应分析

将总量资本净流入、总量资本流入、总量资本流出分别作为总量资本流动的衡量变量放入 SVAR 模型建模并进行脉冲响应分析，图 3 给出了总量资本净流入、总量资本流入、总量资本流出对各变量 1% 正向偏离冲击的脉冲响应函数。[①]图 3 结果显示：（1）从总量资本净流入对各变量变化冲击响应的方向来看，跨境资本净流入对利差、汇差、股票资产价差和房地产价差的正向变化冲击会产生正向响应，对风险溢价差的正向变化冲击会产生负向响应。（2）从脉冲响应函数的冲击响应和时滞特征来看，总量资本净流动当期就会对汇差变动冲击产生较大响应偏离，并且达到最大值，随后逐渐变小，大约在 4 期以后恢复到接近于 0 的水平。利差和资产价差变动当期也会引起总量资本净流动小幅的正向偏离响应，之后偏离扩大，大约持续 2 期，然后变小，约 4 期以后恢复到接近于 0 的水平。（3）分总量资本流入和总量资本流出看，总量资本流入对汇率和利率变动冲击的偏离响应幅度要更大，房地产价差变动冲击对总量资本流入的影响比对流出的

---

① 将图 3 结果单独分列的各个脉冲响应函数图见附录。图 4、图 5 同此，不另做说明。

影响要大。

将短期资本净流入、短期资本流入、短期资本流出分别作为短期资本流动的衡量变量放入 SVAR 模型建模并进行脉冲响应分析,图 4 给出了短期资本净流入、短期资本流入、短期资本流出对各变量 1% 正向偏离冲击的脉冲响应函数。对比图 4 和图 3 的结果,可以发现明显的不同:相同程度的汇差和资产价差变动冲击下,短期资本净流入(短期资本流入)产生的正向响应偏离相较于总量资本净流入(总量资本流入)产生的正向响应偏离要更大。相同程度的风险溢价差变动冲击下,短期资本净流入(短期资本流入)产生的负向响应偏离比总量资本净流入(总量资本流入)产生的负向响应偏离要更大。说明短期资本流动对汇差、资产价差和风险溢价差变动的响应要更敏感,短期资本流动的套利和避险倾向更加明显。

将与总量资本流动变化特征比较一致的其他投资资本流动变量(其他投资资本净流入、其他投资资本流入、其他投资资本流出)放入 SVAR 模型建模并进行脉冲响应分析,图 5 给出了其他投资资本净流入、其他投资资本流入、其他投资资本流出对各变量 1% 正向偏离冲击的脉冲响应函数。对比图 5 和图 3 的结果,可以发现明显的不同:其他投资资本净流入(其他投资资本流入)对房地产价差变动冲击的响应较大,说明其他投资资本流动对房地产价格变动的敏感度较高。

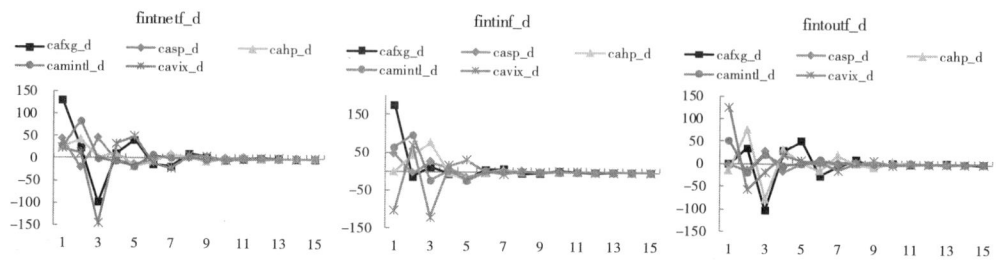

注:图 3 中脉冲响应函数图根据 EViews6.0 估计结果绘制。图 4、图 5 同此,不另做说明。

图 3 总量资本流动的脉冲响应

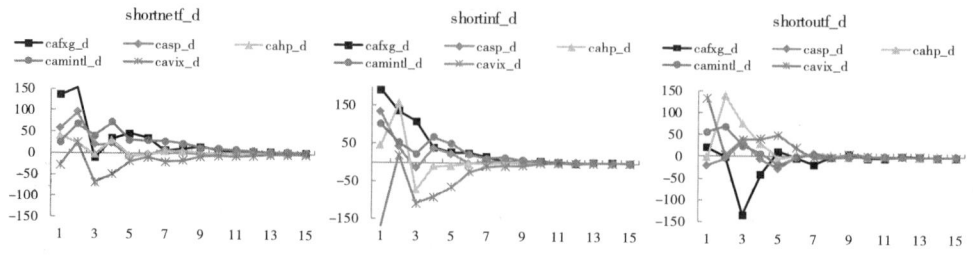

图 4 短期资本流动的脉冲响应

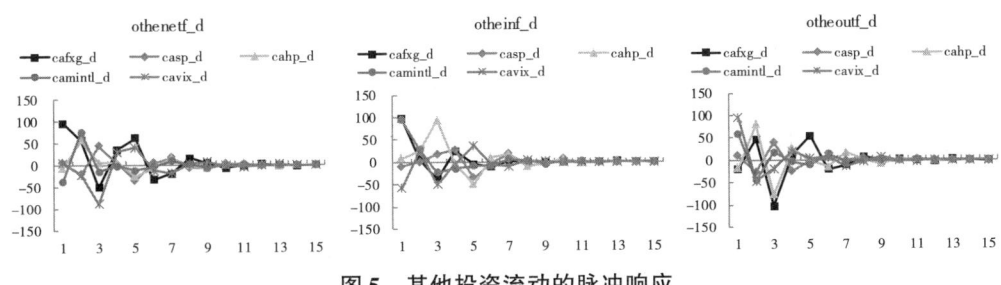

图 5 其他投资流动的脉冲响应

(三) 时变特征：时变向量自回归 (TVP—VAR)

进一步基于 TVP—VAR 方法，对变量之间影响关系的时变特征进行检验识别。对于 TVP—VAR 模型的估计，本文使用的是 Nakajima（2011）提供的基于 Matlab 的 TVP—VAR 工具包。

数据经验分析结果显示，短期资本流动与总量资本流动高度相关，资本流动的波动往往来自短期资本流动的波动，故此部分 TVP—VAR 分析中，主要将短期资本净流入作为主要考察变量进行分析。表 5 给出的是 TVP—VAR 模型参数估计结果。① Geweke 收敛检验显示不能拒绝模型参数趋于后验分布的假设，因此在马尔科夫链蒙特卡罗（MCMC）10000 次抽样中能够使模型参数估计值收敛，且模型参数估计值的非有效因子都小于 100，说明模型参数产生了有效的样本。

表 5　　　　　　　　TVP—VAR 模型参数估计结果

参数	均值	标准差	95%置信区间	Geweke	非有效性因子
sb1	0.0023	0.0003	[0.0018, 0.0029]	0.001	2.17
sb2	0.0023	0.0002	[0.0018, 0.0029]	0.316	0.70
sa1	0.0079	0.0086	[0.0033, 0.0351]	0.000	62.94
sa2	0.0057	0.0016	[0.0035, 0.0095]	0.000	6.67
sh1	0.0117	0.0302	[0.0033, 0.0655]	0.000	37.71
sh2	0.0077	0.0072	[0.0035, 0.0266]	0.000	77.00

注：模型滞后阶数为 2 阶，马尔科夫链蒙特卡罗（MCMC）抽样次数为 10000 次。估计结果由 Matlab2015 b 给出。

1. 参数时变特征分析

图 6 给出了 TVP—VAR 方法估计所得各金融周期差异变量对短期资本净流动

---

① TVP—VAR 模型的构建也要求变量平稳，前述构建 SVAR 模型时已对各变量的平稳性进行过检验，此处不再重复提供。对 TVP—VAR 模型的估计，参照 Nakajima（2011）在估计方法上的建议，采用的是马尔科夫链蒙特卡罗（MCMC）方法，模型滞后期设定为 2 期，MCMC 抽样次数设定为 10000 次。

的时变影响参数。与前述分析不同，TVP—VAR 估计得到的各变量对资本流动的影响参数不是固定值，参数会随着时间的变化而发生变化，能够反映金融周期差异因素对跨境资本流动的影响随时间变化的动态特征。

图 6 结果显示，利差对资本流动的影响参数（a_{1t}）在样本区间内均为正值，从 2012 年开始，a_{1t} 出现明显的变小趋势并一直持续到样本期结束。汇差对短期资本净流入的影响参数（a_{2t}）在样本区间内始终为正，从时变特征来看，a_{2t} 在 1998—2007 年缓慢下降，2008—2011 年保持相对稳定，2012 年之后逐渐变大。股票资产价差对短期资本净流入的影响参数（a_{3t}）在样本区间内始终为正，从时变特征来看，a_{3t} 在 1998—2007 年缓慢下降，2008—2014 年缓慢上升，2014 年至今相对保持稳定。房地产价差对短期资本净流入的影响参数（a_{4t}）在样本期内一直为正且呈缓慢上升趋势。风险溢价差对短期资本净流入的影响参数（a_{5t}）持续为负且相对保持稳定。

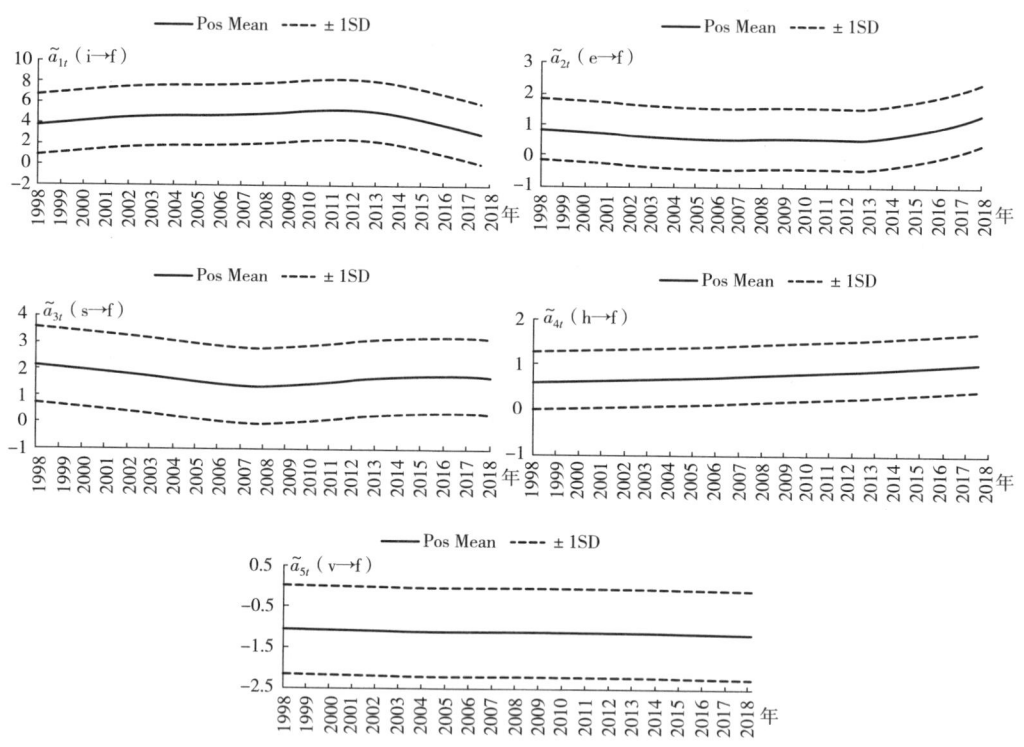

注：$\tilde{a}_{it}$（$x \rightarrow f$），$x \in (g, i, e, s, h, v)$ 表示 x 变量对 t 变量影响的参数，为简化此处 f 表示 $\Delta fintnetf$、g 表示 $\Delta cagdp$、i 表示 Δcai、e 表示 $\Delta cafx$、s 表示 $\Delta casp$、h 表示 $\Delta cahp$、v 表示 $\Delta cavix$，Δ 表示一阶差分。脉冲响应函数结果由 Matlab2015 b 给出。

图 6 参数时变特征

2. 时变脉冲响应分析

(1) 不同提前期脉冲响应分析

图 7 给出的是短期资本流动对各经济金融周期差异因素提前 1 期（1 个季度）、2 期（半年）、4 期（1 年）1% 正向偏离冲击的时变脉冲响应函数。

图 7 结果显示，短期跨境资本净流入对利差冲击的脉冲响应在 2008—2010 年出现明显的变化，前期呈逐渐变大趋势，后期呈逐渐变小趋势，说明 2008 年以后，短期资本净流入对利差的敏感性在降低。短期资本净流入对汇差冲击的脉冲响应整体来看长期处于上升趋势中，尤其是 2010 年以来，持续保持上升趋势。短期资本净流入对股票资产价差冲击的脉冲响应在 1998—2008 年呈下降趋势，2008—2014 年逐渐上升，之后经历短时间的下降后又保持稳定。短期资本净流入对房地产价差冲击的脉冲响应自 1998 年以来长期处于上升趋势中，但 2015 年以来有所下降。资本流动对风险溢价差冲击的响应经历了两轮上涨下跌周期，整体看呈扩大趋势。

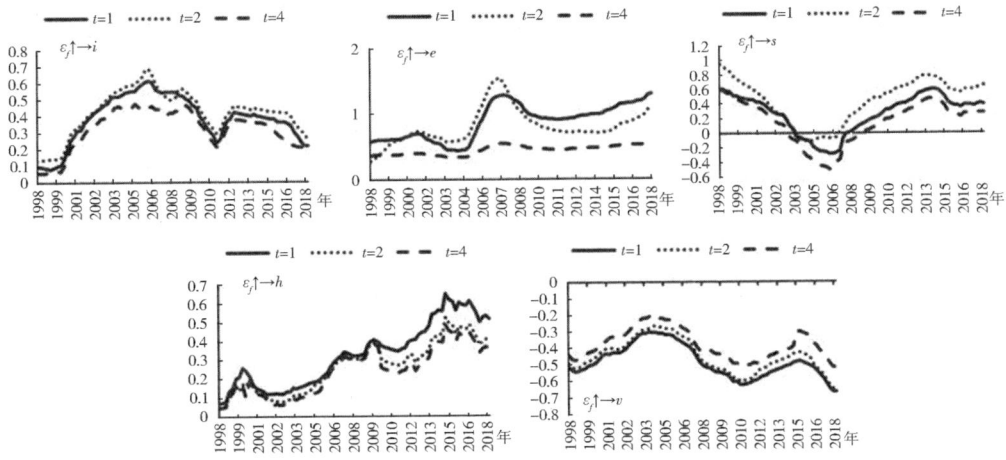

注：$\varepsilon_f \uparrow \to x$，$x \in (g, i, e, s, h, v)$ 表示 f 变量对 x 变量正向 1% 单位的变化冲击的响应，为简化此处 f 表示 $\Delta fintnetf$，g 表示 $\Delta cagdp$，i 表示 Δcai，e 表示 $\Delta cafx$，s 表示 $\Delta casp$，h 表示 $\Delta cahp$，v 表示 $\Delta cavix$。$t = i$ $(i = 1, 2, 4)$ 表示冲击提前期分别为 1 期（1 季度）、2 期（半年）、4 期（1 年）。脉冲响应函数结果由 Matlab2015 b 给出。

图 7　不同提前期冲击脉冲响应函数

(2) 不同时点脉冲响应分析

在 TVP—VAR 模型中，本文进一步设定了发生在 2008 年第一季度和 2015 年第三季度的两次冲击，试图分别模拟在 2008 年第一季度国际金融危机背景下的外部冲击和 2015 年第三季度中国发生"股灾"背景下的内部冲击发生时，金融周期差异因素的变动对跨境资本流动的影响。图 8 给出了两次冲击下短期资本净流入对金融周期差异变量正向1%单位偏离冲击的脉冲响应函数。对比两次冲击的脉冲响应可以发现，短期资本净流入在两次冲击下响脉冲应方向是一致的。对比两次冲击时期脉冲响应函数的差异可以发现，两次冲击时期利差变动对跨境资本流动的冲击差异不大；2008年第一季度冲击时期，资产价差、风险溢价差的变化对跨境资本流动的冲击要更大；2015年第三季度冲击时期，汇差对跨境资本流动的冲击更大。

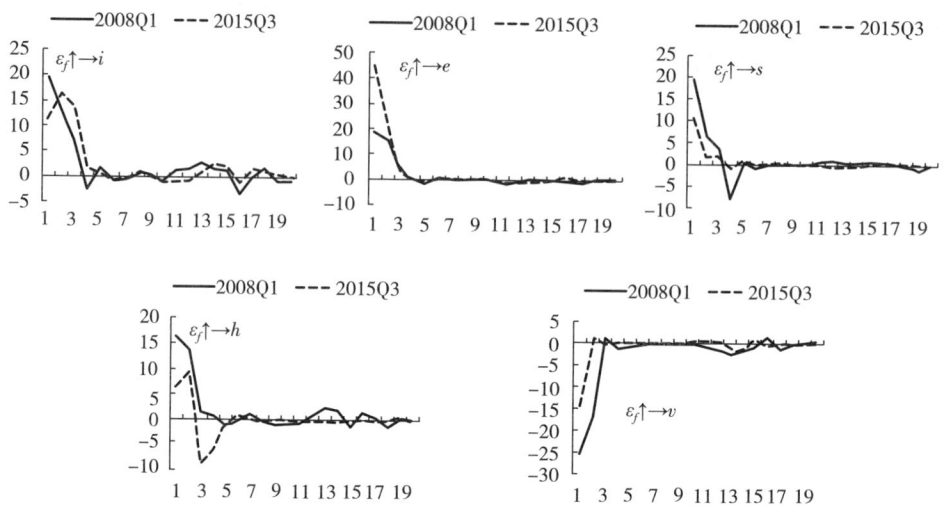

注：$\varepsilon_f \uparrow \to x$, $x \in (g, i, e, s, h, v)$ 表示 f 变量对 x 变量正向1%单位的变化冲击的响应，为简化此处 f 表示 $\Delta fintnetf$，g 表示 $\Delta cagdp$，i 表示 Δcai，e 表示 $\Delta cafx$，s 表示 $\Delta casp$，h 表示 $\Delta cahp$，v 表示 $\Delta cavix$。2008Q1表示冲击时点为2008年第一季度，2015Q3表示冲击时点为2015年第三季度。脉冲响应函数结果由Matlab2015 b给出。

图8 不同时点冲击脉冲响应函数

（四）进一步检验

基于TVP—VAR方法的分析结果显示，近年来，利差对跨境资本流动的影响在降低，汇差和资产价差对跨境资本流动的影响在增加。为了针对这一结果给出更多的实证证据，本文进一步通过引入虚拟变量的形式进行了检验，具体做法：（1）引入一个虚拟变量D，2010年之前虚拟变量值为0，2010年之后虚拟变量值为1；① （2）将表示经济金融周期差异的变量与虚拟变量做乘积交叉项，引

---

① 将虚拟变量变化点设为2010，主要基于两方面考虑：第一，TVP—VAR检验结果显示模型参数的变化发生在2008—2010年。第二，考虑中美利差由持续上升转为下降的时间点大约在2010年，金融危机后人民币汇率再次浮动也是在2010年。因此，设定虚拟变量时，将变化点设在了2010年，没有选取金融危机发生的2008年作为变化点。实际上，本文也尝试用2008年作为变化点的虚拟变量进行了相同的检验，检验结果不理想。

入前文线性回归模型进行进一步检验。

表 6 给出了在线性回归模型中加入金融周期差异变量与虚拟变量交叉项的回归结果。① 从表 6 模型（1）至模型（6）估计参数的正负来看，虚拟变量和利差交叉项的估计参数均为负；虚拟变量和汇差交叉项的估计参数均为正；虚拟变量与股票资产价差交叉项的估计参数有正有负且数值较小；虚拟变量和房地产价差交叉项的估计参数大多数为正；虚拟变量和风险溢价差交叉项的估计参数大多数为负。考虑利差、汇差、股票资产价差和房地产价差变量本身的估计系数为正，② 且虚拟变量在 2010 年以后取值为 1，这一结果说明，2010 年以后利差对跨境资本流动的影响变小，汇差对跨境资本流动的影响变大。资产价差中房地产价差变动对跨境资本的影响在 2010 年以后也变大，股票资产价差变动对跨境资本流动的影响在 2010 年以后变化不大。这在一定程度上进一步检验了利差对跨境资本流动的影响在降低，汇差和房地产价差对跨境资本流动的影响在增加。

对这一结果可能的解释：（1）2008 年国际金融危机后，以美国为代表的发达经济体采取快速降低利率的政策刺激经济增长，中美利差被快速推升到高位，之后在美国货币政策回归正常化和中国去杠杆背景下，中美利差自 2010 年以来整体呈下行趋势。（2）中国金融市场逐渐扩大开放，汇率形成机制改革不断推进，汇率变动的空间和弹性更大。在此背景下，利差对跨境资本流动的影响减弱，汇差对跨境资本的影响相对增强。③

表 6　　　　加入周期差异变量与虚拟变量交叉项的回归结果

因变量	（1）总量资本净流入	（2）总量资本流入	（3）短期资本净流入	（4）短期资本流入	（5）其他投资净流入	（6）其他投资流入
cai	103.51*** (37.17)	41.13 (32.70)	62.79*** (30.87)	−2.90 (42.97)	58.87* (35.65)	21.45 (31.28)
$D \times cai$	−129.59 (96.89)	−128.3 (89.25)	−221.77*** (81.13)	−92.79 (118.81)	−179.41* (95.50)	−204.68*** (84.83)
$cafx$	17.95 (14.51)	21.61* (13.15)	6.98 (12.14)	24.22 (17.31)	21.24 (14.38)	19.03 (12.64)

---

① 前文分析结果显示跨境资本流动波动主要由流入波动引起，且短期资本流动波动和其他投资资本流动波动对总量资本流动波动的影响较大，表 6 分别给出了以总量资本净流入、总量资本流入、短期资本净流入、短期资本流入、其他投资资本净流入、其他投资资本流入作为被解释变量的回归结果。

② 引入金融周期差异变量与虚拟变量交叉项后，金融周期差异变量估计结果的显著性明显降低，但正负号保持一致。

③ 这种变化反映的是变量对跨境资本流动影响效应在时间轴上发生的变化。

续表

因变量	(1) 总量资本净流入	(2) 总量资本流入	(3) 短期资本净流入	(4) 短期资本流入	(5) 其他投资净流入	(6) 其他投资流入
$D \times cafx$	54.74*** (23.03)	43.20** (21.08)	101.64*** (19.38)	70.33*** (27.54)	39.50* (22.70)	31.55 (20.13)
$casp$	6.63*** (1.47)	4.18*** (1.28)	3.14*** (1.18)	2.44 (1.70)	4.72*** (1.38)	2.38*** (1.18)
$D \times casp$	0.04 (0.16)	−0.12 (0.15)	−0.14 (0.14)	−0.24 (0.19)	0.06 (0.16)	−0.24* (0.14)
$cahp$	10.78 (9.82)	6.32 (8.89)	5.81 (8.21)	−4.94 (11.89)	12.04 (9.68)	8.76 (8.55)
$D \times cahp$	19.80 (18.60)	2.70 (16.92)	13.62 (15.35)	−7.54 (21.80)	19.81 (18.11)	15.14 (16.13)
$cavix$	−8.97 (5.58)	−3.43 (5.05)	0.37 (4.66)	8.41 (6.61)	−8.72 (5.48)	−0.53 (4.86)
$D \times cavix$	7.57 (10.12)	−15.46* (9.54)	−2.55 (8.47)	−43.80*** (12.29)	17.27* (10.02)	−6.47 (9.48)
滞后1期	−0.01 (0.12)	0.16 (0.12)	−0.14 (0.10)	0.20 (0.11)	−0.063 (0.12)	0.17 (0.12)
控制变量	是	是	是	是	是	是
Obs	81	81	81	81	81	81
R^2	0.75	0.78	0.77	0.68	0.63	0.60
F值	10.65	12.83	12.48	7.80	6.21	5.52

五、结论与启示

新兴经济体和发展中国家推进经济金融开放的历史经验显示，开放经济体的繁荣和衰退与跨境资本流动联系紧密。当前，中国推动经济金融开放进程中跨境资本流动波动加大；同时在中国内部经济向新常态转型，外部中美贸易摩擦兴起、中美经济金融政策协调面临更大困难背景下，中美经济金融周期变化呈现新特征、新趋势。在此背景下，从内外部金融周期差异视角理解中国跨境资本流动变化，对于审视和预防跨境资本流动风险具有重要意义。本文研究提供一个分析金融周期差异影响跨境资本流动的理论框架，并使用 1998 年第一季度至 2018 年第一季度相关数据，实证研究了内外部金融周期差异变化对中国跨境资本流动的影响。

(一) 研究结论

研究发现:(1) 中国跨境资本流动波动主要来自短期资本流动变化;分类别看,其他投资项目(包括货币和存款、贷款、贸易信贷等)下的资本流动波动影响较大;从方向上看,流入波动要大于流出波动,净流入波动主要受流入波动影响。(2) 从金融周期差异因素对跨境资本流动的驱动来看,利差、汇差、资产价差(股票资产价差和房地产价差)扩大会吸引跨境资本流入中国;风险溢价缺口扩大会使跨境资本流出中国。汇差和资产价差对短期资本流动的驱动尤其明显。(3) 从传导路径看,内外部金融周期差异变动对资本流入的影响比对资本流出的影响更为显著,主要通过资本流入影响资本净流入。(4) 分类别来看,直接投资净流入主要受利差和汇差驱动,证券投资净流入主要受股票资产价差和汇差驱动,其他投资净流入主要受汇差、股票资产价差和房地产价差驱动。(5) 从时变特征看,近年来利差对跨境资本流动的影响减弱,汇差和资产价差对跨境资本流动的影响增强。

(二) 研究启示

本文研究结论为审视跨境资本流动波动的来源和驱动因素,更好地管理和防范跨境资本流动风险提供了一定启示。(1) 对跨境资本流动风险的管理和防范要格外关注资本和金融项目中除直接投资、证券投资以外的其他投资项目(包括货币和存款、贷款、贸易信贷等)下的跨境资本流动大幅波动风险。(2) 跨境资本流动受利差影响,但近年来影响程度在减弱,这为当前中美利差收窄背景下提高中国货币政策独立性提供了更多的操作空间。(3) 在汇率市场化和金融市场开放不断推进的过程中,汇差和资产价差(股票资产价差和房地产价差)对跨境资本流动的影响在增强。因此,要密切关注汇率和资产价格波动共振对跨境资本流动的影响,防范形成共振冲击。

参考文献

[1] 陈创练,姚树杰,郑挺国,欧璟华. 利率市场化、汇率改制与国际资本流动的关系研究 [J]. 经济研究,2017 (4).

[2] 苟琴,王戴黎,鄢萍,黄益平. 中国短期资本流动管制是否有效 [J]. 世界经济,2012 (2).

[3] 刘莉亚. 资本管制能够影响国际资本流动吗? [J]. 经济研究,2013 (5).

[4] 吴丽华,傅广敏. 人民币汇率、短期资本与股价互动 [J]. 经济研究,

2014 (11).

[5] 余永定, 肖立晟. 解读中国的资本外逃 [J]. 国际经济评论, 2017 (5).

[6] 张谊浩, 沈晓华. 人民币升值、股价上涨和热钱流入关系的实证研究 [J]. 金融研究, 2018 (11).

[7] 张明. 中国面临的短期国际资本流动：不同方法与口径的规模测算 [J]. 世界经济, 2011 (2).

[8] 张明, 谭小芬. 中国短期资本流动的主要驱动因素：2000—2012 [J]. 世界经济, 2013 (11).

[9] Adrian, T., Estrella, A. and Shin, H. S.. Monetary Cycles, Financial Cycles and the Business Cycle [R]. FRB of New York Staff Report, 2010, No. 421.

[10] Aghion, P., Bacchetta, P. and Banerjee, A.. Financial Development and the Instability of Open Economies [J]. Journal of Monetary Economics, 2004, 51 (6): 1077 – 1106.

[11] Bacchetta, P. and Benhima, K.. The Demand for Liquid Assets, Corporate Saving, and International Capital Flows [J]. Journal of the European Economic Association, 2015, 13 (6): 304 – 337.

[12] Blanchard, O. J. and Tesar, L. L.. The Initial Impact of the Crisis on Emerging Market Countries [Z]. Brookings Papers on Economic Activity, 2010, Spring: 263 – 323.

[13] Claessens, S. and Dornbusch R., and Park Y. C.. Contagion: Why Crises Spread and How This Can Be Stopped [M]. In Stijn Claessens and Kristin Forbes, eds. International Financial Contagion. Kluwer Academic Publishers, 2001: 19 – 41.

[14] Calvo, G.. Capital Flows and Capital – Market Crises: The Simple Economics of Sudden Stops [J]. Journal of Applied Economics, 1998, 1 (November): 35 – 54.

[15] Calvo, G., Leiderman, L. and Reinhart, C. M.. Capital Inflows to Latin America: the Role of External Factors [C]. IMF Staff Papers, 1993, 40 (1): 108 – 151.

[16] Calvo, G., Izquierdo, A. and Mejía, L. F.. Systemic Sudden Stops: The Relevance of Balance – Sheet Effects and Financial Integration [C]. NBER Working Paper, 2004, No. 14026.

[17] Calvo, G. and Reinhart, C. M.. Capital Flows to Latin America: Is There Evidence of Contagion Effects [C]. World Bank Policy Research Working Paper, 1996.

[18] Calvo, G., Leiderman, L. and Reinhart, C. M.. Inflows of Capital to Developing Countries in the 1990s [J]. Journal of Economic Perspectives, 1996, 10 (2): 123 – 139.

[19] Cardoso, E. and Goldfajn, I.. Capital Flows to Brazil: The Endogeneity of Capital Controls [C]. IMF Staff Papers, 1998, 45 (1): 161 – 202.

[20] Cerutti, E., Claessens, S. and Rose, A. K.. How Important is the Global Financial Cycle? Evidence from Capital Flows [C]. BIS Working Paper, 2017, No. 661.

[21] Chari, V. V. and Kehoe, P. J.. Hot Money [J]. Journal of Political Economy, 2003, 111 (6): 1262 – 1292.

[22] Chuhan, P., Claessens, S. and Mamingi, N.. Equity and Bond Flows to Latin America and Asia: the Role of Global and Country Factors [J]. Journal of Development Economics, 1998, 55 (2): 439 – 463.

[23] Devereux, M. B. and Yu, C.. International Financial Integration and Crisis Contagion [C]. NBER Working Paper, 2014, No. 20526.

[24] Dooley, M. P.. Capital Flight: A Response to Differences in Financial Risks [C]. IMF Staff Papers, 1988, 35 (3): 422 – 436.

[25] Einzig, P.. The Theory of Forward Exchange [M]. London: Macmillan, 1937.

[26] Fernandez – Arias, E.. The New Wave of Private Capital Inflows: Push or Pull [J]. Journal of Development Economics, 1996, 48 (2): 389 – 418.

[27] Forbes, K. J. and Warnock, F. E.. Capital Flow Waves: Surges, Stops, Flight, and Retrenchment [J]. Journal of International Economics, 2012, 88 (2): 235 – 251.

[28] Fratzscher, M.. Capital Flows, Push versus Pull Factors and the Global Financial Crisis [J]. Journal of International Economics, 2012, 88 (2): 341 – 356.

[29] Griffin, J., Federico, N. and Rene, S.. Daily Cross – Border Flows: Pushed or Pulled [J]. Review of Economics and Statistics, 2004, 86 (3): 641 – 657.

[30] Kaminsky, G. L. and Reinhart, C. M.. Financial Crises in Asia and Latin America: Then and Now [J]. American Economic Review, 1998, 88 (2): 444 – 448.

[31] Kaminsky, G. L.. Currency Crises: Are They All the Same [J]. Journal of International Money and Finance, 2006, 25 (3): 503 – 527.

[32] Keynes, J. M.. The Forward Market in Foreign Exchanges [J]. The Manchester Guardian (Reconstruction Supplement), 1922, April 20.

[33] Kim, H., Kim, S. H. and Wang, Y.. International Capital Flows and

Boom – Bust Cycles in the Asia Pacific Region [J]. Department of Economics, Tufts University, 2005.

[34] Kletzer, K. M. and Kohli, R.. Financial Repression and Exchange Rate Management in Developing Countries Theory and Empirical Evidence for India [C]. IMF Working Papers, 2001 (103).

[35] Lipschitz, L., Lane, T. and Mourmouras, A.. Capital Flows to Transition Economies: Master or Servant [C]. IMF Working Paper, 2002 (11): 202 – 222.

[36] Montiela, P. and Reinhartb, C. M.. Do Capital Controls and Macroeconomic Policies Influence the Volume and Composition of Capital Flows: Evidence from the 1990s [J]. Journal of International Money and Finance, 1999 (4): 619 – 635.

[37] Mundell, R. A.. Capital Mobility and Stabilization Policy Under Fixed and Flexible Exchange Rates [J]. Canadian Journal of Economics and Political Science, 1963, 29 (4): 475 – 485.

[38] Peel, D. A. and Taylor M. P.. Covered Interest Rate Arbitrage in the Interwar Period and the Keynes – Einzig Conjecture [J]. Journal of Money Credit and Banking, 2002, 34 (1): 51 – 75.

[39] Popper, H., Perezquiros, G. and Chuhan, P.. International Capital Flows: Do Short – Term Investment and Direct Investment Differ [C]. World Bank Policy Research Working Paper, 2016, 80 (2): 157 – 175.

[40] Reinhart, C. and Montiel, P.. The Dynamics of Capital Movements to Emerging Economies During the 1990s [C]. MPRA Paper, 2001: 3 – 28.

[41] Reinhart, C. M. and Calvo, G.. When Capital Inflows Come to a Sudden Stop: Consequences and Policy Options [C]. MPRA Paper, 2000: 175 – 201.

[42] Rothenberg, A. D. and Warnock, F. E.. Sudden Flight and True Sudden Stops [J]. Review of International Economics, 2011, 19 (3): 509 – 524.

[43] Stiglitz, J. E. Capital Market Liberalization, Economic Growth, and Instability [C]. World Development, 2000, 28 (6): 1075 – 1086.

[44] Taylor, M. P. and Sarno, L.. Capital Flows to Developing Countries: Long – Term and Short – Term Determinants [J]. World Bank Economic Review, 1997, 11 (3): 451 – 470.

基于房地产市场的
我国系统性金融风险测度与预警研究

中国人民银行西安分行课题组

课题主持人：白鹤祥
课题组成员：袁庆春　钱　皓　刘社芳　罗小伟　刘蕾蕾　郝威亚

一、引言与文献综述

习近平总书记在第五次全国金融工作会议上指出，防止发生系统性金融风险是金融工作的永恒主题，要把主动防范化解系统性金融风险放在更加重要的位置，科学防范、早识别、早预警、早发现、早处置，着力防范化解重点领域风险，着力完善金融安全防线和风险应急处置机制。从国际经验教训看，房价和房地产信贷是影响经济金融体系稳定的重要因素。2008年美国房地产价格的大幅下跌引发了严重的次贷危机，对美国金融体系造成了剧烈冲击，并导致全球性经济衰退。美国达拉斯联储研究指出，2007—2009年金融危机成本高达14万亿美元，约为美国2013年的国内生产总值[1]。20世纪末，日本房地产市场的崩盘给金融体系造成了重大负面冲击。1992—2003年，先后有180家金融机构宣布倒闭（吉野直行，2009），银行坏账从1993年的12.8万亿日元上升至2000年的30.4万亿日元（李众敏，2008）。日本房地产市场泡沫破裂在引发金融风险的同时，还导致日本长达20年的经济低迷。房地产价格泡沫破裂前10年，日本GDP平均增速为4.6%，而1992—2014年，其平均增速仅为0.8%[2]。

我国自1998年启动住房制度改革以来，随着城镇化水平的不断提高，房地产业获得了长足发展，并成为我国经济的支柱产业。同时，由于金融市场发展相对滞后，金融投资渠道狭窄，房地产的财富效应导致对房地产市场的过度投机，房地产泡沫化程度长期处于较高水平，房地产信贷规模持续扩张，基于房地产市场的系统性金融风险隐患有所加大。2018年7月，我国41个热点城市的房价收入比均大于6，多数城市的房价收入比达10倍以上，高于国际水平的4~6倍；2016年，我国房地产市场总市值与同期GDP之比高达411%，远高于全球平均

---

[1]　尚前明．让全球金融危机十年之变告诉世界［J］．瞭望，2017（50）．
[2]　任泽平，熊义明．日本房地产大泡沫崩溃始末［EB/OL］．新浪财经，2016．

水平 260%①。截至 2018 年 9 月末，我国主要金融机构（含外资）房地产贷款余额已达 37.5 万亿元，占全国各项贷款余额的比重达到 28.1%。基于国际经验与我国实际，有必要以房地产市场为切入点，进一步认识和厘清房地产市场引发系统性金融风险的理论逻辑和演进路径，测度我国基于房地产市场的系统性金融风险水平并及时预警，从而为防范和化解系统性金融风险、打好三大攻坚战提供重要的理论支撑和现实解决方案。

近年来，特别是次贷危机发生以来，国内外理论界和实务界对房地产市场引发系统性金融风险的机制进行了大量研究，也提出了诸多测度和预警系统性金融风险的思路和方法，对房地产金融开展宏观审慎管理也逐步形成国际共识。

（一） 房地产市场引发系统性金融风险的机制

Koetter 和 Poghosyan（2010）利用德国房地产市场和银行数据的实证分析，证明房价对基本价值的偏离导致银行不稳定，而名义房价的变化对金融稳定的影响却不显著。房价对其基本价值的偏离将产生两种不同效果：一方面，房价上升增加了抵押品价值和借款人的财富，并由此降低了借款人的违约概率；另一方面，房价对基本价值的持续偏离，导致希望扩展贷款组合业务的银行选择高风险的信贷客户，过度的风险性信贷将产生逆向选择问题，增大银行体系的风险。谭政勋和陈铭（2012）利用跨国数据，运用 PMG（Pooled Mean Group）估计法分离房价与均衡房价的偏差，以此衡量房价失衡程度，进而分析房地产市场价格波动与金融危机的关系。研究发现，房价上涨和房价失衡均增大了金融危机发生的概率，但后者的作用远远大于前者。

一些研究基于期权理论研究房价波动与信贷违约概率之间的关系。此类研究将房贷违约视为行使卖权，认为权益的正负是影响房贷违约率的重要因素，而房贷违约率的变动与系统性金融风险密切相关。如果房价上涨时借款人选择主动违约，则借款人的权益受损，因而房价上涨降低了主动违约概率。大量的实证研究验证了房价波动引发主动违约导致的系统性金融风险的作用机制，例如 Wilson（1995）、Bajari（2008）以及 Capozza 和 Order（2011）。况伟大（2014）使用中国某商业银行的房贷数据做了类似的分析，发现房价余额比对房贷拖欠的影响较为显著，而债务收入比的影响不显著，表明借款人通常因权益为负而违约，而非因负担不起而违约，期权违约条件比非期权违约条件更容易引起违约。

也有一些文献关注到房地产市场与金融市场的联动对系统性金融风险的影响。武康平等（2004）认为，房地产市场与金融市场之间存在共生关系，房地产价格与银行信贷存在正反馈的作用机制。房地产市场与金融市场都是风险集聚的重要载体，两者的共生性导致房地产市场与金融市场风险的相互正向累积。谭政勋和王聪

---

① 徐燕燕，等．中国房地产：盛宴！泡沫！危机！[EB/OL]．第一财经网，2016-09-21．

(2011) 利用多元 GARCH 模型，分析了我国信贷扩张引起房价上涨和房价上涨减少不良贷款的反馈机制，并利用 DSGE 模型解释了我国信贷扩张和房价波动的金融稳定效应，房价波动、信贷波动以及两者的联合波动均是引起我国银行不稳定的因素。王辉和李硕 (2015) 测度了我国房地产业与银行业系统性风险的传染性，发现房地产行业与银行业组成的金融系统比单独的银行系统更加脆弱，风险传染的速度明显更快。齐讴歌 (2012) 分析了我国房地产风险在银行体系中的传染效应，认为房地产风险传染的本质是房地产行业价格波动导致的风险向其他行业的溢出效应，房地产风险通过影响银行体系的流动性而对银行信贷体系形成冲击。

(二) 系统性金融风险的测度方法

国际清算银行早在 20 世纪 70 年代就开始研究系统性金融风险问题，并将系统性金融风险的测度运用于政策制定之中 (Borio, 2005)。伴随计量统计技术的发展，系统性金融风险的测度方法主要有以下几类。

一是基于经验分析的测度方法。通过研究已经发生金融危机国家或地区的历史数据，分析可能引发金融危机的信号指标，据此对照分析某一经济体的经济金融形势，衡量分析对象经济指标实际值与正常值之间的经验性差别来判断其系统性金融风险的大小。早期应用这一思路研究系统性金融风险的方法有 FR 模型 (Frankel 和 Rose, 1996)、KLR 模型 (Kaminsky 等, 1998) 以及 STV 模型 (Sachs 等, 1996)。后来的研究对以上方法进行综合运用，提高了对系统性金融风险测度的准确性。如 Kumar 等 (2003) 提出了 Simple Logit 模型，测度发生货币危机的风险。

二是构建综合测度指标。该方法强调测度系统性金融风险应关注多方面风险因素，以此构建综合性指标体系。Illing 和 Liu (2003) 提出了金融压力指数的度量方法。End 和 Tabbae (2005) 基于宏观金融风险模型 (Macrofinancial Risk Model)，将多部门的违约风险整合到一个系统性模型中，以此测度金融系统稳定性程度。陶玲和朱迎 (2016) 考虑到我国转轨经济体的特征，采用包含 7 个维度的综合指数法构造系统性金融风险综合指数，并使用马尔科夫状态转换模型识别和判断风险指标的状态，获取预警信息。

三是评估风险贡献程度，即通过评估单个金融机构对系统性风险的贡献程度衡量系统性风险的大小。较为典型的测度方法是 Adrian 和 Brunnermeier (2011) 创立的条件在险价值法 (CoVaR)，利用测度系统重要性金融机构危机状态和正常状态下 CoVaR 值的差别，衡量该金融机构对系统性风险的贡献度。Acharya 等 (2010) 利用系统预期损失 (SES) 衡量每个金融机构对系统性风险的贡献，测度系统性风险的大小；利用实证数据验证了边际预期损失 (MES) 与系统性风险之间存在的密切关联，指出边际预期损失 (MES) 也是测度系统性金融风险的重要指标。Brownlees、Engle 等 (2012) 在此基础上，提出了 SRISK 指数测度方法。

四是基于风险传染的测度方法。如网络分析法通过分析金融机构之间资产负债表的相互敞口、支付结算体系结构或者某种信息层面的关系，判断系统性金融风险的状况。Elsinger等人（2006）建立了银行间市场网络模型，估算宏观经济冲击导致的银行破产风险。Hu（2012）建立了风险管理网络模型（NARM），将银行看作相互关联的网络，模拟和分析银行体系的系统性风险，并利用该模型模拟系统性风险的可行性。矩阵法评估一家银行倒闭将导致其他银行倒闭的情况，测度系统性金融风险传染的特性，认为银行系统的复杂性越高，则系统性金融风险就越大。

（三）系统性金融风险的预警方法

Frankel和Rose（1996）提出的概率回归模型是早期系统性金融风险预警模型，通过计算引发危机的联合概率对金融风险进行预警。Kaminsky等人（1998）提出了信号分析模型，该模型对可能引发金融危机的指标进行密切监测，如果相关指标超过设定风险阈值，则发出预警信号。Berg（1999）通过改进Kaminsky等人的预警模型准确地预测了亚洲金融危机。Logit模型（Bussiere M.，2006）和时变转移马尔科夫矩阵模型（Abiad A G.，2005）也是风险预警的经典模型。Fioramanti（2008）利用人工神经网络算法对传统预警方法进行了改进。

国外研究为我国系统性金融风险预警提供了方法借鉴。蒋海和苏立维（2009）选择微观金融、宏观经济和国际金融市场三大类17个指标，利用主成分分析法构建了国家金融安全指数，对我国金融风险进行监测预警。唐升和周新苗（2018）利用GARCH-VaR方法对金融风险进行测度，并通过输出预警信号指示灯构建中国金融安全预警系统。淳伟德和肖杨（2018）运用支持向量机（Support Vector Machine，SVM）人工智能模型对系统性金融风险进行预警，指出中国金融系统总体上处于安全运行状态，并认为模型预测准确率达到83.33%。

（四）房地产金融的宏观审慎管理

易纲（2018）指出，房贷首付比等住房金融的宏观审慎政策是在各国行之有效的实践，核心是从保护老百姓和保护金融资产安全的角度进行逆周期调节。Philipp Hartmann（2015）认为，房地产市场在过去的系统性金融危机中扮演着重要角色，它应该得到宏观审慎决策者的更多关注；为更好地创新房地产金融宏观审慎政策工具，政策制定者需要勇于在房地产市场蓬勃发展情况下采取必要的调控行动。John V. Duca Lilit Popoyan和Susan M. Wachter（2016）指出，过度宽松的信贷条件导致爱尔兰、西班牙和美国等发达经济体尤其是美国的房价暴涨和萧条，造成风险低估、监管套利和影子融资，并最终引发2008年国际金融危机，因此需要强化房地产金融宏观审慎管理，通过对贷款人或借款人的选择进行更严格限制以防止房地产方面过度融资，进而限制房地产风险的放大和防范金融危机。Kenneth Kuttner和Ilhyock Shim（2012）构建了57个经济体在1982—2012

年采取宏观审慎政策行动综合纵向数据库以及反映住房金融体系结构特征的补充数据库,通过将各类宏观审慎政策措施,包括最高 LTV 和 DSTI 比率、供应要求、房地产敞口限额和风险权重,与房价、租金、住房信贷、利率的时间序列进行联合分析,发现最高 LTV、DSTI 比率等宏观审慎政策可以成为稳定住房价格和信贷周期的有效工具,却未发现国内及外币债务的平均或边际准备金要求、流动性要求和信贷增长限定等非利率货币政策措施变化对房价或信贷增长具有稳定影响。Song ShiJyh – Bang Jou 和 David Tripe(2014)研究发现,如果新西兰央行在 2003 年之前开始对房地产市场加以宏观审慎监管,那么其住房价格泡沫将会得到限制,其研究结果也为使用政策利率或宏观审慎工具来降温住房市场设定了国际范例。

(五) 现有研究的不足和本文的主要创新

总体来看,现有研究的不足主要包括:一是现有文献较少从房地产市场视角分析系统性金融风险的生成问题,多数文献从股票、汇率等宏观经济冲击分析系统性金融风险的爆发;二是关于房地产价格波动导致系统性金融风险的路径刻画不清晰,尚未有文献从房价下跌对各类经济部门行为的影响视角研究金融部门损失和系统性金融风险问题;三是现有文献仅将房地产市场作为系统性金融风险的诸多影响因素之一纳入研究框架,很少文献以房地产市场为出发点测度系统性金融风险的大小并作出预警,难以提供科学的政策参考。

因此,本文在借鉴前人研究基础上,深入分析房地产市场的系统性金融风险形成机制。根据房价下跌引发系统性金融风险的时间轴,构建了分阶段、跨部门的系统性金融风险网络模型和房地产市场的系统性金融风险测度指标,对房价大幅下跌导致的金融体系总损失、脆弱性和传染性进行了测度。在此基础上,建立房地产市场的系统性金融风险预警指标,划分系统性金融风险预警区间,努力做到对系统性金融风险的"早识别、早预警、早发现、早处置"。

二、房地产市场的系统性金融风险形成机制

总结历史上由房地产市场引发的金融危机,能够梳理出风险从房地产市场传递到金融体系的系统性金融风险形成机制,共分为三个阶段:一是房价上涨与信贷扩张相互作用的风险累积阶段;二是房价大幅下跌后的跨部门间风险溢出阶段;三是基于双边债务结构的金融机构间风险传染阶段。

(一) 房价上涨与信贷扩张相互作用的风险累积阶段

房价非理性上涨是房地产行业风险累积的最主要表现(沈悦等,2018)[1],

---

[1] 郭娜,章倩,周扬. 房价"黏性"、系统性金融风险与宏观经济波动——基于内生化系统性风险的 DSGE 模型[J]. 当代经济科学,2017(6):7 – 16.

预期与投机是驱动房价非理性上涨的主因。在房价上涨预期下，房地产市场供需双方均表现出明显的正反馈交易行为（positive feedback trade behavior），即房价上涨导致银行信用扩张和需求者更多买入，使房价进一步上涨，房价上涨与信贷扩张相互作用使风险逐步累积（见图1）。

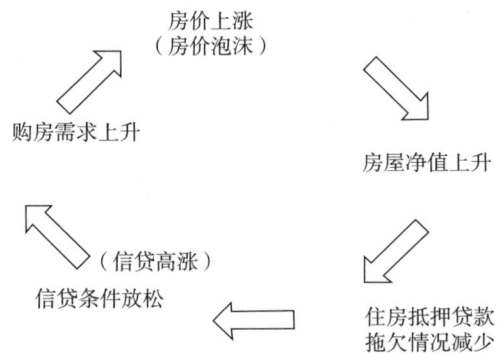

图1　房地产价格上涨与信贷扩张相互作用

以美国为例，次贷危机爆发前，美国住房市场持续繁荣，2007年年中，美国房屋价格指数一路飙升至近50年来的最高值。房价只涨不跌使各类经济主体对房地产市场的乐观预期增强，购房需求增加，金融机构不断放宽对购房者的借款条件，以较低借款利率水平吸引大量不具备还款能力的消费者通过按揭贷款进入房地产市场，同时促使次级抵押贷款市场迅速发展。次贷危机发生前，美国家庭负债比率和抵押贷款占资产的比重攀升至20世纪90年代以来的最高值，风险累积程度一触即发（见图2）。

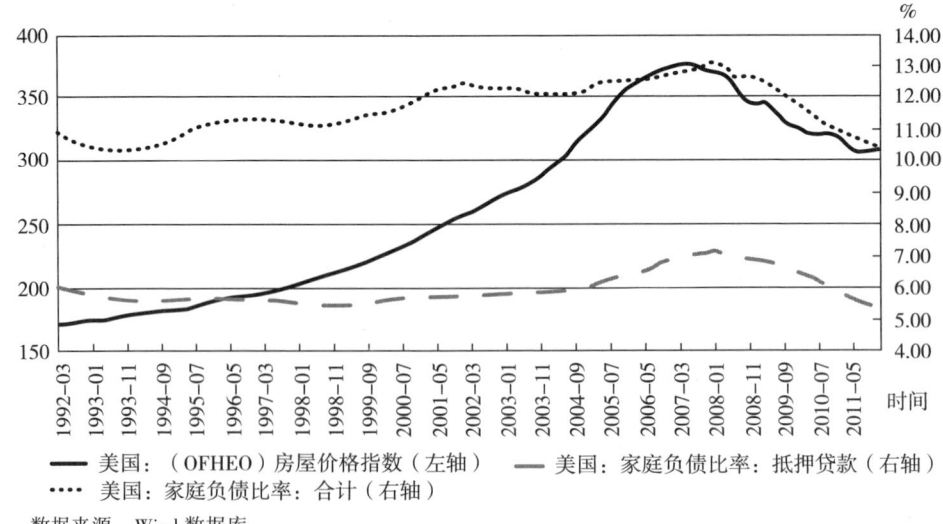

数据来源：Wind 数据库。

图2　美国1992—2011年房价和家庭负债比率走势

我国房地产市场的正反馈交易同样十分明显。以 2015 年 4 月至 2016 年 4 月数据为例，我国商品房住宅价格一路上涨，商品房销售面积和销售额持续上升，房地产成为居民投资的首选，金融机构也将房地产视为盈利领域，房地产领域的信用扩张日益加剧，居民负债增速与房价增速同步上涨。2018 年上半年，26 家上市银行个人住房贷款余额为 20.7 万亿元，在零售贷款中的比重超过 66%，其中，中信银行、工商银行、中国银行个人住房贷款在零售贷款的占比均超过了 90%。与此同时，我国居民杠杆率逐步提高。2017 年末，我国居民部门杠杆率为 49%，与 2008 年末相比，不到 10 年提高了近 30 个百分点。

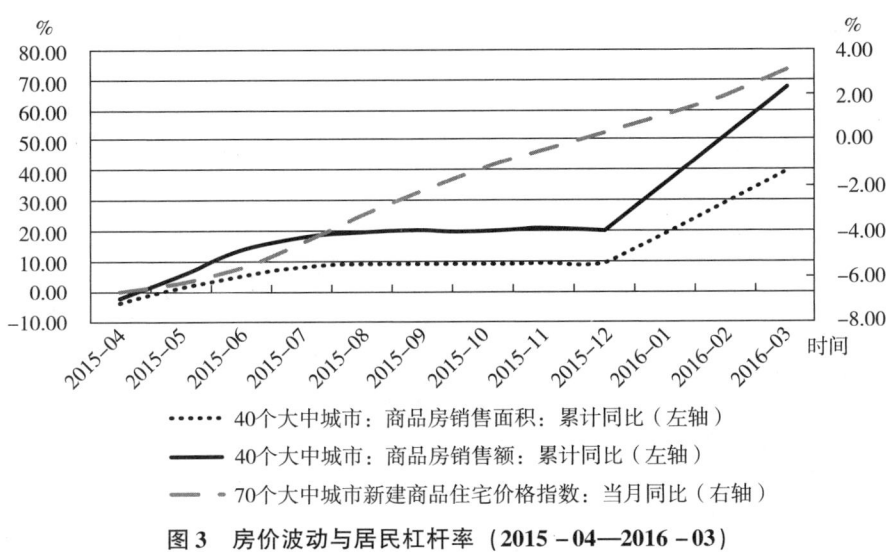

图 3　房价波动与居民杠杆率（2015 - 04—2016 - 03）

（二）房价大幅下跌后的跨部门间风险溢出阶段

房价上涨带来的财富效应使购房者看似拥有较强的偿付能力，但当房价上涨到一定程度超出后续"接盘"者的购买能力，或者宽松的信用环境突然紧缩时，房价继续上涨的动力就会消失。一旦房价下跌超出预期，原本累积在各个部门内部的风险则会通过部门间的资产负债关联渠道溢出。

一是房地产企业的外部融资，建立了房地产企业与金融部门的资产负债风险溢出渠道。根据安信证券[①]的测算，截至 2018 年 7 月末，外部融资占我国房企全部到位资金的 38.33%。其中，银行贷款占我国房企全部外部融资的 32.87%，非标融资占我国房企全部融资的 39.13%。一旦房价大幅下跌，房地产企业资产价值和销售收入下降，企业流动性趋紧，房地产企业债务违约风险加大，上市房

---

① 安信证券研究报告. 房企融资知多少 [EB/OL]. 2018 - 08，http：//vip.stock.finance.sina.com.cn.

地产企业股价波动加剧。持有房地产企业债权的金融机构为了减少贷款损失，会提高房地产企业的融资条件和成本，极端情况下会对抵押物进行折价处置。对于持有房地产企业股权的非银行金融机构，会通过抛售持有的股权来降低损失。金融机构对房地产企业流动性风险的应对措施，使房价下降背景下房地产企业流动性更加趋紧，产生恶性循环（见图4）。

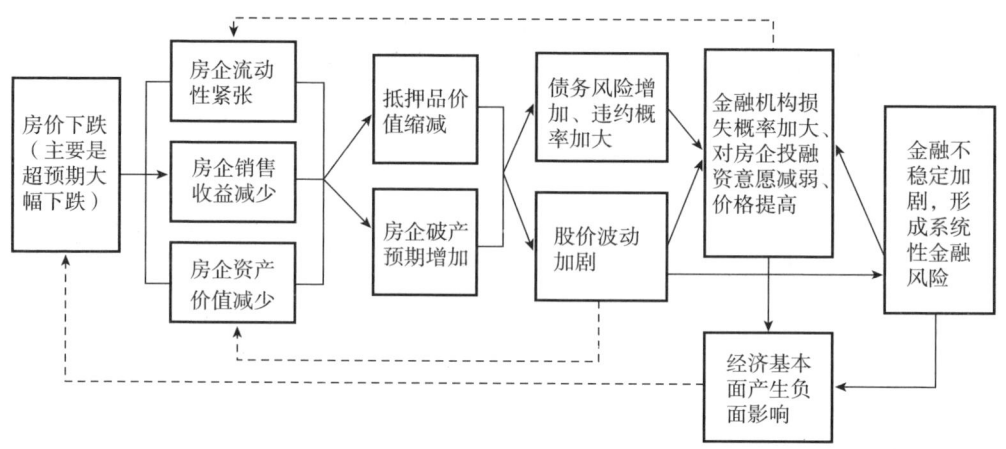

图4　房地产企业与金融部门的风险溢出渠道

二是居民部门、非房地产企业与金融部门间的风险溢出渠道。对于居民部门和非房地产企业，房价下跌使房屋资产价值降低，房屋的抵押品价值缩水。当持有房产价值小于抵押贷款价值时，很可能选择断供，贷款违约风险加大，金融机构损失概率增加，从而影响金融稳定。2007年美国次贷危机就最初始于居民部门的断供。投机需求的本质就是通过资产价格的上涨来获得差额，在房价下跌时更是率先抛售，加大房价非理性波动程度。

三是政府部门与金融部门间的风险溢出渠道。我国国有土地使用权出让收入和土地及房地产业的相关税收是政府收入的重要来源。2017年，我国国有土地使用权出让收入和土地及房地产相关税收占全国财政收入的39.69%。当房价下跌引发房地产市场低迷，会影响房地产企业经营和抑制房地产企业投资，对地方政府财政收入带来负面影响，削弱地方政府的偿债能力，政府债务违约概率加大，进而影响金融部门资产质量。

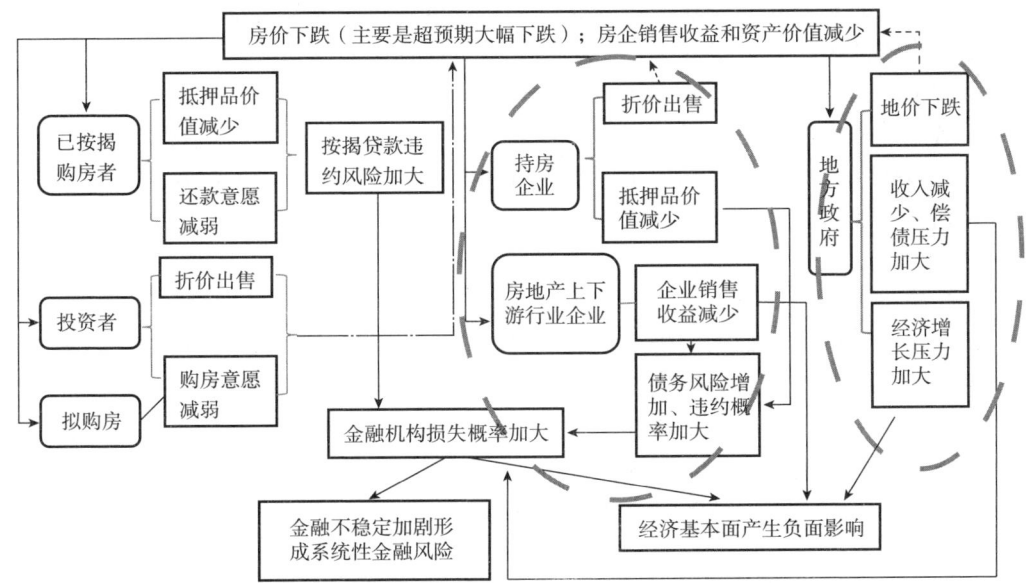

图 5　居民部门、非房地产企业和地方政府风险与金融部门间风险溢出渠道

（三）基于双边债权债务结构的金融机构间风险传染

金融机构之间通过货币市场、债券市场、同业市场等相互持有资产和负债，构成基于双边债权债务结构的金融机构间网络。一旦房地产领域的风险蔓延到金融体系，一家金融机构资产状况恶化发生债务违约，则持有该机构债权的金融机构资产就会受损，当资产减少到影响其资产负债表中当期负债偿还时，就会使银行等金融机构发生信用违约或流动性风险。当这种违约波及多家银行等金融机构时，就会引发系统性风险。美国次贷危机中，放贷机构将次级资产抵押债券出售给投资银行获得资金，而投资银行又将债务抵押债券出售给保险公司、对冲基金，形成包含相关各类金融机构的网络。2007 年初，放贷机构因次级贷款违约发生损失，2017 年 2 月美国第二大次级抵押贷款机构——美国新世纪金融公司发布盈利预警，4 月宣布申请破产保护。紧接着风险传染至投资银行，雷曼兄弟破产，波及保险机构和对冲基金。虽然，我国并未有诸如美国次贷危机前复杂的金融衍生品，但金融机构之间通过货币市场、债券市场、同业市场等相互持有资产和负债，构成基于双边债务结构而建立的金融机构间网络，成为金融机构间风险传染的主要渠道。

三、房地产市场的系统性金融风险网络模型

从上述房地产市场的系统性金融风险形成机制可以看出，我国房地产市场与

金融部门之间具有相互影响制约的共生关系；金融体系内各金融机构之间信用关系复杂，资产负债相互关联，构成了一个复杂的双边债权债务网络。当受到外部不利冲击时，房价大幅下跌导致房地产市场风险暴露，风险迅速扩散到金融体系。遭受冲击的金融机构通过双边债权债务网络迅速向其他金融机构蔓延，引发系统性金融风险。本部分构建了房地产市场的系统性金融风险网络模型，分析房价大幅下跌的压力情景引发系统性金融风险的损失情况。

（一）房价下跌引发系统性金融风险的时间轴

在构建模型前，刻画房价下跌引发的系统性金融风险时间轴，可以更好地厘清系统性金融风险的形成过程。基期的一个外部冲击导致房价下跌，使 t 期房地产企业、居民、其他房产抵押贷款企业以及政府部门受到冲击损失（冲击损失 $Loss_0$），企业、居民、政府部门贷款违约导致 t' 期金融机构遭受违约损失，这些金融机构的资产损失导致与其有着资产负债关联的金融机构带来 $t+1 \sim t+N$ 期的传染损失。

分部门看，一是当受到外部不利冲击，房价出现大幅下降，t 期房地产企业因为房价的快速下跌而遭受巨大资产损失，房地产企业债务违约风险明显上升，房地产企业的外部融资成本和难度将大幅提高，有可能导致房地产企业因流动性不足而发生债务违约，当债务大于其总资产时，则会发生企业破产。接着第 t' 期金融机构因房地产企业的破产违约而遭受资产损失。二是房价大幅下跌引致房产价值大幅下降，如果居民持有的房产价值低于按揭贷款总额，作为理性人的居民将选择中止按揭贷款还款。三是持有房地产抵押贷款的非房地产企业因抵押品价值下降而选择信贷违约，金融机构在悲观预期感染下折价抛售持有房产，导致金融机构遭受更大的资产损失。四是受房地产市场下行影响，地方政府收入大幅减少（主要是土地出让金），进而发生因入不敷出而大量拖欠金融机构债务的行为，加剧金融体系风险。因此，房地产价格大幅下降引发的金融机构违约损失主要包括四个方面：房地产企业破产违约导致的损失（$Loss_H^{VT}$），居民部门断供导致的损失（$Loss_R^{VT}$），其他房产抵押贷款企业违约导致的损失（$Loss_E^{VT}$），以及地方政府因土地收入减少而发生政府债务违约导致的损失（$Loss_G^{VT}$）。

金融机构遭受违约损失后，由于金融机构间资产负债相互关联，在第 $t+1$ 期发生传染损失。首先，部分金融机构因为遭受的损失过大而破产清算，那么因为破产机构的负债违约导致其债权方金融机构遭受到传染损失（$Loss_{t+1}^{DF}$）；其次，在金融机构破产悲观预期影响下，其他金融机构加快收回在其他金融机构的资产，从而带来金融机构间的流动性挤兑损失（$Loss_{t+1}^{FR}$）；最后，在遭受违约损失后，未破产的金融机构由于资本遭受损失，出现杠杆率上升、资本充足率不达标和流动性比例下降等问题。为了满足监管要求，这些金融机构将主动售出部分资产以实现降杠杆,由于正处于金融周期的下行期,大量机构被迫抛售势必会出现资产抛售挤兑损失 $Loss_{t+1}^{DEL}$(见图6)。

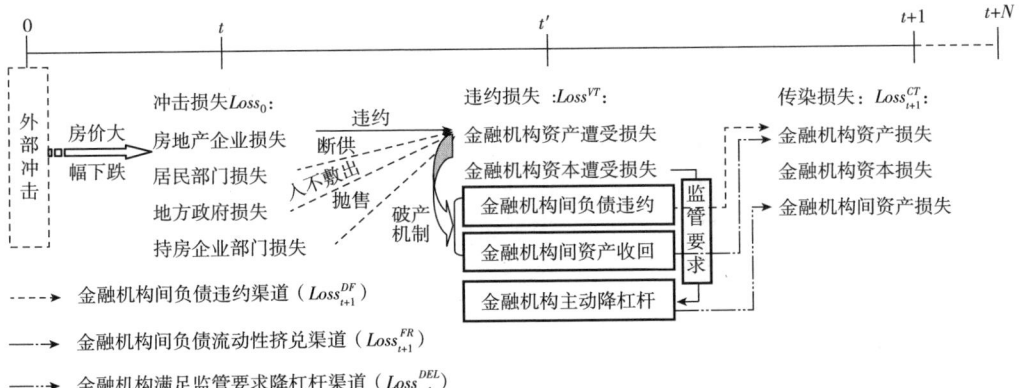

图6 房价下跌引发的系统性金融风险时间轴

(二) 构建数量模型

基于建模的可行性考虑,本文提出以下三个假定:(1)假设房地产市场遭受到外部极端的不利冲击,造成房价出现大幅下跌;(2)假定金融机构应对风险处理方式非常机械;(3)在风险出现及蔓延过程中,政府部门不进行干预和救助。①

1. 违约损失

(1) 房地产企业违约导致的损失

房地产企业在追求利润最大化条件下,通过从银行等金融机构获取融资及自有资本进行房地产开发建设,其生产函数为

$$Y_t^H = \Gamma_t^H K_{t-1}^{H\alpha_1} L_t^{H\alpha_2} S_{t-1}^{H(1-\alpha_1-\alpha_2)} \tag{1}$$

其中,Y_t^H 为房地产企业最终产出;Γ_t^H 为房地产企业技术水平;K_{t-1}^H 和 S_{t-1}^H 分别为房地产企业上一期的资本存量和土地存量;α_1、α_1 分别表示房地产企业的资本和劳动投入比例,房地产企业生产具有规模不变特征。

当受到外部不利冲击时,房价出现大幅下降,房地产企业遭受较大损失,出现资不抵债。那么房地产违约表示为

---

① 对三个假定的说明:首先,发生系统性金融风险甚至金融危机是小概率事件,我们在研究中通常考虑极端情况下可能出现的情形,这可能比目前实际情况严重得多。其次,实践中金融机构在面对不利冲击和信贷违约风险时的应对方式更加灵活多样,能够较好地降低损失和规避风险。本文模型中设定的金融机构数量多且有多个传染渠道,如果再考虑金融机构的各种应对处理风险方式,将导致模型过于复杂而无法求解。最后,政府的干预和救助力度往往是根据每次风险或危机危害大小而相应制定,由于具体干预或救助时间、程度等难以量化,因此模型中不考虑政府救助行为。

$$E_t^H = A_t^H - B_t^H < 0 \tag{2}$$

其中，E_t^H 表示受到外部冲击后房地产企业的股东权益；A_t^H 表示受到外部冲击后房地产企业的总资产；B_t^H 表示受到外部冲击后房地产企业的总负债。此时，金融机构因房地产企业破产违约而遭受的损失为

$$Loss_H^{VT} = D_t^H - (p_t^H Y_t^H - w_t^H L_t^H - C_t^H) - F_t^H = \varphi D_t^H \tag{3}$$

其中，D_t^H 为房地产企业在 t 期从银行等金融机构获得的信贷总额；p_t^H 表示 t 期的房价；w_t^H 为 t 期房地产企业人工工资；C_t^H 为 t 期房地产企业其他经营成本支出；F_t^H 为 t 期所拥有自有资金；φ 表示金融机构因房地产企业破产违约而遭受损失占其向房地产企业发放贷款的比重，且 $0 \leq \varphi \leq 1$。

（2）居民部门断供导致的损失

居民通过选择消费 U_t^R、改善住房条件 H_t^R 及提供劳动 L_t 来实现自身效用最大化，其函数为

$$\max E \sum_{t=0}^{\infty} \beta (\ln U_t^R + \gamma \ln H_t^R + \vartheta \ln L_t) \tag{4}$$

其中，$\beta \in (0, 1)$ 为居民的贴现因子；γ 为居民住房偏好系数；ϑ 为居民劳动和休闲偏好选择。

居民部门所面临的约束条件为

$$U_t^R + p_t^H H_t^R + M_t + I_t \leq w_t L_t + r_t M_t + i_t I_t \tag{5}$$

其中，M_t 为居民部门储蓄存款总量；I_t 为居民部门投资总量；w_t 为居民提供劳动所获得的平均工资；r_t 和 i_t 分别表示存款利率和投资回报率。

当房价下跌使房产价值低于按揭贷款总额时，作为理性人的居民将选择中止按揭贷款还款，此时金融机构因居民断供而遭受损失为

$$Loss_R^{VT} = \frac{\int_0^t (p_t^H H_t^R - FP_t) - \int_1^t PML_t}{n} = \frac{MLB_t}{n} \tag{6}$$

其中，FP_t 为居民部门购房时支付的首付款额度；PML_t 为已偿还的按揭贷款数额；n 为居民部门住房贷款平均剩余期数；MLB_t 为第 t 期居民部门按揭贷款余额。

（3）房产抵押贷款企业违约及抛售导致的损失

房产抵押贷款企业在追求利润最大化条件下，以房产为抵押从银行等金融机构获得融资，以及自有资本和劳动进行生产，其生产函数为

$$Y_t^E = \Gamma_t^E K_t^{E\theta} L_t^{E(1-\theta)} \tag{7}$$

其中，Y_t^E 为房产抵押贷款企业的最终产出；Γ_t^E 为房产抵押贷款企业的技术水平；K_t^E 为房产抵押贷款企业的资本存量；θ 表示房产抵押贷款企业资本的投入比例，房产抵押贷款企业同样具有生产规模不变特征。且有

$$D_t^E = p_{t-1}^H H_{t-1}^E = \lambda K_t^E \tag{8}$$

其中，D_t^E 为房产抵押贷款企业通过房产抵押从银行等机构获得的贷款，其占比为该企业总资本的 λ；H_{t-1}^E 为房产抵押贷款企业在 $t-1$ 期持有的房产量。

那么，当房价下跌导致房产价值低于企业信贷总额时，企业主动贷款违约，导致金融机构因房产抵押贷款企业违约而遭受的损失为

$$Loss_E^{VT} = D_t^E - p_t^H H_t^E = (p_{t-1}^H - p_t^H) H_t^E = \tau D_t^E \tag{9}$$

其中，τ 为第 t 期房价环比下跌的比例，且有 $0 \leq \tau \leq 1$。

(4) 政府债务违约导致的损失

地方政府在追求自身效用最大化下，按照财政预算要求向居民和企业提供公共产品和公共服务，并尽可能地保证财政收支平衡

$$utmost\ (\kappa_t Y_t + p_t^S S_t^G + O_t^G - G_t) = 0 \tag{10}$$

其中，κ_t 为税率；Y_t 为地方最终产出；p_t^S 和 S_t^G 分别为政府土地出让价格与数量；O_t^G 为除税收和土地出让金外的其他收入；G_t 为地方政府财政支出。

假设地方政府通常会根据预算安排在年初向金融机构融资或者发行地方政府债务，用于提供公共服务和公共用品，然后使用本年度的税收和土地出让金等财政收入来偿还到期债务。通常，税收收入数额较为固定，当遭受外部不利冲击时，房价的大幅下挫势必将引起地价显著下降，相应地方政府有关土地出让的财政收入大幅减少，导致地方政府入不敷出，无法按时偿还到期债务。因地方政府无法按时偿还到期债务导致金融机构的损失

$$Loss_G^{VT} = D_t^G - (\delta_t Y_t + p_t^S S_t^G + O_t^G - G_t) = \chi D_t^G \tag{11}$$

其中，$0 \leq \chi \leq 1$，表示因房价大幅下跌引发地方财政收入下降而无法按时偿还到期债务给金融机构带来的损失占政府融资的比重。

最终，因房价下跌造成的金融机构违约损失

$$Loss^{VT} = Loss_H^{VT} + Loss_R^{VT} + Loss_E^{VT} + Loss_G^{VT} = \varphi D_t^H + MLB_t/n + \tau D_t^E + \chi D_t^G \tag{12}$$

2. 传染损失

(1) 金融机构资产负债双边矩阵构建及求解

假设共有 N 家金融机构，金融机构间的债权债务关联将整个金融系统构成一个复杂的网络，可以用金融机构间资产负债矩阵 $X = (X_{ij})_{N \times N}$ 表示，具体为

$$X = \begin{bmatrix} 0 & X_{12} & \cdots & X_{1N} \\ X_{12} & 0 & \cdots & X_{2N} \\ \cdots & \cdots & \cdots & \cdots \\ X_{N1} & X_{N2} & \cdots & 0 \end{bmatrix} \tag{13}$$

其中，X_{ij} 表示金融机构 i 存放在金融机构 j 的资产数额，或者金融机构 j 对金融机构 i 的债务数额。另外，有 $IA_i = \sum_{j=1}^{N} X_{ij}$，表示金融机构 i 存放在其他金融

机构的总资产；有 $IL_i = \sum_{j=1}^{N} X_{ji}$，表示金融机构 i 对其他金融机构的总负债。由于我国金融机构之间的双边敞口数据不可得性，因此借鉴 Degryse 和 Nguyen (2007) 和方意 (2016) 等做法，利用最大化信息熵法求解 X。

最大化信息熵法求解如下：

①标准化处理。将每家金融机构在其他机构的总资产 IA_i 转化为其对整个金融体系直接关联总资产的占比（$x_i = IA_i / \sum_{i=1}^{N} IA_i$），将每家金融机构对其他机构的总负债 IL_i 转化为其对整个金融体系直接关联总负债的占比（$y_i = IL_i / \sum_{i=1}^{N} IL_i$）。同理，金融机构间资产负债矩阵 $X = (X_{ij})_{N \times N}$ 可以转化为 $\pi = (\pi_{ij})_{N \times N}$，其中 π_{ij} 为金融机构 i 存放在金融机构 j 的资产占整个金融体系相互间总资产的比重。因此存在

$$\sum_{i=1}^{N} \sum_{j=1}^{N} \pi_{ij} = \sum_{i=1}^{N} x_i = \sum_{i=1}^{N} y_i = 1 \qquad (14)$$

②构造虚拟矩阵 m。其中，m 中的元素 $m_{ij} = \begin{cases} 0, & i=j \\ x_i y_j, & i \neq j \end{cases}$，即金融机构 i、j 与其自身不存在借贷关系，并且金融机构 i、j 与其他金融机构间债权债务之和同金融机构 i、j 的相互间总头寸成正比。

③求解矩阵 π。显然矩阵 m 中各元素之和并不等于1，这时需要通过 m 来得到 π。并使其在满足所有元素之和等于1条件下，与 m 的偏离（以交叉熵代替）最小，即

$$\min_{\pi_{ij}, i \neq j} \sum_{i=1}^{N} \sum_{j=1}^{N} \pi_{ij} \ln\left(\frac{\pi_{ij}}{m_{ij}}\right) \quad \text{其中} \sum_{j=1}^{N} \pi_{ij} = x_i, \sum_{i=1}^{N} \pi_{ij} = y_j \text{ 且 } \pi_{ij} > 0 \qquad (15)$$

然后利用信息熵中的 RAS 算法求解式（15），进而通过换算由 π 得出金融机构间资产债务矩阵 X。

(2) 三类传染渠道及其损失

假设 t 时期，未遭受房地产市场冲击前，金融机构 i 的资产负债表如图7所示。其中，资产包括金融机构间资产（$IA_{i,t}$）和其他外部资产（$OA_{i,t}$），负债包括金融机构间负债（$IL_{i,t}$）和其他外部负债（$OL_{i,t}$），以及所有者权益（$E_{i,t}$）。此时

$$A_{i,t} = IA_{i,t} + OA_{i,t} \qquad (16)$$

$$L_{i,t} = IL_{i,t} + OL_{i,t} \qquad (17)$$

$$IA_{i,t} + OA_{i,t} = IL_{i,t} + OL_{i,t} + E_{i,t} \qquad (18)$$

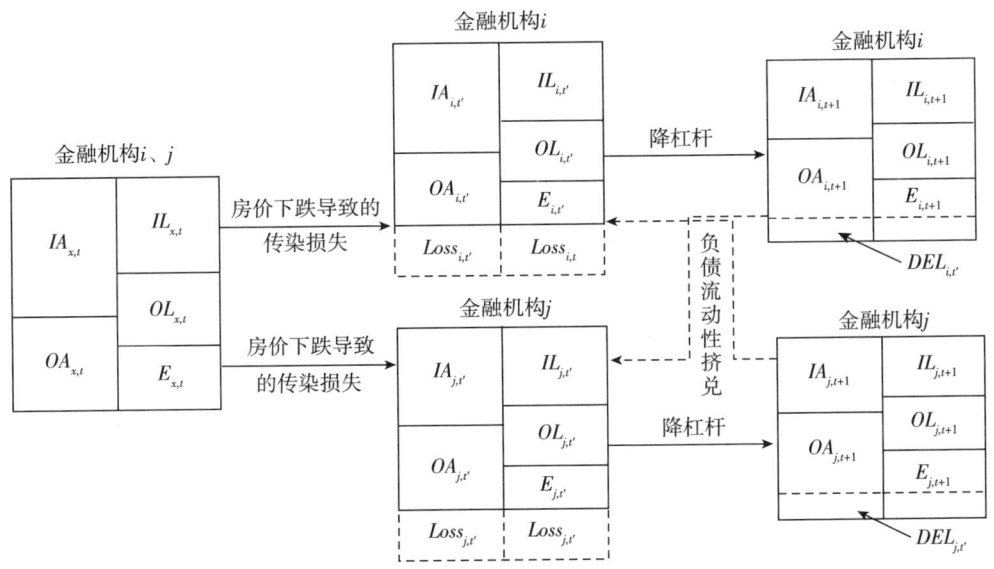

图 7　金融机构资产负债表及其风险传染网络

t' 时期，由于房价下降各部门发生债务违约，金融机构 i 的资产负债表规模下降，此时金融机构 i 的资产负债情况如下

$$A_{i,t'} = \max \{A_{i,t} - Loss_{i,t}, 0\} \tag{19}$$

$$L_{i,t'} = \max \{\min (L_{i,t}, A_{i,t} - Loss_{i,t}), 0\} \tag{20}$$

$$E_{i,t'} = \max \{E_{i,t} - Loss_{i,t}, 0\} \tag{21}$$

当金融机构 i 发生破产时，其资本为 0，该机构将收回所有剩余资产用于偿债，最终负债也变为 0。因为资不抵债，发生破产清算，从而发生对其债权方金融机构的负债违约，那么债权方金融机构最终可收回的资产价值为 $A_{i,t} - Loss_{i,t}$ 与 0 中的较大者。

为了简化模型，我们作出以下三点假设：一是金融机构破产清算成本为 0。当然即使存在破产清算交易成本并不会显著影响本文结论，但它将显著增加模型的求解难度，Angeloni 和 Faia（2013）和方意（2016）等曾经进行过如此假设；二是破产金融机构的负债偿付等级完全相同，即各类负债统一偿付，每一单位负债所承受的损失相同；三是金融机构一旦破产将收回所有资产，且其破产将影响债务方资产的价值，该假设与现实比较相符。

①金融机构破产导致的金融机构间资产总损失

由假设（2）可知，金融机构 i 破产，将使其债权方金融机构的负债发生违约，金融机构 j 可从金融机构 i 收回的实际资产价值，取决于破产金融机构 i 能够偿付给金融机构 j 的实际额度，即

$$X_{ji,t+1} = \frac{X_{ji,t}}{L_{i,t}} A_{i,t'} \tag{22}$$

为便于理解和表述，下文依然用 i、j 表示金融体系中的任意两家机构，不与上述机构形成一一对应。根据式（22）可以计算 $t+1$ 期金融机构 i 受其他金融机构破产导致的金融机构间资产总损失 $Loss_{i,t+1}^{DF}$ 为

$$Loss_{i,t+1}^{DF} = \sum_{j \in \{Default\}_{t'}} (X_{ij,t'} - \frac{X_{ij,t}}{L_{j,t}} A_{j,t'}) \tag{23}$$

其中，$\{Default\}_{t'} = \{j \mid E_{j,t'} \leq 0\}$，表示在第 t' 期违约金融机构的集。那么，第 $t+1$ 期因为破产机构的负债违约而使整个金融体系遭受到传染损失为

$$Loss_{t+1}^{DF} = \sum_{i=1}^{N} Loss_{i,t+1}^{DF} = \sum_{i=1}^{N} \sum_{j \in \{Default\}_{t'}} (X_{ij,t'} - \frac{X_{ij,t}}{L_{j,t}} A_{j,t'}) = \psi IA_t \tag{24}$$

其中，IA_t 为第 t 期金融机构间资产，ψ 为因金融机构破产引致的整个金融体系违约传染损失占金融机构间资产的比重，且 $0 < \psi < 1$。

②金融机构间的流动性挤兑损失

根据假设（3），各破产金融机构将在短时间内收回其所有金融机构间资产，这势必会造成大量的金融机构间资产在金融市场上同时急于卖出，其后果是各机构不得不降价抛售，由此导致相关金融机构遭受到额外的资本损失，本文将其定义为金融机构间流动性挤兑损失。

借鉴 Hahm（2013）① 的做法，假设金融机构 i 面临流动性挤兑冲击时，其中 δ 部分负债能够被重置，即 δ 部分的负债可以通过重新举债获得。同时，设定金融机构在遭受流动性挤兑时，所甩卖资产的折价率为 η（$0 \leq \eta \leq 1$），且有 η 值越大，卖出资产的折价率越高，金融机构遭受的损失越大。因此，金融机构 i 受其债权方金融机构破产需收回资产而遭受的流动性挤兑损失为

$$Loss_{i,t+1}^{FR} = (1-\delta)\eta \sum_{j \in \{Default\}_{t'}} X_{ji,t'} \tag{25}$$

那么，在第 $t+1$ 期所有金融机构受其债权方金融机构破产而遭受的流动性挤兑损失为

$$Loss_{t+1}^{FR} = (1-\delta)\eta \sum_{i=1}^{N} \sum_{j \in \{Default\}_{t'}} X_{ji,t'} = (1-\delta)\eta\psi IA_t \tag{26}$$

③主动降杠杆的资产抛售损失

我国对金融机构实施较为严格的监管，按照巴塞尔协议有关要求对商业银行等金融机构提出了最低资本充足率、流动性比例等要求；《商业银行杠杆率管理办法》要求系统重要性银行应于 2013 年底达到 4% 的最低杠杆率要求，而非系

---

① 该假设主要源于 Shin 的序列研究（Hahm 等，2013）：银行间市场的批发融资很不稳定，在经济繁荣期它迅猛扩展；而金融危机等风险敏感期，它则容易遭到流动性挤兑。

统重要性银行则应在 2016 年底达到这一要求。因此,本文考虑因房价下跌而受到损失但未破产的金融机构(此时它们的杠杆率一般都较低),为达到相关金融监管要求,将在第 $t+1$ 期通过主动卖出资产降杠杆满足监管要求。由于正处于金融下行周期,卖出资产通常会遭受一定损失,该损失即为主动降杠杆资产抛售损失($Loss_{t+i}^{DEL}$)。

在遭受来自房地产市场的违约损失后,如果金融机构 i 仍未倒闭,即截至 t' 期金融机构 i 仍然是资产大于负债而 $E_{i,t'}>0$,但其杠杆率下降(杠杆是资产/权益,杠杆率是权益/资产,因此卖出资产可以实现降杠杆,同时杠杆率提高)。一旦其杠杆率下降至最低标准以下时,金融机构 i 将会卖出资产来降杠杆以达到监管要求,此即为金融机构主动"降杠杆"。令 $i \in \{Deleverage\}_{t'}$,其中 $\{Deleverage\}$ 为第 t' 期所有主动降杠杆金融机构集合,进而有

$$\frac{E_{i,t'}}{A_{i,t'}} < LEV \tag{27}$$

其中,LEV 为法定杠杆率要求,并有 $\{Deleverage\}_{t'} = \{i \mid E_{i,t'}/A_{i,t'} < LEV$ 且 $i \notin \{Default\}_{t'}\}$,因此主动降杠杆金融机构集合一定是未违约破产金融机构集合的子集。

为达到最低杠杆率监管要求,金融机构 i 将卖出资产 $DEL_{i,t'}$ 以达到最低杠杆率要求,即

$$\frac{E_{i,t'}}{A_{i,t'} - DEL_{i,t'}} = LEV \tag{28}$$

由式(28)可得

$$DEL_{i,t'} = A_{i,t'} - \frac{E_{i,t'}}{LEV} \tag{29}$$

从而,金融机构 i 降杠杆后的资产负债情况如下

$$E_{i,t+1} = E_{i,t'} \tag{30}$$
$$L_{i,t+1} = L_{i,t'} - DEL_{i,t'} \tag{31}$$
$$A_{i,t+1} = A_{i,t'} - DEL_{i,t'} \tag{32}$$

需要指出的是,同时还存在部分金融机构既未破产也不需要降杠杆,那么则有 $L_{i,t+1} = L_{i,t'}$,$A_{i,t+1} = A_{i,t'}$ 与 $E_{i,t+1} = E_{i,t'}$。

借鉴 Greenwood 等(2015)和方意(2016)做法,假定金融机构主动降杠杆时对各类资产不存在任何偏好,因而每类资产将按相同比例卖出。那么,第 $t+1$ 期金融机构 i 存放在金融机构 j 的资产 $X_{ij,t+1}$($i \in \{Deleverage\}_{t'}$ 且 $j \notin \{Default\}_{t'}$),可以表示如下

$$X_{ij,t+1} = \frac{X_{ij,t}}{A_{i,t}} A_{i,t+1} \tag{33}$$

那么，第 $t+1$ 期金融机构间的资产负债矩阵为

$$X_{ij,t+1} = \begin{cases} \dfrac{X_{ij,t}}{A_{ij,t}} A_{i,t+1} & i \in \{Deleverage\}_{t'} \text{ 且 } j \notin \{Default\}_{t'} \\ 0 & i \in \{Default\}_{t'} \text{ 或 } j \in \{Default\}_{t'} \\ X_{ij,t'} & i \notin \{Default\}_{t'}, j \notin \{Default\}_{t'} \text{ 且 } i \notin \{Deleverage\}_{t'} \end{cases} \quad (34)$$

可以发现，金融机构为达标监管要求而主动卖出资产来降杠杆，除了遭受折价抛售带来的损失外，还会遭受交易对手方的负债流动性挤兑损失。同理，设金融机构 i 降杠杆时所甩卖资产的折价率为 η（$0 \leq \eta \leq 1$），那么，金融机构 i 在第 $t+1$ 期为达标监管要求而主动降杠杆损失为

$$\begin{aligned} Loss^{DEL}_{i,t+1} &= \eta DEL_{i,t'} + (1-\delta)\eta \sum_{j \in \{Deleverage\}_{t'}} (X_{ji,t'} - \dfrac{X_{ji,t}}{A_{j,t}} A_{j,t+1}) \\ &= \eta DEL_{i,t'} + (1-\delta)\eta \zeta \varpi IA_{t'} \end{aligned} \quad (35)$$

其中，$IA_{t'}$ 为第 t' 期金融机构间资产，ζ 为未破产金融机构在所有金融机构中的占比（$0 < \zeta < 1$），ϖ 为未破产金融机构因降杠杆引致的负债流动性挤兑损失占第 t' 期金融机构间资产的比重，且 $0 < \varpi < 1$。那么，在第 $t+1$ 期整个金融体系为达到监管要求而主动降杠杆的损失为

$$\begin{aligned} Loss^{DEL}_{t+1} &= \eta DEL_{t'} + (1-\delta)\eta \sum_{i \in \{Deleverage\}_{t'}} \sum_{j \in \{Deleverage\}_{t'}} (X_{ji,t'} - \dfrac{X_{ji,t}}{A_{j,t}} A_{j,t+1}) \\ &= \eta DEL_{t'} + (1-\delta)\eta \varpi IA_{t'} \end{aligned} \quad (36)$$

从而，在第 $t+1$ 期所有金融机构遭受的传染损失为

$$\begin{aligned} Loss^{CT}_{t+1} &= Loss^{DF}_{t+1} + Loss^{FR}_{t+1} + Loss^{DEL}_{t+1} \\ &= (2-\delta)\eta \psi IA_t + \eta DEL_{t'} + (1-\delta)\eta \varpi IA_{t'} \end{aligned} \quad (37)$$

进一步，经过 N 轮传染冲击下，金融机构的总传染损失为

$$Loss^{CT} = \sum_{t+1}^{t+N} Loss^{CT}_{t+x} \xrightarrow{N=\infty} \sum_{i=1}^{N} IA_i \quad (38)$$

最终，源自房地产市场风险冲击引致的金融系统总损失为

$$\begin{aligned} Loss^{H}_t &= Loss^{VT}_t + Loss^{CT}_t \\ &= (\varphi D^H_t + MLB_t/n + \tau D^E_t + \chi D^G_t) + (2-\delta)\eta \psi IA_t + \eta DEL_t + \\ &\quad (1-\delta)\eta \varpi IA_t \end{aligned} \quad (39)$$

四、我国房地产市场的系统性金融风险测度

（一）系统性金融风险测度指标的构建

在借鉴 Greenwood 等（2015）和方意（2016）有关研究基础上，本文用金融机构所遭受的违约损失（$Loss^{VT}$）与传染损失（$Loss^{CT}$）之和与金融机构权益总额

之比来度量由房地产市场引致的系统性金融风险（SR）。即

$$SR = \frac{Loss^{VT} + Loss^{CT}}{\sum_{i=1}^{N} E_i} \tag{40}$$

其中，E_i 表示所有金融机构的所有者权益总额。

在系统性金融风险测度指标基础上，进一步定义脆弱性指标（FLI）和传染性指标（CTI）。其中，FLI 为金融体系对房地产行业的风险暴露程度的测度指标，来度量房地产市场的违约冲击给整个金融系统带来的风险大小，其函数表达式为

$$FLI = \frac{Loss^{VT}}{\sum_{i=1}^{N} E_i} \tag{41}$$

传染性指标 CTI 为金融机构之间的关联程度及其引发系统性风险持续积累的测度指标，来度量我国金融机构之间风险交叉传染引发的系统性风险大小。其函数表达式为

$$CTI = \frac{Loss^{CT}}{\sum_{i=1}^{N} E_i} \tag{42}$$

（二）数据说明与描述性统计

在我国金融体系中，银行业占主导地位。同时考虑数据可得性，本文以我国16家上市银行[①]的金融机构间资产/总资产、金融机构间负债/总资产代表整个金融体系的机构间资产/总资产、机构间负债/总资产（见表1）。样本数据的时间区间为2006—2017年。参照刘春航和朱元倩（2012）、方意（2016）的相关做法，16家上市银行的金融机构间资产包括存放同业及其他金融机构款项、拆出银行同业及其他金融机构款项和买入返售金融资产，金融机构间负债包括同业及其他金融机构存放款项、拆入银行同业及其他金融机构款项和卖出回购金融资产款项。表1中其余指标为全国数据。

表1　　　　　　　　金融机构网络主要指标　　　　　　　　单位:%

年份	金融机构间资产/总资产（16家上市银行）	金融机构间负债/总资产（16家上市银行）	权益/总资产（16家上市银行）	房地产贷款/总资产	抵押贷款/总资产	个人住房贷款/总资产	政府贷款/总资产
2006	5.11	6.95	5.41	8.37	21.82	5.39	0.024
2007	7.59	12.27	6.34	9.04	24.72	5.90	0.000

---

① 16家上市银行分别为5家国有大型商业银行（工商银行、农业银行、中国银行、建设银行和交通银行），8家股份制商业银行（招商银行、中信银行、民生银行、光大银行、兴业银行、华夏银行、浦发银行和平安银行），3家城市商业银行（北京银行、南京银行和宁波银行）。

续表

年份	金融机构间资产/总资产（16家上市银行）	金融机构间负债/总资产（16家上市银行）	权益/总资产（16家上市银行）	房地产贷款/总资产	抵押贷款/总资产	个人住房贷款/总资产	政府贷款/总资产
2008	7.88	10.88	5.78	8.36	18.26	4.93	0.106
2009	8.48	11.40	5.30	9.22	19.23	6.25	0.013
2010	8.23	11.13	5.91	9.81	20.64	6.28	0.020
2011	10.60	13.10	6.07	9.47	21.03	6.30	0.149
2012	12.24	14.22	6.27	9.06	20.88	6.06	-0.001
2013	10.40	13.28	6.49	9.65	21.83	6.47	0.002
2014	9.00	14.07	7.01	10.10	22.22	6.68	-0.002
2015	8.44	15.73	7.32	10.53	22.06	7.11	0.001
2016	6.97	14.73	7.25	11.50	21.83	8.24	-0.001
2017	5.62	13.35	7.55	12.76	22.30	8.68	0.000

数据来源：16家上市银行的金融机构间资产/总资产、金融机构间负债/总资产、权益/总资产的相关数据来源于2006—2017年的年报。各贷款数据来自Wind数据。政府部门贷款数据来源于Wind数据库中"金融业——资金流量表：贷款：政府部门"。

从表1可以看出，我国银行业金融机构的资产关联性呈现出先升后降的"倒U形"，这可能与2016年以来我国加强银行业同业业务及理财业务规范和监管有着重要关系。房地产贷款及个人住房贷款占比却呈现稳步上升趋势，这间接表明我国金融体系对房地产行业的风险暴露程度在持续加大，来自房地产市场的系统性金融风险在不断提升。

（三）参数校准

在本文构建的金融机构网络模型式（39）中，需要确定重置率（δ）、资产折价率（η）、法定杠杆率（LEV）及其他参数的取值。

1. 关于重置率（δ），本文参照方意（2016）处理方式，以 Tressel（2010）分析16家上市银行2006—2013年存款总额与总负债之比来加以校准，重置率 $\delta = 0.82$。

2. 关于资产折价率（η），相关的文献有 Tressel（2010）和 Chan-Lau（2010）、Greenwood 等（2015）和 Duarte 等（2015）及方意（2016），其中 Tressel 和 Chan-Lau 将其取值设置为0.1至0.4，Greenwood 和 Duarte 将其取值设定为 10^{-7}，而方意出于模型收敛条件考虑，认为资产折价率 η 应满足 $\eta < LEV/(1-LEV) = 0.042$，并将其取值设定为0.02。考虑到 Greenwood 和 Duarte 的 η 取值为金融市场正常时期下美国债券的折价率，较我国金融机构在金融市场下行时

期抛售信贷类资产实际折扣率肯定偏低;Tressel 和 Chan – Lau 是在资产负债表直接传染模型下分析传染损失,由于遗漏掉间接传染损失部分,因此存在为得到显著地直接传染损失而夸大资产折价率倾向;以及本文在传染损失部分的分析思路虽与方意较为接近,但考虑到本文的前提背景为房价大幅下跌导致金融机构因遭受来自房地产行业的巨大违约损失而大量抛售资产,因此将资产折价率 η 取值设为 0.02 显然偏低。综合考虑以上分析,本文将 η 的取值设为 0.1。

3. 关于法定杠杆率(LEV),依据《商业银行杠杆率管理办法》,本文将法定杠杆率要求设为 4%。

4. 关于房价大幅下跌造成房地产市场相关主体出现信贷违约的参数,本文在参考 IMF(2011)和中国人民银行在历年《金融稳定报告》中压力测试的假设基础上,设定房价下跌的基准跌幅为 30%,相应房地产企业贷款和其他房产抵押贷款的违约比例设为 15%,即 $\varphi = \tau = 0.15$,同时将政府贷款违约比例的基准值依据债务重置损失标准设为 1%,即 $\chi = 0.01$,同时根据 2006—2017 年我国金融市场所面临的风险压力情景进行相应调整。

5. 我国个人住房贷款平均剩余年限为 12~15 年,于是我们将 n 取值为 13.5。

6. 关于金融机构传染违约破产比例和三类传染渠道导致的金融机构间资产损失比例,将以违约损失占金融机构间资产比重作为基准,在参考压力测试模拟结果基础上加以设定。

(四)系统性金融风险测度

1. 房价大幅下降带来的金融体系总损失及系统性金融风险测度

根据上面参数设定标准,参照 IMF(2011)对商业银行的房地产行业信贷违约损失开展的压力测试相关做法,运用式(39)测算出对 2006—2017 年房价大幅下降对我国金融体系的潜在总损失(见图 8)。从表 1 和图 8 可以看出,在我国房价下跌 30% 的压力情景下,2006—2017 年我国金融系统的潜在总损失总体上呈级数式上升,从 2006 年的 6196.40 亿元上升到 2017 年的 65006.82 亿元,年均增长 22.70%。

需要说明的是,理论上,金融机构间总资产应该等于金融机构间总负债,由于本文使用 16 家上市银行的相关数据作为代表,而 16 家上市银行均为大中型集团型金融机构,金融机构间总资产与金融机构间总负债出现较大的差值,于是本文相应分别基于金融机构间资产、基于金融机构间负债和二者算术平均对系统性金融风险进行了测度(见图 9、表 2)。

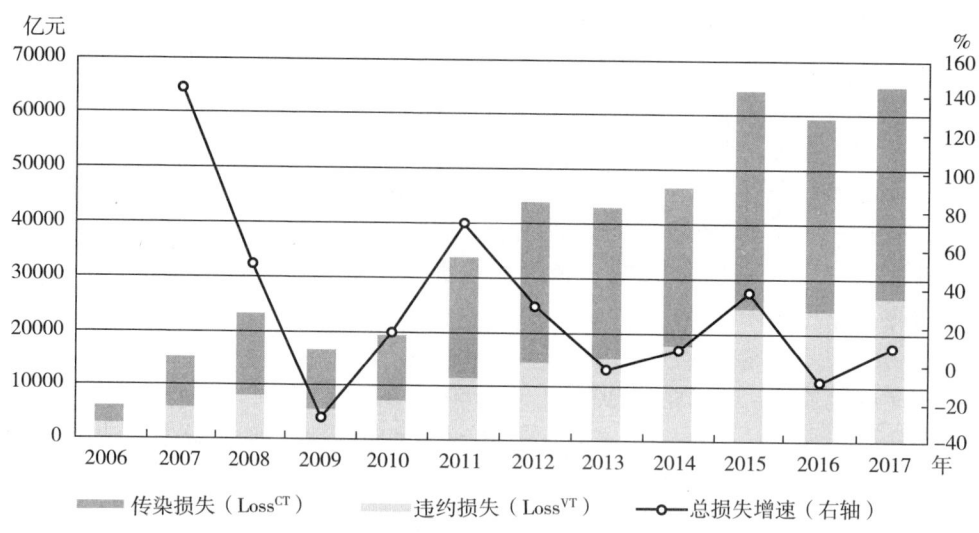

图8 房价大幅下降导致的我国金融体系的两类损失（2006—2017年）

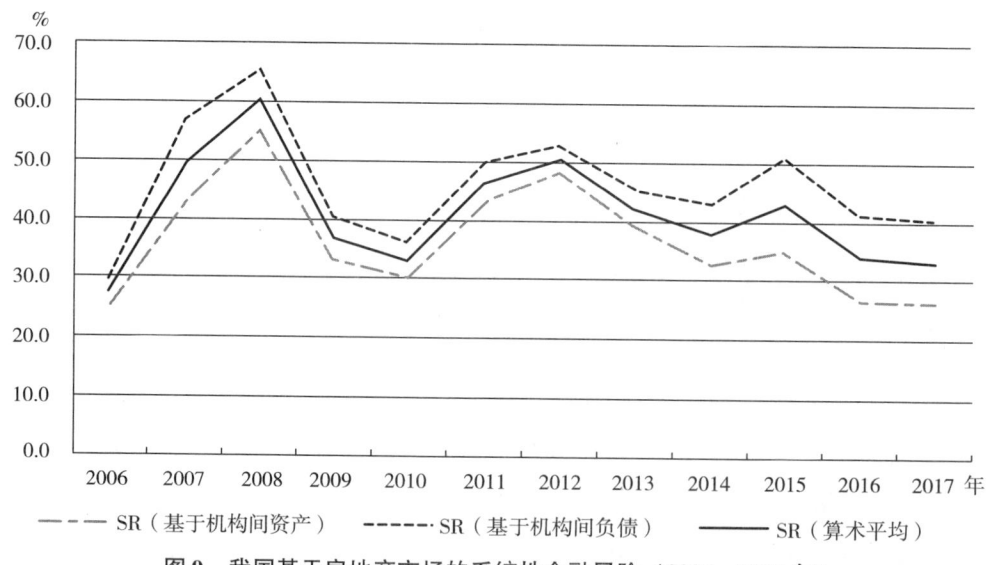

图9 我国基于房地产市场的系统性金融风险（2006—2017年）

由图9可以看出，我国基于房地产市场的系统性金融风险（SR）值整体上呈周期性波动且缓慢收敛趋势，由最高2008年的60.52%波动下降至2017年的33.28%。其中：（1）2006—2008年，SR值呈快速上升趋势，并在2008年达到高峰。这一时期，我国房价持续大幅上涨，并在2007年呈过热态势，带来风险不断积累。2008年国际金融危机爆发，我国宏观经济受到一定冲击，房价大幅下跌的概率增加，相应地SR值达到一个极高点60.52%。（2）2008—2010年，

SR 值波动较为剧烈。主要原因是：受 2008 年国际金融危机影响，我国房价下跌至历史低谷，房地产市场风险得到逐步释放，加之股票、债券价格也处于历史的低点，相应地，SR 值于 2010 年回落至低点。但随着"四万亿"刺激政策后期影响，房价重新抬头并呈加速上涨趋势，制造业、房地产业等信贷规模高速增长，经济主体负债不断扩大。同时出现产能严重过剩，经济增速放缓，金融市场风险加剧，相应地 SR 值自 2010 年底开始持续上升，并于 2012 年达到新的高点 50.61%。（3）2013—2015 年，SR 值整体表现为缓慢下降趋势。2011—2012 年在中央和地方连续性趋严的房市调控政策影响下，全国房价在 2013—2014 年出现持续回落，带动 SR 值缓慢下降。但 2015 年下半年北京等一线城市房价出现大幅上涨，进而带动全国房价新一轮快速上涨；同时受 2015 年股市牛市影响，股票和债券价格也处在一个历史高点，共同推动 SR 值在 2015 年达到高点 43.02%。（4）2016—2017 年，SR 值指标持续缓慢下降。2016 年，人民银行、银监会等金融管理部门先后推出一系列严监管去杠杆措施，金融机构间资产负债规模大幅下降，相互间的关联性明显下降，金融市场风险得到有效管控，SR 值呈现持续下降趋势。

2. 系统性金融风险的结构分析

表 2 给出我国 2006—2017 年基于房地产市场的系统性金融风险（SR）、脆弱性指标（FLI）和传染性指标（CTI）的值。

表 2　基于房地产市场的系统性金融风险（SR）、脆弱性指标（FLI）和传染性指标（CTI）

单位：%

年份	SR（基于算术平均）	FLI	CTI（基于算术平均）
2006	27.67	13.81	13.86
2007	49.74	19.38	30.36
2008	60.52	23.36	37.16
2009	37.10	12.90	24.20
2010	33.02	12.52	20.50
2011	46.50	15.75	30.75
2012	50.61	16.57	34.04
2013	42.24	14.95	27.28
2014	37.84	14.30	23.54
2015	43.02	16.23	26.79
2016	34.01	13.62	20.39
2017	33.28	13.55	19.73

由表 2 可以发现：(1) 脆弱性指标（FLI）整体上呈现波浪式振荡变化，而传染性指标（CTI）在前期（2006—2011 年）表现为周期性波动，而在后期（2012—2017 年）呈持续下降趋势。(2) 脆弱性指标（FLI）与房地产贷款/权益整体上呈反向变动，但在 2009—2010 年、2013—2014 年两个期间却表现为同向变动（见图 10）。原因是金融机构所有者权益的增速在总体上高于房地产贷款的增速，但在 2009—2010 年和 2013—2014 年却低于房地产贷款的增速。脆弱性指标（FLI）在 2006—2017 年虽呈周期性振荡，但它并没有随房价的持续上涨而出现上升态势。原因是房价的持续上涨势必会带动房地产信贷规模的不断扩张，但我国自 2009 年加入巴塞尔委员会以来，以商业银行为代表的金融机构在资产质量和风险管理方面有了明显改善，金融机构的所有者权益占比和资本充足率不断提升，从而有效冲抵因房地产信贷规模扩张而给金融系统带来的潜在风险积累，这也使 FLI 值在 2006—2017 年保持相对平稳。(3) 传染性指标 CTI 与金融市场压力指数、金融机构间资产占总资产比重呈现高度的一致性变化趋势（见图 11）。表明金融机构间资产占总资产的比重越大，各金融机构关联性越高，则相互间的传染影响越大；同时金融市场环境越差，整个金融系统遭受的感染损失也越大。

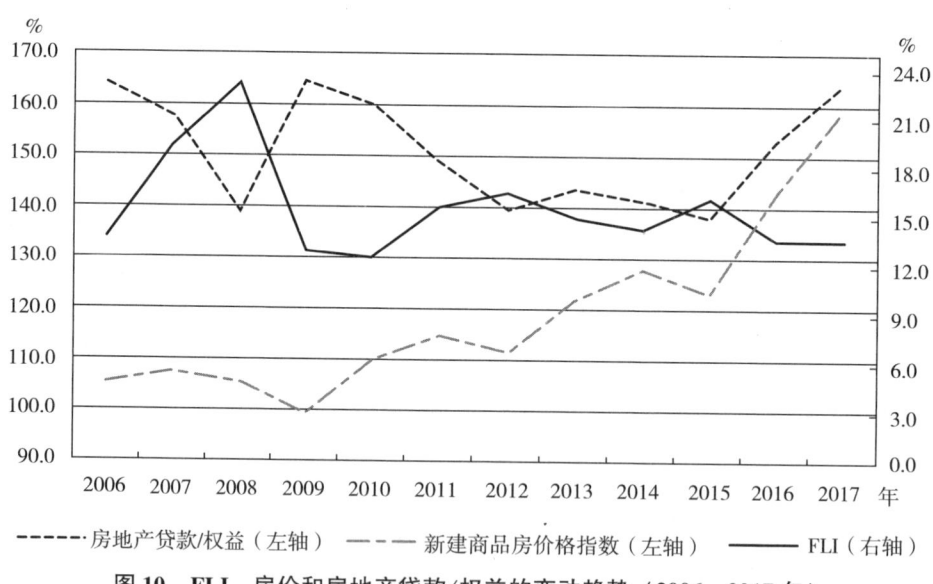

图 10　FLI、房价和房地产贷款/权益的变动趋势（2006—2017 年）

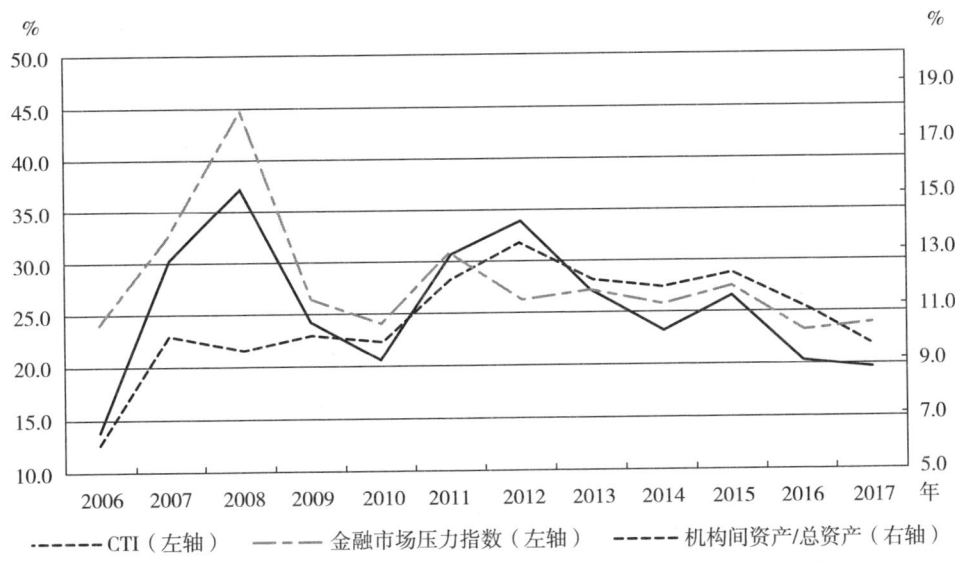

注：图中金融市场压力指数参考中国人民银行稳定工作小组测算的中国金融市场压力指数。

图 11　CTI、金融市场压力指数和机构间资产/总资产变动趋势（2006—2017 年）

五、我国房地产市场的系统性金融风险预警

（一）预警指标构建

为实现对系统性金融风险的"早识别、早预警、早发现、早处置"，在对我国基于房地产市场的系统性金融风险进行测度后，本文还需构建一套科学的风险预警指标体系。关于预警指标的构建，现有研究采取的方法主要有三种：一是临界值法，即将已测得的系统性风险指数的均值或均值的某个百分数（如80%，所谓的"二八法则"）作为临界值，当超过临界值则识别为需要预警区域；二是参照系法，即选取某个已发生金融危机或金融事件时期的风险指数值作为参照标准，高于该指数值的时期为需要预警区域，反之则视为安全区域；三是科学指数法，即依据概率统计的定理或科学原则构建指标，如用已测得的系统性金融风险指数值与其均值之差除以 2 倍左右标准差作为判别指标，并设置其阈值，当超过这一阈值时则识别为需要预警区域，反之则视为安全区域（许涤龙，2015）。

第一种方法随意性太大而统计意义性不高。由于我国并未出现过房价暴跌或大幅下跌的情况，也未发生过较大规模的系统性金融风险事件或金融危机，故缺乏典型的系统性金融风险或金融危机时期作为识别的参照标准，因此第二种参照系法并不适合用来构建我国的预警指标。因此本文选取第三种方法来构建基于房地产市场的系统性金融风险预警指标。其具体表达式为

$$SRWI = \frac{SR_t - MD(SR)}{2.0 \times SD(SR)} \qquad (43)$$

其中，$SRWI$ 表示源自房地产市场的系统性金融风险的预警指标；$MD(SR)$ 表示房地产市场的系统性金融风险指数的历史均值；$SD(SR)$ 表示房地产市场的系统性金融风险指数的标准差。

在借鉴国内外已有研究成果基础上，相应设定我国基于房地产市场的系统性金融风险的预警标准（见表3）。$SRWI=0.5$ 为房地产市场的系统性金融风险预警线，当 $0.5<SRWI<1.0$ 时，表明我国房地产市场的系统性金融风险正处在一个较高水平，必须提升对系统性金融风险的预警频度和关注程度，并积极采取相应措施进行降低风险；当 $0<SRWI<0.5$ 时，表明我国房地产市场的系统性金融风险仍处在较为合理的区间，系统性金融风险水平相对比较低，但应积极开展对房地产市场方面的系统性金融风险监测；当 $SRWI \leq 0$ 时，表明我国房地产市场的系统性金融风险水平非常低，此时整个金融系统处在一个绿色安全区域；$SRWI=1$ 为金融危机爆发线，一旦系统性金融风险预警指标（SRWI）达到或高于1.0，则将爆发金融危机。

表3 我国基于房地产市场的系统性金融风险预警区间划分

预警指标区间	$(-\infty, 0]$	$(0, 0.5)$	$SRWI=0.5$	$(0.5, 1)$	$SRWI=1$
风险程度	绿色安全区	橙色低风险区	预警线	红色高风险区	危机爆发线

（二）预警指标值的测算

由式（44）计算得到我国2006—2017年基于房地产市场的系统性金融风险预警指标值（SRWI）及其变化趋势（见图12）。整体上系统性金融风险的预警指标值呈收敛式振荡走势，由2006—2008年最宽幅的 $[-0.72, 1.00]$ 收敛至2014—2015年较窄幅的 $[-0.19, 0.09]$。其中的原因可能是：虽然在2006—2017年我国出现房价过快上涨、商业银行的房地产信贷规模不断膨胀以及股市异常震荡等金融风险事件，但在我国政府高效有力的应对措施以及人民银行稳健货币政策的调控下得以及时遏制和消除，从而使我国基于房地产市场的系统性风险不仅在绝大部分年份处在可控范围内而且还呈收敛式下降。同时，在所测度的12年中，虽然仅2008年的SRWI值高出预警线而其余11年的SRWI值均低于警戒线，但是2008年的SRWI值已经触及红色金融危机线，另外2007年和2012年的SRWI值距离预警临界值非常近，因此不能因为我国未曾发生过大的系统性金融风险事件或金融危机而放松对房地产市场系统性金融风险的测度与预警工作。

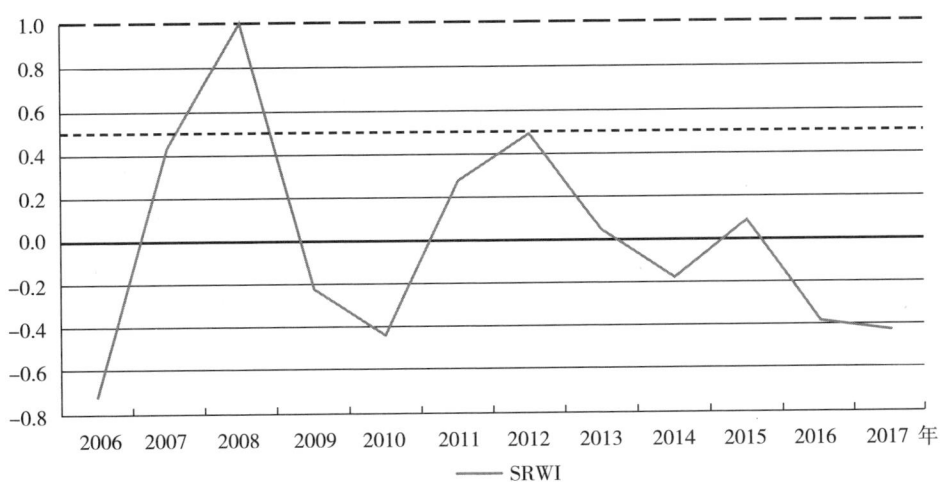

图12 我国基于房地产市场的系统性金融风险预警指标值及其变化趋势（2006—2017年）

六、结论与政策建议

（一）主要结论

近年来，随着我国房地产市场的快速发展和房价的持续攀升，我国房地产信贷扩张较快，存在着发生系统性金融风险的隐患。本文深入分析了基于房地产市场的系统性金融风险形成机制，根据房价下跌引发系统性金融风险的时间轴，构建了分阶段、跨部门的系统性金融风险网络模型和房地产市场的系统性金融风险测度指标，并据此对房价大幅下跌导致的金融体系总损失、脆弱性和传染性进行了测度。在此基础上，建立房地产市场的系统性金融风险预警指标，划分系统性金融风险预警区间，努力做到对系统性金融风险的"早识别、早预警、早发现、早处置"。本文的主要结论是：（1）随着我国房地产市场的快速发展以及房地产融资的持续扩张，房地产市场已经成为我国主要的系统性金融风险来源之一。在房价下跌30%的压力情景下，我国金融体系的潜在总损失总体呈级数式上升，年均增长22.70%，2017年达到65006.82亿元，约占GDP的8%。（2）2006年以来，我国基于房地产市场的系统性金融风险（SR）值呈现上升后波动下降的总体趋势，主要是由于近年来随着金融机构权益的增加和严监管去杠杆等措施的实施，金融机构间的关联性明显下降，金融风险得到有效管控。2008年SR值达到最高点60.52，2017年下降至33.28。（3）分析系统性金融风险（SR）的结构，脆弱性指标（FLI）整体上呈现波浪式振荡变化，且与房地产贷款/权益整体上呈反向变动；传染性指标（CTI）在2006—2011年表现为周期性波动，在2012—2017年呈持续下降趋势，且与金融市场压力指数、金融机构间资产占总资产比重呈现出高度的一致性变化趋势，表明各金融机构关联性越高，金融市场环境越差，整个金融系统遭受的感染损失也越大。（4）我国基于房地产市场的系统性金融风险预警指标（SRWI）值呈收敛式振荡走势，由2006—2008年最宽幅的［-0.72，1.00］收敛至2014—2015年较窄幅的［-0.19，0.09］，表明基于房地产市场的系统性金融风险总体可控且呈收敛式下降。

本文的创新主要有四个方面：一是阐释了房地产市场的系统性金融风险形成机制，即分为房价上涨与信贷扩张相互作用的风险累积阶段、房价大幅下跌后的跨部门间风险溢出阶段、基于双边债务结构的金融机构间风险传染三个阶段。二是构建了分阶段、跨部门的房地产市场系统性金融风险网络模型，为测度房价大幅下跌所导致的系统性金融风险提供了理论支撑。三是对我国房价大幅下跌压力情景下的金融体系潜在总损失进行了测度，掌握了基于房地产市场的系统性金融风险变化情况和结构。四是构建了房地产市场的系统性金融风险预警指标，划分了我国房地产市场的系统性金融风险预警区间并以此进行风险预警，切实贯彻落实对系统性金融风险的"早识别、早预警、早发现、早处置"。

（二）政策建议

基于上述研究结论，本文认为，有必要健全房地产市场的基础性制度和长效发展机制，加强基于房地产市场的系统性金融风险监测与预警，完善房地产金融的宏观审慎管理政策体系，促进我国房地产市场的平稳健康发展和金融与房地产的良性循环发展。

一是健全房地产市场的基础性制度和长效发展机制。建议以市场化为导向，改革完善土地制度，对于房价过快上涨的一线和重点城市，加大居住土地供给数量，稳定房价过快上涨预期。加快培育和发展住房租赁市场，实现低收入群体和新市民"住有所居"。理顺中央和地方财税事权体系，提高各级政府财政收入与支出的匹配度，赋予地方一定的税政权力，降低地方政府"卖地冲动"，减少对"土地财政"的依赖。

二是加强基于房地产市场的系统性金融风险监测和预警。全面识别和度量系统性金融风险并能及时预警是防范金融风险的前提和基础。目前，我国已初步建立了房地产金融监测系统，建议在此基础上进一步细化监测指标，建立全口径的房地产金融实时统计监测预警体系，将重点热点城市纳入监测预警范围，提升分析的准确性、及时性和前瞻性。探索构建房地产市场压力指数，量化房价和房地产信贷剧烈波动可能引发的系统性金融风险水平，确定风险监测指标阈值，及时对风险进行预警。

三是完善房地产金融的宏观审慎管理政策体系。我国房地产市场已经具备系统性和重要性的特征，应重视房地产市场波动所引发的系统性金融风险情况，健全房地产金融宏观审慎管理政策体系。结合我国房地产市场实际，适时调整、优化及丰富我国的宏观审慎政策工具组合，探索研究将房地产广义信贷的偏离度指标纳入宏观审慎评估体系（MPA），引导房地产信贷适度增长，降低金融机构风险暴露。继续落实"因城施策"住房金融宏观审慎管理政策，根据不同城市实际，调整个人住房贷款价值比，严禁"首付贷"等监管套利产品蔓延。研究建立逆周期的动态资本缓冲和前瞻性拨备安排，提升银行等金融机构抗风险能力。

参考文献

[1] 周小川. 守住不发生系统性金融风险的底线. 党的十九大报告辅导读本 [M]. 北京：人民出版社，2017.

[2] 易纲. 中国货币政策框架：支持实体经济，处理好内部均衡和外部均衡的平衡. 第一财经，2018-12-16.

[3] 徐忠. 房价过快上涨的宏观经济影响 [J]. 中国金融，2017（16）.

[4] 况伟大. 中国住房抵押贷款拖欠风险研究 [J]. 经济研究，2014（1）：155-168.

[5] 齐讴歌. 房地产风险传染机制及其动态效应研究 [D]. 西安：西北大学，2012.

[6] 谭政勋，陈铭. 房价波动与金融危机的国际经验证据：抵押效应还是偏离效应 [J]. 世界经济，2012（3）：146-159.

[7] 谭政勋，王聪. 中国信贷扩张、房价波动的金融稳定效应研究——动态随机一般均衡模型视角 [J]. 金融研究，2011（8）：57-71.

[8] 陶玲，朱迎. 系统性金融风险的监测和度量——基于中国金融体系的研究 [J]. 金融研究，2016（6）：18-36.

[9] 王辉，李硕. 基于内部视角的中国房地产业与银行业系统性风险传染测度研究 [J]. 国际金融研究，2015，399（9）：76-85.

[10] 王辉. 次贷危机后系统性金融风险测度研究述评 [J]. 经济学动态，2011（11）：119-123.

[11] 武康平，皮舜，鲁桂华. 中国房地产市场与金融市场共生性的一般均衡分析 [J]. 数量经济技术经济研究，2004，21（10）：24-32.

[12] 蔡真. 我国系统性金融风险与房地产市场的关联！传染途径及对策 [J]. 中国社会科学院研究生院学报，2018（5）.

[13] 淳伟德，肖杨. 供给侧结构性改革期间系统性金融风险的 SVM 预警研究 [J]. 预测，2018（5）：36-42。

[14] 蒋海，苏立维. 中国金融安全指数的估算与实证分析：1998—2007 [J]. 当代财经，2009（10）：47-53.

[15] 唐升,周新苗. 中国系统性金融风险与安全预警实证研究 [J]. 宏观经济研究,2018 (3):48-61.

[16] 马君潞,范小云,曹元涛. 中国银行间市场双边传染的风险估测及其系统性特征分析 [J]. 经济研究,2007 (1):68-78.

[17] 郭娜,章倩,周扬. 房价"黏性"、系统性金融风险与宏观经济波动——基于内生化系统性风险的 DSGE 模型 [J]. 当代经济科学,2017 (6):7-16.

[18] 方意. 系统性风险的传染渠道与度量研究——兼论宏观审慎政策实施 [J]. 管理世界,2016 (8):32-57.

[19] 刘春航,朱元倩. 银行业系统性风险度量框架的研究 [J]. 金融研究,2011 (12):85-99.

[20] 许涤龙,陈双莲. 基于金融压力指数的系统性金融风险测度研究 [J]. 经济学动态,2015 (4):69-78.

[21] Abiad A G. Early Warning Systems: A Survey and a Regime-Switching Approach [J]. IMF Working Papers, 2003, 3 (32): 993-1052.

[22] Acharya V V, Pedersen L H, Philippon T. Measuring Systemic Risk [C]. AFA 2011 Denver Meetings Paper, 2010.

[23] Angeloni I., Faia E. Capital Regulation and Monetary Policy with Fragile Banks [J]. Journal of Monetary Economics, 2013, 3 (60): 311-324.

[24] Berg A, Pattillo C. Predicting currency crises: The indicators approach and an alternative [J]. Journal of International Money & Finance, 1999, 18 (4): 561-586.

[25] Borio C E V. Towards a Macroprudential Framework for Financial Supervision and Regulation? [J]. Social Science Electronic Publishing, 2005, 49 (2): 1-18.

[26] Brownlees C T and Engle R. Volatility, Correlation and Tails for Systemic Risk Measurement [W]. The University of Chicago Working Paper, No. 1611229.

[27] Adrian T, Brunnermeier M K. CoVaR [W]. NBER Working Paper, No. 17454, 2011.

[28] Bajari P, Chu C S, Park M. An Empirical Model of Subprime Mortgage Default from 2000 to 2007 [J]. NBER Working Papers, 2008.

[29] Bussiere M, Fratzscher M. Towards A New Early Warning System of Financial Crises [J]. Journal of International Money & Finance, 2006, 25 (6): 953-973.

[30] Capozza D R, Order R V. The Great Surge in Mortgage Defaults 2006-2009: The Comparative Roles of Economic Conditions, Underwriting and Moral Hazard

[J]. Journal of Housing Economics, 2011, 20 (2): 141 – 151.

[31] Chan – Lau, J. A. Balance Sheet Network Analysis of Too – Connected – to – Fail Risk in Global and Domestic Banking Systems [C]. IMF Working Paper, 2010/10/107.

[32] Degryse H., G. Nguyen. Interbank Exposures: An Empirical Examination of Systemic Risk in the Belgian Banking System [J]. International Journal of Central Banking, 2007, 3 (2): 123 – 171.

[33] Elsinger H, Lehar A, Summer M. Risk Assessment for Banking Systems [J]. Management Science, 2006, 52 (9): 1301 – 1314.

[34] End J W V D, Tabbae M. Measuring Financial Stability: Applying the Risk Model to the Netherlands [J]. DNB Working Papers, 2005.

[35] Fioramanti M. Predicting sovereign debt crises using artificial neural networks: A comparative approach [J]. Journal of Financial Stability, 2008, 4 (2): 0 – 164.

[36] Frankel J. A., Rose A. K. Currency Crashes in Emerging Markets: An Empirical Treatment [J]. Journal of International Economics, 1996, 41: 351 – 366.

[37] Greenwood R., A. Landier, D. Thesmar. Vulnerable Banks [J]. Journal of Financial Economics, 2015, 115 (3): 471 – 485.

[38] Hahm J. H., H. S. Shin, K. Shin. Noncore Bank Liabilities and Financial Vulnerability [J]. Journal of Money, Credit and Banking, 2013, 45 (s1): 3 – 36.

[39] Hu D, Zhao J L, Hua Z, et al. Network – Based Modeling and Analysis of Systemic Risk in Banking System [J]. Mis Quarterly, 2012, 36 (4): 1269 – 1291.

[40] Illing M, Liu Y. An Index of Financial Stress for Canada [J]. Staff Working Papers, 2003, 29: 3 – 14.

[41] Kaminsky G, Lizondo S, Reinhart C M. Leading Indicators of Currency Crises [J]. Staff Papers, 1998, 45 (1): 1 – 48.

[42] Kaminsky G L, Lizondo S, Reinhart C M. LeadingIndicators of Currency Crises [J]. Staff Papers, 1998, 45 (1): 1 – 48.

[43] Koetter M, Poghosyan T. Real Estate Prices and Bank Stability [J]. Journal of Banking & Finance, 2010, 34 (6): 1129 – 1138.

[44] Kumar M, Moorthy U, Perraudin W. Predicting Emerging Market Currency Crashes [J]. Journal of Empirical Finance, 2003, 10 (4): 427 – 454.

[45] Sachs J D, Tornell A, Velasco A, et al. Financial Crises in Emerging Markets: The Lessons from 1995 [J]. Brookings Papers on Economic Activity, 1996, (1): 147 – 215.

[46] Tressel T. Financial Contagion Through Bank Deleveraging: Stylized Facts and Simulations Applied to the Financial Crisis [C]. IMF Working Paper, 2010/10/236.

[47] Wilson D G. Residential Loss Severity in California [J]. Journal of Fixed Income, 2009, 5 (3): 35 –48.

三 等 奖

资本项目可兑换评估方法创新及政策应用

中国人民银行货币政策二司课题组

课题主持人：霍颖励
课题组成员：曹红钢　吴立雪　吕鹏健　段　炼

一、引　言

资本项目可兑换既是开放本身的要求，也是推进改革的要求。党的十九大作出"加快完善社会主义市场经济体制，推动形成全面开放新格局"的战略部署。习近平总书记在第五次全国金融工作会议上作出"稳步实现资本项目可兑换"的重要指示。近年来，人民币资本项目可兑换持续推进，包括试点自贸区金融业务创新、推动银行间债券市场对外开放、建立沪深港通、债券通、内地与香港基金互认等多项"管状开放"新机制、构建全口径跨境融资宏观审慎管理框架、简化直接投资外汇登记以及简化外债和跨境担保外汇管理等。稳步推进人民币资本项目可兑换是实现高质量发展的内在要求，市场也有推进金融开放、进一步便利实体经济的需求。因此，有必要按照高质量发展和推进全面开放新格局的总体要求，在准确把握资本可兑换现状前提下，研究完善资本项目总体开放方案，继续稳步推进这一进程。

人民币资本项目可兑换是一场复杂的系统性改革。从1993年第一次被提出，至今已有25年，中国从1994年外汇管理体制改革开始，进行了一系列市场化重大革新，而资本项目可兑换进程始终是其中的焦点问题。1996年，中国实现了人民币经常项目完全可兑换；2005年，开始实行以市场供求为基础、参考一篮子货币进行调节、有管理的浮动汇率制度，以形成更富有弹性的人民币汇率机制。除1997年亚洲金融危机和2007年美国次贷危机蔓延，我国资本项目可兑换进程有所放缓外，其他时间人民币资本项目可兑换一直在有序推进。如今已经走到关键时期。按照国际货币基金组织（IMF）七大类40项标准，我国资本项目已具有较高的可兑换程度，仅存在少数项目不可兑换或可兑换程度较低。

人民币资本项目可兑换是包含不同层次的系统性工程。第一个层次是取消有关资本项目交易的汇兑限制，更高层次则是指资本自由流动，即国内外的机构或个人在无须国内政府批准的情况下就可按官方汇率在本币与外币间自由兑换，并可将投资资金汇入国内或汇出国外。换言之，资本自由流动是在资本可兑换的基础上，有进出国境的自由（跨境资本流动的自由）。根据上述定义，我国资本流动的自由度还不高。

人民币资本项目可兑换并不是改革的最终目的。一方面，人民币资本项目可兑换需要服务于中国经济和世界经济的融合，实现开放型经济；另一方面，人民币资本项目可兑换尚存一定风险，因此需要稳步推进，使监管水平和开放的程度相适应，在开放中防范好风险。资本项目可兑换不等于全面解除对跨境资本流动的各种管制。尤其是在当前全球金融环境复杂、经济发展极不均衡的情况下，大多数发展中国家和新兴市场国家均着眼于国家安全、反洗钱和反恐怖融资以及宏观审慎管理等要求，均保留了不同程度的管理措施，尤其是在金融衍生品交易等方面，中国自然也不例外。

长期以来，由于资本项目可兑换的复杂性和多层次性，对资本项目可兑换的定义一直有争议。有一种观点认为，资本项目可兑换是取消资本项目汇兑环节的限制。另一种观点则认为，在此基础上，还应包含取消对资本项目交易环节本身的限制。从实际情况看，第一种定义层次较低，适用于外汇短缺的新兴市场国家，这些国家需通过汇兑环节的限制来应对外汇储备的不足。而人民币资本项目可兑换已经跨出了此阶段，在人民币已经可以跨境使用的大背景下，可能更适用于第二种定义。目前，除了由人民银行和外汇局管理的汇兑环节外，发展改革委、商务部、人民银行、银保监会、证监会和外汇局等监管部门对资本项目也设置了较多前置性审批程序，可见我国资本项目存在汇兑环节限制的同时，也受到交易环节的限制。相比较看，由于交易环节涉及部门更多，限制更为广泛，可能对资本项目可兑换的影响也更为深远。只有从资本项目可兑换的结构性特征着手，对人民币资本项目可兑换现状进行重新评估，方可在此基础上探寻人民币资本项目可兑换的最优路径。

本文立足于翔实的评估分析以及人民币资本项目可兑换的现状开展探索。首先，对资本项目可兑换的相关理论进行综述。然后，通过区分汇兑环节和交易环节，对人民币资本项目可兑换的结构性特征进行评估，深入讨论人民币资本项目可兑换的重点和难点，如"渠道式开放"等。在此基础上，研究探索人民币资本项目可兑换的最优可实现路径。

二、国际组织对资本项目可兑换的定义及态度演变

（一）IMF对资本项目可兑换的定义及态度演变

IMF自成立以来，未对资本项目可兑换有过明确的定义，且从未将督促成员国实现资本项目可兑换纳入其章程。总体上看，IMF在不同时期对资本账户可兑换的态度有所差异，呈现"推行资本管制—推行资本项目自由化—倡导资本项目

有序稳妥开放"的趋势。与此同时，IMF通过每年编撰《汇兑安排与汇兑限制年报》（AREAER）的方式，对各国的资本项目可兑换情况进行评估，以此表明对资本项目可兑换的倾向性态度。

1. IMF未对资本项目可兑换进行过明确的定义

IMF自成立以来，先后六次修改《国际货币基金组织协定》，但其宗旨基本没有发生大的变化，且从未将督促成员国实现资本账户可兑换纳入IMF职能。2016年最新版本的《国际货币基金组织协定》明确，IMF的基本宗旨仍是维护国际货币体系稳定、促进国际贸易发展并以此提高和保持高水平的就业和实际收入。

IMF的一项重要职责是监管汇率体制和国际资本流动，应该说在给出货币可兑换的定义方面最具权威性，但IMF对经常项目可兑换进行了明确定义，对资本项目可兑换则只给出了一个大致的框架，没有规定一套一旦接受后就可以宣布资本项目可兑换的条款。IMF有一张从技术角度来分析资本项目可兑换的表，可将它作为一个对照单，虽然每个项目的重要程度有大有小，但这张表对重要性未做区分。实际操作中，关于是否实现了资本项目可兑换，一个模糊的标准是看这张表上的大多数重点项目是不是都做到了。

2. IMF关于资本项目可兑换的观点演变

（1）布雷顿森林体系成立之初，IMF是资本管制的推崇者

IMF成立的初衷之一就是为混乱的国际货币体系找到出路。尽管以怀特和凯恩斯为代表的美英两国政府存在诸多分歧，但他们在建立有序的国际货币体系和秩序方面有广泛共识，均意识到汇率的无序波动、完全自由的资本流动和完全自我调控的国家财政货币政策与开放的贸易体系，高就业、高增长的经济目标是不相容的。1945年正式生效的《国际货币基金组织协定》规定，各成员国实行可调整的固定汇率制度，从汇率的角度体现了资本管制的特点：各国货币对美元的汇率，只能在法定汇率上下各1%的幅度内波动。若市场汇率超过法定汇率1%的波动幅度，各国政府有义务在外汇市场上进行干预，以维持汇率的稳定。

（2）布雷顿森林体系解体后IMF鼓励资本项目可兑换

20世纪70年代，随着布雷顿森林体系的解体，新自由主义在全球范围内兴起，经济和金融自由化成为主流。到了20世纪80年代，由于前期不恰当的经济发展政策，很多发展中国家外债水平高企，同时国内面临高通胀、财政赤字严重等问题。1982年墨西哥债务危机爆发后，以美国为首的西方债权国家和IMF与各债务国进行谈判，要求债务国实施经济稳定化政策和进行结构性改革。世界银行和IMF提出针对拉美国家的经济改革方案的"华盛顿共识"，主张放松资本管制，开放外国直接投资，实行外贸自由及货币兑换自由。

（3）亚洲金融危机之后，IMF不再激进地推行资本项目可兑换

"华盛顿共识"成为西方债权国向发展中国家推荐的经济发展改革指引，但

其作用并不如设想的那般成功，一些发展中国家反而多次出现危机，且多半与资本流动相关。如 1988 年，墨西哥开始按照"华盛顿共识"的要求进行改革，过分强调经济自由化和私有化，导致经济结构出现失衡，国外投机资金大量涌入。1994 年底，墨西哥发生金融危机，投机资本大量外逃，外债和国内通胀水平飙升。国际社会开始批评和指责 IMF 激进地推行发展中国家资本项目开放，忽略了开放的基础条件和市场环境等约束。亚洲金融危机之后，IMF 对资本项目自由化的态度出现了转变，认为资本项目自由化应当作为经济改革一揽子措施中的一个有机组成部分，与其他改革相互协调、共同推进，同时，IMF 几乎不再建议成员国在不讲任何前提条件、不讲开放次序地实行资本项目自由化。

（4）2007 年次贷危机以来，IMF 关于资本项目自由化的观点得到进一步发展，明确其对成员国提供管理资本流动方面政策建议时，不改变成员国的权力和义务。

2007 年次贷危机以来，IMF 对资本项目自由化的观点有了进一步转变。2012 年提出："如果成员国的金融和制度发展已经达到一定水平，那资本流动自由化通常会更有利且风险更小。相应地，自由化可以刺激金融和制度发展。自由化的时间、改革次序都需要得到妥善的安排，以确保其利益大于成本，因为自由化可能产生重大的国内和多边影响。拥有广泛和长期的措施来限制资本流动的成员国可能会从有序的进一步自由化中受益。但是，不论在任何时期，完全自由化的目标并不适用于所有的成员国。"在成员国与 IMF 进行双边磋商时，面对成员国的咨询，IMF 将基于制度化观点（Institutional View）就国际资本流动管理向成员国提供政策建议，但 IMF 没有规定成员国必须要接受这些政策建议。这些政策建议不对现行的《国际货币基金组织协定》产生影响，也不改变成员国的权力和义务。

3. IMF 关于资本项目可兑换的评估框架

IMF 按年度发布《汇兑安排与汇兑限制年报》（AREAER），包含对资本交易管制的描述，可以较为直观地观察到一国的资本项目可兑换程度。

AREAER 将资本项目分为七大类：资本和货币市场工具、对衍生工具和其他工具的管制、对信贷业务的管制、对直接投资的管制、对直接投资清盘的管制、对不动产交易的管制以及对个人资本流动的管制。在此基础上，每项又根据居民与非居民、流入与流出情况细化为若干小项，共计 40 小项（IMF 每隔两三年会有小幅变动）。如成员国在这 13 个类别中存在资本管制，IMF 会在相应的类别中标注"是"，并作出说明；相反则标注"否"。在部分已经宣布实现资本项目可兑换以及正在推进资本项目可兑换的国家中，对上述 13 个类别的资本交易管制仍然存在，其中，日本资本项目存在的类别较少，南非和巴西在大部分类别中均存在管制（见表 1）。

表 1　　按照 IMF 评估体系部分国家资本项目可兑换情况

国家	宣布资本项目可兑换的时间	资本交易管制的类别
日本	1984 年	1. 资本市场证券 2. 对直接投资的管制
韩国	1993 年	1. 资本市场证券 2. 对衍生品和其他金融工具的管制 3. 对直接投资的管制 4. 对商业银行和其他信贷机构的特别条款 5. 对机构投资者的特别条款
俄罗斯	2006 年	1. 资本市场的证券 2. 货币市场工具 3. 集体投资证券 4. 对直接投资的管制 5. 对商业银行和其他信贷机构的特别条款
智利	2000 年	除"商业信贷""金融信贷""对直接投资流动性的管制""对私人资本交易的管制"无管制外,其他 9 个类别均存在管制
南非	逐步推进	除"对直接投资流动性的管制"无管制外,其他 12 个类别均存在管制
巴西	逐步推进	除"担保、保证和其他金融备选措施""对直接投资流动性的管制""对私人资本交易的管制"无管制外,其他 10 个类别均存在管制

(二) OECD 关于资本项目可兑换的定义及态度演变

经济合作与发展组织(以下简称 OECD 或经合组织)通过《资本流动自由化准则》(*OECD Code of Liberalisation of Capital Movements*,以下简称《准则》)对其签约国实现资本项目可兑换提出了具体目标、实施路径和操作程序,是 OECD 国家资本项目可兑换的路线图,具有较强的国际影响力。《准则》虽然没有对资本项目可兑换进行明确定义,但在第 2 条规定"签约国应允许本《准则》附录 A 中清单 A 或清单 B 所列项目中规定的交易或转让",并定义资本流动自由化为"按照第 2 条的规定,逐步取消相互之间对资本流动限制的措施"。《准则》在帮助签约国寻求平衡有序和安全的资本项目可兑换进程的同时,也关照到不同国家的具体开放步伐。因此,从《准则》的规则演变和各国施行《准则》的实践中,可以概览中高收入国家资本项目可兑换过程。

《准则》的主要作用：一是督促签约国履行资本项目可兑换承诺；二是在多边性和非歧视性基础上坚持推动资本项目可兑换进程；三是指导资本流动自由化的次序；四是为资本流动领域的监管提供基准，如《欧盟条约》关于资本流动的规定就受到《准则》的启发；五是为签约国提供讨论和交流的平台；六是在多边协定框架内建立同行审查机制，帮助签约国改革和政策调整。

1. 历史沿革

OECD 的资本项目可兑换实践始于 20 世纪 40 年代末的欧洲经济一体化，伴随着对资本项目可兑换理解的不断深入以及资本项目可兑换本身内涵的不断丰富而变化。1948 年欧洲经济合作组织（OEEC）成立，签约国同意逐步取消对经常项目中贸易和无形业务的限制。1950 年，《贸易自由化准则》出台，1951 年扩大至经常项目中无形业务。1959 年 OEEC《资本流动自由化准则》出台，虽然自由化范围非常窄，但迈开了资本流动自由化第一步。

1961 年是资本流动自由化的正式起点，经合组织（OECD）在 OEEC 基础上成立，《经合组织公约》第 2（d）条明确要求各签约国"努力减少或消除货物和服务等经常项目交易的障碍，维持和扩大资本流动的自由化"，随后 OECD 对 OEEC《资本流动自由化准则》进行修改，形成 OECD 的《资本流动自由化守则》。《准则》中的业务被分为两类：A 类和 B 类。A 类业务要服从"一般停止原则"，即不能引进新的限制；对于 B 类的业务，签约国有权引进新的限制。最初，《准则》仅包括对内对外的长期直接投资、非居民的直接投资清盘、个人资本流动、非居民资金的运用和转移、证券的实物转让和证券的买卖。

1964—2002 年，《准则》范围逐步拓展，A 类与 B 类业务不断调整，几乎包含所有长短期资本流动，如股票、债券和共同基金的发行和买卖；货币市场业务；跨境的信贷、贷款和继承等。唯一的例外是，由非居民提供给居民个人的融资信贷和贷款业务，主要出于保护消费者的原因。2012 年，《准则》开始对非 OECD 国家开放，所有《准则》签约国都对《准则》的管理和执行有话语权。

2. 《准则》的主要内容

《准则》提出签约国原则上应保证实现资本自由流动的项目清单（分不同优先级），以及相关的承诺、义务、保障措施，《准则》正文有 22 项条款，分为四大部分，另有多个附件。第一部分"关于资本流动的承诺"：列明签约国需遵守的促进资本自由流动的一般承诺、一般原则、自由化的措施，同时规定在哪些情形下签约国对资本流动自由化的条款可声明保留或豁免义务等。第二部分"程序"：列明相关操作程序，包括签约国向经合组织的信息通报、声明保留事项或豁免事项的提出和审查等程序。第三部分"职责"：规定了负责具体事务的投资委员会职责。第四部分"杂项"：定义了准则中的名词及退出准则的机制。

附件 A 将资本项目划分为十六项，并按照准则对资本流动自由化的不同要求，将不同的子项目分别列于附件 A 的清单 A 或清单 B（清单 A 为一般情况下应保证实现自由化的项目，清单 B 则为随时可提出保留意见的项目）。附件 B 具体列明了各签约国在准则下对清单 A、清单 B 中哪些项目的自由化持有保留意见。

表 2　　　　　　　最新 OECD《准则》中资本流动自由化框架

清单 A（无停止措施）	清单 B
Ⅰ. 直接投资	
Ⅱ. 直接投资清偿	
Ⅲ. 房地产 – 销售	Ⅲ. 房地产 – 购买
Ⅳ. 资本市场的证券业务	Ⅴ. 货币市场操作
Ⅶ. 集体投资证券	Ⅵ. 流通票据和非证券化债权产权
Ⅷ. 与国际商业交易或提供国际服务直接相关的信贷（若有居民参与相关商业或服务交易）	Ⅷ. 与国际商业交易或提供国际服务直接相关的信贷（若没有居民参与相关商业或交易）
	Ⅸ. 金融信用和贷款
Ⅹ. 证券、担保和备用资金融通（除清单 B 列出的以外）	Ⅹ. 证券、担保和备用资金融通（金融支持工具，与国际贸易、国际日常无形操作或国际资本流动操作无直接相关，或没有居民参与相关国际操作）
Ⅺ. 存款账户操作（非居民在本国机构的账户）	Ⅺ. 存款账户操作（居民在非本国机构的账户）
Ⅻ. 人寿保险	Ⅻ. 外汇操作
ⅩⅣ. 个人资本流动（除赌博外）	ⅩⅣ. 个人资本流动（赌博）
ⅩⅤ. 资本资产的实物移动	
ⅩⅥ. 变卖非居民拥有的冻结资金	

数据来源：OECD。

3.《准则》的保障措施

《准则》的规定强制性和灵活性并存，《准则》允许签约国实施或再次实施《准则》保留清单中未涉及的限制措施；不限制签约国真实性审查的权力；签约国还可以通过修订《准则》的方式减少义务，例如对银行类金融机构的净外汇头寸的限制就是通过这种方式实现的。下面将详细介绍《准则》中最常用的"保留"（reservation）和"免除"（derogation）两种程序上。

（1）保留

保留一般在三种情况下使用：一是当某个项目从 B 类转到 A 类中时；二是当某个项目的含义被拓展时；三是当某个特定项目开始适用于某个国家时，如新加入的签约国可以对任何的项目施加保留措施。

除此之外，签约国不能施加保留措施所规定外的其他限制。一旦 A 类项目的保留被取消，则不能再恢复保留；但签约国可以在任何时候对 B 类的项目重新施加限制。但1992年版《准则》开始限制B类项目总数,将部分业务由B类移到A类,如资本市场证券发行等。保留程序的设置基于停止原则和削减原则。停止原则是指B类项目之外的A类项目保留一旦被取消,则不能恢复保留。削减原则是指若签约国采取保留措施,就要接受OECD定期检查,决定是否取消保留措施。因此,保留措施被认为是暂时的。停止原则和削减原则一起将会产生棘轮效应:一旦一项保留措施被取消,就不能再实施相同的保留。

目前,各个签约国都或多或少地采用了保留措施。以澳大利亚为例,虽然其公认已实现了资本项目可兑换,但也在直接投资(非居民投资境内)、房地产(非居民在境内购买)、资本市场工具(非商业机构类型的非居民在境内发行,非居民到境内购买)、货币市场工具(非商业机构类型的非居民在境内发行)、流通票据和非证券化债权产权(非商业机构类型的非居民在境内发行)等几个项目上保留措施。而美国在直接投资(非居民投资境内)和资本市场工具(非居民中小企业在境内发行)两项实施了保留措施。

表3　　　　　　　OECD国家关于保留的资本项目情况

	直接投资	房地产业务	资本市场的证券业务	货币市场业务	其他可转让票据和非证券化业务	金融借贷	集体投资证券	存款账户业务	外汇业务
	A类	B类	A类	B类	B类	B类	A类	B类	B类
澳大利亚	√	√	√	√	√				
加拿大	√		√						
法国	√		√				√		
德国	√	√	√	√	√	√		√	
日本	√		√	√					
英国	√		√	√	√				
美国	√		√						
韩国	√		√	√			√	√	√
墨西哥	√								
捷克	√		√	√	√				
匈牙利	√	√	√	√	√	√			
波兰	√	√	√	√	√	√	√	√	√

数据来源:OECD。

(2)免除

免除可分一般免除和特定免除。一般免除是指《准则》规定的资本流动管制都可撤回,这种情况一般适用于一国发现资本流动自由化与其经济金融现状相矛盾时(第七条a)。特定免除是指某项业务的限制仍可保留,这种情况适用于:

某项业务的资本流动自由化导致经济金融混乱时（第七条 b）；或某项业务的自由化导致一国总体国际收支恶化和该国的国际储备严重短缺时（第七条 c）。之所以设置免除条款，是因为 OECD 意识到在资本流动自由化的道路上，有些暂时的经济困难会使签约国重新施加那些已经取消的限制。这样免除条款就起到了安全阀的作用，它并没有削弱停止原则，而是增加了特殊时期的灵活性，以便在困难时期能够继续接受《准则》的义务。

（3）引入限制的原则

若对资本流动实施新限制时，各国应根据《准则》的要求，按照透明性、非歧视性、适当性和可问责性四项原则。一是资本流动限制应是在替代性政策应对措施不足以有效实现所追求的目标时可以最佳考虑的措施。二是新限制措施需要透明，且有可问责性，这意味着限制措施将受到国际监督。三是措施不应歧视来自不同国家的投资者，应避免不必要的损害。四是适当性，限制程度应与问题成正比，尽可能少地扰乱业务，特别是尽量减少对外国直接投资和商业信贷等业务的不利影响。限制措施（如保留措施）可根据需要维持，一旦其他非限制性手段可用于解决问题，限制则应予以取消。最后一点是各国应遵守 IMF 条款等国际协定中的权利和义务。

（三）OECD 与 IMF 在促进资本项目可兑换方面的比较

OECD 与 IMF 在促进签约国资本项目可兑换、资本自由流动上的总目标是一致的，但在促进资本项目可兑换的具体实施方法、路径和分类上存在差异。

1. 实现资本项目可兑换的路径存在差异

OECD 的资本流动自由化措施有一个分级的资本项目开放目标清单，即《资本流动自由化准则》中的清单 A 和清单 B。加入《准则》的签约国原则上应全部开放清单 A 中列明的资本项目。但即使在实现资本自由流动后，也可在《准则》下随时对清单 B 中的项目提出保留意见。OECD 定期对保留项目进行审查并提出建议，帮助各国在规定期限或条件成熟时放弃保留项目，继续推进资本项目开放进程。

IMF 的资本项目开放目标清单可从定期发布年度报告《汇率安排和外汇管制年度报告》（AREAER）中获得，IMF 每年对各国资本项目实际开放状况评估为"有管制"和"没有管制"两类，并将结果公开，但对于各国的开放进程并不给出倾向性意见。

（2）法律约束力存在差异

OECD《准则》对签约国具有法律约束力，虽可根据自身经济金融状况，以负面清单的方式保留部分限制措施，但除此之外，必须遵守《准则》的规定开放资本项目，并接受 OECD 的定期审查。而 IMF 虽有权要求各签约国的经常项目保持开放，但对资本项目则没有强制性的法律约束条款。

（3）资本项目的具体分类存在差异

OECD《资本流动自由化准则》对资本项目的分类与 IMF《汇兑安排和限制年报》的分类框架基本相同，但细节上存在一定差异，不仅增加了外汇业务、人寿保险、资产实物转移等内容，在细项分类上也更为细致和全面。

（4）OECD 对资本管制措施的规定更具灵活性和可操作性

IMF 缺乏资本管制相关的规定和具体做法，而 OECD 的《准则》在这方面更具有操作性。《准则》的正式条款和资本项目开放目标清单中虽然不包含任何支持资本管制措施的内容，但《准则》给予签约国基于自身国情的较高灵活性。当资本流动自由化措施可能引发条款中列明的国家安全、环境保护、经济及金融风险等问题时，各国可引入资本管制措施，但需履行严格的报告和审查程序，并在规定期限内或条件成熟时解除管制措施，继续推进资本项目开放进程。实际上也允许当下各签约国资本项目开放程度的不同。这有利于不同国情的国家都能接受《准则》框架，便于资本流动自由化措施的推广。

（5）OECD 对影响资本流动的政策分类更明晰

IMF 将影响资本流动的相关政策分为资本流动管理措施（CFM）、宏观审慎措施（MPM）和资本流动管理措施/宏观审慎措施（CFM/MPM）三类。而 OECD 则严格按照《准则》中的规定来确定该项政策是否符合要求，不再区分 CFM、CFM/MPM。以对非核心外币债务的征税和外汇衍生品头寸杠杆上限两个为例，因为两者均妨碍居民和非居民之间自由使用外汇的自由，所以 IMF 将两者均定义为资本流动管理措施/宏观审慎措施。而 OECD 的规定更细致，对不超过一年的非核心外币负债的征税属于清单 B，有关国家可以提出保留。如果该项征税适用于超过一年的负债则属于清单 A，有关国家可援引《准则》第 7 条免除。外汇衍生品头寸的杠杆上限与清单 B 相关，有关国家可提出保留。

三、资本项目可兑换的评估方法

目前资本项目可兑换的评估方法主要分为法律类和事实类两种，法律类评估法主要基于事件和法律法规对资本项目开放或管制强度进行定性判断，具体包括二元法、份额法和指数测算法等。事实类评估法主要是基于资本实际基本流动情况对资本项目可兑换程度进行测算，具体包括 TOTAL 指标法等。

（一）法律类评估法

1. 二元法，又称"关/开"（on/off）测算指标体系。1996 年以前，IMF《汇兑安排和汇兑限制年报》（以下简称《汇兑年报》）提供各国经常项目和资本项目的管制措施，对资本交易支付限制（Restriction on payments for transaction）项仅记载一国"有/无"管制措施的信息，如果一国没有管制定义为"开"（off），表明该国基本实现资本账户可兑换，存在管制则定义为"关"（on）。在此基础上，Cottarelli 和 Giannini（1997）首次引入 0/1 二元虚拟变量评估一国资本可兑换程度。这种方法以法定的限制规则为基础进行划分，优势是简单清晰、易于鉴别，缺点是忽视了各国资本项目管制特点和程度的差异。Quinn（1997）根据《汇兑年报》中对不同国家资本管制描述的差异，建立了多层次描述资本管制的 Quinn 指标。在 0/1 二元虚拟变量方法的基础上，从资本账户流入和流出两个角度设置了二元指标，每个指标赋值区间为 [0，2]，以 0.5 为间隔，反映资本管制的不同强度。Quinn 指标赋值越大则表明管制强度越低、开放程度越高。该指标适用于市场经济制度完善、运用间接税收手段控制资本流动的国家，本质上仍是基于对开放程度的主观赋值评价，除保留二元指标设定的主观色彩外，没有区分资本限制是对进口还是出口进行限制，适用性有一定限制。

2. 份额法。针对二元法不能准确说明各国资本项目管制差异的情况，Gilli 和 Milesi（1995）首次提出份额法（Share 法），指一国在样本期内资本项目开放年份的占比，即一国在 T 年内放开资本项目的年份为 t，则其资本项目可兑换评估值为 t/T。份额法将 IMF《汇兑年报》信息在时间纵轴上使用更为简洁，但是无法对样本区间具体开放年份作出明确区分，不能准确反映一国重新开放或重新管制（on-again，off-again）的现象，也不能衡量开放的范围和管制措施强度，将影响其在实际应用中的有效性。

3. Schindler 指数法。1996 年后，IMF 将资本项目细化为 7 大类、11 大项、40 小项（表 1），《汇兑年报》将各国资本项目信息分为三部分：一是项目名称；二是是否存在管制；三是管制项目的详细信息。Schindler 指数基于《汇兑年报》第二、第三部分信息，从资本流入和资本流出两个方面，按照交易项目是否存在管理限制，对资本账户 40 个子项分别取值平均编制一国资本流入与流出管制指数，流入与流出管制指数均值即为该国资本项目可兑换评估结果。

Schindler 指数评估遵循两条评估原则：一是若资本项目信息第三部分无相应详细信息，依据第二部分信息判断，"是"表示存在管制，赋值为 1；"否"表示不存在管制，赋值为 0。二是若第三部分存在详细信息，则依据第三部分信息判断。IMF 资本项目可兑换排名主要采用了 Schindler 资本管制指数，这是目前被普遍认可和使用的最广泛的方法。但是 Schindler 指数仅将资本项目分为"存在管制与不存在管制"两类，未对资本项目限制强度进行细化区分并赋值。

4. KAOPEN 指数法。考虑到资本管制的强度与其他国际交易的限制有关，如一国可以通过限制经常项目交易、实施多重汇率制度和强制要求结售汇等限制资本流动，Chinn 和 Ito（2008）按照 IMF《汇兑年报》有关跨境资本交易信息的二元哑变量，一是是否存在多重汇率（k1），二是经常项目交易是否存在限制

(k2),三是资本项目交易是否存在限制(k3),四是是否存在强制结售汇(k4)构建 KAOPEN 指数,KAOPEN 指数数值越大表示一国资本开放程度越高。KAOPEN 指数不仅包含资本项目管制变量,还包括一国多重汇率制度、交易项目管制、结售汇要求等变量,能较好地反映一国资本管制的广度,但是不能直接反映资本项目限制情况。

(二)事实类评估法

1. F-H 条件。Feldstein 和 Horioka(1980)首次提出了通过验证一国储蓄和投资的相关性来衡量本资本项目开放水平。该方法根据国民收入恒等式,得出经常账户余额(进出口净额)等于国民储蓄减去投资,在金融开放的情况下,经常账户余额可被资本流动所平衡,国民储蓄与投资相关性下降。而在一国金融管制较为严格的情况下,投资只能来源于国民储蓄,二者存在较高的相关性。资本项目可兑换水平可由下式的 β 系数决定。具体公式如下:

$$(I/Y) = \alpha + \beta (NS/Y) + \mu$$

其中,I/Y 是投资—产出比率;NS/Y 是国民储蓄—产出比率;μ 为误差项;β 为储蓄保持系数,且 $\beta \in (0, 1)$,其值越大表示开放度越低。

该方法较早使用定量方法对实际资本项目开放度进行度量。但这一模型成立的条件较为苛刻,模型假定储蓄率不受国外预期利率的影响,一国决定投资率的其他因素都与储蓄率无关。Summers 和 Tesar 认为投资、储蓄均是具有内生性的顺周期变量,极可能与误差项相关。二者都会受到人口或生产率增长的影响,以及政府政策的调控。

2. 非套补利率(UIP)平价法。根据利率平价理论,在资本可以自由流动的前提下,国内利率和国际利率应符合利率平价关系,即一国国内利率加上该国预期的汇率变化率应等于国外利率。利率平价法可分为套补利率平价(Covered Interest Rate Parity,CIP)、非套补利率平价(Uncovered Interest Rate Parity,UIP)和实际利率平价(Real Interest Rate Parity,RIP)三种。CIP 是对资本完全流动(国家风险溢价为零)的纯粹检验,UIP 是对国家管制和汇率风险溢价的双重检验,比 CIP 更为广义,RIP 则是对实体贸易与金融之间联系的刻画,但它更可能描述的是一种长期均衡状态。Edwards 和 Khan(1985)从一国货币市场利率与国际利率的关联程度出发,将国内实际利率表示成外部非抵补利率和封闭状态下国内市场利率。具体公式如下:

$$i = \theta i'' + (1 - \theta) i'$$

其中,i 为国内市场利率;i'' 是外部非抵补利率;i' 是资本项目完全管制下的国内市场利率;θ 为外部利率的权重。$0 \leq \theta \leq 1$,其值越接近 1,表示开放程度越高。UIP 在实证上存在汇率风险溢价的波动性和汇率波动的非理性预期的影响,而这一缺陷在目前的学术界还难以完美解决,从实证的结果看,UIP 经常性的会失灵。

3. TOTAL 指数法。Kraay 参照国际贸易中利用跨国贸易规模衡量一国贸易开放度的思想,建立了衡量资本项目可兑换度的指标,该指标依据国际收支平衡表计算实际资本流入和流出总量占 GDP 的比重以测量资本流动程度。针对前面两种事实类指标存在的缺陷,一些学者提出了替代性方法如 TOTAL 指数法。Lan 和 Milesi Ferretti(2001,2006)使用一年期外国直接投资和证券投资的资产和负债总量占 GDP 的比重来衡量资本项目可兑换程度。具体公式如下:

$$IFIGDP = (FA + FL)/GDP$$

其中,FA 表示国家在给定年份的外国资产存量;FL 表示外国负债存量;$IFIGDP$ 为基于总量的开放度指标。该指标拥有数据的可得性优势,将一国的 FDI 和资产投资组合数据加总的办法很好克服定义的差别所带来的分析误差,被认为是衡量一国与国际金融联系程度最有用的事实指标,连续运用较长时间可对一国资本项目可兑换程度的变化情况进行较好的把握,但存在年度数据波动以及价值调整等问题。

四、基于多维分类的资本项目可兑换评估框架

考虑到事实类评估法虽然比较客观,但难以对人民币资本项目可兑换的总体形势及其细项进行全面客观评估。所以本文依然采用传统的法律类评估方法。我们根据人民币资本项目可兑换的现状,参照 IMF《汇兑安排与汇兑限制年度报告》(AREAER)编纂指南和 OECD《资本流动自由化准则》的规则对我国资本项目可兑换情况进行评估。

首先,我们主要参考 AREAER 的分类方式,将资本项目可兑换情况分为交易环节和汇兑环节,与此同时,也借鉴 OECD《资本流动自由化准则》规则中将资本项目可兑换分为高低两个层次的分类方法,将人民币资本项目可兑换分为 A 类和 B 类,前者代表对资本项目可兑换的基本要求,完成基本要求即可称为实现资本项目自由可兑换,后者代表着对资本项目可兑换更高的要求,进而对人民币资本项目可兑换程度进行梳理和分析。

其次,对资本项目中的 78 个项目进行全面的可兑换程度评估,其中涉及交易环节的有 68 项,涉及汇兑环节的有 67 项,根据可兑换程度由小到大分别赋值 0、1/3、1/2、2/3、1。考虑到资本项目可兑换受到双重约束,那么应使用双重约束中分值较低的环节来确定此项可兑换程度。通过加总和求平均值方式计算总体可兑换程度。

最后,依据 OECD《资本流动自由化准则》规则,将 IMF《汇兑安排与汇兑限制年度报告》(AREAER)编纂指南中的各个项目划分为 A 类和 B 类,再按照

不同的层次对人民币资本项目可兑换进行分类评估。

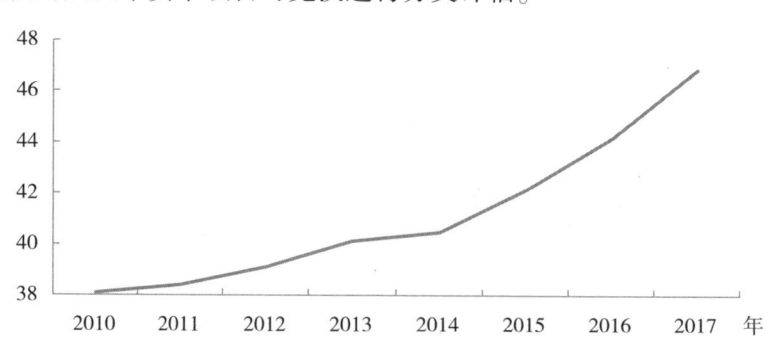

图 1 历年总体可兑换程度

(一) 对资本项目可兑换程度的具体评估

资本项目可兑换的核心是资本交易相关七大类 40 项内容，这部分内容涵盖了大多数同时包含交易环节和汇兑环节的可兑换项目，可以代表资本项目可兑换的总体情况，我们将 40 项内容分为"金融市场业务""信贷业务""直接投资、直接投资清盘和不动产交易"和"个人资本交易"四部分具体分析，然后再根据分项评估情况对总体可兑换程度进行评估。

1. 金融市场业务

金融市场业务包含股票类证券、债券类证券、货币市场工具、集体投资类证券、衍生和其他产品五项，每项又细分为非居民在境内购买、非居民在境内出售或发行、居民在境外购买、居民在境外出售或发行四小项，这部分业务占据了资本项目可兑换项目中 20 项，是目前可兑换工作的重点和难点。

目前股票类证券的 4 个子项目均属于部分可兑换。(1) 非居民在境内购买渠道较多。在交易环节限定为 QFII、RQFII、沪股通/深股通、B 股、A 股战略投资几种方式，其中 QFII、RQFII 在投资主体上有限制，须经证监会审批；沪股通/深股通在投资对象上有限制。在汇兑环节上，由外汇局确定 QFII、RQFII 总额度和针对金融机构的具体额度（目前采用基础额度＋审批的方式，境外机构投资者可通过备案的形式，获取不超过其资产规模的基础额度，超过基础额度的须经国家外汇管理局批准），沪股通/深股通已取消总额度限制，但有日额度上限（2018 年 5 月 1 日起，沪股通/深股通的日额度上限调整至 520 亿元）。(2) 非居民在境内出售或发行主要通过 CDR 方式。(3) 居民在境外购买渠道较多。在交易环节限定为 QDII、RQDII、港股通、QDLP/QDIE 和境外企业股权激励几类，其中 QDII、RQDII 和 QDLP/QDIE 在投资主体上有一定限制，需要经过行业主管部门审批，从汇兑环节看，QDII、RQDII 和 QDLP/QDIE 既有总额度限制又有针对金融机构的额度限制，港股通已取消总额度限制，但有日额度上限（2018 年 5 月 1

日起，港股通的日额度上限调整至 420 亿元），此外境外企业股权激励需外汇局审核。(4) 居民在境外出售或发行可分两种情形，如果是一般企业，需有证监会批准，如果是通过设立特殊目的公司上市，则需证监会和商务部批准。

债券类证券的 4 个子项目中，有 1 项已实现完全可兑换，其余 3 项属于部分可兑换。(1) 非居民在境内购买已实现可兑换，境外央行、国际金融组织、主权财富基金和境外合法商业类机构投资者均可按规定备案后进入中国银行间债券市场，此外还有债券通、QFII、RQFII 等投资渠道。(2) 非居民在境内出售或发行的品种有熊猫债和木兰债。(3) 居民在境外购买主要通过 QDII、RQDII 和 QDLP/QDIE 方式，债券通（南向通）尚在制定过程中。(4) 居民在境外出售或发行需按全口径跨境融资宏观审慎管理框架开展业务，境内机构（除房地产和政府融资平台）可在按其资本或净资产一定比例计算的跨境融资风险加权余额上限内在境外发行本外币债券，如果发行主体是企业，需要经过发展改革委和外汇局的双重事前备案，如果是金融机构，需要在发展改革委事前备案，并在人民银行或外汇局事后备案。

货币市场工具的 4 个子项目均属于部分可兑换。(1) 非居民在境内购买。境外人民币清算行可以参与债券回购、同业拆借和其他一年期以下货币市场工具，境外参加行和央行类机构可以参与债券回购和其他一年期以下货币市场工具，其他境外合法金融机构均可按规定备案后或通过债券通、QFII 和 RQFII 等投资渠道投资其他一年期以下货币市场工具。(2) 非居民在境内出售或发行只能通过发行自贸区同业存单方式，并限定自由贸易账户办理。(3) 居民在境外购买主要通过 QDII、RQDII 和 QDLP/QDIE，(4) 居民在境外出售或发行不用向发展改革委备案，但一年期以下货币市场工具的期限风险转换因子高于长期债券。

集体投资类证券的 4 个子项目均属于部分可兑换。(1) 非居民在境内购买主要通过 QFII 和 RQFII。(2) 非居民在境内出售或发行主要通过陆港基金互认（目前境内发行额度为 1000 亿元）和 QDLP/QDIE。(3) 居民在境外购买主要通过 QDII、RQDII 和 QDLP/QDIE。(4) 居民在境外出售或发行主要通过陆港基金互认（目前境外发行额度为 1000 亿元）。

衍生和其他产品涵盖了期货、期权、远期、互换和外汇等金融产品，4 个子项目均属于部分可兑换。(1) 非居民在境内购买。其中 QFII 和 RQFII 可投资境内股指期货，境外投资者可直接参与境内原油期货和铁矿石期货交易，境外央行类机构和清算行、参加行可参与银行间外汇市场交易，此外境外央行类机构还能投资利率衍生品。(2) 非居民在境内出售或发行与非居民在境内购买相同。(3) 居民在境外购买除 QDII、RQDII 和 QDLP/QDIE 渠道外，国有企业境外套期保值由证监会负责批准资格及年度风险敞口。(4) 居民在境外出售或发行与居民在境外购买相同。

总体来看，金融市场业务中除"非居民在境内购买债券类证券"一项完全可兑换，其他19个项目均已实现了部分可兑换或基本可兑换，但还存在部分项目的可兑换程度较低，一些可兑换项目的便利性仍有待提高等问题。分交易和汇兑两个环节看，交易环节的限制更多，在多数金融市场交易业务上，通过限定特定几类机构或通过特定几条"管道"才有资格参与，而涉及金融市场发行和出售业务，大多需要经过主管业务部门的审批后方可办理。汇兑环节的限制主要体现为两类：一种是金融市场"管道式开放"的配套制度安排，如QFII、RQFII、QDII和沪港通，为配合管道性质的交易环节，在汇兑额度上予以限制。一种是金融市场"区域性开放"的配套制度安排，如特别限定非居民只有开立自由贸易账户后，方可在上海自贸区发行同业存单。总体比较看，汇兑环节的限制远少于交易环节。

2. 信贷业务

信贷业务的可兑换程度较高。信贷业务包括商业信贷、金融信贷以及担保保证业务三类，其中商业信贷是指信用证、托收等形式的贸易融资，与经常项目关系密切，目前已实现可兑换。金融信贷即一般的跨境信贷。关于非居民向居民提供贷款，按照本外币全口径的跨境融资宏观审慎管理框架，中国人民银行、国家外汇管理局不实行外债事前审批，企业改为事前签约备案，金融机构改为事后备案。关于居民向非居民提供贷款。按照本外币合一的境外放款宏观审慎管理框架，境内企业可向与其有股权关联关系的境外主体发放金额不超过其所有者权益30%的贷款；此外跨国企业可以通过跨境双向人民币资金池业务的方式向境外提供贷款；境内银行可以通过跨境人民币项目贷款的方式向境外放贷；此外，境内代理行可向境外参加行提供账户融资，金额不超过代理行人民币存款余额之3%，期限不超过1年。担保、保证和备用融资便利方面，内保外贷在交易环节和汇兑环节均有少量限制，外保内贷已实现可兑换。

3. 直接投资、直接投资清盘和不动产交易

直接投资、直接投资清盘和不动产交易的可兑换程度属于中等。目前对外直接投资的限制主要在交易环节，所有对外投资项目均需发展改革委核准或备案，此外按照企业的性质及境外投资项目的性质，需要获得商务部、国资委或其他行业主管部门的核准或备案，在汇兑环节，无论是使用外汇还是人民币均无法律限制，但使用人民币相对便利。对内直接投资中，一般直接投资需遵守发展改革委和商务部联合制定的《外商投资产业目录》，上市公司战略投资需经商务部批准。汇兑环节的规定比较宽松，例如对外商投资企业外汇资本金实行意愿结汇，结汇比例暂定为100%。

直接投资清盘。从交易环节看，一般直接投资的清盘要求有最初审批部门批准或有相关的司法裁决作为依据。股票市场战略投资须经过三年的冻结期后方可

清盘。在汇兑环节上,无论是汇出外汇还是人民币,都需要有真实性审核。

不动产交易。居民在境外购买房地产的限制较多,机构出境购买房地产,可比照对外直接投资的相关规定,目前禁止个人出境购房。非居民在境内购买不动产在交易环节和汇兑环节均有一定限制。在交易环节,境外机构在境内设立的分支、代表机构、港澳台居民和华侨,以及其他在境内工作、学习时间超过一年的境外个人,可购买符合实际需要的自住商品房。在汇兑环节,非居民须持相关文件向外汇指定银行申请,进行真实性审核确认。非居民在境内出售的限制主要在汇兑环节,需经商品房所在地外汇局核准。

表4　　　　直接投资、直接投资清盘和不动产交易可兑换情况

		交易环节	汇兑环节
直接投资	对外直接投资	发展改革委和商务部的双重核准	无限制
	对内直接投资	1. 上市公司战略投资:须经商务部批准。 2. 一般投资:发展改革委和商务部联合制定的《外商投资产业目录》	对外商投资企业外汇资本金实行意愿结汇,结汇比例为100%
直接投资清盘		1. 上市公司战略投资:外资投资A股上市公司三年内不得转让。 2. 一般投资:到期前清算需经有关部门批准或经司法裁决	1. 外汇:在外汇局办理相应登记后,可在银行办理购汇及对外支付。 2. 人民币:银行应审核国家有关部门的批准或备案文件和纳税证明后办理汇出
不动产交易	居民在境外购买	1. 机构:比照对外直接投资的相关规定。 2. 个人:禁止个人境外购买	无限制
	非居民在境内购买	境外机构在境内设立的分支、代表机构、港澳台居民和华侨,以及其他在境内工作、学习时间超过一年的境外个人,可购买符合实际需要的自住商品房	须持相关文件向外汇指定银行申请,进行真实性审核确认
	非居民在境内出售	无限制	经商品房所在地外汇局核准

4. 个人资本交易

个人资本交易的项目分类比较繁杂,限制也较多。(1)个人贷款。居民个人不可向非居民提供贷款,非居民个人对境内机构提供贷款,在交易环节上应当符合全口径跨境融资宏观审慎管理的有关规定,在汇兑环节无限制。(2)个人礼(遗)赠。限制存在于汇兑环节,如果个人礼(遗)赠低于5万美元,即可直接办理,如果高于5万美元,则需持真实凭证办理。(3)外国移民在境外的债务结算。暂无相关规定。(4)移民资产转移。目前尚无非居民移民到境内的资

产转移相关规定。居民移民到境外的资产转移的限制主要存在于交易环节,居民需向原户籍所在地外汇局办理移民财产转移核准手续,获取审批额度。(5)博彩收入的转移。暂无相关规定。

表5　　　　　　　　　　个人资本交易各类项目可兑换情况

		交易环节	汇兑环节
个人贷款	居民向非居民提供	不可兑换	不可兑换
	非居民向居民提供	全口径跨境融资宏观审慎管理政策框架	无限制
个人礼(遗)赠	居民向非居民提供	无限制	1. 一般经常项目:外汇储蓄账户内外汇汇出境外当日累计等值5万美元以下(含)的,凭本人有效身份证件在银行办理;超过上述金额的,凭经常项目项下有交易额的真实性凭证办理 2. 继承情况:继承财产转移购付汇核准,由被继承人生前户籍所在地外汇局负责审批
	非居民向居民提供	无限制	未超过年度限额的(5万美元),凭身证件在银行办理,超过年度总额的,凭本人有效身份证件及证明材料在银行办理
外国移民在境外的债结算	外国移民在境外的债务结算	无相应规定	无相应规定
移民资产转移	移民向国外的转移	无限制	申请人向原户籍所在地外汇局办理移民财产转移核准手续后,银行可在核准件审批额度内一次或分次汇出相关资金
	移民向国内的转移	无相应规定	无相应规定
博彩收入的转移	博彩和中奖收入的转移	无相应规定	无相应规定

(二)基于汇兑环节和交易环节分类的评估结果

根据上述分项评估的结果,可加总得到交易环节和汇兑环节的得分情况,分别是41.5和49.83,累计得到总体可兑换指数为46.5。从具体分项来看,资本市场业务的难点主要存在于交易环节,除"非居民在境内购买债务类证券"一项完全可兑换外,其他项目均偏低,汇兑环节则相对便利。信贷业务的交易环节和汇兑环节可兑换程度均较高。直接投资、直接投资清盘和不动产交易中,除不动产交易的限制较多外，其他项目交易环节和汇兑环节可兑换程度比较均衡。个人资本交易的汇兑环节限制较多，原因是若干项目缺少相应规定。

鉴于交易环节可兑换指数得分远低于汇兑环节，且总体可兑换指数得分与交易环节可兑换指数得分相近，可见人民币资本项目可自由兑换的主要约束在于交易环节。一般情况下，若一项业务在交易环节获批，则汇兑环节即可据此办理。此外，交易环节和汇兑环节的限制呈现结构性特征，资本市场业务在交易环节的限制较多，而汇兑环节的限制则集中于个人资本交易项目。

（三）基于OECD《准则》对AREAER分类的重新归类

OECD《准则》将资本项目可兑换分为A类和B类两个类别，A类为一般情况下应保证实现自由化的项目，B类则为随时可提出保留意见的项目。虽然这种分类的最初目的是区分各类资本项目是否可以启动"保留"程序，但同时也是一种对资本项目的评估，放在A类的项目无疑是资本项目可兑换的基本要求和必需项目，而放在B类的项目相对来说则风险更大，所以OECD不做强制要求，只让各成员国根据自身情况自行选择。

长期以来，虽然我们每年都会对自己的资本项目可兑换进展进行评估，但是对具体进展程度并不清晰。只知道自己在进步，但是不知道自己进步到什么程度。OECD《准则》的方便之处是将资本项目可兑换分为两个层次，相当于一个"标尺"，如果实现了第一部分，即为基本实现资本项目可兑换，而第二层次则是高层次的资本项目可兑换，通过这一"标尺"，我们可以了解离基本资本项目可兑换的距离到底有多远。

首先，我们基于先前AREAER分类框架，即传统的七大类11小类40项的分类方法，结合OECD《准则》的分类方法，将这40项也分类成A类和B类两部分。鉴于OECD《准则》创立在前，IMF在设计AREAER分类方法时较多地参考了OECD《准则》，故可以较容易地将AREAER分类按照OECD《准则》的分类方法重新归类。如货币市场工具，作为短期资本流动工具，被归类为B类；衍生品和其他工具的内含较多，包括了外汇交易、流通票据和非证券化的债权等非标准化金融工具，都能对应得上OECD《准则》上B类中的内容；OECD《准则》对债务比较谨慎，信贷中的7项都与B类相关，其中金融信贷明确归于B类，商业信贷，担保、保证和备用融资便利则需要具体分类，这些项目都是交易背景的，如果在交易背景中没有居民参与，那么则属于B类。不动产因为涉及一国金融稳定，所以也被归为B类；此外，赌博也属于B类，受到更严格的限制。

总体来看，OECD的分类和比较符合我国目前资本项目可兑换的现状，货币市场工具、衍生品和其他工具、金融信贷和房地产等资本项目被归于B类，这些也是我国目前管理比较严格的资本项目。

表6　　　　　　　　　按照OECD《准则》对AREAER分类重新归类

		项目		OECD分类
1	一、资本和货币市场工具	1. 资本市场证券	A. 买卖股票或有参股性质的其他证券	非居民在境内购买	A类
2				非居民在境内出售或发行	A类
3				居民在境外购买	A类
4				居民在境外出售或发行	A类
5			B. 债券和其他债务性证券	非居民境内购买	A类
6				非居民境内出售或发行	A类
7				居民境外购买	A类
8				居民境外出售或发行	A类
9		2. 货币市场工具		非居民在境内购买	B类
10				非居民在境内出售或发行	B类
11				居民在境外购买	B类
12				居民在境外出售或发行	B类
13		3. 集体投资类证券		非居民在境内购买	A类
14				非居民在境内出售或发行	A类
15				居民在境外购买	A类
16				居民在境外出售或发行	A类
17	二、对衍生工具和其他工具的管制			非居民在境内购买	B类
18				非居民在境内出售或发行	B类
19				居民在境外购买	B类
20				居民在境外出售或发行	B类
21	三、对信贷业务的管制	1. 商业信贷		居民向非居民提供	A类/B类
22				非居民向居民提供	A类/B类
23		2. 金融信贷		居民向非居民提供	B类
24				非居民向居民提供	B类
25		3. 担供、保证和备用融资便利		居民向非居民提供	A类/B类
26				非居民向居民提供	A类/B类
27	四、对直接投资的管制	1. 对外直接投资			A类
28		2. 对内直接投资			A类
29	五、对直接投资清盘的管制				A类
30	六、对不动产交易的管制			居民在境外购买	B类
31				非居民在境内购买	B类
32				非居民在境内出售	A类
33	七、对个人资本流动的管制	1. 贷款		居民向非居民提供	A类
34				非居民向居民提供	A类
35		2. 礼品、捐赠、遗赠和遗产		居民向非居民提供	A类
36				非居民向居民提供	A类
37		3. 外国移民在境外的债务结算			A类
38		4. 资产的转移		移民向国外的转移	A类
39				移民向国内的转移	A类
40		5. 博彩和中奖收入的转移			B类

数据来源：IMF、OECD。

根据上述分类结果，并参考和总体可兑换程度得分情况，我们先对 A 类和 B 类进行了划分：A 类有 23 项，B 类有 13 项，还有 4 项既属于 A 类也属于 B 类。考虑到这些既属于 A 类也属于 B 类的项目主要通过交易背景来识别，如果在交易背景中有居民参与，则属于 A 类，如果没有居民参与，则属于 B 类，从实务中看，没有居民参与的交易量是非常少的，为方便起见，可将这 4 项直接归类于 A 类分析。

在评估过程中，我们直接使用了之前的评估打分，从结果看，A 类的 27 个项目共得 16.17 分，B 类的 13 个项目共得 5.5 分，相除可知：A 类平均每个项目得分为 0.6 分，B 类平均每个项目得分为 0.42 分，可以大致认为 A 类资本可兑换项目的限制较少，而 B 类资本可兑换项目的限制较多。目前人民币资本项目可兑换的重点可集中在 A 类的各个项目，这部分资本项目开放已经有一定基础，提高其可兑换程度有助于尽早实现基础层次的资本项目可兑换。

五、总结

（一）目前人民币资本项目可兑换的核心难点是交易环节

从当前人民币资本项目可兑换的现状来看，交易环节可兑换是难点所在。交易环节相当于汇兑环节的充分条件，一旦交易环节的限制有所放松，汇兑环节会有相应的配套安排。从近年来的开放进程看，人民币资本项目可兑换在逐步放开与防范风险之间平衡，探索了沪深港通、债券通、内地与香港基金互认等多项"管状开放"新机制、不断提高银行间债券市场对外开放程度、建立构建了全口径跨境融资宏观审慎管理框架、试点自贸区金融业务创新，在逐步取消交易环节限制的同时，相应科目汇兑上的安排也经历了初期设立额度到提高额度再到部分科目放开额度的变化，体现了开放程度和监管能力的同步提高。

目前人民币资本项目可兑换已进行到关键阶段，鉴于核心难点是交易环节，涉及多部门协调及监管，未来工作的重心应是在完善宏观审慎管理框架、提高金融监管能力的前提下，加快建立跨部门协调机制，加强海关、商务、外汇、税务、财政、公安和金融监管等部门间的协调和配合，发挥部门监管合力。建立多部门联合协作机制，明确职责，各司其职，协调各个部门进一步放宽业务准入。

（二）以防范风险为前提，稳步提升可兑换程度较低的资本项目开放程度

结合近年来人民币资本项目可兑换渐进性开放的经验，针对目前可兑换程度较低的资本项目，应在防范风险的前提下，稳步提升资本和货币市场、衍生工具及个人资本交易等资本项目的开放程度，条件成熟一个放开一个，或是通过新设

"管道"的方式逐步放开。包括研究推出可转换股票存托凭证（CDR）；支持国际优秀企业来我国发行股票择机推出合格境内个人投资者境外投资（QDII2）试点；结合服务实体经济、促进"一带一路"国际合作和提升我国大宗商品定价权的需求，探索允许有真实贸易和投资背景的衍生品跨境交易。

（三）在重视IMF的规定的同时，也应关注OECD《准则》的指导意义

长期以来，我国更多关注IMF关于资本项目可兑换的相关规定，并将其视为未来人民币资本项目可兑换的路线图，但IMF并未给出具体开放政策倾向及建议。而OECD《准则》的分级资本项目开放目标清单，以及其灵活性和强制性兼具的跨境资本流动管理规定，对我国未来人民币资本项目可兑换有一定借鉴意义，且在签约国中已有具体实践经验。可以参考OECD《准则》的分级资本项目开放目标清单，有所选择，重点突破。

（四）完善金融监管调控体系，建立应急保障机制

要加快建立起一套跨境资本流动管理的安排，更好地在进一步推进可兑换过程中维护国家金融安全。一是建立跨境资本流动监管协调机制。建立以中国人民银行为核心的"一行三会一局"的宏观审慎监管协调机制，强化本外币、机构和产品等金融监管政策的协调，统筹推进资本项目可兑换进程，提高监管效率。二是健全跨境资本流动宏微观审慎管理。对现有的法规进行全面清理和整合，逐步构建起简明清晰的、符合资本项目可兑换原则的资本项目外汇管理法规体系。尽快实施宏微观相结合的审慎性和风险性监管，提高对涉汇主体的监管效率，逐步实现由事前转向事后、由现场转向非现场、由过程管理转向目标控制。按照跨境资本流动涉及的外汇交易项目、交易主体、期限长短和流动方向有针对性地设计宏观审慎管理工具，丰富以无息准备金、托宾税等为主的宏观审慎管理工具箱，弥补资本管制放松后的监管真空。三是建立危机应急保障机制，如建立最后贷款人支持、存款保险、破产法律及执行程序以及对于脆弱金融机构的系统性重组安排等制度，防止金融风险转化为系统性风险。四是动态管理保留资本管制的条件清单。基于基金组织的建议和我国实际，在四种情况下应保留资本项目管制：涉及洗钱、对恐怖主义进行融资、过度利用避税天堂的跨境金融交易；对外债实行宏观审慎管理，尤其是私人部门过多的外债和货币错配；适时管理短期投机资本流动；加强国际收支方面的统计和监测。

（五）做好相关配套改革

一是深化汇率市场化机制改革，增强汇率制度适应性。汇率市场化改革与资本项目放开应坚持循序渐进、协调推进的原则，抓住时机与防范风险相结合，审

慎推进资本项目可兑换。进一步深化人民币汇率市场化改革，结合外贸实体经济承受能力及外汇资本市场完善程度，择期继续增强人民币汇率弹性，扩大人民币对主要国际货币汇率浮动区间，保持人民币汇率在合理均衡水平上的基本稳定，为解决"不可能三角"难题、实现资本项目可兑换和提高货币政策独立性、灵活性和有效性腾挪政策空间。

二是大力发展国内金融市场体系，促进金融深化。实现资本项目对内对外开放等措施应把握当前资本项目放开的有利时机，加快国内资本市场基础建设，完善交易机制和治理结构，加快培育国内外投融资主体，丰富交易品种，构建多层次的资本市场体系，增强市场筹融资能力和资本配置功能，提高资本项目可兑换后的资源配置效率和风险防控能力。

参考文献

[1] 陈中飞，王曦，王伟. 利率市场化、汇率自由化和资本项目可兑换的顺序 [J]. 世界经济，2017，40 (6)：23 - 47.

[2] 丁志杰，田园. 论资本项目有管理可兑换 [J]. 金融研究，2016 (2)：96 - 105.

[3] 葛奇. 宏观审慎管理政策和资本管制措施在新兴市场国家跨境资本流出入管理中的应用及其效果——兼析中国在资本账户自由化过程中面临的资本流动管理政策选择 [J]. 国际金融研究，2017 (3)：3 - 14.

[4] 管涛. 中国资本项目管理现状及人民币资本项目可兑换前景展望 [J]. 世界经济，2002 (3)：59 - 62.

[5] 郭树清. 中国资本市场开放和人民币资本项目可兑换 [J]. 金融监管研究，2012 (6)：1 - 17.

[6] 李巍. 资本项目可兑换、金融发展和经济金融不稳定的国际经验分析 [J]. 世界经济，2008 (3)：34 - 43.

[7] 温军伟. 国际货币基金组织与资本项目可兑换 [J]. 金融理论与实践，2013 (11)：58 - 60.

[8] 杨荣海，李亚波. 资本项目可兑换对人民币国际化"货币锚"地位的影响分析 [J]. 经济研究，2017，52 (1)：134 - 148.

[9] 张健华. 资本项目可兑换的国别比较 [J]. 中国金融，2011 (14)：28 - 30.

[10] 张志超. 开放中国的资本账户——排序理论的发展及对中国的启示 [J]. 国际经济评论，2003 (1)：5 - 17.

[11] 周小川. 人民币资本项目可兑换的前景和路径 [J]. 金融研究，2012 (1)：1 - 19.

[12] 周小川. 推进资本项目可兑换的概念与内容——在 2012 年 12 月三亚

财经国际论坛上的讲话 [J]. 中国外汇, 2018 (1): 6-13.

[13] Eichengreen, B. and M. Mussa. Capital Account Liberalization and the IMF Finance and Development, 1998, 35: 16-19.

[14] Fischer, S.. Capital Account Liberalization and the Role of the IMF Essays in International Finance, 1998, No. 207.

[15] Johnston, R. B.. Sequencing Capital Account Liberalizations and Financial Sector Reform IMF Paper on Policy Analysis and Assessment, 1998, No. 98/8.

[16] Jones, R. W. and Kenen P. B.. Handbook of International Economics Published by Elsevier Science Publishers B. V., Volume I, Chapter 5, 1984.

[17] Kose, M. A., E. Prasad, K. Rogoff and S. J. Wei. Financial Globalization: AReappraisal IMF Working Paper, WP/2006/189.

[18] Ostry, J. D.. Managing Capital Inflows: What Tools to Use ? Asian Development Review, 2012, 29 (1): 82.

[19] Takagi, S. and J. Chelsky. The IMF's Approach to Capital Account Liberalization: Evaluation Report HG 3891. I43, 2005.

[20] Publishing, O.. Oecd code of liberalisation of capital movements, 2018.

湖南省农户信用信息系统建设研究

中国人民银行长沙中心支行课题组

课题主持人：马天禄
课题组成员：王地宁　欧阳文辉　刘　敏　彭育贤　覃兆勇　彭于彪
　　　　　　刘　玫　王　达

一、农户信用信息系统建设的必要性分析

（一）发展数字普惠金融的需要，能有效破解农村金融供需矛盾

党的十八届三中全会提出，要大力推进普惠金融发展。2016 年 G20 杭州峰会通过《G20 数字普惠金融高级原则》（以下简称《高级原则》），明确提出运用数字方法实现普惠金融发展目标，扩展数字金融服务基础设施生态系统，促进数字金融服务的客户身份识别。在农村发展数字普惠金融是《高级原则》的重点内容和主要任务，要求在农村和缺乏金融服务地区加快发展金融和信息通信基础设施建设，用安全、可信和低成本的方法为农村地区提供数字金融服务，为无法获得金融服务或缺乏金融服务的群体提供高质量、合适的金融产品和服务；开发农户身份识别系统，提高农户数字金融服务的可得性，并能适应以基于风险的方法开展农户尽职调查的各种需求和风险等级。从目前实际情况来看，农村金融供需矛盾突出、金融服务匮乏，是发展数字普惠金融必须破解的难题。一方面，农村金融需求总体比较旺盛。调查问卷显示，58.12% 的调查机构认为农村贷款需求旺盛；贷款期限需求高度集中，3 年以内的贷款需求占比 89.74%。另一方面，农村金融需求难以得到有效满足，贷款获得率总体不高。统计显示，截至 2018 年 9 月末，湖南省农户贷款余额 4448.3 亿元，仅占全省涉农贷款余额的 39.53%；湖南省农信系统、农业银行、邮储银行等涉农金融机构累计向 193 万户农户发放贷款，仅占全省农户数量的 18.23%；其中，获得过信用贷款的农户 20.96 万户，仅占有贷农户的 10.99%；农户信用贷款余额 123 亿元，仅占其农户贷款余额的 2.936%；发放农户信用贷款 32 万笔，仅占其农户贷款笔数的 12.65%。究其原因，主要是由于农户信用信息缺失、金融机构与农户信息不对称，导致金融机构无法有效识别、评估农户信用风险，金融机构在风控要求下，

放贷谨慎,使农户贷款容易陷入"无抵押—难贷款—无信用记录"的"死循环",而信用信息系统能有效破解这一问题,提高首次授信成功率。

(二)实施乡村振兴战略的需要,能有效改善金融资源投入欠均衡

党的十九大提出,实施乡村振兴战略。要坚持农业农村优先发展,按照产业兴旺、生态宜居、乡风文明、治理有效、生活富裕的总要求,建立健全城乡融合发展体制机制和政策体系,加快推进农业农村现代化。实施乡村振兴战略,需要金融重点倾斜。《国家乡村振兴战略规划(2018—2022年)》明确提出,必须加大金融支农力度,把更多的金融资源配置到农村经济社会发展的重点领域和薄弱环节,更好满足乡村振兴多样化金融需求。实际看,金融资源对乡村振兴的投入欠均衡,薄弱环节投入不足,与乡村振兴战略的要求存在一定差距,主要表现在:一是投向方面欠均衡。企业和组织涉农贷款投向基础设施的多,投向生产经营的少。截至2018年9月末,全省企业和组织涉农贷款中农田基本建设和基础设施建设贷款余额3068.15亿元,占企业和组织涉农贷款余额45.25%;而农村生产经营贷款余额1134.01亿元,占比仅为16.72%,投入相对不足。二是机构方面欠均衡。主要涉农机构投入的多,其他金融机构投入的少。9月末,全省农信系统、农业发展银行、农业银行、邮储银行涉农贷款余额7198.08亿元,占全部涉农贷款余额63.96%;大型国有银行涉农贷款余额1706.33亿元,仅占比15.16%;股份制银行机构涉农贷款余额532.45亿元,仅占比4.73%。其中,大型国有银行机构、股份制银行机构农户贷款余额分别为315.5亿元、83.43亿元,仅分别占其涉农贷款余额的18.49%、15.68%,投入严重不足。三是地域方面欠均衡。发达地区投入的多,而更需要投入的落后地区投入的少。9月末,长株潭涉农贷款余额4674.87亿元,占全省涉农贷款余额41.54%,其中长沙占比达31.93%;其他欠发达区域如张家界、湘西、娄底、益阳等地占比均低于5%。究其原因,主要是部分金融机构基层网点少、人手不足,信息采集成本高、效率低,严重制约了金融产品与服务供给能力。因此,亟须建立一个统一的、标准的农户信用信息系统,解决信息采集成本投入大、效率低的问题,以及部分金融机构在农村无分支机构的问题,从而改善金融资源配置欠均衡的问题。

(三)农村信用体系建设的需要,能有效推动农村信用环境优化

农村信用体系建设是地方社会信用体系建设的抓手和重要组成部分,是《社会信用体系建设规划纲要(2014—2020年)》及《国家乡村振兴战略规划(2018—2022年)》提出的专项工程,是助力农户融资发展的有效手段,对于缓解农户融

资难、融资贵，促进发展金融普惠，改善地区信用环境具有十分重要的意义。而信用信息系统建设是农村信用体系建设的基础和前提，通过搭建以"数据库+网络"为核心的信用信息服务平台，弥补信用类金融支农产品和服务缺失的短板，可以有效提高农户贷款获得率，提升农户征信记录的覆盖率，再配合农村守信激励和失信惩戒机制的构建，从而有效推动农村信用环境的优化。调查显示，金融机构在发放农户贷款时重点关心两个方面：一是农户的第一还款来源，涉及农户的资产负债状况、收支状况、经营状况等；二是农户的还款意愿，涉及农户的信用状况、履约情况等。而信用信息系统可以有效解决金融机构的顾虑：一是能帮助银行有效筛选农户，从源头控制风险。调查显示，93.2%的调查机构将信用信息系统数据应用于农户贷前审查、评级授信方面。二是能及时更新数据，提前预警风险。信用信息数据系统对接了政府各部门的数据库，能够及时更新，金融机构可以及时掌握农户相关信用信息的变化情况，提前进行风险处置。三是能营造守信环境，形成良性循环局面。金融机构根据农户的不同信用状况制定差异化的贷款发放率、贷款额度、贷款利率、贷款期限等，通过激励约束机制，营造良好的信用环境。

二、农户信用信息系统相关概念及建设目标

（一）相关概念界定

1. 农户

农户是人类进入农业社会以来最基本的单位，对于农户的界定，目前并没有一个统一的定义，归纳起来有三种：一是基于驻地的定义。部分学者如李光兵（1992）认为农户就是居住在农村、从事农业生产经营的家庭。《中国统计年鉴》认为农户就是农村常住户，指长期（一年以上）居住在乡镇（不包括城关镇）行政管理区域内的住户，还包括长期居住在城关镇所辖行政村范围内的住户和户口不在本地而在本地居住一年以上的住户，但不包括举家外出谋生一年以上的住户，无论是否保留承包耕地。《涉农贷款专项统计制度》（2007）对《中国统计年鉴》农户定义进行扩充，认为还应包括在乡镇（不包括城关镇）和城关镇所辖行政村范围内居住一年以上国有农场的职工和农村个体工商户。二是基于实际行为的定义。尤小文（1999）、卜范达、韩喜平（2003）认为农户作为一种经济组织，是指家庭拥有剩余控制权，并且主要依靠家庭劳动力从事农业生产的一种组织形式。吴昭军（2016）认为农户是由享有实际承包土地资格与实际土地分配份额的集体经济组织成员构成的组织，其成员须为集体经济组织成员，且须具有

发包方分配的土地。农户成员不等同于集体经济组织成员，也不等同于家庭成员；农户不等同于农村家庭。三是基于组织形式定义。李举锋等人（2017）认为农户是个广义的概念，指拥有较多的土地和较多人口的农村家庭，包括种植大户、家庭农场或者农业龙头企业。

从上面的论述来看，学者们各自从不同的角度对农户进行了界定，反映了农户不同侧面的特征。因此，结合农户的特征，我们认为，农户是指长期（一年以上）居住在乡镇（不包括城关镇）行政管理区域内，以及长期居住（一年以上）在城关镇所辖行政村范围内和户口不在本地而在本地居住一年以上的住户，并且主要依靠家庭劳动力从事农业生产，是包括家庭成员在内的集体，而非单个的个体。

2. 农户信用信息

所谓农户信用信息，是指农户在社会活动中所产生的、与信用行为有关的记录，以及有关评价其信用价值的各项信息。农户的特殊性决定了农户信用信息的特殊性：（1）地域性。基于企业的跨区域经营特征、个人的流动性特征，企业信用信息与个人信用信息都具有跨区域的特点，而农户信用信息则具有显著的地域性特点。作为农户的两大要素，土地和家庭是固定的，农户本身大多在某个村镇从事生产经营，与当地村民或经济组织发生往来，具有明显的地域性特点。同时，从信贷供给层面看，农户的信贷服务供给局限于农户所在地的涉农金融机构、以当地农信社为主，具有显著的地域性特点。（2）双重性。一方面，农户以农户主为主要载体，农户的大部分资产信息、经营信息等归集在农户主身上，因此农户信用信息具有个人性特点；另一方面，农户以家庭为纽带，各项补贴等又以农户为单位进行发放，农户信用除受农户主的信用约束外，家庭的还款能力对农户的信用状况也具有重大影响，因此农户信用信息又具有集体性特点。因此，农户信用信息比企业信用信息与个人信用信息涵盖的范围更广。（3）多维性。对农户信用的衡量，需要多角度进行，农户家庭负担、外出打工收入具有较大不确定性，农户个人品行的判断需要依托民间熟人之间的社会关系，而熟人社会对农户的信用又具有较大的制约性。因此，农户信用信息的范畴更广，不仅包括信用行为信息，还应包括与之相关、能从侧面刻画信用状况的其他信息，至少包括两大类信息。

（1）企业和个人征信系统中涵盖的信息。一是基本信息，如身份识别、居住地址、职业等；二是信用交易信息，如农户在贷款、使用贷记卡或准贷记卡、赊销、担保、合同履行等社会经济活动中形成的与信用有关的交易记录；三是其他信息，如与信用状况密切相关的行政处罚信息、法院强制执行信息等。

（2）企业和个人征信系统中未涵盖的信息。一是资产负债信息，如不动产、宅基地、车辆与农机具、金融资产、对外负债与担保等信息；二是收支信息，如收入、支出状况等信息；三是经营信息，如种养状况、承包经营状况等信息；四是与农户信用密切相关的其他信息，如补贴情况、保费缴纳情况等信息。

3. 农户信用信息系统

农户信用信息系统是集采集、存储、加工、标准化处理、应用等功能于一体的农户信用信息平台，为金融机构、相关部门提供高效、便捷、精准、全面的农户信用信息服务。农户信用信息的特殊性，决定了农户信用信息系统建设的特殊性。

（1）建设模式定位。根据农户信用信息的地域性特点，农户信用信息系统建设需在全国或者省级层面统一构建，但要结合地方实际，因地制宜，遵循"来源于地方、服务于地方"的思路，全省统一指导、以县为主建设农户信息数据库。

（2）信息采集范围。根据农户信用信息的双重性特点，指标采集范围应以农户主的信用信息为主，同时采集与农户信用相关的家庭成员信息。

（3）指标体系设置。农户信用信息指标设置要能够反映农户的还款能力和还款意愿，根据农户信用信息多维性特点，指标体系应具有多层次性。从还款能力看，指标体系应包括农户的基本信息、资产负债信息、收支信息、经营信息等；从还款意愿看，指标体系应包括农户的信用交易信息、违法违规违约等声誉信息。

（4）配套机制建设。为保障农户信用信息系统正常运行，必须建立相应的配套机制，比如信息采集机制、应用机制。同时，为确保信用信息系统可持续运行，真正发挥农村信用体系建设基础和前提作用，还必须建立相应的守信激励和失信惩戒等机制。

（二）农户信用信息系统建设目标

1. 扩大农户金融产品与服务供给

有效汇集分散在政府相关职能部门的农户信用信息、各金融机构的农户信用信息以及农户的基本信息等，充分发挥农户信用平台安全、可信和低成本作用，切实解决农户信用信息缺失、信息不对称问题，解决金融机构信息采集成本高、效率低的问题，增进农户信用，推动更多的金融机构依托系统和数字技术为农户提供高质量、合适的金融产品和服务，扩大农户金融产品与服务供给，提高农户金融服务的覆盖面，提升农户贷款可得性与贷款满意度。

2. 优化农村金融资源投入结构

为金融机构进行农户贷前审查、风险识别、评级授信及贷后管理提供精准、全面的信息依据，有效降低农户贷款不良风险，推动大型国有银行、股份制银行等非涉农金融机构加大农村金融投入力度，尤其是加大对欠发达农村区域及农户贷款投放力度，推动更多的金融资源投向农户、农村生产经营等农村经济社会发展的重点领域和薄弱环节，优化金融资源配置结构与配置效率。

3. 推进农村信用环境建设

扩大信用信息应用范围，推进信用户、信用村、信用乡镇创建工作，构建激励约束长效机制，提高农户信用意识，改善农村金融生态环境，深化农村信用体系建设。

三、农户信用信息系统建设模式的国际经验及省内做法

（一）主要发达国家信用信息系统建设模式及启示

主要发达国家基本上都没有单独针对农户建立的信用信息系统，主要依托个人信用信息系统为金融机构提供农户信用信息服务。

1. 美国：市场主导模式

美国的信用信息系统建设为市场主导型。政府只负责制定相关法律法规和提供基础网络支持，但不直接参与个人信用数据库的建立和维护。个人数据库的建立和信用采集及评级都完全交由市场负责，由征信公司根据市场需求开发和建设个人信用信息数据库；通过流动发展、异地代理和行业联盟等形式来进一步实现数据库的兼并，从而实现数据库容量的扩充，最终在全国范围内形成少数大型的个人信用数据库，实行市场化运作，采取收费方式向金融机构提供服务。

2. 德国：政府主导模式

德国的信用信息系统建设为政府主导型。政府主导社会征信工作，具体由中央银行和金融监管机构及商业银行负责实施，其他私人征信机构则起辅助作用。以中央银行或其他金融监管当局建立的"中央信贷登记系统"为主体，兼有私营征信机构的社会信用体系。中央信贷登记系统是由政府出资建立的全国数据库网络系统，直接隶属中央银行。通过《联保数据保护法》《信贷法》等法律规定个人信息的采集范围、采集程序等。"中央信贷登记系统"建立覆盖全国范围的征信数据库网络，主要收集的是企业和个人的信贷信息。建立以中央银行信贷登记为主体的社会信用管理方式后，公民个人和工商企业等市场主体的经济行为都有伴随终生的信用记录，与信用相关的信息公开、透明，共享程度较高。银行依

法向社会专业信用信息服务公司、信息局等提供相关信用信息，政府职能机构和中央银行共同承担对信用机构主要监管职能（吴可，2009）。

3. 日本：会员制模式

日本实行的是以银行业协会建立的会员制征信机构与商业性征信机构共同组成的国家社会信用管理模式。由若干家会员银行共同出资建立一个信用机构，各家会员银行负责承担向信用机构提供相关的个人及企业信用信息数据的义务，各家会员银行也具有分享其他会员银行提供的个人及企业信用信息数据的权利。目前日本的个人征信机构系统主要有全国银行个人信用信息中心、株式会社日本信息中心和株式会社信用信息中心三家，形成"三足鼎立"的局面。三家机构均采用会员制，信息的采集和来源都限于会员单位，要求会员定期向各信用中心报送客户信息，信息只在会员单位之间共享，保密度较高。

总的来看，虽然主要发达国家在农户信用信息系统建设方面并没有直接的做法，但其社会信用信息系统建设的模式仍给我们带来诸多启示。一是居民结构差异性决定了不能完全照搬国外模式。美国、德国、日本等国与我国的居民结构存在差异性，国外的城镇化率高，基本在80%以上，完全可以依托个人征信系统提供服务；而我国目前的城镇化率仅为58.52%，农户众多且分散，城乡二元结构明显，农户信用信息分散，农村信用基础薄弱，并且一部分农户并没有信用记录，因此需要单独建设一套涵盖范围更广的农户信用信息系统。二是单纯依靠政府主导难以持续，需要发掘商业利益。德国的政府主导模式之所以可持续，前提是有《联保数据保护法》《信贷法》等一系列立法的保障，对信用信息的采集进行了规范。而我国目前尚未有相关的法律法规来规范农户信用信息的采集，政府信息采集职责与义务并未明确，单纯依赖政府主导，无论是经费、人员设置，还是信息共享等方面都难以持续，需要引入市场化的机制，挖掘商业模式，才能形成可持续。三是要注重信用环境的建设。信用信息系统要发挥作用，必须汇集能够反映农户还款能力和还款意愿的指标，可以为金融机构提供便捷的服务，提升农户贷款的可得性与覆盖率，进而形成"信用信息—贷款—信用信息"的良性循环。因此，需要加强农村信用环境建设，并通过激励约束机制，强化农户信用行为，持续改善农村金融生态。

(二) 湖南农户信用信息系统建设主要模式及比较分析

当前，湖南省农户信用信息系统建设模式根据数据库建设和运营的主体不同，主要可以分为地方政府主导、人民银行主导和金融机构主导三类。

地方政府主导模式主要由地方政府指定其职能部门或事业单位负责数据库的

建设和运营，相关经费主要由地方财政拨付，其他职能部门直接通过政府内网报送履职过程中产生的可公示数据，并依托村支两委采集其他数据。数据库主要为政府职能部门履职提供决策参考，也可以允许金融机构进行查询以控制信贷风险，其具体流程见图1。

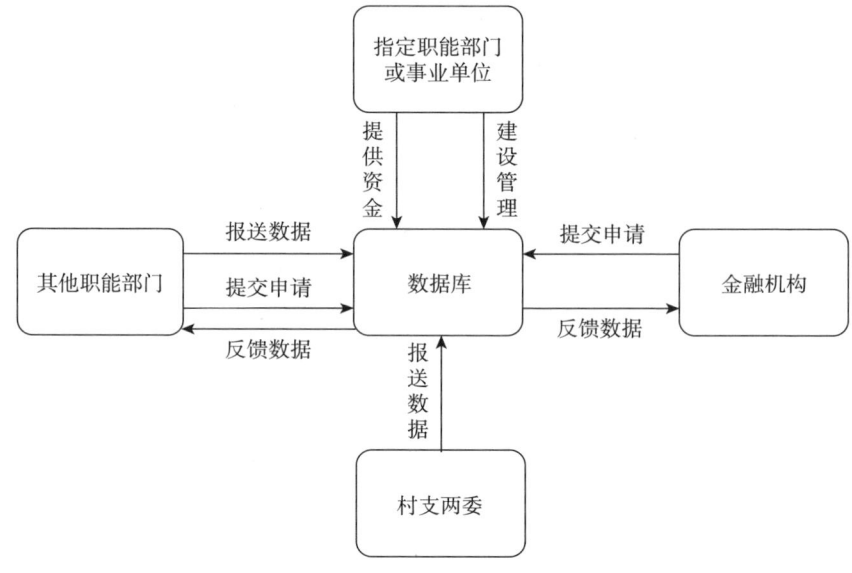

图 1　地方政府主导模式

人民银行主导模式主要由人民银行负责数据库的建设和运营，相关经费主要由人民银行负责，地方财政提供一定额度的补贴，政府职能部门通过 U 盘加密拷贝的形式批量报送履职过程中产生的可公示数据。数据库主要为金融机构进行信贷风险控制提供信息支持，也可以为政府职能部门履职提供决策参考，其具体流程见图 2。

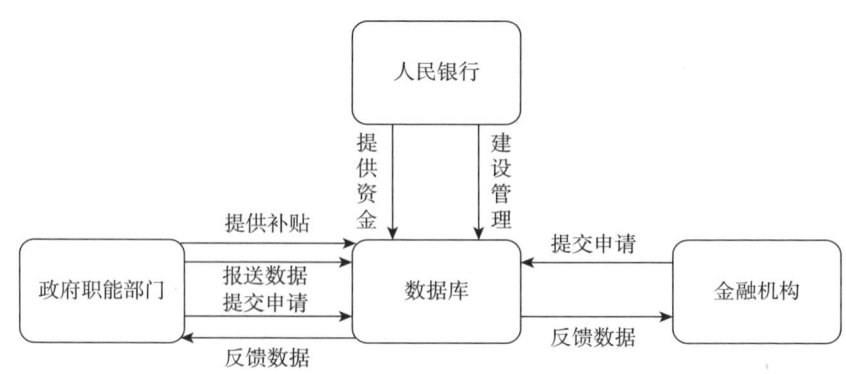

图 2　人民银行主导模式

金融机构主导模式主要由某一金融机构（通常为农村商业银行）总部自行建设和运营数据库，相关经费由金融机构自行承担，数据获取方式通常为基层网点业务办理时获取或由金融服务站去农户家中采集。数据库主要为本机构控制信贷风险、挖掘潜在客户服务，其具体流程见图3。

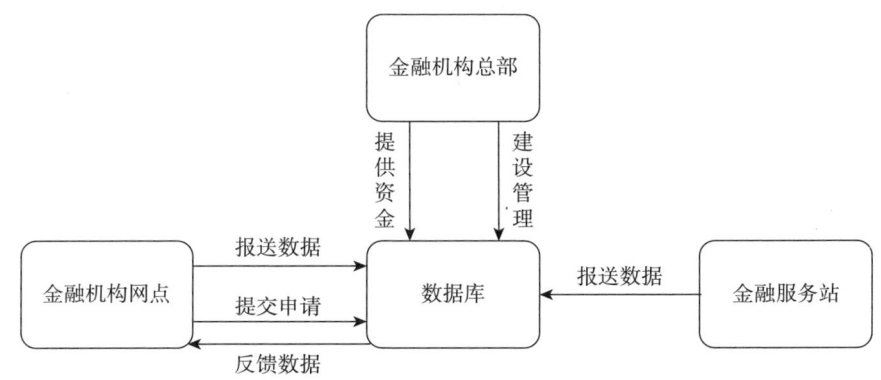

图3　金融机构主导模式

根据上述各类模式的具体情况，我们对不同模式的做法进行分项比较，见表1。

表1　　　　　　　　　不同建设和运营模式做法的比较

模式分类	地方政府主导模式	人民银行主导模式	金融机构主导模式
建设运营主体	职能部门或事业单位	人民银行	金融机构总部
主要经费来源	财政资金	专项经费和财政补贴	自有资金
数据采集渠道	职能部门和村支两委报送	职能部门报送	业务发生时采集，或由金融服务站上门采集
数据报送方式	职能部门由内网线上批量报送，村支两委批量报送	职能部门通过U盘加密拷贝的形式批量报送	业务发生时采集的数据通过内网实时报送，金融服务站采集的数据批量报送
数据应用主体	政府部门为主，有时也提供给金融机构	金融机构为主，有时也提供给政府部门	本金融机构
主要应用目标（重要性递减排列）	优化信用环境	提升贷款可得性，防控信贷风险，创新金融产品和服务，优化信用环境	防控信贷风险，挖掘增量客户，创新金融产品和服务

由上述比较可知，三类农户信用信息系统建设和运营模式在主要做法上存在较大差异，各有利弊。

其中，地方政府主导模式具有以下优势。一是信息采集对象多样。由本次问卷调研可知,在应用该模式的情况下,所有受访地区采集对象均涵盖了辖内农户和涉农经济组织,较人民银行主导模式和金融机构主导模式分别高出33.33个和61.90个百分点。二是信息采集种类全面。在十六类主要信息中,该模式在十二类信息采集上占比最高。三是信息采集准确度高。由于大部分数据在职能部门或村支两委履职过程中产生并由其直接报送,信息偏差程度较小。四是信息更新频率较快。地方政府通常对于职能部门或村支两委的信息报送建立了定期考核机制,而且政府各职能部门之间可以通过内网实时传输数据。五是相关经费保障性强。在该模式下,数据库的建设和运营经费通常足额纳入地方财政预算。六是信息应用主体多样。地方政府采集的信息由于准确度较高,因此被各类信息需求主体所广泛采用,见表2。

表2　　　　　不同模式下信息应用主体的地区占比　　　　　单位:%

信息应用主体模式分类	地方政府主导模式	人民银行主导模式	金融机构主导模式
地方政府	62.50	18.60	6.06
人民银行	62.50	63.95	24.24
农商行/农信社	75.00	70.93	93.94
其他涉农金融机构	62.50	51.16	21.21

数据来源:县支行行长调查问卷。

但与此同时,政府主导模式也存在一些不足。一是应用目标过于单一。该模式的主要应用目标仅限于优化区域信用环境,为职能部门履职提供决策参考。在应用此类模式的受访地区,其数据库实际采集指标个数平均为10.50,数量分别仅为人民银行主导模式和金融机构主导模式的27.76%和66.00%。二是机制可持续性不强。过于单一的应用目标导致该模式下所采集数据难以获得市场化应用,后续运营依赖政府主管领导的持续推动和地方财政的长期投入,极易受地方政府主管领导变更和地方财政盈余变化的影响。该模式下,近半受访地区认为"信用信息采集机制不可持续",远高于另两类模式。三是专职及专业工作人员缺乏。该模式下数据库由政府指定职能部门或事业单位建设和运营,受机构编制所限,专职从事此项工作的专业人员较为缺乏。这也导致在该模式下,所有受访地区都认为"农户外出务工,找到农户难"是信息采集的主要困难,较人民银行主导模式和金融机构主导模式分别高出16.67个和33.33个百分点。

人民银行主导模式通常具有以下优势。一是运营流程安全合规。人民银行由于本身承担了征信系统的建设和运营工作,因此高度重视农户信用信息数据库建设和运营中的信息安全和管理合规,该模式下受访地区的安全运营标准大多比照现行征信系统执行。二是机制可持续性较强。由于持续推动农村信用体系建设是人民银行的本职工作,总行和分支机构由上至下建立了较为健全的考核体系,并探索出多种较为成功的数据库建设和运营典型方案，具有参与辖内相关数据库建设和运营工作的长期意愿和能力。三是指标采集数量较多。在应用该模式的受访地区，其数据库实际采集指标个数平均为 37.83，数量分别为地方政府主导模式和金融机构主导模式的 3.60 倍和 2.38 倍。四是信息应用前景广泛。由于该模式采集指标量大，且兼顾了提升贷款可得性、防控信贷风险、创新金融产品和服务、优化信用环境等多重目标，因此其采集的信息能被广泛应用于农户贷款增信、信贷风险审查、金融产品创新、农户信用评级、信用村镇建设等诸多领域。

但人民银行主导模式也存在三点不足。一是信息获取成本较高。由于人民银行自身不直接掌握农户信用信息数据，通常需由各分支机构与本级政府职能部门逐一沟通获取，产生较高的沟通成本，且为了防止数据泄密通常需用 U 盘加密拷贝并由专人带至人民银行批量导入，进一步提高了信息获取成本。该模式下所有受访地区均认为"与政府各部门共享信息难"降低了信息获取效率，为三类模式中最高。二是相关经费保障不足。由于数据库建设和运营经费并没有纳入人民银行预算中，因此需要各级分支机构从每年预算结余中设法腾挪出经费进行维持，对分支机构造成了额外的财务负担，长期保障性不足。三是信息更新频率较低。为了提升政府职能部门参与数据报送工作的积极性，人民银行分支机构通常会适当降低政府职能部门的报送频率，部分数据甚至一年才更新一次，降低了信息的时效性和准确性。

金融机构主导模式的优势主要有以下几点：一是机制可持续性较强。该模式下数据库的建立和运营能有效提升本机构的盈利能力，因此涉农金融机构会着力健全相关机制、足额提供经费支持。二是信息应用程度较高。由于数据库中的信息都是根据金融机构风险防控、产品创新、客户挖掘等自身业务需要进行采集，因此对数据库中信息的实际使用比例、使用频率都相对较高。三是信息更新频率较快。该模式下，数据库信息采集都是通过本金融机构内部网络传输，信息时效性很强。四是统计分析功能完善。为了更好地促进"三农"业务发展、提高自身盈利水平，涉农金融机构建立的数据库通常具有较完善的统计和分析功能。该模式下，66.67% 的受访地区数据库支持"直接提取库内指标进行信用体系建设成效分析"，较地方政府主导模式和人民银行主导模式分别高出 16.67 个和 50.00 个百分点。

但金融机构主导模式也存在一些不足。一是信息采集准确度低。除身份证信息和资金流水外，金融机构所采集的信息通常由客户自行填写，且核实难度较大。二是信息获取成本较高。上门采集客户信息并进行核实逐步成为金融机构基层网点和金融服务站的常规性工作，需要耗费大量的人力、物力成本。三是信息应用主体受限。采集的信息种类根据建库金融机构业务发展需要来选取，对其他机构业务发展或辖内金融统计的帮助有限,很难被其他部门或机构使用,见表3。

表3　　　　　　　　不同建设和运营模式优势和不足的比较

模式分类	地方政府主导模式	人民银行主导模式	金融机构主导模式
优势	信息采集对象多样 信息采集种类全面 信息采集准确度高 信息更新频率较快 相关经费保障性强 信息应用主体多样	运营流程安全合规 机制可持续性较强 指标采集数量较多 信息应用前景广泛	机制可持续性较强 信息应用程度较高 信息更新频率较快 数据库功能较完善
不足	应用目标过于单一 机制可持续性不强 专职工作人员缺乏	信息获取成本较高 相关经费保障不足 信息更新频率较低	信息采集准确度低 信息获取成本较高 信息应用主体受限

根据上述比较分析,我们有以下几点启示:一是各类模式各有利弊,都存在改进空间。尽管上述三种农户信用信息系统建设和运营模式都在长期实践中获得了不断改良,但由于其主导方的局限性,仍存在各自的弊端,即存在改进的空间。二是各类模式主导方合作可以优化现有模式。尽管各类模式各有利弊,但其却没有明显的共同不足,因此可以考虑通过鼓励三类主导方进行合作,在不同阶段发挥最具有比较性优势一方的积极性,从而弥补现有模式的不足。三是进行市场化运营机制设计以提升模式可持续性。无论是政府主导模式严重依赖于财政拨款,还是人民银行主导模式经费保障不足,或是金融机构主导模式信息获取成本过高,这些不足都可以通过引导信息系统管理方进行市场化运营加以解决。

结合国际和省内经验,我们认为由政府出资控股、各金融入股建立一个市场化征信机构,对接并汇总地方政府和金融机构的农户信用信息,由人民银行进行业务指导与监管,各金融机构采取付费的方式进行信息查询使用,不失为一条新的路径。

四、农户信用信息指标体系设计

合理、实用的农户信用信息指标体系是保持农户信用信息系统的信息采集、共享和应用效率的重要基础,也是提升各方参与农户信用信息系统建设积极性的有效途径。因此,在对农户信用信息系统建设方案进行优化前,在省级层面设计一个具备可用性、可得性、可靠性、适度性和合规性的农户信用信息指标体系尤为必要。

(一) 农户信用信息指标选取原则

1. 可用性。是指所选取的指标应与农户信用风险高度相关,能有效评估其风险发生概率与违约损失大小,体现为信息使用方关注度高、需求迫切。

2. 可得性。是指所选取的指标能通过特定机制从政府部门或金融机构便捷、长期地获取。

3. 可靠性。是指所选取的指标来源权威,或由于复核便捷而篡改难度大。

4. 适度性。是指所选取的指标总量应合理适度,既要包含各个维度的信息,又要避免盲目贪多求全,应尽可能地使信息采集的成本收益比最小化与数据使用率最大化。该原则可体现为汇总指标后进行科学合理的筛查。

5. 合规性。是指筛选的指标符合相关法规要求,具体可体现为不违反《征信业管理条例》对信息采集内容的相关规定等。

(二) 农户信用信息指标筛选与分级

1. 农户信用信息指标筛查与分级思路

在上述五项原则中,由于可得性、可靠性、适度性和合规性均可以视为定性原则,而可用性可以量化为信息需求方的需求程度,因此在满足定性原则的基础上,本部分通过可用性指标对备选信息进行评分,剔除评分过低指标,并对剩余备选指标依据评分区间进行重要程度分级。

2. 农户信用信息指标筛查与分级流程

农户信用信息指标筛查与分级流程主要有5个环节:一是指标汇总与可得性筛查。尽可能多地搜集辖内已使用较长时间的农户信用信息指标进行汇总,这些指标已经过长期采集,符合可得性原则。二是可靠性筛查。删除备选指标库中居民自行填写且难以复核或涉及主观评分的指标。三是合规性筛查。核实备选指标库中指标是否有《征信业管理条例》禁止采集的指标,如有则删去。四是可用性与适度性筛查。由于政府机构通常不存在指标可得性问题,因此将涉农金融机构对指标的需求意愿作为各类指标的可用性评分依据,并将分数排名靠后的指标删除。五是指标分级,将剩余指标按可用性评分区间划分为不同重要性等级。具体流程见图4。

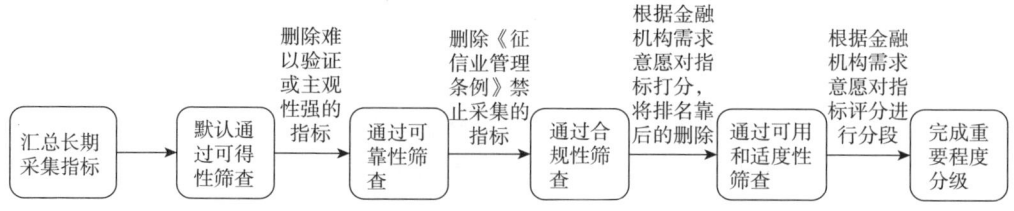

图 4　农户信用信息指标筛查与分级流程

3. 农户信用信息指标筛查与分级结果

基于上述流程架构，研究组采集辖内已稳定使用 3 年以上的农户信用信息数据库所含指标，并参考了上海、重庆、辽宁、江西四个省市的 8 个典型地市的指标体系，将上述所有信息指标进行分类汇总，删除不满足可靠性和合规性筛查要求的指标，形成了包含 5 个一级指标、17 个二级指标和 108 个三级指标的备选数据库，如表 4 所示。

表 4　　　　　　　　　农户信用信息指标备选库

一级指标	二级指标
基本信息	户主信息
	家庭成员和劳动力信息
	贫困农户相关信息
资产信息	不动产和宅基地信息
	车辆和农机具信息
	金融资产信息
	自然资源所有及经营权信息
	特色种养信息
	保险缴费信息
	家庭农场信息
负债信息	对外负债和担保信息
	日常欠费信息
收支信息	家庭收支情况
	财政补贴信息
声誉信息	荣誉信息
	行政处罚和刑事强制措施信息
	失信被执行人信息

将上述备选指标库中的所有指标以电子问卷形式发给辖内各县（市）的主要涉农金融机构及其分支机构，请其选择需要采集的农户信用信息指标。该电子

问卷共实际回收 351 份有效答卷。各指标被选择率降序排列见表 5。

表 5　　　　农户信用信息指标被选择情况（被选择率降序）　　　单位：次、%

指标排序	指标名称	指标被选择次数	指标被选择率
1	户主身份证号码	311	88.60
2	宗地/不动产权利人	311	88.60
3	家庭成员姓名	310	88.32
4	户主姓名	308	87.75
5	家庭成员身份证号	306	87.18
6	负债人	303	86.32
7	职业	302	86.04
8	收入取得人	302	86.04
9	户主主体分类	300	85.47
10	家庭成员与户主关系	298	84.90
11	户主联系方式	296	84.33
12	土地用途	296	84.33
13	债权单位	290	82.62
14	非银负债金额	290	82.62
15	金融资产所有人	289	82.34
16	单位月工资收入	289	82.34
17	对外担保人	289	82.34
18	婚姻状况	287	81.77
19	银行账户日均金融资产	285	81.20
20	失信被执行人	285	81.20
21	宗地/不动产位置	283	80.63
22	宗地/不动产使用权面积	283	80.63
23	对外担保金额	283	80.63
24	宗地/不动产共有权利人	282	80.34
25	失信情形	282	80.34
26	宗地/不动产性质	281	80.06
大于 80%			
27	法院判决履行情况	280	79.77
28	地块承包人/使用权权利人	278	79.20
29	判决时间	278	79.20

续表

指标排序	指标名称	指标被选择次数	指标被选择率
30	宗地面积	277	78.92
31	种养种类	277	78.92
32	车辆/农机具品牌及型号	276	78.63
33	车辆/农机具购买价格	276	78.63
34	行政处罚/强制措施涉事人	276	78.63
35	青壮年健康劳动力总人数	274	78.06
36	宗地/不动产权证号	274	78.06
37	非银负债用途	274	78.06
38	承包合同/权证证号	273	77.78
39	种养人	273	77.78
40	种养规模（亩/头）	273	77.78
41	未结清对外担保金额	273	77.78
42	宗地/不动产权利终止日期	272	77.49
43	文化程度	271	77.21
44	宗地/不动产共有方式	271	77.21
45	承包地块位置	271	77.21
46	承包地块面积	271	77.21
47	家庭教育支出	270	76.92
48	对外担保被担保人	270	76.92
49	行政处罚种类	268	76.35
50	刑事强制措施	267	76.07
51	种养地址	265	75.50
52	非银负债逾期情况	265	75.50
53	非银负债担保方式	264	75.21
54	自然资源所有/经营权终止日期	263	74.93
55	家庭医疗支出	263	74.93
56	补贴获得人	263	74.93
57	宗地/不动产权利类型	260	74.07
58	非银负债偿还方式	260	74.07
59	对外担保类型	260	74.07
60	补贴总金额	260	74.07
61	宗地/不动产权利比例	259	73.79

指标排序	指标名称	指标被选择次数	指标被选择率
62	非银负债发生日期	258	73.50
63	处罚事由	258	73.50
64	车辆/农机具数量	257	73.22
65	非银负债本金偿还日期	256	72.93
66	补贴类型	256	72.93
67	种植物/养殖物种类	255	72.65
68	对外担保效力截止日期	255	72.65
69	种植物/养殖物权利人	254	72.36
70	罚款金额	253	72.08
71	家庭农场经营状态	250	71.23
72	处罚时间	248	70.66
73	户主原户籍所在地	247	70.37
74	补贴标准	247	70.37
75	家庭农场经营者	247	70.37
76	家庭农场名称	246	70.09
大于70%			
77	补贴数量	245	69.80
78	家庭农场经营范围	245	69.80
79	宗地/不动产权利限制	244	69.52
80	对外担保受益机构	243	69.23
81	种养/养殖防疫证号	241	68.66
82	车辆/农机具权利限制	239	68.09
83	家庭农场经营地址	239	68.09
84	家庭农场成立日期	236	67.24
85	大宗耐用消费品购买支出	235	66.95
86	没收金额/物品价值	234	66.67
87	欠费人	233	66.38
88	欠费金额	232	66.10
89	欠费项目	231	65.81
90	参加脱贫产业项目名称	230	65.53
91	种植/养殖防疫证发证日期	227	64.67
92	扶贫小额信贷金额	227	64.67

续表

指标排序	指标名称	指标被选择次数	指标被选择率
93	家庭农场注册资金	227	64.67
94	欠费发生时间	227	64.67
95	家庭农场注册号	225	64.10
96	保险受益人	224	63.82
97	保险类型	220	62.68
98	保险年均缴费金额	220	62.68
99	证券和基金账户日均金融资产	219	62.39
100	保险缴费年限	216	61.54
101	保险效力截止日期	212	60.40
102	保险生效日期	211	60.11
大于60%			
103	承保最高赔付金额	209	59.54
104	预计脱贫时间	202	57.55
105	荣誉获得人	191	54.42
106	荣誉获取年度	183	52.14
107	荣誉级别	180	51.28
108	荣誉名称	178	50.71

数据来源：金融机构调查问卷。

将被选择率低于60%的6个指标删除，剩余102个指标为所需要采集的农户信用信息指标。对上述102个指标根据被选择率进行分级可知，被选择率在80%以上的指标重要性程度被判断为"非常重要"，共26个；被选择率在70%~80%的指标被判断为"比较重要"，共50个；被选择率在60%~70%的指标被判断为"一般"，共26个。

4. 农户信用信息指标体系模板构建

根据农户信用信息指标筛选和排序结果，课题组构建了可在辖内通用的农户信用信息指标体系模板，共5个一级指标、16个二级指标和102个三级指标，并在指标后标注了其有效来源和复核方式，见表6。

表6　　　　　　　　　　　　　　农户信用信息指标体系模板

一级指标	二级指标	三级指标	重要程度			指标来源及复核方式
			非常重要	比较重要	一般	
基本信息	户主信息	户主姓名	√			自行填报,户口簿和身份证复核
		户主身份证号码	√			
		户主主体分类	√			扶贫办、农业局、民政局
		户主原户籍所在地		√		自行填报,户口簿复核
		户主联系方式	√			自行填报
	家庭成员和劳动力信息	家庭成员姓名	√			自行填报,户口簿复核
		家庭成员身份证号码	√			
		家庭成员与户主关系	√			
		职业	√			自行填报,户口簿和身份证复核
		婚姻状况	√			自行填报,工作证件复核
		文化程度		√		自行填报,学历证书或户口簿复核
		家庭青壮年健康劳动力总人数		√		自行填报,户口簿及农合办复核
	贫困农户相关信息	参加脱贫产业项目名称			√	扶贫办
		扶贫小额信贷金额			√	
资产信息	不动产和宅基地信息	宗地/不动产权利人	√			不动产登记局
		宗地/不动产权利比例		√		
		宗地/不动产位置	√			
		宗地/不动产性质	√			
		宗地/不动产共有方式		√		
		宗地/不动产共有权利人	√			
		土地用途	√			
		宗地/不动产权利类型		√		
		宗地面积		√		
		宗地/不动产使用权面积	√			
		宗地/不动产权利终止日期		√		
		宗地/不动产权证号		√		
		宗地/不动产权利限制			√	

续表

一级指标	二级指标	三级指标	重要程度			指标来源及复核方式
			非常重要	比较重要	一般	
资产信息	车辆和农机具信息	车辆/农机具品牌及型号		√		自行填报，交管局复核
		车辆/农机具数量		√		
		车辆/农机具购买价格		√		
		车辆/农机具权利限制			√	
	金融资产信息	金融资产所有人	√			自行填报，以银行、证券和基金账户流水复核
		银行账户日均金融资产	√			
		证券和基金账户日均金融资产			√	
	自然资源所有及经营权信息	地块承包/使用权权利人	√			不动产登记局、农经局、畜牧水产局
		承包合同/权证证号	√			
		承包地块位置	√			
		承包地块面积	√			
		自然资源所有/经营权终止日期	√			
		种植物/养殖物种类		√		
		种植物/养殖物权利人		√		
	特色种养信息	种养人		√		农业局、畜牧水产局
		种养地址		√		
		种养种类		√		
		种养规模（亩/头）		√		
		种植/养殖防疫证号			√	
		种植/养殖防疫证发证日期			√	
	保险缴费信息	保险受益人			√	自行填报，以购买合同复核
		保险类型			√	
		保险年均缴费金额			√	
		保险缴费年限			√	
		保险生效日期			√	
		保险效力截止日期			√	

续表

一级指标	二级指标	三级指标	重要程度			指标来源及复核方式
			非常重要	比较重要	一般	
资产信息	家庭农场信息	家庭农场名称		√		农委、市场监管局
		家庭农场注册号			√	
		家庭农场经营者		√		
		家庭农场经营状态		√		
		家庭农场经营地址			√	
		家庭农场成立日期			√	
		家庭农场经营范围			√	
		家庭农场注册资金			√	
负债信息	对外负债和担保信息	负债人	√			自行填报，或债权人提供纸质合同/协议原件及金融机构转账凭证
		债权单位	√			
		非银负债用途		√		
		非银负债金额	√			
		非银负债发生日期		√		
		非银负债偿还方式		√		
		非银负债本金偿还日期		√		
		非银负债担保方式		√		
		非银负债逾期情况		√		
		对外担保人	√			
		对外担保被担保人		√		
		对外担保受益机构			√	
		对外担保金额	√			
		对外担保类型		√		
		未结清对外担保金额		√		
		对外担保效力截止日期		√		
	日常欠费信息	欠费人			√	水、电、气、通信等领域公共服务公司
		欠费项目			√	
		欠费金额			√	
		欠费发生时间			√	

续表

一级指标	二级指标	三级指标	重要程度 非常重要	重要程度 比较重要	重要程度 一般	指标来源及复核方式
收支信息	家庭收支情况	收入取得人	√			自行填报，工资代发行复核
收支信息	家庭收支情况	单位月工资收入	√			自行填报，工资代发行复核
收支信息	家庭收支情况	家庭教育支出		√		自行填报，以支出发票复核
收支信息	家庭收支情况	家庭医疗支出		√		自行填报，以支出发票复核
收支信息	家庭收支情况	大宗耐用消费品购买支出			√	
收支信息	财政补贴信息	补贴获得人		√		财政局、农机局
收支信息	财政补贴信息	补贴类型		√		财政局、农机局
收支信息	财政补贴信息	补贴标准		√		财政局、农机局
收支信息	财政补贴信息	补贴数量			√	财政局、农机局
收支信息	财政补贴信息	补贴总金额		√		财政局、农机局
声誉信息	行政处罚和刑事强制措施信息	行政处罚/强制措施涉事人		√		公安局、市场监管局
声誉信息	行政处罚和刑事强制措施信息	行政处罚种类		√		公安局、市场监管局
声誉信息	行政处罚和刑事强制措施信息	刑事强制措施		√		公安局、市场监管局
声誉信息	行政处罚和刑事强制措施信息	处罚事由		√		公安局、市场监管局
声誉信息	行政处罚和刑事强制措施信息	处罚时间		√		公安局、市场监管局
声誉信息	行政处罚和刑事强制措施信息	罚款金额		√		公安局、市场监管局
声誉信息	行政处罚和刑事强制措施信息	没收金额/物品价值			√	公安局、市场监管局
声誉信息	失信被执行人信息	失信被执行人	√			法院
声誉信息	失信被执行人信息	判决时间		√		法院
声誉信息	失信被执行人信息	法院判决履行情况		√		法院
声誉信息	失信被执行人信息	失信情形	√			法院

各地区可在参考上述模板的基础上，根据本地区政府履职、特色产业、经济发展等具体情况，适当进行指标删减和调整，以保证信息采集的可行性和使用的实用性。

五、湖南省农户信用信息系统建设方案研究

（一）基本原则

1. 科学性原则

农户信用信息的采集、使用和农户信用评价等方面应有操作依据，能真实反

映农户的信用状况，符合客观实际。

2. 合规性原则

系统运营的过程中应遵守法律法规，不侵犯个人隐私。要特别注重对信用信息的安全性和合规性管理，严防信用信息违法泄露。在具体操作上可比照征信系统操作要求进行管理。

3. 可操作性原则

在总体的系统设计框架、系统运作机制上，应具有可操作性，简便易行，方便实现。

4. 可持续性原则

系统的建设需要实现各方受益以提升参与各方的投入能力和投入意愿。同时系统要有一定的扩展性和适应性，能够满足后期业务扩展、技术升级、政策变化引致的新需求。

（二）设计、建设和运营总体思路

以农户信用信息归集共享、统计分析与风险预警、农村信用环境优化、农户信用评价、农村金融服务优化五大功能模块为系统设计框架，以"全省统一系统，分县独立运营"的两级数据库模式为建设运营基础，以"银政互开数据接口—地方政务平台建设系统并初步运营—社会征信机构长期运营"的短期、中期、长期三阶段模式为建设运营路径，以"地方政府主导、人民银行牵头、金融机构参与、社会征信机构长期运作"的四方职责分工为建设运营指引，加强各部门和机构间的农户信用信息数据同级共享力度，健全上下级部门间的数据汇总和问题反馈机制，从而切实提高农户信贷可得性，防控辖内农户信用风险，促进涉农金融产品创新，优化区域信用环境，有效落实精准扶贫和乡村振兴战略。

（三）农户信用信息系统总体功能设计

农户信用信息系统的功能主要由农户信用信息归集共享、统计分析与风险预警、农村信用环境优化、农户信用评价、农村金融服务优化五大模块构成，见图5。

1. 农户信用信息归集共享

（1）信息采集。系统应支持多种信息采集和录入方式。一是手工录入。由有权限的人员逐笔录入。二是批量导入。对于暂时没有和农户信用信息系统实现联网的系统，可以从数据源系统中导出数据后，通过模板方式导入进农户信用信息系统。三是接口方式报送。适用于和农户信用信息系统实现了互联互通的系统，通过开发数据接口，实现数据传输和加载，此种方式采集数据的安全性、准确性和效率最高。

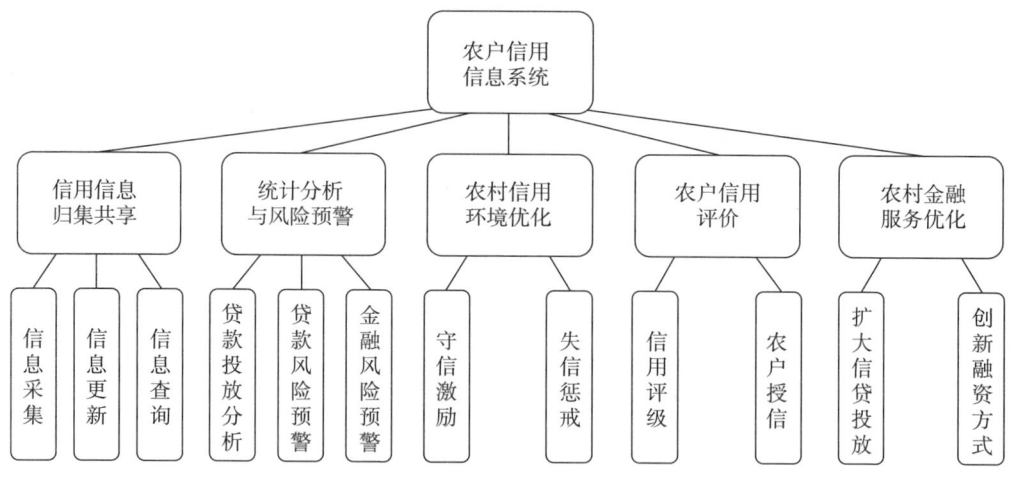

图 5　农户信用信息系统功能设计

在数据采集模块下，系统可以设计一些基本功能：一是逻辑校验功能，在数据录入和加载时自动进行判断，减少数据误差，保证数据质量。二是信息维护功能，方便进行单笔或批量的信息更新或纠错。三是影像导入功能，可以上传身份证、户口簿、合同等资料的影像件作为佐证。

（2）信息更新。已采集的农户信用信息应实行动态管理，原则上每年更新一次。当农户信用信息发生重大变化时，应在知晓并经核实后实时更新。

（3）信息查询。系统应针对地方政府、人民银行和金融机构多类查询方提供多种信息查询方式。一是农户信用报告。以农户为单位，将归属于该农户的所有信息进行归纳整合，生成反映该农户客观实际状况的信用报告。二是组合条件式查询。通过输入查询条件进行分类查询，以满足不同用户的应用需求。信息查询应建立严格的人员管理和权限控制制度，其中农户信用报告必须得到信息主体授权后才能查询。

2. 统计分析与风险预警

（1）农户贷款投放分析。人民银行可以根据本地农户信用信息系统贷款相关数据，对辖内农户贷款总体投放及增长情况、贷款用途、贷款期限、贷款结构、不良贷款等情况进行统计分析，及时掌握农户信贷需求变化与信贷供给状况，为制定支农、差别化信贷等政策提供有效的决策参考。

（2）农户贷款风险预警。金融机构可以依据农户信用信息系统中影响农户不良贷款的关键指标变化趋势，结合农户贷款逾期情况，进行农户贷款质量预判和信贷风险预警，为贷前审查及贷后管理提供有力支持，降低农户贷款投放风险。

（3）农村金融风险预警。人民银行可以根据系统中金融机构对农户的评级授信变动情况、农户贷款质量变化情况、违约情况等数据分析辖内农村金融风险状况，及时掌握农村金融风险总体分布和潜在风险点，助力防范和化解农村金融风险。

3. 农村信用环境优化

基于各地政府推动的信用创建工作结果，系统可以将评定的"信用户""信用村""信用乡镇"等信用良好经济主体纳入白名单，定期向各金融机构进行推送，引导金融机构在贷款额度、期限、利率等方面给予优惠；将涉及恶意逃废债、失信被执行、欠费严重等行为的信用不良农户纳入黑名单，引导金融机构限制对其提供金融服务。

4. 农户信用评价

（1）信用评级。金融机构可以依托农户信用信息系统中的相关数据，结合本行（社）评级模型，对农户信用进行评分，并根据所属分数段确定农户信用等级。以五级信用评价为例，60 分以下信用等级评价为 A 级；60~70 分（不含 70 分）信用等级评价为 2A 级；70~80 分（不含 80 分）信用等级评价为 3A 级，依此类推。

（2）农户授信。金融机构依据对农户的信用评级结果，结合本行（社）的授信制度，对评级农户进行授信。授信方式可以采取批量授信与单独授信相结合，鼓励金融机构对农户实行批量授信。授信额度可以分为基础授信额与专项授信额，基础授信额主要满足农户的基本生产、消费需求，以信用授信为主；专项授信额主要满足农户的规模化经营等资金需求量较大的生产经营活动。

5. 农村金融服务优化

（1）扩大信贷投放。金融机构可以以农户信用为基础，对农户进行批量信用贷款循环授信，满足农户的基本生产、消费需求。在金额上可以参照小额信用贷款额度，控制在 5 万元以内；在期限上可以允许跨年使用，扩大适用群体；在利率上结合央行基准利率及农户信用评价，实行浮动管理。

（2）创新融资方式。金融机构可以依托农户信用信息系统中的土地承包与流转、不动产登记、农业补贴等生产经营有关信息，对农户的生产经营情况和收入水平进行有效验证，降低融资的抵押、担保需求，为后续金融产品创新提供信息支持。

（四）农户信用信息系统建设运营模式

全省 75 个人民银行县支行，在系统建设模式的选择上，有 55 个选择"全省统一建库"，占比 73.3%；有 7 个选择"分市建库"，占比 9.3%；有 10 个选择"分县建库"，占比 13.3%，另有 3 个选择"其他"，占比 4.1%。从外省比较成功的经验来看，重庆"1 个主系统 + 若干区（县）数据库子系统"的模式值得借鉴，采取"全省统一系统，分县独立运营"的建设运营模式是目前湖南省较适宜的选择。在省级层面由人民银行会同政府相关部门做好制度设计、政策保障、统筹规划、信息共享、指标设计、标准统一等上层设计工作，建设全省统一集中的湖南省农户信用信息系统主系统，在主库下再建立各县标准化的子系统。各子系统数据相互独立，为当地所用，并服务当地，全辖汇总数据则可通过主系统进行查询分析。这一模式相较于当前的分县建库模式有以下四个方面的好处：一是有利于农户信用信息系统建设的标准化。统一的数据指标体系，统一建立数据库，统一相关指标采集。二是有利于信用信息数据的充分应用。目前，不同县域搭建的农户信用信息系统的指标体系和评价标准有一定差异，同一个指标的采集格式、内容、解释也可能不一样，而金融机构的信贷政策、财政部门的补贴政策等往往是在省级层面做出的，如果各县采集的农户信用信息指标和评价标准与其不一致，则实用价值会大大受限。全省统一指标、统一建库有利于省级金融机构利用农户信用信息数据进行产品创新和制定相关政策，有利于政府配套政策跟进，也有利于统计和政策效应分析。三是有利于节约成本，避免重复建设。当前各县各建各的数据库系统，成本很高，存在重复建设问题，统一建库有利于节约成本，避免重复建设。四是有利于发挥省、县两个层面的积极性和主观能动性。一方面，有利于省级层面统一建立相应的制度，部分数据也可以从省级层面共享采集。另一方面，分县独立运营有利于充分发挥县级层面的积极性。由于农户信用信息主要是由当地的金融机构和政府部门使用，且部分基础信息只能在当地采集，分县独立运营子系统有助于充分发挥基层的一线信息采集优势，同时可以因地制宜采集较为可靠、实用的指标，从而更好地满足信息使用方的实际需求。

（五）农户信用信息系统建设运营路径

农户信用信息系统建设运营路径遵循"银政互开数据接口→地方政务平台建库和初步运营→市场化征信机构长期运营"的短期、中期、长期三阶段模式。

1. 短期建设运营模式

在全省层面上层设计工作筹备阶段，系统建设工作注重利用现有条件开展信息共享，由省政府主导，人民银行牵头，协调政府相关部门向金融机构开放数据接口，金融机构通过接口查询共享政府部门掌握的农户信用信息。在本阶段，人民银行主要工作：一是制定全省农户信用体系建设规划，积极向省政府汇报，争取省政府对农户信用体系建设的支持。二是在省政府支持下，协调相关政府部门向金融机构开放数据接口查询。三是与政府相关部门、金融机构研究确定各政府部门共享的数据指标清单。四是研究制定信息共享和查询机制，利用科技手段，实现金融机构快速、便捷查询。

2. 中期建设运营模式

在全省层面上层设计工作基本完成、各信息使用方对于农户信用信息共享的作用逐步认可后，为了提升信息共享的全面性和便捷性，可由人民银行和省政务平台合作，共同建设农户信用信息系统并初步运营，省政务平台负责系统的建设、营运，人民银行负责业务指导。在本阶段，一是农户信用信息指标采集范围可以进一步拓宽，除政府相关部门掌握的信息外，将金融机构掌握和采集的农户非信贷信息也可以共享到农户信用信息系统。二是电子政务平台负责系统建设和初步运营，相关经费纳入地方财政预算。系统免费向金融机构开放，但金融机构查询需取得信息主体授权。人民银行指导政务平台、金融机构制定相关信息采集、共享、查询制度。三是省级电子政务平台建立农户信用信息主系统，县级政务平台建立农户信用信息子系统，二者协同规划、协同推进，主系统可以自动关联调用子系统数据。

3. 长期建设运营模式

在电子政务平台运营系统一段时间后，农户信用信息使用各方根据使用情况逐步剔除无用指标，汇总出实用性强、需求量大的数据清单，此时信息的数据采集机制和长期需求情况基本得到确认，具备建立市场化运营长效机制的条件，政府可将运营的农户信用信息系统注入社会征信机构进行市场化运营，市场化征信机构采取"严格管理、审慎使用、适当收费、保本微利"的原则运作。为保证信息安全和便于管理，该社会征信机构可由本级政府出资控股、各金融机构入股，政府承担系统管理的主体责任，人民银行积极履行征信业务监督责任，各金融机构根据信息查询使用情况付费。政府建立对控股征信机构的考核机制，如果征信机构营运管理比较好，农户信用信息系统对帮助金融支持"三农"成效明显，政府可以将控股应得利润返还给征信机构，征信机构如果出现亏损，政府可以适当补贴。征信机构一方面要不断提升服务质量，充分发挥自身信息和技术优势，提升农户信用信息维度和精度，创新信用产品，优化服务体验；另一方面要加强信息安全管理，守住风险底线。金融机构要积极运用农户信用信息开展金融产品与服务创新，为金融精准扶贫、乡村振兴等战略提供支持，有效扩大"三农"信贷投入。各级县（市）政府要充分发挥主观能动性，积极协调相关部门做好农户信用信息采集共享工作，运用信用信息子系统开展农村信用体系建设，建立配套的政策和制度，强化激励约束。人民银行要加强监管和业务指导，既要充分发挥农户信用信息系统的作用，也要维护信息主体权益，确保信息安全。通过各方努力，最终形成"地方政府主导、人民银行牵头、金融机构参与、社会征信机构市场化运作"的具有可持续发展的农户信用信息系统建设模式。

上述三阶段模式见图6。

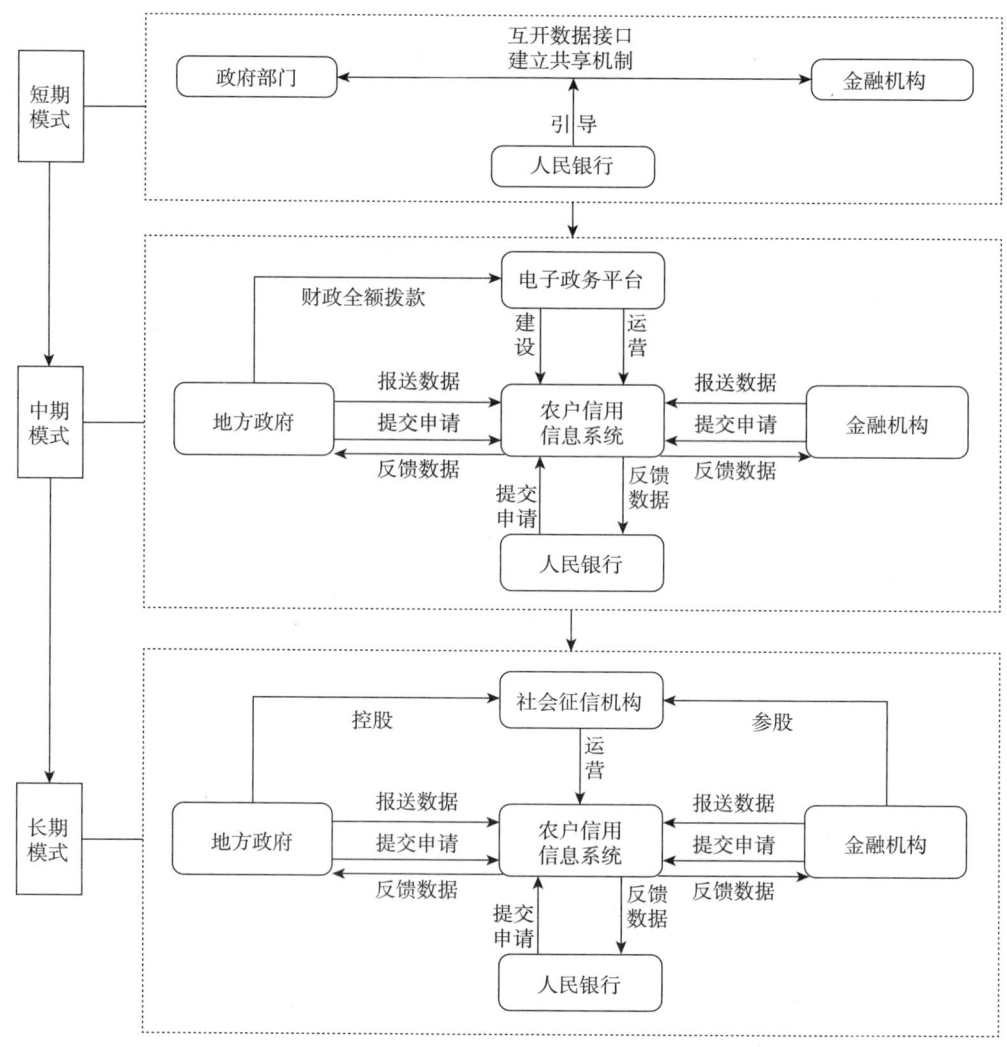

图6 农户信用信息系统建设运营路径

参考文献

[1] 尤小文. 农户:一个概念的探讨 [J]. 中国农村观察, 1995 (5): 17-20.

[2] 王地宁, 谢章武. 湖南省人民银行系统信息化规划研究 [J]. 湖南金融电脑, 2003 (9): 13-17.

[3] 陈晓红, 王地宁. 企业信用管理制度的缺失与后果——基于838户企业调查数据的经验研究 [J]. 金融研究, 2009 (1): 194-206.

[4] 马天禄. 社会信用体系建设的湖南实践与思考 [N]. 金融时报, 2014-

12 – 22（010）.

　　[5] 吴昭军. 农地法权中农户的概念界定 [J]. 改革与战略, 2016 (3): 43 – 46.

　　[6] 国家统计局. 中国统计年鉴 2017 [M]. 中国统计出版社, 2017 (9).

　　[7] 王树礼, 丛柳. 美、日、德农村信用体系的建设启示 [N]. 金融时报, 2018 – 03 – 05（012）.

深度贫困地区基层社会治理视角下金融精准扶贫研究

中国人民银行机关党委课题组

课题主持人：傅国文
课题组成员：侯雅丽　车士义　邝希聪　李文瑞　许朝阳　聂蕾　于加鹏

一、深度贫困地区基层社会治理的内涵及特征

新中国成立以来，随着党执政基础不断巩固加强，基层社会治理体系不断发展进步，贫困地区政治、经济、文化和社会风貌发生了翻天覆地的变化。但在社会治理向民主法治、多元参与、共治共享转变的新时代下，基层社会治理现状与现代治理要求还存在一定差距，有必要重新审视基层社会治理的内涵和重要性，分析治理中存在的普遍现象和突出问题，推动基层社会治理向纵深推进，为打赢金融精准扶贫攻坚战培育社会化、法治化、智能化、专业化的社会治理环境。

（一）基层社会治理的内涵

"治理"一词，在中国的历史源远流长，早在春秋战国就有"治理"的哲学思想，《韩非子》"其法通乎人情，关乎治理也"、《老子注》"天地任自然，无为无造，万物自相治理，故不仁也"，以及后来汉朝的"修齐治平"、明朝的重修吏治思想，都表明"治理"一词在我国古代主要强调"治国理政"之道。20世纪末，西方政治学家和经济学家通过赋予治理新的含义，将"治理"推广到社会学、经济学等学科领域，谓之"社会治理"。目前国内外学术界普遍认为"社会治理"有别于"社会管理"，主要强调社会治理的主体不再是全能型政府，而是在政府指导或者牵头组织下包括市场、公民、社会组织等多元化主体，治理的手段也不再是依靠政府的强制力来推动，而是多元化主体来共同参与、协商，在规范的制度和规章引导下，化解社会矛盾，实现经济发展和社会和谐。

"社会治理"实际是指"治理社会"，就是特定的治理主体对于社会实施的管理。在我国，基层社会治理经历了数次转型变革和政策调整，总的来看，基层社会治理的核心要义主要包括三个方面：一是社会治理的主体不是单一的，而是多元的；二是各社会主体之间形成平等的互动、交流、合作、监督关系；三是公平、公正、公开、法治和民主是处理各社会主体之间关系的主要原则。基层社会

治理的趋势就是要推动治理重心不断向基层下移，有效发挥社会组织作用，实现政府治理与社会调节、居民自治良性互动，打造共建共治共享的基层社会治理格局。

党的十八届三中全会提出，"改进社会治理方式，要坚持系统治理、依法治理、综合治理、源头治理"。精准扶贫是当代中国社会治理的重大任务。因此，在金融助推深度贫困地区脱贫攻坚、实现全面小康的伟大实践中，尝试运用社会治理理念，对做好深度贫困地区金融精准扶贫工作具有很好的借鉴意义。

(二) 当前深度贫困地区基层社会治理特征

随着社会治理理念的不断深化和升级，基层地区社会治理取得了长足的进步，但仍处于从传统治理模式向现代治理模式的转变阶段，社会利益关系复杂、社会阶层结构分化、社会矛盾问题交织叠加。特别在广袤的深贫地区，受自然条件、经济基础和传统思想等现实条件和历史因素制约，社会治理面临的形势和环境更为复杂。

1. 深度贫困地区基层社会治理现状与现代治理要求还存在差距

(1) 治理基础较为薄弱。一是经济发展滞后。深度贫困地区集革命老区、民族地区、边疆地区为一体，自然资源匮乏，生态环境脆弱，经济结构单一，产业发展欠基础、少条件、缺项目，"小农经济"和"自给自足"的自然经济普遍存在。二是社会文明程度不高。部分深度贫困地区地处深山沟壑，交通不便，信息闭塞，长期与外界隔绝，基础建设和社会事业发展相对滞后。三是民主和法治意识较为淡薄。部分深度贫困地区社会制度实现了从封建社会到社会主义社会的直接跨越，一定程度上还存在阶级和权力崇拜，现代民主和法治观念意识不强。

(2) 治理理念较为落后。一是重经济轻治理。将主要力量、时间和精力放在经济建设上，重视经济增长和社会财富增加，轻视涉及基层社会治理的社会建设、文化建设。二是重管控轻法治。将社会治理简单地理解为社会治安管理，"将治安案件少、社会秩序好"作为基层社会治理目标，重视信访、维稳等"一票否决"工作，轻视制度、法治等保障机制建设。三是重管理轻服务。部分基层干部社会治理中以"管理者"身份自居，"官本位"思想还一定程度存在，缺乏"为人民服务"的公仆意识和主动服务理念。

(3) 治理能力较为低下。一是乡村公共服务弱。全国12.8万个建档立卡贫困村居住着60%的贫困人口，村两委班子能力普遍不强，四分之三的村无合作经济组织，三分之二的村无集体经济，基础设施和公共服务严重滞后，无人管事、无人干事、无钱办事现象较为突出。二是参与程度低。经济社会的发展和人口的快速流动打破了原本以血缘、地域为纽带的相对封闭的传统农村格局，大量农民外出务工，对土地的依赖性不断降低，对乡村事务的热情降温。社会团体、行业组织、中介组织等社会力量缺乏广泛的群众基础。三是治理主体散。"上面千条线，下面一根针"，乡镇政府作为最主要的基层治理机构，事务繁杂，头绪众多，导致基层社会治理缺乏统一高效的主体支撑。四是治理手段缺。基层社会治理运用行政管理手段多、政策办法多、主动服务少、沟通交流少，综合治理、协同治理、精细治理的手段还比较欠缺，治理实践中普遍重视政策制定传达，忽视跟踪政策效果反馈。

2. 深度贫困地区基层社会治理受传统文化影响较深

（1）宗族思想一定程度影响社会治理。在深度贫困地区村民文化水平普遍不高，生活单调，精神追求缺乏依托，宗族家族活动与封建迷信相互交织，落后、狭隘、封闭的宗族文化与自治、平等、开放的现代社会治理观念之间存在根本的矛盾冲突。一是削弱基层组织权威。宗族精英往往通过个人声望行使公共权力，人治色彩浓厚。个别地区家族势力长期控制村组织、集体经济和土地等资源，削弱了村组织对基层社会治理的权威性。二是保护本族利益。宗族意识往往使宗族精英在村务中以本族利益优先，侵犯他族利益，容易激化族群之间矛盾，人为增添基层社会治理障碍。三是背离现代文明。部分深度贫困地区修宗祠、祭祖等宗族活动中，攀比思想严重，奢靡之风盛行，与倡导和践行的社会主义核心价值观相背离。

（2）宗教信仰一定程度影响社会治理。虽然大部分宗教宣扬断恶修善、惩恶扬善，但宗教具有排他性，个别宗教还有极端化倾向，在一定程度上制约了基层社会治理的效果。一是思想落后。部分群众信仰戒杀生、求避世，"惜杀惜售""小富即安""不看今生，只求来世"等思想成为脱贫致富的制约因素。如部分深度贫困地区藏族群众将牲畜作为家庭最耀眼的财富和最直接的储蓄方式，造成商品货币化率低，脱贫致富主动性积极性不够。二是轻视教育。个别深度贫困地区适龄儿童辍学到寺院当喇嘛（觉姆），导致现代教育普及不足，思想意识落后保守，扶智与扶贫不能同步，直接或间接加剧了代际贫困。三是崇尚迷信。部分深度贫困地区信教群众遭遇灾害，不依靠政府，不借助现代科学，而是请宗教头人念经消灾；家有婚娶、丧葬、添人丁、迁居、出门远行等要请示祸福吉期；生病不就医，而是请神、念经、打卦，耽误疾病治疗。四是分裂势力渗透。深度贫困地区的贫困问题经常与宗教问题、民族问题、政治问题交织在一起，为一些民族极端分裂分子所利用，通过宗教进行一些渗透和分裂活动，扰乱社会秩序，严重影响稳定与发展。

（3）乡约民俗一定程度影响社会治理。乡约民俗作为一种"软法"或者非正式的制度，较之法律运用更普遍、更常见，甚至更重要，尤其是在深度贫困地区，在执行中往往还表现出对国家法律的"优位"状况，成为基层社会治理的制约因素。一是乡约与民主法治有冲突。部分乡约规定不符合现代法治精神。如部分村约规定，"出嫁女不管户口是否迁出，不再享有集体土地的使用权和土地经营权，不能享受征用土地的安置费"等规定，严重侵害女性的合法财产权益。"婚不起""一婚十年穷""天价彩礼"等现象成为贫困群众脱贫致富的新负担，农村传统习俗日渐变味，进而影响基层社会秩序。二是民俗与迷信混为一体。部分深度贫困地区的民俗活动与拜神等封建迷信活动混为一体。如云南的"直过区"、四川凉山彝区等民族地区，"一步跨千年"，尽管社会制度实现了跨越，但不少贫困群众沿袭陈规陋习，有病不就医，信神做法事，成为阻碍现代社会治理的一道门槛。

（4）黑恶势力一定程度影响社会治理。黑恶势力一方面垄断资源，非法获取经济利益；另一方面插手基层治理，破坏民主法治。黑恶势力主要表现在以下几个方面：一是渗透基层政权。如所谓的"黑村官""村霸乡霸"通过威胁、贿赂等手段，逼迫引诱、拉拢腐蚀基层工作人员充当黑恶势力的"保护伞"，或者借助家族势力，直接操纵基层选举进入基层政权，为黑恶势力穿上"合法"外衣。二是把持经济资源。如所谓的"菜霸行霸市霸"以非法手段占据矿山资源、农贸市场、车站码头、旅游景区等，通过欺行霸市、强买强卖等手段，哄抬物价、扰乱市场。三是从事违法行为。部分黑恶势力从事"黄赌毒枪"等违法犯罪活动，败坏基层社会风气、危害社会治安、扰乱基层社会治理。

二、深度贫困地区金融精准扶贫实践和成效

近年来的金融精准扶贫实践，对贫困人口、带动或服务贫困人口的产业及项目实行精细化管理，对信贷、基础服务、保险、证券等扶贫资源实行精确化配置，对扶贫对象实行精准化扶持，确保金融扶贫资源"真扶贫，扶真贫"，为实现到2020年打赢脱贫攻坚战、全面建成小康社会目标提供了有力支撑。

（一）我国深度贫困地区金融精准扶贫实践

我国金融扶贫政策伴随中国扶贫开发政策而产生并不断发展，从最初的信贷扶贫到金融精准扶贫聚焦深度贫困地区经历了五个阶段：1982—1993年的金融扶贫萌芽阶段。其间推出的扶贫贴息贷款标志着扶贫开发引入信贷政策；1994—2000年的金融扶贫探索阶段。孟加拉乡村银行"GB模式"引入中国，小额信贷得到国家认可和推广；2001—2013年的金融扶贫政策体系初步形成阶段。农村地区初步形成了政策性、商业性与合作性金融机构为主体的金融组织体系，标志着金融扶贫开启了新的发展阶段；2014—2016年金融精准扶贫阶段。《中共中央关于全面深化改革若干重大问题的决定》，明确提出"发展普惠金融"，人民银行等部委全面部署金融扶贫、普惠金融工作；2017年6月到现在的金融精准扶贫聚焦深度贫困地区阶段。习近平总书记在深度贫困地区脱贫攻坚座谈会上指出，

"脱贫攻坚的主要难点是深度贫困。要集中优势兵力打攻坚战",标志着金融精准扶贫、精准脱贫基本方略确立,金融精准扶贫工作进一步向深度贫困地区聚焦,向最难啃的硬骨头发力。

1. 强化政策引导,确保金融精准扶贫集中发力

2015年以来,中央出台了《中共中央 国务院关于打赢脱贫攻坚战的决定》《"十三五"脱贫攻坚规划》等系列扶持贫困地区加快发展的政策措施,并将金融扶贫作为打赢脱贫攻坚战的重要保障加以安排部署。在党中央的集中统一领导下,中国人民银行等七部委联合印发《关于金融助推脱贫攻坚的实施意见》,提出了22项金融精准扶贫政策措施;扶贫办会同财政部、人民银行等出台"5万元以下、3年以内、免担保免抵押、基准利率放贷、财政贴息、县级财政分险"的扶贫小额信贷政策。全国各地将金融精准扶贫纳入了地方党委领导范畴,全国各级金融系统建立了党委(党组、党支部)"一把手"负责制,从国家战略的高度、从社会发展的全局出发,主动平衡商业利益与履行社会责任之间的关系,制定金融精准扶贫具体实施方案,并在信贷权限、考核、资源配置等多个方面对贫困对象予以倾斜。其中,国家开发银行、农业发展银行还专门设立扶贫金融事业部来大力推进金融扶贫。政策引导解决了金融精准扶贫中的部门协调配合、信息不对称等问题,为制度设计、金融创新以及金融资源投入创造了条件,有效激发了党政、金融机构、市场主体、贫困人口等的积极性和能动性(见表1)。

表1　　　　　　　　　　金融精准扶贫参与主体

主体	定位	措施内容
各级党政	领导、组织、考核	出台纲领性文件、组织年度考核、开展政策培训、产业培育、融资对接、打造农村金融生态环境
人民银行	牵头、跟踪、评估	扶贫再贷款等货币政策工具运用、信贷政策倾斜、政策效果评估
政府职能部门	推动、支持、配合	识别和培育建档立卡贫困户和市场主体、出台财政奖补及风险分担等政策
金融机构	创新、信贷、服务	信贷投放、保险跟进、资本市场融资
市场主体	带动、服务、发展	发展扶贫产业、带动或服务贫困户增收
贫困户	自主、诚信、脱贫	自主创业就业、参与扶贫产业

2. 强化体制机制建设,形成金融精准扶贫同频共振

在中央搭建的扶贫攻坚"四梁八柱"框架下,各地、社会各界积极落实中央的决策部署,有效形成同频共振,为金融精准扶贫营造了良好环境。一是构建工作协调机制。形成了人民银行牵头,银保监、证监、发展改革、扶贫、财政、金融机构等共同参与的工作联动机制,贫困地区建立了省市县党政领导负总责,

人民银行牵头、多部门配合、金融机构广泛参与的工作协调机制,并将金融精准扶贫列入对贫困县党政目标考核体系。二是建立信息共享机制。建立了金融扶贫信息共享机制,开发金融精准扶贫信息系统,全面掌握贫困地区和贫困人口贷款信息。如湖北等地建设金融精准扶贫数据库,四川等地定期发布建档立卡贫困户名录、带动或服务贫困户的产业经营主体或项目清单等,构建融资对接机制。三是建立监测评估机制。人民银行按照精准穿透原则建立金融精准扶贫贷款专项统计制度,将统计对象分为个人贷款、产业贷款和项目贷款三个层次;建立金融精准扶贫政策效果评估机制,跟踪各项政策的实施效果,促进金融扶贫常态化、长效化。

3. 强化制度设计,形成金融精准扶贫激励引导

金融精准扶贫要发挥政府"看得见的手"对市场"看不见的手"的激励引导作用,通过优化、完善政府主导的制度设计来降低交易费用,激发金融机构主观能动性,并明确政策边界以降低道德风险,从而有效提升扶贫效果和可持续性。一是完善财政配套制度。主要是财政奖补、贷款贴息、风险补偿、融资担保等形式。这些财政配套制度有效降低了金融机构风险溢价、机构运营等交易费用,调动了金融机构放贷积极性,提高了贫困对象的金融可得性。二是创设货币政策工具。人民银行创设扶贫再贷款工具,专门用于支持国定贫困县和省定贫困县发展特色产业和贫困人口创业就业。各贫困地区创新运用扶贫再贷款以增强金融机构支持脱贫攻坚的资金实力。三是明确政策边界。将金融机构自主自愿和贫困对象自立自强有机结合,明确了各项金融精准扶贫政策边界,特别是将扶贫小额信贷政策的瞄准对象界定为有劳动能力和有信贷需求的贫困户。

4. 强化组织引领,注重金融精准扶贫有效传导

在金融精准扶贫实施过程中,注重了党建与扶贫的结合。一是筑牢基层堡垒。借鉴"塘约模式",全国金融系统积极选派优秀党员干部到贫困村任第一书记,建立驻村工作队,发挥其在增强基层党组织、推动精准扶贫、服务群众和提升治理水平等方面的作用。二是完善帮扶机制。村党组织通过入户宣讲、上党课、党员讨论等方式,切实改变贫困人口观念;通过传递党的温暖及落实扶贫贷款、基础金融服务等扶贫政策,激发贫困人口脱贫致富的内生动力;通过摸底调研、分析市场、引进技术或企业等方式,帮助贫困村和贫困人口挖掘当地资源优势,积极发展特色优势产业,夯实稳定脱贫机制。三是强化基层党组织与金融机构的深度合作。积极发挥广大贫困地区基层党组织在金融精准扶贫政策宣传培训、扶贫贷款发放与贷后管理等方面的作用。比如,新疆建立了"村乡县三级审核+整县打包申请+金融机构放款"扶贫小额信贷模式,村党组织对扶贫小额信贷开展初审;四川建立了金融精准扶贫联络员制度,将基层党组织干部与金融机构联村干部作为贫困村金融精准扶贫工作的双向联络员。

5. 强化普惠金融，激活金融精准扶贫内生动力

对贫困地区和贫困人口普及金融知识、提高扶贫政策知晓度和运用率是金融精准扶贫的重要内容之一，也是扶智与扶志相结合的重要环节。通过推进普惠金融，在贫困地区积极普及扶贫贷款、征信、反假币等金融政策及金融知识；在贫困地区开展扶贫再贷款、扶贫小额信贷以及助农取款服务等金融精准扶贫政策宣讲；树立金融精准扶贫示范典型。有效帮助贫困群众从思想上、精神上根除"等靠要"的依赖心理，增强其脱贫致富的决心和信心。同时，还能切实提高贫困地区扶贫干部和贫困群众的金融意识、信用意识和运用金融扶贫政策发展自身的能力，进而激发贫困对象内生发展动力和能力，支持其走上稳定、长效的致富之路。

（二）我国深度贫困地区金融精准扶贫的成效

党的十八大以来，在党中央国务院的统一领导下，人民银行牵头金融精准扶贫工作，引领金融系统认真贯彻落实中央要求，加强顶层设计，强化政策落实，切实加大脱贫攻坚的金融资金投入，提高贫困人口金融服务的可得性、覆盖率和满意度，金融精准扶贫工作不断深化，呈现四个转变、四个聚焦的新格局。一是扶贫方式的新转变，从输血式扶贫聚焦到以产业扶贫为核心的造血式扶贫。以"金融机构+公司+基地+贫困户""金融机构+公司+贫困户"等模式，通过金融扶贫的"输血"机制培育贫困地区产业的发展，激活贫困地区的发展活力，以此来增强贫困地区、贫困农户的"造血"功能，既切中近忧，又未雨绸缪。二是扶贫对象的新转变，从大水漫灌式扶贫聚焦到精准滴灌式扶贫。金融精准扶贫通过"四个紧盯"克服了以前大水漫灌式扶贫，实现了精准滴灌。紧盯建档立卡贫困户，根据不同发展情况为其定制专属的金融服务；紧盯贫困地区发展短板，提供长期低成本资金，完善基础设施和公共服务；紧盯管理机制，确保扶贫资金真正用在贫困地区，惠及贫困农户；紧盯致贫原因，对症下药实施精准有效的扶贫模式。三是扶贫机制的新转变，从条块式扶贫聚焦到系统性扶贫。合理利用政府的组织优势，创新财政资金的投入机制，使金融扶贫资源与财政资金形成良性互动；金融扶贫充分发挥市场配置资源的引导作用，极大地吸引了各类社会资本跟进，相互融合，加大了扶贫资源投入力度和惠及范围，提高了贫困地区的自我发展能力，使贫困农户真正跳出了"贫困陷阱"。四是扶贫布局的新转变，从整体推进到聚焦深度贫困。金融扶贫工作重心从全面推动向更加聚焦深度贫困地区转变，重点做好"三区三州"建档立卡贫困人口约430万人、其他深度贫困县贫困人口700万左右的金融服务工作，确保新增金融政策、金融资金、金融服务向深度贫困地区倾斜，为全面打赢脱贫攻坚战提供了重要支撑。具体成效主要表现为五个方面。

1. 金融精准扶贫信贷投入不断增加，贫困户贷款可获得性明显提高。在制度激励下，金融机构积极发挥主观能动作用，创新扶贫信贷产品和融资模式，强化政策落实，切实加大了脱贫攻坚金融投入，金融资源向贫困地区倾斜，提高了贫困对象金融服务的可获得性。2018年9月末，全国建档立卡贫困人口及已脱贫人口贷款余额7040亿元，同比增长26.1%，其中，建档立卡贫困人口贷款余额3255亿元，产业精准扶贫贷款余额9564亿元，同比增长27.8%。

2. 贫困人口金融服务受益面不断扩大，贫困户基础金融服务可获得性基本满足。政策性、开发性金融机构更加聚焦深度贫困地区，优先保证深度贫困地区易地扶贫搬迁项目、基础设施建设和助学贷款需求。商业性金融机构向深度贫困地区下沉网点和服务重心，优先向深度贫困地区县恢复设立县域分支机构和网点。地方法人金融机构服务重心继续向深度贫困地区乡村下沉，扩大业务范围。各金融机构坚持以支持和带动建档立卡贫困人口为核心，积极创新金融产品和服务，在信贷资源配置、内部绩效考核、产品授权、不良贷款容忍度、员工招聘、培训交流等方面向深度贫困地区倾斜，有效满足了贫困人口生产生活金融需求，大力支持对贫困人口有带动作用的经营主体发展。2018年9月末，全国806万贫困人口有信贷需求，又有一定还款能力的建档立卡贫困人口获得了信贷支持，个人及产业精准扶贫贷款带动建档立卡贫困人口862万人（次）脱贫发展。

3. 金融精准扶贫产品和服务不断丰富，贫困地区金融精准扶贫模式呈现多样化。金融精准扶贫工作以对接产业、加大投入、改善服务为创新出发点，以建立"银行、政府、企业、市场、贫困户"多方联动机制为创新着力点，从"政府主导、金融机构主导和市场主导"三个层面，创新推出了产业带动和精准到户为重点的多种模式和产品。全国各地在金融精准扶贫政策的指导下进行了一系列各具地方特色的基层实践，从实施主体的角度来总结，可以概括为四种主要模式，即政府主导的金融扶贫模式、金融机构主导的金融扶贫模式、产业金融扶贫模式和"电商平台+金融"扶贫模式（见表2）。

表2　　　　　　　　　　　　　金融扶贫模式介绍

模式名称	主要形式	主要内容
1. 政府主导的金融扶贫模式	政府+扶贫机构+金融监管部门	主要以各地政府，金融监管部门和扶贫组织为主导，引导金融资源向贫困地区倾斜，有四种细分模式
（1）杠杆式金融扶贫模式	银行+农户+风险补偿金	当地政府和扶贫机构用专项扶贫资金设立风险补偿基金，专门为贫困农户贷款提供担保以及贷款出现风险后提供风险补偿
（2）扶贫贴息贷款模式	政府+人民银行+金融机构	为降低贫困农户资金获得的成本，中央财政和贫困地区财政向贫困农户提供借款的金融机构给予贷款贴息补助

续表

模式名称	主要形式	主要内容
（3）民生金融扶贫模式	政府+监管部门+金融机构	通过特殊政策、监管政策优惠和信贷政策指引，以易地扶贫搬迁贷款、扶贫小额贷款、创业担保贷款等，提高贫困地区特定人群金融资源可得性
（4）支农再贷款扶贫模式	人民银行+涉农金融机构	人民银行以再贷款的形式向涉农金融机构提供扶贫资金，金融机构以支农再贷款的形式向贫困地区提供资金
2. 金融机构主导的金融扶贫模式	银行+小额信贷公司+担保机制+贫困户	该模式以银行等金融机构及部分小额信贷公司为主导，通过合理的担保方式，向贫困户发放贷款，有三种细分模式
（1）"金融机构+互助资金+贫困户"贷款模式	金融机构+互助资金+贫困户	部分贫困地区以村委会为主体设立扶贫互助资金，为贫困地区农户的贷款提供担保，金融机构以互助资金为保障，为贫困农户提供资金支持
（2）"金融机构+农村产权抵押+贫困户"贷款模式	金融机构+农村产权抵押+贫困户	由于贫困农户拥有的满足金融机构抵押条件的抵质押物很少，许多地区开始尝试"多权"抵押贷款发放，扩展了农村抵质押物的范围
（3）"金融机构+公司担保/公务员担保/贫困户互保/基地担保/协会担保……+贫困户"贷款模式	金融机构+公司担保/公务人员担保/贫困户互保/基地担保/协会担保……+贫困户	该模式是贫困地区比较常用的金融扶贫模式，通过拓宽担保主体的范围，即担保主体满足金融机构的要求，农户就可以获得担保范围内的贷款，有效地解决了金融机构与贫困农户信息不对称的问题
3. 产业金融扶贫模式	金融机构+贫困地区龙头企业	一是银行等金融机构提供资金给对扶贫产业有带动作用的龙头企业，以实现当地脱贫致富；二是金融机构为扶贫产业有突出贡献的龙头企业及上下游所涉及的供应商和贫困户提供集中信贷授信业务；三是龙头企业通过对其上下游产业链涉及贫困户或供应商提供贷款担保，满足贫困户或供应商的资金需求，以更好地支持产业的发展；四是贫困地区政府与银行等金融机构携手设立产业投资基金，为贫困地区产业发展提供资金支持
4. "电商平台+金融"扶贫模式	电商平台+金融	该模式下金融机构与电子商务平台建立合作关系，为贫困地区的农户提供便利的金融服务，包括提供信息技术、农资购买、农产品网上销售等服务，拓宽贫困地区农产品的销路，提高了贫困农户金融获得能力，激发了贫困农户自身的持续发展能力

4. 贫困地区基础金融服务水平不断提升，金融生态环境得到优化。逐步扩大贫困地区支付清算网络覆盖范围，积极推广网络支付、手机支付等新型支付方式，深化银行卡助农取款和农民工银行卡特色服务。如甘肃省在全省实施移动支付便民示范工程，升级改造 11 万台存量受理终端，实现水、电、燃气等 21 项公共事业缴费接入云闪付 APP，"普惠金融共享家园"微信平台用户稳定在 30 万人以上，有效打通了"最后一公里"金融服务，实现了"基础金融服务不出村、综合金融服务不出镇"。各地加快推动贫困地区社会信用体系建设，开展信用户、信用村、信用乡镇评定，以信用建设促融资。通过融合职能部门、人民银行、金融机构三大宣传资源，强化金融知识"进高校、进社区、进农村、进企业"四项普及措施，金融消费者的金融素养和风险意识不断提高，贫困地区金融生态环境持续优化。

5. 金融机构实现可持续发展，商业效益和社会效益相得益彰。金融精准扶贫是否可持续，取决于金融机构为贫困对象提供贷款服务和金融服务能否实现保本或盈利，这也是习近平金融发展理论"坚持市场运作"和"尊重金融发展规律"的体现。以扶贫小额信贷为例，扶贫小额信贷放贷机构主要为农村合作金融机构（含农村信用社、农村合作银行、农村商业银行）及农业银行、邮储银行和村镇银行等涉农金融机构。由于扶贫小额信贷金额小、笔数多，贫困户收入低、还款能力弱，金融机构面临管理成本高、风险大等问题。在财政分险、贴息奖补及扶贫再贷款等政策支持和激励下，金融机构切实降低了成本及交易费用，实现了商业可持续。

三、深度贫困地区基层社会治理与金融精准扶贫的"二元互动"

通过对深度贫困地区基层社会治理内涵和金融精准扶贫实践的总结回顾，可以看出二者存在相互影响、相互促进的关系。即完善的基层社会治理可以明晰基层政府在金融精准扶贫中的权责边界，为金融精准扶贫提供环境支持和基础保障，从而有效促进金融精准扶贫效果的发挥；金融作为现代经济的核心，讲究市场理念、契约精神和信用意识，强调成本、收益和风险的平衡，金融精准扶贫从"信贷支持""信用增值"到"持续服务"都在不断推动着贫困地区社会治理的演变和发展。

（一）基层社会治理对金融精准扶贫产生积极影响

完善的基层社会治理体系有助于基层政府走出贫困治理就是政府治理贫困的思维定式，树立包括政府、市场组织、社会组织、受助群体等多元参与、多主体合作的扶贫格局，有助于促进整个深度贫困地区的社会治理升级，为金融介入精准扶贫创造发展环境，形成脱贫攻坚合力。

1. 基层社会治理为金融精准扶贫提供了渠道保障

在金融精准扶贫实践中,"政策下不去、信息上不来"是困扰金融精准扶贫的一大障碍。贫困群众从最初的一无所知到现在对金融精准扶贫的认可,离不开基层社会组织的帮助。通过借助现有的基层社会治理体系,金融精准扶贫政策和信息不但在短时间内得到了有效推广,更是在长期发展中得到了稳健推动。

(1) 打通了金融精准扶贫的政策通道。一方面,帮助贫困人群了解熟悉金融扶贫政策。地处深度贫困地区的贫困农户,很少或从未使用过银行贷款,传统文化中"无债一身轻"的思想更加牢固,对陌生事物、特别是借债贷款等天然存有抵触心理。正是通过基层组织的帮助,金融精准扶贫才能迅速取得帮扶对象的认可,帮扶对象得以放开戒备心理,全身心参与到金融精准扶贫各项工作中来;另一方面,帮助政府和金融机构精准认定金融扶贫对象。通过基层治理力量反复的确认和挑选,参与扶贫的金融机构可以精准认定金融扶贫对象,避免了金融扶贫针对不同致贫原因群体的盲目覆盖。同时,通过完善扶贫政策制度,对金融精准扶贫工作的各方面信息做到公开、公正、透明,得到扶贫对象和社会的认可支持。

(2) 打通了金融精准扶贫的信息通道。在金融精准扶贫的基层实践中,县乡村三级组织统筹协调、分层有序发挥着治理作用,三级组织均有专人负责对接一线工作,推动金融精准扶贫各项工作落实。在帮助贫困户发展的"明白卡""一户一策"等资料中,将金融精准扶贫政策单列,并实时记载了金融扶贫资金使用效益,直观再现了金融精准扶贫政策落地见效情况,使贫困户心中有了"明白账"。同时,在精准扶贫工作推进过程中,金融支持力量与民间资本的结合也依赖于广大基层机构的连接带动作用,相互配合促进推动精准扶贫工作。

2. 基层社会治理为金融精准扶贫提供了基础支撑

基层政府充分利用地处一线的优势,调查和了解深度贫困地区贫困户的金融需求,并通过甄别实际收入、发展意愿、信用状况等多种方式,协助金融机构区分有效需求、低效需求和无效需求,实现资源分配的公开化、阳光化、透明化,引导金融机构将更多扶贫金融资源和金融政策定向、精准配置到深度贫困地区和贫困人口,增强贫困人口自我发展能力,激发深度贫困地区经济社会发展的内生动力。

(1) 组织维护金融基础设施运行。金融基础设施、信用体系作为提高贫困户融资能力、发展生产的基础金融服务手段,在基层社会治理力量的协力参与下,服务水平和服务效率得到有效提升。如在乡村便民金融服务点的建设中,一些金融机构的服务终端的运营管理采取村委会模式和商户(企业)模式,乡镇政府、村委会和商户是服务终端的运营合作方,负责管理员的选聘和日常管理,村委会的参与保证了服务终端的正常运行和安全无风险。

（2）组织参与金融扶贫基础产品设计。政府机构作为精准扶贫工作的组织者与参与者，能够因地制宜对设计推广金融精准扶贫产品和服务提供富有建设性的意见和建议。如为破解贫困户抵押物不足难题，人民银行与基层政府合作推动农地经营权和农民住房财产权等各类农村产权抵押贷款，有效拓宽了农村抵质押担保物范围。

（3）组织推动产融结合。如何对接优势产业需求，如何将金融扶贫资金精准导入优势产业是金融扶贫面临的现实问题。实践证明，基层组织比金融机构更具有企业信息优势和组织协调优势，能更好地担当金融与产业之间的桥梁和纽带作用。如甘肃省正在为每个贫困县的特色优势产业组建一个以上带贫能力强、辐射面广的龙头企业，力争实现龙头企业对特色产业合作社全覆盖，并筹措100亿元产业发展担保资金，为特色产业发展工程贷款提供担保服务，鼓励金融机构为农业龙头企业和新型经营主体提供信贷支持。

3. 基层社会治理为金融精准扶贫提供了风险屏障

完善的基层社会治理改变了"政府—贫困群众"的单行结构，实现减贫主体间的多层次立体良性互动，提高了金融精准扶贫各方的参与积极性，丰富和拓宽了金融精准扶贫的内涵和外延，为金融精准扶贫提供了一道风险屏障。

（1）基层组织建立金融精准扶贫的风险缓释机制。金融参与精准扶贫需要实现社会责任和商业可持续原则的统一。政府部门建立的财税奖补、融资担保、风险补偿等一揽子风险防范配套机制，既体现基层政府减少体制机制约束的实践，又体现现代基层社会治理的理念与探索，是金融精准扶贫有效发挥作用的制度保障，可有效解除金融参与精准扶贫的后顾之忧，确保金融政策和资源持续向深度贫困地区和贫困人口倾斜和聚集。

（2）基层组织参与金融精准扶贫的资金管理。基层社会治理的最终目的是实现公众的根本利益，既要鼓励开发性、政策性金融、商业性、合作性金融机构参与金融精准扶贫，为精准扶贫助力"造血"式发展，又要协同社会公众广泛参与和监管这些机构开展金融精准扶贫业务的过程和结果，以期提高金融精准扶贫工作的效能。如在扶贫小额信贷政策实施中，部分县区为确保资金安全，建立了专项贷款资金管理制度，建立了村委会初审、乡镇政府复审和县领导小组办公室审核、县领导小组会议审定的"三级审查审定"制度，规范了贷款资金管理，有效保障了资金使用安全。

（3）基层组织帮助建立全流程供应链金融。在供应链金融模式下，银行通过立体获取各类信息，将单个企业的不可控风险转变为供应链企业整体的可控风险。基层组织可以根据地理条件、资源禀赋、经济基础谋划贫困地区产业布局，构建供给、加工、储藏、销售的全产业链，形成一批规模效应明显、品牌优势突出的特色产业，为供应链金融介入精准扶贫创造有利条件。

(4) 基层组织培育农民金融信用意识。例如，部分地区实施的脱贫攻坚"红黑榜"制度，村级组织将利用信贷资金发展产业好的农户列在"红榜"之上，将挪用信贷扶贫资金或使用效益低下的农户列在"黑榜"上，在村内张榜公示，以表彰先进督促后进，进而培育健康用信意识。再如，部分地区在农村信用体系建设和农户小额信用贷款办理过程中，将村级组织对农户的信用状况评定权重提高，并在办理小额信用贷款时听取村委会的意见建议，激励和引导农户信用意识的建立，让信用意识在农民中"内化于心，外化于行"，不仅形成了基层社会治理与信用意识的良性互动，也推动了金融精准扶贫的可持续发展。

(二) 金融精准扶贫推动了深度贫困地区基层社会治理进程

现代金融理念通过金融精准扶贫注入社会治理的各个环节，实践过程中不仅强化了基层党组织战斗堡垒作用，还直接或间接促使民主法治、市场意识、契约意识、信用意识水平不断提升，引导基层地区不断转变社会治理理念，持续优化社会治理方式，在助推深度贫困地区脱贫攻坚同时，影响推动着基层社会治理体系的不断更新完善。

1. 金融精准扶贫有力促进了基层党组织战斗堡垒作用的提升。一是权威性有效提升。金融精准扶贫让基层党组织找到了扶贫的着力点和抓手。基层党组织积极发挥贴近一线的优势，将金融精准扶贫政策及时准确传达到村集体、合作社、家庭、个人等各个层级，通过谋划扶贫项目、发展主导产业、组织协调贷款等方式，有效提升了基层党组织的权威性和号召力。二是创造力有效提升。在实践中，基层党组织通过走村入户、实地调查、精准识别、建立台账等方式，对贫困人口、带动或服务贫困人口的产业及项目等扶贫对象实行精细化管理，对信贷、基础金融服务、保险、证券等扶贫资源实行精确化配置，有效提升了自身创造力和战斗力。三是凝聚力有效提升。一些地区通过"党支部+合作社+金融"等支持模式，引导基层党组织将资源集约利用起来，将党员群众发动起来，让党的精准扶贫政策和金融政策在基层落实、落细，推动贫困地区实现"共同发展，共同致富"，让基层党组织凝聚力更加有血有肉，基层群众永远跟党走的信心决心更加坚定有力。

案例1 由普通嬗变为繁华的"前进"之路

——金融精准扶贫下前进村党建引领发展的实践观察

前进村位于甘肃省张掖市甘州区，虽有城区近郊优势，但人均耕地仅1.2亩。人多地少，资金短缺，产业结构不合理，规模优势不突出，经济发展活力不强，10年前，是一个人均年收入不足1000元，大部分群众连温饱问题都无法解决的贫困村。

近年来，前进村抢抓金融精准扶贫政策机遇，谋划了依靠党员"能人"带动、借力金融资本，在产业链上组建专业合作社，培育特色产业，提升村级党组织的号召力、战斗力，带领群众脱贫致富的发展新思路。2008年，前进村现任党委书记、致富能人马志祥带头成立该村第一家合作社，为入股社员担保贷款1040万元发展奶牛养殖，带领入股农户率先增收致富。当地人民银行指导金融机构充分利用支农、支小和扶贫再贷款资金低成本优势，创新推出"前进奶牛贷""助创贷"等信贷产品，采用"公司+专业合作社+农户"的模式，累计为前进村各合作社及农户提供贷款3.15亿元，解决了产业发展的资金制约瓶颈。在信贷资金支持下，前进村奶牛养殖、高原夏菜和红提葡萄等特色产业蓬勃发展，村民收入大幅提高，村容村貌发生巨变。2017年全村经济收入达3.3亿元，农民人均纯收入达3.6万元。如今，前进村街道宽阔整洁，别墅式小康住宅楼鳞次栉比、小区花团锦簇，幼儿园全免费，被人们称为金张掖的"华西村"。

在前进村专业合作社发展壮大的过程中，金融精准扶贫支撑党员能人初创的产业由小到大、由弱变强，既扶强了产业，也让村民们切身体会到党组织的战斗堡垒作用，感受到党员示范带动的力量。前进村在6个合作社成立党支部，把党员的作用发挥在生产一线，将群众的力量集聚到产业链上，近3年培养党员致富带头人36名，15名党员成为脱贫致富先进典型，村党组织也由党支部逐步升格为党总支，并于2017年1月再次升格为全市第一个村级党委，为全村经济发展奠定了强有力的组织保障。

2. 金融精准扶贫有力促进了民主法治意识的提升。一是民主决策水平有效提升。金融精准扶贫实践中不断促进基层扶贫工作制度化、规范化和标准化，确保贫困村民依法享有知情权、参与权和监督权，有效提升了基层民主决策水平。二是法治意识有效提升。为防止基层政府行政干预或"搭便车"过度融资，金融精准扶贫必须在符合法律规章和银行自身内控要求前提下推进，实践过程中有效提升了基层政府依法行政的意识；金融精准扶贫将金融知识宣传和消费者权益保护作为扶志扶智的重要内容，既强调金融债权受法律保护，又增强基层民众的金融知识储备，倡导尊法、懂法和用法，将金融框架下的规则意识、规矩观念潜移默化到基层社会治理当中，进而转化为基层群众生产发展、生活富裕的法治保障。

案例2 让"土银行"真正"洋"起来

——民主法治指导下的贫困村互助资金健康规范运行

甘肃省定西市是全国第一批村级互助资金试点地区。运行十余年来，这种基于"程序简捷，贷款优惠，有偿周转，互助合作，民主理财"服务理念的互助资金模式被广大农户亲切地称为"土银行"。2017年末，定西市互助资金已覆盖96.37%的行政村，入社农户24.5万户，累计向2.5万户贫困户发放借款2.17亿元，不良率在1‰以内。"土银行"已成为基层社会治理成果鲜活的事例。一是用民主化促进阳光运行。由村支部、村委会组织进行，通过召开村民大会和村民代表会议，选举组建"互助资金协会"，具体承办经营业务，协会在社员监督下运行。实行"民有、民用、民管、民受益"的管理模式，农户有了自主权、参与权、农户自愿拿出资金参与村级互助发展资金，壮大集体经济。二是用规范化促进良性发展。协会将扶贫资金以配股方式划归村民个人，并优先保证贫困户配股权。社员的股金可以转让、继承和赠予，自有资金入股部分可以退股。明晰的权属关系极大地调动了群众参与积极性，激发了群众主人翁意识和参与基层社会治理主动意识。三是用法治化确保资金安全。在法治思维指导下互助资金制定了章程、资金管理细则和内部管理制度，按章程吸纳新会员，按管理细则筹集资本、审批发放贷款。这种类银行审贷机制与基层治理优势的有机结合有效降低了资金风险。照章依规办事深得人心，成为基层社会治理的自觉遵循。

在互助资金民主化法治化发展基础上，部分县区通过各村级协会民主选举产生了互助资金县级联合会。受托统一管理县域内村级互助资金，与村签订村级互助资金归集协议，与承办银行签订融资协议，与承贷机构签订增收脱贫带动协议。互助资金已逐渐成为基层治理民主化法治化建设进程中的重要见证。

3. **金融精准扶贫有力促进了市场意识的提升**。一是商品意识有效提升。金融精准扶贫通过培育贫困地区龙头企业和特色品牌，帮助贫困地区构建农产品产地、特色产品馆、消费终端"一条龙"的供应链，促进农产品向商品转化，商品向货币转化，推动贫困群众商品意识提升，实现稳定脱贫、可持续脱贫，奠定进一步推进基层社会治理的经济基础。二是产业化意识有效提升。产业扶贫是脱贫攻坚的重要举措。金融资本通过支持基层地区优势产业，将小农户连接为大集体，将农产品拓展为大产业，推动产业项目从"小散弱"向"高精深"转变，从根本上提升贫困群众的依靠产业脱贫、依靠产业致富的产业化意识。三是合作意识有效提升。金融机构发挥信誉、科技、人才、网点、资金等核心优势，整合农村各类资源、资产和产权，打通政府部门、金融机构、社会组织、贫困地区和贫困人群的合作通道，通过融资和增信实现贫困地区各种要素资源优化配置，有效促进劳动力合作、生产合作、土地合作，提升促进贫困地区农村生产社会化、组织化、协作化。四是竞争意识有效提升。市场经济的本质是竞争。通过金融精准扶贫实践，将贫困地区产业、产品放置于大市场环境中参与竞争，支持优势产业和特色品牌做大做强，实现优胜劣汰和市场出清，确保金融精准扶贫的成效经得起市场竞争的检验。

案例3 一个金融"链"起一个市场
——"蓝天模式"的启示

甘肃蓝天马铃薯产业发展有限公司是五大"中国马铃薯淀粉行业龙头企业"之一。近年来,蓝天公司搭乘普惠金融与精准扶贫的列车,形成了供应链金融支持马铃薯产业全链发展、"政府+核心企业(联合社)+银行+合作社+农户+保险"为联结的"六位一体"金融支持产业带动增收脱贫的"蓝天模式",一条供应链金融做大了马铃薯市场。

一是找准市场核心。把蓝天公司作为金融精准扶贫支持的核心企业。依托马铃薯产业,采取股份合作方式组建马铃薯产业合作联合社,将上下游环节的农民专业合作社、农机合作社、家庭农场、种植大户和贫困户紧密联结在一起,建立了完善的委托生产、订单农业、贷款担保、入股分红、利益返还合作机制,形成了风险共担、利益共享的命运共同体,吸引了商业银行靶向精准支持马铃薯产业发展。二是强化合作联动。蓝天公司先后与甘肃省内金融机构合作,建立"1个联合社+N个合作社会员"保购贷款模式,为公司和会员合作社实现担保信用融资1.6亿元。为了深度参与精准扶贫,提高金融服务效率,工商银行在蓝天公司设立临时办公网点,开通了"一站式"特别审批通道。三是做大产业规模。在金融精准扶贫资金支持下,以高于市场均价收购马铃薯鲜薯,形成了市场定价权。蓝天公司与各乡镇80多个农民专业合作社发展订单种植,带动5万多农户、5000多户贫困户发展脱贫致富的马铃薯种植业,实现了马铃薯全产业链抱团发展。四是参与市场竞争。蓝天公司按照"产业带动、股份合作、入股分红、量化到户、滚动发展"的扶贫模式,带动贫困户采取土地流转、农民专业合作社带动、订单生产、土地经营权入股带动和务工带动五种集中参与模式开展精准扶贫,在培育了农户市场化意识的同时,让农民参与市场竞争,使其更加注重成本效益,确保农民稳定脱贫不返贫。

通过金融精准扶贫政策的实施,贫困地区群众市场化意识不断提升,小土豆变成了大产业,小农户融入了大市场,小作坊连接成大集体,实现了马铃薯产业的整体提升。目前,甘肃蓝天马铃薯集团在全国市场占20%的份额,具有全国马铃薯淀粉产业的定价权和标准制定权,演绎了贫困地区打造全国强势优质产业的"神话"。

4. 金融精准扶贫有力促进了契约意识的提升。契约精神三个核心要义是自由、平等和守信。金融机构和贷款主体地位平等,贫困户不是金融机构的附庸,合同签订是符合双方自主自愿意向的表示,充分体现了契约的自由平等精神;金融资本的本质属性也决定了金融扶贫的商业可持续。金融精准扶贫要求贷款主体遵守《合同法》，信守契约精神，按时还本付息，实践中实现了信贷资金的自我循环、良性运转。因此，引入注重契约精神的金融贷款机制，做到扶贫不扶懒，扶干不扶看，扶志不扶靠，真正改变贫困群众等、靠、要等落后思想，强化了贫困群众作为契约的履约主体地位，明确了履约义务和责任，强化了失约惩戒，实现了贫困群众从"帮我扶贫"向"我要脱贫"观念的转变。

案例4　信守契约　共同致富
——金融精准扶贫的"纳加效应"

位于甘肃省甘南藏族自治州的迭部县的扎尕那，有着终年不化的雪山圣湖，恢宏巍峨的奇峰峻岭，中间的绝美山谷被誉为"神明按下的手指印"。即便有如此丰富的旅游资源，但受制于封闭落后的交通基础设施，坐落于扎尕那核心景区的纳加村仍然是一个深度贫困村。全村42户，村民276人，贫困户和低保户超过全村的三分之一，人均收入不足2000元。

2015年以来，在党的扶贫政策的推动下，纳加村依托得天独厚的扎尕那旅游资源，通过"人民银行＋农信社＋党支部＋旅游协会＋合作社＋农牧户"的扶贫模式，借助央行扶贫再贷款资金的低成本优势，筹资460万元注册成立了纳加石门原生态旅游专业合作社。按照"平等互利，诚信守约"的原则，当地人民银行与金融机构指导合作社与全体社员订立了"五项约定"。一是约定合作社管理者从村两委党员和致富能人中选择，确保集体经济方向不走偏；二是约定社员等分入股、等分分红，确保公平公正；三是约定全体社员团结在村两委和合作社周围，不搞单独民宿，确保村落原生态；四是约定每年利润留存三成专门用于子女入学和重大疾病防治，确保村民不会因学致贫、因病返贫；五是约定遵守合同，确保利润优先偿还银行贷款。

在金融精准扶贫政策的助力下，纳加村逐渐形成了"信守契约、共同致富"的良好局面。2017年底，纳加合作社集体经济收益超过10万元，村民人均可支配收入达到8100元，各项收入增速远高于该县其他村，已从昔日的贫困村变成了今日的"明星村"。

5. 金融精准扶贫有力促进信用意识的提升。在实践中，金融精准扶贫从信息采集、信用等级评价和信用动态管理三个方面入手，强化信用乡、信用村、信用农户"三信"评定机制建设，将农户基础信用信息与贷款评级、授信挂钩，鼓励金融机构为信用等级高的农户简化手续、下浮贷款利率，优先提供贷款支持，信用转化为"真金白银"，有效增强了贫困群众守信、用信的主动性和积极性，不但提升了基层社会治理的信用基础，而且有效推动了贫困地区社会文明与法制建设。

案例 5　以发展促稳定　以信用助脱贫

——金融精准扶贫下的基层治理"尼江"实践观察

甘肃省甘南州卓尼县尼巴乡的尼巴村、江车村属藏族集聚区。1958 年以来，两村多次因草场纷争引发冲突，不相往来、互不信任，武装械斗和盗抢牲畜等案件屡禁不止，造成大量的人员伤亡和财产损失，形成了久拖不决、长达半个多世纪的"尼江问题"，严重影响着甘南藏区社会大局稳定。

金融精准扶贫政策实施以来，地方政府、人民银行和金融机构深入"尼江"地区，调研实情、了解始末，定下了"以发展促稳定、以信用助脱贫"的策略，全力推动"尼江"地区经济社会发展和民族团结。一是以培育信用环境为依托，培养农牧民守信用信意识。探索开展"三信"评定和"农村青年信用示范户"创建活动，优化信用环境，破解抵押物缺失、信用体系欠缺的难题。截至目前，"尼江"地区近 75% 的农户建立了信用档案，其中 379 户被评为信用农牧户，占建档农牧户的 82%。二是以信用贷款为抓手，满足农牧民群众发展"启动资金"。当地金融机构结合信用评价体系，将信贷资源向牦牛藏羊、特色养殖业及草食产业等领域集聚，目前累计投放 4300 万元精准扶贫专项贷款和小额信用贷款。

在金融精准扶贫政策的持续助力下，"尼江"两村的思想统一到发展经济上，精力集中在发家致富上，贫困发生率下降了 50%，人均纯收入实现了翻番，整村脱贫指日可待。"尼江"草场纠纷问题的解决是现代金融理念培育信用意识和发展意识的典范，也在具体的扶贫实践中实现了金融精准扶贫和基层社会治理的"双赢"。

四、基层社会治理视角下提升金融精准扶贫实效的思考与启示

实践证明，打赢金融脱贫攻坚战，需要金融精准扶贫与基层社会组织的有机融合，形成金融系统和基层社会组织良性互动、共同助力脱贫攻坚的良好格局，以此破解金融精准扶贫在实践中的困境，推动基层治理向现代治理模式转型。

（一）深度贫困地区金融精准扶贫应更加注重发挥村基层组织头雁效应

深度贫困地区金融精准扶贫、精准脱贫难度大、任务重，更需要一个强大的基层组织来扛责任、抓落实。基层党组织是脱贫攻坚中最前线的、最有号召力的组织，只有充分发挥基层党组织的带头引领作用，才能最大限度地集中金融资源、人力、政策全面推动脱贫攻坚。

1. 进一步壮大深度贫困地区的基层组织。要将壮大深度贫困地区基层组织

作为落实各项政策的前提,通过出台各项人才政策,引导有能力、敢作为的优秀人才充实到基层队伍中去,通过开展政策、业务培训提高基层组织的工作、学习和解决问题能力。要将推动金融精准扶贫与基层金融人才的培养紧密结合,不断提高深度贫困地区基层队伍中的金融人才比例。

2. 充分发挥基层党组织的带头引领作用。要严抓基层党建工作,充分调动基层党员的工作积极性,发挥基层党员的先锋模范作用,特别是发挥党员运用金融资金脱贫致富的模范带头作用;要加强统筹工作,以组织为单位,不断发现问题、研究问题、解决问题,定期召开工作会议,将金融精准扶贫作为党建引领的重要渠道,形成以党建工作为抓手,督促各组织保质保量完成各项金融精准扶贫工作。

3. 建立"能上能下"基层组织用人机制。把金融精准扶贫工作纳入基层组织考核中,紧盯信贷资金的对象是否精准、用途是否规范,建立"能上能下"的基层组织用人机制,不仅可以激励广大基层干部提高工作干劲,而且有助于吸引更多"新鲜血液"进入基层组织。

(二)深度贫困地区金融精准扶贫应更加注重优化传统治理模式

顺应民意风俗,发挥好传统治理框架下的治理主体深耕地缘、人缘优势,因势利导,克服深度贫困地区血缘、地缘、民族、宗教等的不利影响,通过协同、激励、共享、思想改造、利益联结,统一认识,凝聚力量,发挥积极作用。

1. 建立协同脱贫治理机制。在精准扶贫工作中,应当坚持政府在精准扶贫中的责任主体地位,民众作为最主要参与者,积极参与金融精准扶贫政策的制定、监督环节,让"政府主导,市场运作,社会组织参与,民众主体"的多元协同脱贫治理机制成为深度贫困地区扶贫工作的努力方向。

2. 优化扶贫激励机制。扶贫激励机制可以帮助平衡盈利与扶贫之间的矛盾,有利于打破各方参与扶贫工作的障碍,实现价值认同。村基层组织应当设立完善的考评奖惩制度,为参与深度贫困地区扶贫的社会组织提供更多优惠措施,大胆探索农村产权制度改革,凝聚发展共识,吸引农村所有力量参与到脱贫攻坚工作中来。

3. 共享科技发展成果。深度贫困地区的金融扶贫的支撑点在于技术效率。将互联网和深度贫困地区传统特色产业扶贫渠道相结合,推动电子商务平台建设,为农村电子商务发展提供融资、结算、咨询等金融服务,提高农业产业链金融服务水平。借助"互联网+"开展扶贫,让深度贫困地区也共享科技改革成果,破除封建迷信,增进扶贫效果。

4. 为传统基层社会治理注入新发展理念。坚持"绿水青山就是金山银山"的发展理念,坚持经济发展与环境保护并重,发展环境友好型产业,加强绿色金融建设，实现经济与环境协调同步发展。特别是将金融资源支持重点放在深度贫困地区绿色产业、现代农业以及带动作用强的新型农业经营主体和小微企业上，切实为深度贫困地区高质量绿色发展提供有力的金融支持，推动产业结构调整和发展方式转变。

5. 建立紧密的产业发展利益联结机制。依照"一企一策、一社一策"原则，推动龙头企业及合作社通过代种代养、订单托底收购等模式，建立起与贫困户联结紧密、统分结合的产销衔接和利益联结机制。鼓励贫困户以土地、原材料、自有资金等资产入股企业（合作社）参与分红；在有条件的贫困地区建立"五统一分"（统一供种、统一培训、统一技术规程、统一价格标准、统一收购加工，分户经营管理）的联结方式，真正把新型经营主体与贫困户联结起来。

（三）深度贫困地区金融精准扶贫应更加注重构建多元化社会治理体系

在推进金融扶贫、增强扶贫"造血"功能过程中，如何科学有效地配置扶贫金融资源，增强扶贫资金的减贫效应，确保扶贫成效的可持续，关键在于构建多元化的基层社会治理体系。

1. 在国家总体"三农"发展战略中培育壮大基层社会治理体系。金融助力乡村振兴战略作用的发挥也离不开完善高效的基层社会治理。农村产权制度改革、农村土地制度改革、农民"三变"改革等是当前基层社会治理的重点领域和关键环节，要积极跟进农村产权领域改革的金融支持，助推形成符合市场经济要求的集体经济运营新机制，进而滚动做大集体经济实力。

2. 借助基层治理优势弥补金融精准扶贫短板。要提高金融扶贫效益，充分利用基层社会治理力量小、快、灵、准的特征，给予其合理的自主权和充分的建议权，实时监控金融资源的使用情况，实时反映金融资源配置的问题和症结，实时提出改变现有扶贫信贷供给方式的意见建议。此外，赋予基层社会治理主体一定的监管权，对金融扶贫资金绩效进行考评。

3. 各方力量应在基层社会治理中形成分工协作的良性局面。精准扶贫要整合扶贫、财政等各部门的力量，加强与金融机构的信贷融合。扶贫部门在扶贫对象认定、规划制定、绩效考评等方面可借助基层社会治理优势。国土部门在土地供应、城镇化建设、易地扶贫搬迁等方面应充分听取基层的意见建议。财政部门在扶贫资金整合安排方面应全面考虑基层社会治理现状和基层资金"消化"能力，充分发挥财政资金的带动作用，引导民间投资进入扶贫领域，支持扶贫产业发展。各扶贫相关部门在精准扶贫框架下，通过支持地方特色产业发展，提高基层社会治理参与扶贫的能力。

（四）深度贫困地区金融精准扶贫应更加注重培育市场化意识

开发式扶贫的核心仍然是推动贫困人群进入市场，要更加注重金融介入后深度贫困地区市场化意识的提升。

1. 强化市场在基层社会治理中的资源配置作用。精准扶贫需要不断调节政府与市场在基层社会治理中的协同效用，准确定位政府、农民和金融机构在深度贫困地区的角色。借助富有效率的扶贫资源市场配置机制，进而发挥贫困农户在脱贫工作中的能动作用，将经营思维、风险思维、价格波动思维等市场化理念灌输到农民生产经营全过程。有效发挥金融机构在脱贫工作中的协助作用，用信贷准入机制倒逼政府、贫困农户形成市场经济意识，进而营造良好金融生态环境，为扶贫金融资源后续跟进提供支撑。

2. 通过"扶志+扶智"联结市场，激发贫困农户自我发展能力。农户处于产业链最下游一环，需要开展扶志与扶智提高贫困户市场化意识和能力。通过驻村扶贫干部到户宣传扶贫政策及金融信贷支持政策等方式，激发贫困户发展意愿，帮助贫困户"扶志"，激活农户发展活力。同时通过产业发展及各类技能培训，加强贫困户学习教育，掌握必要的知识技能，进而"扶智"，引导其参与产业发展，参与市场交易，通过订单式农业加强农户生产经营稳定性，帮助贫困户农产品及富余劳动力走出去。

3. 探索推进以合作为基础的可持续脱贫模式。精准扶贫要求贫困地区通过"三个全覆盖"（特色产业对贫困村、脱贫人口全覆盖，新型经营主体对贫困村、贫困户全覆盖，扶持配套政策对产业脱贫人口全覆盖），将贫困户与龙头企业、合作社等农村新型农业经营主体联结起来，带动贫困户可持续脱贫。在地方政府扶持政策的帮助下，加强外部企业引进及当地有实力的企业带动，探索"企业+合作社+农户"的发展机制，带动贫困片区特色产业发展，进一步促进产业链条延伸，促进产业提质增效，实现增收脱贫可持续发展。

4. 将风险防控意识渗透到精准扶贫各个环节。着力加强产业链风险防控体系建设，建立银行、保险公司、担保机构合作联动运营机制，畅通农村资产流转处置渠道，健全融资担保体系。构建农村综合信息系统等平台建设，培养农户抗风险意识和能力。发挥好评级增信和风险缓释机制作用，支持企业参与做大做强产业。发挥保险产品作用，确保政策保险与扶贫保险、商业保险环环相扣，无缝对接，确保产业发展有保障、贫困户脱贫有保证。

（五）深度贫困地区金融精准扶贫应更加注重完善社会法治保障

要有针对性地制定符合贫困地区实际的法规、制度和政策，确保金融精准扶贫在信用、法治轨道上稳步前行。

1. 让诚实守信在基层社会治理中蔚然成风。基层组织应秉持"依法行政、权责统一、精简高效、行政为民"的诚信体系建设原则,健全行政决策机制,完善行政决策程序,转变基层政府和组织的工作作风,建立统一、公开、公平、公正的基层组织公共服务信用机制,通过内部约束和外部监督相结合,让基层组织在规范化、信用化的基础上运作,提升诚实守信意识,打造良好金融精准扶贫环境,确保有限的金融资源公平有效配置到扶贫各个环节。

2. 将法治理念全面融入金融精准扶贫政策。加强对深度贫困地区中金融扶贫规章制度的建设,确认深度贫困地区贫困群体相关的金融权利,明确政府以及相关金融组织的金融扶贫法制保障义务,重点解决对群众反映最强烈的问题。同时,始终贯彻公平原则与效益兼顾原则,在深度贫困地区展开综合的群体辨认,解决深度贫困地区自然条件差、扶贫持续性不足、物资分配不平等等较为明显的社会问题,确保准确识别,实施真扶贫,扶真贫。

3. 让法治意识在基层社会治理中广泛践行。首先要加强农村金融精准扶贫监管,严格落实政策要求,依法合规推进扶贫专项资金的使用,让金融精准扶贫更好地服务于群众的发展需求。其次要加强扶贫资金管理,一方面充分发挥社会力量及贫困户的监督作用,让金融精准扶贫工作公开透明;另一方面,财政及审计等相关监管职能部门要发挥自身力量,加强对精准扶贫工作开展过程中的工作落实情况监管,严格监督资金使用。

参考文献

[1] 习近平. 摆脱贫困 [M]. 福州:福建人民出版社,2014.

[2] 习近平. 关于扶贫开发论述摘编:实施精准扶贫、精准脱贫 [J]. 中国扶贫,2015 (24).

[3] 习近平. 习近平扶贫工作——十八大以来重要论述摘编 [J]. 党建,2015 (12).

[4] 唐任伍. 习近平精准扶贫思想阐释 [J]. 人民论坛,2015 - 10 - 20.

[5] 王浦劬. 国家治理、政府治理和社会治理的含义及其相互关系 [J]. 国家行政学院学报,2014 (3):11 - 17.

[6] 郑家昊. 政府引导社会管理:复杂性条件下的社会治理 [J]. 中国人民大学学报,2014,28 (2):14 - 21.

[7] 姜晓萍. 国家治理现代化进程中的社会治理体制创新 [J]. 中国行政管理,2014 (2):24 - 28.

[8] 周意珍,余子华,杨威. 创新金融精准扶贫:经验、障碍及启示——据对上饶辖内4个国定贫困县调查 [J]. 金融与经济,2016 (6):91 - 94.

[9] 周红云. 全民共建共享的社会治理格局:理论基础与概念框架 [J].

经济社会体制比较,2016 (2):123-132.

[10] 尤圣光.普惠金融与精准扶贫的研究 [J].当代经济,2016 (5):62-65.

[11] 徐云松.金融精准扶贫问题研究——基于贵州省修文县的思考与探索 [J].区域金融研究,2016 (2):15-24.

[12] 盖康,何文媛.关于金融支持精准扶贫的思考——对庆阳市银行业金融机构支持精准扶贫工作的调查 [J].金融科技时代,2016 (2):74-76.

[13] 姜再勇.对新时期金融支持精准扶贫工作的几点认识 [J].甘肃金融,2016 (1):4-7.

[14] 夏锦文.共建共治共享的社会治理格局:理论构建与实践探索 [J].江苏社会科学,2018 (3):53-62.

[15] 夏先良.新时代开放型社会治理体系的构建与完善 [J].人民论坛·学术前沿,2018 (6):26-44.

[16] 江必新.以党的十九大精神为指导加强和创新社会治理 [J].国家行政学院学报,2018 (1):23-29.

[17] 潘功胜.不辱使命强化担当 全力助推打好精准脱贫攻坚战——人民银行潘功胜副行长在金融精准扶贫经验交流暨工作推进会上的讲话 [J].金融简报,2018 (17):2-8.

金融科技创新对外汇管理的影响、挑战与对策

国家外汇管理局管理检查司课题组

课题主持人：徐卫刚

课题组成员：肖 胜 张 澄 李 璐 刘竞先 张 旻 沈玉昊 范 频

一、金融科技的相关概念与发展现状

（一）金融科技的概念

金融科技（FinTech）泛指技术进步驱动的金融创新。根据 FSB（2016）的定义，金融科技是指利用各类科技手段对传统金融行业所提供的产品及服务进行革新，提升金融服务效率，降低成本。通俗地讲，技术与金融的结合就是金融科技。目前，关于金融科技的内涵和外延有不同的阐释，分别有技术论、机构论、业态论、生态论（见图1）。其中，技术论是对金融科技最原本、最狭义的界定，生态论则是最广义、最宽泛的界定，而机构论和业态论则是介于两者之间，分别基于机构和业态角度而论。

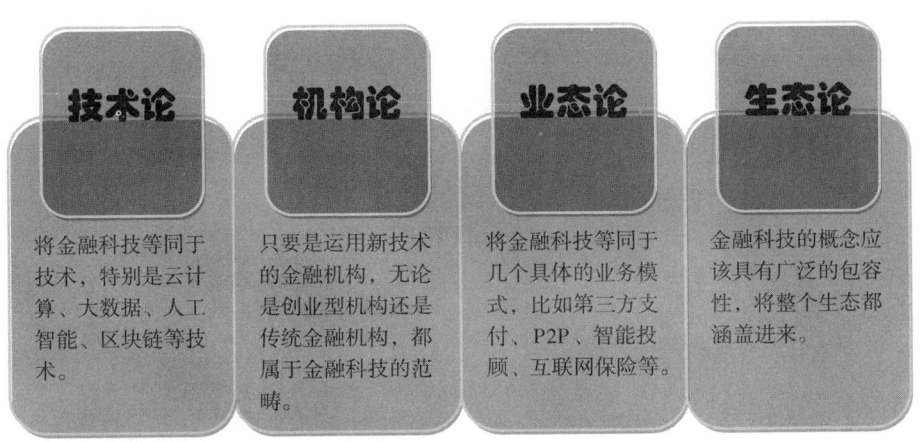

图1 金融科技的内涵与外延

从技术角度看，金融科技主要包括"ABCD + I"五大类，即"A"人工智能（Artificial Intelligence），"B"区块链（Blockchain），"C"云计算（Cloud Computing)，"D"大数据（Big Data），"I"互联网技术（Internet Technology）。本文也主要研究和阐述上述五大技术在金融及外汇领域的具体应用及其对外汇领域的影响和对外汇管理的挑战，并以此提出有针对性的政策建议。

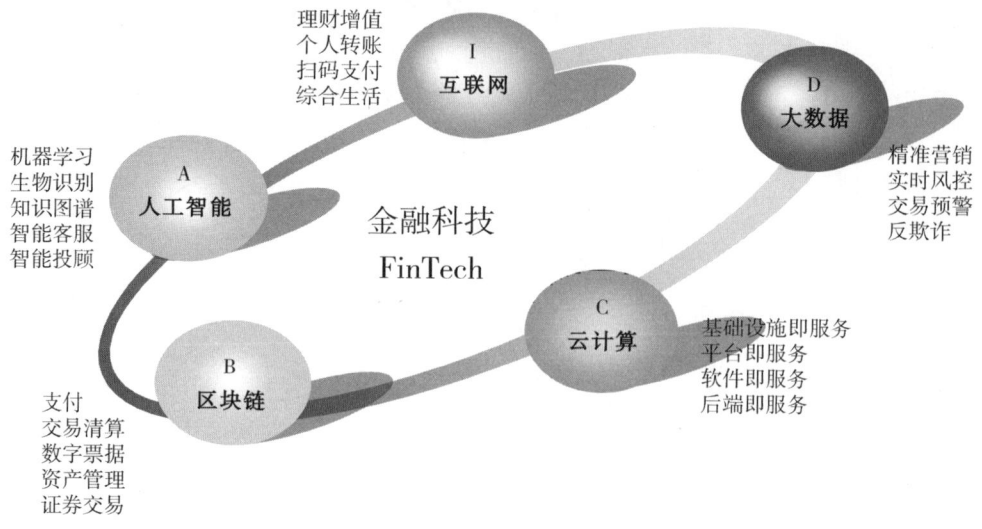

图2 金融科技分类

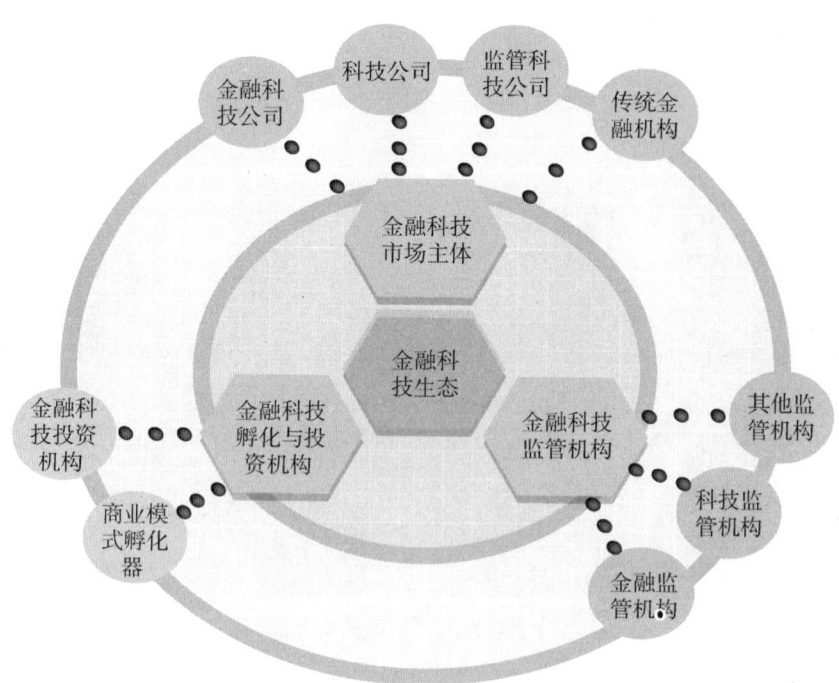

图3 金融科技生态系统概览

从生态角度看，金融科技也经常泛指一个复杂的产业生态系统。既包括创新性的后台技术，也包含其衍生出来的相关前端产业；既包括传统金融业务的科技革新，也包括科技创新兴起的第三方支付、P2P、智能投顾、互联网保险等新兴金融业态；既包括通过技术手段提供创新金融服务的金融科技公司，也包括提供金融合规科技应对方案的监管科技公司；既包括传统金融业机构，也包括为新兴金融业态所涉的创业型机构；既包括金融科技投资机构、商业模式孵化器，也包括金融监管机构、科技监管机构和金融科技监管机构等。

（二）金融科技的发展现状

1. 大数据在金融领域的应用现状

大数据是指超出了传统数据库软件工具能力范围，需要新处理模式才能获取、存储、管理、分析的海量、高增长和多样化的数据集合或信息资产。它具有大量（Volume）、高速（Velocity）、多样（Variety）、价值密度低（Value）和来源真实（Veracity）五"V"特征，能够提供数据集成、数据存储、数据计算、数据管理和数据分析等功能，具备随着数据规模扩大进行横向扩展的能力。

随着新兴技术的发展，移动终端、智能硬件和设备的普及，个体各类数据爆发式增长，金融业由于天然具有数据量大的优势，成为大数据应用的重要领域。大数据技术的应用提升了金融行业的资源配置效率，强化了风险管控能力，有效促进了金融业务的创新发展，在银行业、证券业、保险业、支付清算和互联网金融等领域都得到了广泛应用。其应用框架包含了大数据存储、大数据加工与分析、大数据推送，并最终应用于行为分析、客户画像、报表分析、关系分析等领域（见图4）。

其中，银行业最常使用的大数据应用场景为精准营销、实时风控、交易预警、反欺诈、展业调查、智能客服等领域。如广发银行开发的大数据平台，主要产品包括：客户全景视图、潜在客户视图、客户资金关系圈、自然语言处理、实时营销应用、实时风控和历史交易明细分析等。大数据在证券行业的应用，主要是用于行情预测或股价预测等，如美国的 Kensho 公司专注于通过大数据技术，分析海量数据对资本市场各类资产的影响，并回答复杂的金融问题。大数据在保险行业的应用主要是骗保识别、保险精算、风险定价等领域。如中国平安建立了客户价值分群体系和客户大数据分析平台，深入挖掘客户价值。在互联网金融业务中，大数据技术也应用广泛，主要用于精准营销、风险控制、黑产防范[①]和消费信贷等领域。如阿里金融通过互联网数据化运营模式，为阿里巴巴、淘宝、天猫等电子商务平台上的小微企业、个人创业者提供可持续性的、普惠的

---

① 黑产是指用非法手段获取利益的黑色产业链。

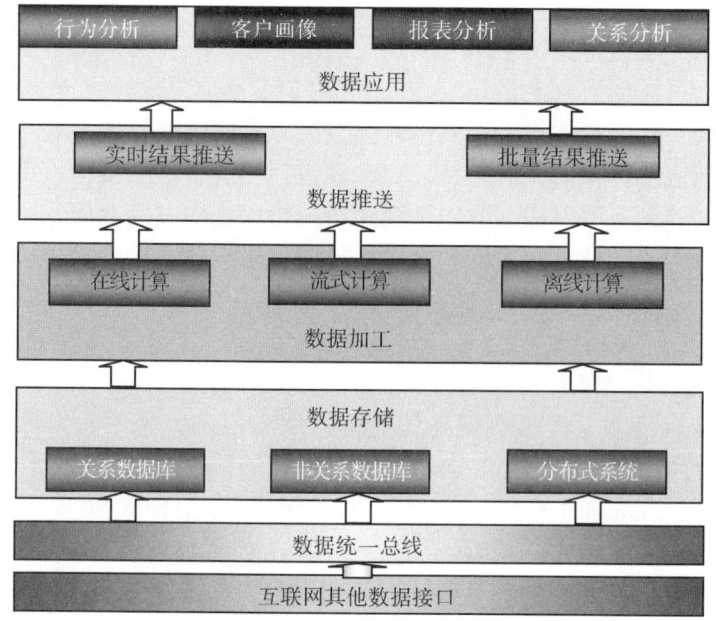

图 4　金融行业运用大数据的基本技术框架

电子商务金融服务。大数据在各行业的运用已日渐普及和成熟，麦肯锡报告显示，2017 年，全球大数据市场规模达 721 亿美元，未来五年（2017—2021）行业年均复合增长率约为 40.98%，到 2021 年全球大数据市场规模将达到 2847 亿美元。

图 5　大数据在金融领域的具体应用

2. 云计算在金融领域的应用现状

大数据技术的产生和发展，需要运行超大样本量的海量数据，需要消耗更多的 IT 资源。云计算的运用，解决了海量处理数据的性能瓶颈问题，从技术上看，大数据与云计算的关系就像一枚硬币的正反面。云计算是提供可用的、便捷的、按需的网络访问和计算资源共享池，通俗地讲，就是将包括网络、硬件、计算、存储、服务器、应用软件等资源进行统一整合、调度、管理，使用户按需要进行获取和使用的技术。云计算具有超大规模、虚拟化、通用性、高扩展性、按需服务、低成本等特点，包含基础设施服务（IaaS）、平台服务（PaaS）、软件服务（SaaS）三种基本模式，一般分为公有云、私有云、社区云和混合云四种部署模式。

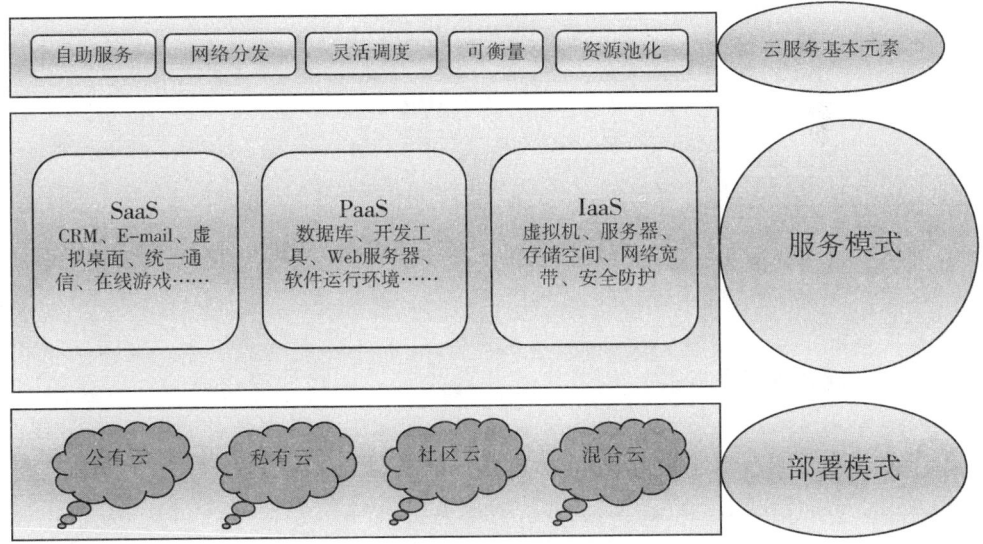

图6　云计算基本技术框架与分类

自 2005 年亚马逊搭建第一个云平台以来，国内外的大型科技公司纷纷部署和搭建云，如微软、谷歌、IBM 等。目前上述四家大型科技公司在全球公有云的市场份额已占到 90% 以上。国内科技公司如阿里巴巴、腾讯、百度等，云计算方面的研发和应用能力也已达到全球领先水平，自主研发并建立了基于云服务的生态，为金融机构提供基础 IT 架构服务，并帮助其将业务迁到云端，降低成本，提高效率。当前很多银行等金融机构为克服自身系统架构臃肿，开发维护成本高、系统功能共享差等问题与不足，大多已经或计划开发应用私有云或通过搭建在大型金融科技企业的云端等方式解决上述问题与不足。

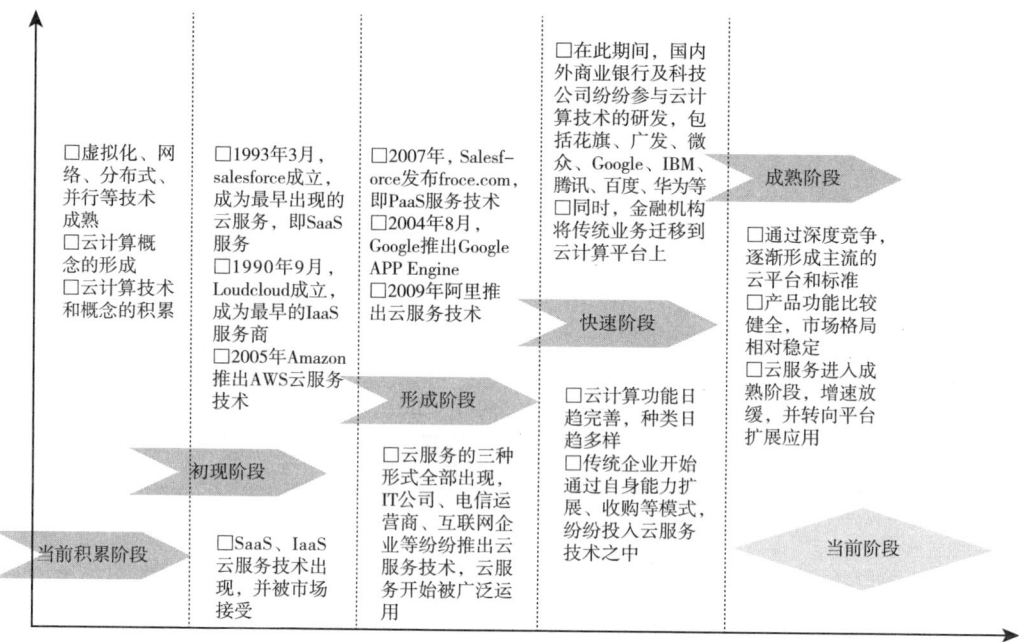

图7 云计算的发展历程和主要应用大事记

3. 人工智能在金融领域的应用现状

人工智能是指用计算机系统模拟人类的思维过程和智能行为（如学习、推理、思考、规划等）的科技。因其工作稳定性高，能降低操作风险和道德风险，提高决策和交易效率等特性，使其在金融领域的应用不断重视和普及。人工智能运用在金融领域的技术主要包括机器学习、语言处理、生物识别、知识图谱等，主要运用于智能营销、智能投顾、智能客服和智能风控等领域。

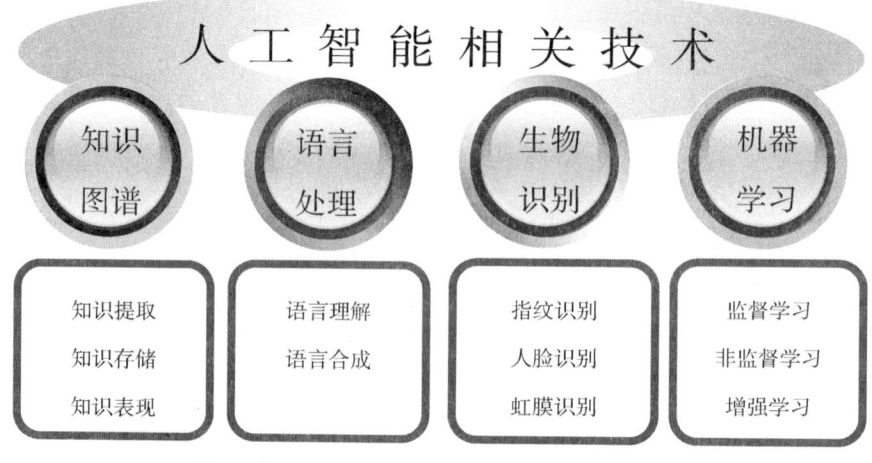

图8 人工智能在金融领域开展应用的相关技术

机器学习。机器学习是指计算机通过模拟或学习获取新的知识或技能，重新组织并不断改善自身性能。机器学习已大量用于智能客服、量化交易、行情预测、风险控制等领域。如全球最大的对冲基金桥水（Bridgewater Associates）早在2013年就使用机器学习通过历史数据和统计概率预测未来，预测程序随市场变化而变化，不断学习和适应新的信息，而不是遵循静态指令。

生物识别。指纹识别、人脸识别、虹膜识别和静脉识别是金融行业应用范围较广的四项生物识别技术。生物识别技术已广泛应用于远程开户、无人工柜台、转账提款、反欺诈和风险控制等领域。如汇丰银行、浦发银行、微众银行等金融机构均已推出人脸识别开户功能。2014年9月，蚂蚁金服在国内率先推出指纹识别免密支付，招商银行APP 5.0应用人脸识别技术，进行大额转账。

知识图谱。知识图谱由谷歌在2012年提出，在金融行业，通过知识图谱技术，从"实体—关系"的角度整合金融行业现有数据，结合外部数据，运用图谱技术更有效地挖掘潜在客户、预警潜在风险，并在反洗钱、反欺诈、客户尽调、股东关系图、担保链审核等领域广泛应用，帮助金融行业各项业务提升效率、发挥价值。蚂蚁金服、京东金融等互联网金融科技企业已经在"三反"和黑产防范领域大量运用图谱技术。

语言处理。在金融领域中，语言技术的应用遍布各金融机构的电话银行、信用卡中心、委托交易、自助缴费、充值等各项交易性业务，以及语音导航、业务咨询、投诉申报、账户查询、政策咨询等非交易性业务中。如广发银行信用卡中心为解决海量录音文件的处理、存储和分析客户信息等问题，自主研发语音大数据分析平台，提高服务效率，节约人力成本，提高电话营销的精准性，实现日处理数据时长2万小时，在线数据总量200T，以及年数据量增长率30%的应用效果。

4. 区块链在金融领域的应用现状

区块链技术（也称为分布式账本技术DLT）是一种由多方共同维护，使用密码学确保传输和访问安全，能够实现数据一致存储、无法篡改、无法抵赖的技术体系。通过区块链的系统技术控制，各方相互合作交易均可直接对接完成，不需依靠第三方平台，省去了中间的程序和费用，且为了合作或交易的安全，系统会将每一个参与者的动作广播给所有参与者，保障了整个过程的安全、透明，解决了信任问题。因此，去中心化、开放性、自治性和信息不可篡改成为区块链技术的典型特征（见图9）。

根据工信部《2018年中国区块连产业白皮书》所述，目前我国区块链产业生态初步形成，产业高速发展，数量快速增加，以区块链为主营业务的公司已经达到456家，并以行业应用类公司数量最多。区块链应用日趋多元化，从金融延伸到实体领域在金融领域，区块链技术已经广泛运用于供应链金融、贸易金融

（信用证、保函、福费廷、保理、票据）、征信、交易清算、积分共享、保险、证券等各个场景。

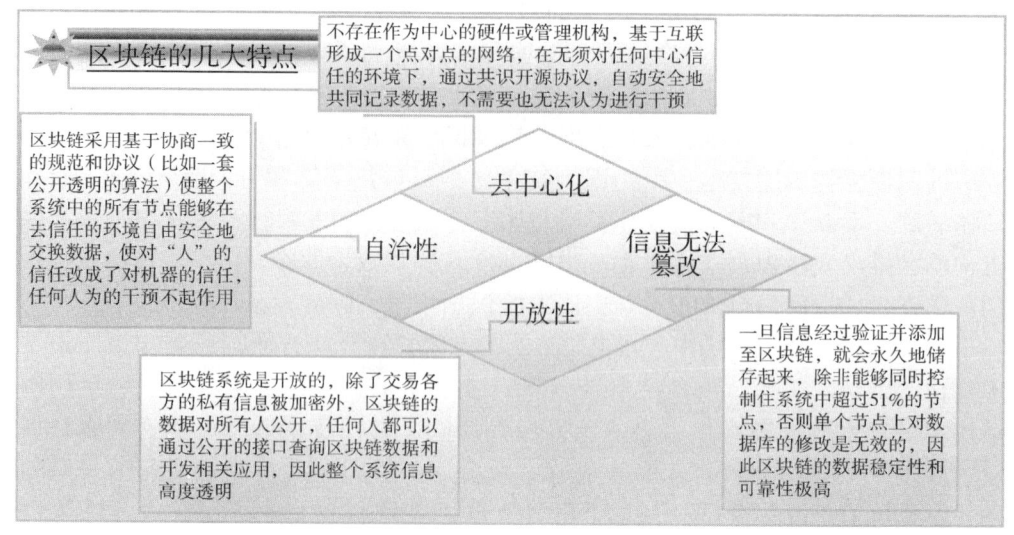

图 9　区块链技术的典型特征

区块链根据网络去中心化程度的不同，结合参与准入机制，可分为三类。一是公有链，即全世界任何人都可读取的、任何人都能发送交易且交易能获得有效确认的、任何人都能参与共识过程的区块链。比特币是最典型的公有链应用，其发行过程不依赖特定的中心化机构，比特币可以在任意一台接入互联网的电脑上管理，任何人都可以挖掘、购买、出售或收取比特币。二是联盟链，是指部分去中心化的区块链，适用于多个实体构成的组织或联盟，其共识过程受到预定义的一组节点控制，其典型案例是 R3 区块链联盟，至今已吸引 40 多家巨头银行参与。另外，中信银行和民生银行推出国内首个基于区块链技术的信用证信息传输系统（BCLC），改变了银行传统信用证业务模式。三是私有链，即写入权由某个组织或者机构控制的区块链，参与到区块链的节点会严格限制，具有较高的安全性、可用性和扩展性。如招商银行 2016 年开发的跨境直联清算系统，浙商银行上线了基于区块链技术的移动数字汇票签发、签收、转让、买卖、兑付平台。

区块链技术发展又衍生出 ICO。ICO（Initial Coin Offering）是基于区块链技术的首次公开募币，是创业公司绕过需要严格规范的风投资本或银行，为区块链项目募集资金的过程。2017 年上半年国内共有 43 家相关平台提供 ICO 服务，累计融资 26.16 亿元。因 ICO 项目融资引起了多起非法集资、诈骗等风险事件，2017 年 9 月，央行联合七部委叫停 ICO。

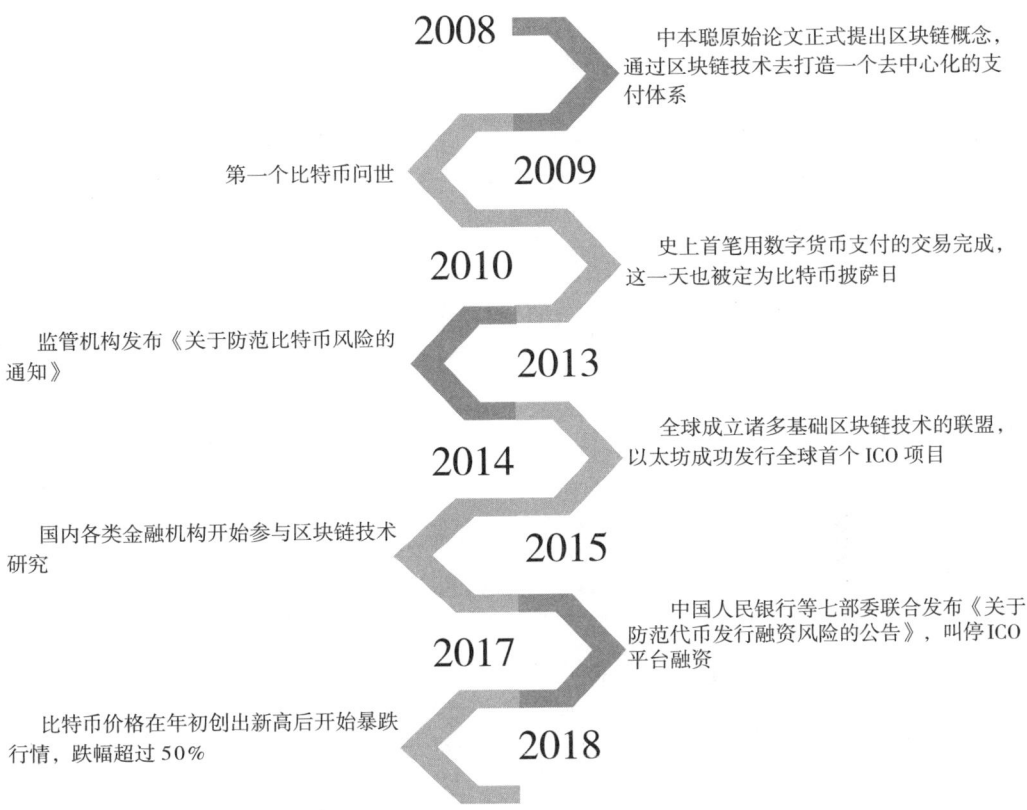

图 10　区块链在金融领域应用的典型大事记

基于区块链等底层技术，衍生出许多虚拟数字货币，如比特币、以太币、瑞波币、莱特币等，但此类虚拟数字货币因币值不稳定、价格波动大等原因使其难以发挥计价单位、交易媒介和价值储藏三大功能。近期，致力于维持币值稳定的稳定数字代币（以区块链等分布式底层技术发行的与法币以固定比率锚定的数字代币）应运而生，如 Tether 公司发行的以 1∶1 比率锚定美元，以足额美元存款背书的 USTD。稳定数字代币具有价格稳定、发行中心化、流通去中心化以及隐私保护等特点，成为资本追逐和技术研究的热点。

5. 互联网金融的发展现状

互联网金融是利用互联网技术和信息通信技术实现资金融通、支付、投资和信息中介服务的新型金融业务模式。我国互联网金融经历了四个发展阶段：一是 1997—2005 年的传统金融行业互联网化阶段；二是 2005—2011 年的第三方支付兴起为象征的起步阶段；三是 2012—2014 年的互联网金融各种业态快速发展阶段；四是 2015 年至今的规范发展阶段。在互联网金融发展的过程中，国内互联网金融呈现多种多样的业务模式和运行机制。主要包括：网络个人借贷（P2P），截至 2017 年末，P2P 网贷余额为 12050 亿元；互联网非公开股权融资（股权众筹），截至 2016 年末，全国互联网非公开股权融资平台共 145 家，2016 年融资规模居前 15 位股权融资平台的融资额合计为 32 亿元；另外，还包括互联网支付、互联网直销银行、互联网保险、互联网基金销售等业务模式。

在我国互联网金融业态中，发展最迅速、应用最广泛的是互联网支付，如支付宝、微信支付等，互联网支付的发展经历了四个阶段：电商担保阶段，即作为电商交易中介和担保方的角色；增值金融服务阶段，如支付宝 2013 年推出余额宝，并为用户提供保险、理财等增值服务；电子转账阶段，2014 年以来，在微信红包的带动下，互联网支付逐渐成为个人转账首选；扫码支付阶段，2011 年支付宝推出条码支付，扫码支付迅猛发展，2016 年实现年增长率约为 1038% 的超高速增长。目前，互联网支付已向综合生活、金融服务平台转型，并大量开始向海外布局，包括输出商业模式、资本和技术等。如支付宝与韩国、泰国、印度等国的支付公司和大型清算公司进行合作，支持 18 种外币的结算。

表 1　　　　　　　　　　　互联网金融典型应用场景

具体应用	应用领域和主体
第三方支付	1998 年，世界首家第三方支付机构 PayPal 成立
	1998 年，中国首家第三方支付首易信支付成立
	2004 年，支付宝成立
	2013 年，微信支付上线
互联网直销银行	1995 年，全球首家互联网直销银行美国 SFNB 银行成立
	2014 年，民生银行率先在中国的商业银行中上线直销银行
互联网保险	1995 年，美国第三方网络保险平台 Ins Web 创立
	2013 年，中国第一家网络保险公司众安保险成立
互联网基金销售	1999 年，PayPal 推出第一只互联网基金
	2003 年，华安基金和民生银行合作推出中国第一个网上基金交易系统
点对点小额借贷	2005 年，全球首家 P2P 平台英国 Zopa 成立
	2007 年，中国最早的 P2P 平台拍拍贷成立
股权众筹	2010 年，全球第一家股权众筹公司 AngelList 成立
	2011 年，中国第一家股权众筹公司天使汇成立

总之，各类金融科技创新并非彼此孤立，而是相互关联、相互促进、相互依托的立体化协作关系。大数据作为基础资源，云计算搭建基础设施，人工智能、区块链、互联网技术等不断创新的技术则依托于云计算和大数据，推动金融业走向智能时代。从未来发展趋势看，各技术间彼此的边界不断模糊，联系越来越紧

密，未来的技术创新将越来越多地集中在技术交叉和融合区域。尤其是在金融行业的具体应用及业态发展方面，新一代信息技术的发展正在形成融合的复杂生态，推动金融科技发展进入新阶段。

二、金融科技创新在跨境外汇业务领域的应用及影响

（一）金融科技创新在跨境外汇业务领域的应用

回顾历史，金融业已经历过多次技术创新，如 ATM、电视可视图文技术、网上银行、手机银行等。此轮金融科技创新，一方面对金融行业实现革新和改造，在一定程度上改变了金融基础架构，对传统银行体系产生影响，实现了去中介化；另一方面科技创新与金融业相结合，加速了新型服务模式的诞生，必将创造出越来越多的业务模式、服务场景、业务流程和金融产品。具体体现在跨境资金流动上。

1. 利用金融科技提供跨境收付服务

随着金融服务的互联网化，跨境金融服务的提供商纷纷利用大数据与人工智能等金融科技提供跨境金融服务，使跨境金融服务更普惠、更易得、更高效。一是拓展跨境交易场景，交易便捷性大幅提升。伴随着近年国内消费升级带来的跨境电商、旅游、留学等行业的高速增长，跨境第三方支付业务飞速发展，截至 2017 年年底，持有外汇局颁发的跨境支付牌照的第三方支付机构数量升至 33 家，机构收支范围日益扩大，目前已经涵盖货物贸易以及服务贸易项下留学教育、航空机票、酒店住宿咨询费、广告费等范围。二是创新跨境支付媒介。随着区块链技术的迅速发展，目前已经实现了在跨境支付市场的应用落地，凭借点对点交易的技术特性，加密数字被作为中介，不通过现有银行支付体系即可完成跨境支付，如比特币交易。三是革新跨境交易清算体系。借助区块链技术，目前 SWIFT 以及多家银行陆续实施了针对现有跨境支付清算体系的改造，更快捷、更高效。四是部分替代跨境交易的人工操作。随着目前各大金融机构不断拓展大数据、人工智能在跨境交易中的运用，成功实现了传统交易业务操作的人工替代，如各大银行推出的网银购付汇，招商银行开发的跨境汇出汇款自动处理项目，通过复杂的逻辑判断，在有效控制风险的同时，制作电文的过程已经可以无人化操作。

2. 利用金融科技进行跨境交易展业及风险管控

金融科技的深入发展，目前已经在多个跨境交易领域的展业和风险管控中广泛应用，极大地提升了效率。一是利用大数据平台进行客户展业，如通过对跨境交易的客户全景、客户资金关系圈、外部数据整合以及模拟场景等，对客户交易进行"体检扫描"式全景勾画，对涉嫌欺诈交易、虚假交易的分析判断更加透彻和准确。二是利用人工智能进行单证审核和客户展业调查，如通过建立机器处

理和训练规则，机器识别图像并提取预设内容，依靠人工智能对单证进行更高效的审核，以此来丰富真实性审核手段。利用人工智能对客户、交易、交易对手及其资金跨境及汇划路径进行全方位的延展分析，追踪交易实质，判断客户交易真实性，实现客户及业务的双重"穿透"。三是借助区块链技术和智能合约进行交易展业，如借助区块链技术将贸易融资等各交易环节的参与方接入区块链平台，使真实的资金流、货物流和单据流信息能够快速、透明的交换，并能借助智能合约这一工具推进交易高效执行。四是利用金融科技进行风险识别与管控。各金融机构及金融科技公司积极运用大数据、云计算和人工智能，对可疑交易进行机器识别。如招商银行运用大数据构建的客户风险管控模型，通过客户异常交易分析，梳理异常交易特征构建客户风险管控模型，对异常交易进行拦截，并持续动态调整模型和参数，有效提升跨境业务反洗钱、反欺诈以及合规风险的管控能力。蚂蚁金服有2200多台服务器专门用于风险识别、分析、管控，规则就有5000~6000条，模型有60多个，主要通过机器自动识别风险，利用规则来判断风险，提供预警，其风险识别和管控能力平均响应速度已达到100毫秒级，比眨眼睛快4倍。

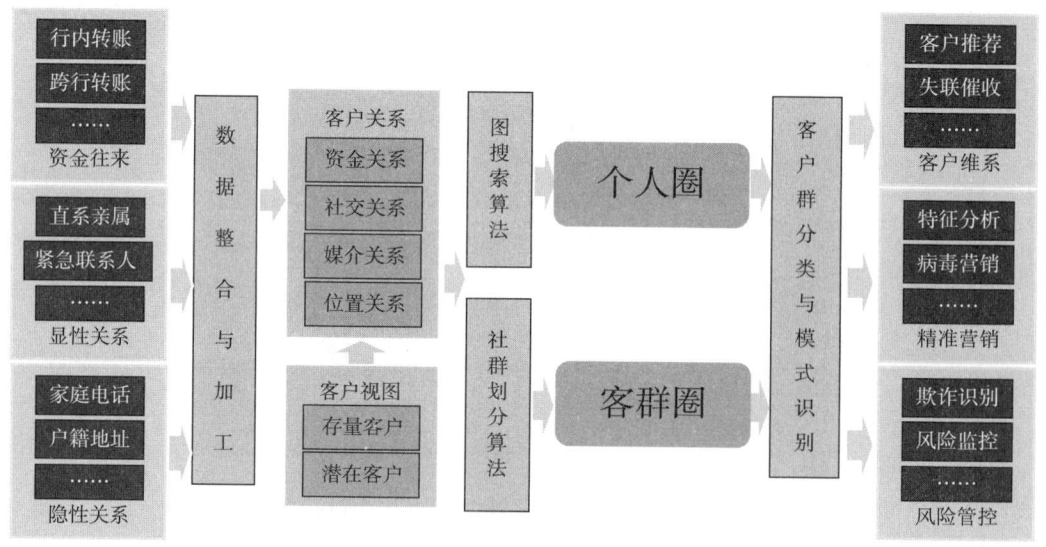

图11　银行利用金融科技进行业务风险管控的流程模式

3. 利用金融科技创新外汇交易新模式

技术与金融的结合实现了外汇交易模式的创新。一是在互联网技术的发展方面，外汇、黄金、期货、股票和保险等金融交易在技术上已经完全可以突破地域限制，直接通过在互联网上统一构架全球性或者区域性交易平台，实现金融服务提供商与金融服务对象跨地区、跨国界乃至跨市场的直接对接，彻底改变以往需要设立线下实体机构来运营和开展跨境交易的业务模式。如目前快速发展的互联网证券、期货、黄金交易平台，互联网保险平台，P2P 网络借贷平台，互联网外汇交易平台等。二是在区块链领域，通过 ICO 项目融资，项目方以比特币或其他数字货币的形式向投资人筹集资金，投资者们则获取数字货币的代币，不仅可以在代币交易市场进行交易，而且还可以从项目中获取其应用未来的使用权或者未来使用其应用所带来的收益权。由于 ICO 主要采用代币而非法币进行，且代币具有市场价值，可以兑换成法币，因此相关代币发行融资及其后来的代币交易均能够很便捷地突破现有跨境监管政策（即使在国内禁止 ICO 融资活动的情况下），实现跨境融资和二级市场的炒作与交易。

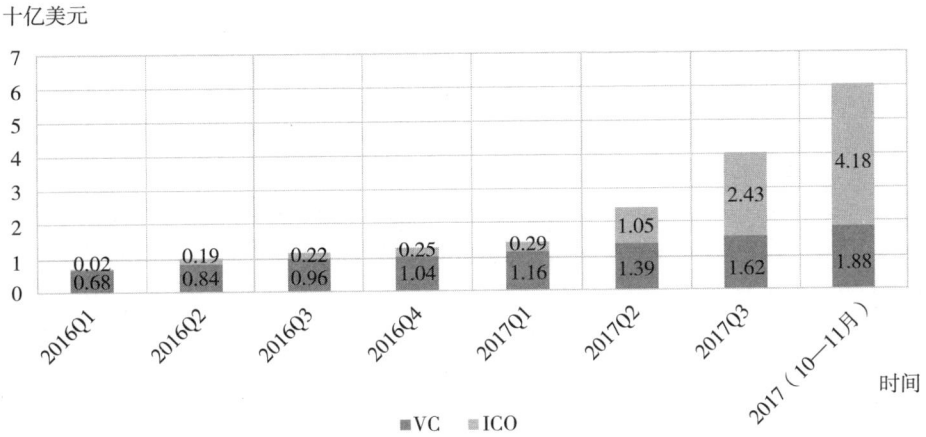

图 12 ICO 融资情况

（二）金融科技创新对跨境资金流动的影响

1. 跨境交易方式更加快捷

在金融科技驱动下，跨境交易压缩了交易环节，降低了交易成本，提升了交易速度。大数据及人工智能技术的应用，大大提升了跨境交易效率；云计算以其系统架构、资源整合等方面的优势，满足了长尾客户多样化的跨境金融服务；第三方跨境支付丰富交易场景，提升交易速度，加速资金跨境流动；区块链技术依赖其分布式记账形式，多节点并发运行，明显提高交易流转速度，使跨境交易时间从按天计算缩短至按秒计算，跨境支付效率实现跨越式提升。如使用 Ripple 公司的区块链技术，跨境汇款可以在 8 秒之内完成。

2. 跨境交易成本大幅下降

第三方跨境支付一改消费者需携证件到银行填写纸质单据申请购结汇的传统方式，可将个人购结汇业务由分散转为集中，有效降低外汇业务人力、时间成本，也降低了消费者的手续费支出，大大提高了资金跨境流动效率。而随着区块链技术在跨境支付交易中的运用,跨境支付不再依赖于传统的中介提供信用证明和记账服务,跳过交易中介环节,实现收付款方之间点对点支付信息的实时确认和监控,减少银行资金头寸的沉淀占用,从而有效降低交易各环节中的直接和间接成本。根据麦肯锡《区块链:银行业游戏规则的颠覆者》分析,区块链技术在 B2B 跨境支付与结算业务中的应用将使每笔交易成本从约 26 美元下降到 15 美元。

3. 跨境交易规模迅速增长

金融科技的发展,使金融的可获得性大大提升,跨境金融交易和服务的便捷化大幅提高,使跨境交易的主体更加多元,跨境交易需求也更多样,交易渠道更加丰富,已摆脱过去完全依靠金融机构获得跨境金融交易服务的模式,供给与需求方直接点对点地进行跨境交易。其中,第三方跨境支付与传统支付方式相比则具有覆盖面广、高效、低成本的优势,与现阶段我国跨境交易需求高速增长、参与者众多、客单价虽低但业务量巨大的特征相适应,交易规模增长迅速。据统计,2017 年中国进出口跨境电商整体交易规模达 8.44 万亿元,同比增长 25%,占进出口总额的 20% 左右;2017 年国内支付机构跨境互联网支付交易笔数为 12.56 亿笔,金额为 3189.46 亿元,同比分别增长 114.7% 和 70.97%。而以 CIRCLE、RIPPLE 为代表的一批新兴金融科技公司,借助区块链技术的优势,有望在操作流程、清算环节、交易入口等方面进行创新,实现跨境支付交易主体数量的爆发式增长,从而推动跨境交易规模的增长。

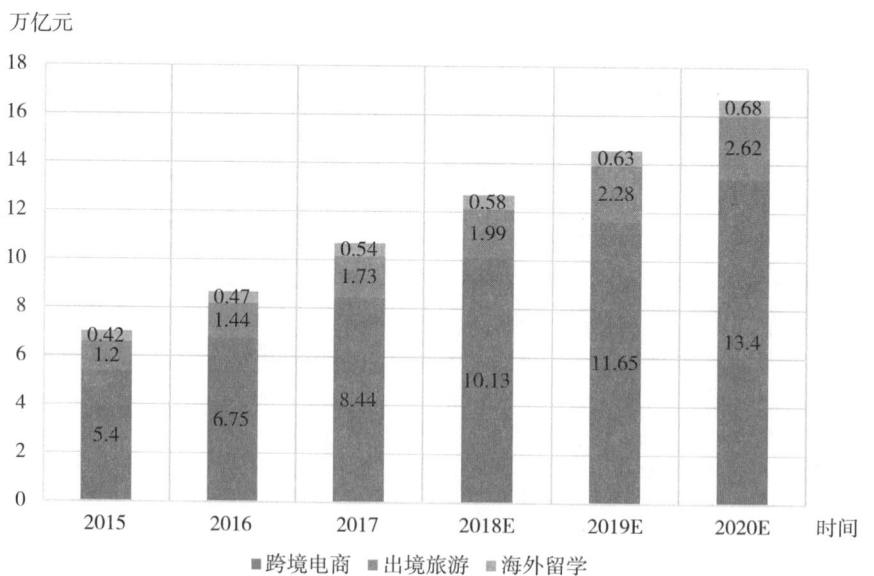

图 13　第三方支付机构跨境支付业务走势

4. 跨境交易风险管理手段更丰富

金融科技在带来交易规模陡增的同时，也丰富了风险管理手段。在跨境交易中，金融机构利用大数据分析以及人工智能技术可以及时发现可疑或违规交易，并在触发相关规则时实时阻断交易，改变以往落实"展业三原则"和风险管理的传统方式。一方面，大数据分析通过机器学习平台对历史样本及其行为特征进行大规模离散回归逻辑算法得出评分模型，在开展业务前对客户主体进行评估，能更好地了解客户，大大地拓宽了金融机构展业的渠道，提高了展业的效率。另一方面，大数据、人工智能等能重构整个跨境业务流程，在事中加入智能风控对业务风险识别、拦截和控制，提高了风险管控的有效性。如自 2016 年以来，招商银行通过大数据分析及系统自动管控，已自动识别并关闭 3720 个可疑账户的非柜面交易，拦截借用他人账户实施分拆 3.5 万笔交易，拦截借用他人设备异常购汇 2.3 万笔。另外，区块链技术利用其不可篡改、流程可追溯的信任机制，大大丰富了跨境交易的风险管理手段。

5. 对传统银行跨境业务造成直接冲击

金融科技尤其是大的金融科技公司在技术、信息、营销和规模方面具有多重的优势，对传统银行跨境业务直接构成竞争。在信息上，BigTech 不但依靠社交等产业，采集大量银行业无法获取的数据，还能不断拓展新的数据来源，利用大数据的技术分析客户偏好、习惯和需求，进而提供定制化的金融产品，如支付宝等创新开发出个人跨境汇款业务。在技术上，金融科技公司强大的创新驱动和创新能力铸就了其在科技创新和业务方面的领先优势，在提高便利化的同时进一步降低了其业务成本，而传统金融机构在技术方面处于弱势。在营销上，大的科技公司不仅通过主业创造了家喻户晓的品牌，而且成功推出了众多适应市场需要的产品和服务，同时还善于利用互联网等新型的分销渠道来改善客户体验，在市场推广上更具优势。规模上，金融科技公司掌握着大量的资源，可利用庞大的资产负债表拓展金融板块，迅速实现产品的规模化，使跨境金融服务逐渐脱离原依赖金融机构提供的"媒"，转而拥抱金融科技公司新的"媒"。

三、外汇管理面临的挑战与监管难点

（一）外汇管理面临的挑战

基本判断：（1）从第二部分关于金融科技创新的应用情况看，当前金融科技在跨境业务中的应用主要体现为前台与客户的交互，以及后台大数据分析、云计算、人工智能等领域，有利于扩大金融覆盖面、提升服务效率、降低服务成本，虽然在技术、信息、营销方面对传统银行直接构成竞争，但对于现行以银行为中心、以法定货币为媒介的跨境资金流动及其监管尚未造成实质性影响和挑战。(2) 随着金融科技创新和金融新兴业态的迅速发展,必须看到外汇管理也日益面临跨境主体数量和风险增大、跨境交易模式改变、外汇管理工具和手段弱化、风险集聚和扩散速度加快、法律建设滞后等诸多挑战,可能会增加跨境机构之间的关联性和外汇业务的复杂性,强化"羊群效应"和市场共振,增强跨境波动和顺周期性,对外汇监管的有效性带来挑战。(3) 未来金融科技创新特别是加密电子货币的广泛应用,可能为规避外汇管理和跨境监管提供新的渠道,从而最终加速或倒逼资本项目可兑换进程。

1. 跨境交易的"去中心化"冲击现行监管模式

一是金融科技创新使跨境资金流动呈现"去中介化"和"去中心化"现象。新兴金融业态利用其获客优势和体制灵活优势,并借助金融机构的业务"通道",间接实现了存贷款、结售汇、收付汇等跨境业务的办理,甚至直接绕开金融机构,实现跨境资金点对点的交易。在此过程中,银行逐步被"通道化、底层化",跨境资金流动呈现"去中心化"特征。二是以银行为"中心"的现行监管体系,难以适应"去中心化"跨境业务的监管需要。当前的金融体系是以中心化模式为基础的,中央银行发行货币,并根据国家经济发展需要制定相应的货币政策,金融运转的信心依靠大型金融机构,特别是具有国家信用的银行。与传统金融模式相对应的监管形式,就是当下的"一委一行二会"的监管框架,极具中心化的监管特征,外汇管理也同样是基于这种中心化的监管体系。金融科技则颠覆了这种中心化。之前集中的、中心化的和针对机构的监管框架,面对当前分布式、去中心化和针对平台的金融科技创新,存在极大的挑战。

2. 外汇业务"跨界化"经营的风险和隐患激增

一是科技和金融的"跨界化"易导致监管真空。随着科技与金融的融合,各个金融领域的边界日趋模糊,使金融产品和服务不断跨界、混合和交叉,如融合一级市场、二级市场,跨界不同产业,又或是包括基金、私募、股票、证券等不同金融业态混合的产品和服务,再叠加上技术因素,给金融监管带来极大挑战。在传统的监管机制下,监管的是机构,不是业务,因此在金融科技领域产生的新兴金融业态,很难依靠单一机构或部门实现监管,所以很容易存在监管真空。同时由于金融科技公司的金融属性易被忽视(如互联网金融野蛮发展阶段,被认为是科技公司而非金融业务机构),也易被低估其对金融市场基础设施的重要性。二是跨界风险传染性增强。金融科技的广泛应用造就了一批全牌照的金融科技企业,企业集团内的不同机构相互合作、互借通道,一旦某一领域出现风险,极有可能快速传染蔓延到其他领域,放大金融系统性风险发生的概率和危害。金融科技运用所形成的信息流撕破了风险传导的时空限制,使风险传播的速度更快,原有风险防火墙的作用难以发挥,跨行业、跨市场、跨境传染的可能性大幅提升。三是无证和超范围经营金融业务的风险增大。以前因国界隔离、法律限制而没有条件开展的跨境经营活动,在互联网时代已没有障碍。通过互联网开展跨境金融业务,可以绕开我国关于商业存在的市场准入要求,规避监管,易诱发地下交易或超范围经营,突破监管政策。如ICO跨境融资、互联网炒汇平台目前在我国均属非法,没有相关牌照但却通过互联网"堂而皇之"地开展经营甚至是跨境经营,严重扰乱金融市场秩序。再如部分第三方支付、特许兑换等机构为非法网络炒汇活动提供结算服务,或配合客户伪造贸易背景跨境转移资金,放大相关风险。

3. 跨境资金的"数字化"极易突破现有监管架构,甚至加速或倒逼资本项目可兑换进程

随着金融科技特别是区块链技术的广泛应用,数字货币快速发展,其利用"数字形式""点对点"和"信息流即资金流"的特性,极易成为跨境交易的媒介,实现法币资金的"对敲式"跨境流动。如市场主体在境内将人民币兑换成比特币,通过互联网将比特币卖给境外方,并在境外账户收取相应外币,从而实现"对敲式"跨境。再如ICO(首次代币发行)也通过募集比特币和发行代币,以数字货币形式绕过资本项目跨境管理,实现境内或境外项目跨境融资和投资。稳定数字货币出现后,因其具有价格稳定、可扩展性、隐私保护以及去中心化的特点,拥有广泛的市场,资金借此跨境转移的需求极有可能大幅提升。如大规模推广和使用,这些行为尽管表面上没有法币资金的真实跨境流动,但却产生了跨境流动的实际效果,实质上是使现行有关跨境融资、直接投资等外汇监管政策被规避,使现行有关额度管理、渠道管理、登记等管理手段和工具失去作用,极易成为逃避资本管制的工具,并对跨境资金流动监管产生巨大冲击,甚至最终倒逼或加速我国资本项目可兑换进程。

4. 跨境交易的"复杂化""脆弱性"增大了外汇监管难度

一是交易过程不透明。金融业务高度的电子化、广域化、数字化、模型化和无纸化,使过去"流程式"的交易及审核过程集合为"黑匣子",监管部门对其中的逻辑过程、算法模型等知之甚少,难以摸清其基本原理并穿透其交易实质,使违法违规行为更加隐蔽和不易发现。二是交易流程复杂化。金融科技的广泛应用,使外汇交易活动的开展跨越了技术和金融两条主线,比纯粹金融领域的综合经营更具复杂性,如基于区块链技术的跨境支付业务,从技术研发到实际应用,涉及复杂的算法设计和众多支付交易参与主体,增大了跨境监管的复杂性和协调难度。三是产品日趋复杂。金融创新使各类金融产品异常复杂,而科技的运用加快了金融产品的创新与迭代,使金融产品容易过度包装,多层嵌套,难以穿透底层的资产来源和去向,增加了金融风险的隐蔽性,而网络使产品的规模效应快速上升,导致风险迅速集聚。四是技术脆弱性突出。由于金融科技及其应用大多依靠大量的基础数据和技术运用,带来金融创新过于依赖技术的潜在风险,微观层

面上可能增大信息科技风险、操作风险、信用风险和流动性风险。如操作中如果输入的基础数据存在错误，就会诱发风险，导致所谓的"黑天鹅事件"，并且错误会随着机器学习不断叠加放大。

5. 监管的"滞后性"易引发监管套利

由于金融科技尚属新生事物，相关监管仍在发展和实践中逐步完善，因此监管的不充分、不到位，可能引发监管套利。如比特币等数字货币的跨境交易，我国目前在法律法规及制度尚属空白，从穿透业务本质角度出发分析，通过数字货币与境内法币进行兑换操作实现的资金跨境流动，数字货币实际承担了"准外汇"的角色和职能，应属于外汇概念的事实外延，这类基于虚拟货币的支付创新，由于现有外汇管理法规对于数字货币尚无明确的定性，缺乏对应的监管依据将其纳入外汇管理范畴，客观上导致目前数字货币的有关交易活动游离于外汇监管视野之外。另外，对于科技金融机构，它虽然也像银行等传统金融机构一样提供以期限转换和信用转换为基础的跨境金融服务，但是它不像传统银行业一样，需要满足资本充足率以及各类跨境数据报送等监管要求。因为监管标准和规则的不统一，使科技金融机构在跨境展业以及获取分享数据方面，和传统金融机构享有不平等、不公平的监管待遇，从而产生监管套利空间，获得竞争优势。如在实践中，一些打着金融科技创新旗号的机构，从强监管国家地区迁往相对宽松的监管洼地的情况并不少见，其中ICO业务从境内发行转到境外发行就是其中的典型代表。从长远看，金融科技跨境监管套利的问题需引起充分重视，特别是在资本、技术、人才流动更加频繁和便捷的今天，如果金融科技的发展不能得到有效的监管和引导，将会加剧不平等问题，反而会降低整体金融运行效率。

（二）外汇监管面临的难点

1. 数据获得与统计难度大

一是数据来源众多，信息采集难。外汇数据来源涉及的主体众多，跨部门数据共享尚未形成。如何标准化地采集和遴选数据，以及如何与外部门进行数据的共享和融合，是外汇管理利用大数据技术的重要挑战。二是部分数据游离于外汇统计体系之外，难以覆盖监管。境内资金以加密数字货币的形式参与境外的ICO、P2P、股权众筹等，都属于事实上突破资本项目管理的行为，其中任何形式的资金跨境都应纳入外汇管理范围，但现有外汇监测体系中，上述业务统计特别是加密数字货币的跨境统计尚属空白。三是部分金融科技公司数据垄断。一些金融科技巨头企业凭借在互联网领域的固有垄断优势，获取了大量数据，客观上带来数据垄断，而出于对市场竞争、投入成本以及数据安全等考虑，其共享或给予监管部门分析使用存在难度。

2. 数据的处理与分析能力亟待提高

一是数据体量巨大，信息处理难。金融机构运用云计算和大数据分析等金融科技后，其数据呈现几何级数的增长。如何处理这些庞大数据，不同机构间多源异构的外部数据如何"打通"并快速整合，是数据分析利用的一大难点。二是大数据分析经验有待积累。传统金融机构积累并持续产生海量数据，大数据分析的工具纷繁复杂，如何及时、准确分析和处理数据，提出前瞻性的监管意见，并通过建立风险预测模型，实时识别风险，提炼分析经验，需要较长时间的实践和积累。三是数据及模型的可靠性仍待检验。金融数据来源众多，难以保证数据真实可靠，使用不可靠数据将会使得分析结果产生偏差或错误；金融大数据使用较多的弱相关数据，又受到数据维度和模型等制约，分析结果并不一定能准确反映市场情况或行为特征，以此作为决策基础存在较大风险；另外，大数据分析模型的可靠性、准确性本身存在较大不确定性，模型的建立、调试等需要实践检验。

3. 跨境收付交易真实性审核难度大

一是真实性审核基础弱化。无纸化、电子化，货物流与资金流分离的跨境交易模式，冲击了现有外汇收支真实性与一致性审核模式，使以纸质凭证为主的真实性合规性审核基础难以为继，相应监管失效。二是跨境金融服务机构审核能力匮乏。如以小额、高频跨境电商交易为主要服务对象的第三方跨境支付机构，不同程度地存在信息采集来源少、不规范、商户准入特别是二级商户准入审核有漏洞、交易真实性审核能力不足、抽查核验机制缺失、境外线下扫码支付监管缺位等多重问题，导致对客户身份、跨境交易背景和性质、资金的来源和去向难以审核到位，由此带来跨境洗钱及资产转移等较大风险隐患。三是对加密数字货币为价值载体的跨境交易审核仍属空白。尽管目前境内禁止比特币、ICO等平台交易，但不可否认，随着加密数字货币作为价值载体实现跨境资金转移，现有的监管工具和手段将无法覆盖此领域，真实性审核缺乏相关标准和依据，业务的真实性合规性审核更无从谈起。

4. 外汇检查难度大

一是科技手段运用不足。从国外监管实践看，大数据、云计算、人工智能已经在金融监管领域发挥重要作用，金融机构也通过分析数据、构建模型，将监管要求转化为内部风控指标进行自动运算、识别、处理。而外汇管理信息系统目前尚处于"人机对话"阶段，外汇监管运用科技手段开展检查的能力严重不足。二是不同行业检查能力欠缺。金融科技时代，外汇检查针对的市场主体众多，涉及的行业、专业知识广泛，囿于专业知识的局限，无法对每一项业务的真实性、合规性进行准确判断，检查实践中为满足行政执法的规范性要求，难免挂一漏万。三是调查取证工作更加困难。金融科技包装下的违规，呈现高科技化、隐蔽化的特征，外汇局调查核实难度大；严格的执法程序下，一项违规行为是否成立需要大量证据支撑，而业务审核无纸化、电子化、交易模型化又使证据固定、封存等传统手段失灵。上述情况综合导致检查的行政成本、人力成本和时间成本高企，影响了监管检查成效，目前拼人力、拼消耗的检查模式难以持续。

5. 监管理念、技术、人才储备欠缺

一是监管理念跟不上。随着各种新技术在跨境交易中的应用不断增加，原有的资金流与货物流匹配，资金流与交易背景匹配，交易留痕的监管理念已不适应于通过人工智能等金融科技开展的跨境交易。二是监管技术不适应。目前，外汇管理依赖的技术与监管对象比存在较大差距，囿于项目审批的流程长，经费管理严格等，容易造成技术更新和储备落后于市场。另外，大数据分析（包括人工智能和机器学习模型）的复杂程度和不透明度较高，外汇局难以评估相关模型的稳健性及以此决策的可靠性，需要更多的时间来充分评估基于人工智能算法等科技进行金融周期和风险测量的可取性。三是监管人才缺乏。人才激励机制不健全，难以吸引金融科技人才进入监管机构，也难以留住高尖技术人才，导致监管难以适应或跟不上技术创新和发展的速度，造成监管的前瞻性、主动性和适应性不足，容易导致监管迟滞、监管空白和监管套利等一系列风险隐患。

四、金融科技创新监管的国际经验借鉴

从市场发展规模与技术创新来看，英国、美国是最具影响力的国家，其金融科技的宏观政策导向是考量世界金融科技监管的风向标，"平衡发展与监管"是当前英美等国金融科技创新监管的核心，"技术中立与功能监管"是其实施有效监管的关键。

（一）制度先行，审慎监管

世界发达国家对金融科技的监管均较为严格，主要特征是功能监管，即不论金融科技以何种业态或形式出现，监管部门均依据该项金融科技的实质，将金融科技涉及的业务按其功能纳入现有的监管体系，以防范金融科技风险。美国为适应金融科技的发展，从修改和完善现有法规入手，针对尚未覆盖的金融科技新领域，及时开展立法或调整工作。例如，美国货币监理署2017年发布了《金融科技企业申请评估章程》，按照业务本质，向金融科技公司发放特许牌照，以此区分并消除金融科技公司与金融机构之间的监管差异。2012年出台的《创业企业融资法案》，则填补了美国在金融科技企业股权众筹方面的监管空白。英国为了有效监管国内快速崛起的P2P及众筹市场，于2014年3月发布《通过互联网众筹及通过其他媒介发行不易变现证券的监管办法》，强调了信息披露的要求并制定了披露规则。对于网络银行和第三方支付等业务，英国则依据FSA于2009年颁布的《银行、支付和电子货币制度》，按照业务实质将其纳入现有监管框架

之中。

（二）支持创新，主动监管

世界各国在金融科技的监管上普遍主张主动监管与支持创新兼顾原则，许多国家和地区已制定了明确的金融科技发展战略，出台了具体的支持措施，并成立了专门的职能部门，以完善支持与监管架构。如金融稳定理事会（FSB）、巴塞尔银行监管委员会（BCBS）、国际保险监督官协会（IAIS）、国际货币基金组织（IMF）、国际证监会组织（IOSCO）等国际组织已经各自下设金融科技监管工作小组。另外各地区也成立了相关监管职能部门，如香港金融管理局成立金融科技促进办公室，协助金融科技界了解香港金融监管环境，以促进金融科技在香港稳健发展。新加坡成立金融科技办公室，管理金融科技相关业务，为企业提供一站式服务。美国国家经济委员会发布《金融科技框架》白皮书，阐述美国金融科技的政策目标的原则，并运用了一系列方法刺激金融科技创新，包括美国货币监理署（OCC）的"负责任创新"监管框架，消费者金融保护局（CFPB）的"项目催化剂"等。英国央行开展了金融"创新工程"，发起了"金融科技加速器"项目，通过与金融科技企业合作，促进英国央行更好地完成其政策目标，另外，还推出"金融科技桥"战略，与中国、新加坡、韩国和澳大利亚等国签署金融科技合作和监管框架协议。

（三）区分业态，分类监管

国际上，通常对不同金融业态进行分类监管，以行为监管和功能监管模式为主，基本原则是持牌经营。对于吸收存款类：几乎所有国家都要求吸收公众存款需获得全面银行牌照，将其纳入银行监管体系之下，并重点对存款准备金（或备付金、保证金等）实施监控。发放贷款类：因贷款发放业务通常与存款吸收业务联系紧密，多数国家将贷款发放归为银行体系监管，要求使用表内资金发放贷款、在表内承担风险。支付类：各国通常根据自身对支付业务的认识，将其纳入不同的监管体系之下。如美国将第三方支付视为货币转移业务，本质上是传统货币服务的延伸，因而主要从货币服务业务的角度管理。日本于2016年5月出台了《资金结算法》，承认虚拟货币为合法支付手段并将其纳入银行管理体系内。资本筹集类：主要包括股权众筹等业态，各国普遍将此类活动视为股票发行，并按证券发行实施准入和监管，如美国认为基于数字货币的ICO发行，具有证券的本质，必须按证券法进行监管。瑞士于2017年发布了ICO活动指南，关注代币的经济功能（支付、筹资、资产）和用途，并据此将ICO分为支付代币、功能代币和资产代币，按不同功能进行监管。

(四) 实施"监管沙箱",应用监管科技

"监管沙箱"和监管科技已是对金融科技监管的全球共识,"监管沙箱"是2016年5月在英国首创运行,为金融科技企业提供一个"缩小版"的真实市场和"宽松版"的监管环境。首先,根据企业规模、产品创新度、新产品及服务对消费者福利提升的促进程度等条件对拟参与"监管沙箱"的金融科技公司进行筛选。其次,选取消费者,并经过3~6个月的测试期,通过测试的金融科技公司可向市场推出创新产品和服务。最后,依据测试结果进一步调整和完善监管政策。在此之后,新加坡、加拿大、澳大利亚等国纷纷建立"监管沙箱"机制,以对金融科技发展进行引导和规范。监管科技是金融科技的子集,聚焦于运用科技促进监管要求更有效和高效地实现。监管科技的应用领域:一是数据收集整合。利用大数据技术实时、集中统一地收集、整合、处理和存储不同格式、版本的数据,降低机构数据收集成本。二是分析预测。利用机器学习和人工智能等对收集来的数据进行自动、实时分析和预测,减少数据噪声。三是交易监测和风险评估。利用实时、系统嵌入式合规/风险评估工具对金融犯罪风险、反洗钱风险进行监测。四是加强监管指导。可利用可视化智能工具,更高效、便捷地传递监管建议和指导,使被监管者实时了解监管法规和合规责任。

(五) 完善立法,强化消保

在防范系统风险的前提下保护消费者权益是西方金融科技监管的核心原则之一,且发达国家在消费者权益保护方面相对具有更为完善的框架和体系。联合国2015年12月修订了《联合国消费者保护准则》,将金融科技消费者纳入传统的金融消费者保护范围。美国从信用卡、借记卡以及电子现金等支付工具入手,从源头上将各类金融科技消费者纳入保护范围。相关的法律法规包括《公平信用卡和签账卡信息披露法》《诚实借贷法》《多德—弗兰克华尔街改革与消费者保护法案》等十几部法律以及美联储制定的E条例、D条例等。美国消费者金融保护局(CFPB)近期通过新设立的创新办公室,打算创建一个监管框架,旨在为涉及加密货币、区块链技术和小额贷款以及个人贷款的公司开发新产品和服务的同时加强消费者权益保护的监管。英国金融服务监管局于2012年9月将P2P网络借贷纳入赔偿范围,每人最高可获8.5万英镑的补偿;英国《2012年金融服务法案》赋予了作为金融科技监管的主要部门——金融行为监管局(FCA)三大操作目标,之首为金融消费者保护。

(六) 严控交易,强化"三反"

在没有外汇管制的国家,针对金融科技跨境交易电子化、虚拟化、数字化使

洗钱、恐怖融资、逃税等违法行为更加隐蔽的问题，采取措施严密监控跨境交易，坚持"三反"和打击欺诈和黑产防范，以扼制不法行为。如针对数字加密货币：为防范洗钱风险，允许数字加密货币交易的国家普遍要求交易所在国内开设有实体经营场所，并要求交易者进行实名注册登记，并会采用各种方式验证交易所、交易者以及交易本身的真实性。如日本规定交易平台必须采取实名登录，美国于 2018 年 9 月 10 日批准了两种与美元 1∶1 锚定的稳定代币，由于代币发行公司吸收存款发行代币，与用户存款直接挂钩，因此将面临更高、更严格的合规要求，主要集中于三个方面：严格的信息披露要求；代币发行及公司经营状况的审计与监管；公司存款账户及其资金使用的监管与跟踪等。针对跨境电商，跨境电商较为发达的国家和地区普遍沿用其现有的较为完备的反洗钱及反逃税框架，而对于逃税的监管主要强化电商平台的主体责任，如德国规定电商平台有义务收集卖家数据，包括姓名、地址、税号、送货地址、交易时间和金额等，还有义务检查卖家是否在德国财政部登记并支付销售税，一旦卖家偷税漏税，电商平台须承担所欠税款。

五、外汇管理应对金融科技创新的思路与建议

总体思路：金融科技的发展，降低了金融业运营成本、提高了服务效率，但创新也会带来秩序的失调和风险的积累，对监管带来冲击和挑战。对此，外汇管理必须贯彻党和国家加快和深化改革开放的国家战略，坚持主动包容、疏堵并举、平衡发展、风险可控的监管原则，在防范风险中谋求繁荣与发展，在完善监管中推进改革与开放，综合采取推进双向开放、完善监管体系、完善数据采集统计与分析、贯彻穿透式监管理念、试行"监管沙箱"、强化真实性审核要求、改进外汇检查方法等举措，构建既有较强约束力又有一定弹性空间的监管新模式，在发展和监管、创新和风险之间适度把握平衡，坚守不发生系统性风险底线。

（一）疏堵并举，有序推进金融业对内对外开放

党的十九大报告提出，建设现代化经济体系，推动形成全面开放新格局。开放带来进步，封闭必然落后。当前，金融科技创新具有根本改变金融服务业及更广阔经济领域的潜能，能够发挥促进普惠金融，并通过金融服务重塑社会形态的作用。在此形势下，应坚持主动包容、疏堵并举，适应外汇市场发展与金融科技创新需要，有序推进金融业对内和对外开放，提高金融服务实体经济和抗风险能力。措施包括但不限于：一是稳步推进资本项目可兑换进程，更大程度上便利人民币在跨境贸易和投资中的使用，夯实金融交易、统计、支付清算等基础设施，完善风险管理机制。二是深化利率市场化改革，完善人民币汇率形成机制，健全利率、汇率调控体系，扩大汇率双向波动的弹性。三是推进多层次金融市场体系

建设，提高国内金融资源配置效率，同时增加金融市场的深度、广度和流动性，增强吸收内外冲击的能力。四是在完善监管的基础上，稳步推进法定数字货币的发行，在提高数字经济效率的同时，有效防范相关风险。五是加快外汇市场建设，扩大交易主体、放松交易限制、丰富交易产品，理顺外汇供求关系，减少对外汇收入和支出的行政干预。上述措施相互促进、互为前提、整体推进，建立健全开放的、有竞争力的金融外汇市场。

（二）完善监管体系，防范系统性跨境金融风险

金融科技的发展对传统跨境交易模式和渠道产生了强烈冲击，现有栅栏式监管以及建立在居民与非居民为划分标准的跨境资本流动监管的模式已不适应金融科技的高速发展。对此，外汇管理应积极适应金融科技发展趋势，进一步完善监管体系，加强部门间、国家间监管合作，加大监管科技应用力度，提升跨行业、跨市场交叉性金融风险的甄别、防范和化解能力。一是完善顶层设计或监管框架。在金融科技及新兴金融业态迅速发展情况下，坚持以功能监管和行为监管为基础和前提，重新界定外汇监管范畴，以适应金融科技特别是数字货币发展形势下的监管新要求。如由本外币汇兑管理扩展为"本币与外币及数字货币的汇兑管理"；由跨境外汇监管扩展为跨境价值转移监管；由以金融机构为重点监管扩展为对经营跨境业务的机构（含金融科技公司）的监管；由跨境监管向三反以及消费者保护领域延伸。二是建立专门的金融科技研究部门。加强对金融科技前沿技术及其外汇领域应用的研究，做好金融科技、数字货币对外汇市场、外汇形势、外汇交易模式等冲击与影响的分析，储备相关的监管技术和应对举措。完善激励机制，培养监管科技人才，组建一支既熟悉金融外汇业务，又擅长监管科技开发与数据运用的专业团队。三是加强部际与国际监管协调。坚持宏观审慎的监管原则，完善外汇与其他相关部门的监管协调，强化信息互换、监管互认、执法互助机制，多部门合作共同防范金融科技风险，综合利用利率、汇率、税收、准备金等数量型、价格型的调控措施，引导金融科技行业健康发展。同时，适应网络世界里金融服务"互融互通"的特点，强化金融科技监管的跨国合作，积极参与国际政策研究以及跨境金融科技监管的具体标准和技术指南制定等；建立双边或多边机制，争取规则一致，减少跨境监管套利，有效防范金融风险跨国传染。

（三）加强外汇统计，提升数据分析处理能力

在金融科技时代，数据与信息是监管的基石与核心。金融科技创新给金融监管带来的挑战，首先体现为金融统计的未覆盖和相关数据信息的缺失。对此，应对金融科技创新，首先要从完善外汇统计、构建大数据监测分析平台入手。一是完善顶层设计、强化信息披露要求和明确数据统计规则。在重新界定外汇监管范

畴的基础上，严格和强化跨境交易主体和数字货币交易主体的信息披露要求，重新构建跨境资金流动以及跨境交易的统计及监管规则，将包括金融科技公司在内的所有跨境交易均纳入外汇管理的监管范围，实现监管全覆盖，并从顶层建立部门间数据共享与传输机制。二是加强监管大数据平台建设。打破数据采集端的藩篱，由金融监管、商务、税务、海关等部门共同建立监管大数据平台，统一数据采集标准，在保证数据安全及脱敏的前提下，推进各类业务数据高效采集和融合利用。使外汇管理及决策的数据来源跨市场、跨行业、跨机构、跨周期，提高决策的前瞻性和风险防范的精准性。三是提升数据管理及分析处理能力。对涉及跨境业务以及与之相关的全行业、全口径、全生命周期的数据进行清洗、整合、处理、分析，构建完善的数据生态系统。加强外汇市场风险监测模型的建设、检测与调试、升级，建立能准确识别市场风险的监测模型。外汇管理与其他部门以及被监管主体间依托互联网技术进行实时传输，依托大数据技术进行海量数据加工计算，依托云存储技术低成本运营，建立数据驱动的监管和算法监管，最终实现审慎监管。

（四）实施穿透监管，严格金融业务审慎经营要求

加强对金融科技业态的本质认识，即要穿透业务名称和业务现象去分析并界定业务的本质。跨境金融科技创新服务与应用不论其借助的技术工具如何、表现形式如何，其直接或者间接涉及本外币兑换、跨境资金流动的金融本质不变。无论是当前以银行为中心的外汇业务，还是今后可能出现的"去中心化"的跨境金融格局，都要打破"身份"的标签，从业务的本质入手，按照"实质重于形式"的原则辨别业务本质，明确监管对象，根据业务功能和法律属性明确遵循统一的监管规则，使外汇监管和风险排查跟上金融创新的步伐，同时确保公平竞争，避免监管套利。这是功能监管的核心要义。坚持"四个必须"：一是必须持牌经营。不论是金融机构还是科技企业，无论采用什么样的形式，无论运用物理渠道还是互联网渠道开展业务，只要从事同类金融业务，就应依法取得金融牌照，遵循相同的业务规则和风险管理要求，禁止擅自经营或超范围经营。二是金融牌照必须有界。金融牌照，无论是针对"线上"还是"线下"金融服务，均应有适用的地域或范围。境外机构在其本国获得的牌照或"合法身份"，其效力不能及于我国境内。三是信息必须充分披露。各金融科技企业，必须及时、准确、全面、透明地披露其信息，不仅要求披露财务数据如财务状况、业务状况、资本结构、资本充足率、风险准备金等，还要披露非财务信息如产品信息、内控制度、风险处置计划和能力建设情况、消费者权益保护措施等。四是必须实施与银行类似的审慎经营要求。具体包括：（1）根据产品性质、规模、风险等，按比例足额提取风险准备金，以覆盖风险为基本原则；（2）对注册资本和资本充

足率等予以法律规范；（3）持续监管，对其最低净资产要求及投资范围作出限制；（4）不得从事银行的存贷款业务，不得擅自留存、使用客户交易资金，要求其保持交易资金的高度流动和安全，并持有一定金额的担保债券或保持相应流动资产，确保客户资金安全。

（五）借鉴国际经验，引入"监管沙箱"机制

目前英国"监管沙箱"机制已逐步得到广泛认可，对此，我们应充分借鉴，对部分风险较大、影响面较广的交易项目，引入"监管沙箱"机制。如针对目前未放开的互联网外汇保证金交易、ICO项目融资、数字货币的跨境交易所、稳定数字货币的发行等领域，在借鉴吸收国际先进经验的基础上，在有效隔离风险的前提下，选择适当地区和项目先行先试，验证其效果，在沙箱中评估、调整监管政策，全方位识别风险并储备风险处置工具。结合我国跨境金融交易的特征、形势，以及与监管体系相匹配的要求，我国的"监管沙箱"在架构上应遵循以下原则：一是在项目和试点企业选择方面，秉持"技术中立"的原则，运用"穿透式"方式识别金融科技创新的优劣真伪，从企业规模、产品是否具有创新性、创新产品或服务能否促进消费者福利提升等角度，筛选具体入箱的创新项目和具体实施的公司或平台。二是在实现路径方面，以我国现行的"试点区域""试点企业"方式为主，尽可能提供宽松、稳定、可预测的监管环境，给入箱的项目和公司或平台以明朗的监管态度、明确的监管依据以及稳定持续的监管政策。三是在监测评估方面，借鉴国外经验，保持与测试企业的沟通和引导，根据箱内项目的运营情况及风险模拟处置情况，制定项目出箱的标准和后续的监管规则。在整个沙箱实验中，始终秉持消费者权益保护和守住风险底线的原则。

（六）增强检查震慑，促进金融科技企业合规经营

一是深入推进监管法制建设。针对金融科技创新领域建立多层次、全方位的法律体系，合理界定监管范围，提升监管的法律层次，落实法律责任。尽快完善对金融科技创新带来的新业态、新业务、新产品、新渠道进行监管及违规处罚的法律法规。二是根据金融科技的金融业务本质，分别研究确定监督检查重点。如在支付清算行业中，应加大对大额高频交易的关注，特别是对超出正常合理交易水平的异常交易进行观察。三是采用举证责任倒置机制。对于金融科技创新的一些特定情形，如涉及消费者权益保护、跨境业务真实性审核等，可要求金融机构承担举证责任。四是引入外部审计力量。对于金融科技过程"黑匣"、模型复杂以及智能代理等专业性较强的领域，外汇局可尝试引入外部审计力量提供专业技术支持，指导检查方向，乃至部分或全部完成检查工作。五是尝试建立监管和解机制。借鉴国内外经验，针对一些特定情形，如行政相对人合作态度良好，无失

信行为、欺诈故意等严重违法行为，违法行为影响较小，且主动提出和解申请，可与行政相对人达成监管和解，外汇局无须纠缠于证据收集、事实认定和法律判断，提升行政执法的公平和效率，同时节约执法成本和监管资源。

（七）强化行业自律，完善真实性审核方法

自律机制在准入资质审核、行业标准制定、发展策略、自律监管等方面发挥着重要作用，市场化的自律监管将是国家监管的重要补充，将会引导金融科技行业健康发展，同时减少行政成本，有效提高监管效率，防止政府监管过度。一是按展业原则要求，完善业务全流程控制体系。对外汇业务风险的识别和防范，应贯穿事前、事中和事后三个环节。包括事前客户背景调查，事中业务审核，事后抽查复核和持续监控、信息资料留存及报告等，任何开展跨境业务的机构，都必须按上述要求，完善自身业务全流程控制体系。二是根据不同业务特征，实施相应的审核措施。针对具有小额高频特征的跨境交易（如第三方支付），应紧扣交易真实性，从交易便利性角度出发，落实交易"订单流""物流"与"资金流"三单对碰的审核标准，并要求定期、定量对交易进行抽查，对相关客户资质进行跟踪，对可疑交易及时上报。针对其余跨境业务，应指导相关机构围绕真实性、合规性、合理性及审慎性的层层递进逻辑开展尽职审查，强化相关机构对外汇业务风险的识别和控制。三是借鉴"三反"监管经验并与跨境业务管理有机结合。借鉴吸收反洗钱、反恐怖融资、反避税对客户身份识别、真实性合规性审核、异常情况尽职审查、可疑交易控制等方面的规定，整合制定金融科技所涉跨境业务管理规定，强化跨境业务"三反"措施及要求，明确跨境业务监管基于"三反"目标及相关法律法规，对涉嫌违规和洗钱的跨境资金交易、本外币兑换交易，客户身份识别与展业落实不力等行为进行查处。

（八）加大科技应用和人才培养，提升外汇管理效能

监管科技的运用，是监管金融科技创新的全球共识，对此，外汇管理应积极运用监管科技，促进监管要求高效实现。一是革新监管理念，以技术驱动型监管代替传统监管思路。强化新科技工具的运用，逐步实现以"人"为主的行政手段监管过渡到以"监管科技"为主的技术手段对跨境金融进行监管，降低监管成本，提高监管效率。二是利用监管科技，将合规政策内嵌于业务中。将外汇管理原则性政策转化为数字化、标准化的"机器可读"的程序语言，为金融机构和金融科技公司提供各种监管应用程序接口，实时地获取监管数据，采用大数据技术和软件集成工具，建立数据仓库，进行数据挖掘，及时核查和预警，实现风险主动识别与控制，提升监管效率。三是加强监管科技应用，提升防范风险的能力。积极利用大数据、人工智能、云计算等技术，丰富外汇监管手段，构建新的

风险监测识别体系，完善风险预警模型，丰富风险处置工具箱，及时、准确获取、分析和处理具有前瞻性的风险，构建全面、科学、有效的风险甄别、合规监测、审慎评价、积极响应、政策应对的监管体系，提升跨行业、跨市场交叉性跨境风险的甄别、防范和化解能力。四是加强科技创新和实用型人才培养。监管部门要采取多种渠道、多种形式，加强科技监管人才配备和培养。配备金融科技的专业人才，增强执法队伍的"科技"含量，提高监管效力。加强与科研院所的沟通与合作，加大金融科技的培训力度，以讲座、座谈等多种形式，提升监管人员适应金融科技创新监管的能力。

参考文献

[1] 丁志勇. 大数据与金融监管 [J]. 金融监管, 2016 (20): 60-61.

[2] IMF课题组. 金融科技、监管框架与金融服务业的变革 [J]. 新金融, 2017 (10): 8-14.

[3] 孟娜娜, 蔺鹏. 监管沙盒机制与我国金融科技创新的适配性研究——基于包容性监管视角 [J]. 南方金融, 2018 (1): 42-49.

[4] 宋亚琼, 王新军. 数字货币的发行机制与监管模式 [J]. 学术交流, 2016 (7): 145-149.

[5] 王珺琦, 夏诗园. 区块链金融应用风险与监管研究 [J]. 新金融, 2018 (5): 45-48.

[6] 蔚赵春, 徐剑刚. 监管科技 (RegTech) 的理论框架与发展应对 [J]. 上海金融, 2017 (10): 63-69.

[7] 吴晓光. 构建金融大数据标准体系的思考 [J]. 金融电子化, 2017 (9): 30-32.

[8] 杨宇焰. 金融监管科技的实践探索、未来展望与政策建议 [J]. 金融监管, 2017 (11): 22-29.

[9] 赵鹞. FinTech的特征、兴起、功能与风险研究 [J]. 金融监管研究, 2016 (9): 57-70.

[10] 钟辉. 数字货币给金融管理与服务带来的挑战与机遇——以比特币为例 [J]. 上海金融学院学报, 2016 (4): 17-24.

[11] In Lee, Yong Jae Shin. FinTech: Ecosystem, business models, investment decisions, and challenges [J]. Business Horizons, 2018 (1): 61.

[12] Yongwoon Shim, Dong-Hee Shin. Analyzing China's FinTech Industry from the Perspective of Actor-Network Theory [J]. Telecommunications Policy, 2016 40: 2-3.

地方投融资平台、货币政策传导扭曲与"稳增长、防风险"路径选择

中国人民银行宁波市中心支行课题组

课题主持人：朱文剑

课题组成员：周伟军　周　豪　何振亚　邓忠斌　邓　雄　俞佳佳
　　　　　　陈　科　齐结斌

一、引　言

地方投融资平台，包括地方政府通过地方国资委以控参股方式组建的城市建设投资公司、城市建设开发公司、城市建设资产经营管理公司等不同类型的基础设施建设公司。这些公司通过地方政府财政注资、划拨土地和其他资产等形成自有资本，向金融机构融入资金，承接基础设施建设项目，并通过政府购买的形式将市政建设、公用事业等基础设施出售给地方政府。从运行方式上看，只要企业承担政府项目（包括市政工程、土地开发、水利、交通等项目）投资和管理职能并因此而持续举借债务，就可以认为这家企业在实质上是地方投融资平台。2009年以来，伴随着"四万亿"财政刺激方案的落地，以及地方基础设施建设项目的扩张，投融资平台在地方基础设施项目的建设、融资和管理方面发挥了越来越重要的作用。投融资平台对基建项目的融资极大地支持了地方固定资产投资，优化了地方基础设施硬件，促进了地方经济增长。

2009年3月，在中央政府的指示下，人民银行和银监会联合下发了《关于进一步加强信贷结构调整促进国民经济平稳较快发展的意见》（银发〔2009〕92号），鼓励地方政府通过增加地方财政贴息、完善信贷奖补机制、设立合规的政府投融资平台等多种方式，吸引和激励商业银行加大对中央投资项目的信贷支持力度。支持有条件的地方政府组建投融资平台，发行企业债、中期票据等融资工具，拓宽中央政府投资项目的配套资金融资渠道。在政策的鼓励下，地方投融资平台的贷款规模出现快速增长，2010年底达到9万亿元，审计署数据显示银行贷款高达融资平台全部对外融资的90%以上。

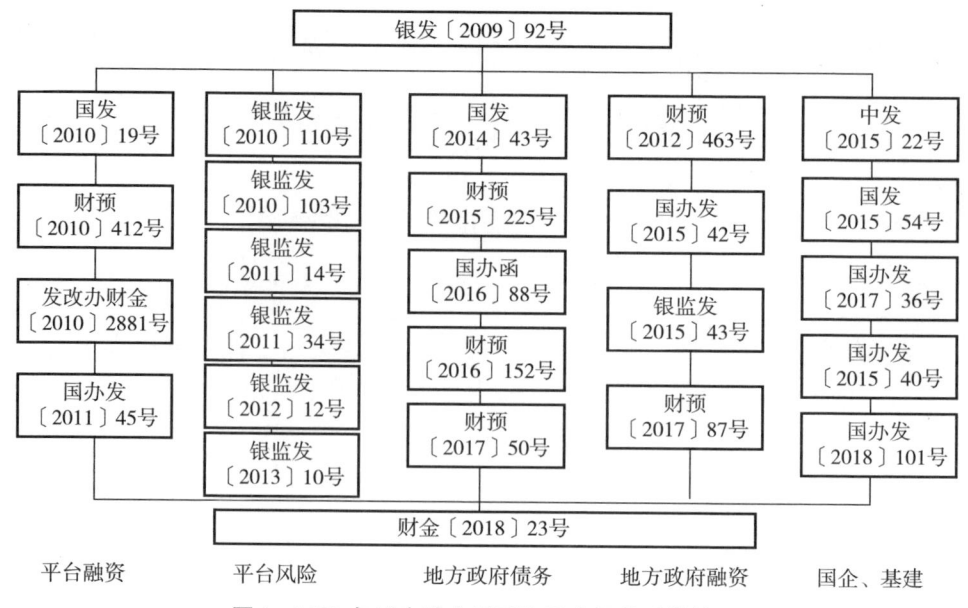

图 1　2009 年以来地方投融资平台相关政策梳理

由于地方投融资平台参与的基础设施建设项目大多具有公益或准公益性质,其项目产生的现金流难以覆盖借贷成本,同时银行贷款的期限较短,因此地方投融资平台的债务快速扩张引起了监管层的高度关注。从 2010 年中下旬至 2013 年底,中央政府先后颁布了多个文件,对地方投融资平台的贷款行为进行整顿、规范和限制①。金融监管机构对投融资平台举借债务进行基础设施建设,促进固定资产投资的行为监管一直在"宽松—严格"周期之间切换,这增加了中央银行货币政策传导的复杂性。2014—2017 年一系列针对地方投融资平台的监管政策陆续出台,更加严格地限制地方政府为投融资平台债务进行担保的行为②,由于与投融资平台业务关系密切,金融机构资产配置行为也因此大受影响,部分银行甚至因平台贷款确权未落实等原因导致资产质量有下降风险,加剧政府隐性债务问题向金融风险转化可能。

---

①　其中,财预〔2010〕412 号文为财政部、发展改革委、人民银行和银监会联合发文。2010—2013 年银监会连续发文监测地方政府融资平台风险,态度也由"规范""切实做好"转向"加强监管"。

②　2014 年新的预算法出台,其后对投融资平台的监管站位提高,限制地方政府隐性债务的扩张成为重要目标。而国办发〔2015〕40 号文与国办发〔2018〕101 号文也因出于稳增长的考虑表达了对合法合规地方投融资平台的融资支持。

表1　　　　　　　　　　2017年末各级城投经营情况

	公益性资产等占净资产比值				营业利润<0	经营性现金流净额占总负责的比例		
	20%以下	20%~50%	50%~80%	80%以上		小于0	0~5%	5%以上
省级城投公司	85.7%	9.5%	0.0%	4.8%	23.8%	19.0%	52.4%	28.6%
市级城投公司	83.8%	2.7%	8.1%	5.4%	18.9%	51.4%	29.7%	18.9%
县级城投公司	84.3%	2.4%	4.8%	8.4%	37.3%	45.8%	25.3%	28.9%
合计	84.4%	3.5%	5.0%	7.1%	30.5%	43.3%	30.5%	26.2%

资料来源：根据Wind数据库整理。

在上述典型事实的基础上，可以延伸出本文的研究意义：一方面，投融资平台事关货币政策执行效果。投融资平台凭借地方政府信用担保或以地抵押，更容易从银行获取贷款，相对自身效率过度配给的信贷资源挤占了实体企业发展空间，不利于货币政策有效传导与目标实现（见图2）。另一方面，投融资平台与"防风险"密切相关。投融资平台债务不仅是政府隐性债务的重要组成部分，而且由于与金融机构存在"借贷"关系、与实体企业存在"竞争"关系（见图3），其债务扩张是金融杠杆率、企业杠杆率波动的重要原因，直接影响宏观杠杆率水平与结构。

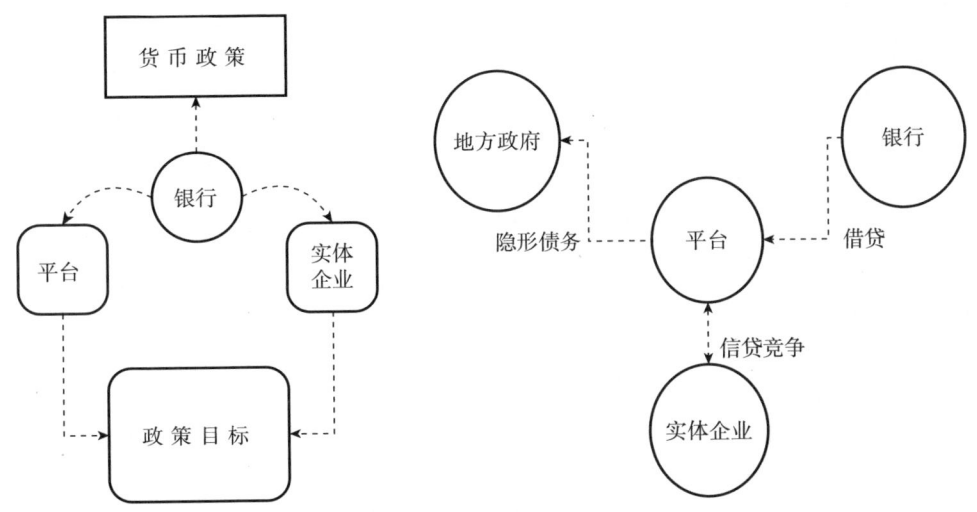

图2　货币政策传导路径　　　　图3　投融资平台与"银政企"信用关联

投融资平台的产生反映了地方政府对经济增长的强烈追求与城市发展对基础设施的迫切需要，是特定时期我国特殊经济体制与投融资体制的产物。目前，与投融资平台相关的调研报告相对居多，但能够上升到学理层面，将其与杠杆率及货币政策相关联的研究探讨仍然非常少见。这主要有两方面的限制因素：一是由于敏感性问题，公开的投融资平台的时序或者面板数据难以获得；二是目前还很难找到可直接借鉴的框架用于数理层面的探讨。

基于此，本文将结合我国典型事实，尝试性地构建包含投融资平台与普通实体企业的 DSGE 模型，用中国数据校准的 DSGE 模型不仅可以使本文规避局部均衡分析的局限，还能够更为全面地刻画投融资平台与实体企业的互动关系、对企业杠杆率及宏观杠杆率的作用。在具体分析投融资平台对货币政策传导机制的影响后，本文进一步对"稳增长、防风险"的路径问题展开探讨，最后结合分析得出的结论给出了相关政策建议。

二、文献综述

（一）地方投融资平台风险

目前围绕地方投融资平台的相关研究主要有两条线索。一是投融资平台产生的体制动因。2009 年以后，同一地方政府下属的平台企业数量迅速增加，区县级平台企业数量超过省和市级，并且主导了地方的银政关系（魏加宁，2010）。这主要是因为在分税制安排和经济增长模式转型的大背景下，快速城镇化为地方政府的基础设施建设带来巨大融资压力，投融资平台是地方政府增加投资的重要金融创新（刘艳华和洪功翔，2011）。通过设立地方投融资平台，地方官员可以绕开融资条件的限制和上级部门的监管，获取金融机构融资，在任内完成较多的固定资产投资从而在以经济增长为考评的政治选拔制度中获得更大的晋升机会（Lu 等，2013；肖洁等，2015）。

二是投融资平台可能引致的风险。投融资平台参与承建的项目主要是周期长，资金需求量大的中长期项目，"短借长贷"的融资期限错配导致金融机构的信用风险和流动性风险加大（肖耿等，2009），并且政府干预可能进一步恶化地方政府投融资平台的期限错配问题（刘红忠和史霜霜，2017）。同时，地方政府依靠土地经营城市的发展模式以及平台以土地为杠杆借债融资的模式可能由于国内外经济形势的变化暴露出显性风险（何杨和满燕云，2012）。杨艳和刘慧婷（2013）分析了地方政府投融资平台在资金获取、运营和管理中累积的财政风险，探讨在"双边软约束"条件下这些财政风险向金融风险转化的可能性。刘骅和卢亚娟（2016）则通过对地方政府投融资平台市场化转型过程中，债务风险"双羊群""特斯拉"及"顺周期"效应的揭示，阐释投融资平台债务风险集聚、传导与共振特性。郝毅等（2017）通过建立包含土地财政的 DSGE 模型，发现土地价格上涨可以在短期中改善投融资平台债务风险，但是并不能解决其长期债务问题。

可以看出，现有研究或重点描述了投融资平台的债务风险，或刻画了土地财政和投融资平台的动态关系，但仍然缺乏对地方投融资平台和货币政策传导的实证分析和政策模拟。

（二）货币政策与杠杆率

许多经济学家与公众都会把利率作为经济中最重要的变量，但在危机时期，杠杆率才是最为关键的变量，在特定时期美联储会对杠杆率指标极为关注（Geanakoplos，2010），因为过高的杠杆率可能导致焦虑型经济（Ana 和 Geanakoplos，2008）。其实，经济运行中杠杆率的变化与货币政策本身有着千丝万缕的联系，正因为如此，2008 年国际金融危机发生后，越来越多的学者将货币政策与杠杆率联系起来解释经济危机的起因。尽管货币政策不是杠杆率变动的唯一原因，诸如技术冲击、流动性等都可能对其产生影响（Adrian 和 Shin，2010；Mimir，2010），但货币政策对杠杆率的作用仍需密切关注。Agur 和 Demertzis（2012）认为宽松的货币政策至少有两方面的效应，一是无风险资产互补性增强，银行会替代之前通过加杠杆获得的短期高杠杆批发性融资；二是融资成本上升削减了盈利能力，银行有提高风险追求高收益的冲动。Pintus 和 Wen（2012）认为借贷杠杆与经济周期的繁荣与萧条关系密切。Schularick 和 Taylor（2012）分析了 1870—2008 年 12 个发达国家货币、信贷及宏观经济指标的轨迹，发现在 20 世纪下半叶，通过增加杠杆和非货币性融资，信贷开始脱离广义货币并快速增长，与此同时，银行资产负债表中的安全资产快速下降。Angeloni 等（2015）利用 DSGE 模型分析了货币政策的风险承担渠道，发现资产端和负债端的风险往往一起运动并相互加强，同时银行加杠杆行为往往减弱了货币政策对产出的影响。Bruno 和 Shin（2015）甚至认为全球银行杠杆率上升、资本流动及币值波动间存在循环反馈。可见杠杆率与货币政策的关系可能并非单向的，而是存在相互作用的可能。

在宏观研究及理论探讨的基础上，更多微观实证研究也得以及时跟进。Altunbas 等（2010）用 16 个国家 1000 余家上市银行的数据进行实证分析，认为低利率会影响估值、收入和现金流，进而引发银行对风险的判断，同时较低的投资回报，加之举借新债务成本较低，可能加剧投资者和债务人的风险承担倾向。Nuño 和 Thomas（2012）利用美国的经验数据发现，杠杆率与总资产、GDP 之间存在正相关，并认为对资产回报风险感知的降低会导致金融机构杠杆率的上升及借贷活动的大幅波动。Dell'Ariccia 和 Laeven（2017）利用 1997—2011 年美联储商业借贷调查数据，发现银行事前风险承担与短期利率呈负相关，但负相关程度在相对低资本的银行或金融困境时期会减弱。

可以看出，现有关于货币政策与杠杆率的研究主要侧重分析宏观机制及银行行为，较少分析企业动因，从地方融资平台这一微观视角入手展开分析的文献更是少之又少。

三、概念界定

一是关于企业分类。通常根据不同目的可以对企业进行不同方向上的分类，比如按企业性质（国有、民营），生产要素份额（劳动、资本密集型）等。本文出于对比目的，将企业分为投融资平台企业、普通实体经济企业两类。前者技术水平低，生产基础设施，可用土地进行抵押融资；后者技术水平高，生产投资品与消费品，没有土地抵押，但由于信息不对称存在，银行贷款定价会考虑违约风险，一旦违约银行可以对企业进行清算。可以看出，为了简化分析及研究需要，本文并没有用传统的两分法对企业进行全面分类，即没有考虑所有情况下的企业；比如没有考虑生产消费品或投资品的国有企业等①。

二是关于杠杆率。本文涉及的杠杆率概念较多，包括普通实体企业杠杆率、平台杠杆率及金融杠杆率；微观杠杆率与宏观杠杆率。因为没有考虑金融同业或影子银行问题，所以并没有对金融杠杆率详细展开分析；出于简化分析目的，也没有考虑家庭部门杠杆率②，所以本文涉及的宏观杠杆率仅等于宏观层面的普通实体企业杠杆率与平台杠杆率（政府部门杠杆率）之和，同时值得注意的是在现实中宏观杠杆率一般指名义值，本文由于剔除了价格影响杠杆率定义均为实际值。

四、模型构建

为研究地方投融资平台对货币政策传导的深刻影响，并在此基础上探讨"稳增长、防风险"的政策取向问题，本部分构建了一个包含异质性企业的DSGE模型。本文模型的一个突出特点是利用DSGE方法对投融资平台的经营行为进行刻画：投融资平台企业向地方政府购买土地，并以"地"融资，生产基础设施产品；投融资平台企业利用土地进行抵押从银行获得贷款，普通实体企业因信息不对称在向银行贷款时需支付融资溢价，两类企业存在贷款竞争。

---

① 区别于此，本文中的地方投融资平台是一类生产基础设施产品的特殊国有企业。
② 近年来，我国家庭部门杠杆率出现快速攀升势头，但主要动因在于房地产市场的加杠杆。本文侧重于研究地方投融资平台产生的扭曲效应，所以这样的简化处理是合适的。

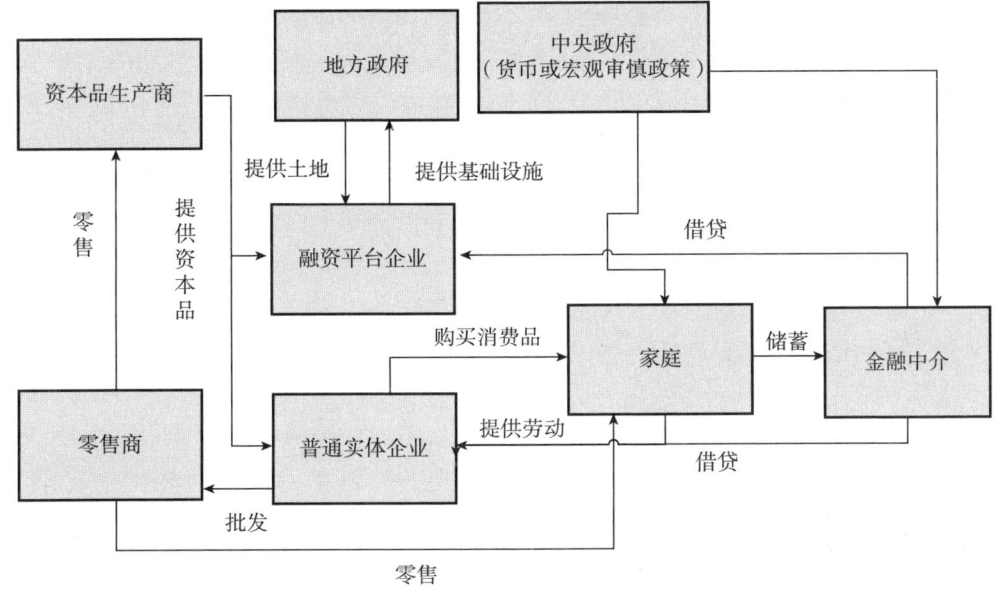

图4 本文模型框架

（一）银行部门

银行的业务模式是借短贷长，通过向家庭部门吸收存款 D_t，结合自身净资本向实体企业和投融资平台企业发放贷款 S_t，赚取利差。商业银行的资产负债表可以简化为

$$S_t = N_t + (1 - \tau_t) D_t \tag{1}$$

其中，N_t 为银行资产净值；τ_t 为法定存款准备金率。记实际存款毛利率为 R_t，则银行因法定存款准备金率的存在①，吸储成本上升为 $R_{b,t}$

$$(R_{b,t} - 1)(1 - \tau_t) = (R_t - 1) \tag{2}$$

记 R_t^L 为银行综合贷款利率②，根据成本收益核算，银行将利润全部留存至下一期，所以下一期银行的净资产可表示为

$$N_{t+1} = [(R_t^L - R_{b,t}) S_t + R_{b,t} N_t] \tag{3}$$

银行的价值 V_t 可表示为净资产的未来累计贴现值。假设银行每期存活的概率为 α_b，则银行的经营目标是最大化 V_t

$$V_t = \max E_t \sum_{j=0}^{\infty} (1 - \alpha_b) \alpha_b^j \beta^{j+1} \frac{\lambda_{t+j+1}}{\lambda_t} N_{t+j+1} \tag{4}$$

---

① 法定存款准备金属于银行的资产，假定其存放于中央银行的利率等于居民存款利率。
② 此处为综合贷款利率，由于后文中平台与实体企业贷款利率不同。

在实践中，银行不能无限制地扩张其资产负债表，需要满足资本充足率监管条件，假设银行贷款不能超过银行价值的一个比例 Λ

$$S_t \leq \Lambda V_t \tag{5}$$

定义银行杠杆率为 LEV_t，则银行杠杆率可以撬动的贷款可以表示为

$$S_t = LEV_t N_t \tag{6}$$

借鉴 Gertler 和 Karadi（2009）的解法，可以求解出最优的银行杠杆率

$$LEV_t = \frac{\Lambda x_{2,t}}{1 - \Lambda x_{1,t}} \tag{7}$$

$$x_{1,t} = (1-\alpha_b) E_t \left[\beta \frac{\lambda_{t+1}}{\lambda_t}(R_t^L - R_{b,t})\right] + E_t \left[x_{1,t+1}\alpha_b\beta \frac{\lambda_{t+1}}{\lambda_t}\frac{S_{t+1}}{S_t}\right] \tag{8}$$

$$x_{2,t} = (1-\alpha_b) + E_t \left[x_{2,t+1}\alpha_b\beta \frac{\lambda_{t+1}}{\lambda_t}\frac{N_{t+1}}{N_t}\right] \tag{9}$$

式（8）中，$\beta\frac{\lambda_{t+1}}{\lambda_t}$ 为随机贴现因子。可以看出，监管层设定的可放贷比例 Λ 越大，银行杠杆率也会越大；利差 $R_t^L - R_{b,t}$ 越大，银行越有放大杠杆的冲动。

为盯住稳态的杠杆率值，设定家庭会转移价值 ωS_t 给新进入银行①，则银行净值演化方程可进一步表示为

$$N_{t+1} = \alpha_b \left[(R_t^L - R_{b,t})S_t + R_{b,t}N_t\right] + \omega S_t \tag{10}$$

（二）实体企业与平台

1. 普通实体企业行为刻画。我们对普通实体企业的建模借鉴 BGG（1999）的做法。普通实体企业在 t 期末购买下一期用于生产所需要的资本品 $K_{z,t}$，购买的资金一部分来自实际净资产 $NC_{z,t}$，剩余部分向金融中介借贷 $B_{z,t}$。

$$NC_{z,t} + B_{z,t} = Q_k K_{z,t} \tag{11}$$

由于存在信息不对称，银行无法完全观察企业的经营行为，对贷款利率的定价要考虑企业违约风险的影响。当企业以较少的自有资产申请较多的信贷支持以扩大生产时，银行认为企业破产违约的可能性增大。为弥补违约风险的提升，金融中介会对企业索取较高的贷款利率。银行对实体企业的贷款定价方程如下：

$$R_{z,t+1}^L = e^{\varepsilon_{l,t}} f(B_{z,t}/NC_{z,t}) R_{b,t}, \quad f(0)=1, \quad f'>0 \tag{12}$$

上述定价条件表明，一方面，如果不存在信贷市场信息不对称，金融中介所要求的企业贷款利率应该等于其资金的机会成本 $R_{b,t}$，即风险溢价为 0；如果存在信息不对称，那么风险溢价存在，当企业外部借款的比例越高，风险溢价就越大。另一方面，法定存款准备金率 τ_t 的变动，会通过银行的机会成本 $R_{b,t}$，间接

---

① 参考 GK（2009），这其实是一种技术处理，方便模型校准。

影响银行贷款定价。$f(B_{z,t}/NC_{z,t})$ 为一隐函数,此处简化了 BGG(1999)的做法,实际上可以看着是贷款的调整成本,实体企业杠杆率越高,银行贷款灵活调整的成本越高。$e^{\varepsilon_{l,t}}$ 是外生变量,$\varepsilon_{l,t}$ 为冲击项,服从均值为零,标准差为 σ_l 的独立同分布。该冲击项的引入是用于识别定向降准政策。因为它可以直接影响银行对实体企业的贷款利率 $R^L_{z,t+1}$,但不会直接影响银行对平台的贷款利率 $R_{b,t}$,即起到定向影响实体企业的功能①。

普通实体企业不仅需要购买资本 $K_{z,t}$,还需要雇佣劳动 H_t,运用生产技术 $A_{z,t}$ 才能进行生产。假设 α_z 是资本所占的要素份额,则普通实体企业的生产函数可表示为

$$Y_{z,t} = A_{z,t} K_{z,t-1}^{\alpha_z} H_t^{1-\alpha_z} \tag{13}$$

设定普通实体企业给零售商的实际批发价格为 $1/\mu_t$,所以普通实体企业使用一单位资本得到的收益由资本的边际产出和资本价格变动的利得构成,实际收益率为

$$E_t R^k_{z,t+1} = \frac{E_t\left\{\frac{1}{\mu_{t+1}} \frac{\partial Y_{z,t+1}}{\partial K_{z,t}} + (1-\delta) Q_{k,t+1}\right\}}{Q_{k,t}} \tag{14}$$

$$\frac{\partial Y_{z,t}}{\partial K_{z,t-1}} = A_{z,t} \alpha_z K_{z,t-1}^{\alpha_z - 1} H_t^{1-\alpha_z} \tag{15}$$

同时通过最小化成本,可得劳动需求曲线

$$W_t = \frac{1}{\mu_t} \frac{\partial Y_{z,t}}{\partial H_t} \tag{16}$$

$$\frac{\partial Y_{z,t}}{\partial H_t} = A_{z,t} (1-\alpha_z) K_{z,t-1}^{\alpha_z} H_t^{-\alpha_z} \tag{17}$$

其中,式(17)为劳动边际产出方程。假设普通实体企业未违约的概率 γ_z,违约企业退出市场,同时有一批新企业进入市场,启动资本为 T^e_t,引入外生的 T^e_t,是为了确定稳态时的企业杠杆率②。最终普通实体企业的净值演化方程可表示为

$$NC_{z,t} = \gamma_z \{R^k_{z,t} Q_{k,t-1} K_{z,t-1} - R^L_{t} B_{t-1}\} + T^e_t \tag{18}$$

2. 投融资平台行为刻画。结合我国实际,很多平台企业承建的项目多数属于公益或准公益性质,经营现金流并不充裕甚至为负,金融机构能够给予平台信用支持主要看重其背后的政府信用或抵押品价值,所以为便于分析及贴合实际,对投融资平台建模我们不采用 BGG(1999)模式,而是采用抵押品机制(Kiyo-

---

① 由上文可知,本文的存款准备金率政策虽然属于数量型货币政策,但它实际上通过货币数量的变动引起资金价格变动,最终影响经济系统。

② 参考 Christensen 和 Dib(2009),为了方便校准。

taki 和 Moore，1997；Iacoviello 和 Neri，2010）。

不同于普通实体企业，投融资平台的技术水平、生产函数与之存在较大差别，为贴近实际我们设定投融资平台通过购买土地和资本，生产基础设施。

$$Y_{d,t}=A_{d,t}K_{d,t-1}^{\alpha_d}L_{d,t-1}^{1-\alpha_d} \tag{19}$$

式（19）是投融资平台企业的生产函数，平台利用技术 $A_{d,t}$，投入资本 K_d 和土地 L_d，生产基础设施 $Y_{d,t}$。我们设定投融资平台技术水平要低于普通实体企业，所以 $A_{d,ss}<A_{z,ss}$。

每一期，在支出端，投融资平台需要承担购买土地的净支出 $Q_{l,t}$（$L_{d,t}-L_{d,t-1}$），购买资本的净支出 $Q_{d,t}^k$（$K_{d,t}-K_{d,t-1}$），以及偿还债务 $B_{d,t-1}$；在收入端，地方政府获得基础设施产品的价值，以及举借新的债务。$C_{d,t}$ 为每期净收益（全部消费掉）。所以其预算平衡条件①可表示为

$$C_{d,t}+Q_{l,t}(L_{d,t}-L_{d,t-1})+B_{d,t-1}+Q_{d,t}^k(K_{d,t}-K_{d,t-1})=Y_{d,t}+\frac{B_{d,t}}{R_{b,t}} \tag{20}$$

投融资平台通过土地抵押向银行融资，抵押率为 $\theta_{d,t}$，设定央行可以控制土地抵押率实施宏观审慎政策，投融资平台的融资额度可表示为

$$B_{d,t}\leq\theta_{d,t}Q_{l,t+1}L_t \tag{21}$$

投融资平台选择当期净收益、土地、资本以及贷款最大化未来净收益贴现值之和

$$\max\sum_{t=0}^{\infty}\beta_d^t\ln C_{d,t} \tag{22}$$

设投融资平台预算约束方程的拉格朗日乘子为 $\lambda_{d,t}^b$、融资约束方程的拉格朗日乘子为 $\lambda_{d,t}^\theta$，则最优化上式的一阶条件为

$$\lambda_{d,t}^b=\frac{1}{C_{d,t}} \tag{23}$$

$$Q_{d,t}^k=\beta_d E_t\frac{\lambda_{d,t+1}^b}{\lambda_{d,t}^b}\left[\alpha_d\frac{Y_{d,t+1}}{K_{d,t}}+Q_{d,t+1}^k\right] \tag{24}$$

$$Q_{l,t}=\beta_d E_t\frac{\lambda_{d,t+1}^b}{\lambda_{d,t}^b}\left[(1-\alpha_d)\frac{Y_{d,t+1}}{L_{dt}}+Q_{l,t+1}\right]+\frac{\lambda_{d,t}^\theta}{\lambda_{d,t}^b}\theta_{d,t}E_tQ_{l,t+1} \tag{25}$$

$$\frac{1}{R_{b,t}}=\beta_d E_t\frac{\lambda_{d,t+1}^b}{\lambda_{d,t}^b}+\frac{\lambda_{d,t}^\theta}{\lambda_{d,t}^b} \tag{26}$$

式（24）为资本的需求函数，式（25）为土地的需求函数，式（26）反映了贷款利率与贷款的影子价格之间的关系。

---

① 由于背后的政府信用或提供的土地抵押，一般情况下平台贷款利率不会高于实体企业平均贷款利率，本文为简化平台贷款定价机制，设定其贷款利率与银行资金成本相等。

(三) 资本品厂商

由于普通实体企业与投融资平台都需要购买资本进行生产，所以我们设定经济体中存在两类资本品供应商①，一类为普通实体企业提供资本，另一类为投融资平台提供资本。记 $j = z, d$，据 Dib (2009)，资本品厂商生产一单位资本品需要耗费 $\frac{\kappa}{2}\left(\frac{I_{j,t}}{I_{j,t-1}} - 1\right)^2$ 单位的投资调整成本，选择 $I_{j,t}$ 实现利润最大化

$$\max E_t \sum_{t=0}^{\infty} \beta^t \lambda_t \left\{ Q_{j,t}^k \left[I_{j,t} - \frac{\kappa}{2}\left(\frac{I_{j,t}}{I_{j,t-1}} - 1\right)^2 I_{j,t} \right] - I_{j,t} \right\} \tag{27}$$

记 $S(g)$ 为投资调整成本，优化上式可得投资与资本的价格关系

$$Q_{j,t}^k = \frac{1 - E_t\left[\beta \frac{\lambda_{t+1}}{\lambda_t} Q_{j,t+1}^k S'\left(\frac{I_{j,t+1}}{I_{j,t}}\right)\left(\frac{I_{j,t+1}}{I_{j,t}}\right)^2\right]}{1 - S\left(\frac{I_{j,t}}{I_{j,t-1}}\right) - S'\left(\frac{I_{j,t}}{I_{j,t-1}}\right)\frac{I_{j,t}}{I_{j,t-1}}} \tag{28}$$

下一期资本为新产生资本与上一期折旧后资本之和，所以资本存量演化方程可表示为

$$K_{j,t+1} = (1 - \delta) K_{j,t} + \left[1 - \frac{\kappa}{2}\left(\frac{I_{j,t}}{I_{j,t-1}} - 1\right)^2\right] I_{j,t} \tag{29}$$

(四) 零售商

设定垄断竞争的零售商以 P_t/μ_t 的名义价格从普通实体企业购买批发商品，可以将其无成本地转化为最终商品，收取一定的加成出售给家庭和资本品生产商，销售定价机制采取 Calvo (1983) 的形式，每期只有 $1 - \theta$ 比例的零售商能灵活定价，记 P_t^w 为名义批发价，则零售价 $P_t = P_t^w \mu_t$，μ_t 为总的价格加成，零售商选择价格 P_t^* 最大化利润。

$$\Pi^R = \sum_{j=0}^{\infty} \theta^k E_t \{ Q_{t,t+k} [P_t^* Y_{t+k|t} - \Psi_{t+k}(Y_{t+k|t})] \} \tag{30}$$

其中，$Q_{t,t+k}$ 为随机贴现因子；$\Psi_{t+k}(Y_{t+k|t})$ 为总成本，通过最优化行为可以得到经典文献中反映通胀动态的菲利普斯曲线

$$\hat{\pi}_t = \beta E_t \hat{\pi}_{t+1} - \frac{(1-\theta)(1-\beta\theta)}{\theta} \hat{\mu}_t \tag{31}$$

式 (31) 中 $\hat{\pi}_t$ 为通胀 P_t/P_{t-1} 对稳态的偏离，$\hat{\mu}_t$ 为价格加成对稳态的偏离。

---

① 之所以设置异质性资本品厂商，是为了便于求出稳态解。

(五) 家庭部门

家庭部门通过选择消费 C_t、劳动 h_t、土地 $L_{h,t}$（Liu 等，2013）最大化自身一生的效用

$$U_t = \ln C_t - \phi \frac{h_t^{1+\eta}}{(1+\eta)} + j_t \ln L_{h,t} \tag{32}$$

其中，ϕ 为对劳动的相对偏好；η 为劳动供给弹性的倒数。记其他部门转移给家庭的利润为 Π_t，政府一次性总量税为 T_t，储蓄带来的本息和为 $\frac{R_{t-1}^n D_{t-1}}{\pi_t}$。家庭部门的预算约束为

$$C_t + D_t + Q_{l,t}(L_{h,t} - L_{h,t-1}) = W_t h_t + \frac{R_{t-1}^n D_{t-1}}{\pi_t} + \Pi_t - T_t \tag{33}$$

利用拉格朗日法对一生效用求最大化，记拉格朗日乘子为 λ_t，则消费、存款、劳动、土地的一阶条件依次为

$$\lambda_t = 1/C_t \tag{34}$$

$$\lambda_t = E_t \beta \lambda_{t+1} R_t^n / \pi_{t+1} \tag{35}$$

$$\phi h_t^\eta = \lambda_t W_t \tag{36}$$

$$J_t / L_{h,t} = \lambda_t Q_{l,t} - \beta E_t \lambda_{t+1} Q_{l,t+1} \tag{37}$$

上述四个一阶条件中，式（34）为消费的边际效用，式（35）反映了无风险利率和消费相对边际效用的关系，式（36）式为劳动的供给方程。式（37）反映了家庭部门对土地的需求与土地价格以及边际效用之间的动态关系。

(六) 中央银行

根据费雪方程式，实际利率和名义利率有如下关系，$R_t = E_t \frac{R_t^n}{\pi_{t+1}}$。央行遵循以下规则实现价格型货币政策的调控

$$\ln \frac{R_t^n}{R_{ss}^n} = \rho_r \ln \frac{R_{t-1}^n}{R_{ss}^n} + (1-\rho_r)(\rho_\pi \ln \frac{\pi_t}{\pi_{ss}} + \rho_y \ln \frac{Y_t}{Y_{ss}}) + \varepsilon_{r,t} \tag{38}$$

式（38）中 R_{ss}^n、π_{ss}、Y_{ss} 分别为对应变量的稳态值。$\varepsilon_{r,t}$ 为冲击项，服从均值为零，标准差为 σ_r 的独立同分布。

除价格型规则外，中央银行还可以通过调控法定存款准备金率 τ_t 实施数量型货币政策规则

$$\ln \tau_t = (1-\rho_\tau) \ln \tau_{ss} + \rho_\tau \ln \tau_{t-1} + \varepsilon_{\tau,t} \tag{39}$$

式（39）中，ρ_τ 为抵押率持续性参数，$\varepsilon_{\tau,t}$ 服从均值为零，标准差为 σ_τ 的独立同分布。

此外，中央银行还可以通过影响贷款的土地抵押率 $\theta_{d,t}$ 对投融资平台施加宏观审慎政策

$$\ln\theta_{d,t} = (1-\rho_d)\ln\theta_{d,ss} + \rho_d\ln\theta_{d,t-1} + \varepsilon_{d,t} \tag{40}$$

式（40）中，ρ_d 为抵押率持续性参数，$\varepsilon_{d,t}$ 服从均值为零，标准差为 σ_d 的独立同分布。

（七）市场出清

在竞争性均衡中，商品、劳动、金融、土地市场全部出清，所以除上文给出的条件外，还需要如下条件才能闭合模型。

$$Y_t = C_t + C_{d,t} + I_{z,t} + I_{d,t} \tag{41}$$

$$h_t = H_t \tag{42}$$

$$S_t = B_{z,t} + B_{d,t} \tag{43}$$

$$L_{h,t} + L_{d,t} = L \tag{44}$$

$$Y_{d,t} = T_t \tag{45}$$

式（41）为产品市场出清方程①。式（42）为劳动供需平衡方程；式（43）表明银行贷款供给等于普通实体企业与投融资平台贷款需求之和；式（44）为土地需求等于政府土地供给；式（45）为了使模型闭合，政府用税收作为对投融资平台生产的基础设施产品的补偿。

（八）外生变量说明

本文外生变量包括：普通实体企业技术水平 $A_{z,t}$、投融资平台技术水平 $A_{d,t}$、新进入企业的启动资本 T_t^e、土地偏好 J_t。为便于表述，将这四个外生变量表示为 X_t，设定 X_t 服从如下 AR（1）过程

$$\ln X_t = (1-\rho_x)\ln X_{ss} + \rho_x\ln X_{t-1} + \varepsilon_{x,t} \tag{46}$$

式（46）中，ρ_x 为冲击持续性参数、$\varepsilon_{x,t}$ 为冲击项，服从均值为零，标准差为 σ_x 的独立同分布。

五、参数校准

上文模型经对数线性化后需要对相关参数进行校准。对于部分参数已有较多文献使用，本文直接借鉴用于校准②。将劳动供给弹性的倒数设为 1，家庭部门贴现因子为 0.995，对应的无风险年化实际利率为 2%。根据 Andreasen 等（2013），将银行存活率每期设定为 97.2%，借鉴 Gertler 和 Karadi（2009）将银

---

① 为与现实经济吻合，土地出让收入不计入 GDP 核算。
② 常见的估计方法有极大似然方法或贝叶斯方法，本文主要分析传导机制，用校准可以满足需要。

行贷款价值比设为 2.857。普通实体企业资本产出弹性设为 0.5，每期存活率为 97%，为将普通实体企业借贷资本比锚定在 50%，设定新进入企业启动资本与现有企业净值稳态比为 0.57%。资本品生产商的调整成本参数 κ 设为 5，资本折旧率为 2.5%。每期不能灵活调整价格比例的零售商占比为 75%，零售商从普通实体企业批发商品可以收取 1.1 倍的价格加成（Galí，2015）。将利率规则中的持续性参数设为 0.9，利率对产出缺口的反应系数设为 0.5，利率对通胀缺口的反应系数设为 1.5（Zhang，2009）。6 个外生变量（包括土地抵押率）的持续性参数均设为 0.9，冲击项（包括货币政策）的标准差均设为 0.01。

将投融资平台土地抵押率基准情形设为 70%，投融资平台为资金借入方，贴现率设定应低于家庭部门，设为 0.98，借鉴梅冬洲等（2018），将基础设施生产中土地的产出弹性设为 0.1。将稳态的贷款利率设定为 1.015，对应的年化实际贷款净利率为 6%；普通实体企业资本收益率为 1.02，对应年化实际资本净收益率为 8%；结合 2008 年以来我国银行法定存款准备金率数据，取其均值为 17%，对应的资金的机会成本为 1.0061，对应年化利率为 2.4%，结合贷款利率进一步可以推算出稳态的银行风险溢价约为 9%。根据张军等（2012）的研究，基础设施投资占 GDP 的比例约为 13%，根据（Higgins 和 Zha，2015）提供的数据库可计算出总投资占 GDP 比重约为 50%，所以设定普通实体企业投资占 GDP 比重约为 37%。

其他的深度参数需要通过稳态方程求解。经计算，可得稳态时银行杠杆率为 2.5，对应的 ω 值为 0.00026，每期建成的基础设施价值与平台资本存量的比值为 5.05%，其与所投入土地的价值比为 10.42%，进一步可算出基础设施价值与普通实体企业产出比为 26.24%，平台企业家消费与普通实体企业产出比为 12.18%，家庭部门消费占 GDP 的比重约为 37.82%。均衡时，模型计算的投融资平台贷款占非金融企业总贷款比重约为 19.23%，由表 2 根据我国实际数据计算出的平台贷款占比介于 18%~22%[①]，从一个侧面反映本文的参数校准结果是合理的。

表 2 　　　　我国平台贷款与非金融企业贷款占比实际情况　　　单位：万亿、%

	2010 年 6 月	2011 年 9 月	2013 年 6 月
非金融企业及机关团体贷款余额	36.6	42.0	53.2
地方政府投融资平台贷款余额	7.7	9.1	9.7
平台贷款占比	21.9	21.7	18.2

注：非金融企业及机关团体贷款余额数据来自中国人民银行网站；地方政府投融资平台贷款余额数据来自银监会网站，该数据未连续披露，仅搜集到 3 个时点数据。

[①] 2012 年以后对平台贷款监管加强，迫于融资需求和前期债务到期压力，利用影子银行融资的现象增多，但总体上银行贷款仍然是占比最大的融资方式。

六、结果分析

在对模型参数用相关文献以及现实数据进行校准后,可以使用 MATLAB 中的 dynare 软件编程运行校准好的模型系统,从而得到相关脉冲响应图。接下来本文结合这些脉冲响应图展开相关分析。

(一)投融资平台与货币政策传导机制

地方投融资平台和普通实体企业一样需要投入要素进行生产,但前者主要承接的是政府项目,以"地"融资的优势使其存在扭曲货币政策传导的可能。

1. 投融资平台的"挤出效应"

首先,分析没有投融资平台情况下的货币政策传导(图5实线部分)。央行降低利率100个基点,根据贷款定价机制,资金成本下降银行相应降低贷款利率,融资成本的降低会促进普通实体企业融资需求,实体企业投资随之增加。

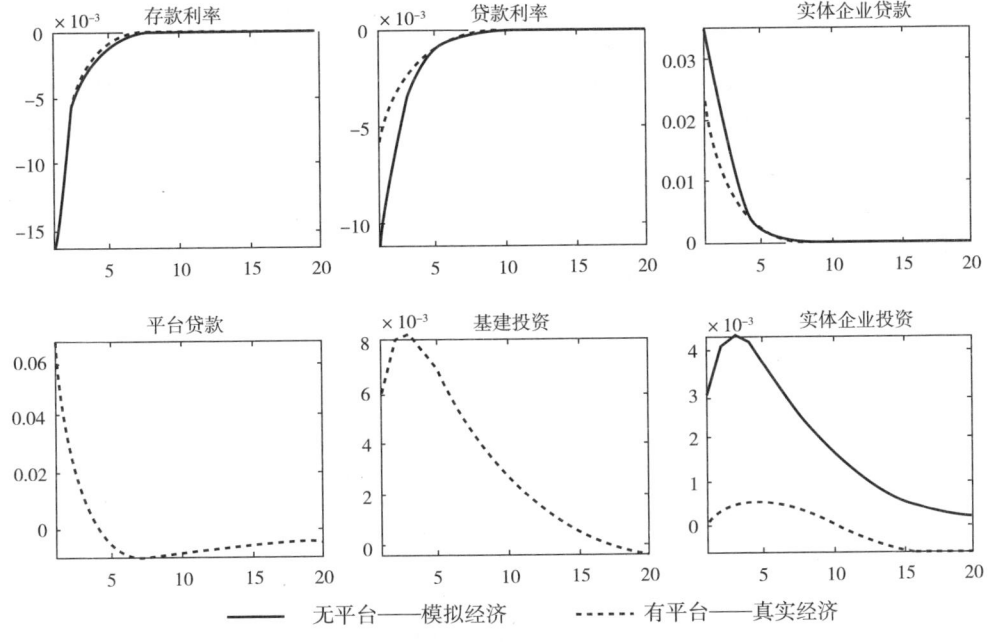

图5 降息政策传导路径与投融资平台"挤出效应"

接下来,分析存在投融资平台情况下的货币政策传导。央行降低利率100个基点,投融资平台融资需求增加,贷款增幅超过普通实体企业约4个百分点,贷款的增加促进了基础设施建设投资,基础设施供给增加。值得注意的是,图5可以明显观察到实体企业贷款、投资涨幅受到抑制。同样幅度的降息政策发生后,没有平台时普通实体企业的贷款立即相对稳态增加约3%,相比存在投融资平台的情况要高出 1 个百分点，说明投融资平台的存在，会"挤出"普通实体企业的信用；投资领域也发生了同样的现象，央行降息后由于没有平台的挤出效应实体企业投资迅速上升，在第三季度达到峰值，与存在投融资平台的情况形成鲜明的反差。其中的机制并不难理解，回顾上文的式（20）与式（21），贷款利率的下降刺激了平台对贷款的需求，平台预算约束得以放松，可以购买更多资本品 $K_{d,t}$ 与土地 $L_{d,t}$，同时宽松货币政策下的经济繁荣也助推了土地价格上涨，平台引发的土地抵押机制使贷款出现很强的分流效应，这同时也对政策利率向贷款利率的有效传导形成阻碍，进一步压制了实体企业的贷款。

$$C_{d,t} + Q_{l,t}(L_{d,t} - L_{d,t-1}) + B_{d,t-1} + Q_{d,t}^k(K_{d,t} - K_{d,t-1}) = Y_{d,t} + \frac{B_{d,t}}{R_{b,t}} \quad (20)$$

$$B_{d,t} \leq \theta_{d,t} Q_{l,t+1} L_t \quad (21)$$

综合来看，降息政策下，投融资平台的存在会加速整个社会的信用创造，但对实体企业的信用却产生了"挤出效应"，在一定程度上扭曲了货币政策传导。

2. 杠杆率的"系统性"变化

杠杆率有微观杠杆率与宏观杠杆率之别，微观杠杆率主要从资产负债表的角度考察企业、银行的财务状况，根据上文的定义，本文普通实体企业的微观杠杆率为 $LEV_{z,t} = B_{z,t}/NC_{z,t}$，银行的杠杆率为 $LEV_t = S_t/N_t$，通过适当的变形，两者也可以写成资产负债率或存贷比的形式。根据上文可知，银行的贷款 S_t 即为企业与投融资平台负债之和（$B_{z,t} + B_{d,t}$），同时宏观杠杆率 = 实体经济总债务/GDP，由于微观企业杠杆率、银行杠杆率、宏观杠杆率的分子存在共同项，所以在本文的语境下，很容易观察到三者同向变动。所以，央行将利率调低 100 个基点后，微观企业杠杆率、银行杠杆率与宏观杠杆率立即上升约 2.5%、5%、0.8%，随后逐步回归稳态，三者表现出较强的顺周期性。

在不考虑金融同业资金借贷的情况下，银行杠杆率实际上与非金融企业杠杆率互为"镜像"，非金融企业信贷的繁荣与萧条自然而然会反映银行信用的扩张与收缩，所以在接下来我们集中分析非金融企业杠杆率与宏观杠杆率之间的关系，为此我们对宏观杠杆率（$maclev$）作如下分解

$$maclev = \frac{B_z}{GDP} + \frac{B_d}{GDP}$$

$$= \frac{B_z}{I_z} \frac{I_z}{GDP} + \frac{B_d}{I_d} \frac{I_d}{GDP}$$

上式中，$\frac{B_z}{GDP}$ 为宏观层面的企业杠杆率；$\frac{B_d}{GDP}$ 为宏观层面的投融资平台杠杆率；$\frac{B_z}{I_z}$ 为普通实体企业投资贷款依赖度；$\frac{I_z}{GDP}$ 为普通实体企业投资在产出中

的贡献；$\frac{B_d}{I_d}$ 为投融资平台贷款依赖度；$\frac{I_d}{GDP}$ 为投融资平台的投资在产出中的贡献。

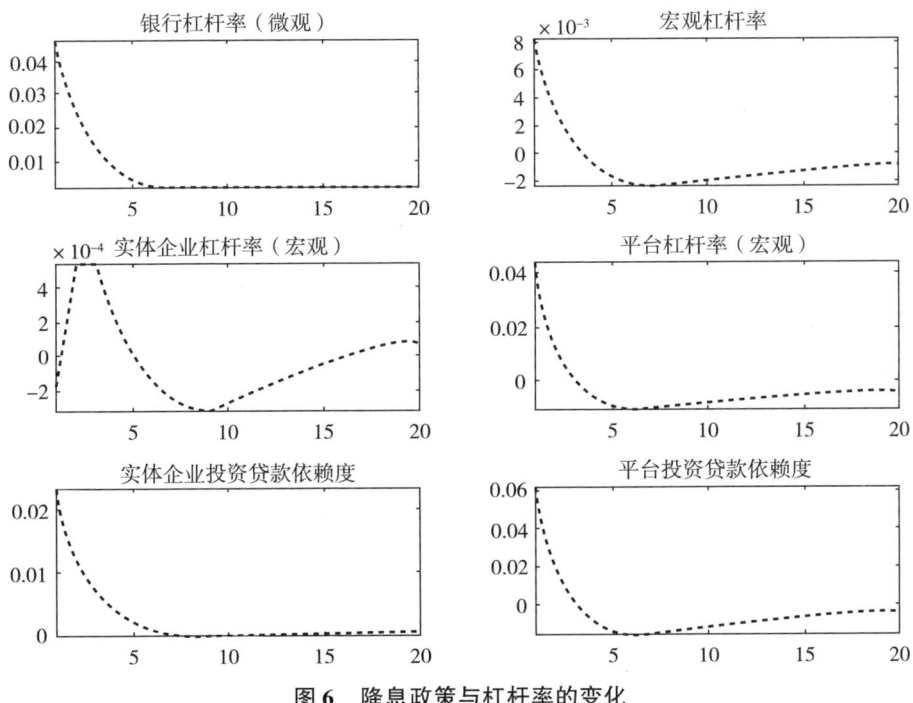

图6　降息政策与杠杆率的变化

依托上述分解，在图6中我们可以更为清楚地看到央行降息对这些变量的影响。首先，可以看出平台投资对贷款依赖程度更高，降息后投融资平台的投资贷款依赖度上升6%，普通实体企业投资贷款依赖度仅上升约2%。这意味着在央行实施价格型宽松货币政策后，虽然可以在一定程度上依赖投融资平台刺激投资，但由于全要素生产率低（$A_{d,ss} < A_{z,ss}$），平台投资效率难以和普通实体企业媲美，但单位投资却耗费了更多贷款，贷款没有与效率相匹配最终导致货币政策扭曲，以致总量型货币政策最后产生了结构性效果。其次，可以观察到投融资平台与普通实体企业杠杆率呈现明显的非对称性变化，降息后平台杠杆率立即上升约4个百分点，而普通实体企业杠杆率最高仅上升约0.05百分点，增幅与投融资平台相去甚远，由前文的分析，这种差异实际上是投融资平台对实体企业"挤出效应"的继续体现。总体来看，不对称比例的贷款流向了投融资平台，在这种经济结构特征下，即使宽松的货币政策能够同时提高宏观杠杆率的分子与分母，但分子增加得更快，最终导致宏观杠杆率上升。

3. 普遍降准与定向降准政策效果

图7呈现了数量型货币政策的效果。τ_t 面临一个负向冲击时，既会直接影响平台贷款利率，也会直接影响实体企业贷款利率，所以此时我们定义为普遍降准政策；$\varepsilon_{l,t}$ 产生一个负向冲击时，最初只会直接影响实体企业贷款利率，所以我们定义该种情形为定向降准。作为比较，我们把降息政策的效果同时呈现在图7中。由于不同冲击产生的脉冲响应数量级不一样，为了方便画图，我们把普遍降准政策的脉冲响应放大了1000倍，把定向降准政策的脉冲响应放大了100倍。

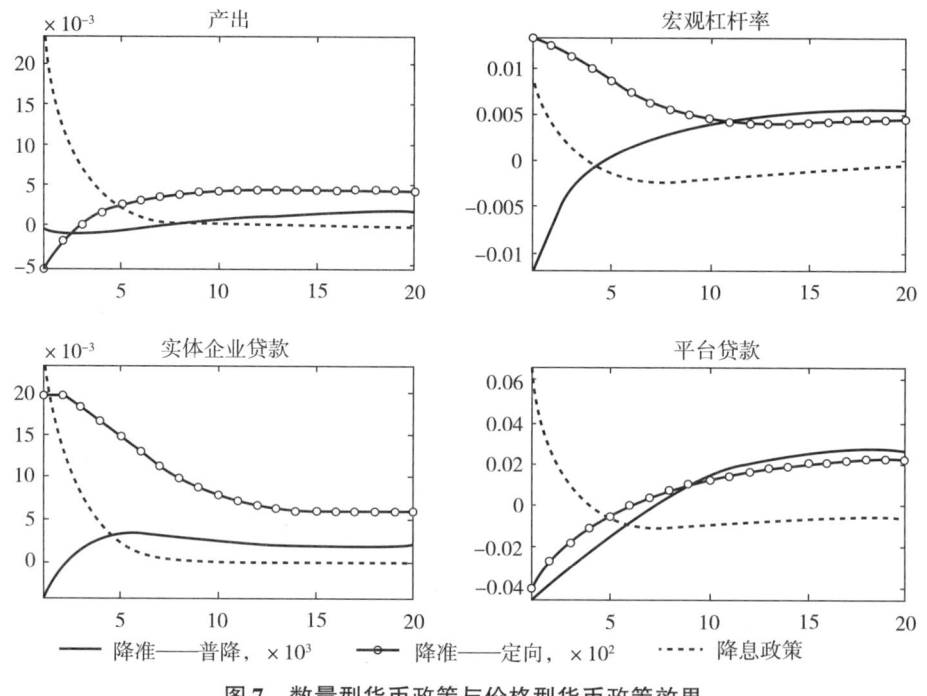

图7 数量型货币政策与价格型货币政策效果

央行普遍降准100个基点后，无论是实体企业贷款还是平台贷款在经历最初的短暂下行后出现较长时期的上升过程，并引致产出与宏观杠杆率上升。若央行对实体企业实施定向降准100个基点，那么实体企业贷款在第一期就会立即增加，随后逐步回归稳态，与之截然相反的是平台贷款在第一期会立即下降，在第5期后仍然重拾升势，宏观杠杆率在一开始也会上升，但这显然是由于实体企业获得融资增加，产出由于平台贷款的最初下降表现出先抑后扬的走势。综上可知，定向降准政策可以在一定程度上减弱平台贷款的分流效应，纠正信贷资源配置扭曲。

(二)"稳增长、防风险"路径选择

由图7可知,在单一的货币政策调控下,"稳增长"与"防风险"往往难以同时达到,比如降息政策虽然能够刺激经济增长,但很难压制宏观杠杆率或平台杠杆率的抬升。因为此时经济的繁荣本质上依靠的是信贷驱动,而非效率驱动,虽然地方政府可以通过刺激平台投资达到短期保增长目的(见图8),但这种增长方式会因长期风险过度积累而难以持续。那么有没有其他路径可以兼顾"稳增长"与"防风险"目标?接下来我们考察一下其他政策在这方面的效果。

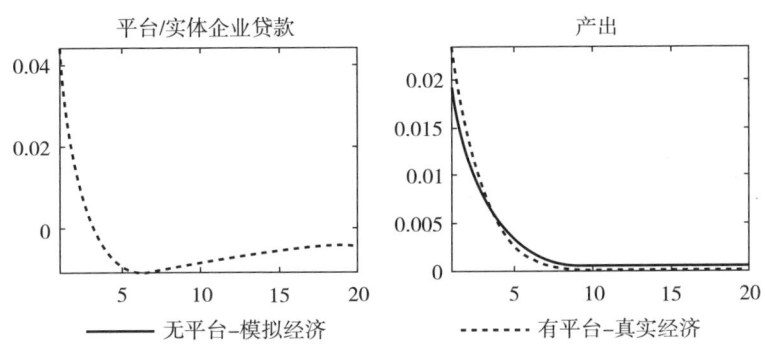

图8 降息政策下的信贷扭曲与经济增长

1. 其他单一政策效果

首先,看技术创新政策。由图9看,普通实体企业技术创新(技术创新政策引致 $A_{z,t}$ 上升,即面临一个正向冲击)不仅可以提高总产出水平,还能够降低宏观杠杆率。通过技术创新,普通实体企业不仅可以创造更多产出,还可以积累更多净值,从而减少以借贷方式购买资本等生产要素,所以可以从分子与分母两个途径降低企业杠杆率(宏观),普通实体企业的技术创新甚至可以惠及投融资平台,这是因为通过实现内源融资后,其对信贷资源的需求下降,银行贷款利率下降,从而降低平台企业融资成本,在一定程度上减轻平台负担,降低平台杠杆率,也就是说,创新驱动型经济可以同时实现"稳增长"和"防风险",实现长期可持续发展。

其次,看宏观审慎政策。央行可以通过宏观审慎政策调节信贷流向,即可以通过控制土地抵押率这个变量。由图9可知,央行实施宏观审慎政策($\theta_{d,t}$ 面临一个负向冲击)会直接导致平台杠杆率下降,信贷需求的下降一方面会导致资本价格下行,也会导致贷款利率下行,这两条渠道使普通实体企业的杠杆率也有下行趋势,即宏观审慎政策会产生信用的萧条,导致宏观杠杆率下降,信贷进入萧条周期对产出也形成压制作用,即实现了"防风险"但难以"稳增长"。

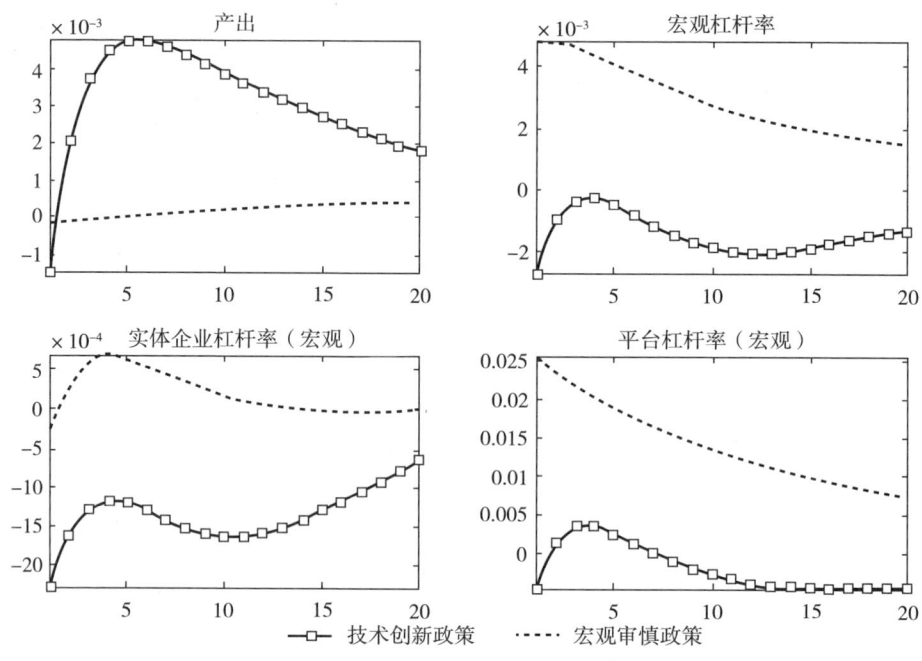

图9 实体企业技术创新政策与宏观审慎政策的影响

2. 双支柱调控框架效果

将上文货币政策效果与宏观审慎政策效果结合起来看,若"双支柱"政策实施"双紧"调控会导致产出、宏观杠杆率均下降,难以同时达到"稳增长"与"防风险"目标,反之亦然。所以在政策选择上,应实施"松""紧"搭配,图10展示了这种政策搭配的脉冲响应。

图10呈现了降息政策与宏观审慎政策逐步趋紧的搭配效果。可以看出,在宽松货币政策环境下,若逐步把稳态抵押率由0.9压低至0.5,那么投融资平台杠杆率会逐步降低,流向实体企业的信贷比例会增加。当抵押率降至0.5时,宏观杠杆率呈下行趋势,由于更高比例的信贷流向了效率更高的实体企业,产出仍然增加,此时"稳增长"与"防风险"可以通过政策协调搭配获得。所以,在"稳增长"与"防风险"的过程中重点是降低平台企业的杠杆率,这符合效率原则,因为平台的全要素生产率要低于实体企业。

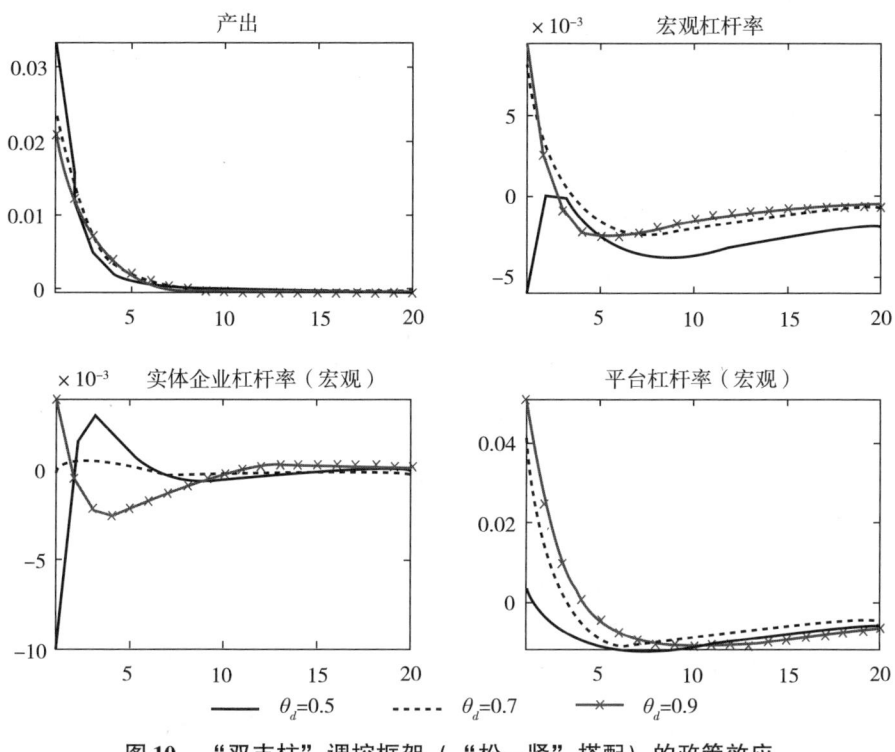

图 10 "双支柱"调控框架("松—紧"搭配)的政策效应

七、结论与政策建议

我国宏观杠杆率高企问题一直制约着宏观经济有效运行,并掣肘货币政策实施。本文结合我国实际,构建了包含地方投融资平台与实体企业的异质性 DSGE 模型,分析了投融资平台对我国货币政策传导机制的影响,并在同一框架下对"稳增长、防风险"的可行路径进行了探讨。最终我们得到了如下主要结论:

一是投融资平台的存在会加剧信贷资源错配,对实体企业的信用与投资产生双重"挤出"效应。

二是在不考虑金融同业的情况下,金融杠杆率与非金融企业杠杆率互为"镜像",微观企业杠杆率、银行杠杆率与宏观杠杆率三者表现出较强的顺周期性。

三是降息政策下,不对称比例的贷款流向了投融资平台,总量型货币政策最后导致了结构性效果。在这种经济结构特征下,即使宽松的货币政策能够同时提高宏观杠杆率的分子与分母,但分子增加得更快,最终导致宏观杠杆率上升。

四是定向降准政策在一定程度上可以弱化平台贷款的分流效应,减缓信贷资源配置扭曲。

五是从政策效果看,实体企业技术创新政策有助于实现"稳增长、防风险"

目标，单一的货币政策难以达到"稳增长、防风险"目标，而"宽货币、紧平台信用"的双支柱调控框架中也能找到实现"稳增长、防风险"目标的政策组合。

在当前我国经济进入新常态背景下，地方投融资平台关乎宏观经济运行与货币政策执行效率、以及"稳增长、防风险"目标的实现，结合上述分析，本文围绕"降低债务依赖、增加有效供给、强化政策协调"的核心要义提出如下政策建议：

（一）优化地方政府考核体系，克服路径依赖保持政策定力

一是完善地方政府行为的激励约束机制。约束地方政府加杠杆行为，弱化地方政府投资依赖症，降低政治周期对经济波动的影响；引导地方政府着眼长远，强化风险问责机制，完善绿色普惠可持续发展考核体系。二是经济政策要有政策定力。处理好"防风险"与"稳增长"的关系，应适当调减短期保增长的权重，一定程度上向促改革和防风险"妥协"，从提升长期经济内生性增长动力入手获得防风险和稳增长之间的平衡。

（二）引导商业银行支持实体企业，提升金融业创新活力

一是引导银行多向实体企业配置信用。商业银行应从效率入手优化信用配置结构，对国有、民营企业一视同仁，改变过去授信重"资产抵押、轻现金流"的做法，压缩低效的无现金流支撑的平台类项目贷款，贷款供给应该满足"先实体、后平台"原则，促使更多资金配置到更高效的实体企业部门。二是加大金融业的对外开放。目前我国金融业创新动力不足，市场开放水平较低，进一步加大银行、证券、保险等领域的对外开放，引入外部竞争压力，有利于激发我国金融机构创新活力，改善金融业服务实体企业的能力。

（三）稳妥推进投融资平台市场化转型，增强经济增长内生动力

一是明确转型目标。推进单一投融资平台向经营实体转变，将相关行业优质国有资产和功能板块资源逐步注入，充实经营现金流，改善资产负债结构，降低投融资平台杠杆率，增强市场竞争力。逐步实现收益覆盖负债的目标，将投融资平台转型为投资、融资、开发、经营、管理"五位一体"的国有资本市场化投资运营主体，不再承担政府融资职能。二是强化转型的政策支持。对于转型中有关企业合并改组、关联资产划转、增量资本注入、国有股权划入和社会资本引入等举措，要完善政策给予强化支持，以确保这些转型举措尽快顺利实施，提高转型速度和效率。同时及时观察、积累和总结可复制的转型经验予以推广。三是注重厘清政企关系。围绕"剥离投融资平台政府融资职能"的要求，厘清转型后

企业与政府相关部门的权责分工,减少对政府的依赖程度,加大人才引进力度,探索建立职业经理人的经营制度,实施市场化投融资运作,真正成为自我造血能力较强的市场化、实体化企业。

(四) 推动政策"几家抬",提升政策攻坚克难合力

在经济面临"几碰头"带来的负面冲击下,不能只靠货币政策包打天下,解决问题需要"几家抬"。一是加强与宏观审慎政策的配合。"宽货币、紧信用"政策组合既可以发挥总量宽松货币政策促进经济增长的作用,也能够利用好宏观审慎政策具有一定结构性可以单边抑制平台债务的特点,因此需要强化双支柱调控框架在"稳增长、防风险"方面的优势。二是货币政策需要为技术创新政策提供优良的环境。综合运用窗口指导和信贷评估等形式,引导金融机构支持企业技改、研发及转型升级,配合财政部门技术创新政策,鼓励金融机构开发专属信贷产品,简化信贷审批流程,切实解决这些企业轻资产、难抵押问题。对成效明显的金融机构提供货币政策定向支持,开通再贴现、再贷款办理"绿色通道"。

参考文献

[1] 郝毅,李政. 土地财政、地方政府债务与宏观经济波动研究——以地方政府投融资平台为例 [J]. 当代经济科学, 2017, 39 (1): 1 – 12, 124.

[2] 何杨,满燕云. 地方政府债务融资的风险控制——基于土地财政视角的分析 [J]. 财贸经济, 2012 (5): 45 – 50.

[3] 刘艳华,洪功翔. 地方政府融资平台实现机制研究述评 [J]. 财政研究, 2011 (6): 77 – 79.

[4] 刘红忠,史霜霜. 地方政府干预及其融资平台的期限错配 [J]. 世界经济文汇, 2017 (4): 62 – 77.

[5] 刘骅,卢亚娟. 转型期地方政府投融资平台债务风险分析与评价 [J]. 财贸经济, 2016 (5): 48 – 59.

[6] 梅冬州,崔小勇,吴娱. 房价变动、土地财政与中国经济波动 [J]. 经济研究, 2018, 53 (1): 35 – 49.

[7] 魏加宁. 地方政府投融资平台的风险何在 [J]. 中国金融, 2010 (16): 16 – 18.

[8] 肖耿,李金迎,王洋. 采取组合措施化解地方政府融资平台贷款风险 [J]. 中国金融, 2009 (20): 40 – 41.

[9] 肖洁,龚六堂,张庆华. 分权框架下地方政府财政支出与政治周期——基于地级市面板数据的研究 [J]. 经济学动态, 2015, (10): 17 – 30.

[10] 杨艳,刘慧婷. 从地方政府融资平台看财政风险向金融风险的转化

[J]. 经济学家, 2013 (4): 82-87.

[11] 张军, 高远, 傅勇, 张弘. 中国为什么拥有了良好的基础设施? [J]. 经济研究, 2007 (3): 4-19.

[12] Adrian T, Shin H S. Liquidity and Leverage [J]. Journal of Financial Intermediation, 2010, 19 (3): 418-437.

[13] Ana Fostel, John Geanakoplos. Leverage Cycles and the Anxious Economy [J]. The American Economic Review, 2008, 98 (4): 1211-1244.

[14] Agur I, Demertzis M. Excessive bank risk taking and monetary policy [R]. European Central Bank, 2012.

[15] Altunbas Y, Gambacorta L, Marqués-Ibáñez D. Does monetary policy affect bank risk-taking [R]. European Central Bank, 2010.

[16] Andreasen M M, Ferman M, Zabczyk P. The business cycle implications of banks' maturity transformation [J]. Review of Economic Dynamics, 2013, 16 (4): 581-600.

[17] Angeloni I, Faia E, Duca M L. Monetary policy and risk taking [J]. Journal of Economic Dynamics and Control, 2015, 52: 285-307.

[18] Bernanke B S, Gertler M, Gilchrist S. The financial accelerator in a quantitative business cycle framework [R]. Handbook of macroeconomics, 1999, 1: 1341-1393.

[19] Bruno V, Shin H S. Capital flows and the risk-taking channel of monetary policy [J]. Journal of Monetary Economics, 2015, 71: 119-132.

[20] Dib A. Banks, credit market frictions, and business cycles [C]. Bank of Canada Working Paper, 2010.

[21] Calvo, G. A. Staggered prices in a utility-maximizing framework [J]. Journal of Monetary Economics, 1983, 12 (3): 383-398.

[22] Dell'Ariccia G, Laeven L, Suarez G A. Bank Leverage and Monetary Policy's Risk-Taking Channel: Evidence from the United States [J]. The Journal of Finance, 2017, 72 (2): 613-654.

[23] Galí J. Monetary policy, inflation, and the business cycle: an introduction to the new Keynesian framework and its applications [M]. Princeton University Press, 2015.

[24] Geanakoplos J. The Leverage Cycle [D]. Cowles Foundation Discussion Papers, 2010, 24 (1): 1-66.

[25] Gertler M, Karadi P. A model of unconventional monetary policy [J]. Journal of monetary Economics, 2011, 58 (1): 17-34.

[26] Gertler M, Kiyotaki N. Financial intermediation and credit policy in business cycle analysis [R]. Handbook of monetary economics, 2010, 3 (3): 547 – 599.

[27] Higgins P C, Zha T. China's Macroeconomic Time Series: Method and Implications [R]. Unpublished Manuscript, Federal Reserve Bank of Atlanta, 2015.

[28] Iacoviello M, Neri S. Housing market spillovers: evidence from an estimated DSGE model [J]. American Economic Journal: Macroeconomics, 2010, 2 (2): 125 – 164.

[29] Ian Christensen & Ali Dib. The Financial Accelerator in an Estimated New Keynesian Model [J]. Review of Economic Dynamics, 2008, 11 (1): 155 – 178.

[30] Kiyotaki N, Moore J. Credit cycles [J]. Journal of political economy, 1997, 105 (2): 211 – 248.

[31] Lu, Yinqiu, and Tao Sun. Local government financing platforms in China: A fortune or misfortune [R]. International Monetary Fund, 2013.

[32] Mimir Y. Financial intermediaries, leverage ratios, and business cycles [J]. Macroeconomic Dynamics, 2010, 19 (1): 1 – 32.

[33] Nuño Barrau G. Thomas C. Bank leverage cycles [R]. Banco de España, 2012.

[34] Pintus P A, Wen Y. Leveraged borrowing and boom – bust cycles [J]. Review of Economic Dynamics, 2013, 16 (4): 617 – 633.

[35] Schularick M, Taylor A M. Credit booms gone bust: monetary policy, leverage cycles, and financial crises, 1870 – 2008 [J]. The American Economic Review, 2012, 102 (2): 1029 – 1061.

[36] Zhang W. China's monetary policy: Quantity versus price rules [J]. Journal of Macroeconomics, 2009, 31 (3): 473 – 484.

金融深化、全要素生产率与经济高质量发展

——基于内生技术进步的 DSGE 模型

中国人民银行营业管理部课题组

课题主持人：杨伟中

课题组成员：梅国辉　余　剑　贾淑梅　李　康　陶娅娜　苏乃芳
　　　　　　孙　丹　杨小玄

一、引　言

党的十九大作出我国经济已由高速增长阶段转向高质量发展阶段的重大判断。随着我国经济发展接近世界前沿国家，要素禀赋发生显著变化，人口红利面临消失，资本回报率开始下降，靠生产要素大量投入的粗放型经济增长方式不可持续，在转变发展方式、优化经济结构、转换增长动力的攻关期，科技创新是引领经济高质量发展的核心驱动力。中国未来的经济增长也需要转到依靠全要素生产率，特别是与技术进步有关的生产率基础上（蔡昉，2013）。

全要素生产率①（TFP），可以分解为资源重新配置效率和微观生产效率两个部分。其中，微观生产效率主要体现为技术创新所带来的效率改进，是经济能够在有限资源约束中实现长期增长的内在动力。改革开放以来，我国 TFP 的增长主要依靠资源重新配置和技术引进的方式。目前，随着经济体量的增长，后发优势逐渐消失，经济结构和增长方式的转型升级，亟须由技术、产品的模仿跟随转向自主创新阶段。研究指出，2010 年前后是我国技术进步模式由技术引进为主向自主创新为主的转折点（方福前和邢炜，2017）。技术引进周期短、风险低、回报快，适用于我国与发达国家差距较大的发展时段；随着我国经济发展和生产技术水平接近国际前沿，可引进、可模仿的技术越来越少，需要自主开发更多属于我国的核心技术：一是突破发达国家的技术封锁和贸易壁垒，摆脱部分高技术产品受制于人的局面；二是培育经济发展新动能、新增长点，为国家长期发展目标

---

① 全要素生产率，指在各生产要素（如资本、劳动、土地等）投入水平既定的条件下所达到的额外生产率，通常包括科技、知识、教育、管理、结构等方面的改善，是衡量经济增长质量和效率的重要指标。

提供可靠保障。因此，提高 TFP，应着重提高自主创新的技术进步率。

研发投入（R&D）是企业自主创新的重要来源与表现形式。我国研发水平与发达国家相比仍有差距，一是研发强度低，目前我国研发经费占 GDP 比重为 2.1% 左右，低于美国、日本、德国、韩国等发达国家 2.5%～4% 的水平；二是研究人力投入水平不到多数发达国家的一半；三是我国大部分公司的研发投入都存在不足，研发积极性不高，2017 年中国企业研发投入前 5 名占据了中国总研发投入的 29.6%，其中华为一家就占据了总投入的 16.8%。我国科技创新投融资渠道、知识产权制度、成果转化市场尚不成熟，风险与收益不平衡问题突出，也损害了企业研发创新的积极性与创新效率，有关研究指出，中国科技成果转化率平均仅为 20%～30%，远远低于发达国家 60%～70% 的水平。当前我国各地"R&D 崇拜"式的战略推进加剧了创新资源的盲目投入，并未有效推动企业创新的质量与效率（余泳泽和张先轸，2015；刘秉镰和李锡庆，2017）。尤其是，在我国银行主导型金融体系与金融市场化程度不足的现实下，研发资金来源以政府资金和企业内部资金为主，金融对创新型小微企业、民营企业投融资活动的参与度不够，未能充分有效发挥金融对创新项目的筛选甄别、资金支持、监督管理和风险分散等功能，一定程度上制约了金融对创新和全要素生产率增长的促进作用。

因此，通过扩大有效研发投入、激励企业自主创新来促进 TFP 提高，是经济高质量发展的必由之路。但为了防止研发创新的盲目跟风和"只重数量、不重质量"的扭曲导向，需在提高政府"R&D"支持与补贴激励措施有效性的同时，更多地通过深化金融改革、发展直接融资市场，引导资金支持企业创新研发，打通小微企业、民营企业融资渠道，为企业创新营造适宜的宏观环境与市场氛围，激励企业高效率地研发新技术、新产品、新服务，推动技术进步，实现创新驱动经济发展。

本文将首先梳理总结 TFP 与经济、金融的相关文献，然后以自主创新的技术进步作为新时代下我国 TFP 的增长方向，从金融驱动创新发展的角度，构建包含金融因素与内生技术进步的 DSGE 模型，模拟分析金融因素、TFP 与经济增长之间的内在关系，进而建立 TFP 视角下的经济金融传导机制。基于分析结论，为金融促进 TFP 提升、推动经济高质量发展提出政策建议。

二、文献评述

现有关于 TFP 的研究文献主要集中于 TFP 的测算、TFP 对经济发展的贡献、TFP 的影响因素三个方面。结合本文关注的内容，我们将文献进行梳理归纳，总结 TFP 与经济、金融的关系。

（一）全要素生产率与经济增长

1. 全要素生产率是经济增长的重要源泉。20 世纪 60 年代，以索洛模型为代表的新古典经济增长理论将"索洛余值"（经济增长中无法被劳动和资本解释的部分）归结为 TFP 的作用，且假定 TFP 是外生的，从而无法从根本上解释科技进步的原因以及世界各国经济发展的持久性差异。而后，随着信息技术变革所引发的巨大社会进步，人们逐渐认识到技术进步并不是孤立于经济体的外生变量，继 Arrow（1962）提出的"干中学"思想，Romer（1986，1990）、Lucas（1988）、Aghion 和 Howitt（1992）等内生增长理论模型迅速发展起来。这些理论将技术进步内生化于模型之中，认为技术进步是企业投资生产促进知识资本和人力资本增加或是通过研发不断创新产品种类、改进产品质量的结果，能够扭转要素累积的边际收益递减倾向，是经济体实现长期增长的动力之源。刘世锦等（2015）认为，1978—2013 年我国 TFP 年均增长速率达到 3.6%，对经济增长的贡献率为 37%；而发达国家 TFP 的贡献率一般达 60% 以上。易纲等（2003）、Perkins 和 Rawski（2008）、Brandt 等（2012）、吴国培和王伟斌（2014）等研究也都证实我国改革开放以来 TFP 的快速增长与其对经济发展的重要贡献[①]。Eichengreen（2011）对 1957 年以来各国经济增速由高转低的分析发现，85% 的增速下滑由 TFP 增速下降所致，下滑前后 TFP 平均增长率由 3.04% 减少为 0.09%。可见，TFP 的稳步提升对于经济保持长期增长具有关键性甚至决定性作用。

2. 全要素生产率对经济增长的作用与一国所处发展阶段有关。林毅夫和苏剑（2007）指出，对于低、中等收入国家，要素成本较低，自主研发成本较高，适合采用增加要素投入和技术引进的增长方式；而发达国家处于技术前沿，资本积累丰富，承担风险能力较高，更多地依靠自主创新驱动经济增长。Wu（2014）研究发现，TFP 对经济增长的贡献随着经济发展阶段的提高而增加，特别是在发展中国家由中等收入进入高收入的跨越阶段，TFP 的提升起到了关键性作用。徐永慧和李月（2017）进一步实证研究表明，相比效率改进，技术进步对于发展中国家提升 TFP 进而跨越"中等收入陷阱"更为重要，即使中等收入经济体利用技术引进跨进高收入阶段，也需要通过自主创新来维持后续增长。过去，作为后起经济体，我国依赖要素投入的"粗放型"增长方式较为典型，TFP 的提高主要得益于民营经济发展、非农部门劳动力增加等引起的资源重新配置效率的改进以

[①] 少数研究认为，我国过去 30 年来 TFP 提升较小，对经济增长的贡献不大。这通常是由所用经济增长核算方法存在缺陷和对新兴经济体 TFP 测算因素考虑不充分所导致（林毅夫和任若恩，2007；刘世锦等，2015）。

及吸引外资、购买专利设备所带来的技术进步。从 2010 年起，我国已进入中等偏上收入国家行列。同时，我国技术引进经费和消化吸收费用在 2010 年左右也开始出现下滑，而设有研发机构的企业比例和专利授权数量开始迅速增长[①]。可见，目前我国技术进步模式已处于由技术引进向自主创新的转变阶段，跨越中等收入陷阱、实现经济高质量发展的关键在于通过自主创新有效实现 TFP 的提升。

3. 全要素生产率受经济波动影响具有周期性特征。从自主创新的角度看，TFP 的提升与研发强度呈正相关关系。研发投入资金，无论是来自政府、企业还是金融部门，都会受到宏观经济波动的影响。因此，TFP 虽然可以促进经济增长，但其本身也会受到经济波动的冲击。关于 TFP 的周期性特征，学者们呈现两种截然不同的观点：一种是基于机会成本假说，TFP 具有逆周期性。经济紧缩时，劳动力成本和其他研发成本相对较低，已有产品收益率下降，通过主动增加研发投入，发展新技术新产品，更容易获取成功（Barlevy，2007）。另一种是基于预算约束理论，TFP 具有顺周期性。企业生产经营现金流和外部融资的顺周期性使企业在经济扩张时更容易获得研发资金，经济紧缩时被动减少研发投入（Ouyang，2011）。程惠芳等（2015）使用 1998—2010 年 42 个国家的面板数据分析得出，发达国家研发强度具有顺周期性，而中国等发展中国家研发强度呈逆周期特征。因此，当下我国经济增速的放缓，将成为 TFP 提升的重要窗口期。进一步营造良好的创新氛围，降低企业研发创新的机会成本并有效缓释企业的研发投入约束，对 TFP 的有效提升具有重要的现实意义。

(二) 金融深化与全要素生产率

1. 金融深化助推全要素生产率提升。经济发展离不开金融体系的支撑，金融通过其特有的资本集聚和分散配置机制影响着微观经济部门和宏观经济运行。金融深化发展主要表现为金融功能愈加强大，金融结构更加完善，金融效率不断提升。关于金融深化对 TFP 增长的促进作用，已得到大量实证研究的支持（King 和 Levine，1993；Rajan 和 Zingales，1998；Beck 等，2000；Brown 等，2009）。一是日益成熟的金融机构会首先发现先进企业能够提供更高的投资回报率，进而将金融资源配置到这些企业，促进资源配置效率提升；二是完善的金融市场能够甄别出最有可能实现产品和生产过程创新的企业家，通过多样化的融资方式向其提供资金支持，促进技术进步；三是健全的金融体系会通过规模效应、监督管理、风险分散等功能降低金融摩擦和信息不对称成本，更有效率地服务实体经济创新发展。Hicks（1969）指出，英国工业革命中金融系统对大型项目的完成、新技术的实现与应用起到关键性作用。关于我国，Aziz 和 Duenwald（2002）、张

---

① 详见《中国统计年鉴》中科学技术部分相关统计数据。

军和金煜（2005）、Jeanneney等（2006）分析发现，金融发展对非国有部门的支持显著促进了我国TFP的增长。但从金融资源分配来看，当前我国民营企业获得的银行贷款只占25%左右，与其在国民经济中60%以上的份额严重不匹配[①]。可见，如何提高金融资源配置效率，满足民营企业发展的融资需求，成为我国TFP提升的重要突破口。

2. **市场主导型金融结构更有利于全要素生产率提升。**金融结构[②]体现了各种金融要素的组合和运行状态，不同金融要素的功能性差异使其对TFP的影响机制和效果也不尽相同。银行主要通过动员储蓄为企业提供信贷支持和金融服务，资金投放更偏向风险较低、收益有保障或抵押品充裕的项目，对研发的支持十分有限。而金融市场拥有更多针对高风险研发项目的融资工具，特别是股权市场可以让投资者直接分担企业研发的不确定性并分享潜在高额回报，研发一旦成功，将较大地促进TFP增长。张一林等（2016）指出，后发经济体初期，企业创新密度较低，主要通过购买设备、专利等方式引进技术，银行较易提供金融支持；随着后发优势消失，企业需要从事更多自主创新活动，将对直接融资产生巨大需求。对于技术创新密度较高的经济体，直接融资比银行信贷更能推动技术进步（Brown等，2013；Hsu等，2014）。改革开放以来，随着证券市场的建立和发展，我国金融结构发生了很大变化，但无论从金融机构资产规模还是企业融资规模来看，以银行贷款为主的间接融资始终占据绝对地位。鞠晓生（2013）对中国上市公司的研究发现，银行贷款只是央企创新的资金来源，非国有企业的创新投入主要来自内部资金积累，而且更加依赖市场形势。徐忠（2018b）指出，我国金融市场中存在刚性兑付、明股实债等问题，资金无法有效大量配置到真正创新的中小企业上。可见，金融对我国企业研发创新的支持不足，一定程度上使金融市场不能通过价值发现和信息披露等功能对创新项目进行有效甄别和监督，这也是我国研发效率较低的重要原因之一。因此，进一步提高我国直接融资比重，完善金融市场功能，更广泛地参与企业创新投融资活动，是促进TFP提升的重要保障。

3. **市场化的金融要素价格体系更有利于全要素生产率提升。**林毅夫和苏剑（2007）分析指出，一国经济的实际增长方式由其要素价格体系决定。我国自然资源价格、资本品价格、金融要素价格较低，使企业更加偏好增加自然资源投入和资本扩张的生产方式。因此，要实现创新驱动型的增长模式，需要加快要素价

---

① 详见人民银行党委书记、银保监会主席郭树清就金融支持民营企业答记者问，央视新闻，2018-11-09。

② 金融结构，狭义上，从金融活动是否需要金融中介划分，指经济运行中直接融资与间接融资的比例。金融结构的类型主要有两种：第一种为银行主导型，如日本、德国；第二种为市场主导型，如美国、英国。

格的市场化改革,消除价格扭曲,激励企业发展模式转型。特别地,利率作为金融要素价格体系的核心,对金融资源的配置至关重要。目前,我国利率管制政策已经取消,但"利率双轨制"仍然事实上存在(徐忠,2018a),受自主定价能力不足、监管部门考核指导、预算软约束等因素制约,商业银行存贷款利率依然对央行基准利率有较大依赖性,与市场利率相比较低且弹性不足。利率的偏低与固化导致银行信贷投放主要面对风险较低的大型企业或具有政府背景的融资平台,小微企业、新兴企业融资更多依赖于资金紧俏、成本高企的非正规渠道(纪洋等,2016;杨伟中等,2018)。叠加经济增速下滑中的金融加速器效应,部分企业"融资难、融资贵"的问题更加突出,对TFP的增长造成抑制。从资源配置的角度看,非市场化利率不能满足融资风险溢价要求,阻碍了资金由低效企业向高效企业的流动,从而导致TFP增速下降(陆旸,2016)。从研发创新的角度看,非市场化利率容易增加金融部门对低风险、低回报项目的投资,对研发项目的投融资形成挤出效应(蔡晓慧和茹玉骢,2016;文武和许月丽,2018)。而且,低利率所营造的宽松环境会延缓市场出清,有损公平竞争、优胜劣汰法则,弱化企业创新能力。蔡昉(2018)强调,要避免使用过于宽松的宏观经济政策刺激投资和经济增长,否则会妨碍TFP的提高。因此,通过深化利率市场化改革完善金融要素价格体系,是支持与激励企业自主创新、提高TFP的重要前提。

三、内生增长的DSGE模型构建

(一)模型框架设计

动态随机一般均衡(DSGE)模型方法由于能深入刻画各宏观变量和微观变量之间的作用机制,成为目前经济金融研究的主要方法之一。利用DSGE模型研究TFP的相关文献,大多将技术设为外生变量,从资源配置效率的角度进行刻画,而从技术进步方面着手的较少。例如,Comin和Gertler(2006)构建了研发促进技术进步的DSGE模型,探讨TFP对经济波动的影响;Pinchetti(2017)建立了包含技术生产商和非技术生产商的DSGE模型,挖掘冲击影响TFP进而造成经济波动的机制;朱军(2017)利用技术引进与技术创新的DSGE模型,分析我国TFP和经济增长的演进。以上模型更多地关注TFP与经济增长之间的直接关系,缺少对金融因素作用机制与影响的分析。

鉴于我国经济高质量发展需要通过加强自主创新来促进TFP提升,我们将以自主创新的技术进步作为TFP的增长方向,从金融驱动创新发展的角度,结合我国现实金融结构以及企业生产和研发的不同过程,设计包含金融因素和技术进步的内生增长DSGE模型框架(见图2)。

在模型中,我们考虑家庭、金融部门、企业、资本品厂商、零售商、中央银行和政府等经济主体。其中,金融部门分为商业银行和金融市场,企业包括生产部门和研发部门。家庭向企业提供劳动获得工资,财富除了用于消费外,还配置于商业银行存款和金融市场理财项目。商业银行在抵押品约束条件下将大量存款资金贷给企业生产部门,少量贷给研发部门,获取贷款收益,且须负担存款利息和一定的运营成本。企业生产部门利用银行贷款购买资本品,结合技术和劳动进行生产,将产品出售给零售商。企业研发部门利用金融市场股权投资和少量银行贷款进行研发,向生产部门提供生产技术。若研发失败,技术保持不变,家庭理财收益为研发项目清算所余;若研发成功,技术提高,理财收益还包含生产部门因当期技术进步所产生的额外收益。这里,研发成功概率与研发强度正相关。资本品厂商利用生产性投资生产资本品,出售给企业。零售商将企业产品转化为最终商品,在垄断竞争和价格黏性条件下为商品定价。中央银行调节利率水平,关注产出水平和物价稳定。政府通过购买最终商品促进商品市场平衡。

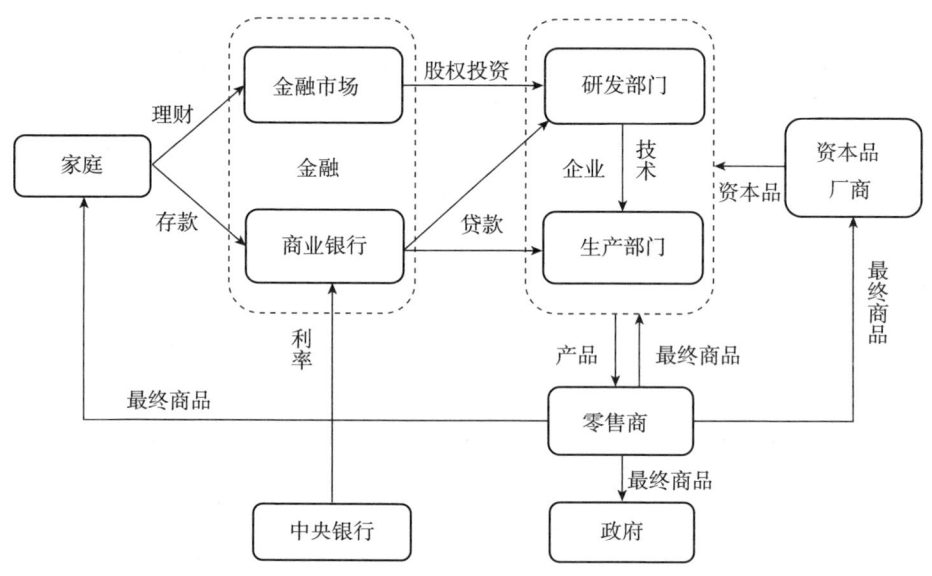

图1 模型结构框架

模型的创新主要体现于①:一方面,嵌入金融结构,深入刻画银行信贷与股权投资对TFP的不同作用。股权投资通过入股企业高风险研发项目,虽然面临着研发失败后本金损失的风险,但可以博取研发成功后的潜在高额回报,是支持企业自主创新、TFP提升的主要力量。银行需要向家庭刚性兑付存款利息,为保证

---

① 模型刻画的是一个相对理想的过程,对复杂烦琐的经济金融活动仍存在一些简化假设(如忽略了债券投资、股权投资中的非研发投入以及研发投入中的企业内部资金等)。对部分现实因素的简化或忽略,不仅是模型稳定性和效率性的折中之举,也是为了着重突出我们所关注的变量与问题。

资产的安全性以及收益的稳定性，要求贷款项目具有较多的抵押品。企业生产部门净资产较多，风险低、收益稳定，是银行信贷的主要投向；为提高研发成功概率，研发部门也可将股权资本质押获得银行贷款作为研发投入，但其质押率较低，可获得的贷款金额也十分有限。另一方面，内生化技术进步，详细描述企业生产和研发的具体过程。生产部门负责利用资本品、劳动和技术进行生产；研发部门负责开发新技术，且研发具有不确定性和高风险性。虽然生产和研发两部门同属于企业，但其投融资行为是独立的，二者的联系只在于研发部门向生产部门提供先进技术，生产部门向研发项目股东支付研发成功后的额外收益。这样，既便于刻画二者的财务约束和风险承担机制，也与现实中传统企业与高新技术企业的二元分类或生产与研发相分离的企业组织架构相契合。

（二）经济主体行为方程

1. 家庭

家庭在预算约束条件下，通过选择消费 C_t 和劳动 L_t，最大化跨期效用

$$\max E_t \sum_{i=0}^{\infty} \beta^i \left[\ln(C_{t+i}) - \frac{L_{t+i}^{1+\zeta}}{1+\zeta} \right]$$

其中，E_t 表示 t 时刻的预期；β 为跨期贴现因子，满足 $0 < \beta < 1$，$\zeta > 0$。

家庭收入来自劳动工资、银行存款收益和股权投资收益。预算约束为

$$C_t + D_{t+1} + S_{t+1}/\tau_t = W_t L_t + R_t D_t + \Pi_{s,t}$$

其中，D_t 和 S_t 分别为家庭在商业银行和金融市场之间的资金配置；W_t 为单位劳动工资；R_t 为存款利率；$\Pi_{s,t}$ 为股权投资收益。τ_t 表示股权投资冲击，满足

$$\ln(\tau_t) = \rho_\tau \ln(\tau_{t-1}) + \epsilon_{\tau,t}, \quad \epsilon_{\tau,t} \sim N(0, \sigma_\tau^2)$$

利用拉格朗日乘子法，可得家庭优化问题的一阶条件为

$$\frac{C_{t+1}}{C_t} = \beta R_{t+1}$$

$$L_t^\zeta = \frac{W_t}{C_t}$$

2. 企业

（1）生产部门

生产部门从银行获得信贷资金，贷款金额 $loan_{1,t}$ 须满足抵押品约束条件

$$loan_{1,t} = \lambda_1 \Pi_{t-1}$$

其中，Π_t 为企业净资产；λ_1 为净资产抵押率。

设资本品价格为 Q_t，企业利用资金购买资本品，总资本品 K_t 满足

$$Q_{t-1} K_{t-1} = \Pi_{t-1} + loan_{1,t}$$

企业利用资本品 K_t、劳动 L_t 和生产技术 A_t 进行生产，生产函数采用哈罗德中

性技术进步形式

$$Y_t = K_{t-1}^\alpha (A_t L_t)^{1-\alpha}$$

假设最终商品价格为 1，企业产品价格为 X_t，满足 $X_t < 1$。单位劳动工资 W_t 为劳动的边际产出

$$W_t = X_t \frac{(1-\alpha) \ Y_t}{L_t}$$

（2）研发部门

研发部门资金投入为 J_t，由股权融资 S_t 和银行贷款 $loan_{2,t}$ 构成，即

$$J_{t-1} = S_t + loan_{2,t}$$

其中，银行贷款的获得需要将股权资本进行质押，满足

$$loan_{2,t} = \lambda_2 S_t$$

λ_2 为股权资本质押率。

研发部门购买最终商品作为研发开销。一般地，研发成功概率 μ_t 与研发投入 J_t 成正比，而随着经济发展水平 Y_t 的提高，创新将越来越难，即 μ_t 的提升对于研发强度（J_t/Y_t）的增长边际递减，因此设

$$\mu_t = \left(\frac{J_t}{Y_t}\right)^\varphi$$

其中，$1 > \varphi > 0$。

假设研发成功后技术水平提高 γ_a 倍，失败后技术水平保持不变，即

$$A_t = \begin{cases} (1+\gamma_a) A_{t-1}, & \text{研发成功} \\ A_{t-1}, & \text{研发失败} \end{cases}$$

情形 1：研发失败。研发项目清算，需要支付银行贷款本金与利息，并损失一定的沉没成本，剩余归股东所有。因而，股权投资收益 $\Pi_{s,t}$ 为

$$\Pi_{s,t} = (1-\nu) J_{t-1} - R_{l,t} loan_{2,t}$$

其中，ν 为研发沉没成本占比；$R_{l,t}$ 为银行贷款利率。

企业技术水平为 $A_t = A_{t-1}$。设资本品折旧率为 δ，则生产部门的净资产为

$$\Pi_t = X_t Y_t - R_{l,t} loan_{1,t} - W_t L_t + (1-\delta) Q_t K_{t-1}$$
$$= \alpha X_t K_{t-1}^\alpha (A_{t-1} L_t)^{1-\alpha} - R_{l,t} loan_{1,t} + (1-\delta) Q_t K_{t-1}$$

情形 2：研发成功。企业技术水平变为 $A_t = (1+\gamma_a) A_{t-1}$。假设研发部门为生产部门提供新技术时，要求将当期技术进步所带来的额外产品收益作为股东回报。结合项目清算所余，股权投资收益变为

$$\Pi_{s,t} = \alpha X_t K_{t-1}^\alpha (A_t L_t)^{1-\alpha} - \alpha X_t K_{t-1}^\alpha (A_{t-1} L_t)^{1-\alpha} + (1-\nu) J_{t-1} - R_{l,t} loan_{2,t}$$
$$= [(1+\gamma_a)^{1-\alpha} - 1] \alpha X_t K_{t-1}^\alpha (A_{t-1} L_t)^{1-\alpha} + (1-\nu) J_{t-1} - R_{l,t} loan_{2,t}$$

企业净资产仍然为

$$\Pi_t = \alpha X_t K_{t-1}^\alpha (A_{t-1} L_t)^{1-\alpha} - R_{l,t} loan_{1,t} + (1-\delta) Q_t K_{t-1}$$

期望平均：考虑到企业由很多个微观个体组成，根据大数定律，研发成功概率 μ_t 意味着有 μ_t 比例的企业研发成功，$1-\mu_t$ 比例的企业研发失败。那么，企业的平均技术水平为

$$A_t = \mu_{t-1}(1+\gamma_a)A_{t-1} + (1-\mu_{t-1})A_{t-1} = (1+\mu_{t-1}\gamma_a)A_{t-1}$$

平均技术增长率（也指代全要素生产率的增长率）为

$$TFPgrow_t = \frac{A_t}{A_{t-1}} = 1 + \mu_{t-1}\gamma_a$$

股权投资的平均收益为

$$\Pi_{s,t} = \mu_{t-1}[(1+\gamma_a)^{1-\alpha}-1]\alpha X_t K_{t-1}^\alpha (A_{t-1}L_t)^{1-\alpha} + (1-\nu)J_{t-1} - R_{l,t}loan_{2,t}$$

3. 资本品厂商

资本品厂商利用投资 I_t 从零售商购买最终商品，结合已有资本品生产新的资本品，出售给企业。资本品厂商选择合适的投资最大化利润，优化问题为

$$\max_{I_t}\left[Q_t I_t/u_t - I_t - \frac{\chi}{2}\left(\frac{I_t}{K_{t-1}}-\delta\right)^2 K_{t-1}\right]$$

这里，$\frac{\chi}{2}\left(\frac{I_t}{K_{t-1}}-\delta\right)^2 K_{t-1}$ 为投资的调整成本。u_t 表示投资冲击，满足

$$\ln(u_t) = \rho_u \ln(u_{t-1}) + \epsilon_{u,t}, \quad \epsilon_{u,t} \sim N(0, \sigma_u^2)$$

此问题的一阶条件为

$$Q_t/u_t = 1 + \chi\left(\frac{I_t}{K_{t-1}}-\delta\right)$$

资本品累积方程为

$$K_t = I_t + (1-\delta)K_{t-1}$$

4. 零售商

零售商在垄断竞争条件下，将企业产品转化为最终商品。考虑到价格黏性，采用 Calvo 定价策略，每期只有 $1-\theta$ 比例的零售商能够调整价格。调整后的新价格为 P_t^*，其余零售商价格保持 P_{t-1} 不变。最终商品价格水平 P_t 为

$$P_t = [\theta P_{t-1}^{1-\varepsilon} + (1-\theta)P_t^{*1-\varepsilon}]^{\frac{1}{1-\varepsilon}}$$

其中，$\varepsilon > 1$。

调整价格的零售商追求跨期利润最大化，P_t^* 由下述优化问题决定

$$\begin{cases}\max\limits_{P_t^*} E_t \sum\limits_{k=0}^{\infty} \theta^k \beta^k \left(\dfrac{C_t}{C_{t+k}}\right)\left(\dfrac{P_t^* - P_{t+k}X_{t+k}}{P_{t+k}}\right)Y_{t+k}^* \\ \text{s.t. } Y_t^* = \left(\dfrac{P_t^*}{P_t}\right)^{-\varepsilon} Y_t\end{cases}$$

此问题的一阶条件为

$$P_t^* = \frac{\varepsilon}{\varepsilon-1} \frac{E_t \sum_{k=0}^{\infty} \theta^k \beta^k \left(\frac{C_t}{C_{t+k}}\right) \frac{Y_{t+k}^*}{P_{t+k}} P_{t+k} X_{t+k}}{E_t \sum_{k=0}^{\infty} \theta^k \beta^k \left(\frac{C_t}{C_{t+k}}\right) \frac{Y_{t+k}^*}{P_{t+k}}}$$

5. 商业银行

商业银行吸收家庭存款，贷款给企业，资金平衡条件满足

$$D_t = loan_{1,t} + loan_{2,t}$$

商业银行之间自由竞争，贷款收益等于存款利息支出和资金运营成本

$$R_{l,t}(loan_{1,t} + loan_{2,t}) = R_t D_t + \xi D_t$$

其中，ξ 为资金运营成本与资金规模的比例系数。

随着利率市场化改革的推进，商业银行存款利率 R_t 的自主定价权增强，参考陈小亮和马啸（2016），设

$$\frac{R_t}{R} = \left(\frac{R_{r,t}}{R_r}\right)^{\vartheta_r}$$

其中，$R_{r,t}$ 是央行基准利率，R 和 R_r 分别为 R_t 和 $R_{r,t}$ 的稳态水平，ϑ_r 反映了基准利率对商业银行存款利率的引导能力。

模型中，金融结构 $Struct_t$ 为股权投资与银行贷款的比值

$$Struct_t = \frac{S_t}{loan_{1,t} + loan_{2,t}}$$

6. 中央银行

假定中央银行通过泰勒规则调整基准利率，促进经济平稳增长和维持物价稳定。规则如下

$$\frac{R_{r,t}}{R_r} = \left(\frac{R_{r,t-1}}{R_r}\right)^{\rho_r} \left[\left(\frac{\pi_t}{\pi}\right)^{1+\rho_{r,\pi}} \left(\frac{\widetilde{Y}_t}{\widetilde{Y}}\right)^{\rho_{r,y}}\right]^{1-\rho_r} \exp(\epsilon_{r,t}), \quad \epsilon_{r,t} \sim N(0, \sigma_r^2)$$

其中，通货膨胀率 $\pi_t = P_t/P_{t-1}$，设其稳态值为 1。各分母变量为相应分子变量的稳态水平，$\rho_{r,\pi}$ 和 $\rho_{r,y}$ 分别为基准利率对通胀和产出的反应系数，$\widetilde{Y}_t$ 为 Y_t 去除趋势项后的平稳变量，$\epsilon_{r,t}$ 为利率冲击。

7. 政府部门

政府通过购买最终商品调节商品市场供需平衡，满足

$$Y_t = C_t + I_t + J_t + Gov_t$$

其中，Gov_t 为政府消费。假设去除趋势项后的政府消费 $\widetilde{Gov}_t$ 满足

$$\widetilde{Gov}_t = \widetilde{Gov}^{1-\rho_g} \widetilde{Gov}_{t-1}^{\rho_g} \exp(\epsilon_{g,t}), \quad \epsilon_{g,t} \sim N(0, \sigma_g^2)$$

其中，$\widetilde{Gov}$ 为 $\widetilde{Gov}_t$ 的稳态水平，$\epsilon_{g,t}$ 为政府消费冲击。

趋势项处理：设μ_t的稳态为μ，则技术水平A_t的增长率$TFPgrow_t = 1 + \mu_{t-1}\gamma_a$将趋于稳态水平$TFPgrow = 1 + \mu\gamma_a > 1$。可见，产出、资本、投资等经济金融变量的增长趋势都与A_t同步。DSGE模型的分析要求各变量具有平稳性，根据趋势项去除方法，可通过如下变换将模型中的原始变量平稳化

$$\widetilde{Y}_t = \frac{Y_t}{A_t}, \quad \widetilde{K}_t = \frac{K_t}{A_t}, \quad \widetilde{C}_t = \frac{C_t}{A_t}, \quad \widetilde{I}_t = \frac{I_t}{A_t}, \quad \widetilde{Gov}_t = \frac{Gov_t}{A_t}, \quad \widetilde{J}_t = \frac{J_t}{A_t}, \quad \widetilde{D}_t = \frac{D_t}{A_{t-1}}, \quad \widetilde{\Pi}_{s,t} = \frac{\Pi_{s,t}}{A_t},$$

$$\widetilde{S}_t = \frac{S_t}{A_{t-1}}, \quad \widetilde{W}_t = \frac{W_t}{A_t}, \quad \widetilde{loan}_{1,t} = \frac{loan_{1,t}}{A_{t-1}}, \quad \widetilde{loan}_{2,t} = \frac{loan_{2,t}}{A_{t-1}}, \quad \widetilde{\Pi}_t = \frac{\Pi_t}{A_t}, \quad \widetilde{Y}_t^* = \frac{Y_t^*}{A_t}$$

去除趋势项后，模型方程组变为

$$\widetilde{C}_t + \widetilde{D}_{t+1} + \widetilde{S}_{t+1}/\tau_t = \widetilde{W}_t L_t + R_t \widetilde{D}_t TFPgrow_t^{-1} + \widetilde{\Pi}_{s,t}$$

$$\frac{\widetilde{C}_{t+1}}{\widetilde{C}_t} \cdot TFPgrow_{t+1} = \beta R_{t+1}$$

$$L_t^\zeta = \frac{\widetilde{W}_t}{\widetilde{C}_t}$$

$$\widetilde{loan}_{1,t} = \lambda_1 \widetilde{\Pi}_{t-1}$$

$$Q_{t-1}\widetilde{K}_{t-1} = \widetilde{\Pi}_{t-1} + \widetilde{loan}_{1,t}$$

$$\widetilde{Y}_t = TFPgrow_t^{-\alpha} \widetilde{K}_{t-1}^\alpha L_t^{1-\alpha}$$

$$\widetilde{W}_t = X_t \frac{(1-\alpha)\widetilde{Y}_t}{L_t}$$

$$\widetilde{J}_{t-1} = \widetilde{S}_t + \widetilde{loan}_{2,t}$$

$$\widetilde{loan}_{2,t} = \lambda_2 \widetilde{S}_t$$

$$\mu_t = \left(\frac{\widetilde{J}_t}{\widetilde{Y}_t}\right)^\varphi$$

$$TFPgrow_t = 1 + \mu_{t-1}\gamma_a$$

$$\widetilde{\Pi}_t \cdot TFPgrow_t = \alpha X_t \widetilde{K}_{t-1}^\alpha L_t^{1-\alpha} - R_{l,t}\widetilde{loan}_{1,t} + (1-\delta)Q_t\widetilde{K}_{t-1}$$

$$\widetilde{\Pi}_{s,t} \cdot TFPgrow_t = \mu_{t-1}[(1+\gamma_a)^{1-\alpha} - 1]\alpha X_t \widetilde{K}_{t-1}^\alpha L_t^{1-\alpha} + (1-\nu)\widetilde{J}_{t-1} - R_{l,t}\widetilde{loan}_{2,t}$$

$$\ln(u_t) = \rho_u \ln(u_{t-1}) + \epsilon_{u,t}$$

$$Q_t/u_t = 1 + \chi\left(\frac{\widetilde{I}_t}{\widetilde{K}_{t-1}}TFPgrow_t - \delta\right)$$

$$\widetilde{K}_t = u_t \widetilde{I}_t + (1-\delta)\widetilde{K}_{t-1}/TFPgrow_t$$

$$P_t = [\theta P_{t-1}^{1-\varepsilon} + (1-\theta) P_t^{*1-\varepsilon}]^{\frac{1}{1-\varepsilon}}$$

$$P_t^* = \frac{\varepsilon}{\varepsilon - 1} \frac{E_t \sum_{k=0}^{\infty} \theta^k \beta^k \left(\frac{\widetilde{C}_t}{\widetilde{C}_{t+k}}\right) \frac{\widetilde{Y}_{t+k}^*}{P_{t+k}} P_{t+k} X_{t+k}}{E_t \sum_{k=0}^{\infty} \theta^k \beta^k \left(\frac{\widetilde{C}_t}{\widetilde{C}_{t+k}}\right) \frac{\widetilde{Y}_{t+k}^*}{P_{t+k}}}$$

$$\widetilde{Y}_t^* = \left(\frac{P_t^*}{P_t}\right)^{-\varepsilon} \widetilde{Y}_t$$

$$\widetilde{D}_t = \widetilde{loan}_{1,t} + \widetilde{loan}_{2,t}$$

$$R_{l,t}(\widetilde{loan}_{1,t} + \widetilde{loan}_{2,t}) = R_t \widetilde{D}_t + \xi \widetilde{D}_t$$

$$\frac{R_t}{R} = \left(\frac{R_{r,t}}{R_r}\right)^{\vartheta_r}$$

$$Struct_t = \frac{\widetilde{S}_t}{\widetilde{loan}_{1,t} + \widetilde{loan}_{2,t}}$$

$$\pi_t = \frac{P_t}{P_{t-1}}$$

$$\frac{R_{r,t}}{R_r} = \left(\frac{R_{r,t-1}}{R_r}\right)^{\rho_r} \left[\left(\frac{\pi_t}{\pi}\right)^{1+\rho_{r,\pi}} \left(\frac{\widetilde{Y}_t}{\widetilde{Y}}\right)^{\rho_{r,y}}\right]^{1-\rho_r} \exp(\varepsilon_{r,t})$$

$$\widetilde{Y}_t = \widetilde{C}_t + \widetilde{I}_t + \widetilde{J}_t + \widetilde{Gov}_t$$

$$\widetilde{Gov}_t = \widetilde{Gov}^{1-\rho_g} \widetilde{Gov}_{t-1}^{\rho_g} \exp(\varepsilon_{g,t})$$

（三）稳态方程

在没有外部冲击时，DSGE 模型中各变量将趋于稳态，经济体将处于长期均衡状态。用 Z 表示变量 Z_t 的稳态，可得模型稳态方程组

$$\widetilde{C} + \widetilde{D} + \widetilde{S} = \widetilde{W} \cdot L + R \cdot \widetilde{D} \cdot TFPgrow^{-1} + \widetilde{\Pi}_s$$

$$TFPgrow = \beta R$$

$$L^{\zeta} = \frac{\widetilde{W}}{\widetilde{C}}$$

$$\widetilde{loan}_1 = \lambda_1 \widetilde{\Pi}$$

$$Q \widetilde{K} = \widetilde{\Pi} + \widetilde{loan}_1$$

$$\widetilde{Y} = TFPgrow^{-\alpha} \widetilde{K}^{\alpha} L^{1-\alpha}$$

$$\widetilde{W} = X\frac{(1-\alpha)\widetilde{Y}}{L}$$

$$\widetilde{J} = \widetilde{S} + \widetilde{loan_2}$$

$$\widetilde{loan_2} = \lambda_2 \widetilde{S}$$

$$\mu = \left(\frac{\widetilde{J}}{\widetilde{Y}}\right)^\varphi$$

$$TFPgrow = 1 + \mu\gamma_a$$

$$\widetilde{\Pi} \cdot TFPgrow = \alpha X \cdot \widetilde{K}^\alpha L^{1-\alpha} - R_l \widetilde{loan_1} + (1-\delta)Q \cdot \widetilde{K}$$

$$\widetilde{\Pi}_s \cdot TFPgrow = \mu[(1+\gamma_a)^{1-\alpha} - 1]\alpha X \cdot \widetilde{K}^\alpha L^{1-\alpha} + (1-\nu)\widetilde{J} - R_l \widetilde{loan_2}$$

$$Q = 1 + \chi\left(\frac{\widetilde{I}}{\widetilde{K}} \cdot TFPgrow - \delta\right)$$

$$\widetilde{K} = \widetilde{I} + (1-\delta)\widetilde{K}/TFPgrow$$

$$1 = \frac{\varepsilon}{\varepsilon - 1}X$$

$$\widetilde{D} = \widetilde{loan_1} + \widetilde{loan_2}$$

$$R_l(\widetilde{loan_1} + \widetilde{loan_2}) = R \cdot \widetilde{D} + \xi\widetilde{D}$$

$$\widetilde{Y} = \widetilde{C} + \widetilde{I} + \widetilde{J} + \widetilde{Gov}$$

$$Struct = \frac{\widetilde{S}}{\widetilde{loan_1} + \widetilde{loan_2}}$$

为求解稳态方程,需要结合有关文献和数据统计,对方程中相关参数进行校准。设定模型中的一期为一年。家庭效用贴现因子 β 一般取为实际无风险利率的倒数,近年来我国实际利率①水平为 0.5% 左右,因此设 β = 0.995。文献中资本产出份额 α 一般取 0.4~0.6,这里我们设为 0.55。房屋抵押贷款一般为七成左右,因此将固定资产抵押率设为 λ_1 = 0.7。证券市场上,创业板上市公司股权质押价格一般为股票价格的二成左右,因而取 λ_2 = 0.2。研发成功概率对研发投入的弹性 φ 设为 0.6。目前我国研发经费支出占 GDP 比例约为 2.1%,可粗略估算出研发成功概率为 10% 左右。根据刘世锦等(2015)的研究,我国 TFP 对经济增长贡献为 37% 左右,目前我国经济增速维持在 6.7% 附近,可估算出 TFP 增速为 2.5% 左右,因此设研发成功后 TFP 增长率 γ_a 为 25%。依照中国人民银行营业

---

① 实际利率 = 名义利率 – 通货膨胀率。

管理部课题组（2011，2017）等文献，资本折旧率 δ 一般取为 6%。2013—2017 年，我国商业银行净息差 ξ 平均为 2.5% 左右。根据郭豫媚等（2016）的研究，资本调整成本参数 χ 取为 0.3。零售商品的替代弹性 ϵ 取为 10。劳动供给弹性的倒数取为 $\zeta=3$。设研发中的沉没成本占比 $\nu=0.6$。以上参数校准值汇总见表1。

表1　　　　　　　　　　稳态方程参数校准

参数	含义	校准值
β	家庭效用贴现因子	0.995
α	资本产出份额	0.55
λ_1	净资产抵押率	0.7
λ_2	股权资本质押率	0.2
ϕ	研发成功概率对研发投入的弹性	0.6
δ	资本折旧率	6%
ξ	银行存贷款息差	2.5%
χ	资本调整成本参数	0.3
ϵ	零售商品的替代弹性	10
ζ	劳动供给弹性的倒数	3
ν	研发投入中的沉没成本占比	0.6
γ_a	研发成功后TFP增长率	25%

2000年以来，我国企业研发经费投入占人民币贷款余额的比例为1%左右，根据 λ_2 的取值，可得研发资金中股权投资与银行贷款的比值约为0.8%，从而取稳态中金融结构 $Struct$ 为0.8%。设定参数和金融结构取值后，可利用Matlab对稳态方程进行数值求解，结果见表2①。

表2　　　　　　　　　　稳态方程求解结果

稳态变量	含义	数值
$TFPgrow$	全要素生产率的增长率	1.0243
$\tilde{K}$	生产所需资本	36.9637
L	居民劳动	0.9974
$\hat{Y}$	企业产出	7.1786

① 从稳态求解结果看，TFP的增长率为2.4%，银行一年期贷款利率为5.44%，投资占产出比重为42.4%，消费占产出比重为55.5%，基本契合新常态下我国宏观经济运行的现实状况。

续表

稳态变量	含义	数值
$\tilde{C}$	居民消费	2.9300
$\tilde{I}$	生产性投资	3.0418
$\tilde{J}$	研发投入	0.1474
$\widetilde{Gov}$	政府消费	1.0544
$\tilde{D}$	银行存款	15.3558
$\tilde{S}$	股权投资	0.1228
$\tilde{W}$	单位劳动工资	2.9149
$\tilde{\Pi}_s$	股权投资收益	0.0684
$\widetilde{loan}_1$	生产部门贷款	15.3313
$\widetilde{loan}_2$	研发部门贷款	0.0246
μ	研发成功概率	0.0972
$\tilde{\Pi}$	企业净资产	21.9018
R	银行存款利率	1.0294
R_l	银行贷款利率	1.0544
Q	资本品价格	1.0073

（四）动态方程

将各变量在稳态附近作对数线性化，用 $\hat{x}_t$ 表示变量 $\tilde{X}_t$ 偏离稳态 $\tilde{X}$ 的百分比

$$\hat{x}_t = \ln(\tilde{X}_t) - \ln(\tilde{X})$$

可以得到 DSGE 模型的动态方程组

$$\tilde{C}\hat{c}_t + \tilde{D}\hat{d}_{t+1} + \tilde{S}(\hat{s}_{t+1} - \hat{\tau}_t) = \tilde{W}L(\hat{w}_t + \hat{l}_t) + \frac{R\tilde{D}}{TFP}(\hat{r}_t + \hat{d}_t - \widehat{tfpgrow}_t) + \tilde{\Pi}_s \hat{\Pi}_{s,t}$$

$$\hat{c}_{t+1} - \hat{c}_t + \widehat{tfpgrow}_{t+1} = \hat{r}_{t+1}$$

$$\zeta \hat{l}_t = \hat{w}_t - \hat{c}_t$$

$$\widehat{loan}_{1,t} = \hat{\Pi}_{t-1}$$

$$Q\tilde{K}(\hat{q}_{t-1} + \hat{k}_{t-1}) = \tilde{\Pi}\hat{\Pi}_{t-1} + \widetilde{loan}_1 \widehat{loan}_{1,t}$$

$$\hat{y}_t = \alpha \hat{k}_{t-1} + (1-\alpha)\hat{l}_t - \alpha \widehat{tfpgrow}_t$$

$$\hat{w}_t = \hat{x}_t + \hat{y}_t - \hat{l}_t$$

$$\tilde{J}\hat{j}_{t-1} = \tilde{S}\hat{s}_t + \widetilde{loan}_2 \widehat{loan}_{2,t}$$

$$\widehat{loan}_{2,t} = \hat{s}_t$$

$$\hat{\mu}_{t-1} = \varphi(\hat{J}_{t-1} - \hat{y}_{t-1})$$

$$TFPgrow \cdot \widehat{tfpgrow}_t = \mu \gamma_a \hat{\mu}_{t-1}$$

$$\tilde{\Pi} \cdot TFPgrow(\hat{\Pi}_t + \widehat{tfpgrow}_t)$$
$$= \alpha X \tilde{K}^\alpha L^{1-\alpha}[\hat{x}_t + \alpha \hat{k}_{t-1} + (1-\alpha)\hat{l}_t] - R_l \widetilde{loan}_1(\hat{r}_{l,t} + \widehat{loan}_{1,t})$$
$$+ (1-\delta)Q\tilde{K}(\hat{q}_t + \hat{k}_{t-1})$$

$$\tilde{\Pi}_s \cdot TFPgrow(\hat{\Pi}_{s,t} + \widehat{tfpgrow}_t)$$
$$= [(1+\gamma_a)^{1-\alpha} - 1]\alpha\mu X \tilde{K}^\alpha L^{1-\alpha}[\hat{\mu}_{t-1} + \hat{x}_t + \alpha \hat{k}_{t-1} + (1-\alpha)\hat{l}_t]$$
$$+ (1-\nu)\tilde{J}\hat{J}_{t-1} - R_l \widetilde{loan}_2(\hat{r}_{l,t} + \widehat{loan}_{2,t})$$

$$\hat{u}_t = \rho_u \hat{u}_{t-1} + \epsilon_{u,t}$$

$$Q(\hat{q}_t - \hat{u}_t) = \chi \frac{\tilde{I}}{\tilde{K}} TFPgrow(\hat{l}_t + \widehat{tfpgrow}_t - \hat{k}_{t-1})$$

$$\hat{k}_t = \frac{\tilde{I}}{\tilde{K}}\hat{l}_t + (1-\delta)\frac{1}{TFPgrow}(\hat{k}_{t-1} - \widehat{tfpgrow}_t)$$

$$\hat{\pi}_t = \beta E_t \hat{\pi}_{t+1} + \frac{(1-\beta\theta)(1-\theta)}{\theta}\hat{x}_t$$

$$\tilde{D}\hat{d}_t = \widetilde{loan}_1 \widehat{loan}_{1,t} + \widetilde{loan}_2 \widehat{loan}_{2,t}$$

$$R_l \hat{r}_{l,t} = R\hat{r}_t$$

$$\hat{r}_t = \vartheta_r \hat{r}_{r,t}$$

$$\hat{r}_{r,t} = \rho_r \hat{r}_{r,t-1} + (1-\rho_r)[(1+\rho_{r,\pi})\hat{\pi}_t + \rho_{r,y}\hat{y}_t] + \epsilon_{r,t}$$

$$\tilde{Y}\hat{y}_t = \tilde{C}\hat{c}_t + \tilde{I}\hat{l}_t + \tilde{J}\hat{J}_t + \widetilde{Gov}\widehat{gov}_t$$

$$\widehat{gov}_t = \rho_g \widehat{gov}_{t-1} + \epsilon_{g,t}$$

$$\widehat{struct}_t = \hat{s}_t - \hat{d}_t + \hat{\tau}_t$$

$$\hat{\tau}_t = \rho_\tau \hat{\tau}_{t-1} + \epsilon_{\tau,t}$$

选取 1978—2017 年的年度 GDP（按 2015 年不变价计算）、居民消费、资本形成总额和通胀率 CPI 的时间序列数据。对各时间序列取对数后利用 HP 滤波法消除趋势项,然后代入模型,采用贝叶斯方法对动态方程中的未知参数进行估计。参数估计结果见表3。

表3 动态方程相关参数贝叶斯估计结果

参数	含义	先验分布	后验均值	置信区间
ρ_r	货币政策自相关系数	$B(0.8, 0.1)$	0.9726	[0.9542, 0.9861]
ρ_π	货币政策通胀率系数	$B(0.5, 0.1)$	0.5101	[0.3647, 0.6730]
ρ_y	货币政策产出系数	$B(0.5, 0.1)$	0.4589	[0.3090, 0.6169]
ρ_u	生产性投资冲击自相关系数	$B(0.8, 0.1)$	0.6718	[0.5153, 0.8083]
ρ_g	政府消费自相关系数	$B(0.8, 0.1)$	0.6406	[0.5600, 0.7272]
ρ_τ	股权投资冲击自相关系数	$B(0.8, 0.1)$	0.7973	[0.7211, 0.8848]
σ_r	利率冲击的标准差	$\Gamma^{-1}(0.01, \infty)$	0.0195	[0.0104, 0.0305]
σ_u	生产性投资冲击的标准差	$\Gamma^{-1}(0.01, \infty)$	0.0075	[0.0061, 0.0092]
σ_g	政府消费冲击的标准差	$\Gamma^{-1}(0.01, \infty)$	0.2470	[0.2106, 0.2902]
σ_τ	股权投资冲击的标准差	$\Gamma^{-1}(0.01, \infty)$	1.5027	[1.0950, 1.8696]
θ	Calvo 定价参数	$B(0.5, 0.1)$	0.5801	[0.5394, 0.6258]
ϑ_r	利率引导参数	$B(0.5, 0.1)$	0.4771	[0.2974, 0.6645]

四、金融因素、全要素生产率和经济增长的关系模拟

本部分我们将利用所构建 DSGE 模型,分析金融因素、TFP 和经济增长之间的关系。从 DSGE 模型中可以看出,经济产出 Y_t 的增长率为

$$Ygrow_t = \ln\left(\frac{Y_t}{Y_{t-1}}\right) = \ln\left(\frac{\tilde{Y}_t}{\tilde{Y}_{t-1}}\right) + \ln\left(\frac{A_t}{A_{t-1}}\right)$$

$$= \hat{y}_t - \hat{y}_{t-1} + \widehat{tfpgrow}_t + \ln(TFPgrow)$$

可见,产出增长率包含产出波动的变化 $\hat{y}_t - \hat{y}_{t-1}$、TFP 增长率的波动 $\widehat{tfpgrow}_t$ 和 TFP 稳态增长率 $\ln(TFPgrow)$ 三个部分[1]。其中,$\hat{y}_t - \hat{y}_{t-1}$ 体现了资本、劳动等生产要素投入变化对产出的影响,$\widehat{tfpgrow}_t$ 体现了 TFP 的波动对产出的影响,模型中 $\hat{y}_t - \hat{y}_{t-1}$ 和 $\widehat{tfpgrow}_t$ 的变化来源于外生冲击。此式是我们以下分析的重要基础。

---

① 模型中,TFP 增长率 $TFPgrow_t = A_t/A_{t-1} = 1 + (A_t - A_{t-1})/A_{t-1} > 1$。这里,$\ln(TFPgrow)$ 可近似为 $TFPgrow$ 不含 1 的部分。

(一) 全要素生产率与经济增长的关系分析

1. 全要素生产率决定长期经济增长趋势

由于资源、劳动力的有限性，长期经济增长主要依靠全要素生产率，经济增长速率也将与全要素生产率的增速同步。从模型来看，在没有外生冲击或者长期均衡状态中，经济产出 Y_t 的增长率将趋于 TFP 的稳态增长水平 $\ln(TFPgrow)$

$$Ygrow_t = \ln\left(\frac{\tilde{Y}_t}{\tilde{Y}_{t-1}}\right) + \ln\left(\frac{A_t}{A_{t-1}}\right) = \ln\left(\frac{\tilde{Y}_t}{\tilde{Y}_{t-1}}\right) + \ln(TFPgrow_t)$$
$$\longrightarrow \ln(TFPgrow)$$

其中，$\tilde{Y}_t / \tilde{Y}_{t-1}$ 收敛于 1。类似地，资本、投资等变量长期增长率也将与 TFP 的增速同步。

2. 全要素生产率的波动影响短期经济增长

全要素生产率作为经济增长的要素之一，其波动也会对短期经济增长速率造成一定影响。注意到产出增长率分解为

$$Ygrow_t = \hat{y}_t - \hat{y}_{t-1} + \widehat{tfpgrow}_t + \ln(TFPgrow)$$

初始均衡状态下，产出增长率处于稳态水平 $\ln(TFPgrow)$。受到外生冲击时，$\hat{y}_t - \hat{y}_{t-1}$ 和 $\widehat{tfpgrow}_t$ 都会出现波动变化。若 TFP 波动上升，$\widehat{tfpgrow}_t$ 增加，将为短期经济增长带来正向效应；反之，TFP 波动下降，$\widehat{tfpgrow}_t$ 减少，将为短期经济增长带来负向效应。

3. 我国全要素生产率呈现逆周期性

通过模型，模拟可得 1978—2017 年我国 TFP 增长率的波动 $\widehat{tfpgrow}_t$（见图 2）。与产出波动 $\hat{y}_t$ 比较，二者的相关系数为 -0.3，从而 $\widehat{tfpgrow}_t$ 具有一定程度的逆周期性。可见，虽然 TFP 的提高能够促进经济增长，但其本身也受到短期经济波动的影响。这种逆周期特性反映出科技创新的机会成本效应：经济增长较快时，社会平均资本回报率较高，研发的机会成本相对较大，企业创新动力不足，研发强度降低，TFP 增长下降；经济增长放缓时，社会平均资本回报率降低，研发机会成本较低，企业创新需求加大，研发强度增加，促进 TFP 增长提速。

从图 2 中也可以看出，1978—2006 年历次危机使我国经济波动下行的同时，TFP 都波动向上；而经济波动上升，往往伴随着 TFP 的波动向下。但在 2007—2008 年国际金融危机期间，我国产出波动仍然为正，呈现过热现象，对 TFP 造成了较大抑制。2012 年后，经济发展步入新常态，下行压力加大，TFP 增速开始上升，反映出近期我国科技创新的成效。

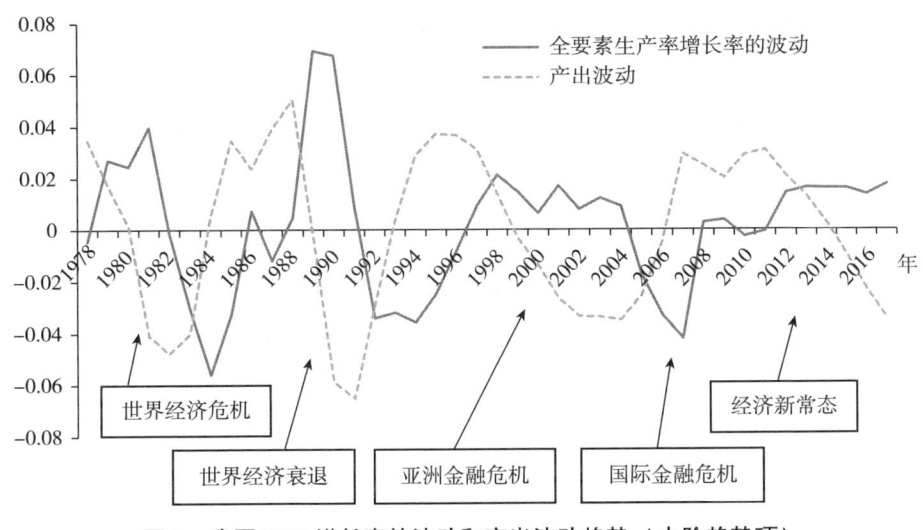

图 2　我国 TFP 增长率的波动和产出波动趋势（去除趋势项）

（二）金融因素对全要素生产率的影响分析

通过 DSGE 模型动态方程，可以利用脉冲响应分析探讨不同金融因素对 TFP 增长的影响。首先让模型处于稳态水平，然后对模型施加不同的外部冲击，再通过随机模拟计算可得 TFP 对外部冲击的响应曲线。下面模拟金融结构、融资约束、生产性投资等因素变化对 TFP 的影响。

1. 金融结构改善，促进全要素生产率提升

在初始均衡状态下，假设股权投资冲击正向偏离稳态 1 单位标准差，模拟结果见图 3。在银行信贷平稳的情况下，股权投资扩大，意味着直接融资比重提升，金融结构得到优化。股权投资是企业研发资金的重要来源，因而增加股权投资，会提高企业的研发强度，增加企业研发成功的概率，促进技术进步，TFP 增速加快。反之，股权投资减少，将抑制 TFP 增长。从图 3 中可以看出，股权投资相对稳态增加 1 倍，将促使研发成功概率提高 50% 左右，促进 TFP 的增长率提高 1.5 个百分点左右。

2. 融资约束增强，促进全要素生产率提升

在初始均衡状态下，假设利率正向偏离稳态 1 单位标准差，模拟结果见图 4。利率相对收紧，资金借贷成本增加，将会抑制对低风险低收益生产项目的投资，提升高风险研发项目的相对吸引力；而且，利率的收紧将强化金融加速器效应，银行信贷减少，融资约束增强，加快企业优胜劣汰，促进市场出清，企业将更加重视研发创新，通过研发新技术、新产品提高自身竞争力和资本回报率。反之，利率相对放松，融资约束降低，将抑制 TFP 增长。从图 4 中可以看出，利率相对

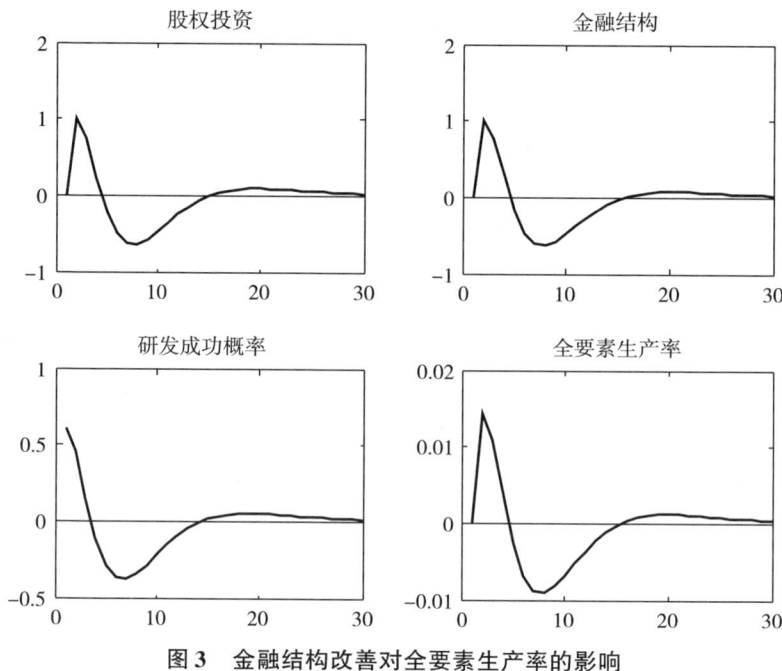

图 3　金融结构改善对全要素生产率的影响

稳态收紧 0.8 个百分点，将使企业生产部门贷款下降 12% 左右，对研发的股权投资提高 2 倍左右，促进 TFP 的增长率提高 3 个百分点左右。

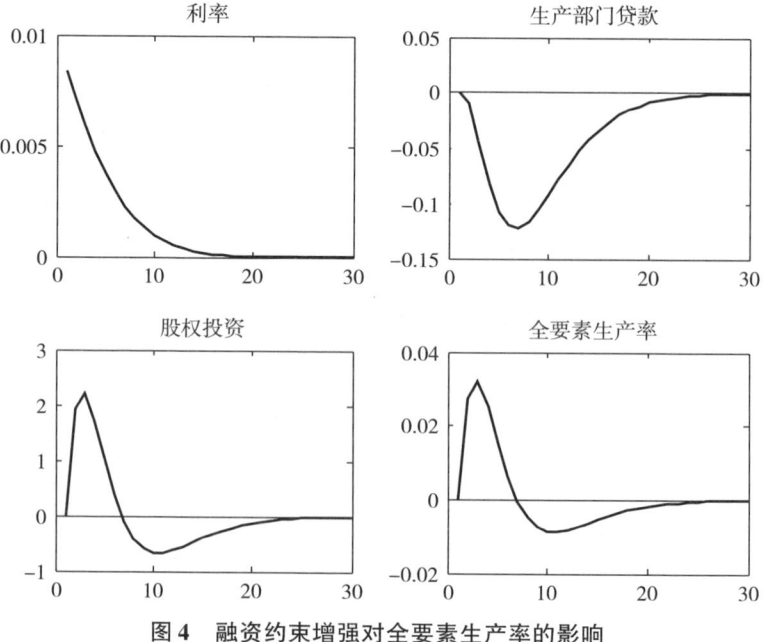

图 4　融资约束增强对全要素生产率的影响

3. 生产性投资过度扩张，抑制全要素生产率提升

在初始均衡状态下，假设生产性投资正向偏离稳态1单位标准差，模拟结果见图5。在模型中，生产性投资用于新资本品的生产，企业利用银行贷款购买资本品，扩大生产规模。从而生产性投资的过度扩张将促使企业生产部门从银行贷款的需求大量增加，为保证信贷资金的供应，家庭将更多财富用于银行存款，大幅缩减股权投资。这样，将会使研发强度下降，研发成功概率降低，抑制TFP的增长。反之，减少生产性投资对研发投资的挤出效应，将促进TFP增长。从图5中可以看出，生产性投资相对稳态增加7个百分点，将使企业生产部门贷款增加，股权投资大幅下降，降低TFP的增长率2个百分点左右。

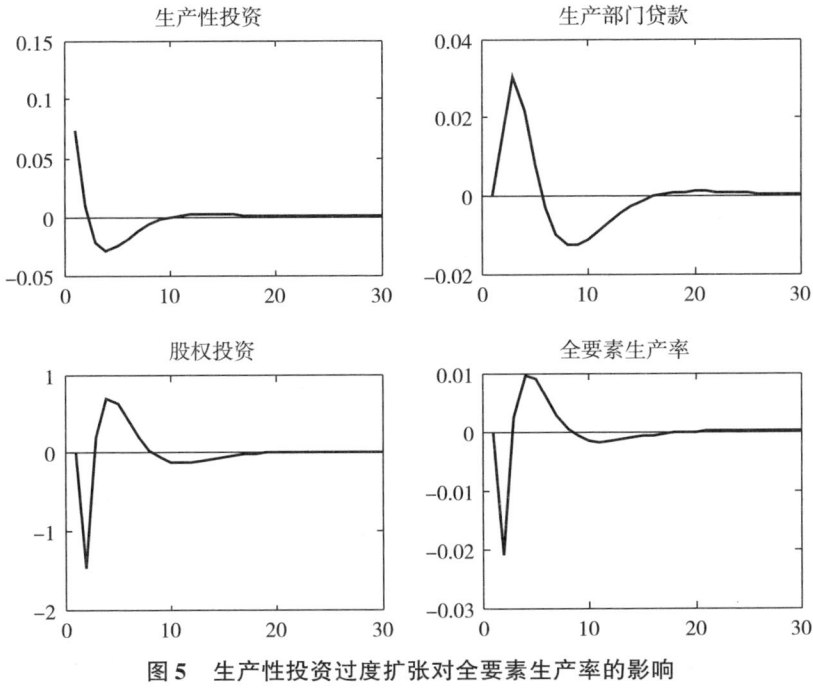

图5 生产性投资过度扩张对全要素生产率的影响

从上述脉冲响应分析中可以看出，金融结构改善和融资约束增强可以促进TFP提升，生产性投资过度扩张则会抑制TFP提升。其影响机制在于，金融结构改善可以通过壮大金融市场规模更好发挥股权投资对企业研发创新的支持作用。融资约束增强可以通过营造更加严格的市场环境而提高研发创新项目的资金吸附力，增加企业创新需求。而生产性投资虽然鼓励企业扩大生产，但过度扩张会抑制企业研发创新的积极性，对研发投入造成较大挤出效应。

（三）金融因素对经济增长的影响分析

上一节通过模型模拟分析了各金融因素对TFP增长率波动$\widehat{tfpgrow}_t$的影响。由

经济产出增长率

$$Ygrow_t = \hat{y}_t - \hat{y}_{t-1} + \widehat{tfpgrow}_t + \ln(TFPgrow)$$

金融因素会通过改变$\widehat{tfpgrow}_t$影响短期经济增长。同时，也会通过改变资本、劳动等生产要素投入使得$\hat{y}_t - \hat{y}_{t-1}$发生变化，影响经济增长。例如，融资约束增强会促进TFP提升进而促进经济增长，但也会使生产部门贷款减少缩减生产，抑制经济产出。可见，当考虑TFP的内生增长机制时，外部冲击对经济体的影响将变得不直观且更为复杂。因此，为全面评估各因素对经济增长的影响，我们综合$\hat{y}_t - \hat{y}_{t-1}$和$\widehat{tfpgrow}_t$两个方面，模拟分析其对经济产出、居民消费、工资和劳动等宏观经济变量增长率的影响。

其中，经济产出增长率相对于稳态水平的波动可以表示为

$$ygrow_t = \hat{y}_t - \hat{y}_{t-1} + \widehat{tfpgrow}_t$$

类似地，居民消费、工资和劳动增长率的波动可表示为

$$cgrow_t = \hat{c}_t - \hat{c}_{t-1} + \widehat{tfpgrow}_t$$
$$wgrow_t = \hat{w}_t - \hat{w}_{t-1} + \widehat{tfpgrow}_t$$
$$lgrow_t = \hat{l}_t - \hat{l}_{t-1}$$

除劳动之外，其余变量都包含生产要素投入的波动变化和TFP增长率的波动两个部分。

1. 金融结构改善，促进经济内生增长

在初始均衡状态下，假设股权投资冲击正向偏离稳态1单位标准差，模拟结果见图6。根据图3，冲击对股权投资以及TFP的影响从第2期开始显现。从图6中可以看到，第2期开始，相对于稳态水平，产出增长率、工资增长率和劳动增长率都出现提高，居民消费增长率有所降低。其中，产出增长率提高0.4个百分点，工资增长率提高0.8个百分点，劳动增长率提高0.3个百分点，居民消费增长率降低0.2个百分点。与图3中TFP增长率提高1.5个百分点对比，说明股权投资相对扩大、金融结构改善会减少生产要素投入进而对产出、工资、居民消费造成一定负向影响，但其对TFP的提升可以弥补要素投入变化的影响，最终促进经济内生增长（由自主技术进步所推动的经济增长）。反之，股权投资相对减少，将抑制经济内生增长。

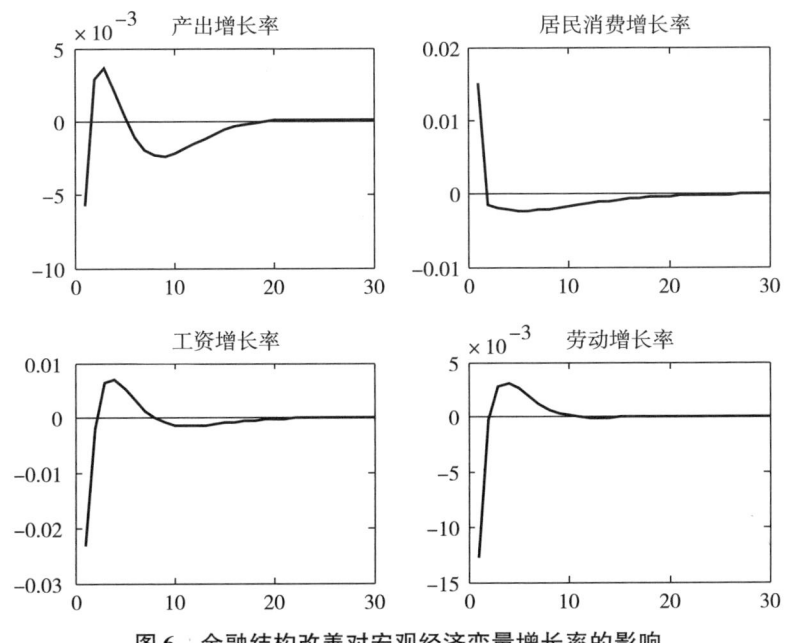

图 6　金融结构改善对宏观经济变量增长率的影响

2. 融资约束增强，促进经济内生增长

在初始均衡状态下，假设利率正向偏离稳态 1 单位标准差，模拟结果见图 7。根据图 4，利率对 TFP 的影响从第 2 期开始显现。从图 7 中可以看到，第 2 期开始，相对于稳态水平，产出增长率和居民消费增长率出现提高，工资增长率和劳动增长率先下降，而后迅速反弹。其中，产出增长率提高将近 1 个百分点，居民消费增长率提高 0.7 个百分点，工资增长率由降低 1 个百分点反弹至提高 1 个百分点，劳动增长率由降低 0.6 个百分点反弹至提高 0.2 个百分点。与 TFP 增长率提高约 3 个百分点对比（见图 4），说明融资约束增强对产出、工资、居民消费的要素投入波动增长方面造成了一定负向影响，但其对 TFP 的提升同样可以弥补这种负向波动，促进经济内生增长。反之，融资约束放松，将抑制经济内生增长。

3. 生产性投资过度扩张，抑制经济内生增长

在初始均衡状态下，假设生产性投资正向偏离稳态 1 单位标准差，模拟结果见图 8。根据图 5，生产性投资对 TFP 的影响从第 2 期开始显现。从图 8 中可以看到，第 2 期开始，相对于稳态水平，产出增长率出现下降，居民消费增长率出现提高，工资增长率和劳动增长率先上升，而后迅速下降。其中，产出增长率下降 0.5 个百分点，居民消费增长率提高 0.02 个百分点，工资增长率由提高 0.7 个百分点滑落至下降 1.3 个百分点，劳动增长率由提高 0.2 个百分点滑落至下降 0.5 个百分点。与 TFP 增长率下降约 2 个百分点对比（见图 5），说明生产性投资

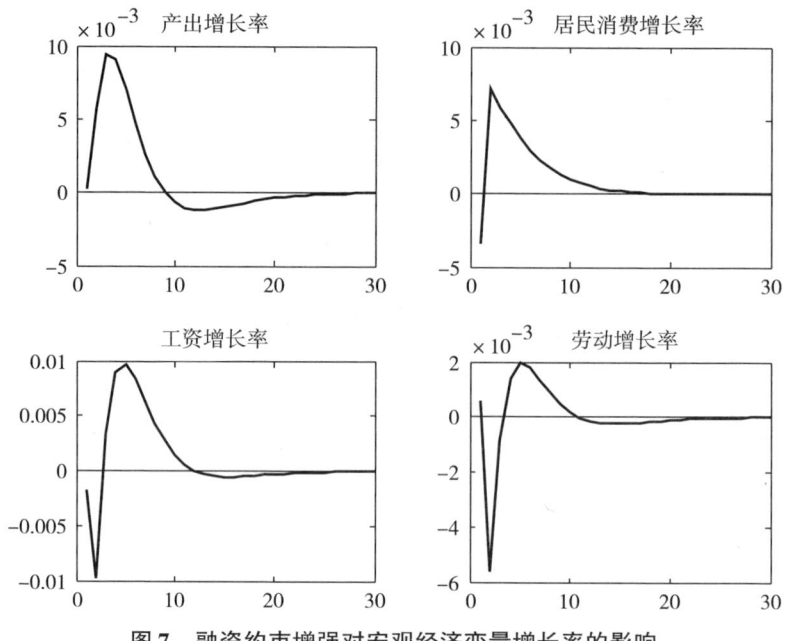

图 7　融资约束增强对宏观经济变量增长率的影响

过度扩张对产出、居民消费、工资和劳动的要素投入波动增长方面有积极作用，但其对 TFP 的抑制基本抵消了这种积极影响，抑制经济内生增长。反之，生产性投资相对减少，将促进经济内生增长。

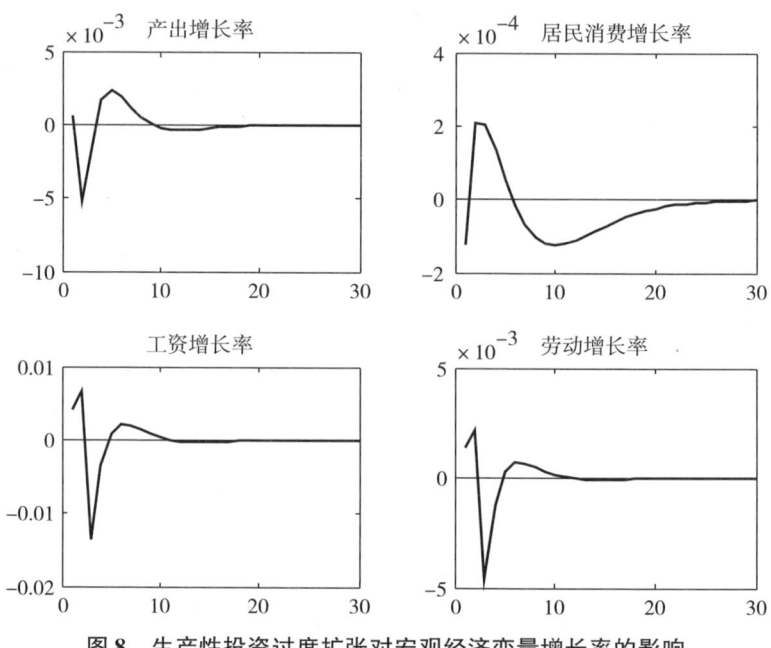

图 8　生产性投资过度扩张对宏观经济变量增长率的影响

从上述模拟中可以看出，改善金融结构和增强融资约束可以通过提高 TFP 的增长而弥补其对生产要素投入的负向影响，促进经济内生增长；生产性投资过度扩张对 TFP 的抑制会抵消其对生产要素投入的积极作用，抑制经济内生增长。总体而言，金融因素可以通过改变 TFP 和生产要素投入两种方式影响经济增长，这两种效应之间存在一定的"跷跷板"关系，但 TFP 的影响是主导性的，决定了经济增长的方向[①]。

五、全要素生产率视角下的经济金融传导机制

（一）理论推演：全要素生产率与经济金融传导机制

从模型分析得知，TFP 提升对经济增长具有促进作用，但我国 TFP 本身也存在逆周期特征；金融结构改善、融资约束增强和生产性投资的相对减少对 TFP 的提高和经济的内生增长具有促进效应，反之亦然。同时，根据金融加速器原理（BGG，1999），银行信贷和生产性投资具有一定的顺周期性：经济受到正向冲击时，企业收益率提高，金融机构将企业生产部门贷款视为优质资产，融资溢价降低，企业可贷资金增多、扩大生产；而经济遭受负向冲击时，企业收益率下降，融资溢价上升，银行信贷收缩，企业可贷资金减少、缩减生产。基于这些理论，可以建立 TFP 视角下的经济金融传导机制（见图9）。

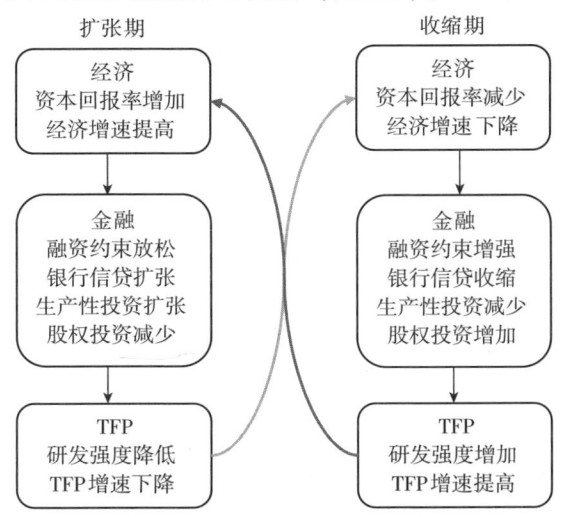

图9 全要素生产率视角下的经济金融传导机制

---

① 值得注意的是，如果冲击过强，超出正常范围，则会对经济金融的正常运行机制和修复功能造成严重损害，引发经济金融大幅动荡，其对 TFP 的促进机制也可能会丧失。因此，应在经济体能够承受的适度范围内，合理利用冲击效应，促进经济内生增长。

经济扩张期，资本回报率增加，经济增速提高。企业财务状况好转，经营风险下降，外部融资约束相对放松，银行将为企业生产提供更多的信贷资金。企业为追求利润，将利用贷款资金扩张生产规模，社会生产性投资扩张。此时，企业满足于生产收益，而研发创新的不确定性较高、机会成本较大，企业创新动力不足，而且资金也更青睐收益有保障的生产项目，对研发项目的股权投资相对减少。研发强度的降低，将延缓技术进步率，TFP增速下降，同时考虑到企业生产规模不断扩张、杠杆率持续攀升，资本回报率将出现大幅下降，拖动经济增速下降，经济进入收缩期。

经济收缩期，资本回报率降低，经济增速下降。企业财务状况恶化，经营风险上升，外部融资约束增强，银行信贷收紧，将减少对企业的资金供给。企业缩减生产，社会生产性投资减少。此时，企业利润前景不乐观，而研发创新的机会成本较低，风险收益较高，企业创新动力将增强，而且在安全性资产短缺的环境下，资金也转而青睐高风险高收益项目，对研发项目的股权投资相对增加。研发强度的提高，将促进技术进步率提升，TFP增速提高，企业资本回报率开始回升，带动经济增速上升，转而进入经济扩张期。

(二) 现实印证：我国全要素生产率的逆周期性

针对我国现实情况，选取1991—2017年度GDP增速、全社会固定资产投资完成额增速、金融机构人民币贷款余额增速、研发强度同比增减的时间序列数据。相关性分析显示（见表4），GDP增速、固定资产投资增速、金融机构贷款增速两两之间的相关系数都在0.4以上，具有较强的正相关性；而三者与研发强度变化的相关系数均低于-0.3，呈现明显的负相关性。

表4　我国GDP、固定资产投资、信贷、研发强度之间的相关性

变量	GDP增速	固定资产投资增速	贷款余额增速	研发强度增减
GDP增速	—	0.77	0.43	-0.37
固定资产投资增速	0.77	—	0.51	-0.31
贷款余额增速	0.43	0.51	—	-0.33
研发强度增减	-0.37	-0.31	-0.33	—

从四者的演变趋势来看（见图10），除2008—2009年，固定资产投资增速、金融机构贷款增速与GDP增速的走势都较为一致，但研发强度变化与三者呈现一定的逆向趋势，与图9所示的传导机制吻合。2017年我国A股2963家上市公司研发投入与营业收入之比的平均值仅为4.7%，在平均值以下的企业数量占比达70%左右。据世界品牌实验室统计，2017年中国企业研发投入前5名企业占据了中国总研发投入的29.6%，其中排名第一的华为占据了总投入的16.8%，

且为排名第二的阿里巴巴 4 倍有余。可见,我国大部分公司的研发投入都存在不足,创新活跃度较低。

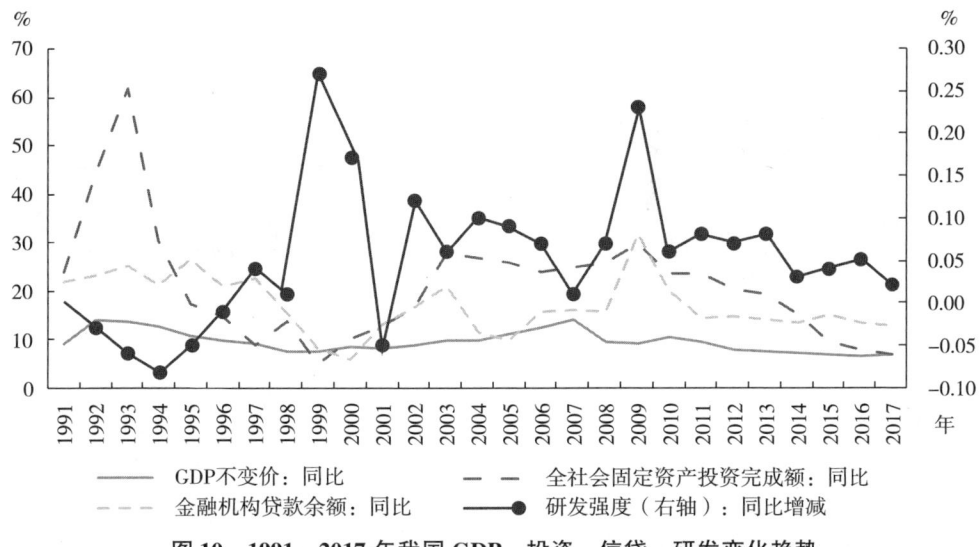

图 10 1991—2017 年我国 GDP、投资、信贷、研发变化趋势

从国际情况来看,Allard 和 Blavy(2011)通过对 17 个 OECD 国家 1960—2007 年 84 次危机后经济复苏情况的分析,发现市场主导型经济体危机后的复苏速度显著高于银行主导型经济体,并且复苏效果更为持久。例如,危机后的 4 个季度内,美国、英国、法国等市场导向经济体的 GDP 平均累计增长为 3.9%,而德国、日本、意大利等银行导向的经济体为 3.1%,两者之间差距为 0.8%。危机后的两年内,市场导向经济体平均累计增长达到 7.3%,银行导向经济体为 5.4%,两者差距扩大到 1.9%。这在一定程度上反映了金融市场促进 TFP 提高进而推动经济增长的积极作用。

(三)根源分析:我国全要素生产率波动的历史分解

对于我国 TFP 的波动根源,可以通过模型将 $\widehat{tfpgrow}_t$ 的模拟结果进行历史分解。如图 11 所示,2012 年后,一方面,随着我国金融结构的改善,股权投资对研发创新的支持力度加强,直接促进 TFP 提升;另一方面,我国固定资产投资增速下降,对研发投资的挤出效应减弱,也间接促进了 TFP 增长。注意到,2014 年后利率所代表的融资约束条件对我国 TFP 的增长形成了一定程度的抑制,反映出我国利率对资金优化配置的引导作用还有待增强。

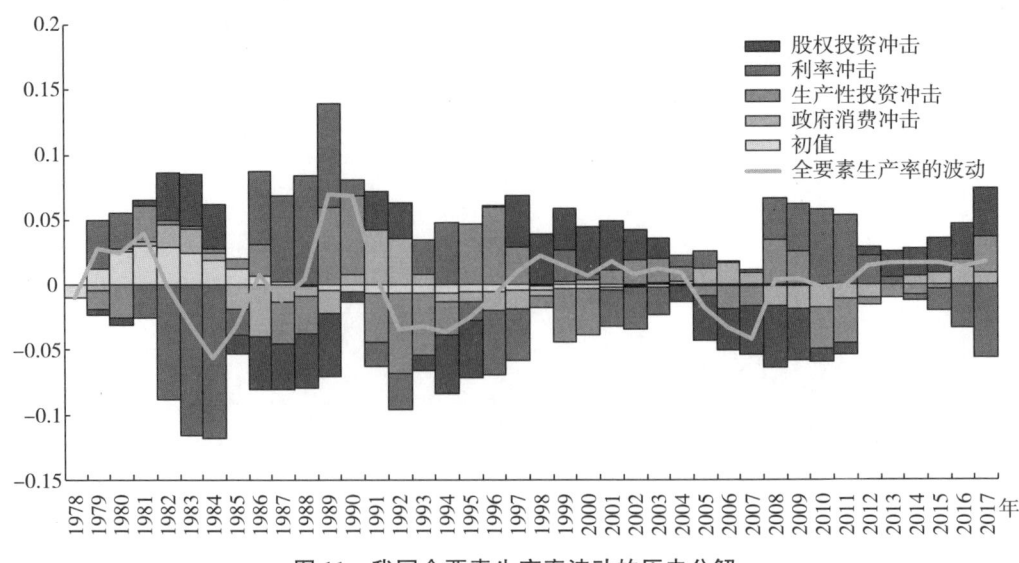

图11 我国全要素生产率波动的历史分解

六、推动我国经济高质量发展的政策启示

中国改革开放40年以来取得了举世瞩目的经济成果,但随着转型发展阶段的到来,经济增长面临许多挑战。现阶段人口、资源等要素禀赋发生显著变化,靠生产要素投入的粗放型经济增长模式难以为继;企业创新活动日益频繁,但研发强度与美国、日本、德国、韩国等发达国家尚有差距,科技成果转化率低于发达国家;尤其是,在我国银行主导型金融体系与金融市场化程度不足的现实下,金融未能有效发挥对创新和全要素生产率的促进作用。本文从全要素生产率的视角对经济金融的传导机制进行了模拟,得到:全要素生产率稳步提升是推动我国经济高质量发展的动力源泉,改善金融结构,加强融资约束,减少生产性投资对研发投入的挤出效应,是提升全要素生产率的有效途径。建议金融促进创新发展,应采用供给和需求双轮驱动的模式,并实施稳健适度的宏观调控政策,为企业创新提供良性的宏观环境。

(一)供给端:完善金融市场制度,鼓励创新投资

一是完善金融市场制度保障。加强金融市场法制建设和监管措施,健全信息披露制度、退市制度以及企业造假违规的惩戒制度,营造基础制度扎实、市场监管有效、投资者权益充分保护的金融市场环境。二是拓展金融服务创新的多元化渠道。鼓励创新投资,充分发挥创业板、新三板以及即将建立的科创板对创新型企业的支持作用。三是引导金融机构有效服务企业创新融资需求。出台风险投

资、私募股权、证券基金等金融机构服务科创型企业融资需求的措施，有效提升科创型企业直接融资比重，改善金融结构，为企业研发创新投融资活动提供资金支持。

（二）需求端：坚持竞争中性原则，激活企业创新需求

坚持竞争中性原则，进一步激活企业的创新与投资活力。一方面，利用金融价格发现、项目甄别、信息披露等功能对企业研发项目进行穿透式评估与监督，降低企业研发与投资者之间的信息不对称性，让真正从事创新的企业享受到金融支持服务，提高企业创新的效率。另一方面，加强知识产权保护，强化"优胜劣汰"，激发企业创新热情，提高企业通过开发新技术、新产品、新服务占领市场获取高额收益的积极性，形成"在创新中生存，在守旧中淘汰"的竞争意识，建立技术创新机制，实现创新驱动的发展模式。

（三）宏观调控：加快金融改革，实施稳健适度的调控政策

一是继续推进金融市场化改革，消除利率扭曲与信贷歧视，提高利率变化对经济发展的适应性与灵活性，进而发挥市场对资源配置的决定性作用，加大技术创新项目的资金吸附力。二是实施稳健适度的调控政策。金融因素可以通过改变全要素生产率和生产要素投入两种方式影响经济增长，且这两种影响存在"跷跷板"关系，但全要素生产率对经济增长的影响才是决定性的，生产性投资虽然鼓励企业扩大生产，但过度扩张会对研发投入造成较大挤出效应，抑制全要素生产率与经济内生增长。尤其在经济下行期，逆周期调控政策也应稳健适度，促进市场有效出清，为企业营造良好创新氛围。

参考文献

[1] 蔡昉．中国经济增长如何转向全要素生产率驱动型［J］．中国社会科学，2013（1）．

[2] 蔡昉．提高全要素生产率 发掘经济增长的不竭源泉．"经济学动态·大型研讨会2018"致辞［EB/OL］．中国社会科学网，http：//ex.cssn.cn/jjx_lljjx_1/jjx_hgjjx/201809/t20180921_4568294.shtml．

[3] 蔡晓慧，茹玉骢．地方政府基础设施投资会抑制企业技术创新吗？——基于中国制造业企业数据的经验研究［J］．管理世界，2016（11）．

[4] 陈小亮，马啸．"债务—通缩"风险与货币政策财政政策协调［J］．经济研究，2016（8）．

[5] 程惠芳，文武，胡晨光．研发强度、经济周期与长期经济增长［J］．统计研究，2015（1）．

［6］方福前，邢炜．经济波动、金融发展与工业企业技术进步模式的转变［J］．经济研究，2016（3）．

［7］郭豫媚，郭俊杰，肖争艳．利率双轨制下中国最优货币政策研究［J］．经济学动态，2016（3）．

［8］纪洋，谭语嫣，黄益平．金融双轨制与利率市场化［J］．经济研究，2016（6）．

［9］鞠晓生．中国上市企业创新投资的融资来源与平滑机制［J］．世界经济，2013（4）．

［10］林毅夫，任若恩．东亚经济增长模式相关争论的再探讨［J］．经济研究，2013（4）．

［11］林毅夫，苏剑．论我国经济增长方式的转换［J］．管理世界，2007（1）．

［12］刘秉镰，李锡庆．高技术产业研发效率研究——基于非合意产出 SBM - DEA 模型［J］．经济与管理研究，2017（7）．

［13］刘世锦，刘培林，何建武．我国未来生产率提升潜力与经济增长前景［J］．管理世界，2015（3）．

［14］陆旸．中国全要素生产率变化趋势［J］．中国金融，2016（20）．

［15］文武，许月丽．金融发展、经济周期与研发投入强度［J］．浙江社会科学，2018（11）．

［16］吴国培，王伟斌．我国全要素生产率对经济增长贡献的分析研究［J］．统计研究，2014（12）．

［17］徐永慧，李月．跨越中等收入陷阱中全要素生产率的作用及比较［J］．世界经济研究，2014（2）．

［18］徐忠．经济高质量发展阶段的中国货币调控方式转型［J］．金融研究，2008（4）．

［19］徐忠．新时代背景下中国金融体系与国家治理体系现代化［J］．经济研究，2018（7）．

［20］杨伟中，余剑，李康．利率扭曲、市场分割与深化利率市场化改革［J］．统计研究，2018（11）．

［21］易纲，樊纲，李岩．关于中国经济增长与全要素生产率的理论思考［J］．经济研究，2003（8）．

［22］余泳泽，张先轸．要素禀赋、适宜性创新模式选择与全要素生产率提升［J］．管理世界，2015（9）．

［23］张军，金煜．中国的金融深化和生产率关系的再检测：1987—2001［J］．经济研究，2005（11）．

[24] 张一林, 龚强, 荣昭. 技术创新、股权融资与金融结构转型 [J]. 管理世界, 2016 (11).

[25] 中国人民银行营业管理部. 基于生产函数法的潜在产出估计、产出缺口及与通货膨胀的关系: 1978—2009 [J]. 金融研究, 2011 (3).

[26] 中国人民银行营业管理部课题组. 预算软约束、融资溢价与杠杆率——供给侧结构性改革的微观机理与经济效应研究 [J]. 经济研究, 2007 (10).

[27] 朱军. 技术吸收、政府推动与中国全要素生产率提升 [J]. 中国工业经济, 2017 (1).

[28] Allard, J. & Blavy, R.. Market Phoenixes and Banking Ducks Are Recoveries Faster in Market – Based Financial Systems [C]. IMF Working Paper, 2011, No. 11/213.

[29] Aziz, J. & Duenwald, C. K.. Growth – Financial Intermediation Nexus in China [C]. IMF Working Paper, No. 02/194.

[30] Barlevy, G.. On the Cyclicality of Research and Development [J]. American Economic Review, 2007, 97 (4): 1131 – 1164.

[31] Beck, T., R. Levine & N. Loayza. Finance and the Sources of Growth [J]. Journal of Financial Economics, 2000, 58 (1): 261 – 300.

[32] Bernanke, B., Gertler, M. & Gilchrist, S.. The Financial Accelerator in a Quantitative Business Cycle Framework [J]. Handbook of Macroeconomics, 1999, 1 (99): 1341 – 1393.

[33] Brandt, L., Biesebroeck, J. V., & Zhang, Y.. Creative Accounting or Creative Destruction? Firm – Level Productivity Growth in Chinese Manufacturing [J]. Journal of Development Economics, 2012, 97 (2), 339 – 351.

[34] Brown, J. R., S. M. Fazzari & B. C. Petersen. Financing Innovation and Growth: Cash Flow, External Equity and the 1990s R&D Boom [J]. Journal of Finance, 2009, 64 (1): 151 – 185.

[35] Brown, J. R., G. Martinsson, & B. C. Petersen. Law, Stock Markets and Innovation [J]. Journal of Finance, 2013, 68 (4): 1517 – 1549.

[36] Comin, D. A., & Gertler, M. Medium Term Business Cycles [J]. American Economic Review, 2006, 96 (3): 523 – 551.

[37] Eichengreen, B., Park, D., & Shin, K.. When Fast Growing Economies Slow Down: International Evidence and Implications for China [C]. NBER Working Paper, 2011, No. 16919.

[38] Hsu, P. H., Xuan Tian, & Yan Xu.. Financial Development and Innova-

tion: Cross – Country Evidence [J]. Journal of Financial Economics, 2014, 112 (1): 116 – 135.

[39] Jeanneney, S. G., Hua, P. & Liang, Z.. Financial Development, Economic Efficiency, and Productivity Growth: Evidence from China [J]. Developing Economies, 2006, 44 (1), 27 – 52.

[40] King, R. G. & Levine, R.. Finance and Growth: Schumpeter Might Be Right [J]. Quarterly Journal of Economics, 1993, 108 (3): 717 – 737.

[41] Ouyang, M.. On the Cyclicality of R&D [J]. Review of Economics and Statistics, 2011, 93 (2): 542 – 553.

[42] Perkins, D. & T. Rawski. Forecasting China's Economic Growth to 2025, in China's Great Economic Transformation [M]. Cambridge University Press, 2008: 829 – 886.

[43] Pinchetti, M. L.. Creative Destruction Cycles: Schumpeterian Growth in an Estimated DSGE Model [C]. ECARES Working Paper, 2017 – 04.

[44] Rajan, R. G. & Zingales, L.. Financial Dependence and Growth [J]. American Economic Review, 1998, 88 (3): 559 – 586.

[45] Wu, Y.. Productivity, Economic Growth and the Middle Income Trap: Implications for China [J]. Frontiers of Economics in China, 2014, 9 (3): 460 – 483.

基于大数据技术的中国宏观经济实时预测研究

中国人民银行乌鲁木齐中心支行课题组

课题主持人：郭建伟
课题组成员：岳永生　郏志坚　庞秀萍　顾成军　许　燕　张舒媛
　　　　　　左喜梅　张　栋

一、引　言

（一）研究背景

对宏观经济短期波动作出及时而准确的预测，是中央银行制定决策的重要参考依据。然而，传统经济预测方法对指标频度的统一要求与预测结果的滞后发布，制约着政府机构、金融市场、非金融公司，特别是中央银行决策者及时地对宏观经济形势作出准确判断。

大数据时代，计算机技术的进步使统计经济活动数据由稀少的、不完全的和高成本的逐步发展到海量的、实时、多维和低成本的（Hammer 等，2016）。与此同时，计量经济学关于计算数据间相关关系的新方法论的完善，使收集海量混频数据进行宏观经济状态即时预测（Nowcasting）或实时预测（Real Time Forecasting）在方法论和技术上成为可能。

目前，各国央行均在尝试运用大数据实时预测的方法，得到本国短期的宏观经济预测结果。其中，美联储在实时数据库建立和实施预测方法研究方面已取得世界领先成果。根据 Giannone 等（2008）的研究成果，纽约联储已在 2016 年就确立了即时预测（Nowcasting）的理论框架。2018 年，纽联储已经扩展到运用较为成熟的大数据实时预测技术预测 GDP 增长率并发布工作论文 *Macroecomomic Nowcasting and Forecasting with Big Data*。美国各地区联储也在独立研究的基础上已形成大数据预测的体系，将大数据实时预测结果作为货币政策决策的主要依据（Bernanke 等，2015）。包括纽联储 Nowcasting 模型、亚特兰大联储 GDPnow 模型、圣路易斯联储 ENI 指数、克利夫兰联储通货膨胀率实时预测模型等。欧元区、G7、金砖五国、西班牙、墨西哥、韩国等也已经开始实践大数据实时预测，指导货币政策的制定。

综上所述，大数据的关键特征在于获取充足的实时数据源，经过科学有效地处理，最大限度合理利用可得信息。精确的实时预测方法，使大数据在混频数据转换的过程中不损失也不虚增信息。发挥大数据高效、全面的特征，及时让"原始数据本身说话"。

(二) 问题提出

大数据问题的核心在于大量、复杂数据的发掘与计算。这也是突破实时监测宏观经济状况的关键问题。一是要突破数据形式的限制。相较传统计量分析的原始数据，大数据具备高维、混频、锯齿、修订的特征。研究者在致力于更精确模拟影响预测经济增长的因子时发现，在模拟过程中，大数据的特征相较传统数据表现出更强的时效性和准确性。同时，大数据也因其本身的特征，推动计量方法和建模逻辑突破一致数据的限制，要求具备综合处理混频数据集的能力，提取高频数据全样本信息用于宏观经济分析。二是要突破计量方法的传统假设。传统视角下，当前越来越复杂的数据使模型的复杂程度也不断增加，意味着更多需要被估计的参数。这一现象被研究者们成为"维度诅咒"，即建模者面临着一个过度简单化（忽略数据特征而导致估计偏误）和过度复杂化（参数过多而导致模型不稳定）的权衡。而大数据计量方法通过估计动态因子来解决这一难题。其本质在于经济中不同部门的共同波动的普遍性意味着横截面相关，也说明这些波动基本上由一些相同的因素造成（Burns 和 Mitchell，1946）。基于此，任何预测估计都可以通过简洁的方式，捕捉多序列之间相互影响的突出特征，从而解决大量异构数据和短期复杂数据造成的维度难题。

为解释大数据实时预测的原理，本文绘制了美国纽约联储的宏观经济指标三维聚热图（见图1），图1清晰地反映了指标数据随时间的联合演变。影响宏观经济走势的八项指标显示出了一致的波动特征。在20世纪90年代初、21世纪初存在显著的偏离，其中，最显著的是在2008年和2009年，与美国经济的三次衰退时间吻合。因此，图1清晰且准确地再现了美国经济在样本期的繁荣和衰退。这种可视方法以一种简单、非结构化的方式捕捉到了指标数据的协同波动。造成这种协同波动的关键因素正是大数据实时预测构建的动态因子，也是大数据实时预测重要的技术突破。

目前，国内外学者也在大数据实时预测方面作出多种尝试。国内权威期刊上发表的采用混频数据进行估计的类似研究成果中刘汉和刘金全（2011）、郑挺国和王霞（2013）采用了月、季频度变量数据，栾惠德和侯晓霞（2015）采用了日、月、季频度变量数据，但尚未发现权威期刊发表对中国宏观经济状况进行周频度实时预测的成果。主要原因有两个：一是我国周度等高频经济数据缺失。由于我国数据统计的制度安排，当前可以获取的有效反映中国宏观经济状态的高频数据较少，特别是周频度数据更少。二是我国高频宏观经济预测方法较传统。目前，我国对宏观经济的预测大多仍沿用传统预测方法。传统预测方法多以相关变量滞后期数据预测，无法使用预测期内其他频度指标蕴含的一致性宏观经济走势（动态因子）的信息，易导致预测结果出现趋势性递增或递减的特征，直接影响了实时经济预测的可靠性。

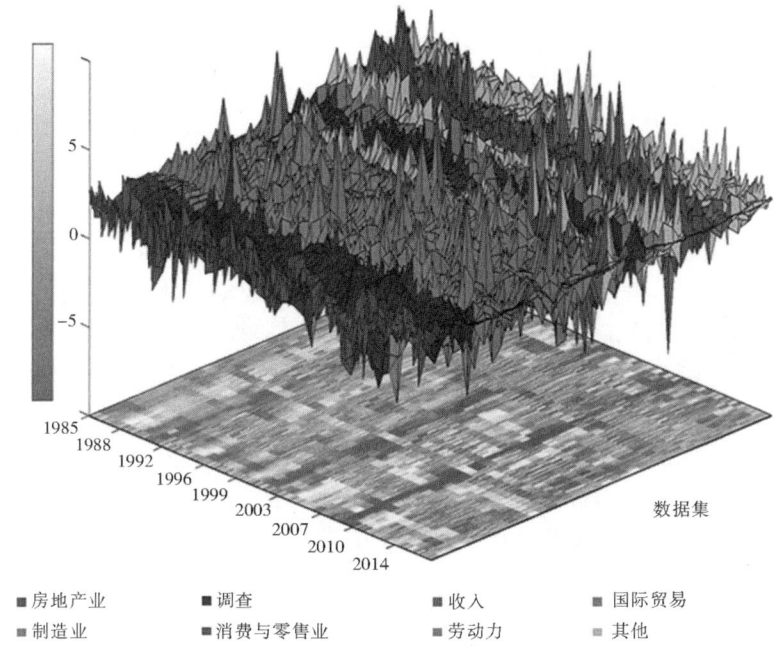

数据来源：Haver Analytics, Federal Reserve Economic Database (FRED)。

图1　1985年以来影响美国宏观经济的指标走势及聚热图

因此，大数据实时预测对我国经济发展、指导政策制定具有重要的现实意义，在宏观经济理论研究界也是世界前沿的研究内容具备突破性的理论意义。在这一过程中，完成构建月、季频度的动态因子模型进行周频度预测中国季度GDP环比增长率是较为棘手的难题。基于此，本文在美国纽约联储实时预测方法的基础上，收集大量可以反映宏观经济状态的混频实时数据，提取动态因子变量，建立中国宏观经济实时预测模型。有效提高我国宏观经济计量模型估计的及时性、有效性和精准度。

本文结构包括五个部分。第一部分为引言部分。第二部分是文献综述。阐述了大数据实时预测技术的发展过程。第三部分是理论基础，简要分析了中国宏观经济实时预测完整动态因子模型的构建、其状态空间分析和估计方法。第四部分是数据说明和预测分析。解释了变量选取、数据处理过程和Nowcasting周频度预测过程,以及模型估计结果、模型的稳健性分析。第五部分是研究结论和展望。

二、文献综述

(一) 大数据技术在宏观经济预测中的运用

近年来,大数据技术的革命在帮助应对全球经济发展带来的挑战方面的潜力得到广泛的认可。联合国统计委员会 2014 年第 45 届会议正式确认"大数据已经成为不容忽视的信息来源"(UNGWG 2017)。Stock 和 Watson (2017) 认为,大数据实时技术的运用,实现了对市场主体内部的连贯一致性分析,打破了传统基于因果关系的宏观经济分析方法。使用大数据技术意味着可能不会得到事情发生的原因,但会得到事情实时发展的模式和关联特征 (Mayer – Schönberger 和 Cukier, 2014)。因此,越来越多的国家和国际组织,都在利用大数据技术收集和增补多项"非传统"指标来获得实时关联信息,并建立一个更全面的预警系统,来监测与响应外部冲击对特定国家财政和金融领域造成的风险累积 (Kitchin, 2015)。例如,国际货币基金组织的"大数据创新项目"主张使用 SWIFT[①] 交易量和金融市场价格实时数据来监测全球资金流动。早期的 SWIFT 指数将 SWIFT 流量(总量)作为经济活动的一面镜子,主要用于及时提供 GDP 的增长估计与可能带来的传染及溢出效应。在 2015 年审查特别提款权时,国际货币基金组织使用 SWIFT 数据测算出人民币在国际交易中扮演越来越重要的角色。

Galbraith 和 Tkacz (2013) 的研究表明,更为细粒化的大数据信息有助于分辨政策间的关联性,从而打破了现有政策分析的局限性,并可能更加及时与清晰地反映政策带来的潜在效应。例如,Google 的网络搜索引擎和 Facebook 的用户留言在经过算法处理后已被证实可以用于预测股票市场的流动性 (Arouri 等,2014),并可以用于构建对股票市场的预期带来重大影响的情绪指数 (Karabulut, 2013)。移动电话的使用、通信记录、卫星图像[②]和专门开发的应用程序相结合可以产生出预测社会经济模式、人口流动、信贷风险概况和农业气候,甚至检测行业风险积聚程度的潜力。私营公司 LinkedIn 已经在使用其细化粒度数据来发布性别分类统计数据,并提供性别统计方面的培训 (Karani, 2017)。这有助于编

[①] SWIFT (环球同业银行金融电讯协会) 是一个标准化的安全消息传递系统,在 200 多个国家的约 11000 家金融机构中使用。每天发送超过 2500 万条 SWIFT 消息。SWIFT 拥有提供有关信息基础交易性质的 100 多种不同的消息类型。对于每种类型的消息,发送信息的总数和支付的总价值都可以获取。

[②] 澳大利亚、中国、哥伦比亚和墨西哥发现了农业统计卫星数据的潜力。

制诸如性别平等之类的可持续发展目标（SDG）指标[①]。国际货币基金组织构建的"每周海滩指数"，综合了通常在海滩度假消费时"一篮子"具有代表性商品的国内成本，即酒店住宿费、出租车费以及食物及饮料等费用。作为对常规价格指数的补充，该指数在体量较小的地区或旅游业占经济份额较大的国家尤其有效。此外，它被证实还可以作为衡量均衡实际汇率的替代工具或作为在研究较长时间序列时的解释变量。世界银行认为（World Bank，2016），随着平台网络，传统商业系统和物联网产生的数据类型纳入标准统计领域（国民账户、对外部门、金融、政府财政和价格统计），大数据技术作为官方统计数据的创新，将为统计实践的稳健发展和经济预测应用提供强有力的引导与支持。

（二）大数据预测的目标、方法与发展

1. 大数据公共因子提取的相关研究

研究者试图使用大数据预测宏观经济的构想早已有之。Burns 和 Mitchell（1946）尝试使用 1277 个时间序列指标研究了美国的经济周期。Ireland（1997）运用最大似然估计预测了 GDP、CPI 和 M_2。但是，受制于计量经济学发展程度和大数据特性的限制，大数据实时预测始终在探索阶段。近年，随着计量经济学的发展，研究者们尝试用多种方法突破大数据的"维度诅咒"。Smets 和 Wouters（2003）提出提取公共动态因子降维的思路并运用实证检验后，突破了学术界在过去 20 年大数据实时预测的瓶颈。提取动态因子成为当前学术界认可程度最高的降维思路（DeJong 等，2000；Otrok，2001；Boivin 和 Giannoni，2006；Herbst 和 Schorfheide，2015；Giannone，2017；郁志坚和顾成军，2018）。Stock 和 Watson（2012）运用 200 个指标，提取了 6 个动态因子预测了美国季度 GDP。Giannone（2017）运用 47 个经济指标，提取了 4 个动态因子预测了美国月度 GDP。

由于动态因子非常容易纳入状态空间形式，在大数据实时经济预测的过程中，研究者们要提高预测精度，就要进一步突破动态因子提取的方法。当前主流研究方法包括三种：一是时域的最大似然和卡尔曼滤波。在 N 很小的情况下，研究者们（Engle 和 Watson，1981；Quah 和 Sargent，1992）使用卡尔曼滤波计算高斯似然，再利用最大似然方法估计参数，最后根据卡尔曼滤波和平滑获得有效的因子估计。这一方法解决了大数据锯齿型和混频的问题，但数据数量一旦扩大，大系统的 MLE 估计无法实现。二是非参数平均。Forni 等（2005）使用动态主成

[①] 国际货币基金组织统计部门参与了以下指标：（1）指标 8.10.1.a，每 100000 名成年人的商业银行分支机构数量，和指标 8.10.1.b，每 100000 名成年人的 ATM 数量（第一级）；（2）指标 10.5.1，财务稳健指标（第三级）；（3）指标 17.1.1，政府总收入占 GDP 的比例，按来源（第一级）；和（4）指标 17.1.2，由国内税收（Ⅰ级）资助的国内预算比例。

分方法提取主要因子；Boivin 和 Ng（2003）使用两步法提取动态因子；Agostino 和 Giannone（2006）提出广义主成分，运用三步法解决残差之间可能存在的序列相关性。三种方法相较而言，N 很小时，广义主成分估计比主成分估计的预测更不稳定，但当 N 和 T 很大时，可以忽视使用样本外均方误差衡量的预测表现的差异。三是主成分和状态空间的混合估计。卡尔曼滤波具备天然处理缺失值的能力，适宜应用于混频数据的预测。基于此，学者们（Giannone 等，2008；Doz 等，2006）尝试先使用主成分或者广义主成分估计 F_t，再使用估计的 F_t 估计预测模型的未知参数。

此外，也有研究者（Kose 等，2003，2008）运用贝叶斯方法估计动态因子模型的参数和因子。贝叶斯方法在模型包含非线性和非高斯的情形下预测能力较强。但是相关研究仍存在明显空白。

2. 大数据预测研究方法的相关研究

自从将动态因子模型引入预测研究以来，很多学者开始对比不同预测模型和方法的实际预测效果。例如，Eickmeier 和 Ziegler（2008）对比试验了 46 个不同模型的预测结果，以对比动态因子模型和经典预测模型的优劣。动态因子模型的预测效果主要取决于预测的变量，例如在预测 GDP、工业产出、就业、贸易等月度指标时，动态因子模型优于其他模型和方法（Boivin 和 Ng，2005）。因此，大数据宏观经济预测的方法选择，也是研究者们近年来关注的重要问题。

（1）Factor–MIDAS 模型

混合数据抽样（MIxed–Data Sampling，MIDAS）是由 Ghysels 等（2004）开发的一种计量经济学的回归或滤波方法。Factor–MIDAS 是 MIDAS 模型与动态因子模型结合的衍生模型。它以状态空间的形式建模，在卡尔曼滤波将预测误差分解的基础上，将 MIDAS 的权重最大化矩阵与因子模型的似然函数相关联后得到系数的最大似然估计。Factor–MIDAS 模型的设计，减少了实时预测中不平衡数据集造成的预测精度问题，而且对前期数据的修正表现出的影响较小。此外，它还可以实现随着时间的变化，在高频数据加入后模型能够产生的具有领先意义的预测结果。Andreou（2013）使用此模型建立了日金融数据和季度宏观经济数据的 Factor–MIDAS 模型，并采用此模型使用 1000 多个金融指标对美国季度 GDP 做了预测，结果表明相对于其他模型，尤其对于金融危机时 GDP 的预测，Factor–MIDAS 模型表现最优。Frale 和 Monteforte（2011）使用动态因子混频数据抽样模型（Factor–MIDAS）对意大利季度 GDP 进行短期预测，也验证了模型及预测结果的时效性。

（2）FAVAR 模型

该模型由 Bernanke（2005）提出，试图解决两个问题：一是传统 N 变量 VAR 模型的参数个数以 N 增加速度的平方增长。FAVAR（factor augment VAR）

模型通过施加先验的参数分布，解决 N 和 T 很大时模型的可行性问题。二是 VAR 的扰动项不能反转为结构冲击，从而导致 VAR 模型建模失败。FAVAR 模型从高维宏观经济信息集中提取动态因子，再重新组成 VAR，由此解决传统 VAR 模型在大数据预测方面的瓶颈。实证结果（Bernanke，2005）显示，宏观经济指标的冲击效应比传统 VAR 模型的预测结果更准确。可以认为，FAVAR 模型利用了更充分的信息，其结构和理念也更加先进。

（3）因子模型

因子模型依赖于这样的假设，即数据是由少数不可观测因素驱动的。它允许将大型数据库中包含的信息汇总到一组未观察到的共同因素中，这些共同因素驱动了整体变量集合中转换的大部分。在因子模型下混合频率数据的问题转化为数据缺失问题。由于系统具有状态空间特征，所以应用卡尔曼滤波可以有效地处理缺失问题。这些特性使我们能够针对任何可用数据获得目标变量的实时预测估计。大量的实证证据证明，大型宏观经济变量的情况确实如此（Sargent 和 Sims，1977；Giannone 等，2004；Stock 和 Watson，2011）。当前，利用因子模型进行实时预测分析主要有两种方法。一种是 Giannone 等（2008）的 MF－GRS 模型。MF－GRS 模型首次实现了对美国 GDP 的实时预测分析，但该模型一般选用 1 个季度指标和多个月度指标进行分析。此后，MF－GRS 模型被用于英国（Giannone 等，2011）和法国（Barhoumi 等，2011）等国家宏观经济指标的实时预测分析。MF－GRS 模型一般限于月度、季度两频度混频指标数据的实时预测。另一种是 Aruoba 等（2009）提出的 MF－DFM 模型。其既扩展了对混频指标频度限于月度、季度的约束，也改进了估计方法，实现了卡尔曼滤波和混频数据的动态估计（郑挺国和王霞，2013；栾惠德和侯晓霞，2015）。它是如今宏观经济学家用来处理大数据主要工具之一。具体的预测分析包括两步：第一，将混频指标表示为动态因子模型的形式，通过在状态空间形式下运用卡尔曼滤波及其平滑处理提取一个动态公共因子；第二，将动态因子引入预测方程进行递归滚动预测。

（三）大数据实时预测在全球央行中的运用

中央银行在使用大数据和新的相关技术方面表现出浓厚兴趣（BIS，2015）。货币政策分析可以受益于对宏观经济变量更好、更及时地实时预测技术，而宏观和微观审慎政策也可能会受益于常规的实时监测预警。目前，实时预测技术在发达经济体的中央银行系统得到了很好的应用（见欧洲央行，2008；德国联邦银行，2009）。一些试点研究正在进行，目的是探索需要什么条件才可以将大数据作为数据工具进行更常规的使用。例如，David de Antonio Liedo（2014）在比利时国家银行的工作论文中运用实时预测技术构建了比利时季度内自动实时更新 GDP 增长预期的模型，该模型能够在官方估算公布的前三个月为比利时提供准确的实际 GDP 增长预测。来自捷克央行的 Marek Rusnák 采用动态因子模型（DFM）来预测捷克 GDP，得到模型的预报精度与捷克国家银行的预报精度相当。Liedo 和 Muñoz（2010）利用贝叶斯 VAR 文献中带有先验条件的中小型线性动态回归组合进行西班牙 GDP 的实时预测，结果表明在经济衰退最严重的阶段，模型可以在官方财务报告公布前将近一个半月产生可靠的实际 GDP 增长预测值。Francisco Dias 等（2015）运用因子模型预测葡萄牙国内生产总值增长的相对表现，得到评估因子模型在金融危机前和危机期间较好地反映了葡萄牙的经济行为。

较为成熟的实时预测运用主要集中在美国各地区联储以及 ECB，具体包括纽约联储的 Nowcasting 模型，亚特兰大联储的 GDPnow 模型，圣路易斯联储的 ENI 指数，以及明尼阿波利斯联储的预测模型，克利夫兰联储的通货膨胀预测模型。其中，纽约联储基于动态因子技术的 Nowcasting 模型被常规地用于更新实时数据发布经济状态监测结果，它已经实现每两周基于最新发布数据自动更新 GDP 预测，且精准度较高。上述模型均表明不代表其官方预测。

此外，基于大数据的实时预测技术在新兴经济体中也得到了有效应用。加拿大中央银行的 Dahlhaus 等（2017）使用动态因子模型来预测巴西、俄罗斯、印度、中国和墨西哥（"BRIC+M"）的实际 GDP 增长，发现动态因子模型框架特别适合 EME，并且发现与国内指标相关的"新闻"是实时预测修订的主要推动力，而外生变量的作用相对较小。Liu 等（2012）对 10 个拉美国家的实际 GDP 增长进行预测。他们的结果表明，在所考虑的大多数国家中，动态因子模型在预测精度方面始终优于其他模型规范。BrigoLi 等（2014）用动态因子模型对巴西 GDP 增长与中央银行调查的预测结果进行比较，认为两种预测同样有效。

三、大数据即时预测模型

（一）基本理论框架

利用混频指标大数据实时预测的核心思想是借助混频动态因子模型充分挖掘混频指标大数据中反映中国季度 GDP（季节调整后环比）增长率[①]的有效信息，提取 N 个动态公共因子；利用动态公共因子数据代替混频指标大数据进行实时预测，从而突破利用大数据实时预测的"维度诅咒"，实现利用混频指标大数据实时预测和周度发布中国季度 GDP 增长率。在具体的预测操作过程中，有以下几点较为重要。

---

① 本文季度 GDP 增长率均为季度 GDP 季节调整后环比增长率，简单起见，后文均简称为季度 GDP 增长率。

第一，混频动态因子模型分析概述。借鉴 Giannone 等（2008、2011）和 Bok 等（2018）的研究，本文中构建混频动态因子模型需要将选取的混频指标表示成线性方程组的形式，并提取线性方程组中的参数构建参数向量（或系统矩阵），从而将混频动态因子模型简化为状态空间形式下的测量方程和转移方程，借助卡尔曼滤波实现动态补充混频指标的缺失值、提取动态因子、参数估计，以及后期的实时预测等。

第二，实时数据处理概述。具体包括三个方面：一是实时数据集中具体指标数据的处理。其根据指标数据的特征主要有季节调整、补充缺失值、自然对数一阶差分、标准化等 9 种形式，详见附录。二是实时数据集的收集和整理。本文中实时数据集共编制 17 个，其编制按照周频度进行操作。当期实时数据集和下一期实时数据集的差异在于下一期实时数据集包含混频指标新发布的数据和旧数据的更新。

第三，实时预测的参数动态设定。一是时间参数设定。具体是设定利用实时数据集进行实时预测的起始时间和控制实时预测的时间频度为周度。二是混频指标的因子载荷数据设定。其基准为季度，具体为每季度初使用全部混频指标估计大数据的因子载荷值，并作为该季度内基准值；下一季度时重新估计因子载荷值和重新设定。每季度采用 16 年滚动窗口进行参数估计。

（二）混频动态因子模型

混频动态因子模型能够有效解决同频因子模型处理混频指标数据时无法解决的问题，使利用混频指标大数据进行实时预测有了新的改进和拓展，提供了一种通过提取公共因子实现混频指标大数据实时预测降维的有效方法。

1. 混频动态因子模型的基本形式和改进。混频动态因子模型的基本形式可以将与宏观经济协同波动的任意一个时间序列指标表示成因子模型的方程形式。Aruoba 等（2009）考虑了滞后项 $y_{t-m}^{i,n}$ 和因素 w_t 对混频指标 $y_t^{i,n}$ 的共同影响，认为混频动态因子模型的基本形式是将混频指标 $y_t^{i,n}$ 表示为不可直接观测的动态因子 α_t、滞后项 $y_{t-m}^{i,n}$ 和因素 w_t 的和的形式

$$y_t^{i,n} = c^i + \beta^{i,n}\alpha_t + \delta^{i1}w_t^1 + L + \delta^{ik}w_t^k + \gamma^{i1}y_{t-1}^{i,n} + L + \gamma^{in}y_{t-m}^{i,n} + \mu_t^i \tag{1}$$

虽然基本形式将滞后项 $y_{t-m}^{i,n}$ 和因素 w_t 也引入了混频动态因子模型，但在 Aruoba 等（2009）的实证分析过程中并未真正纳入。特别是当因素 w_t 的影响较为突出时，则混频指标 $y_t^{i,n}$ 将主要表现为经济波动差异性特征，导致动态因子 α_t 使经济波动表现出较强协同性的效应被弱化，最终使该指标不被选用。鉴于 Aruoba 等（2009）和郭建伟（2018）的实证分析操作过程，本文将基本形式进行了改进。具体的改进体现在两个方面。一是将未被采用的经济波动协同性弱的

指标纳入分析之中。二是混频动态因子模型的表达形式改进。主要的改进之处是剔除滞后项 $y_{t-m}^{i,n}$ 和外生变量 w_t。在动态因子 α_t 服从 AR（1）过程的条件下，可以得到混频指标 $y_t^{i,n}$ 和动态因子 α_t 之间的线性方程组表示的测量方程式（2）和转移方程式（3）

$$y_t^{i,n} = \beta^{i,n}\alpha_t + \varepsilon^{i,n} \tag{2}$$

$$\alpha_t = \rho\alpha_{t-1} + e_t \tag{3}$$

其中，$\varepsilon^{i,n}$ 为白噪声，$\varepsilon^{i,n}: N(0, (\sigma_t^{i,n})^2)$，$e_t: N(0, 1)$；$i$ 取值 1、2、3、4 分别表示指标频度为月度、季度、半年度和年度等混频指标的频度；n 表示特定频度对应的指标个数。

2. 混频动态因子模型表达形式的转化和估计。当混频指标个数多于其频度数（$n > i > 2$）时，混频动态因子模型便具有了多频度、多指标的特征。为了简化分析，设各频度指标个数相同，从而与式（2）相类似的因子方程将达到 n 个，或者说可以得到包含 ni 个因子方程的线性方程组。线性方程中的参数可以用向量表示为测量方程和转移方程的系统矩阵。于是，多频度、多指标混频动态因子模型就可以利用系统矩阵改写测量方程和转移方程表达形式。式（4）和式（6）是利用系统矩阵改写测量方程的一般形式和简化形式；式（5）和式（7）是利用系统矩阵改写转移方程的一般形式和简化形式。

$$\begin{bmatrix} y_t^{11} \\ M \\ y_t^{1i} \\ y_t^{21} \\ M \\ y_t^{2i} \\ y_t^{31} \\ M \\ y_t^{3i} \\ y_t^{41} \\ M \\ y_t^{4i} \end{bmatrix} = \begin{bmatrix} \beta^{11} & L & \beta^{1i} & \beta^{21} & L & \beta^{2i} & \beta^{31} & L & \beta^{3i} & \beta^{41} & L & \beta^{4i} \\ M & O & M & M & O & M & M & O & M & M & O & M \\ 0 & L & 0 & 0 & L & 0 & 0 & L & 0 & 0 & L & 0 \\ 0 & L & 0 & 0 & L & 0 & 0 & L & 0 & 0 & L & 0 \\ M & L & M & M & O & M & M & O & M & M & O & M \\ 0 & 0 & 0 & 0 & L & 0 & 0 & L & 0 & 0 & L & 0 \\ 0 & L & 0 & 0 & L & 0 & 0 & K & 0 & 0 & L & 0 \\ M & O & M & M & O & M & M & L & M & M & O & M \\ 0 & L & 0 & 0 & L & 0 & 0 & L & 0 & 0 & L & 0 \\ 1 & L & 0 & 0 & L & 0 & 0 & L & 0 & 0 & L & 0 \\ M & O & M & M & O & M & M & O & M & M & O & M \\ 0 & L & 1 & 0 & L & 0 & 0 & L & 0 & 0 & L & 0 \end{bmatrix}^T \begin{bmatrix} \alpha_t \\ M \\ \alpha_{t-i} \\ \alpha_{t-i-1} \\ M \\ \alpha_{t-2i} \\ \alpha_{t-2i-1} \\ M \\ \alpha_{t-3i} \\ \varepsilon_t^{11} \\ M \\ \varepsilon_t^{1i} \end{bmatrix} + \begin{bmatrix} 0 \\ M \\ 0 \\ \varepsilon_t^{21} \\ M \\ \varepsilon_t^{2i} \\ \varepsilon_t^{31} \\ M \\ \varepsilon_t^{3i} \\ \varepsilon_t^{41} \\ M \\ \varepsilon_t^{4i} \end{bmatrix} \tag{4}$$

$$\begin{bmatrix} \alpha_{t+1} \\ \alpha_t \\ \alpha_{t-1} \\ \alpha_{t-2} \\ M \\ \mu_{t+1}^{11} \\ M \\ \mu_{t+1}^{1i} \end{bmatrix} = \begin{bmatrix} \rho & 0 & 0 & 0 & 0 & L & 0 \\ 1 & 0 & 0 & 0 & 0 & L & 0 \\ 0 & 1 & 0 & 0 & 0 & L & 0 \\ 0 & 0 & 1 & 0 & 0 & L & 0 \\ M & M & M & M & M & L & M \\ 0 & 0 & 0 & 0 & \gamma^{11} & L & 0 \\ M & M & M & M & M & O & M \\ 0 & 0 & 0 & 0 & 0 & L & \gamma^{1i} \end{bmatrix} \begin{bmatrix} \alpha_t \\ \alpha_{t-1} \\ \alpha_{t-2} \\ \alpha_{t-3} \\ M \\ \mu_t^{11} \\ M \\ \mu_t^{1i} \end{bmatrix} + \begin{bmatrix} 1 & 0 & L & 0 \\ 0 & 0 & L & 0 \\ 0 & 0 & L & 0 \\ 0 & 0 & L & 0 \\ M & M & L & M \\ 0 & 1 & L & 0 \\ M & M & O & M \\ 0 & 0 & L & 1 \end{bmatrix} \begin{bmatrix} e_t \\ e_t \\ e_t \\ e_t \\ M \\ \xi_t^{11} \\ M \\ \xi_t^{1i} \end{bmatrix} \quad (5)$$

$$y_t = Z_t \alpha_t + \varepsilon_t \quad (6)$$

$$\alpha_{t+1} = T_t \alpha_t + R_t \eta_t \quad (7)$$

其中，$\varepsilon_t : (0, H_t)$，$\eta_t : (0, Q_t)$；Z_t、T_t、H_t、R_t 和 Q_t 是在特定元素位置含有参数的系统矩阵。为便于分析，式（4）表示混频指标 $y_t^{i,n}$ 为存量指标时的形式，T 表示矩阵转置符号。

混频动态因子模型表达形式的转化还包括引入矩阵 W_t 对状态空间形式的测量方程进行转化。这种转化的目的是使卡尔曼滤波能够处理含有缺失值的混频数据，从而实现模型的估计。矩阵 W_t 为 $ni \times ni$ 矩阵，元素仅包括 0 和 1；当混频指标观测值存在时系统矩阵 W_t 对角线对应位置的元素赋值为 1，观测值不存在时其对角线对应位置元素赋值为 0。于是，对 y_t、Z_t、ε_t 和 H_t 矩阵进行 $y_t^* = W_t y_t$、$Z_t^* = W_t Z_t$、$\varepsilon_t^* = W_t \varepsilon_t$ 和 $H_t^* = W_t H_t W_t'$ 转化处理后，可以得到混频动态因子模型转化后的新测量方程 $y_t^* = Z_t^* \alpha_t + \varepsilon_t^*$，$\varepsilon_t^* \sim (0, H_t^*)$。借助卡尔曼滤波技术可以实现混频动态因子模型的 BFGS 法动态估计，得到动态因子数值、各参数估计值和对数似然估计值等。

（三）实时数据流对预测结果的影响

根据 Banbura 和 Modugno（2014）的研究，本文使用 Ω_v 表示为发布 v 中的信息集，B_v 表示使用 Ω_v 中的信息获得的估计参数集。在时间 $v+1$，发布一个或一组变量的新数据，$\{x_j, T_j, v+1, j \in J_{v+1}\}$，其中 j 表示发布数据的变量，J 表示发布的数据集，并且 $\Omega_v \subset \Omega_{v+1}$，$\Omega_v \setminus \Omega_{v+1} = \{x_j, T_j, v+1, j \in J_{v+1}\}$。于是，混频指标数据发布的不可直接观测部分，可以用以下公式表示

$$\begin{aligned} & E(y_t^Q | \Omega_{v+1}, B_{v+1}) - E(y_t^Q | \Omega_v, B_{v+1}) \\ & = \sum_{j \in J_{v+1}} \delta_{j,t,v+1} [x_j, T_j, v+1 - E(x_j, T_j, v+1 | \Omega_v)] \end{aligned} \quad (8)$$

其中，$\delta_{j,t,v+1}$ 是从模型估计中获得的权重。这表明混频指标数据公布或更新对预测结果的影响可以通过数据公布前后的差异来衡量。于是，使用旧信息集 Ω_v 获

得的实时预测期望与旧参数估计 B_v 和使用旧信息集 Ω_v 和新参数估计 B_{v+1} 的实时预测期望之间的差异。可以表示为

$$E(y_t^Q|\Omega_v, B_v) - E(y_t^Q|\Omega_v, B_{v+1}) \tag{9}$$

本文实时数据的处理和实时预测等分析过程主要是利用 MATLAB 软件来实现的。

四、数据说明与实证分析

（一）实时数据集

1. 指标选取。首先，混频指标选取 33 个指标，见附表 1。从指标的经济、金融属性看，指标中有 20 个经济指标和 13 个金融指标。从指标的频度属性看，混频指标中有 29 个月度指标、4 个季度指标。从指标的绝对和相对属性看，有 19 个绝对指标和 14 个相对指标；需要说明的是，文中将单位为亿元或亿美元的指标统称为绝对指标，其余指标统称为相对指标，也就是说指标的相对属性都是一定程度上的。于是，在附表 1 中基于 4 类分类代码，还将 33 个混频指标分为价格类指标（Prices）、贸易类指标（International Trade）、非贸易类国民账户类指标（National Accounts）和非价格类相对指标（Relative）。

2. 实时数据集的构建。实时数据集的构建通常遵循下列方法。以季度 GDP 指标为例，季度 GDP 实时数据包含纵向时间维度和横向序列维度。从纵向看，每 1 个季度将向下方新增加 1 个 GDP 数值；从横向看，每 1 个季度将向右方增加 1 个 GDP 指标序列。于是，季度 GDP 实时数据是包含一定数量纵向时间维度和一定数量横向序列维度的实时数据集。当然，另外 32 个混频指标也可以按照同样的方法生成实时数据集。按照上述方法生成的实时数据集是针对特定指标的，也就是说，其表现形式是每个指标对应一个实时数据集。显然，这种相互分离的实时数据集不适合本文的实时预测分析。具体的处理方法是，以 2000 年 1 月为基准建立包含 33 个混频指标的数据集；按照周频度划分指标数据发布或更新所对应的周度；当时间按照周频度更新时，对应周度时间内如有混频指标发布或更新数据，则生成对应周度时间的实时数据集。以 2018 年 10 月 27 日对应的实时数据集为例，33 个混频指标数据经过简单处理后表现出波动走势协同性较差的特征，具体见图 2。

3. 数据处理。文中所有实时数据集内的混频指标数据的处理均是通过 MATLAB 软件和编制处理程序进行的。主要的实时数据处理共有季节调整、补充缺失值、自然对数一阶差分、标准化等 9 种，具体处理方式见附表 1 中的处理代码。以 2018 年 10 月 27 日对应的实时数据集为例，33 个混频指标数据经过不同方式的处理后表现出了波动区间一致性较好的特征，见图 3。

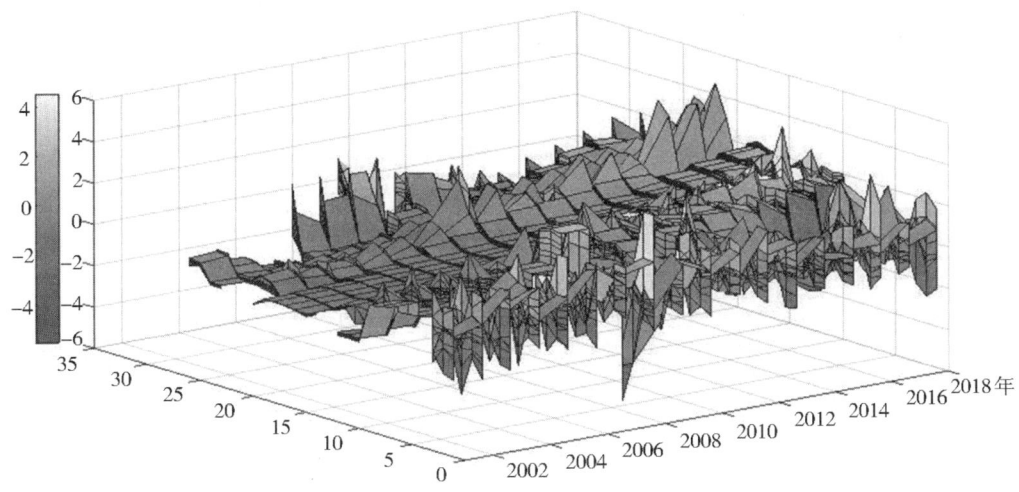

注:指标数据处理代码具体含义见附表1。

图2 混频指标数据及处理:1-4,8

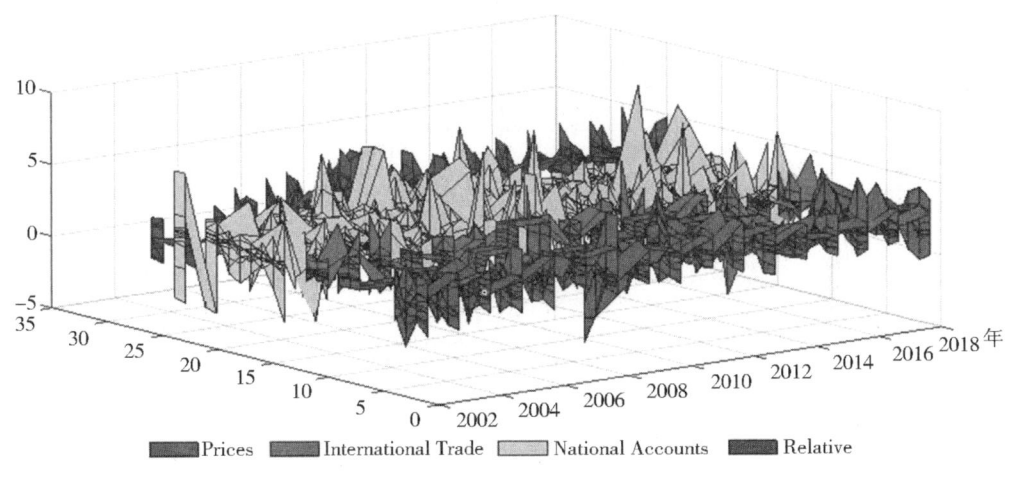

注:同图2。

图3 混频指标数据及处理:1-8

(二) 实时预测的参数动态设定

实时预测的参数动态设定包括时间参数设定、混频指标的因子载荷数据设定和混频指标分类的冲击参数设计。时间参数设定具体是设定利用实时数据集进行实时预测的起始时间和控制实时预测的时间频度为周度。混频指标的因子载荷数据设定的基准为季度,具体为每季度季处估计全部混频指标大数据的因子载荷值,并作为该季度内基准值;下一季度时重新估计因子载荷值和重新设定。混频指标分类的冲击参数设计主要是赋值设定。其具体参数赋值为 1 或 0。例如，全样本冲击参数赋值均为 1，具体如表 1 所示。三是预测基准时间区间设计；以周为预测基准时间区间，也就是设计基准预测期和即时预测期的时间频度为周度。

表 1　　　　　　　　　　　混频指标参数设计

指标名称	指标代码	全样本	相对指标	绝对指标（无金融）	绝对指标（有金融）
消费价格环比指数	CPI	1	1	0	0
食品消费价格环比指数	CPI1	1	1	0	0
非食品消费价格环比指数	CPI2	1	1	0	0
全部工业品生产价格环比指数	PPI	1	1	0	0
生产资料生产价格环比指数	PPI1	1	1	0	0
生活资料生产价格环比指数	PPI2	1	1	0	0
6 个月至 1 年的短期贷款利率	RAT1	1	1	0	0
1 年至 3 年的中期贷款利率	RAT2	1	1	0	0
3 年至 5 年的长期贷款利率	RAT3	1	1	0	0
当月进出口贸易金额	TRA1	1	0	1	1
当月出口贸易金额	TRA2	1	0	1	1
当月进口贸易金额	TRA3	1	0	1	1
当月使用外商直接投资金额	FDI	1	0	1	1
当月社会消费品零售总额	CON	1	0	1	1
货币供应量 M_0	MON1	1	0	0	1
货币供应量 M_1	MON2	1	0	0	1
货币供应量 M_2	MON3	1	0	0	1
金融机构各项贷款余额	LOA	1	0	0	1
金融机构各项存款余额	DEP	1	0	0	1
官方外汇储备资产	RES	1	0	0	1
当月社会融资规模	FIN	1	0	0	1
当月新增人民币贷款融资规模	FIN1	1	0	0	1
当月全国公共财政收入	REV	1	0	1	1
当月全国税收收入	REV1	1	0	1	1
人民币实际有效汇率指数	EXC	1	1	0	0
人民币名义有效汇率指数	EXC1	1	1	0	0
中国制造业采购经理指数	PMI	1	1	0	0

续表

指标名称	指标代码	全样本	相对指标	绝对指标（无金融）	绝对指标（有金融）
中国非制造业采购经理指数	PMI1	1	1	0	0
工业增加值定基指数	IND	1	1	0	0
当季现价国内生产总值	GDP	1	0	1	1
当季现价第二产业国内生产总值	GDP1	1	0	1	1
当季现价第三产业国内生产总值	GDP2	1	0	1	1
当季现价工业国内生产总值	GDP3	1	0	1	1

注：无金融是指不含金融类指标的绝对指标，有金融是指含有金融类指标的绝对指标。

（三）动态公共因子提取

为了提取 33 个混频指标数据 2008 年 1 月至 2018 年 9 月的动态公共因子 Fac，需要计算 Fac 与各个混频指标数据的因子载荷值，也就是分析 Fac 与各个混频指标数据的相关系数。当因子载荷值小于等于 1，并且其绝对值越接近 1 时，则 Fac 与各个混频指标数据的相关程度就越高，Fac 对各个混频指标数据的解释程度就越高。为了便于分析，文中将混频指标数据按照频度进行分类分析。对于 29 个月度指标，具体的分析分为 4 种形式：全样本、相对指标、绝对指标（不含金融类指标）和绝对指标（包含金融类指标）。对于 4 个季度绝对指标，由于它们具有与实时预测分析的高度相关性，所以需要进一步分析它们与不同滞后期的 Fac 之间的相关性。

表2　　　　　　　　　月度指标因子载荷

指标名称	指标代码	全样本	相对指标	绝对指标（无金融）	绝对指标（有金融）
消费价格环比指数	CPI	0.48613	0.20342		
食品消费价格环比指数	CPI1	0.45062	0.16842		
非食品消费价格环比指数	CPI2	0.27671	0.21689		
全部工业品生产价格环比指数	PPI	0.00163	0.37493		
生产资料生产价格环比指数	PPI1	-0.01892	0.35136		
生活资料生产价格环比指数	PPI2	0.16807	0.19845		
6 个月至 1 年的短期贷款利率	RAT1	0.00595	-0.48600		
1 年至 3 年的中期贷款利率	RAT2	0.00649	-0.49766		
3 年至 5 年的长期贷款利率	RAT3	0.00619	-0.46985		

续表

指标名称	指标代码	全样本	相对指标	绝对指标（无金融）	绝对指标（有金融）
当月进出口贸易金额	TRA1	0.01333		0.61141	0.12459
当月出口贸易金额	TRA2	0.06106		0.41069	0.13619
当月进口贸易金额	TRA3	-0.00467		0.48798	-0.01467
当月使用外商直接投资金额	FDI	-0.03170		0.12012	0.02228
当月社会消费品零售总额	CON	0.08335		0.14245	0.27214
货币供应量 M_0	MON1	0.16228			0.09428
货币供应量 M_1	MON2	-0.29848			0.27843
货币供应量 M_2	MON3	0.01000			0.39771
金融机构各项贷款余额	LOA	-0.07384			0.35960
金融机构各项存款余额	DEP	-0.10398			0.26624
官方外汇储备资产	RES	0.02023			0.08037
当月社会融资规模	FIN	-0.06193			0.36532
当月新增人民币贷款融资规模	FIN1	-0.05872			0.35878
当月全国公共财政收入	REV	0.05702		0.23967	-0.29938
当月全国税收收入	REV1	0.10580		0.21242	-0.29622
人民币实际有效汇率指数	EXC	0.32476	-0.04770		
人民币名义有效汇率指数	EXC1	0.17112	-0.15057		
中国制造业采购经理指数	PMI	-0.18379	0.02763		
中国非制造业采购经理指数	PMI1	-0.16165	-0.00516		
工业增加值定基指数	IND	-0.26929	-0.10868		
变量共同度值	—	0.97766	1.16236	0.91790	0.99964

注：同表1。

1. 经济金融类绝对指标具有重要积极影响，相对指标具有消极影响。为了分析四种形式下各类指标的影响情况，文中引入变量共同度指标。变量共同度也称变量方差，是每个原始变量在动态公共因子的因子载荷的平方和，也就是原始变量方差中由动态公共因子所决定的比率，其取值为0至1。变量共同度用于说明原始变量方差中能被动态公共因子解释的部分，其数值越大，则原始变量能被动态公共因子解释的程度越高，动态因子可以解释的变量的方差也越多。换句话说，变量共同度分析用动态公共因子对原始变量进行替代后所保留下来的原始变量中的信息。在四种情景下，29个月度指标的变量共同度值依次为0.97766、1.16236、0.91790和0.99964。特别是在仅考虑相对指标的形式下，变量共同度值大于 1，表明估计得到的相对指标因子载荷值偏大了。如相对指标形式下的生产价格指数类和贷款利率类相对指标的因子载荷值的绝对值远大于全样本形式下对应的因子载荷值的绝对值。这也说明仅选用相对指标进行季度 GDP 的周度预测分析是不合适的。其原因之一在于相对指标仅是一定程度上的相对；原因之二在于需要选用绝对指标。在两种绝对指标形式下，引入金融指标将变量共同度值从 0.91790 提升至 0.99964，表明经济金融类绝对指标对于预测季度 GDP 具有积极影响。从全样本形式看，29 个月度指标的变量共同度值为 0.97766，则 4 个季度指标的变量共同度值为 0.02234。需要说明的是，4 个季度指标的因子载荷值也是基于当期动态公共因子计算得到的，故而其变量共同度值较小。实际上，从后文的分析可知，计算季度 GDP 的最佳变量共同度值时应选用 Fac 的滞后 2 期变量，而非当期变量。

表 3　　　　　　　　　　　季度指标因子载荷

指标	Fac 滞后 0 期	Fac 滞后 1 期	Fac 滞后 2 期	Fac 滞后 3 期	Fac 滞后 4 期
GDP	0.01690	0.03380	0.05070	0.03380	0.01690
GDP1	0.00838	0.01676	0.02514	0.01676	0.00838
GDP2	0.01915	0.03830	0.05744	0.03830	0.01915
GDP3	0.01350	0.02701	0.04051	0.02701	0.01350

注：动态因子 Fac1 是在混频指标数据的全样本条件下提取得到的。

2. 季度指标与动态公共因子的滞后 2 期变量之间的相关程度最高。在模型设定提取 1 个动态公共因子的条件下，可以得到季度指标的因子载荷计算结果，见表 3 所示。从动态因子 Fac 滞后 0~4 期的计算结果来看，4 个季度指标的计算结果均表现出了高度一致的对称性；同时，当动态因子 Fac 滞后 2 期时，其与季度指标的因子载荷值最大，相关程度最高。由于季度指标选择的均为 GDP 及其组成指标的绝对指标，对于预测季度 GDP 环比增长率来说，构建被解释变量季度 GDP 与解释变量动态因子 Fac 的滞后 2 期变量之间的动态方程关系最为合适。当然，动态方程中是否需要引入被解释变量的滞后期变量还需要进一步分析。

3. 动态公共因子提取。首先，对月度动态公共因子进行周频度提取和进行季度 GDP 环比增长率预测具有较好的时效性。利用 MATLAB 软件和计算程序，可以提取 2008 年 1 月至 2018 年 9 月的共计 129 个月度动态公共因子，具体见图 4。显然，对于预测季度 GDP 的环比增长率来说，提取月度动态公共因子体现两个方面的时效性。其一在于月度动态公共因子对于季度预测的时效性；其二在于月度动态公共因子可以实现周频预测，即每周均可以进行月度动态公共因子的提取，从而也使得预测分析具有时效性。其次，动态公共因子与混频指标的特征。动态公共因子的波动走势与 33 个混频指标数据之间，以及 33 个混频指标数据之间的波动走势差异性均较为明显。由于33个混频指标数据的环比增长率总体上围绕0轴上下波动，所以动态公共因子也围绕0轴上下波动，并且波动幅度不大。

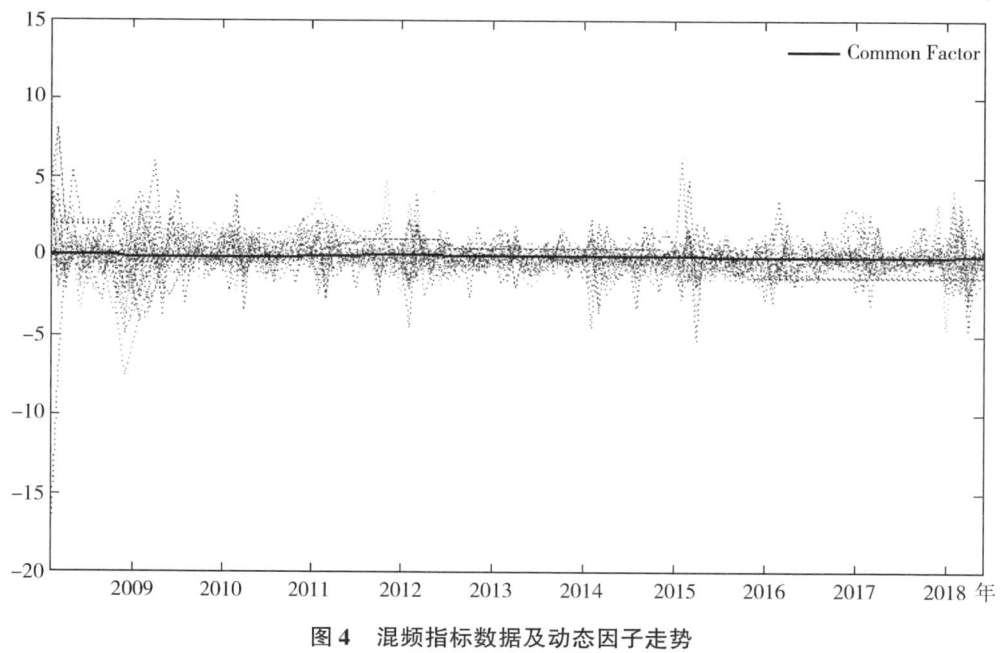

图4　混频指标数据及动态因子走势

（四）即时预测结果分析

1. 即时预测结果。图5、图6报告了利用33个混频指标数据对2018年第二季度、第三季度、第四季度的实时预测结果；其预测过程为：发布的混频指标数据处于2018年第二季度内时进行2018年第二季度GDP环比增长率的预测，当国家统计局公布第二季度GDP环比增长率后不再进行预测，对于2018年第三季度GDP环比增长率的预测，方法相同；同时期内，还进行2018年第四季度GDP环比增长率的预测。首先，从图5可知，预测结果介于1.50%~2.00%。具体情况是预测结果最大值为1.83%，最小值为1.67%。对2018年第二季度的4个预测结果均值为1.72%，与国家统计局公布的1.70%基本一致；对2018年第三季度的13个预测结果均值为1.74%，与国家统计局公布的1.60%相差0.14个百分点。其次，从图6可知，预测结果介于1.44%~1.52%。对2018年第四季度的17个预测结果均值为1.46%；其中，基于2018年第二季度的混频指标数据得到的4个预测结果均值为1.45%，基于2018年第三季度的混频指标数据得到的13个预测结果均值为1.46%。再其次，混频指标数据的公布对季度GDP的实时预测结果具有修正功能。总体来看，数据发布的修正范围处于-0.15%~0.15%。

再次，33 个混频指标分为四类指标后，各类指标对实时预测结果的影响差异较大。总体来看，贸易类（International Trade）和国民账户类（National Accounts）绝对指标对实时预测结果的影响较为突出，而价格类等相对指标的影响较弱，具体见图 5。最后，实时预测结果可以捕获特定事件对预测结果的影响。例如，从指标的影响看，2018 年 7 月 14 日，贸易类（International Trade）绝对指标对预测结果为负向影响；而 2018 年 9 月 15 日，其对预测结果为正向影响。这反映了中美贸易摩擦对中美两国间进出口贸易的影响，以及进而对季度 GDP 环比增长率的影响。2018 年 6 月 15 日，美国宣布对中国 340 亿美元商品加征关税，中美贸易摩擦正式开始；而 2018 年 7 月 14 日海关总署公布进出口相关数据后，进行实时预测分析结果中贸易类绝对指标显示出负向影响，验证了中美贸易摩擦的影响。2018 年 8 月 23 日，美国宣布将对中国 160 亿美元商品加征关税，第二轮开始；2018 年 9 月 15 日海关总署公布进出口相关数据后，进行实时预测分析结果中贸易类绝对指标显示正向影响，也验证了中美贸易摩擦的影响。

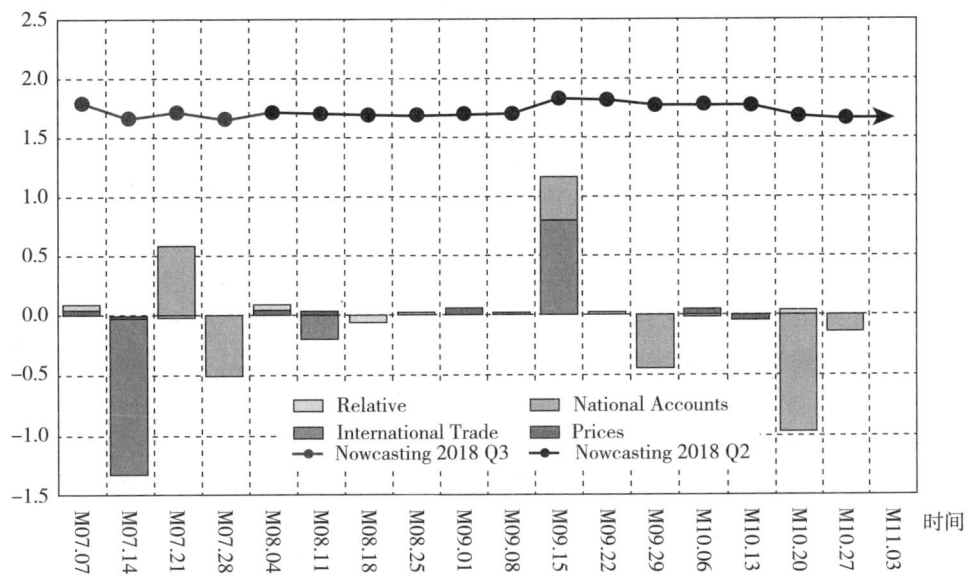

注：为了便于观察混频指标分类数据发布的影响效应值被放大了 10 倍。以图中 M07.07 为例，这说明 2018 年 7 月 7 日发布了 2018 年 6 月第 1 周的指标数据，可以在 7 月 7 日进行 2018 年第二季度 GDP 环比增长率预测和 2018 年第四季度 GDP 环比增长率预测。

图 5　2018Q2—2018Q3 的周度即时预测结果及混频指标数据发布的影响效应分解

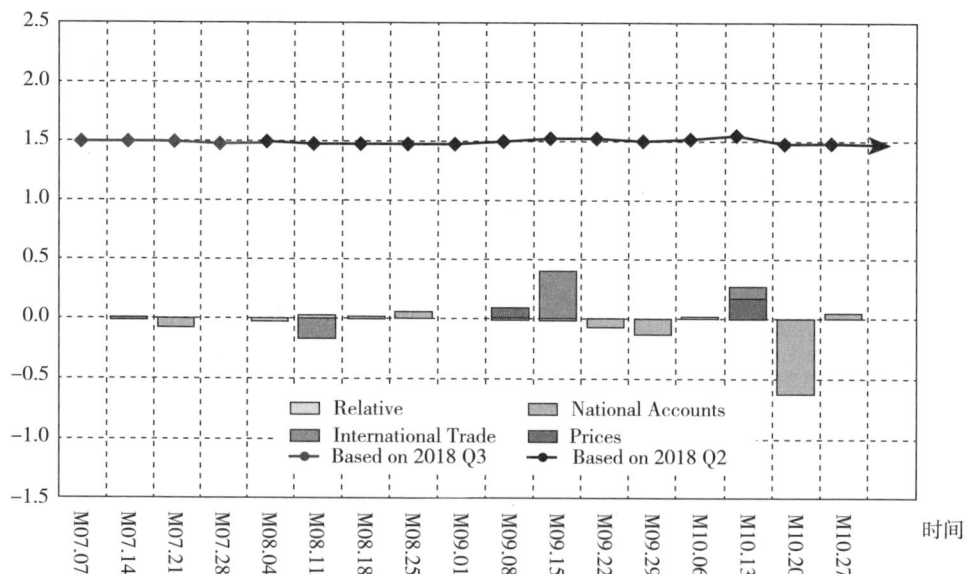

注：为了便于观察混频指标分类数据发布的影响效应值也被放大了 10 倍。

图 6　2018Q4 的周度即时预测结果及混频指标数据发布的影响效应分解

2. 预测结果的准确性分析。首先，准确性分析是基于时间区间为 2018 年第二、第三季度进行的 17 个实时预测结果而展开分析的，具体是进行误差分析。误差分析包括绝对误差和相对误差 2 个指标的分析，具体见表 4。其次，预测的准确性判断主要基于判断误差的积是否为零。一方面，如果误差的积为零，则说明预测值对于实际值是无偏估计的；另一方面，如果误差的积不为零，则比较误差的几何平均值和算术平均值是否一致，如果几何平均值和算术平均值一致，则说明预测值对于实际值也是无偏估计。

由于 17 个绝对误差乘积值为 $-6.74091E-18 \approx 0$，说明基于绝对误差的分析验证了预测值对于实际值是无偏估计的。由于 17 个相对误差乘积值为 0.32502，其几何平均值为 0.93603；17 个相对误差的和为 15.92772，其算术平均值为 0.93692。显然，几何平均值和算术平均值是相一致的，说明基于相对误差的分析验证了预测值对于实际值也是无偏估计的。总体来看，基于绝对误差和相对误差的分析均表明预测结果的准确性较好。

表 4 实时预测结果及其误差情况

实时预测日期	数据发布周次	第二、第三季度				第四季度预测值
		预测值	实际值	绝对误差	相对误差	
2018-07-07	Q2：M6-1st	1.80000	1.70000	-0.10000	0.94444	1.46027
2018-07-14	Q2：M6-1st, 2nd	1.67000	1.70000	0.03000	1.01796	1.45833
2018-07-21	Q2：M6-1st, 2nd, 3rd	1.72000	1.70000	-0.02000	0.98837	1.44988
2018-07-28	Q2：M6-1st, 2nd, 3rd, 4th	1.67000	1.70000	0.03000	1.01796	1.44986
2018-08-04	Q3：M7-1st	1.72000	1.60000	-0.12000	0.93023	1.45303
2018-08-11	Q3：M7-1st, 2nd	1.71000	1.60000	-0.11000	0.93567	1.43858
2018-08-18	Q3：M7-1st, 2nd, 3rd	1.70000	1.60000	-0.10000	0.94118	1.43843
2018-08-25	Q3：M7-1st, 2nd, 3rd, 4th	1.70000	1.60000	-0.10000	0.94118	1.44685
2018-09-01	Q3：M8-1st	1.71000	1.60000	-0.11000	0.93567	1.44753
2018-09-08	Q3：M8-1st, 2nd	1.71000	1.60000	-0.11000	0.93567	1.45830
2018-09-15	Q3：M8-1st, 2nd, 3rd	1.83000	1.60000	-0.23000	0.87432	1.49669
2018-09-22	Q3：M8-1st, 2nd, 3rd, 4th	1.83000	1.60000	-0.23000	0.87432	1.48757
2018-09-29	Q3：M8-1st, 2nd, 3rd, 4th, 5th	1.78000	1.60000	-0.18000	0.89888	1.47530
2018-10-06	Q3：M9-1st	1.79000	1.60000	-0.19000	0.89385	1.47490
2018-10-13	Q3：M9-1st, 2nd	1.78000	1.60000	-0.18000	0.89888	1.51690
2018-10-20	Q3：M9-1st, 2nd, 3rd	1.69000	1.60000	-0.09000	0.94675	1.44754
2018-10-27	Q3：M9-1st, 2nd, 3rd, 4th	1.68000	1.60000	-0.08000	0.95238	1.45260

注：绝对误差=实际值-预测值；相对误差=实际值/预测值。对于预测日期为2018年7月7日时的第二季度预测结果为1.80%。其解释为：一些混频指标2018年6月的数据在7月第1周发布后进行2018第二季度预测，其结果为1.80%。

(五) 模型稳健性检验

模型稳健性检验主要从两个方面进行分析：一是分析模型估计结果是否能够使得预测结果具有自动"收敛"功能；二是分析模型在不同时间区间的估计结果是否具有一致性。

1. 自回归系数具有保持预测结果自动"收敛"的功能。从因子自回归系数看，无论是否包含金融类指标，基于绝对指标分析得到的估计结果都具有自动稳定器的功能，能够实现预测结果向均衡水平动态收敛，见表5。从相对指标估计结果看，其具有波动"发散"的功能。这和前文分析得到相对指标具有消极影响的结论相类似。从可分散成分自回归系数看，可以得到类似结论。需要指出的是，对于 33 个混频指标，其各自的自回归系数估计结果不和指标类别紧密关联。例如，虽然同为月度消费价格指数，但 3 个价格指数的自回归系数的正负符号并不一致；对于季度 GDP 指标，其 4 个指数的自回归系数的正负符号也是不一致的。具体分析可参见表 6。

表 5　　　　　　　　　　　因子自回归系数

指标类型	自回归系数	方差残差
全样本	0.95609	0.14141
相对指标	0.82695	1.40890
绝对指标（无金融）	-0.20464	2.25480
绝对指标（有金融）	-0.48909	1.17210

注：表 5 中估计结果是基于设定实时数据起始时间为 2018 年 6 月 30 日和估计样本起始时间为 2008 年 1 月 1 日而测算得到的。

表 6　　　　　　　　　　　月度指标自回归系数

指标代码	自回归系数	方差残差	指标代码	自回归系数	方差残差
CPI	0.25696	1.15440	LOA	0.34035	0.87726
CPI1	0.33666	1.15310	DEP	0.02221	1.01840
CPI2	-0.05783	0.67673	RES	0.40947	0.81700
PPI	0.93036	0.00048	FIN	-0.48068	0.75907
PPI1	-0.04681	0.00390	FIN1	-0.41141	0.59937
PPI2	0.64497	0.39723	REV	-0.35881	0.53499
RAT1	1.03830	0.00001	REV1	-0.37281	0.61644
RAT2	1.03900	0.00069	EXC	0.41587	0.92654
RAT3	1.03730	0.00006	EXC1	0.45092	0.88266
TRA1	-0.37897	0.00030	PMI	0.27171	1.02960
TRA2	-0.59162	0.20021	PMI1	-0.24737	0.96639
TRA3	-0.56470	0.20974	IND	-0.31311	0.90919
FDI	-0.39238	0.53488	GDP	-0.55010	0.00765
CON	-0.39468	0.83876	GDP1	-0.80342	0.00112
MON1	-0.53286	0.71453	GDP2	0.41396	0.01088
MON2	-0.14625	0.92443	GDP3	-0.49917	0.00161
MON3	0.20663	0.91706			

注：同表 5。

2. 不同估计时间区间的自回归系数和方差残差的稳定性。为了检验模型进行实时预测分析的稳健性，文中在设定估计样本起始时间为 2008 年 1 月 1 日的基础上，依次以周频度进行 10 次推移实时数据起始时间。这 10 个实时数据起始时间依次为 2018 年 6 月 30 日、2018 年 7 月 7 日、2018 年 7 月 14 日、2018 年 7 月 21 日、2018 年 7 月 28 日、2018 年 8 月 4 日、2018 年 8 月 11 日、2018 年 8 月 18 日、2018 年 8 月 25 日、2018 年 9 月 1 日。于是，可以得到 33 个混频指标的十种自回归系数和方差残差值，见图 7 和图 8。

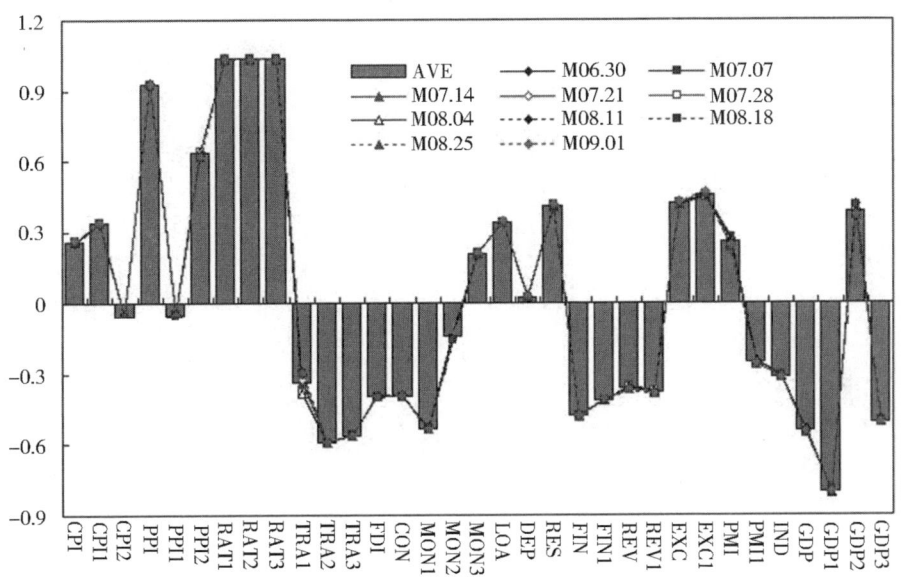

图 7　33 个混频指标的十种自回归系数及其均值一致性

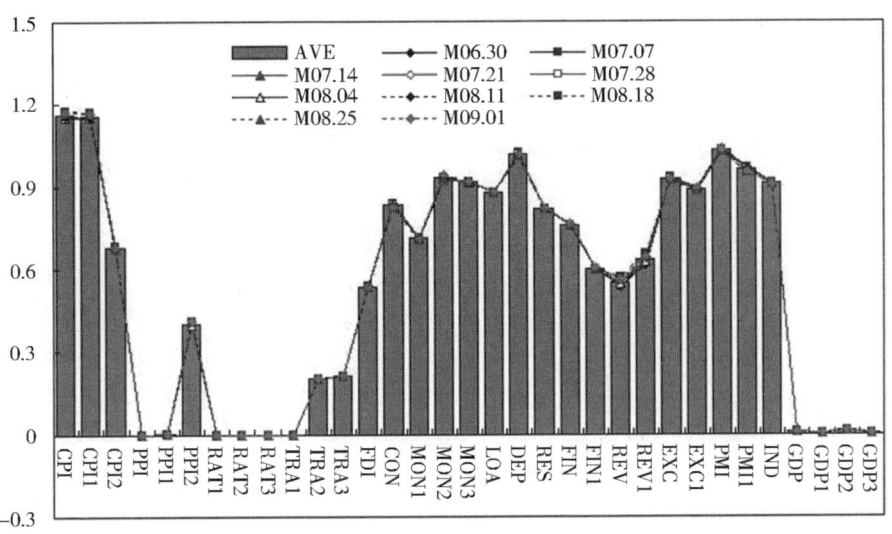

图 8　33 个混频指标的十种方差残差及其均值一致性

首先，自回归系数和方差残差值的一致性较好。图 7 和图 8 中，十种自回归系数、方差残差值及其均值折线图是基本重合的。这验证了模型进行预测分析具有较好的稳健性。其次，从 33 个混频指标的类型看，绝对指标自回归系数的绝对值大于相对指标自回归系数的绝对值，而绝对指标方差残差的绝对值小于相对指标方差残差的绝对值。这表明进行实时预测分析，应该更多地选用绝对指标而非相对指标。

3. 模型具有较好的稳健性和开放性。由前文对模型的稳健性分析可知，虽然实时数据起始时间以周频度从 2018 年 6 月 30 日推移到 2018 年 9 月 1 日，但是模型估计得到的十种自回归系数和方差残差值的一致性较好。这表明虽然实时预测时间区间不断推移，但是预测结果稳定性仍保持了较好的一致性。这表明本文的实时预测分析方法对实时数据起始时间不敏感；同时，该方法对实时数据结束时间也不敏感。于是，可以根据不同的实时预测分析需要选取混频指标数据，设定符合要求的实时数据起始时间和结束时间，从而随着混频指标数据的不断发布和更新，实现预测结果随之不断更新和修正。这说明实时预测分析方法具有较好的实践推广运用价值。

五、研究结论与展望

（一）主要研究结论

本文基于纽约联储（2016）的原型，结合 Bok 等（2018）大数据研究成果，并引入金融高频度指标，构建基于大数据技术的中国即时预测模型。应用 2001 年 1 月至 2018 年 9 月的实时数据，对中国宏观经济进行实时预测。本文主要创新和研究结论如下：

第一，构建大数据即时预测模型，利用实时大数据流，自动实现中国季度 GDP 的周度即时预测。即时预测模型每季度初滚动使用 16 年的 33 个混频数据进行参数估计，基于此参数，当季仅使用实时数据流自动更新预测结果。对 2018 年第二季度、第三季度的 GDP 季调后环比增长率进行周频度实时预测，其样本内估计均值分别为 1.72%、1.74%，比国家统计局公布的初次估计值分别仅高出 0.02 个、0.14 个百分点，表明模型的即时预测具有较高精度。第四季度作为样本外估计，其周度预测结果均值为 1.46%。综合来看，2018 年第二季度、第三季度和第四季度预测值均处于 1.40%～1.85%，表明大数据即时预测具有较高稳定性。

第二，从数据流来看，即时预测误差呈钟形分布。各类数据对预测的影响差异较大，绝对指标高于价格指标。实时数据集每日进行新数据发布和旧数据更新，表现数据流的动态特征。当季 GDP 增长率发布之前的 17 次估计，随着数据的发布，整体误差呈钟形分布。其中，贸易类和国民账户类指标影响较大，价格类相对较小，绝对指标更多地体现 GDP 增长率变动有效信息。

第三，比较了是否含金融指标的预测差异，结果证明在大数据环境下关键金融指标对预测结果产生了积极影响。纽约联储原模型认为金融数据噪声过大，对预测无贡献。本文分别构建了含金融和不含金融的对比样本，在中国情景下的实证表明，关键金融指标中对季度 GDP 预测的有效信息虽然低于贸易类绝对指标，但高于相对价格指标。

第四，即时预测分析模型表现出较好的灵敏性和稳健性。该模型 33 个混频大数据的 10 种自回归系数和方差残差值具有较好的一致性，具有较强的稳健性。同时，根据贸易类指标对实时预测结果的贡献，该模型还及时捕获到中美贸易摩擦的冲击。

（二）研究展望

1. 将拟实时数据集扩展至完全实时数据集。本文选用 33 个混频指标数据对中国季度 GDP 环比增长率进行了周度实时预测分析，并且得到了较好的预测结果。于是，本文认为后续的研究方向之一是考虑模型中引入日度、周度等高频指标数据，从而构建真正意义的完全实时数据集，在此基础上提取日度动态因子进行即时预测分析。原因在于，高频指标数据也含有反映季度 GDP 环比增长率变化的有效信息和更能体现出时效性。

2. 混频指标数量的扩展和分类的细化。文中仅选用 33 个混频指标且被划分为四类。于是，本文认为后续的研究方向之一是考虑将混频指标分类由四类增加至十类或更多，将主要的金融指标充分纳入，在数量上也能真正达到大数据量级。原因在于混频指标数量扩展和分类细化可以更好地分析指标对季度 GDP 环比增长率实时预测的影响情况。

附表1　混频指标及其相关说明

序号	指标代码	指标名称和单位	指标频度	样本时间区间	样本数量	分类代码	发布周次	处理代码	数据来源
1	IND	工业增加值定基指数：2010年=100	月度	2011-02—2018-09	92	D	3rd	4-9	国家统计局
2	CPI	消费价格环比指数：%	月度	2001-01—2018-09	213	A	2nd	4, 8, 9	国家统计局
3	CPI1	食品消费价格环比指数：%	月度	2001-01—2018-09	213	A	2nd	4, 8, 9	国家统计局
4	CPI2	非食品消费价格环比指数：%	月度	2002-01—2018-09	201	A	2nd	4, 8, 9	国家统计局
5	PPI	全部工业品生产价格环比指数：%	月度	2011-01—2018-09	93	A	2nd	4, 8, 9	国家统计局
6	PPI1	生产资料生产价格环比指数：%	月度	2011-01—2018-09	93	A	2nd	4, 8, 9	国家统计局
7	PPI2	生活资料生产价格环比指数：%	月度	2001-02—2018-09	212	B	2nd	1, 4-6, 8, 9	海关总署
8	TRA1	当月进出口贸易金额：亿美元	月度	2001-02—2018-09	212	B	2nd	1, 4-6, 8, 9	海关总署
9	TRA2	当月出口贸易金额：亿美元	月度	2001-02—2018-09	212	B	2nd	1, 4-6, 8, 9	海关总署
10	TRA3	当月进口贸易金额：亿美元	月度	2002-11—2018-09	191	C	3rd	1, 4-6, 8, 9	商务部
11	FDI	当月使用外商直接投资金额：亿美元	月度	2001-02—2018-09	212	C	3rd	2, 4-6, 8, 9	国家统计局
12	CON	当月社会消费品零售总额：亿元	月度	2001-02—2018-09	212	C	4th	4-6, 8, 9	中国人民银行
13	MON1	货币供应量 M_0：亿元	月度	2001-02—2018-09	212	C	4th	4-6, 8, 9	中国人民银行
14	MON2	货币供应量 M_1：亿元	月度	2001-02—2018-09	212	C	4th	4-6, 8, 9	中国人民银行
15	MON3	货币供应量 M_2：亿元	月度	2001-02—2018-09	212	C	4th	4-6, 8, 9	中国人民银行
16	LOA	金融机构各项贷款余额：亿元	月度	2001-02—2018-09	212	C	4th	4-6, 8, 9	中国人民银行
17	DEP	金融机构各项存款余额：亿元	月度	2001-02—2018-09	212	C	4th	4-6, 8, 9	中国人民银行
18	RES	官方外汇储备资产：亿美元	月度	2001-02—2018-09	212	C	2nd	1, 4-6, 8, 9	中国人民银行
19	FIN	当月社会融资规模：亿元	月度	2005-12—2018-09	154	C	4th	3-6, 8, 9	中国人民银行
20	FIN1	当月新增人民币贷款资规模：亿元	月度	2005-12—2018-09	154	C	4th	3-6, 8, 9	中国人民银行

续表

序号	指标代码	指标名称和单位	指标频度	样本时间区间	样本数量	分类代码	发布周次	处理代码	数据来源
21	EXC	人民币实际有效汇率指数：2010年=100	月度	2001-02—2018-09	212	D	3rd	4-9	国际清算银行
22	EXC1	人民币名义有效汇率指数：2010年=100	月度	2001-02—2018-09	212	D	3rd	4-9	国际清算银行
23	RAT1	6个月至1年的短期贷款利率：%	月度	2001-01—2018-09	213	A	1st	4, 8, 9	中国人民银行
24	RAT2	1年至3年的中期贷款利率：%	月度	2001-01—2018-09	213	A	1st	4, 8, 9	中国人民银行
25	RAT3	3年至5年的长期贷款利率：%	月度	2001-01—2018-09	213	A	1st	4, 8, 9	中国人民银行
26	REV	当月全国公共财政收入：亿元	月度	2001-02—2018-09	212	C	5th	4-6, 8, 9	国家统计局
27	REV1	当月全国税收收入：亿元	月度	2001-02—2018-09	212	C	5th	4-6, 8, 9	国家统计局
28	PMI	中国制造业采购经理指数：%	月度	2005-02—2018-09	164	D	1st	4-9	中国物流与采购联合会
29	PMI1	中国非制造业采购经理指数：%	月度	2007-02—2018-09	140	D	1st	4-9	中国物流与采购联合会
30	GDP	当季现价国内生产总值：亿元	季度	2001.Q2—2018.Q03	70	C	3rd	4-6, 8, 9	国家统计局
31	GDP1	当季现价第二产业国内生产总值：亿元	季度	2001.Q02—2018.Q03	70	C	3rd	4-6, 8, 9	国家统计局
32	GDP2	当季现价第三产业国内生产总值：亿元	季度	2001.Q02—2018.Q03	70	C	3rd	4-6, 8, 9	国家统计局
33	GDP3	当季现价工业国内生产总值：亿元	季度	2001.Q02—2018.Q03	70	C	3rd	4-6, 8, 9	国家统计局
34	AVE	美元兑人民币平均汇率	月度	2001-01—2018-09	213	—	2nd	—	中国人民银行

注：分类代码中，A表示价格类指标（Prices）；B表示贸易类指标（International Trade）；C表示非贸易类国民账户类指标（National Accounts）；D表示相对指标（Soft）。发布周次中，5th表示当月第5周发布指标数据，若当月仅含4周，则5th对应指标的发布周次按照4th处理。处理代码中，1表示单位转换，将美元转换为人民币；2表示补充缺失值；3表示选择指标数据区间；4表示季节调整；5表示取自然对数；6表示同比；7表示差分；8表示标准化；9表示非负处理。

参考文献

[1] 刘汉,刘金全. 中国宏观经济总量的实时预报与短期预测 [J]. 经济研究,2011(3):4-17.

[2] 栾惠德,侯晓霞. 中国实时金融状况指数的构建 [J]. 数量经济技术经济研究,2015(4):137-148.

[3] 郑挺国,王霞. 中国经济周期的混频数据测度及实时分析 [J]. 经济研究,2013(6):58-70.

[4] Aruoba S. B., F. X. Diebold and C. Scotti. Real-time Measurement of Business Conditions [J]. Journal of Business and Economic Statistics, 2009, 27 (4): 417-427.

[5] Baffigi A., R. Golinelli, and G. Parigi. Bridge Models to Forecast the Euro Area GDP [J]. International Journal of Forecasting, 2004, 20 (3): 447-460.

[6] Barhoumi, K., O. Darné, L. Ferrara, and B. Pluyaud. Monthly GDP forecasting using bridge models: application for the French economy [J]. Bulletin of Economic Research, Forthcoming, 2011.

[7] Bernanke, B. and M. Gertler. Agency Costs, Net Worth, and Business Fluctuations [J]. American Economic Review, 1989, 79 (1), 14-31.

[8] Brandyn Bok, Daniele Caratelli, Domenico Giannone, Argia Sbordone and Andrea Tambalotti, 2018 Macroeconomic Nowcasting and Forecasting with Big Data.

[9] Brave, S., and R. A. Butters. Monitoring Financial Stability: A Financial Conditions Index Approach [J]. Economic Perspectives, Q1/2011.

[10] Chiu C., B. Eraker and A. Foerster and T. Kim and H. Seoane. Bayesian Mixed Frequency VARs [M]. Mimeo, Chapel Hill, N. C. 2011.

[11] David de Antonio Liedo. Nowcasting Belgium [J]. Belgium National Bank Working Paper Research, 2014 April No. 256.

[12] David de Antonio Liedo and Elena Fernández Muñoz. Nowcasting Spanish Gdp Growth In Real Time: One and A Half Months Earlier [C]. Bancode Espana Working Paper, 2010: 1037.

[13] Dimitra Lamprou. Nowcasting GDP in Greece: The impact of data revisions and forecast origin on model selection and performance [J], The Journal of Economic Asymmetries, 2016, 27 (4): 117-127.

[14] Diron M. Short-term Forecasts of Euro Area Real GDP Growth: An Assessment of Real-time Performance Based on Vintage Data [J]. Journal of Forecasting, 2008, 27 (5): 371-390.

[15] Doz, C., D. Giannone, and L. Reichlin. A Two – step estimator for large approximate dynamic factor models based on Kalman ltering [J]. Journal of Econometrics, 2011, 164 (1), 188 – 205.

[16] Foroni C., M. Marcellino and C. Schumacher. U – MIDAS: MIDAS Regressions with Unrestricted Lag Polynomials [WP]. CEPR Discussion Papers, 2012, 8828.

[17] Galvao A. B.. Changes in Predictive Ability with Mixed Frequency Data [WP]. Queen Mary University, 2007: 595.

[18] Ghysels E., P. Santa – Clara and R. Valkanov. The MIDAS Touch: MIxed Data Sampling Regression Models [M]. Mimeo, Chapel Hill, N. C. 2004.

[19] Ghysels E., P. Santa – Clara and R. Valkanov. There is a Risk – return Trade – off After All [J]. Journal of Financial Economics, 2005, 76 (3): 509 – 548.

[20] Ghysels E., A. Sinko and R. Valkanov. MIDAS Regressions: Further Results and New Directions [J]. Econometric Reviews, 2007, 26 (1): 53 – 90.

[21] Giannone, D., L. Reichlin, and D. Small. Nowcasting GDP and in. ation: The real – time informational content of macroeconomic data releases [J]. Journal of Monetary Economics, 2008, 55: 665 – 676.

[22] Guerin P., M. Marcellino. Markov – switching MIDAS Models [WP]. CEPR Discussion Papers, 2011: 8234.

[23] John Galbraith and Greg Tkacz, Nowcasting GDP: Electronic Payments, Data Vintages and the Timing of Data Releases [J], CIRANO Working Papers, 2013, s – 25.

[24] Karim Barhoumi, Olivier Darné, Laurent Ferrara and Bertrand Pluyaud. Monthly GDP forecasting using bridge models: Application for the French economy [J], Economic Research, 2011, 64 (s1).

[25] Marek Rusnák, Nowcasting Czech GDP in real time [J], Economic Modelling, 2016 (54): 26 – 39.

[26] Mayer – Schönberger and Cukier. Big data: a revolution that will transform how we live, work and think. 2014.

[27] Stock, J., and M. Watson. Forecasting using principal components from a large number of predictors [J]. Journal of the American Statistical Association, 2002, 97 (460), 1167 – 1179.

[28] Tatjana Dahlhaus, Justin – Damien Guénette and Garima Vasishtha, Nowcasting BRIC + M in real time [J], International Journal of Forecasting, 2017, 33 (915 – 935).

[29] Zadrozny P. A.. Gaussian – Likelihood of Continuous – time ARMAX Models When Data Are Stocks and Flows at Different Frequencies [J]. Econometric Theory, 1988, 4 (1): 108 – 124.

宏观审慎外汇管理框架及逆周期工具开发运用研究

——基于无参数估计的帕尔森窗口法

中国人民银行南宁中心支行课题组

课题主持人：崔 瑜

课题组成员：杨正东 黄盛文 王海全 陆 峰 周善葆 罗道芳
　　　　　　杨 扬 赵仰远

一、绪论

（一）研究背景

近年来，尤其是2015年下半年至2016年上半年，我国跨境资金波动性显著增强，资金外流激增，外汇储备一度呈现快速减少态势，在复杂多变的国际国内经济形势背景下，给我国平衡国际收支、稳定跨境资金流动和人民币汇率带来了巨大挑战。一方面从内部环境上看，优化管理服务、简政放权、境内外投融资便利化等外汇管理改革措施稳步推进，涉外主体政策环境转向宽松，加上外汇指定银行在跨境融资产品、衍生金融产品方面的组合创新，促使套利资金在流动金额、频次和渠道上呈现多样性和复杂性。另一方面从国际环境上看，发达国家量化宽松的货币政策和开放的资本市场也给我国资金非常规性波动造成一定影响。为强化监管，我国已开始逐步探索宏观审慎外汇管理体系建设，转变思路，整体把握，切实防控国际收支系统性风险。

（二）研究意义

2018年全国金融工作会议将"金融风险防范攻坚战"作为三大攻坚战之首，风险预警与防控被提高到新的高度，而与系统性风险防范相对应的宏观审慎管理尤为重要。当前外汇管理思路是从个体转变为整体，从事前转向事后，以现场与非现场合力开展的监管模式，而其中的核心一环，则是建立以市场主体和资金流动为导向，宏观审慎与微观监管相结合的宏观调控机制。目前，我国货币政策宏观审慎管理已有MPA、全口径跨境融资等工具的实践经验，但外汇管理仍缺乏框架性全局性的研究。因此，分析研究宏观审慎外汇管理方式，构建全方位的跨境资金流动管理体系，积极规范涉外主体市场行为，对于促进涉外经济供给侧改革有效落实，防范外汇市场风险，充实我国金融体系宏观审慎管理机制具有积极的现实意义。

(三) 文献综述

1. 宏观审慎与风险防范、经济周期结合视角

苏明政等（2017）假设在整体金融发生异常甚至失衡的条件下，研究运用各类宏观审慎政策所起的效果，分析政策传导对市场的有效性。刘震（2017）认为宏观审慎与经济周期息息相关，两者之间的配合协调度往往影响着当期金融稳定。宋莹（2017）和张晓艳（2017）均整理了国内外宏观审慎管理的发展进程、工具开发和未来趋势，从国外实践经验和工具效果中寻找适用于我国实际情况的启示。陈明玮等（2016）分析新常态对经济金融的逆周期影响，认为新常态下经济放缓，宏观审慎工具调控作用更为明显，政策传导范围更广。翁玉颖（2016）从政策关联和整合角度出发，搭建货币政策与宏观审慎工具相结合的金融调节政策框架，并对框架的协调性和有效性进行评估。

2. 宏观审慎与跨境资金、外汇管理结合视角

王武斌（2015）认为外汇管理应由微观个体逐步转向宏观审慎管理，监管政策可以从大处着手，以涉外主体资金流和货物流为对象，研究整体性的外汇管理政策。韦念妤（2015）和陈耕（2016）均对外汇管理调节工具及其实施效果进行了分析，并借鉴了国外应对资本跨境异常流动时采取的限制性措施，认为大额结售汇的重要性金融机构应作为宏观审慎的监测重点，以多种计量方法对系统性风险防范措施的落实进行了效果分析。蒋东（2017）、崔亚（2017）、平晓冬（2016）等均以跨境资金流动为切入点，对审慎工具的选择、设计、有效性测度、风险识别进行分析研究。陈国宁（2017）对宏观审慎的研究以价格型工具为对象，研究价格型工具对跨境资金与国际收支的传导和影响。

综上所述，目前对我国金融业的宏观审慎管理框架研究较多，分析对象以货币政策、信贷政策为主，以外汇管理和跨境资金为研究对象的文献较少。学者专家的研究为本文提供了坚实的理论基础，但相关内容缺乏整体性和全局性，部分政策依据已作废，时效性不强。

(四) 可能的创新之处和技术路线

一是丰富我国宏观审慎金融管理体系内涵，从外汇管理角度，提出符合我国实际国际收支和账户管理现实需求的跨境资金宏观审慎工具，并对工具的功能设计、开发使用进行系统性研究，具有较强的理论意义。二是在政策建议的实践性和有效性上，本文从主体监管、工具运用、政策协调、配套建设等方面提出具体的可行性意见，操作指导性强。技术路线如图1所示。

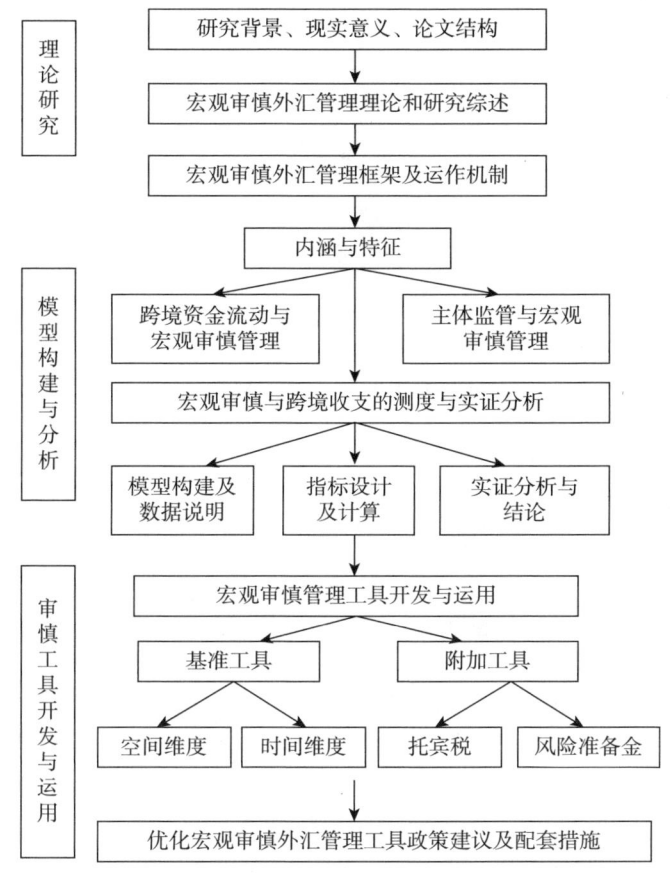

图1 宏观审慎外汇管理框架构建技术路线

二、宏观审慎外汇管理框架及运作机制

（一）内涵与特征

宏观审慎外汇管理是以整个跨境经济金融市场和政策系统为对象，从宏观角度出发对经济和市场顺周期的异常情况采取逆向操作，缓和并逐步消除由于跨境资金及涉外市场自发强化和外汇指定银行业务相关性及传播性而产生的系统性风险。宏观审慎外汇管理框架具有三大特征，一是全局性，不以单个涉外主体的某项业务为对象，而是以整个涉外经济金融为监管整体，包括外贸及外汇市场、国际收支、经常项目和资本项目业务等；二是针对性，重点针对具有大额收付汇的重要市场主体之间、大额结售汇的重要性金融机构之间，以及两者之间的风险关联性；三是逆周期性，宏观审慎是根据当前的跨境资金流动趋势、市场发展情况

和涉外主体整体经营合规性等多个指标进行计量分析后,运用相关的宏观性指标和工具进行反向操作,以抑制顺周期时产生的异常和风险,促进涉外市场稳定运营。

(二) 外汇管理宏观审慎与微观监管

与宏观审慎不同,微观监管是通过现场检查和非现场核查的方式,以各类指标的变化为导向,采取分类监管和定向监测的政策,防范市场个体和单个金融机构的相关风险。两者在目标、方法、模式、政策工具等方面存在较大差异,具体见表1。

表1　　　　　　　　　外汇管理宏观审慎与微观监管对比表

	宏观审慎	微观监管
政策目标	防范涉外金融系统性风险	防范单个外汇指定银行相关风险
最终目标	维护国际收支平衡,避免跨境资金异常波动	市场主体和金融机构的经营合规性
风险模式	内生	外生
机构之间的相关性及风险关联性	密切相关	相关性不强
管理方式	统一管理	分类监管
实施方式	金融体系：自上而下	单个机构：自下而上
管理针对性	具有大额收付汇的重要市场主体	针对单个涉外企业
	大额结售汇的重要性金融机构	关注单个外汇指定银行
政策工具	银行结售汇综合头寸管理工具、远期售汇征收风险准备金等	窗口指导、货物贸易企业分类、业务管控、现场检查及处罚等

需要强调的是,宏观审慎管理体系的开发运用并不意味着微观监管退居二线。微观监管是发现苗头性风险问题的起点,为宏观审慎的实施提供风险预警,宏观审慎是对整体风险形势的判断,其调控工具的有效落实离不开微观主体的合规经营。因此,两者应紧密配合,形成合力。

(三) 跨境资金流动是宏观审慎管理的目标与基点

1. 跨境资本流动存在明显顺周期性

在经济上升、利率高点、汇率贬值等因素的影响下,资本会大量流入某新兴经济体,助推资本价格上涨,加大汇率升值压力,当经济出现衰退时,资本则大量撤走,进而引发外汇储备骤减,国际收支失衡,严重时会发生金融危机。以我国跨境收支为例,经济形势与跨境资金流动紧密联系,国际收支差额显示资金净流向,净流向对外汇储备造成正向相关性影响(见图2)。

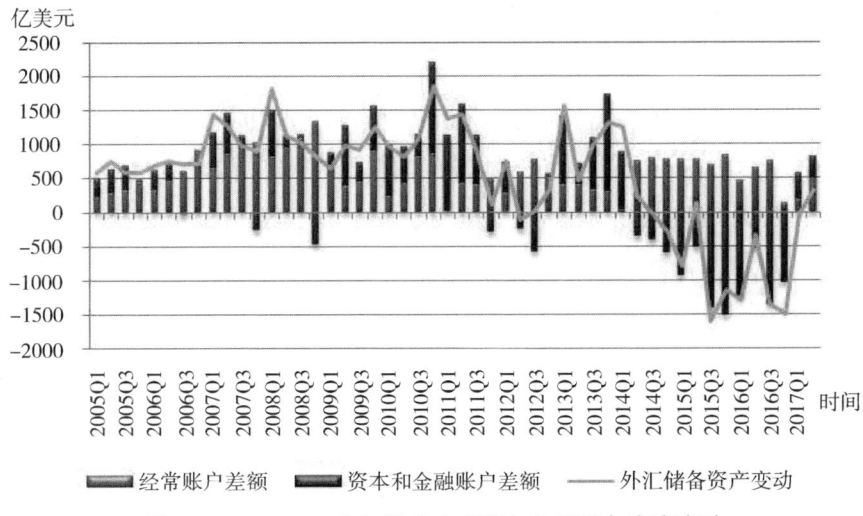

图 2　2005—2016 年国际收支差额与外汇储备资产变动

近十年的情况可分为三个阶段。

一是流入高峰阶段。2008 年应对次贷危机，我国推出 4 万亿元投资计划，2008—2009 年跨境资金流入共计 4.86 万亿美元，随着我国经济增速在全球范围内保持领先，2014 年跨境资本流入达到 8.92 万亿美元的峰值。

二是新常态阶段。进入 2015 年，我国进入新常态发展趋势，粗放式发展带来的问题较为严峻，利率市场化的开展促使银行间整体利率下降，汇率改革也加大人民币双边波动趋势，经济增速的放缓和美国经济的复苏使得外来资本出现大规模流出现象。2015 年我国经常项目和资本项目多年来保持的"双顺差"格局首次转为"一顺一逆"，资本项目的逆差延续到 2016 年。

三是流出控制阶段。面对资金异常波动形势，外汇局采取多种措施，宏观工具和微观监管相结合，于 2016 年下半年顺利遏制资金异常流出风险。2017 年，我国经济企稳回升，制造业 PMI 指数喜人，外贸进出口稳步增长，国际收支重新实现"双顺差"格局。

2. 开放的市场环境下货币及汇率政策作用有限

对于开放的金融市场而言，新兴经济体的货币政策和汇率制度对跨境资本异常流动的调控作用有限，原因在于资本项下开放后国际资本可以自由流动，相关的限制性措施不能有效遏制危机前的资本出逃，从而引发外汇储备骤减，汇率大幅贬值，最终引发了货币危机。吸取 1997 年亚洲金融危机和 2008 年国际金融危机教训后，各国纷纷研究并制定宏观审慎管理机制，主要为托宾税、金融交易税、无息准备金、宏观审慎稳定特别费、累进特别费等工具，在一定程度上限制了资本流出，起到稳定外汇市场和本国币值的作用。

3. 宏观审慎是跨境资金管理的发展方向

传统的外汇管理理念，主要是针对跨境套利及经营违规，如要堵住所有环节，则需对各种可能的行为作出规范性要求，耗时耗力。而宏观审慎的管理逻辑，则是将重点放在一些普适性的审慎比例管理，如银行外汇头寸差别化管理、外汇存贷比指标、本外币差别准备金要求等。根据我国现有系统体系，未来应该注重宏观审慎框架工具的研发，通过合理设计指标、系统数据监测、阈值调整、逆周期调控等工具的运用，优化跨境资金的结构和流向，发挥跨境资本的正向作用，抑制异常流动造成的金融脆弱性上升。

（四）主体监管是宏观审慎的载体和方式

具体的行为监管限于单一业务条线，没有相互联系并形成统一整体，关注点仍停留在微观层面，且主要审核操作合规性，容易片面看待问题和风险。主体监管模式则作为宏观审慎的体现，不仅关注业务办理规范性，更注重企业整体资金流动和业务真实性的内在联系，可降低外汇局监管的整体风险和企业信用风险。主体监管遵循的思路：以银行主体监测为核心，以数据质量为基础，以企业主体监测、个人主体监测为抓手，打破经常、资本项目界限，构建全覆盖的一体化主体监管模式，切实有效维护国际收支平衡。

1. 以简政放权为抓手，促进对外贸易便利化

宏观审慎不意味着限制对外开放，而是在当前经常项目开放、资本项目逐步可兑换的基础上，做好合理简政放权，释放改革红利。

一是符合IMF标准要求的资本项目可兑换比例逐年上升。根据IMF《汇兑安排与汇兑限制年报》的标准要求，我国可兑换水平逐步提高。从图3可以看出，不可兑换项目数量从2002年的15项，下降到2017年的3项，部分可兑换以上项目占比从2002年的62.5%上升到2017年的92.5%（见图3）。目前，不可兑换项目主要集中在非居民在境内一级市场发行股票、货币市场工具及衍生金融工具领域。此外，境内居民个人直接从事跨境投资的管制也相对严格。

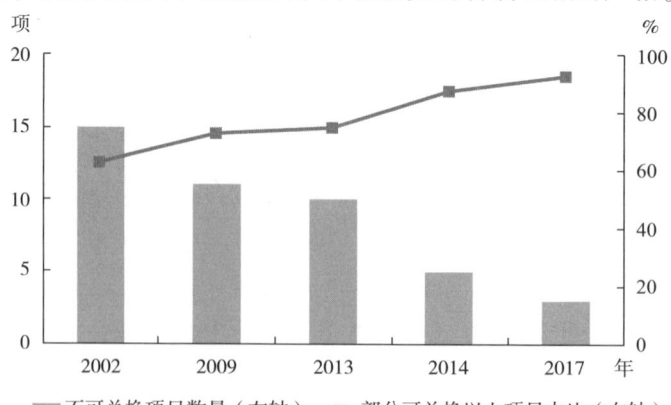

图3 近年中国资本项目可兑换比例走势

二是为民服务，简政放权力度增强。近年外汇局先后取消、下放多项行政审批事项，减少事前审批，实行主体监管，有利于从根本上减轻由于行政管理因素对企业正常贸易造成的阻碍，从而促进贸易便利化，促进我国对外开放程度。外汇类行政审批逐年缩减，截至 2017 年底，综合类、经常项目和资本项目类的行政审批服务事项已减至 14 项，降幅超八成。具体事项见图 4。

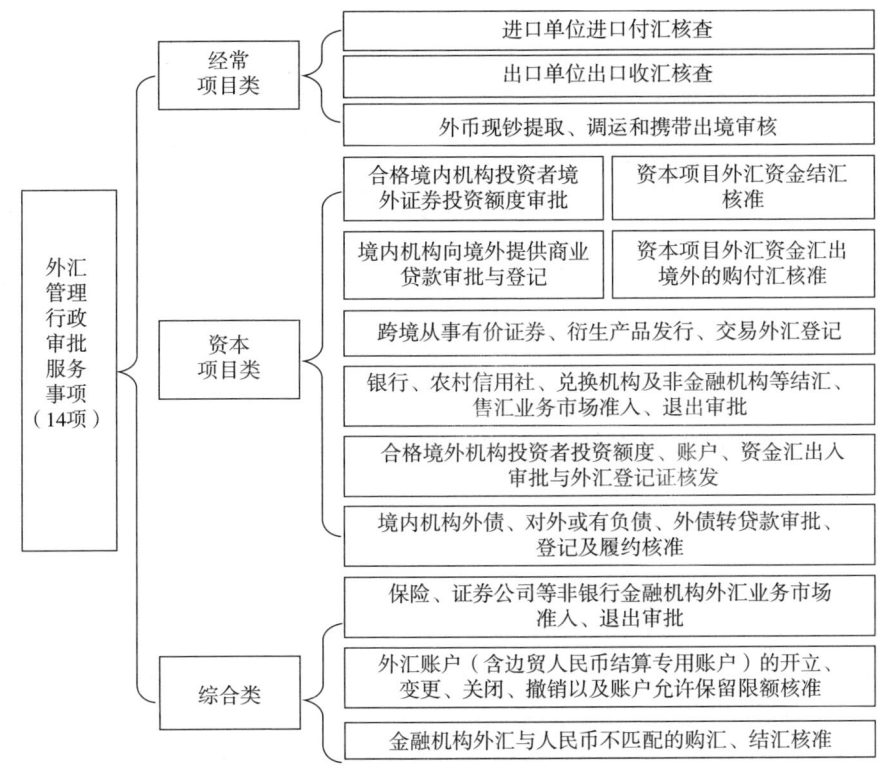

图 4　外汇管理行政审批服务项目

2. 打破分类管理，实现综合监管

一是以涉汇企业法人作为监管对象，实施集中监测。经常项目和资本项目的编码依据和归类标准是以 IMF《国际收支手册》为蓝本，实质是会计性质和科目的划分归类，作用在于国际收支平衡的编制和分析，并不是从外汇管理职能出发。当前市场主体对政策的熟练度不断提升，企业和银行由于利润驱动因素，频繁创新各类业务产品和服务以规避管理，使跨境资金频繁在经常项目和资本项目之间游走。因此，统一经常项下和资本项下数据监测和管理是实施宏观审慎的必要条件。以辖内涉汇企业法人为监管主体单位，全面采集企业国际收支、资本项目、经常项目等信息，对企业不同性质的外汇业务进行集中管理，监测企业国际收支及结售汇情况，对辖区企业涉汇行为作出分析和判断，发现异常及时将线索移交现场核查，并在对企业进行综合风险评估的基础上实行差异化的主体分类动态管理。

二是市场主体监管不能放松。虽然外汇局与企业直接接触的频率大幅减少，但是银行合规办理各项业务的审核把关职责相应增强。银行切实履行"展业三原则"是宏观审慎管理管理的重要载体。第一，充分发挥银行展业自律机制作用。外汇局与经办银行保持高度沟通，在展业自律机制的指导下，形成基本统一的执行标准，解决银行"材料不一致 审核不严谨"问题。第二，要督促银行完善内控制度及操作指引。各银行应根据货物贸易、服务贸易、资本及金融账户业务的不同分类制定内控制度、实施细则和操作指引，促进操作规范化，降低合规性风险。第三，要把好交易真实性审核关口。银行应以业务办理主体为审核单位，从主体角度切入，对其企业名录、交易对手、涉外贸易合同、第三方单证、购付汇用途及频次、贸易融资情况进行综合性审查，及时发现市场主体的非理性及违规行为。第四，强化各类监测数据共享。外汇局可优化跨境资金分析与监测系统功能，实现市场主体经常项目和资本项目交易数据的汇总整合，同时联合海关、税务建立多维度的电子单证联网核查系统，并将数据适度向银行开放，为强化审核提供更便利可靠的途径。

三、宏观审慎与跨境收支的周期性测度实证分析

（一）模型假设

宏观审慎监管要求增强识别系统性风险的能力，而国际收支失衡则是其中最迫切需要解决的风险。宏观审慎不仅要把握系统性风险的空间表现，做好当期危机管理，更要分析各类风险的时间维度特征和累计变化，注重危机的时间趋势管理。基于上述理念，外汇宏观审慎围绕国际收支平衡要求，根据跨境资金流动的情况，增强对国际收支失衡的综合研判，为逆周期调控提供数据支撑。本文将国际收支平衡状况分为三个时期。

一是平衡期。跨境资金流出和流入的发生量及同比变化在一个较为合理的区间范围内，但不是绝对的平衡相等。

二是关注期。宏观上跨境资金流动已超过平衡期的波动区间，出现的原因是受到市场主体预期、进出口形势、汇率波动、境内外汇差等因素的影响，经营主体外汇净支付持续上升。这种持续净流入（出）的短期异常既可能是企业正常的财务调整行为，也可能存在个别大型企业涉及违规的经营行为，但并不是集体性和集中式的资金流动，不是有规划有步骤的资金外逃或资金进入国内避险，虽然会对国际收支平衡造成一定的影响，但宏观审慎上仍属可承受范围。

三是失衡期。跨境资金在这一时期大量集中流入或流出，非理性剧烈波动对国际收支平衡造成严重影响，急剧流入（流出）趋势的延续很可能会造成汇率

紊乱，影响宏观经济金融安全，甚至引发货币性系统性风险。

（二）跨境收支监测指标设计

根据国际收支金宏系统和银行结售汇系统统计数据，货物贸易、离岸转手、服务贸易和资本金融项目四个项目涵盖了九成多的跨境经济活动所涉及的资金往来，剩余部分为收益和经常转移。本文针对上述四个项目，设立跨境指标 KJ 代表跨境资金流动情况，主要衡量四个项目的跨境差额合计情况，正数为流入，负数为流出，其指标公式如下：

$$KJ（跨境资金流动）= HW（货物贸易收付汇缺口）+ LA（离岸转手买卖差额）+ FW（服务贸易差额）+ ZB（资本与金融项目差额) \quad (1)$$

分析我国历年数据发现，以月度为统计频率，KJ 指标波动性大，如图5所示，但数据平稳性不足。若以季度为统计频率，则难以实时监测资金流动，时滞性较强。

为此，我们假设货物贸易进出口收付汇周期为3个月，对 KJ 数据进行3个月的移动加权，增加数据平稳性，同时降低收付汇时滞影响，权数为5、3、2，KJH 代表移动加权后的数据，其指标公式如下：

$$KJH = \frac{5 \times KJ + 3 \times KJ_{-1} + 2 \times KJ_{-2}}{5 + 3 + 2} \quad (2)$$

KJ 及 KJH 的跨境收支为绝对数，其2010年1月至2017年96个月的走势如图5所示。

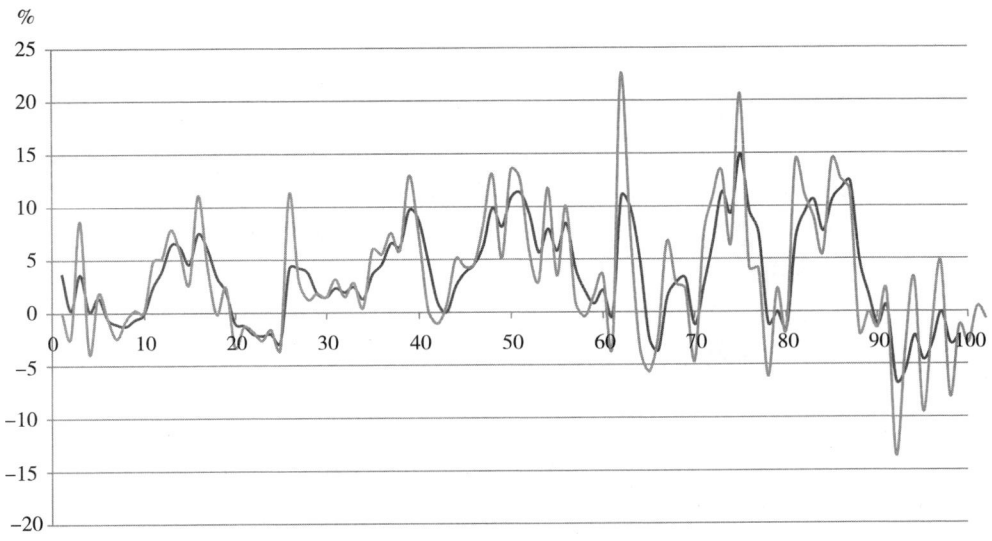

图5 KJ 及 KJH 数据

为进一步确定国际收支三个时期的阈值范围，我们设定 KJ_R 为跨境资金流动容忍度，其3个月移动加权平均后的值为 KJH_R，公式如下：

$$KJ\_R = KJ/当月跨境收支总额 \qquad (3)$$

$$KJH\_R = KJH/当月跨境收支总额 \qquad (4)$$

计算后得出其 2010—2017 年的走势，如图 6 所示。

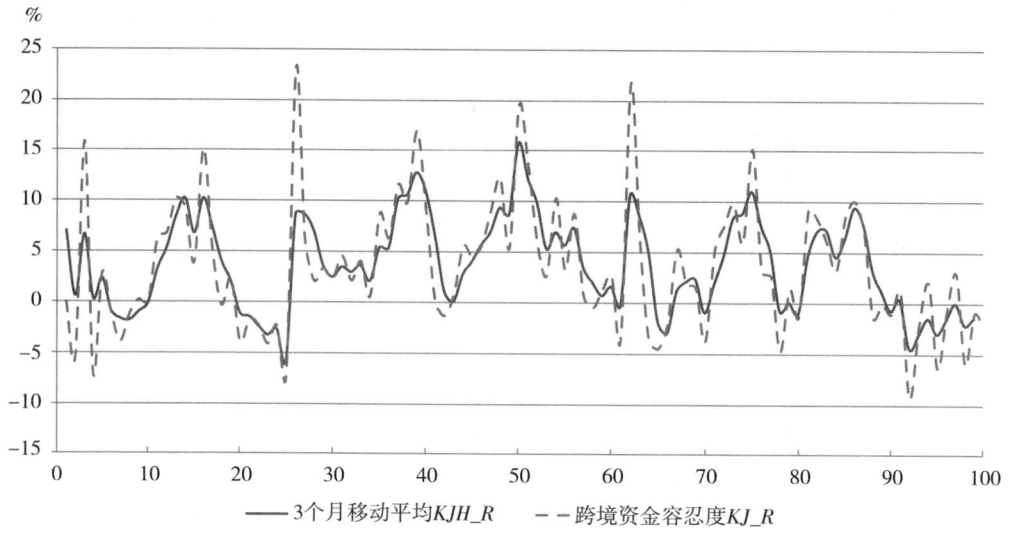

图 6　KJ_R 及 KJH_R 数据

（三）跨境收支容忍度的概率密度函数

1. 计算概率分布图

跨境收支波动不是简单的差额对比，而是设置合理的容忍区间并进行区间分类描述。我们根据上述 KJH_R 数据设置其概率密度函数 $f(KJH\_R)$，任意给定 $f(KJH\_R)$ 的区间 $[a, b]$，进而求解其概率密度函数的积分，从而确定该区间范围内发生的概率，再根据历史经验确定平衡期、关注期以及失衡期的阈值范围。我们运用 Matlab 软件计算出 KJH_R 的概率分布图。

如图 7 所示，KJH_R 的概率分布不是标准的正态分布，无法获取其概率密度函数 $f(KJH\_R)$ 的具体形式。因此，我们使用无参数估计方法中的帕尔森窗口法（同时称为核方法）来解决问题，估算出 $\hat{f}(KJH\_R)$，使 $\hat{f}(KJH\_R)$ 与 $f(KJH\_R)$ 无限接近，从而确定 $\hat{f}(KJH\_R)$ 的表达式。

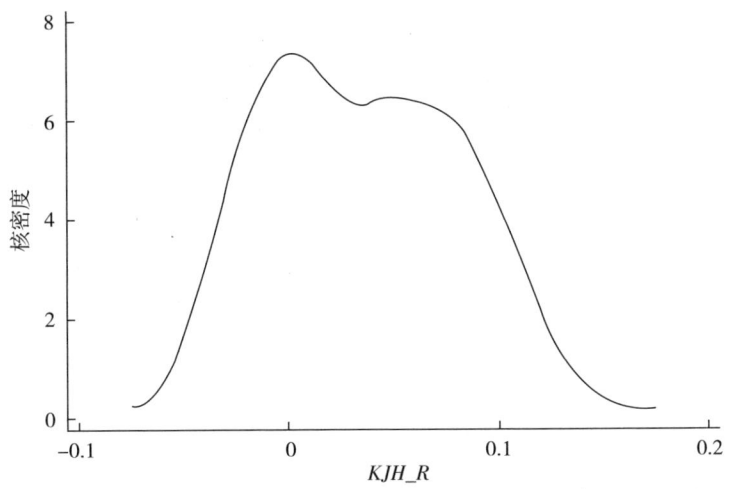

图 7　跨境收支容忍度指标概率密度分布

2. 运用帕尔森窗口法估算概率密度函数

具体步骤如图 8 所示。

帕尔森窗口法数据估计的公式如下

$$\hat{f}(x) = \frac{1}{nh}\sum_{j=1}^{n} K(\frac{x-x_j}{h}) \qquad (5)$$

其中，$K(u)$ 为核函数，满足 $\int_{-\infty}^{+\infty} K(u)\,du = 1$ 条件，且对任意 $u \in R$ 条件下存在 $K(u) \geqslant 0$，$K(u) = K(-u)$，h 设置为窗口宽度，估计结果的拟合优度取决于核函数 $K(u)$ 与窗口宽度 h 的选取。核函数类型共有七种，其中高斯核（Gaussian）方法采用率高，表达式为

$$K(u) = \frac{1}{\sqrt{2\pi}} e^{-\frac{u^2}{2}},\ u \in R \qquad (6)$$

将式（6）显示的高斯核函数 $K(u)$ 代入式（5），可得

$$\hat{f}(x) = \frac{1}{nh}\sum_{j=1}^{n} \left[\frac{1}{\sqrt{2\pi}} e^{-\frac{(x-x_j)^2}{2h^2}}\right] \qquad (7)$$

进而得出在高斯核函数条件下相对应的最优窗口宽度，如式（8）所示

$$h_{optimal} = F(h) = \left\{\frac{4}{\frac{1}{nh^6}\sum_{i=1}^{n}\sum_{j\neq i}^{n}\left[\frac{\sqrt{\pi}}{16h^3}\{[(x_i-x_j)^2-6h^2]^2-24h^4\}e^{-\frac{(x_i-x_j)^2}{4h^2}}\right]}\right\}^{\frac{1}{5}} \qquad (8)$$

在计算 $h_{optimal}$ 时，本文采用迭代算法，设置初始值 $h_0 = 1.06\sigma n^{-\frac{1}{5}}$，其中 σ 为数据集合 $X \in \{x_1, x_2, \cdots, x_n,\}$ 的标准差，得出 $h_j = F(h_{j-1})$，$(j=1, 2, \cdots)$，

通过反复循环，直至得出 $|h_j - h_{j-1}|$ 的值极小，通过统计软件计算得出 $h = 0.0164$。

然后，将图6所对应的96个月的 KJH_R_i 数据代入式（7），得到

$$f(KJ\hat{H}\_R) = \frac{1}{102 \times 0.0164} \sum_{j=1}^{102} \left[\frac{1}{\sqrt{2\pi}} e^{-\frac{(KJH\_R - KJH\_R_j)^2}{2h^2}}\right] \quad (9)$$

经 Matlab 统计软件运算，并将 $\hat{f}(KJH\_R)$ 与原始 $f(KJH\_R)$ 进行对比，两者高度拟合（见图8）。

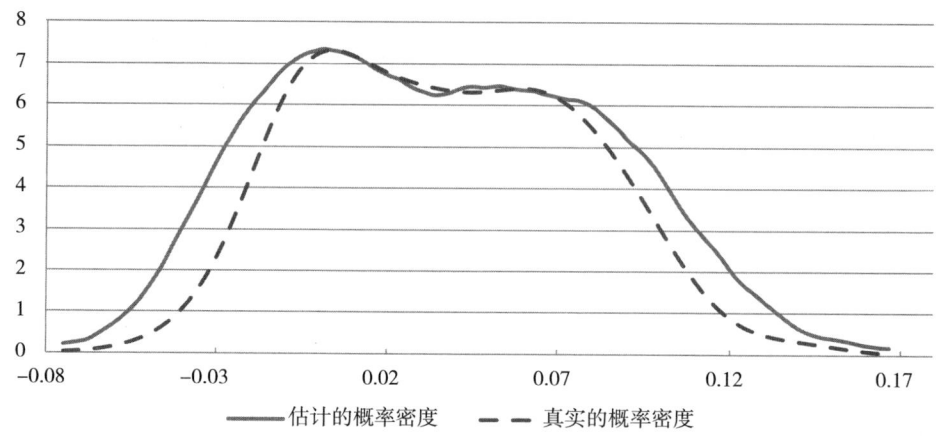

图8　跨境收支容忍度 $f(KJH\_R)$ 真实与估计的概率密度对比

（四）跨境资金流动平衡度及周期性实证结论

根据图8所示，函数 $f(KJH\_R)$ 呈现双波峰形状，且整体偏右，说明长期以来我国主要以跨境流入为主，虽然2015—2016年资本项目逆差规模显著增长，经常项目的顺差促使当期跨境资金呈净流入状态，但资本项目跨境资金流出激增时期应是关注重点。

依据历史数据得出的经验，我们将跨境收支的合理容忍度设置一个区间，超出区间视为失衡，区间设定为 $[-\infty, -8\%)$，$[-8\%, -2\%)$，$[-2\%, 2\%]$，$(2\%, 8\%]$，$(8, +\infty)$，通过 Matlab 软件计算在3个时期内的概率分布，并根据概率分布，得出2010年1月至2017年12月共计96个月的跨境收支容忍度及对应测评。具体如表2所示。

平衡期：$KJH\_R \in [-2\%, 2\%]$，概率40.62%；

关注期：流出关注期，$KJH\_R \in [-8\%, -2\%)$，概率18.75%；

流入关注期，$KJH\_R \in (2\%, 8\%]$，概率23.96%；

失衡期：流出失衡期，$KJH\_R \in [-\infty, -8\%)$，概率1.04%；

流入失衡期，$KJH\_R \in (8, +\infty)$，概率15.63%。

表2　　　　　　　　　　2010—2017年国际收支平衡状况评价

时间	宏观容忍度 KJH_R	国际收支评价	时间	宏观容忍度 KJH_R	国际收支评价	时间	宏观容忍度 KJH_R	国际收支评价
2010年1月	10.21	流入失衡期	2012年9月	2.33	流入关注期	2015年5月	0.27	平衡期
2010年2月	10.62	流入失衡期	2012年10月	-0.98	平衡期	2015年6月	-1.49	平衡期
2010年3月	12.79	流入失衡期	2012年11月	1.88	平衡期	2015年7月	-3.24	流出关注期
2010年4月	10.92	流入失衡期	2012年12月	4.68	流入关注期	2015年8月	-4.56	流出关注期
2010年5月	6.5	流入关注期	2013年1月	8.36	流入失衡期	2015年9月	-5.45	流出关注期
2010年6月	1.07	平衡期	2013年2月	8.84	流入失衡期	2015年10月	-4.72	流出关注期
2010年7月	0.02	平衡期	2013年3月	11	流入失衡期	2015年11月	-8.18	流出失衡期
2010年8月	2.75	流入关注期	2013年4月	7.55	流入关注期	2015年12月	-3.05	流出关注期
2010年9月	4.04	流入关注期	2013年5月	4.99	流入关注期	2016年1月	-1.96	平衡期
2010年10月	5.69	流入关注期	2013年6月	-0.83	平衡期	2016年2月	-3.44	流出关注期
2010年11月	6.94	流入关注期	2013年7月	-0.01	平衡期	2016年3月	-2.98	流出关注期
2010年12月	9.37	流入失衡期	2013年8月	-1.06	平衡期	2016年4月	-2.14	流出关注期
2011年1月	8.69	流入失衡期	2013年9月	4.57	流入关注期	2016年5月	-1.08	平衡期
2011年2月	15.8	流入失衡期	2013年10月	7.07	流入关注期	2016年6月	-1.02	平衡期
2011年3月	12.25	流入失衡期	2013年11月	7.16	流入关注期	2016年7月	-2.16	流出关注期
2011年4月	9.79	流入失衡期	2013年12月	4.53	流入关注期	2016年8月	-2.21	流出关注期
2011年5月	5.33	流入关注期	2014年1月	6.41	流入关注期	2016年9月	-0.56	平衡期
2011年6月	6.95	流入关注期	2014年2月	9.42	流入失衡期	2016年10月	0.43	平衡期
2011年7月	5.65	流入关注期	2014年3月	7.69	流入关注期	2016年11月	1.12	平衡期
2011年8月	7.39	流入关注期	2014年4月	3.19	流入关注期	2016年12月	1.17	平衡期
2011年9月	3.5	流入关注期	2014年5月	1.08	平衡期	2017年1月	-0.84	平衡期
2011年10月	1.99	平衡期	2014年6月	-0.8	平衡期	2017年2月	0.49	平衡期
2011年11月	0.66	平衡期	2014年7月	0.26	平衡期	2017年3月	1.69	平衡期
2011年12月	1.6	平衡期	2014年8月	-4.48	流出关注期	2017年4月	-2.25	流出关注期
2012年1月	-0.3	平衡期	2014年9月	-3.15	流出关注期	2017年5月	1.78	平衡期
2012年2月	10.59	流入失衡期	2014年10月	-1.53	平衡期	2017年6月	1.66	平衡期
2012年3月	8.54	流入失衡期	2014年11月	-3.07	流出关注期	2017年7月	-0.62	平衡期
2012年4月	4.92	流入关注期	2014年12月	-1.64	平衡期	2017年8月	-3.55	流出关注期
2012年5月	-1.92	平衡期	2015年1月	-0.05	平衡期	2017年9月	-1.48	平衡期
2012年6月	-3.04	流出关注期	2015年2月	-2.19	流出关注期	2017年10月	-0.22	平衡期
2012年7月	1.12	平衡期	2015年3月	-1.47	平衡期	2017年11月	1.17	平衡期
2012年8月	2.1	流入关注期	2015年4月	-2.18	流出关注期	2017年12月	1.75	平衡期

1. 国际收支"三期"概率分布总体评价

从图9可以看出，我国近十年跨境资金流动呈现平稳中存波动态势，可容忍度时期（平衡期+关注期）概率达到83.33%，整体风险可控。平衡期发生概率达到40.62%,大部分时期国际收支情况良好,而关注期发生概率达到42.71%,其中流入关注期概率大于流出关注期概率5.21个百分点,过度流入产生的风险相对较高。16.67%的失衡期发生概率同样值得关注,流出失衡期发生概率低,而流入失衡期则达到15.63%,这与当期的国内外经济形势和货币财政政策息息相关。

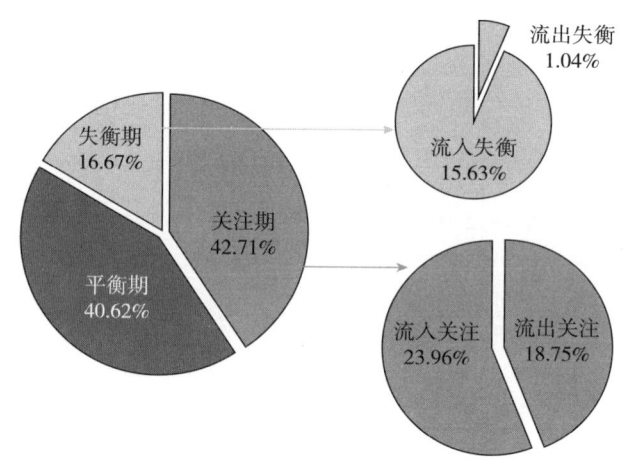

图9 国际收支"三期"概率分布

2. 2010—2011年持续出现流入失衡期

自2009年以来,我国经历了长达几年的热钱流入时期,4万亿元的投资、高额的利差、稳定的汇率使跨境资金源源不断流入,加大了我国资产泡沫程度和人民币升值压力。如表2数据所示,在经历了9个月的流入关注期后,我国进入2010年12月至2011年4月连续5个月的流入失衡,对跨境收支造成较为严重的影响。外汇局于2011年7月启动流入监控预案,立即采取各项紧急措施,经过一个季度的调整,2011年10月进入平衡期。2013年也遇到相似情况,"控流入"政策实施存在2~3个月的时滞性,随后由失衡转向关注,再到平衡。"控流入"的顺利实施也为外汇局累计宏观审慎管理实践经验奠定了良好基础。

3. 2015年6月流动形势发生逆转,呈现近一年的集聚流出

2015年第一季度和第二季度我国银行结售汇呈现小幅逆差,整体仍处于收支平衡期,但从第三季度开始,跨境资金急速流出,第三季度银行结售汇逆差达到近5年的新高1637亿美元,外汇局在现有政策框架下实行"控流出"政策,对资金流出产生一定抑制作用,但2015年第四季度仍有631亿美元的结售汇逆差。2015年下半年呈现连续6个月的流出关注期,其中2015年11月更是达到8.18%的流出失衡水平,9月的容忍度5.45%距离8%的警戒线并不遥远。跨境资金的集聚流出意味着外汇储备的持续支出,存量变化和市场预期易引发人民币

汇率波动,已引起管理层的极高重视。随着控流出和扩流入政策的持续实施,2016年1月进入平衡期,流出形势逐步放缓。

4. 2017年国际收支趋于平衡,个别流出期有待关注

2017年以来,我国跨境资金流动平稳,贸易便利化与强化监管双管齐下,取得良好成效,12个月有10个月处于平衡期。一是通过人民币汇率改革、市场预期引导、多形式舆论宣传等方式强化市场主体对汇率形势的正向研判,稳定人民币预期,通过加快简政放权步伐,促进对外贸易与投资便利化,使进出口贸易朝健康平稳方向发展。二是强化国际收支业务真实性监管。2017年4月和8月出现流出关注期,境内外利差和汇率波动是主要影响因素之一,汇入汇出监管力度不容松懈。下一步应依法合规加大外汇现场检查和约谈频次,强化货物贸易和资本项下非现场数据监测和异常预警,不断促进涉汇主体合规经营。

四、宏观审慎管理工具开发与运用

跨境资金流动的转向与经济金融发展息息相关,资本非理性流出凸显宏观审慎逆周期管理的重要性。识别和监测系统性风险是宏观审慎监管框架的基础,根据第三部分的实证内容,外汇局正在逐步优化数据计量和监测功能,识别跨境资金流动失衡的能力也显著提升。在国际收支的平衡期,除了违反反洗钱、税收、外汇管理条例等法律法规的外汇收支,任何业务性质的流入流出都是合理的,监管部门不予干预。在关注期,外汇局要积极对异常情况给予高度关注,对异常企业采取必要的、递进式的监管措施。在失衡期,外汇管理将从严开展。关注期和失衡期均可考虑使用宏观审慎工具。因此,下一步处置和化解外汇系统性风险是宏观审慎工具发挥有效性的核心,相关的管理工具的开发和使用是关键内容。

(一)使用原则

一般而言,宏观审慎管理工具的开发设计应具有宏观全面性、针对性、可行性和公平性。宏观审慎管理工具的使用原则有三点:一是强调控总量。外汇宏观审慎工具的设计必须围绕货币政策的发现,依据宏观经济金融整体运行状况,结合利率汇率市场化、本外币一体化、人民币国际化等重大金融改革的实际,确定对跨境资金波动容忍度,并制定跨境本外币管理的风险底线。二是突出逆周期。当流入规模大,升值压力上升时,可设置政策促使银行主体增持外汇头寸,实施累进制,从而降低银行持有冲动,减轻央行购汇冲销的被动局面,消除市场套利空间。三是强调全口径。改变当前外币管理严、本币管理松的局面,实行境内境外、离岸在岸、本币外币的统一管理,允许存在一定政策差异,但必须纳入监管,实行全口径动态管理。

(二) 基准工具开发

基准工具在跨境收支平衡期或者关注期使用，是针对流出（入）压力较大时的应对措施。在失衡期由于情况特殊，可以强化基准工具的相关比例，已快速达到逆周期效果。

1. 空间维度工具

一是外汇贷款集中度，限定外汇指定银行主体对某一企业主体的外汇贷款总额不能超过该企业股本的一定比例，降低主体运营亏损时的集中度风险。二是国别贷款集中度，限定银行主体对某一国家的外汇贷款总额不能超过一定比例，以降低该国经济发生衰退时的信用风险。三是征收外汇贷款资本金。参考本币贷款的资本金充足率要求，但外币贷款增速过快，可提高外币资本金拨备比例。四是衍生工具杠杆率限制。随着跨境资本交易市场逐步放开，沪港通、深港通、QFII、QDII等政策落地实施规模不断扩大，商业银行外汇衍生品交易总量稳步提高，本外币期货、期权、掉期、互换等产品创新力度加大，该工具根据市场交易总量和集中度，设定某一衍生品杠杆率上限，旨在防止衍生品交易过热而产生的流动性和市场波动风险。

2. 时间维度工具

一是结售汇头寸管理工具。建立银行结售汇头寸的上限和下限随跨境资金整体流动趋势变化而调节的自我修复机制，资金持续跨境流出时降低头寸下限，反之亦然，同时结售汇综合头寸可与特定类别的融资业务挂钩，有效调节跨境融资业务过快增长导致的资金波动。二是外汇头寸限额工具。外汇指定银行超买头寸总额或者超卖头寸总额的两者中选其一，较大者不能超过该银行股本的一定比例。三是外汇资产流动性管理。设置银行外汇流动净资产与总资产的比例标准，防范银行短期外汇流动性错配。四是实行全口径跨境融资宏观审慎管理。统一中资和外资企业借用外债或者进行跨境融资的标准，即跨境融资限额＝净资产×杠杆率×逆周期系数，逆周期系统由人民银行和外汇局根据当期国际收支形势制定并调整。五是征收远期售汇风险准备金。如当前银行远期售汇业务频繁，存在资金流出态势，收取一定比例的风险准备金能有效降低企业远期到期时违约形成的外汇风险。如自2018年4月以来，美元处于走强趋势，加之中美贸易摩擦叠加产生的紧张情绪，人民币汇率出现非理性贬值趋势，市场难以一下消化与转换人民币进一步贬值的预期，给人民币维持汇率稳定造成较大压力。在此背景下，人民银行于8月将外汇风险准备金率从0提升至20%，征收范围主要是外币远期售汇、期权组合、货币掉期及人民币远期购售业务，从宏观审慎角度出发对商业银行的远期交易进行一定程度的遏制，政策出台后人民币汇率下降趋势明显缓和，加上当前国内经济走势平稳向好，市场信心得到提振，币值趋稳的预期增强，是宏观审慎工具的一次合理运用。

3. 注重全口径，突出逆周期

除上述工具外，仍有其他基准工具有待开发运用，包括外币负债资本金比例、各类外汇证券投资及衍生产品风险管理、外汇贷款保证金比例、外汇贷款拨备、表外外币或有负债限额等。开发设计的思路是将定量和定性相结合，遵循总量控制、逆周期和全口径原则，做到真实性和便利化并存，灵活选择，密切配合。

具体的工具整理如图 10 所示。

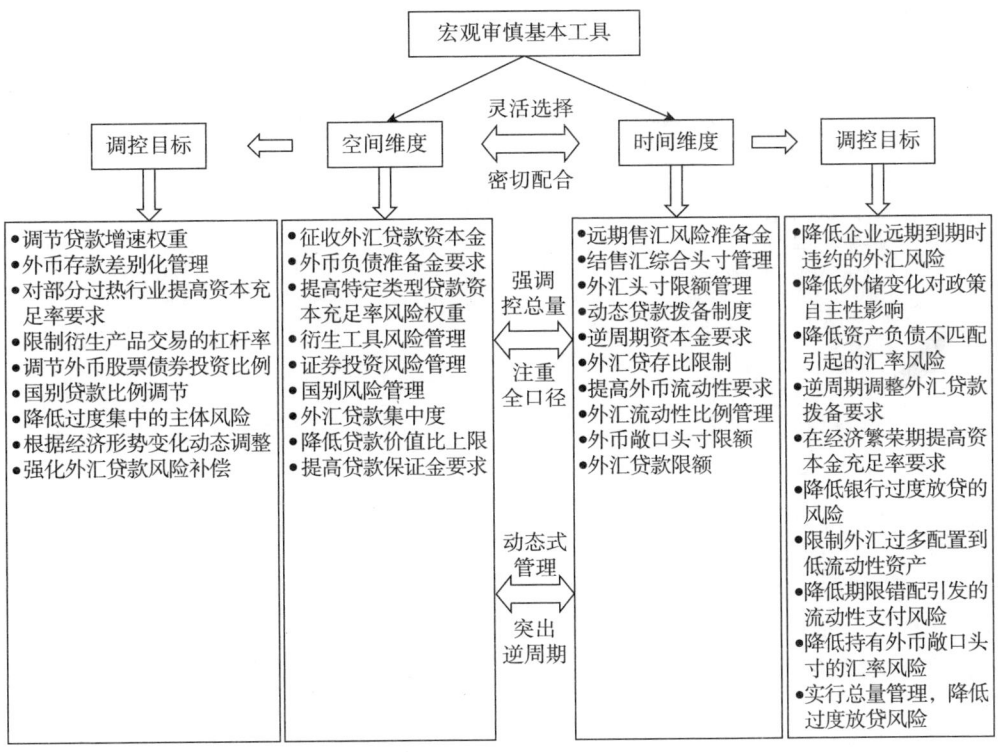

图 10　宏观审慎外汇管理工具库

（三）临时性附加工具 1：托宾税

托宾税是通过征税的方式提高跨境资金流动成本，巴西、智利等国应对国际资本大额异常流动，稳定外汇储备时都曾运用过该工具。我国也应根据自身实际情况，构建托宾税运用机制。具体如图 11 所示。

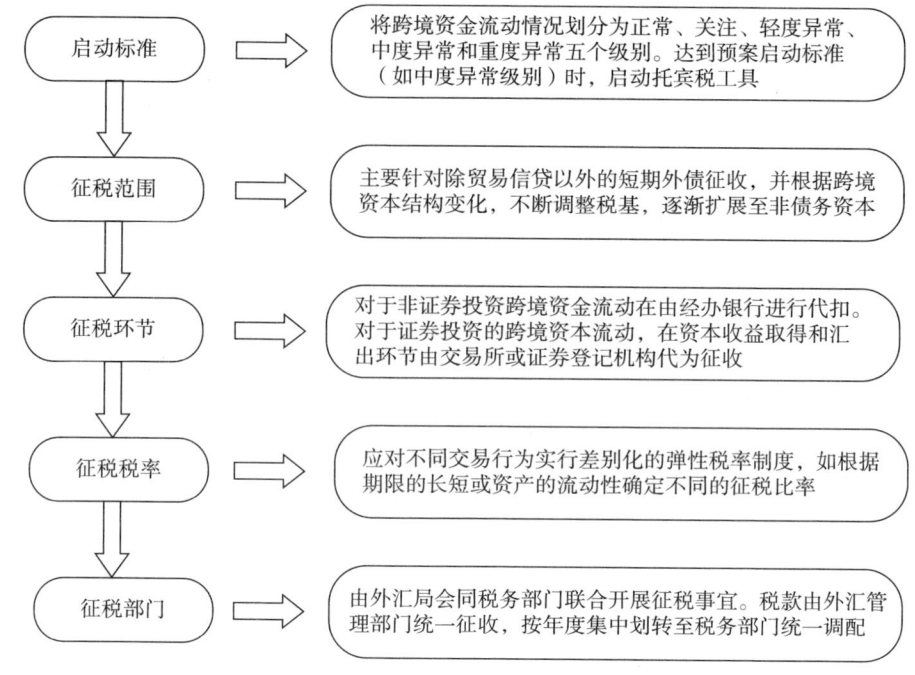

图 11　我国外汇管理托宾税构建流程

(四) 临时性附加工具 2：跨境融资风险准备金

2016 年经过几个重点城市的试点，积累了成功经验后，人民银行在全国范围内正式实施全口径跨境融资宏观审慎管理，统一中资和外资企业跨境融入资金的条件和资格，既简化审批程序，又能缓解融资难题，扩大资金流入渠道，支持实体经济，其融资规模计算公式如下：

跨境融资风险加权余额上限 = 资本或净资产 × 跨境融资杠杆率 × 宏观审慎调节参数

其中，宏观审慎调节参数暂定为 1，企业跨境融资杠杆率暂定为 1，银行则为 0.8，人民银行和外汇局可根据宏观经济形势、外汇收支情况以及经济周期判断，合理调整宏观审慎调节参数和跨境融资杠杆率，从而达到逆周期调控目的，防范系统性风险。

当面临国际收支失衡期时，除了调节系数，还可以采取跨境融资风险准备金的方式，进一步强化逆周期管理效果。假设国际收支面临流入失衡期，需要限制银行和企业过快融资跨境资金，跨境融资风险准备金应从以下几个步骤有序开展：

一是启动标准。以全国跨境流入为例，启动跨境融资风险准备金工具的标准如表3所示。

表3　　　　　　　　　跨境资金流入标准调节系数

流入情况	资本流入判定标准	调节参数
正常	月度结售汇顺差＜300亿元	1
关注	300亿元≤月度结售汇顺差＜500亿元	0.8
轻度异常	500亿元≤月度结售汇顺差＜700亿元	0.5
中度异常	700亿元≤月度结售汇顺差＜1000亿元	0.2
重度异常	月度结售汇顺差≥1000亿元	0

二是征收方式。进入轻度异常期后，宏观审慎调节参数和跨境融资杠杆率将相应降低，银行可融资规模上限相应下降。在此种情形下，部分境内金融机构如再出现非理性跨境融资的增长，出现超上限融入境外资金，人民银行视情节轻重，征收风险准备金。

三是累进式征收。针对不同的资本异常流入程度征收不同比率的无息准备金。

四是管理部门。金融机构跨境融资风险准备金统一以美元形式存放到人民银行，由人民银行进行无息管理，待其根据政策要求进行整改并获得监管部门通过后，风险准备金返还给原支付机构。

五、优化宏观审慎外汇管理工具政策建议及配套措施

宏观审慎工具的开发与运用需要多方面制度和政策的配合落实，与微观监测机制相结合更能达到事半功倍的效果。本文根据上述跨境收支实证结果和具体工具的运用研究，结合全局性、针对性与逆周期性原则，多方面提出政策优化建议和配套措施意见，旨在夯实金融体系宏观审慎管理机制，切实防控国际收支系统性风险。具体路径如图12所示。

（一）与微观监测相结合，强化整体把控能力

一是摸清掌握引发宏观经济和资金波动的微观经济金融基础。以主体监管为手段，分析微观市场主体进行跨境套利、违规运营资金的主要方式和渠道，从而设计针对性的宏观审慎工具，同时也要做好不遏制跨境金融产品的合理创新。二是多种工具协调灵活运用。空间维度工具和时间维度工具同时并举，相互配合，在规模控制、流向引导及资产负债比例调整等方面因地制宜地使用融资杠杆率、风险集中度、流动性和期限匹配、资金成本等各项调控工具，同时针对不同机构的外汇业务经营状况、执行外汇管理规定考核情况以及自我约束能力，实行差别化的约束比例和规模松紧政策。三是强调工具政策的时效性。一方面，工具实施

初期需要市场主体的适应，效果显现有所滞后；另一方面，宏观审慎工具能起到逆周期缓冲作用，但不能堵住所有的流动渠道，政策效果随着时间推移可能会减弱，但为国内经济金融的结构性改革争取了时间。因此，在审慎工具实施期间，相关的经济金融制度改革进程必须加快节奏，从本质上提升风险抵御能力。

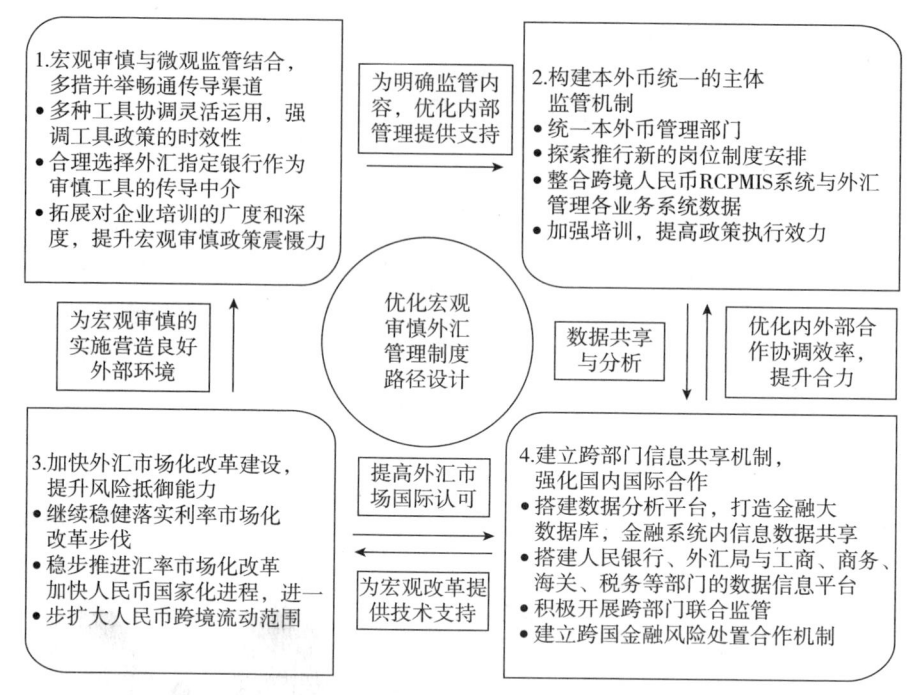

图12　优化宏观审慎外汇管理制度路径设计

（二）选好工具传导中介，多措并举畅通传导渠道

跨境资金流动日益复杂，投融资利益盘根错节。对于异常大额波动情况，在外汇业务市场化程度高的今天，通过行政手段干预微观主体的融资和经营行为会引发矛盾。因此，监管部门必须谨慎选择传导中介和传播方式，促进审慎工具的顺利推进。一是要合理选择外汇指定银行作为审慎工具的传导中介，通过影响外汇指定银行在提供贸易融资与跨境借贷中的成本收益比，来间接调节和影响市场主体跨境资金摆布的程度与方向；二是拓展对企业培训的广度和深度，加大外汇管理政策法规、业务管理方面的系统培训、辅导和宣传力度，强化企业合规经营意识，提升宏观审慎政策震慑力，为更好地推行主体监管奠定扎实基础。

（三）打破分类管理模式，构建统一的监管机制

一是打破现行按币种分开管理的模式，将跨境人民币业务统一到外汇管理部

门，实现涉外主体全币种的准确性监管和规范化管理，有利于找准风险点，并降低人力成本。二是探索推行新的岗位制度安排，改善现有经常项目和资本项目分类监管设置，可按业务流程考虑设置综合管理岗、数据监测岗、统计分析岗、检查岗，科学合理配置业务岗位人员。三是整合系统数据，将跨境人民币 RCPMIS 系统与外汇管理各业务系统统一到应用服务平台，便于更有效率地开展宏观形势研判和市场主体分析。四是加强外汇业务人员培训，提高其综合素质，转变工作理念，树立宏观审慎大局观，通过反馈与校准不断提高政策执行效力。

（四）加快外汇市场化改革，巩固运营环境和市场预期

一是继续稳健落实利率市场化改革步伐。虽然当前已放开金融机构存贷款利率管制，但人民银行仍要做好利率引导，遏制高息揽存，密切关注民间借贷利率，并合理运用各类货币政策工具督促商业银行建立合理的利率形成机制，从而形成良好的资本利率市场，为吸引跨境资金提供健康稳定的运营环境。二是稳步推进汇率市场化改革。完善人民币汇率中间价形成机制，指导金融机构自主定价，提高汇率变化与宏观经济发展的关联度，合理引导市场预期。三是加快人民币国家化步伐，加入 SDR 后，进一步扩大人民币在亚洲地区的流动范围，强化其计价结算和支付职能，积极发挥欧洲离岸人民币中心职能，加快货币互换，提升国际地位。

（五）建立跨境资金大数据平台，增强联合整治震慑力

跨境资金流动涉及面广，数据量大，主体交易信息庞杂，需要各部门通力合作，实现大数据平台的构建和整合，为非现场监测和现场检查提供技术支撑。一是构建金融系统内的大数据共享平台。建议"一行两会"、外汇局搭建数据分析平台，打造金融大数据库，全面识别金融业营运风险，为有效落实以宏观审慎为基础的货币政策夯实技术支持。二是建立人民银行、外汇局与工商、商务、海关、税务等各职能部门的跨界数据信息平台，全面自动化采集企业信息，包括营业范围、股权结构、经营情况、进出口、直接投资、收付汇、纳税证明等，形成市场监管大数据平台，全面、准确、动态地掌握市场主体的经营情况。三是在大数据监测的支持下，准确把握交易异常点和市场主体资金流向趋势，积极开展跨部门联合监管，海关、公安、人民银行和外汇局联合开展打击地下钱庄违规运营行动，公安、"一行两会"和外汇局联合开展外汇反洗钱联合检查，提高跨境资金违法违规查处震慑力。四是从国家合作出发，针对目前跨境资金流动风险的国别性、系统性风险的跨国传播以及各国监管政策的松紧差异，积极拓宽全球视野，建立跨国金融风险协调处置合作机制，顺应金融全球化发展趋势，强化国际资本流动风险监测能力。

参考文献

[1] 王武斌. 宏观审慎下的外汇管理监管方式研究 [J]. 华北金融, 2015 (4): 35-38.

[2] 慕安良, 姜丽莉, 霍庆朕. 外汇宏观审慎监管思考 [J]. 中国金融, 2016 (8): 14-16.

[3] 王新霞, 郭文峰. 宏观审慎视角下的外汇监管框架探索 [J]. 现代经济信息, 2015 (12): 56-58.

[4] 韦念妤. 我国宏观审慎的外汇调节工具效果分析 [J]. 银行家, 2015 (12): 77-80.

[5] 李育萍, 程东升, 郑立君. 银行外汇收支宏观审慎管理中的政策工具运用 [J]. 福建金融, 2014 (9): 33-36.

[6] 陈耕, 等. 宏观审慎条件下外汇资金流动应对体系和调节工具研究 [J]. 福建金融, 2016 (9): 25-28.

[7] 苏明政, 徐佳信, 张庆君. 金融失衡视角下宏观审慎政策工具有效性研究 [J]. 会计与经济研究, 2017 (1): 102-116.

[8] 陈国宁. 跨境资本流动的价格型宏观审慎监管工具研究 [J]. 金融纵横, 2017 (1): 28-34.

[9] 占云生. 宏观审慎监测指标与调控工具的选择: 理论与实践 [J]. 青海金融, 2017 (2): 49-54.

[10] 蒋东, 利刘佳. 跨境资金流动宏观审慎工具有效性研究 [J]. 浙江金融, 2017 (11): 24-30.

[11] 崔亚, 光张玥. 宏观审慎视角下我国跨境资本流动风险识别与调控工具选择 [J]. 金融发展评论, 2017 (4): 122-129.

[12] 宋莹. 宏观审慎的历史回顾、政策工具与展望 [J]. 海南金融, 2017 (4): 54-58.

[13] 刘震, 牟雯波. 宏观审慎管理、金融摩擦与经济周期 [J]. 当代经济科学, 2017 (3): 12-21.

[14] 张晓艳. 英国宏观审慎政策工具 [J]. 中国金融, 2017 (7): 82-83.

[15] 王志学. 商业银行衍生金融工具信用估值调整 [J]. 北方金融, 2017 (4): 15-17.

[16] 周琰. 新兴经济体资本账户开放与宏观审慎政策工具选择 [D]. 北京: 首都经济贸易大学, 2017.

[17] 陈明玮, 袁梦怡, 王博. 新常态下宏观审慎工具的有效性 [J]. 财经问题研究, 2016 (11): 59-65.

[18] 刘志洋,宋玉颖. 宏观审慎监管政策工具实施及有效性国际实践 [J]. 中国社会科学院研究生院学报,2016 (1):50-55.

[19] 翁玉颖. 货币政策与宏观审慎政策的协调框架研究 [D]. 南京:南京信息工程大学,2016.

[20] 平晓冬,赵文兴,彭英. 宏观审慎的跨境资金流动调节工具选择和设计 [J]. 金融发展研究,2016 (4):59-63.

人口流动、区域经济差异与货币政策选择

中国人民银行太原中心支行课题组

课题主持人：李文森

课题组成员：杜　斌　王少杰　张　园　褚　文　张　杰　张　靖　师洋霞　赵　畅

一、引　言

近年来，随着刘易斯拐点的到来，我国东部沿海地区"用人荒"的局面频频上演，个别产业的缺工率高达30%。安徽、四川等中西部省份在承接产业转移过程中也出现"民工荒"问题。武汉、杭州、西安、宁波、南京、天津等几十个区域中心城市纷纷出台人才新政，开启"抢人"大战。这些现象背后折射的是人口流动问题。改革开放以来，我国人口流动[①]规模不断扩大。2016年，我国流动人口数[②]达到了1.28亿人，与1990年[③]的1615万人相比，流动人口总数翻了三番。人口流动主要受自然、经济、政治和社会等多种因素的影响，其中最重要的因素是经济发展水平。我国幅员辽阔，地理环境、资源禀赋、产业结构及历史沿袭的经济基础不同，各区域存在经济差异，引发了人口流动。同时，我们也注意到这样一个现象，人口净流入地区往往经济发展较快，而人口净流出地经济发展相对较慢。据统计，我国人口净流入最多的7个省份的人均GDP达到其他省份的2倍以上。那么，人口流动是否会反过来影响区域经济，使区域经济不平衡状况进一步加剧？

经济是金融的基础。人口流动背景下的区域经济发展差异，势必对货币政策的效果造成一定影响，形成货币政策区域效应[④]。这一结论已被欧元区国家实践所证明。近年来，由于欧盟东扩及欧元区劳动力流动政策的差异导致欧元区各国

---

① 本文中的人口流动是指户籍登记地与现住地不一致的现象。
② 流动人口数指常住人口与户籍人口的差值，本文数据来源于Wind数据库。
③ 改革开放前，由于实行计划经济和严格的户籍管理制度，此阶段人口流动较少。改革开放后，劳动力逐步从农村向城市集聚，尤其是1990年后，伴随着市场经济的快速发展，我国人口流动呈现爆发式增长。另外，受部分省份2017年流动人口数据的缺失限制，故本文选取的时间段为1990—2016年。
④ 货币政策区域效应是指对于一个区域经济发展差异较大的国家而言，实行单一的货币政策会在政策效果上产生差异，甚至会对部分区域造成较大的负面影响，进而损害整体宏观经济目标的实现。

劳动生产率的不同。而统一的货币政策又大大限制了欧元区各国运用经济政策发展本国经济的空间与能力①，导致欧元区各成员国之间的经济差距逐渐拉大。我国也同样面临类似的问题。改革开放初期，为保证有限的资源投入取得最大的效益，党中央实施非均衡发展战略，优先发展东部地区。受倾斜政策的影响，人口、资金纷纷流向东部地区，东部地区极化效应②远远大于涓滴效应③，造成东部与中西部地区事实上的经济差距不断扩大。各地区对货币政策的反应程度与时滞也有所不同，货币政策效果存在区域差异。因此，货币政策会在多大程度上影响区域经济发展差异、在区域传导过程中通过哪些渠道形成区域效应、人口流动是否会改变货币政策的宏观运行环境、货币政策在不同的人口流动区域会产生怎样的实施效果差异，这些问题都亟待解释与解决。

那么，如何科学、辩证地认识人口流动、区域经济差异与货币政策三者之间的关系呢？因此，我们以柯布—道格拉斯生产函数为基础，利用 Panel Data 模型探讨人口流动与区域经济差异的关系。在此基础上，将人口流动、区域经济差异和货币政策纳入动态随机一般均衡（DSGE）框架中，研究人口流动对区域经济、微观主体经济行为、货币政策传导机制和最终目标的冲击反应及货币政策对不同区域经济的冲击反应，以此找出央行进行宏观调控的最佳路径和工具，并提出相应的政策建议，为央行准确把握区域经济波动、制定和调整货币政策、促进经济发展提供借鉴与参考。

本文共分六部分。除引言外，第二部分"文献综述"，介绍人口流动如何影响区域经济的三种不同观点及货币政策区域效应的相关研究结论；第三部分"我国人口流动及区域经济差异的基本情况"，从总量、结构、流向、来源地分布、受教育程度等方面分析我国人口流动的基本情况，在此基础上，又从变动趋势、经济发展水平、发展速度三个方面考察区域经济差异情况；第四部分"人口流动与区域经济差异关系的实证分析"，考虑到 DSGE 模型难以体现省际人口流动及经济差异，我们以柯布—道格拉斯生产函数为基础，利用 Panel Data 模型探讨人口流动对各个省份经济发展的影响；第五部分"人口流动、区域经济差异与货币政策的实证分析"，利用 DSGE 模型模拟分析了人口流动对经济发展和货币政策的冲击及货币政策对人口流动不同情况地区的冲击效果；第六部分"结论与建议"，概括了主要的研究结论，并据此给出具体的政策建议。

---

① 李鑫，许鹏飞. 欧洲主权债务危机及影响［J］. 北方经济，2013（6）.
② 极化效应是梯度经济理论之一，指处于高梯度的发达地区，不断积累有利因素，使生产进一步集中，加速经济与社会发展，加速两极分化。
③ 涓滴效应是指在经济发展过程中并不给予贫困阶层、弱势群体或贫困地区特别的优待，而是由优先发展起来的群体或地区通过消费、就业等方面惠及贫困阶层或地区，带动其发展和富裕，或认为政府财政津贴可经过大企业再陆续流入小企业和消费者之手，从而更好地促进经济增长的理论。

本文创新点主要包括以下几点：第一，从研究内容看，现有研究区域经济与货币政策的文献多以发达国家为背景，大多从产业结构、企业规模、金融发展水平出发，尚未纳入人口流动因素。本文则考虑到我国二元经济结构的特点，创新性地将人口流动引入货币政策区域经济效应分析框架下。第二，从研究对象看，已有研究成果多是基于中东西部的区域层面或是代表性城市层面，本文则是依据人口流动规模和方向，确定以省域经济为研究对象，研究人口流动与区域经济差异的关系，研究对象更细致，研究结果具有普遍性。第三，从研究方法看，当前研究货币政策区域经济效应的文献主要采用的是向量自回归模型（VAR）、结构向量自回归模型（SVAR），注意力主要集中在论证是否存在货币政策区域经济效应上。本文将人口流动、区域经济差异与货币政策同时纳入动态随机一般均衡模型，刻画了各微观经济主体、各区域经济波动对货币政策的反应情况，并提出一些创新性结论，拓宽 DSGE 模型的应用领域。

二、文献综述

纵观整个学术研究领域，国内外鲜有学者关注并合理解释人口流动、区域经济差异以及货币政策三者之间的关系，大多数研究集中于人口流动与区域经济差异、区域经济差异与货币政策这两对关系的刻画，并得出相对成熟和丰富的研究成果。

（一）人口流动与区域经济差异

人口流动愈加频繁是目前人口地理学中一种通认的社会现象[1]，这就产生人口地理经济学范畴内的热点话题：人口流动如何影响区域经济发展。关于该领域的文献研究有三种观点：人口流动会缩小区域经济差异，人口流动会扩大区域经济差异，人口流动对区域经济差异影响复杂。

人口流动会缩小区域经济差异：Taylort 和 Williamson（1994）、Barro（1995）认为，人口流动在一定程度上有助于缩小地区间劳动力报酬差异，削平地区间生产要素禀赋差异，从而进一步缩小地区经济差异。姚枝仲等（2003）、林毅夫等（2003）也从这个角度对中国现象进行合理化解释。刘强（2001）、王德（2003）认为，人口流动对区域经济不均衡发展的趋势具有延缓作用。

人口流动会扩大区域经济差异：这部分研究成果普遍认为人口流动对区域经济的促进作用是不平衡的，看上去与现实情况更加吻合。Shioji（2001）研究发现 1960—1990 年日本的人口净迁移扩大了各地区间人均 GDP 和人均收入的差距。国内学者孙自铎（2004）认为，20 世纪 90 年代的务工人口为人口输入地带

---

[1] 中国人口大迁移，恒大研究院，2018.

来了"人口红利",更多的学者则认为高素质人口流动将提升人口流入地的劳动力技术水平。李晶晶、苗长虹(2017)实证发现,在影响区域经济差异的诸多因素中,"人口流动"的影响最显著。

人口流动对区域经济差异影响复杂：也有研究认为,该议题在不同时期、不同情况下将会出现不同结论,不能一概而论。Reichlin 等(1988)基于内生增长理论模型,揭示了人口流动与区域经济增长差距之间关系的复杂性,认为新古典经济增长模型所持"暂时性人口流动会加速经济趋同"的观点与实证研究并不相符。沈坤荣、唐文健(2006)认为,经济收敛的性质取决于劳动力转移的规模,较小规模的劳动力转移会引致经济直接收敛,而较大规模的劳动力转移会使经济收敛性质呈现先发散后收敛的动态变化。许召元、李善同(2008)认为,人口流动有助于提高经济增速、缩小地区间生活水平差距,但是人口流动往往伴随着资本追逐,这种情况下人口流动可能会加速区域经济发散。

鉴于目前我国人口流动愈加频繁,而近年该领域的研究又相对匮乏,因而人口流动究竟会加剧地区经济差异还是会缩小地区经济差异这一命题有必要做更深入的探讨。

(二) 区域经济差异与货币政策

Scott 于 1955 年最早发现美国货币政策在实施效果上存在显著差距,开启了货币政策区域效应研究领域的大门。随后,在 20 世纪 70—90 年代涌现出一批理论性研究成果：货币主义运用圣路易斯方程的简约式模型,证明货币因素直接导致了国家内部不同区域之间的产出波动；新古典综合学派则认为,不同区域之间的利率弹性和信贷可得性的差异是导致货币政策区域非对称性的主要因素；新凯恩斯主义从信息不对称和不完全信息的角度出发,解释了区域间资本移动率下降的原因,认为金融资源错配和区域信贷配给差异将导致货币政策效果的非对称性。

欧盟的成立掀起货币政策区域效应研究的新一波热潮。大部分学者认为欧盟内部不同国家存在货币政策效果区域差异,因而各成员国也应摒弃统一的货币政策。Guiso(1999)研究指出欧元区并非是一个最优货币区,Hayo 和 Uhlenbrock(1999)认为,欧盟内部货币政策传导机制存在差异,各国在统一货币政策下却出现了不一致的经济周期。Huchet(2003)分析了 1980—1998 年欧盟各国对单一货币政策的反应,发现法国、德国、西班牙和澳大利亚对未预期到的货币冲击反应更为敏感。Clausen 和 Hayo(2006)研究发现尽管法国、德国和意大利这三个国家货币政策传导机制是相同的,但是货币政策模拟冲击结果反应相差较大。此外,美国(Carlino, DeFina, 1999; Owyang, Wall, 2004)、加拿大(Georgopoulos, 2001)、英国(Dow, Montagnoli, 2007)、印度(Nachance, 2002)、南非

(Fielding, Shields, 2006) 的学者通过实证研究, 分别证实在一国内的不同地区也存在货币政策区域效应。

鉴于国内更为复杂的经济政治现实, 中国的货币政策区域效应更加明显。国内学者针对这一问题进行了早期探索: 张志军 (1999) 较早提出中央银行应注意金融调控的地区差别性; 王熠 (2000) 认为, 我国统一的再贴现政策对西部地区不利; 刘锡良 (2000) 指出, 超额准备金政策效果将会因各地区银行机构的异质性产生差异; 孙天琦 (2004) 研究得出, 货币政策价格型工具不应区域差别化, 而信贷配给型工具应当差别化的结论。

关于货币政策区域非对称效应的形成原因, 绝大多数学者是通过货币政策传导机制来解释的, 国内外均有研究表明货币政策效果差异显著是因为货币政策传导机制在各国或各地区存在差异 (Mishkin, 1996; 曹永琴, 2007; 曾拥政, 2011)。除了利率传导渠道的显著影响外, 信贷传导渠道也是不可忽视的因素 (Bernake B, Gertler M, 2002; 黄宪, 沈悠, 2015)。部分学者试图从供给和需求的角度进行解释, 由于各国 (地区) 在劳动力市场、产品市场与金融市场方面的差异, 供给曲线将会出现差异。卢盛荣 (2007)、玄相伯 (2014) 研究发现, 发达地区的供给斜率要小于欠发达地区的供给斜率, 发达地区的货币政策乘数要大于欠发达地区的货币政策乘数。个别学者则从居民消费、储蓄等微观角度出发解释宏观经济现象。卢盛荣、邹文杰 (2006) 实证发现影响居民消费储蓄行为的参数在我国各地区间存在较大差异, 导致我国省际居民消费储蓄对利率的敏感性各不相同, 进而使货币政策效应存在区域差异。邱崇明、黄燕辉 (2012) 实证认为地区间消费信贷可得性和消费信贷成本的差异, 造成各地区消费者具有不同的流动性约束, 进而导致货币政策区域效应的形成。

综上所述, 有这样一个客观的事实: 统一货币区的不同国家, 或者同一国家的不同地区, 由于在经济总量、企业规模、产业结构以及金融水平等方面存在差异, 导致统一的货币政策在传导过程中产生区域非对称性效应, 从而制约了统一货币政策目标的实现, 降低了货币政策整体效应。

纵观整个学术研究领域, 仅陈利锋 (2015) 发表的《劳动力流动与货币政策效应分析》一文关注到人口流动、区域经济与货币政策三者之间的关系, 研究认为提高劳动力流动性有助于缩小货币政策冲击引起的区域产出差距, 并且可以在一定程度上熨平产出波动并改善社会福利。该文虽然为该领域研究提供了创新性思路, 但文中区域划分较为简单, 且最终结论有必要进一步验证。

三、我国人口流动及区域经济差异的基本情况

(一) 我国人口流动的基本情况

新中国成立初期,由于实行计划经济和严格的户籍管理制度,此阶段人口流动数量较少。改革开放后,人口红利得以释放,大量的劳动力从农村向城市集聚,尤其是20世纪90年代后,伴随着市场经济的快速发展,人口流动出现爆发式增长,城镇人口净增4.8亿人,至2016年城镇总人口达7.9亿人;城市化率也由1990年的26.41%提升至2016年的57.35%,增长了30.94个百分点。因此,本部分中我们主要分析1990年后的人口流动情况。

从人口流动的总量来看:流动规模逐步扩大,流动速度呈阶段性变化趋势。1990—2016年,我国流动人口规模持续扩大,从1615.28万人增长至12824.46万人,总数翻了三番,增长了8倍。尤其是2005—2010年流动人口呈现迸发式增长的态势,这5年间,全国流动人口总数增长了5322.81万人。其中,2009年广东省流动人口达1764.02万人,甚至超过1990年全国流动人口总数,年均增速达17.04%。但2010年后,6年间全国流动人口总量仅增加了1255.06万人,说明流动人口增速有所放缓。

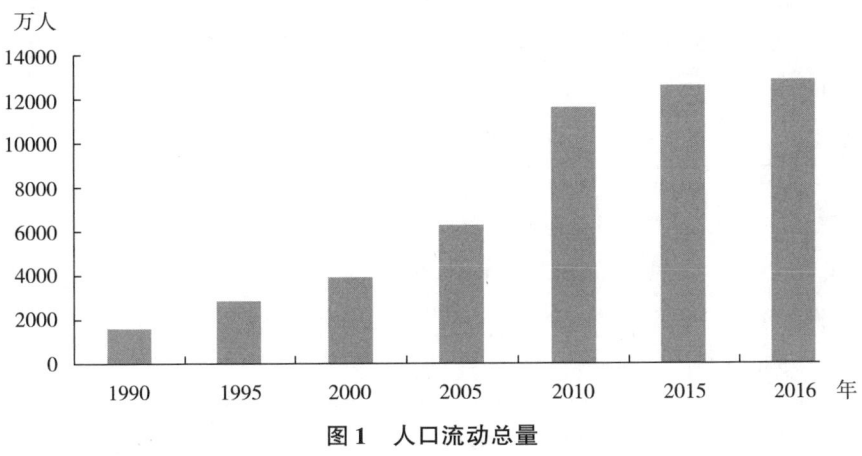

图1 人口流动总量

从人口流动的结构来看:人口"从中向东"流动,区域聚集程度较高。根据1990—2016年的人口流动总量,将各省市划分为净流入地区、动态平衡地区和净流出地区。从图2中可以看出,净流入地除了北京和天津外,地理位置正好是中国最东部几个沿海省份,从北到南依次是江苏、上海、浙江、福建和广东。净流出地主要包括河南、四川、安徽、广西、贵州、湖北、江西、河北、陕西等省份,而大部分西部省份如新疆、内蒙古、青海、宁夏等则是人口动态平衡地

区，说明我国人口流向不是"从西向东"而是"从中向东"。

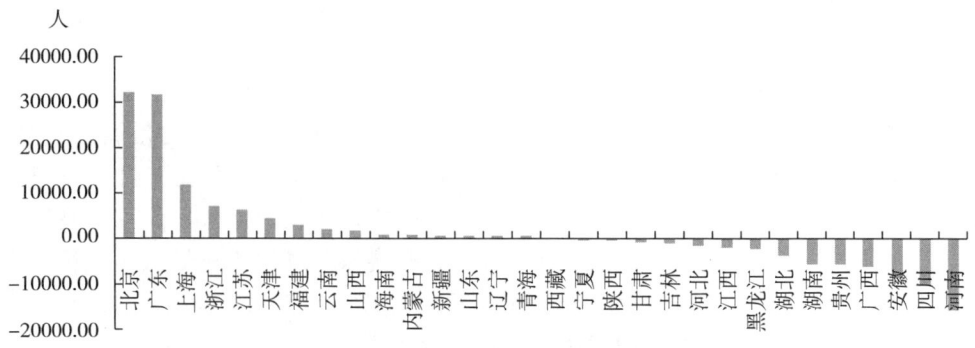

图2　人口流动结构

表1给出了全国及部分省份的"四普""五普""六普"①及2016年流动人口数据。数据显示，2016年北京、天津、上海、广东及江苏等地区的流动人口总数约为5306.46万人，较1990年增长了4260.63万人，流动人口增量占全国增量的38.01%。其中，广东省的流动人口数量最多，为1958.11万人，约占全国流动人口总数的15.27%，这也直接影响了广东省的人口总量，使其超过河南省成为我国人口第一大省。2016年，北京、天津、上海流动人口数量分别为1635.73万人、517.60万人和971.69万人，这些地区26年间流动人口增量占常住人口增量的比例均超过70%。综上可以看出，上述五省份等经济发达的地区流动人口数量保持强劲的增长势头，是外来流动人口的主要集聚地。

表1　全国及部分省份流动人口数据　　　　　　单位：万人

地区	"四普"流动人口	"五普"流动人口	"六普"流动人口	2016年流动人口	26年间常住人口增量	26年间流动人口增量	流动人口增量/常住人口增量
全国	1615.28	3957.19	11569.40	12824.46	24123.49	11209.18	0.46
北京	750.96	959.09	1465.93	1635.73	1087.32	884.77	0.81
天津	4.21	82.20	309.44	517.60	695.75	513.39	0.73
上海	94.62	319.37	890.68	971.69	1136.65	877.07	0.77
广东	100.87	1151.49	1919.45	1958.11	4529.85	1857.24	0.41
江苏	95.17	257.72	402.41	375.45	1032.10	280.28	0.27
合计	1045.83	2769.87	4987.91	5306.46	8803.63	4260.63	—

① "四普"为1990年的第四次人口普查，"五普"为2000年的第五次人口普查，"六普"为2010年的第六次人口普查。

从人口流动的流向来看：一线、二线城市人口持续流入，三线城市基本平衡，四线城市持续流出。按 1990—2000 年、2001—2010 年、2011—2016 年时间段划分，全国平均人口增速分别为 1.04%、0.57%、0.51%。同期，一线城市年均增速为 3.9%、3.4%、1.5%；二线城市年均增速为 1.7%、1.7%、1%，一线、二线城市年均增速显著高于全国平均水平，表明人口长期净流入，且向一线城市集聚更多。三线城市人口年均增速分别为 0.96%、0.63%、0.51%，基本与全国平均水平持平。而四线城市的人口增速分别为 0.41%、0.11%、0.33%，明显低于全国同期水平，表明四线城市处于人口持续净流出状态。

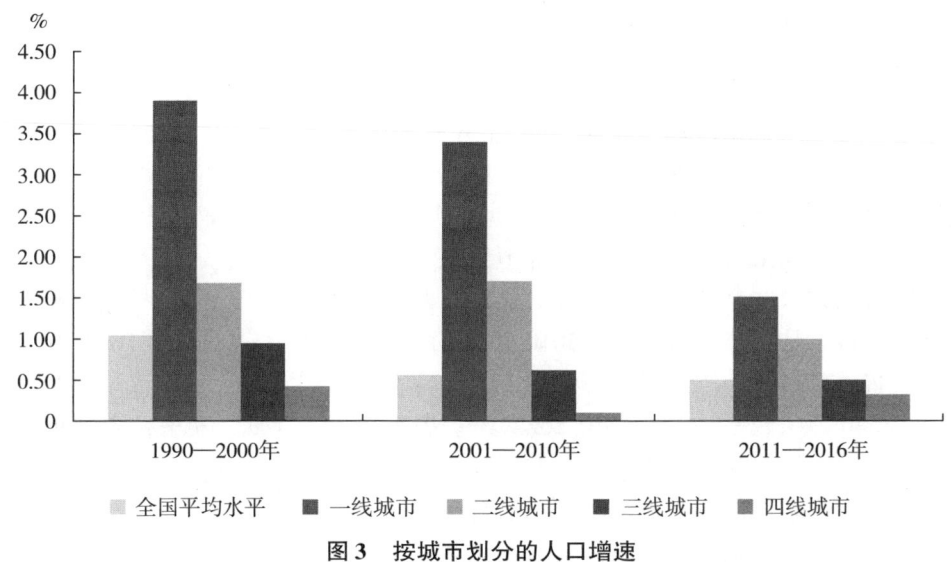

图 3　按城市划分的人口增速

从流动人口来源地的空间分布规律来看：人口流动与两地区间的距离、迁出地的经济状况关系很大。根据"五普""六普"结果，我们选择北京市、上海市、广东省及新疆维吾尔自治区这四个具有代表性的人口流入中心，来分析流动人口的空间分布规律，具体情况见表 2。由于国家政策倾斜和对劳动力的需求等原因，广东省成为我国流入人口最多的省份，其来源地主要为邻近广东的内陆地区，包括广西、湖南、江西、湖北、河南等；但对邻近的经济发展相对较快的福建和浙江的吸引力较小，此外，广东省对北方地区，如山西、河北、北京、天津、辽宁等地的吸引力也相对较小。从北京市的流入人口情况来看，来源地主要有河北、河南、山东等，对黑龙江和内蒙古的吸引力次之；但对邻近较发达的天津市吸引力很微弱。上海市的流动人口几乎来源于全国各地，辐射范围相对较广，从前五位省份来看，主要集中在长三角周边的江苏、浙江和安徽等地。新疆维吾尔自治区流入人口超 10 万的省份主要有甘肃、四川、陕西、河南等地。

从上述四个省份的分析中,我们发现,各省市吸引的流动人口多来自邻近经济相对不发达的省份,而对临近经济发达省份及距离较远省份的人口吸引力相对较小。

表2　　　　　　　部分省市"五普""六普"人口来源地情况

	"五普"流动人口来源地前五位的省份	"六普"流动人口来源地前五位的省份
广东	广西、湖南、江西、湖北、四川	广西、湖南、河南、湖北、四川
北京	河北、河南、山东、安徽、黑龙江	河北、河南、山东、黑龙江、内蒙古
上海	江苏、浙江、安徽、江西、四川	江苏、安徽、河南、湖北、四川
新疆	河南、甘肃、四川、陕西、山西	甘肃、四川、陕西、河南、宁夏

从流动人口受教育程度来看:流动人口受教育水平提升明显,高学历人口多流入东部地区。根据国家统计局2011年6月的地区划分方法,我们将全国区域划分为东部、中部、西部和东北部四大地区,表3给出了"五普""六普"中各地区流动人口受教育基本情况,并分别标出了流动人口中受教育程度最高的地区。从分布情况来看,可以发现东部地区流动人口受教育程度占绝对优势,但中部地区流动人口的高学历占比略胜一筹,而西部地区无论是绝对数量还是相对占比都处末位。从整体趋势上看,2010年流动人口的整体受教育程度较2000年有明显改善。10年间,全国高学历(中专、本科及以上学历)[①]流动人口总数增加了2848.40万人,平均占比也由26.29%提升到了32.41%。其中,东部地区高学历人口总数增量最大,为1716.71万人,大于中部、西部及东北部地区的增量总和;而中部地区的相对占比增幅位居首位,为9.79%。

表3　　　"五普""六普"中各地区流动人口受教育基本情况　　　　单位:万人,%

	"五普"流动人口受教育情况绝对数				"六普"流动人口受教育情况绝对数			
	未上过学	高中及以下	中专及以上	本科及以上	未上过学	高中及以下	中专及以上	本科及以上
东部	65.22	1977.11	411.34	248.37	98.01	5380.83	1875.92	500.50
中部	13.13	258.71	87.23	23.75	18.86	581.28	283.27	143.83
西部	34.27	366.87	110.48	27.27	20.61	758.71	291.23	100.36
东北部	44.11	834.15	230.47	115.43	41.79	1514.29	442.08	465.56

[①] 根据国家统计局人口普查中学历划分方法而定。

续表

	"五普"流动人口受教育情况相对占比				"六普"流动人口受教育情况相对占比			
	未上过学	高中及以下	中专及以上	本科及以上	未上过学	高中及以下	中专及以上	本科及以上
东部	3.04	71.34	18.40	7.21	1.45	70.37	22.33	5.86
中部	3.63	68.50	21.87	5.99	1.81	60.54	26.28	11.37
西部	7.62	67.25	19.85	5.28	3.00	68.05	20.94	8.01
东北部	4.28	69.15	20.83	5.74	2.22	62.93	24.22	10.63

（二）区域经济差异的基本情况

我国幅员辽阔，地理位置、资源禀赋、产业结构、历史沿袭以及政策环境不同，导致我国各区域内部的经济发展水平客观上存在差异，而这一差异阻碍了我国整体经济协调发展，成为我国社会主要矛盾①在区域经济方面的主要表现。

从区域经济差异变动趋势来看：我们用1988年以来的省际人均GDP、省际财政收入和省际经济份额标准差系数来观测这一变化过程②。如图4所示，1990年后，三个标准差系数均呈现上升趋势，表明各省经济发展水平相对差距逐步扩大；至21世纪初期，除经济份额标准差系数仍小幅上涨外，财政收入和人均GDP标准差系数则表现出下降趋势，表明区域经济差距总体收窄；但到2012年左右，三个系数均开始反弹。也就是说，近30年来全国区域经济差异呈现出"扩大—缩小—扩大"的变化过程。

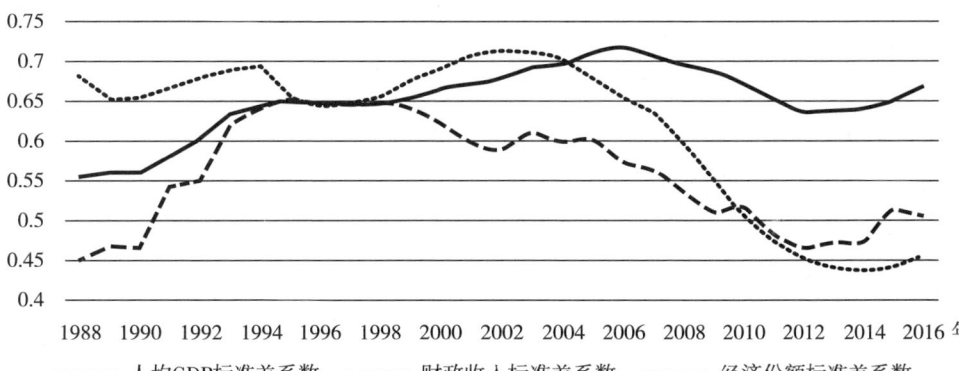

图4 全国区域经济差异变化趋势

---

① 党的十九大提出，我国社会主要矛盾已经转化为人民日益增长的美好生活需求和不平衡不充分的发展之间的矛盾。

② 标准差系数=标准差/平均数。

从区域经济发展水平差异来看：我们用省际经济份额、省际人均GDP来反映各省经济发展水平，如表4所示，对各省1988—2016年经济份额和人均GDP进行排名，发现经济份额位于前十位的省份，其经济总量占全国经济总量的61.10%，而位于后十位的省份仅占全国的12.66%，而人均GDP排名前五位的省份其人均GDP是后五位的三到四倍，因此总体来看全国区域经济发展水平差异较大。我们对两个指标进行横向对比，发现广东、江苏、浙江、上海和山东等东部沿海地区经济体量大且人均GDP水平高，而河南、河北、四川、湖北等人口大省经济体量大但人均GDP水平低，所以并不能单用经济份额或单用人均GDP水平来衡量地区的经济发展水平。

表4　　　　　　　　区域经济指标排名

省际经济份额（%）								
排序	省份	经济份额	排序	省份	经济份额	排序	省份	经济份额
1	广东	10.33	11	湖南	3.70	21	内蒙古	2.01
2	江苏	9.00	12	福建	3.43	22	云南	1.99
3	山东	8.71	13	北京	3.12	23	天津	1.89
4	浙江	6.13	14	安徽	3.03	24	重庆	1.88
5	河南	5.18	15	黑龙江	2.98	25	新疆	1.35
6	河北	4.86	16	广西	2.27	26	贵州	1.18
7	辽宁	4.65	17	江西	2.16	27	甘肃	1.05
8	上海	4.29	18	陕西	2.11	28	海南	0.54
9	四川	4.16	19	山西	2.03	29	宁夏	0.34
10	湖北	3.79	20	吉林	2.03	30	青海	0.31
						31	西藏	0.12
省际人均GDP（万元）								
排序	省份	人均GDP	排序	省份	人均GDP	排序	省份	人均GDP
1	上海市	4.42	11	吉林	1.76	21	山西	1.31
2	北京	4.09	12	湖北	1.57	22	青海	1.30
3	天津	3.75	13	重庆	1.52	23	河南	1.28
4	江苏	2.81	14	河北	1.50	24	江西	1.15
5	浙江	2.75	15	黑龙江	1.50	25	四川	1.14
6	广东	2.43	16	陕西	1.43	26	安徽	1.12
7	内蒙古	2.23	17	新疆	1.40	27	广西	1.10
8	福建	2.22	18	宁夏	1.38	28	西藏	0.97
9	辽宁	2.21	19	海南	1.35	29	云南	0.94
10	山东	2.14	20	湖南	1.32	30	甘肃	0.88
						31	贵州	0.79

为进一步探究省际经济发展分化情况,各区域内部是否存在"俱乐部趋同"① 现象,我们摒弃传统的东中西部的区域划分方法,同时考虑省际人均 GDP 和省际经济份额,将全国 31 个省划分为"发达地区"(北京、天津、上海、广东、江苏、浙江)、"欠发达地区"(西藏、青海、甘肃、宁夏、广西、新疆、云南、贵州)和"其他地区"。从图 5 中可以看到,三大区域内部的省际人均 GDP 差异是逐渐缩小的,其中"发达地区"的经济趋同现象更加明显,而"其他地区"的趋同现象缓慢而平稳,特别是到 2008 年后,其离散程度高于"发达地区"和"欠发达地区",说明"其他地区"的 17 个省份的内部差异更显著。同时从图 6 可以看到,"发达地区"与"欠发达地区"的经济份额差异的变动趋

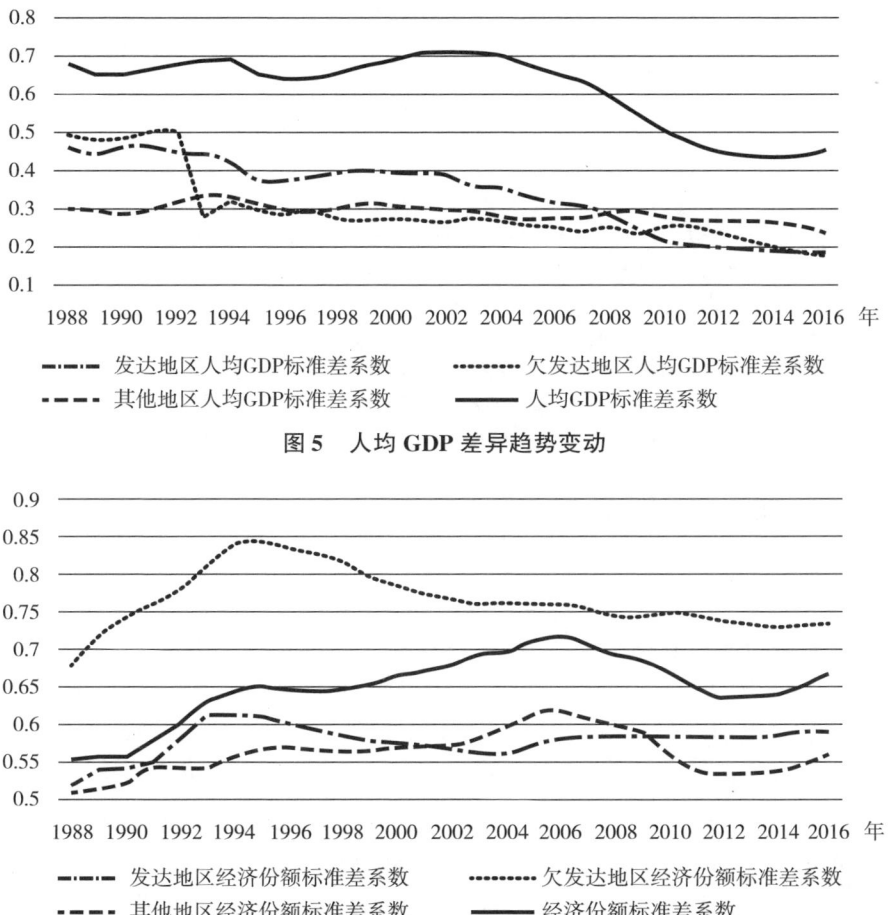

图 5　人均 GDP 差异趋势变动

图 6　经济份额差异趋势变动

---

① 俱乐部趋同是指一些经济结构相似的经济体之间存在经济发展水平和经济发展速度趋同现象。

差异基本一致，均在 20 世纪 90 年代出现峰值，随后区域内均表现出趋同现象，而"其他地区"与全国的省际经济份额差异的变动趋势更相似，因而 2012 年以后区域经济差异进一步扩大，可能是这 17 个省份内部经济出现分化导致的结果。可以说，目前我国出现"两极趋同，中间分化"的经济发展局面。

从区域经济增速水平差异来看：我们可以从经济发展增速的角度对区域经济发展水平差异作出一定的解释，如图 7 所示，在 2004 年之前，三大区域的经济增速基本呈现"发达地区、其他地区、欠发达地区"由高到低的阶梯状分布，增速差距在 1994 年前后达到最大，这也成为该阶段东部沿海地区经济快速发展，全国区域经济发展水平差异陡然扩大的主要原因。随着政策向内陆地区倾斜，经济增速差距在随后的时间里逐渐缩小，到 2004 年情况发生转折性变化，"其他地区"和"欠发达地区"的经济增速超越"发达地区"，但在 2012 年之后的经济下行阶段中，仅"欠发达地区"经济保持相对高速增长，成为提振全国经济的重要来源。

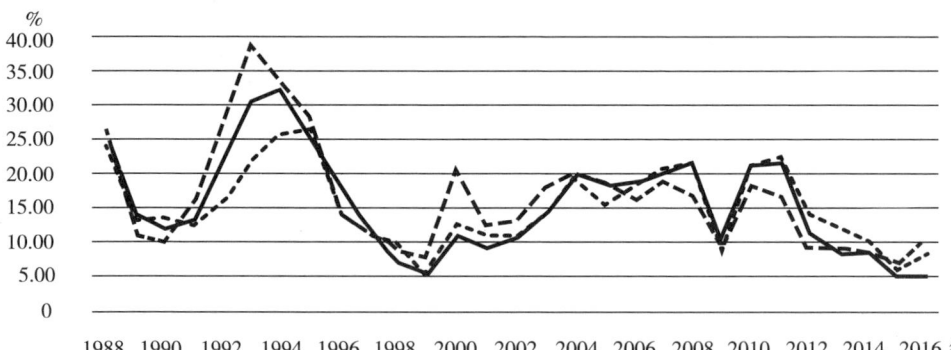

图 7　区域 GDP 增速变化趋势

为进一步印证"其他地区"在 2012 年之后各省经济差异扩大的事实，我们对 2010—2016 年"其他地区"的 17 个省份 GDP 增速进行排名，从表 5 中可以看到，2012 年以前"其他地区"的经济增速普遍高于全国经济增速水平，而后，部分省份开始落后并且个数逐步增多。但可以看到的是江西、湖南、重庆、陕西、安徽、湖北、海南的经济发展一直保持相对的高速增长，而四川、河南、河北等经济体量大的人口大省经济增速逐步放缓，山西、内蒙古以及东三省的变化最为明显，2012 年以后受煤炭、钢铁等传统行业下行影响，成为全国经济增速排位表上的"差等生"。所以"其他地区"的经济发展分化存在更多的不确定性。

表5　　　　　　　　　　"其他地区"GDP增速排名　　　　　　　　单位:%

省份	2010年	省份	2011年	省份	2012年	省份	2013年
海南	24.80	重庆	26.32	陕西	15.52	湖北	12.23
陕西	23.91	湖北	24.63	重庆	13.97	安徽	11.72
山西	23.70	安徽	23.80	吉林	13.67	海南	11.28
江西	23.68	江西	23.73	四川	13.54	陕西	11.01
安徽	22.82	陕西	23.60	海南	13.20	重庆	10.93
湖南	22.81	内蒙古	23.03	湖南	12.63	江西	10.73
湖北	22.22	湖南	22.64	安徽	12.49	湖南	10.60
吉林	22.01	四川	22.35	湖北	12.36	福建	10.45
四川	21.44	海南	22.19	辽宁	11.79	四川	10.00
重庆	21.37	山西	22.14	江西	10.65	吉林	9.92
辽宁	21.33	黑龙江	21.35	内蒙古	10.59	山东	9.34
黑龙江	20.75	辽宁	20.42	山东	10.25	辽宁	8.98
内蒙古	19.83	河北	20.21	河南	9.91	河南	8.64
河南	18.54	福建	20.10	福建	9.86	河北	6.50
河北	18.33	吉林	19.35	黑龙江	8.82	内蒙古	5.99
福建	16.86	河南	16.62	河北	8.40	黑龙江	5.05
山东	15.56	山东	15.81	山西	7.79	山西	4.04
2010年全国	18.20	2011年全国	18.52	2012年全国	10.48	2013年全国	10.09
省份	2014年	省份	2015年	省份	2016年		
湖北	12.96	重庆	10.20	重庆	12.87		
重庆	12.69	湖北	8.70	安徽	10.92		
福建	10.55	福建	8.00	福建	10.90		
湖南	10.35	湖南	6.90	江西	10.61		
陕西	10.25	江西	6.42	四川	9.59		
海南	10.17	山东	6.02	海南	9.46		
江西	9.60	吉林	5.99	河南	9.38		
山东	8.67	河南	5.91	湖南	9.17		
四川	8.67	海南	5.77	山东	7.97		
河南	8.65	安徽	5.55	陕西	7.64		
安徽	8.42	四川	5.31	河北	7.60		
黑龙江	6.20	陕西	1.88	湖北	4.61		
辽宁	5.72	河北	1.31	山西	2.26		

续表

省份	2010年	省份	2011年	省份	2012年	省份	2013年
内蒙古	5.57	内蒙古	0.35	黑龙江	2.00		
吉林	4.91	辽宁	0.15	内蒙古	1.66		
河北	3.96	山西	0.04	吉林	-4.71		
山西	1.26	黑龙江	-1.25	辽宁	-22.40		
2014年全国	8.65	2015年全国	6.89	2016年全国	7.46		

四、人口流动与区域经济差异关系的实证分析——基于面板数据模型

已有的关于区域经济差异的研究成果往往集中在中、东、西部的区域层面或是代表性区域层面，本文试图从省域层面出发，进一步挖掘人口流动与区域经济差异的关系。我们以柯布—道格拉斯生产函数为基础，利用 Panel Data 模型探讨人口流动对各省份经济发展的影响。

(一) 模型设定

面板数据含有横截面、时间序列和指标变量三维信息，利用 Panel Data 模型可以构造和检验比以往单独使用横截面数据或是时间序列数据更为真实的行为方程，对于实际经济、特别是涉及横截面数据分类的实际经济可以进行更加深入的分析。Panel Data 模型的一般形式表示为

$$y_{it} = \alpha_{it} + x'_{it}\beta_{it} + u_{it} \quad i=1,2,\Lambda,N; \; t=1,2,\Lambda,T \quad (1)$$

其中，N 表示横截面个体的数量，T 表示每个截面个体的观测时期数，参数 α_{it} 表示模型的常数项，β_{it} 表示对应于解释变量向量 α_{it} 的 $k \times 1$ 维系数向量，k 表示解释变量个数。随机误差项 u_{it} 相互独立，且满足零均值、等方差为 σ_u^2 的假设。

常见的 Panel Data 模型有三种：无个体影响的不变系数模型、变截距模型和变系数模型。考虑到我国经济结构的变化，初步判断运用变系数模型来衡量人口流动对区域经济差异的影响可能更为恰当。变系数模型按照系数变化的不同形式，又分为固定影响变系数模型和随机影响变系数模型两种类型。

(二) 变量与数据

1. 变量选取及处理

选取的变量指标：区域人均地区生产总值 (JGDP)、固定资产投资 (IV)、人均受教育年限 (JY)、人口流动指数 (RK)。

区域人均地区生产总值 (JGDP) 通过可比价计算的 GDP 平减指数调整为可比价区域人均 GDP。

固定资产投资（IV）用可比价的固定资产投资价格指数调整为可比价。

人均受教育年限（JY）表示技术水平，并根据陈钊（2004）的方法计算获得，即人均受教育年限（JY）= $\sum A^*$ 该水平受教育总人数/各水平教育人数总和。式中 A 表示每一种受教育水平，按一定的受教育年限进行计算，大学（及以上）计 16 年、高中 12 年、初中 9 年、小学 6 年、文盲 0 年。

人口流动指数（RK）采用常住人口与户籍人口数之比表示，RK≥1 表示人口净流入地区，RK≤1 表示人口净流出地区。

受部分变量和个体 2017 年数据的缺失限制，本文模型变量时间序列样本期为 1990—2016 年的年度数据，截面个体为全国 31 个省份。而后对上述变量进行对数处理。

2. 变量平稳性检验

在进行实证分析之前，需对样本数据做平稳性检验，以尽量减少伪回归。根据面板数据中截面序列是否具有相同单位根过程，可将单位根检验方法划分为两类，即相同根情形下的单位根检验和不同单位根过程的检验。这里分别选取了 LLC 检验和 Fisher – PP 检验，结果见表 6。

表 6　　　　　　　　　　变量平稳性检验结果

变量	LLC	Fisher – PP
ln*JGDP*	– 14.8959 ***	25.3502 **
ln*IV*	– 16.9923 ***	53.3276 ***
JY	– 23.9425 ***	30.8475 **
RK	– 18.3852 ***	39.5821 ***

注：数据为 t 检验值；*、**、*** 分别表示在 10%、5% 和 1% 水平下显著。

平稳性检验结果显示，模型中的变量经过处理后均通过平稳性检验。

(三) 模型形式设定检验

在对 Panel Data 模型进行估计时，使用的样本数据包含了个体、时间、指标 3 个维度信息，如果模型形式设定不正确，估计结果将与模拟的现实经济相差甚远。因此，建立 Panel Data 模型首要做的是检验样本数据究竟符合哪种 Panel Data 模型形式。

1. F 检验——确定不变系数模型还是变系数模型

检验如下两个假设：

$$H_1: \beta_1 = \beta_2 = \Lambda = \beta_N \tag{2}$$

$$H_2: \alpha_1 = \alpha_2 = \Lambda = \alpha_N \quad \beta_1 = \beta_2 = \Lambda = \beta_N \tag{3}$$

如果接受假设 H_2，则认为样本数据适用于不变系数模型，无须进一步检验。

如果拒绝 H_2，则需要进一步验证假设 H_1，如果接受 H_1，则说明适用变截距模型，自变量对截面个体的影响是一致的；如果拒绝 H_1，则选择变系数模型。具体方法如下：

记变系数模型、变截距模型和不变系数模型的残差平方和分别为 S_1、S_2、S_3，在 H_2 成立的条件下，检验统计量 F_2 服从相应统计量下的 F 分布

$$F_2 = \frac{(S_3 - S_1)/[(N-1)(k+1)]}{S_1/(NT - N(k+1))} \sim F[(N-1)(k+1), N(T-k-1)] \quad (4)$$

若统计量 F_2 不小于给定置信度下的临界值，则拒绝假设 H_2，继续检验假设 H_1。反之，则认为样本数据适用不变系数模型。

在假设 H_1 下检验统计量 F_1 也服从相应的 F 分布：

$$F_1 = \frac{(S_2 - S_1)/[(N-1)k]}{S_1/(NT - N(k+1))} \sim F[(N-1)k, N(T-k-1)] \quad (5)$$

若统计量 F_1 不小于给定置信度下的临界值，则拒绝假设 H_1，则说明样本数据适用变系数模型。

2. Hausman 检验——确定固定效应模型还是随机效应模型

一般来说，在做估计时如果对总体中所有或是绝大部分样本均进行了估计，选取固定效应模型比较合适。这里将全国 31 个省份均纳入估计样本，初步确定采用固定效应变系数模型。下面给出检验方法，Hausman 检验的原假设是随机效应模型中截面个体与解释变量不相关，构造统计量 W 如下：

$$W = \frac{(\hat{\beta}_w - \beta_{RE})^2}{S(\hat{\beta}_w)^2 - S(\tilde{\beta}_{RE})^2} \sim \chi^2(k) \quad (6)$$

根据 W 统计量的计算结果与给定置信度下的临界值比较，若 $W \geq \chi^2(k)$，模型设定为固定效应模型；若 $W \leq \chi^2(k)$，模型应设定为随机效应模型。

3. 模型形式设定检验结果

根据上述 F 检验与 Hausman 检验，对本文中的人口流动的面板数据模型形式设定进行检验。检验结果见表 7。

表7　F 检验与 Hausman 检验结果

检验统计量	结果及临界值
F_2	4.67* (1.22)
F_1	3.49* (1.32)
W 统计量	10.46* (7.81)

注：统计量 F_2 和 F_1 分别由式（4）和式（5）计算得到，括号内数值为统计量在 $P=5\%$ 的临界值。*表示在 5% 水平下显著。

检验结果表明，在给定 5% 显著性水平下，统计量 $F_2 > 1.22$，所以拒绝 H_2；

同时,统计量 F_1 大于 1.32,也拒绝 H_1;统计量 W 大于 7.81,拒绝原假设。可见面板数据模型采用变系数固定效应模型相对合适。

(四) 实证分析结果及结论

模型设定为
$$JDP_{it} = \alpha_i + \beta_1 RK_{it} + \beta_2 IV_{it} + \beta_3 JY_{it} + \mu_i$$

确定了面板数据模型的形式后,我们需要对参数值进行估计,各个省份的经济生产是一个有机的系统,用单方程的简单最小二乘法估计显然欠妥。考虑到时期数(27)小于截面个数(31),也允许模型中存在横截面异方差和同期相关,我们选择利用不同的协方差结构对最小二乘法进行修正后,用广义最小二乘法(GLS)进行估计。估计结果见表8。

表8　　　　人口流动以及其他变量对区域经济影响的估计结果

人口流动地区	区域	参数估计 β_{1i}(人口流动)	P 值
明显流入地区	北京	0.0832	0.0000
	上海	0.1387	0.0000
	天津	0.1934	0.0000
	广东	0.1881	0.0000
小幅流入地区个别年份出现流出	浙江	0.0887	0.0000
	青海	—	—
	江苏	0.0481	0.0000
	福建	0.0698	0.0000
	云南	-0.0467	0.0000
	西藏	—	—
	黑龙江	-0.0438	0.0000
	山西	-0.0202	0.0000
	辽宁	0.1089	0.0021
	新疆	0.0403	0.0000
	吉林	-0.0152	0.0000
	内蒙古	0.0146	0.0064
	山东	0.0327	0.0032

续表

人口流动地区	区域	参数估计β_{1i}（人口流动）	P值
先流入后流出；整体小幅流出地区	海南	—	—
	河北	0.0421	0.0000
	甘肃	0.0279	0.0073
	湖北	—	—
	湖南	0.0302	0.0045
	陕西	0.0323	0.0000
	宁夏	0.0257	0.0042
	江西	0.0203	0.0069
明显流出地区	广西	0.0463	0.0000
	贵州	0.1187	0.0003
	安徽	0.0375	0.0000
	重庆	—	—
	河南	0.0673	0.0000
	四川	0.0791	0.0000
IV		0.4593	0.0000
JY		0.5511	0.0000
R^2		0.9973	
AdjustR^2		0.9964	
F值		9621.93	
DW值		1.8634	

注：—表示在10%的显著性水平下没有通过显著性检验。

从表8可以看出，大部分区域人口流动和其他控制变量的参数估计均通过了显著性检验，拟合优度及调整后的拟合优度也高达约0.99，DW值接近2，模型拟合效果良好。

从上述估计结果可以得到如下结论：（1）无论是人口净流入还是净流出，对绝大多数省份的产出弹性都为正，说明在市场机制作用下，人口流动对各省经济来说是一个帕累托改进过程。（2）对于人口明显流入地区，人口净流入规模对经济产出的影响弹性相对较大，特别是流入规模在数量上存在绝对优势时，对流入地经济的贡献作用更加明显，如北京、上海、天津、广东的人口流动参数系数分别为0.0832、0.1387、0.1934、0.1881，明显高于其他地区。（3）对于人口流出大省，如四川、河南、重庆、安徽、广西等地，人口流出产生的影响也基本为正向效应，但影响的程度相较人口流入地区明显较小；值得注意的是，贵州是个例外，其估计参数为 0.1187，说明贵州的人口流出对于当地经济的拉动作用比较明显，这可能是贵州人口流出产生的帕累托改进效应，明显抵消了因人口流出所导致当地产业萎缩的负效应，该省仍处于一个人口流出边际效应递增的进程。（4）无论是对于人口小幅流入还是小幅流出地区，人口流动对经济产生的影响均较小，估计系数的绝对值基本都小于 0.05，且大部分为正向效应。仅个别小幅净流入省份（云南、黑龙江、山西、吉林）表现为微弱负效应，说明人口流入反而成为当地经济发展的负担，不利于当地经济增长。这也从侧面说明云南、黑龙江、山西、吉林等地的流入人口偏劳务型，地方经济结构还存在较大的改善空间。

五、人口流动、区域经济差异与货币政策的实证分析——基于 DSGE 模型

为了进一步研究人口流动、区域经济差异是否会影响货币政策宏观调控效果，我们将人口流动纳入动态随机一般均衡模型中，通过实证模拟，分析人口流动冲击对宏观经济发展和货币政策将会产生何种反应。同时，进一步对比分析货币政策区域性差异实施效果以及其对货币政策最终目标和实施效果的影响。

（一）含人口流动的开放经济 DSGE 模型构建

1. 模型基本框架和假设

本文构建的 DSGE 模型主要包括六类经济主体：家庭、生产厂商、政府、商业银行、中央银行和对外部门。具体来说，家庭在给定的个人预算约束下，持有货币、消费商品、享受闲暇，作出跨期最优的行为，使该家庭的一生效用达到最大。政府部门在财政预算平衡约束下，向家庭部门征收税负满足政府支出。生产厂商分为中间产品生产厂商和最终产品生产厂商，中间厂商投入资本和劳动生产中间产品，并将中间产品出售给生产最终产品的厂商；最终厂商分别从中间厂商购买中间产品生产最终产品，并提供给市场其他经济主体。商业银行从家庭部门吸收存款向生产厂商提供贷款，同时受到法定存款准备金率的约束及流动性需求的约束。政府和中央银行在考虑其他经济主体的行为决策下，通过选择其调控工具使社会福利函数最大化。

DSGE 模型的基本假设：理论上认为区域经济差异是社会发展到一定进程客观存在的状态，在一定阶段内，随着经济发展这种差异程度会加剧，而人口流动是区域经济差异客观存在所引起的一种现象，引起人口流动的原因是多元化的，如经济发达程度、经济结构、优势企业类型、创新度、开放度、生活成本等。生产厂商分为中间产品生产厂商和最终产品生产厂商；最终产品生产厂商均处于完全竞争市场，中间产品生产厂商处于垄断竞争市场。由于金融市场的信息不对

称,企业在向商业银行外部融资时存在外部融资溢价,外部融资溢价水平取决于企业的信用水平,由无风险利率和企业的杠杆水平决定。央行运用货币政策来实现管理目标,采用扩展的 Taylor 规则。政府部门的收入来源于税收和发债,支出主要用于日常支出、债务本息支付和对居民的转移支付。对外部门同样可以分为最终产品的出口商(进口商)和中间产品的出口商(进口商),中间产品的出口商(进口商)面临需求约束,具有一定的定价权,假设中间产品的进口商采用 Calvo 定价策略刻画汇率变化对国内价格影响的传导效应。

在上述模型的基本框架和假定下,本文引入人口流动函数,模拟和测度人口流动对经济增长、消费、投资、储蓄、价格型和数量型货币政策中介目标的冲击效应;在此基础上,按人口流动规模将全国划分为人口明显净流入、人口明显净流出、人口流动均衡区三个区域,以此观测货币政策在不同人口流动规模地区将产生怎样的效果差异。

2. 行为方程

(1) 生产厂商

A. 在最终产品生产厂商处于完全竞争市场的假定下:

由于分工和专业化,假设最终产品生产厂商处于完全竞争市场,具有不变收益技术,根据 Dixit – Stiglitz 对中间投入品采用 CES 技术加总可以得到: $Y_t = \left[\int_0^1 Y_{i,t}^{(\theta-1)/\theta} di \right]^{\theta/(\theta-1)}$。其中,$Y_{i,t}$ 表示中间投入品的数量,θ 表示中间品的替代弹性,$\theta/(\theta-1)$ 表示最终产品企业生产函数的弯曲程度。假定 P_t 表示 t 时刻最终产品价格,$P_{i,t}$ 表示 t 时刻中间品价格,那么最终产品生产厂商实现利润最大化的行为方程为

$$\max \left(p_t Y_t - \int_0^1 P_{i,t} Y_{i,t} di \right)$$

可以得到最终产品对中间产品的需求函数为

$$Y_{i,t}/Y_t = (P_{i,t}/P_t)^{-\theta}$$

由于最终产品市场是完全竞争的,根据完全竞争市场利润为零的条件,最终产品价格水平为

$$P_t = \left[\int_0^1 P_{i,t}^{1-\theta} di \right]^{1/(1-\theta)}$$

B. 在中间产品生产厂商处于垄断市场竞争的假定下:

假设中间产品的生产厂商处于垄断竞争市场,则其生产函数可以表示为柯布—道格拉斯生产函数形式

$$Y_{i,t} = \varepsilon_t (K_{i,t-1})^\alpha (z_t N_{i,t})^{1-\alpha} - \vartheta z_t^*$$

其中,ε_t 表示影响全要素生产率的暂时性技术冲击;$K_{i,t}$ 表示资本存量;$N_{i,t}$ 表示雇员劳动;ε_t 和 z_t 分别表示暂时性和持久性技术冲击;ϑ 表示生产固定成本。

由于中间品生产厂商为了扩大再生产,需要通过商业银行短期贷款支付一定比例的资本租金和工资,那么这部分企业将会面临外部融资约束。为了满足企业的日常开支,企业面临的预算约束为

$$P_{i,t}Y_{i,t} + L_t^C - T_t^C = W_t N_t + P_{k,t}[k_t - (1-\mu_k)k_{t-1}] + R_{L,t-1}^C L_{t-1}^C$$

其中,L_t^C、T_t^C、$P_{k,t}$、$R_{L,t}^C$、μ_k 分别表示新增贷款、企业所得税、资本价格、贷款利息、实物资本折旧率。则企业在金融市场融资面临的杠杆约束为

$$R_{L,t}^C L_t^C \leq lev_t^C F_t [P_{k,t+1}(1-\mu_k)k_t]$$

其中,lev_t^C 表示企业杠杆水平。在生产技术给定、工资和资本租金等投入品价格约束条件下,企业成本最小化的条件为

$$\min [W_t(1+\psi_{l,t}R_t)N_t + P_t r_t^k(1+\psi_{k,t}R_t)u_t K_t]$$

其中,R_t 表示企业短期贷款利率;$\psi_{l,t}$ 表示企业贷款中用于支付工资比例;$\psi_{k,t}$ 表示企业贷款中用于支付资本租金比例;r_t^k 表示实际资本使用价格;u_t 表示资本的使用效率。那么企业成本最小化意味着

$$u_t K_t / N_t = W_t(1+\psi_{l,t}R_t) / P_t r_t^k(1+\psi_{k,t}R_t)$$

得到中间生产厂商的实际边际成本为

$$mc_t = \tau_t^T [1/\varepsilon_t z_t^{1-\alpha}]\alpha^{-\alpha}(1-\alpha)^{\alpha-1}[r_t^k(1+\psi_{k,t}R_t)]^\alpha [w_t(1+\psi_{l,t}R_t)]^{1-\alpha}$$

其中,τ_t^T 表示税收对企业边际成本的影响;w_t 表示实际工资水平,这样企业的实际边际成本取决于实际工资水平、实际资本使用价格和企业的贷款利率以及相关外部冲击。

由于中间产品生产企业处于垄断竞争市场,具有一定的定价能力,假设中间产品生产企业按照 Calvo 提出的方式调整名义价格,设定中间产品生产企业不能连续地调整价格,而只是在接收到某种价格调整信息时才调整价格,并且当调整价格时,每个企业都会考虑到其他企业的定价,这样价格变化就可能具有黏性。企业调整价格的成本不仅包括菜单成本,还包括搜寻信息、沟通与决策等成本。假定价格调整信息的到来遵循外生的泊松过程,每一期中企业将产品价格调整为最优的概率为 $1-\omega$,那么就有 ω 比例的企业保持价格水平不变。那么第 t 期第 i 个企业在确定最优价格的条件下最大化利润为

$$E_t \sum_{j=0}^{\infty} \beta^j \nu_{t+j}[P_{i,t+j}Y_{i,t+j} - mc_{t+j}P_{t+j}Y_{i,t+j}]$$

其中,ν_{t+j} 表示家庭名义预算约束乘数,衡量了一单位货币对每个家庭的边际价值;mc_{t+j} 表示在生产技术和投入品价格条件约束下的企业实际边际成本,则预算约束为

$$Y_{i,t} = (P_t^*/P_{i,t})^{-\theta} Y_t$$

其中,P_t^* 表示企业在 t 期调整价格时所选择的价格水平,则市场均衡时总价格水平的动态学方程为

$$P_t = [\xi_p P_{t-1}^{1-\theta} + (1-\xi_p)(P_t^*)^{1-\theta}]^{1/1-\theta}$$

中间产品生产企业最终产出的行为方程

$$Y_t = G_t + C_t^d + I_t^d + \int_0^1 X_{i,t}^d di$$

其中,G_t、C_t^d、I_t^d、$X_{i,t}^d$ 分别表示中间产品的政府消费、中间产品用于最终家庭消费、用于生产投资品、用于出口部分。

(2) 家庭部门

居民在预算约束的条件下,对消费、劳动力供给及资产的选择进行决策。可供家庭选择的资产包括居民储蓄、债权等。根据风险偏好,将居民分为风险偏好型和风险规避型。风险规避型的居民折现率更高,更倾向于贷款,风险偏好型的居民折现率较低,更倾向于贷款消费,购买股票、债券等高收益资产。居民部门通过消费、储蓄、投资、工作等环节将企业、金融和政府部门连接成为经济运行的各个环节,它们既是企业部门生产产品的最终消费者和所有者,同时也是金融部门存款的供给者,风险偏好型家庭更为乐观,记为 (O),风险规避型家庭更为谨慎,记为 (P),其一生效用贴现期望值为

$$E_t \sum_{t=0}^{\infty} \beta_t^p [(C_t^p(h) - \psi C_{t-1}^p)^{1-\sigma_c}/(1-\sigma_c) + x_t^p(h)^{1-\sigma_x} - n_t^p(h)^{1+\sigma_n}/(1+\sigma_n)]$$

则风险规避型居民的预算约束为

$$P_t C_t^p + P_{x,t}[x_t^p - (1-\varphi_x) x_{t-1}^p] + D_t \leq W_t n_t^p + R_{t-1} D_{t-1} + \pi_t^p - T_t$$

其中,P_t、C_t^p、$P_{x,t}$、W_t、R_t、T_t 分别表示居民消费价格、居民储蓄、住房价格水平、居民工资水平、居民存款利率、个人纳税。

同时风险偏好型居民和家庭的期望效用为

$$E_t \sum_{t=0}^{\infty} \beta_t^O [(C_t^O(h) - \psi C_{t-1}^O)^{1-\sigma_c}/(1-\sigma_c) + x_t^O(h)^{1-\sigma_x} - n_t^O(h)^{1+\sigma_n}/(1+\sigma_n)]$$

则风险偏好型居民的预算约束为

$$P_t C_t^p + P_{x,t}[x_t^O - (1-\varphi_x) x_{t-1}^O] + R_{t-1}^O L_{t-1} \leq W_t n_t^O + L_t - T_t$$

其中,R_t^O、L_t 分别表示居民贷款利率、借贷水平。由于存在抵押物约束机制,风险偏好型居民和家庭在借款的时候还面临抵押物杠杆约束为

$$R_t L_t^O \leq \omega_t E_t[P_{x,t+1}(1-\delta_x) x_t^O(h)]$$

其中,表示风险偏好型居民在 t 时期的住房、消费贷款的杠杆水平。居民部门的资本积累方程可以表示为

$$K_{t+1} = \theta(1-\theta) K_t + [1 - S(I_t/I_{t-1})]I_t$$

其中,K_t、S 分别表示居民积累资本、投资的调整成本。

(3) 商业银行

假定商业银行的资金来源于家庭和厂商的活期存款、家庭定期存款及商业银行通过其他渠道拆借的资金。资金运用包括对厂商的短期贷款、对厂商的长期贷

款、法定准备金等。根据国研所（2003）的研究，中国银行体系的放贷行为除受产出影响外，也受利差、FDI、出口、不良贷款比率、商业银行资金筹措能力、银行自身杠杆率等因素影响。我们将影响商业银行放贷行为的因素统一用 ε_t 来表示，称为信贷冲击，其遵循自回归的过程

$$\ln\varepsilon_t = (1-\rho_\varepsilon)\ln\varepsilon + \rho_\varepsilon\ln\varepsilon_{t-1} + \delta_{\varepsilon t}$$

在 t 期期末，商业银行从企业和居民那里收回成本和利息 $(1+R_t^I)L_t$，并支付本息 $(1+R_t)D_t$，根据商业银行资产负债表的基本结构，可以得到金融中介的杠杆水平为

$$\omega_t^B = L_t/K_t^B$$

商业银行的经营者在给定存贷款利率的情况下，通过优化银行的杠杆水平来实现最大化利润

$$\max\pi_t^C = (1+R_t^I)L_t + D_t + K_t^C - L_t - (1+R_t)D_t$$
$$s.t. \ L_t = \rho_t(K_t^C + D_t) \quad \varphi_t^C = L_t/K_t^C$$

(4) 政府部门

政府部门主要通过税收和发行债券为政府支出融资，因此我国主要是政府以利率水平为 R_t 发行 B_t 规模的国债为公共基础设施等进行融资，这部分资金以利率水平为 R_t^g 贷给实体经济中的国家大型项目 L_t^g，假设在这些项目建设过程中会产生 τ 单位的效率损失，则政府支出的预算约束为

$$G_t + (R_{t+1}^g - R_{t+1})B_t = T_t + \tau L_t^g$$

(5) 中央银行

我国主要通过中央银行制定执行的货币政策来影响汇率稳定和通货膨胀，同时我国中央银行在实施货币政策时有两个平行的中介目标：利率和货币供应量。一方面央行通过调节利率影响信贷市场中居民和企业的决策，另一方面央行制定货币增长目标影响信贷增长规模。很多研究指出，泰勒规则能够为我国货币政策提供一个参照尺度，假定模型中政策利率根据产出缺口和通胀缺口进行调整

$$\hat{i}_t = \phi_p\hat{i}_{t-1} + (1-\phi_p)\phi_\pi E_t\{\pi_{t+1}\} + \phi_y E_t\{\hat{y}_{t+1}\} + \upsilon_t$$

其中，$\hat{y}_{t+1}$ 表示 $t+1$ 时期的产出缺口，υ_t 表示货币政策冲击，服从 AR(1) 过程，即 $\upsilon_t = \rho_\upsilon\upsilon_{t-1} + \upsilon_{\upsilon,t}$（$\upsilon_{\upsilon,t}\sim N(0,\sigma_\upsilon^2)$）。

(6) 国外市场

国外产出和通货膨胀水平会影响到我国出口，因此可以表示为

$$\log Y_t^f = \log y_t^f + \log z_t + \beta/(1-\beta)\log\gamma_t$$

其中，y_t^f 表示稳定时出口增长，总产出主要受技术进步影响。

2. 出清条件

动态随机一般均衡模型要求各个子市场同时出清，在市场出清时供给等于需求，对所有的最优条件对数化，包括企业投资、资本价格、资本积累、资本利用、资本租金成本、企业利润最大化下的新凯恩斯菲利普斯曲线、居民部门消费的欧拉方程、实际工资、利率调整等进行对数线性动态化，对系统方程进行稳态的一阶泰勒近似，将模型线性化，以此分析人口流动对宏观经济及货币政策的冲击程度。

（1）生产厂商利润最大化

在生产厂商利润最大化条件下，可以得到生产厂商的新凯恩斯菲利普斯曲线，其对数线性化动态方程可以表示为

$$\pi_t = \pi_1 \pi_{t-1} + \pi_2 E_t \pi_{t+1} - \pi_3 \mu_t^p + \varepsilon_t^p$$

其中，$\pi_1 = \tau_p/(1+\beta\gamma\tau_p)$，$\pi_2 = \beta\gamma/(1+\beta\gamma\tau_p)$，$\pi_3 = \pi_{mk}/(1+\beta\gamma\tau_p)$，$\varepsilon_t^p$ 遵循 ARMA（1，1）随机过程：$\varepsilon_t^p = \rho_p \varepsilon_{t-1}^p + \eta_t^p - \mu_p \eta_{t-1}^p$。$\pi_{mk}$ 衡量了价格调整的黏性程度，τ_p 表示通货膨胀的指数化程度。

（2）家庭部门效用最大化

居民部门在预算约束条件下最大化自己的效用水平，其消费的欧拉方程对数线性化形式可以表示为

$$c_t = c_1 c_{t-1} + c_2 E_t c_{t+1} + c_3 (n_t - E_t l_{t+1}) - c_4 (r_t - E_t \pi_{t+1} + \varepsilon^{\beta_t})$$

按照 Calvo 原则，实际工资的对数线性化动态方程可以表示为

$$w_t = w_1 w_{t-1} + (1+w_1)(E_t \pi_{t+1} + E_t w_{t-1}) - w_2 \pi_t + w_3 \pi_{t-1} - w_1 w_{mk} \mu_t^w + \varepsilon_t^w$$

上式表明实际工资水平是上期和预期工资水平以及各期通胀水平的函数，ε_t^w 表示实际工资水平受到的外部冲击。

（3）产品市场出清

在稳态时，对数线性化最终产品市场出清条件为

$$y_t = c_y c_t + i_y i_t + z_y z_t + \omega_y (f_t + p_{t-1}^k + k_k) + \varepsilon_t^g$$

参考刘斌（2008）模型，出口产品的市场出清条件为

$$y_{ft} = sf_t e_t q_t^x + a(u_t) kf_{t-1} + losf_t$$

其中，sf_t 表示垄断竞争对进出口产品配置资源的影响；e_t 表示实际汇率；q_t^x 表示出口产品的总需求；$a(u_t) kf_{t-1}$ 表示提高资本利用率所付出的总成本；$losf_t$ 表示外部融资的监管成本。

（4）财政政策

在稳态时对数线性化政府预算约束，可以得出政府稳态时债务水平为0，初始预算平衡

$$b_t = (1+\rho)(b_{t-1} + g_t - t_t)$$

表明当政府到期债务和支出增加时，政府税收也相应增加，满足财政预算平

衡的要求。

(5) 货币政策

假定央行在制定货币政策时遵循泰勒规则，其利率调整的对数线性化动态方程可以表示为

$$r_t = \rho r_{t-1} + (1-\rho)[\rho_\pi \pi_t + \rho_y (y_t - y_t^p)] + \rho_{\Delta y}[(y_t - y_t^p) - (y_{t-1} - y_{t-1}^p)] + \varepsilon_t^r$$

上式构成了本文研究目标的 DSGE 模型对数线性化形式，模型在外生变量的冲击下，推动了其他经济内生变量动态演化过程。

(二) 参数校准与估计

1. 数据说明

人口流动指数的合成：对全国 31 个省份的人口流动指数进行加权合成一个人口流动综合指数，权重采用各省的地区生产总值比重。

即 $rk_t^* = \sum rk_{it} \cdot \left(\dfrac{gdp(i,t)_t}{gdp} \right)$

变量样本期为 1990—2016 年，频度为年度数据。考虑到人口效应在理论上是一个相对长期反应机制，我们将时间频度延长，每 3 年作为一个时期看待，所以 1990—2016 年的样本期最终为 9 年。

2. 参数校准和贝叶斯估计

对于模型的估计方法，这里选取了贝叶斯（Bayes）方法，该方法充分考虑了参数的先验分布特征，然后对参数进行重新修正和估计，能够更好地描述数据特征，使参数估计更加有效。

由于 DSGE 模型的参数数据较多，用有限的样本数量无法得到全部有效参数，故需要通过参数校准来获得更多的有效参数。除人口流动函数中的参数外，其余大部分参数在 DSGE 模型中常见的，已有较多的国内文献可作参考。因此本文对常见参数根据已有文献进行赋值，对模型的稳态值进行校准。根据王小鲁等（2000）、龚六堂（2006、2013）等文献，设定如下参数的校准值：资本产出弹性（0.5）、投资调整成本（3.974）、资本折旧率（0.025）、消费产出比（0.348）、家庭贴现因子（0.99）、财政支出产出比（0.176）、投资产出比（0.473）、抵押贷款比例（0.7）。关于货币政策反应函数，参考许伟等（2009）、刘兰凤等的研究结论，这里假设，利率对产出缺口的反应系数为 0.4，对通胀反应系数为 0.5。其余参数用贝叶斯估计，部分结构参数的先验和后验分布见表 9。

表9　　　　　　　　　　参数的先验和后验分布结果

参数	先验分布			后验分布	
	分布类型	均值	标准差	均值	标准差
h	Beta	0.68	0.10	0.63	0.11
δ_w	Beta	0.52	0.10	0.71	0.07
σ_L	Normal	2.00	0.74	1.90	0.58
σ	Normal	1.50	0.35	1.40	0.233
φ	Normal	4.10	1.56	5.10	1.20
ω	Normal	0.06	0.02	0.02	0.01
π	Gamma	0.77	0.23	1.10	0.15
ρ_a	Beta	0.51	0.22	0.98	0.01
ρ_b	Beta	0.53	0.20	0.76	0.05
ρ_β	Beta	0.50	0.21	0.50	0.15
ρ_g	Beta	0.52	0.19	0.98	0.01
ρ_i	Beta	0.50	0.20	0.98	0.02
ρ_r	Beta	0.48	0.22	0.20	0.98
ρ_p	Beta	0.49	0.20	0.96	0.03
σ_a	Invgamma	0.11	2.01	0.46	0.028
σ_b	Invgamma	0.10	2.00	0.22	0.09
σ_β	Invgamma	0.09	2.03	0.16	0.06
σ_g	Invgamma	0.10	2.00	0.46	0.03
σ_i	Invgamma	0.09	2.04	0.42	0.06
σ_r	Invgamma	0.09	201	0.24	0.15
σ_p	Invgamma	0.10	2.03	0.15	0.016
σ_w	Invgamma	0.10	2.01	0.27	0.02

（三）冲击的模拟结果

根据参数校准和贝叶斯估计，本部分我们采用冲击反应方法剖析人口流动、区域经济差异以及货币政策之间的关系。结合本文的研究目的，我们首先考察人口流动冲击对经济整体的动态冲击效应。其次，通过人口流动对消费、投资、储蓄的冲击效应分析影响经济发展的主要因素。在此基础上，我们进一步剖析人口流动冲击对价格型和数量型货币政策中介目标的反应。最后，通过货币政策对人口流动的不同区域进行冲击寻找最优调控手段。

1. 人口流动对经济的冲击

我们首先给出了1个单位的人口流动冲击对于GDP和CPI的影响，结果如

图 8 所示,在本期给人口流动一个 1 单位的正向冲击后,GDP 呈正向变化,并且在第 4 期达到最大后开始逐步回落,但始终保持正向效应。表明人口流动给宏观经济增长带来了正向冲击,使得我国潜在经济增长率不断增大,并在第 4 年后达到最大值,这与上一部分的面板数据模型结论一致。对于物价 CPI,在给人口流

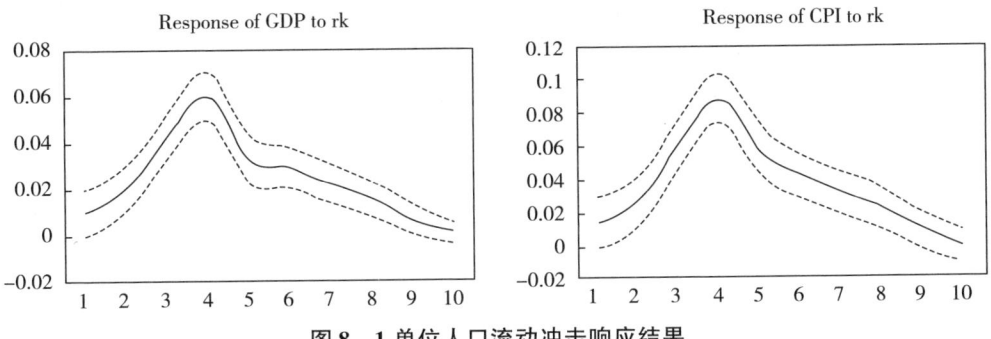

图 8　1 单位人口流动冲击响应结果

动一个 1 单位的正向冲击后,CPI 呈正向变化,在第 4 期达到最大值后开始回落,表明人口流动会造成一定程度的通货膨胀,这可能是由于人口不断向经济发达地区流动,工资收入水平有所提高,即全社会劳动力成本平均水平有所上升并引发成本推动型通胀。

考虑到近年来部分一线城市开始实施相关政策控制人口过快增长,例如,在 2014 年北京市十四届人大二次会议上,明确提出要使"北京市常住人口增速明显下降"。因此,我们进一步分析人口流动较现有水平有所降低时其对经济的影响结果(见图 9):当给人口流动一个 0.5 单位的正向冲击后,GDP、CPI 呈正向变化,但与 1 单位的人口流动冲击相比,其变化程度明显减小,表明限制人口流动后,经济增长速度和通货膨胀率均显著降低。这主要是因为人口流动多是从经济落后地区流向经济发达地区,而经济发达地区的劳动生产率要大于其他地区,限制人口流动将间接降低全国平均劳动生产率,从而降低整体经济增速。此外,限制人口流动后,社会平均工资水平也相对下降,从而降低对物价的影响。

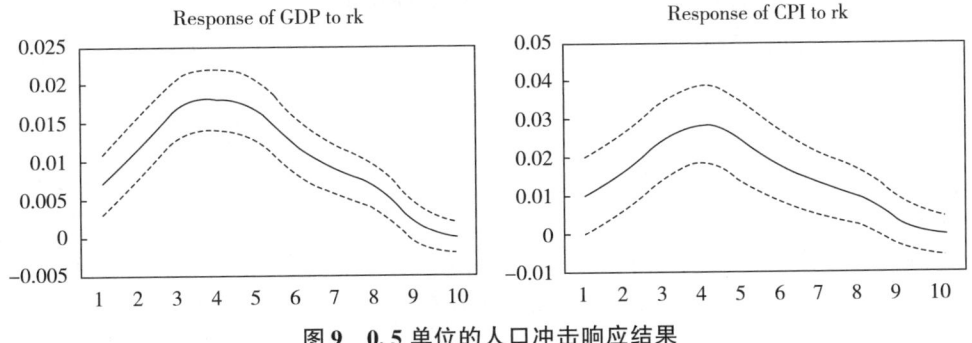

图 9　0.5 单位的人口冲击响应结果

2. 人口流动对投资、消费、储蓄的冲击

给人口流动一个正向冲击，消费和储蓄在初期均呈现反方向的小幅波动，然后逐步回归正常水平，但投资在人口流动的冲击下大幅上升且影响持续为正（见图10）。可以推论，在人口流动初期，流动人口的收入与支出双重不确定因素导致了"高储蓄、低消费"的特征出现，但是这样的现象随着经济发展的变化和社会保障的完善将逐渐消失，因此人口流动对消费和储蓄的影响是有限的；另外，流动人口对住房的需求将推升房地产价格，对就业的需求也将吸引更多企业进行投资，可以说人口流动是通过刺激投资来促进经济发展的。

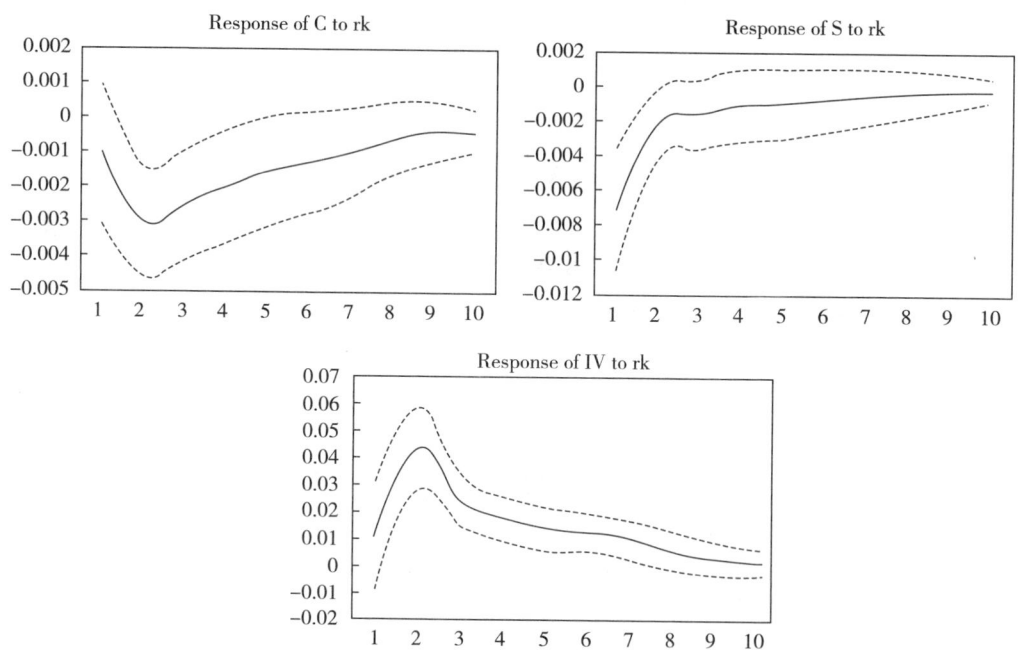

图10　人口流动对投资、消费、储蓄的冲击响应结果

3. 人口流动对货币中介目标的冲击

为了进一步剖析人口流动对价格型和数量型货币政策中介目标的影响，我们分别给利率 R 和货币供应量 M_2 一个人口流动的正向冲击，结果如图11所示，对于 R，在给人口流动一个正向冲击后，R 立即达到正向最大值，随后迅速减弱，在第3期后开始反弹，之后呈波浪形变动趋势，说明利率对人口流动反应较为敏感。对于 M_2，在给人口流动一个正向冲击后，M_2 在第2期达到最大值，之后逐步衰退，说明人口流动导致信贷需求增强，银行信贷投放增大，央行的信贷传导渠道有效性增强。但整体对比来看，M_2 的反应程度较 R 有所降低，侧面说明，央行的价格型货币政策工具在人口流动背景下更为有效。

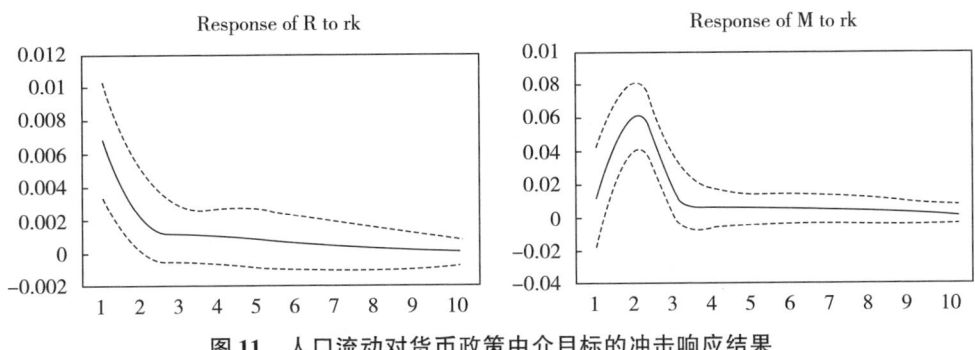

图 11　人口流动对货币政策中介目标的冲击响应结果

4. 货币政策对不同区域经济的冲击

为观测货币政策对不同人口流动规模地区将产生怎样的效果，我们延续前文面板模型的区域划分方式，将全国 31 个省份分为人口明显净流入区（北京、上海等）、人口流动平衡区（个别年份出现流出的整体小幅流入地区、先流入后流出的整体小幅流出地区）以及人口明显净流出区（广西、贵州等）。这里的参数稳态校准参考本文在上一节构建的全国口径的 DSGE 模型中的校准值，同时就分区域模型重新进行了贝叶斯估计，得到其余参数的先验和后验分布。由于在人口流动背景下，价格型货币政策工具更为有效，因此，我们分别给不同区域的 GDP 和 CPI 一个正向的利率 R 冲击，模拟结果如图 12 所示，就指标反映而言，不同区域的 GDP 和 CPI 受冲击影响均表现出明显的负效应，随后很快回升，并逐渐回归至稳态值水平，也就是说央行提升利率会降低产出、抑制通货膨胀。就区域差异而言，人口明显净流出区和人口流动均衡区受冲击影响显著小于人口明显净流入区，说明人口明显净流入地区对利率有更强的敏感性，货币政策的实施效果在这里更加显著，统一的货币政策将进一步加剧人口明显净流入区和其他地区的经济发展差异。

六、结论及建议

根据本文的研究结果，可以得出以下主要结论：

1. 在市场机制作用下，人口流动对流出地和流入地经济来说，均是一个帕累托改进过程。限制人口流动规模会导致潜在经济增长速度放缓，主要是由于流动人口多是从经济落后地区流向经济发达地区，经济发达地区的劳动生产率水平明显较高，限制人口流动会间接降低全国平均劳动生产率。

2. 人口流动对经济的促进作用与流动规模、流动方向直接相关，人口流动不均衡将会进一步拉大区域经济差异。对于人口明显净流入地区，人口流入规模对经济产出的影响弹性相对较大；对于人口流动平衡区，大部分为正向效应，仅个别省份表现为微弱负效应；对于人口输出大省，人口流出产生的影响也基本为正向效应，但影响的程度明显较小。因此，只有当净流入人口存在绝对规模时，

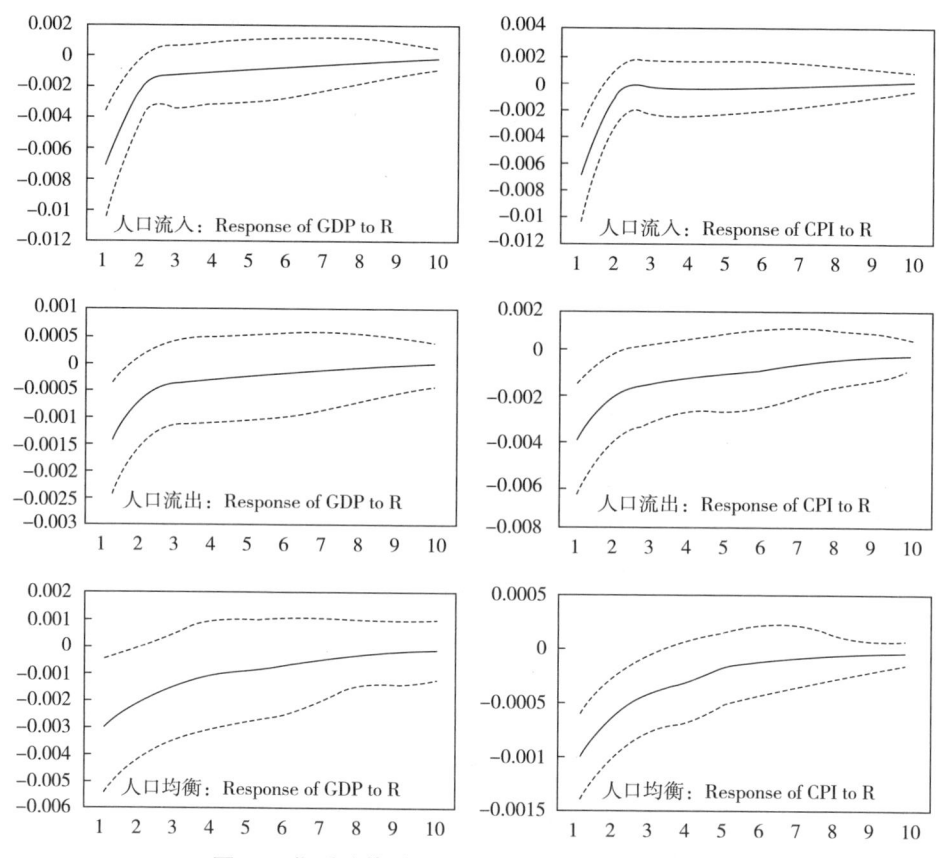

图12 货币政策对不同区域经济的冲击响应结果

才能对经济产生显著的促进作用。

3. 人口流动主要通过投资渠道带动经济发展。由于社会保障制度等各方面条件的限制，人口流动初期会出现"高储蓄、低消费"的经济特征，从而对社会消费影响有限。但人口流动一方面会通过拉动流入地的住房需求来促进房地产投资；另一方面，高学历人才的流入还会带来一定的技术外部性，从而吸引更多的企业聚集和投资，可以说人口流动是通过刺激投资来促进经济发展的。

4. 在人口流动愈加频繁的背景下，货币政策应当充分关注资产价格。从货币政策的最终目标看，人口流动在一定程度上会提升物价水平，抬升全社会劳动力成本平均水平进而引发成本推动型通胀。而大规模人口流入与流出对房价的显著影响已经得到学术界的普遍认同，这就要求央行应通过调整房地产信贷政策避免房地产价格剧烈波动。

5. 人口流动能够提高央行货币政策调控的有效性，但价格型货币政策工具相对更为有效。一方面，人口流动对利率R的反应敏感，说明央行通过加息控通货膨胀、降息刺激经济增长将更加有效。另一方面，人口流动会导致信贷需求增强，银行信贷投放力度增大，央行的信贷传导渠道有效性显著。但通过横向对比二者的反应敏感性，我们可以发现 M_2 的反应程度较 R 有所降低，说明价格型货币政策工具在人口流动背景下更为有效。

6. 货币政策在不同区域的实施效果存在差异。在统一的货币政策作用下，当利率上升时，人口明显净流出区和人口流动均衡区的产出与物价水平的下行程度显著小于人口明显净流入区，人口明显净流入地区经济更活跃，对利率的敏感性更强，货币政策的实施效果在这里更加显著。统一的货币政策将进一步加剧人口明显净流入区和其他地区的经济发展差异。

基于以上研究结论，我们提出以下建议：一是在我国经济结构转型发展阶段，应进一步发挥"人"作为生产要素在经济发展中的重要作用，推进城乡户籍制度改革、完善社会保障体系、建立平等就业机制，从而促进人口在区域、省际及城乡之间的自由流动。二是应加快货币政策调控框架从数量型向价格型转变的步伐，探索建立与价格型货币政策调控相适应的中介指标体系，进一步深化利率市场化改革，完善价格型货币政策调控机制。三是央行应根据人口流动的区域性效果实行结构性货币政策，在人口大规模流入的经济发达地区持更加审慎的态度，而对人口流出的欠发达地区给予更多的政策优惠；差别化运用再贷款、再贴现等货币政策工具，从而达到平衡区域金融发展的目的。四是在人口流动加剧区域经济发展差异的背景下，货币政策应当与财税政策密切配合，遵循"效率优先，兼顾公平"的经济社会发展基本原则，健全财政补偿机制，构建改革试验高地，引导金融资金流向，推动区域经济协调发展。五是建议将货币政策委员会从咨询议事机构提升为政策决策机构，提高人民银行分支机构在货币政策决策中的参与度，制定货币政策时充分考虑区域经济差异因素。六是结合区域经济发展规划及金融发展需求，以区域产业结构调整为目标，增设专门服务于区域的区域性开发银行，为区域经济发展提供资金扶持。

参考文献

[1] 林毅夫，刘明兴. 中国的经济增长收敛与收入分配 [J]. 世界经济, 2003 (8): 3-14.

[2] 孙天琦. 货币政策: 统一性前提下部分内容的区域差别化研究 [J]. 金融研究, 2004 (5): 1-19.

[3] 刘强. 中国经济增长的收敛性分析 [J]. 经济研究, 2001 (6): 70-77.

[4] 王德，朱玮，叶晖. 1985—2000年我国人口迁移对区域经济差异的均衡作用研究 [J]. 人口与经济, 2003 (6): 1-9.

[5] 孙自铎. 跨省劳动力流动扩大了地区差距: 与缩小论者商榷 [J]. 调

研世界，2004（12）：31-33.

[6] 李晶晶，苗长虹. 长江经济带人口流动对区域经济差异的影响 [J]. 地理学报，2017（2）：197-212.

[7] 杨云彦. 劳动力流动、人力资本转移与区域政策 [J]. 人口研究，1999（9）：9-15.

[8] 段平忠. 人力资本流动对地区经济增长差距的影响 [J]. 中国人口资源与环境，2007（4）：87-91.

[9] 段平忠，刘传江. 中国省际人口迁移对地区差距的影响 [J]. 中国人口资源与环境，2012（22）：60-67.

[10] 毛新雅，翟振武. 中国人口流迁与区域经济增长收敛性研究 [J]. 中国人口科学，2013（1）：46-56.

[11] 沈坤荣，唐文健. 大规模劳动力转移条件下的经济收敛性分析 [J]. 中国社会科学，2006（9）：46-57.

[12] 许召元. 李善同. 区域间劳动力迁移对经济增长和地区差距的影响 [J]. 数量经济技术经济研究，2008（2）：38-52.

[13] 张志军. 中央银行应注意金融调控的地区差别性 [J]. 理论研究，1999（6）：4-8.

[14] 曾拥政. 我国货币政策区域非对称性效应：来自投资的解释 [J]. 新疆社会科学，2011（4）：19-26.

[15] 姚枝仲，周素芳. 劳动力流动与地区差距 [J]. 世界经济，2003（4）：35-44.

[16] 黄宪，沈悠. 货币政策是否存在结构效应的研究综述——基于中国信贷传导渠道的视角 [J]. 经济评论，2015（4）：148-155.

[17] 卢盛荣. 货币政策地区效应——基于地区总供给曲线的理论与实证分析 [J]. 数量经济技术经济研究，2007（3）.

[18] 玄相伯，吴诗锋. 中国货币政策调整对区域经济和物价的影响分析——基于区域 AD-AS 模型的理论和实证分析 [J]. 价格理论与实践，2014（11）：89-91.

[19] 卢盛荣，邹文杰. 货币政策地区效应的微观基础研究——我国省际居民消费储蓄行为的实证分析 [J]. 经济科学，2006（5）：40-50.

[20] 邱崇明，黄燕辉. 通货膨胀预期差异与货币政策区域效应——基于我国 31 个省份面板数据的实证分析 [J]，吉林大学社会科学学报，2014（2）：37-44.

[21] 许先普. 中国货币政策的结构效应及其协调性研究 [D]. 湘潭：湘潭大学，2014.

[22] 骆祚炎, 蒋颖, 曾卓. 基于金融加速器视角的货币政策区域差异化考察——来自 DSGE 模型的检验 [J]. 上海金融, 2018 (2): 22-26.

[23] 陈利锋. 劳动力流动与货币政策效应分析 [J]. 岭南学刊, 2015 (4): 111-117.

[24] 恒大研究院. 中国人口大迁移 [R]. 城市规划研究专题报告, 2018.

[25] Taylor, A. M., Williamson, J. G. Convergence in the age of mass migration [J]. NBER Working Paper, 1997, 4.

[26] Barro, R, J., Sala-I-Martin, X. Economic growth [M]. New York: McGraw-Hill, 1995.

[27] E Shioji. Composition Effect of Migration and Regional Growth in Japan [J]. Journal of the Japanese & International Economeis, 2001, 15 (1): 29-49.

[28] Reichlin, P. A. Rustichini. Diverging patterns with endogenous labor migration [J]. J. Econ Dyn Control, 1988, 22 (5): 703-728.

[29] Scott, I. O.. The regional impact of monetary policy [J]. Quarterly Journal of Economics, Vol. 69, 1955 (2): 269-284.

[30] Mundell. A Theory of Optimum Currency Areas [J]. American economic review, 1961, 51 (4): 657-665.

[31] Mckinnon. Optimum Currency Areas [J]. American economic review, 1963, 53 (4): 717-725.

[32] Kenen, Peter B. The Theory of Optimum Currency Areas: An Eclectic View [A] //Robert A. Mundell and Alexander K. Swoboda (Eds.). Monetary Problems of theInternational Economy [M]. Chicago, USA: University of Chicago Press, 1969.

[33] Guiso, L., A. Kashyap, F. Panetta and D. Terlizzese. Willa Common European Monetary Policy Have Asymmetric Effects [J]. Economic Perspectives, Federal Reserve Bank of Chieago, 1999 (4): 56-75.

[34] Hayo, B&Uhlenbrock, B. Industry Effects of Monetary Policy in Germany [C]. EconWPA, 1999, No. 9906009.

[35] Huchet, Marilyne. Does Single Monetary Policy Have Asymmetric Real Eddects in EMU? [J]. Journal of Policy Modeling, 2003, Vol. 25 (2): 151-178.

[36] Clausen, Volker & Bernd Hayo. Asymmetric Monetary Policy Effects in Emu [J]. Applied Economics, 2006, Vol. 38 (10): 1123-1134.

[37] Carlino, G. and R. Defina. The Differential Regional Effects of Monetary Policy: Evidence from the U. S. States [J]. Journal of Regional Science, 1999, 39 (2): 339-358.

[38] Owyang, M. T. and H. J. Wall. Structural Breaks and Regional Disparities in the Transmission of Monetary Policy [R]. Federal Reserve Bank of ST. Louis Working Paper 008, 2004.

[39] Georgopoulos, G. Measuring Regional Effects of Monetary Policy in Canada [J]. International Advances in Economic Research, 2001, 7 (2): 35 - 38.

[40] Dow, Sheila, C., and Alberto Montagonli.. The Regional Transmission of UK Monetary Policy. Regional Studies, 2007 (6): 797 - 808.

[41] Nachane, D. M., Ray, P., Ghosh, S. Does monetary policy have differentia lstate - level effects? an empirical evaluation [J]. Economic and Political Weekly, November 23, 2003: 4723 - 4728.

[42] Fielding, D. and K. Shields. Regional Asymmetries in Monetary Transmission: The Case of South Africa [J]. Journal of Policy Modeling, 2006, 28 (6): 965 - 979.

[43] Mishkin, Frederic S. The channels of monetary transmission lessons for monetary policy [R]. NBER Working Paper, 1996: 54 - 64.

[44] Bernake B, Gertler M. Inside the Black Box: the Credit Channel of Monetary Policy Transmission [J]. NBER Working Paper, 1995.

[45] Guiso, Sapienza and Zingales. People's opium? Religion and economic attitudes [J]. Journal of Monetary Economics, 2003, 50 (1): 225 - 282.

[46] Hanna. Cross - country asymmetries in euro area monetary transmission: the role of national financial systems [Z]. Bank of Finland Discussion Paper, 2003: 1 - 114.

从国际经贸协定看中国金融服务开放

中国人民银行金融研究所课题组

课题主持人：李 民
课题组成员：尹向明　魏　磊　王佳琪

一、引　言

2001年以后，我国积极履行入世承诺，金融服务开放程度明显提升。但是对于我国的开放状况，国际社会也存在一些争议，各方对我国履行开放承诺的评价存在差异，美国贸易代表办公室发布报告指责中国遵守世界贸易组织（WTO）规则的表现不好，甚至暗示"2001年美国支持中国加入WTO是个错误"。一些贸易伙伴将焦点对准我国金融服务①领域开放和市场准入问题，使之成为"推动由商品和要素流动型开放向规则等制度型开放转变"的焦点领域②，中国的金融服务开放③越来越多地受到国际社会关注。

从我国金融开放进程来看，外部压力和发展环境变化对我国金融开放起到较大推动作用，整体上我国能够自主把握开放的节奏，有序推进金融服务开放。当前，国际贸易与金融开放的关联性日益增强，金融开放和国际竞争力的提升仍有较大空间。在此背景下，本文拟选取我国参与的23个代表性国际经贸协定，从中分析研究金融服务开放承诺及其落实情况，对比美国、欧盟、日本、东盟等相互间签署的国际经贸协定，考察相关各方对中国金融开放的评价和利益诉求，为进一步推动我国金融服务开放寻找动力和方向，为未来开展国际经贸合作及协定谈判，提升金融开放水平，增强金融服务竞争力提供启示和建议。

---

① WTO框架下的《服务贸易总协定》（GATS）中《关于金融服务的附件》对"金融服务"进行了定义，"金融服务指一成员金融服务提供者提供的任何金融性质的服务。金融服务包括所有保险及其相关服务，及所有银行和其他金融服务（保险除外）"，在其他区域和双边经贸协定中，也基本使用了这一定义。

② 2018年中央经济工作会议指出，要推动全方位对外开放，推动由商品和要素流动型开放向规则等制度型开放转变。

③ 金融对外开放是双向的，既包括引进来，也包括走出去。本文仅聚焦于"引进来"，不涉及中国金融机构"走出去"问题。

二、中国签署的国际经贸协定金融承诺内容分析

（一）WTO多边贸易协定中金融服务开放承诺

2001年12月11日，中国签订加入世界贸易组织的议定书，正式成为世界贸易组织成员，根据协议明确承诺接受《服务贸易总协定》（GATS）的制度规则约束。GATS包含《关于金融服务的附件》和《关于金融服务的第二附件》，当时还达成《关于金融服务承诺的谅解》。《关于金融服务的附件》除了对"金融服务"进行了定义，还就因审慎原因采取措施的国内法规、相互承认和争端解决问题进行了规定。从这个角度看，GATS中对金融服务贸易的规定是相对谨慎的，充分考虑了金融开放中可能面临的金融风险，为成员方维护金融稳定的政策预留了空间。《关于金融服务的第二附件》主要涉及在一定时间内进行金融服务承诺的改进、修改或撤销的规定。《关于金融服务承诺的谅解》规定成员方将包含"维持现状""市场准入""国民待遇""定义"相关内容的金融服务具体承诺列入其减让表中。在市场准入方面讨论了垄断权、公共实体购买金融服务、跨境贸易、商业存在、新的金融服务、信息传送和信息处理、非歧视措施的问题，还包括国民待遇问题，其中，成员"应努力消除垄断权或缩小其范围"，表达了推动国际自由竞争的态度和希望；对新的金融服务和信息传送、处理问题的规定，从当今金融创新加快，金融科技借助互联网、大数据快速发展的角度来看，这一规定具有一定的前瞻性。

我国加入世界贸易组织时，在服务贸易承诺项下，对银行、保险、证券部门均作出了承诺。具体承诺设定的时间表最长是5年，即至2006年12月。在银行部门，对外资银行的开放由外汇服务到本币服务，并开放汽车消费信贷市场；在保险部门，对寿险公司的开放有50%的持股比例限制，在非寿险公司和保险经纪公司方面是逐渐开放的，允许独资公司设立；在证券部门，对基金公司和证券公司有持股限制，须以合资形式在中国设立公司，而且外资不能取得绝对控制权，证券公司的业务范围主要涉及股票和债券的承销和交易。

（二）区域贸易协定中金融服务开放承诺

中国加入世界贸易组织时接受了GATS中有关"金融服务贸易"的规定，通过作出承诺的方式，推动了中国金融服务开放。2008年后，中国加速了经贸合作谈判进程，与多国签订了FTA，但这些FTA覆盖的中国贸易量仍然很小，涉及金融服务开放领域的承诺内容比较有限。近年来达成的FTA中对金融服务进行了专门说明，体现出在服务贸易中，对金融服务的重视。

1. 内地与港澳台经贸合作协议

在服务贸易项下作出了对金融领域进行开放承诺。2003 年,内地先后与香港和澳门地区签订了内地与香港特别行政区、澳门特别行政区关于建立更紧密经贸关系的安排,随后陆续签署了一系列补充协议,2015 年 11 月 27 日、28 日,分别签署内地与香港和澳门的服务贸易协议,这是内地全境首次以准入前国民待遇加负面清单方式全面开放服务贸易领域。2010 年 6 月 29 日,海峡两岸签署了经济合作框架协议,在服务贸易早期收获及开放措施中专门对金融服务部门作出具体承诺。随后在 2013 年 6 月 21 日,签署的海峡两岸服务贸易协议,也专门对金融服务部门作出具体承诺,扩大了金融开放的业务范围,放松了对机构设立的持股比例限制。

2. 双边自由贸易协定

中国与多个国家或区域签署了自由贸易协定(FTA),在部分协定中就金融服务进行了专门约定。截至 2018 年末,中国已签订 13 个自由贸易协定,其中与东盟、智利、新加坡签署了升级协定,这些协定大多是在 2008 年后签订的。此外,正在进行中日韩自由贸易协定和区域全面经济伙伴关系协定(RCEP)等 10 个自由贸易协定谈判和 4 个此前签署协定的升级谈判。

中国早期签订的 FTA 中,在金融服务方面基本采用了 GATS 的金融服务附件,或者协定不适用于金融服务。近年来签订的 FTA 则通过专设章节或金融服务附件的形式,对金融服务进行专门说明。特别地,在中韩 FTA 中,专门列出了金融服务章节,与服务贸易和投资章节并列,对金融服务开放有更具体的规定。中澳 FTA 和中格 FTA 虽然有金融服务附件,但在内容上基本与 GATS 的金融服务附件保持一致,不过增加了透明度和磋商条款,中澳 FTA 还包括对金融服务委员会的规定。

表1 中国签订的自由贸易协定

协定	签订时间	生效时间	对金融服务的规定	是否有金融服务具体承诺
中国—东盟	2002 年 11 月 4 日(签署《中国—东盟全面经济合作框架协议》)	2010 年 1 月 1 日(中国—东盟自贸区正式启动)	GATS 附件《关于金融服务的附件》经必要调整后适用于协定	√
中国—智利	2005 年 11 月 18 日	2006 年 10 月 1 日	服务贸易的补充协定不适用于金融服务	
中国—新西兰	2008 年 4 月 7 日	2008 年 10 月 1 日	例外审慎措施涉及金融考量	√

续表

协定	签订时间	生效时间	对金融服务的规定	是否有金融服务具体承诺
中国—新加坡	2008年10月23日	2009年1月1日	GATS附件《关于金融服务的附件》经必要调整后纳入协定	√
中国—巴基斯坦	2009年2月21日	2009年10月10日	GATS附件《关于金融服务的附件》经必要调整后适用于协定	√
中国—秘鲁	2009年4月28日	2010年3月1日	除金融服务具体承诺减让表内容,不适用GATS及附件	√
中国—哥斯达黎加	2010年4月8日	2011年8月1日	协定不适用于金融服务	
中国—冰岛	2013年4月5日	2014年7月1日	GATS的《关于金融服务附件》被纳入协定并成为协定的一部分	√
中国—瑞士	2013年7月6日	2014年7月1日	服务贸易部分中专门的金融服务部分	√
中国—韩国	2015年6月1日	2015年12月20日	FTA中专设金融服务章节	√
中国—澳大利亚	2015年6月17日	2015年12月20日	服务贸易部分的金融服务附件	√
中国—东盟升级	2015年11月22日	2018年11月13日	—	—
中国—格鲁吉亚	2017年5月13日	2018年1月1日	服务贸易部分金融服务附件	√
中国—智利升级	2017年11月11日	未生效	—	—
中国—马尔代夫	2017年12月7日	未生效	—	—
中国—新加坡升级	2018年11月12日	未生效	—	—

资料来源:根据中国自由贸易区服务网相关内容整理,"—"表示协定文本尚未公布。

从对金融服务规定的内容来看,我国在中韩FTA中取得了较大进展。中韩FTA中金融服务章节的内容与GATS的金融附件相比,增加了多项内容,除了透明度、磋商和金融委员会,还增加了特定信息的处理、审慎例外、支付和清算系统、金融服务投资争端的事前磋商。透明度主要要求提高监管的透明度,要"规范金融服务提供者行为的监管和政策的透明度",以便利金融服务提供,监管部门应增强监管行为的合理性,更好地为市场服务;支付和清算系统是随着金融业发展产生的重要金融服务系统,"一缔约方应给予另一缔约方在其领土内设立的金融机构进入公共实体运营的支付和清算系统的权利",体现了对外资金融机构参与金融服务的制度保障;金融服务投资争端的事前磋商是关于解决金融投资争端的制度安排,更进一步地保证了投资者的利益。中韩 FTA 对金融服务中"对外国金融机构的保护和便利"有更全面的安排,更加适应扩大金融服务开放的要求,这也为后续 FTA 谈判提供了借鉴和参照,对金融服务的探讨应充分考虑面临的金融业发展情况和市场环境变化,合理平衡外资机构、我国金融市场和监管部门的关系,建立有效的争端解决机制。

表2　中国签订的国际贸易协定中的金融服务章节/附件的主要条款

协定/条款	GATS	中国—瑞士	中国—韩国	中国—澳大利亚	中国—格鲁吉亚
范围	√	√	√	√	
定义	√	√	√	√	√
国内法规	√	√		√	√
承认	√		√	√	
监管透明度			√	√	√
争端解决	√				
磋商			√	√	√
审慎措施		√			
缔约双方信息交流		√			
国民待遇	*		√		
市场准入	*		√		
特定信息的处理			√		
审慎例外			√		
支付和清算系统			√		
具体承诺			√		
金融服务委员会			√	√	
金融服务投资争端的事前磋商			√		

注:＊表示出现在 GATS《关于金融服务承诺的谅解》中,不在 GATS 的金融附件中。
资料来源:根据中国自由贸易区服务网相关内容整理。

整体来看,我国已经签订自由贸易协定中的金融服务具体承诺,采用了正面清单的形式。统计我国签订的 FTA 中的金融服务具体承诺发现,我国在金融服务开放方面并未给予 FTA 缔约方相比于其他国家过多的优惠，基本与协定签订时国内的金融开放政策保持一致，随着我国金融开放的进程，在 FTA 中也会对金融开放作出更进一步承诺。

（三）国际投资协定中金融服务开放承诺

根据联合国贸发会议（UNCTAD）的统计，截至 2018 年末，中国已签订 145 个（21 个签署尚未生效，16 个中止）双边投资协定（BIT）。1988 年，中国与澳大利亚签订 BIT，是中国早期签订的 BIT，其中并未提及金融服务开放的相关内容。中国同日韩两国促进、便利及保护投资的协定、中国与加拿大投资协定均签订于 2012 年，其中分别涉及"金融审慎措施"或"例外条款"。在吸引外资的同时，金融稳定也是各国关注的问题，中国与加拿大的 BIT 还提到了资金转移问题，要求在金融服务上给予投资者资产转移方面的便利。这三个投资协定均未对金融投资的开放举措做具体规定，更多的是整体上促进、便利和保护投资的内容。

相比于我国签订的 FTA 协议，BIT 协定中对金融服务的规定较少，从已经签订 BIT 相关内容看，金融审慎措施仍是金融领域关注的重要内容，在 FTA 中也有相应规定。我国在制定金融开放政策时，可以合理适度地利用这些协定中的"审慎例外措施"，控制好金融开放的节奏，确保金融开放与稳定的动态平衡。

三、主要国家经贸协定金融承诺比较

主要国家签订的经贸协定对金融服务贸易有较为全面、细致的规定，包括覆盖范围、定义、市场准入、跨境贸易、国民待遇、最惠国待遇、新的金融服务、数据处理、特殊信息对待、高级管理层和董事会、不符措施、具体承诺、例外、承认、透明度、自律组织、金融服务委员会、支付和清算系统、信息传递、磋商、争端解决、金融服务投资争端等内容。

（一）美国国际经贸协定中金融服务开放承诺

1. 自由贸易协定

美国在世界贸易组织体系外，在双边或区域性的经贸安排中对金融服务提出了更高要求。北美自由贸易协定（NAFTA）是美国最具代表性的 FTA，自 1994 年开始实施，但特朗普宣布重新进行谈判，2018 年 11 月 30 日，签署了新的美国—墨西哥—加拿大自由贸易协定（USMCA），需要三国国内履行相应程序方能生效。美国曾与亚太部分国家达成了跨太平洋伙伴关系协定（TPP），这一协定在众多领域做出了重大改进，虽然特朗普也已宣布退出这一协定，但这一协定对美国其他 FTA 的谈判也具有一定的借鉴意义。考虑到中国同韩国、澳大利亚也签订了 FTA，故将美国—澳大利亚 FTA 和美国—韩国 FTA 与之进行对比，可以发现，中国—韩国 FTA 的金融章节与美国—韩国 FTA 的金融章节更为接近。

从表3来看，这5个 FTA 中都有专门的金融章节，且以负面清单，或者与正面清单相互结合的方式作出了承诺，在具体条款上保持了较高的一致性，出现变化的部分则反映了较强的信息化时代特征。这些条款不仅包括金融服务的市场准入、国民待遇、最惠国待遇等的定义和具体措施，还对开展金融业务中的信息处理、新服务开发、运营设备等细节进行了规定，同时考虑到金融机构在服务贸易和相关投资中可能遇到的争端解决问题，以及需要的自律组织、金融服务委员会等机构，这些规定来自美国长期经贸合作的实践经验，有助于推动贸易伙伴金融服务的进一步开放和便利化，保证参与方利益不受侵害。

同时，美国签订的 FTA 中，有专门章节对竞争、垄断和国有企业问题进行规定。TPP 在世界贸易组织等经贸协定限制垄断的基础上，将关注对象延伸至国有企业，金融服务也要遵守这一章节的相关规定，国有金融企业要遵循竞争中性原则。我国国有经济较为发达，国有金融机构在金融行业占主导地位，故这一问题是美国与中国谈判的重要关注点，要求中国保证国有企业与外资机构的公平竞争。

表3　美国代表性 FTA 的金融章节内容

协定	NAFTA	USMCA	TPP	美国—澳大利亚	美国—韩国
签订时间	1992年8月	2018年11月30日	2016年2月4日	2004年5月18日	2007年7月30日
生效时间	1994年1月1日	未生效	未生效	2005年1月1日	2012年3月15日
是否有单独金融章节	√	√	√	√	√
负面清单	√	√	√	√	√
覆盖范围	√	√	√	√	√
市场准入	√	√	√	√	√
跨境贸易	√	√	√	√	√
国民待遇	√	√	√	√	√
最惠国待遇	√	√	√	√	√
新的金融服务（和数据处理）	√	√	√	√	√
特定信息的对待		√	√	√	√
高级管理层和董事会	√	√	√	√	√
不符措施	√	√	√	√	√
具体承诺	√	√	√	√	√

续表

协定	NAFTA	USMCA	TPP	美国—澳大利亚	美国—韩国
例外	√	√	√	√	√
承认		√	√	√	√
透明度	√	√	√	√	√
自律组织	√	√	√	√	√
金融服务委员会	√	√	√	√	√
支付和清算系统	√	√	√	√	√
快速提供保险服务		√	√	√	√
信息传递		√			
计算设备位置		√			
后台办公功能			√		
磋商	√	√	√	√	√
争端解决	√	√	√	√	√
金融服务投资争端	√	√（美—墨）			√
定义	√	√	√	√	√
其他章节：竞争政策、垄断和国有企业	√		√	√	

注：2018 年 9 月，美国和韩国重新签署了 FTA，但金融章节未进行修改。
资料来源：作者根据美国贸易代表办公室（USTR）所公布的相关协定文本整理而成。

2. 2012 年 BIT 范本

美国签订 BIT 的时间比较早，现在公布的 2012 年 BIT 范本是美国与他国进行 BIT 谈判的依据。在 2012 年的 BIT 范本中有专门的金融章节，采用 GATS 对金融服务的定义，相关规定保障了缔约方采取金融审慎措施、实施非歧视性货币、信贷和汇率政策的权利，并要求缔约方按程序对一方提出的金融服务相关仲裁请求或争议进行处理和反馈，一方关于金融服务的条例要公开透明，此外，该章节最后一条规定了金融机构应遵守法律法规，相关法律法规不能存在歧视。这些条款平衡了开放国家公共实体与金融投资机构的各自诉求，同时要求其满足相应规则。相比之下，我国现有的 BIT 对金融的规定较少，这一 BIT 范本是我国与美国进行 BIT 谈判的重要参考。

（二）欧盟、日本、东盟等国家间自由贸易协定金融条款内容

在欧盟—韩国 FTA、欧盟—加拿大 FTA、欧盟—日本 FTA、东盟—韩国 FTA 中均包含了金融服务附件或金融服务章节，在具体承诺中以"正面清单"形式对金融服务贸易作出了承诺（见表 4）。其中，欧盟—加拿大 FTA 可以看作是欧

洲和北美谈判的结果,综合了欧盟和北美两个地区 FTA 中对金融服务贸易规定的特点,双方对金融服务都有较高的要求。在欧盟—加拿大 FTA 中的金融服务投资争端条款可能借鉴了加拿大等北美国家的经验,为金融投资者提供更有力的保护。而在欧盟—韩国 FTA 中,欧盟处于相对优势地位,达成的协议更具有欧盟特点。协定中包含了支付和清算系统的规定,允许外资加入当地支付和清算系统中,是外资有效开展经营活动的基础;协定还有专门的审慎例外条款,保证了采取金融审慎措施的权利。东盟—韩国 FTA 中的规定条款较少,仅对范围、定义、争端解决、承认、审慎措施这些基本问题进行了说明,这可能是议价能力相当、议价和出价都相对较少的双方谈判的结果。

欧盟—日本 FTA 于 2019 年 2 月 1 日生效。该协定中的第八章"服务贸易、投资自由化和电子商务"中包含"金融服务"子章节;专设"国有企业,被授予特权的企业和指定垄断"章节,但是特别说明了国有企业按政府的责任提供的金融服务不适用该章节"非歧视待遇和商业考量"中的规定,TPP 的国有企业相关章节的例外条款中也有相应表述,对国有机构根据政府要求提供的金融服务的非歧视要求相对宽松;此外,该协定的"监管合作"章节还提到了金融稳定合作。

表4　欧盟、日本和东盟代表性 FTA 的金融章节/附件内容

协定	欧盟—韩国	欧盟—加拿大	欧盟—日本	东盟—韩国
签订时间	2010年10月6日	2016年10月30日	2018年12月12日	2006年8月24日
生效时间	2011年7月1日	2017年9月21日	2019年2月1日	2010年1月1日
服务贸易章节是否有金融附件	√		√	√
是否有单独金融章节		√	√	
范围和覆盖范围		√	√	√
市场准入		√	√	
跨境贸易		√	√	
国民待遇		√	√	
最惠国待遇		√	√	
新的金融服务	√	√		
数据处理	√	√	√	
高级管理层和董事会		√	√	
保留和具体承诺		√		
例外		√		
承认	√			√
透明度	√	√	√	

续表

协定	欧盟—韩国	欧盟—加拿大	欧盟—日本	东盟—韩国
自律组织	√	√	√	
金融服务委员会		√		
支付和清算系统	√	√	√	
信息传递	√		√	
磋商		√	√	
争端解决	√		√	√
金融服务投资争端		√		
定义	√	√	√	√
审慎措施、汇率和金融稳定	√	√	√	√
绩效要求				
具体例外	√	√	√	

注：根据欧盟、东盟的相关协定文本内容整理。

上述部分协定的共同点是对争端解决和审慎措施进行了规定，这是保障缔约方权益的重要内容。从世界贸易组织的协定开始，到各国签订的 FTA 和 BIT，通过对金融审慎措施的承认、例外、审慎措施等条款，各国都对金融审慎作出规定，在开放中，需要采取有效的金融审慎管理措施，是各国的共识。

四、各方对中国金融业开放进程的评价

（一）中国自身对金融开放承诺落实情况的评估

我国整体上已经充分地兑现入世承诺。2018 年，国务院新闻办公室发布《中国与世界贸易组织白皮书》，指出我国加入世界贸易组织以来，认真履行协议承诺，金融市场开放的深度和广度都拓展了，并且在 2017 年底以来实施了扩大金融开放的新举措，肯定了我国在扩大金融开放方面做出的较大努力。

就我国开放的历史来看，外部压力和发展环境变化对我国金融开放起到较大推动作用，亚洲金融危机、加入世界贸易组织等关键事件的发生，均在不同程度上影响了金融开放的进程。但是我国整体上能充分利用时间窗口，适时适度地推进金融服务开放。

（二）国际组织对中国金融开放承诺落实情况的评估

1. 世界贸易组织对中国贸易政策审议评估

自 2006 年以来，世界贸易组织每两年对中国进行一次贸易政策审议，在世

界贸易组织秘书处发布的报告中,相对客观地评估了中国金融服务业统计数据和贸易限制政策的变化,认可了中国逐步促进金融服务贸易开放措施,认为中国按照 GATS 的时间表开放了其服务,同时也指出了中国金融仍存在的开放限制,认为中国金融行业中国有企业占主导地位,为国有企业提供大量融资,外资所占市场份额比较有限。

2. OECD 对我国金融开放程度的衡量

OECD 服务贸易限制指数表明中国金融领域还存在较高壁垒。OECD 每年发布服务贸易限制指数(STRI),从竞争限制、其他歧视措施、透明度规则、外国进入限制、自然人流动五个维度,评估一国的服务贸易壁垒,数值越高,表明服务贸易限制越多,在具体行业指标中,涉及商业银行和保险行业。从 2014—2017 年,我国商业银行服务贸易限制指数一直为 0.409,其中五项具体指标的得分保持不变,保险服务贸易限制指数 2014 年为 0.464,2015—2017 年为 0.451,其中只有外国进入限制指标由 2014 年的 0.263 降为之后 3 年的 0.250,这四年商业银行和保险服务贸易限制情况变化不大,仅 2015 年相比上一年保险服务贸易限制略有减少。尽管金砖国家 STRI 值都相对较高,但与发达经济体相比,中国商业银行和保险服务贸易限制指数值较高,尤其是在外国进入限制、其他歧视措施和竞争限制方面,按照 OECD 评价体系,中国金融服务业还存在较高的贸易壁垒。彼得森研究所(PIIE)也曾就 OECD 发布的 2015 年 STRI 数据对中国作出评价,指出相较于美国,中国在银行和保险等重要领域对服务进口的限制明显较高。

(三)美国对中国金融服务开放程度的评价

1. 美国在世界贸易组织贸易政策审议中对我国金融开放进程持负面评价观点

在世界贸易组织贸易政策审议中,整体来说,美国并不满意中国的开放状况,在金融方面,认为中国通过监管程序、行政许可、运营要求等方式,限制了外资的进入。2012 年,美国副贸易代表迈克尔·潘克在世界贸易组织中国贸易政策审议时发言,表示并不完全认可世界贸易组织秘书处报告中的观点,认为在银行和保险等服务部门,歧视性监管程序、过度烦琐和反复无常的许可和运营要求、非正式禁止进入以及其他类似问题阻碍了外国服务提供商在中国市场的发展。2010 年,时任美国副贸易代表德米特里曾专门提到美国服务供应商在中国保险和私人养老金部门遇到了准入限制。

2. 美国贸易代表办公室要求以施压方式迫使中国进一步扩大金融开放

根据 2016 年和 2017 年美国贸易代表办公室向国会呈递的中国加入世界贸易组织承诺履行报告,美国认为中国在汽车金融方面履行了承诺,金融行业的其他服务中,中国虽然实施了承诺时间表中的相关内容,但在履行承诺的过程中,考虑到具体的政策规定,中国在政策中增加了额外的限制,限制了外资的进入和发展,整体来说,对中国履行世界贸易组织承诺时间表中金融内容的评价较低,认为美国应该采取更多措施以促进中国进一步扩大金融开放。

美国质疑中国金融开放的同时,还通过向世界贸易组织上诉的方式寻求问题解决。报告中提到,美国、欧盟和加拿大共同就中国影响金融信息服务和外国金融信息供应商的措施提请WTO争端解决,以及美国就中国影响电子支付服务的若干措施发起的诉讼是中国在金融服务领域遇到的争端解决案件,也是世界范围内为数不多的金融服务争端。美国对中国金融信息服务和电子支付问题非常关注,在美国的经贸协定中,也考虑了支付和清算系统的问题,希望从中国金融开放中获益。

五、对推动中国金融服务开放的建议

在金融服务业领域,我国与其他国家有广阔的合作空间,需要在政策理念、准入便利化、金融创新、调控工具和人才储备方面做好准备。基于上述思考提出如下建议:

(一)倡导贸易与金融良性互动的政策理念

从全球范围看,国际经贸谈判中对金融服务领域的关注程度逐步加深,我国所签订的国际经贸协定大多涉及金融服务领域,但与发达国家的国际经贸协定相比,还不够成熟,缺乏"多边、区域和双边"各有侧重、具体明确的制度安排。未能建立起有利于贸易与金融良性互动、开放与稳定平衡协调的国际经贸协定谈判框架。当前,国际贸易与金融开放的关联性日益增强,需要进一步完善涉及金融服务开放的国际经贸协定框架体系,掌握规则制定的主动权。以金融开放促进金融监管体系的完善,加强各部门政策在金融涉外领域的协同配合。

(二)增强金融市场准入便利度

外资金融机构准入层面的各项制度壁垒已经陆续消除,业务准入和运营便利度方面仍有提升空间,要进一步落实准入前国民待遇和负面清单管理制度,采取竞争中性原则,放宽外资金融机构设立限制,有序扩大外资金融机构在华业务范围,拓宽中外金融市场合作领域。支持外资开展多元化金融服务,合理保障其金融技术和信息需求。加强金融基础设施建设的普惠性,引导国内外金融机构在同一平台上公平竞争。

(三)为金融创新预留政策空间,推动中外金融机构互利合作

未来我国也将继续进行FTA谈判,其中可能包含投资内容,会更多涉及金融业相关投资的具体规定,随着FTA框架体系的不断完善,将对金融开放提出

更高的要求。因此，要为中外金融机构的金融产品和服务创新预留政策空间，让中外金融机构合作竞争、良性互动，更广泛深入参与到金融市场体系中，激发金融市场活力，发挥金融市场功能，为具有发展潜力的企业提供国际化金融支持。

（四）做好金融服务开放的基础研究和政策工具准备

贸易与金融的关联性越来越大，有些贸易伙伴通过世界贸易组织贸易政策审议机制、区域合作机制、双边磋商机制对中国履行金融服务开放承诺进行有针对性的评价，或者通过单方面发布年度评估报告的形式进行策略性评论。中国要想更好地在金融领域加强同世界各国的合作，就需要培养大批既了解金融市场体系和金融监管法规，又熟悉国际贸易规则和国际谈判策略的复合型人才，为国际经贸协定中的金融服务方面谈判提供前期基础支撑和政策储备。

参考文献

［1］曾炜. 论新巴塞尔资本协议与 GATS 之关系［C］. 2008 全国博士生学术论坛（国际法）论文集——国际经济法、国际环境法分册，2008（10）：254-259.

［2］剧亮静. 我国金融服务贸易对外开放度测量分析——基于我国银行业及保险业［D］. 北京：对外经济贸易大学，2013（4）：6-14.

［3］孟夏，刘洋. 中国 FTA 的战略效应——经济视角的分析［J］. 南开学报（哲学社会科学版），2016（2）：33-44.

［4］罗伟，葛顺奇. TPP 透视："金融服务"议题分析［J］. 国际经济合作，2015（11）：9-11.

［5］中华人民共和国国务院新闻办公室. 中国与世界贸易组织白皮书［R/OL］.（2018-06-28）［2018-12-25］. http://www.scio.gov.cn/zfbps/32832/Document/1632334/1632334.htm.

［6］United States Trade Representative. 2018 Report to Congress on China's WTO Compliance［EB/OL］.（2019-02）［2019-02-22］. https://ustr.gov/sites/default/files/2018-USTR-Report-to-Congress-on-China%27s-WTO-Compliance.pdf.

［7］United States Trade Representative. 2016 Report to Congress on China's WTO Compliance［EB/OL］.（2017-01）［2018-12-25］. https://ustr.gov/sites/default/files/2016-China-Report-to-Congress.pdf.

［8］United States Trade Representative. 2017 Report to Congress on China's WTO Compliance［EB/OL］.（2018-01）［2018-12-25］. https://ustr.gov/sites/default/files/files/Press/Reports/China%202017%20WTO%20Report.pdf.

钢铁行业供给侧结构性改革效果评估

——基于僵尸企业视角

中国人民银行石家庄中心支行课题组

课题主持人：陈建华
课题组成员：郑向阳　赵天奕　刘　圣　林薛栋

一、引　言

改革开放四十年来，中国经济持续高速增长，成功步入中等收入国家行列，成为名副其实的经济大国。但随着人口红利衰减、环保压力增加、外贸增速下降、中等收入陷阱风险积累等一系列内因与外因的作用，传统经济增长方式已难以为继，经济发展由高速增长阶段转向高质量发展阶段。为推动我国经济发展实现质量变革、效率变革、动力变革，2016年以来党中央、国务院出台了一系列以供给侧结构性改革为核心，以"三去一降一补"为任务的宏观调控政策，其中化解钢铁、煤炭等"三高"产业的过剩产能是五大任务之首，处置僵尸企业是供给侧结构性改革的重要抓手。2016年2月，国务院印发了《关于钢铁行业化解过剩产能实现脱困发展的意见》（国发〔2016〕6号），要求用5年时间再压减粗钢产能1亿~1.5亿吨，加快处置"僵尸企业"，实现市场出清，企业经济效益好转。2017年4月，国家发展改革委牵头，多部委联合印发了《关于做好2017年钢铁煤炭行业化解过剩产能实现脱困发展工作的意见》（发改运行〔2017〕691号），明确表示要将处置僵尸企业作为化解过剩产能的牛鼻子，抓好推动钢铁行业重组处置僵尸企业工作方案的落实，加快僵尸企业实施整体退出、关停出清、重组整合。

在这些政策的指导下，我国钢铁、煤炭等重点领域去产能工作取得很大成绩，产能过剩情况得到有效改善。在钢铁领域，2016年、2017年两年累计化解过剩产能1.15亿吨，同时1.4亿吨"地条钢"得到全面清理；在煤炭业领域，2016年、2017年累计退出产能4.4亿吨。2018年末，我国"十三五"期间计划压减煤炭产能5亿吨、粗钢产能1.5亿吨的上限目标有望提前超额完成。与此同时，去产能相关行业的经营状况明显改善，利润状况大幅回暖。煤炭、钢铁行业的全年利润分别由2015年的441亿元、526亿元增加至2017年的2959亿元、

3419亿元。但上述成绩的背后，我国钢铁、煤炭等重点领域内僵尸企业的现状如何？所占用的金融资源是否得到有效释放？在当前加快对僵尸企业的出清和处置过程中，应该使用什么样的甄别方法准确客观科学地确定需要处置的僵尸企业名单？上述问题的答案不仅是检验我国现阶段供给侧结构性改革效果的重要依据，也是影响下阶段供给侧改革推进方向的重要考量。特别在2018年12月国家发展改革委、工信部、人民银行等11部委联合印发《关于进一步做好"僵尸企业"及去产能企业债务处置工作的通知》（发改财金〔2018〕1756号）要求各地区应定期确定需开展债务处置的僵尸企业和去产能企业名单，建立"僵尸企业"及去产能企业债务处置工作机制，原则上要在2020年底前完成全部债务处置工作的政策背景下，上述问题的答案将成为我国继续推进供给侧改革，加速僵尸企业出清工作的重要政策依据和出发点。

由于学界对这方面的研究较少，现有相关文献的研究大多集中于僵尸企业的界定、成因分析，以及对实体经济的溢出效应等［参见何帆和朱鹤（2016）、王万珺和刘小玄（2018）、李旭超等（2018）、王永钦等（2018）等］，鲜有关于僵尸企业处置效果的分析评估。因此，本文以2014—2017年钢铁行业上市公司企业为考察样本，针对目前加快僵尸企业处置的现状，研究判断应该使用什么样的甄别方法确定需要处置的僵尸企业名单。并在此基础上，分析对比供给侧结构性改革前后，不同国有僵尸企业、民营僵尸企业数量变动情况及在信贷市场和债券市场上的资金占用情况的变动趋势，从而判定我国供给侧结构性改革的有效性。

本文的写作结构安排如下：第一部分为引言，简要介绍本文的研究背景和意义；第二部分是文献综述，主要介绍僵尸企业的概念、界定方法和可能造成的不利影响等；第三部分是僵尸企业的判定方法，本文在CHK模型（Caballero等，2008）的基础上，引入政府干预因素、行业周期因素进行修正，测算了我国钢铁行业上市企业的僵尸属性；第四部分对我国钢铁行业供给侧改革政策的阶段性效果进行评估，主要根据考察时间的长短，将企业的僵尸属性分为短期和长期两个维度，通过对比供给侧改革前后不同所有制企业僵尸属性的数量变动情况、融资情况及资产负债比变动情况，评估我国钢铁行业供给侧结构性改革的政策效果；第五部分结合第三、第四部分的分析，对进一步推动僵尸企业出清提出相关政策建议。

二、文献综述

（一）僵尸企业的概念及成因

"僵尸企业"的概念最早由Kane（1987）提出，特指那些持续受到债权人或政府救助但未来仍大概率无法正常经营的企业。主要有两个特征：一是无法恢复正常生产经营，表现为企业在行业内处在竞争弱势地位，净利润差；二是长期依靠不断增加的银行贷款或财政补贴的支撑,表现为企业负债率高。僵尸企业的成因错综复杂,除了企业自身经营不善外,商业银行和地方政府也有一定动机协助维持僵尸企业的生存。其中,商业银行为了控制账面资产质量,掩盖坏账损失,会通过借新还旧、利息转本金、利息挂账等方式持续为僵尸企业输血(Fukuda等,2006;Hoshi 和 Kashyap,2010;Ueda,2012);而地方政府为了维持短期高GDP增长和社会稳定,会通过财政补贴、协调金融贷款等方式对僵尸企业给予救助(熊兵,2016)。此外,政策的变动也会催生僵尸企业。如我国政府在2009年为抵御全球经济危机推出的总规模达4万亿元的财政刺激计划,大幅刺激了对钢铁、水泥、煤炭等行业的需求,随之也带来了产能过剩的问题。聂辉华等(2016)通过对4万亿元投资重点投向测算,发现2012年后受4万亿元投资影响较大行业中僵尸企业比例大幅提升。

(二) 僵尸企业的危害

僵尸企业的大量存在从融资成本、市场竞争、资源配置、引发金融风险四个方面对一国经济发展造成不利影响。一是僵尸企业占用了宝贵的信贷资源,提高了正常企业融资成本,抑制了正常企业的投资(Rawdanowicz 等,2013);二是僵尸企业由于获得了低息贷款和补助,可能会通过降低产品的价格参与市场竞争,压缩了正常企业的利润空间,扭曲了正常的市场竞争(Papava,2010);三是僵尸企业阻碍了人力资本在行业内的有效流动和优化配置,使行业新增就业能力下降(Caballero 等,2008);四是大量僵尸企业的存在大幅增加了商业银行的真实不良资产,造成金融系统运行的稳定性降低,增大了发生系统性风险的可能性。

(三) 对僵尸企业的甄别

科学准确地认定僵尸企业,是确保处置化解僵尸企业政策有效推进的重要前提条件和政策基石。当前我国甄别僵尸企业的主流测算方法有两种:一是根据2015年12月9日国务院常务会议上提出的僵尸企业定义——"不符合国家能耗、环保、质量、安全等标准,持续亏损三年以上且不符合结构调整方向的企业"。这种识别方法优点是条件明确,但是定义中涉及的"能耗、环保、质量、安全"等标准有很强的弹性,不易量化,可操作性不如财务指标,在实际操作过程中可能会出现"管制俘获"的情况(何帆与朱鹤,2016),造成和最初处置僵尸企业目的相背离的情况发生。二是从企业财务数据角度测算企业的僵尸属性。其中,最具影响的是 Caballero、Hoshi 和 Kashyap(2008)提出的"CHK 方法"。该方法认为,如果一个企业支付的利息低于使用市场最低利率所要支付的利息,那么这个企业很可能是依靠商业银行长期低息贷款才能生存的"僵尸企业"。这个方法比较成功地捕捉到了20世纪90年代日本僵尸企业的主要特征,是当前从企业财务角度测度企业僵尸属性的主流方法。但该方法由于考察维度单一，仍然存在一些缺陷，如会误将一些享受低息贷款利率的优质企业误判为僵尸企业，无法捕捉到通过借旧还新形式存活的僵尸企业等。针对上述缺陷，Fukuda 和 Nakamura（2011）引入了"盈利标准"和"持续信贷标准"对 CHK 方法进行了改进。前者将息税前收入超过最低应付利息的企业认定为正常企业，防止了误判。后者考察了企业前一年的外部债务总额，如果超过总资产的 50% 且还在增加，则认定为僵尸企业。在此基础上，中国学者做了适合中国国情的修正。如朱鹤与何帆（2016）从去除企业来自银行和政府补贴后的净利润、资产负债率、外部融资规模变动、利润变动情况等特征构建了七种识别僵尸企业的方法，但这些测算方法缺少构建依据和理论支撑，不同方法间测算结果差异性较大，且无法提供合理的评判依据，进而无法确定最优测算方法。张栋等（2016）在 CHK 模型的修正指标中引入扣除政府补助后的净利润，考虑政府直接干预造成僵尸企业的情况，但忽视了行业周期性的因素。聂辉华等（2016）认为，有些企业仅仅在全部时间段中的一年被识别为僵尸企业，与对僵尸企业的直观理解不符，提出如果一个企业在某一年份和该年份前一年都被 FN – CHK 方法识别为僵尸企业，那么该企业在这一年应被识别为僵尸企业。

（四）对僵尸企业的处置

根据国际经验，各国一般从三个方面着手。首先，对已有僵尸企业开展分类处置工作。具体分为三个步骤：一是根据僵尸企业的情况进行分类。如美国按照企业是否能重启"造血"功能、企业管理体系是否科学、企业是否有解决问题的合理计划。二是对不同类型的僵尸企业制定有针对性的处置方式。对于无力挽回的僵尸企业，通过破产机制退出市场，或基于市场机制引入新的企业对其并购重组；对于依旧保有"造血"功能的企业，从管理体系改革、流动资金救助、负债减免、等多角度进行救助（熊兵，2016）。如日本政府成立了第三方独立机构——产业再生机构，通过财务重建的方式，帮助仍有实力的僵尸企业走出财务困境，实现"再生"（张季风和田正，2017）。而美国主要通过协调金融机构对困难企业给予资金帮助，或者通过"不良资产救助计划"直接财政注资。三是严格管理救助资金，企业经营正常后，政府通过在资本市场转让债权或企业股票实现救助资金的退出。如果企业重组失败面临破产清算，也必须偿还政府贷款本息。其次，各国从机制设计角度制定相关法律法规，清除僵尸企业滋生的土壤。如日本金融监管部门统一了再贴现率计算框架，要求商业银行使用新的再贴现率对客户抵押资产进行重估，主动暴露潜在的不良贷款，使商业银行没有动机为控制账面资产质量，掩盖坏账损失，为僵尸企业输血。同时金融监管部门要求商业银行严格展期续贷、借新还旧、关联企业担保贷款等业务的实施条件，坚决不给予金融机构特殊监管政策支持，并对操作不规范的金融机构实施必要的惩戒。最后，各国高度重视防范在清理处置僵尸企业过程中可能带来的金融风险。如日本政府会对在清理僵尸企业过程中暴露出大量不良贷款的商业银行提供一定规模的资金支持。政府的注资可以防范银行因短期损失过大而影响自身经营，进而引发连锁反应，导致整个银行体系出现问题；又可以防止银行因为资本金减少而收缩贷款，进而引发信贷萎缩，对实体经济造成冲击。为减少政府注资可能带来的负面效应，日本金融监管部门加大了监管力度，对大幅偏离"健全化计划"的银行的领导进行问责。

现有文献从僵尸企业的定义、危害、甄别和处置等多角度进行了研究，但依然存在以下几点不足：一是判定僵尸企业的方法还有缺陷，国内外学者虽然从多个角度对 CHK 方法进行了修正但依然不全面。如现有文献从企业利润角度修正时，仅考虑了政府干预的情况，忽视了行业周期性因素的影响。本文认为企业是否是僵尸企业的判定，应考察其在一个完整行业周期内总体经营是否盈利，而不是片面地考察某一年份的利润情况，否则会发生误判。二是对有关治理僵尸企业的政策效果研究分析较少，特别是有关僵尸企业对金融资源占用情况及其变动趋势的研究较少。三是对符合中国国情的清理处置僵尸企业的方式思考较少。基于以上认识，本文使用 2014—2017 年钢铁行业上市公司数据，从钢铁行业僵尸企业的视角检验了我国供给侧改革政策的阶段性效果。

本文可能的贡献如下：一是修正了甄别僵尸企业的测算方法，在从利润角度剔除政府干预的基础上，进一步考虑了行业周期因素的影响。将那些在行业周期下行时，虽然出现亏损但市场份额增加、资产负债率可控的企业定义为非僵尸企业。理由是如果单一从利润角度考察企业，在行业周期下降时大部分企业均会被判定为僵尸企业，但此时企业的亏损主要是受行业周期影响，市场份额的增加说明企业的产品具有竞争性，一旦行业周期上行，在资产负债率可控的前提下，企业经营的好转和盈利是大概率事件。因此，本文考虑了行业周期因素的影响，避免了虽然利润下降，但市场份额增加，负债率可控的企业被误归类为僵尸企业的可能性。二是通过对比钢铁行业上市公司供给侧改革前后僵尸属性、融资情况及资产负债率的变动情况，检验了我国供给侧改革政策的阶段性效果，并为评估其他行业供给侧改革的政策效果提供了具体的实证思路。三是结合实证结果和国内外相关文献，归纳总结出符合我国国情的处置僵尸企业措施和防范企业僵尸化方法。

三、中国钢铁行业上市公司僵尸属性的甄别

（一）CHK 模型测算方法及步骤

学者们在研究 20 世纪 90 年代日本僵尸企业特征时发现，银行贷款总会以低

于市场利率的价格大量流向那些资产负债率很高、营业效益很差的企业,基于这个特征,Caballero、Hoshi 和 Kashyap 在 2008 年提出,如果一个企业的实际利息支出小于其在现有条件下能享受到的最低利息支出时,则表明该企业获得了利息补贴,进而说明该企业是僵尸企业,这种测算方法就是 CHK 模型方法。该方法甄别僵尸企业的具体测算步骤可分为以下四步:

一是估计假定的利息支出下限 R^*

$$R_{i,t}^* = rs_{t-1} \times BS_{i,t-1} + \left(\frac{1}{5}\sum_{j=1}^{5} rl_{t-j}\right) \times BL_{i,t-1} + rcb_{t-1} \times Bonds_{i,t-1}$$

其中,$BS_{i,t-1}$、$BL_{i,t-1}$ 和 $Bonds_{i,t-1}$ 分别代表公司 i 在 $t-1$ 年末短期借款余额、长期借款余额,以及对外发行债券总额;rs_{t-1}、$\frac{1}{5}\sum_{j=1}^{5} rl_{t-j}$ 和 rcb_{t-1} 分别是 $t-1$ 年度短期借款最低利率、$t-1$ 年 5 年内最低长期借款利率的平均数和企业发行债券的票面利率。

二是计算各年的超额利息支付率 EIR

$$EIR_{i,t} = \frac{R_{i,t} - R_{i,t}^*}{(R_{i,t} + R_{i,t}^*)/2}$$

其中,$R_{i,t}$ 是企业当年的实际利息支出。

三是计算 EIR 的多年平均数、实际利息支出低于假定利息支出下限的次数 $NumZ$、利率差 $X_{i,t}$

$$X_{i,t} = (R_{i,t} - R_{i,t}^*) / (BS_{i,t-1} + BL_{i,t-1} + Bonds_{i,t-1})$$

四是根据构建出的核心指标设定僵尸企业模糊集 $z(X_{i,t})$

$$z(x; d_1, d_2) = \begin{cases} 1 & \text{if } x < d_1 \\ \dfrac{d_2 - x}{d_2 - d_1} & \text{if } d_1 \leqslant x \leqslant d_2 \\ 0 & \text{if } x > d_2 \end{cases}$$

其中,d_1、d_2 分别是僵尸企业模糊集中判断是否属于僵尸企业的利率差的门限值,且 $d_1 \leqslant 0 \leqslant d_2$,数值分别为 -0.25% 和 0.75%。当 $z(X_{i,t}) = 1$ 时,该企业为僵尸企业;当 $z(X_{i,t}) = 0$ 时,该企业为非僵尸企业;当 $0 < z(X_{i,t}) < 1$ 时,该企业为僵尸性企业。其背后的经济逻辑是,当企业实际支付的利息显著高于其在现有条件下能享受到的最低利息支出时,说明该企业不存在利率补贴情况,将其认定为非僵尸企业;当企业实际支付的利息显著低于其在现有条件下能享受到的最低利息支出时,说明该企业存在利率补贴情况,将其认定为僵尸企业;当企业实际支付的利息与其在现有条件下能享受到的最低利息支出差别不大时,说明该企业存在一定概率的利率补贴情况,将其认定为僵尸性企业。

(二) 本文对 CHK 方法的修正

虽然 CHK 方法比较成功地捕捉到 20 世纪 90 年代日本僵尸企业的主要特征，但该方法及其已有修正方法在用于我国僵尸企业甄别时仍然有一些缺陷。其一，忽视了政府补贴与僵尸企业存活的关系。我国地方政府在推动 GDP 增长、增加财政收入、维持社会稳定、降低城镇失业率等执政成效和晋升标准的考核下，有强烈的动机干预企业的经营，帮助以上市公司为代表的大型企业的生存和发展。因为企业的退市或破产倒闭会给地方政府造成很大的社会压力，同时也会对地方官员的政绩考核和职务升迁造成负面影响。因此，如果企业出现僵尸企业特征，地方政府会立刻对其进行干预救助，其主要手段是协调银行对僵尸企业发放低息贷款或直接对企业进行财政补贴支持。其二，对 CHK 方法单一从企业利润角度的修正，忽视了行业周期因素对企业盈利的影响。本文认为，判断行业周期性特征明显的企业盈利能力，应考察整个行业周期内企业是否盈利，而不是单一年份的盈利情况。以钢铁行业为例，钢铁行业是显著的周期性资本密集型行业，当行业处于市场低迷期时，大部分钢铁行业都会出现亏损，但只要企业的市场份额有所提升，资产负债率处在可控范围内，则不应将其认定为僵尸企业。因为钢铁行业的经营特征是行业上行周期企业盈利能力很强，行业下行周期企业普遍亏损，由于高炉关闭和启动的成本很高，企业即使面临因行业周期导致的亏损也不会关停高炉减少产量，只要企业市场份额没有下降，资产负债率可控，则当行业周期上行时迅速弥补亏损实现在整个行业周期内盈利是大概率事件。因此，为剔除行业周期因素的影响，本文增加了对企业市场份额变动和资产负债率变动的考察，认为如果企业市场份额增加，且资产负债率可控，即使企业出现了暂时亏损，也不将其认定为僵尸企业。

基于上述分析，本文对 CHK 方法进行了修正。一是参考（张栋等，2016）引入政府干预因素进行修正。考虑到我国存在政府干预和政府补助，我们通过引入企业去除非经常性损益和政府补助后的息税前利润进行修正，当指标为负值时，认定该企业为僵尸企业。二是考虑行业周期因素进行修正，本文引入资产负债率和市场份额两个指标进行修正。受限于数据的可得性，本文将企业的市场份额量化为企业销售总额与考察样本企业总体销售总额的比值。当企业资产负债率不超过 100%，且市场份额有扩大趋势时，认为该企业不是僵尸企业。

(三) 对僵尸企业建立短期维度和长期维度的界定

僵尸企业的传统定义忽略了对僵尸企业考察时间的界定，由于即使基于相同的测算方法，不同的时间标尺衡量也会得出不同的结论。本文为更科学地甄别出企业的僵尸属性，将企业僵尸的属性分为短期维度和长期维度分别考察分析。在短期维度方面，我们参照聂辉华等（2016）提出的认定标准，认为一个企业如果在本年度和前一年度均被识别为僵尸企业，则将该企业认定为僵尸企业。在长期维度方面，我们鉴于钢铁行业是典型的周期性行业，为抹平行业周期对企业僵尸属性认定的干扰，本文对整个考察区间内企业数据进行测算，识别出考察期内企业的总体僵尸属性。

（四）数据来源及处理方式

在样本选取方面，由于我国供给侧改革开始于2016年，本文将考察期限选定为2014—2017年；基于数据的可得性，我们选取钢铁行业上市公司为考察样本。2014—2017年，我国共有钢铁类上市公司42家，剔除数据不完整的企业，23家公司符合测算要求，其中国有企业17家、民营企业6家。钢铁行业企业的选择标准依据Wind行业分类，数据来源于Wind数据库。

在利率指标的选取和处理方式方面，考虑到如果一年内利率出现较大波动，CHK方法可能将正常经营的企业误判为僵尸企业，为防止这种误判的发生，本文选取2014—2017年长期、短期贷款基准利率的当年最小值作为测算当年利息支出下限的基准利率，以确保即使年内利率大幅波动，甄别出的僵尸企业样本也一定会落在僵尸企业区间内。表1为我国2014—2017年长期、短期贷款年度最小基准利率。其中，rs_t为第t年的短期贷款年度最小基准利率、rl_t为第t年的长期贷款年度最小基准利率。如表1所示，2014—2017年我国利率波动不大，所以利率变动因素对本课题结论准确性的影响很小。

表1　　　　2014—2017年长期、短期贷款基准利率　　　　单位:%

年份	2014	2015	2016	2017
rs_t	5.60	4.35	4.35	4.35
rl_t	6.03	5.86	5.59	5.31

（五）测算结果

表2报告了基于CHK方法测算的2015—2017年，23家钢铁类上市公司僵尸属性情况。在长期维度方面，僵尸企业有5家，分别是河钢股份、本钢板材、太钢不锈、华菱钢铁、首钢股份，均为国有企业；僵尸性企业有10家，分别是法尔胜、鞍钢股份、恒星科技、包钢股份、宝钢股份、山东钢铁、西宁特钢、酒钢宏兴、马钢股份、贵绳股份，其中有8家国企、2家民企；非僵尸企业有8家，分别是韶钢松山、新兴铸管、久立特材、日上集团、凌钢股份、南钢股份、*st抚钢、大业股份，其中有4家国企、4家民企。

在短期维度方面，有5家一直是僵尸企业，分别是河钢股份、本钢板材、太钢不锈、华菱钢铁、首钢股份，全部为国有企业；有4家企业经营情况变差，分别是鞍钢股份、西宁特钢、山东钢铁、法尔胜，其中有3家国有企业，民营企业法尔胜由僵尸性企业变为僵尸企业；有6家企业经营情况变好，由僵尸企业转变成非僵尸企业或僵尸性企业，分别是恒星科技、宝钢股份、酒钢宏兴、马钢股份、贵绳股份、包钢股份；有8家一直是非僵尸企业，分别是韶钢松山、久立特材、新兴铸管、日上集团、凌钢股份、南钢股份、*st抚钢、大业股份，其中有4家国企、4家民企。

表2　　　　　　　　　　　修正前企业的僵尸属性

企业名称	长期维度	短期维度			所有制属性
		2015年	2016年	2017年	
河钢股份	僵尸企业	僵尸企业	僵尸企业	僵尸企业	国企
韶钢松山	非僵尸企业	僵尸性企业	非僵尸企业	非僵尸企业	国企
本钢板材	僵尸企业	僵尸企业	僵尸企业	僵尸企业	国企
新兴铸管	非僵尸企业	非僵尸企业	非僵尸企业	非僵尸企业	民企
太钢不锈	僵尸企业	僵尸企业	僵尸企业	僵尸企业	国企
法尔胜	僵尸性企业	僵尸性企业	非僵尸企业	僵尸企业	民企
鞍钢股份	僵尸性企业	非僵尸企业	非僵尸企业	僵尸企业	国企
华菱钢铁	僵尸企业	僵尸企业	僵尸企业	僵尸企业	国企
首钢股份	僵尸企业	僵尸企业	僵尸企业	僵尸企业	国企
恒星科技	僵尸性企业	僵尸企业	非僵尸企业	非僵尸企业	民企
久立特材	非僵尸企业	僵尸性企业	非僵尸企业	非僵尸企业	民企
日上集团	非僵尸企业	非僵尸企业	非僵尸企业	非僵尸企业	民企
包钢股份	僵尸性企业	非僵尸企业	非僵尸企业	非僵尸企业	国企
宝钢股份	僵尸性企业	非僵尸企业	非僵尸企业	非僵尸企业	国企
山东钢铁	僵尸性企业	非僵尸企业	僵尸企业	僵尸企业	国企
西宁特钢	僵尸企业	非僵尸企业	非僵尸企业	僵尸性企业	国企
凌钢股份	非僵尸企业	非僵尸企业	非僵尸企业	非僵尸企业	国企
南钢股份	非僵尸企业	非僵尸企业	非僵尸企业	非僵尸企业	国企
酒钢宏兴	僵尸性企业	僵尸企业	僵尸企业	僵尸性企业	国企
*st抚钢	非僵尸企业	非僵尸企业	非僵尸企业	非僵尸企业	国企
马钢股份	僵尸性企业	僵尸性企业	非僵尸企业	非僵尸企业	国企
贵绳股份	僵尸性企业	僵尸企业	非僵尸企业	非僵尸企业	国企
大业股份	非僵尸企业	非僵尸企业	非僵尸企业	非僵尸企业	民企

表 3 报告了引入本文对 CHK 方法修正后的测算结果。在长期维度方面，僵尸企业分别是韶钢松山、本钢板材、太钢不锈、华菱钢铁、首钢股份、*st 抚钢，家数由修正前的 5 家增加为 6 家，依然均为国有企业。其中，河钢股份因为各年扣除政府补贴的净利润和扣除非经常性损益后的税前利润均为正值，EBIT 均超过 $R_{i,t}^*$，故由僵尸企业修正为非僵尸企业。韶钢松山在扣除政府补贴的净利润和扣除非经常性损益后的税前利润为负，符合政府支持的特征，将其由非僵尸企业修正为僵尸企业。*st 抚钢（抚顺特钢）的初步认定结果属于非僵尸企业，但各年扣除政府补贴的净利润和扣除非经常性损益后的税前利润均为负值，各年资产负债率均高于 97%，并逐年升高，2017 年的资产负债率更是高达 111.8%，将其由非僵尸企业修正为僵尸企业。僵尸性企业分别是新兴铸管、鞍钢股份、包钢股份、山东钢铁、西宁特钢、凌钢股份、南钢股份、酒钢宏兴、马钢股份，家数由 10 家减少到 9 家，包括 8 家国企、1 家民企。其中，宝钢股份、法尔胜、恒星科技和贵绳股份在修正前属于僵尸性企业，但上述企业各年扣除政府补贴的净利润和扣除非经常性损益后的税前利润均为正值，EBIT 均超过 $R_{i,t}^*$，将上述企业修正为非僵尸企业。新兴铸管、南钢股份、凌钢股份在修正后，利率差落入阈值内，由非僵尸企业修正为僵尸性企业。非僵尸企业分别是河钢股份、法尔胜、恒星科技、久立特材、日上集团、宝钢股份、贵绳股份、大业股份，家数依然为 8 家，包括 4 家国企、4 家民企。其中，久立特材、日上集团、大业股份修正前后一直是非僵尸企业，河北钢铁、法尔胜、恒星科技、宝钢股份、贵绳股份为经过修正后转变成非僵尸企业。修正后，6 家僵尸企业依然全部是国企，9 家僵尸性企业有 8 家为国企，8 家非僵尸企业有 5 家民企。

在短期维度方面，只有华菱钢铁、*st 抚钢 2 家企业一直是僵尸企业，均是国企；包钢股份、西宁特钢、酒钢宏兴 3 家企业一直是僵尸性企业，均是国企；河钢股份、恒星科技、久立特材、日上集团、宝钢股份、贵绳股份、大业股份 7 家企业一直为非僵尸企业，其中有 4 家为民企；有 9 家企业经营情况变好，分别是韶钢松山、本钢板材、太钢不锈、鞍钢股份、首钢股份、山东钢铁、凌钢股份、南钢股份、马钢股份，均为国企；有 2 家企业经营情况变差，分别是新兴铸管、法尔胜，均为民企。

基于上述分析，本文得出以下结论：一是本文采用长期、短期两个维度界定分析供给侧结构性改革的政策效果评价更有效。2014—2017 年 23 家企业在抹去周期因素的长期维度下显示的僵尸企业、僵尸性企业、非僵尸企业的比例为 6∶9∶8，在短期维度下，比例从 2015 年的 8∶6∶9，提升到 2017 年的 2∶8∶13，说明虽然钢铁行业整体僵尸企业比重依然较大，但供给侧结构性改革已经显现效果，企业的僵尸属性已出现好转的趋势。这种变动趋势对比只能在对企业僵尸属性的长期、短期双维度考察下才能观察到，进而说明本文采用长期、短期两个维度分析企业僵尸属性的有效性。

二是当前我国钢铁行业企业总体僵尸属性依然较严重,当前处置僵尸企业工作的重点是对国有僵尸企业的处置。本文选取的企业样本是上市公司,代表着行业内最优质的企业,但依然有很大比例的僵尸企业。在长期维度下,23家企业中有15家为僵尸企业或僵尸性企业,占比达到65%,且这些僵尸企业除一家民企外均为国有企业,显示我国当前处置僵尸企业工作的主要矛盾为对国有僵尸企业的处置。在短期维度下,修正前和修正后的测算结果均显示持续为僵尸企业或僵尸性企业的也均是国有企业。

三是本文对CHK模型的修正具有合理性,修正后的结果更符合现实。修正前后的测算结果证明了本文修正条件的合理性,以*st抚钢为例,修正前的CHK模型在长期维度和短期维度均将其认定为非僵尸企业,这显然与其连续三年亏损,被交易所提示有退市风险的情况不符。经过本文修正后,*st抚钢被有效识别为僵尸企业。

表3 修正后企业的僵尸属性

企业名称	长期维度	短期维度			所有制属性
		2015年	2016年	2017年	
河钢股份	非僵尸企业	非僵尸企业	非僵尸企业	非僵尸企业	国企
韶钢松山	僵尸企业	僵尸企业	僵尸企业	僵尸性企业	国企
本钢板材	僵尸企业	僵尸企业	僵尸企业	非僵尸企业	国企
新兴铸管	僵尸性企业	非僵尸企业	僵尸性企业	僵尸性企业	民企
太钢不锈	僵尸企业	僵尸企业	僵尸企业	非僵尸企业	国企
法尔胜	非僵尸企业	非僵尸企业	僵尸性企业	僵尸性企业	民企
鞍钢股份	僵尸性企业	僵尸性企业	僵尸性企业	非僵尸企业	国企
华菱钢铁	僵尸企业	僵尸企业	僵尸企业	僵尸企业	国企
首钢股份	僵尸企业	僵尸企业	僵尸企业	僵尸性企业	国企
恒星科技	非僵尸企业	非僵尸企业	非僵尸企业	非僵尸企业	民企
久立特材	非僵尸企业	非僵尸企业	非僵尸企业	非僵尸企业	民企
日上集团	非僵尸企业	非僵尸企业	非僵尸企业	非僵尸企业	民企
包钢股份	僵尸性企业	僵尸性企业	僵尸企业	僵尸企业	国企
宝钢股份	非僵尸企业	非僵尸企业	非僵尸企业	非僵尸企业	国企
山东钢铁	僵尸性企业	僵尸企业	僵尸企业	僵尸企业	国企
西宁特钢	僵尸性企业	僵尸性企业	僵尸企业	僵尸企业	国企
凌钢股份	僵尸性企业	僵尸企业	僵尸性企业	非僵尸企业	国企
南钢股份	僵尸性企业	僵尸性企业	僵尸性企业	非僵尸企业	国企

续表

企业名称	长期维度	短期维度			所有制属性
		2015 年	2016 年	2017 年	
酒钢宏兴	僵尸性企业	僵尸性企业	僵尸性企业	僵尸性企业	国企
*st 抚钢	僵尸企业	僵尸企业	僵尸企业	僵尸企业	国企
马钢股份	僵尸性企业	僵尸性企业	僵尸性企业	非僵尸企业	国企
贵绳股份	非僵尸企业	非僵尸企业	非僵尸企业	非僵尸企业	国企
大业股份	非僵尸企业	非僵尸企业	非僵尸企业	非僵尸企业	民企

四、供给侧改革效果分析

我国供给侧改革始于 2016 年，本文通过对比 2015 年供给侧改革前和 2017 年供给侧改革后企业短期维度僵尸属性的变动情况、企业短期维度和长期维度对金融资源的占用情况，对我国钢铁行业供给侧改革的阶段性效果进行评估。

（一）僵尸企业数量总体变动情况及趋势

表 4 和图 1 报告了修正后短期维度企业僵尸属性变动情况。数据显示，在总量方面，僵尸企业从 2015 年的 8 家变为 2017 年的 2 家，非僵尸企业相应地从 3 家变为 13 家，表明供给侧改革效果显著，取得了阶段性成果。此外，钢材市场供给需求两端出现的积极变动也对僵尸企业的减少起到了正面作用。在供给端，2016 年我国钢铁行业供给侧改革的一项重要内容就是取缔"地条钢"的生产，导致钢铁供给短期内大幅下降；在需求端，2016 年我国房地产市场出现非预期的快速增长，引致出对钢材的大量需求。供给的快速减少和需求的迅速增加，促使钢材价格快速上升，为部分僵尸企业经营好转提供了契机。

按所有制分类，2015 年的 8 家僵尸企业均为国企，而 2017 年变为只有 2 家国企为僵尸企业，与此相对应的是，2017 年非僵尸企业国企的数量从 3 家增到 9 家，说明在国企方面，钢铁行业供给侧改革的政策效果非常好。但对民企而言，钢铁行业的供给侧改革反而导致了僵尸性企业的增加。2015 年 6 家民企都是非僵尸性企业，2017 年有 2 家变为僵尸性企业，似乎有"国进民退"的迹象。本文认为这种现象的产生是多种经济因素交织作用的共同结果。

一是国企民企承压能力不同。2016 年开始的供给侧结构性改革，在环境保护、产品质量、安全生产、产业链完善等方面对企业提出了严格的要求，在这些方面国企相对民企更有优势，需要补的短板较少，对融资的需求也相对较少，所以受到的政策冲击较弱，进而出现了国进民退的现象。

二是国企民企融资能力不同。在融资方面，虽然人民银行早在 2016 年就和银监会、证监会、保监会联合印发了《关于支持钢铁煤炭行业化解产能实现脱困发展的意见》（银发〔2016〕118号），强调"金融机构应坚持区别对待、有扶有控原则，满足钢铁、煤炭企业合理资金需求"。2017年3月又加急下发了《中国人民银行办公厅关于做好2017年信贷政策工作的意见》（银办发〔2017〕48号），要求对钢铁、煤炭等产能过剩产业中有市场、有竞争力但暂遇困难的优质骨干企业，继续给予信贷支持。但是很多金融机构在实际操作过程中还是简单地实施"一刀切"，将钢铁行业列入限制类或谨慎进入类，在授信总额上予以限制，同时将相关贷款审批权直接收归总行，导致强行抽贷压贷的事件频发。国企因其融资渠道较多，对其经营影响不大。但民企的融资难度和成本大幅上升，导致其陷入经营困境。

三是供给侧结构性改革过程中，地方政府对国企民企的保护力度不同。一些地方政府对钢铁行业企业实施"有保有压"的策略，通过产业政策的制定将国有企业列为重点支持企业，在政策、资金、金融资源上均给予了很大的倾斜，为国企穿上了"防护服"，使本已非常紧张的金融资源大部分流向了国企，民企遭遇寒冬。以河北省为例，在《河北省工业转型升级"十三五"规划》中，强调要实施到"2310"工程，即到2020年钢铁行业要形成以河钢、首钢两大国企为主导，以迁安、丰南、武安3个地方国有钢铁集团为支撑的产业格局，表现出对国有企业强烈的保护意愿。在上述三种因素交织作用下，钢铁行业呈现"国进民退"的迹象。本文认为，随着我国供给侧结构性改革的不断深化，去产能行政手段不断弱化，处置僵尸企业市场化手段不断增强，这种"国进民退"的趋势很可能会发生转变。

表4　　　　　　短期维度下不同僵尸属性企业数量变动情况

年份	属性	僵尸企业	僵尸性企业	非僵尸企业
2015年	国企	8	6	3
	民企	0	0	6
	总计	8	6	9
2016年	国企	9	5	3
	民企	0	1	5
	总计	9	6	8
2017年	国企	2	6	9
	民企	0	2	4
	总计	2	8	13

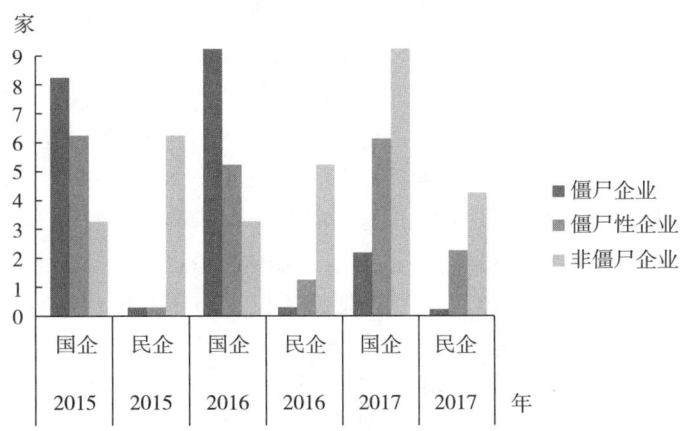

图 1　短期维度下不同僵尸属性企业数量变动情况

(二) 长期维度测算的僵尸企业占用金融资源配置变动情况及趋势

表 5 报告了在长期维度下不同僵尸属性、不同所有制企业对金融资源的占用情况及其资产负债率的变动情况。通过对表 5 数据的分析,我们有以下几点发现:

一是供给侧改革未能有效缓解国企僵尸企业对金融资源的占用情况。国企僵尸企业和僵尸性企业对长期金融资源的占有比例不降反升,其长期借款占总体样本长期借款的比重从 2015 年的 79.83% 上升到 2017 年的 95.77%。短期贷款和债券发行占总体样本短期贷款和债券发行的比重虽然有所下降,但较之长期借款上升的幅度要小。短期贷款比重从 2015 年的 83.81% 下降到 2017 年的 72.36%;债券发行比重从 2015 年的 98.08% 下降到 2017 年的 94.84%。说明国有僵尸属性企业对我国金融资源的占用比例,并未随着供给侧改革而有效下降。

二是国企和民企面对的融资环境差异较大,国企融资能力上升,而民企融资能力下降且融资期限趋于短期化。在 2014—2017 年国有企业和民营企业对金融资源的占用比例上,国企不仅占比在 90% 上,且在长期借款、债券发行方面融资能力有持续增强的趋势。而民企融资能力下降,仅在短期借款比重方面,提升了 1 个百分点。这充分反映了国企民企在融资能力方面的不同。表明很多金融机构在执行去产能政策的过程中对民企还是简单的"一刀切",强行抽贷压贷,使民企的融资难度和成本大幅上升。

三是国企总体杠杆率大幅高于民企,且国企资产负债率两极化明显。数据显示,民企总体的平均资产负债率区间为 45% ~ 65%,而国企则为 70% ~ 85%,明显高于民企的资产负债率。在僵尸类企业方面,国企僵尸企业和僵尸性企业的资产负债率虽然在经历供给侧结构性改革后有所下降,但 2017 年依然高达

67.72%和80.70%，远高于民企僵尸性企业的57.94%。值得注意的是，我国钢铁行业国企的资产负债率呈现明显的两极分化趋势，国企非僵尸企业的资产负债率不仅远低于国企僵尸类企业，也低于民企非僵尸企业。这一方面说明了我国国有企业的经营效率并非都低于民营企业，为国企僵尸类企业树立了学习的标杆；另一方面在国企总体杠杆率大幅高于民企的情况下，国企的资产负债率呈现明显的两极分化，也从另一个角度反映了国企僵尸类企业的高杠杆率情况。表明下一阶段我国供给侧结构性改革的重点任务应为对国企僵尸类企业去杠杆。

四是金融机构对行业贷款总量的控制，不仅无益于我国供给侧结构性改革的进程，更会造成"劣币驱逐良币"的后果，伤害经营正常的企业，不利于实现供给侧结构性改革。2016年供给侧结构性改革开始后，很多金融机构将钢铁行业列入限制类或谨慎进入类，在授信总额上予以限制，要求各分支行必须将对钢铁行业的贷款总额在一定金额内。这种做法貌似支持了去产能的政策，但是从数据上看，僵尸类企业的贷款占比并未减少，反而是非僵尸类企业的融资大幅降低，最明显的是国企非僵尸类企业的长期贷款比重从2015年的15.07%分别大幅降到2016年、2017年的0.48%和0.64%，说明由于僵尸企业无法偿还贷款，金融机构对行业贷款总量的控制，只会使正常经营的非僵尸企业被强行抽贷压贷，造成"劣币驱逐良币"的后果，对实体经济产生不利冲击。

表5　　　　长期维度下不同僵尸属性企业融资及资产负债情况

	年份	国企				民企		
		国企合计	僵尸企业	僵尸性企业	非僵尸企业	民企合计	僵尸性企业	非僵尸企业
长期借款	2015	94.90	46.14	33.69	15.07	5.10	3.79	1.31
	2016	96.30	63.39	32.43	0.48	3.70	2.32	1.38
	2017	96.41	47.95	47.83	0.64	3.59	2.14	1.44
短期借款	2015	95.01	32.84	50.97	11.21	4.99	3.96	1.03
	2016	93.91	31.60	51.60	10.71	6.09	3.81	2.28
	2017	93.92	30.93	41.41	21.58	6.08	3.69	2.39
债券发行	2015	98.08	86.40	11.67	—	1.92	1.92	—
	2016	99.27	73.94	23.34	1.99	0.73	0.73	—
	2017	99.07	57.47	37.37	4.23	0.93	0.93	—
资产负债率	2015	70.74	81.37	70.49	39.97	50.13	64.01	47.36
	2016	71.26	83.18	69.31	44.28	54.83	62.55	53.29
	2017	67.72	80.70	64.22	44.57	57.07	57.94	56.89

注：受限于数据的可得性，长期借款、短期借款、债券发行占比为同类企业指标与样本总体的比例。

(三) 短期维度测算的僵尸企业占用金融资源配置变动情况及趋势

本部分我们将通过对短期维度下不同僵尸属性单位企业平均融资和负债情况的分析，来验证基于长期维度得出的关于供给侧结构性改革效果的结论是否稳健。因为短期维度下每年僵尸企业数量都会发生变动，不同年份在总量上考察僵尸企业对金融资源的占用情况没有可比性，所以本文选用短期维度下不同僵尸属性单位企业的平均融资和负债情况进行分析。表6报告了在短期维度下不同僵尸属性、不同所有制单位企业对金融资源占用及资产负债率的情况。通过对表6数据的分析，我们印证了以下结论。

一是相关数据印证了供给侧改革未能有效缓解国企僵尸企业对金融资源占用的结论。数据显示国企僵尸企业长期借款在全部样本企业长期借款的单位平均占比由2015年的5.27%[①]上升到2017年的5.98%，债权发行平均占比由2015年的7.01%上升到2017年的7.35%。短期贷款占比虽有下降，但降幅很小。短期借款平均占比由2015年的4.7%下降到2017年的4.67%。上述变动说明供给侧结构性改革未能有效缓解国企僵尸企业对金融资源的占用情况。而且值得注意的是，2017年国企僵尸企业、僵尸性企业、非僵尸企业长期借款平均占比已经由2015年的5.99%、4.32%、7.02%变为2.68%、7.08%、5.40%，单位僵尸性企业对金融资源的占用率超过了非僵尸企业，这不仅证明了供给侧结构性改革未能有效缓解国企僵尸类企业对金融资源的占用，还表明我国金融资源在不同僵尸属性企业间的配置出现了扭曲。

二是相关数据印证了国企资产负债率两极化明显，国企僵尸类企业杠杆率过高的结论。数据显示2015—2017年国企非僵尸企业的负债率分别是51.48%、54.50%、58.35%，和民企负债率相似。但国企僵尸类企业的负债率却在70%~96%的区间内波动，表明国企资产负债率两极化明显，国企僵尸类企业杠杆率过高。

三是相关数据印证了金融机构对行业贷款总量的控制，不仅无益于我国供给侧结构性改革的进程，更会造成"劣币驱逐良币"后果的结论。数据显示2016年供给侧结构性改革开始后，国企非僵尸企业的单位平均长期借款在总样本长期借款中的比重从2015年的7.02%快速下降到2016年的3.78%，2017年虽然有所回升，但依然只有5.4%；民企非僵尸企业的单位平均长期借款在总样本长期借款中的比重从2015年的0.85%快速下降到2016年的0.61%，2017年继续回落到0.22%，降幅比国企非僵尸企业更大。在短期借款比重方面，两者也出现了不同程度的下降。与之相对应的是僵尸类企业长期和短期借款比重均出现不降反升的情

[①] 该数据是通过加总僵尸企业和僵尸性企业在全部样本企业长期借款中的比重后除以企业家数获得。

况，说明金融机构对行业贷款总量的控制，确实造成"劣币驱逐良币"的情况。

表6　　　短期维度下不同僵尸属性单位企业平均融资和负债情况

	年份	国企				民企		
		国企合计	僵尸企业	僵尸性企业	非僵尸企业	民企合计	僵尸性企业	非僵尸企业
长期借款	2015	5.58	5.99	4.32	7.02	0.85	—	0.85
	2016	5.66	8.17	2.28	3.78	0.62	0.66	0.61
	2017	5.67	2.68	7.08	5.40	0.60	1.36	0.22
短期借款	2015	5.59	4.67	4.76	9.72	0.83	—	0.83
	2016	5.52	5.03	4.24	9.15	1.02	1.76	0.87
	2017	5.52	4.90	4.59	6.29	1.01	2.65	0.20
债券发行	2015	5.77	11.24	1.37	—	0.32		0.32
	2016	5.84	9.09	1.98	2.53	0.12		0.15
	2017	5.83	4.40	8.33	4.47	0.16	0.47	—
资产负债率	2015	70.74	76.44	72.78	51.48	50.13	—	50.13
	2016	71.26	78.96	67.45	54.50	54.83	89.65	47.87
	2017	67.72	96.16	72.31	58.35	57.07	74.09	48.55

五、结论及政策建议

本文以2014—2017年钢铁行业上市公司企业为考察样本，通过对CHK模型的修正，测算了我国钢铁行业上市企业的僵尸属性，并从长期、短期两个维度对我国2016年开始的供给侧结构性改革效果进行了评估。我们发现：一是2014—2107年我国钢铁行业企业总体僵尸属性依然较严重，主要表现为国有企业僵尸比例很大。二是2016年开始的供给侧结构性改革大幅降低了我国钢铁行业僵尸企业的数量，但改革对不同所有制企业的效果有所不同，出现了"国进民退"的现象。随着改革的不断深化，去产能行政手段不断弱化，处置僵尸企业市场化手段不断增强，这种"国进民退"的趋势可能会发生转变。三是国有僵尸属性企业对我国金融资源的占用比例，并未随着供给侧改革而有效下降。四是国企和民企面对的融资环境差异较大，国企融资能力上升，而民企融资能力下降且融资期限趋于短期化。五是国企总体杠杆率大幅高于民企，且国企资产负债率两极化明显。表明下一阶段我国供给侧结构性改革的重点任务应为对国企僵尸类企业去杠杆。六是金融机构对行业贷款总量的控制，不仅无益于我国供给侧结构性改革的进程，更会造成"劣币驱逐良币"的后果，伤害经营正常的企业。我们认为在下一阶段供给侧结构性改革的工作重点应为继续对国有企业僵尸类企业去杠杆，解决其对金融资源占用过多、资产负债率过高的问题。这也与2018年8月和12月,由国家发展改革委牵头,多部门联合印发的《降低企业杠杆率工作要点》《关于进一步做好"僵尸企业"及去产能企业债务处置工作的通知》文件精神相切合,在执行中应更加侧重对国有僵尸类企业的清理和处置。基于上述研究结论,本文认为当前我国在处置僵尸企业的过程中应注意以下几个方面。

一是制定符合中国特色的甄别僵尸企业方法。由于我国当前的僵尸企业以国有企业为主,而且我国地方政府及各级主管部门都有着强烈的动机干预辖内的企业,使其不至于破产倒闭或退市,僵尸企业与地方政府间有很强的关联性,所以甄别僵尸企业的方法应从财务指标角度设定一整套客观、可量化、具有可操作性的评判标准,防范地方政府在实际操作过程中可能做出的与最初处置僵尸企业目的相背离的决定,防止"管制俘获"的发生,避免对民企非僵尸企业误伤。

二是处理好政府与市场的关系。随着"后去产能"时代的到来,以市场化手段推动供给侧结构性改革已经成为各方共识。在改革不断推进的过程中,政府和市场的边界逐渐清晰,对各自职能定位的认识也越来越深刻。但应注意到,在政策实际执行中仍旧存在政府有形手干预市场的行为,最突出的表现集中于产业政策的制定方面。当前的产业政策,不管是国家层面还是省级层面,都会涉及对特定技术、产品,甚至是特定企业的选择及扶持。如果说在去产能初期,因为企业技术差距较大,产品结构区分还较为明显,政府可以保证设定的白名单正确率较高,那么随着经济形势和市场结构的变化,政府在去产能后期是无法准确预判企业发展情况的。但因为白名单的存在,会将企业直接或间接地与财政奖补、税收减免、金融信贷支持紧密相连。这些产业政策与其说是一种投资导向,不如说是在很大程度上决定了全社会的投资方向,是政府替代市场选择了产品、技术和企业。各级政府在今后产业政策的制定中,应该更多地关注市场环境和市场机制的培育,而对具体技术和产品的选择应由市场主体根据自身情况和需求状态自行决定。

三是处理好民企与国企的关系。保证民企和国企在同一市场环境下竞争,是完善我国社会主义市场经济的关键环节。去产能背景下,国企的主要特征有三个:获取金融资源较为容易,技术改造和环保升级力度较大,社会负担(主要涉及人员转岗安置)较重。民企的特点也有三个:获取金融资源较为困难,技术改造和环保升级达到政府相关要求,社会负担较轻。对比国有钢铁企业和民营钢铁企业,不能简单地说谁好谁不好,应该深入分析和研究其内在背景。供给侧结构性改革力度空前,国有企业因为存在预算软约束和政府隐性担保,在获取银行信贷方面的优势远高于民企,这也导致国有企业杠杆率普遍高于民企,同时也使民企对于市场的竞争意识和忧患意识更强,在产品结构调整方面更灵活多变。但在涉及社会责任方面,例如环保以及人员安置问题时,民企的责任意识总体要弱于国企。需要树立国企在社会责任方面的典型,营造更有社会可持续发展的市场竞争环境。

四是推动商业银行实施差别化信贷政策，纠正信贷资源错配。2016年去产能元年，由于钢铁产能严重过剩，价格大幅下跌，钢铁企业大面积亏损。面对力度空前的供给侧结构性改革，金融机构对钢铁行业整体看衰，大部分银行金融机构都将钢铁企业纳入了贷款限制类或者谨慎进入类，同时对于钢铁企业的存量贷款采取压减措施。应该说，金融机构针对市场形势作出的"撤"资反应是完全市场化行为，最大限度地避免自身不良资产的产生。但市场时有"失灵"，逆向选择导致优质企业贷款被压减，而"僵尸企业"却无法真正释放占用的信贷资源。虽然人民银行等部委一直积极推动差异化的信贷政策，但金融机构对钢铁行业仍保持谨慎态度，不论是国企还是民企，获取银行信贷难度都较大。"后去产能"时代，随着钢价企稳回升，金融机构对钢铁行业态度有所缓解，信贷获度难度降低，政府及有关部门应该继续加大金融支持工业企业，尤其是产能过剩行业调结构、稳增长，引导金融机构基于"运作是否规范、是否具有债务清偿能力"两个标准，对企业实施差异化信贷政策，最大限度地保证具有竞争力的优势企业在经济结构调整、产业转型升级中获得充足的金融支持，从根本上扭转银行依赖重资本行业的信贷模式。

参考文献

[1] 何帆, 朱鹤. 僵尸企业的识别与应对 [J]. 中国金融, 2016 (5): 20-22.

[2] 李旭超, 鲁建坤, 金祥荣. 僵尸企业与税负扭曲 [J]. 管理世界, 2018, 34 (4): 127-139.

[3] 聂辉华, 等. 我国僵尸企业的现状、原因与对策 [J]. 宏观经济管理, 2016 (9): 63-68, 88.

[4] 熊兵. 僵尸企业"治理的他国经验 [J]. 改革, 2016 (3): 120-127.

[5] 王万珺, 刘小玄. 为什么僵尸企业能够长期生存 [J]. 中国工业经济, 2018 (10): 61-79.

[6] 王永钦, 李蔚, 戴芸. 僵尸企业如何影响了企业创新？——来自中国工业企业的证据 [J]. 经济研究, 2018, 53 (11): 99-114.

[7] 张栋, 谢志华, 王靖雯, 中国僵尸企业及其认定——基于钢铁业上市公司的探索性研究. 中国工业经济, 2016 (11): 90-107.

[8] 张季风, 田正, 日本"泡沫经济"崩溃后僵尸企业处理探究——以产业再生机构为中心 [R]. 东北亚论坛, 2017 (3): 108-118, 128.

[9] 朱鹤, 何帆, 中国僵尸企业的数量测度及特征分析 [J]. 北京工商大学学报 (社会科学版), 2016 (4): 116-126.

[10] 朱舜楠, 陈琛. "僵尸企业"诱因与处置方略 [J]. 改革, 2016 (3): 110–119.

[11] Caballero R J, Hoshi T, Kashyap A K. Zombie lending and depressed restructuring in Japan [J]. American Economic Review, 2008, 98 (5): 1943–1977.

[12] Fukao K. Explaining Japan's unproductive two decades [J]. Asian Economic Policy Review, 2013, 8 (2): 193–213.

[13] Fukuda, S., and J. Nakamura. Why did "zombie" firms recover in Japan [J]. The world economy, 2011, 34 (7): 1–38.

[14] Hoshi T, Kashyap A K. Will the U. S. bank recapitalization succeed? Eight lessons from Japan [J]. Journal of Financial Economics, 2010, 97 (3): 398–417.

[15] Kane E J. Dangers of Capital Forbearance: The Case of the FSLIC and "Zombie" S & Ls [J]. Contemporary Economic Policy, 1987, 5 (1): 77–83.

[16] Papava V G. The problem of zombification of the postcommunist mecroeconomy [J]. Problems of Economic Transition, 2010, 53 (4): 35–51.

[17] Rawdanowicz Ł, Bouis R, Watanabe S. The benefits and costs of highly expansionary monetary policy [R]. Working Paper No. 1082, 2013.

[18] Ueda K. Deleveraging and monetary policy: Japan since the 1990s and the United States since 2007 [J]. Journal of Economic Perspectives, 2012, 26 (3): 177–202.

空间与网络视角下的"一带一路"经贸合作

中国人民银行大连市中心支行课题组

课题主持人：张远军
课题组成员：王宇峰　贺畅达　于春奇　周继燕

一、引　言

"一带一路"倡议是新时代我国经济面对世界新格局提出的伟大战略构想，旨在全面促进沿线国家和地区之间的贸易、投资和人文交流。其中，经贸合作作为一种国际经济合作形式越来越重要，对于东道国和母国的双边经济带动作用越来越明显。从国际视野看，加强我国与"一带一路"国际经贸合作，有助于推进投资贸易信息互通，拓宽贸易领域，优化贸易结构，挖掘经贸新增长点，促进贸易平衡，对于构建我国与"一带一路"国家经济金融合作新格局具有重要意义。

在当前世界经济暗流涌动、贸易保护主义和反全球化浪潮抬头的形势下，我国对外开放的脚步始终没有放缓，积极推动经济全球化、促进贸易投资自由化和便利化的步伐一直在不断加快。2018年是我国改革开放40周年，也是"一带一路"倡议提出五周年。五年来，我国与"一带一路"国际贸易合作不断深化，在世界贸易下滑趋势下，我国同沿线国家贸易总额超过5万亿美元，年均增长1.1%，对沿线国家直接投资超过700亿美元，年均增长7.2%。尤其是2017年，我国同沿线国家贸易额同比增长17.8%，增速高于全国外贸增速3.6个百分点，成为我国外贸的新亮点，也成为国内经济发展和全方位改革开放的新动力，表明"一带一路"国家在我国的对外贸易中具有十分重要的地位。在"一带一路"倡议实施中，主要合作内容为"五通"，即政策沟通、设施联通、贸易畅通、资金融通、民心相同，其中，贸易和投资作为最终经济活动的具体实现，涉及沿线各国的切实利益，如何认识"贸易畅通"在整个"一带一路"倡议中的地位、我国在整个区域贸易和投资中的作用以及各国经贸合作的空间相互作用显得尤为重要。

现有关于"一带一路"的研究重点关注贸易、对外投资、能源合作等方面，鲜有涉及国家间空间相互作用的研究，而且以定性分析为主，将空间与网络相结合分析沿线国家经贸合作的文献较少。鉴于此，本文兼顾理论和实证分析，从空间和网络视角系统研究我国与"一带一路"沿线国家经贸合作关系和空间联动效应，特别是我国与沿线国家经贸合作的影响因素，为我国与"一带一路"国家深入开展经贸合作提供决策参考。

本文主要内容共包含六个部分，除了第一部分引言外，第二部分为理论分析与研究假设；第三部分为模型设定和数据说明；第四部分为空间计量的实证分析结果，全面分析贸易及其影响因素的空间特性；第五部分为贸易网络形态，用社会网络方法刻画"一带一路"沿途国家贸易网络的结构；第六部分为结论及政策建议，结合实证分析结论，提出进一步推进我国与"一带一路"国家经贸合作的政策建议。

二、理论分析与研究假设

经济全球化促使世界各国之间经济金融联系日益加深，各国经贸往来更加紧密，学者对国际经贸合作的关注更加广泛。关于国际贸易和直接投资关系理论，各主流学派的观点有所不同，大多数是在相对独立的理论基础上发展起来的，如关于国际贸易的理论有 Adam Smith（1776）的绝对优势理论、David Ricardo（1817）的比较优势理论、Heckscher 和 Ohlin（1919）的要素禀赋理论等，反映了国际贸易发展不同阶段的特点。随着全球经济一体化发展水平不断深化，许多学者将国际经贸活动置于统一的框架下进行研究，主要集中在各国空间联系以及影响因素等几个方面。

（一）经贸活动的空间效应

在国际经贸关系网络中，各国之间是具有空间相互作用的。传统的经济理论中，把不同国家看作没有任何空间维度的点，国家在地理位置上没有任何差异。这往往与实际情况相悖。

Tobler（1970）提出的"地理学第一定律"认为，事物之间存在相互关联的关系，且距离较近的事物比较远的事物关联度更高，也就是说，空间单元在位置上具有连通性。Paul Krugman（1991）将空间概念引入 Dixit – Stiglitz（D – S 模型）的垄断竞争一般均衡模型中，提出了核心—边缘模型这一空间经济学中最基本的模型，该模型在传统经济理论的基础上，将空间维度作为考察对象，得出经济体空间不均匀分布的内在机理，阐述了制造业的规模收益递增、垄断竞争之间的相互作用以及运输成本和要素的流动如何产生和经济空间集聚与区域经济增长和变化的影响。

除地理因素外，国际经贸合作空间联系的另外一个经典理论便是空间相互作用理论，该理论最早由 Ullman（1957）提出，认为两个地理区域存在一种相互依赖关系，表现为区域之间所发生的商品、人口与劳动力、资金、技术、信息等相互传输的过程。空间相互作用对区域之间经贸关系的建立和变化有着很大影响，它既能够使相关区域加强联系，互通有无，拓展发展空间，获得更多的发展机会，又可能会引起区域之间对资源、要素、发展机会等的竞争。

国内学术界多是将空间相互作用理论应用于省际区域间经济关系的发展变化研究，如王迪（2013）的研究指出，空间相互作用理论为中俄合作开发抚远三角洲提供了坚实的理论基础。吕卫国、陈雯（2013）研究了沪苏通三地之间产业经济一体化的时间和空间过程，从空间相互作用理论视角探讨了地区之间的互补性、可运输性和介入性等因素的影响机制。还有学者认为，第三国效应是影响两国经贸关系的重要因素之一，龚静、尹忠明（2015）对第三国效应的定义是，一个国家或地区外商直接投资的流入除了受地区自身因素影响外，还可能受到相邻地区相关因素的干扰。

本文将对"一带一路"国家经贸合作的空间联系进行深入研究，并按照地理区域特点将"一带一路"国家分为不同区域，检验各区域内国家之间的空间相互作用，据此，提出如下假设：

H1：不同国家之间的经贸活动存在空间联动效应。

（二）国际经贸的影响因素及空间特性

在对国际贸易和直接投资空间相关性进行分析的基础上，还有学者对国际贸易影响因素的空间溢出效应进行了研究，除贸易和投资二者相互影响外，还受其他多种因素的影响。

1. 国际贸易和直接投资的双向影响

关于国际贸易和投资关系的研究最早始于蒙代尔（Mundell）在1957年提出的贸易与投资替代理论，即贸易障碍会产生资本的流动，而资本流动障碍会产生贸易。这种替代关系从"关税引致投资"的实践中也得到了验证。

1960年以后，随着跨国公司活动的加快，出现了投资和贸易互补理论，如Kiyoshi Kojima（1978）以比较优势原则为标准，提出贸易与投资相互促进的理论。Markuson和Svensson（1985）分析结果表明，贸易与投资之间不仅存在替代性，在一定条件下还存在互补关系。

还有学者对投资与贸易之间的因果关系进行了广泛研究。Hein（1992）通过对东亚各国和拉丁美洲数据的分析得出，出口的增减引致了投资的增长，贸易是因，投资是果。而Bayonmi和Lipworth（1995）等的研究结论认为是直接投资的增长导致出口规模的增加，即直接投资的增长在前，出口贸易的扩张在后。Pfaffermayr（1994）利用VAR方法，对奥地利对外直接投资与出口之间的动态关系进行了实证分析，结果表明二者之间存在双向因果关系，并且短期直接投资对出口有显著的正效果。

通过现有文献研究结论可见,大多研究结果都支持国际贸易和直接投资是相互促进的互补关系,对此,提出以下假设:

H2:我国与"一带一路"国家的贸易和投资具有双向促进关系。

2. 经济发展水平和产业结构的互补效应

对贸易影响因素的研究所使用的重要工具之一是引力模型,是以物理学中万有引力定律为基础发展而来的。最初的贸易引力模型强调,两国之间的贸易规模与两国 GDP 成正比,与两国之间的地理距离成反比,钱争鸣等(2009)。Zhang 和 Daly(2012)、Kolstad 和 Wiig(2012)的研究表明,东道国的市场规模与经贸合作呈正相关,对经贸合作存在市场寻求动机。

有学者从经济发展水平差异影响角度进行研究,如 Linder(1961)阐释了经济发展水平差异对两国之间贸易行为,即 Linder 假说:拥有相似需求结构的国家将输入或输入更多水平差异产品。还有学者认为,在经济差距较大的情况下,各国经济的比较优势和互补性会得到强化(李文宇和刘洪铎,2016)。Peltraut 和 Venet(2005)认为,可以用人均收入或人均 GDP 作为需求结构的代理变量。于是,经济差距的互补性可以从劳动力成本角度进行解释。

产业结构被认为是影响国际贸易的另一个重要因素,通常认为产业结构相似国家的生产模式和产品类型更相近,受同行业冲击的可能性更大(Imbs,2004),进而可以表明,产业结构相似在贸易中存在竞争性较大,产业结构差异大则存在互补性,贸易规模越大。基于以上分析,本文提出以下假设:

H3:经济发展水平和产业结构互补性越强,两国贸易合作越密切。

3. 金融对贸易发展的影响

从国际经验来看,金融的发展水平和对外开放程度历来是推动区域经贸发展的关键因素。Beck(2002)的实证结果表明,金融发展会影响贸易的结构。Levchenko(2007)提出,金融发展与对外贸易之间存在相互作用。国内学者关于金融对"一带一路"倡议中国际经贸合作的作用一般持肯定的态度,认为国际经贸合作背后是金融的合作,金融开放和协同是区域经济一体化的重要前提,金融合作可以为"一带一路"建设提供资金支持(李娅,2011);杨久源(2011)指出,构建国际金融合作体系在减少区域金融风险方面具有不可替代的作用,也是维护国家间经济与能源安全的重要途径。据此,本文提出以下假设:

H4:金融发展水平和开放程度越高,对贸易的促进作用越大。

4. 关税与汇率对贸易的影响

在既有研究中,有学者将关税、汇率等作为贸易成本或者贸易价格的影响因素加入贸易分析模型中。其中,关税作为贸易成本的一部分,对两国贸易有重要影响,Davies(2014)。Horstmann 和 Markusen(1987)的研究表明,进口国的高关税壁垒增加了企业的出口成本,进而影响企业出口和对外直接投资的行为选择。此外,大部分学者认为,汇率水平变化对出口贸易有显著影响,根据 Krugman 和 Obstfeld (2008) 提出的传统理论,一国汇率升值将减少该国的出口,增加进口,但汇率的适当升值会优化该国的出口贸易结构。曹伟等(2016)对人民币汇率水平变动与"一带一路"沿线国家的出口贸易关系构造空间动态面板模型进行估计,发现人民币贬值 1 个单位,中国向"一带一路"沿线国家的出口增加 0.5 个单位。可见,关税和汇率均会影响贸易,但二者作用方向和影响机制却大不相同,为此,本文提出以下假设:

H5:关税和汇率对贸易有显著影响,但影响方式不同。

5. 区域连通对贸易增长的促进作用

基础设施建设状况是影响企业贸易和投资区位选择的重要因素,在互联网通信、交通运输、电子设备等方面优势明显的国家或地区会成为企业选择的重点,为企业顺利开展生产经营活动带来便利。Limao 和 Venables (2001) 估算发现,由于落后的基础设施而产生的运输成本在运输总成本中能占到 40% ~ 60% 的比例。Francois 和 Manchin (2013) 在传统引力模型中引入多边阻力,发现交通、通信基础设施是影响贸易的重要因素,南方发展中国家落后的制度环境和基础设施发展水平在很大程度上限制了南北贸易的发展。因此,本文借鉴已有研究,提出以下假设:

H6:区域基础设施互联互通能够有效促进贸易增长。

(三) 国际贸易网络及结构特征

虽然引力模型可以完全复制网络结构的二元特征,但却不能复制聚类等加权拓扑特征 (Duenas 和 Fagiolo,2013),同时也不能规避关系数据违背传统计量方法所要求的变量间相互独立的假设产生的问题。作为一种非参数估计方法,网络分析方法不仅对模型的设定没有要求,而且可以有效弥补传统计量方法的缺陷,通过对关系数据的系统分析来考察网络的结构特征及其影响因素。随着复杂网络理论 (CNA)、社会网络理论 (SNA) 等网络分析方法的发展与完善,基于网络视角研究国际贸易格局已逐渐成为国际贸易研究中新的热门领域。诸多国内外学者基于各国间的进出口数据构建国际贸易网络,使用上述方法对网络的结构特征进行分析。

最早利用网络分析贸易问题的是 Snyde 和 Kick (1979),他们通过构建国际贸易网络,发现贸易存在"核心—边缘"结构。De Nooy 等 (2011) 均基于对国际贸易网络有了整体认识的情况下,利用社会网络分析方法进行验证。而后,Scrrano (2003)、Frank 等 (2009) 对国际贸易网络进行了特征分析,发现国际贸易网络依然存在小世界以及无标度等复杂网络属性。Fagiolo 等 (2010) 从加权网络的视角出发,对 1981—2000 年 159 个国家间的贸易网络进行了研究,分析了网络之间的统计特征及其演变形式,发现较多的国家之间建立的是弱关系,个别国之间建立的确是强关系,拥有强关系的国家有着与弱关系国发生贸易往来的强烈意愿,大国具有较强的贸易关系且具有较高的聚集系数。国内研究中,马述忠等(2016)则利用 1996—2013 年的农产品贸易数据以及社会网络分析方法,全面从中心性、异质性以及强度熵角度分析了全球农产品贸易网络的特征。白洁等(2018)利用社会网络分析方法对 G20 贸易网的多项指标进行测算,分析了我国与 G20 其他成员国贸易关系的布局和调整。

综上所述,在现有理论发展基础上,已有部分学者采用空间计量方法研究"第三国"空间效应对直接投资的影响,也有学者利用网络分析方法对贸易网络进行研究,但这些研究尚不充分,缺乏将空间效应和网络模型运用到贸易关系及影响因素相结合的研究。此外,已有研究大多关注传统东道国国际直接投资的影响因素,基于空间视角,以"一带一路"国家为对象的研究并不多,且未有学者针对国际贸易网络分布开展对比研究,尤其是对于"一带一路"国家,国际贸易规模要远远大于国际直接投资,意味着国际贸易更能代表国际经贸关系。基于此,本文将运用社会网络模型从空间视角对"一带一路"国家经贸关系及其影响因素进行深入系统研究。

三、模型设定与数据说明

(一)基准模型:对引力模型的扩展

在研究国家地区间贸易流量时,传统的方法是引力模型。引力模型受物理学中的"引力定律"启发,认为两地间的贸易流量与它们的国民生产总值等经济规模因素成正比,与地理距离等贸易成本因素成反比。引力模型因其简洁有效而被广泛运用。后来研究人员尝试在基本模型中加入反映各国地区之间政策、历史和文化等因素的一系列虚拟变量将其扩展。本文试图对引力模型进行扩展作为基础的研究模型。

标准引力模型认为双边贸易流量与贸易双方的经济规模成正比,与其物理距离成反比。标准的引力模型公式如下

$$Trade_{ij} = \frac{A\,(GDP_i GDP_j)^{r_1}}{D_{ij}^{r_2}} \quad (1)$$

其中,$Trade_{ij}$ 为 i、j 两国贸易流量;GDP_i 为 i 国的产出水平;D_{ij} 是 i、j 两国的地理距离,反映两国贸易的交易成本。

本文借鉴 Imbs(2004),Rossi – Hansberg 和 Esteban(2005),Wang、Wei 和 Liu(2010)以及黄赜琳和姚婷婷(2018)的实证研究,对基础引力模型进行扩

展，加入产业结构差异（经济相似度）、金融发展及开放水平、基础设施建设以及两国经济距离、关税水平、汇率波动水平等因子，对扩展的引力模型式（1）对数化，加入时间维度，并整理得到下面面板数据模型

$$\ln Trade_{ijt} = \alpha_{ij} + \beta_1 \ln GDP_{it} + \beta_2 \ln GDP_{jt} + \beta_3 Rms_{ijt} + \beta_4 Cyjg_{ijt} + \beta_5 Fdvlp_{ijt} + \beta_6 Fopn_{ijt} \\ + \beta_7 Inf_{jt} + \beta_8 \ln Tz_{ijt} + \beta_9 \ln D_{ijt} + \beta_{10} \ln DE_{ijt} + \beta_{11} Tariff_{jt} + \beta_{12} RER_{it} + \varepsilon_{ijt} \quad (2)$$

其中，Rms_{ij} 是相对市场规模；$Cyjg_{ij}$ 是两国产业结构差异；F_i 是 i 国金融发展水平、金融开放程度；Inf_j 是指 j 国的基础设施建设水平；Tz_{ij} 是指 ij 两国相互直接投资流量；DE_{ij} 是指 i、j 两国经济距离；$Tariff_{ij}$ 是指两国关税税率水平；RER_i 是指 i 国汇率水平。

为进一步考察金融发展对贸易的影响，将金融拆分为金融发展水平和金融开放程度两个变量。其中，$Fdvlp_{ij}$ 为两国的金融发展水平；$Fopn_{ij}$ 两国的金融开放水平；ε_{ij} 为模型未能解释的部分。

为了简化表达式，对模型（3）采用向量表达形式

$$y = \alpha + \beta X + \varepsilon \quad (3)$$

其中，y 表示 t 时刻 ij 两国双边贸易流量的对数值，X 代表 t 时刻两国经济发展水平、产业结构差异、金融发展水平、金融开放度、基础设施建设、双边直接投资、地理距离、经济距离、关税水平、汇率等各项影响因素的集合。

（二）空间计量模型

引入面板的引力模型是建立在双边框架的基础之上，地区之间相互独立，没有考虑各地区之间在贸易上的相互影响。这种双边框架不能解释如今世界市场日益开放的情况下，作为全球价值链的各个国家之间经济贸易相互协同、相互溢出的现象。从计量角度来讲，忽略空间效应或第三方效应会使估计结果有偏、不一致。

本文采用空间计量模型，运用空间滞后（SAR）、空间误差（SEM）、空间杜宾（SDM），以及加入时间滞后和空间滞后的动态空间面板计量模型，实证分析我国与"一带一路"沿线国贸易往来的空间效应；同时，本文使用的空间权重矩阵 W 采用人口加权的地理距离进行数值度量，以更精确地捕捉各国家之间的贸易的空间效应。此外，通过以空间距离为权重的空间矩阵，空间计量模型可以将引力模型的距离变量内化至空间模型中，因此在空间的自变量中未包括地理距离变量。

1. 空间权重矩阵 W

设置空间权重矩阵是空间计量模型的分析基础，现有文献关于如何利用样本信息构造空间权重矩阵方法多有涉及，较为常见的是依据实际物理邻近关系构造二元邻接矩阵，或以两国首都地理距离倒数作为权重。上述两种距离测算均有不

足之处：一方面，鉴于本文样本国家实际物理国境邻接并不完全满足构造二元矩阵要求；另一方面，"一带一路"沿线部分国家幅员辽阔，也有部分国家经济中心并非首都地区，首都地区作为地理距离也不能很好地反映两国之间的距离。为更好地捕捉样本国家实际物理区位及地理距离对中国与该国贸易作用关系，本文采用另一种空间权重矩阵构造方式，即以两国主要城市地理距离加权的倒数作为空间权重 W，地理加权距离按照 Head 和 Mayer（2002）的对地理距离构造方式，空间权重矩阵表示如下

$$W = \frac{1/d_{ij}}{\sum_{k \neq i} 1/d_{ik}} \tag{4}$$

$$d_{ij} = \sum_{k \in i}(pop_k/pop_i)\sum_{l \in j}(pop_l/pop_j)d_{kl} \tag{5}$$

其中，人口加权的地理距离 d_{ij} 利用两国主要城市之间按人口加权的距离的和，pop_k 表示 i 国中的重要城市或人口聚集区的人口。

2. 空间计量模型

本文利用空间自回归模型（SAR）、空间误差模型（SEM）、空间杜宾模型（SDM）和动态空间面板数据模型（SPD）计量各国之间的互溢效应。各模型形式如下

（A）空间自回归模型（SAR）

$$\begin{aligned} y &= \rho W y + X\beta + \varepsilon, \\ \varepsilon &\sim N(0, \sigma_\varepsilon^2 I_n) \end{aligned} \tag{6}$$

空间自回归模型（SAR）是用于描述相邻区域被解释变量间可能存在的相互依赖性及关联性；其中 ρ 为空间滞后系数，测度空间效应的大小，用于度量邻近国家增加与中国的贸易对特定国家 i 国与中国双边贸易流量的影响程度。Wy 表示空间的滞后，用于描述 i 国邻居的因变量，以下同理。

（B）空间误差模型（SEM）

$$\begin{aligned} y &= X\beta + \mu \\ \mu &= \lambda W\mu + \varepsilon \\ \varepsilon &\sim N(0, \sigma^2 I_n) \end{aligned} \tag{7}$$

空间误差模型（SEM）是用于描述邻近国家不可测因素对因变量的影响。这里 λ 是待估计的空间误差系数，其值应位于（-1, 1）内；μ 是误差向量。λ 同样也反映了空间效应的大小，但作用机制与空间自回归模型（SAR）不同，它反映了影响周围国家贸易中的不可测因素影响该国与中国贸易的程度。这里的权重矩阵 W 同上。

(C) 空间杜宾模型（SDM）

$$y = \rho Wy + X\beta + WX\delta + \varepsilon,$$
$$\varepsilon \sim N(0, \sigma_\varepsilon^2 I_n) \tag{8}$$

空间杜宾模型（SDM）可以研究邻近空间的邻居的自变量对因变量的影响。为进一步识别中国与"一带一路"国家 i 贸易合作过程中"邻近效应"显著性影响因素，将构造空间杜宾模型（SDM），用于探究空间"邻居"自变量对因变量作用关系；其中，$WX\delta$ 代表来自"邻居"自变量的影响；δ 为空间杜宾模型系数向量。空间自回归模型是空间杜宾模型的特例，当系数向量 δ 为0，空间杜宾模型则退化为空间自回归模型。

(D) 动态空间面板数据模型（SPD）

$$y_{it} = \tau y_{it-1} + \rho W y_t + \rho W y_{t-1} + X_t \beta + W X_t \delta + \mu_i + \gamma_t + \varepsilon_{i,t}$$
$$\varepsilon \sim N(0, \sigma_\varepsilon^2 I_n) \tag{9}$$

动态空间面板数据模型除了可以考察空间杜宾模型的溢出效应外，还可以研究跨期的影响，即可以控制时间序列的自相关因素，排除时间变量之间的内生性问题。由于各国之间的贸易流量是动态变化的，当期的贸易状况不仅受制于现期条件，必然也受到前期条件的影响；同时贸易具有跨空间的流动性和竞争性，"一带一路"沿线国家与中国的相互贸易可能会产生空间的相互影响。因此，我们将中国与"一带一路"国家之间贸易的时间相关性和空间相关性同时考虑进来，构建空间动态面板模型来考察各种"阻力"和"拉力"对双边贸易的影响效应。空间动态面板模型相较于其他空间模型的突出特点在于：在考虑中国与"一带一路"国家双边贸易动态变化和空间溢出效应的同时，又能克服变量间的内生性问题，使估计结果更为真实、可靠。

（三）社会网络方法

采用社会网络理论（SNA）基于最小生成树方法的网络模型对基于双边贸易值的贸易网络进行形态描绘，用基于贪心策略的 prim 算法构建最小生成树。基本思路如下：

定义贸易网络图 $G = (V, E)$ 由节点的非空有限集合 V 和边的非空有限集合 E 构成，每条边有且只有两个顶点与它相连。非空有限集合 V 由研究目标构成，在研究国家网络时代表相关国家个体，在引入贸易分类后则代表相关国家的指定贸易类别；定义边的非空有限集合 E 为双边贸易值之和。这里采用绝对度量（贸易值直接相加）而不是相对度量（贸易值占某一总量的比值相加）的原因是绝对度量更贴合本模型旨在对现实世界的整体贸易网络进行描绘的目标。

定义完成的贸易网络图 $G = (V, E)$ 表示以绝对贸易量度量的研究区域所有贸易信息之和。根据计算机图论的相关方法，用邻接矩阵 L 表示这张图的全部信息

$$L(V_A^i) = \sum Deg\{w \cdot G(V,E)\} - \sum Deg\{w \cdot G[V(\not\supset V_A^i), E(\not\supset V_A^i)]\} \quad (10)$$

式（10）中，$L(\cdot)$ 代表邻接矩阵以行、列标定的元素位置；Deg 表示图的度，即图的全部关联性之和；w 表示图的权重矩阵，当图没有整体的权重赋值时该矩阵为稀疏矩阵。

为进一步对贸易网络图所体现的重要信息进行整理，需要精简贸易网络图，从复杂的关联结构中去掉次要信息，梳理出最核心的结构形态，体现这张贸易网络图的骨干特征。计算机图论中的最小生成树方法是可以考虑的有一定解释意义的方法。

对 $G = (V, E')$，其中 E' 表示数据处理后贸易值的负相关代表量，本文中采取

$$E' = \ln(1/1 + E) \quad (11)$$

此时，定义在边集上的无环子集 $T \subseteq$，联结区域产业网络图 $G = (V, E')$ 的所有节点，并具有最小权重 $w(T) = \min_\forall \sum_{(u,v) \in T} w(u,v)$，称为贸易网络图 G 的最小生成树。

通过构建最小生成树，得到包含所有研究对象且整体关联性最强（本文中，则体现在双边贸易值之和加总最多）的一种关联结构；这种关联结构没有丢下任何目标成员的全部信息，并在此基础上实现具有排他性和不可替代性的信息最大化，再减则无法包容全体，再增则出现冗余，因此可认为是贸易网络图必要范围内最精简也最紧密的核心框架。通过对其具体形态的观察，可以从繁杂的贸易关联中找到最需要关注的结构信息。

基于贪心策略的 PRIM 算法是解决最小生成树的适当手段。PRIM 算法始终将最小生成树通过初始化后的优先队列维持，并对优先队列不断进行"安全"的拓展，是一种典型的正向贪心策略。PRIM 算法易于实现，核心策略经过严格的图论证明，结论扎实可靠。

（四）数据选取与处理

1. 样本选择与数据来源

"一带一路"倡议是开放式的经贸合作框架，并没有明确的名单，自 2013 年提出以来，已有近百个国家签署了合作备忘录，但目前文献中的研究主要是基于 65 个国家的数据，为了与以往研究进行对比，并兼顾数据的可得性，本研究以

2017年末为时间节点,以65个国家为蓝本收集整理数据。由于部分国家数据缺失严重,在空间计量模型中剔除了部分国家①,保留42国2004—2017年的数据,进行空间计量分析,在贸易网络分析中共剔除了数据缺失的巴勒斯坦,共包含64个国家。本文采用的双边贸易、双边直接投资、金融数据主要来源于世界发展指标数据库(WDI)和联合国贸易和发展会议数据库(UNCTAD),其他数据来自《中国统计年鉴》、World Bank、National Accounts Estimates of Main Aggregate、IFS、CEPII数据库以及中华人民共和国商务部官网及Chinn–Ito指数等相关网站。

2. 空间距离变量

如前文所述,空间距离多用比邻关系或首都之间的距离代表,这两种方法存在内在缺陷。本文选用法国前景研究与国际中心(CEPII)数据库提供的各国重要城市人口加权的距离数据,作为空间变量。人口加权的距离能够全面而准确测度经济活跃地区的空间距离,真实反映经贸往来的真实地理距离。

3. 被解释变量

本文选取2004—2017年中国与"一带一路"沿线国家双边贸易流量数据作为被解释变量,相关数据取对数后引入空间面板数据模型。

4. 解释变量

(1) 双边直接投资:采用中国对"一带一路"国家的直接投资OFDI以及"一带一路"国家对中国的直接投资FDI之和,取对数用$lnTz$表示。

(2) "一带一路"国家与中国经济发展指标:分别采用"一带一路"国家和中国的国内生产总值GDP取对数值代表。

(3) 市场规模Rms:描述"一带一路"国家市场规模的大小。用该国GDP与中国GDP之比来表示,该值越大说明该国的市场规模越大。

(4) 经济距离DE:描述中国与"一带一路"国家之间的经济差距,用中国与i国的人均GDP之差的绝对值的对数来表示,$DE = \ln|GDP/N_{China} - GDP/N_i|$,后文变量名称为$LnGDP\_C$。

(5) 产业结构相似性$Cyjg$:利用各产业占总产出比重衡量两国产业结构相似度。采用绝对值指数测度产业结构相似度:$Cyjg_{ij} = \sum_{k=1}^{N} |S_{it}^k - S_{jt}^k|$,其中,$S_{it}^k$表示$t$时刻$i$国第$k$产业产值占总产值的比重。本文分别用工业、服务业和其他产业

---

① 剔除了阿富汗、阿尔巴尼亚、巴勒斯坦、巴林、文莱、塞浦路斯、埃及、伊拉克、科威特、老挝、立陶宛、拉脱维亚、马尔代夫、缅甸、黑山、蒙古国、阿曼、卡塔尔、罗马尼亚、塞尔维亚、斯洛伐克共和国、叙利亚、土库曼斯坦、乌兹别克斯坦、也门25国的样本。

这三种产业形式计算。

（6）金融：金融发展 $Fdvlp_{ij}$ 与金融开放 $Fopn_{ij}$。金融发展水平采用国内私人信贷与该国 GDP 之比来代表；金融开放指数采用 Chinn 和 Ito 构建的 KAOPEN 指标替代。

（7）关税税率 $Tariff_{ij}$：理论及实证研究表明，一国的关税税率越高，对贸易起到的阻碍作用越大，本文用该国加权关税税率来测度关税税率水平。

（8）汇率水平 RER_i：采用中国的实际有效汇率来表示汇率水平，该值越大说明人民币实际有效汇率升值。

（9）基础设施建设水平 Inf_i：本文利用物流指数来测度该国基础设施建设水平，该国的物流绩效指数越高，贸易越便利，商品流转越快，交易成本越低。

5. 社会网络分析数据

本文采用联合国贸易数据库（https：//comtrade.un.org/data）"一带一路"双边沿途各国双边商品贸易额，以及按照 BEC 分类的产品级商品贸易数据，由于 2017 年度部分国家数据不完整，因此使用 2016 年度数据做分析。

四、空间计量的实证分析结果

空间计量分析的基础是分析变量具有空间上的相关性，通过计算双边贸易数据历年的莫兰指数，发现"一带一路"样本国家有显著的相关性[①]，为了更加细致地分析双边贸易及其影响因素的空间特性，需要运用更为复杂的空间计量模型。

（一）空间计量模型的估计结果

为全面分析各变量的影响因素，本文估计了6个计量方程，包括普通面板数据模型（PANEL）、空间自回归模型（SAR）、空间误差模型（SEM）、空间杜宾模型（SDM）、空间动态面板（SPD1，加入时间滞后项）、空间动态面板（SPD2，加入时间和空间的滞后项）。估计结果由以下各表分别给出，包括主要参数估计表和直接效应及间接效应估计表，见表1和表2。

---

① 由于篇幅所限，具体数值未列出，数据备索。

表1　　各模型主要参数估计结果

	(1) PANEL	(2) SAR	(3) SEM	(4) SDM	(5) SPD1	(6) SPD2
$\ln Tz$	-0.001	-0.005	-0.001	-0.006	0.001	-0.001
	(-0.21)	(-0.88)	(-0.10)	(-0.94)	(0.25)	(-0.30)
$\ln GDP$	0.939***	1.119***	0.850***	0.806***	0.448*	0.594**
	(9.88)	(7.46)	(5.10)	(4.65)	(1.81)	(2.20)
$\ln CGDP$	1.540***	0.655***	1.684***	1.037***	0.963***	0.506***
	(9.90)	(3.31)	(6.65)	(4.32)	(4.58)	(3.60)
Rms	2.984**	1.709	3.207***	3.479***	1.902**	0.644
	(2.54)	(1.51)	(2.86)	(2.94)	(2.05)	(0.88)
$LnGDP\_C$	0.028	0.043**	0.041**	0.051***	0.008	0.012
	(1.31)	(2.14)	(2.10)	(2.63)	(0.39)	(0.59)
$Cyjg$	0.011***	0.010***	0.006**	0.008***	0.004	0.005
	(3.71)	(3.83)	(2.20)	(2.91)	(1.31)	(1.57)
$Fdvlp$	0.007***	0.006***	0.005***	0.004***	0.001	0.001
	(4.78)	(4.16)	(3.57)	(2.62)	(0.44)	(0.69)
$Fopn$	0.134	0.010	0.075	0.209	0.097	0.071
	(1.00)	(0.08)	(0.60)	(1.63)	(0.95)	(0.70)
$Tariff$	-0.001	-0.001*	-0.002**	-0.001	-0.001***	-0.001***
	(-1.19)	(-1.73)	(-1.99)	(-1.49)	(-3.11)	(-3.48)
RER	-0.012***	-0.005*	-0.014***	-0.002	-0.014***	-0.010***
	(-3.56)	(-1.68)	(-2.64)	(-0.69)	(-5.48)	(-3.70)
Inf	0.217**	0.097	0.038	0.047	0.018	0.027
	(2.44)	(1.17)	(0.45)	(0.58)	(0.22)	(0.33)
$L.lntrade$					0.579***	0.583***
					(7.84)	(7.57)
$L.Wlntrade$						-9.966***
						(-2.74)
Spatia lrho		17.521***		6.219*	5.040	7.236*
		(7.55)		(1.80)	(1.11)	(1.81)
lambda			23.557***			
			(8.14)			

续表

	(1) PANEL	(2) SAR	(3) SEM	(4) SDM	(5) SPD1	(6) SPD2
Variance sigma2_e		0.093*** (16.90)	0.093*** (16.77)	0.084*** (16.93)	0.067*** (2.81)	0.067*** (2.78)
Hausman Test P-value	0.414 随机效应	0.000 固定效应	—② 固定效应	— 固定效应	— 固定效应	— 固定效应

注：①括号里为 t 统计量值，估计参数上标 * 表示 $p<0.1$，即估计参数在10%的水平下显著，上标 ** 表示 $p<0.05$，即估计参数在5%的水平下显著，上标 *** 表示 $p<0.01$，即估计参数在1%的水平下显著。

②SEM 和 SDM 模型的 Hausman 检验统计量 chi2<0，检验失效，参考连玉君等（2014）的结论，采用固定效应模型，空间面板模型中加入滞后变量，只能选择固定效应进行估计。

模型显示贸易及其影响因素的空间效应显著。空间自回归模型中的空间效应的参数 ρ，及空间误差模型中 λ 都在1%的水平下显著，空间杜宾模型和空间动态面板模型中的空间效应参数也基本都是显著的，基本可以判定假设 H1 "一带一路"国家经贸活动具有空间联动效应是成立的。

各解释变量的显著性在各模型中有较大差异。①双边投资（$lnTz$）在所有模型中都不显著。②代表经济发展水平的 GDP 都比较显著，这与国际贸易的基本理论是相符的，相对市场规模（Rms）在普通面板模型、空间误差模型、空间杜宾模型以及带时间滞后变量的空间动态面板模型中显著。③人均 GDP 差距（$LnGDP\_C$）与产业结构差距（$Cyjg$）反映所在国与我国在经济上的差距，人均 GDP 差距在空间自回归、空间误差和空间杜宾模型中显著，产业结构差距在普通面板模型和空间自回归、空间误差和空间杜宾模型中显著。④金融方面共有两个解释变量，金融发展程度（$Fdvlp$）在非动态模型中都比较显著，金融开放度（$Fopn$）在各个模型中都不显著。⑤关税和汇率方面，关税（$Tariff$）在空间自回归、空间误差和空间动态面板模型中都显著，汇率（RER）在多个模型中都显著，而且符号一致。⑥反映基础设施水平的物流绩效指数（Inf）在普通面板数据模型中显著。

由于空间效应的存在，模型解释变量的估计系数并不是真实的回归系数，根据影响的来源不同，解释变量对被解释变量的作用可以分解为直接效应和间接效应，直接效应是本地区各解释变量对贸易的影响，间接效应为本国各影响因素对邻近国家的平均影响。表2详细列出了基于空间自回归模型（SAR）、空间杜宾模型（SDM）以及带有时间和空间滞后变量的空间动态面板模型（SPD2）的直接效应、间接效应和总效应的估计结果，空间动态面板模型（SPD1）的空间效应参数 ρ 不显著，其估计结果略去。

表2　　　　　　　　　空间模型中直接和间接效应估计结果

	直接效应			间接效应			总效应		
	SAR	SDM	SPD2	SAR	SDM	SPD2	SAR	SDM	SPD2
$\ln Tz$	-0.005 (-0.82)	-0.006 (-0.99)	-0.002 (-0.22)	-0.003 (-0.79)	-0.079*** (-2.97)	0.001 -0.33	-0.009 (-0.82)	-0.085*** (-3.02)	-0.001 (-0.16)
$\ln GDP$	1.131*** (-7.62)	0.800*** (-4.78)	1.404** (-2.08)	0.693*** (-3.37)	0.119 (-1.38)	-0.159 (-0.58)	1.824*** (-5.58)	0.919*** (-4.45)	1.246** (-2.12)
$\ln CGDP$	0.686*** (-3.58)	1.066*** (-4.6)	1.227*** (-3.77)	0.402*** (-4.13)	0.156 (-1.43)	-0.122 (-0.56)	1.088*** (-4.08)	1.222*** (-4.48)	1.105*** (-3.64)
Rms	1.78 (-1.56)	3.765*** (-3.03)	1.481 (-0.89)	1.044 (-1.53)	21.384** (-1.97)	-0.092 (-0.23)	2.823 (-1.58)	25.149** (-2.19)	1.389 (-0.86)
$LnGDP\_C$	0.043** (-2.2)	0.052*** (-2.77)	0.032 (-0.64)	0.026* (-1.95)	0.172* (-1.92)	-0.007 (-0.56)	0.069** (-2.15)	0.223** (-2.36)	0.025 (-0.56)
$Cyjg$	0.011*** (-3.99)	0.008*** (-3.13)	0.012 (-1.54)	0.006*** (-3.04)	0.027*** (-3.98)	-0.001 (-0.46)	0.017*** (-3.84)	0.036*** (-5.24)	0.011 (-1.52)
$Fdvlp$	0.006*** (-4.28)	0.004*** (-2.72)	0.002 (-0.63)	0.003*** (-3.36)	0.001 (-1.29)	0 (-0.38)	0.009*** (-4.24)	0.004*** (-2.7)	0.002 (-0.59)
$Fopn$	0.012 (-0.09)	0.228* (-1.72)	0.179 (-0.71)	0.004 (-0.05)	1.788*** (-2.79)	1.63 (-1.64)	0.016 (-0.07)	2.016*** (-2.92)	1.809* (-1.69)
$Tariff$	-0.001* (-1.84)	-0.001 (-1.35)	-0.003*** (-2.89)	-0.001* (-1.67)	0.018*** (-3.15)	0.025*** (-2.6)	-0.002* (-1.81)	0.017*** (-2.93)	0.022** (-2.36)
RER	-0.006* (-1.80)	-0.003 (-0.74)	-0.025*** (-3.86)	-0.003* (-1.79)	0 (-0.53)	0.002 (-0.5)	-0.009* (-1.83)	-0.003 (-0.73)	-0.023*** (-3.27)
Inf	0.1 (-1.16)	0.062 (-0.76)	0.033 (-0.16)	0.059 (-1.13)	1.429*** (-5.58)	1.618*** (-3.58)	0.159 (-1.17)	1.491*** (-5.57)	1.650*** (-3.64)

注：括号里为 t 统计量值，估计参数上标 * 表示 $p<0.1$，即估计参数在10%的水平下显著，上标 ** 表示 $p<0.05$，即估计参数在5%的水平下显著，上标 *** 表示 $p<0.01$，即估计参数在1%的水平下显著。

（二）空间模型估计结果分析

与引力模型的理论假设一致，GDP对贸易的影响是正向的，此外，相对市场规模对贸易的影响也是正向的，一方面，相对市场规模越大，说明贸易伙伴国的市场体量越大；另一方面，从引力模型的理论角度来看，两个实体的质量相近，引力对双方的影响更有意义，如果相差过于悬殊，其影响则主要体现在单边上。

1. 投资的意义不在于促进贸易增长

贸易与投资是两国经贸合作的最主要形式，理论上投资对贸易既可能有替代效应也可能有创造效应，对于分析的样本国家，投资的回归系数只有在空间杜宾模型的间接效应中显著，在其他模型中都不显著，说明投资并不能直接影响贸易。为了进一步考察投资与贸易的关系，用双边贸易和双边投资建立面板向量自回归（PVAR）模型，并进行了面板格兰杰因果关系检验，发现贸易是投资的格兰杰原因，反之却不成立，即贸易影响投资，但投资并不能影响贸易，这也验证了各个模型的估计结论。实证分析并不支持贸易与投资是相互促进关系的假设 H2。

投资是拉动区域经济增长的重要因素，在生产领域的投资，可以带动就业、提升国内生产总值和国民收入，在基础建设领域的投资，可以改善交通、物流的条件，提升贸易的便利性，对当地经济繁荣有积极的意义，但由于投资建设的周期较长，在短期内并不能带动贸易的增长，而且在生产领域的对外投资，其产品也并不完全返销国内。我国在"一带一路"投资的意义并不在于提升我国与当地的贸易总量，更多的是利用当地优势降低产品的生产成本，实现产能输出，增进双边的经济联系。

2. 经济发展水平和结构上的差距对贸易有正向影响

人均 GDP 之差和产业结构差异两个变量的直接效应和间接效应都是显著的，支持假设 H3 经济发展水平和结构差异能够促进贸易发展。经济发展水平差距在贸易上最直接的体现是消费结构和生产成本的差距，差异体现在消费结构的发展水平较高的国家和地区对高端产品的消费能力较强、需求较大，发展水平较低的国家和地区通常有较低的劳动力成本，这种差距推动了国际分工的演化。而且，经济发展水平和结构差异具有正向的空间溢出效应，我国与贸易伙伴国的互补关系也会对我国与其周边国家的贸易也有正向的影响，其原因是相邻国家资源禀赋相似，导致在经济结构上具有相似性，在贸易活动存在跟随现象。

改革开放以来，我国凭借较低的劳动力成本迅速发展成为世界工厂，中国制造的产品在发达国家有很强竞争力。随着我国经济的发展以及人口红利的逐渐消退，劳动力成本不断攀升，劳动密集型产业的优势持续减弱。同时，由于国民收入的提高，消费能力不断升级，居民对于高品质产品的需求日益增长，高端进口产品的市场容量不断扩大。在这种形势下，我国应当顺应经济发展导致的国际分工格局的改变，推动劳动密集型产业的产能转移，加快调整产业结构，逐步在高端领域塑造新的贸易优势。

3. 金融对贸易的促进作用

金融发展和开放水平对贸易的影响既有直接效应也有间接效应，支持假设 H4 的预设。金融发展水平越高，私人部门获得信贷能力越强，经济也就越活跃，贸易活动也会更加繁荣，金融开放程度越高，国际资金流动和资本配置的效率就越高，跨国金融服务水平也越高。国际贸易往来由于运输周期长、风险水平高，相关的金融支持也更加重要，包括商品贸易中对支付和交割时间错配的信贷支持、规避汇率波动风险的外汇衍生工具、降低运输风险的国际保险产品等，这些金融工具能够降低国际贸易成本，促进贸易增长。金融发展和开放具有正向的空间溢出效应，从我国的发展实践来看，贸易的增长和金融的发展开放紧密相连，金融体系的发展和开放极大地促进了我国进出口贸易的发展，在"一带一路"合作共建中，由于空间联动效应的存在，金融领域的合作对于经贸发展也将有积极的促进作用。

4. 关税的影响更具空间差异性

关税和汇率都是影响贸易成本的因素，税率的改变和汇率的波动直接体现为进出口商品的价格调整，价格变动影响需求水平，具体的影响程度要看需求弹性的大小，对于我国商品的进口国来说，提高关税和人民币升值的效果基本相同，不同的是关税是针对个别商品的，而人民币升值相当于商品价格的普遍上涨，关税是针对个别国家的，而人民币升值将影响各个进口国。估计系数中，关税的直接效应为负，而间接效应为正，表示贸易伙伴国提高关税将减少其与我国的贸易额，但会增加其他国家与我国的贸易额，汇率的效应都是负向的，并没有反向的空间溢出效应。假设H5得到实证分析的支持。

5. 基础设施的空间溢出效应

物流绩效指数是综合指数，其中基础设施建设水平和运行质量具有较大影响，其间接效应比较显著，即所在国物流绩效和基础设施将对周边地区对华贸易有正向的影响作用。这表明"一带一路"国家中区域连通性越强，基础设施的完善和物流服务体系建设对于整个区域对华贸易的正向推动作用越强。这一结果支持假设H6的推测。

为了测试空间模型估计的稳健性，用相近指标替代重要的解释变量，如用GNI代替GDP，制造业关税代替加权关税，用物流绩效指数的子项代替物流绩效指数等，对模型进行了重新估计，还用剔除部分国家、改变样本时间跨度等方法，得出结论与以上模型基本一致，说明空间分析的结论比较稳健。

空间计量模型分析表明，"一带一路"沿途国家具有很强的区域联动效应，在贸易、投资、金融、关税、基础设施等方面具有空间溢出效应，这种空间上的紧密联系，使相关国家的经贸往来织成一张紧密相连的网络，第五部分将对相关国家贸易网络的形态和结构进行深入刻画和分析。

五、"一带一路"国家贸易网络形态

（一）国家层级的贸易网络形态

采用联合国贸易数据库2016年度的双边贸易数据，得到"一带一路"国家贸易网络图（见图1）。

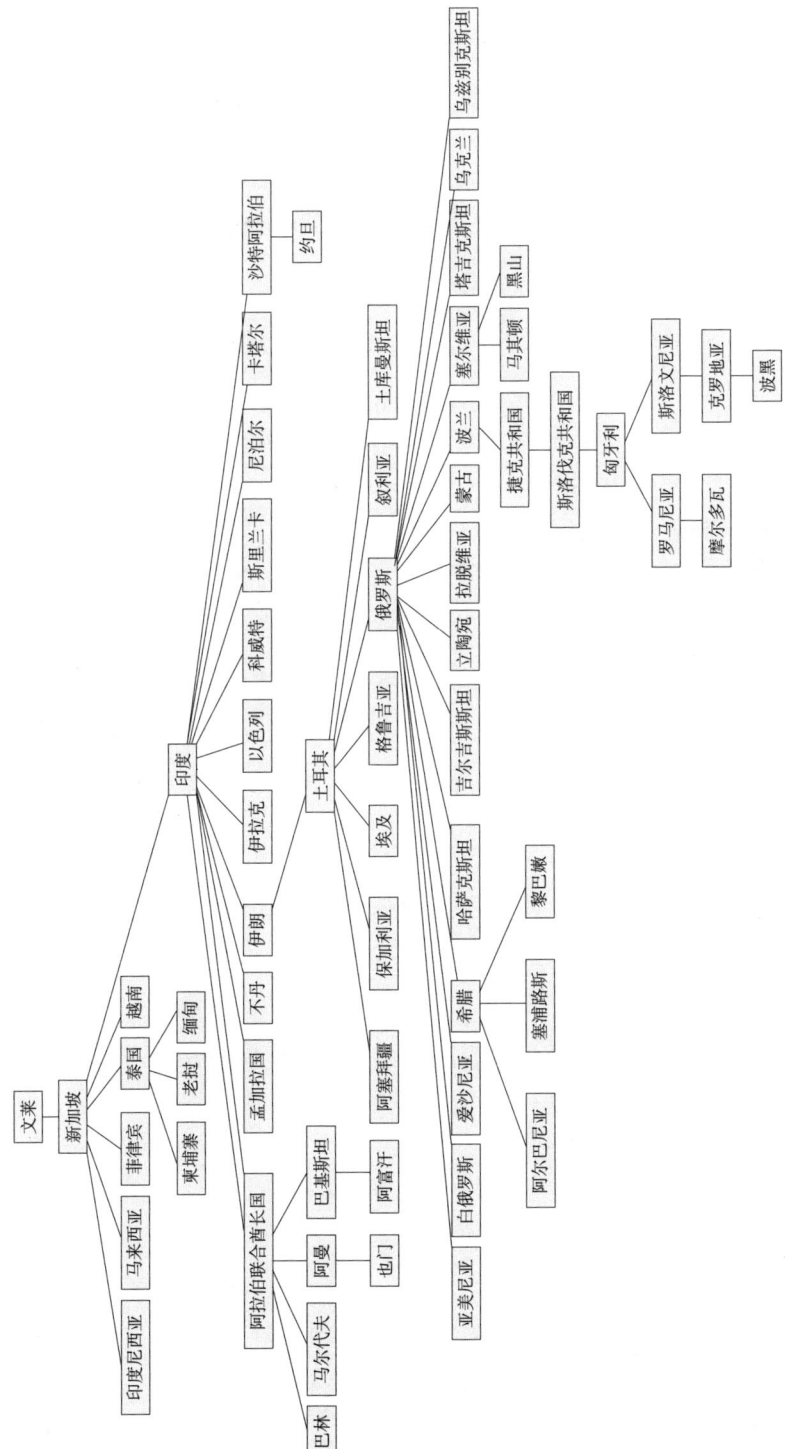

图1 "一带一路"沿途国家贸易网络结构

"一带一路"贸易网络结构的鲜明特征是，贸易网络以重要节点国家为中心形成集簇，相关国家通过重要节点相互连接，呈现多点辐射的整体形态。表3简要整理了"一带一路"贸易网络的簇内结构和簇间链接信息。

网络结构图是根据贸易数据生成的，并未考虑地理因素，但在相邻区域的国家却自然地聚合在集簇之中，再次证明了贸易活动的空间关联性。绝大多数贸易集簇具有典型的中心化特征。除了双中心的东盟和多国核心贸易圈的东欧，大多数贸易集簇均有一个非常明确的贸易中心，这个贸易中心对该集簇的辐射、串联和集聚作用非常明显。印度、俄罗斯、新加坡、泰国、阿联酋、土耳其等贸易中心国家均为在"一带一路"国家中贸易活跃、实力较强、区位影响力显著的国家。

表3　　　　"一带一路"沿途国家贸易网络结构信息

核心国家	成员国家	簇内结构	簇间链接
新加坡、泰国	印度尼西亚、马来西亚、越南、缅甸、老挝、菲律宾、柬埔寨、文莱	以新加坡、泰国为双核心构建的东盟十国	新加坡—印度
印度	"两伊"、孟加拉国、以色列、卡塔尔、沙特、科威特、不丹、斯里兰卡、尼泊尔、沙特	以印度为唯一核心的近印度及印度西南区域	新加坡—印度—阿联酋
阿拉伯联合酋长国	巴林、马尔代夫、巴基斯坦、阿曼、阿富汗、也门	以阿拉伯联合酋长国为唯一核心	阿联酋—印度
土耳其	叙利亚、土库曼斯坦、阿塞拜疆、埃及、格鲁吉亚、保加利亚	以土耳其相邻伊斯兰国家为主体，以土耳其为唯一核心	伊朗—土耳其—俄罗斯
俄罗斯	爱沙尼亚、白俄罗斯、亚美尼亚、哈萨克斯坦、吉尔吉斯斯坦、立陶宛、拉脱维亚、蒙古国、塔吉克斯坦、乌兹别克斯坦、乌克兰、塞尔维亚、马其顿、黑山	以独联体国家为主体，以俄罗斯为唯一核心	俄罗斯—土耳其
匈牙利	斯洛伐克、罗马尼亚、斯洛文尼亚、克罗地亚、捷克、摩尔多瓦、波黑、波兰	以东欧国家为主体，以匈牙利为主要核心，匈牙利、斯洛伐克、罗马尼亚、斯洛文尼亚构成核心贸易圈	波兰—俄罗斯
希腊	阿尔巴尼亚、塞浦路斯、黎巴嫩	以希腊区域国家为主体，以希腊为唯一核心	希腊—俄罗斯

（二）产品级别的贸易网络形态

为考察产品级别的贸易网络结构，采用基于 BEC 分类的商品贸易数据，用最小生成树算法描绘网络结构图。以下选定东盟地区作为典型分析的区域，描绘产品级别的贸易结构，主要考虑到三个因素：一是过多的产品和国家所生成的图形难以辨识；二是东盟地区贸易体量较大，国家间相互联系比较紧密；三是我国与东盟地区签署过贸易协定，与东盟各国都有紧密的经贸联系，东盟地区的贸易形态比较有代表性。BEC 标准将贸易品分为七大类，分别绘制的结构图见图 2 (a) ~图 2 (g)。

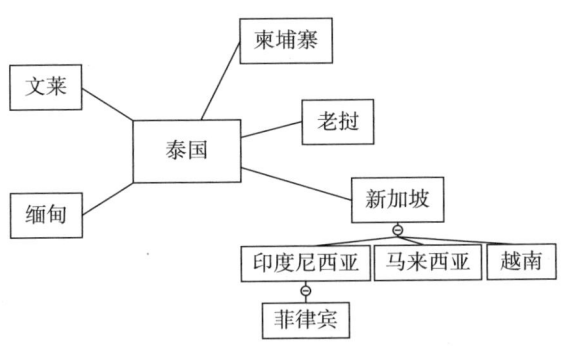

图 2（a） 燃料与润滑贸易网络

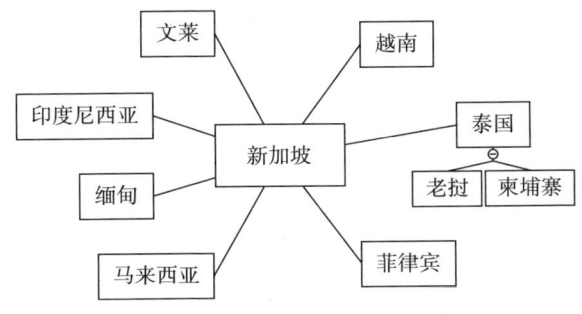

图 2（b） 资本品贸易网络

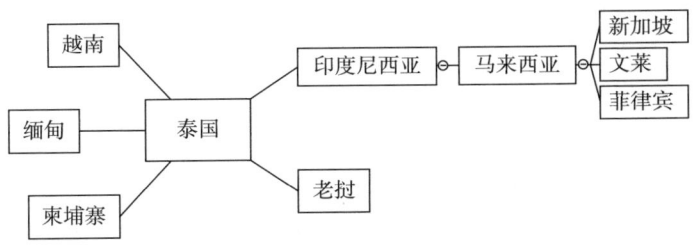

图 2（c） 食品饮料贸易网络

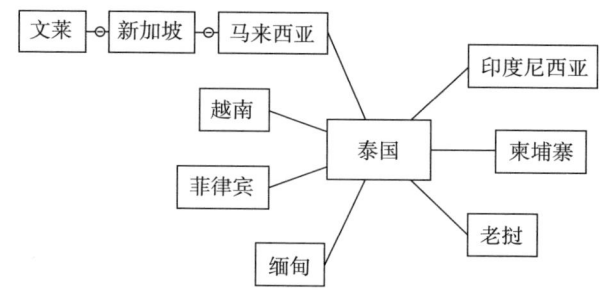

图 2（d） 交通运输设备贸易网络

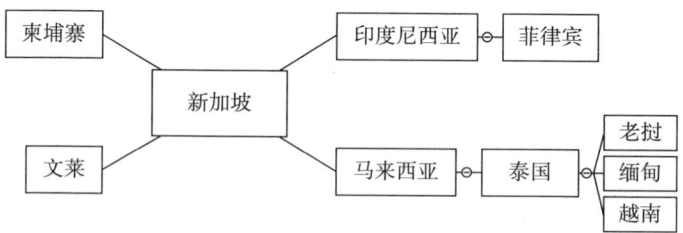

图 2（e） 其他工业补给贸易网络

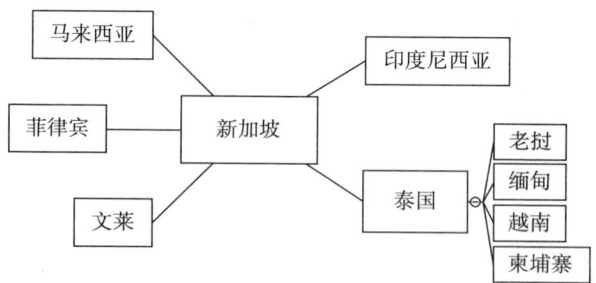

图 2（f） 其他消费品贸易网络

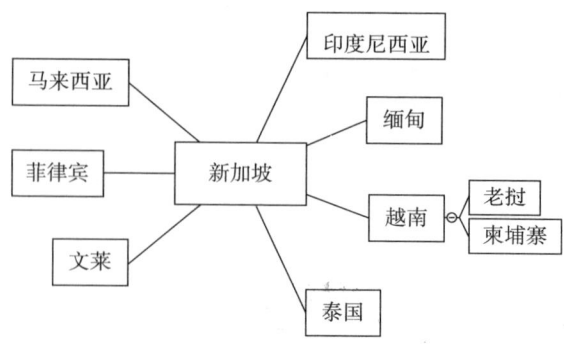

图 2（g） 其他货物贸易网络

燃料与润滑（剂）类贸易品结构图呈现新加坡和泰国双核心结构，且较为均衡；资本品类贸易品结构图呈现新加坡单独核心结构；食品和饮料类贸易品结构图呈现马来西亚和泰国双核心结构，也较为均衡，印度尼西亚则作为连接双核心的关键节点；交通运输设备类贸易品结构图呈现泰国单独核心结构；其他工业补给类贸易品结构图呈现新加坡和泰国双核心结构且较为均衡，马来西亚则作为连接双核心的关键节点；其他消费品类贸易品结构图呈现新加坡和泰国双核心结构；其他货物类贸易品结构图呈现新加坡单独核心结构。

总体上看，不论从国家层面还是从产品层面来看，新加坡和泰国作为东盟地区的贸易网络重要节点国家。马来西亚、印度尼西亚和越南是部分贸易类别中的关键网络节点。不同产品之间的贸易网络复杂交错，仅在国家层面观察贸易总量并不能看到贸易网络的全貌。事实上，一些在国家层面网络结构中不太重要的节点国家，在某种贸易类别的网络中却成为至关重要的节点。这些基于产品的网络关联，在汇总的贸易流量数据中无法体现，却可能是撬动贸易发展的重要支点。

网络形态分析表明，在"一带一路"沿途区域的贸易网络中，部分国家起到中心节点的作用，是区域经贸发展的关键国家。在产品层面，也有形态各异的网络结构，以东盟为例的产品网络显示，在国家层面并不是关键节点的国家，有可能是某类产品的关键贸易通道，在较为开放的贸易背景下，国家与产品的网络更加复杂，针对"一带一路"沿途各国的贸易政策，特别是具体到贸易和产业层级的政策，需要更有针对性，更加精准。

六、结论及政策建议

（一）主要结论

1. "一带一路"沿途各国对华贸易及其影响因素具有显著的空间效应，说明"一带一路"各区域邻国在经贸活动上具有较强的关联性，从网络结构上看，新加坡、泰国、印度、阿拉伯联合酋长国、土耳其、俄罗斯、匈牙利、希腊在各自的区域的贸易网络中处于中心节点的位置。

2. 与我国在经济发展水平和产业结构上的差异，能够解释当地对华贸易总额，说明互补型的国际分工模式是我国与"一带一路"国家贸易的主要形式，在产品级的贸易网络结构上，也能够看出对于不同产品，其国家间的贸易流通都有独特的形态。其政策含义是，我国可以通过发展国际贸易网络，利用国际分工实现产能转移，推动国内供给侧结构性改革，促进经济结构和产业结构的优化升级。

3. 投资对贸易的影响并不是直接的，贸易伙伴国的金融发展和开放水平提升能够促进对华贸易增长，其影响既有直接效应，也有空间溢出效应。

4. 关税和人民币汇率都是影响对华贸易的重要因素，关税的影响更多地体现出结构性的特征，提高关税将减少所在国的对华贸易，却增加其周边国家的对华贸易，人民币汇率的影响则更有普遍性，在分析国际贸易影响和制定应对措施时，需要充分考虑两者的差异。

5. 基础设施建设具有显著的空间溢出效应，良好的基础设施和物流服务能够更好地促进贸易联通，在贸易网络中，重要节点国家的基础设施对于整个区域的对华贸易有显著的正向作用。

（二）政策建议

结合实证分析结果，根据"一带一路"沿线不同国家地区的发展情况和要素优势，应采取不同的贸易和投资策略，差异性投向重点领域。以"一带一路"倡议为契机，加强"政策沟通、设施联通、贸易畅通、资金融通、民心相通"，为我国对外贸易和直接投资提供更多发展机遇。因此，根据经贸合作存在的空间效应，遵循优化贸易投资网络分布和空间格局的基本思路，提出相关对策建议。

1. 疏通贸易网络，增强联动效应

一是推进贸易和投资便利化，降低交易成本。良好的合作关系有利于贸易和投资的互相促进，为进一步促进我国与"一带一路"国家经贸合作，推进贸易和投资便利化，应降低关税，消除投资和贸易壁垒，构建良好的营商环境。积极同沿线国家商建自由贸易区，通过自贸协定的签订促进贸易自由化，签订有利于保护投资的合作文件，如双边投资保护协定、避免双重征税协定等，降低贸易成本。

二是推进基础设施互联互通，加强贸易和投资通道的建设。基础设施互联互通是"一带一路"倡议的优先领域。目前，我国与"一带一路"国家陆上通道尚不通畅，我国应发挥引导作用，进一步扩大贸易和投资领域，丰富投资和贸易渠道和方式。2016年12月，交通运输部等八部委联合发布《关于落实"一带一路"倡议 加快推进国际道路运输便利化的意见》指出，应推动设施联通和口岸通关便利，与"一带一路"沿线主要国家建立健全国际道路运输合作关系和工作机制，打通与周边国家的经济走廊运输通道，提高运输效率和服务水平。因此，在"一带一路"基础设施联通过程中，应该促进我国与各国的政策沟通，结合骨干通道的布局、能源管道、通信基础设施建设，打造一批重要的经济支点城市，提高物流绩效，进一步畅通"一带一路"国家的贸易往来，比如在经贸合作较少的中东欧地区，鼓励我国高铁、新能源、交通运输业等方面的投资，通过制定协调融合的经贸策略，加强我国与"一带一路"国家的密切联系，构建完善的贸易投资网络，实现互利共赢。

2. 利用空间联动效应，以节点国家为重点推动区域协同发展

我国对"一带一路"沿线国家的投资和贸易主要集中在东南亚、南亚、东盟等地区，存在投资和贸易在空间分布比较集中的现象，为拓展经贸合作的空间，与更多的国家建立更加紧密的经贸往来，首先需要在国家层面确定对外经贸合作的"节点"国家，即选择目前经贸格局中已经形成的具有发展优势的主要国家，进一步加强合作，扩大贸易和投资规模。在形成具有规模的增长极后，以点带面地向外辐射。具体实施中，可依据不同地区的产业优势，确定不同方向的贸易和投资增长极。在发展"节点"国家后，将贸易和投资关注在节点国家贸易和投资的上下游行业，通过空间溢出效应，发挥"节点"国家的辐射作用。其中，需要关注"节点"国家与相邻国之间要素的成本变化，确定比较优势后，利用空间溢出效应，将贸易和投资引向相邻区域。通过多国家地区、多行业领域"由点带面"的方式，最终在"一带一路"沿线上形成空间分布均匀、投资行业均衡的全区域协同发展的格局。

3. 利用各国产业结构特点，制定差异化的贸易和投资策略，促进优势互补

从实证分析可知，产业结构互补性越强，越能够促进国家间的贸易往来。由于"一带一路"沿线不同国家和地区发展水平和资源禀赋各异，经贸合作需充分利用各国的优势，利用好空间联动效应，实行差异化的贸易和投资策略。具体来看，基于东南亚地区投资具备的区位优势，我国应加大对新加坡和马来西亚高科技产品的投资，并加强基础设施建设方面的合作；对于中亚、南亚制造业密集的发展中国家，适合通过对外直接投资进行产业转移，应加强对其劳动密集型产业的贸易和投资，促进我国国内产业结构升级；对于西亚的贸易和投资需把握空间地理、人力资源优势、促进资本密集产业以及 IT 行业的发展。对于优势相对单一的国家区域，如俄蒙两国需充分考虑其便利的资源和技术成本，加强航空航天、资源勘探等高科技行业的经贸合作；中东欧地区则需要利用其优越的投资环境，加强能源开发、设备制造、高铁建设等制造业的合作。至此，利用国家间的优势互补，打造完整的产业价值链条，并在此基础上融入全球价值链。

经贸合作除了追求总量增加之外，更应该优化空间布局，注重贸易质量的提升。因此，应进一步优化产业链分工布局，推动上下游产业链和关联产业协同发展，建立研发、生产和营销体系，探索贸易和投资合作新模式，加快境外经贸合作区、跨境经济合作区等各类产业园区建设，促进产业集群发展。推动战略性新兴产业合作，加强与沿线国家在信息技术、新能源、新材料等新兴产业领域的合作。此外，还应培育我国企业自主创新能力，优化出口商品技术结构，应在保持中高技术产品出口增加的同时，鼓励我国生产中高技术产品的企业把技术利用和自主创新相结合，培育优势项目，提高企业核心竞争力，借助国外对华直接投资带动我国中高技术产业的整体发展，提升我国中高技术产业在国民经济中的比

重,优化国内产业结构,提升我国在全球价值链式分工体系中的地位,在全球价值链的治理中发挥重要作用。

4. 深化经济金融合作,促进区域经济和金融一体化

实证结果显示,市场规模是促进贸易的主要因素之一。近年来,我国经济总量和收入的不断提高相应提升了我国的贸易地位,尤其是伴随我国经济的快速增长,潜在供应能力的增强带动了各类商品的输出能力的增强。因此,保持我国经济总量和收入的可持续增长,能更好地发挥我国在"一带一路"倡议中的引领作用,有利于促进我国与沿线国家之间的贸易增长。我国应该着力培育与"一带一路"沿线主要发展中国家的贸易关系,实现均衡的贸易模式。总之,我国应该加强与"一带一路"沿线国家的经济合作,共同打造开放、均衡、互利的区域经济合作架构,通过经济的互通有无和合作发展,促进区域内贸易稳定增长。

"一带一路"的基础建设离不开资金投入,因此,资金融通是"一带一路"建设的重要支撑。一是充分发挥"亚投行""丝路基金"的作用,尤其跨区域的基建项目融资难度相对较大,而如亚投行一样的金融机构能够吸引到许多欧盟国家的加入,成为国际金融领域合作的重要载体。二是降低与"一带一路"国家互设金融机构的标准,支持国内大型金融机构境外开设分支机构或子公司。鼓励沿线国家金融机构在我国设立分支机构。三是扩大人民币境外使用,逐步实现资本账户下人民币结算和兑换,进一步推进境外机构人民币结算账户的设立,推动跨境人民币结算业务发展,扩大沿线国家双边货币互换、结算的范围和规模。通过深化金融合作,推进"一带一路"国家货币稳定体系、投融资体系和信用体系建设,进一步促进金融发展和金融开放,不断完善风险防控体系,积极发挥金融合作对促进经贸合作的重要作用。

参考文献

[1] 保罗·克鲁格曼. 发展、地理学与经济地理 [M]. 北京: 北京大学出版社, 2000.

[2] 车冰清, 等. 苏鲁豫皖边界区经济合作模式研究 [J]. 城市发展研究, 2010 (6).

[3] 陈恩, 王方方. 中国对外直接投资影响因素的实证分析——基于2007—2009年国际面板数据的考察 [J]. 商业经济与管理, 2011 (8): 43-50.

[4] 龚静, 尹忠明. 新兴经济体国家之间存在外商直接投资的互补效应吗——基于26国面板数据的空间计量经济模型研究 [J]. 投资研究, 2015 (2): 4-16.

[5] 何兴强, 王利霞. 中国FDI区位分布的空间效应研究 [J]. 经济研究, 2008 (11): 137-150.

[6] 胡博, 李凌. 我国对外直接投资的区位选择——基于投资动机的视角 [J]. 国际贸易问题, 2008 (12): 96-102.

[7] 黄赜琳, 姚婷婷. 中国与"一带一路"沿线国家经济周期协同性及其传导机制 [J]. 统计研究, 2018 (9): 40-53.

[8] 李林玥, 孙志贤, 龙翔. "一带一路"沿线国家与中国的贸易发展状况研究 [J]. 数量经济技术经济研究, 2018 (3): 39-46.

[9] 李文宇, 刘洪铎. 多维距离视角下的"一带一路"构建——空间、经济、文化与制度 [J]. 国际经贸探索, 2016 (6): 99-112.

[10] 李娅, 华伟. 金砖国家国际金融合作协调机制研究 [J]. 农村金融研究, 2011 (9): 57-61.

[11] 吕卫国, 陈雯. 沪苏通三角区产业经济一体化时空演变及其影响机制 [J]. 长江流域资源与环境, 2013 (6): 18-25.

[12] 吕延方, 王冬. "一带一路"有效实施: 经济规模、地理与文化距离 [J]. 经济学动态, 2017 (4): 30-40.

[13] 王迪. 抚远三角洲发展战略定位与实现路径 [J]. 学术交流, 2013 (4): 12-18.

[14] 杨久源. 国际金融合作的理论与实践 [J]. 国际经济观察, 2011 (6): 92-93.

[15] 钟昌标. 外商直接投资地区间溢出效应研究 [J]. 经济研究, 2010 (1): 80-89.

[16] Andrew S. Helmberger Peter. Factor Mobility and International Trade: The Case of Complementarity [J]. American Economic Review, 1970 (60): 761-767.

[17] Bahmani-Oskooee, Mohsen. Determinants of International Trade Flows: The Case of Developing Countries [J]. Journal of Development Economics, 1986, 20: 107-123.

[18] Baldwin, Robert E.. Determinants of the Commodity Structure of U. S. Trade [J]. The American Economic Review, 1971, 61: 126-146.

[19] Baltagi, Badi H., Peter Egger, and Michael Pfaffermayr. Estimating Regional Trade Agreement Effects on FDI in an Interdependent World [J]. Journal of Econometrics, 2008, 145: 194-208.

[20] Bayoumi T, Lipworth G. Japanese Foreign Direct Investment and Regional Trade [R]. IMF Working Paper No. WP/97/103, 1995.

[21] Blonigen, Bruce A., Ronald B. Davies, Glen R. Waddell, and Helen T. Naughton, FDI in Space: Spatial Autoregressive Relationships in Foreign Direct Investment [J]. European Economic Review, 2007, 51: 1303-1325.

[22] Buckley P. J., M. C. Casson. The Future of the Multinational Enterprise [M]. London: Mac Millan, 1976.

[23] Chaney, Thomas. Distorted Gravity: The Intensive and Extensive Margins of International Trade [J]. The American Economic Review, 2008, 98: 1707 – 1721.

[24] Davies, R. B., Guillin, A.. How Far Away is an Intangible? Services FDI and Distance [J]. The World Economy, 2014, 37 (12): 1731 – 1750.

[25] Douglas E D. Technology, Trade and Factor Mobility [J]. Economic Journal, 1972 (82): 991 – 999.

[26] Dunning, J. H.. Trade, Location of Economic Activity and the Multinational Enterprise: A Search for an Eclectic Approach [M]. University of reading, Dept. of Economics, 1976.

[27] Francois J., Manchin M.. Institutions, Infrastructure, and Trade [J]. World Development, 2013, 46 (2): 165 – 175.

[28] Garlaschelli D, Loffredo M I. Structure and Evolution of the World Trade Network [J]. Physica A: Statistical Mechanics and its Applications, 2005, 355 (1): 138 – 144.

[29] Hanousek, Jan, and Evžen Kočenda. Factors of Trade in Europe [J]. Economic Systems, 2014, 38: 518 – 535.

[30] Imbs, Jean. Trade, Finance, Specialization, and Synchronization [J]. The Review of Economics and Statistics, 2004, 86: 723 – 734.

[31] Kiyoshi Kojima. Direct Foreign Investment: A Japanese Model of Mutinational Business Operation [M]. London Croom Helm Press, 1978: 17 – 25.

[32] Kolstad I., Wiig A. What Determines Chinese Outward FDI [J]. Journal of World Business, 2012, 47 (1): 26 – 34.

[33] Li Xiang, Chen G. A Local World Evolving Network Model [J]. Physica A, 2003, 328: 274 – 286.

[34] Limao N., Venables A. J.. Infrastructure, Geographical Disadvantage, Transport Costs and Trade [J]. World Bank Economic Review, 2001, 15: 451 – 479.

[35] Lucas, R. On the Determinants of Direct Foreign Investment: Evidence from East and Southeast Asia [J]. World Development, 1993 (210): 391 – 406.

[36] Markuson James R., Svensson Lars E. O. Trade in Goods and Factor with International Differences in Technology [J]. International Economic Review, 1985, Vol. 26 (1): 175 – 192.

[37] Robert A. Mundell. International Trade and Factor Mobility [J]. American Economic Review, 1957 (47): 321 – 335.

[38] Rose, Andrew K.. Do We Really Know That the WTO Increases Trade? [J]. The American Economic Review, 2004, 94: 98-114.

[39] Rossi-Hansberg, Esteban. A Spatial Theory of Trade [J]. American Economic Review, 2005, 95: 1464-1491.

[40] Serrano M A, Boguna M. Topology of the World Trade Web [J]. Physical Review E, 2003, 68: 015101.

[41] Smith D A, White D R. Structure and Dynamics of the Global Economy: Network Analysis of International Trade 1965-1980 [J]. Social Forces, 1992, 70 (4): 857-893.

[42] Snyder D, Kick E L. Structural Position in the World System and Economic Growth, 1955-1970: A multiple-network Analysis of Transnational Interactions [J]. American Journal of Sociology, 1979, 84 (5): 1096-1126.

[43] Stone B. N, Jeon. Foreign Direct Investment and Trade in Asian-Pacific Region: Complementarily Distance and Regional Economic Integration [J]. Journal of Economics Integration, 2000 (15): 460-485.

[44] Ullman E L. American Commodity Flow [M]. Seattle: University of Washington Press, 1957: 60-73.

[45] Wang, Chengang, Yingqi Wei, Xiaming Liu. Determinants of Bilateral Trade Flows in Oecd Countries: Evidence from Gravity Panel Data Models [J]. The World Economy 2010, 33: 894-915.

[46] Wouter de Nooy. Networks of Action and Events over Time. A Multilevel Discrete-time Event History Model for Longitudinal Network Data [J]. Social Networks, 2011, 5: 31-40.

[47] Zhang X, Daly K. The Determinants of China's Outward Foreign Direct Investment [J]. Emerging Markets Review, 2011, 12 (4): 389-398.

嵌入金融周期的潜在产出测算与中国化泰勒规则构建探讨

中国人民银行福州中心支行课题组

课题主持人：单　强
课题组成员：吕进中　杨少芬　张晓斐　张习宁　王伟斌　黄　宁

一、引言及文献综述

随着利率市场化改革的加速推进和基本完成，我国金融市场创新和脱媒迅猛发展，不同金融产品、不同层次货币之间界限日益模糊，货币需求越来越不稳定，M_2 与产出物价关系的稳定性越来越差，货币数量的可测性、可控性及与实体经济的相关性明显下降，传统数量为主的货币调控已难以适应当前货币政策的需要（易纲，2018a）。新常态下传统数量为主的货币调控有效性日益下降，已不适应经济高质量发展的要求，亟须向价格型调控方式转型（徐忠，2018）。近年来，我国逐步推动货币价格调控方式转型，2018 年开始淡化货币数量目标，不再公布任何具体的 M_2、社会融资规模数量目标，向货币价格调控方式转型的迫切性日益上升。

从国际经验看，20 世纪 80 年代中期以来，主要国家中央银行逐渐放弃货币数量目标制并转向利率调控，各国的利率决策都隐含地遵循"泰勒规则"（孙国峰等，2018）。1993 年美国经济学家泰勒（John Taylor）提出经典的泰勒规则，认为市场利率应围绕均衡实际利率波动，同时根据产出缺口和通胀缺口进行调整[①]。美联储等发达国家中央银行均根据本国特定的经济情况提出扩展的泰勒规则，并以此作为重要的利率决策参考。在我国货币政策转型过程中，选择和验证符合中国实践的泰勒规则具有重要的理论和实践意义。

很多学者都对标准泰勒规则提出修正和扩展，然而，无论何种形式的泰勒规则构建，都离不开潜在产出和均衡实际利率（自然利率），而这两个变量恰恰都属于无法通过观测得到的潜在自然率变量。经典泰勒规则是根据样本期的美国长期 2.2% 的产出增速将均衡实际利率水平设定为 2%。而就中国的实际情况来看，

[①] 泰勒规则具有明确的政策含义，即货币当局应根据实际产出与潜在产出的偏离，以及通货膨胀率与目标通胀率的偏离适时调整名义利率，从而保持物价稳定和经济均衡发展。

一方面，我国的潜在产出增速要远远大于美国等发达经济体；另一方面，经济新常态阶段我国潜在产出增速将发生明显的变化。然而，国内相关研究中，对潜在产出和均衡实际利率的处理仍有待改进。

潜在产出估计方面，目前国际上最常用的是生产函数法，目前已被各主要国际组织和央行采用。然而由于我国资本存量等基础数据统计的缺失，利用生产函数法对潜在产出的测算无法按季即时更新，不适合用于泰勒规则，因此，国内学者在构建泰勒规则时对潜在产出或产出缺口的测算基本均采用趋势分析法（HP滤波法）。而 HP 滤波法产生的趋势非常接近真实 GDP 的历史走势，得出的产出缺口值往往低估了经济意义上的缺口值，任何以去掉趋势的产出衡量方法都是不合适的（谢平和罗雄，2002）。近年来，金融周期理论的发展为潜在产出的估算提供了新思路。一般认为，潜在产出是非通胀性产出，不过大量事实证明，由于金融失衡的积累以及它们所掩盖的实体经济扭曲，结果是通胀仍然保持稳定，但产出却不可持续。这表明，应该以可持续产出（考虑经金融周期调整后的潜在产出）代替非通胀性产出作为潜在产出。Borio（2012）发现，在 21 世纪前十年，经信贷调整后的产出缺口所反映的产出显著高于另外两种方法估算的潜在产出。即在金融繁荣时期，如果忽视金融周期，只盯住通胀和经济增长，容易造成过于宽松的货币环境，应在传统产出缺口估算的基础上再根据金融周期作出调整，将政策利率提高到传统泰勒规则所要求的水平之上（张晓晶和王宇，2016）。然而，目前国内相关研究，将金融周期因素纳入潜在产出测算的文献仍十分罕见。

均衡实际利率也称自然利率，一些学者对我国自然利率进行了估算，但由于指标选取和估计方法不同，估计结果差异很大。特别是在应用于泰勒规则时，不少研究或直接将其假设为常数、用估计的货币政策反应函数的截距项进行外推，或简单采用样本期内名义利率和通胀的差值平均来表示，或直接采用 HP 滤波方法进行估算。正如李宏瑾和苏乃芳（2016b）指出的，现有研究在指标选取、模型设定和研究方法等方面仍存在一定的问题，结果的稳健性也有待提升，难以为价格型货币调控提供可靠的政策参考。

综上所述，如何估算均衡实际利率和潜在产出增速，对确定以泰勒规则为指导的符合中国实际的政策利率至关重要（孙国峰等，2018）。此外，我国的货币政策除了保持币值稳定并以此促进经济增长的法定目标外，还肩负着促进就业、保持国际收支平衡等多重目标，多目标的货币政策使得我国货币政策当局面临的约束更为复杂，因此探索符合我国实际的泰勒规则，以科学合理确定政策利率目标水平，对价格型货币调控模式转型的成败至关重要，兼具理论价值和现实意义。

因此，本文拟先对考虑金融周期信息的潜在产出水平进行测算，进而测算与我国潜在产出相符的自然利率，为泰勒规则的构建提供重要的数据基础支撑。在此基础上，探讨构建中国化泰勒规则，并尝试对我国的政策利率水平进行测算，为以价格型为主的货币政策调控方式转型提供有益探索。

二、嵌入金融周期的潜在产出测算框架

（一）测算潜在产出为什么要考虑金融周期

2008年国际金融危机之前，传统的宏观经济学侧重考虑资本、劳动等实际经济变量对经济周期波动的影响，认为市场竞争环境下价格有足够的灵活性来实现资源有效配置，因此物价稳定即可在较大程度上代表宏观经济稳定，这意味着货币当局只需盯住通胀这一个变量，就能同时了解就业和产出距离其潜在值的波动情况，也意味着平稳化通胀的措施将促使实际产出回归到潜在水平。然而，在此次危机中，尽管产出和就业长期萎缩，但主要发达经济体的通胀水平却并未出现传统理论预测的下滑。曾得到成功验证的传统产出缺口理论遭遇巨大挑战：建立在原有测算方法基础上的宏观模型没能成功预测危机，立足于传统理论的政策调整模式也都普遍失效。

国际金融危机促使国际社会更加关注金融周期[①]变化，各国货币当局也认识到只关注以物价稳定等为表征的经济周期来实施宏观调控显然是不够的，央行传统的盯住物价稳定的单一调控框架存在明显缺陷，难以有效应对系统性金融风险，还可能纵容资产泡沫。在金融扩张时期，虽然资产价格、信贷规模及产出缺口出现了不同程度的变化，但由于物价并没有高涨的趋势，以低通胀为主要目标的央行很难主动采取紧缩性政策，即容忍了金融泡沫的产生与发展。而当金融扩张结束后，由于预期收入的减少及失业的增加，经济会面临总需求下滑与通货紧缩的风险，此时，以稳定通胀为单一目标的央行会施行大范围的刺激政策阻止资产价格的下滑。政策的不对称性会增大金融市场的道德风险，使得以投机为目的的金融主体利用这种不对称性制造更大的泡沫，加剧金融体系整体不稳定。既然金融因素引入机制的缺失是传统产出缺口理论的重要缺陷，那么改进传统方法的一个重要方向诚然是寻找一种好的金融因素引入机制，目前国际上已有学者对此开展了有益的尝试，如国际清算银行（BIS）的首席经济学家Borio提出了一种嵌入金融周期信息的潜在产出测算方法，即通过一种新的多变量动态滤波法将信贷、资产价格等金融因素添加进潜在产出的测量过程中。Borio（2012，2013，

[①] 金融周期主要是指由金融变量扩张与收缩导致的周期性波动。Borio（2014）归纳了金融周期的三个一般性特征：第一，信贷总量以及房地产价格是衡量金融周期的基本因素；第二，金融周期的波峰之后往往会跟随金融危机或较大程度的下行压力；第三，金融周期的长度通常属于中期范畴，一般会大于经济周期。

2014，2018）在一系列文章里对金融周期以及经金融周期调整后的潜在产出测算做了精辟而细致的阐述，其研究发现，在 21 世纪头十年，经金融周期调整后的产出缺口所反映的产出显著高于 HP 滤波法和生产函数法。相比之下，20 世纪 80 年代中期以前，对美国潜在产出的不同估计结果非常接近，这和当时温和得多的金融周期是一致的。这表明如果考虑金融周期的影响，21 世纪头十年的美国经济实际上是过热了，从而难以持续，需要通过宏观政策来进行调整。对潜在产出的衡量由非通胀性产出代之以金融周期方法估算的可持续性产出，是政策当局对宏观调控目标认识的深化。

（二）嵌入金融周期的潜在产出测算框架

本文嵌入金融周期的潜在产出测算框架主要参考 Borio 的一系列研究，基本思路：在静态 HP 滤波法的量测方程中增加一个动态项，在此基础上嵌入金融周期相关变量信息测度潜在产出，其本质是一种多变量的动态 HP 滤波法。

1. 静态的 HP 滤波法

传统的 HP 滤波法可写成如下状态空间模型形式

$$y_t = y_t^* + \varepsilon_{1,t} \tag{1}$$

$$\Delta y_t^* = \Delta y_{t-1}^* + \varepsilon_{0,t} \tag{2}$$

其中，y_t 代表真实的 GDP，$\varepsilon_{0,t}$ 和 $\varepsilon_{1,t}$ 服从均值为零，方差分别为 σ_0^2 和 σ_1^2 的正态分布。HP 滤波法通过构建最小损失函数，分离出长期趋势和短期波动成分，并设定损失函数如下

$$\sum_{t=1}^{T} \left[\frac{1}{\sigma_1^2} (y_t - y_t^*)^2 + \frac{1}{\sigma_0^2} (\Delta y_{t+1}^* - \Delta y_t^*)^2 \right] \tag{3}$$

其中，参数 $\lambda_1 = \sigma_1^2 / \sigma_0^2$，即所谓的噪声 – 信号比，决定了潜在产出的平滑程度，值越大，潜在产出估计值越平滑[①]。

2. 动态的 HP 滤波法

由于传统的 HP 滤波法并未考虑产出缺口可能具有持续性，Borio（2014）建议，为解释 HP 滤波法估计的产出缺口具有序列相关的特性，可采用动态 HP 滤波法，假设产出缺口具有 AR（1）的特性，具体设定如下

$$y_t = y_t^* + \beta (y_{t-1} - y_{t-1}^*) + \varepsilon_{2,t} \tag{4}$$

其中，$\varepsilon_{2,t}$ 服从均值为零，方差分别为 σ_2^2 的正态分布。动态 HP 滤波法通过卡尔曼滤波得出 β 和 y_t^* 的值，使如下损失函数最小化

$$\sum_{t=1}^{T} \left[\frac{1}{\sigma_2^2} (\varepsilon_{2,t})^2 + \frac{1}{\sigma_0^2} (\Delta y_{t+1}^* - \Delta y_t^*)^2 \right] \tag{5}$$

---

① 对于季度数据而言，通常取 1600。

由式（5）可推得 var（$y_t - y_t^*$）= $(1-\beta^2)^{-1}\sigma_2^2$，为使动态 HP 滤波能与 HP 滤波法隐含的经济周期持续时间相同（$\lambda_1 = \sigma_1^2/\sigma_0^2 = 1600$），须使 var（$y_t - y_t^*$）/$\sigma_0^2 = 1600$，因此将动态 HP 滤波法的平滑参数设定为 $\lambda_2 = \sigma_2^2/\sigma_0^2 = 1600(1-\beta^2)$。在上述设定下，产出缺口的变动程度不仅取决于 $\lambda_2 = \sigma_2^2/\sigma_0^2$，还取决于 β 的大小。若 $\beta=1$，则产出缺口为随机游走序列，若 $\beta<1$，则产出缺口具有均值递归的特性。

3. 嵌入金融周期信息的多变量动态 HP 滤波法

如何在模型（4）的基础上引入金融周期信息？Borio（2013，2014）建议直接于动态 HP 滤波法中加入额外能解释产出缺口的金融周期信息。其认为该方法具有如下优点：一是可在加入额外金融周期信息条件下，无须设定额外的缩放因子 λ；二是额外的金融周期信息变量的系数值大小与显著性程度可以判断其对产出缺口的重要性；三是这种方法易于解释估计结果及判断合理性，并减轻模型误设的可能性；四是此方法在数据的即时估计方面表现较好，这对货币政策制定者至关重要。

在动态 HP 滤波法中加入金融周期相关变量 z_t，则估计式变为

$$y_t = y_t^* + \beta(y_{t-1} - y_{t-1}^*) + \gamma(z_t) + \varepsilon_{3,t} \quad (6)$$

其中，$\varepsilon_{3,t}$ 服从均值为 0，方差为 σ_3^2 的正态分布。对应的损失函数为

$$\sum_{t=1}^{T}\left[\frac{1}{\sigma_3^2}(\varepsilon_{3,t})^2 + \frac{1}{\sigma_0^2}(\Delta y_{t+1}^* - \Delta y_t^*)^2\right] \quad (7)$$

由于式（7）的损失函数只有两项，故只有一个缩放因子 $\lambda_3 = \sigma_3^2/\sigma_0^2$ 决定了两者之间的相对权重。若在 AR（1）的产出缺口估计式中，金融周期相关变量 z_t 能解释动态项不能解释的部分，则系数值 γ 将会是统计显著的，进而影响潜在产出与产出缺口的估计值。

根据 Borio（2013，2014）对金融周期特征的描述，本文选取信贷和房地产价格这两类最重要的金融周期代理变量纳入模型。其中，信贷作为联结储蓄与投资最重要的变量因素，可用于测度金融市场的波动；房地产价格作为最常见的抵押品价格，通常可被当作资产价格与识别价值风险的指标，以研究宏观经济失调时的经济波动。信贷与房地产价格二者的联动能够形象地描述出信贷约束、资产价格和风险认知彼此间的交互增加的作用。模型具体设定如下

$$\Delta y_t^* = \Delta y_{t-1}^* + \varepsilon_{0,t} \quad (8)$$

$$y_t = y_t^* + \beta(y_{t-1} - y_{t-1}^*) + \gamma_1(\Delta cr_{t-kcr}) + \gamma_2(\Delta ph_{t-kph}) + \varepsilon_{3,t} \quad (9)$$

其中，Δcr_t 代表金融机构各项贷款余额，Δph_t 代表商品房平均价格。kcr， kph 分别代表相应变量的滞后期数。所有变量都经过去除趋势调整①。对式（8）至式（9）构成的状态空间模型的估计实际就是求解形如式（7）的损失函数。为了保证从静态 HP 滤波法转变为多变量的动态 HP 滤波法过程中所隐含的经济周期持续时间相同，我们设定的模型将尝试不同的缩放因子 λ，直至满足式（10）。

$$\text{var}(y_t - y_{(2),t}^*)/\text{var}(\Delta^2 y_{(2),t}^*) = \text{var}(y_t - y_{(9),t}^*)/\text{var}(\Delta^2 y_{(9),t}^*) \quad (10)$$

其中，$y_{(2),t}^*$ 和 $y_{(9),t}^*$ 分别对应式（2）和式（9）得出的 y_t^*。

上述模型的设定以理论和统计方法为基础，不再依赖于一个完全指定的一般均衡模型，这样设定的优点在于，式（9）中参数的标准估计量可将对解释经济周期波动的任何无用信息赋予零权重，这与其他半结构方法（如多变量状态空间模型）形成对比，如多变量状态空间模型将经典的经济关系式（如菲利普斯曲线、奥肯法则等）嵌入方程组中，这些方法"迫使"产出缺口来解释相关变量（如通货膨胀等），这使估计出来的产出缺口对这些经济关系式中的错误假设非常敏感。

三、我国潜在产出水平的再测算

（一）基于嵌入金融周期的潜在产出测算

1. 指标选择及数据来源说明

根据测算框架，所需的变量包括实际 GDP、金融机构各项贷款余额、商品房平均价格，所有数据均来源于 Wind 资讯。其中，由于我国只有 1992 年以来的当季同比值，因此，以 1978 年为基期，换算得到各年 GDP 不变价后，转换得到 1992 年之后的各季不变价 GDP，再经过 X - 12 季节调整后获得；金融机构各项贷款余额季度值经过 X - 12 季节调整后获得；商品房平均价格季度值由商品房销售额与商品房销售面积相除获得。样本估计期间为 1999 年第一季度至 2018 年第三季度，采用 EViews.0 进行模型估计②。

2. 测算结果

表 1 为嵌入金融周期信息的多变量动态 HP 滤波法的估计结果，其中模型 1 为动态 HP 滤波法，模型 2～4 在模型 1 的基础上逐步加入金融周期相关变量。

---

① 根据 Borio（2014），适合加入动态 HP 滤波法的经济变量，除了能提供解释产出缺口的额外信息外，该经济变量不能具有长期趋势，而需要有稳定的平均值。

② 由于多变量动态 HP 滤波法没有现成的估计程序可选择，本文在模型的具体估计过程编写了一部分程序。

表 1　　　　嵌入金融周期信息的多变量动态 HP 滤波法估计结果

变量	模型 1	模型 2	模型 3	模型 4
动态项 β①	0.203 *** (0.00000541)	0.030 *** (0.000116)	0.139 *** (0.0000604)	0.057 *** (0.00013)
金融机构各项贷款余额 γ_1		0.099 *** (0.000116)		0.033 *** (0.00017)
商品房价格 γ_2			0.151 *** (0.000031)	0.135 *** (0.0000748)

注：括号内数字为相应的 p 值，"*"、"**"、"***"分别表示系数在 10%、5%、1% 的水平下显著。

从模型的估计结果来看，在动态 HP 滤波法的基础上，逐步增加信贷、房地产价格等金融周期变量时，所有变量的估计值统计量均显著，且正负号符合理论预期，这表明金融周期信息有助于解释产出的周期性变化。图 1 对比了不同模型下产出缺口的测算结果。

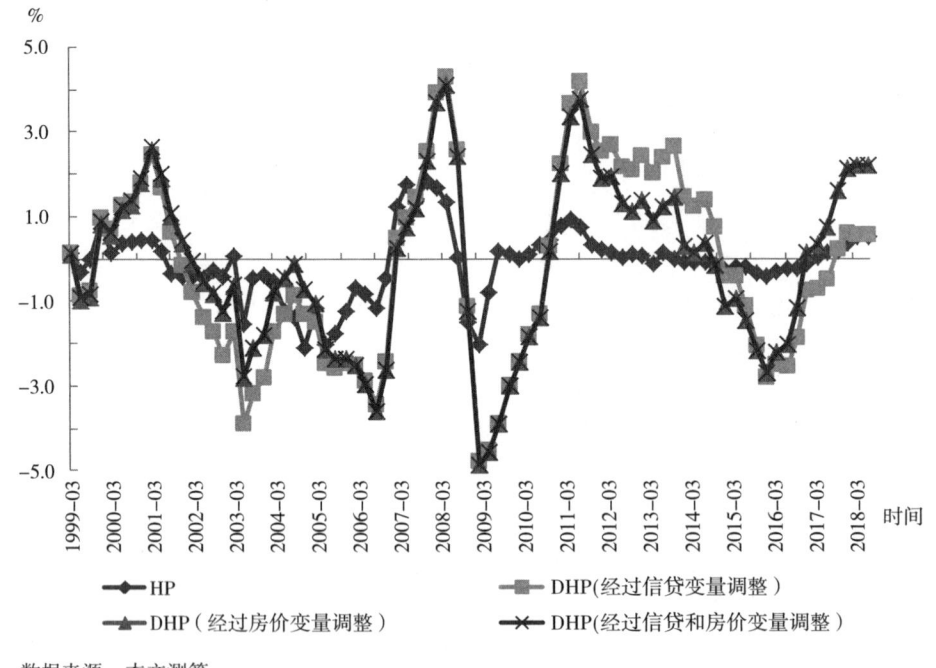

数据来源：本文测算。

图 1　不同模型下产出缺口的测算结果

---

① 参考 Borio（2013，2014），动态项 β 值 $= 0.95 - \exp(c(1))$，$c(1)$ 为模型的待估参数。

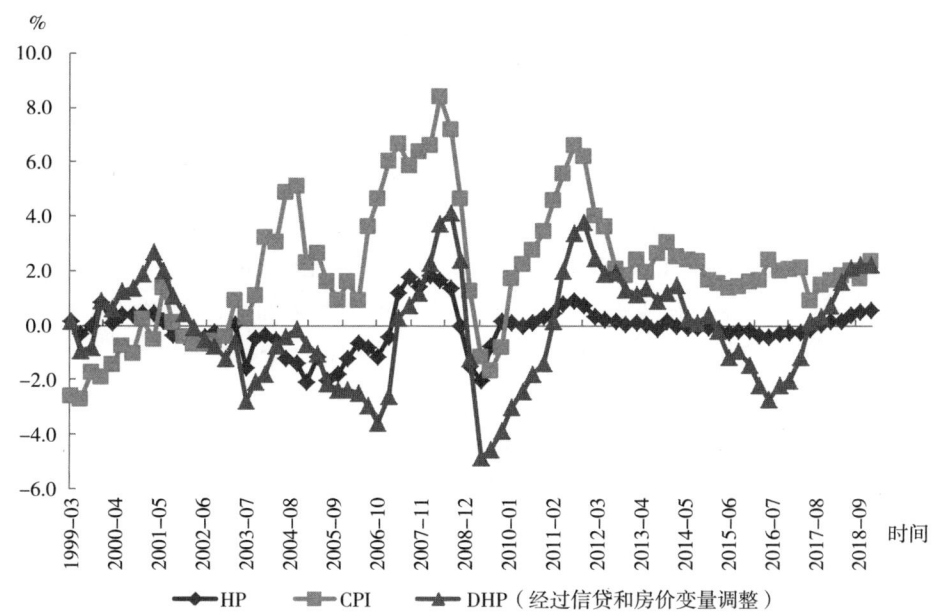

数据来源：本文测算。

图 2　产出缺口测算结果与 CPI 对比

观察图1、图2可知，不同方法测算的产出缺口的总体走势大体一致，在金融危机时期呈现大幅波动。整体而言，2008年第一季度的正向缺口幅度最大，随着国际金融危机的爆发，产出缺口快速下降，2009年第二季度负向缺口达到最大。随着国家出台"4万亿"经济刺激计划，产出缺口快速反弹，转呈正向缺口。对比基于传统HP滤波法和嵌入金融周期信息测算的产出缺口，前者的波动范围大约在（-2%，2%），而后者的波动范围约在（-5%，4%），前者明显小于后者。金融周期法的产出缺口估计不太容易受到HP滤波法和生产函数法端点问题的影响。将产出缺口的测算结果与CPI的变动趋势作对比（见图2）可知，经过信贷和房价等金融周期变量调整后的产出缺口与CPI的整体走势更为一致，这表明相对于传统的HP滤波法，嵌入金融周期信息的产出缺口更能反映经济的景气周期，特别是在金融扩张时期，有助于对经济中的过热现象或泡沫化状态及早作出预警，基于此作出的政策调整可能更符合实际。尽管目前还很难将这种方法作为政策决策的通行基准，但作为一个参考性指标纳入政策制定者的视野，还是非常必要的。

（二）基于生产函数法的潜在产出测算

生产函数法是当前主要国际组织最常用的测算潜在产出的方法，本文以此作为上文方法的补充和佐证，样本期与频度同上文。基本思路：首先，利用现实数据估算出总量生产函数,并得到全要素生产率;其次,利用消除趋势法得到趋势全要素生产率,同时估算得到潜在就业水平;最后,将趋势全要素生产率和潜在就业代入总量生产函数,便可得到相应的潜在产出水平。

1. 模型框架

考虑一"柯布 – 道格拉斯"生产函数进行分析,该函数的具体形式为

$$Y_t = A(t) K_t^{\alpha_t} (h_t L_t)^{\beta_t} = A_0 e^{rt} K_t^{\alpha_t} (h_t L_t)^{\beta_t} \tag{11}$$

其中,Y_t、K_t、L_t 和 h_t 分别表示第 t 期的实际产出、资本投入、劳动投入的数量和质量,$h_t L_t$ 表示有效劳动;α_t 和 β_t 为资本和劳本的产出弹性 α 和 β,本文分别考虑不变弹性和可变弹性两种情况,不变弹性情况下二者为常数,可变弹性则随时间的变化而不同①。$A(t)$ 为技术水平或全要素生产率,采取 $A(t) = A_0 e^{rt}$ 的形式对式(11)两端取对数,并假定规模报酬不变,即 $\alpha + \beta = 1$,不变弹性得

$$\ln Y_t = \ln A_0 + r \cdot t + \alpha \cdot \ln K_t + (1-\alpha) \cdot \ln(h_t L_t) \tag{12}$$

移项整理得

$$\ln Y_t - \ln(h_t L_t) = \ln A_0 + r \cdot t + \alpha \cdot [\ln K_t - \ln(h_t L_t)] \tag{13}$$

令 $y_t = \ln Y_t - \ln(h_t L_t)$,$c = \ln A_0$,$l_t = \ln K_t - \ln(h_t L_t)$,则有

$$y_t = c + r \cdot t + \alpha \cdot k_t \tag{14}$$

同理,可变弹性下有

$$\ln Y_t = \ln A_0 + r_t \cdot t + \alpha_t \cdot \ln K_t + (1-\alpha_t) \cdot \ln(h_t L_t) \tag{15}$$

令 $y_t = \ln Y_t$,$c = \ln A_0$,$k_t = \ln K_t$,$l_t = \ln(h_t L_t)$,构建状态空间模型如下

量测方程

$$y_t = c + r_t \cdot t + \alpha_t \cdot k_t + (1-\alpha_t) \cdot l_t + \xi_t \tag{16}$$

状态方程

$$r_t = \theta \cdot r_{t-1} + \omega + \eta_t \tag{17}$$

$$\alpha_t = \lambda \cdot \alpha_{t-1} + \pi + \mu_t \tag{18}$$

此时,y_t、k_t 和 l_t 在模型中为可观测向量,r_t 和 α_t 为状态向量,是不可观测变量,θ、λ、ω 和 π 为相应状态向量的 AR(1)系数,有待估计。ξ_t、η_t 和 μ_t 均为独立且服从正态分布的随机扰动项。代入相应数据,利用 EViews 软件即可估计得到历年资本和劳动的产出弹性,进而可得到全要素生产率和总量生产函数。

2. 基础数据相关说明

(1)产出数据。同上文②。

(2)资本存量。资本投入数据一般采用资本存量,目前普遍采用永续盘存

---

① 近年来,我国由于经济改革、各种各样的外界冲击和政策变化等因素的影响,经济结构正在逐渐发生变化,要素弹性不变的假设很可能不符现实。

② 此处由于对应的资本存量和劳动人数均为总量数据,因此各季度乘以 4 后再季节调整。

法 $K_t = (1 - \delta_t) \cdot K_{t-1} + \dfrac{I_t}{p_t}$ 估算。估算工作包括：初始资本存量 K_0 的确定，折旧率 δ 的设定，历年投资流量 I_t 的选取，投资价格指数 p_t 的估算。对于 K_0，以 1952 年作为初始期①；历年投资流量选择固定资本形成总额②；投资价格指数采用固定资产投资价格指数③；折旧率使用分省的收入法核算数据，并对分省加总的折旧额序列进行调整④

$$D_t = D'_t \times GDP_t / GDP'_t \tag{19}$$

其中，D_t 和 D'_t 分别为全国折旧额及各地区汇总的折旧额⑤。

综上所述，尽量选取最适合的指标和官方公布的统计数据，资本存量的估算更具客观性。在得到历年的资本存量后，采用插值法（以各季固定资本投资完成额占全年的比例作为各季固定资本形成总额的比例），即可得到 1999—2017 年⑥各季资本存量数据。

（3）劳动投入。同国内研究，劳动投入数量采用历年全社会就业人员数⑦；劳动力质量以每年平均受教育年限代替，由于目前统计年鉴并没有直接给出该指标，本文利用《中国劳动统计年鉴》中分地区从业人员受教育年限分组构成数据，并定义各层次⑧受教育年限为 0 年、6 年、9 年、12 年和 16 年，经简单加权平均得到。由于没有各季新增的全社会就业人数数据和受教育年限数，因此，得

---

① 对于 K_0，只要样本期足够长，随着 K_0 的逐渐折旧，以及未来 I_t 的增长，K_0 对后期资本存量的影响将逐步趋近于零，因此，以 1952 年作为初始期，并假定初始资本产出比为 1.6 倍，长达 46 年的时间跨度将使得 K_0 对 1998 年以后基本无影响。

② 1952—2004 年的数据来源于《中国国内生产总值核算历史资料：1952—2004》，2005 年后的数据来自《2017 中国统计年鉴》。

③ 该指数仅公布 1990 年之后的数据，1990 年之前的指数，本文用固定资本形成总额发展速度与固定资本形成总额名义增速折算后得到的"隐含的固定资本形成价格平减指数"（《中国国内生产总值核算历史资料：1952—2004》）。在指数均有数据的 1991—2004 年，二者基本一致。也就是说，在 1991 年之前，用该指数来替代固定资产投资价格指数应该是最佳的。

④ 折旧率的大小对估算结果有较大的影响，在难以判断哪个定的折旧率更为准确的情况下，尽量使用官方给出的折旧额数据应更为妥当。由于我国只有分省的收入法核算数据，且分省加总的 GDP 数据与全国 GDP 差距较大，需对分省加总的折旧额序列进行调整。

⑤ 此外，1978 年起各省市才开始使用收入法对 GDP 进行核算，还需对此前的折旧数据进行估计。由于 1952—1977 年，国有企业在国民经济中基本起着决定性作用，因此，采用 Holz（2006）给出的国有企业折旧率作为全国的近似替代。

⑥ 由于无法得到 2018 年各季固定资本形成的数据，无法估算 2018 年的资本存量。

⑦ 劳动投入数量方面，国际上一般以劳动时间衡量。由于我国缺乏相应的统计资料，国内研究普遍劳动投入数量采用历年全社会就业人员数。

⑧ 该年鉴在 2000 年以前将受教育水平分为 5 个层次：不识字或识字较少、小学、初中、高中、大专及以上，2001 年后则将"大专及以上"进一步细分为"大专、本科、研究生"，为保持数据一致性，沿用 2000 年之前的分类。

到各年就业人数和平均受教育年限后，只能以简单插值得到相应的季度数据①。

3. 基于生产函数法的测算结果

在得到资本和有效劳动的产出弹性后②，利用公式 $A_t = Y_t / K_t^{\alpha_t} (h_t L_t)^{\beta_t}$，即可得到历年的全要素生产率水平。在计算潜在产出时，一般认为实际资本存量即代表资本投入的潜在水平，因此，在得到总生产函数后，还需趋势的全要素生产率和潜在就业水平。其中，前者可用 HP 滤波方法得到，而由于我国在劳动参与率和失业率统计上缺失，从理论上估算潜在就业水平很难实现，为此同现有研究，用就业人数占经济活动人口的比例计算劳动参与率，然后分别对劳动参与率和经济活动人口进行 HP 滤波处理，再分别将得到的趋势序列相乘得到就业人口的潜在水平。此外，对劳动力质量，同样采取 HP 滤波方法进行处理。将计算得到的潜在的全要素生产率、潜在就业水平、潜在劳动力质量和实际资本存量数据，代入此前估计得到的总量生产函数方程即可得到我国 1999—2017 年各季度的潜在产出水平（见图 3）。

（三）不同测算方法的估计结果比较与性质评估

1. 基于不同测算方法的产出缺口估计

图 3 对比了基于 HP 滤波法、生产函数法以及嵌入金融周期信息的多变量动态 HP 滤波法测算的产出缺口。从整体趋势看，几种方法测算的产出缺口的走势大致相同，基于 HP 滤波法和基于生产函数法的产出缺口波动幅度较小，且自 2003 年第一季度以来两种方法估计的走势非常相近，而金融周期法测算的产出缺口波动幅度较大，特别是在金融繁荣时期（如 2008 年国际金融危机爆发前），经过信贷和资产价格调整后的产出缺口明显大于 HP 滤波法和生产函数法，这与当时经济过热、泡沫化严重的状态较为一致。

---

① 同资本存量数据，2018 年各季的就业人数及劳动教育年限也无法准确获得，这也是生产函数法难以用于我国现实中泰勒规则构建的主要原因。

② 因状态空间模型的估计系数有时在初始几期波动较大，因此前文我们考虑的是 1999 年以来各季度的数据，本部分均以 1995 年末的数据开始（人均受教育年限从 1995 年开始才有连续的时序数，同时无法外推得到 1995 年前三个季度的数据），其中，不变弹性函数下，资本的产出弹性约为 0.4，劳动的产出弹性约为 0.6，并以此作为可变弹性模型的初始值。估计结果显示，1999 年以来资本的产出弹性约为 0.355，低于不变弹性模型，但我们也发现状态空间模型的估计结果并不稳健，因此，本文只将其结果作为参考，后续有关生产函数产出缺口的研究均以固定弹性生产函数模型为主。

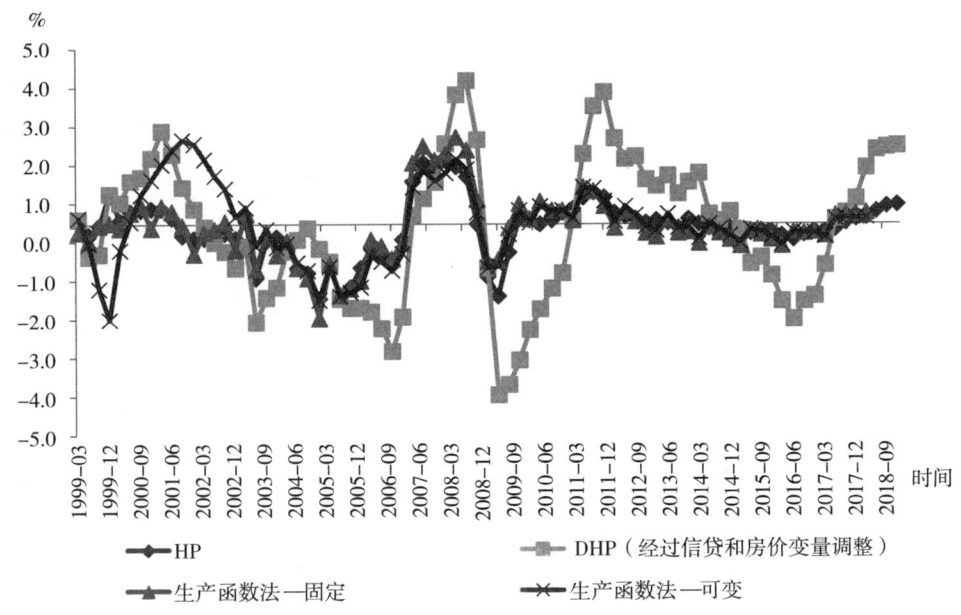

图 3 基于不同测算方法的产出缺口对比

2. 基于不同测算方法的性质评估

实际估计产出缺口时,往往面临诸多不确定性:一是模型不确定性。有多种方法可估计产出缺口,不同方法各有优缺点,但缺乏普遍的共识与准则。二是参数不稳定性。在即时估计产出缺口时,每次加入最新数据即需重新估计模型,进而改变过去的产出缺口估计值。三是数据不确定性。产出缺口是从实际 GDP 估计而得,统计机构会因统计误差或修正统计方法而更新过去公布的实际 GDP 数值,从而造成产出缺口估计值的修正。本文就几种估计方法与结果的特性,以模型是否具有经济理论含义、估计方法是否透明、估计方法与其他经济指标的对应关系以及即时估计的修正程度,尝试对不同测算方法进行评估(见表2)。

表 2　　　　　　　　　不同估计方法的性质比较

估计方法	具有经济含义	模型透明度	与 CPI 走势的对应性	即时估计值的修正程度
HP 滤波法	×	√	×	×
动态 HP 滤波法	×	√	×	√
多变量动态 HP 滤波法（经信贷变量调整）	√	√	√	√
多变量动态 HP 滤波法（经房价变量调整）	√	√	√	√

续表

估计方法	具有经济含义	模型透明度	与 CPI 走势的对应性	即时估计值的修正程度
多变量动态 HP 滤波法（经信贷和房价变量调整）	√	√	√	√
生产函数法	√	√	×	×

注：上述评估主要基于笔者的主观判断。其中，√代表该估计方法表现相对较好，×代表该估计方法表现相对较差。

综上所述，没有哪种测算方法具有绝对优势，但按照本文所选的评价指标衡量可以得出以下基本结论：（1）经过金融周期信息调整后的多变量动态 HP 滤波法在理论与实际的相符性、方法的透明性上较单纯的 HP 滤波法与生产函数法表现更优，具有显著解释力的金融周期变量的加入也有效提高了测算结果的端点表现、精确性与时间一致性；（2）测算模型的具体设定对结果有重要影响，对于不同的研究对象和时期，测算开始前要将实际情况与标准模型相对照，考虑是否对模型进行调整；（3）明白每一类方法的优劣，在应用测算结果时注意结合方法的基本假设进行判断，若条件允许，可多用几种其他方法对结果进行辅助判断。

四、基于潜在产出的我国自然利率水平测算

除潜在产出外，自然利率也是泰勒规则构建中极为重要的变量。当前国际上估计自然利率方法主要包括单纯时间序列统计计量方法、基于金融市场的估算法和经济学模型估算法。简单算术平均、HP 滤波等单纯的时间序列统计方法，从数据出发简单易行，但估计的自然利率都可看作实际利率的平均，而在中国利率市场化还没有完全实现的背景下，市场利率并不是完全围绕自然利率波动，很大程度上仍受货币政策的影响，这种平均化的方法得到的估计并不可靠（李宏瑾和苏乃芳，2016a）。基于金融市场的方法由于假设条件较为严格，相关的经验研究较为缺乏。基于经济学模型的估算方法根据经济系统中的产出、通胀和利率等变量间的理论关系估计自然利率，目前得到广泛的应用，其中以 Neiss 和 Nelson（2003）在新凯恩斯主义的新魏克赛尔框架下的动态随机一般均衡（DSGE）模型法和以 Laubach 和 Williams（2003）基于新凯恩斯主义的状态空间模型法（LW 方法）为代表。但由于 DSGE 模型结构的复杂性和结果的不稳健性，对经济数据质量欠佳的经济体并不适用。LW 方法同样以新凯恩斯主义为基础，刻画了自然利率等经济变量的动态关系，且数据的选取和生成过程对估计结果影响不大，相较于 DSGE 模型更为稳健且易于预测，被广泛应用于自然利率的估算研究（李宏

瑾和苏乃芳，2016a）。近年来，不少学者也对我国的自然利率水平进行估算，特别是李宏瑾等（2016）、李宏瑾和苏乃芳（2016b）。总体来看，针对中国自然利率估计的研究仍不多，对自然利率的含义、指标选取、估计方法等研究仍在探索中。

（一）测算框架

Laubach 和 Williams（2003）最早基于新凯恩斯理论，构建了描述利率、产出和通货膨胀等变量的经济动态模型，并利用状态空间方法联合估计了潜在产出和自然利率（简称 LW 方法），对经济系统进行了全面的理论刻画，得到了广泛的应用。Cour–Thimann 等（2006）认为自然利率既由 IS 曲线和 Phillips 曲线达到均衡时实际利率所决定，也受货币政策的影响，因此在一个简化的 LW 模型的基础上，增加了央行的货币反应方程，具体如下

量测方程

$$(y-y^*)_t = a_1(y-y^*)_{t-1} + a_2(r-r^*)_{t-1} + \varepsilon_{y,t} \quad (\text{IS 曲线}) \quad (20.1)$$

$$\pi_t = b_1\pi_{t-1} + b_2(y-y^*)_{t-1} + \varepsilon_{\pi,t} \quad (\text{Phillips 曲线}) \quad (20.2)$$

$$r_t^* = c_1\pi_{t-1} + c_2 r_{t-1}^* + \varepsilon_{r^*,t} \quad (20.3)$$

$$(r-r^*)_t = d_1\pi_t + d_2(y-y^*)_t + \varepsilon_{r,t} \quad (20.4)$$

其中，y 为产出；y^* 为潜在产出；r 为实际短期利率；r^* 为短期利率的均衡水平，即自然利率；$\varepsilon_{y,t}$、$\varepsilon_{\pi,t}$、$\varepsilon_{r^*,t}$ 和 $\varepsilon_{r,t}$ 分别代表需求冲击、成本冲击、自然利率的结构性冲击、政策冲击。

Cour–Thimann 等（2006）认为此前的研究多数试图通过对式（20.3）中的结构冲击进行建模来识别自然利率，但这些估计是基于这样一个假设：驱动自然利率水平的冲击，在某种程度上与产出增长趋势率和时间偏好率等结构性决定因素有关。因此，这些研究同时对潜在产出进行建模，并使用交叉限制来识别自然利率的冲击。然而，正如欧洲央行（2004）强调的，除以上因素外，诸如财政政策、金融市场的机构特征、人口因素等对自然利率的确定，也十分重要，若只考虑产出增长的趋势来估计自然利率，意味着实施某种程度上的限制。因此，Cour–Thimann 等（2006）采取另一种方法，假设需求冲击和自然利率的结构冲击不相关，成本冲击无论与自然利率的冲击在各期都不相关，但允许方程（20.3）的结构性冲击和方程（20.4）的政策冲击存在相关性。以上意味着产出

缺口、通胀的变动均和自然利率在同期是不相关[①]的。据此，Cour‐Thimann 等（2006）提出实际利率的变动可视为由两种不同的因素或冲击驱动的（第一种具有真实的性质，推动了实际利率的均衡水平（自然利率冲击）；第二种冲击是名义冲击，由货币政策驱动，且与第一种冲击完全不相关），并提出以下状态空间模型进行估计。

$$量测方程：r_t = k + r_t^* + \beta(L)(y-y^*)_t + \gamma(L)\Delta\pi_t + v_t \quad (21)$$

$$状态方程：r_t^* = r_{t-1}^* + u_t \quad (22)$$

其中，k 为常数；$\beta(L)$ 和 $\gamma(L)$ 为滞后算子；v_t 和 u_t 分别为测量方程和状态方程的冲击，通过卡尔曼滤波方法即可对以上进行估计。

与 LW 模型相比，该方法需依赖给定的产出缺口的测度，而非一并联合估计，但该方法无须对驱动自然利率的结构冲击进行识别，特别当这些冲击是由无法模型化的一些不可观测因素驱动而难以识别时，减轻了模型误设的影响。因此，本部分尝试利用以上方法对我国自然利率水平进行估算。

（二）基于潜在产出的我国自然利率测算结果

1. 指标选择及数据来源说明

利率指标的选取无疑对自然利率的估算有很大的影响。由于我国目前利率仍存在双轨制的现象，存款利率上限虽已放开但实际仍未上浮超过 50%，明显高于同期理财产品利率，有人为压低之嫌。此外，从国际上看，利率放开后中央银行通常仅调整短端利率（一般为隔夜利率）进行利率调控，因此以货币市场短端利率作为估算对象更为合适。从当前我国的实践看，银行间市场是我国货币市场的主体，特别是作为中国人民银行开展公开市场操作的场所，银行间债券市场经过十多年的发展已具备了一定的市场广度和深度。其中，同业拆借利率和银行间市场质押式回购利率是中国最主要的货币市场利率。由于质押式回购规模远远超过同业拆借，中央银行以质押式回购利率作为政策目标能够最大限度地影响市场利率，且债券质押式回购有债券作为质押担保，其信用风险要远小于同业拆借，与基准利率所要求的无风险利率性质更为接近，是较好的选择[②]。目前，银行间市场存款类机构以利率债为质押的 7 天期回购利率（DR007）为货币市场基

[①] 但自然利率与未来时刻的产出缺口相关。如考虑存在一个未被央行观测到的自然利率的正向冲击，在其他条件不变的情况下将使实际利率缺口变小，这在未来某个时刻对产出缺口将有积极作用，即今天的自然利率与未来的产出缺口正相关。

[②] 不宜选择隔夜 Shibor 作为中央银行基准利率，主要是因为 Shibor 并非市场实际成交的利率，仅是基于报价体系计算的利率，无法完全反映市场的真实交易。从国际上看，仅有瑞士国家银行选择报价利率作为中央银行基准利率，且其目标利率是一个波动区间。

准性的利率，符合作为价格调控的标的，但 DR007 自 2014 年才推出，数据时间较短，不适合用于估算自然利率。因此，本文同李宏瑾等（2016）、李宏瑾和苏乃芳（2016b），选取我国货币市场中具有代表性且风险低、交易量大的银行间债券隔夜质押式回购利率（R001）作为标的，数据来源于 Wind 资讯。由于 R001 为日度数据，取其每季各交易日的均值作为季度值，并减去预期通胀率①得到实际利率。产出缺口数据来源于前文的估计结果，以考虑金融周期方法的估算结果作为基准，其余方法的估算结果作为稳健性检验。CPI 的季度同比数据则先以各月环比增速计算出定基指数后，经简单计算得到。

2. 参数设置及模型估算

同 Cour - Thimann 等（2006），$\beta(L)$ 和 $\gamma(L)$ 均为 5 期②（从 0 到 -4），并作如下限制：每期的系数相应均为 $\beta/5$ 和 $\lambda/5$。即 $\beta(L)(y-y^*)_t$ 和 $\gamma(L)\Delta\pi_t$ 分别可视为对过去 5 期产出缺口均值、过去 5 期通胀变动的反应。此外，为得到合理稳定的结果，同样假定 $\lambda_{v,u} = \sigma_v^2/\sigma_u^2 = 50$，初始值取 2003 年的各季均值③，利用 EViews 软件即可得到估计结果。

3. 自然利率估计结果

根据以上假定，即可估计得到我国的自然利率运行情况（见图 4）。从图 4 可知：首先，2004—2018 年，我国自然利率水平在 0 ~ 3.8%，均值为 1.92%，表明我国的均衡实际利率水平在 1.9% 左右波动。其次，2004 年以来，我国自然利率水平明显高于实际利率及其均值，且更为平滑，反映了自然利率作为均衡利率的平滑性特征。最后，国内许多泰勒规则研究通常采用的"名义利率与 CPI 差的均值"，明显低于本文所估算的自然利率，实际上，作为一经济快速发展的经济体而言，均衡实际利率水平小于 0（约为 -0.65%）实在是令人难以信服。

---

① 同陆军和钟丹（2003）文中采用的方法，因篇幅有限，具体估计结果见所附 EViews 工作文件。
② 本文同样对其他期数分别进行尝试，结果发现所估计的自然利率虽有所差异，但趋势变动基本一致，期数为 5 时的估计值大约在中间。
③ 虽然 R001 自 2000 年起推出，但自 2003 年 3 月 31 日起才有连续交易的数据，因此，从 2003 年开始估算，并以各季均值作为初始值，但同样考虑到 2003 年第一季度数据不完整，因此，最终报告的均衡实际利率同李宏瑾等（2016）从 2004 年开始。

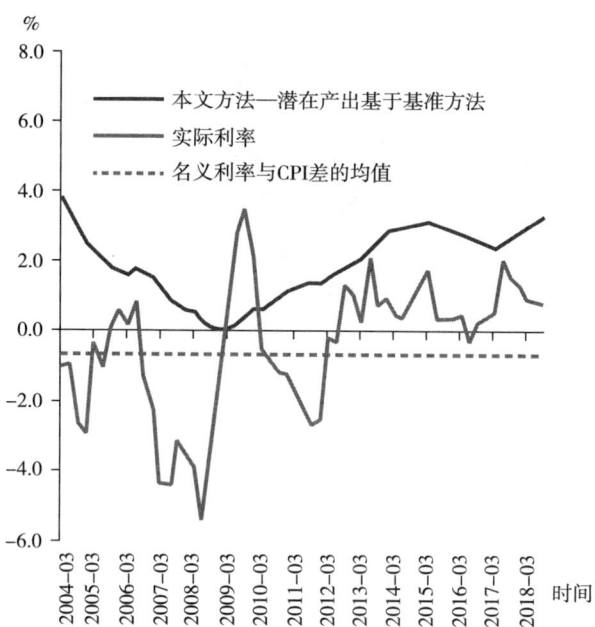

数据来源：本文测算。

图4 我国自然利率与实际利率比较

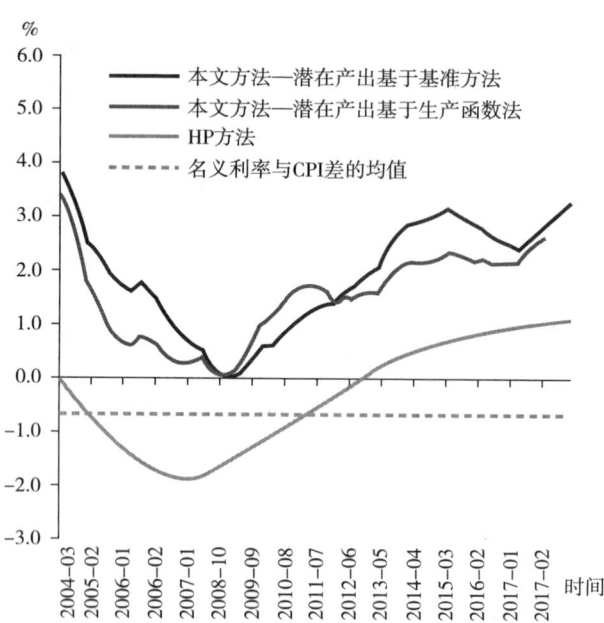

数据来源：本文测算。

图5 基于不同估计方法的自然利率比较

(三) 稳健性检验

1. 不同产出缺口下的自然利率估计比较

本部分先是利用本文方法，假定其他条件不变，而产出缺口采用国际常用的生产函数法，对自然利率进行再测算。此外，直接采用 HP 滤波方法进行估算，并与基准结果进行比较，结果见图5。从中可发现，基于本文方法而潜在产出为生产函数法测算出来的自然利率与基准结果虽存在一定的差异，但趋势基本一致。而直接用 HP 滤波方法[①]估计得到的自然利率，虽趋势与前二者接近，但明显均低于另两种方法估计的结果。我们认为，这主要由于 HP 滤波方法估计的自然利率实质上也可看作实际利率的某种平均，而在我国利率市场化还没有完全实现的时候，市场利率并不是完全围绕自然利率波动，平均化的方法得到的估计并不可靠。

2. 不同文献与本文在自然利率测算结果的比较

表3给出了国内不同文献与本文在自然利率的估计结果对比，从中可发现：一是基于存贷款利率测算得到的自然利率明显较基于市场利率的测算结果要高，且波动要大；二是基于货币市场利率的几篇文献，除个别文献估算结果差异较大外，其余几篇的自然利率均值基本在 2.5% ~ 3%，略高于本文。

表3 不同文献与本文在自然利率的估计结果对比

文献	利率指标选取	方法	样本区间	自然利率估计结果
石柱鲜 (2006)	六月名义贷款利率	LW 方法	1996 年第一季度至 2005 年第一季度	-5% ~ 10%，在 5% 附近波动
贺聪等 (2013)	存款利率	DSGE	2001—2011 年	-5% ~ 10%，在 5% 附近波动
金中夏 (2012)	隔夜 Shibor	泰勒规则	2000—2011 年	2.77%
李良松 (2014)	隔夜 Shibor	SVAR	1999 年第三季度至 2014 年第一季度	2% ~ 4%，在 3% 附近波动
叶斌和潘淑娟 (2013)	三月 Shibor	状态空间模型	1998—2012 年	-6% ~ 6%，在 0 附近波动
李宏瑾等 (2016)	R001	LW 方法	2004—2014 年	1.5% ~ 4.5%，均值约 2.64%

---

① 因其他估计方法较为复杂而篇幅有限，本文无法一一进行对比，此处仅比较了 HP 滤波方法的估算结果，下文将与现有研究的估算结果进行比较。

续表

文献	利率指标选取	方法	样本区间	自然利率估计结果
李宏瑾和苏乃芳（2016b）	R001	LW方法	2004年至2016年第二季度	均值约2.49%
本文测算	R001	本文方法	2004年至2018年第三季度	0~3.8%，均值约1.8%

资料来源：李宏瑾和苏乃芳（2016a）及本文整理补充。

综上所述，本文分别重新测算了我国的潜在产出与自然利率，第五部分将在此基础上，探讨构建符合我国实际的泰勒规则，并尝试对我国的政策利率进行估算。

五、中国化泰勒规则的构建及政策利率估算

自1993年泰勒规则提出以来，因其简单灵活和对实际情况较好的拟合，得到了广泛的应用和拓展，从我国的实践来看，谢平和罗雄（2002）、陆军和钟丹（2003）、王胜和邹恒甫（2006）、熊海芳和王志强（2013）、高丽和李季刚等（2013）对不同形式的泰勒规则在中国货币政策的适用性进行了探索，在对潜在产出和均衡实际利率的处理上普遍较为简单，而正如孙国峰等（2018）指出的，潜在产出等自然率的准确估计对规则利率的估算非常重要。因此，本部分将在上文对我国潜在产出和均衡实际利率深入探讨的基础上，结合我国现实情况，探讨构建符合我国实际的中国化泰勒规则，进而尝试估算相应的规则利率。

（一）多目标下的中国化泰勒规则构建探讨

1. 泰勒规则原式

Taylor（1993）首次提出泰勒规则如下

$$i_t = r_t^* + \pi_t + \alpha(\pi_t - \pi^*) + \beta \tilde{y}_t \tag{23}$$

其中，i_t为短期名义利率；r_t^*为实际均衡利率；π_t和π^*分别为过去四个季度以来的平均通货膨胀率和目标通货膨胀率；$\tilde{y}_t$为产出缺口 $\tilde{y}_t = 100 \times (y_t - y_t^*)/y_t^*$；$\alpha$和$\beta$分别为通胀缺口和产出缺口的反应系数。Taylor（1993）认为，美联储对于通胀和产出缺口是同样关注的，因此将反应系数均设为0.5，并根据美国实际将通胀目标和均衡实际利率均设为2%。即

$$i_t = r_t^* + \pi_t + 0.5(\pi_t - \pi^*) + 0.5\tilde{y}_t \tag{24}$$

很多学者都对标准泰勒规则提出了修正和扩展，具体主要有以下几个方面：

前瞻性泰勒规则、后顾性泰勒规则、引入利率平滑因素①、考虑开放条件或其他因素（如加入汇率因素、考虑资产价格或货币增长等）。我国也有不少学者对各种泰勒规则形式在我国的适用性进行了研究，但不少研究所选取的指标并不一定符合我国的现实情况，有必要对中国化泰勒规则的构建进行再探讨。

2. 对中国化泰勒规则构建的相关思考——除产出和通胀外还需考虑的因素

（1）是否考虑货币数量因素？不少研究认为，考虑到货币数量工具在我国货币政策中的重要作用，应将货币供应量纳入我国泰勒规则的构建中，诚然，货币数量调控对我国经济金融平稳发展起到重要的作用，今后也仍需继续发挥数量型工具的作用，但考虑到如下因素：一是若是简单地将 M_2 作为变量纳入，如高丽和李季刚（2013），其认为利率将对 M_2 的增长作出正向反应，即货币增速提高，利率也随之上升，这明显与我国的实践不符；二是若与通胀及产出类似，考虑货币供应偏离目标值的幅度，则其目标值的合理确定又是难题；最重要的是，泰勒规则本身属于价格型调控规则，而非以货币供应量作为主要目标 McCallum 规则，将货币数量纳入考虑本身就与泰勒规则的初衷不符。综上所述，本文不将货币数量纳入我国泰勒规则的构建。

（2）是否考虑汇率因素？在开放经济中，汇率是一个重要的货币政策传导渠道，但 Taylor（1999）针对欧洲国家的经验研究表明，汇率反应系数很微弱，直接干预汇率并没有改善甚至削减货币政策效果。Taylor（2001）认为，汇率因素已经通过通货膨胀及产出等相关变量间接传递给了利率，且汇率对购买力平价的偏离并不需要通过利率变动来抵消。故此，本文不直接引入汇率因素。而考虑到 2008 年国际金融危机后，美国等发达经济体非常规货币政策的溢出效应明显提高，特别是近几年在美联储加息的背景下，我国资金面临较大的流出压力，货币政策决策面临新的挑战，有必要考虑其影响。本文认为可以将中美两国 10 年期国债的利差纳入考虑，利率对该利差与潜在利差的变动作出反应。将中美两国国债利率分别记为 $br_{t,c}$ 和 $br_{t,u}$，其利差 $br_t = br_{t,c} - br_{t,a}$，潜在利差记为 br_t^*，则泰勒规则原式可拓展为

$$i_t = r_t^* + \pi_t + \alpha(\pi_t - \pi^*) + \beta \tilde{y}_t + \gamma(br_t - br_t^*) \tag{25}$$

（3）是否考虑资产价格因素？由于资产泡沫的膨胀常常伴随货币供给的高增长，特别是国际金融危机表明，物价稳定并不一定能够完全实现金融稳定，货币政策应关注资产价格的变动。但与现有研究普遍将股票价格作为资产价格指标不同，就我国而言，居民最主要的资产应是房地产而非股票，因此将房价涨幅偏离目标涨幅纳入考虑，其中，目标涨幅可考虑以 GDP 增速代替（房价与 GDP 同

---

① 即本期利率不仅取决于当期通胀缺口和产出缺口，还与上一期利率水平有关。

步增长①)。将房价涨幅记为 h_t，目标涨幅记为 h_t^*，则式（26）进一步拓展为

$$i_t = r_t^* + \pi_t + \alpha(\pi_t - \pi^*) + \beta \tilde{y}_t + \gamma(br_t - br_t^*) + \varphi(h_t - h_t^*) \quad (26)$$

3. 是否采用前瞻型或后顾型

虽然许多研究基于各种考虑采用了前瞻型或后顾型的规则形式，然而前瞻型泰勒规则虽然强调了理性预期作用，但是对未来不同期限的预期将直接影响模型的最终结果（Woodford，1999）。而后顾型规则，尽管由于通胀和产出通常具有一定惯性，运用滞后一期数据并不会有太大的问题，但经典的泰勒规则使用当前数据实际上隐含地表明，中央银行决策时考虑了更多的信息，中央银行在进行利率决策时，不仅只是考虑产出和通胀方面的信息。因此，本文采用当期数据分析。

4. 是否考虑利率平滑规则

虽然 Taylor（1999）比较了五种形式的政策规则，发现引入利率平滑因素并不比简单泰勒规则效果更好，但各主要国家的央行在利率调整时均十分谨慎，往往非一蹴而就，利率政策具有明显的平滑性特征，即央行并不是将利率一步到位地调整至目标值，而是逐步多次将利率调整至目标水平，这种方式有利于以平抑政策变动或者可能的判断错误对经济运行带来的冲击。因此，可将利率平滑因素纳入考虑。同现有研究，短期利率 i_t 的平滑行为设定如下

$$i_t = (1-\rho)i_t^* + \rho i_{t-1} + \xi_t \quad (27)$$

其中，$\rho \in [0,1]$，反映政策平滑调整的程度；i_t 和 i_{t-1} 分别为当期和上一期的名义利率；i_t^* 为当期的政策目标利率；ξ_t 为随机扰动项。该式表明中央银行并非完全根据目标利率来设定当期利率水平，而是每期向目标利率进行部分调整，调整速度为 $1-\rho$。考虑利率平滑操作后，式（28）变形为

$$i_t = (1-\rho)[r_t^* + \pi_t + \alpha(\pi_t - \pi^*) + \beta \tilde{y}_t \\ + \gamma(br_{t,c} - br_{t,u}) + \varphi(h_t - h_t^*)] + \rho i_{t-1} \quad (28)$$

该式即为本文综合考虑开放条件、资产价格、利率平滑操作等现实情况后拓展的泰勒规则形式。

（二）基于中国化泰勒规则的政策利率水平测算

国内对泰勒规则的研究很多均对不同的货币反应函数进行估计，看其与我国货币市场利率走势的拟合程度是否优异，并将反应函数的相关系数作为政策规则

---

① 就资产价格而言，过高的资产价格不仅容易形成泡沫，也易使资金"脱实向虚"偏离实业；而过低的资产价格也会导致资源错配。因此，我们认为，与经济增速保持基本一致应较为合理。

的参数系数，但这实际隐含着模型的参数估计是最优的①，以及现有的货币市场利率是符合我国经济走势的最优利率，显然，这很可能并不符合实际。正如泰勒在一次访谈中指出的，根据特定样本期计算的结果而改变参数，实际上是对政策行为的"描述"而非"推荐"，并会产生误导，因为所描述的政策可能并不是好政策。

综上所述，理论上利用我国历史数据分析估计货币政策反应函数是可行的，但这并不能保证估计是稳定的，更不能保证是最优的，只能作为参考。简单泰勒规则在大多数宏观经济模型中的表现与复杂政策规则一样好，其模型参数与复杂优化模型结果非常接近，而且对模型的不确定性具有更为稳健的性质（Williams，2003），且事实上，泰勒一直强调并坚持使用泰勒规则原式，也就是反应系数 α 和 β 均为 0.5，因此，本部分对 α 和 β 均假定为 0.5，在此基础上，估计资产价格因素和国内外利差因素的反应系数。

1. 相关指标数据说明

根据式（28），需各期的实际均衡利率 r_t^*、过去四期的平均通胀率 $\bar{\pi}_t$、目标通胀率 π_t^*、产出缺口 $\bar{y}_t$、国内外利差偏离程度、房价涨幅偏离程度。其中 $\bar{\pi}_t$ 和 π_t^* 的争议较小，相关研究基本采用 CPI 来衡量通胀率，目标通胀率则不少研究直接假定每年均为 3%，本文以每年初政府工作报告公布的通胀目标作为当年各季度的目标通胀率。r_t^* 和 $\bar{y}_t$ 的取值对规则利率影响较大，但由于估算较为复杂，很多文献基本简单采用 HP 滤波方法进行估算，本文以上文估计的潜在产出和自然利率的基准结果，并以生产函数法得到的作为稳健性检验。国内外利差偏离程度，以中美两国 10 年期国债收益率利差偏离其潜在值度量，潜在值为利差的 HP 滤波值。房价涨幅偏离程度为全国房价涨幅与当年 GDP 目标涨幅之差，其中全国房价涨幅增速同上文，当年 GDP 增长目标为年初政府工作报告公布的目标。数据来源于 Wind 资讯数据库及历年政府工作报告。

2. 我国货币政策反应函数估计

将相应指标代入式（28）可估计得到我国货币政策反应函数的相应参数。同上文，本文选取 R001 作为市场利率的替代，样本期相应为 2004Q1—2018Q3。其中，估计方法采用 OLS 估计②，但考虑 Newey - West 的异方差自相关一致性协方差矩阵估计量来克服由于时间序列自相关所带来的 t 检验失效问题。

---

① 现有多数研究均表明，样本区间和变量选择的不同将影响参数的估计结果，本文也尝试对以上各个模型进行估计，发现样本区间稍一变化，参数的估计结果均发生明显的变化。

② 许多对货币反应函数的经验研究都采用 GMM 方法，但主要是因为采用的前瞻性泰勒规则，考虑到 GMM 方法工具变量的选择对参数估计结果有明显的影响，而货币政策反应系数又有着非常重要的经济含义，因此 GMM 并不一定为理想的方法，因此本文未采用。

表4　不同潜在产出、均衡实际利率水平下系数估计结果①

	模型1	模型2	模型3	模型4
平滑因子	0.969***	0.963***	0.948***	0.971***
	(0.017)	(0.019)	(0.025)	(0.018)
国内外利差偏离程度反应系数	-5.06*	-3.99*	-3.25**	-4.66*
	(2.896)	(2.22)	(1.30)	(2.43)
房价涨幅偏离程度反应系数	1.24*	0.97	0.66*	0.98
	(0.666)	(0.59)	(0.40)	(0.80)
样本数	58	55	58	58
调整后的R平方	0.616	0.618	0.618	0.608

注：括号内数据为Newey-West标准误，*、**、***分别表示在10%、5%和1%的水平上显著。

本文估计了四种不同产出缺口和均衡实际利率下的反应系数，无论哪种模型，除个别系数外，所有系数的估计结果均较为显著，且平滑因子均较大；国内外利差偏离程度的反应系数均为负，表明当利差减小时（如美国加息）应相应提高利率；房价偏离程度为正，意味着当房价涨幅过快（超过GDP增长目标），应提高利率以抑制资产价格泡沫。二者系数符号均符合预期。

从上文估计得到的几个反应函数的拟合值均与实际值（R001）拟合很好，然而，需注意的是，这应与高达95%的平滑系数（平滑系数越高，当期值与上期值越接近）有关，本文分别假定平滑系数为0.25、0.5、0.75对上面基准模型1重新估计，得到结果如下。

表5　不同平滑系数下货币政策反应系数估计结果

	模型1（1）	模型1（2）	模型1（3）
平滑系数	rho=0.25	rho=0.5	rho=0.75
国内外利差偏离程度反应系数	-1.90*	-1.91**	-2.12**
	(1.08)	(0.80)	(0.85)
房价涨幅偏离程度反应系数	0.57***	0.39***	0.45***
	(0.17)	(0.127)	(0.13)

注：括号内数据为Newey-West标准误，*、**、***分别表示在10%、5%和1%的水平上显著。

从表5中可发现，不同平滑系数下，相应反应系数均与模型1发生较大的变化，但符号一致，均符合预期，说明将国内外利差、资产价格纳入我国泰勒规则的构建中是合理的。下图为各模型的拟合值与实际值R001比较，从图6可发现，随着平滑系数逐步逼近1，拟合值与真实值的差距越来越小。

---

① "模型1"为基于上文计算的基准方法的潜在产出和自然利率；"模型2"为基于生产函数法计算的潜在产出和自然利率；"模型3"均基于HP滤波方法计算的潜在产出和自然利率；"模型4"潜在产出为HP滤波法，均衡实际利率为名义利差与CPI差的均值。

然而，过高的平滑系数表明货币政策向规则利率的调整速度极其缓慢，与现实不符。这也正说明了，模型的拟合值优异只能说明与现有市场利率拟合得较好，并不能说明估计的货币政策反应函数就是最优的，就是符合现实的。

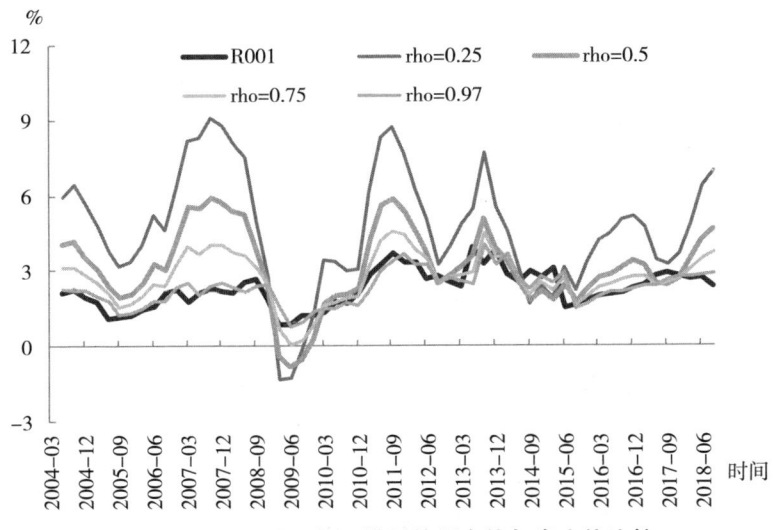

图6 不同平滑系数下模型的拟合值与真实值比较

3. 政策利率水平估算

政策利率水平或者规则利率水平即为货币政策反应函数的拟合值，然而上文直接估计的平滑系数过于接近1，所估计的货币政策反应函数应与现实偏差太远，因此，同孙国峰等（2018），直接假定平滑系数为0.5，并基于式（28）分别估算不同潜在产出和均衡实际利率下的政策利率（见图7）。与此同时，本文也基于经典泰勒规则下的不同方法的政策利率，用于对比（见图8）。

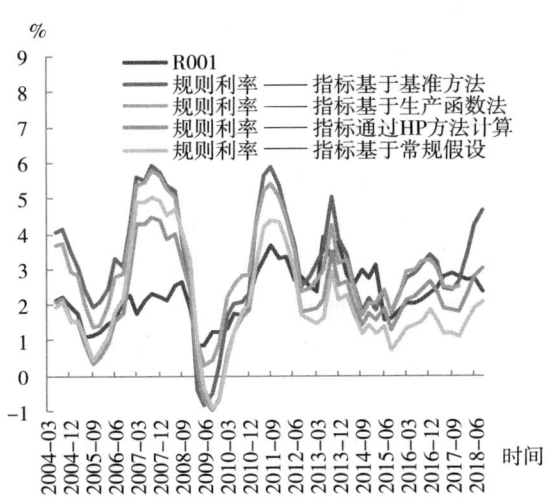

图7 中国化泰勒规则下的不同规则利率与我国货币市场利率比较

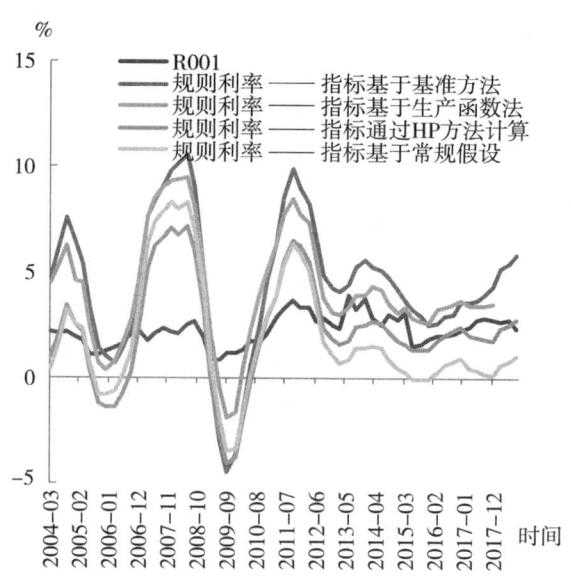

图8 经典泰勒规则下的不同规则利率与我国货币市场利率比较

数据来源：本文测算。

从图7、图8可发现：第一，不同产出缺口和均衡实际利率下，计算得到的规则利率趋势大致相同，但无论是经典的泰勒规则还是本文构建的中国化泰勒规则，测算得到的规则利率确实存在差异。其中，无论哪种规则下，自然率指标基于基准方法的规则利率与基于生产函数法的结果均较为接近①，全部基于HP滤波方法的，以及基于常规假设方法的规则利率不仅明显较低，且从2012年下半年开始基本均低于货币市场利率，明显与认知不符。第二，无论哪种规则利率在2013年前均与R001相去甚远，我们认为，这应与我国此前过于注重数量型货币政策的运用，而对价格型工具的重视不足有关。2013年以后我国货币市场利率与规则利率的差距明显缩小。2012年下半年发布的《金融业发展和改革"十二五"规则》明确提出了"逐步增强利率、汇率等价格杠杆作用，推进货币政策从以数量型调控为主向以价格型调控为主转型"，此后，我国利率市场化改革稳步推进，人民银行不断完善公开市场操作目标体系、工具组合和操作方式，增强公开市场操作引导货币市场利率的能力，目前存贷款利率已基本放开，并探索建立了利率走廊机制，同时加快市场基准利率体系建设，并在货币政策调控中更加注重价格型信号及其传导，金融机构利率定价能力也不断增强，利率市场化取得

---

① 然而由于生产函数法数据的限制，我们无法得到2018年以来各季度的就业人数、人均教育年限、资本存量等数据，无法估算2018年以来的潜在产出数据，因此，现实中，生产函数法较难用于我国泰勒规则。

显著进展。第三,2015年下半年以来,无论R001还是规则利率均出现上扬,但货币市场利率上升幅度明显慢于规则利率,二者差距有所扩大,而2017年下半年以来政策利率继续向上快速上扬,货币市场利率反而有所走低,我们认为,这主要源于近两年美联储加息速度加快,美国国债收益率不断上升,同时,我国国内房价快速上涨(从我们构建的中国化泰勒规则看,这两个因素均要求提高相应的政策利率),但实体经济却面临较大的下行压力,利率难以跟随政策规则提高。然而,市场利率的下行是有约束的,持续过低的利率可能会导致资产价格泡沫并加大资金流出压力,就货币政策而言,当前应积极考虑对宏观经济的薄弱环节采取结构性的货币政策工具。

六、结论及政策含义

(一) 基本结论

在货币政策转型过程中,探索符合我国实践的泰勒规则,以科学合理确定政策利率目标水平至关重要,而均衡实际利率和潜在产出增速的估算是其中的关键。本文将金融周期因素纳入我国潜在产出的测算,并与其他方法进行对比,尽量客观合理地估算我国的潜在产出,并基于此,测算了我国的自然利率,为泰勒规则提供重要的数据基础支撑。在此基础上,结合我国实际,探讨构建中国化泰勒规则,并对我国的政策利率目标水平进行测算,以期为货币政策调控模式转型提供有益的探索。

研究结果表明,嵌入金融周期信息测算的产出缺口在金融扩张期将导致更低的潜在产出估计,有利于政策制定者把握金融要素在影响经济活动中的作用,并为有效应对经济运行的过热现象以及过度泡沫化状态提供政策指引。此外,金融周期法在理论与实践的相符性、方法的透明性上较单纯的HP滤波法与生产函数法表现更优,具有显著解释力的金融周期变量的加入也有效提高了测算结果的端点表现、精确性与时间一致性。基于潜在产出的自然利率估算结果显示,2004—2018年,我国自然利率水平在$0 \sim 3.8\%$,均值为1.8%。不同产出缺口下的自然利率估计结果表明,金融周期法和生产函数法产出缺口下测算的自然利率趋势基本一致,且差距不大。而直接用HP滤波方法估计的自然利率,以及国内泰勒规则研究中常采用的"名义利率与CPI差的值"且其均值为负值,明显不符合我国经济发展的现实。若明显低估我国的自然利率,偏低的利率水平将引发较大的通胀和资产泡沫压力。

本文结合我国实际,探讨构建与我国实际相符的中国化泰勒规则,并结合前文估算的潜在产出和自然利率对我国的政策利率目标水平进行测算。结果表明,在中国化泰勒规则中除了传统的产出与通胀因素外,还应包含国内外利差、房价涨幅偏离经济增长的程度。对我国货币政策反应函数的估计，系数均显著且符号符合预期，表明该规则形式应符合我国实际。

基于中国化泰勒规则和基于经典泰勒规则分别测算的政策利率水平均表明，第一，不同产出缺口和均衡实际利率下，计算得到的规则利率与货币市场利率趋势大致相同，但无论是经典的泰勒规则还是本文构建的中国化泰勒规则，传统常用的自然率指标基于HP滤波方法计算的规则利率不仅明显较低，且从2012年下半年开始基本均低于货币市场利率，与认知不符。第二，无论哪种规则利率，在2013年前均与R001相去甚远，而2013年以后随着利率市场改革的快速推进，货币市场利率与规则利率的差距明显呈缩小态势。第三，2017年下半年以来政策利率继续上扬，货币市场利率反而有所走低，可能主要源于近两年美联储加息速度加快，美国国债收益率不断上升，同时，我国国内房价快速上涨，但实体经济却面临较大的下行压力，利率难以跟随政策规则提高。

（二）政策启示

1. 继续深化利率市场化改革，坚定推进货币政策向价格型调控为主转型

党的十九大报告明确指出，我国经济已由高速增长阶段转向高质量发展阶段。高质量发展要求货币政策稳健中性，并加快从数量型调控为主向价格型调控为主转变，只有淡化M_2、社会融资规模等数量指标，才能真正淡化GDP增长目标，从关注规模转向关注质量（徐忠，2018b）。近年来，我国利率市场化改革稳步推进，市场利率与规则利率的缺口逐步缩小，表明我国市场化利率的形成、传导和调控机制取得显著进展。当前应抓住有利时机，不断健全市场化的利率形成机制，继续培育市场基准利率和完善国债收益率曲线。同时，强化央行政策利率体系的引导功能，完善利率走廊机制，增强利率调控能力，并推动利率体系逐步"两轨合一"，坚定转向以利率为主的价格型货币调控方式，服务经济高质量发展。

2. 大力加强政策协调配合，为利率调控提供必要的政策空间

由于各种因素的制约，我国尚不具备立刻转向货币价格调控的条件。特别是当前我国实体经济内部问题突出，再叠加中美贸易摩擦，以及美联储的连续加息，经济下行压力大，货币空间受限。人民银行的货币政策决策，不仅要考虑资产价格、汇率和跨境资金流动等因素的变化，还要考虑实体经济的承受能力，需在多目标中把握好综合平衡，而最终体现在利率走势上可能出现的就是货币市场利率与政策规则利率的走向的背离。然而，市场利率的下行是有约束的，持续过低的利率可能会导致资产价格泡沫并加大资金流出压力，当前可积极考虑对宏观经济的薄弱环节采取结构性的货币政策工具。同时，进一步完善人民币汇率市场化形成机制，通过汇率在合理、均衡水平的基本稳定为利率调控提供必要的空间。此外，加强货币政策与宏观审慎政策的协调配合，如密切关注国际形势变化对资本流动的影响，完善对跨境资本流动的宏观审慎政策；继续加强房地产市场的宏观审慎管理，防止较低的实际利率进一步吹大资产价格泡沫，以确保金融稳定和产出、物价平稳，更好地服务实体经济发展。

3. 畅通利率传导渠道，提高利率政策传导的有效性

一方面，价格型调控为主的货币政策传导以金融市场为基础，利率"形成、调得了"的关键，根本上还是在于深化发展金融市场体系。金融市场合理定价、市场之间紧密关联，能够实现资金价格的联动和传导，是货币政策转向价格型调控为主的重要前提（徐忠，2018b）。这就需要一个具有足够广度和深度的金融市场，才能够形成合理的利率水平，利率传导机制才能畅通。另一方面，我国仍存在大量预算软约束部门，使企业和金融机构对利率不敏感，而国企的非竞争中性又使其天然相对民营小微企业在贷款利率上具有优势，造成融资利率价格扭曲和资源的错配，限制利率传导的有效性，阻碍市场化的利率体系在资源配置中发挥决定性作用。因此，应加快推进各项深层次改革，畅通货币政策传导渠道，为货币价格调控方式转型创造良好的环境。

4. 继续探索符合中国实际的泰勒规则，加强对自然率指标的估计

国际主要国家在放弃货币数量目标制转向利率调控时，利率决策基本均隐含地遵循"泰勒规则"，然而，我国作为全球最大的新兴发展中转轨经济体，货币政策在以通胀为主的同时始终坚持多目标制（周小川，2013），探索符合我国实际的中国化泰勒规则十分必要。而如前所述，中国化泰勒规则的有效建立，一方面在很大程度上依赖于对自然利率、潜在产出等自然率的准确估算，另一方面对中国化泰勒规则的变量及反应系数的研究仍有待加强。虽然本文尝试采用新的方法对潜在产出和自然利率进行重新估算，以期为泰勒规则的构建提供数据基础支撑，也对中国化泰勒规则的构建进行了研究探讨，但不可否认，仍有待进一步完善。

5. 强化对金融周期因素的重视，促进经济金融平稳发展

产出缺口的合理测算对货币政策具有重要意义，近年来菲利普斯曲线逐渐扁平化，就业和物价之间的替代关系减弱，货币政策如果仅对基于传统的产出缺口理论测算出的潜在产出进行调整，很可能导致货币环境偏宽松，引发资产价格过快上涨。国际金融危机以来，越来越多的观点认为金融失调对实体经济的负面效应远远超出预期，金融顺周期性放大了实体经济周期的波动并加剧金融体系的不稳定。货币政策既要熨平经济周期，也要应对金融周期，未来应强化对金融周期因素的重视，维护金融稳定，促进宏观经济健康发展。

参考文献

[1] 高丽, 李季刚. 双轨制利率体系下我国货币政策反应函数的估计与检验 [J]. 上海金融, 2013 (6).

[2] 李宏瑾, 苏乃芳. 自然利率估算方法文献综述 [J]. 国际金融研究, 2016a (6).

[3] 李宏瑾, 苏乃芳. 货币理论与货币政策中的自然利率及其估算 [J]. 世界经济, 2016b (12).

[4] 李宏瑾, 苏乃芳, 洪浩. 价格型货币政策调控中的实际利率锚 [J]. 经济研究, 2016 (1).

[5] 刘元春, 杨丹丹. 金融危机后产出缺口理论的回顾、反思与最新进展 [J]. 中国人民大学学报, 2016 (2).

[6] 陆军, 钟丹. 泰勒规则在中国的协整检验 [J]. 经济研究, 2003 (8).

[7] 孙国峰, 纪敏, 牛慕鸿, 李宏瑾, 钟震, 孙莎. 探索符合中国实际的利率调控泰勒规则 [J]. 金融研究报告专报, 2018 (10).

[8] 王胜, 邹恒甫. 开放经济中的泰勒规则 [J]. 经济研究, 2006 (3).

[9] 谢平, 罗雄. 泰勒规则及其在中国货币政策中的检验 [J]. 经济研究, 2012 (3).

[10] 熊海芳, 王志强. 利率平滑与央行政策偏好的非对称性 [J]. 金融研究, 2013 (11).

[11] 徐忠. 经济高质量发展阶段的中国货币调控方式转型 [D]. 北京: 中国人民银行, No. 2018/3.

[12] 徐忠. 新时代背景下现代金融体系与国家治理体系现代化 [J]. 经济研究, 2018 (7).

[13] 易纲. 货币政策回顾与展望 [J]. 中国金融, 2018 (2).

[14] 张晓晶, 王宇. 金融周期与创新宏观调控新维度 [J]. 经济学动态, 2016 (7).

[15] 周小川. 新世纪以来中国货币政策的主要特点 [J]. 中国金融, 2013 (2).

[16]] Borio, C.. The Financial Cycle and Macroeconomics: What have we learnt [C]. BIS Working Papers No. 395, 2012.

[17] Borio, C., P. Disyatat and M. Juselius. Rethinking Potential Output: Embedding Information About the Financial Cycle [C]. BIS Working Papers No. 404, 2013.

[18] Borio, C., P. Disyatat and M. Juselius. A Parsimonious Approach to Incor-

porating Economic Information in Measures of Potential Output [C]. BIS Working Papers No. 442, 2014.

[19] Borio, C., P. Disyatat, M. Juselius and P. Rungcharoenkitkul. Monetary Policy in the Grip of a Pincer Movement [R]. BIS, 2018.

[20] Cour - Thimann, P., Pilegaard, R. and L. Stracca. The Output Gap and the Real Interest Rate Gap in the Euro Area [J]. Journal of Policy Modeling, 2006 (7).

[21] European Central Bank. The natural real interest rate in the euro area [J]. Monthly Bulletin, 2004, May.

[22] Laubach T., J. Williams. Measuring the Natural Rate of Interest [J]. Review of Economics and Statistics, 2003 (4).

[23] Neiss, K., E. Nelson. The Real - Interest - Rate Gap as An Inflation Indicator [J]. Macroeconomic Dynamics, 2003 (2).

[24] Taylor, J.. Discretion Versus Policy Rules in Practice [R]. Carnegie - Rochester Conference Series on Public Policy, 1993 (39).

[25] Taylor, J.. The Robustness and Efficiency of Monetary Policy Rules as Guidelines for Interest Rate Setting by the European Central Bank [J]. Journal of Monetary Economics, 1999 (43).

[26] Taylor, J.. The Role of the Exchange Rate in Monetary Policy Rules [J]. American Economic Review, Papers and Proceedings, 2001 (91).

[27] Woodford, M.. Pitfalls of Forward - Looking Monetary Policy [J]. American Economic Review, 1999 (90).

[28] Williams, J.. Simple Rules for Monetary Policy [J]. Federal Reserve Bank of San Francisco, Economic Review, 2003.

[29] Woodford, M.. Pitfalls of Forward - Looking Monetary Policy [J]. American Economic Review, 1999 (91).